Eugen Drewermann
Das Matthäusevangelium

Eugen Drewermann

Das Matthäusevangelium

Zweiter Teil: Mt 8,1–20,19

Bilder der Erfüllung

WALTER-VERLAG
SOLOTHURN UND DÜSSELDORF

Die Deutsche Bibliothek – CIP-Einheitsaufnahme

Drewermann, Eugen:
Das Matthäusevangelium: Bilder der Erfüllung /
Eugen Drewermann. – Solothurn; Düsseldorf: Walter.
Teil 2. Mt 8,1 – 20,19. – 1994
ISBN 3-530-16892-0

Alle Rechte vorbehalten
© Walter-Verlag AG, 1994
Umschlag und Satz:
Jung Satzcentrum GmbH, Lahnau
Druck: Nord-West-Druck, Trimbach
Einband: Walter-Verlag, Heitersheim
Printed in Switzerland

ISBN 3-530-16892-0

Inhalt

I. Einleitung 9

II. Übersetzung von Matthäus 8,1–20,19 21

III. Einzelauslegung 43

1. *Die Wunder der Heilung und der Auftrag der Jünger (Mt 8,1–11,30)* 45

    Mt 8,1–4   Die Heilung eines Aussätzigen oder:
                       Religion als Integration 55

    Mt 8,5–13   Der Hauptmann von Kapharnaum oder:
                       Die Frage nach der Universalität des Menschlichen 61

    Mt 8,14–15   Die Schwiegermutter des Petrus oder:
                       Die heilende Kraft der Einfühlung 70

    Mt 8,16–17   «Unsere Krankheiten hat er hinweggetragen» oder:
                       Vom Zusammenhang von Schuld und Krankheit 74

    Mt 8,18–27   Von der Ungeborgenheit des Lebens und der Geborgenheit
                       in Gott oder: Das Wunder des beruhigten Meeres 80

    Noch einmal: Mt 8,23–27   Die Ruhe im Sturm 87

    Mt 8,28–34   Die zwei Besessenen von Gadara 93

    Mt 9,1–8   Die Heilung des Gelähmten oder:
                       Eine Freiheit jenseits der Angst 99

    Mt 9,9–13   Die Berufung der «Zöllner» und «Sünder» oder:
                       Ein Annehmen ohne Voraussetzung 106

    Mt 9,14–17   Das wirklich Neue: Eine opferfreie Frömmigkeit 114

    Mt 9,18–26   Die blutflüssige Frau und die Tochter des Jairus oder:
                       Die Heilung des Frauseins 121

    Mt 9,27–31   Die Heilung zweier Blinder oder:
                       Einsicht in die Einheit von Göttlichem und Menschlichem . . 128

    Mt 9,32–34   Von der Mündigkeit des Menschen oder:
                       Was eigentlich ist Gottes Wille? 133

    Mt 9,35–38   «Wie Schafe ohne Hirten» oder: Seelsorge im Exil 141

    Mt 10,1–15   Der ursprüngliche Auftrag: Heilung und Rettung oder:
                       Verstockung und Untergang 150

Mt 10,16–25	Der unvermeidbare Widerspruch oder: Prophetenlos	157
Mt 10,26–36	Trotz allem: Fürchtet euch nicht!	167
Mt 10,37–39	«Kreuzesnachfolge» – was ist das?	175
Mt 10,40–42	«Wer euch aufnimmt…» oder: Von der Identität des Glaubens	181
Mt 11,1–19	Johannes der Täufer und Jesus oder: Von Prophetie und Heilung	190
Mt 11,20–24	Entweder – Oder! Die Verfluchung der Städte	199
Mt 11,25–30	Einladung und Dankbarkeit	207

2. *Wider die Lehre der «Pharisäer» und der Sadduzäer (Mt 12,1–15,39)* 215

Mt 12,1–8:	Noch einmal Ein Glaube ohne Opfer – der Sabbat zum Beispiel	215
Mt 12,9–21	Von Gelähmtheit und Gesetzlichkeit oder: Die heilende Freiheit wahrer Frömmigkeit	223
Mt 12,22–23	Blind, stumm, besessen – die Heilungen des «Davidssohnes»	231
Mt 12,24–37	Der Teufel und der liebe Gott	245
Mt 12,38–50	Von drei Gefahren des Religiösen: Fetischisierung, Neurotisierung und Infantilisierung	256
Mt 13,1–23	Die vielfältige Saat oder: Bilder gegen die Verzweiflung	271
Mt 13,24–43	Ausrotten oder Wachsenlassen – was eigentlich macht Gott mit uns?	283
Mt 13,44–52	Entschiedenheit und Unterschiedenheit	300
Mt 13,53–58	Jesus in Nazareth oder: Von der Unableitbarkeit des Menschen	307
Mt 14,1–12	Die Ermordung des Täufers oder: Die den Tod nicht fürchten	314
Mt 14,13–36	Brotvermehrung und Seewandel oder: Von Halt und Lebensinhalt	324
Mt 15,1–39	Gelebte Religion ist gerade soviel wie Prophetie und Therapie	339

3. *Der Weg zur Passion (Mt 16,1–20,19)* 355

Mt 16,1–20	Die Forderung nach einem «objektiven» Gott oder: Wie «bekennt» man Jesus als den «Christus»?	355
Mt 16,21–28	Vom «Kreuzweg» der Selbstfindung und der Befreiung des Menschen oder: Wider die Ältesten, Priester und Schriftgelehrten!	377
Mt 17,1–23	Das Glück der eigenen Bestimmung und die Heilung innerer Zerrissenheit	394

Inhalt

Mt 17,24–27	Das Märchen von dem Gold im Fischmaul oder: Eine phantastische Antwort auf die Frage nach der Tempelsteuer	410
Mt 18,1–14	Die Perspektive der «Kleinen»	427
Mt 18,15–35; 19,1–2	«Wie ich mich deiner erbarmt habe» oder: Wovon die Menschen leben	443
Mt 19,3–12	O leg mich wie ein Siegel an dein Herz	459
Mt 19,13–30	Von Kindsein – und von Armseindürfen	479
Mt 20,1–19	Die grenzenlose Güte und die grausame Gerechtigkeit – die Arbeiter im Weinberg und die Todesweissagung	500
Mt 20,17–19	(vergleiche Mt 16,21–23; Mt 17,22–23): Die drei Leidensweissagungen Jesu oder: Vom wahren Glück des Menschen	516

Anmerkungen ... 535
Verzeichnis der zitierten Literatur ... 625

I.
Einleitung

Kaum sind die letzten Worte der «Bergpredigt» verhallt, da geht, im Aufbau des Matthäusevangeliums, Jesus heran, in einer Kette von «Wundern» (Mt 8;9) zu *heilen* «alle, die übel dran waren, mit mancherlei Krankheiten und Qualen behaftet» (Mt 4,24). Der ganze Inhalt der «Bergpredigt» von einer Güte ohne Grenzen, von einem Gott, der keinen Menschen ausschließt, von der Überwindung des alles zerstörenden Zusammenhangs aus Angst und Gewalt, von dem Vorzug des Verstehens vor dem Verurteilen, wirkt sich jetzt aus in dem Tun Jesu selbst und möchte sich öffnen über die «Jüngerbelehrung» von Mt 10,1–42 in die «große Einladung» an alle «Erschöpften und Überlasteten», daß sie «Ruhe» finden «für sich selbst» (für ihre «Seelen»), wie es in Mt 11,29 ausdrücklich (nach Jer 6,16) heißt.

Doch gerade mit diesem «Konzept» einer radikal *neuen* Form des Menschseins, wie sie sich für Jesus offenbar ganz selbstverständlich ergibt, wenn man erst einmal die absolut grundlose, doch alles begründende «Väterlichkeit» der «Macht» kennengelernt hat, die da «Gott» genannt wird, stößt der Mann aus Nazareth *notwendig* auf den erbitterten Widerstand der «Pharisäer» und der «Sadduzäer» (Mt 12,1–16,12) – unmittelbar danach beginnt wie zwangsläufig der Gang in die Passion (Mt 16,13–20,34) mit den letzten großen Reden *in Jerusalem* über den eigentlichen Maßstab in «Kirche» und Gesellschaft (Mt 22; 23), über das, was vergeht, und über das, was Bestand hat (Mt 24), über Unvernunft und «Klugheit» angesichts einer unaufschiebbaren letzten Entscheidung (Mt 25,1–13) und über die Frage, die den ganzen Wert eines Lebens im Sinne Jesu bestimmt: «Wann denn haben wir Dich (Gott) gesehen: hungrig und durstig, fremd oder nackt, krank oder in Gefangenschaft», und wie haben wir uns gegenüber den Menschen verhalten, in denen Du, Gott, uns hättest erscheinen können (Mt 25,31–46)?

Es ist diese Frage der *Menschlichkeit*, in welcher nach Jesu Meinung allein Gott sichtbar zu werden vermag; sie aber *muß* immer wieder in eine tödliche Auseinandersetzung hineinführen, und zwar um so rascher, je radikaler sie gelebt wird. Gleich zu Beginn formuliert Jesus den Kernpunkt dieses Konfliktes so klar wie nur möglich: Mt 12,1–8: was ist der Sinn des «Gesetzes», worin besteht der eigentliche «Wille» Gottes?

Jede etablierte Religion, jede staatliche Raison können nur so denken, wie die «Gegner» Jesu es an dieser Stelle tun: Gott (oder die bürgerliche Vernunft) erwartet und verlangt die prompte Einhaltung der moralischen und rechtlichen Bestimmungen; wer sich daran hält, ist ein «guter», ein «rechtschaffener» Mensch. Freilich, er muß dabei von seinem persönlichen «Egoismus» Abstriche machen, er muß auf seine «Selbstdurchsetzung» verzichten, er muß «Opfer» und «Einschränkungen» in Kauf nehmen, indem er das Allgemeine höher stellt als das Private. Es sind, historisch gesehen, *in den Tagen Jesu* vor allem die *Sadduzäer*, es sind *in den Tagen des «Matthäus»*, nach der Zerstörung des jüdischen Tempels, im wesentlichen die *Pharisäer*, mit denen diese Einstellung aus der Sicht der Jesusgemeinde sich zu verbinden scheint – aller *Antijudaismus* der «christlichen» Überlieferung findet seit jeher hier seine Brutstätte. Aber man darf nicht historisch relativieren (und damit völlig falsch akzentuieren!), was von Jesus gerade als eine *wesentliche* Frage der Existenz für alle Zeiten in Unausweichlichkeit gestellt und zur Entscheidung vorgelegt wird: Nicht umsonst hat er in der Bergpredigt alles Denken in moralischen Rechtstiteln und Besitzansprüchen gegeneinander entschieden verworfen, weil es doch nur immer wieder, wie er meinte, die Habenichtse der Erde unter die Räder bringt; jetzt aber, positiv gewendet, greift er in Mt 12,7 (ähnlich wie schon in 9,13!) ein Wort des Propheten Hosea (6,6) auf: «Erbarmen will ich, nicht Opfer!», und allein schon durch dieses Zitat ist der *Gegensatz* so unüberbrückbar klar wie nur möglich: Was Jesus möchte, ist gerade nicht die Niederhaltung des Menschen in stereotypen Bestimmungen, die ein für allemal «objektiv» gelten und ideologisch auf «Gott» zurückgeführt werden; ganz im Gegenteil, statt eine abstrakte «Gerechtigkeit» einzufordern, geht es ihm einzig darum, dem konkreten Menschen in seiner Not und seinen Bedürfnissen «gerecht» zu werden; – alle anderen Rechts»-Vorstellungen führen doch nur dahin, daß die Armen immer ärmer und die Reichen immer reicher werden und das *Unrecht* folglich immer weiter zunimmt. Aber wer derart radikal Partei nimmt für das Leben einzelner Menschen, der hat all die Verwalter des Offiziellen augenblicklich gegen sich.

Wohlgemerkt, so wie Jesus mit Berufung auf die prophetische Tradition Israels gedacht hat, erscheint es im Rückblick als durchaus nicht vollkommen neu; vor allem im Kreise der von Matthäus so rigoros angegriffenen (und, historisch betrachtet, geradewegs *verleumdeten*) *Pharisäer* klingen gelegentlich, zum Beispiel im Munde Rabbi Hillels, ganz ähnliche Vorstellungen an, wie auch Jesus sie vertritt; doch ist es eines, einen richtigen Gedanken zu äußern, und etwas anderes, die ganze Lebenswirklichkeit bis zum tödlichen Widerspruch danach auszurichten. Mit allem, was Jesu tat: mit der Berufung der romhörigen *Zöllner* zum Beispiel (Mt 9,9–13), mit der Einladung an die Huren und «Sünder», verstieß er nicht nur gegen die rituellen und moralischen Regeln des rabbinischen Judentums seiner Zeit, er machte sich vor allem die nationalistischen Messiastheologen seiner Tage zu unversöhnlichen Feinden: ein Gott, der seine Sonne aufgehen läßt über *alle* Menschen (Mt 5,45), taugt nicht länger mehr zur Inanspruchnahme der Sonderrechte eines «auserwählten» Volkes, und genau das ist es, was Jesus meint. Wenn es etwas «Besonderes» an dem *jüdischen* Glauben gibt, so besteht es in den Augen Jesu gerade in der Zuversicht, daß da ein Gott sei, der *alles*: Himmel und Erde, und folglich auch *alle* Menschen «gemacht» hat; wenn es aber so steht, wie will man dann mit Berufung auf göttliche Weisung Menschen nach Religionen und Nationen, nach «Gut» und nach «Böse», nach «Oben» und «Unten», nach «Arm» und «Reich», nach «Orthodox» und «Häretisch» voneinander trennen und gegeneinander stellen? Es ist die Grundüberzeugung der biblischen Frömmigkeit, die den, der sie lebt, in einen unauflöslichen Widerspruch gegenüber jeder institutionellen Einengung des Religiösen bringen muß: Dem universellen Anspruch des Gottes Israels entspricht nur eine universelle Menschlichkeit, *das* ist die unumstößliche Meinung Jesu, und sie bewährt sich und bestätigt sich entscheidend und entschieden an der Einbeziehung all derer, denen im Rahmen der «offiziellen» Schriftauslegung keine Chance gelassen wird, jemals wieder zu sich selbst und zu Gott zurückzufinden.

Wie sich die Bilder in der heutigen Wirklichkeit von Kirche und Gesellschaft ähneln, kann ein jeder deutlich sehen. Mit Absicht wird im folgenden, wenn von «Pharisäern» die Rede ist, das Wort stets in Anführungsstrichen gesetzt – zum einen, um jeden auf falsche Weise historisierenden Antijudaismus aus der Verwendung dieses Begriffes in der kirchlichen Theologie und bei den Hörern unter den Kanzeln zu entfernen, vor allem aber, um den *Typos* von Religiosität zu kennzeichnen, der zu allen Zeiten von der Botschaft Jesu zu einer Todfeindschaft sich provoziert fühlen muß. Die lange, unerträglich hart klingende Rede Jesu in Mt 23 von der «Angeberei» und Wortemacherei der «Pharisäer», von der Scheinexistenz des Religiösen in abgeleiteten Lehrformeln und institutionalisierten Rang- und Machtansprüchen der «Schriftgelehrten» muß schon in den Tagen des *Matthäus* als Warnung *auch* für die eigene «Kirche» gegolten haben; jedenfalls hat sie an Aktualität in 2000 Jahren Kirchengeschichte eher zugenommen als verloren.

Folgt man etwa der Glaubenslehre der *katholischen Kirche*, wie sie in Antwort auf den Reformversuch MARTIN LUTHERS im Konzil von Trient formuliert wurde, so ist die Wahrheit des Christentums gebunden an die «authentische» Auslegung der «Offenbarung» Gottes in der Person Jesu durch das «Lehramt» der Kirche, welches entscheidend die Bischöfe im Verein mit dem Papst innehaben.[1] Schon 150 Jahre vor LUTHER hatte JOHN WICLIF erklärt: «Daß die Kardinäle einen Papst wählen, hat der Teufel selbst erfunden»[2], und LUTHER fragte in den *«Schmalkaldischen Artikeln»* von 1538 fast drohend ein letztes Mal, ob der Papst bereit sei, sich als eine rein «menschliche», das heißt organisatorische und leitende, nicht aber «göttliche», das heißt sakrosankte, absolute, nicht weiter von den Gläubigen abhängige Größe zu verstehen.[3] Der Weg, den die katholische Kirche gegangen ist, liegt offen zu Tage, und er weist eine durch die Jahrhunderte in Konsequenz und Unbeirrbarkeit immer weiter von den Zielen der Verkündigung Jesu sich entfernende Richtung auf. Mittlerweile hat die dogmatisch verpflichtende Lehre des römischen Katholizismus die Form angenommen, daß nur in der Einheit mit dem Papst die Wahrheit Christi unverfälscht von den Bischöfen der Kirche den «Gläubigen» «vorgelegt» werden könne.[4] Da ist der «Glaube» (als ein Festhalten an bestimmten Formelbekenntnissen) abhängig von dem Bischof in Rom, da ist es der «Heilige Vater», durch dessen «Zeugnis» die «Gläubigen» sich als «Gezeugte» empfinden müssen, da geht nicht länger die Ordnung der Glaubensgemeinschaft einer Kirche von den wirklichen Lebensprozessen ihrer Mitglieder aus, sondern genau umgekehrt bildet die Wahrheit des Glaubens sich hier allererst durch das «Haupt» der Kirche, als welches nicht länger mehr Christus, sondern – *der Papst* als der «Nachfolger» Petri, als der Stellvertreter Christi zu verstehen ist.

Es leidet keinen Zweifel, wie in einem solchen Tempel der Verfeierlichung kirchlicher Ämter und Positionen bis hin zum Gottvermessenen und Gottvergessenen die Worte Jesu wirken müssen, die er den «Pharisäern» und «Schriftgelehrten», den Lehramtsbesitzern und Hofideologen in seiner Zeit und zu aller Zeit entgegenschleuderte: «Laßt ihr euch nicht ‹Rabbi› nennen – ein einziger ist euer Lehrer, ihr alle aber seid Brüder (und Schwestern)» (Mt 23,7–8). Und: «Auch ‹Vater› nennt niemanden von euch auf Erden. Einer nämlich ist euer Vater, der himmlische» (Mt 23,9). Zwei Worte Jesu genügen da, um einem zweitausendjährigen Spuk kirchlicher Dogmatik ein Ende zu bereiten!

Einleitung

Vor allem: wenn Jesus an gleicher Stelle (Mt 23,4) die Unverschämtheit der «Pharisäer» anprangert, mit Vorliebe den Menschen Lasten aufzuerlegen, an die sie selbst mit keinem Finger rühren, so zeigt sich umgekehrt, wie sehr ihm *als Gottesdienst* einzig das Bemühen erscheinen mußte, das Los der Menschen zu erleichtern (Mt 11,30). Nicht die tote Äußerlichkeit von Scheinkorrektheit und zur Schau gestellter Prunkfrömmigkeit (Mt 23,5.27–28), sondern das einfache Mitleid mit den Menschen war es, das Jesus als «Willen» Gottes (Mt 7,21) betrachtete.

Und nun betrachte man, was die kirchliche Dogmatik aus diesem Kampf Jesu um die Rückgewinnung der Menschlichkeit des Religiösen gemacht hat! Für Jesus war es in der Tat eine Art «Gehorsam» gegenüber Gott, den einmal eingegangenen Konflikt mit den religiösen und staatlichen Behörden (mit den Pharisäern und Sadduzäern, historisch) notfalls bis zum äußersten auszutragen, ging es in seinen Augen doch hier von Anfang an um Leben und Tod, um Sein oder Nichtsein, um Heil und Unheil, um Himmel oder «Hölle» (Mt 23,15.33!). Für die kirchliche «Soteriologie» (die Lehre von der «Erlösung») hingegen ist daraus etwas ganz anderes geworden: da «mußte» Jesus sich «opfern» für die «Sünden» der Menschen, um Gott als den obersten Richter im Himmel zu «versöhnen». Gerade die archaische Opfervorstellung mit all der unabtrennbar zu ihr gehörigen *Ambivalenz* des Gottesbildes war es, die Jesus in seiner prophetischen Kritik an dem Kultpriestertum seiner Tage für überflüssig, falsch, ja hinderlich auf dem Wege zu Gott beiseite räumen wollte. Auch diese Einstellung ist im Judentum nicht gänzlich neu – sie folgt ganz und gar der Linie, die der Prophet *Jeremia* vorgezeichnet hatte. Doch genau im Gegensatz zu dieser vom Ursprung her wirklich *erlösenden* Einstellung der jüdischen Prophetie hat die Kirche alles darangesetzt, die *Ursache,* weswegen Jesus notfalls selbst in den Tod zu gehen sich nicht scheute, für seine *Absicht* zu erklären; aus dem Verlangen Jesu, alles einzusetzen, um das *Glück* des Menschen zu fördern, ist im Schatten der kirchlichen Opfertheologie ein masochistischer Wille zum Leiden geworden: der *innere* Widerstand jeder verfaßten Religionsform gegenüber der einfachen Botschaft der Menschlichkeit und Freiheit ist in dem kirchlichen Dogma vom «Leidensgehorsam Christi» aus der menschlichen Psyche herausgenommen und in Gott hineinprojiziert worden, so daß der Sadismus der eigenen Perfektionsstarre nach diesem «Trick» nunmehr als ein göttliches Erfordernis zum Menschen zurückkehrt. Die Tatsache, *daß* Jesus gelitten hat und gekreuzigt wurde, verklärt sich jetzt zu einem sittlichen Tugendvorbild, und schon hat der Kreis sich geschlossen: aus dem Jesus, der gegen die Priestertheologie des «Opfers» ankämpfte, um gerade davon die Menschen zugunsten des Vertrauens in die Zugewandtheit eines eindeutig *nur guten, nicht*-ambivalenten Gottes zu befreien, ist im kirchlichen Dogma ein Christus geworden, der gehorsam im Leid, stellvertretend für uns Sünder, die *Strafe* für unsere Schulden auf sich nahm, um nun, durch Vermittlung der Kirche, auch von uns den Eintritt in sein Leiden als Anfangsbedingung des «Heils» zu erwarten. «Das Christentum will nicht das Glück des Menschen, sondern seine Seligkeit», lautet fortan die theologische Devise, die sich «antihedonistisch» gibt, aber in Wahrheit antihumanistisch ist. Denn wozu sonst käme ein Mensch auf die Welt, wenn nicht, um in der Entfaltung seines Wesens so viel Glück zu empfinden und Glück zu verbreiten wie möglich?

HEINRICH HEINE vor 150 Jahren sah an dieser Stelle klarer als die meisten kirchengebundenen Theologen bis heute, wenn er in seiner Exildichtung *«Deutschland ein Wintermärchen»* gegen «das alte Entsagungslied», gegen das «Eiapopeia vom Himmel», «ein neues Lied, ein besseres Lied» zu dichten beabsichtigte, das da lautete: «Wir wollen auf Erden glücklich sein, / Und wollen nicht mehr darben; / Verschlemmen soll nicht der faule Bauch, / Was fleißige Hände erwarben. // Es wächst hienieden Brot genug / Für alle Menschenkinder, / Auch Rosen und Myrten, Schönheit und Lust, / Und Zuckererbsen nicht minder. // Ja, Zuckererbsen für jedermann, / Sobald die Schoten platzen! / Den Himmel überlassen wir / Den Engeln und den Spatzen... Ein neues Lied, ein besseres Lied, / Es klingt wie Flöten und Geigen! / Das Miserere ist vorbei, / Die Sterbeglocken schweigen. // Die Jungfrau Europa ist verlobt / Mit dem schönen Geniusse / Der Freiheit, sie liegen einander im Arm, / Sie schwelgen im ersten Kusse. // Und fehlt der Pfaffensegen dabei, / Die Ehe wird gültig nicht minder – / Es lebe Bräutigam und Braut, / Und ihre zukünftigen Kinder.»[5]

Keine Gottesverehrung, die im Widerspruch zu den Bedürfnissen des Menschen steht, den Gott geschaffen hat, macht seit den Tagen der Aufklärung noch irgendeinen Sinn – das ist eine einfache Tatsache *der europäischen Geistesgeschichte;* und noch weit wichtiger als dies ist die Feststellung, daß eine solche Frömmigkeit der Selbstunterdrückung, der «Selbstaufopferung» und der Leidensmystik *niemals* mit Berufung auf *die Botschaft Jesu* als «christlich» hätte aufgerichtet werden dürfen.

Warum «mußte» Jesus sterben? – Auch darin hatte HEINE einfach recht, als er auf seiner Reise durch Deutschland bei *Paderborn* über ein Wegkreuz nachsann und schrieb: «Mit Wehmut erfüllt mich jedesmal / Dein Anblick, mein armer Vetter, / Der du die Welt erlösen gewollt, / Du Narr, du Menschheitsretter! // Sie haben dir übel mitgespielt, / Die Herren vom hohen Rate. / Wer hieß dich auch reden so rücksichtslos / Von der Kirche und vom Staate! // ...Ach! hättest du nur einen andern Text / Zu deiner Bergpredigt genommen, / Besäßest ja Geist und Talent genug, / Und konntest schonen die Frommen! // Geldwechsler, Bankiers, hast du sogar / Mit der Peitsche gejagt aus dem Tempel – / Unglücklicher Schwärmer, jetzt hängst du am Kreuz / Als warnendes Exempel!»[6]

Die Botschaft Jesu und sein «Exempel» hat verstanden, wer sich *nicht* durch die Aussicht auf Widerspruch und Leid davon abschrecken läßt, der Stimme der Wahrheit und der «Verführung» zum Glück, die von Jesus ausgeht, trotz allem zu folgen. «Ja, glücklich, wenn sie euch verfluchen und verfolgen... freut euch und jubelt... gerade so haben sie ja verfolgt (auch) die Propheten, die vor euch gewesen» (Mt 5,12). Diese Furchtlosigkeit gegenüber Verleumdung, Spott, Gewalt und Unterdrückung ist gerade das Gegenteil jener «Genußsucht», die kirchlicherseits gern unterstellt wird, wann immer von «Ichfindung», «Glück» und «Selbstverwirklichung» die Rede ist; sie geht vielmehr einzig aus dem Vertrauen hervor, daß es nichts Wichtigeres im Leben gibt, als zu verwirklichen und Gestalt werden zu lassen, was Gott mit uns gemeint hat.

Im Grunde treten uns bei der Auslegung speziell der *Leidensweissagungen* des *Matthäus*evangeliums von daher keine Fragen entgegen, die nicht schon im *Markus*evangelium eine grundsätzliche Rolle gespielt hätten und schon dort zu lösen gewesen wären.[7] Da Matthäus bis auf wenige Änderungen, die es entsprechend hervorzuheben gilt, in seinem Evangelium im großen und ganzen der Markus-Vorlage folgt, ist es in diesem Kommentar möglich, sich mit einer summarischen Interpretation der entsprechenden Stellen zu begnügen und parallel dazu auf die Auslegung von Mk 8; 9; 10 zu verweisen. Die Zielsetzung einer jeden religiösen Auslegung des Matthäusevangeliums kann dabei nicht bei einer historischen Rekonstruktion zeitgeschichtlicher Fakten und zeitbedingter Aussageinhalte bzw. Fiktionen stehen bleiben; vielmehr gilt bei Matthäus, nicht anders im Grunde als schon bei Markus, daß keine Deutung den Evangelientexten gerecht zu werden vermag, die sich nicht bemüht, wie diese selber, als *Predigt* in strengem Sinne «erbaulich» zu wirken. «Da wird keiner mehr den anderen, keiner seinen Bruder (seine Schwester) belehren und sprechen: ‹Erkennet den Herrn!› Sondern sie werden mich alle erkennen, klein und groß.» Dieser Satz aus Jeremia 31,34 ist der Kern dessen, was als alte Hoffnung der Propheten Israels Jesus endgültig zu verwirklichten suchte: – der «neue» Bund als Wirklichkeit (Mt 23,8–10; 26,28).

Da jedoch sogar auch das Sprechen von dem «neuen» und dem «alten» Bund einen schwer auszurottenden Bestand antijudaistischer Vorurteile in der christlichen Theologie mitverschuldet hat, scheint es dringend an der Zeit, für die Worte «Neues» und «Altes Testament» eine andere Ausdrucksweise zu wählen. Für jüdische Ohren – und deshalb natürlich auch für Jesus selber – ist es ein Unding, das lebende Wort Gottes in ein «altes», mithin *veraltetes* Etwas zu verwandeln, das durch ein «Neues» überholt werden könnte. Nicht das «Abschaffen», das *«Erfüllen»* war nach Mt 5,17–20 das ausdrückliche Ziel Jesu. Im Hebräischen besteht die «Bibel» aus der *Thora* (dem «Gesetz», den fünf Büchern Moses), den *Kethubim* (den Geschichtswerken) und den *Nebijim* (den Propheten); mit etwas kabbalistischem Geschick lassen die Anfangsbuchstaben dieser drei Abschnitte sich als *Thanch*(umim), als *«Tröstung»* lesen. Statt von einem «alten» und von einem «neuen» «Testament» zu sprechen, scheint es richtiger, das «AT» als die *Tröstung Israels* zu bezeichnen und dafür das Kürzel TI vorzuschlagen; das «NT» sollte dann als *«Tröstung der Völker»* (der «Gojim», der «Heiden») bezeichnet werden und könnte das Kürzel TG *(Thanchumej Gojim)* erhalten. Deutlich würde dann, was der Meinung des Matthäus von der Sendung der Jünger Jesu gewiß am nächsten kommt: Die Botschaft von der weltumspannenden Güte des Gottes, der als erstem dem Volk der Juden sich offenbarte, soll in der Kraft und in dem Auftrag der Deutung Jesu hinausgetragen werden bis an die Grenzen der Erde! Das «Christentum» also als ein «Judentum für die Heiden»! Es ist dies das wohl einzige Verständnis des Christlichen, das den unseligen Streit zwischen den Religionen der Bibel: zwischen Juden, Christen und Muslimen im Gefälle dogmatischer Exklusivitäts- und Absolutheitsvorstellungen durch historische Ehrlichkeit, menschliche Offenheit und religiöse Toleranz beenden könnte.

Insbesondere die *Anmerkungen* enthalten deshalb zahlreiche Hinweise auf Anklänge und Parallelen der Botschaft Jesu in anderen Religionsformen und Kulturen. Desgleichen finden sich dort die notwendigen Angaben über Herkunft und Bearbeitung der jeweiligen Bibelstellen in der Tradition und Redaktion des Evangelisten sowie über die Gründe, die *Auslegung* in der vorgeschlagenen Weise zu akzentuieren. Entsprechend dem meditativen Charakter der Ausführungen sind die einzelnen Abschnitte als in sich relativ geschlossene Einheiten gestaltet, selbst wenn dabei gewisse Wiederholungen vor allem bei der Darstellung übergreifender Gesichtspunkte mitunter nicht zu vermeiden waren. Den vorangestellten Übersetzungstext sollte man, am besten laut, sich immer wieder vorlesen, um sich selbst in die Sprach- und Denkweise des Matthäus-Evangeliums hineinzuhören.

II.
Übersetzung von Matthäus 8,1–20,19

1. Die Wunder der Heilung und der Auftrag der Jünger
(Mt 8,1–11,30)

Mt 8,1–4

Die Heilung eines Aussätzigen oder: Religion als Integration

(vergleiche Mk 1,40–45)

¹ *Als er aber vom Berg herabgestiegen, folgten ihm Scharen viele.* ² Und da: ein Aussätziger kam heran, er warf sich nieder vor ihm, sprechend: *Herr, wenn du willst, – du kannst mich reinigen.* ³ Und die Hand ausstreckend berührte er ihn, sprechend: Ich will, sei rein! Und gleich ward gereinigt von ihm der Aussatz. ⁴ Und es sagt ihm Jesus: Hab acht! Zu niemandem sagst du's, sondern fort! Dich selber **zeige dem Priester** (Lev 13,49; 14,2–32) und bringe dar die Gabe, die Moses bestimmt hat, zum Zeugnis für sie.

Mt 8,5–13

Der Hauptmann von Kapharnaum oder: Die Frage nach der Universalität des Menschen

(vergleiche Lk 7,1–10; 13, 28–29)

⁵ Als er aber nach Kapharnaum gekommen, kam zu ihm ein Hauptmann, ihm zuredend und sprechend: *Herr,* mein Bursche liegt zu Hause gelähmt, furchtbar gequält. Sagt er ihm: Ich selber werde kommen und ihn heilen. ⁸ Geantwortet aber hat der Hauptmann, er sprach: Herr, ich bin nicht wert (Mt 13,11!), daß unter mein Dach du kommst; doch nur sprich – mit einem Wort (Mt 8,16!), und geheilt wird sein mein Bursche. ⁹ Denn auch ich: ein Mensch bin ich unter (= in) Vollmacht, ich habe unter mir Soldaten, und sage ich dem da: Geh! dann geht er, und einem anderen: Komm! dann kommt er, und meinem Knecht: Tu das!, dann tut er's. ¹⁰ Als aber Jesus das hörte, ward er verwundert und sagte den Nachfolgenden: *Bei Gott,* ich sage euch: Bei niemandem habe ich ein solches Vertrauen in Israel gefunden. ¹¹ Ich sage euch aber: Viele vom Aufgang und Niedergang (Ps 107,3; Jes 59,19; Mal 1,11; Jes 49,12; Jer 3,18) werden kommen und werden (zu Tisch) liegen mit Abraham, Isaak und Jakob im Königtum der Himmel; ¹² die Söhne des Königtums aber werden hinausgeworfen in die Finsternis, ins Draußen. Dort wird sein Heulen und Zähneknirschen (= verzweifelte Wut). ¹³ Doch gesagt hat Jesus zum Hauptmann: Geh fort; wie du vertraut hast, geschehe es dir. Und geheilt ward der Bursche zu jener Stunde (vergleiche Mk 7,30).

Mt 8,14–15

Die Schwiegermutter des Petrus oder: Die heilende Kraft der Einfühlung

(vergleiche Mk 1,29–31)

¹⁴ Und als Jesus kam in das Haus des *Petrus,* sah er dessen Schwiegermutter daliegen – im Fieber. ¹⁵ Und er berührte ihre Hand, und verlassen hat sie das Fieber. Und sie stand auf und diente *ihm.*

Mt 8,16–17

«Unsere Krankheiten hat er hinweggetragen» oder: Vom Zusammenhang von Schuld und Krankheit

(Mk 1,32–34)

¹⁶ Abend aber war es geworden (Mt 14,15); da haben sie hingebracht zu ihm von Abergeistern Besessene viele, und er trieb die Geister aus mit einem Wort (Mt 8,8!), *und alle, die übel dran waren, hat er geheilt,* ¹⁷ *auf daß sich verwirkliche, was angesagt ist durch Jesaja, den Propheten, sprechend:*

Er – unsere Gebrechen hat er weggenommen, die Krankheiten hat er hinweggetragen (Jes 53,4.11).

Mt 8,18–27
Von der Ungeborgenheit des Lebens und der Geborgenheit in Gott
(vergleiche Lk 9,57–62)

¹⁸ Als aber Jesus die Schar um sich sah, befahl er, fortzugehen zur Jenseite (Mt 4,35). ¹⁹ Und ein Schriftgelehrter kam herbei und hat ihm gesagt: Lehrer, ich will dir folgen, wohin du auch fortgehst. ²⁰ Da sagt ihm Jesus: Die Füchse – Höhlen haben sie und die Vögel des Himmels Nester, der Menschensohn aber – nichts hat er, wo er den Kopf hinlegen könnte.
²¹ Ein anderer aber von den Jüngern hat ihm gesagt: Herr, gestehe mir zu, erst fortzugehen und meinen Vater zu begraben. ²² Jesus aber sagt ihm: Folge mir, und laß die Toten begraben ihre Toten.

Noch einmal: Mt 8,23–27
Die Ruhe im Sturm
(vergleiche Mk 4,35–41)

²³ *Und als er ins Boot gestiegen, sind ihm seine Jünger gefolgt.* ²⁴ Und da: ein gewaltiges *Beben* entstand im «Meer», so daß das Boot eingehüllt ward von den Wogen. Er selbst aber schlief. ²⁵ Da traten sie heran und weckten ihn, sprechend: Herr, rette! Wir gehen verloren. ²⁶ Da sagt er ihnen: Was seid ihr feige, ihr so wenig Vertrauenden! Dann richtete er sich auf, herrschte die Winde an und das Meer, und eine große Ruhe trat ein. ²⁷ Die Menschen aber waren verwundert, sprechend: Was für einer ist dieser, daß auch die Winde und das «Meer» ihm gehorchen?

Mt 8,28–34
Die zwei Besessenen von Gadara
(vergleiche Mk 5,1–20)

²⁸ Und als er zur Jenseite gekommen war, in das Land der *Gadarener,* traten ihm entgegen *zwei* von Abergeistern Besessene, aus den Gräbern herauskommend, *wild überaus,* so daß niemand die Kraft besaß, *vorüberzugehen auf jenem Weg.* ²⁹ Und da: Sie schrien auf, sprechend: **Was haben wir mit dir zu schaffen** (1 Kön 17,18; 2 Kön 3,13; 9,18; Ri: 11,12; 2 Sam 16,10; 19,23; 2 Chr 35,21), Sohn Gottes (Mt 14,33)? Bist du hergekommen, *vor der Zeit* uns zu quälen? ³⁰ Es war aber weitab von ihnen eine Herde mit vielen Schweinen auf der Weide. ³¹ Die Abergeister aber redeten ihm zu, sprechend: Wenn du uns austreibst, sende uns in die Schweineherde. ³² Und er hat ihnen gesagt: Fort. Die aber fuhren heraus, fuhren ab in die Schweine, und da: in Bewegung setzte sich ganz die Herde den Steilhang hinab in das «Meer», und sie verstarben in den Wassern. ³³ Die sie hüteten aber flohen, sie gingen weg in die Stadt und meldeten alles, – das mit den von den Abergeistern Besessenen. ³⁴ Und da: die ganze Stadt kam heraus, zur Begegnung mit Jesus, und als sie ihn sahen, redeten sie ihm zu, daß er *umkehre* aus ihren Gebieten.

Mt 9,1–8
Die Heilung des Gelähmten oder: Eine Freiheit jenseits der Angst
(vergleiche Mk 2,1–12)

¹ *Und nachdem er ein Boot bestiegen, setzte er über und kam in die eigene Stadt.* ² Und da: sie brachten hin zu ihm einen Gelähmten, auf eine Liege gelegt. Jesus da, wie er ihr Vertrauen sieht, hat dem Gelähmten gesagt: *Faß Mut,* Kind (Mt 9,22!), nachgelassen sind deine Sünden. ³ Und da: einige von den Schriftgelehrten sprachen bei sich: Der lästert Gott! Doch Jesus, im Wissen um ihre Gedanken, hat gesagt: Wozu denkt ihr Böses in euren Herzen? ⁵ Was ist denn leichter: zu sagen: nachgelassen sind deine Sünden, oder zu sagen: richte dich auf und bewege dich frei? ⁶ Damit ihr aber wißt: Vollmacht hat der Menschensohn auf Erden, Sünden nachzu-

lassen, – da sagt er dem Gelähmten: Richte dich auf, nimm deine Liege und geh fort nach Hause. ⁷ Und er richtete sich auf und ging weg nach Hause. ⁸ *Als aber die Scharen das sahen, gerieten sie in Furcht,* und sie verherrlichten den Gott, *der solche Vollmacht den Menschen gegeben.*

Mt 9,9–13
Die Berufung der «Zöllner» und «Sünder» oder:
Ein Annehmen ohne Voraussetzung
(vergleiche Mk 2,13–17)

⁹ Und im Vorübergehen von dort sah Jesus einen Menschen an der Zollstätte sitzen, Matthäus genannt, und er sagt ihm: Folge mir. Und er ist aufgestanden und ihm gefolgt. ¹⁰ So geschah es: als er (zu Tisch) lag im Hause, da: viele Zöllner und Sünder waren gekommen und lagen gemeinsam (zu Tisch) mit Jesus und seinen Jüngern. ¹¹ Doch als die «Pharisäer» das sahen, sagten sie seinen Jüngern: Weswegen hält mit Zöllnern und Sündern Mahlgemeinschaft *euer Lehrer?* ¹² Er aber hörte es und hat gesagt: Keine Not haben die Gesunden nach dem Arzt, sondern (nur) die übel dran sind. ¹³ Geht doch und lernt, was das ist (Mt 12,7):
Erbarmen will ich, nicht Opfer (Hos 6,6; vergleiche 1 Sam 15,22; Ps 40,7; 51,19).
Ich bin ja nicht gekommen, recht (vor Gott) Lebende zu rufen, sondern (nur) Sünder.

Mt 9,14–17
Das wirklich Neue:
Eine opferfreie Frömmigkeit
(vergleiche Mk 2, 18–22)

¹⁴ Da kommen zu ihm die Jünger des Johannes, sprechend: Warum –: wir und die «Pharisäer» fasten, deine Jünger aber fasten nicht? ¹⁵ Da hat ihnen Jesus gesagt: Können denn Bräutigams-«Söhne» *trauern,* solange (noch) bei ihnen ist der Bräutigam? Es werden aber Tage kommen, da von ihnen gerissen wird der Bräutigam, und dann werden sie fasten. ¹⁶ Niemand flickt doch einen Flicken ungewalkten Tuches einem alten Obergewand auf; es reißt ja sein Füllsel (doch nur) von dem Obergewand ab, und (nur) noch schlimmer wird der Riß. ¹⁷ Auch gießt man nicht neuen Wein in alte Schläuche; wenn aber doch, so reißen die Schläuche, und der Wein gießt sich aus, und die Schläuche sind perdu. Nein: man schüttet neuen Wein in neue Schläuche. *So halten sich beide.*

Mt 9,18–26
Die blutflüssige Frau und die Tochter des Jairus oder:
Die Heilung des Frauseins
(vergleiche Mk 5,21–43)

¹⁸ Während er das zu ihnen sagte, da: ein Vorsteher kam hinzu und warf sich vor ihm nieder, sprechend: Meine Tochter ist *eben geendet;* doch komm, leg deine Hand auf sie, und sie wird leben. ¹⁹ Da *stand* Jesus *auf* und folgte ihm und (ebenso) seine Jünger. ²⁰ Und da: eine Frau, blutflüssig (schon) 12 Jahre, kam herzu, von hinten, und berührte ihn Saum seines Gewandes. ²¹ Denn sie hatte sich gesagt: wenn ich auch nur sein Gewand berühre, werde ich gerettet sein. ²² Jesus aber wandte sich um, und wie er sie sah, hat er gesagt: *Faß Mut,* Tochter (vergleiche Mt 9,2!), dein Vertrauen hat dich gerettet. Und gerettet ward die Frau von jener Stunde an. ²³ Und als Jesus zum Hause des Vorstehers kam und sah die Flötenbläser und die lärmende Menge, ²⁴ sagte er: Weicht weg hier; es ist ja nicht gestorben das Mädchen, es schläft (nur). Da verlachten sie ihn. ²⁵ Als aber die Menge hinausgeworfen, ging er hinein und faßte ihre Hand; da richtete das Mädchen sich auf. ²⁶ *Und hinaus ging die Kunde davon ins ganze dortige Land.*

Mt 9,27–31
Die Heilung zweier Blinder oder:
Einsicht in die Einheit von Göttlichem und Menschlichem
(vergleiche Mt 20,29–34!; Mk 10, 46–52)

²⁷ Und wie er von dort weiterzog, folgten Jesus *zwei* Blinde, schreiend und sprechend: Erbarme dich unser, Sohn Davids! ²⁸ Angekommen zu Hause aber, sind zu ihm die Blinden gekommen. Da sagt

ihnen Jesus: *Habt ihr das Vertrauen, daß ich das zu tun vermag? Sagen sie ihm: Ja, Herr.* ²⁹ *Da hat er ihre Augen berührt, sprechend: Nach eurem Vertrauen geschehe euch.* ³⁰ Und geöffnet wurden ihre Augen. Doch mit Gewalt drang Jesus in sie, sprechend: Habt acht! Niemand darf es erfahren! (Mk 1,43!) ³¹ Sie aber gingen hinaus und machten ihn zum Gerede (Mk 1,45!) im ganzen dortigen Land.

Mt 9,32–34

Von der Mündigkeit des Menschen oder: Was eigentlich ist Gottes Wille?

(vergleiche Lk 11,14–15, Mt 12,22–24!; Mk 3,22)

³² *Während sie aber hinausgehen, da: sie brachten hin zu ihm einen Stummen, einen von einem Abergeist Besessenen.* ³³ Und als der Abergeist ausgetrieben war, redete der Stumme. Da wunderten sich die Scharen, *sprechend: Noch nie ist erschienen so etwas in Israel* (Mt 15,30–31). ³⁴ Die «Pharisäer» aber sagten (immer wieder): Mit dem Vorsteher der Abergeister treibt er die Abergeister aus.

Mt 9,35–38

Wie Schafe ohne Hirten oder: Seelsorge im Exil

(vergleiche Lk 8,1; 10,2; Mk 6,6b.34)

³⁵ Dann zog Jesus durch alle Städte und Dörfer, als Lehrer (Mk 6,6b) *in ihren Synagogen,* als Verkünder der Heilsbotschaft vom Königtum (Gottes) und als Heiler *aller Krankheit und allen Gebrechens* (Mt 4,23;10,1). ³⁶ Als er aber die Scharen sah, da tat es ihm weh über sie (Mt 14,14!), denn sie waren *geschunden und preisgegeben* **wie Schafe, die keinen Hirten hatten** (Num 27,17; Mk 6,34). ³⁷ Da sagt er seinen Jüngern: Die Ernte – groß, doch Arbeiter – wenige! ³⁸ Erfleht also vom Herrn der Ernte, daß er auswerfe: Arbeiter in seine Ernte (Lk 10,2).

Mt 10,1–15

Der ursprüngliche Auftrag – Heilung und Rettung oder: Verstockung und Untergang

(vergleiche Mk 3,16–19; 6,7–11)

¹ Und nachdem er seine zwölf Jünger herbeigerufen, gab er ihnen Vollmacht über die unreinen Geister, *sie auszutreiben, und zu heilen alle Krankheit und alles Gebrechen* (Mt 9,35!).

² Der zwölf Sendboten Namen aber sind diese: Als erster Simon, der Petrus (Fels) genannt wird, und Andreas, sein Bruder (Mt 4,18); dann Jakobus, der (Sohn) des Zebedäus, und Johannes, sein Bruder; ³ Philippus und Bartholomäus; Thomas und Matthäus der Zöllner (Mt 9,9!); Jakobus, der (Sohn) des Alphäus, und Thaddäus, ⁴ Simon Kananäus und Judas der Iskariot (der Mann aus Qarioth), der dann ihn ausgeliefert hat.

⁵ *Diese Zwölf sandte Jesus aus, wobei er ihnen gebot, sprechend: zum Weg der Völker geht nicht fort, auch in eine Stadt der Samariter geht nicht.* ⁶ *Geht lieber zu den Schafen, den verlorenen, des Hauses Israel* (Mt 9,36!. 15,24!) ⁷ *Geht aber, kündet, sprechend: Genaht ist das Königtum der Himmel!* (Lk 9,2; Mt 3,1; 4,17.23!) ⁸ *Kranke heilt, Tote weckt auf, Aussätzige macht rein, Abergeister treibt aus. Umsonst habt ihr empfangen, umsonst gebt* (2 Kön 5,16). ⁹ *Verschafft euch kein Gold,* kein Silber, kein Kupfergeld in eure Gürtel; ¹⁰ keine Tasche auf den Weg, keine zwei Leibröcke, keine Sandalen (Lk 10,3), *keinen Stock! Denn: wert ist der Arbeiter seines Unterhalts* (Ex 12,11; Num 18,31; Lk 10,7; 2 Thess 3,9). ¹¹ Wohin in Stadt *oder Dorf* ihr aber auch kommt, *forscht nach, wer darin wert ist,* und dort bleibt, bis ihr weggeht. ¹² Geht ihr aber hinein in ein Haus, heißt es willkommen. ¹³ Und wenn das Haus es wirklich wert ist, komme euer Friede(nsgruß) darauf; wenn es aber nicht wert ist, so soll euer Friede(nsgruß) sich zu euch zurückwenden (Lk 10,6). ¹⁴ Doch wer euch nicht aufnimmt und nicht hört auf eure Worte – geht weg, heraus aus jenem Hause oder jener Stadt (Lk 10,5), und schüttelt ab den Staub eurer Füße. ¹⁵ *Bei Gott, ich sage euch: Erträglicher wird es sein für das Land von Sodom und Gomorra am Tag des Gerichtes* als jener Stadt (Lk 10,12; Mt 11,24!).

Mt 10,16–25

Der unvermeidbare Widerspruch oder: Prophetenlos

¹⁶ Da: ich sende euch wie Schafe inmitten von Wölfen. *Seid also schlau wie Schlangen und arglos wie Tauben.* ¹⁷ Habt aber acht vor den Menschen. Denn ausliefern werden sie euch an Synedrien, und in ihren Synagogen werden sie euch auspeitschen. ¹⁸ Sogar vor Statthalter aber und Könige werdet ihr geschleppt um meinetwillen, zum Zeugnis ihnen und den Völkern. ¹⁹ Wenn sie euch aber ausliefern, sorgt euch nicht, wie oder was ihr reden sollt. ²⁰ Denn nicht ihr seid es, die (dann) reden, sondern der Geist eures Vaters, der redet in euch (Lk 12,11–12).
²¹ Ausliefern aber wird der Bruder den Bruder – zum Tod, und der Vater das Kind, und **aufstehen werden die Kinder gegen die Eltern** (Dtn 13,6–11; Mi 7,6; Jes 9,2; 4 Esra 6,24) und werden den Tod ihnen antun. ²² Und ihr werdet gehaßt sein von allen wegen meines Namens. Wer aber ausharrt bis ans Ende, der wird (von Gott) gerettet werden (Dan 12,12; 2 Chr 15,7; 4 Esr 6,18 ff.).
²³ *Wenn sie euch aber verfolgen in der einen Stadt, flieht in die andere. Denn, bei Gott, ich sage euch: Nein, ihr werdet nicht zu Ende sein mit den Städten Israels, bis der Menschensohn kommt.* ²⁴ Nicht ist der Jünger über dem Lehrer, nicht der Knecht über dem Herrn. ²⁵ Genug dem Jünger, daß er werde wie sein Lehrer, und der Knecht wie sein Herr (Lk 6,40; Joh 13,16). *Wenn sie den Hausherrn Beelzebul genannt haben, um wieviel mehr seine Hausgenossen!* (Vergleiche Mk 3,22.)

Mt 10,26–36

Trotz allem: Fürchtet euch nicht!
(vergleiche Lk 12,2–9; 9,51–53)

²⁶ *Fürchtet sie also nicht.* Denn nichts ist verhüllt, was nicht enthüllt werden wird, und verborgen, was nicht bekannt werden wird. ²⁷ Was ich euch im Dunkeln sage, redet im Licht, und was ihr ins Ohr (geflüstert) hört, kündet auf den Dächern. ²⁸ Und fürchtet euch nicht vor denen, die den Leib töten (wollen), die Seele aber nicht zu töten vermögen, sondern fürchtet vielmehr den, der es vermag, daß sowohl die Seele als auch der Leib verloren gehen: in der Hölle! ²⁹ Werden nicht zwei Spatzen (schon) für einen Groschen verkauft? Und doch: nicht einer von ihnen fällt zur Erde ohne euren Vater (Mt 6,26).
³⁰ Von euch aber sind sogar die Haare eures Hauptes alle gezählt. ³¹ Nein, fürchtet euch also nicht. Wie unterschieden seid ihr von vielen (all den) Spatzen! ³² Jeder drum, der sich zu mir bekennt vor den Menschen, zu dem werde auch ich mich bekennen *vor meinem Vater, dem in den Himmeln*.
³³ Wer mich aber verleugnet vor den Menschen, den werde auch ich verleugnen *vor meinem Vater, dem in den Himmeln*.
³⁴ Setzt nicht, ich sei gekommen, Frieden auf die Erde zu bringen; ich bin nicht gekommen, Frieden zu bringen, sondern das Schwert (Mi 7,12). ³⁵ Denn ich bin gekommen zu entzweien **einen (einzelnen) Menschen mit seinem Vater**
und eine Tochter mit ihrer Mutter,
und eine Schwiegertochter mit ihrer Schwiegermutter.
³⁶ **Und: des Menschen Feinde – die eigenen Hausgenossen!**
(Mi 7,6; Dtn 13,6–11; Mk 13,12)

Mt 10,37–39

«Kreuzesnachfolge» – was ist das?
(vergleiche Lk 14,25–27; 17,33; Lk 18,29–39; 9,23–24)

³⁷ Wer Vater oder Mutter mehr liebt als mich, ist meiner nicht wert; und wer Sohn oder Tochter mehr liebt als mich, ist meiner nicht wert. ²⁸ Und wer nicht sein Kreuz nimmt und folgt mir nach, ist meiner nicht wert (Mt 16,24). ³⁹ Wer seine Seele (sich selbst) finden will, der verliert sie, doch wer seine Seele (sich selbst) verliert um meinetwillen, der wird sie finden (Joh 12,25).

Mt 10,40–42

«Wer euch aufnimmt...» oder:
Von der Identität des Glaubens

(vergleiche Mk 9,37; Mk 9,41 zu Mt 10,42)

⁴⁰ *Wer euch aufnimmt, – mich nimmt er auf, und wer mich aufnimmt, nimmt den auf, der mich gesandt hat.* ⁴¹ *Wer einen Propheten aufnimmt im Namen seines Prophetseins – den Verdienst eines Propheten wird der empfangen; und wer einen (vor Gott) Rechten aufnimmt im Namen seines Rechtseins (vor Gott) – den Verdienst eines (vor Gott) Rechten wird er empfangen.* ⁴² Und wer da tränkt einen dieser Kleinen mit einem Trunk kühlen Wassers einzig im Namen seines Jüngerseins, bei Gott, ich sage euch: nein, der wird seinen Verdienst nicht missen.

Mt 11,1–19

Johannes der Täufer und Jesus oder:
Von Prophetie und Heilung

(vergleiche Lk 7,18–23 zu Mt 11,2–6; zu Mt 11,7–19 vergleiche Lk 7,24–35; Mk 1,2 zu Mt 11,10; Lk 16,16 zu Mt 11,12; Mt 21,31–32; 17,11)

¹ *Und es geschah, als geendet hatte Jesus die Darlegung an seine zwölf Jünger, ging er von dort weiter, zu lehren und zu künden in ihren Städten.* ² Johannes aber, als er hört im Gefängnis die Taten des Messias, schickt hin und läßt durch zwei Jünger ihm sagen: ³ Du, bist du es, der da kommt, oder sollen wir auf einen anderen hinwarten?
⁴ Und als Antwort hat Jesus ihnen gesagt: Geht und meldet Johannes, was ihr hört und seht: ⁵ **Blinde werden sehend** und Lahme gehend, Aussätzige werden rein und **Taube hörend**, ja, **Tote werden auferweckt, und Armen wird die Heilsbotschaft verkündet** (Jes 29,18.19; 35,5.6; 61,1; Jub 23,26ff.; Hen 25,5ff.; 4 Esra 8,52ff.; Apk Bar 73,2ff.; Mt 15; 31; 5,3ff.!), ⁶ Und glücklich, wer nicht verstört wird an mir (Mt 13,57; 26,31)!
⁷ Während diese aber gingen, hub Jesus an, den Scharen über Johannes zu sagen: Was seid ihr hinausgegangen in die Wüste, zu schauen? Ein Rohr, sich biegend unter dem Wind? ⁸ Doch (wenn das nicht,) was seid ihr (dann) hinausgegangen zu sehen? Einen Menschen in Samt gekleidet? Da: die Samtträger (finden sich nur) in den Königshäusern. ⁹ Doch was seid ihr (dann) hinausgegangen? Einen Propheten zu sehen? Ja, ich sage euch: sogar mehr als einen Propheten.
¹⁰ Dieser ist es, über den geschrieben steht (vergleiche Mt 3,3):
**Da, ich sende meinen Boten vor dir her,
der deinen Weg vorbahnen soll** (Jes 40,3; Mal 3,1; Ex 23,20).
¹¹ Bei Gott, ich sage euch: nicht ist erstanden unter den Weibsgeborenen ein Größerer als Johannes der Täufer; doch der Kleinste im Königtum der Himmel ist größer als er. ¹² Doch von den Tagen Johannes des Täufers an bis jetzt wird das Königtum der Himmel vergewaltigt, und Vergewaltiger reißen es an sich. ¹³ Denn all die Propheten und das Gesetz – auf Johannes hin haben sie prophetisch geredet; ¹⁴ ja, wenn ihr es annehmen wollt: er ist (in seiner Verfolgung durch Herodes) Elias, der da kommen soll (Mt 17,22). ¹⁵ Wer Ohren hat, höre!
¹⁶ Wem aber soll ich diese Gattung vergleichen? Sie ist Kindern gleich, die herumsitzen auf den Marktplätzen und *den anderen* zurufen ¹⁷ und sagen:
Auf der Flöte haben wir euch gespielt und ihr habt nicht getanzt,
Klagelieder haben wir gesungen
und ihr habt euch nicht (an die Brust) geschlagen.
¹⁸ Denn gekommen ist Johannes, nicht essend, nicht trinkend, da sagen sie: Einen Abergeist hat er. ¹⁹ Gekommen ist der Menschensohn, essend und trinkend, da sagen sie: Da, ein verfressener Mensch, ein Weinsäufer, ein Zöllner- und Sünderfreund. Doch als recht erwiesen wird die Weisheit aus ihren Werken (Spr 8,32; Sir 4,11).

Mt 11,20–24

Entweder – Oder!
Die Verfluchung der Städte

(vergleiche Lk 10,12–15)

²⁰ *Sodann hub er an, die Städte zu verfluchen, in welchen die meisten seiner Machttaten geschehen waren, da sie nicht umgekehrt waren:* ²¹ Wehe dir, Chorazin! Wehe dir, Bethsaida! Denn wenn (in den Heidenstädten) Tyrus und Sidon die Machttaten geschehen wären, die in euch geschehen sind,

längst in Sack und Asche wären sie umgekehrt. ²² *Jedoch ich sage euch:* Tyrus und Sidon wird es erträglicher gehen am Tag des Gerichtes als euch. ²³ Und du, Kapharnaum, **wolltest du nicht zum Himmel emporsteigen? Zum Totenreich mußt du hinabsteigen** (Jes 14,13–15; vergleiche Ez 26,20). *Denn wenn in Sodom die Machttaten geschehen wären, die in dir geschehen sind, es stünde noch heute.* ²⁴ *Jedoch ich sage euch:* Dem Land Sodom wird es erträglicher gehen am Tag des Gerichtes als dir (Mt 10,15).

Mt 11,25–30
Einladung und Dankbarkeit
(vergleiche Lk 10,21–22 zu Mt 11,25–27)

²⁵ *In jener Zeit als Antwort hat Jesus gesagt:* Ich preise dich, Vater, Herr des Himmels und der Erde, daß du dies vor Gebildeten und Vernünftigen verhüllt hast, und hast es enthüllt den Kindlichen! ²⁶ Ja, Vater, so fand es Huld vor dir. ²⁷ Alles ist mir übergeben von meinem Vater (Joh 13,3), und niemand kennt den Sohn als nur der Vater (Joh 10,14), und auch den Vater kennt niemand als nur der Sohn (Joh 7,29; 17,25) und wem immer der Sohn es enthüllen will.

²⁸ Auf, zu mir, all ihr Erschöpften und Überlasteten, ich lasse euch zur Ruhe kommen. ²⁹ Nehmt mein Joch auf euch und lernt von mir, denn ich (selbst) bin wehrlos (Mt 5,3!) und erniedrigt der ganzen Herzensgesinnung nach, und **ihr werdet Ruhe finden für eure Seelen** (Jer 6,16). ³⁰ Denn mein Joch ist angenehm, und meine Last ist leicht (Sir 51,23 ff.; 24,19).

2. Wider die Lehre der «Pharisäer» und der Sadduzäer
(Mt 12,1–15,39)

Mt 12,1–8
**Noch einmal: Ein Glaube ohne Opfer –
der Sabbat zum Beispiel**
(vergleiche Mk 2,23–28)

¹ In jener Zeit ging Jesus am Sabbat durch die Saaten; seine Jünger aber bekamen Hunger und fingen an, Ähren abzureißen und zu essen. ² Die «Pharisäer» aber, wie sie das sahen, sagten ihm: Da, deine Jünger tun, was nicht erlaubt ist zu tun am Sabbat (Dt 23,24). ³ Er aber hat ihnen gesagt: Habt ihr nicht zur Kenntnis genommen, was David getan hat, als er hungrig war und (ebenso) seine Gefährten – ⁴ wie er hineinging ins Gotteshaus, und sie die Schaubrote aßen (1 Sam 21,4–7), was ihm nicht erlaubt war zu essen und auch nicht seinen Gefährten, nur den Priestern allein (Lv 24,5–9)? *⁵ Oder habt ihr nicht zur Kenntnis genommen im Gesetz, daß des Sabbats die Priester im Heiligtum den Sabbat brechen, und sind (doch) ohne Schuld? ⁶ Ich aber sage euch: (Gemessen am) Heiligtum: Größeres ist hier. ⁷ Wenn ihr nur zur Kenntnis nähmet, was das ist* (Mt 9,13):
Erbarmen will ich, nicht Opfer (Hos 6,6; vergleiche 1 Sam 15,22; Ps 40,7; 51,19), *so hättet ihr nicht (Menschen) verurteilt, die ohne Schuld sind.* ⁸ Denn: Herr des Sabbats ist der Mensch(ensohn).

Mt 12,9–21
**Von Gelähmtheit und Gesetzlichkeit oder:
Die heilende Freiheit wahrer Frömmigkeit**
(vergleiche Mk 3,1–12; Lk 14,5; 13,15 zu Mt 12,11)

⁹ Und wie er weitergezogen von dort, ging er in ihre Synagoge. ¹⁰ Und da: jemand, ausgedorrt an der Hand! Da befragten sie ihn, sprechend: Ob es frei steht, des Sabbats zu heilen? – um ihn verklagen zu können. ¹¹ Er aber hat ihnen gesagt: Wer von euch wird jemand sein, der ein Schaf hat, ein einziges, und wenn das hineinfällt, des Sabbats, in eine Grube, es nicht packen und hochholen wird? ¹² Um wieviel es unterscheidet ein Mensch sich von einem Schaf? (Mt 6,26) Somit: frei steht es, des Sabbats hilfreich zu handeln. ¹³ Dann sagt er dem Mann: Streck deine Hand aus; und er streckte (sie) aus, und wiederhergestellt war sie, gesund wie die andere. ¹⁴ Hinaus aber gingen die «Pharisäer» und faßten einen Beschluß gegen ihn, wie sie ihn vernichten könnten.

¹⁵ Jesus aber, wie er es erkennt, ist entwichen von dort, und es folgten ihm viele, und er heilte sie alle. ¹⁶ Und er herrschte sie an, daß sie ihn nicht öffentlich machen sollten, – *¹⁷ damit verwirklicht werde, was angesagt ist durch Jesaja, den Propheten, sprechend:*

¹⁸ **Da: mein dienstbarer Sohn, den ich erwählt,
mein Geliebter, dem meine Seele huldigt, –
ich will meinen Geist auf ihn legen,
daß Recht den Völkern er kündet.**
¹⁹ **Nicht zankt er, noch schreit er,
noch hört man auf den Plätzen seine Stimme.**
²⁰ **Geknicktes Rohr zerbricht er nicht,
und glimmenden Docht löscht er nicht aus,
bis er hinausführt zum Siege das Recht.**
²¹ **Ja, auf seinen Namen** (auf das, was er ist) **hoffen die Völker**
(Jes 42,1–4; Mt 3,17).

Mt 12,22–23

**Blind, stumm, besessen –
die Heilungen des «Davidssohnes»**

(vergleiche Mt 9,32–34; Lk 11,14–15.17–23)

²² Da ward hingebracht zu ihm ein von einem Abergeist Besessener, *blind* und stumm, und er hat ihn geheilt, so daß der Stumme redete *und sah*. ²³ Und außer sich gerieten all die Scharen und sprachen: *Ob der nicht etwa der Sohn Davids ist?* (Mt 1,6).

Mt 12,24–37

Der Teufel und der liebe Gott

(vergleiche Mk 3,22–30; Lk 12,10 zu Mt 12,32; Lk 6,43–45 zu Mt 12,33–35)

²⁴ Die «Pharisäer» aber, wie sie es hörten, haben gesagt: Der – niemals treibt der die Abergeister aus wenn nicht mit dem Beelzebul, dem Vorsteher der Abergeister. ²⁵ Er aber, im Wissen um ihre Gedanken (Mt 9,4!), hat ihnen gesagt: Jedes Königreich, das gespalten ist in sich selbst, verwüstet, und jede Stadt oder Wohnung, die gespalten ist in sich selbst, wird keinen Bestand haben. ²⁶ Auch der Satan, wenn er den Satan austriebe, wäre gegen sich selbst gespalten. Wie also sollte da sein Königtum Bestand haben? ²⁷ Doch wenn ich mit Beelzebul austreibe die Abergeister – eure Söhne, mit wem treiben die aus? Deswegen werden diese eure Richter sein. ²⁸ Wenn aber mit Gottes Geist ich die Abergeister austreibe, so ist doch zu euch gelangt das Königtum Gottes! ²⁹ Oder: wie kann jemand eindringen in das Haus eines Starken und seine Sachen rauben, wenn er nicht als erstes in Fesseln gelegt hat den Starken? Dann mag er sein Haus ausrauben (Mk 3,27). ³⁰ Wer nicht mit mir ist, der ist gegen mich, und wer nicht mit mir sammelt, der zerstreut. (Vergleiche dagegen Mk 9,40; Lk 9,50!) ³¹ Deswegen sage ich euch: Jede Sünde und Lästerung (Perversion) wird den Menschen nachgelassen werden; aber die Lästerung (Perversion) des (Heiligen) Geistes wird nicht nachgelassen werden. ³² Auch wer spricht ein Wort gegen den Menschensohn, – es wird ihm nachgelassen werden; wer aber spricht gegen den Geist, den heiligen, nicht wird dem nachgelassen werden, weder in dieser Weltzeit noch in der künftigen. ³³ Entweder ihr setzt einen Baum (als) eßbar und damit auch seine Frucht, oder ihr setzt einen ungenießbaren Baum und damit auch seine Frucht (als) ungenießbar (Jes 5,1–7; Jer 24,2–10; Hab 3,17). Denn: an der Frucht erkennt man den Baum. ³⁴ Schlangenbrut! (Mt 3,7; 23,33!) Wie könnt ihr Gutes (die Wahrheit) sagen, wo ihr schlecht seid! Denn: wovon das Herz überfließt, redet der Mund. ³⁵ *Ein guter Mensch bringt aus dem Vorrat an Gutem Gutes hervor, ein schlechter Mensch bringt aus dem Vorrat an Schlechtem Schlechtes hervor.* ³⁶ *Ich sage euch aber: Jedes arge Sprechen, das die Menschen daherreden, darüber müssen sie Antwort erstatten am Tag des Gerichtes.* ³⁷ *Denn: aus deinen Worten wirst du gerechtgesprochen werden, und aus deinen Worten wirst du verurteilt werden* (Mt 7,1.2).

Mt 12,38–50

**Von drei Gefahren des Religiösen:
Fetischisierung, Neurotisierung und
Infantilisierung**

(zu Mt 12,38–42 vergleiche Lk 11,16.29–32; Mk 8,11–12; Mt 16,1.2a.4; zu Mt 12,42–45 vergleiche Lk 11,24–26; zu Mt 12,46–50 vergleiche Mk 3,31–35)

³⁸ Da antworteten ihm einige von den *Schriftgelehrten* und «Pharisäern», sprechend: Lehrer, wir verlangen von dir einen Beweis. (Vergleiche Mt 16,1.) ³⁹ Er aber als Antwort hat ihnen gesagt: Eine böse und ehebrecherische Gattung verlangt einen Beweis, doch ein «Beweis» wird ihr nicht gegeben werden außer dem von Jonas, dem Propheten. ⁴⁰ Denn wie **Jonas war im Bauche des Seeungeheuers drei Tage und drei Nächte** (Jona 2,1), so wird der Menschensohn *im Herzen der Erde drei Tage und drei Nächte sein*. ⁴¹ Männer von Ninive werden auftreten beim Gericht über diese Gattung und das Gericht über sie sprechen. Denn: sie kehrten um (bloß) auf die Verkündigung des Jonas hin! Doch da: mehr als Jonas (ist) hier! ⁴² Eine Königin des Südens wird aufstehen beim Gericht über diese Gattung und Gericht über sie sprechen; denn: sie kam von den Enden der Erde, (bloß) um die Weis-

heit Salomons zu hören! (1 Kön 4,14; 10,1-13.) Doch da: mehr als Salomon (ist) hier! ⁴³ Wenn aber ein unreiner Geist ausfährt aus einem Menschen, schweift er umher durch wasserlose Stätten auf der Suche nach Ruhe (Mt 11,29!); findet er sie nicht, ⁴⁴ dann spricht er: In mein Haus will ich zurückkehren, von wo ich ausgefahren bin. Kommt er dann und findet (es) leerstehend, gefegt und aufgeräumt, ⁴⁵ dann geht er hin und nimmt dabei mit sich (noch) sieben andere Geister hinzu, schlimmer als er selber; die fahren ein und beziehen dort Wohnung. Da wird das Ende eines solchen Menschen ärger als der Anfang. *Genau so wird es dieser bösen Gattung ergehen.*

⁴⁶ Noch während er zu den Scharen redet, da, die Mutter und seine Brüder standen draußen und suchten mit ihm zu reden. ⁴⁷ [Es hat aber jemand ihm gesagt: Da, deine Mutter und deine Brüder stehen draußen und suchen mit dir zu reden.] ⁴⁸ Er aber antwortete dem, der es ihm sagte, er sprach: Wer ist meine Mutter und wer sind meine Brüder? ⁴⁹ Und er streckte seine Hand aus über seine Jünger und sprach: Da, meine Mutter und meine Brüder. ⁵⁰ Denn jeder, der den Willen meines Vaters, *des in den Himmeln*, tut, der ist mir Bruder und Schwester und Mutter.

Mt 13,1-23
Die vielfältige Saat oder:
Bilder gegen die Verzweiflung

(zu Mt 13,1-9 vergleiche Mk 4,1-9; zu Mt 13,10-17 vgl. Mk 4,10-12.25; zu Mt 13,16-17 vgl. Lk 10,23-24; zu Mt 13,18-23 vgl. Mk 4,14-20)

¹ An jenem Tag ging Jesus aus dem Haus (Mk 3,20f.!) und setzte sich an das «Meer». ² Da versammelten sich zu ihm viele Scharen, so daß er in ein Boot stieg und sich setzte, während die ganze Schar am Ufer stand. ³ Und er redete zu ihnen vieles in Bildreden, sprechend: Also! Ein Sämann ging zum Säen aus. ⁴ Und indem er säte, fiel das eine neben den Weg, und die herbeikommenden Vögel fraßen es weg. ⁵ Anderes aber fiel auf felsigen Grund, wo es nicht viel Erde hatte, und sogleich schlug es aus, weil es keine Erdentiefe hatte. ⁶ Bei Sonnenaufgang aber verbrannte es, und weil es keine Wurzel hatte, verdorrte es (Ps 1,3; Jer 17,8). ⁷ Anderes aber fiel unter die Disteln (Jes 32,13; Hos 10,8); und die Disteln gingen auf und erstickten es. ⁸ Anderes aber fiel auf ertragreiche Erde, und es gab Frucht: das eine hundertfach, das andere sechzigfach, das andere dreißigfach. ⁹ Wer Ohren hat, der höre!

¹⁰ Da traten die Jünger hinzu und haben ihm gesagt: Warum in Rätselreden redest du zu ihnen? ¹¹ Er aber als Antwort hat gesagt: Euch ist es gegeben, die Geheimnisse des Königtums der Himmel zu erkennen, jenen aber ist es nicht gegeben. ¹² Denn wer da hat, dem wird gegeben werden, *und er wird im Überfluß haben;* wer aber nicht hat – selbst was er hat, wird ihm genommen werden. (Mt 25,29) ¹³ Deswegen: in Rätselreden rede ich zu euch, denn:

sehend sehen sie nicht,
und hörend hören sie nicht
noch verstehen sie (Dt 29,3-4; Jer 5,21; Ez 12,2).

¹⁴ *So verwirklicht sich für sie die Weissagung Jesajas', die besagt:*

Mit dem Gehör werdet ihr hören und nimmermehr verstehen,
und sehend werdet ihr sehen und nimmermehr (ein)sehen;

¹⁵ **denn verfettet ist das Herz dieses Volkes,**
und auf ihren Ohren sind sie schwerhörig,
und ihre Augen halten sie verschlossen,
um ja nicht zu sehen mit den Augen
und mit den Ohren zu hören
und mit dem Herzen zu verstehen
und umzukehren, –
daß ich sie heilte (Jes 6,9.10) (LXX).

¹⁶ Bei euch aber: glücklich die Augen, daß sie sehen, und eure Ohren, daß sie hören. ¹⁷ Denn bei Gott, ich sage euch: Viele Propheten und (vor Gott) Rechte ersehnten zu sehen, was ihr schaut, und haben nicht gesehen, und zu hören, was ihr hört, und haben es nicht gehört.

¹⁸ Ihr also, hört die Bildrede vom Sämann. ¹⁹ Bei jedem, der das Wort vom Königtum hört und nicht versteht, kommt der Böse und raubt, was in sein Herz gesät ist; dies ist der neben den Weg Gesäte.

²⁰ Der aber auf felsigen Grund Gesäte, das ist, wer das Wort hört und sogleich mit Freude es aufnimmt; ²¹ aber er hat keine Wurzel in sich, sondern (nur) ein Augenblickswesen ist er. Wenn aber Drangsal entsteht oder Verfolgung wegen des Wortes, so werden sie gleich verstört. ²² Der aber unter die Disteln Gesäte, das ist, wer das Wort hört, doch die Sorge der Weltzeit und die Täuschung des Reichtums erstickt das Wort, und es wird unfruchtbar. ²³ Der aber auf ertragreiche Erde Gesäte, das ist, wer das Wort hört und versteht, der dann auch Frucht bringt und schafft: das eine hundertfach, das andere sechzigfach, das andere dreißigfach.

Mt 13,24–43
Ausrotten oder Wachsen lassen – was eigentlich macht Gott mit uns?
(zu Mt 13,31–33 vergleiche Lk 13,18–21; zu Mt 13,31–32 vgl. Mk 4,30–32; zu Mt 13,34–35 vgl. Mk 4,33–34)

²⁴ Eine andere Bildrede hat er ihnen vorgelegt, sprechend: Zu vergleichen ist das Königtum der Himmel mit jemandem, der ertragreichen Samen gesät hatte auf seinen Acker. ²⁵ Indem die Leute aber schliefen, war sein Feind gekommen, hatte Unkraut gesät mitten unter den Weizen und war davongegangen. ²⁶ Als aber der Halm sproßte und Frucht ansetzte, da erschien auch das Unkraut. ²⁷ Die Knechte des Hausherrn aber traten hinzu und sagten ihm: Herr, hast du nicht ertragreichen Samen gesät auf deinen Acker? Woher also hat er das Unkraut? ²⁸ Er aber sprach zu ihnen: Ein feindseliger Mensch hat das getan. Die Knechte aber sagen ihm: Willst du also, wir sollen hingehen und es zusammenlesen? ²⁹ Er aber spricht: Nein, nimmermehr, beim Zusammenlesen des Unkrauts würdet ihr zugleich damit den Weizen ausreißen. ³⁰ Laßt beides zusammen wachsen bis zur Ernte. Dann zur Zeit der Ernte werde ich den Erntearbeitern sagen: Lest zuerst das Unkraut zusammen und bindet es zu Bündeln, auf daß es verbrannt wird, den Weizen aber bringt zusammen in meine Scheune (vergleiche Mt 3,12).
³¹ *Eine andere Bildrede hat er ihnen vorgelegt, sprechend:* Vergleichbar ist das Königtum der Himmel mit einem Senfkorn, das ein Mann nahm und in seinen Acker säte; ³² es ist zwar das kleinste von allen Samenkörnern; wenn es aber wächst, so ist es das größte der Kräuter und wird eine Staude, daß da kommen **die Vögel des Himmels** und **nisten in seinen Zweigen** (Ps 104,12, LXX; Ez 7,23; 31,6; Dan 4,9–18). ³³ Eine andere Bildrede hat er ihnen erzählt: Vergleichbar ist das Königtum der Himmel einem Sauerteig, den eine Frau nahm und in drei Scheffel Weizenmehl eingrub, bis daß es ganz durchsäuert ward.
³⁴ Dies alles hat Jesus in Bildreden zu den Scharen geredet, und außerhalb einer Bildrede redete er nichts zu ihnen,
³⁵ *damit sich verwirkliche, was angesagt ist durch den Propheten, sprechend:*
Ich will in Rätselreden meinen Mund auftun,
will rufen, was verhüllt war seit Grundlegung (der Welt) (Ps 78,2).
³⁶ Dann entließ er die Scharen und ging in seine Wohnung. Und hinzutraten zu ihm seine Jünger, sprechend: Erläutere uns das Gleichnis vom Unkraut auf dem Acker. ³⁷ Er aber als Antwort hat gesagt: Der den ertragreichen Samen sät, ist der Menschensohn, ³⁸ der Acker aber ist die Welt; der ertragreiche Same aber, das sind die Söhne des Königtums; das Unkraut aber sind die Söhne des Bösen, ³⁹ der Feind aber, der es gesät hat, ist der Teufel; die Ernte aber ist die Vollendung der Weltzeit, die Erntearbeiter aber sind Engel. ⁴⁰ Wie nun das Unkraut zusammengelesen und im Feuer verbrannt wird, so wird es sein bei der Vollendung der Weltzeit: ⁴¹ Aussenden wird der Menschensohn seine Engel, und sie werden sammeln aus seinem Königtum all die Verstörungen und **die Handlanger der Gesetzlosigkeit** (Ps 6,9; Zeph 1,3; vgl. Mt 7,23; 24,11), ⁴² und **sie werden sie in den Feuerofen werfen** (Dan 3,6); dort wird Heulen und Zähneknirschen (verzweifelte Wut) sein (Mt 8,12; 13,50; 22,13; 24,51; 25,30). ⁴³ Dann **werden die** (vor Gott) **Rechten aufleuchten wie die Sonne** in dem Königtum ihres Vaters (Ri 5,31; 2 Sam 23,3–4; Dan 12,3; Sir 50,7; Hen 39,7; 104,2; Mt 17,2). Wer Ohren hat, der höre!

Mt 13,44-52
Entschiedenheit und Unterschiedenheit

⁴⁴ Vergleichbar ist das Königtum der Himmel mit einem Schatz, der in einem Acker vergraben war; als den jemand fand, vergrub er ihn (gleich wieder), und in seiner Freude geht er hin und kauft diesen Acker. ⁴⁵ Ferner: Vergleichbar ist das Königtum der Himmel einem Kaufmann auf der Suche nach kostbaren Perlen; ⁴⁶ als er aber eine besonders wertvolle Perle fand, ging er fort, verkaufte alles, was er hatte, und erwarb sie.

⁴⁷ Ferner: Vergleichbar ist das Königtum der Himmel einem Schleppnetz, das ins «Meer» geworfen wurde und (Fische) von allerlei Art zusammenbrachte; ⁴⁸ dieses, als es voll war, zogen sie ans Ufer, setzten sich hin und sammelten die eßbaren in Gefäße, die ungenießbaren aber warfen sie fort. ⁴⁹ So wird es bei der Vollendung der Weltzeit sein: ausziehen werden die Engel und aussondern die Bösen aus der Mitte der (vor Gott) Rechten, ⁵⁰ und **sie werden sie in den Feuerofen werfen** (Dan 3,6); dort wird Heulen und Zähneknirschen (verzweifelte Wut) sein (Mt 8,12; 13,42; 22,13; 24,51; 25,30). ⁵¹ Habt ihr das alles verstanden? Sagen sie ihm: Ja. ⁵² Er aber hat ihnen gesagt: Deswegen: jeder Schriftgelehrte, der zum Jünger für das Königtum der Himmel geworden, ist vergleichbar einem Hausherrn, der aus seinem Vorrat hervorholt Neues und Altes.

Mt 13,53-58
Jesus in Nazareth oder:
Von der Unableitbarkeit des Menschen
(vergleiche Mk 6,1-6a)

⁵³ *Und es geschah, als geendet hatte Jesus diese Gleichnisse, brach er von dort auf.* ⁵⁴ Und er kam in seine Vaterstadt, und er lehrte sie in ihrer Synagoge, so daß sie außer sich geraten und sagen: Woher der diese Weisheit und Machttaten hat? ⁵⁵ Nicht wahr: das ist doch (bloß) ein Handwerkerssohn. Heißt nicht seine Mutter Mirjam und seine Brüder Jakobus und Joseph und Simon und Judas? Und sind nicht seine Schwestern alle (hier) bei uns? ⁵⁷ Und sie wurden verstört an ihm. Jesus aber hat ihnen gesagt: Kein Prophet ist ehrlos außer in seiner Vaterstadt und in seinem eigenen Haus. ⁵⁸ Und er wirkte dort nicht viele Machttaten wegen ihres Mißtrauens.

Mt 14,1-12
Die Ermordung des Täufers oder:
Die den Tod nicht fürchten
(vergleiche Mk 6,14-29)

¹ Zu jener Zeit hörte Herodes, der Vierfürst, die Kunde von Jesus ² und er sagte zu seinen Dienern: Das ist Johannes der Täufer; der ist auferweckt worden von den Toten, und deswegen wirken die Kräfte in ihm. ³ Herodes nämlich hatte Johannes verhaften und fesseln lassen und ins Gefängnis gesteckt wegen Herodias, der Frau des Philippus, seines Bruders. ⁴ Johannes nämlich hatte Herodes gesagt: Es steht dir nicht frei, sie zu haben. ⁵ Und so gern er ihn hätte töten lassen, – er fürchtete das Volk; denn wie einen Propheten hielten sie ihn. ⁶ Zum Geburtsfest des Herodes aber tanzte die Tochter der Herodias in ihrer Mitte, und es gefiel dem Herodes, ⁷ weshalb er mit einem Schwur bekannte, ihr geben zu wollen, was immer sie verlange. (Vergleiche Esther 5,3; 7,2; 1 Kg 13,8.) ⁸ Sie aber, angetrieben von ihrer Mutter: Gib mir, sagt sie, hier auf einer Schüssel das Haupt Johannes des Täufers! ⁹ Und ward auch betrübt der König, wegen des Schwurs und der Tischgenossen befahl er, es ihr zu geben. ¹⁰ Und er schickte hin und enthauptete Johannes im Gefängnis. ¹¹ Da brachte man sein Haupt auf einer Schale und gab es dem Mädchen, und das gab es seiner Mutter. ¹² Und herbei kamen seine Jünger, sie holten den Leichnam und begruben ihn. *Dann kamen sie und meldeten es Jesus.*

Mt 14,13-36
Brotvermehrung und Seewandel oder:
von Halt und Lebensinhalt
(vergleiche Mk 6,32-56; zu Mt 14,34-36 vgl. Mt 4,24-25; 8,16-17; 9,20-21; 15,29-31)

¹³ Als jedoch Jesus das hörte, entwich er von dort im Boot an einen einsamen Ort, mit sich allein.

Doch wie die Scharen es hörten, folgten sie ihm zu Fuß aus den Städten. ¹⁴ Und als er ausstieg, sah er eine große Schar. Da tat es ihm weh um sie (Mt 9,36!), *und er heilte ihre Kranken.* ¹⁵ Spät aber war es geworden (Mt 8,16; 26,20!), da traten seine Jünger zu ihm, sprechend: Öd ist der Ort und die Stunde schon vorgerückt. Entlaß daher die Scharen, daß sie in die Dörfer gehen und sich Nahrungsmittel kaufen. ¹⁶ Jesus aber hat ihnen gesagt: Sie haben nicht nötig, wegzugehen. Gebt ihr ihnen zu essen! ¹⁷ Sie aber sagen ihm: Wir haben hier nichts, nur fünf Brote und zwei Fische. ¹⁸ Er aber hat gesagt: Bringt sie mir hierher. ¹⁹ Dann befahl er den Scharen, sich zu lagern auf dem Rasen, nahm die fünf Brote und die zwei Fische, blickte auf zum Himmel und sprach die Preisung, dann brach und gab er den Jüngern die Brote, die Jünger aber den Scharen. ²⁰ So aßen alle und wurden satt. Ja, man hob (noch) den Rest der Brocken auf – zwölf volle Körbe! ²¹ Derer aber, die aßen, waren (allein) an Männern etwa 5000, *ohne Frauen und Kinder.*

²² Und gleich nötigte er die Jünger, ins Boot zu steigen und ihm vorauszufahren – zur Jenseite, daß er inzwischen die Scharen entlasse. ²³ Und nachdem er die Scharen entlassen, stieg er auf den Berg, mit sich allein, um zu beten. Spät aber war es geworden (Mt 14,15), und allein war er dort. ²⁴ Das Boot aber hielt schon viele Stadien weit vom Land ab und mühte sich ab mit den Wogen, denn der Wind stand entgegen. ²⁵ Zur vierten Nachtwache aber ist er zu ihnen gekommen, einherwandelnd über das «Meer». ²⁶ Die Jünger aber, als sie ihn sahen, wie er über das «Meer» einherwandelt, waren erschrocken, sprechend: Ein Gespenst ist das, und vor Furcht schrien sie auf. ²⁷ Doch gleich redete Jesus zu ihnen, sprechend: Faßt Mut, ich bin! Fürchtet euch nicht. ²⁸ *Geantwortet aber hat ihm Petrus, hat gesagt: Herr, wenn du es bist, befiehl, daß ich komme, zu dir, über das Wasser.* ²⁹ Er aber hat gesagt: Komm. Und aus dem Boot stieg Petrus und ging einher über die Wasser und kam zu Jesus. ³⁰ *Wie er aber den Wind sah, ward er voll Furcht, und (schon) begann er zu versinken und schrie auf, sprechend: Herr, rette mich!* ³¹ *Sogleich aber streckte Jesus die Hand aus und ergriff ihn, und sagt ihm: Du so wenig Vertrauender, wozu bekamst du Zweifel?* ³² *Und wie sie ins Boot stiegen, beruhigte sich der Wind.* ³³ *Die im Boot aber warfen sich nieder vor ihm, sprechend: Wahrhaftig, Gottes Sohn bist du* (Mt 8,29!).

³⁴ So hinübersetzend kamen sie ans Land nach Gennesaret. ³⁵ Doch wie ihn die Männer jenes Ortes erkannten, schickten sie in die ganze Umgebung dort, und sie trugen ihm zu alle, die übel dran waren. ³⁶ Und sie redeten ihm zu, sie möchten doch nur berühren den Saum seines Mantels; und so viele berührten, wurden errettet.

Mt 15,1–39

Gelebte Religion ist gerade so viel wie Prophetie und Therapie
(vergleiche Mk 7,1–37; 8,1–10)

¹ Da kommen zu Jesus (eigens) von Jerusalem «Pharisäer» und Schriftgelehrte, sprechend: ² Weshalb übertreten deine Jünger die Tradition der Alten? (Vergleiche Mt 9,14–17!) Denn sie waschen sich nicht die Hände, wenn sie Brot essen. ³ Er aber als Antwort hat ihnen gesagt: Weshalb gerade ihr – ihr übertretet das Gebot Gottes (nur) wegen eurer Tradition! ⁴ Denn Gott hat gesagt: **Ehre deinen Vater und deine Mutter** (Ex 20,12; Dt 5,16), und: **Wer da schmäht Vater oder Mutter, sterbe des Todes** (Ex 21,17; Lev 20,9). ⁵ Ihr aber sagt: Wer spricht zu Vater oder Mutter: Eine Weihegabe (ist), was du von mir zu Nutzen hättest, der braucht nicht zu ehren seinen Vater oder seine Mutter; damit habt ihr das Wort Gottes entthront eurer Tradition wegen. ⁷ *Ihr Angeber,* treffend hat Jesaja geweissagt über euch, sprechend:

⁸ **Ein Volk** (wie) **dieses ehrt mich mit den Lippen,**
  doch ihr Herz ist fern von mir;
⁹ **vergeblich drum verehren sie mich,**
  (nur) Lehren lehrend – Menschensatzungen!
(Jes 29,13, LXX.)

¹⁰ Und er rief die Schar herbei und sagte ihnen: Hört und versteht! ¹¹ Nicht was zum Mund hineingeht, beschmutzt einen Menschen, sondern was aus dem Mund herauskommt, das beschmutzt einen Menschen. (Vergleiche Mt 22, 25 f.!) ¹² *Da traten seine Jünger herzu und sagten ihm: Weißt du,*

daß die «Pharisäer», als sie das Wort hörten, verstört worden sind? ¹³ *Er aber als Antwort hat gesagt: Jede Pflanze, die nicht mein Vater, der himmlische, gepflanzt hat, wird ausgerissen werden.* (Vergleiche Mt 13,29!) ¹⁴ *Laßt sie;* Blinde sind sie, die Blinden den Weg zeigen wollen. Ein Blinder aber, wenn er einem Blinden den Weg zeigt – da werden beide in die Grube fallen (vergleiche Lk 6,39). ¹⁵ *Geantwortet aber hat Petrus, er hat ihm gesagt: Erkläre uns das Rätselwort.* ¹⁶ Er aber hat gesagt: Seid denn am Ende auch ihr verständnislos? ¹⁷ Merkt ihr nicht, daß alles, was zum Mund hineingeht, (nur) in den Bauch geht und (dann) in den Abtritt ausgeschieden wird? ¹⁸ Was aber aus dem Mund herauskommt, geht aus dem Herzen hervor, und das kann einen Menschen beschmutzen. ¹⁹ Denn aus dem Herzen gehen hervor: böse Gedanken, Mordtaten, Ehebrüche, Unzüchtigkeiten, Diebstähle, Falschzeugnisse, Lästerungen (Perversionen des Heiligen). ²⁰ Das ist es, was einen Menschen beschmutzt; *essen aber mit ungewaschenen Händen* beschmutzt niemanden.

²¹ Und Jesus ging von dort weg und entwich in die Landesteile von Tyrus und Sidon. ²² Und da: eine Frau, eine Kanaanäerin von dem Gebiet dort, kam heraus und schrie, sprechend: *Erbarme dich meiner, Herr, du Sohn Davids!* (Vergleiche Mk 10,47.) Meine Tochter wird von einem Abergeist schlimm besetzt gehalten. ²³ *Er aber hat ihr nicht geantwortet, – kein Wort. Da traten seine Jünger herzu und baten ihn, sprechend: Fertige sie ab, denn sie schreit hinter uns her.* ²⁴ *Er aber als Antwort hat gesagt: Ich bin nur gesandt zu den verlorenen Schafen des Hauses Israel* (Mt 10,6). ²⁵ Sie aber kam und fiel ihm zu Füßen, sprechend: Herr, hilf mir. ²⁶ Er aber als Antwort hat gesagt: Es ist nicht recht, das Brot der Kinder wegzunehmen und es vorzuwerfen den Hunden. ²⁷ Sie aber hat gesagt: Ja, Herr, doch auch die Hündlein essen ja von den Bröckchen, *die vom Tisch ihrer Herren fallen.* ²⁸ Da als Antwort hat Jesus ihr gesagt: *O Frau, groß ist bei dir das Vertrauen. Es geschehe dir, wie du willst.* Und geheilt ward ihre Tochter von Stund an.

²⁹ Und Jesus zog von dort weg und ging entlang am Galiläischen «Meer», *und er stieg auf den Berg und setzte sich dort.* (Vergleiche Mt 5,1!) ³⁰ Da kamen zu ihm große Scharen, die hatten bei sich *Lahme, Krüppel, Blinde,* Taubstumme *und viele andere* (Mt 4,24–5,1!), *und sie streckten sie hin vor seinen Füßen. Und er hat sie geheilt,* ³¹ so daß die Menge sich wunderte, als sie sahen: Stumme redend, Krüppel gesund, Lahme umhergehend und Blinde sehend (Jes 35,5 ff.). Und sie priesen den Gott Israels (Mt 9,32–33!).

³² Jesus aber rief seine Jünger herzu und sprach: Mir tut es weh um die Menge, denn schon drei Tage harren sie aus bei mir und haben nichts zu essen; drum: sie nüchtern entlassen möchte ich nicht, damit nicht unterwegs sie die Kräfte verlassen. ³³ Da sagen ihm die Jünger: Woher (sollen) wir in der Einöde an so viele Brote (kommen), um eine so große Menge zu sättigen? ³⁴ Da sagt ihnen Jesus: Wieviele Brote habt ihr? Sie sagten: Sieben *und ein paar kleine Fische.* ³⁵ Da gebot er der Menge, sich auf die Erde niederzulassen, ³⁶ und er nahm die sieben Brote und die Fische, sprach das Dankgebet, brach und gab den Jüngern, und die Jünger den Scharen. ³⁷ Und es aßen alle und wurden satt, ja, man hob (noch) den Rest der Brocken auf – sieben Körbe voll! ³⁸ Derer aber, die aßen, waren (allein) 4000 Männer, ohne Frauen und Kinder. ³⁹ Und als er die Scharen entlassen hatte, stieg er ins Boot und ging in die Gegenden von Magadan.

3. Der Weg zur Passion
(Mt 16,1–20,19):

Mt 16,1–20
Die Forderung nach einem «objektiven» Gott oder: Wie «bekennt» man Jesus als den «Christus»?
(vergleiche Mk 8,11–21.27–30; zu Mt 16,1–4 vgl. Mt 12,38–39; Lk 11,16; 12,54–56; 11,29)

[1] Da traten herzu die «Pharisäer» und Sadduzäer und baten ihn, zur Probe ein Beweisstück vom Himmel ihnen vorzuführen. [2] Er aber als Antwort hat ihnen gesagt: [Wenn es Abend geworden, sagt ihr: Schönes Wetter, es glüht ja der Himmel! [3] Und am Morgen: Heute Sturm, es glüht ja trübe der Himmel. Den Anblick des Himmels versteht ihr zu beurteilen, die Hinweise der Zeit aber seid ihr nicht fähig.] [4] Eine böse und ehebrecherische Gattung verlangt einen Beweis, doch ein Beweis wird ihr nicht gegeben werden außer dem Hinweis des Jonas. Und er verließ sie und ging weg.
[5] Und als die Jünger an die Jenseite kamen, hatten sie vergessen, Brot mitzunehmen. [6] Jesus aber hat ihnen gesagt: Seht zu! Und zwar: nehmt euch in acht vor dem Sauerteig der «Pharisäer» *und Sadduzäer.* [7] Die aber redeten unter sich, sprechend: Wir haben kein Brot mitgenommen. [8] Jesus aber gewahrte es und sagte: Was redet ihr unter euch, *ihr so wenig Vertrauenden?* Daß ihr kein Brot habt? Immer noch merkt ihr nicht? Und erinnert euch auch nicht an die fünf Brote der 5000 und wieviele Körbe ihr mitgenommen habt? [10] Und auch nicht an die sieben Brote der 4000 und wieviele Tragen ihr mitgenommen habt? [11] Wie merkt ihr (denn) nicht, *daß ich nicht von Broten zu euch sprach: Habt acht vor dem Sauerteig der «Pharisäer» und Sadduzäer?* [12] Da verstanden sie, daß er nicht gesagt hatte, sich in acht zu nehmen vor dem Sauerteig aus Brot, sondern vor der Lehre der «Pharisäer» und Sadduzäer.

[13] Als aber Jesus in die Gegend von Cäsarea Philippi gekommen, fragte er seine Jünger, *sprechend:* Wer, sagen die Menschen, sei der Menschensohn? [14] Die aber haben gesagt: Die einen: Johannes der Täufer, andere: Elias, wieder andere: Jeremias oder einer (sonst) der Propheten (4 Esra 2,18). [15] Spricht er zu ihnen: Ihr aber, wer, sagt ihr, wäre ich? [16] Geantwortet aber hat *Simon Petrus,* er sagte: Du bist der Messias, *der Sohn Gottes* (Mt 14,33), *des Lebendigen.* [17] *Geantwortet aber hat Jesus, er hat ihm gesagt: Glücklich bist du, Simon Barjona, denn Fleisch und Blut (Menschenweisheit) hat dir das nicht enthüllt, sondern mein Vater, der in den Himmeln.* [18] *So aber sage auch ich dir: Du bist Petrus, und auf diesen Felsen will ich meine Kirche bauen* (1 Petr 2,4–8; Eph 2,20), *und die Tore der Totenwelt sollen nicht stärker sein als sie.* [19] *Hiermit gebe ich dir die Schlüssel zum Königtum der Himmel, nämlich: was immer du bindest auf Erden, sei gebunden in den Himmeln, und was immer du lösest auf Erden, sei gelöst in den Himmeln.* [20] Darauf herrschte er die Jünger an, niemandem dürften sie sagen, *daß er der Messias sei.*

Mt 16,21–28
Vom «Kreuzweg» der Selbstfindung und der Befreiung des Menschen oder: Wider die Ältesten, Priester und Schriftgelehrten!
(vergleiche Mk 8,31–9,1)

[21] Daraufhin fing Jesus (als) der Messias an, seinen Jüngern zu zeigen, es sei notwendig, *daß er nach Jerusalem gehe* und sehr leide von den Ältesten, den Hohenpriestern, den Schriftgelehrten, ja, er werde getötet, doch dann: am dritten Tag werde er auf*erweckt.* [22] Da nahm Petrus ihn zu sich und fing an, ihn anzuherrschen, *sprechend:* Gnädig doch!

Herr! Nein, nicht sei dir das! ²³ Er aber wandte sich um und hat dem Petrus *gesagt:* Fort! Hinter mich! Satan! *Verstörung bist du mir,* denn du hast nicht Gott im Sinn, sondern (einzig) die Menschen! ²⁴ Darauf hat Jesus seinen Jüngern gesagt: Wenn jemand hinter mich will, zur Nachfolge, der muß sich lossagen von sich selbst und sein Kreuz aufnehmen – so folge er mir. (Mt 10,38) ²⁵ Wer nämlich sein Leben retten will, wird es verlieren. Wer aber sein Leben verloren gibt, um meinetwillen, der wird es *finden.* ²⁶ Denn was soll es einem Menschen nützen, wenn er die ganze Welt gewinnt, sein Leben aber (dabei) einbüßt? Oder was soll ein Mensch zum Tausch für sein Leben geben? ²⁷ Denn: es wird der Menschensohn kommen in der Herrlichkeit seines Vaters (Dan 7,13; Hen 61,10; Mk 13,26f.) mit *seinen* Engeln, *und dann* **wird er einem jeden vergelten nach seinem Tun** (Ps 62,13; Spr 24,12). ²⁸ Bei Gott, ich sage euch: Es gibt einige unter denen, die hier stehen, die den Tod nicht schmecken werden, bis sie sehen: *den Menschensohn,* kommend *in seinem* Königtum.

Mt 17,1–23

Das Glück der eigenen Bestimmung und die Heilung innerer Zerissenheit

(vergleiche Mk 9,2–32)

¹ Dann, nach sechs Tagen, nimmt Jesus beiseite: Petrus, Jakobus und Johannes, *dessen Bruder (Mt 26,37),* und bringt sie hinauf auf einen hohen Berg, für sich. ² Da ward er verwandelt vor ihnen: *Da erstrahlte sein Gesicht wie die Sonne* (Ex 34,29.35; Dt 12,3), *seine Kleider wurden weiß wie das Licht.* ³ Und da: es ließ sich ihnen sehen Moses und Elias in Zwiesprache mit ihm. ⁴ Petrus aber versuchte darauf zu antworten, er hat Jesus gesagt: *Herr,* gut ist es, daß wir hier sind. *Wenn du willst,* mache *ich* hier drei Zelte, dir eins, Moses eins und Elias eins! ⁵ *Noch während er redete* – da: eine hell-lichte Wolke überschattete sie, und da: eine Stimme aus der Wolke, die sagt: **Dies ist mein Sohn, der Geliebte, dem ich huldige** (Gen. 22,2; Jes 42,1; 44,2; Ps 2,7; Mt 3,17; 12,18); **ihn hört** (Dt 18,15). ⁶ *Doch wie (dies) die Jünger hörten, warfen sie sich auf ihr Gesicht und fürchteten sich sehr.* ⁷ *Da trat Jesus herzu, und indem er sie anrührte, hat er gesagt: Wacht auf* (Mt 16,21!) *und fürchtet euch nicht!* ⁸ Wie sie aber aufschlugen ihre Augen, – niemand sahen sie, nur ihn, Jesus allein. ⁹ Und während sie vom Berge herabstiegen, stellte er ihnen (vor Augen): Niemandem erzählt ihr die Vision, bis der Menschensohn von den Toten *auferstanden.* ¹⁰ Da fragten ihn seine Jünger, sprechend: Was nun? Die Schriftgelehrten sagen, **Elias muß zuerst kommen** (Mal 3,23)! ¹¹ Er aber als Antwort hat gesagt: **Elias** – wohl kommt er und alles **stellt er wieder her.** ¹² Ich aber sage euch: Elias ist **schon** gekommen. (Mt 11,14) *Doch sie haben ihn nicht erkannt,* sondern sie haben mit ihm gemacht, was sie wollten. *Genau so auch der Menschensohn:* er wird leiden müssen unter ihnen. ¹³ *Da verstanden die Jünger, daß er von Johannes dem Täufer zu ihnen gesprochen.*

¹⁴ *Doch wie sie (wieder) zum Volk kamen,* kam zu ihm ein Mensch, der bat ihn kniefällig ¹⁵ und sagte: *Herr, erbarme dich* meines Sohnes, denn er ist mondsüchtig und übel dran (2 Kön 4,31). Oft nämlich fällt er ins Feuer, oft ins Wasser. ¹⁶ Und so habe ich ihn zu deinen Jüngern gebracht, doch nicht haben sie vermocht, ihn zu heilen. ¹⁷ Da gab Jesus zur Antwort, er hat gesagt: O (ihr) vertrauenslose **und verkehrte Gattung** (Dt 32,5; Mt 12,39.45; 16,4), wie lange noch soll ich bei euch sein? Wie lange noch soll ich euch aushalten? Bringt mir ihn her. ¹⁸ Und angeherrscht hat ihn Jesus; da ist ausgefahren von ihm der Abergeist, und geheilt ward der Knabe von jener Stunde an. ¹⁹ *Darauf traten an Jesus die Jünger heran, und unter sich sagten sie:* Warum? Wir haben nicht vermocht, ihn auszutreiben! ²⁰ Er aber sagt ihnen: *um eueres wenigen Vertrauens willen* (Mt 6,30; 17,20). *Bei Gott nämlich, ich sage euch:* Hättet ihr Vertrauen (auch nur so klein) wie ein Senfkorn, – ihr sprächet, *zu diesem Berg dort: Geh weg von da, dorthin!, da wird er weggehen* (vergleiche Lk 17,6; 1 Kor 13,2!), *und nichts wird* unmöglich sein für euch (Mt 21,22). [²¹ Doch diese Art fährt nicht aus, es sei denn durch Gebet und Fasten. Vergleiche Mk 9,29.] ²² *Als aber ihre Sammlung wuchs* in Galiläa, hat ihnen Jesus gesagt: Es wird der Menschensohn ausgeliefert werden in Menschenhände, ²³ und sie

töten ihn, doch am dritten Tage wird er *auferweckt* werden. *Da wurden sie sehr traurig* (Mt 5,4!).

Mt 17,24–27
Das Märchen von dem Gold im Fischmaul oder: Eine phantastische Antwort auf die Frage nach der Tempelsteuer

[24] Als sie aber nach Kapharnaum gekommen, traten die Doppeldrachmeneinnehmer an Petrus heran und sagten: Euer Lehrer – er bringt nicht auf die Doppeldrachme (der Tempelsteuer) (Ex 30,13–16)? [25] Spricht er: Ja! Doch wie er nach Hause gekommen, kam ihm Jesus zuvor, sprechend: Was meinst du, Simon? Die Könige der Erde – von wem nehmen sie Zoll oder Steuer? Von ihren Söhnen oder von Fremden? [26] Wie er aber sagte: von Fremden, sprach zu ihm Jesus: Also ja! Frei sind die Söhne! [27] Damit wir sie aber nicht verstören, geh ans «Meer» und wirf die Angel aus, und den, der als erster hochkommt, den Fisch zieh heraus, und öffnest du sein Maul, findest du einen Stater (ein Vierdrachmenstück). Den nimm und gib ihnen anstelle von mir und von dir.

Mt 18,1–14
Die Perspektive der «Kleinen»
(vergleiche Mk 9,33–50; zu Mt 18,8–9 vgl. Mt 5,29–30; zu Mt 18,10–14 vgl. Lk 15,3–7)

[1] *In jener Stunde traten die Jünger an Jesus heran, sprechend:* Wer wohl der Größte ist *im Königtum der Himmel*? [2] *Da rief* er ein Kind herbei, stellte es in ihrer Mitte [3] und sagte: *Bei Gott, ich sage euch:* Wenn ihr euch nicht umstellt und werdet wie die Kinder, nein, nicht geht ihr ein in das Königtum der Himmel (Mk 10,15). [4] *Wer also niedrig sich macht* (Mt 23,12) *wie dieses Kind, der ist der Größte im Königtum der Himmel* (Mt 19,14). [5] Und wer ein Kind, eins wie dieses, aufnimmt in meinem Namen, mich nimmt er auf.

[6] Wer aber einen dieser Kleinen, die auf mich hin vertrauen, verstört, dem kommt zu, daß ein Eselsmühlstein (Apk 18,21) um seinen Hals gehängt und er versenkt wird in der Tiefe des «Meeres» (vergleiche Mt 18,14). [7] *Wehe der Welt um der Verstörungen willen* (Mt 13,38); nötig, ja, daß Verstörungen kommen; doch wehe dem Menschen, durch den die Verstörung kommt (Lk 17,1). [8] Wenn aber deine Hand oder dein Fuß dich verstört, hau sie ab *und wirf sie von dir.* Besser ist es *für dich*, einzugehen ins Leben verkrüppelt oder hinkend (Röm 8,13; Kol 3,5), als mit beiden Händen oder beiden Füßen in das *ewige* Feuer geworfen zu werden (Jes 66,24). [9] Und wenn dein Auge dich verstört, reiß es aus und wirf es von dir; besser ist es *für dich*, einäugig in *das Leben* einzugehen als mit beiden Augen in die *Feuer*hölle geworfen zu werden (Jes 66,24).

[10] *Seht, daß ihr keinen dieser Kleinen verachtet. Denn ich sage euch: Ihre Engel in den Himmeln* (Ps 91,11) *schauen allezeit das Antlitz meines Vaters, des in den Himmeln.* [12] *Was meint ihr:* Wenn jemandem 100 Schafe gehören, und es verirrt sich eins von ihnen, läßt er nicht die 99 auf den Bergen, und geht und sucht das verirrte (Ez 34,12.16; Ps 119,176)? [13] Und wenn es gelingt, es zu finden, *bei Gott, ich sage euch,* er freut sich an ihm mehr als an den 99, die sich nicht verirrt haben (Jes 40,11). [14] *Ebenso ist es nicht der Wille vor euerem Vater, dem in den Himmeln, daß verloren gehe eines dieser Kleinen* (1 Petrus 2,25).

Mt 18,15–19,1–2
«Wie ich mich deiner erbarmt habe» oder: Wovon die Menschen leben
(zu Mt 19,1–2 vgl. Mk 10,1)

[15] Wenn aber dein Bruder (an dir) sündigt, geh hin und weise ihn zurecht (Lev 19,17) zwischen dir und ihm allein. Wenn er auf dich hört, so hast du deinen Bruder gewonnen. [16] Wenn er aber nicht hört, nimm zusätzlich zu dir noch einen oder zwei dabei, damit **aus dem Mund von zwei Zeugen oder drei festgestellt werde jeder Sachverhalt** (Dt 19,15; 17,6). [17] Wenn er aber (auch) diese überhört, sprich zur Gemeinde; wenn er aber auch die Gemeinde überhört, sei er dir wie einer aus den Völkern oder wie ein Zöllner. [18] Bei Gott, ich sage euch, was immer ihr bindet auf Erden, sei gebunden im Him-

mel, und was immer ihr löst auf Erden, sei gelöst im Himmel (Mt 16,19).
¹⁹ Wiederum, [bei Gott], ich sage euch: wenn zwei zusammenstimmen von euch auf Erden über jedwede Sache, um die sie bitten wollen, sie wird ihnen (zuteil) werden von meinem Vater in den Himmeln. ²⁰ Denn wo zwei oder drei versammelt sind auf meinen Namen hin, dort bin ich in ihrer Mitte.
²¹ *Daraufhin trat Petrus herzu und hat ihm gesagt: Herr, wie oft darf sich versündigen gegen mich mein Bruder und ich muß es ihm erlassen?* Bis zu siebenmal (Gen 4,15; Lev 26,21.11; Spr 24,16; Ps 119,164)? ²² Sagt ihm Jesus: *Nicht, sage ich dir, bis zu siebenmal, sondern bis zu 77mal* (Gen 4,24).
²³ Deshalb: Vergleichbar ist das Königtum der Himmel einem Menschenkönig; der wollte Abrechnung halten mit seinen Knechten. ²⁴ Kaum aber hatte er mit der Abrechnung begonnen, da wurde einer ihm vorgeführt – verschuldet (in Höhe) von 10 000 Talenten! ²⁵ Da er natürlich nicht in der Lage war, (die Summe) zurückzuzahlen, befahl der Herr, zu verkaufen: ihn selbst, seine Frau, seine Kinder, alles, was er hatte, und zurückzuzahlen. ²⁶ Da warf sich der Knecht nieder und bat ihn kniefällig, sprechend: Sei langmütig mit mir, ich will dir doch alles zurückzahlen. ²⁷ Da tat es dem Herrn weh ob jenes Knechtes, und er ließ ihn frei; sogar das Darlehen erließ er ihm. ²⁸ Kaum aber war jener Knecht draußen, da traf er einen seiner Mitknechte, der schuldete ihm (nur) 100 Denare. Den griff er und würgte ihn, sprechend: Zahle zurück, wenn du was schuldig bist. ²⁹ Da warf dieser, sein Mitknecht, sich nieder und redete ihm zu, sprechend: Sei langmütig mit mir, ich will dir doch zurückzahlen. ³⁰ Der aber wollte nicht, sondern er ging weg und ließ ihn ins Gefängnis werfen, bis er die Schuld zurückgezahlt habe. ³¹ Als nun seine Mitknechte sahen, was da geschah, wurden sie sehr bitter, sie kamen und berichteten ihrem Herrn ausführlich alles, was da geschehen war. ³² Darauf rief ihn sein Herr zu sich und sagte ihm: Du böser Knecht! Ganz habe ich dir jene Schuld erlassen, da du mir zugeredet hast. ³³ Hättest nicht auch du dich deines Mitknechtes erbarmen müssen, wie ich mich deiner erbarmt habe? ³⁴ Und voller Zorn übergab sein Herr ihn den Folterern, bis er zurückgezahlt habe: ganz, die Schuld, an ihn. – ³⁵ So wird auch mein Vater, der himmlische, euch tun, wenn ihr nicht erlaßt – ein jeder seinem Bruder von Herzen.

¹ *Und es geschah, als geendet hatte Jesus diese Worte, brach er von Galiläa auf* und kam in die Gegenden von Judäa jenseits des Jordans. ² Und es folgten ihm große Scharen, und er *heilte* sie dort.

Mt 19,3–12

O leg mich wie ein Siegel an dein Herz
(vergleiche Mk 10,2–12)

³ Da kamen zu ihm «Pharisäer», stellten eine Fangfrage und sagten: Ob es erlaubt ist, seine Frau zu entlassen *aus jedwedem Grunde*? ⁴ Er aber als Antwort hat gesagt: Habt ihr nicht gelesen, daß der Schöpfer vom Anfang (vom Wesen) her **männlich und weiblich sie gemacht hat** (Gen 1,27)? ⁵ Und er hat gesagt: **Deswegen wird ein Mensch** (der Mann) **Vater und Mutter verlassen und seiner Frau anhangen und es werden die zwei zu einem Fleisch** (zu einer Gemeinschaft der Liebe) **werden** (Gen 2,24), ⁶ so daß sie nicht mehr zwei (isolierte Wesen) sind, sondern ein Fleisch (eine Lebensgemeinschaft der Liebe). Was also Gott zusammengefügt hat, das darf ein Mensch (ein Mann!) nicht trennen. ⁷ *Sagen sie ihm*: Was hat dann Moses angeordnet: **urkundlich den Abstandsbrief geben und [sie] entlassen** (Dt 24,1)? ⁸ Sagt er ihnen: Moses hat (nur) auf eure Herzensstarre hin gestattet, eure Frauen zu entlassen; *vom Anfang* (vom Wesen der Liebe) *her aber war (ist) es so nicht*. ⁹ *Ich aber sage euch*(!): Wer seine Frau entläßt – *außer im Fall der Unzucht* (Mt 5,32) – und heiratet eine andere, der bricht die Ehe. ¹⁰ *Sagen ihm die Jünger: Wenn es so steht um die Sache eines Menschen (Mannes) mit seiner Frau, trägt es nichts bei, zu heiraten.* ¹¹ Er aber hat ihnen gesagt: *Nicht alle fassen dieses Wort, sondern nur die, denen es (von Gott) gegeben ist:* ¹² *Da sind Kastraten, die aus dem Mutterleib so geboren wurden; da sind Kastraten, die (künstlich) kastriert wurden von (anderen) Menschen; und da sind Kastraten, die sich selbst kastriert haben um des Königtums der Himmel wegen. Wer das fassen kann, der fasse es.*

Mt 19,13–30

Von Kindsein und von Armseindürfen

(vergleiche Mk 10,13–31; zu Mt 19,28 vgl. Lk 22,28–30; zu Mt 19,29 vgl. Lk 18,29b.30)

¹³ Dann wurden zu ihm Kinder gebracht, damit er die Hände ihnen auflege *und für (sie) bete.* Die Jünger aber herrschten sie an. ¹⁴ Jesus aber hat gesagt: Laßt die Kinder, hindert sie nicht, zu mir zu kommen, denn ihresgleichen ist das Königtum der Himmel (Mt 18,4; 21,15). ¹⁵ Und er legte ihnen die Hände auf; dann ging er von dort weg.

¹⁶ Und da: einer kam zu ihm und hat gesagt: Lehrer, was (ist das) Gute, (das) ich tun muß, um in den Besitz des ewigen Lebens zu gelangen? ¹⁷ Er aber hat ihm gesagt: Was *fragst* du mich *nach dem Guten?* Einer ist der Gute. Doch willst du ins Leben eingehen, so halte die Gebote. ¹⁸ Sagt er ihm: Welche? Jesus aber sprach: Das: **Morde nicht! Brich nicht die Ehe! Stiehl nicht! Lege kein falsches Zeugnis ab!** ¹⁹ **Ehre Vater und Mutter!** (Ex 20,12–16); Dt 5,16–20; Sir 4,1.) Und: **Liebe deinen Nächsten wie dich selbst!** (Lev 19,18.) ²⁰ Sagt ihm der junge Mann: Das alles habe ich beachtet; was fehlt mir noch? ²¹ Sprach zu ihm Jesus: Willst du ganz sein (Mt 5,48), so geh hin, verkaufe dein Hab und Gut und gib den Armen; so wirst du einen Schatz in den Himmeln haben (Mt 6,19–21!). Dann auf, folge mir. ²² Kaum hörte aber der junge Mann [dieses] Wort, da ging er fort voller Trauer, denn er war reich begütert. ²³ *Jesus aber hat seinen Jüngern gesagt: Bei Gott, ich sage euch:* Ein Reicher – «schwer» (ganz unmöglich!) kann er in das Königreich der Himmel kommen. ²⁴ *Wiederum aber sage ich euch:* Leichter ist es, daß ein Kamel in ein Nadelloch hineingeht, als ein Reicher in das Königtum Gottes. ²⁵ *Wie aber die Jünger das hörten,* waren sie ganz außer sich, sprechend: Wer kann da noch gerettet werden? ²⁶ (Sie) anblickend aber hat Jesus gesagt zu ihnen: Bei Menschen ist das unmöglich; **bei Gott aber ist alles möglich** (Gen 18,14; Job 42,2). ²⁷ Darauf als Antwort hat Petrus gesagt zu ihm: Da, wir! Wir haben alles verlassen und uns aufgemacht, dir zu folgen; *was wird da sein, für uns?* ²⁸ Jesus aber hat ihnen gesagt: Bei Gott, ich sage euch: Ihr, die ihr euch aufgemacht habt, mir zu folgen, – bei der Wiedererneuerung (der Welt), *wenn Platz nimmt der Menschensohn auf dem Thron seiner Herrlichkeit* (Mt 25,31; 20,21; Apk 3,21), werdet auch ihr Platz nehmen auf zwölf Thronen als Richter der zwölf Stämme Israels (Lk 22,28–30). ²⁹ Und jeder, der Häuser oder Brüder oder Schwestern oder Vater oder Mutter oder Kinder oder Äcker verlassen hat *um meines Namens willen* – ein Vielfaches wird er (dafür) empfangen (Lk 18,29b.30), ja, ewiges Leben wird er erben. ³⁰ Und zwar werden viele sein: als Erste letzte und als Letzte erste (Mt 20,16).

Mt 20,1–19

Die grenzenlose Güte und die grausame Gerechtigkeit – die Arbeiter im Weinberg und die Todesweissagung

(zu Mt 20,17–19 vgl. Mk 10,32–34; Mt 16,21–23; 17,22–23)

¹ Denn: Vergleichbar ist das Königtum der Himmel einem menschlichen Hausherrn, der ausging gleich in der Frühe, um Lohnarbeiter anzuwerben für seinen Weinberg. ² Er kam aber überein mit den Arbeitern um einen Denar den Tag und schickte sie in seinen Weinberg. ³ Auch ging er hinaus um die dritte Stunde und sah andere da «stehen» auf dem Markt, unbeschäftigt; ⁴ auch zu denen sagte er: Geht auch ihr hin in den Weinberg, und was recht ist, werde ich euch geben. ⁵ Die aber gingen los. Wiederum aber ging er aus um die sechste und neunte Stunde und tat ebenso. ⁶ Um die elfte Stunde aber, als er ausging, fand er (immer noch) andere da «stehen» und sagt ihnen: Was steht ihr hier den ganzen Tag unbeschäftigt? ⁷ Sagen sie ihm: Keiner hat uns eingestellt. Sagt er ihnen: Geht auch ihr in den Weinberg! ⁸ Als es nun Abend geworden, sagt der Herr des Weinbergs seinem Verwalter: Ruf die Arbeiter und gib den Lohn aus (Lev 19,13; Dt 24,14–15), beginnend bei den letzten bis zu den ersten. ⁹ Da kamen die der elften Stunde und erhielten je einen Denar. ¹⁰ Als da die ersten kamen, setzten sie, sie würden mehr erhalten. Doch erhielten den Satz von einem Denar auch sie. ¹¹ Beim Erhalt aber schimpften sie über

den Verwalter, ¹² sprechend: Diese letzten da – eine (einzige) Stunde haben sie gearbeitet, und ebenso hast du diese behandelt wie uns, die wir des Tages Last und Hitze getragen. ¹³ Er aber zur Antwort hat einem von ihnen gesagt: Mein Lieber, nein, ich tue dir kein Unrecht. Nicht? Um einen Denar bist du mit mir übereingekommen! ¹⁴ Nimm das Deine, und fort! Ich will aber diesem Letzten ebenso geben wie dir. ¹⁵ Nicht? Es ist mir erlaubt, was ich will, zu machen mit dem Meinen! ¹⁶ Oder ist dein Auge böse, weil ich gut bin (Mt 6,22–23)? So werden sein: die Letzten erste und die Ersten letzte (Mt 19,30).

¹⁷ Willens, hinaufzuziehen nach Jerusalem, nahm Jesus die Zwölf *für sich* und hat unterwegs zu ihnen gesagt: ¹⁸ Da, wir ziehen hinauf nach Jerusalem; und (das bedeutet): der Menschensohn wird ausgeliefert den Hohenpriestern und Schriftgelehrten, und sie werden ihn verurteilen – zum Tod. ¹⁹ Und (dann) werden sie ihn ausliefern: an die Völker zum Verhöhnen, Geißeln und Kreuzigen; doch am dritten Tag wird er *auferweckt* werden.

III.
Einzelauslegung

1. Die Wunder der Heilung und der Auftrag der Jünger

(Mt 8,1–11,30)

Im Aufbau des Matthäusevangeliums ist es von großer Bedeutung, daß gerade jetzt, nach Abschluß der «Bergpredigt», eine Kette von Wundererzählungen folgt, die im wesentlichen den ersten beiden Kapiteln der *Markus*-Vorlage entnommen sind. Ausdrücklich waren die Worte der «Bergpredigt» an die «großen Scharen» gerichtet, die von weither «alle Kranken»: die Besessenen, Mondsüchtigen und Gelähmten zu Jesus brachten, auf daß er sie heile (Mt 4,24); der Kern all der Reden, die Jesus, vom *«Berge»* herab, gestellt zwischen Himmel und Erde, als eine lebendige Achse im *Zentrum* der Welt, den Menschen soeben verkündet hat, lautet in einfacher Anwendung: Man muß das menschliche Leben betrachten aus der Perspektive derer, die am meisten weinen; und dann muß man sich fragen, wie die Dinge, die man gerade vorhat, sich dazu verhalten. «Gott» ist da nicht der metaphysische Garant moralischer Rechte und Pflichten; er ist die Kraft, die uns hilft, dem Abgrund standzuhalten. Aus all den Worten der Bergpredigt atmet diese vertrauensvolle, aufrichtende Güte, die den «Hungernden» sättigt und den Trauernden tröstet (Mt 5,4.6).

Von daher ist es nur konsequent, daß jetzt, als Jesus vom «Berge herabsteigt» (Mt 8,1), «die Scharen» mit ihm ziehen und die Worte des Heils sich nunmehr fortsetzen in Wundern der Heilung. Beides, will Matthäus sagen, ist eine unauflösliche Einheit: Eine wahre Rede von Gott zeigt sich darin, daß sie den Menschen guttut; und alles, was heilend und heilsam auf die Not von Menschen einwirkt, geht von Gott aus und berührt letztlich *ihn* (vergleiche Mt 25,31–46: Die Frage des Gerichtes: Wann denn haben wir dich gesehen?).

Es ist von daher absolut unmöglich, mit theologischer Dreinrede die wortwörtlich *therapeutische* Seite der Verkündigung Jesu als etwas «Bequemes», «Regressives», «Privatistisches» oder schlechtweg «Unverantwortliches» aus dem Evangelium streichen zu wollen. Die *Heilung der Kranken* ist nicht eine Nebensache des Matthäusevangeliums, sie ist *die Art*, wie Worte von Gott, wenn sie wirklich stimmen, an Menschen wirksam werden. Ob von Gott so gesprochen wird, daß es verstehend, beruhigend, angstlindernd und zärtlich genug ist, um «unsere Gebrechen» hinwegzunehmen (Mt 8,17), oder ob es die

Menschen belastet und bedrückt (Mt 23,4), *das* ist der entscheidende Maßstab, an dem sich ersehen läßt, was eine bestimmte «Theologie» wert ist, ja, ob sie überhaupt im Sinne Jesu Beachtung verdient. Alles, was davon ablenkt, zu heilen und zu helfen, mag noch so feierlich und würdevoll daherkommen – es ist eher ein Hohn auf Gott als religiös der Ernstfall.

Für die Auslegung der folgenden Wundergeschichten im 8. und 9. Kapitel des Matthäusevangeliums bedeutet dies vor allem, daß wir üben und lernen müssen, die Not der Menschen ringsum so eindringlich und offen wahrzunehmen, wie Jesus es vorgelebt hat. In seinen Augen gab es offensichtlich weder «gute» noch «böse» Menschen, nur *Kranke*, die des *Arztes* bedürfen (Mt 9,52). Fängt man erst einmal an, sich mit wachem Blick umzuschauen und sich zu fragen: Was *braucht* denn der andere am meisten, was *fehlt* ihm, oder auch nur: was kann ihm, womöglich entscheidend, weiterhelfen, so wird man sehr bald merken, daß die Bedürftigkeit der Menschen ohne Grenzen ist. *Das hört nie auf!* Doch wer sich darauf einläßt, tut das einzige, was wirklich zählt. Mag sein, es ist unscheinbar und verborgen, und ganz gewiß hat es nichts von dem pompösen Wesen all derer an sich, die partout die «Ersten» sein müssen (Mt 20,20–28: der Rangstreit der Jünger!); doch im Grunde kommt es nur auf die Frage an, wie «blind» oder wie «sehend» ein Mensch für diese Fähigkeit gelebter Menschlichkeit geworden ist (Mt 20,29–34: die Heilung zweier Blinder!). Keine «christliche» «Verkündigung» ist irgend glaubhaft, welche die Sensibilität gegenüber den vielfachen Formen menschlicher Not nicht spürbar *verfeinert* und zu einem sanfteren Wesen im Umgang mit den Menschen in ihren Ausweglosigkeiten verhilft.

Man hat theologisch, wofern die Wundererzählungen überhaupt eine zentrale Bedeutung behielten, den Sinn der Geschichten im kirchlichen Dogma weitgehend ins Abergläubige verschoben. Ungewohnt, die Botschaft von der *«Tröstung der Völkergemeinschaft»* (TG) auf die eigene Existenz hin zu lesen und in ihrer Menschlichkeit als Chance und Verpflichtung für sich selbst zu entdecken, haben die «Schriftgelehrten» der Kirche die «Heilungswunder» Jesu in Demonstrationen göttlicher «Machtbeweise» und «messianischer» «Vollmachten» in historischen Szenen vor 2000 Jahren verwandelt; nichts von all diesem Großartigen braucht oder vermag sich heute in unserem Leben auch nur von ferne zu wiederholen, ja, es müßte für Verstiegenheit und Vermessenheit gelten, wollte jemand sein «Christentum» darin setzen, es Jesus ähnlich zu tun und wirklich «im Namen Gottes» Kranke zu heilen statt nur nach kirchlicher Formel den «Christus» als «Gottessohn» zu «bekennen». Gott sei Dank aber hat Jesus selber keinen Zweifel daran gelassen, wie er die Aufgabe seiner

«Jünger» gemeint hat. «Geht...», formuliert Matthäus selber (in Anlehnung an Mk 6,7.13), «und sprecht: Genaht hat sich das Königtum der Himmel. Kranke heilt, Tote weckt auf, Aussätzige macht rein, Abergeister treibt aus» (Mt 10,7.8). Wenn es ein «Erkennungszeichen» dafür gibt, wer Jesus wirklich *ist*, so besteht es darin, daß *solche Taten* durch ihn geschehen (Mt 11,2–6: Die Frage des Johannes), und wenn es ein Kennzeichen dafür gibt, was die «*Nachfolge* Christi», was das ganze «Christentum» wert ist, so besteht es in der Frage, wieviel von der *heilenden,* gesundenden Wirkung, die von der Person Jesu ausgeht, im Leben eines Menschen sich fortsetzt.

In gewissem Sinne stellt es nur die Kehrseite der orthodoxen Verfeierlichung der «Wunder» Jesu dar, wenn wir in anderen Teilen derselben Kirche eine geradewegs *magisches* Verständnis der Heilungen Jesu praktiziert finden. Ist es nicht möglich, ja, geboten, zu Gott zu *bitten*, wie Jesus es getan hat, und es dann vertrauensvoll der Güte und der Allmacht Gottes zu überlassen, was geschieht? In zahlreichen «charismatischen» Gruppen ist dieses Verständnis der Wundererzählungen im Buch der «Tröstung der Völkergemeinschaft» (TG) gang und gäbe. Da soll «geheilt» werden durch Gebet und Handauflegung und, wenn auch das noch nicht hilft, durch bestimmte Formeln. Insbesondere gegenüber den «Abergeistern», den «Teufeln», verfügt die Kirche nach ihrer eigenen Schätzung über wirksame exorzistische Rituale. Zwar dürfen neuerdings Teufelsaustreibungen nur noch mit Genehmigung des Ortsbischofs vorgenommen werden[1], doch in welch einem Umfang die katholische Kirche selbst heute noch in den Ideen eines mittelalterlichen, dem Menschen der Neuzeit geradezu wahnhaft anmutenden Weltbildes verstrickt ist, mag man daran ersehen, daß *Papst Johannes Paul II.* im Vatikan einen eigenen Exorzisten wie *Erzbischof Emmanuel Milingo* beschäftigt, der von den Klugredereien der akademischen Theologie ersichtlich nichts hält, dafür aber mit viel Gottvertrauen und Seelsorgeeifer gegen das Heer der Dämonen zu Felde zieht.[2] Diesem Mann ist die Rede von Hölle und Teufel so «normal» wie anderen die Frage, wo ihre Schuhe oder ihre Zahnbürste hingekommen sind – kein Gedanke, daß man die religiöse Sprache von «Teufeln», «Dämonen» und «Hölle» *symbolisch* verstehen und durcharbeiten müsse, um sie hilfreich und heilend, das heißt Glauben begründend, statt Aberglauben bestärkend, den Menschen mitzuteilen.

Klar ist vor allem, daß die «magische» Übernahme der Wundererzählungen im Matthäusevangelium im Grunde genau so «objektivistisch» und existentiell unverbindlich bleibt wie eine voreilige «christologische» Ausdeutung dieser Geschichten. Sowohl die orthodoxe Formel wie der formalisierte Ritus halten sich *außerhalb* des Ortes auf, an dem ganz allein *das* sich wiederholen kann, was Jesus in seiner Gestalt vorgelebt hat: in dem Kraftfeld persönlicher Begegnung und Zugewandtheit die Angst und Verstörung eines anderen Menschen gemeinsam durchzuarbeiten.

Es nutzt existentiell durchaus nichts zu sagen, Jesus ist der «Herr» oder der «Gottessohn» – ja, es waren die letzten Worte der Bergpredigt, in denen der Jesus des Matthäusevangeliums mit Nachdruck davor *warnt*, den Akt des «Glaubens» auf ein solches Hersagen vermeintlich «richtiger» Formeln zu reduzieren (Mt 7,21). Jesus als den «Herrn» zu «bekennen» (lauter Begriffe eines Theologendeutsch, das selbst schon wieder Zug um Zug übersetzt werden muß) – das heißt so viel, wie das ganze Leben aus der Todespraxis unrettbarer Angst in eine offene Haltung des Vertrauens hinüberzuführen, indem man Jesus *glaubt*, wenn er von einem «Gott» als unserem «Vater» (unserer «Mutter») spricht. Und zu sagen, er sei der «*Sohn* Gottes», das bedeutet als erstes, von dem Jesus des Matthäusevangeliums zu lernen, wie *er* das Wort von der «Gottessohnschaft» versteht: «Glücklich sind die Friedenschaffenden», die «Heil-Wirkenden», sagt Jesus da in den «Seligpreisungen» der Bergpredigt, «sie heißen in Wahrheit *Söhne Gottes*» (Mt 5,9). «Frieden» schaffen – das ist im Hebräischen *identisch* mit «heilen» und «ganzmachen», mit dem Zusammenfügen von Zerbrochenem und dem Vereinen des Zerfallenen. Es ist eine ebenso sinnlose wie sinnwidrige Aufspaltung und Entgegensetzung, wenn in manchen Theologenkreisen versucht wird, den Begriff des «Friedenschaffens» als einen *politischen* Auftrag gegen den *therapeutischen* Inhalt zu stellen, den das Wort vom «Schalom» unüberhörbar besitzt: «Heilwerden», «Ganzsein», «Zufriedenheit» – das ist die *Voraussetzung*, um zu ermöglichen, was als «Frieden» im Verhältnis unter den Menschen in Erscheinung tritt. Erst wenn man die Person Jesu als den «Ort», als das «Gegenüber» für sich entdeckt, wo so etwas wie «Heilwerdung» möglich wird, mag man sagen, man «glaube» ihn selber als den «Sohn Gottes». Ein solches «Heilwerden» aus «Glauben» wird sich wie von selbst fortsetzen auch in einer wohltuenden, mitunter *«heilenden»* Weise des Umgangs miteinander.

Um einem möglichen Mißverständnis zu wehren: gemeint ist beim Sprechen vom Heilen aus «Glauben» *nicht* ein ungeschichtlicher Rückfall aus unserer Kultur in die schamanistischen Praktiken archaischer Stammesreligionen. Man kann Vergangenes oder Fremdes nicht einfach in die Gegenwart des Eigenen verpflanzen. Aber es ist sehr wichtig zu sehen, was dem Ideal nach an anderer Stelle (*Tiefenpsychologie und Exegese*, 2. Bd., S. 141–188) bereits gezeigt wurde: daß eine lebendige religiöse Existenz eine *Einheit* zwischen den nur anscheinend so verschiedenen «Berufungen» beziehungsweise «Berufen» eines

Priesters, eines *Arztes* und eines *Dichters* darstellt – ihrem ganzen Wesen nach sollte es zwischen den in unserer Kultur durch Spezialisierung und Differenzierung unüberbrückbar getrennt erscheinenden Tätigkeiten am Altar, im Atelier und im Krankenhaus nicht nur keinen Gegensatz geben, es sollte vielmehr deutlich sein, wie sehr das Sprechen von Gott, indem es auf die tiefsten Ängste des menschlichen Daseins antwortet, in sich selber therapeutische Qualitäten besitzt und wie umgekehrt seelische Heilung gar nicht geschehen kann, ohne Hoffnungen und Sinnevidenzen zu mobilisieren, die, ob ausdrücklich oder verborgen, hinüberreichen in die Sphäre des Religiösen; beide aber, der Arzt wie der Priester, bedürfen des Ausdrucksvermögens der Maler, der Dichter, der Musiker, um diejenigen Visionen, Worte und Schwingungen in der Seele eines Menschen zu erzeugen, in denen er die Wahrheit seines Lebens anzuschauen, auszusprechen und auszugestalten vermag. Es ist keine zufällige Nebensächlichkeit, es ist der Wesensausdruck dieser ursprünglichen und notwendigen Einheit, wenn wir Jesus in der *«Tröstung der Völkergemeinschaft»* (TG) zwar nirgendwo das *Amt* eines «Priesters», eines «Arztes» oder eines «Künstlers» «innehaben» sehen (ein echtes Wort – theologischer – Verwaltungssprache!), wohl aber bemerken, wie er in Selbstverständlichkeit diese drei Komponenten eines «heilenden» menschlichen Umgangs zu einer völlig singulären Synthese in sich vereinigt.

«Jesus – der Schamane»? Eine solche Auffassung würde *religionsgeschichtlich* die Welt eiszeitlicher Jäger mit der Viehzüchterreligion der *«Tröstung Israels»* (TI) verbinden – ein Zeit- und Kultursprung, der sich *historisch* kaum rechtfertigen läßt; doch religions*psychologisch* (beziehungsweise phänomenologisch) bleibt die Einsicht kostbar, daß es nicht möglich ist, die Botschaft Jesu zu verstehen, indem man Glauben («Priestersein»), Denken («Arztsein») und Fühlen («Dichtersein») weiter so getrennt und voneinander abgespalten bestehen läßt, wie es in unseren Tagen in Kirche und Gesellschaft üblich, ja, verpflichtend geworden ist. Als erstes enthalten die Heilungserzählungen der *«Tröstung der Völkergemeinschaft»* (TG) existentiell eine Aufforderung, «schalomartiger», also einheitlicher, geschlossener, integraler und integrer zu leben.

Es hat den Anschein, als liege es wesentlich an der «Verbeamtung» der «christlichen» «Wahrheit» in der «offiziellen» Theologie des kirchlichen Dogmatismus, überwacht von den «Trägern» des «authentischen» Lehramtes im Range von Bischöfen, Kardinälen und Päpsten, daß dieses zentrale Anliegen des gesamten Wirkens Jesu: Menschen im Sprechen von Gott zu *heilen*, heutzutage in die Winkelecken von «Geistheilern» und Quacksalbern abgedrängt worden ist. Nach wie vor suchen die Menschen sehnsüchtig nach Antwort auf die Vielfalt ihrer Leiden, und es ist mittlerweile die Medizin selbst, die auf die psychosomatische beziehungsweise psychoneurotische Mitursache so vieler Krankheitsformen hinweist. Alles drängt auch und gerade in unserer Kultur danach, dem Vorbild Jesu entsprechend eine neue *Einheit* zwischen Religion und Psychotherapie, zwischen «Heilsbotschaft» und Seelenheilkunde anzustreben. Mit anderen Worten: dringend benötigt wird, methodisch gesprochen, eine fruchtbare Synthese von Theologie und Tiefenpsychologie; und gerade die Wundererzählungen des Matthäusevangeliums nötigen dazu, auf dem Boden der Bibel die Auslegungsverfahren, welche von seiten der Psychoanalyse im Umgang mit Traumsymbolen sowie mit psychoneurotischen bzw. psychosomatischen Symptomen entwickelt wurden, zur Interpretation der Heilungserzählungen heranzuziehen.

Um die menschliche Realität und Verbindlichkeit derartiger Überlieferungen zurückzugewinnen, müssen wir uns beim Lesen der Wundererzählungen des Matthäusevangeliums daher nicht nur fragen, *was* da erzählt wird und was *damals*, vor 2000 Jahren, auf der jeweiligen Stufe der Tradition beziehungsweise der Redaktion jeweils gemeint war, es kommt vielmehr darauf an, sich Stelle um Stelle zu fragen, welch eine psychische Gegebenheit sich in den Worten, den Gesten, den Verhaltensweisen der jeweiligen Personen ausdrückt. Es gilt, den betreffenden Erzählungen in derselben Art zuzuhören, mit der man einem guten Bekannten oder einem geliebten Menschen zuhören würde: – mit einem Höchstmaß an Interesse für das, was in ihm vor sich geht: für seine Gefühle, seine Absichten, seine Ängste, seine Hoffnungen... Indem man sich auf solche Weise in die Personen der biblischen Geschichten hineinversetzt, hebt die historische Distanz sich auf, die uns Heutige von den Menschen «damals» trennt, und es wird möglich, den «Gelähmten», den «Aussätzigen», den «Blinden», den «Taubstummen» als Verkörperungen *gegenwärtiger* Fragen und Konflikte im eigenen Leben wie im Leben der Mitmenschen zu betrachten; und so wie man zum Verständnis eines vertrauten Menschen den (meist unbewußten) *Hintergrund* des Krankheitsgeschehens beachten wird, so kommt es auch bei der Interpretation der biblischen Wundererzählungen darauf an, die *Ursachen* im Erlebnishintergrund einer bestimmten Symptomatik herauszuarbeiten. Erst so öffnen die biblischen Texte sich dem gegenwärtigen Erleben und werden, statt magischer oder orthodoxer Ausnahmegeschichten, kreativ anregende und existentiell verbindlich anredende *Vorbilderzählungen* gelebter Menschlichkeit.

Als «Faustregel» der Interpretation darf dabei gelten, daß die «Symptomatik» einer seelisch bedingten Erkrankung sich in aller Regel aus einem *unbewußten* Konflikt zwischen zwei einander entgegengesetzten Strebungen des Es und des Über-Ichs ergibt[3]; sie stellt so etwas dar wie einen schlechten «Kompromiß», der sich in der Symbol- beziehungsweise Symptomsprache (konversionshysterischer und psychosomatischer) «Blockaden» der Sinneswahrnehmungen und der Motorik ausdrücken kann. Die «Heilung» läßt sich dann verstehen als eine Beruhigung bestimmter zugrundeliegender Ängste durch die persönliche Nähe des «Therapeuten», der durch seine Worte, durch sein Verhalten und durch seine «Gebärden» ein Vertrauen erweckt, das die bestehenden Gegensätze, die im Ghetto der Angst als unversöhnbar erschienen, durch neue Formen von Einsicht und Bearbeitung zu lösen hilft. Immer wieder wird es dabei hilfreich sein, von der sogenannten «Realisierungsregel» Gebrauch zu machen, also sich Stelle für Stelle zu fragen, wie im eigenen Erleben beziehungsweise im Erleben unserer Mitmenschen das Geschilderte sagbar und darstellbar ist. Eine Wundergeschichte in der *«Tröstung der Völkergemeinschaft»* (TG) ist erst dann wirklich »verstanden», wenn man sie in den Schicksalen, Möglichkeiten und Begegnungen des Alltags wiedererkennt.

Leichthin erkennen läßt sich im *Aufbau* der nachfolgenden Wundererzählungen, daß Matthäus nicht einfach der Vorlage von Mk 1;2 folgt: Nach der Geschichte von der Heilung des Aussätzigen (Mt 8,1–4; Mk 1,40–45) greift er die Geschichte von dem Hauptmann in Kapharnaum aus der Q-Quelle (Lk 7,1–10) auf; nach dem «Summarium» von den abendlichen Heilungen (Mt 8,16–17; Mk 1,32–34) schaltet er das Erfüllungszitat aus Jes 53,4.11 ein (Mt 8,17), und bevor er (Mt 8,23–27) die Geschichte von dem Sturm auf dem Meer (nach Mk 4,35–41) erzählt, stellt er (Mt 8,18–22) nach Vorlagen aus der Q-Quelle (vgl. Lk 9,57–62) die Frage nach den Bedingungen der rechten *«Nachfolge»* (wieder ein Theologenwort, das der Übersetzung bedarf). Nach der Stillung des Sturms auf dem Meer geht es weiter mit der Besessenen-Heilung (Mt 8,28–34, nach Mk 5,1–20), und es setzt sich fort mit der «Sündenvergebung», die einen Gelähmten heilt (Mt 9,1–8, nach Mk 2,1–12); im Anschluß daran wird die Berufung der «Zöllner» und der Protest der «Pharisäer» geschildert (Mt 9,9–13, nach Mk 2,13–17), und die Passage endet mit dem Hinweis auf das völlig *Neue*, das in Jesus zu einer Entscheidung auf Entweder-Oder drängt (Mt 9,14–17, nach Mk 2,18–22). Dann wieder nimmt Matthäus in 9,18–26 die Geschichte von der blutflüssigen Frau und der Tochter des Jairus auf (nach Mk 5,21–43); in Mt 9,27–31 gestaltet er aus Mk 10,46–52 eine neue Geschichte von der Heilung zweier Blinder (Mt 9,27–31), und er stellt dann im Anschluß an die Heilung eines Stummen die Frage, in welcher Vollmacht Jesus heilt – mit Hilfe Gottes oder des Satans?

Fragt man sich, was Matthäus mit der Fülle dieser absichtlichen Einschaltungen, Umstellungen und Veränderungen gegenüber der Markus-Vorlage eigentlich beabsichtigt, so ist klar, daß ihm das Motiv einer größeren geschichtlichen Treue dabei vollkommen fremd ist. Was *er* verfolgt, ist erkennbar ein «theologisches» Konzept: In der Heilung des *Aussätzigen* (8,1–4) geht es darum, daß niemand *in Israel* ausgegrenzt werden soll; in der Geschichte vom römischen Hauptmann (8,5–13) treten *die Heiden* an die Stelle Israels; mit der Heilung der Schwiegermutter des Petrus (8,14–15) betreten wir den Raum der *«Kirche»*, in welchem die Verheißung des Jesaja Gestalt annimmt (8,16–17). Auf diese Weise gestaltet Matthäus die Reihe seiner Wundererzählungen zu einer Art *Geschichtstheologie* aus; und es ist von daher ganz konsequent, wenn die nächste Frage sich danach richtet, was «Glauben» denn eigentlich heißt: der «Seesturm» aus der Markus-Vorlage wird bei Matthäus (nach 8,18–22!) jetzt zu einem *Bild* für die Ungesichertheit der menschlichen Existenz, die nur ein Vertrauen, wie Jesus es lebt, zu bestehen vermag (8,23–27).

Aber ist es nicht möglich, daß die Menschen sich selber völlig entfremdet («dämonisch besessen») und zu der Haltung eines ruhigen Vertrauens gar nicht imstande sind? Auf diesen «Einwand» antwortet hernach die Geschichte von den Besessenen in Gadara (8,28–34): Jesus hat *jetzt schon*, eigentlich *vor der Zeit* (Mt 8,29!), die Kräfte der Selbstzerstörung (des «Teufels») überwunden, und diese theologische These stellt Matthäus im folgenden dar: Jesus *heilt* durch die Kraft der Vergebung von der Starre der menschlichen Existenz (9,1–8) in Verlorenheit und Einsamkeit (in der «Sünde»), und was noch weit mehr ist: er *beruft* ausdrücklich die Ausgestoßenen, die «Sünder» (9,9–13). Darin eigentlich liegt das wirklich *Neue* im Auftreten Jesu: daß er ohne Vorleistungen (ohne «Bußübungen»), in der Unmittelbarkeit reiner Zugewandtheit (in «hochzeitlicher» «Freude») (9,14–15) die Menschen zu sich einlädt. Nur wer zu einer solchen voraussetzungslosen Güte Ja sagt, kann ein Leben verwandeln, das, wie in der Geschichte von der blutflüssigen Frau, einer ständigen Krankheit gleicht, beziehungsweise das, im Falle der Tochter des Jairus, wie *gestorben* ist, noch ehe es überhaupt hat wirklich beginnen können (9,18–26). Die Berufung der «Zöllner» und die Berufung der «Frauen» macht allein schon in der Parallelisierung deutlich, was hier *grundsätzlich* gilt: alle Heilungen ergeben sich aus der Bedingungslosigkeit, mit der Jesus auf Menschen zugeht, die anders keine Rettung finden könnten.

Noch einmal erfahren wir hier, was für eine Einstellung Matthäus in dem *Typ* der «Pharisäer» repräsentiert sieht: diese Gruppe der «Abgesonderten» besteht darauf, daß Menschen von sich aus, in Erfüllung der Gebote, die Voraussetzungen erstellen können und müssen, um mit «Gott» und mit sich selber zurechtzukommen. Für Matthäus ist es eine eigentümliche *Blindheit* (9,27–31), nicht sehen zu können oder zu wollen, daß das einzige, was Gott gebietet, in der einfachen Menschlichkeit selber besteht. Was «groß» ist vor Gott, besteht allein in einer Güte und Akzeptation, welche vom anderen *keine* Vorleistungen mehr verlangt noch erwartet. Wenn man Jesus als den *«König»*, als den «Messias» (Christus) oder als den «Sohn Davids» (Mt 9,27) bezeichnen will, dann eben, weil die ganze «Macht» Jesu in einer Liebe gründet, die den anderen hilft, sich aufzurichten.

Insofern entscheidet sich alles an der Frage: wie menschlich darf die Religion sein? Ist die Idee eines Gottes, der *bedingungslos* zum Menschen steht, eine alles durcheinander werfende, eine wahrhaft *teuflische* Idee, dann freilich sind alle Heilungen Jesu nichts weiter als ein Pakt mit dem Baalzebul. Kann es aber nicht sein, daß diese «Idee» oder, besser, dieses Vertrauen gerade die alles entscheidende «Offenbarung» Gottes darstellt (Mt 9,32–34)? Von dieser Frage hängt alles ab. Ihr wollen wir nachgehen, indem wir Abschnitt für Abschnitt die folgenden Heilungserzählungen, Reflexionen und Reden in der angegebenen Weise in eigenes Leben und Erleben zu übersetzen versuchen.

Mt 8,1–4
Die Heilung eines Aussätzigen oder: Religion als Integration

Die letzten Worte der Predigt, die Jesus vom Berge herab an die Scharen der Armen, Elenden und Kranken zu seinen Füßen hielt, haben gelautet: «Wer diese meine Worte hört *und sie tut,* gleicht einem weisen Mann, der sein Haus baut auf ein Fundament von Felsen» (Mt 7,24).

Die erste Szene jetzt, da Jesus vom Berg herabgestiegen ist, gilt der Heilung eines Kranken, und sie wird sich fortsetzen in einer ganzen Kette von Wundern der Gnade. Sie alle sollen zeigen, daß das Urteil der Menge zutrifft, die staunend fragt: «Wer ist nun dieser? Eine *neue* Lehre, vorgetragen in Vollmacht» (Mt 7,29). Jesus *hat* die Macht, seine Worte wahr werden zu lassen, und die Art seiner Wahrheit, wenn *er* spricht über Gott, ist die Heilung der Kranken.

Erst an dieser Stelle, nach all den Wortüberlieferungen, die Matthäus an die Spitze seiner Darstellungen des öffentlichen Wirkens Jesu stellte, greift der Evangelist zurück auf die Vielzahl der Wunderberichte des Markusevangeliums und fügt daraus einen Kranz von *Bestätigungen*. Die Worte von Gott und die Heilungen in der Macht Gottes – beides ergänzt einander in der Komposition des Matthäus wie Lehre und Praxis, wie Sprechen und Tun – wie «Wort und Sakrament», müßte man genauer sagen. Indem Jesus die Sprache von Gott so formt, daß sich darunter bis ins Erfahrbare hinein Zeichen um Zeichen die Wirklichkeit Gottes vollzieht, tritt Jesus genau so auf, wie wir in unseren Tagen im Raum der Kirche dogmatisch die Gestalt eines *Priesters* beschreiben. Gerade das, was wir einen *Gottesdienst* nennen, bestehend aus Wortverkündigung und heiliger beziehungsweise heilender Handlung, soll den *Priester* kennzeichnen. Wohl formuliert Matthäus seine Darstellung des «Christus» nicht in solchen dogmatischen Begriffen, aber was er meint, ist menschlich gesehen genau dieses. Mehr noch. Die folgenden Wundererzählungen beginnen mit der Heilung eines *Aussätzigen* im Raum der *jüdischen* Religion, dann aber setzen sie sich mit der Geschichte des Hauptmanns von Kapharnaum fort im Umkreis *römischer* Adressaten, sie weiten sich hernach im Hause des Petrus sozusagen aus in die Sphäre der *Kirche* und formen sich schließlich zu einem Bild der Leiden und Hoffnungen der gesamten *Mensch-*

heit wie in der Szene von der Beruhigung des Sturms (Mt 8,23–27). An *dieser* ersten Stelle hier, bei der Heilung eines Aussätzigen, tritt mithin das *neue* «Priestertum», diese *neue* Einheit im Reden von Gott und im Heilen der Kranken, wie sie in der Person des Jesus von Nazareth lebte, in Kontrast zu den überlieferten Vorstellungen der eigenen priesterlich verfaßten Religionsform.[4]

Für gewöhnlich nimmt man das Sprechen von Krankheit und Gesundheit recht äußerlich. Da nennen wir «krank» einen bestimmten körperlichen Zustand und wenden bestimmte Mittel an, um die Gesundheit wiederherzustellen. Heute erst, am Ende des 20. Jahrhunderts, bekommen wir wieder eine Ahnung von dem, was Krankheit sein kann bis in jene Tiefe hinein, aus der die Bibel spricht. Für *sie* ist Krankheit niemals nur ein rein organisches Geschehen, vielmehr weiß sie, daß das, was Krankheit heißt, sehr oft die Folge eines falschen Weltbildes beziehungsweise einer falschen Art zu leben darstellt. Insbesondere die Widersprüche und Brechungen im Raum *des Religiösen* können voller Krankheitsfolgen sein. Genau so jedenfalls meint es Matthäus an dieser Stelle. Was für ihn hier «Aussatz» bezeichnen soll, betrifft den Kern einer im traditionellen Sinne «priesterlich» verfaßten Frömmigkeit.

Wenn *wir* von «Judentum» sprechen, dann fast immer als von etwas, das von uns als Christen religionsgeschichtlich unterschieden wäre. Drum ist es in aller Regel gut, alles «Jüdische» *im Matthäusevangelium* zu begreifen als einen Teil von uns selber. Sehr bald werden wir dann merken, daß im Grunde keine der religiösen Fehlhaltungen, die krankheitverursachend sein können mitten im Sprechen von Gott und mitten im Glauben, wirklich erledigt sind.

Einer der *Hauptfehler* des «Priesters», die Jesus hier aufgreifen muß, liegt in der merkwürdigen Zweiteilung der Welt in kultisch Rein und kultisch Unrein, in einen Bereich, der unter den Händen der Priester vor Gott zugelassen ist, und einen anderen Bereich, der unter den Augen der Priester vor Gott nicht zugelassen ist.[5] Wenn man erst einmal anfängt, an eine solche kultische und moralische Aufspaltung wirklich zu glauben, trennt sich die Welt in Profan und Heilig, in Priesterlich und Laïkal, in eine Sphäre innerhalb des Tempels und in eine Sphäre außerhalb des Tempels. Um es so kurz wie möglich zu sagen: Was hier *Aussatz* heißt, ist eine einfache Brechung, ein bloßer Reflex eben dieser Zerrissenheit. Bis in die Seele hinein können Menschen dem Göttlichen im Umkreis eines solchen zweigeteilten Denkens entfremdet werden, und es ist am Ende ihr eigener Körper, speziell das Organ ihrer Empfindsamkeit, *die Haut,* in der sie stecken, die wie zerstört, wie seelenlos entleert, als eine bloße Hülle des Lebens, zurückbleibt.[6]

Was wir Aussatz nennen, gewiß, ist eine Krankheit der Haut. Vermutlich aber ist gerade unsere Haut das am meisten menschlich geprägte Körperorgan. Denn die Art, wie wir unsere Haut am Körper tragen, hat sich, abgesehen von unserem Gehirn, wohl erst sehr spät, in den letzten Jahrmillionen, geformt. Manche Forscher denken, daß die tierische Fellbehaarung von unserem Körper erst gewichen sei, als unsere Vorfahren, von den Bäumen herabsteigend, die Savanne, die offene Steppe besiedeln mußten; weit umher auf zwei Beinen laufend, mit relativ großer Anstrengung unter relativ großer Hitze, hätten unsere Vorfahren das schützende Fell nicht mehr gebrauchen können; um mit Hilfe der Schweißbildung für bessere Kühlung zu sorgen, sei die Nacktheit der Haut zum Überlebensvorteil geworden.[7] Wie auch immer, unsere Haut ist nicht nur das größte Organ unseres Körpers insgesamt, sie ist in ihrer Ungeschütztheit ein Zeichen auch unserer Empfindsamkeit und Empfindlichkeit. In der Tat kann die Haut alles mögliche ausdrücken, was an Widersprüchen in uns liegt oder von außen uns zugemutet wird. Dieses Organ, das unser ganzes Leben zwischen Drinnen und Draußen abgrenzt und vermittelt, kann buchstäblich *krank* werden unter Kälte und Feindseligkeit, unter zugefügtem Schmerz, körperlich wie seelisch.

Wie oft, wenn ein Mensch einen anderen berührt oder auch nur berühren möchte, mag es vorkommen, daß im anderen plötzlich all die Ängste oder Sehnsüchte wach werden, die ihn bereits in Kindertagen geformt haben. Man unterschreitet, womöglich ohne jede Absicht, auch nur um wenige Zentimeter die Fluchtdistanz seiner Sicherheit, und man erzeugt *Angst*, oder umgekehrt, man erzeugt *Erwartung* und *Verlangen*. Je nach dem Erlebnishintergrund eines Menschen können dieselben Berührungen über die Haut uralten Schmerz wachrufen oder eine beginnende Ahnung von Freude – sehr oft beides zugleich.

Ein Mann streichelt den Rücken einer Frau, und sie fängt plötzlich an zu weinen in Erinnerung an die Schläge, die ihre verzweifelte Mutter ihr mit der Peitsche zufügte, als sie gerade vier Jahre alt war und ohne Absicht die Kaffeekanne zerbrochen hatte. Oder sie entsinnt sich beim Liebkosen ihres Leibes des brutalen Zugriffs eines Mannes in ihrem Hause, der sie bedrängte, als sie eben erst zwölf Jahre alt war. Solche Erinnerungen können ganze Teile der Körperwahrnehmung der Haut in chronische Unempfindlichkeit oder jähen Schmerz verwandeln. Die Krankheit des *Aussatzes* aber macht unseren *ganzen* Körper, die gesamte Zone unserer Empfindsamkeit zu einem einzigen Schmerz. Schlimmer noch. Im Raum einer Religion, die Wert legt auf Reinheit und Intaktheit unter den Augen der Priester und unter den Augen Gottes, sind die Aussätzigen in sich selbst Unreine und Ausgestoßene. Sie gehören nicht in den Kreis der gewöhnlichen Menschen. Sie müssen wie etwas Gefährliches vor sich selber warnen, damit ihnen niemand in die Nähe kommen und sich an ihnen «infizieren» könnte.[8] Es ist sozusagen der gefrorene Ekel der Gesellschaft, der sie aussondert und im Kreis der vermeintlich Gesunden nicht länger duldet.

Ein altes Gesetz aus dem Tierreich besagt, daß ein Weniges am äußeren Erscheinungsbild eines Artgenossen genügt, um alle anderen mit dem Gekreisch von Strafe und Ausstoßung über das verwundete, kranke Tier herfallen zu lassen.[9] Nicht sehr viel anders immer noch wir Menschen. Schon wenn jemand sich unter uns nicht ganz so kleidet, wie wir es erwarten – nicht festlich genug, nicht feierlich genug, nicht vorschriftsmäßig – so langt das hin, ihn mit den Schnabelhieben beißenden Spottes unter uns auszumerzen. Wie erst hingegen, wenn das «Ungemäße» sich in die Haut eines Menschen eingebrannt hat wie eine Imprägnatur, wie ein Stempel, wie eine Tätowierung des Leids! Dann stellt sich die Frage, wie wir soviel an Schmerz – buchstäblich – von der Haut eines anderen Menschen zu streicheln oder zu küssen vermögen.

Eine Massenkrankheit der Haut in unseren Tagen ist etwa die *Neurodermitis,* meist in Verbindung mit asthmatischen Beschwerden.[10] Was auch immer physiologisch dabei eine Rolle spielen mag, unübersehbar ist die hohe Beteiligung seelischer Faktoren an dem Krankheitsgeschehen, und es fehlt nicht an Ärzten, die in Hauterkrankungen dieser Art so etwas sehen wie einen stummen Schrei nach Zärtlichkeit und Wärme inmitten einer Welt, in der es wie mit Nadelspitzen Eiskristalle vom Himmel zu regnen scheint, ein Leben ständig gegen den Wind, schutzlos und ausgesetzt.

Gegen die Krankheit der Kälte solcher seelisch zugefügter Schmerzen gibt es kein anderes Heilmittel als die Sprache zumeist stummer Zärtlichkeit. Alle *Worte,* die sich aufwenden ließen, sind auf dem Berg der «Seligpreisungen» verhallt; was jetzt, am Fuße, noch bleibt, ist die energische Willenserklärung Jesu gegen alle Dreinrede von außen: «Ich will, sei rein.» Aber die ganze Kunst dieses Arztes im Namen des Gottes Israels besteht darin, mitten in dem geschändeten Antlitz eines anderen Menschen das reine Bild seines Wesens wiederzuerkennen. Und dazu gehört ein oft leidenschaftlicher, prophetischer Protest gegen die bestehende Religion.

Was hat man allein in der *katholischen* Kirche, versessen auf die «Reinheit» vor Gott, nicht schon alles für *unrein* am menschlichen Körper, *an unserer Haut,* zu erklären versucht! Was alles müßte gestreichelt und zärtlich berührt und geküßt werden, bis es endlich wieder sich fügte und die Zonen des «Aussatzes» verschwinden ließe! Wie hat man Menschen im Namen einer bestimmten Moral nicht traktiert und drangsaliert mit allen möglichen Ängsten einer Quadratzentimeter-Ethik, die immer schon wußte, was unschicklich und unsittlich ist, wenn man es nicht bedeckt hält vor den Augen der Menschen![11] *Unrein*, das konnte vor allem am Körper einer Frau alles sein, was unterhalb des Halses oder unterhalb des Schlüsselbeins oder unterhalb des Dekolletés oder unterhalb des Gürtels oder aufwärts von den Knien an zu sehen war. Eine irrsinnige Geschlechterangst und Prüderie mußte im Gefälle dieser «Moral» bereits den Dreizehnjährigen nichts als Angst gegenüber der Entwicklung ihres eigenen Körpers einimpfen, und es gibt bis heute nicht ein einziges Wort des Bedauerns und der Entschuldigung von seiten der Kirche für die millionenfach geraubte Unschuld und Jugend so vieler Jugendlicher, die ihren Geboten in Kindertagen zu folgen hatten. In Wahrheit gibt es keinen Teil *an* uns und *bei* uns, in dem Gott sich nicht selber widerspiegeln würde und den er nicht selber geschaffen hätte als eins der größten Kunstwerke inmitten seiner Schöpfung. Doch es ändert eine ganze Welt, im Sinne Jesu so zu denken und dem Menschen alle Teile seines Körper-Ichs zurückzugeben. Auch nur *die Stirn* eines Menschen zu küssen kann soviel wachrufen an Träumen, Erinnerungen, Phantasien und Erwartungen. Und erst seine *Augen*! Sie werden die ganze Welt neu entdecken mit dem Blick verlorener Zärtlichkeit. Seine *Lippen* werden anders reden in der Sprache der Liebe als in der Kälte des Gegenwinds von Haß, Verachtung und Lieblosigkeit. Seine *Brust* wird anders atmen und sich freier bewegen, erblühen darauf die Rosen der Liebe. Die geschwungenen Täler und Hügel seines Leibs, die schattigen Wälder – was daran wäre unrein, unanständig, *aussätzig*, also wegzuschnüren und wegzudrücken, weil nicht hingehörend, abzuwerten oder nur noch in bestimmten Räumen einer bestimmen zwecksetzten Intimität zumutbar?

Offenbar hat Jesus diese erstaunliche Kraft besessen, einem Aussätzigen so zu begegnen, daß er ihm das elementare Gefühl für die Unschuld und Reinheit seines ganzen Lebens wiederschenkte und seinen geschändeten Leib, durchgeprügelt und durchgepeitscht, seelisch wie körperlich, bis hin zum Krankheitswert, ihm als sein Eigentum wiedergab. Was er so wirkte, waren Wunder einer reinen Liebe und eines reinen Vertrauens in die Macht, die wollte, daß wir *Menschen* sind. Der ganze Sadismus der Abspaltungen im Namen Gottes, die gesamte Zweiteilung der Welt innerhalb des priesterlichen Herrschaftswissens findet hier ihr Ende. Wörtlich übernimmt Matthäus aus dem Markusevangelium an dieser Stelle den fast schroffen Befehl Jesu: «Jetzt weg mit dir; zeige dich dem Priester! Ihnen zum Zeugnis!»[12] – Das ist nichts anderes als ein gehorsamer Aufstand. Denn was die Priester hier sehen werden, wenn sie den ehedem Aussätzigen im Tempel mustern, wird ein einziger Beweis ihrer Ohnmacht sein und, denken sie näher nach, ein dramatisches Exempel ihrer eigenen Schuld. Wenn es möglich ist, daß sogar die Grenzen sich auftun, welche die scheinbar Gesunden trennen von den Kranken, die Reinen von den Unreinen, die Mitdazugehörigen von den Ausgesetzten, dann ist die Machtsphäre Gottes größer als die seines Tempels, dann ist der Raum seiner Heiligkeit weit umfassender als die Machtsphäre der priesterlichen Religionsverwaltung, dann ist Jesus «priesterlich», gerade indem er keinerlei priesterliche Absonderung und Abgrenzung mehr zuläßt. Das eine wie das andere gehört hier zusammen. Ein Mensch, der ganz bei sich sein darf, ist nur möglich in einer Religion, die niemanden mehr ausschließt und ausgrenzt, erst dort gibt es keine «Aussätzigen» mehr; doch nur ein Mensch, der in sich so tief ruht, wie Jesus in den Händen seines Vaters, wird eine solche Religion der Einheit inmitten Israels tragen und vertragen können.

Markus berichtet noch, daß Jesus dem so Geheilten *verboten* habe, irgendetwas von dem Wunder zu erzählen; er habe es trotzdem getan, und von überall her seien die Kranken gekommen.[13] Matthäus erspart sich diese Bemerkung hier. Für ihn bietet dieses Wunder der Menschlichkeit ja nur ein erstes Beispiel, um zu zeigen, daß und wie die Worte Jesu Wirklichkeit werden; – es wird sich so fortsetzen, und von überall her *werden* die Menschen zu Jesus kommen. Fragen aber wir selber uns, was *wir* denn tun sollten mit Berufung auf den Mann aus Nazareth, so kann in seinem Sinne die Antwort nur lauten: «Liebt einander so zärtlich, so innig, so schutzlos, so unabgegrenzt, daß es euch selbst und den anderen heilt, und löst die gefrorene Krankheit der Lieblosigkeit bis in den Körper hinein auf.» Im kirchlichen Sprachgebrauch fällt es so leicht zu sagen, Gott sei die Liebe; doch in unserer Welt, die so klein ist, hat gerade die Liebe oft so wenig Chancen, da zerbricht sie immer wieder an den Einschnürungen aller möglichen Vorstellungen, die wir uns über Gott machen und ihm sogar in den Mund legen. Gott selbst hingegen ist unendlich, und alles, was ihn begrenzt, ist wortwörtlich «Sonderung» – «Sünde», ja es ist womöglich die *einzige* Sünde. Sie führt am Ende notwendig zur Krankheit des «Aussatzes». Das Wunder dieser Szene demgegenüber besteht in der grenzenlosen Offenheit der Liebe. Sie ist die einzige Macht zu heilen; ihre Kraft aber besteht allein in dem Vertrauen auf Gott. Der ganze Leib eines Menschen ist ein Tempel Gottes, die ganze Welt eines Menschen ist das Heiligtum des Allerhöchsten. Wir aber, seine *Dichter,* sind Gottes Mittler, seine Ärzte, seine Priester. So beginnt es in den «Niederungen» im Schatten jenes Berges, von dem herab zum erstenmal die Armen und Elenden *glücklich* gepriesen wurden.

Mt 8,5–13
Der Hauptmann von Kapharnaum oder: Die Frage nach der Universalität des Menschlichen

Soeben erst im Matthäusevangelium ist Jesus als *der Herr* vom Berg der Seligpreisungen herabgestiegen unter dem staunenden Zuruf der Menge: «Wer ist dieser? Eine *neue* Lehre, verkündet in Vollmacht!» (Mt 7,29) – da geht er heran, diese seine Macht im Namen Gottes vor Juden *und* Heiden unter Beweis zu stellen. Er heilt einen Aussätzigen und schickt ihn zur Beglaubigung in den Tempel zu den jüdischen Priestern; so in der vorstehenden Erzählung. Jetzt aber, zum zweiten, kommt Jesus in «seiner» Stadt Kapharnaum ein Heide entgegen, *ein römischer Hauptmann,* der um die Heilung seines «Burschen» bittet.[14] So jedenfalls der Evangelist.

Matthäus nutzt diese Szene zu einer grundsätzlichen Klarstellung. Was er sagen will, ist zum ersten: Jesus ist *der Herr der menschlichen Geschichte.* Er ist *der Richter der Welt,* und hier, gleich am Beginn, verkündet er am Beispiel dieses Hauptmanns sein endgültiges Urteil über das Volk der Erwählung; Jesus richtet ganz Israel und verwirft es seines «Unglaubens» wegen![15] Verbannt zu sein in die Zone des Zähneknirschens und des Heulens, der verzweifelten Wut, das wird das Los der Kinder Abrahams, Isaaks und Jakobs sein. Um so größer indessen öffnet die Botschaft Gottes sich jetzt im Munde seines Gesandten für *die Welt,* die bis dahin für so verachtet galt, für die Welt *der Heiden,* der *Römer,* der mithin nur scheinbaren Feinde Gottes. All das ist schon eine Art von Theologie, die in ihrer antijudaistischen Zuspitzung Matthäus vorliegt[16], die der Evangelist aber auf seine Weise noch ausgestaltet und sogar zuspitzt.

Die ursprüngliche Geschichte hingegen war sicherlich *einfacher* erzählt, menschlich verbindlicher, in gewissem Sinne *wunderbarer.* Sie hatte es wohl einzig zu tun mit der Art, wie Jesus sich einem Römer, einem Vertreter damals der verhaßten Militärdiktatur und des etablierten Heidentums, zuwandte. Und diese Haltung allerdings, ohne jeden formellen Richteranspruch über die menschliche Geschichte, bringt in der Tat etwas richtend Richtiges in die Weltgeschichte ein: Statt daß Völker sich befehden und befeinden im Namen Gottes, könnten sie aufeinander zugehen und miteinander leben, sähen sie, einer im anderen, lediglich Menschen statt die Typologie ihres Gegners, statt den Manifestationspunkt ihres systematisierten Hasses! In den Augen Jesu –

das ist das wirklich Erstaunliche! – bleibt der römische Hauptmann *ein Mensch*, mehr noch, er tritt als ein Mensch in Erscheinung, der in Not ist seines *guten Willens* wegen. Er selbst nämlich tritt ein für einen dritten, der darniederliegt und sich nicht bewegen kann. Dieser römische Hauptmann ist kein *Typ*, er behält das Porträt eines Menschen, und diese Sicht entscheidet in der Tat über den gesamten Verlauf nicht nur dieser einzelnen Geschichte, sonden der ganzen Weltgeschichte. Die Frage ist, was man sieht, beziehungsweise was man im Namen Gottes zu sehen sich getraut: ob lediglich Schachfiguren und Marionetten von politischen, religiösen und gesellschaftlichen Systemen oder wirkliche Menschen in ihrer Individualität und Eigenständigkeit. Entlang dieser Frage vollzieht sich das unsichtbare «Richteramt», das Jesus *wirklich* ausgeübt hat: Er nimmt den römischen Hauptmann, im Widerspruch zur augenblicklich vorauszusehenden Dreinrede all der nationalen, orthodoxen, «ordentlichen» Kreise in Israel, einfach als ein menschliches Gegenüber an.

Was allein von dieser Sichtveränderung abhängt, läßt sich heute vielleicht am besten an einem Beispiel aus dem Islam zeigen, der in unseren Tagen von manchen Autoren zu der neuen Dauergefahr der «christlichen» Kultur hochstilisiert wird.[17] In der 80. Sure des Koran wird einmal erzählt, wie Mohammed einem reichen Koreïschiten seine Lehren erklären wollte, als ein Blinder auf ihn zutrat, der das Gespräch störte; Mohammed soll ihn als lästig abgewiesen haben; doch Allah zog ihn zur Rede – dieser blinde Abdallah ibn umm Maktum wäre weit wichtiger gewesen als die ganze Lehre Allahs; denn dieser Blinde *war* die ganze Lehre Allahs![18] Wie anders wäre das Verhältnis zwischen den Konfessionen und den Religionen, wenn wir diese unbezweifelbare Wahrheit Gottes ernster nähmen als all unsere selbstgefertigten Vorstellungen von Gott, die wir als göttliche Offenbarungen definieren!

Freilich, um zu der biblischen Geschichte zurückzukehren, von welcher Art ist dieser «Hauptmann», und wie steht er zu seinem «Burschen»? Das gilt es jetzt um so klarer zu sehen. – Die Übersetzungen an dieser Stelle schleifen eine gewisse Zuspitzung ab, indem sie von dem *Knecht* des römischen Hauptmanns sprechen. Der Ausdruck ist korrekt, aber er stimmt nicht. Wer einen *Diener* hat oder einen *Knecht*, bewegt sich innerhalb der Regeln einer bestimmten *sozialen* Schichtung. Einzig FRIDOLIN STIER übersetzt das Wort, das wirklich dasteht, genauer: *«der Junge»* steht wörtlich da; STIER also sagt: ein Hauptmann hat *einen «Burschen»*[19]; das Wort gibt wirklich wieder, was es meint; denn das Verhältnis zwischen einem Hauptmann und seinem *Burschen* ist das *personal* des Befehlenden zum Unterwürfigen, des Kommando-Habenden zu dem, der die Hacken zusammenschlagen muß. Und was ganz wichtig ist: in diesem Gefüge von Befehl und Gehorsam muß sich etwas ereignet haben, das im Endeffekt hinausläuft auf eine Krankheit, auf eine *Gelähmtheit,* auf eine chronische Quälerei erzwungener Unbeweglichkeit.

Wie das? Steht darüber etwas im Text? – Nun, schaut man genau hin, so gibt die Geschichte uns eine Menge Hinweise zur Deutung auf den Weg. Man muß nur einmal auf die Art des Hauptmanns achten, wie er hier auftritt, wie er redet, wie er Jesus begegnet, – das alles ist offenbar außerordentlich sprechend für ihn selber. Im Aufbau einer Wundererzählung wirkt gerade diese Schilderung eigentlich unverhältnismäßig lang: mit welchen Worten der Hauptmann erklärt, was es mit seinem «Burschen» auf sich hat, und vor allem: wie es mit seiner Befehlsgewalt bestellt ist. Tatsächlich aber kommt es gerade auf diese Schilderung an, um den Hauptmann und damit die ganze Geschichte zu verstehen.

Hört man ihm genauer zu, so schildert der Hauptmann eine Welt, in die er ganz und gar integriert ist. Diese seine Welt gliedert sich nach der stablinienförmigen Befehlsstruktur einer Ämter-Hierarchie, in welcher von der obersten Spitze, die das Sagen hat, die Befehle nach unten zu den Befehlsempfängern gehen; alles darin funktioniert reibungslos, indem in das Gefüge der Macht jedes einzelne Glied bereitwillig eingeordnet ist. Die Welt, in welcher der Hauptmann lebt, ist folglich bis ins Detail hinein zu verwalten, zu kommandieren, zu funktionalisieren. Und eben weil das so ist, funktioniert alles so perfekt. Innerhalb einer solchen Welt ist *eine Alternative* subjektiv aus der Perspektive des Hauptmanns überhaupt nicht vorstellbar. Die Welt ist, wie sie ist, und sie muß so sein; denn sie ist die einzige Wirklichkeit, die er kennengelernt hat und die es für ihn gibt. Innerhalb dieser Welt gibt es freilich auch so etwas wie Fürsorge für Menschen in Not. Die Gehorsamsbereitschaft der Untertanen hat zur Voraussetzung das Gefühl der Verantwortung auf seiten des Befehlshabers – nur so greifen die delegierten Befehle und die ausführenden Organe ineinander. In einer derartigen Welt wird niemals etwas falsch gemacht; in ihr ist im Grunde alles planbar und befehlbar, *machbar,* wenn man nur *will.*

Man braucht die Darstellung des Hauptmanns in der Erzählung bis zu diesem Augenblick lediglich ein Stück weit auf sich wirken zu lassen, und man wird sie keinesfalls als nur «römisch» vor Augen gestellt sehen, man wird sie in gewissem Sinne ganz im Gegenteil als sehr modern empfinden. Nicht nur das römische Militär und das heutige Militär haben da ihre vollkommene Entsprechung; wo eigentlich, fragt man sich, in unserer gewohnten Welt war oder ist das je anders gewesen – in unserer Kirche, in unserer sozialen Umgebung? Ist

Mt 8,5–13

es nicht eine vorbildliche, leistungsfähige, zufriedenstellende Welt, in der Befehl und Gehorsam so treu ineinander sich fügen, wie der «römische» Hauptmann es darstellt?

Auf eine gewisse Brechung, die zu dieser Weltauffassung allerdings notwendigerweise gehört, wird man im Wesen dieses Hauptmanns erst aufmerksam, wenn man betrachtet, wie er mit Jesus selber umgeht. Die Worte, die er da spricht, sind allen Katholiken so sehr in die Seele gegraben, daß man sie in jeder heiligen Messe vor dem Beginn der heiligen Kommunion auf den Lippen zu tragen pflegt: «Herr, ich bin nicht würdig, daß du eintrittst unter mein Dach; aber sprich nur ein Wort, und mein Knecht, mein ‹Bursche› – meine *Seele*, sagt die Kirche – wird gesund.» Das ist und klingt demütig, schuldbeladen, unterwürfig, bittstellend und hilflos, angewiesen auf fremde Gnade. Aber wie wirken solche Gefühle?

«Was rede ich denn da», fragte erst kürzlich eine Frau; «ich habe bei Ihnen gelernt, mich endlich ‹würdig› und ‹unschuldig› zu fühlen, und dann soll ich mich wieder schuldig fühlen und an die Brust schlagen, als wenn dort die Sünde säße; ich tue es nicht mehr.» Es gibt offenbar eine Grenze, von der an eine bestimmte Form von «Demut» schädigend und schändlich wirkt.

Dieser Hauptmann freilich scheint mit seiner «demutsvollen» Haltung ganz gut leben zu können, und man versteht auch, warum; denn im gleichen Augenblick, wo er sich so äußert, zeigt er sich noch einmal von genau der anderen Seite. Eben noch hat Jesus erklärt: «Ich werde kommen und selber deinen Burschen heilen», als ihm *diese* Antwort beschieden wird: «Komm Du auf gar keinen Fall!» Da ist also ein Hauptmann, der so «demütig» ist, daß er dem Manne, von dem er die Hilfe erwartet, doch zugleich genauestens vorschreibt, wie seine Hilfe gefälligst zu erfolgen hat, und zwar genau nach der Art, wie er selber, der Hauptmann, es gewöhnt ist. Man kann also, wie wir sehen, *gleichzeitig* bittstellend sein *und* befehlend, demütig *und* herrisch, verantwortlich und fürsorglich einerseits *und* bockig und stur andererseits. Doch das entscheidende ist, daß beide Einstellungen in dem Hauptmann eine Einheit bilden. In der Sprache der Psychologie müßte man hier von einer ausgesprochen zwanghaften beziehungsweise zwangsneurotischen Haltung sprechen: Da gibt es Mitleid und Qual, Demut und Herrscherwillen, Unterwürfigkeit und Terror, Gehorsam und Geltungs- beziehungsweise Machtstreben, und das alles *in eins*, ohne daß die so Fühlenden und Denkenden irgendeine Chance hätten, diese Brechungen, diese Schattenseiten im Hintergrund ihres ganzen Wesens, ja, ihrer Weltauffassung auch nur von ferne zu bemerken.

Vielleicht regt bei einer solchen Analyse an dieser Stelle sich der Einwand, das alles sei doch nun zweitausend Jahre her, warum denn nur müsse man da wissen, was mit irgendeinem Hauptmann *damals* los gewesen sei. Nun, die Antwort liegt schon bereit: Es gilt zu begreifen, wie Fürsorglichkeit *und Krankheit* zusammenhängen können und welche Chancen es überhaupt gibt, im Namen Gottes einen Menschen unter diesen Umständen zu heilen. Die Frage lautet, wie man im Spiegelbild eines solchen Hauptmanns *als «Bursche»* sein Leben verbringen soll.

Genau das ist heute etwa die Frage so vieler Jugendlicher in bezug zu ihren oft *überfürsorglichen* Eltern, das ist die Frage so vieler Abhängiger in Kirche und Gesellschaft, die an Befehlshaber und Vorgesetzte gebunden sind, von denen sie sich *gerade infolge ihres guten Willens* wie erdrückt fühlen, sie aber wissen sich oft nicht zu wehren, und vor allem: sie besitzen keine Worte, in denen sie der Mutter, dem Bischof, dem Chef, wem auch immer, adäquat widersprechen könnten. In solchen Situationen kann es in der Tat zu so etwas wie einem Generalstreik der Seele kommen.

Was *Gelähmtheit* ist, kennt ein jeder mehr oder minder aus eigener Erfahrung. Es gibt Augenblicke der *Depression* zum Beispiel, in denen man nicht genau weiß, woher bestimmte Gefühle von Niedergeschlagenheit eigentlich stammen, aber man *fühlt* sich niedergeschlagen, derart, daß man am liebsten nur noch im Bett liegen möchte; man kommt nicht mehr hoch, man fühlt keine Kraft mehr in den Gliedern, man sackt in sich zusammen und ist wie erschöpft. Schaut man indessen genau hin, so entdeckt man in solchen Zuständen für gewöhnlich einen verborgenen Konflikt.[20] Man möchte etwas tun, hat aber Angst davor, man spürt auch, daß man da etwas nicht soll oder darf, und verbietet es sich selber womöglich. Ein geheimes Wollen kontrastiert hier mit einem geheimen Nicht-Dürfen; Mögen und Verbot treffen in großer Heftigkeit aufeinander. Der Konflikt selber aber ist nicht aussprechbar, er ist verdrängt, er liegt im Unbewußten. Das allein schon kann einen Stillstand herbeiführen, wie bei einer Nadel, auf die zwei gleichstarke Magnete einwirken. – Oder noch anders: Man will eigentlich etwas bekämpfen, man möchte an sich in einen Konflikt eintreten, man fürchtet aber die Konsequenzen; man ist ärgerlich und zornig, will auch eigentlich seinen Ärger ausagieren, scheut aber vor der Übermacht des anderen zurück. So geht der Impuls zum Widerstand nach innen und führt unter Umständen zu einer vollkommenen Passivierung des Antriebserlebens. Solche Zustände werden dann erlebt als Gelähmtheit. Kennzeichnend für den Umgang miteinander ist dabei, daß hier ein Mensch durch sein Dasein den anderen blockiert, indem er einen Konflikt verkörpert, den er, *ohne es eigentlich zu wollen,* in dem andern auslöst, der seinerseits wiederum nicht begreift, was in ihm vor sich geht, ja, der aus lauter Angst und Schuldgefühl es nicht einmal begreifen *darf.*

Versteht man in dieser Weise die Situation des «Burschen» des römischen Hauptmanns, so sollte man denken, er werde von seinem Befehlsgeber wirklich gehalten, wie der Name es sagt: als ein erwachsenes Kind, als eine Gliederpuppe in fremden Diensten. Was er leben soll, ist ein vorgelebtes Leben, ein entfremdetes Dasein, eines, mit dem er niemals identisch sein wird. Alles in ihm, unterstellen wir einmal, rebelliert auf die Dauer gegen diese Art der Überfremdung; und er *würde* auch gegen seinen Hauptmann mobilmachen, er *würde* ihm widersprechen, wenn er nur könnte. Daran aber hindern ihn gewiß bereits die sozialen Zwänge der Untertanenrolle, mehr noch aber wohl die Art des Hauptmannes selber, wie wir sie gerade in ihrer Widersprüchlichkeit herrischer Verantwortung uns vorstellen. Wäre dieser Hauptmann nur einfach ein grausamer Despot, ein Tyrann, dann könnte man ihm leidenschaftlich, *ohne Schuldgefühle,* geradeheraus entgegentreten. Der Hauptmann aber, wie die Geschichte selbst ihn zeigt, ist offenbar rührend bemüht um seinen Burschen, er fühlt sich für ihn «zuständig» und steht ihm menschlich wirklich sehr nahe. Er ist mit anderen Worten ein sehr guter Hauptmann, jedenfalls muß man ihm glauben, daß er für seinen Burschen nur das Beste will. Eines solchen Mannes Befehl kann durchaus ebenso erstickend wirken wie seine Fürsorge, und aus dieser Schere gibt es für den Untergebenen kein Entrinnen. So kann es sehr leicht dahin kommen, daß dem «Burschen» als einzige Form der Auflehnung und der Verweigerung nichts anderes mehr bleibt als der passive Protest seiner Gelähmtheit. Freilich ist sie ihm peinlich, er «will» sie nicht wirklich, sie quält ihn aufs äußerste, und sie ist gewiß alles andere als etwa sein *Wunsch.* Trotzdem kommt er aus dem Konflikt nicht heraus.

Wie aber dann? Wie gewinnt man Zugang zu einem solchen Menschen, der sich selbst gegenüber steht wie ein Fremdling im eigenen Hause? – Eines ist klar: Jesus hätte auf der Hand die Möglichkeit, sich gegenüber dem Hauptmann durchzusetzen und ihm zu sagen: «Recht hast du; *ich* habe den Befehl, und wenn ich schon befehle, so handle ich, wie es mir gefällt; also: ob würdig oder unwürdig – mich interessiert einzig dein Bursche, führe mich zu ihm.» Mit einem solchen Vorgehen aber bräche er lediglich die *eine* Befehlshierarchie und ersetzte sie durch eine andere; am Ende hätte man einen zwar gehorsamen, nicht aber einen wirklich einsichtigen Hauptmann vor sich. Nur: was läßt sich dann machen?

Geradezu verzweifelt fragen in einer ähnlichen Konfliktlage viele Mütter,

Väter, Lehrer. Sie haben es in der Erziehung ihrer Kinder mit viel Verantwortung und Pflichtgefühl gut gemeint, sie haben alles investiert, was sie nur konnten; aber sie müssen entdecken, daß ihre Zöglinge sich womöglich gerade deshalb wie passiv verhalten: sie lernen schlecht, sie helfen im Haushalt niemals, ja, sie tun nicht einmal, was ihnen selber Spaß machen würde. Noch mit fünfzehn Jahren spielen sie herum wie Achtjährige und scheinen durch eine gewisse Form der Überfürsorge wie erdrückt. Eines ist dabei klar: man kommt jetzt nicht weiter mit neuen Befehlen, man kann aber natürlich auch nicht in eine reine Gleichgültigkeit ausweichen. Was also tun?

Das erstaunliche ist, daß Jesus an dieser Stelle völlig anders handelt, als ganze Theologengenerationen es uns haben weismachen wollen. Die üblichen Erklärungen der Stelle sprechen gern davon, daß, wenn irgend Gott in die menschliche Welt eintritt, wie zum Beispiel und vor allem in der Person seines Sohnes Jesus von Nazareth, der menschliche Wille *aufgehoben* werde im Widerspruch des göttlichen Willens. In dieser Vorstellung ist das, was Gott möchte, formal und inhaltlich stets gerade das Gegenteil des Menschenwunsches und der Menschenabsicht. In der Geschichte des römischen Hauptmanns hingegen sehen wir, daß Jesus äußerst *geschmeidig* bis in die Bedingungen, bis in die Details hinein so handelt, wie der Hauptmann es will. Jesus *fügt sich* mithin sogar in die Voraussetzungen der Heilung, die der andere ihm stellt! Und wozu das?

Wohl zum erstenmal in seinem Leben entdeckt dieser Hauptmann, daß es Zustände beziehungsweise Wirklichkeitsräume gibt, die sich *nicht* mit Macht und Befehl, also mit «Ich sage» und «Ich will» beseitigen lassen. Der Boykott oder der Streik seines Burschen erweist sich als ein Beben, dessen Erschütterung sein ganzes Weltgebäude ruiniert. Spätestens an dieser Art von Krankheit wird seine Macht ohnmächtig. Entsprechend *seinem* Weltbild bleibt ihm gar nichts anderes übrig, als an eine andere *noch* höhere Macht zu appellieren, die in seine Sphäre gar nicht eindringen *darf*, die draußen bleiben muß, weil sie von ganz anderer Wirklichkeit ist. Und eben diese Erfahrung *stimmt* in gewissem Sinne auch in den Augen Jesu; dieser *Ausweg* der Hilflosigkeit wird für den Hauptmann zu einem entscheidenden Wendepunkt. Denn das ist es eigentlich, was Jesus mit seiner ganzen Existenz verkörpert: Er möchte uns Menschen *Ausblick* geben auf eine andere Welt, auf eine andere Macht, der gegenüber wir Menschen buchstäblich nichts zu sagen haben; diese Macht durchdringt uns wie die Luft, sie ist einhüllend wie das Wasser; in gewissem Sinne *widerspricht* sie uns in allem, sie ist niemals einfach mit uns identisch, und doch ist *sie* es, die als erstes uns annimmt, bestätigt, aufrichtet und leben läßt; eben weil sie ganz anders ist als wir selber, vermag sie dies. Indem der Hauptmann in seiner Ohnmacht diese Macht zu berühren, diese ganz andere Sphäre zu sehen beginnt, begibt sich in ihm etwas, an dem sein Bursche wirklich gesund werden wird: Er wird merken, daß er als Hauptmann in eines anderen Menschen Leben nicht letztlich das Sagen hat.

Mit Blick auf so viele «verantwortliche» «Befehlshaber» müßte man die Bedeutung dieser entscheidenden Veränderung im Leben des Hauptmanns etwa so wiedergeben: «Das beste, was du tun kannst für das Wohl deiner Tochter oder deines Sohnes, ist, daß du die ‹Verantwortung› abgibst und selber lebst; du mußt das Entscheidende nicht ‹machen›, du kannst und darfst vielmehr ein neues Vertrauen lernen in die Macht, die uns alle trägt. Das Glück, das du dir selber gönnst, ist am Ende sogar der beste Beitrag zum Glück deiner Kinder; und das Leben, das du dir selbst ermöglichst, ist allemal die beste Hilfe für alle, die von dir abhängig sind.»

In der Tat verändert mit einer solchen Einstellung sich jetzt auch das Leben des Burschen, und man begreift, *wie* seine Gelähmtheit geheilt werden kann. Denn auch für ihn gilt: Kein Mensch gehört einem anderen! Auch dieser Bursche vermag seinem Hauptmann erst wieder zu gehorchen, wenn er als Mensch dabei nicht zugrunde geht; kein Mensch ist lediglich das Rad im Getriebe einer fremden Maschinerie. Erst wenn *das* gilt, vermag jemand mit seinem Leben nützlich und dienstbar zu werden im Kreise der anderen. Wir entdecken aber, als Leser, an dieser Stelle, daß eine «Krankheit» so etwas sein kann wie der Beginn von mancherlei Heilung. Sie kann einen Protest, ein Nein in sich enthalten, das die Welt anhält, und plötzlich dringt in die Fugen der vertrauten Wirklichkeit etwas ganz anderes ein, das wir brauchen, um wieder zu atmen und mit der Welt in Einklang zu leben.

So betrachtet, ist die Erzählung vom Hauptmann in Kapharnaum eine erstaunliche Geschichte von einer Macht, die darin sich als stark erweist, daß sie am Ende auf das Gebieten verzichtet und nur recht gibt dem stärksten Wünschen; oder umgekehrt: wir hören von einer Macht, die die Macht entzaubert und entblättert, indem sie sie formal bestätigt und eine Gelähmtheit überwindet in einem unsichtbaren Dialog über einen Dritten. Fragen wir uns, welche Rolle im Kreise dieser drei, des Burschen, des Hauptmanns und des Jesus von Nazareth, *wir selber* spielen, so lautet die Antwort: vermutlich wechselnde Rollen.[21] Mal sind wir *wie der Bursche* hilflos und ahnen doch nicht, wieviel Kraft und Wahrheit auch in unserer scheinbaren Unfähigkeit liegen kann; dann wiederum warten wir auf Hilfe, aber sie wird uns nur zuteil, indem sie unseren unbewußten Protest bestätigt durch eine tiefere Bejahung. – Manchmal sind wir *wie der Hauptmann;* dann stehen wir einer vor dem anderen und wissen scheinbar alles besser – aus lauter gutem Willen, versteht sich, aus lauter Fürsorge und Verantwortung, ganz klar, und trotzdem blockieren wir dabei am anderen das Beste. So gibt es Eltern in bezug zu ihren Kindern, Vorgesetzte in bezug zu ihren Untergebenen, Kirchenobere in bezug zu ganzen Scharen von Gläubigen – die gesamte Pyramide der Hierarchie auf jeder Stufe kann solche Effekte des Fürsorge-Terrors zeitigen. Eine Befreiung davon ist nur möglich, indem wir lernen, wie wenig wir wirklich verantworten *können,* denn: jeder Mensch ist lebendig in sich selbst, er gehört nicht uns, er gehört einzig der Machtsphäre Gottes. Des anderen Leben haben wir nicht zu bestimmen, sondern was stimmt im Leben des anderen, stimmt überein mit der Macht, die möchte, daß wir sind; und je mehr *wir* zurücktreten, desto mehr an Lebendigkeit gewinnen die Menschen an unserer Seite und am Ende sogar wir selber von ihnen zurück. – Und manchmal ist es nicht zuviel gesagt – wofür sonst hießen wir «Christen»! –, da können wir, der eine dem anderen, so etwas sein *wie Jesus selber,* wenn wir ganz einfach nicht nur formal an ihn glauben als an den Richter Israels, als an den Richter der Völker, als an den endzeitlichen Messias, sondern wenn wir ganz einfach glauben wie er: Das Leben eines jeden Menschen besitze eine Chance vor Gott, Gott aber sei immer weit gnädiger, weit größer, weit mächtiger, als wir für gewöhnlich es auch nur zu träumen wagen! Und eben das sei der Maßstab, das Richtende und das Richtige, für unser Leben als Menschen, für die gesamte Menschengeschichte, wie sie in der Person Jesu sich darstellt!

Mt 8,14–15
Die Schwiegermutter des Petrus oder: Die heilende Kraft der Einfühlung

Mit der Geschichte von der Heilung der Schwiegermutter des Petrus begibt Matthäus sich im Aufbau seiner Wundergeschichten im Anschluß an die Bergpredigt in den Innenraum der «Kirche», indem er mit der «Wohnung» des ersten Mannes der Jünger Jesu eine Grundfrage an die Hausordnung des Zusammenlebens in der Gemeinde insgesamt richtet.[22]

Einen einfachen Zugang zu dieser Erzählung kann man finden, indem man sie in einer Bibliodrama-Sitzung einmal durchspielen läßt.[23] Sehr bald wird man da von der Frau oder dem Mädchen, das die Rolle der namenlosen Schwiegermutter des Petrus zu spielen hat, zu hören bekommen, daß diese Frau seit längerem einen Groll hegt auf ihren Schwiegersohn Petrus. Was ist das nur für ein Mann, wird sie sich gedacht haben, der in einer einzigen Stunde am See von Gennesareth alles stehen und liegen läßt, sein Boot, seine Netze, sein gesamtes Handwerkszeug, um einem Mann zu folgen, der nichts besitzt als einen vollen Mund und leere Hände? Wie kann ein verantwortungsbewußter, ehrlicher Mensch nur so pflichtvergessen sein, daß er seine Frau, seine Kinder im Stich läßt, um ein unstetes Wanderleben an der Seite von religiösen Vagabunden und Wanderradikalen[24] zu führen? Was ist das überhaupt für ein Gott, der die alltäglichen Sorgen der Menschen verspottet und statt dessen ebenso großartige wie illusionäre Hoffnungen für sein ewig «kommendes», nie gegenwärtiges «Reich» in den Köpfen restlos verwirrter Menschen nährt? Ein schönes Reich Gottes, in dem die Nichtstuer und Habenichtse «selig» gepriesen werden! wird sie gedacht haben. Und diesem Oberanführer der ganzen Gruppe muß natürlich so ein Simon hinterherlaufen. Die Frau, die er geheiratet hat, soll nach seiner Vorstellung offenbar in ihren besten Jahren leben wie eine Witwe, schlimmer, wie eine Sitzengelassene, unversorgt, ohne Schutz, mittellos – und diese Leute wagen es noch, von der Liebe des himmlischen Vaters zu reden! Ein Skandal! Ein hanebüchener Skandal!

Und jetzt hat diese Gruppe fahrender Strolche und Strauchdiebe auch noch die Stirn, sich mir nichts, dir nichts, ins Haus einzuladen! Ohne Zweifel der rechte Augenblick, sich mit hohem Fieber ins Bett zu legen... Hier gibt es nichts zu holen, soll das wohl heißen. Hier waltet die flammende Empörung.

Die Schwiegermutter des Petrus

Und doch ist das wohl nur der *eine* Teil der «Fiebererkrankung» dieser Frau. Der andere Teil besteht in der offensichtlichen *Gehemmtheit* ihres Protestes. Allem Anschein nach ist sie durchaus nicht imstande, der Gruppe der Jesus-Jünger eine offene Szene zu machen oder auch nur ein einziges offenes Wort ihr gegenüber zu riskieren. Vielleicht, daß es ihr der eigene Charakter verbietet, Aggressionen offen nach außen zu tragen; möglich aber auch, daß diese Frau in sich selbst von der Sache her gespalten ist. War dieser Petrus nicht im Grunde stets ein guter Mensch? Wie auch hätte man ihm sonst die eigene Tochter in die Ehe geben können? Was er allerdings jetzt tut, ist schlechtweg verheerend, wenngleich er dabei scheinbar ehrenwerte Motive an den Tag legt. Es kann durchaus sein, daß diese Frau schon deshalb nicht offen gegen den Besuch Jesu und seiner Jünger zu protestieren wagt, weil sogar ihr selbst die Beweggründe ihres Schwiegersohnes nicht gänzlich fremd sind. Eine religiöse Frau war wohl auch sie.

Anders jedenfalls wird man die Leichtigkeit nicht gut verstehen können, mit der Jesus auf den Krankheitszustand dieser Frau Einfluß gewinnt. «Er berührte (beziehungsweise ergriff) ihre Hand, da verließ sie das Fieber, und sie stand auf und diente ihm.» Welch eine «Behandlung» muß das gewesen sein, die einer fieberverstörten Frau Kraft und Sinne zurückgibt? Kein Wort wird hier gesprochen, so als seien der Erklärungen und Kommentare längst zu viele gegeben worden; worauf es jetzt ankommt, dasjenige, was wirklich *heilend* wirkt, ist offenbar der persönliche Kontakt, der in diesem Moment zwischen Jesus und der Frau zustande kommt. Es ist eine stumme Gebärde, die all das zu vermitteln scheint, was in den Lehren der Bergpredigt zuvor enthalten war. Eine tiefe Beruhigung muß diese Frau durchdrungen haben – «sich nicht zu sorgen um den morgigen Tag» (Mt 6,35). Ihre Angst um die Sicherung der äußeren Existenz, ihre Hoffnung auf Enkelkinder, die sie selbst eines Tages in vorgerücktem Alter pflegen könnten, ihre Erwartung, in Ruhe und Zufriedenheit den Lebensabend zu beschließen – all das hat keine allzu große Geltung für einen Menschen mehr, der begreift, was eine geistige Entscheidung, was ein innerliches Leben, was eine wirklich menschliche Existenz ist. Es muß durch diese Berührung Jesu das Herz dieser Frau derartig angerührt worden sein, daß sie zu einem Vertrauen fand, das all ihre Ängste beruhigte. Nicht finanzielle Fürsorge, überhaupt nicht das Besorgen der Zukunft – *heute* zu leben und einfach zu tun, was menschlich stimmt, *das* muß die Gewißheit, wenn schon nicht die «Sicherheit» dieser Frau geworden sein. Es muß von der Nähe Jesu ein so begütigender Einfluß ausgegangen sein, daß diese Frau sich erhob und das «Fieber» sie verließ. An die Stelle ihrer Angst trat mit einem Mal die Hilfsbereitschaft, an die Stelle des verhaltenen Protestes die Offenheit, an die Stelle der Verweigerung die Gewährung.

Welch eine Macht muß von der Person Jesu ausgegangen sein, daß er eine Verzweifelte, Hoffnungslose, Verbitterte von der Art der Schwiegermutter des Simon in einem Augenblick «aufzurichten» vermochte? Das christliche Bekenntnis nennt Jesus gern den «Sohn Gottes»; doch offenbar kann so nur sprechen, wer an der Seite Jesu im eigenen Leben erfahren hat, was es heißt, ein «Kind Gottes» zu werden und wie die Schwiegermutter des Petrus an dieser Stelle alle Angst um die Zukunft voller Vertrauen Gott selbst zu überlassen. «Sie diente *ihm*» – ausdrücklich betont Matthäus die persönliche Beziehung, zu welcher die Schwiegermutter des Simon in dieser Stunde zu Jesus gefunden hat.

Wie viele Menschen, um konkret zu werden, gibt es, die womöglich mitten in der Kirche, mitten im Hause Petri, lieber schweigen, als offen eine Wahrheit zu sagen, die sie um ihre Pöstchen bringen könnte? «Was wird morgen sein?» Diese Frage kann man nur lösen, indem man sich entweder mit äußeren Sicherungsmaßnahmen verbarrikadiert oder indem man sich in die Ungeschütztheit des Vertrauens begibt. Kein Zweifel, daß Jesus allein auf diese zweite Möglichkeit setzte. Doch wie schwer fällt es uns, sie zu ergreifen? Alles, was Jesus in der Bergpredigt an wunderbaren Worten des Vertrauens gesagt hat, wird in dieser Szene im Haus der Schwiegermutter des Petrus zu einer heilenden Wirklichkeit.

Matthäus übernimmt in 8,16–17 aus dem Markusevangelium im Anschluß daran noch die Notiz, es habe *am Abend* Jesus *viele geheilt, die von Abergeistern besessen waren,* und er fügt außerdem noch hinzu: «alle, die übel dran waren». Dahinter, wie wir schon in der Einleitung des 1. Bandes gesehen haben, steht ein weitgespannter dogmatischer Anspruch, der den Boden der erfahrbaren Wirklichkeit weithin verläßt, indem Jesus hier als der von Gott gesandte allmächtige Therapeut hingestellt werden soll.[25] Ja, Matthäus verdeutlicht noch durch ein eigenes Reflexionszitat aus dem Propheten Jesaja, was er mit seiner selbstgeschaffenen Szene eigentlich beabsichtigt: Gezeigt werden soll, daß Jesus in seiner Person die Weissagungen von dem «Gottesknecht» erfüllt. Die aufgeführten Sätze sind jedem Kirchengläubigen aus der Karfreitagsliturgie wohlbekannt, allerdings in einer verhängnisvoll falschen Übersetzung: «Er hat unsere Krankheiten *weg*genommen» muß es heißen, nicht er hat sie «auf sich genommen» oder «für sich übernommen». Es geht nicht darum, daß Jesus als der «Gottesknecht» in die Passion der Welt eintritt – dieses Thema meldet sich sehr viel später im 12. Kapitel (V. 24 f.) zu Wort; da wird man Jesus vorwerfen, daß er all seine Wunder an den Kranken nur im Namen des Teufels selber, keinesfalls im Namen Gottes wirke, und es wird dieser Vorwurf sein, der ihn mehr und mehr in die systematisch organisierte Vernichtung treiben wird. *Hier* aber werden wir gerade nicht zu den Zeugen einer verborgenen Kreuzestheologie, hier erleben wir vielmehr einen reinen Sieg der Menschlichkeit: es soll nicht länger mehr sein, daß die Menschen an ihren Ängsten und Widersprüchen, an ihren Entfremdungen und Abspaltungen, an ihren Neurosen und Psychosen hilflos und ausgesetzt leiden. Es gibt einen Gott im Himmel, und es ist ein Gott in Israel, der will, daß Menschen aufblühen zu ihrem Glück und aufhören, an sich selbst und ihren Mitmenschen sinnlos zu leiden. Nur wer das wirklich begreift, hat im Sinne Jesu eine Chance, als «Knecht Gottes»[26] zu tun, was Gott will. Keinerlei Leidensmystik und kirchlich abgesegneter Masochismus ist damit vereinbar. Doch wer, so geringfügig auch immer, ein Stück dazu beiträgt, daß ein anderer Mensch etwas selbständiger denkt, etwas freier fühlt, etwas großzügiger lebt, der tritt unweigerlich an der Seite des Jesus von Nazareth in den Kampf Gottes um den Menschen ein; der öffnet ein Stück dieser Welt für die Gottesherrschaft; der drängt den Irrwitz der «Abergeister» zurück.

Mt 8,16–17
«Unsere Krankheiten hat er hinweggetragen» oder: Vom Zusammenhang von Schuld und Krankheit

Der Traum ist menschlich, und er hört nicht auf; der Evangelist Matthäus aber ist in der «Tröstung der Völkergemeinschaft» (TG) sein größter Verkünder: es werde einmal eine Zeit sein, da nicht mehr Krankheit, Wahnsinn und Tod das menschliche Leben vor der Zeit in das Grab hinabstoßen beziehungsweise in ein ständiges Verlangen nach dem Grab verwandeln würden. Irgendwann, stellt der «Zweite» «Jesaja» nach dem Zerbruch der Babylonischen Gefangenschaft in Aussicht, werde ein Helfer Gottes, sein wahrer *Diener*, kommen und an die Seite *der* Menschen treten, die ihn am meisten brauchen; er werde seine Stimme auf den Gassen nicht anklagend und vorwurfsvoll geltend machen, sondern sich niederbeugen zu dem Zerbrochenen und aufrichten das Geknickte; er werde *hinwegnehmen* unsere Krankheit und all unseren Schmerz (Jes 53,4.11).[27] Eine *allzu fromme* Hoffnung mag man das auf den ersten Blick nennen, einen Rest mythischer Wünsche sowie das Relikt einer Weltsicht, in der Schuld und Krankheit noch auf geheimnisvolle Art miteinander verwoben waren. Wir Heutigen haben spätestens von der Mitte des 19. Jahrhunderts an, eigentlich aber schon durch die Traditionen der Araber im 13. Jahrhundert[28], gelernt, den menschlichen Körper, ja, sogar die menschliche Seele zu sehen wie eine empfindliche Apparatur, die störungsanfällig ist von innen und von außen. Nur wer ihre *Mechanik* kennt, vermag Einfluß zu gewinnen auf Gesundheit und Krankheit des Menschen. Da ist kein Platz mehr für Geister und Gespenster, für Dämonen und für Aberglauben, sondern einzig für klares, rational voranschreitendes Forschen und Denken, für ein präzises Kalkulieren der eigenen Möglichkeiten im Umgang mit Krankheit und Schmerz und am Ende für ein fast mitleidloses, «chirurgisches» Eingreifen im Rahmen objektivierbarer Kenntnisse und rechtlich definierter Zuständigkeiten.

Gemessen an dem, was heute Medizin heißt, scheint uns jede Erinnerung an das biblische Weltbild wie ein vermessentlicher, archaischer Frevel. Da sollten die Menschen am Ende noch *schuld* sein an ihren Gebrechen und Leiden! Zwar: In unseren Köpfen spukt noch so etwas an magischen Resten, und es wird überliefert auch in den Traditionen anderer Religionen, ja, man kann sogar verstehen, woher solche Vorstellungen kommen, aber eben: indem man sie begreift, mag man sie nicht länger mehr gutheißen.

Da erkrankt auf dem Hühnerhof eines der Tiere an Schreckmauser. Man möchte denken, es habe seelisch schon genug durchgemacht, um in diesen Zustand zu geraten, da verhängt die Natur noch ein eigenes Ritual der Ausstoßung, indem sie alle Artgenossen des Hofes bestellt, mit wütenden Schnabelhieben das kranke Tier zu attackieren.[29] Sein Gefieder ist nicht mehr so, wie es sein müßte – *das* ist das Angriffssignal, und es genügt vollkommen zur Strafe der Ausstoßung, im Grunde der Vernichtung. Hätte ein solches Huhn «Gedanken» wie wir Menschen, es würde sich, an die Erde kauernd, vermutlich selber *schuldig* sprechen für die *Strafe*, die es auf sich zieht, und das mit gewissem Recht, denn wie sollte eine Strafe, die *alle* ausnahmslos verhängen, ungerecht sein? In der Natur mag es Sinn gemacht haben und noch machen, so zu verfahren; da wird das Kranke aus der Weitergabe des Lebens ausgeschlossen; und wenn schon nicht mit Rücksicht auf das individuelle Leben, so doch mit Rücksicht auf das Überleben der Art mögen solche Reaktionsweisen im großen und ganzen als notwendig erscheinen. Unsere *menschliche Moral* hingegen ist von anderer Art. Sie besteht förmlich darin, es ist ihr wichtigster Grundsatz, es ist nicht eine Nebenlehre, sondern es bestimmt ihr Zentrum, daß ein Mensch in seiner Individualität, mit IMMANUEL KANT gesprochen, niemals Mittel zum Zweck, sondern stets Zweck an sich sei.[30]

Es ist allein dieses Grundprinzip menschlicher Moralität in sich schon so etwas wie ein aufrührerischer Gedanke, denn es stellt die Umgangsweise der Natur mit uns Menschen fundamental in Frage, es erlaubt uns nicht länger mehr, der Ausstoßungsmechanik der Natur im Umgang mit Menschen zu folgen. Die Moral der Menschen hat sich damit losgelöst von dem Hintergrund der Handlungsgewohnheiten aus der Herkunft der Tierreihe im Verlauf von Jahrmillionen. Und dennoch geistert die Vorstellung immer noch in unseren Redeweisen, in unseren Denkweisen, daß wir an unseren Krankheiten selber *die Schuld* trügen. Selbst hohe Kirchenvertreter sind von einer solchen «Verkündigung» bis heute nicht ausgenommen. Gefragt, was er von der Ausbreitung der Aids-Seuche halte, antwortete noch 1989 der Fuldaer Bischof DYBA, er sehe darin eine Strafe Gottes. «Schauen Sie», sprach er, «San Francisco! Vor Jahren noch eine Bannmeile der Lust und der Ausschweifung, heute eine Stätte der Seuche! Und wie ging Rom zugrunde? Durch Sittenlosigkeit und Verfall – das ist die Antwort!»[31] – Man wird selbst einem Bischof sagen müssen, daß die Logik des Hühnerhofes nicht Sinn macht als Logik der Kirche, und kein noch so lautes Gegacker hilft hinweg über blamablen Unfug. Also gilt: Wenn Menschen erkranken, ist das in sich schon zumeist schlimm genug; sie zusätzlich noch zu bestrafen mit moralischen Vorwürfen, ist weder menschlich noch christlich.

Wie aber dann? Sollen wir die alten biblischen Gleichungen von dem Zusammenhang zwischen Sünde und Krankheit, zwischen Schuld und Geistesverstörung ein für allemal an die Vergangenheit abgeben? Dann bliebe uns keine andere Hoffnung, als auf den Fortschritt der Medizin zu setzen, und das wäre nicht sehr viel, denn dieser Fortschritt wird nie verhindern können, daß Krankheit und Tod irgendwann die letzten Auskünfte über unser Leben bilden. Inmitten dieser irdischen Welt mögen wir einen Mann, eine Frau an unserer Seite mit noch so viel Liebe beschützen wollen, wir mögen die Hände noch so bergend um sie legen, irgendwann werden Krankheit und Tod stärker sein als unsere Liebe. Irgendeinem winzigen Bakterium oder Virus, das keine Ahnung hat, was es zerstört und verwüstet, wird es in baldiger Zukunft schon erlaubt sein, das in unseren Augen Kostbarste von unserer Seite hinwegzunehmen. Gerade weil wir die Mechanik des Todes gut genug kennen, ist alle Hoffnung auf eine verbesserte Form der Medizin nichts weiter als ein Aufschub. Irgendwann gilt es, Antwort zu geben, und so paradox es sich anhört: irgendwann kehren wir zurück zu den Träumen der Religion, Krankheit und Tod seien *nicht* nur biologische Fakten, sondern sie enthielten geistige Botschaften. Gerade wenn wir am meisten leiden, möchten wir im Grunde als allererstes und als allerwichtigstes vermutlich gar nicht einfach das Verschwinden der Krankheit, sondern wir hoffen auf einen menschlichen Beistand. Vieles wird auf dieser Erde nicht zum Verschwinden zu bringen sein, aber zum Beispiel das Alleinsein inmitten der Krankheit, das Ausgestoßenwerden einfach für die Abweichung von der Normalität der Gesundheit, diese wirklichen Belastungen ließen sich wahrscheinlich doch vermeiden. Und das ist es, was wir als erstes möchten: daß jemand an unsere Seite träte, der sich aus dem Pulk der vermeintlich Starken und Richtigen löste und Augen, Ohren und Hände hätte für das sonst unüberbrückbare Leid, in dem wir gefangen sind. Es ist die Sprache und das Verlangen der Liebe selbst, trotz aller menschlichen Hilflosigkeit dem anderen beizustehen, und so hören wir nicht auf, in allem Schmerz trotzdem, ja, gerade deshalb ein Stück vom Himmel für diese Welt zu erwarten.

In Aussicht gestellt war eine solche Vor-Liebe für alle Notleidenden in der Religionsgeschichte wohl oft schon, aber für Matthäus verkörpert sie sich am reinsten und klarsten in der Person des Jesus von Nazareth. So sei *er* gewesen, schildert Matthäus, daß er in die Bresche des fremden Schmerzes trat und ihn zu etwas Eigenem machte; er ließ die im Leiden Befindlichen nicht allein, sondern er wurde ihr Wegbegleiter und Freund. Und gerade so wurde er zu einem wahren «Diener» Gottes.

Erst von daher versteht man die «Wunder» der Gesundung, die Matthäus in Übernahme schon der Texte aus dem Markusevangelium an dieser Stelle seines Evangeliums aufreiht. Weit unterhalb der Schwelle der Moral gibt es solche verborgenen Verflechtungen zwischen Krankheit und Schuld also doch – *Schuld* nicht als Übertretung bestimmter Gebote, wohl aber als eine Verstörung des menschlichen Herzens in Angst und Verzweiflung bis hin zur Verheerung sogar unserer psychischen und physischen Existenz.

Herauszufallen aus der Einheit mit «Gott», so schon die Botschaft auf den Anfangsseiten der Bibel, verlustig zu gehen eines letzten Haltes im Dasein, *das* macht den Menschen innerlich heimatlos, ausgesetzt, aufgewühlt, gehetzt und unruhig[32], so daß er bis in seinen Körper hinein, bis in seine Träume hinein, bis in sein Denken hinein sich selber schließlich nicht mehr gehört, sondern sich immer fremder, verwüsteter und abgespaltener wird. Und diese Zonen des Nichtlebens, diese Areale der Verdrängung – die werden am Ende seine Krankheiten, die sind jetzt schon, mitten im Leben, sein Tod.

Da stellt sich die Frage nun um so mehr: Wie betritt man das Haus eines Freundes und nimmt einen Menschen, den man noch niemals zuvor gesehen hat, bei der Hand, so daß es ihn heilt (Mt 8,14)? Wie berührt man eine Frau, die an Fieberkrankheit daliegt, wie die Schwiegermutter des Petrus, so daß es sich in ihr beruhigt (Mt 8,15)? Stellen wir sie uns noch einmal vor, mit offenen, glänzenden Augen, mit jagenden Gedanken hinter ihrer schweißnassen Stirn, mit einer gesteigerten Phantasie, die alle Ängste und alle Schmerzen brennglasartig vergrößert, mit einem Gefühl im gesamten Leib, wie wenn es sie zöge und risse, und sie besäße keinen Schutzschild mehr, gegen keine Vorstellung, gegen keine Phantasie, gegen keinen Schmerz. Das Fieber der Seele kann so viele Gründe haben: eine verweigerte Liebe zum Beispiel kann in den Körper einfallen wie Glut in dürres Herbstlaub; ein überfordertes Verantwortungsgefühl kann einen solchen Druck von Streß erzeugen, daß die Nerven ständig überspannt sind und immerzu die Überlegungen sich jagen buchstäblich wie im Fieber; eingeklemmter Groll, unterdrückter Zorn, hilfloser seelischer Schmerz können sich selbst entfachen wie Feuer, und wir werden es nicht los. In der «Tröstung der Völkergemeinschaft» (TG) schildert Matthäus den entscheidenden Vorgang der Heilung als etwas ganz Einfaches – wie Jesus die Schwiegermutter des Petrus *bei der Hand nimmt;* doch wir müssen diese «Berührung» oder Begegnung im wirklichen Leben uns oft über Jahre gedehnt vorstellen, wie man jemanden buchstäblich «bei der Hand nimmt» und ihn zurückführt zu dem Ort seiner verlorenen Heimat; man bringt ihn ganz langsam dorthin zurück, wo er neu beginnen kann, sich selber zu finden, und endlich kehrt wieder Ruhe ein in sein Leben.

Nicht anders verhält es sich mit den von den *Abergeistern Besessenen* (Mt 8,16)! Wie viele Gedanken hausen in uns, die sich nur schlecht miteinander vertragen, sie brechen in unseren Köpfen aufeinander los und zerreißen uns derart, daß unter ihnen ein eigenes Ich sich nicht zu formen vermag! Sie suchen uns statt dessen heim wie Gespenster und Geister, diese Gedanken, die wir nicht selber denken, die man von fremd her uns zudiktiert hat, die in uns hineingesprochen wurden in autoritärer Macht, wie um uns ständig zu vergewaltigen! Wann eigentlich beginnt ein Mensch sich selber zu fühlen, sich in Wirklichkeit wahrzunehmen und zu einem eigenen Gedanken heranzureifen? Erst dann könnte der Spuk sich lichten. Doch gerade diese Macht muß von Jesus ausgegangen sein, daß Menschen in seiner Nähe begannen, Sammlung und Ruhe in sich zu finden. Ihre Angst verging, wenn er bei ihnen war, das Gefühl, wie gejagt zu sein, flachte ab in seiner Gegenwart und verschwand, und übrig blieb das eigene Ich, die eigene Person in all ihrer Schönheit und Kostbarkeit. Diese Überzeugung muß in Jesus gelebt haben: Ein *jeder Mensch* verdient es, so bei der Hand genommen zu werden, so über seine Stirn gestrichelt zu werden, bis sich sein Fieber beruhigt und sein Wahn, seine «Besessenheit», seine Selbstentfremdung sich löst.

Wir verfügen auch im Namen des «Christus» beziehungsweise des «Gottesknechtes» nach Jesaja nicht über die Fähigkeit, mit *einem* Wort «Wunder» zu wirken. Aber das ist es und war es auch nicht, was Jesus uns lehren wollte. Wozu *er* uns bestimmen wollte, war einzig eine geduldige Güte, ein behütendes Ausharren beieinander, ein zärtliches Verweilen im Vertrauen und ein bittendes Hoffen, das selbst nach den Jahren einer leergeplünderten Jugend im Leben des anderen vielleicht doch noch ein Aufbruch möglich sei und ein Wiederanfang, ein Neubeginn sich ereignen könne. Eine solche Hoffnung zu hegen *jenseits* der Hoffnung, eine solche Liebe zu leben *jenseits* der leiblichen Leiden und den Qualen der Seele, ist buchstäblich ein Licht vom Himmel mitten im Kerker unserer irdischen Existenz. Jesus kam, gerade dieses Licht uns zu bringen. Am Ende sieht es wirklich aus wie eine «Schuld», in Hoffnungslosigkeit sich verriegelt zu haben, aber es ist eine «Schuld», die man einander nicht vorwerfen kann. Denn niemand will sie wirklich. *Verzweiflung* kann man moralisch nicht abschaffen; man kann sie nur zu begreifen suchen, zu übernehmen versuchen und dann *gemeinsam* abtragen. So allein dient es Gott, so allein hilft es seiner Schöpfung, so allein werden Menschen selber so etwas wie «Diener» Gottes oder, was auf Hebräisch dasselbe Wort ist: wie *Söhne* Gottes. So wird wirklich der Traum einer Menschheit wahr, vielleicht nicht von einer leidlosen Zukunft, wohl aber von einer Welt, in der das Leiden die Menschen untereinander nicht ausschließt und in der die Grenzen der Menschlichkeit nicht automatisch aufhören an den Tabuzonen fremden Schmerzes.

Freilich: wir brauchten dazu eine Abkehr von dem Modell des *American way of life* einer «gesunden» und «starken» Gesellschaft.[33] Eine solche Gesellschaft wird, wie auf dem Hühnerhof, nach wie vor «einzig» den Erfolgreichen und den Starken – den *schon dadurch Grausamen*, verehren und den Schwachen, Gescheiterten und Erfolglosen ausschließen. Zwischen beidem müssen wir wählen: zwischen der Sanftheit des «Knechtes» Gottes und den vermeintlichen «Herren» der Völker (Mt 20,25). Was uns guttut, wissen wir sehr gut; wie wir gut sein können, wissen wir auch. Doch daß wir's werden, gebe uns Gott.

Mt 8,18–27
Von der Ungeborgenheit des Lebens und der Geborgenheit in Gott oder: Das Wunder des beruhigten Meeres

Das gesamte achte Kapitel des Matthäusevangeliums und noch ganze Teile des neunten sind eine einzige Abfolge von Wundern. Da zeigt Matthäus im Anschluß an die Bergpredigt die «Vollmacht» Jesu, Menschen zu heilen, zunächst bei Juden und Heiden, dann mitten im Kreis seiner eigenen Jünger, dann draußen im Volk; da wird Jesus Menschen heilen von Besessenheit und Wahnsinn, von Gelähmtheit und Sünde, und in all dem gilt, daß sichtbar wahr wird, was der Prophet Jesaja sagte: Da wird einer kommen, der nimmt hinweg unsere Leiden; der erfüllt all unsere Sehnsucht (Jes 53,4.11).

Wenn *wir* diese Worte hören, scheint uns in der Überlieferung der christlichen Erziehung die Gestalt Jesu vor uns zu stehen, wie er kraft des Übernatürlichen Macht besitzt über uns Menschen und folglich mit uns tun kann, was er will. Das «Übernatürliche» gilt in diesem Sinne als das Wunderbare schlechthin, und Jesus wiederum gilt uns entsprechend dieser Logik für um so besser beglaubigt, als wir ihn wie aus einer anderen Welt, mit übermenschlichen Kräften ausgestattet, weit von uns abgerückt, in unsere Schwachheit hineinwirken sehen. Gerade das Matthäusevangelium hat für diese Art, von Jesus zu denken, eine Menge von Beispielen und Aussprüchen gesammelt bzw. künstlich arrangiert.[34] Dann plötzlich aber, gerade in diesem Abschnitt, bietet Matthäus eine überraschend «moderne» Sicht der Dinge, indem er die Wunder Jesu gerade nicht von uns selber abrückt und dabei Göttliches gegen Menschliches stellt, sondern indem er beides *als eine symbolische Antwort* auf unsere menschlichen Gefährdungen mit unseren Fragen, Konflikten und Problemen zusammenbindet; und erst in dieser Einheit des Göttlichen und des Menschlichen wandelt sich unser eigenes Dasein ins Heilwerdende, ins Tragende, mithin ins Gesunde, Offene und Freie.

Matthäus, um diese Einheit von Gott und Mensch im achten Kapitel seines Evangeliums zu zeigen, nimmt zwei ganz verschiedene Überlieferungen zusammen, eine aus der ihm vorliegenden Redesammlung, eine andere aus dem Markusevangelium[35], und beide montiert er hier kunstvoll zu einer Szene, die er auf solche Weise selber erst schafft: Jesus verabschiedet sich nach der Vielzahl seiner Wunder von der Menge, steigt in ein Boot – und plötzlich ist

Von der Ungeborgenheit des Lebens und der Geborgenheit in Gott

nichts mehr, wie es war. Wir betreten mit einem Male eine vollkommen symbolische Landschaft. Da geht es nicht mehr um den See Gennesareth, nicht um ein sturmgepeitschtes Wasser in äußerem Sinne, da geht es nicht mehr um Meteorologie oder Hydrologie; wohl aber geht es um die Herausforderungen und Gefährdungen unseres Lebens.

Denn damit eigentlich beginnt der ganze Abschnitt: Da kommt ein Schriftgelehrter zu Jesus, einer, der wie verirrt ist aus der Gruppe derer, die ansonsten Jesus fast berufsmäßig verfolgen und traktieren – versucht's, hängt sich an Jesus und erklärt ihm so verpflichtend, als wolle er mit seiner Unterschrift einen Blankoscheck abdecken: «Ich will dir folgen, wohin immer du gehst.» Jesus aber antwortet mit einem Weisheitswort, das vermutlich nicht von ihm stammt, mit einem altorientalischen Spruch über die unentrinnbare Situation des Menschen: «Die Füchse haben ihre Höhlen und die Vögel ihre Nester; was aber wird aus den Menschen? Eigentlich gehören *sie* nirgendwo hin.»[36]

Was soll dieser Weisheitsspruch an dieser Stelle? fragt man sich. – Der Zusammenhang im Sinne des Matthäus scheint in etwa der zu sein: Da hat jemand sich mit den Fragen der Religion als Gesetzeslehrer geradezu professionell beschäftigt, er hat eine ganze Menge von Auskünften über Gott in seinem Munde, in seinen Ohren, vor seinen Augen bereit; scheinbar kennt er alles, was es von Gott zu sagen gibt, und so erwartet er, daß auch Jesus diesem Gefälle des theologischen Wissens noch ein paar Fortschritte weiter hinzufügt; – einer solchen Wissenserweiterung würde er sich gerne anschließen; mit einer Fahrt, die ihn auf dem gebahnten Gleise noch ein paar Stationen weitertragen würde, wäre er wohl einverstanden. Aber nun, fast schroff, erklärt ihm Jesus, daß das ganze Schriftgelehrtentum, daß die gesamte *Theologie* ganz einfach scheitert und scheitern muß an dem, was Menschen sind. Da wird aus einem Spiel mit Bildern der altorientalischen Weisheit plötzlich eine Symbolrede über die Offenheit der menschlichen Existenz: Was bedeutet es, *ein Mensch* zu sein? Darum geht es.

Manchmal könnte man neidisch werden auf die Tiere, und wirklich: gar manche unter den Menschen folgen in ihrem Daseinsentwurf der Weise der «Füchse» oder der «Vögel»: Auf alle Angst, auf alle Ungeschütztheit, auf alle Bedrohtheit des menschlichen Daseins haben sie eine fertige, instinktiv vorgegebene Antwort: sich an die Erde zu ducken, sich möglichst klein und unauffällig zu machen oder, noch besser, sich *einzugraben* bis zum Nicht-mehr-Auffindbaren und völlig zu verschmelzen mit der Erde, indem man *das Unten* als Fluchtrichtung wählt. In dieser Art leben die «Füchse», und ähnlich wie sie können auch wir Menschen das gesamte Dasein verbringen, indem wir die Fragen der irdischen Existenzsicherung dadurch lösen, daß wir glauben, je gepanzerter, je eingegrabener und verbunkerter wir existierten, desto besser, desto geschützter und scheinbar geborgener wären wir. Eine ganze Lebensausrichtung kann davon bestimmt sein, nach diesem Vorbild der «Füchse» zu existieren. Das gesamte Leben besteht dann einzig darin, es nach außen hin zu *sichern*, es zu «fundieren», das heißt sich buchstäblich immer tiefer in die Erde einzubuddeln. Keine Frage stellt sich da mehr, die aus dem Dunstkreis, man sollte schon nicht mehr sagen: von *«Füchsen»*, sondern eher von *Maulwürfen* hinausführen könnte; was man ißt, wie man den heutigen Tag überlebt, wie man seine Ruhe findet, wie man sein Ein- und Auskommen organisiert – das ist die Bilanz, das ist schon alles, worauf es ankommt.

Es gibt daneben eine andere Möglichkeit: zu leben sozusagen wie die Himmelsgeborenen, wie *die Vögel*, indem man sein Nest, sein Zuhause förmlich zwischen den Wolken, hoch in den Bäumen pflanzt. Man kann alle irdischen Rücksichten *vernachlässigen*, man lebt gewissermaßen *nur* noch im Geisterreich, man verbringt sein Leben in Theorien, Hypothesen, Abstraktionen, Konklusionen – die ganze Existenz der meisten «Schriftgelehrten» ähnelt solchen «Vögeln», die sich ihre «Nester» bauen; sie sitzen am Ende zwar auf schwankendem Aste, aber sie wissen allemal, wohin sie gehören. Immer wenn die Sonne untergeht, ist ihr Zielort klar. Es gibt am Ende, so stürmisch auch immer die Welt des Geistes sein mag, doch die vorbestimmten, die eindeutigen, die punktgenauen und *unfehlbaren* Erklärungen.

In beiden Formen, weder als «Füchse» noch als «Vögel», sind wir indessen wirkliche Menschen, sondern lediglich halbierte Existenzen.[37] Das, worauf es ankäme, was uns wirklich zu *Menschen* machen könnte, wäre gerade das Leben *zwischen* Himmel und Erde, ein Ausgespanntsein zwischen den Extremen. Über diese Erde zu gehen und den Himmel nicht zu vergessen beziehungsweise den Himmel zu berühren, ohne die Erde zu verleugnen – *das* hieße es, *frei* zu sein, das hieße es, *menschlich* zu existieren; es heißt freilich immer auch, *ausgespannt* zu sein, nie definiert zu sein und an keinem Morgen zu wissen, was der Tag bringen wird; es bedeutet, unabgeleitet sich zu riskieren; – es ist *das Ende* aller Schriftgelehrtheit ebenso wie das Ende jedweder Verspießerung; es ist der Anfang eines wirklichen *Wagnisses*, zu leben. Einzig wir Menschen haben in diesem Sinne keinen Ruheort auf Erden.

Doch «heimatlos» ist der Mensch nicht nur durch seine gewissermaßen «räumliche» Standpunktlosigkeit und Ungesichertheit, heimatlos ist er auch *im Fluß der Zeit*. Dieses Problem stellt sich im Kreis der Jünger selbst. – Da kommt einer und möchte einen *Aufschub* an der Seite Jesu bei diesem Gang ins

Unendliche mitten über die Erde. Was er als Wunsch äußert, stellt erneut ein Problem in jeder Religion dar: «Laß mich meinen Vater begraben!» Da gerät offenbar die beste Energie der Pietät[38], der Hingabe, der Treue in die Gefahr, einen Menschen von sich selbst zu entfernen! Kann nicht die «Religion», möglicherweise sogar im Kreis der Jünger Jesu selbst, am Ende zu einem bloßen *Totenkult* entarten, indem man immer wieder die Vergangenheit mächtig werden läßt über die Gegenwart? Eine solche Religion der Flucht aus der Zeit lebt ständig *rückwärts* gewandt, und es läßt sich nicht leugnen: Eine solche Haltung kennen wir in unserer eigenen «Kirche» nur allzu gut. Alles, was wir tun, stellt sich unter Umständen dar als ein unendlicher Gräberzug der Tradition und der Ehrung von verstorbenen Vätern und Vorvätern. Am Ende gehört sogar Jesus selber womöglich in diesen Leichenzug verfeierlichter Toter. Wir erklären ihn dogmatisch für lebend, aber in Wahrheit tragen wir ihn lehramtlich und feierlich mit lauter pietätvollen Redensarten zu Grabe. *Der Preis des Menschseins* liegt zum einen in dem Mut, die Ausgespanntheit und Angst auszuhalten, die es kostet, wirklich zu existieren und eine Synthese zu bilden zwischen Himmel und Erde, zwischen Unendlichkeit und Endlichkeit; *der Preis der Verleugnung des Menschseins* aber besteht in einer ständigen *Trauer:* man gelangt nie in die Gegenwart, man findet nie ins wirkliche Dasein, man ist vielmehr ständig beschäftigt mit dem Vorgegebenen, und das zermürbt, tagaus, tagein, denn im Grunde verwandelt man so das Leben in eine gähnende Gruft. Es gibt keine Freude mehr, keinen wirklichen Aufbruch, kein entschlossenes Nach-vorne-Gehen. Die Vergangenheit, im Gegenteil, verfügt über die Macht, alles Zukünftige zu verstellen; ja, sie befiehlt sogar, daß nie etwas neu werden kann, daß alles auf *immer* so bleiben muß, wie es schon immer war – eine Religion buchstäblich der Väter.

Im Widerspruch dazu sagt Jesus an dieser Stelle ungemein schroff: *«Laßt die Toten die Toten begraben!»* Da wird mit Macht das Leben von der Vergangenheit weg *in die Zukunft* gedrückt; da erklärt Jesus den gesamten religiösen Väterkult für einen reinen Spuk, für eine Friedhofsangelegenheit, für nichts jedenfalls, was mit Gott zu tun hat. «Gott ist ein Gott der Lebenden, nicht der Toten», sagt Jesus an entscheidender Stelle einmal gegenüber den Sadduzäern (Mt 22,32, nach Mk 12,27); keinerlei religiöser Traditionalismus ist damit vereinbar.

Bis *ins Psychische* hinein gilt diese Wahrheit. Die *Beerdigung* des Vaters (oder der Mutter) kann seelisch oft ein ganzes Leben lang dauern. Alle Menschen, die ihre Eltern in gewissem Sinne erlebt haben wie ihren eigenen Tod, können sie im Grunde niemals sterben lassen; vielmehr klammern sie sich in kindlicher Angst und Haltlosigkeit wie verzweifelt an sie und ihre möglichen Nachfolgegestalten, um von ihnen vielleicht doch noch etwas zu bekommen, was diese selber ihnen zu Lebzeiten niemals zu geben vermochten. Oft ist diese Suche nach Liebe und Geborgenheit *unbewußt*, und es ist deshalb schon ungeheuer viel, wenn die Bestrebungen kindlicher Fixierungen auf den toten Vater, auf die tote Mutter durch neue Hoffnungen und lebendige Erfahrungen endlich bewußt werden. Es ist, als regte sich dann der uralte Schmerz endlich wieder; die ungeweinten Tränen von damals, als der Vater, als die Mutter starb, beginnen endlich zu fließen, und der nie geleistete Abschied darf endlich sein, weil es eine neue, lebendigere Beziehung gibt, die den alten Schmerz überwindet. Wie viele Jahre kann es dauern, um endlich zu lernen, die «Toten» die «Toten» begraben zu lassen und zu einer Liebe zu reifen, in welcher das Anliegen Jesu zur Wirklichkeit kommt!

Allerdings: sobald wir uns von den vergangenen Vorbildern lösen, bleibt uns nichts als Ungewißheit und Wagnis, als die Gegenwart mit all ihren Abenteuern. Da gibt es keine Sicherungen mehr, weder geistig noch materiell, weder kulturell noch traditionell; alles, was wir sind, entscheidet sich *jetzt*, in der Gegenwart, im Augenblick unter den Augen Gottes. Das ist der Sinn dieses Abschnittes: Die tradierte Religion genauso wie die schriftgelehrte Tradition scheitern an der Offenheit der Existenz des Menschen zwischen Himmel und Erde, zwischen Vergangenheit und Gegenwart.

Erst wenn man den Text so liest, versteht man, warum die nächste Szene augenblicklich beginnt mit einem *Seebeben*[39], noch nicht einmal mit einem «Sturm», wie das Markusevangelium ihn schildert. Bei Matthäus geht Jesus als erster *in das Boot*, wie wenn er von Anfang an wüßte, was ihm im folgenden bevorsteht. In der Szene dieses Evangelisten ist kein Gedanke mehr daran, daß Jesus, wie noch bei Markus, Abschied nimmt von dem Überdruck der Menge, um jenseits, am anderen Ufer, *einmal* allein zu sein (Mk 4,36). *Hier,* bei Matthäus, wird *ein Abenteuer* bestanden, hier wird die ganze menschliche Existenz auf die Probe gestellt und ins Bild gesetzt: Hinein ins Boot, und die ganze Welt ist augenblicklich ein kochender Kessel, da gibt es nichts mehr, das trägt! Genau um diese Erfahrung ging es in den vorangegangenen Reden, jetzt aber *wird* sie zur Erfahrung. Das wirklich Unglaubliche in dieser Szene aber ist, daß Jesus mitten in dem total beunruhigten Dasein im *«Boot»* liegt und *schläft.*

SÖREN KIERKEGAARD, als er diese Erzählung las, schrieb darüber mit zitternden Fingern sinngemäß in sein *Tagebuch:* «Das können nur die Tiere und die Kinder, mitten in der Angst schlafen; und dann kann es wieder – der Gottessohn!»[40] Nur: was nennen wir da den *«Sohn Gottes»?* An dieser Stelle

Von der Ungeborgenheit des Lebens und der Geborgenheit in Gott

bezeichnet dieser Titel genau denjenigen, der so sein kann: daß er die Angst vergißt, daß er sie scheinbar gar nicht kennt, so sehr, daß er *schläft* im «Boot». Was *ihn* umgibt, sind nicht die anstürmenden Wogen, sondern einzig die Hände Gottes, nichts weiter. Sie sind es, die ihn tragen. Nicht die irdischen Sicherungen in Fuchsbauten, nicht die himmlischen Nester, nicht die geistig vorgegebenen Definitionen, aber ein unsichtbarer Raum der Geborgenheit, in dem man schläft und wacht, wie der Rhythmus der Zeit es gebietet, das ist es, was ihn hält und geborgen sein läßt. Da gibt es keine Hast, da gibt es keine Unruhe, da gibt es kein Fliehen und Flüchten, da ist alles nur ein einfaches ruhendes *Sein*.

Ein besseres Bild für das, was «Glauben» heißt, kennt die ganze «Tröstung der Völkergemeinschaft» (TG) nicht. Wie sehr Matthäus diese Haltung des Glaubens betonen will, zeigt er besonders deutlich, indem er die Vorlage des *Markus*evangeliums entscheidend verändert. *Markus* noch hatte ein Interesse, an dieser Stelle eine «einfache» Wundergeschichte zu erzählen. Bei ihm rufen die Jünger ihren Meister um Hilfe, ja, sie beschweren sich förmlich bei ihm: «Herr, du schläfst, während wir versinken!», und Jesus geht ein auf den Notschrei seiner Jünger, besänftigt den Sturm, so daß die See sich beruhigt. So bei *Markus*. Ganz anders *hier* bei Matthäus. Noch ehe Jesus irgend etwas zugunsten seiner Jünger unternimmt, *redet* er mit ihnen; weit wichtiger also als das Tosen der See ist für den Jesus des Matthäus die Unruhe im Herzen der Menschen, und da offensichtlich kennt er kein Pardon. «Was seid ihr für Feiglinge!» läßt Matthäus seinen Jesus sagen. Es ist nicht richtig, nach all dem, was Jesus bis dahin schon gesagt und getan hat im ersten Drittel des Matthäusevangeliums, immer noch dazusitzen und das einfache Leben mit aufgerissenem Mund und schreckgeweiteten Augen zu verfolgen, so als seien die Jünger immer nur Opfer, immer nur Hin- und Hergeworfene, nie wirkliche Menschen in eigener Entscheidung, nie wirklich Feststehende, nie wirklich Handelnde, nie wirklich Lebende. Und der Jesus des Matthäus fügt gleich hinzu: Die Feigheit hat einen zutiefst religiösen Grund, sie ist nicht rein psychologisch zu erklären oder rein naturhaft, so als gäbe es ein Naturgesetz, nach dem es nun mal Angsthasen ebenso geben müßte wie krachlederne Dickschwarten; worauf es hier ankommt, ist vielmehr die Frage, wieviel *Vertrauen* ein Mensch in seinem Leben gegen die Angst zu setzen vermag. Und da erscheinen die Jünger Jesu allesamt als viel *zu wenig Vertrauende. Das* gilt es zu lernen an dieser Stelle; denn erst aus einem erwachenden Vertrauen heraus gewinnt in der Darstellung des Matthäus auch Jesus die Möglichkeit, das Beben der See zu beruhigen. Dann aber tritt *eine große Ruhe*, eine große Stille ein.

Wer irgend je in seinem Leben etwa Vergleichbares erfahren hat, weiß, wie es im folgenden weitergeht: In gewissem Sinn kann jetzt passieren, was will – ein Mensch, der aus dieser Stille kommt, wird sich erinnern, daß es schon einmal so war: Alles ging drunter und drüber, alles schlug von allen Seiten über Bord in sein «Boot» hinein, es gab kein Nach-vorn-Hin und kein Nach-hinten-Hin, es gab kein Ausweichen zu den Seiten, es gab nichts als die bodenlose Angst – keine Orientierung, keine Planung, nichts, was noch zu tun war; man fühlte sich nur hin und her geworfen und ausgesetzt. An genau dieser Stelle aber tritt nun eine tiefe Beruhigung in unser Leben, und zwar nicht durch das, was wir machen und uns vorsetzen, sondern einzig durch ein Vertrauen, wie es in der Person Jesu lebte. Dies unter allen Umständen ist das Entscheidende, was Jesus uns schenken wollte: diese große Ruhe, diese Stille, dieses Sich-Versammeln in allem.

Da fragen am Ende die Menschen, wer denn der ist, der so etwas zu bewirken vermag, und wir können für ihn so viele Namen erfinden, wie wir nur wollen; ob wir sagen, er sei der «Gottessohn» oder der «Messias» oder der «Prophet» oder der «Wundertäter» oder der «Menschensohn» – was er wirklich *ist*, als Erklärung all des Wunderbaren dieser «Stille», besteht darin, daß von ihm ein Vertrauen ausgeht, das mitten im Sturm, mitten im Beben einer ganzen Welt zu beruhigen vermag, indem es uns selber den unsichtbaren Händen Gottes zurückgibt, die uns geformt haben, als sie uns schufen, und die uns tragen, solange wir sind, und die uns aufnehmen werden am jenseitigen Ufer. *Mehr* zu wissen brauchen wir nicht, nicht über uns, nicht über Jesus. Aber so *wird* es weitergehen: In der nächsten Szene schon wird Jesus *zwei Besessene* heilen, zwei bis zur Psychose von Angst Zersetzte (Mt 8,28–34), dann einen Gelähmten, der sich nicht zu rühren wagt vor Schuldgefühlen (Mt 9,1–8); und mitten in die Zerstörung des Geistes und mitten in die Verwirrung des Herzens wird der Mann aus Nazareth weiter dieses Vertrauen einer großen Stille tragen, bis daß die Menschen selber zu leben und aufrecht zu gehen wagen. Die Lösung der Angst durch die Macht des Vertrauens, die *Er*lösung von der Angst der Ungeborgenheit des menschlichen Daseins – *das* ist der Kern und die Wirkkraft aller Wunder Jesu.

Noch einmal:
Mt 8,23–27
Die Ruhe im Sturm

Es macht gewiß Sinn, die Geschichte vom Seesturm sich noch einmal genauer anzuschauen, schon um einem gängigen Mißverständnis der sogenannten Wundertätigkeit Jesu entgegenzutreten. Denn die Zeiten, in denen man Geschichten wie diese erzählen konnte, scheinen außerordentlich weit von uns entfernt zu sein; *wie* weit, erklärte einmal ein älterer Mann, der eigentlich auf dieses Evangelium gar nicht Bezug nehmen wollte. Man hatte ihn im Ersten Weltkrieg eingesetzt, um an der Seite der Türken sich mit Engländern und Arabern herumzuschlagen, als er eines Tages eine Dhau, ein arabisches Segelschiff, hatte besteigen müssen. Da brach bei einer Fahrt im Persischen Golf ein Sturm los – eine äußerst kritische Situation entstand. «Da fingen diese Kerle doch», erzählte er, «schließlich damit an, Koranseiten herauszureißen und auf das Wasser zu werfen; uns wurde das beizeiten zu bunt, und wir nahmen schließlich selber das Kommando in die Hand. Wenn diese Leute, dachten wir, offenbar schon nicht imstande sind, einigermaßen seetüchtige Boote für diese Breiten zu bauen, dann sollten sie doch wenigstens mit dem Material, das sie haben, vernünftig umzugehen wissen.»

Was uns dieser Vorfall zeigt, gilt allgemein: es gibt eine Logik des Umgangs mit der Welt, die darauf gründet, die Welt zu «besprechen», um ihre Naturgesetze durch Gnädigstimmung eines gütigen und allmächtigen Gottes in ihrem Hintergrund zu unserem Vorteil zu lenken. In dieser Sicht der Welt geschehen ständig Wunder des Willens und der Gnade Gottes. Uns Heutige aber mutet eine solche Haltung nicht länger als Frömmigkeit und Glauben, sondern eher als Magie und Aberglaube an. In der Tat: Würde die Geschichte des Matthäus auf *dieser* Ebene uns Mut und Vertrauen machen wollen, so hätte sie uns kaum noch etwas zu sagen, beziehungsweise was sie uns sagen wollte, wäre irreführend und falsch. Glücklicherweise aber enthält dieser Text auf der *symbolischen* Ebene weit mehr, als daß er von einem Wunder in der äußeren Natur berichten wollte. Gegenüber einem Seesturm oder einem Seebeben genügt es sicher nicht, die Bibel oder den Koran zu zitieren; *symbolisch* aber, gegenüber *dem Beben und Sturm unseres Herzens*, ist grade eine Haltung erforderlich, die Jesus in dieser Szene uns vorlebt: mitten im Aufschäumen der Wogen im Heck des Bootes ruht er auf einem Kissen aus. Einzig dies: Wie wir, wenn es in uns stürmt und bebt und der Abgrund unter unseren Füßen sich öffnet, eine solche Art der Stille in unser Herz einziehen lassen können, wie Jesus sie hier vorlebt, ist die wirkliche Frage des Glaubens, und *sie* hört nie auf; ohne eine solche Haltung schlafwandlerischen Vertrauens werden wir mit keiner wirklichen Angst umgehen können, sondern bis zum Mittelpunkt der Erde uns immer tiefer hinabgezogen fühlen. *Mit* dieser Haltung einer ruhigen Stille aber beruhigt sich die Welt. Und auf allen Ebenen unserer Existenz läßt sich zeigen, daß es so ist.

Vor Jahren kam ein Student, der von Prüfungsangst bis in die Nächte verfolgt wurde. Er hatte fleißig gelernt und im großen und ganzen seinen Lernstoff wohl vor Augen, jetzt aber, über die Bücher gebeugt, tanzten die Buchstaben ihm vor den Augen, daß er nichts Neues mehr sich einzuprägen wußte, jetzt, wo doch alles darauf ankam, in diesen letzten Tagen und Wochen noch zum endgültigen Endspurt anzusetzen. Es blieb in dieser Situation nichts anderes mehr übrig, als eben jene Kunst beziehungsweise Haltung der Stille zu lernen, auf die wir in unserer Kultur nur sehr wenig vorbereitet sind – die Kunst und die Haltung des *Nicht-Machens*, wie der altchinesische Taoismus sie pflegte: der Student mußte üben, die Prüfung zumindest zeitweise buchstäblich zu *vergessen*.

«Was würden Sie», fragte ich ihn, «denn tun, wenn Sie die Prüfung bestanden hätten?» – «Nun, dann würde ich meine Freundin heiraten.» – «Und wenn Sie verheiratet wären, was würden Sie dann tun, gesetzt Sie hätten Geld genug und Freiheit genug?» – «Nun, dann würden wir irgendwohin weit weg gehen, wo es ruhig wäre und abgelegen; wir würden uns ein kleines Haus mieten mit grünen Blendläden und einem kleinen Garten davor mit einem Stall für Hühner und Kaninchen – wir würden ganz einfach *leben*.»

Mit Träumen dieser Art, mit den Träumen eines kleinen großen Jungen von einem Häuschen mit Kaninchen, suchten wir die Prüfung zu vergessen und ihr im Vergessen die alles entscheidende, drohende Bedeutung zu nehmen. In das Vakuum der relativen Bedeutungs*losigkeit* dieser Prüfung mit ihren fertigen Leistungsforderungen aber rückte jetzt die Person dieses Studenten selber ein: er besann sich auf den Wert seines Ichs. Man mußte ihm nicht sagen, er *sollte* das tun, es geschah. Er brauchte es nicht zu *machen*, es *wurde*. Und tatsächlich bestand er nach fünf Wochen seine Prüfungen mindestens besser als gedacht. Er lernte vor allem, daß es zwischen Arbeit und Erholung eine erlaubte *Trennung* geben mußte, so daß er nicht bei der Arbeit in Gedanken ständig dabei war, spazierenzugehen, und beim Spazierengehen in Gedanken dabei war, zu arbeiten.

Die Ruhe im Sturm

Wohlgemerkt, es gibt kein Rezept auf solche Wunder der Stille, und es läßt sich keine Garantie dafür ausstellen, daß zum Beispiel eine Prüfungsvorbereitung so funktionieren wird; und doch gilt es, das Vertrauen zu riskieren, daß es so sein könnte. Freilich, man wird sehr bald bemerken, daß es eine wirkliche Alternative zu der Haltung eines solchen Vertrauens nicht gibt. Was tun wir denn sonst mit all den Ängsten, die von außen her uns überfallen? Es *gibt* keine andere Anweisung als die der altchinesischen Weisheit und der Kultur der Religiosität Ostasiens: *Durch das Nichthandeln ist alles gemacht*[41] – durch die Stille des Schlafens im Heck des Bootes auf dem Kissen, während ringsum der Sturm heult und die Wogen im Beben des Meeres sich türmen.

Salopp gesagt, geht es um die Regel, mit der wir einem Hund auf der Straße begegnen: Er kläfft und läuft drohend hinter uns her; doch wenn wir jetzt glauben, hier etwas «tun» zu müssen, werden wir mit Sicherheit alles falsch machen. Wir können wegzulaufen versuchen – der Hund wird allemal schneller sein als wir. Wir können den Hund ausschimpfen – er wird gewiß besser bellen und knurren können als wir. Ihn zu beißen scheint auch nicht gut möglich; ihn zu schlagen wird ihn womöglich wirklich gefährlich machen. Das einzige, was wir im Umkreis der Angst tun können, ist, ruhig weiterzugehen. Nur dann wird vermutlich gar nichts passieren.

Und so mit all den Dingen, im Leistungsbereich nicht minder als moralisch beziehungsweise psychisch.

Einen jeden von uns hat man gelehrt, daß in ihm selber ein solches bellendes und beißendes Raubtier wohne, das er bezwingen, zähmen, unterdrücken, aussperren, womöglich abschaffen und töten müsse; seine innere Natur, sagt man, sei etwas Gefährliches, dem man nur mit Aufmerksamkeit und Zwang begegnen könne. Wir nennen diesen Zwang in aller Regel Moral und haben vom Kleinkindalter an dafür fertige Begriffe, wie man sein muß, um *richtig* zu werden: Gehorsam, Elternliebe, Treue, Anstand, Fleiß, Tüchtigkeit, Pünktlichkeit, Korrektheit – mit hundert Begriffen tyrannisieren wir uns selber und mißhandeln unsere wirkliche Natur. Und je erfolgreicher wir uns auf diese Weise anpassen, staut sich in den Schattenzonen derartiger Zwänge soviel von unserem wirklichen Wesen auf, daß es irgendwann tatsächlich zum Fürchten wird. In Wahrheit brauchte man einem Kind durchaus nicht zu sagen, daß es seine Eltern «lieben» soll. Ganz von alleine liebt ein Kind seine Eltern. Schon weil es sie braucht, hängt es an ihnen mit einer gesunden Mischung von Vertrauen, wohlverstandenem Egoismus und einer gradezu zärtlichen Aufmerksamkeit. Wenn Menschen mit sich selbst im Einklang sind, sind sie auch *gut* im Sinne der Moral. Alles hingegen, was man ihnen aufnötigt, verwirrt ihr Herz, und sie verlieren die Fähigkeit, von innen her *Stille* einziehen zu lassen.

Am meisten glauben wir «machen» zu müssen, um in unserem Leben ein bißchen *Liebe* in den Augen eines anderen Menschen zu erringen. Wir strengen uns für dieses Ziel so sehr an, doch gerade in diesem Punkte herrschen oft die meisten Verwirrungen, ja, es gibt eine regelrechte Angst, bei all diesen Bemühungen wirklich erfolgreich zu sein.

Eine Frau zum Beispiel, die eigentlich von Hause aus sehr schön ist, hat man als Kind bereits gelehrt, daß sie sich so nicht anziehen darf – sie muß sich schämen vor sich selber, so zu sein, also, daß sie, statt ein wenig stolz auf sich zu werden, im Gegenteil furchtsam, gedrückt und voller Minderwertigkeitsgefühle durch das Leben geht. Auf der anderen Seite aber muß sie eine gute, erfolgreiche, in jeder Gesellschaft Aufmerksamkeit heischende Person werden, also, daß sie in anderem Betracht sich sogar extrem auffällig benehmen muß. Und zwischen beiden Anweisungen, zwischen der Unterdrückung und der Provokation, findet sie sich nicht zurecht. «Mit dreizehn Jahren», erzählte sie, «träumte ich davon, eine Raubtierbändigerin zu werden» – als ein schönes Mädchen, das der Bestien Meisterin wird. Es versteht sich, daß ein solcher Wunsch nach außen hin sogar noch als recht amüsant aufgenommen werden kann, doch im Umgang mit sich selbst entsteht hier ein schweres Problem: Immerzu muß eine solche Frau gerade das wünschen, was sie am meisten fürchtet, und dann wiederum muß sie gerade das fliehen, was sie eben noch als Erfolg buchen wollte.

Näher besehen, handelt es sich um das übliche Verwirrspiel dessen, was wir Moralität, Anstand, Würde, korrekten Umgang und derlei mehr nennen. Die Bilanz ist eindeutig: Es führt allesamt bei wirklichen Problemen des Lebens nicht weiter. Wäre es hingegen nicht möglich, daß wir viel liebenswürdiger und liebenswerter in unserer einfachen Natürlichkeit wären – wir würden gar nichts dafür «machen», sondern ganz einfach sagen, was wir fühlen, was wir leben, was wir denken, in Übereinstimmung mit uns selber, und darauf warten, daß es Menschen an unserer Seite genügend gibt, die grade *das* von uns möchten? Jede Blume auf dem Feld beherrscht diese Weisheit: Sie *ist* einfach nur, und gerade so wächst ihre Gestalt und reift ihre Art.

Ein möglicher Einwand gegen diese Haltung des Nicht-Machens, der *Stille*, könnte noch lauten, das alles gelte doch nur für den Umgang mit uns selbst, im Umgang mit der *äußeren* Natur aber müßten wir gegen Gefahren und Gefährdungen, die es wirklich gibt, auch wirklich etwas tun. Natürlich ist das im großen und ganzen richtig. Und trotzdem gilt es zu merken, daß uns selbst unsere

Erfolge im *äußeren* schließlich zu den größten Gefahren werden können. In den letzten dreißig Jahren zum Beispiel haben wir mit viel Fleiß und Tüchtigkeit in der äußeren Natur Sümpfe trockengelegt, Wälder gerodet oder aufgeforstet, die Marschlandschaften der Köge dem Meer abgerungen, wir haben die Hochalpen touristisch erschlossen, wir haben in großem Stil die Natur aufgeräumt und in noch größerem Stil *mit* der Natur aufgeräumt. Der Erfolg all dieser Bemühungen war so groß, daß wir inzwischen für viel Geld wieder damit anfangen müssen, die begradigten Flüsse mit Uferbesatz zu versehen, die aufgeforsteten Wälder ihrer eigenen Gesetzlichkeit zu überlassen, die brachliegenden, überdüngten Felder einer vernünftigen, natürlichen Landwirtschaft zuzuführen, und wir beginnen zu begreifen, daß viele unserer Maßnahmen ähnlich naiv waren, wie es dem Witz jenes Kleingärtners entspricht, dessen Nachbar, als er in seinem Garten sich zu schaffen machte, aufmunternd zu ihm sagte: «Aber wie es doch der Herrgott in Ihrem Garten wachsen läßt!» Der Kleingärtner, murrend, soll gesagt haben: «Sie hätten den Garten mal sehen sollen, als noch der liebe Gott darin arbeitete!» – Nach dem Vorbild dieser Kleingärtner-Einstellung räumen wir die Natur auf, doch scheitern wir am Ende an unserem eigenen Fleiß. Wer aber lehrt uns die einfache Kunst, die Dinge sein zu lassen und das *Nichthandeln* zu üben? Freilich, diese Kunst bestünde in manchen Chefetagen zunächst wohl in dem Verlust von Millionen DM möglicher «Gewinne», doch wie leben wir mit dem fast tödlichen Verlust an Menschlichkeit bei all unserem «Handlungsbedarf»?

Woraus *Jesus* lebte und was *er* verkörperte, als er mitten im Beben des Meeres im Heck des Bootes schlief, können ein paar Sätze des chinesischen Weisen TSCHUANG-TSE aus dem *«Südlichen Blütenland»* verdeutlichen; er schreibt: «Des Himmels Sinn ist es, seine Kreise zu vollenden und nirgends sich zu stauen; darum kommen alle Geschöpfe zustande. Des Berufenen Sinn ist, seine Kreise zu vollenden und nirgends sich zu stauen; darum gehorcht ihm alles Land. Seine eigenen Taten sind unbewußt, alles ist still in ihm. Des Berufenen heilige Stille ist nicht Stille als solche; er ist gut, darum ist er still. Die Dinge der Welt vermögen sein Herz nicht zu stören, darum ist er still. Ist das Wasser still, so spiegelt es klar jedes Härchen. Die Wasserwaage nimmt der kundige Handwerker zur Richtung. Ist also stilles Wasser klar, wieviel mehr der Geist. Das Herz des Berufenen ist stille, darum ist es der Spiegel von Himmel und Erde. Wer Frieden hat mit dem Himmel, der bringt die Welt ins Gleichgewicht und lebt im Frieden mit den Menschen. Das Leben der Herrscher und Könige hat Himmel und Erde zum Vorbild. Der Himmel gebiert nicht, und doch wandeln sich alle Geschöpfe. Die Erde macht nichts wachsen, und doch werden alle

Geschöpfe ernährt. Die Herrscher und Könige handeln nicht, und doch sieht die Welt ihre Werke. So heißt es: Nichts ist göttlicher als der Himmel, nichts ist reicher als die Erde, nichts ist größer als der Herr. So heißt es: Der Herren und Könige Leben ist in Gemeinschaft mit Himmel und Erde, das ist der Sinn, der Himmel und Erde gebraucht, der alle Geschöpfe im Lauf der Erde erhält und die menschliche Gesellschaft in Dienst nimmt.»[42]

Wer lehrt uns, zu *schlafen* mitten im Sturm, bis daß große Stille eintritt? «Durch das Nichthandeln ist alles gemacht.» Eine Erfahrung, die menschheitlich gilt und die so verschiedenen Religionen und Kulturen gemeinsam ist – gemeinsam sein *könnte,* wie dem alten China und dem Christentum.

Mt 8,28–34
Die zwei Besessenen von Gadara

Psychologie, wie wir in der Einleitung des 1. Bandes schon sahen, ist nicht gerade die Stärke des Matthäusevangeliums[43], und auch historische Treue zählt nicht zu seinen Hauptanliegen. *Markus*, der hier als Quelle gedient hat, spricht von nur einem Besessenen, *Matthäus* macht daraus zwei, wohl damit sie als Zeugen des «Wunders» aussagekräftiger wirken. *Markus* schildert ausführlich das ebenso quälende wie selbstquälerische Gebaren des Besessenen von Gadara, so daß man vor allem die radikale Einsamkeit und Vereinzelung dieses Mannes mit Schrecken feststellt. *Matthäus* hingegen streicht die gesamte Darstellung kurzerhand zusammen und zieht daraus seine eigene Konsequenz: *die Vorübergehenden* mußten durch die *beiden* Besessenen von Gadara sich belästigt fühlen! Die soziale, nicht die psychische Seite der Not des Menschen steht im Vordergrund des Interesses des Matthäus.[44]

Immerhin macht Matthäus durch die Einordnung dieser Geschichte in den Kontext seines Evangeliums etwas von der Art des Wirkens Jesu deutlich. War soeben noch von der Beruhigung eines Seebebens durch die Macht Jesu die Rede, so geht es jetzt bei der Besessenheit ausdrücklich um die Beruhigung eines Bebens der Seele, und nachdem wir die Geschichte vom «Sturm» auf dem Meere soeben als eine durch und durch symbolische Erzählung von der Beruhigung der Angst durch die Kraft des Vertrauens gelesen haben, erscheint die Geschichte von den Besessenen bei Gadara jetzt wie eine konsequente Fortsetzung bzw. wie eine dramatische Variation desselben Themas, so daß die eine Geschichte in gewissem Sinne die andere mitbestimmt. Die «Besessenheit» in Gadara liest sich vor diesem Hintergrund wie ein Aufgewühltsein der See der menschlichen Seele, die von Kräften heimgesucht wird, deren Kontrolle ihr selber völlig entgleitet. In der Sprache der «Tröstung der Völkergemeinschaft» (TG) gelten die Kräfte der Unruhe als «Dämonen»; doch übersetzt man diesen mythischen Sprachgebrauch in unser heutiges Denken, so muß man wohl von all den Anteilen der menschlichen Psyche sprechen, die als verdrängte Gefühlsregungen im Meer des Unbewußten liegen und immer wieder das menschliche Bewußtsein aus den Erschütterungen der Tiefe mit größter Heftigkeit überfallen können.[45] Es ist, als würde in solchen Zuständen das

Boot des allzu schachen Ichs von den Wellen des Unbewußten von allen Seiten überflutet oder von der Macht ihrer Strömung an die Klippen von Wahnsinn und Tod geworfen, und es gibt scheinbar keine Rettung. Am Ende, folgt man der Darstellung des Matthäus, scheint es noch das beste, wenn man nur endlich den anderen Menschen nicht länger zur Last fällt, sie nicht länger behelligt und die eigene «Wildheit» in «Gräbern» versperrt.

Nur daß das nicht geht! – Es ist, Gottlob, nicht möglich, sich auf Dauer lebendig zu begraben; irgendwann werden die anderen von diesem Unmaß an Leid berührt werden *müssen;* und sie werden, schon aus Angst vor dem ungezügelten Einbruch fremder Verzweiflung in ihre scheinbar geordnete Welt, einen großen Umweg um derartige Leute machen. Sie erscheinen ihnen wirklich wie von fremden Geistern «besessen» – als unheimlich, zerstörerisch, von den eigenen Kräften nicht mehr gestaltet; und so hilfsbedürftig auch immer sie sein mögen, es wird niemanden geben, der ihnen zu helfen vermöchte und der Macht ihres Widerspruchs gewachsen wäre.

Das wirklich Schreckliche bei der Heilung einer psychischen Krankheit liegt immer wieder in der Zähigkeit des «Behandlungswiderstandes». Ein Mensch mag seelisch noch so sehr leiden – er hat doch in aller Regel weit mehr noch, als Kind schon zumeist, an Leiden erlebt, das er verdrängen bzw. in Zukunft wie einen glühenden Ofen umgehen und vermeiden mußte. Sein Leben konnte nicht dort gedeihen, wo sein angestammter Platz gewesen wäre, es mußte sich ansiedeln an den Rändern, auf verkarsteten Böden, jenseits der Zäune. Doch selbst dieses «verwilderte», ausgegrenzte, heimat- und bodenlose Leben hat seine eigenen Gewohnheiten, seine geheimen Lüste, seine bindenden Identifikationen aufbauen müssen, um sich zu vollziehen, und es hat sich um so tiefer mit seinem Wurzelwerk in den Boden verkrallen müssen, je unergiebiger und an sich lebensfeindlicher das Erdmaterial eigentlich war. Eine *Heilung* käme unter solchen Umständen einer vollkommenen Entwurzelung gleich und wäre allemal von erneuten Ängsten und enormen Schmerzen begleitet. Soll man noch einmal jetzt allen Grund unter den Füßen verlieren, nachdem er so mühsam gewonnen wurde, und wie soll man den wiederaufbrechenden Qualen und Verwundungen standhalten, die schon damals als unerträglich galten?

Matthäus greift diese psychologische Not in theologischer Verkleidung auf: «Was willst du von uns, Sohn Gottes?» Diese Frage übernimmt der Evangelist noch aus der Vorlage des Markusevangeliums. Doch dann fügt er hinzu: «Bist du gekommen, uns *vor der Zeit* zu quälen?»[46] Da gibt es laut Matthäus einen fertigen göttlichen Plan im Himmel, der in einer zeitlichen Abfolge festsetzt, wann die Befreiung von den Dämonen eigentlich beginnt, und diesen Plan kennen offensichtlich auch die «Teufel» selber. Zwar schwächt Matthäus das Motiv von der Besessenheit der Menschen, das bei Markus eine zentrale Rolle spielt, erheblich ab[47], doch die Frage stellt sich bei ihm sozusagen *geschichtstheologisch*, wie lange Gott die Entfremdung der Menschenwelt unter der Herrschaft seines Gegenspielers sich noch mit ansieht. Der endgültige Siegeszug des Messias wird nach Matthäus beginnen mit dem Inthronisationsbefehl des Auferstandenen: «Geht und macht alle Völker zu Jüngern» (Mt 28,19). Bis dahin ist die Heilung der Besessenen nur erst ein episodischer *Vorgriff* auf die Endabrechnung Gottes mit der Macht des Bösen, wie sie Matthäus vor allem am Jüngsten Tag kommen sieht – so im Abschluß des Gleichnisses vom Unkraut im Weizen (Mt 13,30) oder beim Gleichnis vom Fischnetz (13,49). Insofern haben die Dämonen an dieser Stelle eigentlich ganz recht, wenn sie Jesus vorwerfen, er attackiere sie «vor der Zeit».

Nur: *übersetzt* man diese ganze höchst anspruchsvolle Rede von den «Dämonen» in der Geschichtstheologie des Matthäus zurück in psychische Erfahrungen, so darf dieser Protest gegen die «Unzeitgemäßheit» der Heilung durchaus als *typisch* gelten. Auf der einen Seite ist das seelische Leid selbst überdeutlich, und man sollte meinen, es sei der höchste Wunsch aller Betroffenen, nur möglichst bald davon befreit zu werden. Doch auf der anderen Seite wird man immer wieder die Bitte zu hören bekommen, es dürfe alles nicht so eilig gehen. Paradoxerweise hängen beide Wünsche meist sogar zusammen, indem gerade das innere Getriebenwerden eine orientierungslose Hast heraufführt, die zu einem geduldigen Voranschreiten sich außerstande zeigt. Viel ist deshalb gewonnen, wenn nach und nach so etwas wie eine Erlaubnis zu einem ruhigen Reifen im Umgang mit sich selber einzieht. Wie peinlich kann es sein, selbst nach monatelangen Gesprächen, immer noch, zumindest subjektiv, auf der Stelle zu treten? Oder gar, nachdem endlich eine gewisse Besserung einzutreten schien, erneut rückfällig zu werden? Oder endlose Male immer wieder die alten Geschichten vorbringen zu müssen? Kein Wunder, daß man am liebsten den ganzen alten Ballast *im Handumdrehen* abwerfen möchte. Und doch gibt es keine Zauberformel der Heilung, allenfalls ein allmähliches Durcharbeiten, und ein entscheidender Fortschritt liegt zumeist schon darin, daß der Anspruch auf eine Gesamtlösung von gleich auf jetzt allmählich nachläßt.

Gleichwohl vermittelt Matthäus entsprechend seiner Vorlage durchaus den Eindruck einer *plötzlichen* Heilung dieser zwei Besessenen. Da fahren die Dämonen in eine Schweineherde und lassen an diesen, mit jüdischen Augen betrachtet, «unreinen» Tieren ihre ganze zerstörerische Energie aus. Und das wiederum führt zu einem Problem, das *Markus* schon schildert: die Leute von Gadara wollen nicht länger, daß Jesus sich in ihrem Gebiet aufhält und womöglich noch weitere Proben seiner offenbar recht kostspieligen Art des Wunderwirkens gibt. Das Paradox entsteht, daß die Leute lieber mit ein paar lästigen Kranken leben, als daß sie selber den Preis bezahlen würden, den die seelische Gesundheit der Kranken kostet; Jesus, in ihren Augen, soll «umkehren» – derselbe Begriff, der sonst die Zuwendung zu Gott bezeichnet, dient hier dem Flehen, Jesus möge auf dem Wege solcher Heilungen nur ja nicht weiter fortfahren!

Bis heute in Kirche und Gesellschaft besteht dieses Problem unverändert weiter. In der Kirche zum Beispiel plädiert man neuerdings mit überraschendem Eifer für eine «heilende Seelsorge». Aber man scheint dabei durchaus nicht zu begreifen, daß es nicht möglich ist, einen Menschen seelisch zu heilen, ohne selber «Opfer» zu bringen und den eigenen «Schweinereien» zu Leibe zu rücken. Die Kirche könnte nur wirklich heilsam sein, wenn sie die Fragen der «Ausgegrenzten», der «Besessenen» selber an sich heranließe und sich durch sie verändern ließe; sie müßte dabei offenkundig vieles «den Berg hinabgehen» lassen, was sie bislang «gehütet» hat, und vor allem: sie müßte begreifen, daß die Botschaft Jesu sich nicht in fertigen Päckchen verabreichen läßt, so wie man in der Psychiatrie Medikamente verschreibt. Einem Menschen kann man seelisch nur helfen, indem man sich ihm *persönlich* stellt und aussetzt – alles Aufgesetzte, *Beamtete,* konventionell Verfeierlichte kann dabei nur schaden!

Und desgleichen in der *Gesellschaft.* Immer noch denken wir, unseren Alltag schützen und verteidigen zu müssen gegen die «Verrückten» und «Kriminellen», indem wir die einen in geschlossene Anstalten und die anderen hinter Schloß und Riegel sperren, und wir weigern uns zu begreifen, daß jede seelische Krankheit und jedes «Verbrechen» eine ungelöste Frage an unsere «Normalität» enthält. – Im November 1993 diskutierte man leidenschaftlich in Liverpool den Mord zweier elf- und zehnjähriger Jungen an dem zwei Jahre alten James Bulger. Wie ist es nur möglich, daß Kinder zu solchen Monstern werden? Schon erscholl der Ruf auf den Straßen nach der Todesstrafe. Aber kann man *Kinder* als «verantwortlich» für ein derart sadistisches Tun erklären, daß sie ihr wehrloses Opfer mutwillig zu Tode quälen und die Leiche dann auf den Bahndamm werfen? Und was ist Liverpool für eine Stadt, daß sie solche «Kinder» hervorbringt? Die beiden, so viel war sicher, *wußten,* was sie taten; sie hatten ihr Verbrechen sogar eiskalt geplant und vorbereitet – von der Entführung des zweijährigen Kindes im Supermarkt an bis hin zu den Mißhandlungen mit Batterien und Messern; auch die Unterscheidung von Gut und

Böse dürfte ihnen nicht fremd gewesen sein. Aber waren sie deshalb wirklich «frei» in ihrem Handeln? Was hatte man ihnen angetan, daß sie so etwas tun konnten? Der Vater des einen – ein Alkoholiker, eine zerbrochene Ehe im Hause des anderen... was alles mußte da passiert sein?

Die Frage, einmal so gestellt, zeigt nicht nur, daß «Liverpool» allerorten ist, sie zeigt vor allem, daß wir uns bis heute die Dinge zu leicht machen, wenn wir die Menschen weiterhin nach Richtig und Falsch sortieren. Die Bibel, wenn sie von «Besessenen» spricht, folgt beim Verständnis psychischer Ausnahmezustände einem *mythischen* Interpretationsraster, das wir in unsere Sprache und Vorstellungswelt übersetzen müssen; doch dabei entdecken wir plötzlich, daß wir angesichts des Verhaltens Jesu in Konflikt mit unseren *eigenen moralischen* Mythologien kommen. Der *erste* Mythos lautet: Die Menschen sind frei. Der *zweite* Mythos besagt: Jeder muß für seine Schuld büßen. Der *dritte* Mythos erklärt: Es gibt keine Entschuldigung des Schuldiggewordenen durch das Verhalten der anderen. Da reduziert ein *anthropologischer* Mythos den Menschen auf Verstand und Willen, dann rechtfertigt ein *sozialer* Mythos das bestehende Straf- und Rechtssystem, und schließlich isoliert ein *rechtsphilosophischer* Mythos den Einzelnen von seiner Umgebung und trägt dazu bei, die Vielzahl verborgener Verbindungen in der Seele eines «Kriminellen» mit den Begleitpersonen und Umständen schon seiner frühen Kindheit zu ignorieren; alles in allem erlaubt das Ergebnis die Praxis, «im Namen des Volkes» höchstrichterlich ein «Urteil» «ergehen» zu lassen, das Menschen immer noch als von «Teufeln» Besessene zu einem Unleben in den «Gräbern» unserer Gefängnisse verurteilt. 2000 Jahre nach Christus sind unsere *moralischen* Mythen, die wir uns weigern, als solche zu durchschauen, *schlimmer* als die mythologisierende (projektive) Psychologie der Bibel!

So viel steht fest: Wir sind immer noch dabei, Jesus förmlich zu bitten, er möge *«umkehren»* mit seinem Bemühen, die Menschen in ihren Grabhöhlen *aufzusuchen*, statt sie abzuschreiben. Im Sinne Jesu aber ist die Zeit *längst* gekommen, die Entfremdungszustände des Menschen psychisch, religiös und sozial aufzuschließen, statt die Entfremdeten selber in ihr Leid einzuschließen. Was für ein Recht haben wir, wenn wir uns «Christen» nennen, im Raum von Kirche und Gesellschaft das Anliegen Jesu nach wie vor als «unzeitgemäß» zu torpedieren? «Mit der Bergpredigt kann man keine Politik machen», sagen die einen; «die Kirche ist nicht das Reich Gottes», sagen die anderen. Und alle, statt sich auf die «Umkehr» Jesu wirklich einzulassen, sprechen wie die Schweinehirten in Gadara zu Jesus, *er möge gefälligst* «umkehren» und «fortgehen». Das Reich Gottes kann nach wie vor solange nicht zu uns kommen, als wir immer noch «ein bißchen Wahnsinn» an den Rändern unserer Gesellschaft viel «praktischer» finden, als den Wahnsinnszustand der Art unseres Zusammenlebens zu ändern. Und so wird Jesus immer neu von den Orten vertrieben werden, an denen er seine Wunder vollbringt, und er, der kam, die Ausgesetzten zurückzuholen, steht am Ende selbst da als ein Ausgesetzter. Will man irgend schon einen ersten Hinweis darauf gewinnen, wieso der Messias Israels in den Tod gehen wird, so findet man ihn *hier bereits* in den Gräbern von Gadara, da Jesus diese zwei Besessenen dem Leben zurückgab.

Natürlich geht es auch anders: Im Jahre 1938 starb der amerikanische Strafverteidiger *Clarence Darrow* (geboren 1857). Der Mann war eine lebende Legende.[48] 102 Menschen hatte er vor dem Strang und der Gaskammer bewahrt, indem er in langen Prozessen den Geschworenen, den Richtern, den Anklägern klarmachte, was in Menschen vor sich geht, ehe sie vorgehen gegen andere Menschen. *Clarence Darrow* glaubte im Sinne der Kirche an nichts; er war ein ausgesprochener Freigeist. Aber eben deshalb, weil er sich nicht durch die üblichen Vorurteile blenden ließ, konnte er sagen: «Wenn man jedem auch nur die Möglichkeit gäbe, glücklich zu sein, würde es doch keine Kriminellen geben. Ob man die Gefängnisse öffnet oder schließt – es hat nicht den geringsten Einfluß auf die wirklichen Probleme.» Da stürzten mit einem Mal die Wände der moralischen Selbstgewißheit ein, und zum Vorschein kamen Arbeiter, die man 365 Tage im Jahr zwölf Stunden lang täglich in den Bergwerken für einen Hungerlohn arbeiten ließ; Familien, die man auf die Straße gesetzt hatte, weil sie die Mieten nicht bezahlen konnten – und sie konnten die Mieten nicht bezahlen, weil die Männer es gewagt hatten, gegen die unzumutbaren Lebensbedingungen zu streiken, während ein Multimillionär wie der ehrenwerte Eisenbahnbaron *Pullman* so etwas wie eine soziale Frage bei ihnen durchaus nicht erkennen konnte... *Darrow* verteidigte zahllose Klienten unentgeltlich, er war für sie da von früh bis spät. Er konnte nicht verhindern, daß rund fünfzig Jahre nach seinem Tod immer noch die Todesstrafe in den Vereinigten Staaten herrscht.[49] Doch er glaubte daran, daß es sich lohnt, die Menschen in den «Grabhöhlen» nicht länger nur «lästig» zu finden und sie als «Wilde» zu meiden, sondern sie aufzusuchen und für sie einzutreten. Dieser Mann glaubte nicht an ‹Teufel›, wohl aber erkannte er die zerstörerische Macht falscher Gedanken. Er glaubte nicht an «Gott», doch dem, was Jesus das «Reich Gottes» nannte, stand er unzweifelhaft sehr nahe. In *ihm* ward Jesus *nicht* zum Tode verurteilt; in ihm durfte er leben und gewann er Gestalt in der Nähe der Gräber von Gadara.

Mt 9,1–8
Die Heilung des Gelähmten oder:
Eine Freiheit jenseits der Angst

Merkwürdig genug, es sind die uns am meisten vertrauten Worte, die uns das Verständnis dieser Stelle erschweren. Wie zum Beispiel sollen *Sünde* und *Lähmung* miteinander zusammenhängen?

Der Zusammenhang zwischen «Sünde» und *Vergebung* fällt uns, gerade wenn wir diese Geschichte mit *katholischen* Ohren hören, wahrscheinlich nur *allzu* leicht. Da sind irgendwelche Gebote Gottes und der Kirche *übertreten* worden, und dann werden sie uns durch den Mund eines beamteten Priesters im Sakrament der Buße nachgelassen. So einfach ist das! Eine größere Beunruhigung womöglich bis hin zu Krankheit und Ausfall jeder eigenen Aktivität ist in diesem ritualisierten Schema nicht vorgesehen. Nicht wenige fühlen sich gerade von solchen kirchlichen «Einfachheiten» und Vereinfachungen derart abgestoßen, ja, verstoßen, daß sie von «Sünde» und Beichte durchaus nichts mehr hören möchten; sie finden ein Sakrament der «Vergebung» schlechtweg demütigend, wo man in Schlangen vor den beidseitigen Gittern eines «Beichtstuhles» stehen und auf den Mann warten muß, der dann von Amts wegen durch seinen Richterspruch «Gnade» stiftet zwischen Gott und den Menschen. Das alles erscheint so weit weg vom wirklichen Erleben, daß man die Geschichte von einem buchstäblich Gelähmten durch «Sünde» nur noch schwer begreift.

Vielleicht hilft uns der Filmregisseur MICHELANGELO ANTONIONI an dieser Stelle weiter, der in Italien vor Jahren in seinem Film *«Die rote Wüste»*[50], weitab von jedem Versuch, die Bibel zu kommentieren, einfach ein bestimmtes Portrait von der Neurose der Menschen in der Großstadt gemalt und dabei einen Fall seelisch bedingter Lähmung geschildert hat: Eine Frau hat einen Autounfall verursacht, erzählt der Film, und plötzlich ist sie aus dem Netz der beruhigenden Sicherheiten herausgefallen. Das Erlebnis hat sie angesprungen wie ein Schock. Ein winziger Augenblick genügt im Leben offenbar, um eine Schuld zu begehen, die man nicht gewollt hat, deren Folgen aber nie wieder gutzumachen sind. Was bedeutet es, menschlich zu leben, wenn ein Sekundenbruchteil der Unaufmerksamkeit so unabsehbar in das menschliche Leben hineinschneiden kann? – Die Frau in ANTONIONIS Film, gespielt von *Monica Vitti*, ist hilflos, verstört und haltlos. Sie klammert sich an ihren Jungen. Fortan möchte sie nur alles richtig machen. Eines Tages erzählt sie, an seinem Bettrand sitzend, dem Kind eine traumhafte Geschichte von einem Mädchen, das bei Kormoranen auf einer weit entlegenen Insel aufwächst, der irgendwann am Horizont ein Schiff mit weißen Segeln sich nähern wird. Doch während sie diese Geschichte eines erträumten Kinderparadieses erzählt, entdeckt sie, daß ihr Kind steif und wie gelähmt daliegt. Der Junge muß die Angst seiner Mutter gespürt haben bis in die Glieder hinein. Und er übernimmt sie bis in seinen physischen Zustand. Er agiert sozusagen körperlich die seelische Gelähmtheit seiner Mutter aus, die sich seit langem keines eigenen Schrittes, keiner eigenen Entscheidung, keines persönlichen Entschlusses mehr getraut. Die Welt der Mutter, in der man keinen Fehler mehr machen darf, ist dem Jungen unheimlich, sie macht nur noch angst. Aber das ist jetzt die Frage: wie erlöst man die Menschen von der Furcht vor künftigen, möglichen Fehlern im Schatten der Schuldgefühle schon begangener Fehler?

Dieses Problem muß Jesus vor Augen haben, wenn er sagt: Viel leichter ist es, zu sagen, steh auf und bewege dich, als bis an diesen Kern der Angst, der Unsicherheit, des völligen Streiks der eigenen Motorik sich heranzuarbeiten und «Sünden» «nachzulassen». Doch was heißt dann «Sünde» und «Vergebung»?

Es ist klar, daß wir solche Kirchen-Worte gar nicht verwenden können, wenn wir mit der Frau in der «roten Wüste» ein wirkliches Gespräch führen wollen. In ihrer Suche nach Zusammenhalt preßt sie sich eine Zeitlang zusammen in die Gruppen anderer Menschen. Man feiert Parties, man macht Witze, man betäubt sich die Nächte hindurch und versucht verzweifelt, eine fast animalische Wärme herzustellen, die es, seelisch ausgefroren, wie diese Frau ist, in Wahrheit doch gar nie mehr gibt. In dem Film von ANTONIONI bleibt, wie im wirklichen Leben oft, der Zustand der Angst ohne Antwort. Wie aber wäre es, es träte in das Leben dieser Frau jemand ein, der begriffe, woran sie wirklich leidet, und spräche zu ihr und vermittelte ihr sinngemäß als Gefühl und Gewähr die Überzeugung: «Du mußt dich nicht länger mehr fürchten, schuldig werden zu können. Es gehört zu uns Menschen, daß uns Furchtbares geschehen kann; aber am allerfurchtbarsten ist es, infolge der Angst, etwas falsch machen zu können, am Ende gar nichts mehr zu tun. Die Möglichkeit selbst schrecklicher Fehler gehört zu unserem Leben; aber die angstvolle Verweigerung aller Fehler wäre das Ende des Lebens. Das wäre ein Unrecht, das du dir selber zufügst und damit auch all den Menschen an deiner Seite. Du *bist* mit deinen Fehlern kein schlechter, verurteilenswerter, strafwürdiger Mensch; sondern ich sage: Es gibt eine Vergebung, und an die darfst du glauben. Einzig deshalb kann es gelingen, sich als fehlbaren, irrtumsfähigen Menschen überhaupt anzunehmen. Trotz der begangenen Fehler und aller zukünftigen möglichen Fehler darfst du sein, ja, in gewissem Sinne mußt du sein, denn was du bist, ist viel mehr als der Bereich deiner Fehler. Als erstes mußt du jetzt versuchen, deinen Blick wegzulenken von dem Abgrund des Schocks, in den du geblickt hast. Du hast mir erzählt, du siehst jede Nacht dich selber an einer Geröllhalde aufwärts klettern, und du versuchst, dich festzuhalten, doch unter deinen Füßen rutschen die Steine weg, und je mehr du strampelst, desto tiefer sinkst du nach unten. Dieser Alptraum kehrt immer wieder, sagst du. Aber es gibt eine Hand, die dich festhält. Drum beginne noch einmal von vorn. Der Traum von den Kormoranen und dem Mädchen ist wahr. Betrachte dich selber als *Kind*, gewinne ein Stück von der Unschuld aus jenen Tagen zurück, da man noch nicht von dir verlangte, *perfekt* zu sein und in jedem Augenblick verantwortlich für alles zu werden, was um dich herum und durch dich selber geschehen könnte. Begründe in deinem Leben so etwas wieder wie ein unbeschwertes Spiel, wie ein Arrangement aus Versuch und Irrtum, und warte auf das weiße Schiff. Sei einfach du. Anders kommst du im Moment nicht vorwärts. Was jetzt trägt, ist nur das Vertrauen, daß du noch einmal beginnen darfst und daß das, was du falsch machst, dich nicht ausschließt vom Leben. Ich kann nicht sagen: Ich vergebe dir. Aber ich möchte, daß du selber lernst, dir zu vergeben und selbst über entsetzliche Formen von Unglück hinwegzureifen.»

Natürlich mag man sich fragen, wie kommen denn Menschen dahin, in eine solche Straf- und Schuldangst hineinzugeraten, wie ANTONIONIS Film sie schildert, in einen solchen Perfektionismus, der nach einem Fehler keine eigenständige Bewegung mehr erlaubt.

Wir machen uns vermutlich kaum klar, daß die «Rote Wüste» inzwischen überall ist. «Ich halte es nicht mehr aus», sagte vor Jahren ein Bundesbahnbeamter, der im Stellwerk arbeitete, «eine einzige falsche Bewegung, und es können wer weiß wie viele Menschen tot sein. Die Technik überfordert uns. Flugzeuge mit 500 Menschen an Bord, Kernkraftwerke wie Tschernobyl, ein Arzt im Operationszimmer, ein General, der 200 000 Menschen in eine Schlacht führt – wie können Menschen mit einer solchen Verantwortung leben? Ich möchte gar nichts mehr. Ich möchte nur noch Ruhe haben.»

Es hat lange gedauert, bis dieser Mann, der hoch suizidgefährdet war, darüber nachzudenken begann, wie er *vor* seiner Versetzung auf die neue Stelle gelebt und gearbeitet hatte. Es war genauso gewesen, wie Matthäus es als Gelähmtheit hier schildert: Er war sein Leben lang wie mit Tragbahren von anderen hin- und hertransportiert worden zu jedem beliebigen Punkt, wohin sie ihn haben wollten. Von außen betrachtet, war er stets als fleißig, tüchtig, ja, als ganz normal erschienen. Er hatte sich stets dort aufgehalten, wo man ihn sehen wollte. Er hatte alles getan, widerstands- und reibungslos, aber *selber*, von innen, hatte er nie gelebt. Nie hatte er eines eigenen Gedankens sich zu getrauen gewagt. Er hatte nur existiert mit dem Blick auf das, was andere von ihm wünschten.

Es gehört nicht sehr viel dazu, sich vorzustellen, wie Menschen, die unter einer solchen aktiven oder passiven Gelähmtheit zu leiden haben, schon als Kinder haben leben müssen. Da war womöglich schon der kleinste Fehler wirklich tödlich für die eigenen Eltern, die mit ihren vier oder sechs Kindern hoffnungslos überfordert waren oder es auf Grund bestimmter Umstände absolut nicht mehr vertrugen, daß noch zusätzlich etwas an Belastungen aus Irrtümern oder aus Fehlern in ihr Leben hineingetragen wurde. Am Ende weiß so ein Kind gar nicht mehr, wofür es eigentlich bestraft wird; es wird nur mit großen Augen darauf starren, wann die nächste Strafe droht; doch selbst *diese* Frage kann es nicht beantworten. Was also bleibt ihm, als sich mimosenhaft fein in jeden Windhauch von Zorn und Schelte anpassungsbereit hineinzudrücken, um nur ja dem drohenden Ungewitter zuvorzukommen? Ein solches Kind macht von einem bestimmten Zeitpunkt an wohl nie mehr etwas falsch, es ist nichts weiter mehr als der reine gute Wille. Wann aber darf es selber leben? Das ist die entscheidende Frage hier. Sie ist identisch mit der Frage, was alles *später* wohl geschehen muß, bis ein solches Kind als Erwachsener eines Tages seine Kindheit nachholt und als ein reifer Mensch zu einer eigenen Existenz hinfindet.

Was hier auf dem Spiel steht, nötigt, religiös betrachtet, zu einer Grundentscheidung, wie man mit Menschen umgeht. Wenn es wahr ist, was Jesus hier praktiziert: ein Mensch verdient als erstes, akzeptiert zu werden, man muß ihn nicht fragen, was er falsch gemacht hat, es ist im Gegenteil wichtig, ihm das Gefühl zu geben, in *jedem* Falle mit Verständnis und Begleitung rechnen zu können – dann bringt eine solche Einstellung sehr bald jede Art von Schriftgelehrsamkeit gegen sich auf. Denn *sie* steht für ein vollkommen anderes, konträres *Prinzip:* Nach *ihr* ist ein Mensch nur berechtigt zum Leben auf der Grundlage des Rechtes: wenn jemand sich in die formulierten Rechtsame der Religion und der Gesellschaft einfügt, dann darf er leben; überschreitet er aber die Regeln, so verwirkt er schlimmstenfalls das Recht, überhaupt noch zu existieren, und der Staat, die Kirche und die Gesellschaft können mit ihm verfahren, wie sie wollen. Entsprechend dieser Vorstellung hat kein Mensch ein Recht, durch sich selbst zu sein; dieses Recht wird verliehen allenfalls durch

Die Heilung des Gelähmten

die Kirche oder durch den Gesellschaftsvertrag; doch *an sich* ist der einzelne Mensch eine Null, vor die man jede beliebige Zahl schreiben kann. Man muß ihm sagen: «Du bist im Recht, wenn und weil du einer von uns bist; deine Gruppenzugehörigkeit, nicht du selber zählst. Über die Gruppenzugehörigkeit aber wachen wir, die Schriftgelehrten, die Theologen, die Rechtsanwälte aller Chargen, und wir werden verfügen, wann du richtig bist und wann du falsch bist.»

Das im Prinzip steht in dieser kleinen Wundergeschichte zur Entscheidung an. Da soll ein Mensch aus seiner Gelähmtheit und aus seiner Furcht entlassen werden, indem ihm vergeben wird, *ohne* seine Schuld auch nur *zu kennen!*[51] *Das* lästert Gott! finden die Schriftgelehrten; *das* fordert die Gerechtigkeit Gottes heraus. Wenn *das* stimmt, ist kein Gott mehr, den man verrechtlichen könnte, und was dann mit der ganzen schriftgelehrten, kirchenabhängigen Moraltheologie? Es ist eine Entscheidung auf Leben und Tod ganz buchstäblich, die sich hier stellt, und Jesus nimmt sie ohne Zögern an. «Also, ihr Herren, warum denkt ihr Böses?» fragt er. Doch ist diese Frage überhaupt beantwortbar? Diese Leute «denken» doch überhaupt nur, was man ihnen beigebracht hat! Sie wissen überhaupt nichts anderes, als was sie aus der autoritären Tradition von Jahrhunderten in ihren Köpfen haben – lauter fromme Sprüche, lauter abgeleitete Lehrsätze, die sie in den Stand setzen, über das ganze menschliche Leben im voraus Bescheid zu wissen. In den Augen Jesu aber ist gerade *das* die wahre Gotteslästerung, daß man gar nicht mehr wagt, zu schauen, was man eigentlich vor sich hat, sondern immer schon zu wissen glaubt, was in Ordnung ist und was ein für allemal so bleiben muß, wie es ist. Lieber die Gelähmtheit, lieber die Ruhe, lieber das Herumtransportiertwerden zu jedem beliebigen Zwecke, als daß da Freiheit sei, als daß da Eigenständigkeit wachse und mit ihr ein gewisser Mut zum eigenen Dasein! O ja, ihr Herren Schriftgelehrten, genau *dagegen* tritt Jesus hier auf! Was *er* wollte, war *bedingungslos* die Annahme des Menschen – seine Freiheit, *selber* zu sein, und *das* zu vermitteln war sein wirkliches *Wunder,* als er den Gelähmten in Kapharnaum heilte.

Fragen wir uns, was *in der heutigen Kirche* aus diesem Freispruch Jesu geworden ist, so haben wir aus dem wirklichen Wunder des Lebens Jesu ein leichthin zu verwaltendes «Sakrament» gemacht. Vor 450 Jahren schon hat die katholische Kirche offenbar eine entscheidende Chance verpaßt, die ihr die Reformation damals förmlich aufzwingen wollte – durch eine Art Volksaufstand quer durch Europa: Die Reformation wollte, daß Menschen *unmittelbar* sich zu Gott verhielten und nicht länger gebunden blieben an einen bestimmten

Stand göttlicher Amtsdiener, von dem sie lebenslänglich abhängig würden.[52] Das gerade *sei* die Lähmung der Seele, eine Blockierung wirklichen Gottvertrauens, meinten die Theologen der Reformation. Und hatten sie wirklich so unrecht damit?

Die ältere Generation in der katholischen Kirche mag es bedauern, daß die Jüngeren zum Beichtstuhl nicht mehr hinfinden. Doch die Jugend, die heranwächst, ist es leid, alle vier Wochen irgendein formalisiertes «Bekenntnis» aufzusagen, über das dann ein anderer einen formalisierten Losspruch aufsagt, immer im Wahn, ein solcher Ritus entscheide über Himmel und Hölle, über Leben und Tod. Man darf Gott nicht zu einem Verwaltungsakt verkommen lassen, das ist entschieden die Meinung Jesu. Aber dann: – «da staunten die Scharen, welch eine Macht gegeben ward den *Menschen,* Sünden zu vergeben!»[53] Da geht es nicht mehr um eine beamtete Schicht von vermeintlich kompetenten, autorisierten Vergebungsexperten, es geht vielmehr um die Fähigkeit eines jeden Mannes, einer jeden Frau, einen Raum des Vertrauens gegen die Angst, schuldig zu werden, im Leben des anderen zu erschließen, bis daß die bleierne Gelähmtheit, die erschöpfte Müdigkeit, die vorgreifende Resignation, die dunkle Hoffnungslosigkeit nach und nach fortgehen. «Ich vergebe dir» heißt da keinesfalls: «Ich finde alles gut, was du machst, ich akzeptiere das blind, ich betrachte alles genauso wie du.» «Ich vergebe dir» kann zum Beispiel heißen: «Was du machst oder was du grade sagst, findet eigentlich meinen heftigsten Widerspruch; ich sehe darin ein schweres Problem für dich selber und auch für mich, und ich bin an sich überhaupt nicht damit einverstanden. Doch gerade deshalb möchte ich verstehen, wie du dahin kommst; bitte, erkläre es mir; was sind die Hintergründe? Was hast du erlebt, daß du die Dinge so siehst und für richtig findest? Das will ich verstehen, denn mir liegt an dir, und ich lass' dich nicht fallen, egal, was du sagst.» – Die größte Kunst der «Vergebung» besteht wohl darin, den andern dahin zu begleiten, daß er schließlich keiner fremden Autorität mehr bedarf, um das Vertrauen in die Richtigkeit seines eigenen Lebens zurückzugewinnen. «Vergebung» heißt da, daß jemand spürt: er *darf sich* vergeben, *er darf mit sich* einverstanden werden, er darf *mit sich* zusammenwachsen, er hat ein Recht auch auf seine oft recht verworrene Biographie, inklusive all der Konsequenzen, die sich daraus ergeben, inklusive all der mühsamen Wege, sich daraus freizuarbeiten. In jedem Falle ist er mit alldem nicht länger allein.

Für Jesus bestand das Probierstück, wie ernst uns Gott wirklich ist, in dieser Frage, ob wir immer noch nach schriftgelehrter Manier bereitstehen, mit fertiger Elle zu messen und zu richten, oder ob wir uns einlassen auf das völlig

Die Heilung des Gelähmten

Unableitbare, auf die unvorhersehbare Freiheit eines anderen Menschen, auf sein Aufblühen zur Liebe, auf sein Vertrauen in sich selber, auf das Empfinden der Unschuld, ein Mann zu sein, eine Frau zu sein, auf seine Intelligenz, die es wagt, eigene Gedanken zu haben – «gotteslästerliche» vielleicht, «aufrührerische» womöglich, abweichende jedenfalls von allem Überkommenen – aber eigene! Denn eben dies: sich zu wagen und nach vorne zu gehen, das ist nach Jesu Meinung schon das ganze Menschenleben unter den Augen Gottes, der möchte, daß *wir* sind.

Das Wunder der Heilung eines Gelähmten durch Vergebung geschah, erzählt uns Matthäus, in Jesu Wahlheimat, in *Kapharnaum;* dort habe Jesus selber ein Häuschen gehabt.[54] Das ist die Phantasie des Matthäus – so hat *er* sich das vorgestellt. Aber richtig ist es: In diesem Wunder geschieht es, daß ein Mensch zu sich selber *nach Hause* zurückfindet. Und er geht frei!

Mt 9,9–13
Die Berufung der «Zöllner» und «Sünder» oder: Ein Annehmen ohne Voraussetzung

In Kindertagen mochte es Freude bereiten, durch ein sogenanntes Kaleidoskop zu schauen. Man hielt ein dreieckig geformtes Guckrohr in der Hand gegen das Licht, und wenn man es drehte, bildete ein System von Spiegeln und Glasstücken überraschende Formen: Rosetten, Dreiecke, komplizierte Schneekristallmuster, wahre Wunderwerke bizarrer Schönheit. Wie ein Blick durch ein solches Kaleidoskop mit den Augen eines noch unverdorbenen Kindes ist im Grunde alles, was wir auf dem Boden des sogenannten «Evangeliums» zu sehen bekommen. Es ist immer dieselbe Perspektive ins Licht, die Jesus uns vermitteln möchte, doch jeweils an den Umständen bricht und formt sie sich überraschend neu und verschieden. Die Einlinigkeit der Botschaft der Gesamtperspektive, die stets sich wiederholt, lautet indessen ganz einfach: Übt euch ein und lernt zu leben *in* der und *von* der grenzenlosen Zustimmung, mit der Gott möchte, daß ihr seid.

Wenn man so will, ist die Berufung der Zöllner für Matthäus wie ein Kommentar all der *Heilungswunder* Jesu.[55] Wenige Zeilen zuvor noch hat er erzählt, wie Jesus einen Gelähmten gesund gemacht hat durch die Bereitschaft, bedingungslos zu vergeben. In gewissem Sinne hatte Jesus zu diesem Gelähmten gesagt: «Du hast soviel Angst vor dem Leben und vor dir selber, daß du offenbar gar nicht mehr den Mut hast, eigene Schritte in dein Leben zu tun. Doch ich sag' dir: zum Leben gehört es, daß du manches falsch machen kannst. Bitte, vertrau darauf: was irgend Menschen tun können, steht *im voraus* bereits in der Hand des Erbarmens Gottes. Das einzige, was wirklich ganz und gar verkehrt wäre, bestünde darin, daß du, aus lauter Angst, schuldig werden zu können, dir selbst und allen Menschen an deiner Seite schließlich alles schuldig bliebest, indem du selber gar nicht lebtest.»

Doch kaum hatte Jesus dieses Wunder getan, da meldeten sich die «Frommen», die in Sachen der Religion etablierten Kreise der «Pharisäer», und nannten die Vergebung der Schuld eine Gotteslästerung. Jetzt aber, eben als Jesus Kapharnaum verlassen hat, geschieht es, daß er an der Zollstätte gerade so weitermacht, wie getan, ja, daß er eigentlich noch ein Stück weiter geht, indem er in den Kreis seiner Jünger jemanden einlädt, auf den alle nationalstolzen, alle messiaspolitisch rechtmäßig denkenden, alle orthodoxen Kreise seiner Zeit mit Fingern zeigen und vor dem sie ausspucken müssen. Ein *Zöllner*[56] ist in ihren Augen ein Verräter an der Sache der Religion wie der Nation; er ist ein Kollaborateur mit den Feinden Gottes und den Feinden Israels; er ist jemand, der sich bereichert an dem Elend der Unterdrückung durch die heidnische Fremdherrschaft in Israel.

Ein solcher Mann ist undiskutierbar ein für allemal *draußen.*

Was also geschieht hier eigentlich, wenn Jesus es wagt, gerade einen *Zöllner* in seine engste Umgebung einzuladen, und ihn auffordert: «Steh auf und folge mir!» Das heißt doch so viel wie: «Ich begleite dich, egal wohin; ich gehe mit dir durch dick und dünn – durch den Widerstand des Geredes, durch das Mäulerzerfetzen der ewig Richtigen; ich beschütze dich, dafür stehe ich gerade; du gehörst mit in meinen Kreis.»

Und kaum so gesprochen, in echt jesuanischem Tempo, da weitet sich's gleich schon wieder aus zum nächsten, indem Jesus *zu Tisch liegt* im Kreise *gerade* von solchen Verlorenen und Verstoßenen, die sich von ihm anscheinend wie magisch angezogen fühlen. Es ist gar nicht nötig, eine *Einladung* an diese Menschen auszusprechen, es genügt, sie einfach zuzulassen und sich auf sie einzulassen. Allein mit dieser Einstellung hat man das ganze Leben Jesu so offen vor sich wie nur möglich, und was man da zu sehen bekommt, ist so erschütternd, daß man immer wieder darum ringen muß, wieviel an Vorwänden, Einwänden, Vorurteilen, Aburteilungen man abbauen müßte, um Menschen in ihrer Ausgestoßenheit so zugänglich zu werden, wie der Mann aus Nazareth in seiner ganzen Person und in seiner ganzen Botschaft es versucht und uns vorgelebt hat.

Wenn wir *heute* von «Zöllnern» sprechen, liegt uns die politische und historische Landschaft so fern, daß wir unmittelbar kaum etwas Entscheidendes mehr damit verbinden können. Aber nehmen wir das «Zöllnerdasein» einmal als ein *Symbol,* dann haben wir es zum Greifen nahe, worauf es ankommt. Wie viele Menschen gibt es, die in ihrem ganz normalen Alltag tagaus, tagein sich gezwungen fühlen, Dinge zu tun, die sie überhaupt nicht tun wollen! Rein äußerlich schon sind sie Ausgebeutete, Entrechtete, in den Händen einer systematisierten Fremdherrschaft. Ihr gesamtes Dasein ist ein verlorenes Leben, das sich zutragen kann auf jeder Chefetage, in jedem Büro, in jeder Fabrik, überall, als Hausfrau, als Lehrer, als kirchenbeamteter Pastor und Küster... Jede Art von *Beruf,* die ausgelegt ist zum Geldverdienen, zur Sicherung der materiellen Grundlage der Existenz, bringt es mit sich, stundenlang Dinge tun zu sollen, die mit dem eigenen Leben durchaus nicht mehr in Verbindung stehen. Notwendig kommt es dabei zu Reibungen aller Art, menschlichen, persönlichen, ideellen, geistigen – es genügt, daß man von früh bis spät Dinge tun und denken soll, die keinen Sinn ergeben, die jedes wirkliche Gefühl, jede Eigenständigkeit unterdrücken, die einen Achtzehnjährigen, spätestens einen Fünfundzwanzigjährigen auf ein Schmalspurleben setzen, das immer unentrinnbarer wird – am Ende hat man nichts zu tun, als irgendeine Mechanik mechanisch zu bedienen, und man muß froh sein, daß einem wenigstens *das* noch erlaubt wird, damit man nicht arbeitslos wird; aber man weiß im Grunde längst schon: in vierzig Jahren gibt es ganz sicher Maschinen, die mindestens dreimal so intelligent sind wie ein heutiger Arbeiter, und die machen vor allem keine Fehler mehr! Der sogenannte «Arbeitsplatz» gehört eigentlich längst schon aus kostenrentablen Gründen wegrationalisiert – aber man muß da weitermachen, man muß sich da nützlich machen, man soll in die sinnloseste Tätigkeit einen Sinn setzen!

Was also reden wir von «Zöllnern»! Wir haben heute ein Millionenheer von Menschen vor uns, denen man mindestens ein Drittel ihres Tages durch den stupidesten Zwang einfach stiehlt. Sie alle wissen nicht wofür, außer daß sie Geld für ihre Maschinenersatzarbeit bekommen, auf daß sie wieder Geld *ausgeben*, um neue Maschinen in Gang zu halten, – eine Schraube ohne Ende. «Erbarmen» als menschliche Rücksicht ist da nicht angezeigt. Etwa zu fragen, was in einem Menschen vor sich geht, wenn er dicht vor dem Herzinfarkt steht, weil sein ganzes Leben wie eingeschnürt ist, wenn er nervlich durchdreht, weil ihm alles, was er da tun soll, geradezu idiotisch vorkommt, oder wenn ihm der Magen platzen möchte vor lauter Wut – das ist undenkbar. Daß man ordentlich, gut abgeschottet, pflichtgetreu, die Augen zu, stramm durchmarschiert, *das* ist gefragt; jedoch die Opfer links und rechts am Wege: das sind die Untüchtigen, die Bemitleidenswerten, die Dauerpatienten, die Unmaßgeblichen in jedem Falle; denn die Gesellschaft, wohlgemerkt, richtet sich nach den Tüchtigen.

Und um das Maß vollzumachen: Wie wäre es, wir sprächen zusätzlich zur Verdeutlichung eines «Zöllnerlebens» von all denen noch, die das System der Außenlenkung *verinnerlicht* haben, oft schon, als sie Kinder waren? Man macht ja die verordnete Selbstentfremdung nicht einfach freiwillig so mit, man paßt sich nicht in jede Art von Zwang wie von selber ein, ohne darauf von früh an präpariert worden zu sein. Was also ist mit denen, die *innerlich* von ihrem *Überich* so festgelegt sind, daß sie eine eigene Entscheidungsfähigkeit durchaus nicht besitzen, um ein persönliches Leben aufzubauen? Solche Menschen sind endlos gefügig, immer wieder fühlen sie sich an den Rand getrieben, und unablässig gehorchen sie einem inneren Besatzungssystem, das sie ausbeutet und versklavt. Wir bezeichnen Menschen dieser Art heute als Neurotiker oder als psychisch Kranke, aber wir nehmen mit solchen Worten lediglich Einteilungen zum Selbstschutz vor; da wissen wir immer schon genau, wo derartige hingehören: in die Behandlung an der Ecke zu dem und dem Nervenarzt, zu dem und dem Psychiater, zu der und der Beratungsstelle oder in dieses und jenes Krankenhaus – in jedem Falle weg von uns! Auch die Kirche ist nach ihrem Selbstbild offenbar nicht zuständig für Leute, die dauernd Ideen haben, die nicht normal sind, oder Wünsche, die nicht in die Wirklichkeit passen. All diese Leute, die ein Leben führen, mit dem sie selber ebenso wie die anderen nur schwer zurechtkommen, sind solche «Zöllner». Alle unter Entfremdung Leidenden fallen darunter, und wir begegnen ihnen *heute*, nicht vor zweitausend Jahren. Wie aber gehen wir dann mit ihnen um?

Dieser Tage erzählte eine Frau, daß ihr Kind morgens keine Lust gehabt habe aufzustehen. «Ich habe Kopfschmerzen», habe es gesagt. «Ich aber wußte», fügte die Frau hinzu, «daß die Englischarbeit drohte, wahrscheinlich genau an diesem Morgen. Hätte ich dem Kind jetzt sagen sollen: ‹Es ist doch Deine Schuld! Du hast all die Tage nicht gelernt, Du hast einen großen Bogen gemacht um die Vokabeln und um die Grammatik; jetzt steh dafür gerade! Also, los, selbst wenn Du eine Fünf schreibst!›? Der Lehrer in der Schule hätte so gesprochen, aber ich habe mir gedacht: Die Angst meines Kindes ist groß genug, ich will ihm nicht noch mehr Angst machen, und es gibt im Leben noch Wichtigeres, als wie man eine Englischarbeit schreibt. Ich habe mich deshalb an sein Bett gesetzt und mit ihm geredet. Wir haben dann gemeinsam gefrühstückt, und es gab an diesem Morgen mal *keine* Schule. Daß meine Tochter wußte: sie hat eine Mutter, die steht hinter der Angst zu versagen, das war mir ausschlaggebend.»

Es ist eine Grundsatzfrage, wie man auf menschliche Not antwortet: ob man auf das Programm setzt: Du kannst, wenn Du willst, und Du mußt wollen, was Du sollst, denn was Du sollst, ist das Allgemeine, das *allen* vorgeschrieben ist –, dann hat man den fertigen Menschen nach Programm, nach Stanzsystem und Produktionsausstoß; – aber hat man dann noch einen Menschen, und *was* hat man dann für einen Menschen? *Oder* ob man umgekehrt in den Krisenmomenten eines Menschen seine wirklichen Bedürfnisse, seine Wünsche, seine unerledigten Sehnsüchte, seine Nöte und Ängste wahrnimmt. Setzt man auf das Fordern oder auf das Verstehen – *das* ist die wirkliche Alternative im Umgang mit den «Zöllnern».

Das ganze Wunder, die *Magie* der Person Jesu muß darin gelegen haben, daß er auf das Verstehen setzte, auf das «Erbarmen», das heißt auf die Voraussetzungslosigkeit, Menschen anzunehmen. Diese Haltung allein muß so gewirkt haben, daß sich in seine Nähe Leute getrauten, die um alles, was Kirche oder Synagoge hieß, einen Riesenbogen machten. Aber sie müssen gemeint haben: Mit *dem* Mann darf ich und kann ich sprechen, ja, mit dem *muß* ich sprechen, mit wem denn sonst? Nur *er* wird all das nicht sagen, was ich sonst zu hören bekomme: die Gebote Gottes, die Anweisungen der Schriftgelehrten, die Gesetze des Staates, die Regeln des bürgerlichen Anstands... Nur dieser Mann weiß, daß die Zukunft eines Menschen nicht hervorgeht aus der tüchtigen Verwendung von Imperativ und Optativ. Seine Rede lautet nicht: Du sollst! und: Du müßtest eigentlich; sondern er weiß, daß sich das Leben nur neu ordnen kann, wenn man Verständnis entgegenbringt für die Hintergründe, aus denen heraus etwas entsteht und sich ereignet. Und sie irrten sich nicht! Gerade *das wollte* Jesus im Umgang mit «Zöllnern» und «Sündern».

Wenn wir heute neben den «Zöllnern» hören von *«Sündern»*, denken wir gewiß wie von selber erneut an jene Handvoll praktischer Gesetze, die die Kirche erläßt, und an die Leute, die sie übertreten; der Begriff «Sünde» meint da das Alleroberflächlichste, und wir ahnen kaum noch, daß er eigentlich die Verlorenheit eines ganzen Lebens wiedergibt. Bei DOSTOJEWSKI in dem Roman *«Der Jüngling»* gibt es einmal eine Stelle, an der von einem Arzt die Rede geht, den alle für einen Ungläubigen, für einen «Sünder» erklären; der Pilger *Makar Iwanowitsch* aber sagt: «Dieser Arzt ist doch kein ungläubiger Mensch, sonst könnte er nicht so heiter und gelassen sein! Es gibt doch gar keine sündigen Menschen, sondern nur unglückliche. So muß man das sagen.»[57] So etwas konnte man in Rußland noch vor hundertzwanzig Jahren schreiben! Wie würde es unsere Sprache verändern, redeten wir, statt von «Sünde», einmal von *Unglück!* Dann wüßten wir mit einem Mal, daß es überhaupt keinen Schutz gegen die Offenheit des Lebens gibt, nicht den Schutz der Paragraphen, nicht den Schutz der Institutionen, nicht den Schutz der fertigen Satzungen. Mit einem Mal brandete das ganze Elend der Menschen an uns heran, und wir könnten uns nicht mehr absichern, wir wüßten überhaupt nicht mehr im voraus, was in ihrem Leben jetzt richtig oder falsch ist; wir wüßten nur, daß wir allenfalls sagen könnten: «Komm mit mir» – oder noch viel besser: «komm *zu* mir –, und Du wirst erleben: An meinem Tisch ist Platz für Dich, denn ich möchte leben, was ich unter *Gott* verstehe: eine grenzenlose Güte zwischen beiden Horizonten und dazwischen ausgespannt eine Menschheit, die als Einheit zusammengehört.»

Nur wer einmal begriffen hat, daß er ohne diese Perspektive selber über-

Die Berufung der «Zöllner» und «Sünder»

haupt nicht leben könnte, tritt ein in die Welt des Jesus von Nazareth. Das einzige, was man zum Kommentar einem solchen Menschen vielleicht zusätzlich noch sagen müßte – gerade den Sensiblen, gerade den Verstehensbemühten, gerade den Dauerbegleitern fremder Not –, das wäre: «Bitte, überfordert euch nicht im Namen des Jesus von Nazareth. Begrenzt euch manchmal, wenn es euch zu viel wird, und treibt die Dinge nicht immer ins Grenzenlose. Auch Jesus brauchte manchmal seine Ruhe, auch er nahm manchmal Abschied von den Leuten, die ihn umdrängten, auch er war nächtelang allein, abseits der Menge, auch er mied die großen Gruppen, auch er lag nicht *ständig* am Tisch mit ‹Zöllnern› und ‹Sündern›» – mit psychisch Kranken und sozial Ausgebeuteten, mit zutiefst *Unglücklichen und Verzweifelten*, wie wir das Wort von den »Zöllnern« und den «Sündern» jetzt am besten wiedergeben können.

Die Frage stellt sich dann unausweichlich, was eigentlich wir heute tun – in der Kirche, beim «Gottesdienst», in der «Eucharistie-» oder «Abendmahlsfeier», gerade, wenn diese Bibelstelle verlesen wird. Die meisten Bibelausleger sind der Meinung, daß aus dieser Szene der Einladung der «Zöllner» und der «Sünder» das Gemeinschaftsmahl hervorgegangen sei, das die christlichen Kirchen feiern: Nicht im «Abendmahlssaal», nicht durch das «Passahritual», sondern durch diese erweiterte Einladung Jesu an alle Menschen zur «Tischgemeinschaft» sei das entstanden, was wir in feierlicher Theologensprache die Eucharistie nennen.[58] Wenn das so ist – wie weit sind wir dann entfernt von der Botschaft Jesu! In der Kirchensprache ebenso wie in der Alltagssprache hört man auch heute noch, 2000 Jahre danach, immer wieder das genaue Gegenprogramm, das da lautet: Man muß doch...

Dieser Tage lag eine Frau in einer psychiatrischen Anstalt auf ihrem Zimmer im Bett, unfähig, sich zu erheben – passiv, *unglücklich,* verzweifelt; die Schwestern auf der Station aber wußten ganz genau, was diese Frau tun sollte: Sie hatte doch drei Kinder! Also sollte sie sich endlich bewegen! «So gehenlassen dürfen wir uns ja auch nicht!» «Was fällt bloß dieser Frau ein – sie ist eine Mutter, sie ist eine Ehefrau! Wie kann man denn den ganzen Tag nur so im Bett liegen? Dabei scheint draußen die Sonne!» Kein Zweifel: Man mußte ihr Beine machen!

In der *Kirchen*sprache drückt eine solche Einstellung sich noch viel prägnanter aus; da heißt es: «Man muß auch mal *Opfer* bringen! Irgendwann muß ein Mensch ja mal aufhören, sich nur um sich selber zu drehen, er muß auch mal andere Menschen sehen, er muß irgendwann mal sich *anstrengen* für die anderen!»

Es gibt wohl kein Jesus-Wort, das so unglaublich schwer zu lernen ist wie dieses: «Habt ihr nicht gehört, ich will nicht Opfer! Geht hin und lernt, was das heißt: eine Menschlichkeit ohne Vorwurf, eine Lebenseinstellung *ohne* Opfer, eine Lebensberechtigung ohne Zwangsverpflichtung und Dauerzensur.» Wenn wir so etwas hören, bricht sogleich die Angst vor der *Schrankenlosigkeit* der Güte aus, – da werden Eisfelder abgetaut und verwandeln sich scheinbar in Sümpfe! Doch die größte Angst der «Pharisäer» aller Zeiten wird sein: Man darf dem Menschen nicht *zu sehr* vertrauen! Der Mensch ist wie eine wilde Bestie, die man in Ketten und im Halfter *dressieren* muß zur Menschlichkeit.

Ganz *anders* könnte es sein, meint Jesus: «Barmherzigkeit», *voraussetzungslose Zustimmung* will ich – und alles würde sich fügen!

Nehmen wir noch einmal das Beispiel von jener Bettlägerigen: Hätte diese Frau in der Psychiatrie zwei Wochen, fünf Wochen, acht Wochen, soviel als nötig, *Zeit,* über sich nachzudenken und mal zu spüren, warum es denn sie selber überhaupt gibt, sie selber, losgelöst von ihren Kindern, losgelöst von allen Pflichten, unabhängig von allen fremden Forderungen, so würde sie wohl nach und nach merken, welche Motive sie eigentlich hat, persönlich zu leben; vielleicht *von innen her* könnte dann all das noch einmal neu anfangen, was sie bisher gezwungenermaßen getan hat. Nur: Das ist nicht zu versprechen! Dafür gibt es kein Programm! Das kann man nicht garantieren! Es gibt keinen standardisierten Behandlungsplan für die Krankenkasse, wie man so etwas «machen» kann. Aber sollte man nicht hoffen, daß ein Mensch von innen her leben *will* und daß er fähig ist zu *lieben,* wenn man ihn nicht ständig überfordert und einschüchtert?

Und genau so der andere Fall von der Tochter mit der Englischarbeit: Würde dieses Mädchen das Vertrauen wiedergewinnen, ein Kind zu sein, das gar nicht so dumm ist, hätte es dann vermutlich auch den Mut, seine Vokabeln zu lernen und sie sogar mit einer gewissen Freude herzusagen. Aber was ein Mensch braucht, ist eine bestimmte Würde sich selbst gegenüber, eine gewisse Achtung für sich selbst, und ihm *die* zu vermitteln, ist der ganze Sinn dessen, war wir im Raum der Kirchen als eine «Mahlgemeinschaft» Jesu begehen sollten. Es ist überdeutlich, daß wir dazu all die heiligen Namen über Bord werfen müssen, daß wir dazu alle Titel vergessen, alle Ämter streichen sollten. Wir müßten uns im Namen Jesu gewissermaßen aller Kostüme entledigen, um gänzlich schutzlos zu sein. Dann wäre uns alles sehr nahe, sehr zart und sehr zärtlich wie der Wind und die Sonne; dann wäre der andere nur noch ein Mensch, der uns anschaut mit den Augen der Frage, der Trauer, der Hoffnung, der Liebe. Alles wäre uns vertraut und verwandt, und es gäbe endgültig kein

Die Berufung der «Zöllner» und «Sünder»

Drinnen und kein Draußen mehr, es gäbe nur noch eine einzige Gemeinschaft der Notleidenden. Denn *das* hörte plötzlich auf, daß da auf der einen Seite die Richtig-vor-Gott-Lebenden sind und auf der anderen Seite die «Sünder» und die «Zöllner», die Nicht-richtig-Lebenden vor Gott.

Immer noch herrscht in der Kirche die fromme Illusion, daß da gewisse nette Seelsorger und Pastöre ruhig auch die Randständigen karitativ «heimholen» könnten in die Kirche – sie sollten sich nur ruhig auch um die Asozialen kümmern, um die Aussiedler, um die psychisch Zerbrochenen –; klar, wem das liegt, der mag da seine Betätigung finden! *Aber* – das ist die Voraussetzung: alles nach Recht und nach Vorschrift! Wenn sich die «Eingeladenen» hinterher *angepaßt* haben und genau so geworden sind wie die «Pharisäer» schon immer, dann geht das Ganze womöglich in Ordnung.

Es geht aber *niemals* in Ordnung! *Dafür* sorgt Jesus gerade. Die Leute, die *er* an den einen Tisch Gottes holt, werden niemals «Pharisäer», sie werden niemals angepaßt sein; im Gegenteil: Man muß sie so lange begleiten, wie sie leben – es hört nie auf! Um genau diesen *Freibrief* geht es Jesus, und eben deshalb stellt sich hier eine Frage auf Leben und Tod. In einem Einleitungslied der katholischen Meßfeier heißt es einmal: Wir brechen das Brot, und wir feiern Deinen Tod, und wir sind Deine Gemeinde[59] – alles klingt da ganz einfach. Doch hören wir einmal auf, die Einladung Jesu zu ritualisieren, und leben wir sie wirklich, so dreht alles sich um, und von dem Gewohnten stimmt nichts mehr. Da ist die «Gnade» und das «Erbarmen» *grenzenlos*, da ist alles «Opfer» zu Ende, und der Anfang eines freien Lebens beginnt. «Die *Gesetze*», sagte eine Frau kürzlich, «gibt es doch gar nicht; ich fange ja überhaupt erst an, richtig zu leben.» – So etwas war das wohl, was Jesus wollte und was er «Gottvertrauen» und «Barmherzigkeit» nannte.

Mt 9,14–17
Das wirklich Neue:
Eine opferfreie Frömmigkeit

Immer wieder beim Lesen des Matthäusevangeliums wird man erstaunt sein, wie ernst und grundsätzlich Jesus hier Worte sagt, die wie im Vorübergang gesprochen scheinen. Unmittelbar zuvor endete der Abschnitt mit einem Zitat des Propheten *Hosea* an die Adresse der «Pharisäer»: «Geht und lernt, was das heißt: Barmherzigkeit will ich, nicht Opfer» – da fällt Matthäus in diesem Zusammenhang die *Fastenfrage* ein.

Schon einmal hat Jesus in der Bergpredigt sich dazu geäußert, als er im Rahmen der jüdischen Frömmigkeitswerke: Gebete, Almosen, Fasten, darauf zu sprechen kam (Mt 6,16–18).[60] Damals hatte er Wert darauf gelegt, daß Dinge, die vor *Gott* getan werden, nicht zur Frömmelei, den Menschen zur Schau, dargebracht werden. «Was immer Ihr religiös tut, soll sich beziehen auf das Verhältnis zu Gott – keine Demonstration von Frömmlingen ist damit vereinbar!» Das war klar und rigoros gesprochen, bedeutete aber eigentlich doch nur eine Veränderung, eine Verinnerlichung innerhalb des Bestehenden. *Hier* jetzt erfahren wir, daß Jesus mit der gesamten Fastenpraxis – immerhin keine Nebensache in Israel – *schlankweg* gebrochen hat!

Man muß sich die Provokation, die in diesen Worten liegt, ungefähr so vorstellen, wie sie in der katholischen Kirche wortwörtlich noch vor ein paar Jahren geklungen hätte: *Heute* gelten die Fastengebote nur noch sehr abgeschwächt; aber vor ein paar Jahren war es eine «schwere Sünde», am Karfreitag so zu essen, wie Hunger und Appetit es nahelegten. Wer das tat, durfte nicht länger am Ostersonntag oder -montag die Heilige Kommunion empfangen. Selbst das Essen von Fleisch am Freitag galt als *schwer* sündhaft – die *Hölle* stand darauf! Gebote der Kirche (oder auch der Synagoge) sind immer irgendwann *Macht*fragen; je nach dem «Geschmack» der Zeit können indessen vor allem Fasten- und Speisetabus sich ändern, sie können neue Akzente gewinnen, sie dünnen sich aus durch Gewöhnung.

In den Tagen Jesu war die Fastenfrage in Israel *sehr* ernst.[61] Wenn Jesus trotzdem das Fasten aufgibt, und zwar ohne jede weitere Begründung, dann demonstriert allein diese Tatsache deutlich genug, daß Jesus in einem Kernpunkt des Frömmigkeitslebens offenbar anders fühlte, anders lebte, anders dachte, als man es von ihm erwartete. Die *Jünger des Johannes*, streng asketisch wie sie sind, und die «Pharisäer», natürlich, reiben sich daran.[62] Ihre Vorwürfe hört man zwischen den Zeilen noch lautstark sich zu Wort melden, und man kann sie verstehen, wenn man bedenkt, was es damals in Israel bedeutete, wirklich zu «fasten». Es bedeutete, den ganzen Tag bis zum Dämmerungseinbruch vor allem nicht *Wasser* zu trinken; es bedeutete, absolut nichts zu essen, keine Mahlzeit über den Tag hin, und das mitten in der Hitze der Sonne. Der Appetit war da nicht groß, aber der Durst! Doch galt es, das auszuhalten, um Gottes willen. Da muß man sich selber gewaltsam im Zaum halten, um Gottes Gunst zu erringen. Kommt dann jemand daher, der sich um all das durchaus nicht schert, so ist klar, daß auf ihn sich der Zorn entlädt, und zwar genau mit der Energie, die man braucht, um seine eigenen Triebe niederzuhalten. Wer sich über das Fasten hinwegsetzt, der gilt in den Augen der «Frommen» als der Vertreter eines leichten, eines *er*leichterten und überhaupt eines zu leichten Weges zu Gott. Man wird ihm vorwerfen, er sei ein «Hedonist» und ein «Konsumist», er sei ein Zerstörer der wirklich ernst gemeinten Frömmigkeit. Und in der Tat ist er der geborene Feind aller «ernsten Frommen». Gegen ihn müssen sie wie aus innerem Bedürfnis angehen; denn wenn sie sich schon für Gott abquälen und abplagen, wie soll es dann erlaubt sein, daß andere es sich wohlergehen lassen!

Man muß diesen Gegensatz nur so betrachten, und schon wird klar, was Jesus meinte. Da ist ein Gottesverhältnis, das die Menschen zwingt, durch freiwillige Einbuße an Lust abzubüßen, was mutwillig begangen wurde an «Lustbarkeiten» des «Fleisches» – der Sinne, der Gefühle, der Gedanken. Ist dies die rechte Art, von Gott zu denken, so zerspaltet sie den Menschen und legt ihm in gewissem Sinne eine Pflicht des Mißtrauens gegenüber sich selber auf. Was da seine Triebe, seine Neigungen, die Begierden seines «Fleisches» möchten, das gerät in die Nähe des Sündhaften, dem muß ein Riegel vorgeschoben werden durch wachsame Selbstbeobachtung, durch willentliche Kontrolle, durch genaues Überprüfen, am besten durch straffe Disziplinierung des Willens. Der menschliche Körper ist da wie ein Wildpferd, das man trainieren muß durch den exakten Gebrauch von Zügel und Trense – erst dann mag es vor dem Karren laufen oder beim Springreiten die Dressur überstehen! Aber nichts da von Spontaneität, Unmittelbarkeit, Einfachheit, Natürlichkeit! Da sei Gott vor! Eine solche Frömmigkeitshaltung zerreißt den Menschen in sich selber zwischen Sinnlichkeit und Sittlichkeit, indem sie das Gottesverhältnis auf das Prinzip der Selbsteinschränkung, des Selbstverzichtes und der Selbstunterdrückung gründet.

So betrachtet, wird mit einem Male klar, wieso Matthäus die *Fastenfrage* gleich hinter den Satz stellt: «Nicht Opfer will ich, sondern Barmherzigkeit!» Solange man einem Gott *opfern* muß, werden Menschen dieser Gottheit um so wohlgefälliger, je mehr sie sich ins eigene Fleisch schneiden. Je *weniger* sie selber leben, um so mehr dehnt sich der Machtbereich ihres Gottes aus. Eine solche Frömmigkeit etabliert sich immer wieder notwendig auf Kosten der Menschen. Die Menschen müssen da verschlissen werden, damit Gott obsiege; und um so frömmer ist hier ein Mensch, je mehr er auf sich selber Verzicht tut, je mehr er sich selber weggibt, je mehr er sich selber verbrennt. Der Opfergedanke selber macht Gott zwiespältig.[63] Er malt ein Gottesbild, das immer wieder der *Versöhnung* durch Opfer bedarf. Der Groll des Allmächtigen muß da beschwichtigt und beschworen werden durch freiwillige Schmerz- und Trauerrituale. Gott gegenüber herrscht innerhalb der Opferfrömmigkeit wesentlich Angst, Flucht, Mißtrauen, ein zerknirschtes Sich-Ducken in den Staub.

Und spätestens an dieser Stelle ist der Punkt erreicht, an dem Jesus entschieden widerspricht und widersprechen *muß*.

Die Ausführungen Jesu sind selten psychologischer Natur, doch hängt in seinen Augen die ganze «Psychologie» des Menschen davon ab, wie er zu Gott steht. Eben deshalb läßt Jesus nicht zu, daß man Gott ins Dämonisch-Zwielichtige rückt! Gegen ein solches Gottesbild der Angst, des Mißtrauens, des Opfers und der Gewalt protestiert er, wann immer er über die Beziehung Gottes zum Menschen spricht.

Schon daß Jesus aus dieser Perspektive, von Gott her, formuliert, zeigt die ganze Veränderung, die sich hier begibt. Da verkündet Jesus einen Gott, der bereitsteht, dem Menschen zu vergeben, einfach, weil er es nötig hat – bedingungslos und ohne Vorleistung; und wenn *das* gilt, so ist kein Fasten nötig; ja, dann ist alles Fasten überflüssig und schädlich; die ganze Opferei *hindert* den einfachen, vertrauensvollen Zugang zu Gott! So und nicht anders, in prophetischer Klarheit, lautet die sichere und feste Erfahrung Jesu.

Wie aber dann? Lösen sich dann die straffen Bindungen, die klar formulierten theologischen Vorgaben, die rabbinischen Richtlinien, wie man zu Gott findet, nicht wirklich von alleine auf? – Das tun sie gewiß, doch nicht in ihrem Inhalt, meint Jesus. Im Gegenteil: Was *ihm* als Frömmigkeit vorschwebt, malt er in einem geradezu überschwenglichen Bild von einer *Hochzeit*.[64] Zur Erläuterung: Man muß vor Augen haben, daß man im alten Israel ein bis zwei Jahrzehnte oft auf diesen Tag hin sparte, da die Tochter, da der Sohn heiratete; alles Familienvermögen wurde da vergeudet für diese vierundzwanzig Stunden einer exzessiven, taumeligen, ekstatischen Freude. Danach warteten für gewöhnlich Armut und Mühsal, Plage, Kindergebären, Krankheit und früher Tod. Doch dieser Tag der Hochzeit stand da wie eine kurzzeitige Blüte, über die der Chamsin noch nicht hereingebrochen ist. Wenn Jesus hier das Gottesverhältnis des Menschen wie eine Hochzeit schildert, so möchte er, daß diese Stunde höchsten Glücks im Leben nicht länger mehr die Ausnahme bildet, sondern das Vorbild, das Grundgefühl, die Grundlage von allem darstellt. Menschen sollen *glücklich* sein vor Gott! Das Glück selber, die Freude, die Hochgestimmtheit ist der Beweis, ob es stimmt, wenn Menschen von Gott sprechen. Gott, im Sinne Jesu, möchte, daß wir leben, und zwar so intensiv und reich, als es irgend geht.

Das Bild von der «Hochzeit» ist zudem ein Bild unzertrennbarer Liebe, das Jesus nicht aufhört, immer wieder zu malen, wenn er von Gott spricht, in Worten des Entzückens, der Begeisterung, – der *Verführung* geradewegs. Was in dem Bild der Heiligen Hochzeit[65] von altersher anklingt, ist eine Verschmelzung von allem: von Gedanken und Gefühlen, von Seele und Leib, von Männlichem und Weiblichem, von Himmel und Erde, und gerade *sie* wollte Jesus in seiner Person verkörpern – er selber als «Bräutigam» Gottes, an dessen Seite wir Hochzeit feiern!

Vielleicht lautet ein Einwand jetzt, Jesus habe doch oft gesprochen: «Gib alles, was du hast, den Armen!» – das hat er gesagt (Mt 19,21). «Wenn du nach der Rangordnung fragst: Der *Diener* aller ist der Größte aller!» (Mt 20,26). Auch *so* hat er gesprochen. Doch man versteht den Sinn solcher Worte nur *jenseits* aller Selbstunterdrückung, in einem wie selbstverständlichen Feld von Glück und Liebe. Um so es zu sagen: Zwei Menschen auch nur, die einander wirklich lieben, brauchen all das nicht, was ihnen eben noch so wichtig erschien; gerade noch mochten sie unsicher sein, ob der eine den anderen wirklich liebt, da stellt, vor den Spiegel tretend, die Frau sich die Frage: «Was ziehe ich an? Ist mein Kleid gut genug, meine Frisur schön genug, bin ich selbst liebenswert?» Und der Mann, unsicher seiner selbst, fragt sich, ob er genügend darstellt im Umfeld der Gesellschaft, ob seine Titel auslangen, ob sein «Können» ausreicht, ob seine *Potenz* groß genug ist, sozial, physisch, wie auch immer. Jede Art solcher Zweifel ist peinigend und quälend. Aber in der Liebe fällt all das weg als überflüssig. Das bloße Fragen in dieser Weise ist da hinderlich. *Nichts* brauchen die Liebenden wirklich als die Nähe des anderen; sie allein genügt; und was sich dann ergibt, ist in sich selbst ein reines Glück, eben weil sie sich lieben. Ob die Umstände prunkvoll sind oder armselig, das ist das Nebensächliche.

Und genau so meint es Jesus: Es komme auf nichts an außer auf eine wahre, lebendige Art zu leben; *die zu verwirklichen*, sei das einzige, was wirklich zähle. Da sei das Leben wie ein Fest, wie eine sich ergießende Freude, wie eine Hochzeit des Glücks und einer Liebe, die niemals mehr aufhört.

Doch gerade dieser Gedanke einer «opferfreien», einer lebensfrohen Frömmigkeit ist es, der das Religionsverständnis der «Schriftgelehrten» zentral bedrohen *muß*. Kaum gesagt, werden diese großartigen und überschwenglichen Worte Jesu von einem freien, intensiven Leben vor Gott dazu führen, daß sich all die Fallstricke und Schlaufen der alten Angst um ihn zusammenziehen und sein Leben immer enger machen. Kaum gesprochen, wird sogleich offenbar werden, was eigentlich mit dem Typ von Religion los ist, den wir gewöhnt sind, der uns tradiert wurde und der laut kirchlicher Dogmatik feststeht seit eh und je.

Manchmal hört man in Kirchenkreisen sagen, es sei nicht rechtens, von Gott so zu sprechen, daß es die Menschen aufrege und beunruhige und sie am Ende noch weniger wüßten, woran sie sind, als zuvor. Mit Berufung auf diesen Text muß man sagen: Eine Rede von Gott, die *nicht* beunruhigt, ja, in gewissem Sinne *verwirrt*, die die Konvention *nicht* erschüttert, ist im Sinne Jesu nicht wahr geredet. Der Mann aus Nazareth, soviel steht fest, hat alles auf den Kopf gestellt, was man zu wissen glaubte, und zwar unnachgiebig, zugunsten der Menschen. *Wie* beunruhigend das war, zeigt sich zum Beispiel *hier*, indem Jesus dazu auffordert, in Sachen Gottes sich zu entscheiden zwischen dem Prinzip des Opfers, der Selbstunterdrückung und der Ambivalenz *oder* einer Religion der Menschlichkeit, der Integration und des Vertrauens. Dazwischen gilt es zu *wählen*, ohne Kompromiß, ohne Wenn und Aber, ohne Aufschub. All die guten Leute, die Jünger des Johannes – eine der religiös wichtigsten Gruppen der Bevölkerung in jenen Tagen –, und die «Pharisäer» desgleichen, sie alle, die immer schon wissen, was Gott vom Menschen will, sollen da überprüfen, ob sie bei dem bleiben, was sie gelernt haben. Gilt das Fastengebot, wie es bisher war, gelten überhaupt die alten Vorschriften von Opfer, Buße und Selbstzerknirschung als Grundlage des Weges zu Gott, dann hat man notwendig eine ewig geduckte, eine verängstigte, eine von außen gelenkte, eine unfreie Form der Religiosität vor sich; ein solches göttlich geregeltes Leben gleicht einem englischen Rasen, auf dem nichts wachsen kann, was wirklich lebendig ist: keine Blumen, keine Sträucher, keine Pracht der bunten Farben, sondern Gott selber tritt da auf wie ein Rasenmäher, der alles gleichmacht. Da überlebt nichts an Spontaneität und Vielfalt, und wenn *das* noch nicht genügt, wird man Gift darauf sprühen, um alle Pflanzen, die nicht dahingehören, schließlich doch noch auszumerzen. Wer eigentlich fühlt auf einem solchen Rasen sich noch wohl? *Kunstrasen* täte es da eigentlich auch; es ist der Tod des Lebens, nicht die blühende Freude, die Gott möchte.

Daneben gibt es nur die entgegengesetzte Möglichkeit: Man läßt die Menschen *frei*, man lehrt sie nicht, sich selber zu mißtrauen, weil in ihnen vermeintlich so viele sündhafte Anlagen schlummern; man traut ihnen im Gegenteil zu, daß das Glück von Menschen selbst anzeigt, was richtig ist, und daß, wenn man die Menschen nur gelten läßt, sie von innen heraus überhaupt keinen Grund haben, Böses zu tun. Dann sind sie frei und groß und stark, und so möchte Gott uns Menschen in Wahrheit, meint Jesus. Mit solchen Menschen zu leben ist eine Freude, ihnen zu begegnen eine Bereicherung. Aber den ganzen schriftgelehrten Muff, den ganzen theologisch ideologisierten Druck der Selbsteinschüchterung, die ewige Angst vor sich selber verdienen nicht die Menschen, die leben wollen, und so läuft alles auf die Frage hinaus, wie man sie aus den Händen der priesterlichen Opferphantasien und -obsessionen erlöst.

Wie diese Auseinandersetzung zwischen Jesus und den Frommen in seinen Tagen weitergeht, *könnten* wir wissen, *wenn* wir es nicht wüßten. Immer ist der Masse ein Gesetz und eine Vorschrift am Ende lieber als die Freiheit und das Evangelium.[66] Mit der Freiheit hat man ja Verantwortung, mit der Möglichkeit, sich selber zu entscheiden, kann man Fehler machen. Wenn es so steht, wie Jesus es will, ist das menschliche Leben *offen*, unabgegolten, wagemutig, riskiert und unableitbar in seiner Individualität. Um wieviel einfacher da, man beugt sich ins Allgemeine, man kuscht ganz einfach und gibt sich als die bloße Abziehnummer des Überkommenen! Man schlürft weiter den alten Wein aus den alten Schläuchen und läßt alles bis zum Einschlafen behäbig so weitergehen. Die Botschaft Jesu war demgegenüber anders; sie war so neu, daß sie alle Behälter und Formen zersprengte. Er, Jesus von Nazareth, war stolz darauf, mutig die Zukunft zu ergreifen und herbeiführen zu wollen. Alles, was er tat und sagte, nötigte die Menschen, sich festzulegen: die Unglücklichen, die Verzweifelten, die Leidenden erlebten ihn wirklich als «Bräutigam Gottes», als Einladung zu einer Hochzeit des Lebens, als Grund und Begründung, endlich richtig leben zu mögen. Doch allen anderen, all den Abgesicherten, all den Richtigen, all den Wichtigen, all den Tüchtigen war seine Botschaft eine Erschütterung, gegen die sie sich wehren zu *müssen* glauben bis heute.

«Fasten» und ‹Trauer› wird sein, wenn man den Menschen den «Bräutigam» wegnehmen wird, meint Jesus. – Was ist da von einer Kirche zu halten, die nicht nur rituell die alten «Fasttage» wieder eingeführt hat, sondern die in den entsprechenden Opfergedanken geradezu schwelgt? Schon nach den

Gesetzen der formalen Logik muß man sagen, daß eine solche Kirche bis in ihre Grundlagen hinein darin besteht, den Menschen die Gestalt Jesu weggenommen zu haben! Und in der Tat: Alles, was Jesus auf Leben und Tod bekämpft hat, existiert in der heutigen Kirche wieder, und das mit ausdrücklicher Berufung auf den Mann aus Nazareth, der kam, die Menschen von der Doppelbödigkeit eines Opfer fordernden Gottes zu befreien, indem er nur noch den liebenden, nur noch den gütigen Gott als seinen «Vater» gelten ließ. Die Menschen, die verstehen, was Jesus wollte, sind nicht nur traurig, *wenn* der «Bräutigam» von ihnen gegangen sein wird, sie sind traurig, *weil* man die Freude an Gott, die Jesus verkörperte, immer noch wagt, für etwas Unerlaubtes und Vermessenes zu erklären. Es ist an dieser Stelle alles ein und dasselbe: der Rückfall der kirchlichen Theologie in die uralten Opferideale und Opferrituale, ihre priesterlich verwaltete und gestaltete Gottesambivalenz und die Ohnmacht derselben Kirche, von Gott so zu reden, daß es, wie im Munde Jesu, die Menschen zu *heilen* vermöchte. Insofern hat *Matthäus* ganz recht: Die vorbehaltlose Akzeptation und die Beseitigung des «Fastens» sind Teilmomente in dem *Zyklus* der «*Wunder*», die Jesus an all denen wirkte, die «übel dran waren» (Mt 4,24; 8,16).

Mt 9,18–26
Die blutflüssige Frau und die Tochter des Jairus oder:
Die Heilung des Frauseins

Gerade noch ging es um das Aufbrechen alter Tabus, um das Zerreißen «alter Schläuche», da fügt *Matthäus* der Berufung der «Zöllner» und «Sünder» (Mt 9,9–13) noch eine Wundergeschichte aus dem 5. Kap. des Markusevangeliums (Mk 5,21–43) an, die von der Heilung zweier Frauen erzählt. Zu dem «Neuen», das da in der Freude einer «hochzeitlichen» Frömmigkeit in der Person Jesu aufbricht, gehört offenbar auch ein gründlich verändertes Verhältnis zu den *Frauen* im Rahmen eines durch und durch patriarchalisch geprägten Typs von Gesellschaft, Kirche und Religion.

Um die innere Zusammengehörigkeit der Themenstellungen zu begreifen, genügt es, die üblichen aus der *Völkerkunde* stammenden Klischees *«paternistischer»* und *«maternistischer»* Gesellschaftsformen einmal miteinander zu vergleichen, und man wird sehr bald sehen, daß die prophetische Reform der israelitischen Frömmigkeit, die Jesus beabsichtigte, mittelbar auf eine Verschiebung der gesamten Gefühlslage in Richtung einer mehr «weiblichen» Einstellung hinausläuft.

Als *«paternistisch»* bezeichnet man ein Gefühlsensemble, das unter anderem durch folgende Merkmale gekennzeichnet ist[67]: Sexuell herrscht eine strenge, triebunterdrückende Moral; die Freiheit von Frauen ist stark eingeschränkt; Frauen gelten ganz allgemein als minderwertig und sündig; Keuschheit (verstanden als sexuelle Unberührtheit oder als eheliches Korrektverhalten) wird mehr geschätzt als persönliches Wohlergehen; in Politik (und Kirche) herrscht ein streng autoritärer Umgangs- und Verwaltungsstil; ein stark konservativer Grundzug sperrt sich strikt gegen Neuerungen; forschende Neugier wird mit Mißtrauen belegt; spontane Handlungen und Gefühlsregungen unterliegen einer ausgedehnten Gehemmtheit; Homosexualität wird gefürchtet; geschlechtliche Unterschiede werden – in Beruf, Kleidung und so weiter – überbetont; Vergnügen und Lust werden asketisch *eingeschränkt*; religiös regiert ein väterlicher Himmelsgott, strafend und gerechtigkeitliebend, durch seine Macht und sein Wissen die Welt.

Allein schon die Aufzählung dieser Merkmale macht es unschwer möglich, die israelitische Religiösität in den Tagen Jesu als ausgesprochen *paternistisch* zu kennzeichnen; das gleiche Urteil wird man bezeichnenderweise *en detail* auch über die gegenwärtige Form des Katholizismus fällen müssen. Was dabei besonders überraschend ist – es treten mit einem Mal weit entlegen scheinende Verhaltensmerkmale zu einer strukturellen Einheit zusammen, und man versteht, daß es unmöglich ist, ein religiöses System nur von einem einzigen Punkt aus reformieren zu wollen. Alles hängt hier mit allem zusammen: Wer das Gottesbild ändert, verändert auch das Sexualverhalten, verändert auch die Stellung der Geschlechter zueinander, verändert auch den Umgangsstil, ja, das gesamte Wertsystem von Sittlichkeit und Schicklichkeit; wer die Stellung der Frau in Kirche und Gesellschaft ändern möchte, berührt, ob er will oder nicht, sogleich auch Fragen der Religion und der Moral. Unter diesem Aspekt wird es plötzlich verstehbar, daß Jesus, indem er ein gütigeres, freundlicheres, nichtambivalentes, opfervermeidendes, von Grund auf akzeptierendes Gottesbild lehrt, *notwendig*, in demselben Atemzug, eine Gesamtverschiebung *aller* Werthaltungen in Richtung eines *maternistischen* Gefüges vornimmt.

«Maternistisch» – das ist eine Einstellung, die sich Punkt für Punkt als das genaue Gegenteil des «Paternistischen» verstehen läßt: innerhalb einer *«maternistischen»* Sozialpsychologie herrscht eine sexuell duldsame Haltung; Frauen genießen relative Freiheit; ihre Stellung ist angesehen; das individuelle Wohlergehen wird höher geschätzt als Keuschheit; in Politik und Religion herrscht ein demokratischer Umgangs- und Verwaltungsstil; Veränderung, Fortschritt, Neues werden geschätzt; Neugier und Forschung werden nicht mißtrauisch unterdrückt; spontane Gefühlsäußerungen gelten als etwas Wertvolles; es herrscht eine tiefe Furcht vor Blutschande (Inzest); die Unterschiede zwischen den Geschlechtern werden eher weniger betont; Genuß und Lebensfreude werden begrüßt; die zentrale Gottheit trägt mütterliche Züge. Alles in allem fällt es nicht schwer, in diesen Zügen eines maternistischen Ensembles von Gefühlen, Tendenzen und Idealen Grundeinstellungen zu erkennen, die den zentralen Inhalten der Verkündigung Jesu außerordentlich nahekommen, und *das* wiederum scheint es verständlich zu machen, auf welch ein großes Interesse das Auftreten des Mannes aus Nazareth gerade bei *Frauen* traf.

Man rühmt mittlerweile auch in der neueren Exegese mitunter, daß Jesus allem Anschein nach einen sehr offenen, entkrampften Umgang mit Frauen gepflegt habe, und sucht daraus ein verpflichtendes Vorbild gegenüber der traditionellen Frauenfeindlichkeit und Frauenfurcht der etablierten Kirche zu gewinnen. Doch sollte man nicht ins Moralische ziehen, was in Wahrheit den Ausdruck eines zutiefst *religiösen* Erlebens darstellt: *Es ist die vorbehaltlose Güte Gottes*, die aus Jesus notwendig einen «Maternisten» macht, beziehungs-

Die blutflüssige Frau und die Tochter des Jairus

weise es ist die Tiefe seiner Menschlichkeit, die ihn an einen «maternistischen» Gott glauben läßt. Zwar nannte er diesen Gott «Vater», wie es dem Sprachgebrauch seines Volkes zu seiner Zeit entsprach; doch hat er in das «Vaterbild» Gottes all die «weiblichen» Züge eingetragen, mit denen schon der Prophet *Jesaja* die nie endende Bereitschaft Gottes zur Vergebung ausmalte: «Der Herr ruft dich wie ein verlassenes Weib, ein bekümmertes, ... mit ewiger Güte habe ich mich deiner erbarmt» (Deuterojesaja 54,6.8). Es ist gerade diese Überzeugung, die *Matthäus* im folgenden zu Recht mit der *Heilung zweier Frauen* in Verbindung bringt.

Die Geschichte von der blutflüssigen Frau und der Tochter des Jairus erscheint bereits in der Vorlage des *Markus*evangeliums als ein kunstvoll geformtes, rein literarischen Gebilde[68], und es stellte sich dort schon die Frage, was die Gegenüberstellung dieser beiden Frauen: bei Markus einer zwölfjährigen, gerade heiratsfähigen «Tochter» und einer zwölf Jahre lang an ihrem Frausein Leidenden, einer «Blutflüssigen», eigentlich besagen will. Die Parallelisierung der beiden Frauengestalten geht bei Matthäus weitgehend verloren, weil er die ganze Erzählung rigoros zusammenstreicht: Bei Markus bittet der Synagogenvorsteher Jairus um die Rettung seiner im Sterben liegenden Tochter – daß Jesus sich in der Zwischenzeit noch der blutflüssigen Frau annimmt, bedeutet bei Markus eine dramatische Verzögerung, denn schon kommt man aus dem Hause des Vorstehers und meldet, die Tochter sei doch schon verstorben, es habe endgültig keine Zweck mehr, den «Rabbi» zu bemühen. Vor diesem Hintergrund wirkt es wie ein Paukenschlag, wenn Matthäus seine Geschichte gleich damit beginnt, daß da ein (namenloser) «Vorsteher» kommt und Jesus kniefällig für seine «soeben verstorbene» Tochter bittet. Da geht es wohl nicht einfach nur darum, den Spannungsbogen der Markuserzählung auf das Notwendigste zusammenzuschneiden; – es läßt sich im Matthäusevangelium insgesamt eine notorische Vergleichgültigung der psychischen Seite der Heilungswunder zugunsten eines von vornherein feststehenden *Christusglaubens* beobachten.[69] So auch hier: Dem Leser des *Matthäus*evangeliums ist es – aufgrund des christologischen Dogmas – schon keine Frage mehr, daß Jesus auch *Tote* «auferwecken» kann. Parallel zu dieser *Abstraktion* der Glaubens*erfahrung* in das urkirchliche Glaubens*bekenntnis* reduzieren sich bei Matthäus auch die beiden Frauengestalten, die Markus noch mit zahlreichen individuellen Details ausstattet, scheinbar zu bloßen Symbolträgern einer weiteren Krankheit, an welcher Jesus seine «messianische» «Vollmacht» unter Beweis stellen kann. Gerade auf diese Weise aber rücken die beiden Frauengestalten dieser Erzählung in gewisser Weise sehr eng zusammen: eben weil sie kaum noch persönliche Konturen besitzen, verkörpern sie symbolisch jetzt das *«Frausein»* im Schatten einer «paternistischen» Gesellschaftsordnung und Religion in den zwei Brennpunkten ein und derselben Ellipse aus Leid und aus Schmerz.

In den Tagen Jesu ist wohl keine Krankheit denkbar, die so sehr als echtes *Frauenleiden* imponierte wie der «Blutfuß» beziehungsweise, wie wir heute sagen, die «Dysmenorrhoe» oder die «Menorrhagie». Alle Vorgänge rund um die Menstruation standen in Israel unter einem kultischen Tabu: Eine Frau galt als «unrein», wenn sie in die ‹Tage› kam; wohin immer sie sich setzte, was oder wen immer sie berührte, das oder der war in den Tabubereich ihrer Unreinheit einbezogen. Eine Frau, die am «Blutfluß» litt, blieb infolgedessen *ständig* ausgegrenzt. Gerade der Ort, an dem nach priesterlicher Überzeugung die Gottheit selber wohnt: der Tempel, das Heiligtum, mußte einer solchen Frau so lange verschlossen bleiben, wie ihre «Krankheit» dauerte. Und schon dies scheint der Punkt zu sein, an dem die Einordnung dieser Erzählung in den Kontext der «Zöllner»-Berufung und der Aufhebung der Fastengesetze bei Matthäus im Sinne der Botschaft Jesu mehr als gerechtfertigt ist. Denn wohl ist es die Frau selber, die hier die Beziehung zu Jesus aufnimmt und in gewissem Sinne das Tabu der Unreinheit durchbricht, indem sie Jesus «von hinten», wie verstohlen, zu berühren wagt; dann aber geschieht das Erstaunliche, das Matthäus noch eigens verstärkt: *«Faß Mut»*, läßt er Jesus in diesem Moment sagen und fährt dann, entsprechend der Markusvorlage mit der Anrede fort: *«Tochter,* dein Vertrauen hat dich gerettet» (9,22).

Entgegen der dogmatischen Vorstellung, daß Jesus die Menschen geheilt habe durch seine göttliche *«Allmacht»* oder durch seine messianische *«Vollmacht»*, vollzieht sich die «Heilung» vom «Blutfluß» hier allein durch das *«Vertrauen»*, das diese Frau, trotz aller Enttäuschungen und trotz der Länge ihrer Krankheit, Jesus gegenüber aufbringt: Jesus selber kann das «Wunder» nur bestätigen. Insofern wäre die Aufforderung *«Faß Mut»* eigentlich überflüssig; genau diese Worte aber sind sehr nötig, bezieht man sie auf das Tabu, das diese Frau mit ihrem Tun gerade durchbrochen hat: Es kostete die Frau einen *enormen* «Mut», sich über die heiligen Regeln kultischer Reinheit einfach hinwegzusetzen; Jesus aber möchte offenbar, daß sie diesen «Mut» nicht nur einmal, unter dem Druck einer jahrelangen Not, aufbringt, sondern daß sie ihn als eine *grundlegende* Einsicht auf Dauer stellt. Das «Verstohlene» im Tun dieser Frau soll sich auflösen und in ein bewußtes Verhalten verwandeln. «Was Du getan hast», scheint Jesus indirekt der Frau zu sagen, «brauchtest Du Dir nicht hinterrücks zu erschleichen – es war Dein gutes Recht, so zu tun! Bleib dabei, (meine) *Tochter.*» Ähnlich wie bei der Heilung des Gelähmten (Mt 9,2) tritt Jesus hier der Geheilten wie ein *Vater* gegenüber, der in eigener Autorität bestätigt *und erlaubt*, was soeben geschehen ist. Was einen Menschen *heilt*, kann nicht gegen Gottes Willen sein, selbst wenn es einem der zahllosen Gebote Israels (oder sonst einer Religion) widerspricht; und umgekehrt: Was Gott, wie Jesus ihn sieht, ohne Einschränkung *möchte*, ist die Heilung der Menschen. Dann aber kann es nicht richtig sein, Menschen, die lediglich krank und in Not sind, von der Gemeinschaft mit Gott: von dem Tempel, von dem Kult, von den offiziellen Formen der Gottesverehrung *auszuschließen*. Ganz im Gegenteil, alles kommt darauf an, die Menschen, die an sich leiden bis hin zum Krankheitswert, an einen Ort zurückzuführen, da sie sich vorbehaltlos akzeptiert fühlen. Man kann es nicht oft genug wiederholen, weil es sich in buchstäblich *jeder* Richtung bewahrheiten und bewähren muß: Gott, so wie Jesus ihn sieht, darf niemals dazu mißbraucht werden, Menschen in «rein» und «unrein» einzuteilen; *Gott* sollte vielmehr der Grund dafür sein, daß Menschen über ihre Krankheit *hinauswachsen* können.

Man begreift diesen Zusammenhang noch besser, wenn man auf die *psychosomatische* Seite der «Menorrhagie» beziehungsweise der «Dysmenorrhoe» achtgibt[70]: – fast immer hat sie mit einer tiefen Verletzung der Sehnsucht nach Liebe im Leben einer Frau zu tun. Wenn jemand bis in sein Wesen hinein sich zugleich angezogen und abgestoßen fühlt, so daß man sich *als* Frau in seinem ganzen Wesen erlebt wie eine Wunde, die sich nie mehr schließen will, so kann es zu dieser spezifischen Art von Erkrankung kommen. Psychoanalytisch mag man den Grund dafür als «Kastrationskomplex» bezeichnen; doch darf man bei diesem Wort nicht vergessen, daß damit im Erleben einer Frau das Gefühl gemeint ist, nichts weiter zu sein als ein verschnittener Mann; um Liebe schenken zu können und um als liebenswert empfunden zu werden, müßte man mit anderen Worten alles haben und sein, was einen «Mann» ausmacht; man ist unter diesen Umständen als Frau nur ein halber Mensch, ein verstümmeltes Etwas, das Würde und Ansehen nur erringen kann, wenn es gelingt, sich die verlorene Integrität durch die Liebe eines Mannes neu schenken zu lassen. – Es ist klar, daß der Gefühlskomplex, den S. FREUD in dieser Weise als «Kastrationskomplex» beschrieb[71], ganz und gar an das Selbstwertgefühl einer Frau innerhalb einer *patriarchalischen* Gesellschaftsordnung gebunden ist; dann aber taugt das Wort vorzüglich dazu, den Teufelskreis des «Frauseins» zu kennzeichnen, in dem die blutflüssige Frau im Evangelium gefangen ist, ehe sie es wagt, sich in Jesu Nähe zu drängen: man bedürfte der *Liebe* förmlich wie eines Medikaments, es ist aber die *Krankheit* des Frauseins selbst, die es unmöglich macht, auch nur akzeptiert, geschweige denn geliebt zu werden.

Und *das* ist der zentrale Punkt, an dem Jesus ansetzt: Indem er der Frau *Mut* macht, zu dem Bruch des Gesetzes zu stehen, zerbricht er selbst den gesamten Kordon einer Frömmigkeit, einer Gesellschafts«*ordnung*», die anscheinend nichts dabei findet, die Lieblosigkeit der Machtverteilung in den Rollenzuweisungen von Mann und Frau sogar noch ins Göttliche hineinzuprojizieren, um es hernach als eine wohlfeile Rechtfertigung der bestehenden Ungerechtigkeiten vom Himmel auf die Erde zu holen. Gott ist anders als die schriftgelehrte Männertheologie ihn sich zurechtlegt – diesen Gedanken zu leben, darin besteht der *Mut*, zu dem Jesus die soeben Geheilte einlädt.

Und es ist nötig, diesen Mut zu *leben*. Denn noch ist der Weg nicht zu Ende. – Die symbolische Zuordnung der «Tochter» des «Vorstehers» und der blutflüssigen Frau, die *Jesus* als *seine* «Tochter» anredet, macht es notwendig, sich nicht nur für das Krankheits*symptom*, sondern auch für den Krankheits*hintergrund* zu interessieren, der in dem *Motiv des verstorbenen Mädchens* verkörpert scheint. *Beide* Frauen: die Blutflüssige wie das «verstorbene» Mädchen, sind, tiefenpsychologisch betrachtet, ein und dieselbe Person, und beide Gestalten kommentieren sich in dieser Wundererzählung wechselseitig:[72] Da ist ein Mädchen, dessen Leben, entsprechend dem griechischen Wort für «sterben», das Matthäus hier gebraucht, ganz buchstäblich «zu Ende» ist, noch ehe es überhaupt hat beginnen können, und man versteht von daher die Symptomatik des ständigen «Verblutens» später; und umgekehrt muß man sich fragen: Wie soll eine junge Frau jemals sich ins Leben getrauen, wenn ihr das Schreckbild eines solchen Schicksals unablässigen «Blutenmüssens» als das «typische» Los einer Frau vor Augen steht?

Erst von daher wird der *Handlungsaufbau* der Erzählung plausibel: Es ist das «geendete» Mädchen, das zu Beginn der Geschichte im Mund seines Vaters nach Jesus ruft, um zum Leben zugelassen zu werden; doch bei dem Versuch, sich diesem «Mädchen» zu nähern, tritt Jesus unvermeidbar die Gestalt der blutflüssigen Frau in den Weg; ehe *sie* nicht das Tabu der Berührung, das Verbot der Nähe, die Pflicht zum Selbstausschluß zu durchbrechen wagt, ist es in der Tat nicht möglich, dem «verstorbenen» «Mädchen» zu helfen. Dann aber auch wieder umgekehrt: innerlich, im Herzen einer jeden «blutflüssigen» Frau, wird man ein «Mädchen» «aufrichten» müssen, das nie wirklich hat leben können. Die Heilung der «Blutflüssigen» ist da die Bedingung, an das sterbende, ja, schon «geendete» Leben des «Mädchens» heranzukommen, und erst indem dieses zum Leben erweckt wird, vollendet sich die Heilung der blutflüssigen Frau.

Da wird es fortan zu einer Grundsatzfrage, wie intensiv man im Namen

Gottes an das Leben zu glauben wagt. *«Tot ist tot»* – das ist in der Geschichte das Urteil der Menge; *sie* findet es, inmitten ihrer lärmenden Trauer, schlicht *lächerlich*, dem «Mädchen» noch eine Chance zum Leben zu geben. Das *Reinheits*ritual *und* das *Trauer*ritual – *beide* markieren offenbar die Eckpunkte ein und derselben Religiosität, die nicht davor zurückschreckt, die Hälfte aller Menschen, *die Frauen*, wirksam daran zu hindern, selber zu leben; dann aber bedauert und betrauert dieselbe Religiosität hinwiederum das Unglück und den Tod ihrer eigenen Opfer und erhebt sie zu einer unvermeidbaren Fügung Gottes, in die man sich einfügen muß, um «gottesfürchtig» zu bleiben. Es ist dieses ganze als göttliches Recht verfestigte Denken in den Kategorien einer vordergründig trauernden, hinterrücks lauernden Unmenschlichkeit, die Jesus als erstes «hinauswerfen» muß, um das verstorbene Mädchen «bei der Hand zu nehmen» und es «sich aufrichten» zu lassen in Selbständigkeit und Gradheit. – Man ahnt hier bereits, warum die nächste Erzählung des Matthäusevangeliums der Heilung zweier *Blinder* gewidmet ist.

Mt 9,27–31
Die Heilung zweier Blinder oder: Einsicht in die Einheit von Göttlichem und Menschlichem

Folgt man den üblichen Auslegungen der Erzählung von der Heilung zweier Blinder in der exegetischen Literatur, so scheint es keine Frage zu sein, was Matthäus hier sagen will: «Blindheit» das ist, nicht zu erkennen, daß Jesus der «Messias», der «Sohn Davids» ist; und der Beweis: Die beiden Blinden werden geheilt durch ihren «Glauben» an die Messianität Jesu.[73] Diese ist, entsprechend dem «Schweigegebot», das bereits *Markus* in seinem Evangelium konzipiert hat[74], zwar vorerst noch *geheimzuhalten*, doch spricht die Wahrheit sich *jetzt schon* herum, wenngleich noch in verzerrender, mißverständlicher Weise.

Tatsächlich hat Matthäus die Geschichte der Blindenheilung an dieser Stelle *frei erfunden*[75] – wenn irgend, so zeigt sich indessen in solchen selbstgeschaffenen Passagen, was *er* als «Redaktor» sagen will. Vorliegen hat er die Erzählung aus Markus 10,46–52, wie Jesus den blinden Bartimaios in Jericho heilt. Dieselbe Geschichte wird er in 20,29–34 noch einmal aufgreifen, und erneut wird er dort aus dem *einen* Blinden zwei machen; rechnet man die Doublette an dieser Stelle hinzu, so hat sich der gute Bartimaios aus dem Markus-Evangelium mithin vervierfacht (so wie in Mt 8,28–34 sich der Besessene von Gerasa aus Mk 5,1–20 verdoppelte). Doch es geht, wie man hier und allerorten sehen kann, Matthäus nun einmal nicht um historische Treue. Was *er* durch seine Verdoppelungen und Vervierfachungen erreichen möchte, ist gewiß zunächst eine Steigerung der Wundertätigkeit Jesu. Doch daneben setzt Matthäus die «Krankheitssymptome» seiner Heilungsgeschichten auch bewußt als *Symbole* bestimmter religiöser Erfahrungen ein. «Blindheit» ist da kein körperlicher Zustand, sondern eine Chiffre dafür, daß Menschen etwas nicht sehen können oder nicht sehen wollen, das doch ganz offensichtlich ist. Es klingt hier schon das Motiv aus den Gleichnisreden in Mt 13,10–17 an, wo Matthäus (nach Mk 4,10–12)[76] die Worte des Jesaja zitiert: «Sehend werdet ihr sehen und nimmermehr (ein)sehen, denn verfettet ist das Herz dieses Volkes ... und ihre Augen halten sie verschlossen, um ja nicht zu sehen mit den Augen ... und umzukehren – daß ich sie *heilte*» (Jes. 6,9.10 LXX)[77]. Daß Jesus die Blinden hier heilt, heilen *kann*, liegt daran, daß sie durch ihren «Glauben» *sehend* geworden sind.

Die Heilung zweier Blinder

Doch «sehend» – für was? «Glaubend» – an wen? – Daran, daß Jesus der «Davidssohn», der «Messias» ist, lautet die erste Antwort des Matthäus. Doch *woran* «sieht» man, daß Jesus der «König» Israels ist, und was bedeutet diese «Einsicht» in diesem Zusammenhang? Deutlich spürbar ist noch der tiefere Zug der Bartimaios-Geschichte[78], in welcher die «Blindheit» zunächst kein «christologisches» Symbol, sondern ein psychosomatisches Symptom war – der flehentliche Ruf um «Erbarmen» erscholl dort aus dem Abgrund einer unrettbaren Not und Hilflosigkeit, und keine Rede konnte davon sein, daß es, wie bei Matthäus, *zwei* Blinde gegeben hätte, die sonderbarerweise imstande gewesen wären, Blindheit hin, Blindheit her, Jesus bis zu seinem Hause *«nachzufolgen»*. Was bei Matthäus sich als «Belohnung» rechter «Christusnachfolge» darstellt, war ursprünglich nichts weiter als ein verzweifeltes Hoffen auf eine Güte, die *stärker* ist als die Umdüsterung der Seele, aus welcher, *psychologisch* betrachtet, die «Blindheit» entsteht. Erst von dieser Menschlichkeit her versteht man das verborgene «Königtum» Jesu, seine «Davidssohnschaft», seine «Gottessohnschaft» – lauter Begriffe, die einer eigenen Übersetzung bzw. einer inhaltlichen Füllung durch eigene Erfahrung bedürfen, um nicht zu bloßen Leerformeln eines dogmatisierten Aberglaubens zu verkommen.

«Blindheit» – das kann psychosomatisch jeder Zustand tiefer seelischer Müdigkeit, Resignation und «Aussichtslosigkeit» sein.[79] Es ist nicht mehr möglich, den beginnenden Tag als einen offenen Weg vor sich liegen zu sehen; eher schon geht es zu wie in dem GRIMMschen Märchen vom *«Goldenen Vogel»*[80], wo vor dem Fenster des Königspalastes ein Berg sich erhebt, den es in Tagesfrist abzutragen gilt; doch das komplette Unvermögen, der gestellten Forderung auch nur entfernt nachzukommen, macht die Augen, die Glieder bleischwer und verhindert bereits den Einstieg in jede Form geordneter Tätigkeit. Im Zustand der «Blindheit» ist es vor allem nicht möglich, das *Maß* und den *Wert* der eigenen Mühen *selbst* zu bestimmen: – man besitzt nicht die Erlaubnis, mit eigenen Augen zu sehen, man darf es nicht wagen, dem eigenen Augenschein zu vertrauen und zumindest in eigenen Belangen eine eigene Einsicht zu gewinnen. Die *religiöse*, die *«christologische»* «Blindheit» gar kommt sehr viel später; am *Anfang* steht diese *psychische* «Blindheit» der Selbstentfremdung eines – erneut! – gestohlenen, geblendeten oder verblendeten Lebens.

Eine spezifisch *religiöse* Thematik indessen berührt man sogleich, wenn man bedenkt, daß jede autoritär geführte, jede «paternistisch» strukturierte Religion in gewissem Sinn auf erzwungener Blindheit basiert. «Sehen» – das bedeutet da, mit *geliehenen*, mit von fremd *aufgesetzten* Augen wahrnehmen zu müssen. «Die Brille», erklärte in einer Fernsehdiskussion über die Enzyklika *Veritatis Splendor* kürzlich ein Wiener Moraltheologe aus dem Umfeld des Opus Dei, «heißt auf Ungarisch förmlich ‹das Papstauge›». Um «richtig» zu sehen, wollte er sagen, muß man mit den Augen der höchsten päpstlichen Autorität die Welt wahrnehmen. «Ja, aber mit *Ihrer* Brille kann *ich* wahrscheinlich *nicht* sehen», entgegnete ein ehemaliger Franziskanerpater, der heute als psychologischer Berater tätig ist.[81] Das in der Tat ist die entscheidende Frage, um die es bei der «Blindheit» *hier* geht. Welch eine Religion, welch ein Gottesbild hilft uns Menschen, «wahr» zu sehen? Im Interesse *jedes religiösen Zentralismus* liegt es, den Menschen eine bestimmte Optik als die allein richtige, als die alleinseligmachende vorzuschreiben; im Interesse *aller Humanität* liegt es, die Menschen *selber* sehen zu lehren und sie dahin zu ermutigen, sich der eigenen Augen zu bedienen.

Dazwischen gilt es zu *wählen;* es gibt nur eins von beidem. Wie die Wahl *Jesu* ausfällt, ist freilich sonnenklar. In seinem Sinne hilft es nichts zu sagen: Meine Augen sind zu schwach, ich bin kurzsichtig geworden, ich bedarf eines «Papstauges»; religiös im Sinne Jesu hängt im Gegenteil ganz entscheidend alles davon ab, das *eigene* Sehen zu erlernen und einzuüben. *Deshalb*, legt Matthäus an dieser Stelle dem Leser nahe, *verdient* Jesus den Titel eines «Königs», eines «Davidssohnes», des «Messias», eben weil er es konsequent *vermieden* hat, den Einflüsterungen des «Satans», des Geistes der Wüste, zu folgen und zur Rettung der Welt Welt*herrschaft* anzustreben (Mt 4,8–11)[82]! Die «Macht», der «Einfluß, die *Bedeutung*, welche die *Person Jesu* im Leben der Menschen gewinnen kann, besteht gerade darin, daß der Mann aus Nazareth durchaus nicht durch eigene Machtansprüche den Zustand der Außenlenkung und der Selbstentfremdung noch verstärken wollte, sondern daß er ganz im Gegenteil durch strikten Machtverzicht die Menschen zu dem Gebrauch ihrer Freiheit und zur Entfaltung ihrer eigenen Person ermächtigen mochte. Wer ernsthaft die «Gottesherrschaft» ersehnt und erhofft, der kann, meint Matthäus, überhaupt nicht anders, als mit allen Fasern und Fibern zu wünschen und zu wollen, daß sich das Wesen jedes einzelnen Menschen so intensiv und glücklich wie nur irgend möglich entfaltet, bis daß hell leuchtend sichtbar wird, was mit seinem Leben vom Ursprung her gemeint ist.

Die «Davidssohnschaft», das «Königtum» Jesu steht von daher in einem prinzipiellen, konträren Widerspruch zu all den Vorstellungen, die in der Geschichte der Völker von «Königen» und «Herrschern» entfaltet wurden. «Blind» ist in diesem Sinne, wer keine Augen dafür hat, was vor Gott und den Menschen wirkliche «Größe», «Würde» und «Macht» besitzt: Es ist niemals die gewaltsame Unterwerfung, Aneignung und Ausbeutung anderer Menschen, sondern im Gegenteil: alles, was dazu beiträgt, das Leben anderer Menschen zu fördern, zu unterstützen und zu entfalten, verdient in Wahrheit Wertschätzung und Anerkennung; nur was den anderen «groß» macht, ist menschlich wirklich groß; nur das erreicht Gott!

Wie wichtig für Matthäus dieser Gedanke ist, mag man daran ersehen, daß er die Doublette von der Heilung zweier Blinder in 20,29–34 später unmittelbar zwischen den *Rangstreit der Jünger* (20,20–28) und den *Einzug Jesu in Jerusalem* stellen wird[83]: Noch ehe Jesus in der Heiligen Stadt als «König» und «Davidssohn» verehrt werden wird (21,5.9), kommt es dem Evangelisten dort darauf an, jede Inanspruchnahme von Herrschaft und Macht im Namen des «Christus» definitiv *auszuschließen*. Man hat von der Botschaft Jesu *im Zentrum* nichts begriffen, beziehungsweise man *verfälscht* und pervertiert das Anliegen Jesu im Kern, wenn man herangeht, womöglich noch mit Berufung auf den Mann aus Nazareth, erneut ein System hierarchischer Autorität und Außenlenkung über den Menschen und gegen die Menschen zu errichten! Man kann es, um die «Nutzanwendung» zu formulieren, nicht klar genug sagen: Die gesamte Geschichte der Kirche mit ihrer Verfeierlichung Jesu als des «Allherrschers», mit ihrer «Anbetung» Jesu als des «Pantokrators», mit ihrer permanenten Ausdehnung von Machtbesitz und Geldbesitz im Namen dessen, der kam, die Menschen in ihre Freiheit zu entlassen, läuft auf einen einzigen grandiosen *Verrat* hinaus. Gerade das Erste Evangelium, das besonders von der katholischen Kirche so gerne herangezogen wird, um die eigenen Strukturen zu begründen und zu rechtfertigen, widerlegt an dieser Stelle durch das «Messias»-Verständnis diametral den Machtanspruch Roms. «Blinde Blindenführer» (Mt 15,14; vergleiche 23,17) nennt der Jesus des *Matthäusevangeliums* die Theologen, die menschliche Machtausübung als «Stellvertretertum» «Gottes» auf Erden mit ihren ständigen Vorschriften über Menschen ideologisch zu legitimieren versuchen.

Notwendigerweise ergibt sich aus der «Blindheit» gegenüber dem, was wahre menschliche Größe ausmacht, auch eine vollkommene Umfärbung des Göttlichen selbst ins Ambivalent-Unmenschliche. Um in Stellvertreterschaft Gottes über Menschen *herrschen* zu können, bedarf es notgedrungen eines Gottesbildes, mit dem humane Ziele wie Autonomie, Individuation und psychische Integration logisch unvereinbar sind. Es ist unter solchen Umständen grundsätzlich nicht möglich, die menschliche Güte, aus der heraus Jesus im Matthäusevangelium die Kranken heilt, als den wahren «Macht»-erweis Gottes zu verstehen. Vielmehr umgekehrt: Wer die Menschen dadurch zu heilen sucht, daß er sie im Namen Gottes zu eigenem Sehen, eigenem Gehen, eigenem Hören, eigenem Reden hinüberführt, der stürzt in den Augen der ewigen «Pharisäer» alles um: In ihren Augen spricht Jesus zwar von Gott, aber eben deshalb ist er selber vom «Satan»; denn: Er «übertreibt» die Menschlichkeit, er liebt «zu viel», er trägt in sich den «bösen Geist» des Aufruhrs, des Aufbegehrens, der Anarchie. Und schon intoniert sich die Frage des nächsten Abschnitts des Matthäusevangeliums (Mt 9,32–34): In wessen Auftrag und in wessen Kraft eigentlich heilt Jesus die Kranken? Es ist eine Frage, die Matthäus wenig später noch einmal, im Anschluß an das Bild von dem im verborgenen heilenden «Diener Gottes» (12,15–21), aufgreifen wird (12,22–30), um die äußerste Form «pharisäischer» «Blindheit», dieser mutwilligen Umwertung aller menschlichen Erfahrung im Schatten eines perversen Gottesbildes, als die «Sünde wider den Heiligen Geist» zu kennzeichnen (12, 31–37).

Mt 9,32–34
Von der Mündigkeit des Menschen oder: Was eigentlich ist Gottes Wille?

Es gibt Stellen im Matthäusevangelium, an denen etwas Entscheidendes sich ausspricht, so sehr, daß es aufruft zu einem Neuanfang, der immer auch bedeutet Trennung und Abschied. Diese Geschichte von der Heilung eines Stummen zu erzählen, ist je nach der Zeit, in die hinein man sie spricht, wie eine melancholische Elegie oder wie ein Kampfruf des Protestes. Was jeweils an der Zeit ist, steht naturgemäß nicht im Text selber; der Text kann nur sein wie ein chemisches Element: Die Art, in der es wirkt, hängt ab von der Umgebung, in die man es taucht. Nichts von dem, was das Matthäusevangelium erzählen möchte, gehört der Vergangenheit an. Was es meint, liegt weitab von Wundermagie und Aberglaube; recht verstanden ist es eine schlichte und ernsthafte Aufforderung, *menschlich* zu sein, in einer solchen Dichte der Begegnung, daß es *heilsam* wird – in *diesem* Falle munderöffnend für einen Stummen.

Wie heilt man einen Menschen mit einem zerbrochenen Mund? Manchmal im Evangelium wird erzählt, daß Jesus mit seiner Hand die Lippen eines Menschen berührte (Mk 7,31–37), so zärtlich und leicht wie ein Kuß, daß die Seele des anderen sich in Freiheit ausatmet und sich formt zu Worten persönlicher Mitteilung. Wie stets in solchen Geschichten, herrscht Diskretion und Schweigen gegenüber den möglichen Hintergründen des *Verstummens;* doch kennen wir Ursachen dieser Art so vielfältig, und wir begegnen ihnen so alltäglich, daß wir sie fast als normal finden und geneigt sind, sie wie etwas Selbstverständliches zu nehmen.

Ein paar solcher Gründe lohnt es sich deshalb zu vergegenwärtigen, um eine konkrete Vorstellung zu gewinnen, was *Stummheit,* seelisch betrachtet[84], bedeuten kann.

Da sitzt in der Sprechstunde eine Frau mit einer Stimme, die klingt, wie wenn man Steine aneinanderreibt; der Ton ihrer Sprache, der sich tief in ihrem Halse wie verpreßt formt, ist so rauh, als wenn ihr Mund seit Kindertagen nie hätte sprechen dürfen und jede Stimmartikulation schon in der Jugend unterdrückt worden wäre. Wenn irgend sie etwas von sich selbst sagt, hört es sich an, wie wenn sie zu weinen beginnen wollte, aber sie weint nie wirklich; was sie sagt, klingt eher verbittert, anklagend, wie zornig herausgesprochen, es ist aber keine Auflehnung darin zu hören, nur ein Schmerz, ein Verlöschen – wie ein Kerzenlicht, das im Winde flackert. Für ihren Ehemann ist durchaus nicht verständlich, was diese Frau will; für ihre Kinder erscheint unerfindlich, was sie möchte; an ihrem Arbeitsplatz ist es unerträglich, wenn sie redet – die meisten Menschen verschließen vor ihr die Ohren, wenn sie nur anfängt zu sprechen, wenn sie *schon wieder* anfängt... Man kann es ihr nicht recht machen, sie ist notorisch verquengelt – *das* sieht man. Vom ersten Satz an «nervt», was sie spricht. Und doch spürt man deutlich, daß sich in dieser Art des Sprechens ein ganzes Lebensgefühl mitteilt. Im Leben dieser Frau hat es nie einen Wunsch gegeben, den sie hätte beizeiten äußern dürfen. Das ist heute ihre «Stummheit» – ein nörgelndes Verschweigen viel zu spät geäußerter Bedürfnisse. Buchstäblich leidet diese Frau wie ein Tier, ja, in gewissem Sinne noch mehr als ein Tier. Jedes Tier verfügt normalerweise über die Fähigkeit zu «sprechen», zwar nicht mit dem Mund, aber mit seinem ganzen Körper. Es kann locken, verführen, sich wehren, verhandeln, es besitzt eine Vielfalt von Austauschmöglichkeiten, um begreifbar zu machen, was es möchte und was es nicht möchte und wie es sich mit seinen Nachbarn zu arrangieren gewillt ist. Dieses ganze Feld der Kommunikation macht Zusammenleben erst möglich und erträglich: Man hat den Mut, das, was man will, beizeiten zu sagen, und sieht man, daß die andern dagegen sind, muß man sich auf bestimmte Kompromisse mit ihnen einigen. So ist es normal. Diese Frau aber mußte lernen, allein die Andeutung möglichen Widerspruchs seit Kindertagen für *endgültig* zu nehmen; im Fall eines möglichen Widerspruchs ist für sie alles aus; dann steht ihr Vater da, und der weiß, was sie darf und was sie nicht darf. Dann heißt es: «Halt den Mund!» und: «Hör auf!» – Sie war noch nicht vierzehn Jahre alt, als man ihr beibrachte, daß sie «verführerisch» sei und daß so etwas nicht sein darf: Einem Jungen gibt man nicht die Hand auf offener Straße, man geht auch nicht Arm in Arm mit ihm durch das Dorf; und vor allem: Man geht nicht abends noch nach neun Uhr aus dem Haus. Man darf nicht als Frau auf sich aufmerksam machen, man darf überhaupt nicht irgend etwas tun, um seine Wünsche aktiv durchzusetzen. Also hat «man» am besten überhaupt keine Wünsche mehr, das heißt, «man» empfindet seine Wünsche allenfalls noch ansatzweise, bis dahin, daß man schon im voraus traurig wird, weil sie bestimmt *doch nicht* in Erfüllung gehen.

Auf der anderen Seite formen sich neben solchen ausgedehnten Resignationen phantastische Erwartungen. «Hoffnung», das wäre eine Welt, in der die anderen, *ohne* daß man etwas sagen müßte, sensibel genug wären, um von sich her zu merken, was man möchte. Ja, es formt sich bei all den freiwilligen und unfreiwilligen Verzichtleistungen sogar ein eigentümlicher *Stolz*. Um etwas zu *bitten* – das wäre gemein; betteln um eigene Bedürfnisse – da wirft man sich weg; entweder der andere kommt von selber darauf, was man braucht, oder er liebt nicht wirklich. Natürlich wird man auf diese Weise sehr bald sehr einsam, denn es wird nicht viele Menschen geben, die unter diesen Bedingungen noch den Eindruck gewinnen könnten, hier wartete ein überaus liebenswerter Mensch auf Liebe. In aller Regel erfüllen Menschen die Wünsche anderer gern, doch auf Beschwerden für die Nichterfüllung von Wünschen, die nie geäußert wurden, reagieren die meisten eher empört. Wie also öffnet man eines Menschen Mund dahin, daß er mutig genug wird, *viel mehr* zu wagen und zu sagen, als ein ganzes Leben lang möglich war?

Gehen wir noch einen Schritt weiter in Richtung solcher Ängste, Schuldgefühle und inneren Blockaden, um uns vorzustellen, wie man einen Menschen *mundtot* machen kann. Denken wir uns jemanden, der als Kind bereits gespürt hat, daß ihm *Unrecht* geschah. Er wird von Mutter oder Vater mit Drohworten förmlich überfallen, er wird für Nichtigkeiten geprügelt und oft genug völlig willkürlich behandelt. Irgendetwas in ihm möchte sich wehren, aber je schrecklicher es wird, desto heftiger steigert sich die eigene Aggression. Es genügt da nicht, dem Vater zu sagen: «Hör auf, mich zu schlagen!» oder ihn zu fragen: «Warum tust du das?» – man empfindet das, was er tut, wie etwas Mörderisches. Man müßte ihm sagen: «Du machst mich tot», um auf seine Attakken adäquat zu reagieren. Doch kein Kind kann das; es bräche ja bei solchen Vorwürfen die gesamte Beziehung zu seinem Vater, zu seiner Mutter zusammen. Und doch: In der Tiefe bildet sich sogar der Wunsch, man hätte diesen Vater oder diese Mutter überhaupt *nicht;* aber schon einen solchen Wunsch in sich auch nur zu spüren bedeutet, die Grundlage der gesamten Existenz zu vernichten; eine solche Regung von weitem in sich zu merken, läßt als einzige Antwort nur *die Flucht* zu. Also zieht man sich noch mehr nach innen zurück, man verpreßt den Mund, man schweigt sogar über die eigene Traurigkeit, und gerade an den Stellen, an denen die heftigsten Vorwürfe gesagt werden müßten, dringt fortan kein Wort mehr über die Lippen. Nur *das Schweigen* bedeutet keine Gefahr; nur solange man den Mund hält, kann nichts passieren. Aber wie hält man ein *Leben lang* den Mund, um nicht das Furchtbare zu sagen, das man fühlt? Eines Tages wird man selbst das Furchtbare nicht mehr fühlen, allenfalls wie in Wellen wird eine phasenweise Niedergeschlagenheit sich zu Wort melden; doch da selbst diese den anderen Menschen lästig zu fallen droht, wird man anfangen, gerade an den Stellen des Weinens witzige Bemerkungen zu machen, um möglichst lustig und heiter zu wirken, nur damit niemand spürt, was in einem wirklich vor sich geht. Der Weg wird immer länger und immer versperrter, der vom Inneren nach außen führt.

Doch jetzt noch einmal: Wie heilt man einen Menschen, daß er es wagt, die stets verschwiegenen, die scheinbar vergessenen Ungeheuerlichkeiten seiner Kindheit endlich mitzuteilen und als Erwachsener Worte zu finden, die sie aussprechbar machen? Es wäre, wenn es gelingen könnte, der Beginn von Selbstachtung, es wäre der Anfang einer inneren Konsequenz und Kohärenz des eigenen Fühlens und Denkens. Es beendete die dauernde Gedankenzerstörung und Wunschvernichtung im Inneren, es wäre der Anfang eines eigenen Lebens im Austausch mit anderen. Wo immer eine solche Heilung geschieht, begegnen wir einer Art *Wunder*, durch das *ein Stummer* geheilt wird gegen seine Angst und gegen sein Schuldgefühl.

Irritierend für einen heutigen Leser der Bibel ist es, daß derartige seelisch verursachte Behinderungen im Leben von Menschen als Dämonie, als «*Besessenheit*», als Einwohnung des «Teufels» bezeichnet werden. Um das Gemeinte außerhalb des mythischen Weltbildes der Evangelien zu verstehen, muß man sich vorstellen, daß Menschen durch innere, *psychische* Mechanismen in angegebener Weise daran gehindert werden, zu sein, was sie sind, zu werden, was sie möchten, zu tun, was sie wollen, zu denken, was sie richtig finden, selber zu urteilen und zu entscheiden, was in ihrem Leben gelten soll. Immer ertönt parallel zu dem, was sie deutlich als berechtigt empfinden, eine *Gegenstimme*, die sagt: «*Aber* das geht nicht, *aber* das darfst du nicht.» Drum ist die beste Übersetzung für das Wort «Dämonen» oder «Teufel» in der «Tröstung der Völkergemeinschaft» (TG) der Ausdruck von F. STIER: Er spricht von «*Abergeistern*»[85] – von Stimmen, die einzig nur sagen «aber…»; im Hintergrund solcher störenden geistigen Einflüsse muß man sich fast immer einen Vater beziehungsweise eine Mutter denken, die bei allem, was das Kind wollte, womöglich nicht sagten, es sei falsch, *aber* aufgrund der Umstände, in denen sie lebten, glaubten sie dem Kind sagen zu müssen, seine Bedürfnisse und Wünsche seien unerfüllbar. Für das Kind freilich war der Grund der Verweigerung nicht begreifbar; es mußte die Macht der Umstände dem Willen der (ursprünglich als allmächtig geglaubten) Eltern zuschreiben, und nach diesem Willen mußte es sich richten. Da ist das Richtige nicht das Richtige, da ist zweimal zwei nicht vier, *wenn* die Eltern es nicht wollen; also muß man sie *fragen*, was richtig ist. Unter diesem Druck des (Ge)Horchens zerbricht irgendwann die Sprache, die Stimme, das Lied; der Gesang der Seele verlöscht.

Gegenüber solchen Verformungen muß Jesus die wunderbare Fähigkeit besessen haben, im Sprechen mit Menschen das Vertrauen zu vermitteln, sie selber, gerade sie, hätten etwas zu sagen; er muß die Menschen förmlich eingeladen haben, sich auszusprechen in all dem, was bis dahin niemand hatte hören wollen, und es trotz aller inneren Einwände freizusetzen und mitzuteilen. Was da geschieht, ist ein «Wunder» vor allem des Zuhörens, der Begleitung, der Duldung, der Annahme, der Bestätigung – einer dichterischen Poesie, die in Bildern und Gebärden zusammenfaßt, was sich da regt, bis daß der andere merkt: «Es war gar kein Unrecht, was ich damals, als Kind, gefühlt und gemocht habe; aber jetzt, nach und nach, darf es sich entfalten und leben!»

Was da geschieht, besitzt in sich selbst eine *religiöse* Qualität, geht es doch hier um ein Akzeptieren des anderen, *tiefer* als alle bisher erlittenen und erfahrenen Einwände und Behinderungen – eine Bejahung in einem quasi absoluten, unwiderlegbaren Raum. Wenn irgend wir von Gott her eine eigene Sprache gewinnen, die stimmt, dann gewiß aufgrund solcher Erfahrungen einer nie geglaubten, wunderbaren und heilenden Begegnung mit einem Menschen, dessen Liebe und Zuwendung zu einem Bild dafür wird, daß wir selber *unbedingt* gemeint und berechtigt sind.

Doch genau an dieser Stelle ereignet sich etwas Seltsames. Würden wir das Evangelium nicht kennen, besser gesagt, würden wir, tiefer verstanden, gewisse Schichten *in uns selber* nicht kennen, besonders im Umgang mit dem Religiösen, so müßten wir vermutlich glauben, *alle* Menschen hätten Grund, auf die Sprache des ehedem Stummen so zu antworten wie die «Scharen» an dieser Stelle des Matthäusevangeliums: «So etwas Großartiges ist noch nie erschienen in Israel», und es erhöbe sich ein einziger Lobpreis auf den Lippen aller Beteiligten. Die bittere Wahrheit indessen lautet, daß es wohl immer auch trennend, widersprüchlich, zersetzend *das Aber* geben wird, das sich scheinbar objektiv, im Kollektiv, in den Institutionen, Organisationsformen und Gruppierungen rings um uns geltend macht. Nie ist das *Aber* der Lebensverhinderung nur ein Privatproblem, nur eine persönliche Verhextheit, immer hat es Gründe und Ursachen, die sich im sozialen und religiösen Umfeld verzweigen.

Die Art des *religiösen* Aber-Einspruchs gegen die Vermenschlichung personifiziert sich im Matthäusevangelium in der Gestalt der «Pharisäer». Um es noch einmal und immer wieder zu betonen: Es ist ein religionsgeschichtliches Unrecht, das speziell dieser Gruppe im Frühjudentum zugefügt wird, wenn sie von Matthäus (und schon von Markus!) in historischem Sinne zu den Sachwaltern der «Abergeister» selbst gestempelt werden. Richtiger ist es deshalb, all die Stellen, an denen von «Pharisäern» die Rede im Matthäusevangelium geht, auf bestimmte Zustände in der eigenen Kirche und auf bestimmte Neigungen in uns selbst zu beziehen. Wie kann das sein, muß man sich fragen, daß jemand von der Krankheit des Stummseins geheilt wird, und es steht eine religiös höchst engagierte Gruppe da und erklärt allen Ernstes: «Dieser Mann aus Nazareth heilt zwar einen Menschen, *aber* dies geschieht nicht im Namen Gottes, es geschieht im Namen des obersten aller Satane, des *Baalzebul;* der Mann aus Nazareth ist selber vom Teufel, *weil* er einen Menschen gesundmacht!» Ein solches Denken erklärt doch, es gebe im Namen Gottes geradezu eine Pflicht, diesen Stummen stumm zu lassen; seine Krankheit, seine Selbstentfremdung sei in höherem Betracht Gottes eigener Wille; Gott selber verbiete in gewissem Sinne, daß ein Mensch seine «Mündigkeit» wiedergewinne; wenn er trotzdem geheilt werde, richte sich das gegen den Gehorsam Gott gegenüber. Man merke: Wahre Religion, das heißt jetzt wieder: Halte den Mund! Da hat der schlimmste Patriarchalismus und Autoritarismus aus Kindertagen objektiv wieder recht! Wofür auch sonst gäbe es das heilige Dogma, die überlieferte Tradition, die geschriebene Satzung? So, wie es war, hat es zu bleiben – das ist die Haltung der wahren «Pharisäer» in allen Zeiten und an allen Orten. Diese gehorsam Frommen, diese Ideologen der Selbstunterdrückung werden sich immer gebärden als die ganz und gar Richtigen, als die Wissenden, als die Ordentlichen, als die Im-Recht-Befindlichen. Da ist Menschlichkeit soviel wie Anarchie, da ist Heilung Frevel.

Man braucht diese kurze Szene des Matthäusevangeliums nur zu lesen, und man begreift: Ein Problem stellt sich hier auf Leben und Tod, eine Anklage wird hier geführt auf Sein oder Nichtsein; denn zur Debatte steht der gesamte Typ dessen, was eigentlich «Gottesdienst» heißt. Steht in «pharisäischem» Sinne da Gott gegen den Menschen, so ist jede Zwangsstruktur, jede Angststruktur, jede Tyrannei, jede Entfremdung im Raum des Religiösen nicht nur legitim, sondern Pflicht und Ordnung und höchste heilige Satzung.

Aber dagegen Jesus! – Für ihn gehört es *zusammen, daß ein Mensch* sich ausspricht und daß *Gott* redet. Wenn *das* gilt, so gibt es keine religiöse Gemeinschaft, keine Kirche, keine Synagoge, in welcher nicht als erstes die Menschen das *Recht* hätten, den Mund aufzumachen und zu sagen, was sie erleben, was sie empfinden, was sie fühlen, was sie mitgemacht haben – alles, was sie wollen. *Das* in sich selbst ist dann *Gottesdienst*, und zwar in seiner wahrsten und reinsten Form.

Je nachdem, entscheidet sich an diesem Punkte alles. – Um es so zu sagen: Haben wir eine Wahrheit von Gott, die fix und fertig in den Händen einer theologischen Oberschicht verwaltet wird, indem sie objektiv ein für allemal vorliegt, aufgeschrieben in einem Buch, das da ein Papst oder die Bischöfe der Kirche verfaßt haben, so ist einzig das Zuhören und Ausführen angesagt; dann sind die Menschen stumm auf immer; dann gibt es keine ungelösten Rätsel ihres Lebens mehr, keine Fragen ohne Antwort, keine Probleme ohne Lösung, keine Tragödien ohne fertige Rezepte, es gibt das ganze Durcheinander des Lebens dann nicht mehr – keine Hilflosigkeit, keine Unrettbarkeit, keine Verzweiflung, keine Notschreie, keine Rätsel, keine Abenteuer, keinen Wagemut – dann gibt es nur noch das Schweigen beziehungsweise das Reden der zeitlos richtigen Worte, die nichts Lebendiges mehr besagen, weil sie selbst nicht mehr aus dem Leben stammen; sie sind selber der Tod: – verbietend, verdrängend, mundverpressend, stimmenerstickend, menschenerwürgend. *Oder genau umgekehrt:* Es kommt darauf an, Stummen den Mund zu *öffnen!* Wer *das* tut, wie Jesus in dieser Geschichte des Matthäusevangeliums, stellt notwendigerweise alles auf den Kopf, was bis dahin «Gott» geheißen hat!

Man stelle sich vor, wir hätten eine Kirche, die *nicht* mundtot macht! In der es *nicht* Vorgesetzte und Untertanen, Kleriker und Laien, Lehramtsinhaber und Glaubensgehorsamsverpflichtete gäbe! In der man Gott *nicht* zum Inbegriff dogmatischer Formeln erklären würde! Dann wäre Gehorsam vor Gott gerade so viel, wie auf die leise Stimme im eigenen Herzen zu hören und ihr eine eigene Sprache zu schenken. Alles, was Jesus von denen wollte, die er aussandte oder die sich auf ihn jemals berufen würden unter dem Vorzeichen, sie «folgten» ihm nach, war einzig dies: angesichts der Herde, die keinen Hirten hat (Mt 9,35–38), angesichts der Verlorenen, den Menschen nachzugehen in ihrer Not. Eine unerhörte «Ernte» ist da einzubringen an Leid, an Suchen, an Verzweiflung, und es gäbe keinen anderen Weg, als den Mund der Menschen zu öffnen für das, was nie gesagt werden durfte, und *fühlbar* zu machen, was stets in der Kälte beamteter Interessenlosigkeit und dogmatischer Besserwisserei nicht zu Wort kommen durfte. All das gälte es durchzugehen, und es käme wie ein einziges großes Erbarmen über die Menschen dieser Welt. Sie mögen noch so krank erscheinen, sie mögen noch so viel Falsches tun – *an den Menschen zu glauben* ist vielleicht das größte Gut, das wir unter den Augen Gottes besitzen. Denn wer dies nicht mehr vermag, an den Menschen zu glauben, der wird nicht einmal mehr wünschen, daß ein Gott überhaupt existiert.

So also steht es: Die Religion wird geboren aus der Menschlichkeit, der Glaube entsteht einzig aus der Liebe, das Vertrauen entstammt allein der Güte, und alle Frömmigkeit ergibt sich aus der Art, wie wir miteinander umgehen, am meisten aus der Art, wie wir miteinander *sprechen.* Wir müßten, begönnen wir einander tief genug zu verstehen, noch viel zärtlicher, noch viel leiser, noch viel vorsichtiger miteinander reden, *mit all denen, die «stumm» sind;* aber es war Jesu Art, *sehr laut* zu reden mit denen, die hier «Pharisäer» heißen. Diese

Spannung geht durch das ganze Evangelium, und sie gehört zu Jesus: wie man aus Mitleid und Zorn, aus Liebe und Empörung, aus Solidarität und Widerstand ein Ekrasit schafft, das jede Art von Vergewaltigung des Menschen durch andere Menschen im Namen Gottes zersprengt für alle Zeiten! Immer läßt uns ein solches Evangelium *hoffentlich* als Ratlose zurück, als Noch-nicht-Wissende, als Suchende, als Aufbrechende, als zugunsten einer *offenen* Menschlichkeit Entschiedene. Und wohin immer wir dann gelangen, es wird näher bei Gott sein. *Die* Zuversicht bleibt.

Mt 9,35–38
«Wie Schafe ohne Hirten» oder: Seelsorge im Exil

Diese Worte Jesu werden von der katholischen Kirche gesprochen am Tag der Priesterweihe; sie erblickt in dieser Stelle die «Einsetzung» der Boten Jesu in «seiner» Kirche, und so fordert sie die «Laien», ihre *Gläubigen,* mit ritueller Regelmäßigkeit dazu auf, Gott als den «Herrn der Ernte» zu bitten, nur ja recht viele *Priester* für den Dienst in und an seiner Kirche zu erwählen.[86] So ausgelegt, erscheint die Stelle uns vertraut, so ist sie rührend und beruhigend; so läßt sie die Gemeinde, die Kirche, daliegen wie einen See, den kein Sturm kräuselt und dessen Oberfläche sich unter dem Himmel hinstreckt so blank wie ein Spiegel. Alles aber ändert sich, wenn wir mit dieser Geschichte in das Leben Jesu selbst zurückgehen, wofern wir nur den Fehler eines bloßen Historismus vermeiden.

Rein historisch erklären die Exegeten zur Stelle, Jesus habe die *Verlorenen* des Hauses Israel, also ganz Israel selber, sammeln wollen, um das Volk Gottes in den Tagen der Endzeit wiederherzustellen.[87] Das ist wahr und richtig als geschichtliche Auskunft über ein zentrales Anliegen der Botschaft Jesu. Doch wenn wir es so hören, bewirkt es bei uns selber nicht das geringste. Es hilft uns, im Rahmen des Sonntagsgottesdienstes eine Stunde lang ruhig und zufrieden in der Nähe Jesu zu verweilen, sind es doch nach kirchlicher Darstellung eigentlich wir selber, die da als «Verlorene» in den «Schafstall» des «Herrn» zurückgeführt worden sind. Dank sei dem Herrn, der durch die Vermittlung der Kirche solche Gnade an uns gewirkt hat – alles hat seine Ordnung im Gang einer gut katholischen Meßfeier. – Aber so war es nicht und so ist es nicht, wenn wirklich gelten soll, was Jesus wollte. Ein einfaches Gedankenexperiment kann uns das zeigen.

Stellen wir uns nur einen Augenblick lang vor, Jesus wäre wirklich so gewesen, wie die Kirche mit Berufung auf diese Stelle seine Person auslegt – *wo* sollte man den Mann aus Nazareth dann vermuten? Ganz gewiß doch im Zentrum des Heiligtums seines Volkes, in der Rolle eines Priesters oder eines Schriftgelehrten. Tagaus, tagein mithin sähen wir ihn im Tempel Opfer darbringen, um Gott in seinem Gerechtigkeitswillen mit den Sünden der Menschen durch das Blut unschuldiger Tiere zu versöhnen. Wir hörten ihn die heiligen Texte Israels nach der Weise der Rabbinen seiner Zeit in immer neuen

Variationen midraschartig erklären, und wir sollten angesichts dieser Stelle denken, daß ihn die Not des Volkes vom Lande, das Gott nicht kennt, das vom Tempel und von der Synagoge entfremdet ist, so sehr anrührt, daß er an dieser Stelle Priester und Schriftgelehrte in die Dörfer Judäas und Galiläas sendet, um die Fernstehenden zur Treue des Gesetzes und zur Befolgung der göttlichen Gebote zurückzugewinnen. Doch bald schon würde er wohl bedauernd feststellen müssen, daß die Mission seiner Schüler zur «Reevangelisierung» oder Rerabbinisierung des Volkes wenig genutzt hat. Da aber alles geschieht, wie Gott es will, ist es die *Schuld* des Volkes selber, wenn es nicht Buße tut. Die heiligen Texte existieren seit Tausenden von Jahren, ganze Generationen von Theologen haben sie erläutert; wer sie jetzt noch nicht hört, *verschließt* sich, und Gott wird ihn strafen. Wieder kehrt in die Hallen des Tempels Ruhe ein. Das Bild ist fertig.

Nur: so stimmt es nicht. Denn genau so ist Jesus nie gewesen. – Er hat nie ein Tier geschlachtet, um Gott gnädig zu stimmen. Er hat nie eine Profession daraus gemacht, nach Rabbinerart die Schrift auszulegen. Aber was er wollte, steht an dieser Stelle unzweideutig und klar: daß ihm die Menschen erschienen wie versprengte Tiere, heimatlos und hoffnungslos verstreut über den Bergen Galiläas und über den Steppen seiner Heimat. Wie er diese von keiner Synagoge und keinem Tempel mehr auch nur Gesuchten oder Erwünschten aufsuchen und finden könnte, *das* war *seine* «Mission». All diese mochten der jüdischen Orthodoxie verlorengegangen sein, sie mochten herausgefallen sein aus der autoritär versicherten Tradition, aber waren sie damit denn auch schon herausgefallen aus den Händen Gottes? Wenn wirklich im Hintergrund des Lebens der Menschen, wie der Glaube Israels sagt, eine Macht existiert, die will, daß wir leben und glücklich sind, dann hat die Macht Gottes keine Grenzen an der Umzirkung der Tempelmauern von Jerusalem. Dann ist es nötig, sich *heraus*zubewegen aus den Ämtern, aus den verfeierlichten Formeln, und nichts mehr zuzulassen, was sich zwischen Mensch und Mensch stellen könnte. *Das* ist die Schule des Jesus von Nazareth, von der ersten Stunde seines öffentlichen Auftretens an, ganz in der Nähe seines Lehrmeisters Johannes des Täufers: Man muß *ganz von vorn* beginnen, dachte der Täufer bereits; man muß nackt sich ausliefern, dachte Jesus, bis daß es zwischen Gott und Mensch und zwischen den Menschen selber keine Trennwände, keine Sperren mehr gibt (Mt 27,51), sondern alles hüllenlos, schutzlos und offen dasteht. Erst wer die ungeheure Schutzlosigkeit und Armut der Menschen begriffen hat, versteht ihr Elend und Leid, und er beginnt, aus dem Mitleid Kräfte zu gewinnen, die zu heilen und zu erneuern vermögen.

«Wie Schafe ohne Hirten»

Sieht man dieses wahre Vorbild der «Einladung» Jesu vor sich, so muß man uneingeschränkt feststellen, daß vor allem die katholische Kirche aus diesem Offensten, Wagemutigsten und Menschlichsten ein feierliches Ritual, ein eigenes «Sakrament», eben die *Priesterweihe* gemacht hat, ein heiliges Spiel also oder – deutlicher noch – eine scheinheilige Spielerei, die uns *bewahrt* vor dem Ernst des Lebens Jesu. – Damit deutlich wird, was da gemeint ist, wage ich es einmal, aus ein paar Tagen Seelsorge (der Diskretion halber so entfremdet und verstellt, daß es keinerlei Identifikation zuläßt, aber der Sache nach korrekt) ein paar *Beispiele* zu schildern, die zeigen können, was es im Sinne Jesu wohl heißt, die Verlorenen vom Hause Israel zu *suchen* und *einzuladen,* als die «Schafe», die über den Bergen verstreut sind.

– «Was soll ich denn tun?», sagt eine Frau, «ich bin verheiratet, und ich bekomme ein Kind von einem anderen Mann.» – Wir sprechen miteinander, und sie stammelt: «Es ist von einem hohen kirchlichen Würdenträger. Mein Mann darf es nicht wissen. Wenn ich das Kind zur Welt bringe, ist dieser Mann beruflich erledigt. Ich darf ihm nicht einmal sagen, in welch eine Gefahr ich ihn gebracht habe; denn würde ich das tun, so würde man ihn ganz sicher ans Ende der Welt versetzen. Er ist aber doch mein einziger Halt. Wissen Sie, meine ganze Ehe ist ein Fiasko. An der Seite meines Mannes halte ich es nur aus, weil es diesen Priester gibt.» – Wir haben noch ganze drei Wochen Zeit zu überlegen, was jetzt geschehen soll. Wie immer die Entscheidung ausfällt, es hängt davon die ganze weitere Ehe, das Glück der Kinder, das ganze fernere Leben dieser Frau und ihrer Familie ab. Es ist eine Entscheidung auf Leben und Tod. Was aber wird passieren, wenn diese Frau sich für eine Abtreibung entscheiden sollte? Nach Meinung der katholischen Kirche ist sie dann eine Todsünderin, die aus der Kirche *exkommuniziert* werden muß.

– «Wissen Sie, ich bin aus der Kirche ausgetreten, als ich fünfzehn war», sagt ein anderer. «Ich habe mich als Junge *aufgelehnt* dagegen, immer wieder hören zu müssen, der Mensch sei sündhaft und schuldig, und die Last der Ursünde Adams und Evas liege über ihm zeit seines Lebens. Ich dachte, eine solche Lehre verrät den moralisch gesunden Willen und raubt den Menschen jedes Selbstvertrauen. Aber als ich dann noch lernen sollte, die Erbsünde bestehe wesentlich darin, ‹ungehorsam› zu sein oder sexuelle Gefühle außerhalb der Ehe zu haben, war es vorbei mit meiner ‹Kirchlichkeit›. Ich wollte meine Freundin nicht verleumdet sehen, wenn wir zusammen waren. Ich entsinne mich noch, daß ich schon als ein kleines Kind nicht glauben mochte, wenn meine Eltern mir sagten, Gott wohne in jenem Gefängnis aus Stein, das sie Tabernakel oder Hochaltar nannten. Wenn ich sehr traurig war, ging ich nicht in die Kirche, sondern draußen in den Garten und streichelte die Stiefmütterchen oder die Rosensträucher, und ich glaubte ganz fest, Gott wohne in unserem Apfelbaum. Er konnte so wunderbar blühen im Frühling, und die Schmetterlinge umspielten ihn, und der Wind durchfuhr seine Zweige – ich liebte ihn sehr.» – Dieser Mann hat bis heute versucht, eine Religion für sich zu finden, die ihn mit der Welt ringsum versöhnt und ihm eine innige Liebe schenkt zur Kreatur, zu den Tieren und Pflanzen; er hat sie nie gefunden in der Sprache der Religion seiner Kindheit, und er hat sie niemals erkennen können in den Dogmen seiner Kirche.

– «Können Sie», sagt ein dritter, «in unsere Gruppe einsteigen? Wir haben einen Kreis von Leuten gebildet, die regelmäßig die Terroristen in unseren Gefängnissen besuchen. Wir leiden sehr darunter, daß gerade im Bundestag darüber diskutiert wird, wie man die Strafen immer weiter nur verschärfen kann. Keinen einzigen unter diesen Gefangenen haben wir getroffen, mit dem man je wirklich geredet hätte, in aller Regel hat nicht einmal ihr eigener Vater oder ihre eigene Mutter mit ihnen Kontrakt aufgenommen; sie sind einfach grenzenlos allein. Dabei sind sie in eigentlichem Sinne nicht kriminell. Wissen Sie, wenn jemand im Wirtschaftsleben Millionen Schulden hinterzieht oder sich für Riesenbeträge einläßt in Waffengeschäfte, gilt er unter den Politikern und in der Öffentlichkeit doch immer noch als ein Ehrenmann. Aber wer beim Anblick der Bilder aus der Sahel-Zone, angesichts der Tatsache von dreißig Millionen verhungernder Afrikaner pro Jahr, es nicht mehr aushält, dieses Wirtschaftssystem, diese Struktur von Gewalt, die wir *Staat* nennen, noch länger zu ertragen, der steht wirklich vollkommen draußen, und er findet bald schon keinen Weg mehr zurück.» – Wieviel müßte sich ändern, damit so viel an Idealismus aus lauter Verzweiflung nicht verbrennt zu Terror und Gewalt!

– «Ich bin ein Lehrer», sagt ein anderer, «und ich bin dabei, aus dem Schuldienst geworfen zu werden. Es ist mir etwas Furchtbares passiert. In meinem Ort gelte ich als Exhibitionist. Sie verstehen, der ganze Dorfklatsch ist hinter mir her. Die Zeitungen machen sich lustig in ihren Kolumnen, die Kinder werden gewarnt vor meiner Nähe. Ich habe aber das, was geschehen ist, das kann ich Ihnen schwören, nie gewollt, es kam einfach über mich. Und noch viel schlimmer: Ich weiß gar nicht, ob es mir nicht irgendwann wieder geschehen wird. Ich fühle mich so hilflos. Dabei bin ich verheiratet und habe selber zwei Kinder.»

Beispiele dieser Art ließen sich endlos vermehren, doch die Bilanz ist stets die gleiche: Für niemanden von all diesen Leuten, für diese «Zöllner», «Sünder» und «Zeloten» in den Tagen Jesu, gibt es irgendeine Aussicht, in der Kirche und mit der Kirche zu leben. All diese Leute sind wirklich «Verlorene». Was aber tun wir mit ihnen in der Kirche? Allein im Jahre 1992 sind rund 200 000 Menschen aus der katholischen Kirche ausgetreten. Als man im Oktober 1993 den Mainzer Bischof Karl Lehmann fragte, was er davon halte, antwortete er, man sei vielleicht dabei, «eine schlagkräftige Truppe» zu bilden.[88] Da scheint es nur noch um den Erhalt der Institution Kirche zu gehen, und was aus den Menschen wird, die mit der Kirche nicht mehr zurechtkommen, spielt offenbar kaum noch eine Rolle. Dabei bestand das Hauptanliegen Jesu gerade darin, denen da draußen nachzugehen. Ja, in gewissem Sinne gibt es die «Kirche» überhaupt nur der Ausgeschlossenen und Gescheiterten wegen. Jeder, der jenseits der starren Regeln der etablierten Religion einem Menschen eine Hintertür erschließt, um doch noch ins Leben, in *sein* Leben zu finden, egal womöglich, was die offiziellen «Vertreter» Gottes auf Erden davon halten, handelt so, wie Jesus es wollte, und er wird bald merken, daß es keine Grenzen mehr gibt, einfach weil die menschliche Not keine Grenzen hat, und er wird zu spüren bekommen, was es bedeutet, Partei für die Außenstehenden gegen die Kirchenfrommen zu ergreifen.

Denn die Reaktion läßt nicht lange auf sich warten. Unmittelbar vor diesem erstaunlichen Selbstzeugnis Jesu, vor diesem Dokument seines Selbstverständnisses angesichts der Menschen, die verstreut sind ohne «Hirten», notiert Matthäus die Worte der Theologen seiner Zeit über den Mann aus Nazareth. Er hat Kranke geheilt, er hat Wunder des Erbarmens gewirkt. «Aber wie konnte er das?», wird man ihm entgegenhalten. Wenn er aus den Köpfen der Menschen böse Geister vertreibt, so geschieht dies eben nicht im Vertrauen auf Gott; worauf dieser Mann vertraut, das weiß man und das sagt man: Er ist gegen die offizielle Lehre der Schriftgelehrten und Priester – also ist er der Teufel selbst; und der Grund: er dreht alles auf den Kopf; nichts bleibt mehr, wie es war, kein Stein mehr bleibt da auf dem anderen. Ist es etwa nicht die blanke Anarchie, die er verkündet, wenn er sich derart parteilich und einseitig an die Seite der Rechtlosen, wohlgemerkt der *zu Recht* Rechtlosen, der Verurteilens*werten* im Namen des Gesetzes Gottes selber, stellt? Wie soll man denn so etwas durchgehen lassen? Es darf keine Alternative geben zwischen Menschlichkeit und Frömmigkeit, zwischen Mitleid und Gesetzlichkeit – das Gesetz Gottes *ist* die Menschlichkeit und das Mitleid. Wer das anders sieht, baut nicht auf, sondern zerstört. Auch Jesus hätte vielleicht so geglaubt, nur gerade umgekehrt. *Er* hätte gesagt: Alles, was wir vom Willen Gottes je verstehen werden, begreifen wir nur, wenn wir unsere Vorurteile verlieren und nur noch auf die Menschen sehen in dem, was sie sind, und in dem, was sie brauchen.

Mt 9,35–38

«Als ich dieser Tage mit meinen Mitbrüdern von damals zusammenkam», erzählte vor einer Weile ein Priester, der vor Jahr und Tag von dem zuständigen Ortsoberhirten aus seinem Dienst entlassen worden war, «hörte ich kaum etwas anderes als Scheinprobleme. Sie sind erstaunt, daß es mir heute gutgeht, obwohl ich homosexuell bin und auch dazu stehe. Es sind die anderen, die bestimmt nach drei Minuten anfangen zu stöhnen, wie erschöpft sie sind. Da ist die Fronleichnamsprozession, da ist die Einrichtung des Firmunterrichts, da sind die Kommunionkinder zu erziehen, da ist die auseinanderbröckelnde Gemeinde zusammenzuhalten, da muß die baufällige Kirche mal wieder renoviert werden – ich bin heute froh, daß ich mit all dem nichts mehr zu tun habe. Wenn ich heute in ein Krankenhaus gehe, kann ich den Menschen so nah sein wie nötig; und ich weiß inzwischen, daß Liebe durch den Körper geht. Allein um das zu lernen, habe ich ein halbes Leben gebraucht, ständig gegen die Einwände kirchlicher Moraltheologen.»

Bei dem französischen Dichter EMILE ZOLA (um 1870) steht der bemerkenswerte Satz: «Die Sinnlichkeit, die Wahrheit und die Hoffnung sind die wahren Anarchisten.»[89] Er wollte sagen: Wenn Menschen sich getrauen, bis in ihre Fingerspitzen und Fußspitzen, vom Kopf hinab bis zu den Sohlen, *lebendig* zu sein, dann sind sie frei und nicht mehr zu fesseln. Wenn nicht mehr im Namen irgendeiner überlieferten Ideologie von vornherein feststeht, *wie* man Menschen zu sehen hat, sondern wenn man *forschen* muß nach der Wahrheit, die in ihnen lebt, so vermenschlicht sich jede Beziehung; dann allerdings fällt sie heraus aus den starr gegebenen Ordnungssystemen von Kirche und Gesellschaft. Und wenn man die Menschen lehrt, daß ihr Leben *noch nicht* zu Ende ist, nur weil sie fünfundvierzig Jahre alt sind und womöglich schon etabliert und arriviert in unkündbaren Positionen, sondern daß es darüber hinaus noch etwas zu erwarten gibt an Liebe und Glück, bekommen ihre Seelen den Mut, sich aufzuschwingen zu den Sternen, und es gibt keinen Käfig mehr, der sie halten könnte.

Wenn das gilt, stellt sich unausweichlich die Frage, wie wir als verfaßte Kirche eigentlich mit der Botschaft des Jesus von Nazareth zurechtkommen und wie wir die Art seines «Botentums» aufnehmen und verstehen. In unserem Jahrhundert, um 1920, gab es einen gichtkranken alternden französischen Dichter, ROMAIN ROLLAND, der in der Zeit des Ersten Weltkrieges durch seinen Pazifismus und Antimilitarismus in vielen Kultursprachen Europas eine glühende Lesergemeinde von Begeisterten geschaffen hatte – ein Freund von STEFAN ZWEIG, ein berühmter Mann damals. In seiner Erzählung *«Jean Christophe»* konnte er – wohlgemerkt vor dreiviertelhundert Jahren – die folgen-

«Wie Schafe ohne Hirten»

den Worte schreiben: «Der Katholizismus läßt die Besten seines Blutes verderben, ohne auch nur die Hand zu ihrer Verteidigung zu heben. Alle, die im Grunde ihres Herzens fromm sind, alle, die ihr Leben dafür hergeben, Gott zu verteidigen, werden, sobald sie die Kühnheit haben, sich von den katholischen Vorschriften loszulösen und sich von der Autorität Roms freizumachen, der unwürdigen Horde, die sich katholisch nennt, nicht nur gleichgültig, sondern ein Dorn im Auge. Sie erstickt sie in Stillschweigen, sie überläßt sie als Beute den gemeinsamen Feinden. Ein Freigeist, wie groß er auch sein mag, wenn er, dem Herzen nach ein Christ, es nicht auch dem Gesetze nach ist – was liegt den Katholiken daran, ob er alles Reinste und wahrhaft Göttliche des katholischen Glaubens verwirklicht –, er gehört nicht zur Herde, nicht zu der blinden und tauben Sekte, die keinen eigenen Gedanken hat, man stößt ihn zurück, man freut sich, wenn er einsam leidet, wenn er vom Feinde zerrissen wird, und man hört zu, wie er die zu Hilfe ruft, die seine Brüder sind und für deren Glauben er stirbt. Im heutigen Katholizismus lebt eine mörderische Beharrungskraft. Viel eher würde er seinen Feinden verzeihen als denen, die ihn aufwecken und ihm das Leben wiedergeben wollen.»[90]

Es gibt aus dem Leben Jesu keinen furchtbareren Kommentar zu diesen Zeilen als den Fortgang seines öffentlichen Auftretens selber. Zwei Kapitel später schon werden die «Scharen» ihn den «Freund der Zöllner und Sünder» nennen (Mt 11,19). Es wird der Fluchtitel der Frommen und der Fluchtitel der Verlorenen sein. Aber je länger es dauert, wird er an der Seite der ihm Vertrauenden *Front* machen müssen gegen die immer Richtigen. Er wird sie schließlich schildern, wie sie in den Tempel kommen, um zu beten, jedes ihrer Worte ist formalliturgisch ganz korrekt, aber er wird mit Bitterkeit hinzufügen: Sie alle gehen vor Gott «nicht gerechtfertigt» nach Hause (Lk 18,14); *gerechtfertigt* hingegen sind diese «verlorenen Schafe», die «Zöllner», die Huren (Mt 21,31), die Sünder. Es gibt eine Barmherzigkeit, die man nicht verrechtlichen kann. Es gibt eine Menschlichkeit, die weit größer ist als die Kirche.

Doch was machen wir dann bei der Feier eines kirchlichen «Gottesdienstes», einer «Messe» zum Beispiel? Wir setzen als Zeichen der Tradition die Sündermahlzeiten Jesu fort, wir laden, wie Er es wollte, dem Bilde nach grenzenlos alle Menschen ein an denselben Tisch. Aber noch einmal: Wir haben aus diesem großartigen Zeichen einen heiligen Selbstzweck gemacht, der nichts mehr bewirkt, allenfalls das Gegenteil des Gemeinten; was wir da tun, gilt an sich selber, es ist ein «Sakrament», das laut dogmatischer Auskunft «wirkt» durch sich selber; da braucht mehr als die Aufführung selbst eigentlich gar nicht zu geschehen. Wirklich: Wenn es so wäre, könnten wir in der Tat ein

Mt 9,35–38

Genügen daran finden, beamtete Priester zu haben. Wo aber gibt es «Sendboten» Jesu, wie Er sie meinte, wo die am Leid anderer Menschen glühend Teilhabenden, wo die Sich-Wagenden bis zum Ruin ihrer bürgerlichen Existenz womöglich? Einzig so aber beginnt man Jesus ernstzunehmen. Das war es, was *Er* wollte. Nie hat er «Priester» eingesetzt, wie die katholische Kirche es möchte, nie hat er einen *«ordo»* gestiftet, nie «Sakramente» angeordnet.[91] Wenn das alles aus seiner Botschaft *entstanden* ist, mag das viele, zum Teil legitime psychologische und historische Gründe haben, aber es darf den Kern nicht verleugnen, der da lautet: Kein Mensch fällt heraus aus den Händen Gottes. Dann aber sind die *Suchenden* näher bei Gott als die Wissenden und die *Verzweifelten* näher als die Behüteten und die *Weinenden* näher als die Gesicherten. Dann gibt es zwischen Gott und dem Menschen keinen Schutz mehr, sondern nur die Hände seiner Gnade.

Oft genug trifft man auf Menschen, deren Seele erzittert wie in Kindertagen, wenn sie auch nur das Wort «Gott» aussprechen hören. In gewissem Sinne glauben sie nicht an den Gott der Kirche, der ihnen nur Angst gemacht hat; aber hört man ihnen zu, wie sie ihr Leben erzählen, so lernt man viel von der unsichtbaren Begleitung des Reifens, des Vertrauens und des Verstehens, und diesen Bezugspunkt ihrer Entfaltung nennen sie Gott. Nicht das Dogma, einzig die Liebe zählt, und die Trennung zwischen den «Ungläubigen» und den Orthodoxen ist nichts als kirchliche Selbstberuhigung und kirchlicher Selbstbetrug.

Hinfällig ist wie in den Tagen Jesu dann auch die Polarisierung zwischen Männern und Frauen. Eine *Männerkirche* wird immer wissen, was richtig, praktisch und vernünftig ist; aber schon die Frauen in der Kirche kommen damit schwer zurecht. Sie müssen Kinder erziehen, und sie merken dabei, daß die Sprache der Kirche ihren Kindern nicht hilft, nicht den Vierzehnjährigen, nicht den Achtzehnjährigen. Diese Frauen lernen auch, keinen Zwang auszuüben und sehr leise zu werden im Sprechen von den Geheimnissen des Religiösen. Was sie versuchen, besteht einzig darin, die Seele ihrer Kinder in offenen Händen hinauszutragen in ein weites Leben, ohne absehen zu können oder auch nur zu wollen, was aus denen wird, die sie am meisten lieben. Wem dergleichen nicht als «Glauben» gilt, der wird von dem *Vertrauen* Jesu nicht viel begreifen. Wer da gleich die Notleine zieht und ruft nach Ordnung und kirchlichem Sprachspiel als den Tugenden der richtigen Frömmigkeitserziehung, der begibt sich notgedrungen auf den Parcours geistiger Gewalt und wachsender Zerstörung jeder religiösen Empfindsamkeit. «Es stimmt ja gar nicht, daß die künftige Generation, die jetzt heranwächst, ungläubiger ist als die alte»,

«Wie Schafe ohne Hirten»

erklärte eine Frau. «Die alle suchen nur viel ungeschützter nach Wahrheit, und irgend etwas wird auch in ihnen von all den Idealen weitergehen, an die wir früher geglaubt haben. Nur die Form muß sich ändern.»

Offenbar haben wir keine Wahl, uns an der Botschaft Jesu vorbeizumogeln. Mehr als diese Freiheit der Begegnung hat er uns nicht hinterlassen: «Geht über die Hügel Galiläas und seht und sucht meine verstreuten Schafe.» Nicht ob wir *in der Kirche* sind, wohl aber, was wir für Menschen sind, ist eine echte Frage Jesu. Es ist die Frage heute von fast vier Fünfteln unserer Bevölkerung, die von all den Redensarten des verordneten Kirchenglaubens nicht mehr «erfaßt» wird, weil alles, was da gesagt wird, sie nicht mehr berührt, nicht mehr ergreift, ihnen nicht zum *Ereignis* wird. Aber ein einziges Jesus-Wort, aufgegriffen in seiner unerhörten Ungeschütztheit und Offenheit, verändert eine ganze Welt.

Mt 10,1–15
Der ursprüngliche Auftrag:
Heilung und Rettung oder Verstockung und Untergang

Auf der Suche nach einem Bild, wie Jesus sich die Verkündigung seiner Botschaft einmal vorgestellt hat, findet man in der ganzen «Tröstung der Völkergemeinschaft» (TG) wohl keinen dichteren Text als diese Szene der Aussendung der Jünger.[92] Freilich braucht man einen festen feuchten Lappen, um all den Ruß und den Staub wegzuwischen, der sich im Verlauf der Jahrtausende der Kirchengeschichte über dieses Bild des Ursprungs und der Ursprünglichkeit gelegt hat. Wenn wir hören, wie Jesus die *zwölf* «Apostel» beruft, so hat sich in der Lehre der Kirche daraus das Dogma entwickelt, sie, die zwölf Apostel, die «Sendboten» Jesu, seien der Ursprung der *Bischöfe;* diese, als die «Nachfolger» der Apostel hinwiederum, seien die von «Christus» beauftragten Leiter der Gemeinde – und schon lesen wir in den Text all die Rechtfertigungen hinein, die wir brauchen, um das heutige Gepräge und Gepränge der Kirche, wenn schon nicht zu begründen, so doch zu rechtfertigen. Aber was in diesem Text hier am Anfang steht, ist eine großartige, völlig entgegengesetzte Vision. Sie hat nichts zu tun mit einem heiligen «Stand» in der Kirche, mit einer «christlich» begründeten «Beamtenschaft», wohl aber mit der Ungeschütztheit und Offenheit eines Lebens voll poetischer Kraft und unerreichter menschlicher Schönheit.

Die Berufung der Zwölf wird historisch im allgemeinen verstanden als Sammlung des verstreuten Volkes Israel in den zwölf Stämmen des Ursprungs, doch geht es eigentlich um mehr: um die Einigung all derer, die in Israel im Namen Gottes ausgegrenzt wurden, und damit um eine Sammlung *des gesamten Menschenwesens* in all seiner Zerrissenheit, Zerfahrenheit, Widersprüchlichkeit, Entfremdung und Besetztheit.[93] Es ist, wie wenn die Sonne im Umlauf des Jahres quer durch die zwölf Tierkreiszeichen des Firmaments alles Licht aus dem Dunkel neu versammelt, um einen Tag heraufzuführen, der nie mehr endet – ein blendendes Licht ohne Dunkel, ein gleißender Schimmer ohne Schatten, eine Zone der Wärme, der Liebe und des Glücks, in welcher Menschen *ganz* sein können jenseits all der Gegensätzlichkeiten, in denen sie sonst dahinleben müssen. *Israel* soll so werden, wie Gott es gemeint hat, damit durch sein Vorbild *die Menschheit* zurückfindet zu ihrem eigenen Wesen und ein jeder von uns zu dem, was Gott mit ihm gemeint hat, als er ihn erschuf. Nicht um eine feststehende *Institution,* die sehr bald schon zum Selbstzweck gerinnt, geht es hier, sondern um *eine Bewegung* der Sammlung von allen Menschen bis an die Enden der Erde, von allem Menschlichen bis an die Ränder der Seele eines jeden, und die Aussendung der *Zwölf* ist das beste Zeichen dafür. «Geht außerhalb jeglicher Zerstreuung auf ein einziges Ziel zu», gebietet Jesus sinngemäß hier dem Kreis der Zwölf, «indem ihr euch – buchstäblich *ausschließlich* – an die *Verlorenen,* und damit an ganz *Israel* wendet.» *Das* ist der ganze Jesus, *dies* seine Botschaft und sein Anliegen, *dies* seine Tragödie, *dies* seine Bedeutung bis an das Ende der Tage.[94]

Um es so zu sagen: Daß eine Botschaft von «Gott» ergeht an die fromm Gläubigen, ist das Normale; daß man spricht von Gott in den beruhigenden Formeln, die immer schon galten, tradiert und geheiligt durch die Jahrhunderte – auch das ist normal. Doch daß da eine Botschaft ergeht an die Menschen, die sich buchstäblich als *Verlorene* fühlen, als Ausgestoßene, als Menschen ohne Chance – *das* ist die wahre Botschaft Jesu, und sie ist so ungewöhnlich, daß alles auf dem Spiel steht. Jesus macht damit wahr, die Welt buchstäblich zu betrachten aus der Perspektive derer, die im Namen der offiziellen Form von Religiosität keine Chance zur Versöhnung haben, die im Rahmen der offiziellen Religiosität *die Vorleistung* nicht zu erbringen vermögen, die sie als erstes erbringen *müßten,* und die *deshalb* im Himmel und auf Erden abgeschrieben sind. «Wissen Sie, was das bedeutet, ausgeschlossen zu sein?» fragt DOSTOJEWSKI einmal und gibt die Antwort aus dem Munde eines haltlosen Trinkers: «Man ist dann nicht einmal mehr wert, mit dem *Stock* hinausgejagt zu werden, man wird das tun mit dem *Besen,* weil es mehr weh tut.»[95] – Wer beginnt, den «Dreck», den «Abschaum» für wichtiger zu nehmen als die Seelsorge an dem «normalen Durchschnitt», wer sich wendet an das Verlorene, der ist selbst sehr bald dabei, die Ränder zu verlassen, die definieren, wo die Grenzen des Zugehörigen und des Gehörigen aufhören und wo die Ränder des Ungehörigen beginnen. Er steht sehr bald selber in Gefahr, ein *Verlorener* zu werden. Jesus hat das erlebt; er hat es gewagt und geradewegs dazu aufgerufen. Eine andere Form seiner «Nachfolge» ist uns nicht vergönnt. – Alles, was im 10. Kapitel des Matthäusevangeliums anschließend zu lesen sein wird, ist nichts als die In-Aussicht-Stellung von Haß, Verfolgung, Prügel, Verleumdung, von Ausschluß aus Synagoge und Staat als die *Strafe,* die auf seinem Projekt steht.

Von daher muß man sich fragen, was Jesus eigentlich in die Welt gebracht hat mit seiner Vision, wie die Finsternis sich erhellt zum Licht und wie die glitzernden Sterne sich sammeln zum Königsdiadem der Verlorenen und eine Einladung ergeht bis an die Randzonen all der Bereiche von Verzweiflung und Selbstaufgabe. *Kranke zu heilen* – dieses Wort *am Anfang* der Jüngeraussendung ist wie die Überschrift, wie die vorgreifende Zusammenfassung all dessen, was Jesus von seinen Jüngern und durch seine Jünger erreichen wollte.[96] Der Mann aus Nazareth war dabei gewiß kein Phantast, wie ihn manche Exegeten gerne sehen, daß er darauf vertraut hätte, mit ein paar magischen Formeln oder ritualisierten Handgebärden das menschliche Leid kurieren zu können. Was er vor sich sah, unterscheidet sich gewiß nicht von dem, was wir heute erleben: daß Menschen bis ins Innere ihrer Seele krank sind vor Leid, und es somatisiert sich, es dringt vor bis in die Zonen des Körpers, es verstört und zerstört ganze Bereiche ihrer Organe. Und es hat immer wieder nur einen einzigen Grund: die riesige Hypothek der Angst vor anderen Menschen, das Zerbrechen des eigenen Selbst unter dem Druck von außen, indem man die Umwelt in den Augenblicken der Angst als schier übermächtig erlebt. Eben deshalb wollte Jesus, daß Menschen sich wiederfänden durch einen Mut, der Gott gilt und eben dadurch den Rest der Welt relativiert. Der Mann aus Nazareth hat das allen Ernstes geglaubt: Menschen könnten sich aufrichten zu ihrer Würde und begreifen, wer sie sind, und täten sie dies, so fände das Leben in der Geisterbahn alsbald ein Ende, daß alles, was die anderen tun, dasteht wie ein Schreckgespenst – was sie sagen, wie ein Zwangsbefehl, was sie machen, wie ein Vorbild, und immer trägt all das, was man selber ist und tut, noch mehr zur Entwertung des eigenen Ichs bei.

Was könnten wir Menschen sein, wenn wir aufrecht stünden vor Gott!, dachte Jesus; und so befahl er seinen Jüngern in den Dörfern Galiläas im Namen Gottes: Weckt *Tote* auf![97] Es ist ein Wort, das in den Quellentexten des Matthäus so nicht vorkommt, an das dieser erste Evangelist aber offensichtlich glaubt: Menschen, die sich empfinden wie längst Verstorbene, wie Wesen, die seit Tagen schon im Grab liegen und vor den Nasen der anderen nichts sind als stinkig – ein Abscheu, ein Aas, das man meiden muß, um nicht sich selbst zu beschmutzen, diese, die nie an ein eigenes Leben haben glauben können, die fertig waren, kaum daß sie sechzehn oder zwanzig Jahre alt waren, vergreist schon als Kinder –, *diese* sollten beginnen, mit ihrem Leben *von vorn* anzufangen, mit einer blühenden Hoffnung und einer Lebensspanne von Mut, die sich nach vorne getraut. Da ist es am Ende egal, wie *lang* jemand lebt, wenn er nur irgendwann begonnen hat, *intensiv selber* zu leben. Da können Monate und Jahre von einem bißchen Glück eine Strahlkraft gewinnen, größer als Dutzende von Jahren des Hinhockens und Hindämmerns im ewigen Grau und Einerlei eines abgetanen, gelangweilten, resignierten Daseins.

Macht euch heran, befiehlt Jesus zusätzlich, an *die Aussätzigen!*[98] Das sind die Menschen, die von weitem vor sich warnen müssen, damit nur ja niemand in ihre Nähe kommt; denn wer das täte, dürfte nicht mehr im Heiligtum Aufnahme finden, er hätte kein Recht, sich vor Gott blicken zu lassen, er wäre dispensiert vom Kult und ausgesetzt wie der Aussätzige selber vor Gott und den Menschen. Jesus wollte, daß von Gott endgültig nie mehr die Rede sei, um Grenzen zu ziehen zwischen den Reinen und den Unreinen, zwischen den Sündern und den Unheiligen, zwischen den Frommen und den Unfrommen, zwischen den Rechtgläubigen und den Ungläubigen. «Angeberei» hat er das genannt (Mt 23,13), dieses Türenverschließen vor den Menschen im Namen Gottes. Gerade diese Stelle der Jüngeraussendung ist wie eine Urkunde des Versuchs Jesu, Menschen zu *sammeln* ohne Unterschied. Denn solange wir trennen, gehen wir aus von dem, was Menschen sind und haben, und sitzen wohlfeist da – «herzensverfettet», mit den Worten des Propheten Jesaja (6,15), ganz so, daß man den *Psalm 73* zitieren möchte: «Heil und feist ist ihr Wanst, und über ihr Antlitz auf ihrem Fett malt sich ihr Grinsen. Hoch am Himmel setzen sie ihr Maul und reden von oben herunter, aber an der Menschen Mühsal rühren sie nie.»[99] – das sind genau die Worte Jesu später (Mt 23,4): «Sie laden den Menschen mächtige Lasten auf, selbst aber mit dem Finger dran zu rühren – das mögen sie nicht.»

Alle Grenzen, die Menschen über Menschen setzen im Namen Gottes, sind nichts weiter als Rechtfertigungen der *Besitzenden*, ob moralisch, sozial, machtpolitisch, psychisch, wie auch immer – ein ständiger Terror derer, die sich im Recht fühlen, bis daß schließlich sogar Gott eingefordert wird zur Legitimation ihrer Inhumanität. Wenn es demgegenüber wirklich stimmt, daß der *Ausgang* aller Überlegungen im Sinne Jesu ganz und gar liegen soll bei den *Kranken*, bei den *Toten*, bei den *Aussätzigen*, beziehungsweise, wie Jesus es in der Bergpredigt sagte: bei den *Armen*, bei den *Weinenden*, bei den *Hungernden* (Mt 5,3–12), dann gibt es keine «Rechte» einzuklagen, dann gibt es einzig und allein eine Angewiesenheit *aller* auf ein Gemeinsames an Barmherzigkeit, an Vergebung, an «Gnade»; denn dann brauchen wir *alle* einen Gott so groß und weit, wie die Welt daliegt zwischen Sonnenaufgang und Sonnenuntergang (Mt 5,45). Schon allein diese Grenzenlosigkeit des Auftrages an alle, zumindest vorerst in den Grenzen Israels, sprengt all das auf, was heute «Kirche» heißt.

Aber es kommt noch weit provozierender, wenn wir nicht nur das Ziel, sondern die *Art und Weise* betrachten, in der Jesus seinen «Auftrag» an die «Jünger» realisiert sehen möchte. Wenn das stimmt, was Jesus hier sagt, so ist eines ganz klar: Wer von «Gott» ein wahres Wort im Sinne Jesu sprechen will, der darf genau das nicht tun, was wir in der Kirche heute daraus gemacht haben. Um von Gott zu sprechen, brauchen wir heute vermeintlich allerhand, was wir «auf den Weg» mitnehmen müssen, vor allem eine Riesenmenge *Geld*, um uns ordentlich einzurichten und vorzubereiten. Damit in der heutigen Kirche jemand erlaubtermaßen von Gott reden kann, bedarf er einer sechsjährigen Ausbildung, die etwa siebenhundert-, achthunderttausend Mark kostet; nur so, glaubt man, läßt sich in zehn bis zwölf Semestern ein wirklicher «Zeuge» Jesu heranbilden, der imstande ist, die Wahrheit Gottes so vorzutragen, wie die Kirche es will. Ein Großteil der Kirchensteuermittel müssen allein für diese Aufgabe zur Verfügung gestellt werden. Ein so ausgebildeter Priester wird schließlich in einem «Gotteshaus» auftreten, das zu erstellen oder auch nur zu renovieren Millionen Mark verschlungen hat. Er wird Geräte brauchen, die Tausende von Mark gekostet haben. Er wird eine Finanzabteilung seines «Generalvikariats» im Hintergrund haben, die ihrerseits wieder viele Millionen DM dafür aufwendet, allein um die eigene Druckerpresse für die kirchliche Propaganda in Gang zu halten. Mehr noch: diese Kirche wird Ende dieses Jahrtausends Milliarden einsetzen, um ein eigenes Satellitenprogramm zur Missionierung von ganz Europa zu installieren – es wird immer großartiger werden! Doch alles das hat erkennbar nichts zu tun mit der simplen Botschaft des Mannes von Nazareth; ja, man kann sagen: Alles, was unter derartigen Bedingungen zustande kommt, wird die «Armen» nie erreichen, denn all die Leute, die so unterwiesen und angewiesen werden, treten gleich mit dem Anspruch auf, daß *sie* die Wissenden sind; sie allein, durch die Beauftragung des Bischofs, sind die «authentischen» Lehrer Gottes, die Ausgebildeten, die Fachleute, die theologischen Experten, alle anderen – 99,9 Prozent – sind die «Laien», die Ungebildeten, die den Mund geschlossen und die Ohren offen zu halten haben. Wie aber, wenn diese Leute hören und verstehen, was hier geschrieben steht? Dann werden sie sehr bald merken, daß es sich gegen all das richtet, was wir heute in der Kirche treiben. Und da sei nun freilich Gott vor. In der Bibel mag geschrieben stehen, was immer es sei, Jesus kann gesagt haben, was immer er will – wofür hätten wir diese *Experten* der Gotteslehre, wenn nicht, damit sie die Texte *richtig* auslegen und sie beziehen auf unsere Zeit, just so, daß es vor zweitausend Jahren vielleicht so galt, aber heute unter veränderten Umständen in unseren Tagen natürlich sehr verändert aufgefaßt werden muß!

Da sagt Jesus zum Beispiel ganz simpel: «Nehmt nichts mit auf den Weg!»[100] *Matthäus* ist hier sogar noch viel radikaler als seine Vorlage: *Markus* gönnt den

Der ursprüngliche Auftrag

Wanderpropheten, die da mit Jesus im Munde und mit der Verheißung des Himmelreichs im Herzen ausziehen in die Dörfer Galiläas, immerhin noch einen Wanderstab – *Matthäus* nicht, nicht einmal *Sandalen;* alles, was überhaupt sonst noch in der Quelle mitgegeben war als gerade erlaubt, verbietet er, von Gold, Silber und Kupfer ganz zu schweigen. Überhaupt nichts ist mitzunehmen; sondern *barfuß, wehrlos* und *arm* sollen die Boten Jesu auf die Menschen zugehen.[101] Symbolisch bedeuten diese Anweisungen zumindest so viel, daß sich das Wort Gottes nicht dazu benutzen läßt, auf anderer Leute Seelen einzuschlagen oder herumzutrampeln oder sich an ihnen zu bereichern und wichtig zu machen. Nicht Amt und Würden, Titel und Einkommen sind da zu gewinnen; sondern es geht entscheidend darum, wie man die Voraussetzungen schaffen kann, um den «Armen» sozial oder psychisch so nahezukommen wie möglich. Es geht um die simple Entdeckung, daß, um Menschen aus dem Herzen zu sprechen, man all das durchgemacht haben muß, was sie selber erlebt haben. Vermutlich verstehen die Leidenden nur diejenigen, die selber gelitten haben, und umgekehrt: nur die Verzweifelten werden am Ende begreifen, was Jesus ihnen zu sagen hat.

Da entsteht offenbar eine neue *umgekehrte* «Exklusivität» des Verstehens in Gestalt all der Toten, Kranken und Aussätzigen, die Matthäus hier als die Adressaten der Botschaft Jesu aufzählt; und man versteht, was er meint: Wer hört denn diesen *Friedensgruß*, der da zu bringen ist, dieses heilige: «Umsonst gebt, denn umsonst habt ihr empfangen»?[102] Es ist eines der schönsten und befreiendsten Worte in der ganzen «Tröstung der Völkergemeinschaft» (TG): Alles, was wir sind, soll das heißen, ist nichts als ein Geschenk. Daraus geht hervor, daß wir es nicht einschließen, abgrenzen und «sichern» sollten, sondern daß wir es so reich, fließend und freigebig als nur irgend möglich den andern *mitteilen*, eine Botschaft des «Schalom», des Heilseins und des Friedens, ein «Umsonst» der Gnade auch im Umgang zwischen den Menschen. Jeder, der gelernt hat, daß er selber nur lebt aus einem solchen radikalen «Umsonst», wird diese Einsicht unterstützen, und je mehr Leute es von dieser Art gibt, werden sie miteinander ihren «Besitz» teilen, und es wird keine Not geben in einer solchen Gemeinde Jesu. *Paarweise* doch sind sie *alle*, die Geschwister, die *Zusammengefügten*, schon in dem Zwölferkatalog der Apostel.[103] Da ist vom Ursprung her keiner allein, sondern alle gemeinsam, alle zumindest verbündet, *verjocht*, verpaart. Es ist grundsätzlich nicht möglich, von Gott zu reden im Singular; es ist nicht möglich, zu Gott zu kommen, ohne einen anderen Menschen mitzubringen. Jedes Wort von Gott fließt aus einem Medium der Liebe, das sich fortsetzt ins Unbegrenzte.

Das alles, möchte man glauben, ist so menschlich und gütig, daß es alle erreicht. Und doch setzt Jesus selbst offenbar schon voraus, daß es einzelne Häuser, ja, ganze Städte gibt und geben wird, die all dies durchaus nicht wollen. Der Grund dafür liegt auf der Hand: Was Jesus hier sagt, beunruhigt, es rührt auf, es läßt die Dinge nicht mehr, wie sie waren, es stürzt um, was bis dahin hierarchisch so gut gefestigt schien, es entzieht all den Versicherungen der bürgerlichen Existenz die Grundlage, es raubt den Erläuterungen der theologischen Experten die Legitimation. Dagegen muß man sich wehren, das versteht sich; da wird, obwohl es mit keinem Wort erwähnt wird, im Hintergrund *die Machtfrage* gestellt, und ein jeder muß sich entscheiden, was wirklich gilt: ob Gott spricht im Herzen eines jeden einzelnen Menschen, oder ob der Daueranspruch einer von außen zu dirigierenden, beamtet zu verwaltenden, autoritär zu institutionalisierenden Kirchenverfassung weiterbestehen bleiben soll. Alles entscheidet sich hier, meint Jesus, und er fügt noch hinzu: es *muß* sich jetzt entscheiden; an diesem Ernst führt nichts vorbei. Im Sinne Jesu kann man von Gott nur so reden, daß sich darunter etwas ändert. Solange man also etwas von Gott hört, das den Angesprochenen nicht weiter bekümmert, beschäftigt, aufregt, beunruhigt, ist da von Gott nicht wirklich die Rede. Entweder das Wort Gottes rettet und heilt, oder es zerstört und vernichtet. Doch ohne entscheidende Wirkung ist es niemals.

Das Merkwürdige ist nur, daß man die Art der Vernichtung durch eine abgewehrte, überhörte göttliche Wahrheit zunächst oft gar nicht bemerkt. Sie schleicht in die Glieder wie eine langsame Versteinerung: Am Ende sieht alles noch so aus, wie es war, aber geblieben ist nur eine Maske ohne Leben. Es kann Jahrtausende dauern, bis der Stein sich pulverisiert. Aber irgendwann wird man merken, wo das Leben weitergeht. *Aufhalten* sollte man sich daher nicht bei den Widerständen. «Schüttelt den Staub von den Füßen», meint Jesus: «geht weiter!»[104] Zu tun bleibt allemal genug; Menschen in Not gibt es überall; Verzweifelte finden sich mehr, als ein Mensch zu tragen vermag. Gott selbst aber ist und bleibt so *weit* wie Sonnenaufgang und Sonnenuntergang, – lächerlich, ihn abzirkeln zu wollen! Vermessen, auf ihn einen Anspruch erheben zu wollen! Sinnlos und verwegen, ein beamtetes Patent oder ein gottgegebenes Monopol auf ihn anzumelden! Daß wir Menschen sind, ist das Schönste und Größte und Wunderbarste an uns. *Mehr* wollte Jesus nicht; nur daß wir es nicht verstellen! So arm, wie wir sind, so *reich* können wir einander machen in dieser Botschaft des Vertrauens.

Mt 10,16–25
Der unvermeidbare Widerspruch oder: Prophetenlos

Es fällt schwer, hinter diesen Worten irgend etwas noch zu vernehmen von der ursprünglichen Stille und Ruhe jener Liebe und Friedfertigkeit, die Jesus in diese Welt zu bringen kam. Sollte nicht das Sprechen von Gott die Menschen mit sich selbst in Einklang bringen, so daß die ersten Früchte der Frömmigkeit bestünden in Toleranz, Weitherzigkeit und Menschlichkeit sowie in einer allseits reifenden Freude des Umgangs miteinander? Wie aber lassen dann solche Worte sich verstehen, die all das zu enthalten scheinen, was wir für gewöhnlich zu *vermeiden* suchen und nach dem Maßstab der Humanität als ein fast sicheres Kriterium ansehen dürfen, um herauszufinden, was bestimmt *nicht* von Gott gesagt ist? *Der Zerbruch der Familien* bis zum äußersten – soll *das* ein Zeugnis sein für die Wahrheit Gottes? Verfolgung, Gefangennahme und Verurteilung, Zerfall des Zusammenlebens der religiösen Gemeinschaft – sind *das* die Erkennungsmerkmale, um so etwas wie eine «Menschwerdung» Gottes in unserer Geschichte anzusagen? Alles in uns sträubt sich gegen diese Art von Verkündigung.

Eines freilich ist *auch* nicht möglich, fast zu unserem Schrecken – die üblich gewordene historisierende Entschärfung der Jesus-Worte. Man kann diesen Text nicht nehmen, ihn sorgfältig verpacken und ihn heimlich zweitausend Jahre zurück durch die Geschichte tragen, um ihn irgendwo in der judäischen Wüste zu deponieren, auf daß nichts Beunruhigendes und Gefährliches mehr daraus hervorgehe. Wohl stimmt es: Die meisten Worte hier sind stark von der Überlieferung geprägt worden, mehr als daß sie von Jesus selbst gesprochen worden wären. Matthäus hat noch ein übriges getan, indem er in seiner Weise eine Reihe von Akzenten gesetzt hat, in denen sich die aktuelle Auseinandersetzung seiner Kirche vor allem mit dem Judentum widerspiegelt.[105] Da tritt der Glaube an Jesus, genauer: das frühe Christusdogma, bereits in einen unüberbrückbaren Zwiespalt zur Synagoge, zum Synedrion, zur überlieferten Religion der Väter, und dieser Bruch mit Israel ist außerordentlich folgenschwer und schmerzhaft. Deshalb wohl, zur Rechtfertigung, legt man Jesus als Verheißung in den Mund, was jetzt geschieht; die Gläubigen sollen versichert werden, daß in den Wirren nach dem Jahre 70, nach der Zerstörung Jerusalems durch die Römer, sich so etwas ereignet wie eine logische Konsequenz aus dem Leben und der Botschaft Jesu selber.[106] «Wenn wir uns nur bemühen, zu sein, wie Jesus war, geschieht alles nach dem Willen Gottes», ist die Überzeugung dieser Worte, «und es muß wohl so sein, denn Jesus selber hat persönlich etwas Ähnliches durchlitten, und es ist offenbar *sein* Leid, das sich in den Auseinandersetzungen und Spannungen jetzt fortsetzt.» So verstanden, sprechen diese Worte *aus* einer bestimmten Zeit *zu* einer bestimmten Zeit, aber sie sprechen nicht zu uns.

Damit diese Worte über ihre Zeit hinaus auch uns etwas zu sagen haben, müssen wir auf das Grundsätzliche achten, das mit der ganzen Art des Denkens, des Redens und des Wirkens Jesu quer durch alle Jahrhunderte verbunden zu sein scheint.

Etwas liegt in der Person und Botschaft Jesu, das einer permanenten Revolution gleicht und sich gerade in diesen Worten ausspricht. Was hier steht, trifft wie ein Sturm auf alles, was sich festsetzt, auf jede etablierte Ordnung in Staat, Wirtschaft, Religion... es ist ein unablässiger Kampf, der nicht formell gewollt wird, der aber unweigerlich sich auslösen muß, je mehr man in die Botschaft des Jesus von Nazareth hineinwächst – eine gefährliche, eine dramatische Spannung, die um so sicherer sich entzündet, als man begreift, was dieser Mann gewollt hat.

Dieser Wesenskontrast, dieser Urwiderspruch löst sich nicht durch Reduktion auf bestimmte zeitgenössische Umstände vor 1900 Jahren; er tritt vielmehr immer wieder, existentiell unvermeidlich, in Kraft, sobald man mit der Botschaft Jesu ernstmacht.

Vielleicht, um das zu verstehen, läßt sich die «Beleuchtung», die Perspektive einmal andersherum wählen, nicht aus dem Schattenbereich ins Licht, sondern umgekehrt: vom Licht in den Schatten. Wo sie viel an Dunklem, an fast Verzweifeltem, an Tragischem ausgesprochen wird, da muß sehr viel Licht die Widerstände und Sperrwände des Schattenwurfs beleuchten, und von solchen Hinderungsgründen des Lichts lassen sich zumindest *drei* festmachen: «Geführt werdet ihr», sagt Jesus, «vor *die Synagoge*» – das ist die *religiöse* Instanz, die über Wahrheit und Irrtum zu befinden hat; «*vor das Synedrium*», das ist die *gerichtliche* Instanz; und sogar «vor *Könige und Statthalter*», das ist die *politische* Instanz. Alles in allem aber lautet die Grundaussage Jesu an seine Jünger: «Ich sende euch wie Schafe inmitten von Wölfen.» Dieser Kontrast, beachtet man ihn genügend, erklärt in sich selbst bereits alles.

Die Botschaft Jesu ist vom Ursprung her die reine Friedfertigkeit, Sanftheit, Güte und Liebe. Sie ist, wie F. NIETZSCHE meinte, allen «Schafsnaturen» auf

Der unvermeidbare Widerspruch

den Leib geschrieben – all den Menschen, die buchstäblich keiner Fliege etwas zuleide tun können, unfähig in gewissem Sinn, etwas zu zertreten oder mutwillig zu zerstören; gerade sie aber *provozieren* die «normale» Ordnung dieser «Welt». Es genügt, etwas so ganz Einfaches zu wollen wie eine Haltung vollkommener Sanftmut, und es wird einen Sturm des Widerspruchs entfachen. Man muß sich diesen Gegensatz zwischen den «Schafen» und den «Wölfen» nur einmal in seiner ganzen Konsequenz vor Augen stellen, dann begreift man sehr bald, wovon hier die Rede geht; alles freilich läßt sich nur verstehen, wenn man die Worte Jesu aufs äußerste ernstnimmt, als eine Lebensregel, die über Sein oder Nichtsein entscheidet – *unterhalb* eines solchen Niveaus höchstgespannter Energie begreift man gar nichts. Solange man noch denkt, irgendeines der Probleme, die mit der Botschaft Jesu in diese Welt hineingetragen wurden, könnte sich dadurch lösen, daß wir fünf gerade sein ließen und die Sache mal nicht so genau nähmen – wir verwischen einfach die Konturen, wir schließen einfach ein paar notwendige Kompromisse, wir sind halt auch gute Bürger *und* gute Christen, und wir bringen, mir nichts, dir nichts, das Kunststück fertig, die Diener zweier Herren, die Bürger zweier Welten: des «Himmelreichs» und des «Reichs der Erde» zu sein –, solange ist eine solche Rede wie diese Worte Jesu an die Jünger natürlich purer Widersinn. Wer es da gut mit den armen «Aposteln» meint (als deren «Nachfolger» die heutigen Bischöfe gelten), der müßte sie getrost beiseite nehmen und ihnen sagen: «Hört, alles das ist einmal gesagt worden von dem Meister oder doch von seinen unmittelbaren Schülern, aber offensichtlich ist das alles doch mit fiebriger Stirn ersonnen worden; da ist doch augenscheinlich eine krankhafte Phantasie am Werke; was hier steht, ist doch nicht die Welt – so leben wir nicht, die wir heute Christen heißen! Wer will denn das auch schon aushalten? Es mag ja sein, daß solche Sätze vor 2000 Jahren einmal nötig gewesen sind, so wie es bei der Geburt eines Kindes darauf ankommt, in den Wehen tüchtig zu pressen und die Schmerzen durchzustehen; aber dann, wenn es geboren ist, herrscht nichts als reine Freude. Das Christentum ist ganz offensichtlich zur Welt gekommen unter riesigen Wehen, aber nun leben wir, nun sind wir groß geworden, und siehe, es ist prachtvoll, wie wir leben. Was ihr hier lest, beschreibt die Passage der Geburt, aber nicht das erwachsene Leben.»

So müßten wir da reden, und alles hätte wieder seine Ordnung. Aber so stimmt es nicht; sondern Jesus selber formuliert es als *Kerngesetz:* «Haben sie den Lehrer den Oberteufel selbst genannt, Baalzebul, dann wird es bei euch nicht anders sein.»[107] Keinesfalls rechnet Jesus damit, daß die Konflikte um seine Botschaft im Verlauf der Geschichte abnehmen würden. Ganz im

Gegenteil: Je mehr sich herumspricht, was er möchte, desto heftiger werden die Gewitterwolken aneinanderprallen und sich unter Blitz und Donner entladen – *das* ist seine Vorstellung von der Zukunft.

Nur eines bleibt noch vorweg zu sagen: Angesichts all dieser bevorstehenden (das heißt schon gegenwärtigen) Konflikte fügt Matthäus ein Sprichwort, eine Weisheitsregel des Alltags hinzu: «Seid listig wie die Schlangen und arglos wie die Tauben.»[108] Das ist immerhin ein Ratschlag, auf der Hut zu sein und nicht martyriumswillig oder rein blauäugig sein Leben unnötig in Gefahr zu bringen. Wenn das Bild stimmt von den Menschen als den *Wölfen* der Welt, dann gilt es für alle, die da nicht mitmachen wollen, vorsichtig zu sein. Man sollte, meint Jesus, nicht mutwillig Konflikte auslösen, wo keine sind. Es genügt, die unvermeidbaren Konflikte nicht zu vermeiden; bloße Nebensachen aber sollten auch als solche erscheinen. Also: «Seid klug wie die Schlangen» – kriecht, wenn nötig, am Boden, freßt Staub, wenn es sein muß, und bewegt euch unversehens und leise. Eine solche Anweisung zum Überleben kann jeder verstehen. *Aber dann:* In demselben Moment, wo jemand die ganze Welt der Menschen als eine einzige Bedrohung spürt, *arglos* zu sein und zu bleiben wie die *Tauben*, das ist ein unerhörtes Kunststück. Es besteht darin, jedem einzelnen Menschen gegenüber trotz aller möglichen schlimmen Erfahrungen noch einmal von vorn anzufangen und eine gewisse Hoffnung, er könnte doch anders sein als ein «Wolf», zumindest probeweise offenzuhalten. Die Arglosigkeit der *Tauben* liegt darin, von Menschen niemals *generell* Böses zu erwarten. Mag sein, die Natur des Menschen an sich gilt für verderbt, aber der Mensch, der jetzt vor dir steht, kann es trotzdem recht meinen und gut sein. Es wäre jedenfalls ein schlimmer Fehler, von vornherein zu unterstellen: auch dieser sei ein möglicher Gegner, Verräter, Totschläger. Wie man *gleichzeitig* Vorsicht und Vertrauen zusammenbringt, *das* ist eine Balance der Existenz, wie sie unter Menschen nur schwer möglich scheint; doch genau damit beginnt die Aussendungsrede Jesu hier. Man begreift sie eigentlich nur, wenn man dem Getriebe der menschlichen Geschichte eine neue Dimension hinzufügt, von der auszugehen ist, um ihr standzuhalten. Diese neue Dimension, die Jesus verkörpert, ist einzig und allein das Vertrauen in Gott; von ihm her lernt er und lehrt er uns Handlungsmöglichkeiten, die sonst als aberwitzig erscheinen müßten. – In *drei Beispielen* läßt sich vielleicht verdeutlichen, worum es da geht.

Nehmen wir als erstes *die Grundhaltung reiner Friedfertigkeit*. Sie ist von Jesus nicht befohlen oder geboten worden, er hat sie vielmehr wie ganz selbstverständlich gelebt bis zu einer menschlichen Evidenz, die Krieg, Zerstörung und Sadismus nicht mehr verträgt. Doch nun, zweitausend Jahre danach, machen wir einmal die Probe aufs Exempel: erwarten wir beim Lesen der Zeitung morgens einmal eine Welt des Friedens, wie Jesus sie bringen wollte, – 2000 Jahre sind doch Zeit genug, zumindest etwas davon zu realisieren – und konfrontieren wir diese Hoffnung mit der Wirklichkeit in ihrer brutalen Gewalttätigkeit, so stehen wir unmittelbar in der ungeheuren Spannung zwischen «Schafen» und «Wölfen»; augenblicklich ist es jetzt die Frage, was wir bereit sind mitzumachen und wozu wir fähig sind. Diese Frage stellt sich alternativisch, ein radikales Entweder-Oder, das keinen Kompromiß mehr duldet, und schon beginnt das furchtbare Leiden an einer Welt, in der die Wolfslogik sich wie ganz normal, wie ganz selbstverständlich austobt, die aber, von Jesus her betrachtet, als zutiefst ungeheuerlich und unmenschlich erscheint. Doch wenn man diese Welt nicht mehr auch nur noch eine Stunde lang verträgt – was wird die Folge sein? – Wir brauchen nur in einem einzigen schmalen Themengebiet der geschichtlichen Realität mit der Botschaft Jesu ernstzumachen, und wir haben plötzlich alles gegen uns!

Die staatliche Ordnung zum Beispiel, sie vor allem! Die Historiker sind sich darin einig, daß das, was wir «Staat» nennen, sich aufgebaut hat aus der Gewalt von großen Räuberbanden[109]; der Staat hat die ursprüngliche Gewalt nicht beseitigt, sondern durch Gesetze begrenzt und verinnerlicht, er hat das Gewaltmonopol an sich gezogen, nicht um die Gewalt selbst abzuschaffen, sondern um sie nach außen gegen die Nachbarstaaten zu richten, die ihrerseits sich nicht anders verhalten; und aus diesem Getriebe von Gewalt und Gegengewalt ist in den letzten achttausend Jahren das hervorgegangen, was wir heute als *Politik* vor uns sehen. Sie hat nie darauf verzichtet, Gewalt als ein mögliches Instrument zur Durchsetzung der eigenen Interessen zu betrachten. Was Wunder also, daß wir immer noch denjenigen Staat als groß bezeichnen, der imstande ist, das tüchtigste, produktivste, effizienteste Tötungsmaterial aufzuhäufen, das die Menschheitsgeschichte gesehen hat. Widersprechen wir auch nur diesem Begriff von Größe, so rühren wir an die staatliche Ordnung allerorten auf Erden, so bedrohen wir die geschichtliche Vernunft, so boykottieren wir die landesüblichen Definitionen von Sicherheit und Verantwortung, und plötzlich haben wir eine mächtige Lobby, eine ganze Industrie, ein riesiges Heer von Arbeitgebern und Arbeitnehmern gegen uns, die an der Waffenproduktion und am Waffenhandel verdienen. Da wird, wer nur den Frieden will, zerstörerisch gegenüber den bestehenden Verhältnissen, und plötzlich wird man anfangen, ihn zu hassen. Er braucht nur zu sagen, er wolle bedingungslos den Frieden, und schon verbreitet er Schuldgefühle, schon macht er den anderen ein schlechtes Gewissen für Dinge, die in ihren Augen ganz in Ordnung sind, schon beunruhigt er bis in den Schlaf hinein die Seelen der Menschen. Und dann beginnt der Kampf. – Da stehen «die Jünger» Jesu plötzlich vor *Statthaltern und Königen*, und Jesus meint: «Es sei *euer Stolz*, wenn euch das passiert; ihr habt es richtig gemacht, wenn es so kommt! Nehmt es auf mit den Mächtigen! Ihr braucht nicht auf die zuzugehen, sie kommen von alleine! Wenn ihr nur sagt und tut, was ich euch auf den Weg mitgebe, werden sie sich bald schon rühren, und es wird gar nicht schlecht sein. Denn dann sagt es sich weiter bis hinaus zu den Völkern. Je mehr Zwang und Verfolgung sie von oben herab auf euch legen werden, desto günstiger im Grunde für die Sache. Habt also davor keine Angst – es ist ein gutes Zeichen, daß ihr verstanden habt, worum es geht!»

Vielleicht hat wirklich FRIEDRICH NIETZSCHE das Christentum am besten begriffen, indem er den Konflikt zwischen der Botschaft Jesu und der Faktizität der menschlichen Geschichte als eine Art Gegensatz zur menschlichen Natur deutete. Daran scheint etwas richtig zu sein. Sind wir Menschen nicht geboren worden aus dem Kampf der Primaten ums Überleben? Noch bis vor fünfundzwanzig Jahren haben Verhaltensforscher geglaubt, daß etwa Schimpansen an sich friedfertig wären; heute weiß man, daß auch sie imstande sind, Kriege zu führen, unsystematisch zwar, nicht nach Konzept, doch was ihnen fehlt, ist einzig das Großhirn. Stülpt man die Fähigkeit zu planender Vernunft über die Handlungsgewohnheiten der Tiere, die im Abstand von etwa drei Millionen Jahren vor uns gelebt haben, so haben wir schon die ganze menschliche Geschichte im Keime vor Augen, ganz so, als wäre unsere Intelligenz wirklich nur geboren worden aus Aggression und Angst.

Wie aber erlöst man dann den Menschen von einer solchen Hypothek? Wie gibt man ihm eine Chance, sich, statt aus den Tiefen der Natur und den Orgien des Blutes zu begreifen, aus Geist, von Gott selbst her zu sehen? Das ist die Frage der *Religion* Jesu. Wenn man so will, ist sie ganz und gar prophetisch. Deshalb ein *zweites* Beispiel, bezogen auf die *religiöse* Dimension der Wirklichkeit.

Jede *Religion* hat die Tendenz, die Menschen zu *beruhigen;* so ist es richtig, denn nichts beruhigt die menschliche Angst so sehr wie das Vertrauen in Gott. Aber allzu leicht wird daraus, statt Vertrauen zu setzen in das Unsichtbare, ein fast zwanghaftes Bedürfnis, sich an die Staffagen des nur allzu Sichtbaren zu klammern. Daraus entsteht *die etablierte Religion* – ein Menschenwerk, um Menschen zu versichern, daß sie vor nichts Angst zu haben brauchten, weil es eine immer richtige Ordnung gebe, eine heilige Synagoge, eine heilige Kirche, einen heiligen Ritus, gewisse heilige Lehren –, was immer es sei, und es gibt keine Zweifel mehr, keine Kritik mehr, alles muß schon von Gott her so sein, wie es ist; und wer *das* glaubt, braucht scheinbar wirklich keine Angst mehr zu haben: es gibt schließlich keine Frage seines Lebens mehr, die nicht im voraus schon beantwortet und vorwegentschieden wäre.

Es ist allein *die Energie der Propheten,* die darauf besteht, all die Gerüste kirchlicher Scheinsicherheit abzubauen, indem man auf nichts anderes sich bezieht als auf den namenlosen, schweigenden Gott im Hintergrund der Welt; denn nur das verschafft Freiheit. Alles andere engt den Menschen ein und zerstört ihn; es beruhigt seine Angst, aber es erstickt seine Entfaltung; es nimmt ihn hinein in die Geborgenheit des Allgemeinen, aber es vernichtet ihn als Individuum. Und eben das ist nicht zu tun mit diesen Feuergeistern, die sich «Propheten» nennen.

Man hat Jesus schon in den Evangelien verglichen mit der Gestalt des Propheten *Jeremia,* der sechshundert Jahre vor ihm gelebt hat. Dieser Vergleich hat es in sich. Denn es war der Prophet Jeremia, der erkennen mußte, wie die Priester unaufrichtig sind bei ihren Opfern im Tempel und wie die Hofpropheten lügen, indem sie den Königen nach dem Munde reden und immer nur schwatzen nach Gefälligkeit, was die Mächtigen hören möchten. Jeremia hat schließlich gehofft und sogar darum gebetet, es möchte die gesamte Kultreligion, die gesamte heilige Stadt Jerusalem zugrunde gehen in Feuer und Asche, bis daß abseits, von innen heraus, all das, was Religion sei, noch einmal neu zu beginnen vermöchte. Man muß diese Geschichte des Jeremia nur erwähnen, und man wird das Gesetzmäßige darin verstehen, warum *auch er* gezerrt wurde vor die Priester, vor die Mächtigen, und daß man ihn beschimpfte, nicht gleich als einen «Satan», wohl aber als einen Gotteslästerer, als einen Verleumder, als einen Mann, der alles zerstört, was den Menschen sonst heilig ist.

Wie soll es auch anders sein? – Das *Dilemma aller* Prophetie liegt darin, daß sie die Inhalte des Religiösen weit ernster nimmt als all die Institutionen, die sie zu schützen vorgeben. Die *Tragik* aller Propheten liegt darin, daß sie weit persönlicher, weit ehrlicher gerade *das* leben, was die Vertreter der objektiven Religiosität, indem sie sie verurteilen, bewahren möchten. Paradoxerweise aber liegt gerade darin die Eröffnung einer möglichen Zukunft. Propheten sagen nicht an, was wird, sie sind selber das Kommende. Sie träumen von einer Welt, in der man Gott dient durch keinerlei Äußerlichkeit, sondern einfach dasteht in Vertrauen, Güte und Menschlichkeit, indem nichts mehr wichtig ist außer der Not des anderen und der Wahrhaftigkeit des eigenen Lebens.

So simple Dinge allein schon können alles auf den Kopf stellen, und es scheint zu *jeder* Zeit, in *jeder* Religion, an *jedem* Ort unvermeidbar so zu sein. Da weissagt Jesus sogar, daß der Bruch der Entscheidung *quer durch alle Familien gehen wird*[110] mit dem Ernst einer Frage auf Leben und Tod.

Merkwürdig: Wir sehen heute eine Menge Jugendlicher aus dem Schoß ihrer Familie ausziehen; sie lösen sich in aller Regel aus dem Verband ihrer Eltern wohl nicht durch die Entscheidung für eine neue Religiosität, sie werden einfach davongetrieben durch die Langeweile der überkommenen Frömmigkeitsformen. Was aber tun in dieser Lage die Eltern? Viele gibt es, die voller Not sich fragen, mit wem sie es jetzt halten sollen: mit ihren Kindern, die zu ihrer Mutter, zu ihrem Vater sagen: «Alles, was du uns im Namen der Kirche mitgeteilt hast, ist nicht das, was ich brauche», oder, in der Strenge dessen, was sie selber gelernt haben, mit den Lehren und Weisungen der Kirche, indem sie den Kindern Vorwürfe und Schuldgefühle machen für die neuen Wege, die sie gehen wollen. Jesus dachte, daß Gott *die Zukunft* ist. Wäre es nicht möglich, daß all die unabgegoltenen, all die *nicht* beantworteten Fragen, selbst wenn sie dem Namen nach Gott gar nicht erwähnen, dem Geheimnis des Religiösen näher sind als alles Überlieferte und Überkommene? Man muß aber die Frage nach der Wahrheit energisch genug stellen, um den zerreißenden Konflikt zwischen Bruder und Bruder und Vater und Sohn zu verstehen. Da wird gerungen zwischen der Wahrheit, die man kennengelernt hat aus der Tradition der Väter, und jener ganz anderen Wahrheit, die aus der Zukunft kommt und ein neues Leben schenkt[111]; da wird gerungen vom gemeinsamen *geschwisterlichen* Grundbestand aus, aber es polarisiert sich plötzlich in ganz entgegengesetzte Wahlmöglichkeiten. – Wer sagt denn zum Beispiel, daß die Jugendlichen, die heute in Scharen aus dem Religionsunterricht weggehen und die Kirche kaum noch betreten, *weniger* religiös seien als ihre Eltern, die noch des Sonntags die Messe besuchen? Kann es nicht sein, daß diese neue Generation des Aufbruchs in all ihren Fragen, in ihrem Engagement für den Frieden, in ihrem Eintreten für die Rettung der Umwelt, in ihrem Verlangen nach einer einigen Menschheit der Botschaft Jesu, des *Menschensohns*, wie ihn die Bibel nennt, weit näher ist als die etablierte Kirchenfrömmigkeit, und sie hätte nicht verloren, sondern lediglich neu gefunden, was die «alte» Religion eigentlich sagen wollte? Es wäre eine wunderbare Form von Erneuerung, das glauben zu dürfen!

Nehmen wir *zum dritten* noch die einfache Regel Jesu hinzu, daß nichts, was Menschen besitzen können in Form von Geld, Macht oder Ansehen, vor Gott irgendeinen Ausschlag gibt, so begreifen wir erneut, daß alles aufstehen wird *im Raum von Wirtschaft*, Industrie und planbarer Ordnung, um sich dem, was der Mann aus Nazareth sagen will, zu widersetzen, weil es vermeintlich ins Chaos führt. In Wirklichkeit ist es nur menschlich, in Wirklichkeit ist es ein einfacher Ausdruck *der Liebe*, alles, was man *haben* kann, zu übersehen für das, was wunderbar an einem anderen Menschen und in einem selber *ist*. Doch wie könnte man Geld verdienen mit Liebe!

Deshalb stellt sich natürlich um so mehr die Frage, wie man mit der sicheren *Verdammung* zu leben vermag. Je näher man Jesus kommt, meint dieser Text, desto unvermeidbarer wird sie sein. *Kirche, Staat* und *bürgerliche Ordnung*, alle drei werden einschreiten gegen soviel Tollheit, Verwegenheit, Naivität, Drückebergerei, Spinnerei, Unverantwortlichkeit. Wie um im voraus zu *trösten*, hat Jesus einen wunderbaren Satz mitten in das Gemenge der Angst hinein gesprochen: «Wenn es so kommt, macht euch nicht Gedanken, was ihr sagen werdet, wie ihr euch rechtfertigen werdet» – das könnt ihr auch nicht, nebenbei gesagt, ihr habt keine neue politische Theorie vorzutragen, ihr habt keine neue Gesellschaftsordnung zu formulieren, ihr kennt keine neuen Wirtschaftsgesetze, um alles das geht es nicht –, «lebt einfach, was ihr seid. Und plötzlich wird es sich freisetzen als die Worte des Geistes eures Vaters. Nicht ihr werdet es sein, die dann reden, sondern das, was in euch gelegt wurde und lebt, wird seine eigenen Worte gewinnen.»[112]

Kann es nicht einfach sein, daß es so geht, wie wenn an den Kastanienbäumen die Früchte sich öffnen? Lange Zeit sind sie umgeben und geschützt von einem Stachelpanzer, der sie wie unangreifbar macht; doch irgendwann fallen diese stacheligen Früchte zu Boden, sprengen auf, und es tritt, bloß und ungeschützt, braungefärbt, die Kastanie ans Licht, sucht sich in der Erde zu verwurzeln, und es beginnt ein neues Leben. Dieser Vorgang des Abspringens der Hüllen *muß* offenbar sein – er ist der einzige Weg ins Sein. Und könnte es nicht sein, daß all die Verurteilungen, Verfolgungen, Verleumdungen nur der Weg sind, um die Frucht freizusetzen und am Ende unverfälscht das mitzuteilen, was Gott zu sagen hat?

An entscheidender Stelle der Bergpredigt (Mt 5,11–12) hat Jesus einmal gesagt: «Wenn es so kommt: sie sagen alles Verleumderische über euch, sie reden jede Art von Lüge gegen euch, dann freut euch an jenem Tag und frohlockt, denn euer Lohn im Himmel wird groß sein.» Der erste «Lohn» besteht gewiß darin zu merken, wie sehr, mit Jesus verwurzelt zu sein, in sich selber Grund zum Leben ist. Ein Stückchen Wahrheit *wirklich* werden zu lassen, das *ist* reine Freude. Was danach passiert, ist wie egal. «Sorgt ihr euch nicht!» (Mt 10,19) Das ist der wunderbare Atem Jesu. Und fragen wir jetzt noch einmal: «Was tut denn nun die Religion? Sorgt sie für den Frieden oder sorgt sie für den Haß, predigt sie die Liebe oder verbreitet sie die ständige Auseinandersetzung?», so kann man nur sagen: Alle Schwierigkeiten beginnen, sobald Menschen versuchen, als Menschen zu leben. Ein Stückchen Gesundheit in diese Welt zu tragen, wird als erstes nur die immanente Krankheit aller Strukturen offenbar machen. Sobald ein Mensch mit sich im Einklang ist, wird er zum Barometer all dessen, was ringsum *nicht* stimmt. Die Religion Jesu *ist* der Friede, die Liebe, die Güte und die Sanftmut. Aber das alles wirkt wie der Föhnwind auf eine Landschaft von gefrorenem Eis. Sie aufzulösen im Frühlingswind schmilzt einen Katarakt strömenden Wassers aus, es löst die Gletscher am Hang, es ist fast wie zerstörerisch, fast wie verwüstend. Und doch ist es immer erst der Anfang des Lebens. Ersparen *können* wir es uns nicht, und zu ersparen *brauchen* wir es uns auch nicht. Nur können wir die *Sorge* vergessen um das, was wird. Es ist nicht nötig, zu berechnen – taktisch, politisch, rechtlich –, was aus dem folgt, was wir im Sinne Jesu tun und sagen. Es wird am Ende so sein, wie es muß. Aller Ausgang steht bei Gott, wenn wir nur glauben können, daß unser Leben in dem bißchen Wahrheit, das wir schon sehen können, bei Gott geborgen ist. Es lehrt uns ein solches Vertrauen aber einzig die Liebe zu den Menschen. Vielleicht sind sie gar keine Wölfe; vielleicht sind sie allesamt nur Suchende; ganz sicher sind sie allesamt der Erlösung Bedürftige. Am Ende gibt es gar keine «Schafe» und «Wölfe», sondern nur Menschen, die gemeinsam unterwegs sind.

Mt 10,26–36
Trotz allem: Fürchtet euch nicht!

So paradox es sich anhört, diese Worte bilden gewissermaßen die Lichtseite in der Aussendungsrede Jesu an seine Jünger. Zeilen zuvor noch ging es um das Zerwürfnis und den Zerriß mitten durch die Familien im Bekenntnis für oder gegen den Gott, den Jesus in diese Welt zu bringen kam; da ging es um Verfolgung und Verleumdung von seiten aller Instanzen und Behörden, um Flucht, Angst und Standhaftigkeit bis zum Ende, da ging es um die sichere Gewißheit, daß, wer Menschlichkeit und Gottvertrauen in seinem Leben zusammenbringen will, der etablierten Religion erscheinen muß wie der Leibhaftige selber. So geschah es dem «Meister», so wird es geschehen den «Jüngern». Das war der letzte Satz des vorherigen Abschnitts, der jetzt überleitet zu dem irrwitzig anmutenden Anknüpfungsvers: «Fürchtet sie *also* nicht.»[113] Das «*also*» kann nur heißen: Es gibt für euch doch ein Beispiel und Vorbild in der Gestalt Jesu; alles, was er sagte und tat, lief hinaus auf den Tod; aber was ist dann «Tod» und was ist dann «Leben»?

Es gibt die *eine* Möglichkeit – man kann sagen: «Der Tod ist das Schlimmste auf Erden, ihm muß man zu entrinnen suchen, solange es geht, denn was wäre unser Leben sonst? Laßt uns doch dieses kleine Dasein fristen, notfalls mit all den kleinen Ausreden, den kleinen Ausflüchten, den kleinen Aussichten für die nächsten Stunden, für die nächsten Tage. Was hätten wir mehr zu erwarten? Gerade so tun es die Vögel am Himmel, gerade so tun es die Tiere auf Erden, warum nicht auch wir?» – Die Angst vor dem Tod ist eingesenkt in das Herz eines jeden. Sie scheint wie allmächtig, und eben deshalb setzt sie sich leicht als die einzig gültige Realität unseres Daseins, als der Maßstab der Vernunft unseres Handelns.

Es gibt aber auch *eine andere* Möglichkeit. – Es ist Jesus selber, der findet, daß es etwas *Schlimmeres* gibt als den Tod. Dieses wirklich Schlimme, der wirkliche ‹Tod›, besteht in seinen Augen darin, mit dem Leben gar nicht erst richtig zu beginnen, indem man aus lauter Angst vor dem Sterben alles vermeidet, was das menschliche Leben ausmacht an großer und starker Hoffnung und Leidenschaft, an Perspektive und Verlangen, an Sehnsucht und Würde. In der Angst vor dem Tod, wenn man ihn *endgültig* nimmt, verkrümmt und verkümmert das Leben immer mehr; es *ist* kein «Leben» mehr, es ist ein schleichender Tod. Daher, meint Jesus, sollten wir im Blick auf Gott Vertrauen gewinnen in die Wahrheit, die wir sehen könnten. Mag sein, sie kündet sich noch erst sehr leise an, zunächst in winzigen, ohnmächtig erscheinenden Gruppen wie im Kreis seiner eigenen Jünger hier; und doch spricht Jesus zu diesen Menschen so wunderbare Worte wie die Glücklichpreisung der Weinenden, wie die Tröstung der Armen, wie die Beschirmung der Wehrlosen (Mt 5,3–12). Das alles sind Lehren, die diese Welt umbrechen werden, wenn sie je Glauben finden sollten, doch an jeder dieser Stellen regt sich von Anfang an die bange Frage, *wer* denn das glauben wird. Wird nicht all das nur Feindschaft, Widerspruch, Haß und Verfolgung gegen sich aufbringen? Es war Jesu feste Meinung, daß die Wahrheit, die wir deutlich fühlen und begreifen, gesagt werden *muß* auf den Dächern, in den Gassen, so laut wie nur irgend möglich (Mt 10,27).[114]

Genau besehen, sind es vermutlich nur drei, aber ganz entscheidende Momente an dem Auftreten Jesu, die all diese Umbrüche, Gegnerschaften und Feindschaften wie *notwendig* auf den Plan gerufen haben und immer wieder werden rufen müssen. Diese drei Momente sind so einfach, daß man ihnen auf den ersten Blick nicht zutraut, wieviel an revolutionärer Energie in ihnen schlummert.

Das erste sagt sich leicht, und doch verändert es allein für sich schon eine ganze Welt. Es ist die *poetisch* zu nennende Art Jesu, von Gott zu sprechen: in Gleichnissen, in Bildern, in Beispielsfällen, die er den Gassen Galiläas entnimmt und die er den Menschen in den Gassen Galiläas vorträgt. Im Leben der einfachen Leute (Mt 11,25), der «Kleinen», wie das Matthäusevangelium so gerne sagt (Mt 18,6), malt sich mit unsichtbarem Finger die Geheimschrift der Offenbarung Gottes. Wer sie enträtselt beim Blick in die *Augen der Menschen,* suchend, gehetzt, angstgeweitet, oft von Tränen überströmt oder schimmernd vor Glück, lachend vor Freude oder dunkel glänzend vor Leidenschaft, der begreift *Gott,* wie Jesus ihn sah. Alle Gefühle, versammelt an dieser vibrierenden Stelle in unserem Körper, die wir ein menschliches Herz nennen, gilt es aufzuspüren und auszusprechen mit der überlegenen Kraft eines Anspruchs der Gültigkeit. Aber wenn das so ist, dann haben die «Kindlichen» auf der Straße (Mt 11,25), dann haben die «Kleinen» ein *Urheberrecht* auf ihr Leben vor Gott, dann besitzen sie eine Urteilsmündigkeit im Reden vor Gott, und *das* erschüttert notwendig die Macht der Gottwissenden, das unterminiert die Position der «Wissenschaftler» Gottes, der Gottesmeister, der *Theologen.* Sie müssen nicht geradewegs Unrecht haben in dem, was sie sagen; was Jesus ihnen vorwirft, ist im Grunde weit schlimmer als das: Sie sind überflüssig! Sie erscheinen als lästig! Sie werden überführt als hinderlich! Mit dem *Richtigsten* noch, das sie sagen, vertreten sie *ein falsches Prinzip*, das darin besteht, daß Menschen auf *sie*, auf ihre abgeleiteten Redensarten hören müßten, um zu sich selbst und zu Gott zu finden. Ihre gesamte Dreinrederei von oben nach unten *stürzt* ein, wenn es gilt, daß das Wort Gottes dem gemeinen Mann, der gemeinen Frau auf der Straße gehört. Doch genau das war die Überzeugung Jesu in der Unmittelbarkeit seines Auftretens: er war ein *Prophet*, wie man ihn nannte (Mt 16,14), kein «Schriftgelehrter». Zur Debatte steht allein schon dadurch die Änderung *eines ganzen Typs* von Frömmigkeit, Religiosität und Menschlichkeit.

Der *zweite* Punkt ist genauso einfach – und genauso dramatisch! Er besteht in dem unbedingten Hoffen und Wissen auf und um *Barmherzigkeit*. Alles, was Jesus sagen möchte, besteht in diesem einen Satz: Wenn wir Menschen leben, dann weil Gott uns erlaubt hat, *bedingungslos und von Grund auf zu sein*. Kein Mensch kann das machen, erkämpfen, erleisten, erstreiten – es muß ihm *geschenkt* werden. Aber so verstand sich Jesus: daß er kam, einem jeden Menschen ein Gefühl für seine Berechtigung zurückzugeben; und er vertraute darauf: wenn ein Mensch nur erst einmal sich selber findet, dann werden die Widersprüche, die ihn nötigten, manches auch im moralischen Sinne oft verkehrt zu machen, sich wie ein Morgennebel bei aufgehender Sonne von selber durchteilen und auflösen. Das Herz des Menschen zu *beruhigen*, war das ganze Bemühen Jesu. Mit Gesetzen der Moral vermag man das nicht. Freilich wird alles weit schwieriger, wenn es denn gilt, Menschen nachzugehen bis an die Randzonen ihrer Verlorenheit, um sie bei der Hand zu nehmen und zu sich selber zurückzuführen. Man kann dann nicht einfach sagen: «Zurück in die Ordnung!», sondern man muß mit viel Geduld und Verstehen als erstes versuchen, Menschen nach Hause zu geleiten. Allein schon dadurch fallen all die Ableitungen und Sicherheiten der bürgerlichen Existenz zusammen, nach denen wir stets und sicher zu wissen meinen, was gut ist und was böse, was richtig und was falsch, was tugendhaft und was lasterhaft. Plötzlich haben wir nur noch miteinander Verflochtene vor uns, Menschen in einem Netz der Verantwortung eines jeden für alle und aller für jeden, untrennbar, unauflöslich – eine unentrinnbare Verhaftung, die niemand ertragen könnte, wäre sie nicht als ganze umfangen und getragen von der Güte jener Macht, die Jesus seinen und unseren Vater nannte.

Das *dritte*, genau so einfach eigentlich, gehört mit dazu und sagt sich in diesen beiden ersten Punkten im Grunde schon wie von selber aus: es ist die Grundhaltung des Vertrauens in die Menschen aufgrund des Vertrauens auf

Gott, der sie geschaffen hat: weil auf Gott, deshalb zum Menschen; wenn aber zum Menschen, dann auch auf Gott. Beides ist in den Augen Jesu ein und dasselbe und voneinander nicht zu trennen. Um es so zu sagen: Solange Menschen Angst haben um sich selbst und vor den anderen (oder um den anderen vor sich selbst!), sind Grenzzäune nötig zur Absicherung, Stadtmauern zur Verteidigung, Angstverbreitung gegen die Angst, und die Spirale von Angst und Gewalt dreht sich und dreht sich auf diese Weise nur immer weiter wie ein Bohrer in faulendes Holz, ohne je Halt zu finden, in jeder seiner Umdrehungen nur weiter Zerstörung vorantreibend. Man beruhigt und heilt einen Menschen einzig, indem man ihm durch das Vertrauen, das man in ihn setzt, die Chance gibt, auch zu sich selbst ein Stück weit Vertrauen zu lernen. Gewiß, da stößt man immer wieder auf das alte Gegenargument, das da lautet: «Wir sind zu minderwertig, wir können das nicht, an uns ist nichts dran», und: «Wir haben Angst.» Aber eben deshalb stellt sich die Frage: Wie lehrt man Menschen, sich mit den Augen Gottes so zu betrachten, daß sie aufblühen zu ihrer Schönheit und Größe, indem sie zu leben beginnen *vor* dem Tod? *Das* ist es, was Jesus hier einfordert: ein bedingungsloses Vertrauen! Es ist kein Notrezept, es ist das Prinzip von allem. Er, Jesus, vertraute darauf und mutete uns zu, daß die Herrschaft Gottes über den Menschen dem Angstterror der Menschenherrschaft über andere Menschen endlich ein Ende bereiten würde, und er glaubte, das könnte sein – *heute noch*.

Dann aber gilt es! – Überall in unserer heutigen Kirche hört man die Verkündiger des Christentums sagen: «Wir möchten schon das alles glauben, was Jesus wollte. Nur, wir wissen, was die Leute wirklich können. Eine wirkliche Auseinandersetzung vertragen sie nicht. Die also muß man ihnen ersparen.» Da sieht man einzelne Priester in der katholischen Kirche insgeheim mutige Ausnahmen von den Lehranweisungen des Vatikans machen – gut so, möchte man denken. Aber sobald das, was sie tun, *öffentlich* gelten soll, sobald man es rufen soll von den Dächern, da beginnt die Angst; denn das Öffentliche ist das Gefährliche! Da beginnt ja mit aller Wahrscheinlichkeit das Richtige in die Gegnerschaft zum Offiziellen und Offiziösen und damit zum öffentlichen Skandal zu geraten. Und *das*, so glaubt man, gilt es unter allen Umständen zu verhindern. *Jesus* aber wollte ihn, diesen Skandal! *Er* mochte, daß Innen und Außen, Drinnen und Draußen endlich wie Geist und Seele zueinander stimmten und die ständigen Spaltungen aufhörten.

Als der französische Aufklärer VOLTAIRE einmal die Zustände in Staat und Kirche persiflieren wollte, sprach er in einem bitterbösen Satz das Prinzip jener aufspaltenden Logik der Angst im Munde der Mächtigen aus: «Unter uns:

Sokrates hat recht, nur hat er Unrecht, so öffentlich recht zu haben, nicht wahr.» Will sagen: Es kann etwas im Interesse der Macht als unverantwortlich und falsch erscheinen, gerade weil es menschlich richtig ist, und eben deshalb darf es *nicht jetzt* gesagt, *nicht jetzt* verbreitet, *nicht jetzt* öffentlich gemacht werden. Nach dieser Logik warten wir *jetzt schon* seit zweitausend Jahren auf den Anbruch des «Reiches Gottes», das Jesus so dicht vor sich sah! Jeder spürt irgendwie die Wahrheit der Worte dieses Mannes, aber es darf nie wirklich sein, was eigentlich längst wirklich ist, und wir haben immer noch dafür Verständnis, daß es noch länger dauern soll, weil es vermeintlich immer noch nicht geht, *denn:* wir haben Angst!

«Aber wovor habt ihr denn Angst?» fragt Jesus. «Vor Menschen?» – «Ja, vor Menschen!» Sie können furchtbar sein, die Menschen. Sie können weit tiefer verletzen als *nur* den Körper; sie können bis in die Seele hinein verwunden. Sie können Schmerzen verursachen, so scharf und tödlich wie Stahl, der vordringt bis dorthin, wo er das Leben selber trifft und zerstört. Alles das, ohne Zweifel, können Menschen tun. Sie sind imstande, Menschen umzubringen für die besten Absichten, und sie werden sich am Ende dabei noch auf Gott berufen. Das alles ist möglich. Doch im Rückblick dieses Textes muß man sagen: Genau das war ja das Schicksal Jesu! Wem das geschieht, der befindet sich in dichter Nähe zu seinem Vorbild! «Genau so *muß* das sein», meint Jesus, «also: nur zu! Viel schlimmer wäre es doch, wenn sich zeigen würde, daß ihr aus lauter Furcht vor den Menschen am Ende überhaupt keinerlei Glauben mehr in *die* Macht setzen könntet, der ihr wirklich gehört; ihr wäret dann nichts als Götzendiener, indem ihr alle Menschen ernster nähmet als die Kraft, der ihr selbst euch verdankt. Eine solche Angst würde euer Leben als ganzes verformen, und das sollte euch nicht passieren. Menschen mögen die Macht haben, euren ‹Körper›, eure irdische Existenz zu vernichten. Doch ernstnehmen solltet ihr nur Gott» (Mt 10,28).[115]

Da möchte man Jesus fragen: Woher beziehst du dein Vertrauen? Lehrt nicht die Weltgeschichte, daß die Sieger die Macht haben, selbst die Erinnerung zu fälschen? Sie haben die Macht, am Ende sogar dem Gedächtnis der Menschheit zu diktieren, was geschehen ist; sie werden *ihre* Interpretation der Vorgänge der Nachwelt aufpressen. Und was heißt es dann: «Euer Leben steht bei Gott?»

Ein kleines Beispiel: Am 17. Februar des Jahres 1600 wurde auf dem Campo dei Fiori der Dominikanermönch GIORDANO BRUNO als Ketzer verbrannt.[116] Über dreihundert Jahre lang hat die Kirche seine Bücher unterdrückt und totgeschwiegen – mit Erfolg. Bis heute ist dieser große Philosoph der Renaissance-Zeit nichts als ein Kuriosum geblieben, eine Rarität, in gewissem Sinn ein Aperçu der Geistesgeschichte – nichts Wesentliches jedenfalls, scheinbar. Selbst die Akten aus seinem Prozeß wurden in den Tagen Napoleons zum größten Teil verbrannt, wohl um die Peinlichkeiten der Folter in den Bleikellern Venedigs zu vertuschen; das erhaltene Material zeigt immerhin, daß man ganze acht Jahre, insgesamt siebzehn Verhöre lang, Giordano Bruno förmlich mißverstehen *wollte*. Die Inquisition bot der Kirche den Vorteil, daß sie jedes wichtige Thema dieses Mannes bis zum Lächerlichen verschieben konnte. Was G. BRUNO wollte, war der Entwurf eines modernen Weltbildes, in dem der Kosmos sich öffnet bis zum Unendlichen; er lehrte, daß die gesamte Welt unendlich sein *müsse*, denn anders könne sie niemals zum Spiegel eines unendlichen Gottes werden. Eine unter vielen anderen Folgerungen dieses Ansatzes besagte, daß die protestantischen Reformatoren ganz recht hatten, wenn sie die Bilderverehrung ablehnten, ist doch jedes Bild eine Beschränkung der Unendlichkeit Gottes auf das Endliche, eine Verkürzung dessen, was die letzte Wirklichkeit im Untergrund von allem darstellt; für BRUNO war die Frage der Bilderverehrung völlig nebensächlich, doch es war der einzige Punkt, den die Inquisition zu verstehen beliebte: Sie brachte den Leuten bei, daß man vor GIORDANO BRUNO ausspucken mußte, weil er die Bilder der Heiligen verhöhnte, die uns doch helfen in so mancherlei Not! Wie denn, wenn dieser Mann recht hätte? Dann hätten wir keine Wallfahrten mehr, keine Devotionalienmärkte mehr, keine wundertätigen Reliquien mehr – wie viele Haupt- und Nebeneinnahmen entgingen da der Kirche! Also: *weg* mit GIORDANO BRUNO! Von dem, was er wirklich sagte, mußte man durchaus kein Wort verstehen; wenn man die Größe seiner Gedanken nur so weit verballhornte, daß man den Leuten auf dem Markt das Bild eines Halbverrückten vorzeigen konnte, so verdiente er in ihren Augen und in den Augen der Nachwelt aller Zeiten wie von selber die Todesstrafe. Man muß im Besitz und zum Erhalt der Macht offenbar nur so lange lügen, bis sie sich selbst ihre eigene Wahrheit erschafft.

Paradoxerweise stimmt Jesus in seinen Worten diesem bitteren Konterfei der menschlichen Geschichte durchaus zu: Das *können* Menschen – sie können die gesamte irdische Existenz (unseren «Körper»!) auf Zeit und Dauer vernichten, und gewiß: das ist schlimm, vor allem, weil man mit den besten Bemühungen am Ende scheinbar nichts erreicht, nicht den geringsten Fortschritt, alles tritt weiter auf der Stelle, und man selber bricht, taumelnd wie in einer Pirouette des Wahnsinns, am Ende ermüdet zusammen; schließlich hat man nur sich selber sein eigenes frühzeitiges Grab geschaufelt. «Hast du das gemeint, Jesus von Nazareth?», muß man da noch einmal fragen. «Wolltest du diese Art von begeistertem Suizid wirklich zur Jüngerschaft erklären?»

Man kann es drehen und wenden, wie man will. Jesus bestand darauf, daß wir *Wahrhaftigkeit* lernen unter den Augen Gottes, nichts weiter. Was dabei herauskommt, war ihm keine Frage. Er hoffte darauf, daß die Menschengeschichte letztendlich nicht den Menschen gehört, sondern daß jeder Mensch Gott gehört. Einzig bei Gott sollte es stehen, was wir gewesen sind. Schon deshalb sollten wir unser Leben ganz und gar Gott anvertrauen – einzig darauf komme es an, nur das sei die Bilanz, die zähle, nur das sei unser Auftrag, nur das unsere Vollendung – so dachte er.

Vielleicht regt sich aber auch dann noch ein Zweifel, ob wir denn wirklich so klar wissen können, was wahr und was falsch ist in unserem Leben. – Die Antwort kann nur lauten, daß wir die Wahrheit selbst in uns tragen. Alles, was menschlich ist, können wir wissen mit einem sicheren Instinkt, mit den Gefühlen unseres Herzens ebenso wie mit den Gedanken unseres Kopfes, und immer, wenn wir uns ein Stückchen von der Angst vor den Menschen befreien, wird unser Herz sich weit öffnen zur Güte, und es gibt keinen Grund mehr, davon abzuweichen. Theologen, Philosophen, Anthropologen mögen recht abstrakt darüber debattieren, was Gut und was Böse sei. Doch worum es eigentlich geht, ist sehr einfach. «Betrachtet doch die Vögel des Himmels», sagt Jesus einmal (Mt 6,26). Jedes Vögelchen weiß genau, was ihm gut tut und was ihm weh tut, wonach es strebt und was es flieht; und ähnlich leicht ist es, zu merken, was einem anderen Menschen gut tut und was ihm Schaden zufügt. Danach zu leben und sich entsprechend zu verhalten ist schon die ganze Wahrheit und Weisheit, auf die es ankommt. Also: Schluß mit der Angst!

Dann aber bleibt es dabei: Es gilt, Jesus *in der eigenen Existenz* zu bekennen, indem wir genau so zu leben versuchen, wie er es uns vorgemacht hat. Es geht nicht darum, orthodoxe Bekenntnisse herzusagen, es kommt darauf an, im eigenen Leben zu verkörpern, was er und wie er war. Soviel ist klar: Wenn wir auch nur das Zipfelchen von seinem Gewand in die Hand bekommen und halten es fest, werden wir Punkt für Punkt etwas Ähnliches erleben wie er. *Hoffen* dürfen wir dann, daß es uns in der Stunde der Entscheidung auch ebenso *tragen* möge wie ihn und wir zu dem Mut hinfinden, mit dem der Mann aus Nazareth hier gelassen und froh seinen Jüngern erklärt: «Hört, es ist *Prophetenzeit;* es gelten die Worte aus Micha, aus Zefania; es ist jetzt die Stunde der Trennung und Teilung, es gilt jetzt nicht Frieden, sondern Entscheidung (‹das Schwert›). Irgendwann muß man sich festlegen.»[117]

Man wird sehr bald finden, daß die «Wahrheit», für die es sich zu entscheiden gilt, weit weniger in den einzelnen religiösen oder moralischen Inhalten besteht, sondern daß die Entscheidung selber eine eigene Dimension von Wahrhaftigkeit, Größe und Lauterkeit besitzt, ja, daß es möglich ist, Gott zu bekennen, ohne formell an Gott im Sinne der Theologen auch nur entfernt zu glauben. Der deutsche Dichter und kommunistische Anarchist ERICH MÜHSAM ist dafür wohl das eindrücklichste Beispiel. «Der Anarchist glaubt nicht an Götter noch an Gespenster», hatte er geschrieben, «nicht an Priestersprüche noch an die Behauptungen der Wissenschaftler, die er selbst nicht nachprüfen kann. Er fragt nicht nach dem Klatsch der Straße noch nach der Mode in den Angelegenheiten der Kunst und der Weltanschauung. Er geht seinen Weg geradeaus, verantwortlich sich und seinem Gewissen, verantwortlich der Menschheit, die er eins weiß mit sich und seinem Gewissen. Er tut das Rechte, da er weiß, was Recht ist. Denn Recht und Freiheit ist das gleiche, wie Gesellschaft und Persönlichkeit das gleiche ist.»[118] Alle Aktivitäten MÜHSAMS galten der Zerstörung des Staates im Namen der Freiheit des Menschen; so war er den Nazis natürlich besonders verhaßt. Im Konzentrationslager von Oranienburg wollten sie ihn 1934 zwingen, das Horst-Wessel-Lied zu singen, aber MÜHSAM weigerte sich. Sie bestellten zum Schein ein Erschießungskommando und drohten ihm mit sofortiger Hinrichtung; ERICH MÜHSAM sang die Internationale. Sie legten die Gewehre an und schossen über ihn hinweg in die Luft; für sie war das ein Spaß, aber für ERICH MÜHSAM war es tödlicher Ernst, und er gab nicht nach. Woran glaubt ein solcher Mensch am Ende, außer daß es den Schergen nicht gelingen darf, die eigene Würde, die Selbstachtung, die persönliche Freiheit zu brechen? Es ist da nicht einmal mehr die Frage, ob der Kommunismus BAKUNINS recht hat gegenüber dem Marxismus, es geht auch nicht mehr um die Bewertung der absurden Thesen der Nationalsozialisten; es geht entscheidend um die Bewahrung der eigenen Person. *«Mit mir nicht!»* – das ist wohl das einzig klare, noch verbleibende Gefühl in einem solchen Moment, der Kern, auf den sich alles reduziert. Doch eben: wo ein Mensch mit allem, was in ihm lebt, einsteht für seine Person, da formt sich sein Mut, seine Widerstandskraft, zu dem einzig wahren Bekenntnis jener Person, die will, daß wir *sind*, zu *Gott*, zu dem «Vater», wie Jesus ihn nannte. Formal hat ERICH MÜHSAM sich weder auf Gott noch auf «Christus» berufen. Doch soviel steht fest: in einer Zeit, da viele in der Kirche die Worte Jesu im Munde führten und gleichwohl taten, was die Nazis wollten, trat dieser große, standhafte Mann für gerade die Botschaft der Freiheit ein, die Jesus verkörperte.

Mt 10,37–39
«Kreuzesnachfolge» – was ist das?

«Wer nicht sein Kreuz nimmt und folgt mir nach, ist meiner nicht wert.»[119]
Wohl kaum einen Satz der «Tröstung der Völkergemeinschaft» (TG) muß man so sehr vor den Verleumdern Gottes im Innenbereich des Kirchen-Christentums in Schutz nehmen wie dieses Wort Jesu. Tausendmal ist es dazu verwandt worden, den Menschen einen Gott vor Augen zu stellen, der in erschreckender Weise quälende und grausame Züge trägt. Der Mensch, sagt man da, möchte sein Glück, aber Gott will seine Glück*seligkeit*, und dazu gehören Opfer und Leid. Der Mensch möchte selber leben und selbst etwas sein, aber Gott will seinen Gehorsam, seine Demut und die Beengung und Beendigung seines Stolzes. Immer wieder ist dieser Satz zitiert worden, um den «Eigenwillen» des Menschen zu brechen. Das Kreuz Christi, so erklärte man, verlangt den vollkommenen Verzicht auf sich selber, es verlangt notfalls die Preisgabe der eigenen Meinung, es verlangt die Aufopferung des eigenen Gefühls, es verlangt die Überwindung des ichhaften Seins. Dieses Wort ist es, das den fanatischen, jahrhundertelangen Kampf der Kirche gegen den «Egoismus» «des» Menschen zu legitimieren scheint, es ist wie maßgeschneidert, um einem jeden einzelnen Menschen das Rückgrat herauszuoperieren und ihn biegsam und schmiegsam zu machen, indem man von ihm im Namen des Christentums alles verlangt, was der Großgruppe Kirche als nützlich erscheint; und sollte er sagen: «Es widerstrebt aber meinem Wesen, es tut mir weh», so ist gerade dann dieses Wort das richtige, da es doch besagt, daß «Christus» und Gott, der in ihm sich geoffenbart hat, es nicht länger erlauben, gegen das auferlegte Leid mürrische Einwände zu erheben; sondern es gilt, was der heilige Paulus sagte: «Nur einen freudigen Geber hat Gott lieb» (2 Kor 9,7). Es versteht sich, vor allem im Kreise der «Hohenpriester» und der «Schriftgelehrten» aller Zeiten, daß eine solche Auslegung dieses Jesuswortes bevorzugt werden wird. Je mächtiger in einer bestehenden Religion die Priesterherrschaft funktioniert, desto stärker wird sich die Forderung nach Selbstunterdrückung und Selbstzerknirschung erheben; und ist sie erst einmal allgemein akzeptiert, so funktioniert der ganze Rest wie von selbst. *Dann* haben die Kritiker des Christentums völlig recht, wenn sie erklären: «Was Ihr da macht, ist nicht mensch-

lich; es ist lediglich eine Form der Selbstentfremdung, es richtet sich gegen die Entfaltung des Menschen, es ist zutiefst inhuman.»[120]

Aus Anlaß dieses Wortes gilt es also, ein Plädoyer zu halten gegen die beamteten Verleumder Gottes und geradeheraus zu erklären, daß Gott im Sinne Jesu nie und nirgendwo das Leid des Menschen will; vielmehr wenn Gott etwas will, so ist es *das Glück* seiner Geschöpfe. Gott will nicht gepriesen werden, wie der antike Despot Phalaris meinte gepriesen zu werden, indem er Menschen in dem Leib eines Ochsen aus Erz langsam verglühen ließ und sich daran weidete, wie ihr schmerzerfülltes Stöhnen und Wimmern durch die Nüstern des Standbildes drang.[121] Gott möchte gepriesen werden einzig im Lobgesang der Freude all seiner Geschöpfe; alles andere belastet Gott, es quält ihn selber; und es für seinen *Willen* auszugeben, ist nicht nur in sich selber zutiefst gottlos, es führt auch wie von selber notwendig in die Gottlosigkeit.

Daß es recht ist, so zu sprechen, läßt sich am besten daran erkennen, daß aus dem Mund desselben Mannes, dem wir dieses Wort vom «Kreuztragen» verdanken, auch andere Sätze stammen, die doch wohl nicht im Gegensatz dazu stehen können, Worte wie: «Mein Joch ist sanft, und meine Bürde ist leicht» (Mt 11,30). Ausdrücklich mit der Adresse an die «Hohepriester» und «Schriftgelehrten», besagt ein Vorwurf Jesu sogar, daß mitten in der Religion eine Zunft existiert, die sehr daran interessiert scheint, Gebote und Verordnungen als schwere Lasten zusammenzubinden, um sie den Menschen aufzuerlegen, ohne selber auch nur mit dem kleinen Finger daran zu rühren (Mt 23,4). Jesus war die Erleichterung des menschlichen Lebens von dem Wust scheingöttlicher Einschränkungen und Bedrückungen so wichtig, daß er vor einem vehementen Angriff gegen die Machtinstanzen der herrschenden Gottesexperten nicht zurückschreckte.

Natürlich stellt sich die Frage, so betrachtet, um so mehr: warum denn Jesus selbst an dieser Stelle die Notwendigkeit des Leidens beschwört. Was eigentlich meint er damit? Er, der sonst doch ganz offensichtlich *kein* Leiden will, warum spricht er auf diese Weise von seinem Schicksal und stellt es all denen in Aussicht, die ihm «nachfolgen» möchten? Die Antwort ist eigentlich nicht schwer, aber sie ist paradox – *so* paradox, wie wir «normalerweise» leben.

Leid kann notwendig und unvermeidbar sein, wenn und weil jeder auf eine gewisse Weise offenbar das größte Interesse daran trägt, sich selber und anderen Leiden bis zum Übermaß zu schaffen! Das Merkwürdige ist, daß jeder irgendwo an Gegebenheiten sich herumquält, die im Grunde ganz normal sind, die er selbst aber als skandalös empfindet. Da ist zum Beispiel die Tatsache, daß die menschliche Existenz *begrenzt* ist: – sie hat Mängel, sie kann schwach sein, sie zeigt sich als hilfsbedürftig, sie erweist sich oft als vollkommen ohnmächtig –, man lebt und kann sich irren, man möchte etwas Gutes und macht es trotzdem falsch, man spürt nur allzu deutlich die Schattenseiten, die mit dem eigenen Charakter, mit der eigenen Biographie gegeben sind. – All das ist an sich selbstverständlich, man könnte damit umgehen, *wenn* damit nicht sofort das Gefühl verbunden wäre, sich dafür *schämen* zu müssen, als sei es eine Schande, so zu sein, wie man ist, stets in der Angst, unter den kritischen Augen der anderen nicht akzeptiert zu sein.[122] *Dann* beginnen die Ausweichmanöver, die Versuche, sich selber wegzulaufen, die krampfhaften Bemühungen, ein Ersatzleben zu führen und all das zu vergessen, worunter man leidet. Doch diese Flucht vor der eigenen Existenz ist *nicht* mehr normal; sie bewegt sich stets an den Grenzen zur Krankheit, sie ist der Ursprung eines chronischen Leidens an sich selber. Und trotzdem strebt in diese Richtung normalerweise jeder; *jeder* verfällt auf gewisse Weise der Neigung, vor sich selbst und seinen Mängeln wegzulaufen. *Diese* Art des Leidens ist in der Tat so ungeheuerlich, sie erweist sich als so schwer auflösbar, daß man sie bei einiger Aufmerksamkeit allerorten, auf Schritt und Tritt, bei sich selbst und bei anderen antrifft. Diese Flucht vor sich selber ist deshalb so grausam, weil sie dazu zwingt, ständig *mehr* von sich zu fordern, als man leisten kann, und ständig die Latte höher zu legen, als man sie zu überspringen vermag. Schon bald kommt da der Punkt, daß man sich schadlos halten muß an den anderen – auch *die* muß man mit den gleichen Maßstäben messen, auch *denen* muß man die gleichen Vorwürfe machen – «Aug' für Auge», «Maß für Maß». (Mt 7,1–5!)

Kommt dann jemand daher, ein Mann wie Jesus, der mitten in die Angst hinein erklärt, es gehe wirklich alles viel leichter, setzten wir nur an die Stelle der Angst ein bißchen Vertrauen, dann wird das Merkwürdige eintreten, daß man diesen Mann *nicht* begrüßt wie einen Befreier oder Erlöser, sondern ihn zu *hassen* beginnt, weil das, was er sagt, auf der ganzen Linie Zerstörung anzurichten scheint. Das gesamte mühsam aufgebaute Ersatzleben ginge zugrunde, wenn *das* stimmen würde, was dieser Mann sagt. «Macht euch», spricht er, »das Leben nicht kaputt mit ständigen Sorgen, wie man euch wegen der geringsten Schwächen fertigmachen könnte; haltet diese Angst einfach aus, lernt ein Stück Vertrauen und bringt vor allem Ruhe in euer Leben« (vergleiche Mt 6,25–34). Wenn *das* stimmt, sind all die Abwehrmechanismen der Angst, all die Formen erzwungenen Selbstbetruges überflüssig, und es tut weh, so zu denken! Oder wenn er sagt: «In deiner Rede soll dein Ja ein Ja sein, dein Nein ein Nein. Das, was du sprichst, sollte in sich stimmig sein, es sollte aus dir selbst herauskommen und in sich einfach, zuverlässig und wahr sein» (vergleiche Mt 5,33–37). Da wird das eigene Doppelspiel so tödlich angegriffen, daß man sich dagegen wehren *muß;* ja, man wird im Namen des eigenen vertraut gewordenen Leidens sich schließlich am meisten gegen das zu schützen suchen, was befreiend wirken könnte: gegen das Vertrauen. Es ist, wie wenn der Südwind mit seiner Wärme einem Eskimo seine Behausung aus Eis zerstören würde – er wird glauben, er verlöre alles, was er hat; seine ganze Überlebenskunst, unter schwersten Entbehrungen und Entsagungen erlernt und geübt, schmilzt plötzlich dahin, und es ist wie der Einsturz seiner ganzen Welt.

Aber genau das war und ist Jesus! Eben deshalb mußte er unvermeidbar in das Zentrum dieses ewigen Kampfes der Menschen gegen sich selbst und gegen ihr eigenes Glück treten, damit die Menschen endlich aufhörten, unnütz an sich selber zu leiden.

Wenn wir von dem unglückseligen Kampf der Menschen gegen sich selber sprechen und betrachten, wie ein jeder Angst hat, nur er selber zu sein, muß man unbedingt hinzufügen, daß diese Angst, diese Flucht vor sich selbst, diese künstliche Fassadenbauerei keinesfalls natürlich und wie angeboren ist; sie ist vielmehr einem jeden erst im eigenen Elternhaus beigebracht worden. Um zu sich selber zu finden, ist es für jeden unvermeidbar, ganz wörtlich: «Vater und Mutter zu *verlassen*»[123] – es ist nötig, noch einmal in Frage zu stellen, was sie an Werten und Maßstäben uns vermittelt haben; es kommt darauf an, daß wir Abstand gewinnen und lernen, unser Leben mit *eigenen* Augen zu betrachten. Und desgleichen gilt es, die eigenen «Kinder» – alles, was wir hervorgebracht haben, zu «verlassen»[124]; denn anders werden wir nur weiter fortfahren, unseren «Wert» nach dem Grad der eigenen Potenz und Produktivität zu bemessen. Wer aber sind wir dann – unabhängig von allen fremden Zensuren und Schablonen und in gewissem Sinne «nackt», ohne all die schützenden Verkleidungen?

Von dem Ernst dieser Frage kann und darf nichts zurückgenommen werden. Wenn etwa Petrus später (Mt 16,22) meint, es gehe einfacher, man könne Jesus vor den unausweichlichen Widerständen, die auf ihn zukommen, bewahren, so mißversteht er die ganze Situation: Würde auch *er* dieser Auseinandersetzung ausweichen, so säße er, wie wir alle, mitten im Kessel der Lügen, dann gäbe es keine Wahrheit, kein Vertrauen, keine aus Güte geborene Ehrlichkeit, dann ginge alles so weiter wie gehabt; die Menschenfurcht wäre stärker als Wohlwollen und Anerkennung, und die Drohung mit dem Tod bliebe ein unwiderlegliches Argument, notfalls jede Gemeinheit für richtig zu erklären; nichts würde geändert.

Freilich, gegen ein Leid dieser Art zu kämpfen, bedeutet, auf jeden *mora-*

«Kreuzesnachfolge» – was ist das?

lischen Vorwurf zu verzichten, würde er doch die Angst nur verstärken, die all den verzweifelten Bemühungen um eine verlorene Selbstachtung zugrunde liegt. *Helfen* kann eigentlich nur dies: Es müßte auf der Welt für alles, was Menschen irgendwo aus Angst, Hilflosigkeit und Ohnmacht versäumt, verbogen und verlogen haben, einen Ort geben, wo es in Geduld und Verständnis wieder zu sich selber reifen und in seiner wahren Schönheit sich entfalten könnte. Für alles, was Menschen falsch machen, muß es irgendwo andere Menschen geben, die es wieder gutmachen beziehungsweise die sich auf die *Gründe* einlassen, aus denen heraus Menschen so handeln konnten. Wenn *das* «Kreuz» heißt – dann, allerdings, ist es richtig und gut, das «Kreuz» Jesu auf sich zu nehmen. Zu Ende aber ist dann das übliche Theologengerede vom «Kreuz», das da lautet: «Die Menschen möchten gerade wachsen, Gott aber streicht seinen Querbalken hinein, die Menschen möchten sich selber verwirklichen, Gott aber durchkreuzt ihre Vorhaben, die Menschen möchten aufrecht stehen, Gott aber schlägt ihnen mit der Faust ins Genick, um sie zu demütigen.» Dies heißt genau *nicht*, ein «Kreuz» im Namen Jesu aufzurichten! Weit eher ist es möglich, das *Kreuz* im Sinne der Religionsgeschichte vieler Völker als *ein Symbol umfassender Ganzheit* zu betrachten, wie es sich ausspannt nach oben und nach unten, nach links und nach rechts, als ein Bild der ganzen Welt, als eine Chiffre unabgrenzbarer Lebensweite, als ein Zeichen und Versprechen vollkommener Offenheit und Ungeschütztheit.[125] So verstanden, ist der Kruzifixus das Zeichen eines Menschen, der uns lehrte und lehren kann, wie wir in Wahrheit leben können, ohne irgend etwas in uns selber und in anderen zu vermeiden. Das Ursprungsbild des Kreuzes ist tatsächlich *ein Baum*[126], an dem die Erde und der Himmel sich berühren und der Früchte des Lebens trägt, wie am ersten Schöpfungsmorgen. Die Kahlheit, die Abgeschältheit, die Zerstörung am Baum der Erkenntnis schafft doch nur unsere Angst. In Wirklichkeit zeigt das Symbol des Kreuzes, wenn es wirklich ein «Heilszeichen» sein soll, wie die ganze Welt ihre Achse und ihr Zentrum findet, indem alle «Weltengegenden» der Erde und unseres Herzens zusammenkommen in diesem einen einzigen Punkt, an dem Himmel und Erde, Oben und Unten, Gott und Mensch, Bewußtsein und Unbewußtes, Sittlichkeit und Sinnlichkeit miteinander verschmelzen. Alles andere demgegenüber ist nichtig; zu setzen etwa auf den äußeren Erfolg, erscheint da als lachhaft; aber *wahr* zu werden im eigenen Leben, das ist es, worum es einzig und allein fortan geht.

Ein alter chinesischer Weiser, der von dem Bibelwort: «Was nützt es, die ganze Welt zu gewinnen, wenn man dabei sich selbst verliert», nichts wußte, hat gleichwohl auf seine Weise einen Kommentar dazu gegeben. «Gesetzt», sprach er zu seinem eroberungssüchtigen Kaiser, «es lägen vor dir Hunderttausende von Geldstücken, du könntest sie aber nur erlangen, wenn du deine Hand so weit ins Feuer steckst, daß sie verbrennt – würdest du sie nehmen?» «Natürlich nicht», sagte der Kaiser. «Und wie nun», sagte der Weise, «wo schon deine Hand viel wichtiger ist als alles Geld, das du gewinnen kannst, deine Hand doch aber nur ein Teil von deinem Körper ist, sollte dein Leben wohl nicht weit wichtiger sein, als die ganze Welt in deine Hand zu bekommen?»[127]

Mt 10,40–42
«Wer euch aufnimmt...» oder:
Von der Identität des Glaubens

Satz für Satz im Evangelium des Neuen Testamentes ist es dasselbe: Jedes Wort Jesu kann man, sogar mit ausdrücklicher Berufung auf die Auslegungsgeschichte der Kirche, interpretieren ins Beruhigende, Versicherte, Garantierte, und dennoch spürt man dabei sehr genau, daß man das eigentlich *nicht* kann, weil sich in Inhalt und Form in den Worten Jesu selber etwas dagegen regt an Einrede und Dreinrede.

Über Jahrhunderte hin hat man diese Worte so verstanden, als seien sie ausschließlich gerichtet an einen speziellen Kreis unter den Jüngern. In der Tat, Jesus spricht hier zu dem Kreis der «Zwölf», die Matthäus ohne weiteres wie selbstverständlich voraussetzt[128]; «die Zwölf» aber – das bedeutet für die *katholische* Kirche nach dogmatischer Festsetzung das Gründungsgremium der *Bischöfe* und der «Lehramtsinhaber», die Spitze der Hierarchie in der Kirche also, in diesen «Zwölf» werden mithin vorgreifend die Träger des katholischen Episkopates zu einer «besonderen» «Mission» «erwählt» und «beauftragt». Jeden Priester, der unter den Händen eines Bischofs geweiht wird, begleiten diese Worte einer besonderen «Amtsgnade» und Würde: «Wer euch aufnimmt, der nimmt mich auf.»[129] Wir werden an dieser Stelle also, wenn diese Interpretation zutreffen sollte, zu Zeugen der Einsetzung eines wirklich *göttlichen* Amtes! Wir haben teil an jenem feierlichen Augenblick, wo Menschen in der Bischofs- und der Priesterweihe selber an die Stelle Gottes treten, so sehr, daß zwischen ihnen und ihm kein Unterschied mehr waltet, sondern man sagen muß: Wer einem Bischof göttliche Ehre erweist, weil er ein Apostelnachfolger von Amts wegen ist, der darf nach der Auskunft Jesu selber seiner «Belohnung» sicher sein.

So also lautet die beruhigende, die amtlich garantierte Auslegung. Aber sie kann erkennbar nicht stimmen! Sie widerspricht erkennbar dem, was Jesus wollte, auf geradezu groteske Weise. Einmal davon abgesehen, daß die «Zwölf» schon der symbolischen Zahl wegen nur einen Sinn machten im Zusammenhang mit der Sammlung der zwölf Stämme Israels und als «Institution» spätestens nach der Trennung der Jesusbewegung von der jüdischen Synagoge keine Funktion mehr besaßen[130] – worauf gründet sich denn diese merkwürdige Ähnlichkeit zwischen dem «Gesandten» und dem «Sendenden», zwischen dem Jünger und dem Lehrer, zwischen dem «Boten» und der Person Jesu selber? *Das* ist die entscheidende Frage des ganzen Christentums: Was eigentlich macht uns zu «Christen»? Von welcher Art ist die Beziehung, die wir in bezug zu Jesus selber unterhalten? Mit anderen Worten: Was ist unser Glaube? Worin gründet sich unser Leben? Was ist der Kern, um den sich die gesamte Lebensführung dreht?

Die dogmatisierte Auskunft der Kirche, wenn wir sie ernst nehmen, sagt, die Gleichheit zwischen dem Einzelnen und der Person des Jesus von Nazareth werde entscheidend eben vermittelt durch ein *Amt*; es sei das Bischofsamt, durch das die Amtsträger als Nachfolger der Apostel zu betrachten seien; nur die Bischöfe, diese in unseren Tagen lebenden «Apostel», seien deshalb imstande, die ganze «Lehre» des «Christentums» den «Gläubigen» «vorzulegen». So verstanden, gründet das «Christliche» also in einer objektiven Setzung, in einer Institution, und die Situation ist so ähnlich, wie daß ein Polizist, den wir auf der Straße antreffen, von uns als Repräsentant des Staates betrachtet werden muß. Der einzelne Polizist kann privat sein, was er will – wenn er die Uniform trägt oder eine Plakette zum Ausweis mit sich führt, so ist er unangreifbar, eben weil er der Abgesandte des Staates selber ist. Wer mithin ihn beleidigt, der beleidigt das deutsche Volk, der rührt an die Grundfesten des bürgerlichen Zusammenlebens; wer ihn schlagen würde oder gewalttätig sich gegen ihn als den Beamten verhielte, der rührte an die Grundlagen des Rechtsstaates. Mit anderen Worten: Ein Polizist ist, als Polizist, von Amts wegen der Staat selber. Aufgrund seiner Uniform und seines Ausweises vertritt er die höchste Autorität. Daß dies so ist, kann man verstehen, schließlich verlangt man von einem Polizisten lediglich, daß er sich im Amte selber an die Gesetze hält; doch was er als Privatperson tut, ist mehr oder minder unwichtig, das tritt hinter seiner Uniform zurück, das interessiert in dem Zusammenhang niemanden.

Aber: Kann man von der christlichen Existenz ebenfalls sagen: sie wird verliehen durch ein Amt, sie wird angezeigt durch eine besondere Kleidung, sie wird respektiert durch eine ehrfurchtgebietende Titulatur, und wenn all dies erfüllt ist, hat man es amtlich: das ist der lebende «Christus»?

Um es klar zu sagen: Ein solcher christlicher Amts-, Titel- und Kostümzwang ist in den Augen Jesu nichts weiter als ein buchstäblich heidnischer Unfug, als eine vollkommene Verflachung des menschlichen Daseins. Sich derart aus der Affäre zu ziehen, ist im Sinne Jesu gerade das *Verbotene*. Wer sich auf *ihn* bezieht, kann das nicht anders tun, als indem er *in seiner eigenen Person* versucht, das zu leben, was in Jesus Gestalt gewonnen hat. *Das* ist die

«Identität» beziehungsweise die «Nachfolge», die der «Glaube», christlich gesehen, vermittelt. «Wer euch aufnimmt, nimmt mich auf», das heißt: «Es mag sein, daß die Worte, die ihr sprecht, so verschieden klingen mögen, wie nur irgend denkbar; es mag sogar sein, daß, wenn ihr sie aussprecht, sie in eurem Munde ganz anders klingen als in meinem Munde, und dennoch vertraue ich euch, daß ihr verstanden habt, worum es mir geht; wenn in eurem Herzen nur die gleiche Liebe brennt, in eurem Munde der gleiche Atem weht, in euren Augen dasselbe Licht lodert, in euren Stirnen derselbe Geist sich denkt, wenn ihr nur von demselben Enthusiasmus ergriffen, von derselben Begeisterung durchglüht, von derselben Vision getragen werdet, dann wird es sein, wie wenn man eine Kerze ansteckt an einer anderen, indem dieselbe Glut sich weitergibt, um sich in einem neuen Nährmaterial in helles Licht zu wandeln, und aus ein und demselben Funken wird ein und dieselbe Glut weitergegeben werden durch alle Zukunft. Da ist kein Unterschied mehr zwischen der einen Kerzenflamme und der anderen.» *So ist das zu verstehen:* «Wer euch hört, hört mich.»[131] Das, was sich da weiterreicht, ist ein Kraftstrom innerer Überzeugung, der einzelne Personen durchdringt und von ihnen selber neu gestaltet wird; nichts ist da «beamtet» zu verwalten. Und dieser Unterschied entscheidet über *alles*.

Man denke sich, um diese Differenz zu verdeutlichen, die Beziehung zwischen zwei Menschen, sagen wir: zwischen einem Mann und einer Frau, und nehmen wir dabei an, es handle sich um zwei Menschen, die vor über fünfundzwanzig Jahren miteinander verheiratet wurden, und jetzt stünde der Mann da und würde seiner Frau erklären: «Ich bin dein Ehemann, und *deshalb* folgt für dich...» oder: «*deshalb* tue ich...» – bei einem solchen Sprechen würde das gesamte Verhältnis durch das Beamtete, durch die *Rolle* bestimmt, ein Ehemann zu sein –, so wird man bald feststellen, daß die Beziehung aneinander zerbrechen *muß*, weil das Persönliche in ihr zu kurz kommt. Kein Mensch läßt sich ein solches Verhältnis der bloßen Äußerlichkeit: der reinen Titulatur, der verfeierlichten Deklaration, auf die Dauer gefallen. Jede Frau wird dagegen protestieren und irgendwann sagen: «Wenn du mein Ehemann bist, dann mußt du auch leben wie mein Ehemann, dann mußt du Gefühle zeigen wie ein Ehemann, dann muß sich jeden Tag der Grund, warum wir einmal vor fünfundzwanzig Jahren einander geheiratet haben, erneuern, und zwar in der Art deiner Sprache, in der Art deines Redens mit mir, in der Äußerung deines Gefühls, in der Sensibilität deiner Wahrnehmung –, sonst bist du mein Ehemann gewesen, nämlich: vor fünfundzwanzig Jahren. Du bist es *nicht mehr!*»

Das ist der Unterschied! Menschliche Beziehungen lassen sich nicht *auf Dauer* stellen, sie müssen *immer von vorn* durch die innere Intensität sich erneuern, in jeder Situation *neu gelebt* werden, *anders* werden, sich umformen. Gewiß, persönlich zu leben ist anstrengend, es ist riskiert, wagemutig, unabgesichert, aber gerade deshalb ganz und gar im Sinne Jesu. Was die Religion der Bibel als entscheidend in die Religionsgeschichte eingebracht hat, ist *dieser* Impuls: Menschen zu Personen heranzubilden und ihnen nicht mehr zu erlauben, daß sie mit ihrer Freiheit in irgendeinem abgesicherten Raum verschwinden könnten, in einer Sphäre rein kultischer Spiele, rein verfeierlichter Rituale mit den ewigen garantiert richtigen Aufführungen.[132] Was *christlich* ist im Sinne Jesu, entscheidet sich *im persönlichen Leben* oder nirgendwo. Der Adressat der Botschaft Jesu soll gerade die Chance nutzen, sich in seiner individuellen Not, in den Heimsuchungen seiner Verzweiflung, in den Abspaltungen seiner Seele entdecken zu dürfen. Die Wirkung, die von dieser Botschaft ausgeht, besteht gerade in der Vermenschlichung, in der *Personwerdung* der Hörer. Eben deshalb gibt es kein anderes Medium zwischen Jesus und den Menschen als *andere Menschen, als andere Personen*. Nur in der Art, wie wir selber zu leben wagen, werden wir etwas von der Wahrheit Jesu finden können.

Und dann fügt Jesus hinzu: «In genau dem gleichen Maße werdet ihr etwas spüren von Gott, denn von ihm bin ich ausgegangen.»[133] *Das* ist das ganze Geheimnis der Botschaft des Jesus von Nazareth: Menschen werden zu Menschen, wenn sie sich aufrichten in der Kraft, die möchte, daß sie sind, mit einem Willen, der sich weigert, jemals noch woanders unterzuschlüpfen, mit dem Mut zur Entfaltung der eigenen Person und der Zuversicht, *selber* sein zu dürfen. Von dieser Möglichkeit ist Jesus überzeugt, ja, es ist die Art seiner *Dankbarkeit* Gott gegenüber, es ist die stärkste Form seines *Vertrauens;* nur *sie* wollte er leben! Ein wirklicher Jünger Jesu hat da kein Interesse, sich selbst zum Thema zu machen, so wenig, wie wir in den Evangelien irgendwelche biographischen Informationen aus dem Leben Jesu erhalten. Es ist, wie wenn wir ins Licht schauen würden und könnten nicht mehr unterscheiden zwischen dem Strom aus Helligkeit, der von der Sonne ausgeht, und der Sonne selber, zwischen Wirkung und Ursprung, bis daß es unsere Augen fast blendet. Uns in ein solches Licht zu tauchen, war die ganze Absicht Jesu.

Was also ist das nun· das *Jünger-Sein*, das *Jesus-hörig-Werden*? Drei Merkmale erwähnt da Matthäus selber. *Zum ersten: Ein Prophet sein*.[134] Man muß das landläufige Vorurteil ganz aufgeben, Propheten seien Menschen, welche die Zukunft vorhersagen oder auf magische Weise heraufführen könnten. Was die «Propheten» wirklich tun, ist etwas völlig anderes: Sie orientieren sich in gewissem Sinne viel stärker an der Vergangenheit. In ihrer Seele lebt der glühende Wunsch, eine Vision, eine Verheißung aus scheinbar längst vergangenen Tagen wiederzugewinnen. Im Grunde sind «Propheten» Reformatoren, die einen verlorenen Ursprung wiederherstellen möchten; darum versuchen sie, all den Schlamm und den Schmutz, all die Verstellungen und die Ablagerungen der Zeit von diesem Eigentlichen abzuwaschen und das reine, klare Anfangsbild wieder sichtbar zu machen. Im Matthäusevangelium sind «Propheten» Menschen, denen die Botschaft Jesu, sein ursprüngliches Wort, so ernst ist, daß sie es wortgetreu *befolgen* möchten.

Für die katholische Kirche stellt sich daher die Frage bis heute, ob es in ihr Propheten überhaupt geben kann und darf. Die Antwort auf der Ebene der *«Glaubenslehre»* ist erneut das Beamtete, das Beruhigende, das bürokratisch und hierarchisch Garantierte. Die Erklärung des Offiziellen lautet, daß «wir alle» «Propheten» sind einfach durch die «Taufgnade».[135] Jeder, der da im Alter von sechs Wochen, acht Wochen oder von drei Monaten als Baby getauft wurde, hat auf sakramentalem Wege teil an der Person Jesu, mithin auch an dem Prophetsein Jesu selber; *ergo:* er ist ein Prophet! *Ergo:* die katholische Kirche braucht keine Propheten mehr, denn «wir alle» sind ja Propheten!

Es ist klar: Was Jesus (beziehungsweise Matthäus) hier meint, ist bis zum Grotesken das genaue Gegenteil des lehramtlichen Kirchendogmas. Er wünscht sich seine Jünger *unbedingt* als Propheten! Alle, die je sich auf Jesus berufen, sollen seine Worte so ernst nehmen, daß *die Verheißung vom Gottesreich* endlich gilt, und zwar ohne Aufschub, ohne Entschuldigung, ohne Wegerklärung und Abmilderung. Es soll wahr sein und wahr werden, was Jesus im Kreise seiner Jünger an Visionen und Weisungen gesagt hat. Es gibt folglich keine Gemeinschaft von Menschen, die sich um Jesus scharen und seine Gemeinde sein könnte ohne das Element und Ferment des Prophetischen, ohne die Beunruhigung *wirklicher* Propheten. *Ihre* «Schuld» wird immer darin bestehen, daß sie die Ideale aus dem Leben Jesu, sein Vorbild, seine Worte, seine Visionen weit ernster nehmen, als man es im Durchschnitt glaubt tun zu müssen, ja, sogar kirchlicherseits glaubt verantworten zu können.

Ein echt prophetisches Problem stellt sich da sofort: Wie weit darf die Kirche, die «Gemeinde Jesu», *kritisiert* werden? Wie weit darf man sagen: dies und das in der (katholischen) Kirche ist *nicht* christlich, denn es verrät die Botschaft des Jesus von Nazareth? Ist dergleichen überhaupt ein möglicher Gedanke, eine prophetische Chance, oder ist das eine ganz gotteslästerliche, eine kirchenaufrührerische, eine revolutionäre Insinuation? Wenn es *möglich* wäre, daß es in der (katholischen) Kirche wirkliche Propheten gäbe, ja, wenn es *nötig* ist, daß es im Sinne Jesu in seiner eigenen Gemeinde Propheten *gibt*, dann braucht es Menschen, die *immer* wieder das Unterste zuoberst kehren, bis man sich erinnert, was Jesus eigentlich gewollt hat, und die jede faule Überlagerung wegreißen.

Es gehört zum Prophetischen, daß es, so oder so, zur *Entscheidung* zwingt. So *hier* bereits: Wir haben keine Erlaubnis zu sagen, die Kirche sei halt *nicht* das Reich Gottes, das Jesus verkündet habe, sie sei eben nur eine Übergangsgröße, und uns mit einer solchen Abmilderung gegenüber dem Willen Jesu zu beruhigen. Und noch weit weniger haben wir ein Recht, diese Kirche, diese Ersatz- oder *Vermeidungsgröße* des Gottesreiches, das Jesus uns zu bringen kam, an die Stelle Gottes selbst zu rücken und so zu tun, als ob wir, in «Geistbesitz» und «Vollmacht» von Amts wegen, womöglich weit besser wüßten, was heute «dran» ist, als Jesus selber – denn: «Wir ‹haben› ja den Christus und ‹wir alle› sind ja ‹Propheten›»! Wenn *diese Texte* stimmen, dann steht es so, daß die Kirche, gerade weil sie *nicht* das Reich Gottes ist, immer wieder neu sich wird *messen* lassen müssen an der Botschaft Jesu! An *ihr* hat sie selber sich zu erneuern, und «erneuern» heißt nun mal, das Ursprüngliche endlich wiederherzustellen und von den Verwirrungen zu lösen.

Natürlich, das ist beunruhigend, aber es ist unvermeidbar. Da sagt Jesus zum Beispiel wenige Sätze zuvor seinen Jüngern: «Wenn ihr zu den Menschen geht, dann macht euch so arm wie ihr könnt, nehmt überhaupt nichts mit auf den Weg» (Mt 10,9–10).[136] Und dann schaue man sich in der Kirche um und frage sich, was wir da tun! Muß man da nicht mit Nachdruck sagen, unsere Normalpraxis als Bürger, unser Anpassungsgehabe als «Christgläubige» in der Kirche und an die Kirche *verrate* die Botschaft Jesu, und hat man nicht das Recht, ja, die Pflicht, so zu sagen, auch *wenn* es aufregt, auch *wenn* es aufrührt, auch *wenn* es anrührt? Darf man in der Kirche die Botschaft Jesu suchen, lehren und leben oder nicht? *Das* steht hier zur Debatte, und schon diese *Frage* hat prophetisches Format, denn gleich ist klar: man redet sich hier um Kopf und Kragen! Doch genau darum geht es! Genau *das* verheißen all die Sätze vorher: Verfolgung, Haß, Terror, psychisch wie physisch – all das gehört offenbar dazu, sobald ein prophetisches Wort sich vernehmbar macht.

Mithin gibt es keine faule Angleichung an die Sache Jesu, kein Däumchendrehen von Amts wegen, keine Einrichtung heiliger Bürokratien in Gottes Namen – genau das nicht! Das einzige, was es gibt, sind Menschen, *Personen*, die sich aufmachen, so leidenschaftlich ihr Leben von einem neuen Vertrauen her zu gestalten, wie Jesus selber. Von solchen Menschen sagt Jesus hier: «Wenn ihr so einen trefft und bekommt zumindest doch eine Ahnung, worum es geht, und ihr nehmt ihn auf, in eure Häuser, oder besser noch: in euer Herz, dann wird es euch so gehen, daß alles, was ihr da spürt, sich durch sich selber belohnt.»[137] Es ist nicht eigentlich ein Werk der «Barmherzigkeit», daß man einem Propheten ein Glas Wasser geben soll – das ist eine Pflicht der Gastfreundschaft; entscheidend ist es, in dem anderen das Prophetische wirklich wahrzunehmen, und dann ist alles daran gelegen, ob wir mit unserem eigenen Leben einem solchen Mann, einer solchen Frau das Wasser reichen können.[138] *Darauf* allein kommt es an, daß man so wird wie er, wie sie! So wie der «Jünger» gleichförmig sein soll mit Jesus, so der Hörer gleichförmig dem Propheten, der Jesus verkündet.

Und in demselben Tempo geht es *zum zweiten* jetzt weiter. «Wenn ihr da jemanden trefft, einen *Gerechten*» – so die alte Übersetzung, gemeint aber ist: jemand, der endlich *richtig* lebt von Gott her – «und ihr spürt mit einem Mal dieselbe Sehnsucht, die ihn erfüllt, ihr spürt selber, daß hier etwas kommt, auf das auch ihr stets gewartet habt, und es duldet keinen Aufschub, dann werdet ihr merken, wie euer Leben selber beginnt neu anzufangen, und schon darin liegt aller Lohn. Mit einem Mal merkt ihr etwas von demselben Segen, von der gleichen Energie, mit einem Mal spürt ihr etwas von derselben tragenden Kraft, und es gibt all die Angst nicht mehr, all den Zweifel nicht mehr, ihr braucht keine Beruhigungen mehr von außen, ihr entdeckt in euch selber, was das heißt: *endlich richtig zu leben.*»[139]

«Was mache ich denn nur falsch?» sagte vor einer Weile eine Frau. «Ich habe mich so abgeplagt, ich habe allen Menschen versucht zu geben, was ich habe, und jetzt bin ich am Ende, fast verbittert, unfähig, meine eigenen Familienangehörigen noch zu lieben. Dabei habe ich es so gut gemeint, ich wollte nur alle Menschen glücklich machen; aber ich kann plötzlich derart aus der Haut fahren, ich kann so erbost werden, daß mich niemand versteht; ich verstehe mich ja selber nicht mehr. Was mache ich nur falsch?» – Hinter der Not dieser Frau stand ein so dringendes Verlangen, *endlich richtig zu leben,* aber was sie nie gespürt hatte, war so etwas wie eine Erlaubnis, *selber sein* zu dürfen. Darum aber geht es! Das ist es, worauf es ankommt! Irgendwo muß in uns eine Stimme sich regen dürfen, die leise hörbar flüstert: «Das, was du bist, ist etwas Kostbares, das nie vergehen darf! *Das* mußt du leben, denn du hast ein Recht dazu. Es gibt Zonen eines eigenen Glücks, die laß dir nicht abspenstig machen mit alten Ängsten und alten Schuldgefühlen. Den Weg zu anderen Menschen wirst du erst finden, wenn du ihn zu dir selber gefunden hast. Beginne von Gott her um Himmels willen endlich selber *richtig zu leben!*»

Wie man das macht? – Zum Beispiel, indem man achtgibt auf seine stärksten Träume; zum Beispiel, indem man dem nachgeht, was an stärkster Leidenschaft in einem liegt; zum Beispiel, indem man die kaum bemerkbaren Schwingungen und Regungen des Gefühls im Alltag aufspürt und versucht, die geheime Botschaft, die darin lebt, zu realisieren. Und mit einem Mal wird das eigene Leben sehr viel weitherziger, poesievoller, sensibler, offener, zärtlicher, *menschlicher*.

Wenn es so steht, taucht *ein drittes* auf, etwas ganz Einfaches, der Lieblingsgedanke des Matthäus, den er immer wieder ausspricht: die Rücksicht auf die *Armen*, auf die «Kleinen», wie er sie nennt, auf die *Geringen;* sie möchte er um Himmels willen geschützt sehen.[140] All die Menschen, die nicht ein noch aus wissen, alle, die wie wehrlos sind in dieser Welt, alle, die sich kaum durchsetzen können, auf denen man herumtrampelt wie auf verdorrtem Gras, all diese verweisen schon durch ihre Not auf die wahre Grundlage, aus der heraus wir alle existieren, und es gilt, die ganze Weltordnung so zu verändern, daß auch und gerade diese Menschen eine Chance bekommen. Wer das nicht sieht, ist im Sinne Jesu kein wirklicher Mensch; einem solchen würde Matthäus absprechen, daß er von der Botschaft Jesu irgend etwas begriffen hat. Also: Wo irgend man auf einen Menschen trifft, der nach bürgerlich-kirchlichem Maßstabe eigentlich *gar nichts* ist, man lädt ihn aber ein, von seinem Leben zu erzählen, und man nimmt ihn auf, weil man begreift, daß in seiner Armut, in seiner Hilflosigkeit, in seiner Zerbrochenheit und Verzweiflung etwas auftaucht von der Gestalt des Jesus von Nazareth selbst, da, meint Matthäus, ist der Lohn Gottes überreich.[141]

Man kann das erleben, und man wird merken, daß es stimmt – dieses Versprechen einer Menschlichkeit, die sich durch sich selber belohnt. Man braucht nur einmal mitten im Zug, mitten im Wartesaal, egal wo, auf der Straße, auf dem Marktplatz, irgendeinem Menschen aufmerksam zuzuhören, auch nur fünf oder zehn Minuten lang, man braucht sich ganz einfach nur für ihn als Person zu interessieren, so kann man erfahren, daß bisher völlig unbekannte Leute anfangen zu weinen und von Dingen zu reden beginnen, die sie niemals aussprechen durften. Wieviel Armut kann sich verstecken unter der Maskerade von sehr viel Macht und Geltung, von vielerlei Aufgeblasenheit in Amt und Titelputz; aber wo immer man Menschen findet und erkennt plötzlich in ihrer Mühsal, in ihrer Ausweglosigkeit eine beginnende Wahrheit des Menschlichen, ja, man trifft darin etwas wieder vom Jüngertum Jesu und nimmt es in sich auf, man geht dem nach und möchte, daß es lebt, da sagt Jesus: «Ihr seid ganz nahe bei Gott; ihr nehmt im Grunde, wenn ihr so tut, mich selber in der Gestalt des *Menschensohns* in euer Herz auf.»

Und worin besteht also der «Lohn»? Was also bekommen wir für diese Aufnahme des «Menschensohnes»?[142] – Nun, überhaupt gar nichts, was man in Händen halten könnte, wohl aber etwas an eigener Vermenschlichung. Es ist nicht möglich, die Person eines anderen Menschen zu entfalten, ohne selbst dabei zu gewinnen. Es ist nicht möglich, die Wahrheit eines anderen Menschen zu entdecken, ohne selber dabei ein Stück wahrhaftiger zu werden. Es ist nicht möglich, einem anderen Menschen Mut zu machen für sein Dasein, ohne selber Mut zu erhalten auch für sich. Und es ist nicht möglich, einer ganzen Menschengruppe, ob der Gesellschaft oder der Kirche, im Sinn der Prophetie zu sagen: das hat Jesus gemeint, ohne dabei selber der Person des Jesus von Nazareth ähnlicher zu werden. Zu spüren, daß sich *das* lohnt, ist schon der ganze Lohn; einen anderen gibt es nicht, einen anderen braucht es nicht. Am Ende kann da passieren, was will; es kommt einzig darauf an, das, wofür zu leben sich lohnt, *richtig* zu leben, und sich nicht kaputtzumachen mit falschen Vorwänden, mit falscher Demut, mit falschem Gehorsam und mit falscher Katzbuckelei. Also: nehmen wir auf das Prophetsein, nehmen wir auf das «richtige» Leben, nehmen wir in uns und neben uns alles das auf, was da «klein» ist! Es ist die einzige Möglichkeit, *persönlich* zu sein!

Der libanesische Dichter *S. Y. Assaf* hat in seinem Gedichtband *«Sieh die Nachtigall, Bruder»* (Stuttgart 1985, S. 68–69) einmal gesagt: «Eure Mission war es und ist es, / den Menschen zu dienen / zu ihrem Wohle und Heile; / doch euch ist sie ein Vorwand, / Herrschaft und Willkür auszuüben. / Euer Meister lud euch ein, / einander brüderlich zu lieben / und Freude zu verkünden; / statt dessen bürdet ihr den Menschen Lasten auf / und verdammt diejenigen, / die nach ihrer Überzeugung leben. // Zu den Armen und Entrechteten / ward ihr gesandt, / doch ihr habt eure Blicke / von ihnen abgewendet / und sie auf Reichtum und Ehre gerichtet. / Eure Mission war / eine göttliche Sendung, / ihr aber sucht euer Interesse, / euren Vorteil und Gewinn. // Euch wurden die Quellen / des Heils anvertraut, / ihr aber ließt sie versiegen! / Der Gedanke an Umkehr / liegt euren Herzen fern; / ihr seid Feinde jeder Erneuerung, / obwohl euer Meister / die Welt verändert hat. / Ihr aber verteidigt veraltete Traditonen / statt ihren weltbewegenden Inhalt. // Die Menschen verehren eure Kleider, euer Amt und euren Titel, / nicht die Tiefe eures Denkens, / nicht eure Güte und Menschenfreundlichkeit. / Ihr führtet sie auf die breite Straße / der Anpassung, der Unwissenheit / und Unfreiheit, / statt ihnen den Höhenpfad zu weisen, / der durch Wahrheit und Freiheit / zum Lichte führt.»

Mt 11,1–19
Johannes der Täufer und Jesus oder: Von Prophetie und Heilung

Alles in dieser Szene des Matthäusevangeliums beginnt mit einem heiligen *Trotzdem*. Da hat man Johannes den Täufer gerade in den Kerker geworfen, und so denkt man, seiner ganzen Sache ledig zu sein; man hat sie «dingfest» gemacht, sie steht ab sofort unter Arrest. Doch da muß man die Entdeckung machen, daß sich das Leben, der Glaube, die Seele eines Menschen nicht gefangennehmen läßt. Man kann einen Menschen physisch einsperren – sein Geist wird sich auch jenseits der Mauern fortzeugen wie der Südwind. Nach der Darstellung des Matthäus tritt Jesus hier auf, indem er bis ins Wort hinein die Verkündigung seines Lehrers fortsetzt und sie in gewissem Sinne vollendet. Selbst der Täufer, sagt der Evangelist, gehört noch zur Zeit der Vorbereitung (Mt 11,11), der Hinführung, der Weissagungen, der Träume, die sich noch nicht vollends in die Wirklichkeit getrauen; doch sie werden wirklich werden, sie sind schon wirklich geworden in der Person des Mannes, der dem Element des Prophetischen noch die Kraft des Heilenden hinzufügt.[143]

Was eigentlich hat Jesus derart fasziniert an diesem rätselhaften Mann am Jordan? Vor allem offenbar, daß hier auf eine ganz andere Weise – und Gott sei Dank, endlich! – von Gott die Rede ist! Wieviel an Zeit ist dahingegangen, da man nach Gott nur fragen durfte, indem man sich bei den Fachtheologen und Gesetzesexperten erkundigte, wie man seinen Willen durch Kenntnis und Befolgung wohlausgelegter Paragraphen zu erfüllen hätte! An sich war der Wille Gottes ja bekannt, er war tausendmal durchdekliniert und durchkonjugiert worden; es gab nicht irgendeine Ableitung und logische Verästelung, die man nicht vorweg schon auf das genaueste zu sagen gewußt hätte. Es gab kein Handeln Gottes, das man nicht längst schon um und um zu kommentieren vermocht hätte. Auf diese Weise hatte man Gott zu einem bekannten und zu bekennenden Faktum der Vergangenheit entwertet, zu einem Theologengott, gestorben an der Tinte derer, die über ihn Rechenschaft geben – als seine Erbverwalter sozusagen: mit hoher Achtung, mit angemessener Ehrfurcht, mit gebührendem Respekt, wie es einem ehrwürdigen Toten gegenüber angezeigt ist. Doch daß da ein Gott aufstünde, der selber zu reden vermöchte und das ganze Geplänkel und Gegaukel seiner Ausleger mit einem einzigen Worte beiseite wischte, das zu denken traute sich niemand mehr, das auch nur für möglich zu halten traute selbst Gott wohl niemand mehr zu, so historisch versiegelt, so *begraben* schien er. Jesus selber wird diesen Punkt später gegenüber den Theologen seiner Zeit aufgreifen und angreifen: «Gott ist kein Gott der Toten, sondern der Lebendigen», wird er sagen (Mt 22,32).

Doch gerade *das* ließ sich mit glühender Leidenschaft erleben bei diesem einzigartigen Mann am Jordan.[144] Schon daß er dasteht im Habitus eines zweiten Elias[145], ist ein wütender Protest gegen den Wahn, man brauchte nur im Tempel zu Jerusalem Hunderte von Stieren, Böckchen, Lämmern oder Tauben zu schlachten, ausbluten zu lassen und unter weihevollen Gebeten zu verbrennen, man müßte nur die überlieferten Riten dabei rezitieren und den Priestern genügend Geld geben, auf daß sie alles nach Ordnung und Vorschrift koscher und korrekt zurichten könnten, dann würde schon Gott, der Allmächtige, gnädig und barmherzig sich den Menschen erweisen. Nichts von alledem glaubt Johannes der Täufer. Er sieht im Tempelkult einen einzigartigen frommen Verrat an der Sache Gottes, in der verfaßten Priesterschaft erblickt er eine einzige Lüge, und er verlangt mit Nachdruck, daß die Menschen ganz von vorn beginnen, und zwar buchstäblich mit nichts anderem als mit sich selber unter den Augen Gottes.[146] Alles, was vorher war, ist jetzt zu Ende, denkt Johannes, nichts mehr soll gelten außer dem Eingeständnis der Schuld und dem Flehen, daß Gott uns vergeben möge, was wir sind. Wie wir da rauskommen, ein letztes Mal noch, vor dem drohenden Gericht, das ganz allein waren die Gedanken des «Täufers».

Auf Jesus von Nazareth müssen sie einen unerhörten Eindruck gemacht haben. Irgendwann hat auch er sich den Pilgerzügen angeschlossen, die da von Galiläa und Judäa in die Wüste führten, um dem neuen Propheten zu begegnen. Er muß ihm zugehört haben mit glühendem Herzen. So stimmte es! Da endlich wieder sprach ein Mensch aus sich selber von Gott und eben deswegen auch Gott durch ihn. Da waren menschliche Worte und göttliche Rede kein Unterschied mehr. Da stand jemand mit der eigenen Existenz gerade für das, woran er glaubte, er distanzierte sich nicht von der eigenen Person durch den langweiligen Formalismus eines auszuübenden Beamtentums, da wurde Gott in einer menschlichen Gestalt lebendig und stellte sich als ein Lebendiger den Menschen auf Gedeih und Verderb gegenüber, und dies alles mit einem ungeheuren Atem, mit einem unerhörten Entscheidungsernst.

Wohlgemerkt, es kann sein, daß Menschen sich in den Voraussetzungen ihres religiösen Denkens, die sie aus ihrer Zeit übernehmen, vollkommen irren und darin in gewissem Sinne an dem Irrtum ihrer Tage selber teilhaben. So sah

Johannes der Täufer die gesamte Welt unaufhaltsam auf eine Katastrophe zutreiben; nicht ein paar Jahre mehr würde der Bau dieser Welt bestehen können, das war seine feste Meinung.[147] Aber eigentümlich: das gerade war nicht das Originelle an ihm, so dachten viele in seiner Zeit. Originell an ihm war, daß er aus dem fühlbaren Ende, aus dem Gespür, daß es so wie bislang nicht länger mehr weitergehen könnte, einen Wendepunkt zur Erneuerung des gesamten Lebens machte. In der Sprache furchtbarer Gerichte, in einer Kaskade aufrüttelnder Worte, unter dem einpeitschenden Schlag schrecklicher Drohungen zwang er die Menschen, endlich wahrzumachen, was jeder kennen konnte: Wofür gab es in Israel über tausend Jahre schon *Moses und die Propheten*?! So stand er am Jordan, einzutauchen und aufzuerwecken zu einem gründlich veränderten, zu einem neubegonnenen, *wirklichen* Leben. – Nichts von alldem hat Jesus jemals zurückgenommen an der Botschaft oder von der Botschaft seines Lehrers.

Der «Tröstung der Völkergemeinschaft» (TG) nach, wenn man historisch ihr folgen darf, soll Johannes sogar gewußt haben, daß er selbst nichts war als ein vorläufiges Medium, als ein bloßer Hinweis auf einen anderen, der nach ihm kommen werde, auf den «Messias». Johannes, so viel scheint glaubhaft, dachte sich den Messias als einen unnachsichtigen Richter, als einen Propheten mit dem Dreschflegel und der Axt in der Hand, als ein lebendes Scheidemesser zwischen Faul und Gesund, zwischen Heilig und Verloren.[148] Er sah diesen Gesandten des Gottsgerichtes schon ganz dicht vor sich, und er riskierte alles für diese Vision.

Und doch kann es sein, sich in allem zu irren! Wenn man es nur recht gelebt hat, so trug es Gott! – Nach dem Konstrukt einer Quelle des Matthäusevangeliums schon[149] war Johannes der Täufer selbst sich nicht sicher, was von seiner Botschaft gültig war oder nicht. Was für ein Schicksal! Da erleben wir diesen Mann im Kerker des Herodes vollkommen unschlüssig, ob am Ende nicht doch all das bloß in den Wind geredet ist, wofür er eintrat, oder ob davon doch etwas gültig bleibt. Für uns, die wir das lesen, zeigt sich da als erstes, daß die Wahrheit eines Menschen nicht davon abhängen kann, was sich nach ihm ereignet. Ein Mensch ist *groß* in dem, was er glaubend tatsächlich tut; und dieser hier, Johannes der Täufer, wird Jesus sagen, ist sogar das Größte, was unter Menschen jemals gelebt hat. Mehr *können* Menschen überhaupt nicht tun, als für das einzutreten, was sie zu sehen glauben. Allein das gilt. Allein darin liegt religiös alle Achtung und alle Anerkennung. Was danach wird, steht nicht bei uns; doch für sich selber gerade zu stehen, dies können wir, und dies sollten wir.

Da also ahnt man etwas vom Format eines Propheten wie Johannes des Täufers. Ob Menschen dieser Art mit ihren Visionen recht behalten, ob der Lauf der Geschichte ihnen zustimmt oder sie widerlegt, das alles mag ihren Rang im Geschichtsbuch begründen, doch ist es nicht die Frage menschlicher Existenz. Genau besehen, liest man die «Tröstung Israels» (TI), hat keiner der Propheten die Zukunft «geweissagt»; irgendwann, gewiß, traten wirklich all die Katastrophen ein, vor denen sie warnten, aber sie kamen dann anders, später, unter unvorhersehbaren Bedingungen, weitab von allem Vermuteten. Doch das ist es nicht, worauf es religiös ankommt. Religiös ist es entscheidend, daß Menschen mit aller Leidenschaft ihrer Existenz das auch leben und tun, was sie vor sich sehen. Allein das bringt religiös vorwärts, nur das stößt an, zwingt zur Entscheidung, *nötigt* zu Gott. Dabei ist menschlich kaum etwas Schlimmeres vorstellbar als das *typische* Prophetenlos: das ganze Leben lang, bei allem Einsatz, bei allen Mühen, bei allen Auseinandersetzungen durchaus nicht zu wissen, *wofür* man eigentlich gelitten hat, ob die Saat jemals aufgehen oder bald schon zertrampelt werden wird, ob die Mächte des Todes nicht am Ende doch stärker sind als der erhoffte Neubeginn, ob die ewig Gestrigen nicht mit aller Wahrscheinlichkeit doch weiter auf den Thronen sitzen bleiben werden, oder ob der Anstoß, einmal gegeben, wie eine Lawine weiterrollen und sie zermalmen wird – was wissen wir Menschen?

Es ist eine Frage, die sich jetzt an Jesus richtet, mindestens nach der Darstellung der «Tröstung der Völkergemeinschaft» (TG): «Bist *du* es?» – Es wäre das Schönste, was wir erleben könnten: Wir hätten gehofft und gewartet, und es träte *noch in unseren Tagen* womöglich ein, wir brauchten nicht länger mehr uns auszustrecken auf ein Inkognito, wir erführen sichtbar und greifbar die Bestätigung all unserer Ängste und Hoffnungen.

Was Jesus *hier* zur Antwort gibt, ist ein Meisterstück menschlicher Rücksichtnahme und tiefer Einfühlung; es ist das Angebot einer vorsichtigen, in der Sache aber entschiedenen Korrektur. Würde Jesus zu Johannes sagen: «Ich bin es, wie du erwartet hast», so müßte er völlig anders auftreten, als er es tut; dann müßt er wirklich zu Dreschflegel und Axt greifen, dann müßte er die Unheilsdrohungen des Täufers weiter noch ins Ungemessene ausschleudern und auswerfen. Nichts von alldem aber tut Jesus wirklich. Würde er indessen sagen: «Ich bin es *nicht*», bliebe für den eingekerkerten Mann Gottes nichts weiter zurück als eine enttäuschte Sehnsucht und als ein leergeglühter Glaube. Das aber darf nicht sein! Und das *muß auch* nicht sein! Am Ende kommt womöglich wirklich das Erhoffte und Erwartete, nur ist es völlig anders, als man dachte, ja, es muß ganz anders sein, als man dachte, um wahr zu machen, was man ersehnte. «Geht», sagte Jesus daher den Schülern des Johannes, «und meldet, was ihr *selber seht!*» Auch *das* ist etwas. Da wird keine Botschaft weitergegeben vom Hörensagen, sondern *aus eigener Erfahrung* soll dem Johannes berichtet werden; und dann offenbar soll der Täufer selbst sich die Antwort zurechtlegen und entscheiden, was gilt. Denn was es zu «sehen» gibt, ist eine neue, summarische Kette von Wundern, von uralten Prophetenweissagungen, die jetzt sich erfüllen.[150]

«Geht und meldet, *Blinde* sehen!» Was heißt da Blindheit, was Sehen? Kann es sein, daß es Menschen gibt, die so verliebt waren in die Hoffnung auf Menschlichkeit, daß ihnen vor lauter Tränen, in Anbetracht des Elends ihrer Tage, Augen nicht länger mehr waren, noch mitanzusehen, was sich wie ganz alltäglich rings um sie begab? Oder auch anders: Kann es nicht sein, daß Menschen *erblinden,* einfach weil sie nie den Mut besaßen, ihrem eigenen Augenschein und Urteilsvermögen wirklich zu glauben? Wie lehrt man die Augen eines Menschen, zu leuchten vor innerem Glück und wieder eine Perspektive zu gewinnen in eine unabsehbare Zukunft und von sich selbst her für richtig zu finden, was sie da persönlich an Hoffnung schon abmessen und abschätzen können? Jesus muß dieses Wunder vollbracht haben, müde geweinte, vor Trauer verschlossene, entmutigte Augen zu öffnen auf die Zukunft ihres eigenen Lebens hin.

«*Lahme* gehen.» – Gewiß, man kann Menschen verkrüppeln, so daß sie nichts mehr sind als in sich verkrümmte, zwergenhaft verkrochene Miniaturausgaben ihres eigentlichen Wesens, unfähig, sich selber zu regen, sich selber zu bewegen –, Gliederpuppen ähnlicher als Menschen! Wie aber spannt man die Bewegungsorgane entnervter, gestreßter Menschen wieder zu Seilen der Selbstverfügung und Autonomie? Wie richtet man Menschen zu ihrer wahren Größe auf, wie schenkt man ihnen ein Vertrauen in ihre persönliche Bedeutung, wie lehrt man sie, sich auf die Socken zu machen, statt vor den Mächtigen niederzufallen? – Jesus hat die Menschen genau das gelehrt. «Geht und sagt es dem Johannes!» erklärt er.

«*Aussätzige* werden rein.» – Seit Kindertagen erzieht man Menschen dazu, Teile ihrer Seele, ganze Bereiche ihres Körpers für nichts anderes zu halten als für Schmutz und für Schande – sie dürfen es nicht zeigen, nicht ansehen, nicht berühren, nicht mit Gefühl erfüllen; es hat zu gelten als nicht zu ihnen gehörig, es hat als ichfremd abgesperrt zu werden. Schließlich empfinden sie sich selber wie etwas Unanständiges, vor dem man die anderen insgeheim warnen muß; in ihren eigenen Augen erscheinen sie wie eine leibhafte Pest, wie etwas Scham- und Gebresthaftes, das man niemandem zumuten darf. Aber nun umgekehrt:

Wie bringt man solche Menschen wieder dahin, an ihre ursprüngliche Unschuld und Schönheit zu glauben und daran zu denken, daß es in ihrer Person, in ihrem Körper-Ich, in ihrer Seele keinen Bereich gibt, bis wohin sie sich nicht vorwagen dürften? – Ein in sich *ganz* gewordenes, ein integriertes Leben der Freude, des Gelingens, des *Heilwerdens* zu ermöglichen – das war das Ziel Jesu; und es muß ihm gelungen sein, diesem Prophetenwort nach!

«*Taube* hören.» – Wieviel gibt es an sprachgestörten Kontakten, an einem Spiel von Worten ohne Inhalt, an einem Verstopftwerden jeder feineren Wahrnehmung, wieviel an künstlich erzeugten Geräuschkulissen zur bloßen Flucht vor sich selbst und vor jeder wirklichen Beziehung! Wo zum Beispiel wäre es heute noch möglich, ein Kaufhaus oder ein Restaurant zu betreten, ohne von irgendeiner «Musik» terrorisiert zu werden, die lediglich den Zweck verfolgt, wirkliche Worte und Gespräche unter den Menschen zu paralysieren, so daß man die monologische Einsamkeit nicht mehr fühlt, in welcher die Masse Mensch melancholisch ihre Tage verdämmert? Aber könnte es sein, daß Menschen wieder eine eigene Sprache und Hörfähigkeit zurückbekämen? Es wäre der Anfang eines echten Lebens miteinander: – Jesus setzte alles daran, daß es so sei.

«*Tote* werden auferweckt.» – Da gibt es Menschen, die haben nie wirklich gelebt. Würden sie ihr Leben erzählen, so wäre es eine einzige Kette von Vergewaltigungen, von endlosen Geschichten, wie man sie fertiggemacht hat, wie man sie kaputtgemacht hat, wie man sie von früh an gehindert hat zu sein. Wieviel muß man aufbringen an Hoffnung in das Leben anderer, bis daß sie selber wieder den Mut und das Vertrauen finden, es könnte *doch* sein: sie wären wirklich und sie stünden auf aus den Gräbern!

«*Armen* wird die Frohbotschaft verkündet» – *das* ist es, was Jesus vom Beginn der Bergpredigt an tut und getan hat (Mt 5,3). Doch eben hier liegt der *Irrtum* Johannes des Täufers! Er ist, soweit man sehen kann, moralisch bedingt. Stets hat der Täufer geglaubt, die Menschen *könnten* all das, was er im Namen Gottes von ihnen forderte. «Die Menschen sind gut», hat er gedacht; «und wenn sie es nicht sind, so liegt es an ihnen selbst; dann muß man ihnen halt Beine machen!» Aber so ist es nicht! In den Augen Jesu sind die Menschen *arm*, hilflos, zerbrochen unter der Last ihres Leids, und das einzige, was sie brauchen, ist jemand, der sie aufrichtet; das *Laufen* besorgen sie dann wohl schon selber, dazu braucht man keine Peitsche zu nehmen. Was wirklich nottut, ist ein allmähliches Lernen, wie man sich selber wieder zu ertragen und sogar zu mögen imstande ist. Alles weitere kommt von allein. «Und siehst du, Johannes», scheint Jesus zu sagen, «*so* wollte ich verwirklichen, was du vorschlugst. *So* ist das weitergegangen, seitdem du im Gefängnis sitzt. Es ist dasselbe, was du erhofftest, und ist doch trotzdem ganz anders. Es meint wirklich Gott, wie du es wolltest, es ist ein erneuertes Leben, wie du es verlangtest, nur ergibt es sich aus einer völlig veränderten Perspektive, es geht viel mehr von der Not der Menschen aus als von ihren vermeintlichen Fehlern. Es heilt, statt zu richten. Und darin liegt für dich jetzt eine Chance und eine Gefahr. Es ist möglich, daß du darauf beharrst, diese Botschaft sei *zu* menschlich, *zu* gütig, *zu* leicht, und dich daran störst. Die eigenen Qualen, dein Wüstenleben, kannst du zu dem Anspruch formen, unterhalb davon lasse sich Gott gar nicht finden; – dann wirst du nichts von dem verstehen, was ich jetzt sage, und es wird für dich selber sehr schlimm sein. Dein Gefängnis wird sich dann schließen, nicht nur um dein Leben, sondern vor allem zwischen dir und Gott. Doch *glücklich* bist du, wenn du trotz all deiner Mahn- und Warnreden *nicht* daran Anstoß nimmst, wie grenzen- und voraussetzungslos gütig ich Gott den Menschen nahezubringen versuche.»

Das ist die Botschaft Jesu an Johannes den Täufer, an einen in der Todeszelle eingekerkerten wahren Mann Gottes.

Es gibt daneben eine ganz andere, kontrastreiche, zynisch spielende, quer durch die Tasten greifende Botschaft an das «Volk». «Barmherzigkeit Gottes» – soll das jetzt heißen: Wir richten uns nett ein, wir haben hier eine jokose Sache vor uns, die wir nur genießen müssen – Prophetie als ein neues Spektakel? Da stellt sich die Frage, was eigentlich am Jordan man erleben wollte und wer Johannes der Täufer wirklich war. Man kann, natürlich, einen solchen Mann *prima vista* einordnen unter die Trendsetter, unter die Leute, die stets nur tun, was gerade *en vogue* ist. Solche Leute gibt es ohne Zweifel, aber Johannes der Täufer hat mit ihnen nicht das geringste gemein. Er stand mitten im Wind, aber er bog sich niemals, er war niemals ein Grashalm oder ein Windbeutel – er war ein *Prophet*, und einzig darauf beruhte seine «Magie».

Oder anders: Wenn man was «*Vornehmes*» in der Gestalt am Jordan hätte erblicken wollen, so könnte man vielleicht denken, da sei jemand, der verhülfe uns zu einem feineren, netteren Leben, ohne Theologenkontrolle und Rabbinenzensur. Doch weit gefehlt. Wer *das* will, der sollte gleich besser mit der Macht paktieren und bei den Höflingen Zugang suchen. Johannes der Täufer war weitab davon, die Religion in eine bloß politische, ästhetische oder gesellschaftliche Frage aufzulösen. Noch einmal: er war ein *Prophet*, und Jesus fügt hinzu: «Er war noch weit mehr als das!» Wer den Entscheidungsernst dieses Mannes begriffen hat, weiß, worum es geht, und er ist ganz dicht am Reiche Gottes. Der Schritt *dahin* freilich muß lauten: Barmherzigkeit statt Zwang,

Johannes der Täufer und Jesus

Gnade statt Gesetzlichkeit, Menschlichkeit und Verstehen statt Drohen und Askese. «Wer Ohren hat, der höre!»

Das Reich Gottes kommt mit *Macht*, meint Jesus, und kein Mensch hält es auf. Aber es gibt immer noch Leute, die denken, sie hätten es in der Hand, sie könnten es machen. «Die ‹Gewalttäter› reißen es an sich.»[151] Das war schon immer so! Das ging Elija so, als König Ahab ihm nach dem Leben trachtete (1 Kg 19,1–3), und es ist so mit dem *wiedergekehrten* Elija, mit Johannes dem Täufer (Mt 17,13).[152] Das hört nie auf! Kaum rührt sich etwas, das wirklich energisch die Sache Gottes betreibt, das die Leute *ergreift*, weil sie es *begreifen*, da werden augenblicklich die Verwalter und Amtsträger in Kirche und Staat dastehen und sehen, wie sie es in den Griff bekommen können. Es wäre doch gelacht, wenn es etwas gäbe, das sie nicht kontrollieren könnten! Auch das Reich Gottes wird und muß in die Hände solcher «Gewalttäter» geraten! Dunkel genug, doch deutlich zugleich weist Jesus bereits hier schon auf sein eigenes Schicksal hin.[153] Nur, was hat er denn zu vermeiden? Dann wird es eben so kommen, wie es seit eh und je gekommen ist! Soll deswegen denn irgend etwas von all den Dingen, die in der Zwischenzeit zu sagen und zu tun sind, etwa nicht gesagt und nicht getan werden? Soll darum irgendein kranker Mensch weniger geheilt werden, oder irgendein Wort, gesprochen in Mut und in Geist, *verschwiegen* werden, nur der Gewalthaber wegen, die glauben, sie seien immer noch stärker als Gott? Natürlich nicht!

Die Frage bleibt nur, mit was für *Kindern* unter den sogenannten erwachsenen Menschen wir es eigentlich zu tun haben. Da gibt es die einen, die haben ihr Urteilsvermögen abgegeben an der Kirchentür oder beim Einwohnermeldeamt – irgendwo muß es passiert sein! Sie hören grundsätzlich nur auf die Lügen derer, die das Sagen haben, und sie *spielen* andauernd «Leben», statt selber zu leben. So haben sie «Beerdigung» gespielt, und es kam keine wirkliche Traurigkeit auf; dann wieder haben sie «Hochzeit» geflötet, nur: die Leute getrauten sich nicht zu heiraten![154] Im Klartext: Als Johannes der Täufer kam und die «Buße» predigte, da war ihnen das asketisch, zu finster, zu fanatisch, zu unkultiviert; dieser Mann, fanden sie, hatte nicht den nötigen Humor –, das rheinische Gehabe ging ihm ab. Dann kam Jesus und brachte alles mit, was sie wollten: Witz und Charme, einladende Güte und Verständnis für alles, doch auch das war nicht richtig, das war ihnen plötzlich zu offen und üppig. Dabei gilt es, *beides:* die verzweifelte Trauer und Aussichtslosigkeit, von der Johannes sprach, und die Rettung rein aus Vergebung, die Jesus verkündet, *zusammenzubringen.* Das eine baut auf dem anderen auf! Johannes den Täufer in ganzem Ernst für wahr zu nehmen, das ist schon die eigentliche Ouvertüre.

Denn wer selbst bei *seinem* Auftreten nicht irgendwann begreift, daß es mit der Spaßexistenz jetzt vorbei ist, daß es augenblicklich gilt, sich zu entscheiden auf Sein oder Nichtsein, der wird auch *Jesus* nimmermehr begreifen (Mt 21,32). Doch wer bei den Worten des Täufers erst einmal begreift, wie *verloren* er ist, solange man immer noch von ihm gewisse Vorleistungen erwartet, der weiß, daß ihm nur noch zu helfen sein wird, wenn man alle Vorwürfe und Anklagen einstellt, wenn man alle Angst abbaut, wenn man *nicht* mehr fragt: «Was hast du getan?» und: «Was mußt du jetzt tun?», *sondern:* «Was hat man dir angetan?» und: «Was geht in dir vor sich?» Buchstäblich geht es hier um eine Religion der *Erlösung*, die erst am Ende *des* Tunnels sich aufschließt, in den der prophetische Moralismus des *Täufers* die Menschen treiben mußte. *Was* dabei gilt, richtet sich ganz nach den Erfahrungen, die jemand mit seinem Leben macht. *Denn:* «Gerechtfertigt wird die Weisheit (einzig) aufgrund ihrer Werke.»[155]

Anders als in der Philosophie oder in der «Theologie» läßt sich in Fragen der Religion kein «Beweis» nach allgemeinen Prinzipien deduzieren; vor Gott muß jeder bei sich selber prüfen, was eine bestimmte Lebensauffassung mit seinem Leben macht; und wer dann Augen hat, zu sehen, und Ohren hat, zu hören, wird wissen, woran er ist. «Weisheit» ist das, was von Gott stammt; aber Gott möchte nichts anderes als die Vermenschlichung des Menschen. Wer da immer noch denkt, hier werde alles *allzu* menschlich gedeutet, Gott komme da «zu kurz», der Allmächtige komme nicht recht auf seine Kosten bei soviel Güte und Erbarmen, der «Herrgott» verliere da sozusagen seine Sporen an den Füßen und rutsche wie ein gutmütiger alter Greis in allzu gemütliche Pantoffeln, den freilich muß man daran erinnern, was er denn selber wäre unter den «Stiefeln» Gottes, wie *zermalmt* er da wäre! Demgegenüber zeigen die Werke der «Weisheit» sich daran, daß sie *heilend* sind, bis an die Enden der Welt. Und so findet hier beides zusammen: die *Prophetie* und die *Therapie;* sie werden *eins* in einem Glauben, der *freimacht:* Johannes der Täufer *und* Jesus, das «Kleinste» und das «Größte» in dem einen Reich Gottes.

Das, ohne Zweifel, ist die entscheidende «Leistung» Jesu an dieser Stelle: daß er die prophetische Schärfe seines Lehrers im Sprechen vom Heil angesichts der wirklichen Not der Menschen ins Heilsame und Heilende wandelt – daß er, im Bilde gesprochen, reine Gifte wie Phosphor und Stickstoff in seinem eigenen Leben dazu verwendet, Lebensenergie und Lebensbausteine, Adenosintriphosphat und Aminosäuren, zu erzeugen. Der Prophet als Arzt – *das* ist die unerhörte «Größe» Jesu «im Himmelreich» – wenn es unter den Augen Gottes um den Menschen geht.

Mt 11,20–24

Entweder – Oder!
Die Verfluchung der Städte

Die drohende Gestalt des *Täufers* und die heilende Gestalt des *Dieners Gottes,* der wiedergekommene *Elia* und der endlich erschienene *Sohn Davids* (Mt 1,1) – beide begegneten einander in der langen Passage von Frage und Klage, Zuspruch und Widerspruch, die Matthäus bereits der Logien-Quelle seines Evangeliums entnehmen konnte (vergleiche Lk 7,18–35).[156] Um so bezeichnender ist es, daß er jetzt im folgenden (Mt 11,20–24; 25–27) zwei Redeabschnitte aus der «Logienquelle» zusammenfügt, die sich erneut zueinander verhalten wie Fluch und Segen, wie Verwerfung und Lobpreis, wie Gericht und Rettung (Lk 10,12–15; 10,21–22), um dann mit den Worten einer großen Einladung zu enden (Mt 11,28–30).[157] Auch und gerade das heilende Angebot Jesu, so bereits die letzten Worte in dem vorhergehenden Abschnitt über die spielenden Kinder (beziehungsweise über die Menschen, die als ewige Kinder ihr Leben verspielen, statt es religiös energisch aufzugreifen!), wird man mit «Unglauben», das heißt mit Ausweichen, mit Zögern, mit Ablehnung, mit ängstlichem Festhalten an dem Althergebrachten (Mt 9,16–17) beantworten. Vom anderen Ende her wird Jesus mithin genau dasselbe Schicksal zu erleiden haben, das Johannes dem Täufer bevorsteht; doch das entscheidende ist: selbst nach der *Verfluchung* der Städte und Stätten, an denen nicht einmal die heilenden «Wunder» der Menschlichkeit Jesu eine wirkliche Gesinnungsänderung zu bewirken vermochten, wird *noch einmal* – und um so mehr! – dem Gott zu *danken* sein, der gerade die «Kleinen», die «Kindlichen» (Mt 11,25), die «Erschöpften und Überlasteten» (Mt 11,28) in seine Nähe gerufen hat.

Noch heute zeigt man dem Israelreisenden wenige Kilometer vom Nordufer des Sees von Gennesareth entfernt die Ruinen des antiken Chorazin, und niemand, der diese Fluchworte Jesu im Ohr hat, wird die niedergestürzten, grasüberwachsenen Säulenstümpfe und Steinquader der untergegangenen Siedlung betrachten können, ohne mit Schaudern in ihnen die stumm-beredten Zeugen eines furchtbaren Gottesgerichtes zu erblicken.[158] Für *Matthäus* hingegen geht es erneut darum, am schrecklichen Beispiel zu demonstrieren, daß dem Volk der Erwählung gesagt und getan werden konnte, was immer es sei – es hatte nötig, *Johannes den Täufer* zu töten, *Jesus von Nazareth* zu töten und stets noch dabei den Dünkel zu nähren, etwas besonders Berufenes unter den Völkern zu sein. Wenn Israel *wenigstens* (gewesen!) wäre wie die schlimmsten Städte unter den verworfensten Heiden! Drum wird Gott jetzt seine Gunst (in Gestalt der Jesus-Gemeinde) den *Völkern* zuwenden.

Dieses auf Schritt und Tritt anzutreffende theologische Konzept des Matthäus enthält drei Momente auf einmal: Durch eine entsprechende Montage isoliert überlieferter Jesus-Worte wird hier eine bestimmte *Geschichtsdeutung* geboten, wie die «Heilsgeschichte» Gottes von Israel weg auf die Heiden übergeht; nach Art einer impliziten *Selbstdarstellung der frühen Kirche* sammelt sich so die Gruppe derer, die Jesus als den «Christus» (an)erkennen, als ein neues, als das «richtige» Gottesvolk *außerhalb* Israels aus den Heiden; und schließlich rückt die Person Jesu dadurch an die Stelle dessen, den der Prophet Jesaja bereits erwartete, wenn er die Bewohner der Inseln, die Menschen am Ende der Welt, dazu aufrief, das Wort des *Gottesknechts* zu vernehmen, der kommt, gerade das Geknickte und Zerbrochene aufzurichten und zu heilen (Deuterojesaja 53,4.11).[159]

Geschichtstheologie, Ekklesiologie und Christologie kondensieren hier als Niederschlag dieser mit einem ungeheuer heißen Atem gesprochenen Worte.[160] Doch gerade deshalb gilt es, die Gedanken des Matthäus selber noch einmal zu *übersetzen*, statt sich historisch-(un)kritisch bei ihnen zu beruhigen.

Wie denn! Soll etwa dieser theologisch motivierte Antijudaismus schon der frühen Kirche in dogmatischer Starrheit einfach so stehenbleiben? Soll etwa die Vorstellung eines Gottes, der ganze Städte zerstößt und zerschmeißt, noch immer die Vorlage eines religiös verpflichtenden Geschichtsbildes bilden? Und soll es wirklich dabei bleiben, daß Jesus, vermutlich am *Ende* einer (sehr kurzen!) Phase der begeisterten Aufnahme seiner Botschaft in Galiläa, mit Zorn und Erbitterung auf die wachsende Ablehnung und Feindschaft der Gleichgültigen und Gegner unter seinen Hörern reagiert hätte?[161] Keine dieser Fragen löst sich, solange man bei der historischen Tatsachenfeststellung bleibt: Matthäus hat so gedacht, Jesus könnte so gesagt haben... *Warum* denn hat Jesus so gesprochen und worum geht es in der religiösen Auseinandersetzung selber, daß sie *für alle Zeiten* sich zuspitzt zu einer Frage von Sein oder Nichtsein? Nicht «Juden» und «Heiden», nicht «Chorazin» und «Tyrus», nicht vergangene Menschen und Städte bilden hier das existentiell entscheidende Thema, sondern bestimmte menschliche Einstellungen, die sich zueinander verhalten wie Feuer und Wasser. Woran diese Einstellungen sich *inhaltlich* festmachen, erklärt Matthäus selber mit den Worten, die er zur Deutung des ganzen *als Antwort* (Mt 11,25), das heißt *resümierend*, seinen Jesus sprechen läßt: mit der Einladung eben an die «Erschöpften und Überlasteten» (Mt 11,28)[162]; der Evangelist bietet damit noch einmal Gelegenheit und Hilfe, um zu verstehen, was bei dem historischen Sprechen von «Juden» und «Heiden», von «Fluch» und «Errettung», von «Gottessohnschaft» und «Heil» eigentlich auf dem Spiel steht.

Wieso, das ist das wirkliche *Rätsel* der ganzen Botschaft Jesu, geht «man» nicht erfreut und begeistert auf die große Einladung Jesu ein, die den Niedergebeugten und Hilflosen gilt? *Wieso*, mit Matthäus(!) anders gefragt, führen selbst seine «Wunder» die Menschen nicht endgültig zu einer großen Gemeinschaft zusammen, sondern *spalten* erneut zwischen «Geheilten» und Verworfenen? Wieso bleibt die große «Umkehr» (Mt 11,20), die Jesus erhoffte (Mt 4,17), trotz allem aus? Und, noch allgemeiner, was heißt denn hier «Machttat» und «Umkehr» und «Heilung» und «Gericht»?

Ursprünglich muß mit «Umkehr» einmal so viel gemeint gewesen sein wie «in Sack und Asche Buße tun» (Mt 11,21), und man hätte alles Recht, sich hier die Täuferpredigt fortgesetzt zu denken. Doch genau darum geht es nicht.[163] Nirgendwo hat der Täufer «Machttaten» der Heilung gewirkt! Das Problem jedenfalls, das Matthäus hier aussprechen möchte, ist kein anderes, als es schon in der Berufung der Zöllner (Mt 9,9–13) angeklungen ist; da hieß es: «Keine Not haben die Gesunden nach dem Arzt, sondern (nur) die übel dran sind... Ich bin ja nicht gekommen, recht (vor Gott) Lebende zu rufen, sondern (nur) Sünder.»

Warum eigentlich fällt es uns derartig schwer, uns überhaupt als «Kranke», als «Notleidende», als «nicht recht (vor Gott) Lebende» zu erkennen? Warum um Himmels willen bekämpfen wir immer wieder auf Teufel komm raus gerade das Gütigerwerden unserer Lebensvoraussetzungen? Was ist es, das uns immer wieder einen förmlichen Hang und Zwang zu Zerstörung und Selbstvernichtung auferlegt?

Man wird die Tragödie des menschlichen Daseins so wenig verstehen wie die «Umkehrung» des «Umkehr»-Angebots Jesu, solange man im Sinne der kirchlichen Moraltheologie an der Überzeugung festhält, man könne die Verhaltensweisen eines Menschen nach dem *«gesunden»* Urteil (so Papst Johannes Paul II.![164]) als eine freie Willensentscheidung zwischen dem «an sich Guten» und dem «an sich Bösen» entsprechend den «Geboten» Gottes bemessen. Alle Fragen rings um das Scheitern oder Gelingen, um Unheil oder Heilung des menschlichen Daseins reichen weit tiefer, als es in der Perspektive einer verkürzten Moraltheologie erscheinen muß. Die Ängste und Abwehrmechanismen, die Blockaden und Schuldgefühle, die Gegenfinalitäten und Wiederholungszwänge, die es hier durchzuarbeiten gilt, liegen durchaus nicht an der Oberfläche unseres Bewußtseins, sondern reichen tief in unser Unbewußtes und damit weit zurück in unsere frühe Kindheit.

Ein im Grunde «einfaches» Beispiel mag zeigen, wie schwer es uns fällt, als Chance und als Rettung zu begreifen, was Jesus an jeder Stelle des Matthäusevangeliums vorschlägt: sich tiefer auf sich selbst einzulassen in dem Gefühl, in allem und trotz allem voraussetzungslos akzeptiert zu sein («im Vertrauen auf Gott als unseren Vater», in der Sprache des Matthäus). –

Mir gegenüber sitzt ein Mann, der sich als Arzt und Philosophen vorstellt. «Ich habe die somatische Medizin verlassen», sagt er, «weil sie mir weltanschaulich widersprach. Die Religionsgeschichte interessierte mich mehr: der Hinduismus, der Islam, das hängt ja alles zusammen.»

Ich bin sprachlos. Wie eigentlich jeder weiß, hängen der Hinduismus und der Islam überhaupt nicht miteinander zusammen, sie sind einander vielmehr extrem unterschiedlich und fremd. Wie also kommt mein Gesprächspartner darauf, beide Religionsformen im «Zusammenhang» zu sehen und daraus einen Einwand gegen «die Medizin» zu machen?

«Sie üben Ihren Beruf heute nicht mehr aus aufgrund weltanschaulicher Schwierigkeiten?»

«Vielleicht sagt Ihnen das Wort Anarchismus etwas. Geht man dem nach, so stößt man auf die Begriffe Gut – Böse, Recht – Unrecht... das ist sehr interessant.»

Kein Wort, das er spricht, ist mir verständlich, außer daß er sich selber und mir ständig ausweicht. Aber warum?

«Also noch einmal: Sie haben eine bestimmte Vorstellung von dem, was Sie eigentlich tun müßten, doch diese Idee läßt sich nirgendwo realisieren, und so sind Sie zur Zeit arbeitslos, verstehe ich Sie richtig?»

«Man hat mich berentet. Doch ich behandle noch zwei Patienten im Landeskrankenhaus. Mit deren Arzt spreche ich manchmal.»

«Über sich selbst?»

Er nickt.

«Um sich bei ihm behandeln zu lassen, glauben Sie, Sie müßten ihm mindestens die Arbeit für zwei andere Patienten abnehmen? Was möchten Sie denn selber bei dem Psychiater erreichen?»

«Es ist für mich ein Problem der Sprachphilosophie.»

«Sie meinen, es ist nie so recht klar, was die anderen von Ihnen wollen und was Sie selber wollen? Mir fällt auf, daß Sie auf alle Probleme durch Ausdehnung der Fragestellung antworten.»

«Für die Psychiatrie habe ich mich gleich nach dem Examen interessiert, als ich selber etwa fünf Jahre lang in Behandlung war. Damals beschloß ich, Psychiatrie und Psychotherapie zu lernen.»

«Also: um selber Hilfe anzunehmen, mußten Sie selber zum Helfer werden! Ist das nicht so, wie wenn Sie, um ein Brötchen zu kaufen, erst einmal eine Meisterprüfung bei der Bäckerinnung ablegen müssen? Woher kommt denn das?»

«Ich verstehe, was Sie meinen. Es ist bei mir nicht ganz so, aber irgendwie geht es doch nicht anders.»

«Das heißt, Sie haben es schon seit Kindertagen so kennengelernt: wenn ich Hilfe brauche, muß ich selber erst einmal dem anderen helfen. Wo gehört das denn hin? Ich meine, bei wem war das schon als Kind für Sie so – bei Ihrem Vater, Ihrer Mutter...?»

«Mein Vater ist gestorben, da war ich fünf Jahre alt. Ich war das Jüngste von vier Geschwistern. Meine Mutter hatte ein Geschäft. Sie war sehr gut.»

«Aber wenn Sie ein Geschäft zu unterhalten hatte, wie konnte sie dann für ihren Jungen da sein? Sie *meinte* es bestimmt sehr gut, aber sie war gewiß ständig überfordert, nicht wahr? Verstehe ich Sie richtig: wenn Sie Ihre Mutter gebraucht hätten, mußten Sie als erstes Ihrer Mutter so weit helfen, daß sie etwas Zeit für Sie bekam?»

Ihm traten die Tränen in die Augen.

«Sie hatte eine Wirtschaft...»

«Das heißt, Ihre Mutter konnte bis in die Nächte hinein für Sie kaum dasein, und sie hatte mit den Betrunkenen zu tun, sie war oft verzweifelt...?»

Unser Gespräch war noch nicht zehn Minuten alt, und wir standen mitten im Zentrum einer vollendeten Tragödie. Dieser Mann hatte sein Leben lang versuchen müssen, die Schwierigkeiten seiner Mutter zu lösen, um irgendwann einmal selber bei ihr Schutz und Geborgenheit finden zu können; selbst die kleinsten Schwierigkeiten heute beantwortete er mit immer höheren Ansprüchen an sich selber, und es war ihm fast unmöglich, sich auch nur von weitem vorzustellen, daß er von anderen hätte Unterstützung und Hilfe erfahren können ohne ständige Vorleistungen. Dabei fühlte er genau, daß er eben *das* gebraucht hätte: eine Begleitung ohne unentwegte Selbstüberforderungen. Seine berufliche wie seine private Existenz waren zusammengebrochen, indem sein Suchen nach Hilfe stets nur das Ausmaß seiner Verantwortung vergrößert hatte.

Wie also war ihm wirklich zu helfen?

Eines zeigt sich an diesem Beispiel ganz deutlich: das komplette Versagen des moralischen Standpunkts! Jedes Anmahnen bestimmter Forderungen konnte bei ihm nur die längst vorhandenen Dauerüberforderungen verstärken. Jeder Vorwurf, nach so vielen Jahren der Ausbildung immer noch nicht etwas wirklich Nützliches geleistet zu haben, mußte das tiefe Minderwertigkeitsgefühl, die Angst, erneut zu versagen, die übersteigerte Erwartung an sich selbst, das ausgeprägte Schamgefühl für seine ganze Familiengeschichte, all die Gründe mithin für sein wirkliches Versagen nur noch weiter steigern. Um zu sich selber zu finden, bedurfte dieser Mann einer vollständigen Änderung seiner Lebensgrundlage. Er mußte üben, in kleinen Beträgen um Hilfe zu *bitten* – und dabei das Schuldgefühl auszuhalten, den anderen nicht gleich doppelt und dreifach dafür zu entschädigen; um einmal buchstäblich *gratis* zu existieren, kam es für ihn darauf an, die Begrenztheit seines bisherigen Lebenskonzeptes aus der frühen Kindheit zu begreifen und die ständigen Wiederholungszwänge abzubauen, mit denen er heute sich selbst und den anderen im Wege stand; um wirklich etwas Nützliches zu «leisten», mußte er paradoxerweise sich selber als lebensberechtigt und liebenswert auch dann gelten lassen, wenn er so «unnütz» war, wie zu sein es ihm als Kind schon hätte vergönnt sein müssen. Alles entschied sich in seinem Leben entlang dieser Frage auf Gedeih oder Verderb, auf Leben und Tod, auf Gewinn oder Ruin.

Was im Fall dieses Arztes nur ein einzelnes Beispiel zu sein scheint, gewinnt in der Perspektive Jesu eine grundsätzliche Bedeutung: woraus wir Menschen in Wirklichkeit leben. Hier ist eine Entscheidung *im Prinzip* zu treffen, weil an dieser Stelle das ganze menschliche Leben auf dem Spiel steht, und sie geht quer durch die etablierte Form jeder Religion, weil sie jeden Menschen betrifft. Viele Menschen reden im Namen der Religion von «Gott» so, wie man es ihnen seit eh und je beigebracht hat; doch dieser «Gott» ist nichts weiter als ein Sammelbecken moralischer Vorschriften und dogmatischer Redensarten –, mit der Not und der Verzweiflung der Menschen hat er nichts zu tun; im Gegenteil, er erweist sich als ein metaphysischer Garant ständiger Ausgrenzungen zugunsten der sakrosankten Rechte der ewig Richtigen. Dieser «Gott» ist keine Antwort auf den Schrei der Angst, er ist kein Heilmittel für das Flehen der Kranken, er ist kein Schutz für die Hilflosigkeit der Angefochtenen, er steht einfach da als ein personifiziertes Gesetzbuch bzw. als der hypostasierte «Geist» der Kirchenordnung an sich selbst. Niemand im Schatten eines solchen Kirchengottes kann auch nur auf die Idee verfallen, es dürfte, ja, es müßte einen Gott geben, der als erstes *nicht* mit neuen Forderungen und Erwartungen an die Menschen herantritt, sondern der ihnen nachgeht in ihren Verwicklungen und der ihnen aufhilft in ihrer Ohnmacht; vielmehr läßt sich vorhersehen, daß die gesamte Kirchenordnung, repräsentiert in allen Kirchenoberen und Kirchenordentlichen, sich *dagegen* mit allen Kräften zur Wehr setzen wird, und zwar um so mehr, als bis dahin der Glaube (oder der Wahn) herrschen mochte, gerade durch die Zugehörigkeit zu dieser bestimmten Kirche und Glaubensform etwas «besonders Erwähltes», etwas von Gott speziell Bevorzugtes vor allen anderen zu sein. Was Jesus mit seiner Botschaft bewirkt, läuft in letzter Konsequenz auf die Enthebung von allen vermeintlichen Privilegien im Namen Gottes hinaus; die ganze Art, wie er die Grundlage des Lebens radikal neu in der Grenzenlosigkeit des Vertrauens verankern möchte, zerstört all die scheinbar so fest gefügten Fundamente der kirchenfrommen Formalität sowie der bürgerlichen «Normalität», und am Ende stehen womöglich all die Menschen *außerhalb* des Kordons kirchlicher Rechtgläubigkeit und offiziösen Rechtverhaltens, stehen die sogenannten *«Heiden»* dem Gott, den Jesus seinen «Vater» nannte, trotz all ihrer vermeintlichen «Ungeheuerlichkeiten» und «Laster» vielleicht weit näher als all diejenigen, die der heilenden Wunder der Menschlichkeit Jesu gar nicht bedürfen. Für sie bleibt alles ein unverbindliches Spektakel, oder aber es wird, wenn sie es begreifen, zu einem gefährlichen Skandal. Ein bißchen Belustigung und ein bißchen Belästigung, das war für sie schließlich alles, was Jesus verkörperte. Wenn es aber nicht einmal einem Manne wie Jesus gelingt, Menschen aus der Reserve ihres kirchenverordneten Zwangsdenkens zu locken und zu lösen und sie zu einer wahren Entscheidung zu provozieren, was für eine Hoffnung soll uns dann bleiben?

Es bleibt selbst für Jesus keine andere Hoffnung, als daß zumindest all diejenigen, die «übel dran sind» (um mit Matthäus zu reden), schon weil sie anders gar nicht zu leben vermögen, von innen her begreifen, um was es hier geht. Das ganze gewöhnliche Leben im Rahmen der verfaßten Kirchenordnung erscheint da als eine einzige Zerstörung des Menschlichen, und umgekehrt: was bisher wie etwas Verworfenes, Krankhaftes und «Abartiges», als etwas «Sodomitisches», «Gomorrhanisches» und zutiefst «Heidnisches» erschien, gerade das gewinnt mit einem Male eine gute Chance, am Ende «besser» dazustehen.

Man kann nicht sagen, daß Jesus hier «Gericht» und «Strafe» *androht*.[165] Er nimmt einfach die Bilder innergeschichtlicher Zerstörung und verlegt sie in die «Endabrechnung» unseres Lebens. *«Buße tun»*[166] – das heißt für ihn, all die Scheinsicherheiten moralischer Selbstvergewisserung preiszugeben und sich auf den geduldigen Weg eines unbedingten Vertrauens zu begeben. Dieselbe Vokabel, die im Mund seines Lehrers Johannes des Täufers so viel bedeutete wie Selbstkasteiung, Askese und eine Fülle korrekter Werke der Gesetzeserfüllung, nimmt im Munde Jesu eine nahezu gegenteilige Bedeutung an: hier ist nichts mehr zu «machen», hier gilt es, wachsen zu lassen; hier ist nichts mehr zu «ordnen» oder zu «verordnen», hier weitet sich ein Raum der Geborgenheit, in dem das Leben selbst sich in Freiheit gestalten darf; hier gibt es nichts mehr an göttlichen Weisungen auszulegen und aufzuerlegen, hier ist es erlaubt, daß Menschen Gott selber begegnen in ihrer ganzen Ungeschütztheit und grenzenlosen Bedürftigkeit. Aufbau oder Zerstörung – das war für *Johannes den Täufer* identisch mit der äußersten Konsequenz des moralischen Denkens in Gut und Böse, in Lohn und Strafe. Für *Jesus* steht fest, daß es nicht möglich ist, innerhalb dieses festgelegten Rahmens Menschen, die wirklich Notleidende sind, von Grund auf zu helfen, schon weil das moralische Denken selber in vielen, wo nicht in allen Fällen an dem Desaster der Menschlichkeit ursächlich beteiligt ist. In seinen Augen gilt es, nach dem *Zerbrechen* an der Botschaft des Täufers das gesamte Sprechen von Gott zu verwesentlichen. Gott ist in gewissem Sinne zu schade, um hinter dem Bild eines obersten Gesetzgebers beziehungsweise einer höchsten moralischen Auskunftei zu verschwinden. Nicht die Frage des Recht*verhaltens*, sondern des Recht*seins*, die Existenz des Menschen im ganzen, nicht ein Katalog ethischer Anweisungen, steht zur Entscheidung, wenn es um *Gott* geht. Als erstes gilt es daher, die Menschen zu sich selber zurückzuführen, ehe man ihnen erklären kann, was Gott mit seinen «Geboten» gemeint hat. Der gesamte tradierte Inhalt der Religion wird hier nach innen gezogen; er löst sich nicht auf, doch verwandelt er sich von einem äußeren Stützsystem in eine seelische Kraft des Vertrauens und Hoffens, des Liebens und Wachsens, und *mehr* braucht es nicht, damit Menschen beginnen können, wahrhaft zu leben. Die Wunder der Heilung, die Jesus dem Täufer im Gefängnis mitteilen läßt, sind geradewegs der *Grund* seiner Ablehnung in den Dörfern Galiläas; doch alle, die selbst mit sich nicht aus noch ein wissen, werden wie magisch angezogen von der Botschaft dieses Mannes. Alle sich schon «berufen-Wähnenden» hingegen werden, weil selber Verstoßende, an dieser Stelle notwendig scheitern; alle Verstoßenen aber werden endlich aufatmen und sich wie Eingeladene fühlen. – Das ist der Gedanke des nächsten Abschnittes.

Mt 11,25–30
Einladung und Dankbarkeit

Es gibt Worte in der «Tröstung der Völkergemeinschaft» (TG), die uns gewissermaßen den Blick durch die Mauer der historischen Einfriedungen erlauben und uns Jesus zeigen, wie er historisch wohl «wirklich» war.

Den ersten Worten dieses Textes nach tritt uns der Jesus vor Augen, den wir aus der kirchlichen Verkündigung gewohnt sind: eine frühchristliche, an das Johannesevangelium gemahnende Ikone[167], ein Bekenntnis zur Einheit zwischen Gott als dem «Vater» und dem «Sohn», eine Gestalt von unvergleichbarer Einzigkeit göttlicher Nähe und Weltüberlegenheit. Aus diesem Raum gesprochen ergibt sich dogmatisch *alles*, die sogenannte Trinitätslehre ebenso wie die sogenannte Christologie, scheinbar wie von selbst; aber eine derartige Lehre trennt die Menschen von dem Jesus, wie er wirklich war, indem sie aus den Worten eines ungeheuerlichen Mutes abgeleitete Formeln eines wahnhaft anmutenden göttlichen Selbstbewußtseins macht[168]; selbst wenn deren Wirkungen freundlich und menschlich scheinen, so sind doch wir selber angesichts einer solchen Erhabenheit der dogmatisierten Gestalt Jesu weder gehalten noch befähigt, uns persönlich entsprechend zu verhalten.[169]

Fangen wir deshalb bei der matthäischen Darstellung der Worte Jesu einmal am Ende an. Da lädt jemand ein, es möchten zu ihm kommen «all ihr Erschöpften und Überlasteten»[170]. Es ist eine Anrede an eine Menschengruppe, von der Jesus sich gleich von Beginn an schon umringt sieht und die er nicht mehr loswird (Mt 4,24; 9,35; 10,1). Speziell das Matthäusevangelium, dem wir diese Worte (11,28–30) als einzigem verdanken, malt eine ständige Kulisse, eine Wolke aus Menschen um Jesus, die elend dran waren.[171] Rein historisch betrachtet, muß eine solche Aura der Einladung und der Heilung der Gestalt des Jesus von Nazareth in der Tat wohl am meisten ähnlich gewesen sein. Wenn *er* in die Welt sah, dann fielen ihm offenbar zuerst stets die Menschen auf, die irgendwie Hilfe brauchten, und gewissermaßen *nur* die. Alle anderen blieben ihm in einer unbegreifbaren Weise gleichgültig, ihnen hatte er nichts zu sagen – ganz einfach (Mt 9,13). Mit ihnen wollte er nicht die Zeit vertun – so simpel war das; denn jeder Mensch in Not war für ihn wichtiger. Es war nicht nur, daß sich die ganze Welt in seinen Augen anders formte, offenbar fühlte

Jesus sich wie magisch angezogen von gerade diesen Leuten. Hat ihm das «Gott» gesagt? War da irgendeine Himmelsstimme, die ihn dazu aufrief, beglaubigt womöglich durch großartige Begleiterscheinungen?

Wenn wir so denken, verfälschen wir die wirklich ungeheuerlichen Züge in der Person Jesu. Vermutlich ging alles so einfach und provokativ zu, wie daß ALBERT SCHWEITZER nach Jahren der angesehenen, von außen betrachtet glücklichen Lebensform als Dozent der Theologie, als Konzertspieler und als Bach-Interpret eines Tages den Entschluß faßte, nach Lambarene zu gehen[172], um jenen Ort aufzusuchen, an dem in seinen Tagen am meisten gelitten wurde. Solche Entscheidungen fallen gewiß nicht über Nacht, aber sie fallen auch nicht vom Himmel; sie formen sich in einem Menschen entsprechend der Art, wie er andere Menschen erlebt, und die Frage, die sich ihm stellt, lautet ganz einfach: was ist wirklich wichtig zu tun in den paar Jahren unserer irdischen Existenz, worauf kommt es an in unserem Leben, was ist der Maßstab, der gilt?

Jesus muß geglaubt haben, daß jeder Mensch, schon einfach wenn er und weil er leidet, einen Ort braucht, um sich *ausruhen* zu können.[173] In seinen Augen müssen die Menschen erschienen sein wie ständig Überforderte, beladen mit ganzen Säcken von Lasten – sozialen, physischen, psychischen, moralischen, religiösen, politischen, wirtschaftlichen... Das Problem ist oft, daß diese Menschen es selber sich gar nicht zugeben, wie mühsam sie sich durchs Leben schleppen. Lieber sagen sie, so sei es ja ihr Erfolg, so erweise es ihre Tüchtigkeit, gerade so wollten sie es gern und freiwillig selber, auf die Weise machten sie Geld, so würden sie mächtig... Doch schaut man dahinter, räumt man die Fassade beiseite, so trifft man zumeist auf die Geschichte einer endlosen Selbstvergewaltigung. Und wo finden sich da Ruhezonen für die Menschen? Wo gibt es einen Ort, an welchem Menschen sich einfach hinsetzen und sagen können: «Es ist mir egal – ich werde weinen, wenn ich weinen möchte, ich werde lachen, wenn ich lachen möchte, ich werde sagen, was wirklich stimmt, ich werde leben, was in mir leben möchte; ich werde die Rücksichtnahmen auf all die Zwänge, Umstände, Vorschriften, auf all die Personen, die immer wissen, wer ich sein soll, sein muß, einmal über Bord werfen»? Es ist nicht schwer zu begreifen, welche Spannungen hier bevorstehen! Da gibt Jesus Menschen recht, einfach weil sie Menschen sind! Und sein einziges Argument lautet: sie leiden! Das ist der Grund seiner Einladung.

Wir hören ganz richtig: Die Person, die *wir* für die wichtigste der ganzen Menschheitsgeschichte halten, in der wir den Gründer unserer eigenen Religion erkennen, die wir für den Erlöser der Menschheit halten, tut genau das nicht, was uns von seiten der Kirche in seinem Namen wie selbstverständlich

Einladung und Dankbarkeit

beigebracht worden ist: die Leute einzuladen, weil sie einer bestimmten Doktrin sich zugehörig fühlen: Sie sind *katholisch,* dann dürfen sie hier sein; sie sind *evangelisch,* dann dürfen sie *nicht* hier sein; sie sind *Muslime,* dann gehören sie überhaupt nicht hierher; sie sind *Hindus,* dann sind sie Heiden. Wenn es möglich wäre, einmal nur darauf zu achten, wie Menschen sind, und zu begreifen, daß das Leid überall das gleiche ist und keine Grenzen zuläßt, weil jede Grenze das Leid nur noch vermehren muß, dann wird die Welt wie von selbst so offen, so wehrlos, so schutzlos, so *leergeräumt* von allen Zäunen der Abgrenzung, wie Jesus es wollte. Da gibt es kein Ende, keine Beschränkung, kein Halten. Wen wundert's, daß die Wirkung Jesu auf die Menschen seiner Zeit so gewesen sein wird, wie schon das Markusevangelium es schildert, daß sie von weither gelaufen kamen, um auch nur eine Stunde der *Ruhe* in der Nähe dieses Mannes verbringen zu dürfen? Man brachte sie auf Tragbahren, all diejenigen, die nicht stehen und liegen, die nicht laufen und nicht gehen konnten, nur um von ihm berührt und angerührt zu werden.[174]

Man mag sich fragen, warum denn ein solches Engagement überhaupt sein soll. Nun, einfach deshalb vielleicht, weil Jesus von der Vorstellung getrieben war, es sollte irgendwo doch einmal so etwas geben wie eine gewisse Gerechtigkeit auf Erden. An einer entscheidenden Stelle in der Bergpredigt jedenfalls sagte er einmal: «Glücklich sind die Menschen, die nicht aufhören zu dürsten nach der ‹Gerechtigkeit› Gottes» (Mt 5,6). Die «Gerechtigkeit» der Menschen umschreibt fast immer nur die «Rechte» der Besitzenden, die Verteidigungspflichten der Wohlgesättigten, die Ansprüche derer, die ohnedies schon das Sagen haben.[175] Aber die Menschen, die unter die Räder kommen, haben die kein Recht zu leben? Sind sie nicht auch Menschen, nicht auch «Kinder Gottes»? Und wer hört sich *ihre* Klagen und unterdrückten Schreie und unausgesprochenen Verzweiflungen an? Es ist ein guter Grund, sich für einen Menschen einzusetzen, schon weil diese Frau, dieser Mann, nie eine Chance im Leben gehabt hat, und die, in Gottes Namen, soll sie, soll er kriegen, jetzt oder nie! Irgendwann muß ein Mensch doch zumindest *ahnen* dürfen, wofür er auf diesem Planeten herumläuft. Es muß doch möglich sein, Menschen davon zu überzeugen, daß sie nicht einfach ein Stück Dreck sind – arme Schweine halt, und nichts weiter. Wenn da ein Gott im Himmel existiert, dann wird er *das* wollen, als einziges, als wichtigstes: den Menschen das Gefühl ihrer eigenen Würde zurückzugeben, selbst wenn die Anstrengung dafür so groß ist, daß für alles andere weder Zeit noch Energie bleibt.

Allein ein einziger solcher Gedanke stellt die ganze Welt *auf* den Kopf, doch gerade dieser Gedanke will Jesus nicht *aus* dem Kopf. Allein schon bei dem

Versuch, zu beschreiben, was dieser Mann will, gehen uns notgedrungen die Worte aus. Denn all die Worte, die wir kennen, sind nichts als Lüge. «Erlösung der Menschheit» zum Beispiel nennt das die Kirche – ein wunderschönes Wort, eine feierliche dogmatische Tatsache, ein objektiver Sachverhalt, den man «glauben» muß: die Welt ist «erlöst». Doch mit der Wahrheit Jesu hat das nichts zu tun. Was *er* Erlösung nannte, war ein Werk von vierundzwanzig Stunden täglich – mühsam, angestrengt, strapaziert, wehrlos und erniedrigt er selber, verachtet und für verrückt erklärt (Mk 3,21) von all den «vernünftigen» Leuten, weil «man» so nicht lebt, wie er das tat, weil es keinen Sinn macht, jedes Maß zu verplempern, wie er das wollte, weil dabei ja auch nichts herauskommt außer Ärger, Anfeindung und Verfolgung. Allein schon seine Haltung, nicht zu fragen, was der morgige Tag bringen wird (Mt 6,34), allein schon sein Verzicht, Menschen zu manipulieren, daß sie zur Erfolgsmasse der eigenen Ziele werden, sein ganzes Bestreben, sich lediglich auf die Menschen, die es gibt, einzustellen: auf ihre Fragen, auf ihre Nöte, auf ihre Ängste, und da mitzugehen, bis wohin sie es brauchten (Mt 5,41), war doch erkennbar nichts weiter als ein Weg zum persönlichen Mißerfolg – so kommt man zu nichts! Das steht fest.

Dabei greift Jesus auf Worte zurück, die schon beim Propheten Jeremia zu lesen sind: «(Ich lasse euch) Ruhe finden für eure Seelen!» (Jer 6,16)[176]. Immer wieder ist diese Nähe Jesu zu diesem großen Mann Israels, sechshundert Jahre vor ihm, beeindruckend. In einem Kraterkessel des Unglücks hat dieser Prophet eine Hoffnung jenseits der Katastrophe verkündet, indem er das Zerbersten der heiligen Tempelmauern als einen Neuanfang Gottes betrachtete und zu leben versuchte. Auch die göttliche *Weisheit* wird hier zitiert: «Mein Joch ist angenehm und meine Last ist leicht» (Sir 51,23)[177]. Aber was ist hier göttliche «Weisheit»? Sie fließt im Buche *Jesus Sirach* wie Honig von den Lippen. Hier aber, im Leben Jesu, ist sie wie ein Aufblühen der Seele von Menschen in einem Feld, an dem sie endlich existieren dürfen. Nichts geht da leicht und selbstverständlich vor sich, nichts geschieht da in göttlicher Magie kraft gewisser übernatürlicher Fähigkeiten, die einem «Gottessohn» nun einmal zukommen. Im Gegenteil, je menschlicher wir versuchen, uns das Auftreten Jesu vorzustellen, desto näher werden wir der Wirklichkeit des Mannes aus Nazareth kommen.

Die Frage stellt sich natürlich: Woraus lebt denn so ein Mann selber, woher bekommt er seine Energien, was ist sein Geheimnis? Die Worte, die Jesus wie zur Erklärung dafür ausspricht, sind in den Evangelien stark retuschiert, aber im Kern klar erkennbar: Es muß in ihm ein Vertrauen zu Gott gegeben haben, wie es ein Kind gegenüber seinem Vater (seiner Mutter) an den Tag legt, so unbedingt, so total.[178] Freilich, ein Kind wird gegenüber seiner Mutter, gegenüber seinem Vater eines Tages lernen müssen, erwachsen zu werden, und es wird merken, daß alle menschlichen Beziehungen niemals ganz rein das wiedergeben, was es ursprünglich sucht. Gott hingegen – das war für Jesus dieses absolut gesetzte Gegenüber eines unverlierbaren Urvertrauens, so daß Menschen ihm nichts anhaben konnten und er umgekehrt ihnen sogar dieses Vertrauen zurückbringen konnte, neu geboren zu sein.

Eine solche Haltung ist wirklich erlösend; sie berührt den Kern all der Übel, warum Menschen sich so quälen: Sie tun es immer wieder aus einer schrecklichen Angst heraus, nicht gut genug zu sein; dieser Angst entsteigen all ihre Selbstzweifel, all die vernichtenden Urteile über sich selber, all die Formen verinnerlichter Ablehnung seit Kindertagen. Kein Mensch glaubt unter solchen Umständen wirklich an sich, er ist außerstande zu einem Gefühl für seinen wirklichen Wert; doch wenn man ihn lehrt aufzuschauen, innezuhalten, zur Ruhe zu kommen, sich auf sich selber zu besinnen und allmählich zu unterscheiden zwischen dem, was er selbst ist, und dem, was er selber nicht ist, zwischen dem, was er selbst möchte, und dem, was er ganz sicher nicht möchte, so wird sein Leben immer leiser, gesammelter, konzentrierter, persönlicher, sicherer werden. Ein solcher Weg der Verinnerlichung mutet an wie ein schweres Joch, denn ganz leicht ist er nicht.

Man versuche nur einmal, zwanzig Minuten lang in einem ruhigen, leeren Raum zu sitzen – kein Radio, kein Buch, nur man selber – was passiert dann? Man lasse die Gefühle, die Gedanken am besten einfach strömen, man ordne sie nicht, man sei nicht schon wieder innerlich unterwegs zur nächsten Arbeit, man achte einfach darauf, was da hochkommt – da wird man bald merken, wie unruhig wir aus lauter Gewöhnung sind, wie das «Joch» uns auf die Schultern drückt und wie wir es am liebsten möglichst bald abwerfen möchten. Aber wenn wir einmal ein solches Joch aufnehmen und uns im entscheidenden daran gewöhnen, so lernen wir nach und nach ein Vertrauen, das die Welt wirklich angenehm und leicht macht.

Es gibt nur diesen Weg zum Glück, der darin besteht, bei sich anzukommen. Das ganze Geheimnis liegt in dem, wovon Jesus immer wieder spricht: daß da Hände sind, die sich um uns legen wie ein Schutz, so daß im letzten uns nichts passieren kann; daß da eine Gewißheit sich bildet, einen inneren Auftrag für unser Leben zu besitzen, der von diesem Hintergrund kommt; und daß da die Fähigkeit wächst, im Vertrauen auf Gott neu auf Menschen zuzugehen. Tut man dies, so wird man an jeder Stelle von Menschen Überraschendes von Gott gesagt bekommen, und umgekehrt wird man lernen, in die fremde Not hinein Dinge zu sagen, die man selber vorher so nicht kannte. Da lernt man die Flüchtigkeit eines kleinen Menschenlebens als so ernst zu nehmen, daß sich ein Stück der Ewigkeit darin vorbereitet. Da lernt man, mitten im Haß die Klänge einer erstickten und verlorenen Liebe wiederzuhören. Da lernt man, aus den Brechungen des Lebens Vermutungen anzustellen über das reine, weiße Licht, das sich in oft bizarren Mustern darin spiegelt. Und an jeder Stelle wachsen Gott und Mensch enger zusammen, und die Menschen untereinander verschwistern sich immer mehr als Schwestern und Brüder.

Freilich, in all dem liegt auch so etwas wie ein Abschied. Niemand von den Wissenden, den Richtigen, den Ordentlichen wird begreifen, was da auf dem Spiele steht und an wirklich Neuem geschieht. Jesus für seine Person hat an dieser Stelle diese Auseinandersetzungen bereits hinter sich. Er *preist* Gott geradewegs dafür, daß er den Gebildeten und Vernünftigen all das verhüllt hat, was sein Geheimnis ausmacht – sie werden nie dahinterkommen.[179] In der Sprache der «Gebildeten» und der «Vernünftigen» heute, in den exegetischen Kommentaren zur Stelle kann man zum Beispiel lesen, hier handle es sich um einen «eschatologischen Heilandsruf», um den Anbruch der Gnadenhaftigkeit des Reiches Gottes, um die Manifestation des Gottessohnbewußtseins Jesu von Nazareth[180] – es ist großartig! Es klingt so richtig gebildet und klug – so oder ähnlich muß man heutigentags auf den Kathedern sprechen, um als Theologe zu reüssieren. In dieser Sprache hat man die Menschen auf Jahrhunderte hin *gezwungen*, ihren «Glauben» im Sinne der Kirche zu bekennen; auf groteske Weise ist hier scheinbar alles ganz einfach geworden, bis daß es sich aufgelöst hat in bloße Redensarten. In Wahrheit aber macht es den Menschen das Leben schwer. Es gibt unter soviel theologischer Gottseligkeit und Allwissenheit keine Asylstätten mehr für ihr Elend und für ihr Leid, es gibt keine wirklichen Orte der Ruhe mehr. Und wenn diese Art der «Verkündigung» nur lange genug dauert, so erstickt sie schließlich in ihrem Ritualismus alles Leben der Menschen.

Matthäus schreibt, Jesus habe diese Worte gesagt *als Antwort* – worauf? Auf die Verurteilung, muß man denken, die er eben noch über die Städte Chorazin und Bethsaida ausgesprochen hat. Auch hier jetzt geht es um eine Wahl zwischen Himmel und Hölle, zwischen Sein oder Nichtsein, zwischen einem wirklichen Leben oder einem langsamen Sterben. Unterhalb eines solchen Entscheidungsniveaus begreift man Jesus anscheinend überhaupt nicht. Er war das, was wir offenbar in Kirche und Gesellschaft am meisten fürchten: ein durch und durch *Radikaler*. Anders kann und konnte er nicht sein. Denn die

Menschen leiden bis in die Wurzel, bis zur kompletten Selbstzerstörung. Wem diese Einsicht nicht selbst an die Nähte geht, der wird die Worte Jesu nie verstehen. Er wird bleiben, was er ist: vernünftig, gebildet, anständig, ordentlich – belobigt in Staat und Kirche, doch außerstande, auch nur einem einzigen Menschen entscheidend zu helfen. *Oder* es gibt eine Auferstehung mitten im Leben; dann ist Leid überwindbar, und das Ausruhen im Inneren des eigenen Herzens ist nicht länger mehr eine Illusion.

Da sagte bereits ein alter, großer chinesischer Weiser: «Wen der Himmel schützen will, den schützt er durch die Liebe.»[181] Man kann tausend Dinge falsch machen – sie werden trotzdem alle richtig sein, solange man sich sagen kann: «Was ich sagte und tat, habe ich getan aus Liebe.» *Das* trägt einen Menschen zu Gott, das als einziges. Allein darauf kommt alles an.

2. Wider die Lehre der «Pharisäer» und der Sadduzäer
(Mt 12,1–15,39)

Mt 12,1–8: Noch einmal
Ein Glaube ohne Opfer – der Sabbat zum Beispiel

Noch sind die Worte Jesu uns im Ohr, mit denen er die Bedrückten und Niedergebeugten in seine Nähe lud – «mein Joch ist leicht», versprach er –, da beginnt, vom Kapitel 12 des Matthäusevangeliums an, fünf lange Abschnitte hin, die Auseinandersetzung mit den erklärten *Gegnern* dieses Neuanfangs, mit der Lehre der Sadduzäer, der Schriftgelehrten und der «Pharisäer». Gewiß, im Sinne Jesu könnte alles, was er sagt, sehr *leicht* sein, leicht zu verstehen und leicht zu tun, ist es doch in sich selber als Erleichterung gemeint; gerade dagegen aber stehen merkwürdigerweise immer wieder all die Erschwernisse, die von der offiziellen Religion, von den Religionsverwaltern in Kirche und Gesellschaft, eingerichtet werden, um den Menschen auf *ihre* Weise das Leben zu «erleichtern».

Worum bei alledem geht es? – Eigentlich um einen immerwährenden tödlichen Konflikt zwischen Freiheit und Gesetz, zwischen Menschlichkeit und Zwang. Ob ein Mensch existiert von innen her oder von außen, ob er selbst lebt oder gelebt wird, das ist die entscheidende Frage im Leben Jesu und im Leben eines jeden, der sich auf ihn einläßt.

Man hört an dieser Stelle ganz richtig: Zur Verhandlung steht das heiligste Gesetz des Judentums in der damaligen Zeit, die Sabbatordnung.[1] In jenen Tagen galt die Sabbatfrage als der Dreh- und Angelpunkt der Identität jüdischer Orthodoxie gegenüber allen Nicht-Juden, gegenüber den Völkern draußen. *Jede* Kultur verfügt über eine Fülle von Verordnungen, Einrichtungen, Gewohnheiten, die mit den Einrichtungen und Gewohnheiten anderer Lebensgemeinschaften und Kulturen vergleichbar sind oder sogar übereinstimmen; um so wichtiger war es für ein Volk wie das jüdische in der Zeit nach dem Exil, an wenigstens ein paar Punkten deutlich zu machen, worin *seine Eigenart* bestand, und einer dieser zentralen Punkte einer deutlichen Identifikation und Erkennbarkeit des Jüdischen war das Sabbatgebot. Da zieht sich nach rabbinischem Verständnis ein großer weiser Brückenschlag von den Tagen der Schöpfung, als Gott selber ruhte im Angesicht seiner vollendeten Schöpfung, zu den Tagen der Menschen heute, daß auch sie aufblicken sollen und dürfen nach den Zeiten der Arbeit in den Stunden der Freude. Am 7. Tag der Woche wird ein frommer Jude buchstäblich gleich seinem Schöpfer, ihm ebenbildlich in der Gemeinsamkeit des Glücks, des Vertrauens, des *Ausruhens* (vergleiche Mt. 11,29) im Angesicht seiner Welt, die in sich selbst für vollendet gilt.[2] So zumindest lautet die Begründung, der Kerngedanke, das Ideal der Sabbatordnung. Jedoch: man kann aus dem Heiligsten und Schönsten eine Komödie machen, indem man es zum *Prinzip* erhebt und es *geistlos* nimmt, wenn man, mit anderen Worten, was innerlich den Menschen befreien sollte, von außen her festschreibt, ohne die einzelnen Bestimmungen durch die lebendige Erfahrung zu korrigieren.

In den Kreisen der armen Leute zum Beispiel muß es seit eh und je in den Tagen Jesu besonders schwergefallen sein, auch nur einen Tag lang ohne Arbeit auszukommen. Man versetze sich nur in die Lage eines Tagelöhners damals, der darauf angewiesen war, seine Hand offenzuhalten. Er verdiente niemals sein Geld einen Tag im voraus, gleichgültig, ob dieser Tag ein Sabbat war oder ein beliebiger anderer Wochentag. Woher sollte er also das Notwendige bekommen? Für einen solchen Menschen war der Sabbat kein Feiertag, sondern ein Hungertag. Wie sollte er ein Interesse daran haben, etwa nach der Vorschrift des Gesetzes seine Speisen so vorzubereiten, daß er kein Feuer mehr anzulegen brauchte – am Sabbat[3]? Er konnte froh sein, wenn er überhaupt etwas hatte, das er auf offenem Feuer kochen und zubereiten konnte. Für die armen Leute aller Zeiten sind die heiligen Gesetze zumeist eher hinderlich als förderlich; doch eben auf der Seite der armen Leute ist immer erneut der Mann aus Nazareth zu finden. In ihren Kreisen geht er ein und aus, mit ihnen zieht er über Land.

Was Wunder also, daß bei dem Lebensstil, den Jesus empfiehlt – «sorge dich nicht um den morgigen Tag» (Mt 6,34) –, plötzlich der Sabbat hereinbricht und man (offenbar wieder einmal!) nichts zu essen hat. Da zieht also die ganze Schar durch ein Ährenfeld und begeht mithin gleich drei Gebotsübertretungen auf einmal: Dieses Feld, ganz gewiß, gehört einem Bauern, es ist nicht das Eigentum irgendeiner Gruppe von Landstreichern und Wanderradikalen. Was also fällt denen ein, in das erntereife Getreide einzufallen wie die Vögel am Himmel und zu plündern und auszureißen, was immer sie wollen? Diebstahl ist das, nichts weiter. Und was noch weit schwerer wiegt: das alles geschieht ausgerechnet am Sabbat! Schon über Land zu ziehen, ist an diesem Tage verboten; auch mehr als zweitausend Schritt zu gehen, hat kein frommer Jude am

Ein Glaube ohne Opfer – der Sabbat zum Beispiel

Sabbat Erlaubnis. Vollends nun Ähren zu raufen gilt für reguläre Arbeit, es ist nach rabbinischer Anschauung echter Erntedienst. Sodann: die Ähren zu nehmen und kornmühlenartig zwischen den Händen zu zerreiben, ist natürlich eine weitere Art von verbotener Arbeit. Was Wunder also, daß die Superfrommen in jenen Tagen, die «Pharisäer», danebenstehen und Jesus auf die Anklagebank setzen? Was da verhandelt wird, mag einem Nichtjuden eine Quisquilie scheinen, in Israel in den Tagen Jesu ist es eine Frage auf Leben und Tod.

Um ungefähr zu begreifen, was da zum Thema «Gesetzesübertretung» auf dem Spiele steht, mag man sich vorstellen, wie es in Deutschland vor etwa fünfzig Jahren war. Da hatte man eine Menge von Gesetzen vor Augen, die ganz sicher *nicht* von Gott erlassen waren, sondern eher vom Teufel. Die Nürnberger Rassengesetze zum Beispiel! Seit 1935 stand da geschrieben in jeder Sparkasse, in jedem staatlichen Gebäude, daß ein Arier ab sofort nicht Verkehr haben dürfe mit einem Judenmädchen, aus Gründen der Blutschande, und daß Juden fortan mit einem gelben Stern als Nicht-Arier, als «Untermenschen» sich ausweisen müßten. Jeder wußte, daß dies *satanische* Gesetze waren; aber hatte man deshalb den Mut, sie zu brechen? Gesetz ist Gesetz, dachte man; alle Obrigkeit ist von Gott, sagte man; gebt dem Kaiser, was des Kaisers ist, dachte man. «Man muß mit den Wölfen heulen», wußte man. Jede Gemeinsamkeit im Volke muß irgendwie zusammengehalten werden, und eben dafür sind die Gesetze da; also, selbst wenn man nichts gegen Juden hat: Befehl ist Befehl, Vorschrift ist Vorschrift – irgendwie muß man gehorchen, muß man mitmachen, muß man sich sozialisieren. Die Sozietät verlangt nach Gemeinsamkeit.

Nun aber stelle man sich vor, es gäbe wirklich *heilige* Gesetze, durchaus nicht satanische, vielmehr in sich gute, weise und vernünftige Bestimmungen, es gäbe da aber gleichzeitig einen Menschen, der Hunger litte an Körper oder Seele, er könnte nicht gut leben, ohne ein bestimmtes dieser an sich weisen, klugen und göttlichen Gebote zu brechen, und zwar, wie um die Sache noch absichtlich zu erschweren, nicht irgendein unwichtiges, nebensächliches, sondern womöglich ein ganz zentrales Gebot, eines, dessen Übertretung in der Kirche heute für gerade so viel gälte wie für eine schwere Sünde, ein Gebot also, worauf, wenn nicht, wie im alten Israel, die Todesstrafe, dann sogar die ewige Höllenstrafe stünde – dann hätte man ungefähr den Konflikt vor sich, wie er sich Jesus in Form der Sabbatfrage darstellte.

Was also macht dieser Mann jetzt? – Das erste ist typisch für ihn: Statt den Konflikt zu leugnen, *dehnt er ihn aus* und *radikalisiert* ihn! Seine Gegner berufen sich auf die Überlieferung, wie es geschrieben steht in dem, was wir heute das «Alte Testament» nennen. Der Sabbat ist heilig, das steht da (Ex 23,12).[4]

Auch Jesus kann es nicht leugnen. Aber: es gibt *Ausnahmen*, eine ganz berühmte zum Beispiel: als David noch nicht König war, sondern lediglich ein Condottiere im Bergland von Galiläa, im Grunde ein bloßer Vasall der Philister, und er mit seiner marodierenden Soldateska Hunger bekam, da brach er ein ins Heiligtum von Nob und plünderte die Schaubrote. So wird es zwar nicht in den Gesetzbüchern, wohl aber in den Geschichtsbüchern Israels überliefert (1 Sam 21,4–7). Formal war das ein Sakrileg, ein Frevel am Heiligtum Gottes. Selbst in der Kulturgeschichte Europas gibt es nicht viele Beispiele für ein solches Verhalten. In der Französischen Revolution allenfalls, vor 200 Jahren, konnte es geschehen, daß man in Kirchen eindrang, die Altäre und Tabernakel aufriß und Tieren und Mannschaften, wenn sie Hunger hatten, die Hostien zu essen gab. So ähnlich war das, was David damals tat. Und Jesus sagt: Was David da machte, war vorbildlich! So bereits in der Markusvorlage, die Matthäus hier zitiert.[5] Man muß diese Antwort Jesu in ihrer Ungeheuerlichkeit nur mit voller Wucht auf sich wirken lassen. Offensichtlich will er sagen: Es gibt überhaupt nichts Heiliges auf Erden, das heiliger sein könnte als ein Mensch, wenn er Hunger hat oder in Not ist! Nichts verdient den Namen eines heiligen Gesetzes, wenn es sich nicht aus der konkreten Situation ergibt, in der ein Mensch sich befindet!

Das sind gleich zwei revolutionäre Änderungen. – Die *eine* besagt: Man kann und darf sich auf Gott nicht berufen, um das Lebensrecht von Menschen zu verkürzen. Es ist nicht möglich, im Rahmen einer wahren Religion etwas zu verordnen, einzurichten oder festzusetzen, das am konkreten Leben von Menschen, an ihrer Not, an ihrem Hunger, vorbeigeht. Nehmen wir auch nur *diesen* Punkt wirklich ernst, so sehen wir einen vollkommen veränderten Typ von Religiosität vor uns, und plötzlich verstehen wir, warum Jesus tatsächlich sagen kann, was er will – jedes seiner Worte wirkt so, wie wenn man neuen Wein zu trinken bekommt und sich aller alten Schläuche entledigen muß (Mt 9,17).[6]

Der Bruch, den Jesus hier einleitet, ist so entschieden, wie wenn sich das Zentrum eines bis dahin im Gleichgewicht befindlichen Körpers jäh und unerwartet absenken würde.

Die «Erleichterung», von der eingangs die Rede war, besteht in der *tradierten*, in der *konventionellen* Form von Religiosität darin, die Menschen zu behandeln wie kleine Kinder: «Du darfst nicht am Ofen spielen, du darfst nicht die Hand ins Feuer legen» – ein solches Gebot gilt; jedes Kind muß sich danach richten, schon weil es von sich her nicht wissen kann, wie gefährlich das lustige Feuer im Ofen ihm werden kann. Doch was folgt daraus? Daß es am besten ist, in dieser Weise das Leben von Menschen weiter zu diktieren? Von *erwachse-*

Ein Glaube ohne Opfer – der Sabbat zum Beispiel

nen Menschen verlangt und erwartet man, daß sie gelernt haben, mit Feuer umzugehen. Es ist ein ganz entscheidender Schritt in der Geschichte der Menschwerdung geworden und gewesen, auch nur das richtige Anlegen von Feuerstellen zu erlernen. Alle Religion möchte im Grunde den Menschen bewahren vor Gefahren. Aber wenn man den Menschen von einem bestimmten Zeitpunkt an nicht zutraut, daß sie auf sich selber aufpassen können, so hält man sie auf ewig wie kleine, dumme, unmündige Kinder, und eine solche Mißtrauensfürsorge engt das Leben ein, sie läßt die Menschen nicht zu sich selber kommen; sie «vereinfacht» scheinbar das Leben, aber in Wirklichkeit macht sie alles unerträglich schwer. Denn Menschen, die im Schatten eines solchen Gestrüpps von Geboten aufwachsen müssen, leben niemals aus innen. Das einzige, was sie gelernt haben, besteht darin, prompt zu befolgen, was man ihnen vorgesagt hat. Ihre Auskunft bei allem, was sie tun, lautet stereotyp: man hat es ihnen so und nicht anders befohlen. Das Leben ist aber in Wirklichkeit viel zu kompliziert, als daß man es den Menschen in jedem Detail vorschreiben und befehlen könnte. Was Jesus möchte, sind Menschen, die als Erwachsene mit einem erwachten Verantwortungsgefühl phantasievoll, *kreativ* in der Situation, wie sie sich ihnen stellt, von Fall zu Fall neue Entscheidungen zu treffen wagen.

Wenn es also zum Beispiel heißt: das Sabbatgebot ist von Gott erlassen worden zum Wohl des Menschen, darf man sich dann nicht fragen, was dem Menschen wirklich wohltut, der jetzt vor mir steht? Wenn er Hunger hat, tut ihm das dann wohl, ein starres Gebot einzuhalten, das schematisch verordnet wurde? Besteht nicht alles, was man «Gott» zutraut, in einer lauteren Form von Güte, Zuwendung und Entfaltung des Lebens in seiner reichsten Gestalt? Wie dient man dem Menschen, mit dem man es jetzt gerade zu tun hat – *das* zu überlegen wäre der Sinn des Sabbatgebotes. Aber es ist schon klar: Man würde psychologisch, um so zu leben, einen ganz anderen Menschentyp brauchen, keine gehorsamen Sklaven mehr, keine angepaßten Massenausgaben einer gesetzlich verregelten Moralordnung mehr, sondern wirkliche Individuen, Leute, die selber zu denken wissen, die mutig genug sind, eine eigene Entscheidung zu wagen und dabei sogar einen Fehler zu riskieren, die sich ungeschützt einlassen auf das, was jetzt gerade dran ist, ohne Ableitung, ohne Rechtfertigung von außen, *selbständig*! Und gerade das ist es, was Jesus unter Frömmigkeit und Religiosität verstehen möchte: selbständig vor Gott zu werden!

Diese Einstellung Jesu unterscheidet sich im übrigen von allem, was man landläufig *Moral* nennt, und hier liegt ein *zweiter* entscheidender Punkt, den es aus dieser Geschichte zu lernen gilt. Vermutlich ist nichts in der Geistesgeschichte Europas schlimmer gewesen, als daß wir die Religion unter der Hand zur *Moral* haben verkommen lassen! Es geschah vollkommen parallel dazu, daß wir in den letzten 400 Jahren den Glauben unter dem Diktat von Fürstbischöfen und Kurfürsten haben verkümmern lassen zu einer Angelegenheit der Volksreligion. Man entschied sich nicht länger zum Christentum, man wurde einfach zu einem «Christen», indem man in eine bestimmte Gesellschaft hineingeboren wurde – nördlich der Lippe wurde man protestantisch, südlich der Lippe katholisch, vierhundert Kilometer südöstlich muslimisch, vierhundert Kilometer nordöstlich anglikanisch; der Ort bestimmte da, was man zu glauben hatte. Wenn es so steht um die Religion, so braucht man eigentlich gar keinen Gott. Das einzige, was man unter diesen Umständen mit Gott noch im Sinn hat, besteht in der Rechtfertigung der bürgerlichen Ordnung. Religion ist da gerade so viel, daß der Lokalgott für Ruhe und Ordnung am Platz sorgt, daß er eine metaphysische Garantie für die Dummheit der Masse bietet, allzeit zu glauben, daß «im Grund» schon alles richtig sein werde, was im Bürgerlichen Gesetzbuch steht. Ein Christ zu sein bedeutet da eigentlich nicht *mehr*, als ein guter Bürger zu sein. Ganz ruhig, aufregungslos trottet sein Leben dahin für die fünfzig oder sechzig Jahre, die ihm auf Erden vergönnt sind. Was aber hat so etwas mit der Botschaft Jesu zu tun?

Das entscheidende ist, daß Jesus sich strikt geweigert hat, in diesem Sinne eine bestimmte Moral zu verkünden. Eine solche «Moral» ist gebunden an gewisse Prinzipien, an bestimmte Grundsätze, an eine Vielzahl eherner, gußeiserner Begriffe. Was Jesus demgegenüber vorschlägt, ist, daß Menschen frei leben im Gegenüber Gottes. Dieser Gott aber ist kein Prinzip, ist keine Formel, ist keine oberste Deduktionsanleitung, ist keine Hypothese zur logischen Ableitung aller möglichen einzelnen Paragraphen. Gott selber ist Person! Also kann er morgen anders sein, als er uns heute erscheint – nicht anders als ein Mensch an unserer Seite: sobald wir glauben, ihn zu kennen, verraten wir ihn, denn wir engen ihn ein auf das, was wir mit ihm erlebt haben; er aber birgt noch unentdeckte Möglichkeiten seiner Existenz in sich, und wir wissen nie, was er morgen denken, fühlen und sagen wird. Ganz so bei Gott! Man kann nicht wissen für morgen und übermorgen, wer Gott ist, wie er uns erreicht, was er uns sagen möchte. Er wird es uns sagen, wenn es soweit ist. *Das* ist der Glaube Israels, in welchem Jesus groß geworden ist! Gefragt, wie heißt du?, antwortete Gott seinem Propheten Moses in Ex 3,14: «Mein Name ist: ‹Ich werde dasein, als der ich dasein werde›.»[8] Da weiß man von Gott überhaupt nichts, außer daß man ihm begegnen wird, wenn man sich auf ihn einläßt!

Deswegen gilt es, daß in den Augen Jesu nicht einmal *der Kult* eine Heiligkeit garantiert, die sich zwischen Gott und den Menschen stellen dürfte. Es ist ja so, meint Jesus in einem Wort, das Matthäus hier einfügt[9]: Selbst am heiligen Sabbat gibt es eine Kaste von Menschen, die arbeiten *müssen*. Was ein Priester am Sabbat tut, ist für ihn schwere Arbeit, durchaus kein Feiertag. Der «Pfaffensonntag», wie man so sagt, beginnt bekanntlich am Montag, nicht am Sonntag; und was den Sabbat anging, war das auch im Judentum nicht anders. Priester *arbeiten* am Feiertag, aber sie haben eine unantastbare Legitimation: sie verrichten ihr Tagewerk *für Gott*, der eine heilige Person ist und mit seiner Heiligkeit über allem und hinter allem steht. Wohlan! Da hat man die unglaubliche Kühnheit des Jesus von Nazareth! «Wenn die Priester arbeiten dürfen am Sabbat für Gott, liebe Leute», so sagt er hier sinngemäß, «dann laßt uns doch das ganze Leben zu einem Sabbat machen, indem wir *priesterlich* sind einer für den anderen, immer und ohne Unterlaß! Seit wann ist denn Gott nur am Sabbat eine heilige Person? Und was bedeutet es wirklich, für Gott etwas zu tun, außer dem anderen Menschen sich nützlich zu machen, so wie er uns braucht? Da ist ein Mensch genau so heilig in seiner Person zu nehmen wie die Person Gottes selber, und es gibt fortan keine Grenzziehung mehr zwischen Priestern und Laien; was es einzig noch gibt, sind Menschen auf einer gemeinsamen Suche nach Barmherzigkeit.»

Doch als wäre all das noch nicht genug, folgt jetzt schon bei Markus ein Satz, der so kühn ist, daß die Überlieferer schnell seinen Sinn umgedeutet haben, was im Aramäischen eine Leichtigkeit sein kann – es ist eigentlich nur eine Frage der Betonung oder des Vorverständnisses: Jesus nämlich beendet die ganze Diskussion mit den «Pharisäern» mit einem Paukenschlag: «Herr ist *der Mensch* über den Sabbat!» Anders ausgedrückt: Es gibt überhaupt kein Gebot, das nicht dienstbar sein müßte *dem Menschen*, und zwar in freier Auslegung der Situation, wie sie sich jeweils darstellt. In den Übersetzungen aber steht für gewöhnlich an dieser Stelle: «Herr über den Sabbat ist der Menschen*sohn*», und das wäre nur Jesus. Die Doppeldeutigkeit ergibt sich daraus, daß der Ausdruck für «Mensch» in der Sprache Jesu auch «des Menschen Kind» heißen kann, der Ausdruck Menschensohn hingegen ist ein Titel für eine Gestalt der spätjüdischen Apokalyptik. Die Auslegung, die schon die frühe Kirche bevorzugte, ist klar restriktiv: Da hätte es ein einziges Mal in der Religionsgeschichte eine wirkliche Ausnahme gegeben, doch sie hätte einzig in der Person Jesu selber bestanden, in seiner Einzigartigkeit, in seiner «Übernatürlichkeit» – nur Er als der «Menschensohn», als der «Messias», als der «Gottessohn» hätte da den Sabbat neu interpretieren dürfen, eben weil er derartige «Hoheitstitel» auf sich vereinigte. Doch was an dieser Stelle gemeint ist, war ursprünglich erkennbar weit einfacher: Einzigartig war Jesus, weil er es wagte, *frei* zu sein, indem

221

er ganz und gar auf unsere Güte, auf unsere Menschlichkeit setzte. Einzig dies *war* seine «Andersartigkeit»! Er teilte nicht unsere Angst vor Gesetzesbrüchen, er hielt diese Angst zumindest nicht für ein Argument, um sich an eindeutigen Forderungen der Humanität vorbeizudrücken.

Soll das also einfach heißen: Not kennt kein Gebot? Genau das soll es heißen, wenn man es sieht aus der Sicht des anderen! Und dennoch ist es kein Freibrief zur *eigenen* Willkür. Es enthält nichts weiter als die unbedingte Forderung und Befähigung, so sensibel, so offen, so ungeschützt, so mutig auf den Menschen an unserer Seite zu antworten, wie er es nötig hat und wie er uns braucht. Tun wir das, so liegt die ganze Welt uns zu Füßen wie ein schmaler Pfad in den Himmel, auf dem wir gemeinsam gehen bis zum Ende der Tage. Alles kann wirklich ganz einfach sein, wenn wir nur nicht länger in die falsche Richtung vor uns selber auf der Flucht sind.

Mt 12,9–21
Von Gelähmtheit und Gesetzlichkeit oder:
Die heilende Freiheit wahrer Frömmigkeit

Wir wissen es bereits: Es gibt eine Frage, die jede verfaßte Religion durchzieht und die insbesondere die gesamte Auseinandersetzung im 12. Kapitel des Matthäus bestimmt; sie lautet: Wie verhalten sich zueinander Gesetz und Gnade, Freiheit und Frömmigkeit? Freilich: Historisch betrachtet kann man nicht ganz sicher sein, ob die Kirche das Judentum nach dem Jahre 70, nach der Zerstörung Jerusalems, in einer Zeit, da die Sabbatfrage zu einem entscheidenden Identitätspunkt des jüdischen Glaubens gegen den Rest der Welt, gegen die Völker, die «Heiden», erhoben wurde, nicht auch zum Kristallisationskern der Begründung des eigenen Auszugs aus der Synagoge gemacht hat, indem sie allerlei Fragen aus dieser Epoche einfach zurückverlegt hat in das Leben Jesu selbst; ob, mit anderen Worten, Jesus die Sabbatfrage wirklich in dieser Härte, in dieser immer neu sich wiederholenden Zuspitzung in seinen Tagen schon so hat stellen müssen und gestellt hat, daran sind Zweifel erlaubt.[10] Doch, daß er sie *angestoßen* hat, scheint klar zu sein. *Worum* es ihm dabei ging, ließ sich bereits in seinen Tagen ohne schmerzhafte Auseinandersetzung mit einer bestimmten Art der Auslegung des «göttlichen Willens» gewiß weder deutlich machen noch lebendig setzen; und insofern steht es *uns* wohl zu, den Text, so wie er von Matthäus schon aus der Markusvorlage übernommen wurde, als eine echte Beschreibung der Botschaft Jesu: ihres Anliegens, ihrer Gefährdung, ihrer Herausforderung, zu interpretieren, ganz so, als wenn all das historisch wirklich im Leben des Jesus von Nazareth so gespielt hätte, wie es hier berichtet wird.

Worum aber ist es in dieser Szene dann zu tun? – Schon zum zweitenmal im 12. Kapitel des Matthäusevangeliums stellt sich hier *am Beispiel des Sabbats* die Frage der Menschlichkeit. Unmittelbar davor ging es schon im Markusevangelium um den *Hunger* der eigenen Jünger; *jetzt* hingegen geht es um die Heilung der *Krankheit* eines Menschen.

Ist es nicht merkwürdig, daß man in der Antike an Heilung selbst in Fällen noch denken mochte, bei denen die ärztliche Kunst augenscheinlich nichts verschlug? Was wußte man damals von dem Zusammenhang zwischen bestimmten körperlichen Krankheitssymptomen und gewissen seelischen Ursachen?[11] Erst in den letzten Jahrzehnten beginnen wir Heutigen einigermaßen zu verstehen, was einen Menschen halbseitig, an *einer* Hand, gelähmt machen kann, ohne ihm dennoch die Chancen auf eine womöglich sogar plötzliche Heilung vollends zu rauben. So kann es buchstäblich sein, daß Menschen «halbiert» existieren müssen, aufgespalten zwischen ihrem Bewußtsein und ihrem Unbewußten, ja, es mag im Einzelfall vorkommen, daß, wie im vorliegenden Beispiel, sogar in die Körperhälften hinein sich polarisiert, was an Widersprüchen in ihren Köpfen haust.

Nehmen wir einmal an, ein Mensch möchte gut sein und menschlich leben, in sich selbst aber trägt er Vorstellungen, die ihn daran hindern, indem sie das Allernächstliegende unter Hemmung und Verbot stellen; dann kann es sein, daß er seine Hände gebrauchen möchte, um etwas Rechtes und Richtiges zu beginnen, er darf es aber nicht tun, weil sich sogleich eine Zensur des Widerstands in ihm zu Wort meldet, die ihm verbietet, so zu handeln, wie sein Herz es ihm eingibt; und allein schon dieser ständige Zerriß, dieser ewige Kontrast zwischen dem menschlichen Gefühl und dem vermeintlich im Namen Gottes Gebotenen langt vollkommen hin, um einen Menschen bis zur Lähmung zu treiben. Nichts an seinem Körper ist im medizinischen Sinne in einem solchen Fall organisch krank, seine Muskulatur etwa ist vollkommen in Ordnung, und doch ist sie ausgezehrt; die Blutzufuhr ist nicht gänzlich unterbrochen, aber so minimalisiert, daß die einfachsten Versorgungssysteme nicht mehr zu funktionieren scheinen; die Nervenleitung ist im Grunde intakt, doch auf Grund unbewußter Hemmschranken kann das, was geschehen soll, dem Körper nicht gemeldet und durchgeführt werden; an jeder Stelle entzieht sich die Kontrolle über das eigene Körper-Ich dem bewußten Willen; immer wieder tritt unsichtbar eine bestimmte Angst zwischen die eigene Person und das eigene Tun, zwischen das eigene Ich und die anderen Menschen.[12]

Man mag gegen solche Überlegungen einwenden, daß uns von derlei Zusammenhängen in dem Text selber keinerlei Informationen gegeben seien; das stimmt aber nicht. Denn durchaus scheint es kein Zufall zu sein, sondern folgerichtig sich ineinanderzufügen, daß ausgerechnet beim Anlaß dieser Krankheit einer halbseitigen Lähmung eine *Prinzipiendiskussion über das Sabbatgebot* entfacht wird, und zwar bewußt als ein *Beispiel* über die Art und Weise, wie mit Geboten insgesamt umzugehen sei. Nach der Darstellung der Evangelisten muß diese Frage im Leben Jesu sich derart explosiv kondensiert haben, daß nach wenigen Augenblicken des öffentlichen Wirkens Jesu schon hier ein Problem auf Leben und Tod entstand.[13]

Die «normale», kirchlich verordnete Einstellung zu dieser Frage lautet natürlich beruhigend: Gott hat gesprochen in bestimmten heiligen Texten, die uns glücklicherweise überliefert worden sind; doch damit wir sie nicht mißverstehen, gibt es einen Kreis von Experten, der dem «Volk» auslegt und vorlegt, wie man die entsprechenden Bestimmungen interpretieren und anwenden muß; wenn wir also auf die Meinung mindestens des autoritären Durchschnitts dieser Experten hören und uns ihrer Meinung fügen, so können wir im Grunde nichts falsch machen. Um indessen *ganz* sicherzugehen, gibt es noch eine Reihe von noch höheren Gottesbeamten, die eigens gesetzt sind, um die richtige Auslegung der richtigen Texte durch die rechten Experten in der richtigen Anwendung auch richtig zu überwachen und in Umlauf zu bringen, denn da selbst die Erkenntnis von Theologen getrübt sein kann, bedarf es etwa in der katholischen Kirche der *Bischöfe* und über ihnen selbst noch des Papstes, und deren Gremium nun wirklich ist an sich jedem Irrtum enthoben. Alles weitere ist nur noch eine Frage des Gehorsams und des guten Willens. – Solange man bei diesem Standpunkt bleibt, ist das Leben im Grunde ganz einfach: Man muß nur tun, was verlangt wird! Wohl gab es im alten Israel über sechshundert geschriebene Gebote, und vor allem einen unübersehbaren Wust mündlich überlieferter Kommentargesetze, insbesondere bezüglich der Frage, wie man das Sabbatgebot einzuhalten hatte.[14] Aber so kompliziert im einzelnen auch immer, so simpel blieb doch das Prinzip: Man begibt sich schlicht der persönlichen Verantwortung, man delegiert das Individuelle an das Allgemeine, man entgeht der Gefahr, mit dem eigenen Ich noch zur Rechenschaft gezogen zu werden; denn jegliche Frage: Was tust du jetzt, und was willst du damit? beantwortet sich mit der stereotypen Dauerauskunft: das Richtige. Und was ist das richtige? Ganz einfach: Das, was alle sagen und was alle tun müssen, punktum.

Leider Gottes *oder Gott sei Dank* erlaubt es das Leben selten auf längere Zeit hin, uns das Dasein auf diese ebenso schlichte wie *schlechte* Art zu vereinfachen. *Jesus* mindestens muß von einem bestimmten Zeitpunkt an in eine Alternative gedrängt worden sein, die gewirkt hat wie eine unsichtbare Weichenstellung, von der an der Weg ihn immer weiter an den Rand geführt hat, *weg* aus dem Zentrum des Durchschnittlichen, *weg* aus dem Gleichmaß des Gewöhnlichen. Die Frage, um die es immer wieder ging, muß für ihn gelautet haben: Ist das, was da im allgemeinen verordnet wird, auch im Einzelfall hilfreich für die Menschen, die am meisten leiden? Welch einen Nutzen hat ein bestimmtes Gesetz für die am tiefsten Betroffenen? Wie weit bietet es sich an als ein Medikament zur Heilung einer speziellen Krankheit? Und je mehr er so fragte, muß in ihm der Eindruck sich verstärkt haben, daß das Umgekehrte viel wahrscheinlicher ist: Was da im Namen der theologischen Überlieferung von

Gott geredet wird, ist nicht bloß nicht menschlich, es *hindert* die Menschen sogar auf dem Wege der Heilung; ärger noch, je genauer man hinsieht, fängt man an zu begreifen, daß es die *Ursache* gradewegs ist von allerlei Krankheit. Spätestens von da an bricht die bis dahin heile Welt jeder beamteten Form von «Theologie» auseinander.

Nehmen wir einmal an, daß ein bestimmter Typ von Religion an den Menschen *vorbeigeht* – dann ist er langweilig, hohl und nichtssagend; eine solche Religionsform ist in gewissem Sinne absurd, aber sie ist noch nicht schädlich. *Jesus* hingegen muß (in der Darstellung schon des Markus) geglaubt haben, daß das, was er da vor sich sieht, die gesamte schriftgelehrte Auskunftei, in sich selbst *krankmachend* sei; wir würden heute sagen: sie ist Teil einer kollektiven Psychopathologie, vor der man die Menschen schützen muß.[15] Wenn die Ideen einer bestimmten Art von «Theologie» über Gott im menschlichen Herzen Wurzeln fassen, können Menschen nicht mehr leben, wie sie sind, dann haben sie kein Zugangsrecht mehr zu sich selber. Das, was wir an dieser Stelle des Matthäusevangeliums in Gestalt des Gelähmten antreffen, ist für Jesus offenbar ein Exemplarfall für das, was aus Menschen im Schatten eines bestimmten Verständnisses der «Gebote» Gottes werden muß: halbierte Existenzen, auseinanderfallende Charaktere, zerrissene und widersprüchliche Persönlichkeiten – und das alles vermeintlich zur größeren Ehre Gottes! Irgend etwas kann da nicht stimmen, wenn denn Gott wirklich der Schöpfer der Welt und des Menschen ist. Wenn vor allem das Wort des Propheten Hosea (11,8–9) gilt, daß Gott ein Gott der Liebe, der Menschlichkeit und der Güte sei[16], dann muß man sich irren, wenn man ihm Gesetze in den Mund legt, die sich am Ende gegen die Menschen richten.

Was also, konkret gefragt, gilt da in der Sabbatfrage? – Der Sabbat, um es sich noch einmal klarzumachen, ist gegeben worden, damit wenigstens an einem Tag der Woche die Menschen sich ausruhen könnten, inbegriffen sogar die Tiere; von der Mühsal der Arbeit sollte der Mensch sich erheben dürfen und aufblicken zum Himmel; er sollte seine Bürde abwerfen können und nachsinnen über das Geschenk seines Daseins. Der Sabbat, so verstanden, sollte ein Loblied auf die Schönheit und die Größe der Schöpfung sein. «Gott ruhte am siebenten Tag» (Gen 2,2), und *also* sollten es halten die Menschen. Niemals war das Sabbatgebot gegen die Menschen gerichtet, es war nie darauf berechnet, Menschen in Ketten zu legen. – Aber jetzt: sobald man schriftgelehrt anfängt, darüber zu spekulieren, was das heißt: «Ruhe finden», sobald man Theologen vom Fach an dieses im Grunde ganz Einfache heranläßt, entstehen sehr bald schon sehr komplizierte, ja, ganz arabeske Gedankengebilde:

«Ruhe», das muß etwas *Sichtbares* sein, denn die Ruhe des Herzens ist ja nicht meßbar, nicht quantifizierbar, also auch nicht zu verordnen, sie ist nicht in Gesetze zu fassen; hingegen die Ruhe des Körpers – das ist etwas Äußeres, etwas rein Mechanisches. Zwar ist Gott Geist und die Art seiner Ruhe wohl auch an sich etwas Geistiges; doch der Mensch, wenngleich ein Ebenbild Gottes, ist etwas Körperliches. Ein Bewegungsvorgang bekanntlich bedeutet *Unruhe;* also muß man dafür Sorge tragen, daß ein Mensch am Sabbat nicht *zuviel* «Unruhe» auf sich nimmt, beispielsweise ist anzuordnen, daß er nicht mehr als zwei Kilometer weit läuft; zwei Kilometer weit, wissen die Schriftgelehrten, kann man am Sabbat «ruhig» gehen, aber von da an beginnt die Unruhe, das Nicht-Ausruhen, das Verbotene also.[17] Verboten, natürlich, ist jede Form von *Arbeit*. Denn «Arbeit» ist *auch* ein Bewegungsvorgang, der sich mechanisch bestimmen läßt, und so etwas darf eben nicht sein *am Sabbat*. Selbst menschliche Beziehungen können verstanden werden als Arbeit. Einen Menschen zu heilen ist die Tätigkeit eines Arztes, eine Form der Berufsausübung, also wirkliche Arbeit – ergo: man darf einen Menschen *nicht* heilen am Sabbat! Aber auch die Tiere! Auch sie haben teil an der Sabbatordnung. Darf also ein Huhn noch ein Ei legen, wenn der Sabbat beginnt? Das kann man augenscheinlich nicht verhindern. Aber das Essen eines Eis, das ein Huhn am Sabbat gelegt hat, das ist zu verbieten.

Derartige Beispiele göttlicher Rechtsgelehrsamkeit gab es wirklich in den Tagen Jesu.[18] Die theologische Rabbulistik wird immer konsequenter, immer perfekter, immer «vernünftiger» und «logischer», keinerlei Widerspruch ist dagegen erlaubt, ja, es gibt am Ende überhaupt kein Motiv mehr zum Widerspruch, denn die besten Kräfte: Intelligenz, Frömmigkeit, Treue, Liebe zu Gott, werden investiert in diese Art von Wahnsinn. Wenn es hier überhaupt noch ein Motiv zur Rettung geben kann, so sind es die einfachen Gefühle der Menschlichkeit. Sie leisten notwendig Widerstand gegen die rechtsgelehrte Abstraktion vom Menschen, indem sie das Ich stark machen, sich mit dem Menschen, den es in einer einzelnen Situation gibt, auseinanderzusetzen.

Das jedenfalls ist der Punkt, zu dem Jesus offenbar gedrängt wurde: es war das Mitleid mit den Leidenden, es war der unabweisbare Kontakt mit konkret lebenden Menschen, der ihn hinderte, mit all den so stringent geführten Gesetzesauslegungen zurechtzukommen. Gerade den vom Gesetz Verstoßenen muß er sich verbündet gefühlt haben, ihnen ist er nachgegangen, ihnen wollte er Recht schaffen. Als erstes sollten die Menschen unter den Augen Gottes *leben* dürfen. Die erste Frage sollte nicht lauten: Wie befolge ich bestimmte Gebote; im Ursprung von allem sollte die Erfahrung eines Gottes stehen, der möchte, daß Menschen frei, glücklich, persönlich, als sie selber leben dürften. Der Gedanke ist ganz einfach; aber wie macht man es den Leuten klar?

Das große Geschick Jesu bestand darin, sich niemals auf schriftgelehrte Disputationen einzulassen und statt dessen das Allereinfachste als Beispiel zu wählen: «Hat jemand», sagt er, «vielleicht nur ein einziges Schaf, und das fällt am Sabbat in den Brunnen, wird er es da nicht herausholen?» Ganz gewiß, müßte der gesunde Menschenverstand sagen. Aber da gibt es in Qumran, etwa nur fünfzig Kilometer von der Stelle, an der diese Sätze vielleicht gesprochen wurden, eine eigene Sektenordnung, die ausdrücklich verfügt, daß man ein Schaf, das am Sabbat in den Brunnen fällt, eben nicht herausholen darf.[19] Indem Jesus auf diese Verfügung anspielt, will er den Hörern offenbar sagen: «Ihr seid doch so weit hoffentlich noch nicht von aller Vernunft entfernt, daß ihr genau so schon mit einem gewissermaßen mönchischen Fanatismus euer Leben in die Mangel nehmt; *ihr* würdet doch, wenn es um praktische Fragen geht, das einzig Vernünftige tun und das Schaf aus dem Brunnen holen.» – «Ja, das ist richtig, das dürfen wir auch», könnten die kasuistisch Gebildeten unter den Zuhörern Jesu geantwortet haben, «über Schafe gibt es (außerhalb von Qumran) keine gesetzliche Verordnung; Schafe fallen nicht nur manchmal in den Brunnen, sie fallen vor allem außerhalb der positiv fixierten Sabbatregelung; es gibt keine eindeutigen Bestimmungen, was *Schafe* am Sabbat tun müsse, und es gibt auch keine Verordnungen, was sie *nicht* tun dürfen; und wenn das so ist, so darf man daraus wohl den Schluß ziehen, daß das Gesetz auch nicht eindeutig definiert, was *Menschen* tun können im Umgang mit *Schafen,* die doch gelten müssen als rechtlose Subjekte.» – «Wohlan», scheint Jesus zu denken, «soweit also sind wir. Wenn es erlaubt ist, im Umgang mit Lebewesen, für die scheinbar keine Gesetze gemacht sind, so etwas walten zu lassen wie Güte gegenüber ihrer einfach zu fühlenden Not – wäre es dann nicht denkbar, daß Menschen auch so etwas verdienen würden? Könnte es nicht sein, daß Menschen mitunter genauso arm dran sind wie Schafe, daß sie ganz einfach arme Hunde sind oder arme Schweine? Könnte es nicht sein, daß Menschen in einer Weise leiden, daß auch für *sie* kein Gesetz mehr gemacht ist außer dem einen: daß man ihnen helfen muß, so schnell es geht, ohne sich abhalten zu lassen von irgend etwas, das man im Namen Gottes dagegen geltend macht?»

In einer einzigen Szene findet man da den ganzen Konflikt des Jesus von Nazareth. In der Frage, wie Religion zu verstehen sei: ob von außen kommend, statuarisch, durch Gesetze, oder von innen kommend, aus dem Herzen, geregelt einzig nach dem Maß der Menschlichkeit und des Mitleids, konnte nicht einmal *er* eine Synthese formulieren. Da wußte auch er endgültig nicht anders, als die Menschen seiner Zeit und aller Zeit zu einer Entscheidung zu zwingen, die das gesamte Religionsverständnis *ändert*. Man kann nicht sagen, Jesus habe eine *neue* Religion gründen wollen. Er wollte den Ausgestoßenen nachgehen und wurde dabei selber zum Ausgestoßenen, so war es. Er solidarisierte sich mit den Ausgeschlossenen, um ihnen eine Chance zum Leben zu bieten, und wurde dabei selber ausgeschlossen, *das* war sein historisches Schicksal. Aber Matthäus macht daraus an dieser Stelle etwas Großartiges, eine erfüllte prophetische Vision![20] Es ist möglich, daß der von seiten der Gesetzestreuen Verworfene am Ende doch recht behält, indem er die Religion seiner Zeit öffnet für alle! Mag sein, daß das «Volk der Erwählung» als *Typos* genommen: daß alle in der etablierten Religion Gefestigten und Verfestigten so etwas nicht verstehen können und nicht verstehen wollen; aber die sogenannten «Heiden», alle, die von der tradierten verrechtlichten Gottesvorstellung keine Kenntnis mehr haben, die gerade warten sehnsüchtig darauf, daß man von Gott endlich ganz einfach und menschlich spräche, und es würde verstanden an allen Orten: Man darf den glimmenden Docht nicht auslöschen! Man darf Menschen, die fast am Verzweifeln sind, nicht endgültig ins Elend treten! Man muß die Hände bergend um eine verlöschende Flamme halten und sie beschützen vor dem Wind, daß sie wieder den Mut faßt, aufzuleuchten und hell zu scheinen! Man darf, was zerknickt ist, nicht einfach abbrechen, man muß ihm die Chance geben, sich wieder aufzurichten und geradezuwachsen! Und diese Kunst, das schon im Verlöschen Befindliche zu schützen vor dem eigenen Untergang, das schon an den Boden Getretene aufzurichten, bis daß die Kraft zum Leben in ihm wiederersteht, das ist alles, worauf es ankommt! Da ist nicht laut zu lärmen noch zu lamentieren in den Gassen, aber etwas sehr Persönliches ist da zu tun: Jesus will überhaupt nicht, daß man mit ihm religiös Propaganda macht – schon in der Markusvorlage verbietet er es geradezu seinen Jüngern.[21] Doch das, woran ihm entscheidend liegt, das soll gelten: Man dient Gott einzig durch Menschlichkeit. Nichts Besonderes gibt es da im Namen Gottes zu reklamieren, vielmehr gilt es, die Religion für alle Menschen zu öffnen, gleichgültig ob sie aus den Heiden oder den Juden stammen.

Genau besehen, ist eigentlich *das* der Grund, warum es mit Berufung auf den Mann aus Nazareth, auf den Juden Jesus, so etwas überhaupt gibt wie ein «Christentum». Er hat dafür gesorgt, daß wir, die wir aus den Heiden sind, auch ohne Sabbatgesetze, auch ohne jüdische Ritualordnung uns bei Gott aufgehoben fühlen dürfen. Die Frage stellt sich dann allerdings: Was haben wir aus diesem Einfachen der Botschaft des Juden Jesus gemacht? Wir heute sind im Rahmen des Kirchenglaubens schon wieder keine «Heiden» mehr, wir sind richtige «Christen». Wir haben viele Gesetze. Wir wissen schon wieder so genau Bescheid über Gott! Wir sind seit Jahrhunderten schon fleißig dabei, im Namen Jesu Menschen auszuschließen und abzusperren, und immer reden wir uns dabei ein, daß Gott das genau so möchte. Aber auf Jesus können wir uns dabei niemals berufen. Er wollte genau das nicht: einen Gott, in dessen Namen man irgend etwas ausgrenzt. Er wollte im Gegenteil uns eine Menschlichkeit lehren, die unter den Augen Gottes so weit ist wie zwischen Sonnenaufgang und Sonnenuntergang (Mt 5,45).

Die Frage ist dann überhaupt nicht mehr: «In welcher Kultur bist du groß geworden, mit welchen Gesetzen, mit welchen Vorurteilen, mit welchen Vorstellungen und mit welchen Verstellungen hat man dich erzogen?» Die Frage lautet dann ganz einfach: «An welcher Not leidest du am meisten; was tut dir selber am meisten not im Augenblick, und wie ist es möglich, dir bei dem zu helfen, was dir das Wichtigste ist? Wie bewahrst du deine Wärme, dein *Leuchten* aus innen, und wie richtest du dich wieder auf, um dich zurückzugewinnen? Wie wird das zerbrochene Rohr in dir und in anderen wieder lebendig, und wie erreichst du es, daß die eigenen Hände und Arme wieder zugehörig zu deinem eigenen Ich werden?» So wenig, wie im Namen des Gottes Jesu Menschen untereinander sich ausgrenzen lassen, gibt es am Menschen und im Menschen selbst etwas auszugrenzen, und die heilende Integration der Psyche ist nichts anderes als die Integration der Menschen untereinander. Das eine ist parallel zum anderen, und nur ein solches Verhältnis zu Gott, das sich getraut, *ganz* zu sein (Mt 5,48), hat mit dem Vater (der «Mutter») Jesu etwas zu tun. Nur eine solche eigenhändige und eigenständige Gemeinschaft aller Menschen entspräche der Hoffnung des Mannes aus Nazareth.

Mt 12,22–23
Blind, stumm, besessen – die Heilungen des «Davidssohnes»

«Da ward hingebracht zu ihm ein von einem Abergeist Besessener, *blind* und stumm, und er hat ihn geheilt, so daß der Stumme redete und *sah*. Und außer sich gerieten all die Scharen und sprachen: *Ob der nicht etwa der Sohn Davids ist?*» Mit diesem «Wunder» greift Matthäus offenbar eine Tradition der «Logienquelle» auf (vergleiche Lk 11,14), die von der Vertreibung eines «stummen Dämons» berichtete, und er nimmt diese Szene zum Anlaß der nachfolgenden Diskussion.[22] In der Vorlage bei Markus (Mk 3,22) indessen findet sich nichts von einem derartigen «Wunder» Jesu, und so wird man annehmen dürfen, daß schon die Heilung eines Stummen an dieser Stelle eine rein literarische Konstruktion oder Fiktion darstellt. Matthäus aber geht noch viel weiter, indem er der Stummheit des «Besessenen» die *Blindheit* hinzufügt[23] und dann die «Frage», besser: das suggestive Bekenntnis der «Scharen» vorwegformuliert: «Ob der nicht der Sohn Davids» (der *Messias* also) ist?»[24] *Diese «Frage»* eigentlich möchte Matthäus hier diskutiert finden, und man lernt (erneut!) an dieser Stelle, was für diesen Evangelisten der «Christus»-Titel bedeutet: es geht nicht um irgendeine phantastische «Königswürde» oder um einen (antirömischen!) Machtanspruch – die «Macht» des «Messias» gründet ganz und gar in der Kraft, Menschen zu *heilen*; eben deshalb, um das zu tun, bedarf es eines völligen *Verzichtes* auf menschliche Herrschaft: um den «Teufel» im Kern aller Krankheit zu besiegen, mußte der Jesus des Matthäus sich von Anfang an gegen die *Verführung* wehren, Weltherrschaft zu erringen und in Prunk und Pracht aufzutreten; denn wer so täte, davon ist Matthäus überzeugt, der würde den Teufel selbst anbeten (Mt 4,8–9); eben deshalb verknüpft er die Vision des «Messias» auch hier mit der unmittelbar vorhergehenden Vision des «Gottesdieners» (Mt 12,18–21, nach Jes 42,1–4): der «König» Israels hat absolut nichts zu tun mit politischer Größe und Würde; Gott zur «Herrschaft» zu bringen, das ist nur möglich, indem man sich selbst auf das Licht hin vor den Menschen durchscheinend macht, bis daß sie sich selbst und die Welt ringsum neu zu *sehen* beginnen.[25] Für Matthäus kann deshalb der «Besessene» nicht nur «stumm» sein (so daß er zu einem rechten «Christusbekenntnis» außerstande wäre), er ist vor allem *blind* – ihm fehlt (unter dem Einfluß der Dämonen!) die rechte *Einsicht* des Glaubens in die wahre Bedeutung der Person Jesu. Noch einmal, in Mt 20,29–34, wird Matthäus dieses Thema aufgreifen: dann wird er die Geschichte aus Mk 10,46–52 von dem blinden Bartimaios zu dem Bekenntnis *zweier* Blinder zu dem «Sohn Davids» umformen und damit den Jüngern bei ihrer eitlen Rangstreiterei (Mt 20,20–28, nach Mk 10,35–45) die Augen öffnen: «Groß» vor Gott ist, was Menschen zum Leben verhilft, ganz und gar nichtig aber, was sich nur wichtig zu machen versucht. *Das* «einsehen» zu lernen und entsprechend zu «sehen» und zu «hören», darin besteht für Matthäus die eigentliche «Heilung» des «Blinden» und des ‹Tauben›.

Die «Krankheit» bzw. die «Heilung», von der die Tradition noch berichtete, formt sich unter den Händen des Evangelisten mithin zu einem *christologischen Symbol*, das von der ursprünglichen Symptomatik des menschlichen Leids und der konkreten Erfahrung körperlicher und seelischer Gesundung recht weit entfernt ist; – die Psychologie der Szene hebt sich bei Matthäus auf in Theologie (das heißt Christologie!).[26] Und das wiederum erlaubt ihm jetzt noch eine weitere entscheidende Zuspitzung im Kampf gegen die religiösen Führer des jüdischen Volkes zu seiner Zeit: gegen die *Pharisäer!*

Es war Jesus möglich, den «Teufel» in den Herzen der Menschen zu besiegen und ihnen die Augen und die Zunge zu lösen; doch die «Pharisäer» sind in gewissem Sinne schlimmer noch als die Teufel: sie *sehen* all das, doch sie wollen es weder wahrnehmen noch wahrhaben; sie *hören* alles, doch sie müssen selber verleumderisch dagegen reden! Wie dämonisch verdreht muß die ganze «pharisäische» Frömmigkeit sein, wenn sie nicht einmal die offenbare Heilung von Menschen religiös zu interpretieren vermag! Als wie unmenschlich enthüllt sich eine bestimmte Form von Theologie, die etwas, das Menschen ersichtlich guttut, für «teuflisch» erklärt, und wie dämonisiert muß eigentlich ein Gottesbild sein, das es – zum Beispiel weil gerade Sabbat ist (Mt 12,9–14)! – unter ein förmliches Verbot stellt, Menschen zu heilen? Man kann es nicht oft genug sagen: Schon in dem ersten Jahrzehnt nach der Zerstörung Jerusalems, schon in den siebziger Jahren des 1. nachchristlichen Jahrhunderts, muß das Bekenntnis zu Jesus von Nazareth als dem «Messias» Israels, als dem «Christus» und «Davidssohn», zu einer buchstäblichen Verteufelung der Führer des jüdischen Volkes, speziell der Gruppe der *Pharisäer* geführt haben[27]; ja, bedenkt man, daß bereits die «Theologie» der älteren *Logienquelle*[28], aber auch die Überlieferungen, die *Markus* verwendet, im Grunde das gleiche Konzept vertreten, so steht man bei der Auslegung solcher Texte immer wieder vor einer entscheidenden Alternative: Entweder man bleibt bei der historischen Form der Aussage dieser Bibelstellen stehen; dann hat man es mit den unübersehbaren Weichenstellungen des katastrophalen christlichen Antijudaismus im Abendland zu tun, und man kann dann nur alle Kraft darein setzen, die historische Bedingtheit dieser Texte selbst und damit ihre Relativität und Begrenztheit hervorzuheben; – was aber tun solche Evangelienstellen dann noch in der Leseordnung heutiger Gottesdienste? Warum ihrer überhaupt noch gedenken, außer um davor zu warnen, wie leicht und wie unglaublich schnell, in weniger als drei bis vier Jahrzehnten, man sogar die Botschaft Jesu von der allumfassenden Güte Gottes in dogmatische Rechthaberei und Verteufelung von «religiös» Andersdenkenden umwandeln kann – selber womöglich «blind» und «stumm» und «dämonisch» besessen gegenüber dem ursprünglich von Jesus Gemeinten! *Oder* man erkennt in der historisch gegebenen Problematik, mit der Matthäus es zu tun hat, ein Bild, einen *Typos* für eine *grundsätzliche* Frage nach der Wahrheit und Unwahrheit von Frömmigkeit und Religiosität; dann sind die «Pharisäer» nicht länger mehr die Führer der mosaischen Religion nach der Zerstörung des zweiten Tempels, die Schöpfer und Gründer des Talmuds und des heutigen Judentums, sie sind «nur», das aber in großem Ernst, die *typischen Repräsentanten* einer Fehlhaltung, die sich bei allem guten Willen im Herzen einer «göttlich» institutionalisierten, theologisch dogmatisierten und juridisch ausformulierten Frömmigkeitshaltung immer wieder ergeben muß und ergeben wird. Die «Pharisäer» sind dann nicht länger mehr die historischen Gegengestalten des Kirchenglaubens, sie sind die Verkörperungen von dessen eigener Gefahr und Gefährdung. Die entscheidende Frage dieser Stelle richtet sich dann nicht mehr in die Vergangenheit, sie geht in die Gegenwart und lautet: wie menschlich und frei eigentlich darf der Glaube an Gott sein, oder, in psychoanalytischen Begriffen gefragt: was heißt da eigentlich «Gott» – das eigene Über-Ich, die verinnerlichte Gewalt der frühen Kindertage, die verewigte Angst eines kleinen Kindes vor den Elterngestalten, die für das «Gewissen» erklärte Außenlenkung eines fertig etablierten, unfehlbaren kirchlichen «Lehramtes» *oder* ganz im Gegenteil: das Gegenüber eines absoluten Vertrauens, das dem Ich jedes einzelnen zur Seite steht, um es wachsen und reifen zu lassen zu seiner Mündigkeit?[29]

Diese Frage eigentlich ist es, die sich wie ein roter Faden durch die Darstellung der Evangelien vom Auftreten Jesu hindurchzieht; sie stellt sich im Kern jeder prophetischen Erneuerung eines in sich verhärteten, traditionell überlebten religiösen Systems; doch um sie zurückzugewinnen, bedarf es als erstes einer Auslegung des Textes, die in der Heilung einer «Besessenheit» von «Blindheit» und «Stummheit» *die menschliche Erfahrung* im Hintergrund derartiger seelischer Erkrankungen wiederentdeckt. Gerade wenn wir den ganz und gar literarischen, *dichterischen* Charakter der vorliegenden Szene festgestellt haben, so gilt es zu untersuchen, wieviel an menschlicher Glaubwürdigkeit und «Wahrheit» in einer solchen «Dichtung» steckt; nur so wird es möglich sein, auch die einfache, im Grunde undogmatische Gestalt des Jesus von Nazareth wieder vor sich zu sehen und das tatsächlich Heilende, das «Messianische» seiner Person verbindlich für unsere Tage geltend zu machen.

Was also heißt hier, psychoanalytisch betrachtet, «Stummsein» und «Blindsein»?

In seinem niemals abgeschickten Brief an seinen Vater schildert FRANZ KAFKA einmal die Gründe, die *ihn* stumm und schweigsam gemacht haben, als ein ständiges Gefühl, im Unrecht zu sein, – ein anfänglicher Trotz zunächst, schließlich ein völliges Unvermögen, in der Gegenwart des anderen noch einen eigenen Standpunkt zu behaupten. KAFKA erzählt von der Angst vor den plötzlichen und unvorhersehbaren Jähzornsanfällen seines Vaters, vor dem fürchterlichen Unterton seines Grolls, von der vollständigen Verurteilung, mit welcher der Vater ihn anfuhr, und bemerkt dann: «Die Unmöglichkeit des ruhigen Verkehrs (mit Dir) hatte noch eine weitere eigentlich sehr natürliche Folge: ich verlernte das Reden. Ich wäre ja wohl auch sonst kein großer Redner geworden, aber die gewöhnlich fließende menschliche Sprache hätte ich doch beherrscht. Du hast mir aber schon früh das Wort verboten. Deine Drohung: ‹Kein Wort der Widerrede!› und die dazu erhobene Hand begleiten mich schon seit jeher. Ich bekam von Dir... eine stockende, stotternde Art des Sprechens, auch das war Dir noch zu viel, schließlich schwieg ich, zuerst vielleicht aus Trotz, dann, weil ich vor Dir weder denken noch reden konnte. Und weil Du mein eigentlicher Erzieher warst, wirkte das überall in meinem Leben nach... diese Einwirkung war für mich zu stark, ich war zu folgsam, ich verstummte gänzlich, verkroch mich vor Dir und wagte mich erst zu regen, wenn ich so weit von Dir entfernt war, daß Deine Macht, wenigstens direkt, nicht mehr hinreichte. Du aber (hieltest auch das nur für einen neuen Widerstand), während es nur selbstverständliche Folge deiner Stärke und meiner Schwäche war. Deine äußerst wirkungsvollen... rednerischen Mittel bei der Erziehung waren: Schimpfen, Drohen, Ironie, böses Lachen... Hierher gehören auch die Drohungen wegen der Folgen des Ungehorsams. Wenn ich etwas zu tun anfing, das Dir nicht gefiel, und Du drohtest mir mit dem Mißerfolg, so war die Ehrfurcht vor Deiner Meinung so groß, daß damit der Mißerfolg... unaufhaltsam war. Ich verlor das Vertrauen zu eigenem Tun. Ich war unbeständig, zweifelhaft. Je älter ich wurde, desto größer war das Material, das Du mir zum Beweis meiner Wertlosigkeit entgegenhalten konntest. (Besonders schlimm war es,) wenn Du... öffentlich Dich beklagtest. Ich gestehe, daß ich als Kind... dafür gar kein Gefühl hatte und nicht verstand, wie Du überhaupt erwarten konntest, Mitgefühl zu finden. Du warst so riesenhaft in jeder Hinsicht; was konnte Dir an unserem Mitleid liegen oder gar an unserer Hilfe? Die mußtest Du doch eigentlich verachten, wie uns selbst so oft... Erst später begriff ich, daß Du wirklich durch die Kinder sehr littest, damals aber... mußten... (deine Klagen) mir wieder nur überdeutliche Erziehungs- und Demütigungsmittel sein...»[30]

KAFKA erzählt dann weiter, wie auch die Güte der Mutter nur das Schuldgefühl verstärken konnte; denn stets trieb sie den Jungen wieder in den Bannkreis des Vaters zurück, und selbst wenn die Mutter heimlich dem Knaben verschaffte, was die Strenge des Vaters ihm vorenthielt, so «war ich wieder vor Dir das lichtscheue Wesen, der Betrüger, der Schuldbewußte, der wegen seiner Nichtigkeit selbst zu dem, was er für sein Recht hielt, nur auf Schleichwegen kommen konnte... Von allen Seiten her kam ich in Deine Schuld.»[31]

So oder ähnlich muß es zugehen, wenn Menschen *stumm* und *mundtot* gemacht werden. Am Anfang steht wohl eine tiefgreifende Entmutigung gerade den Menschen gegenüber, deren Urteil für das eigene Leben ganz und gar maßgeblich ist, ein Gefühl, endgültig und unentrinnbar *im Unrecht* zu sein. Was soll schon ein Kind denken, wenn es plötzlich und unerwartet, vielleicht mitten im Spiel, bei einer harmlosen Beschäftigung, angebrüllt und angeschrien wird? Es kann ihm doch nur der Schreck durch alle Glieder fahren; es muß glauben, etwas Furchtbares, etwas Entsetzliches angerichtet zu haben, das einen solchen Wutanfall notwendig gemacht habe. Es muß glauben, einen solch jähen und heftigen Vorwurf *verdient* zu haben. Aber zugleich kann es überhaupt nichts finden, dessen es sich anklagen könnte! Vermöchte es dies, so wäre es beinah gerettet; es könnte ja beschließen, in Zukunft nicht mehr von selbst an den Herd oder an den Fernsehapparat zu gehen und eben *das* Tun zu vermeiden, das so heftig bestraft wurde. Aber der *Jähzornsausbruch* trifft das Kind vollkommen *unverständlich!* So sehr es sich auch zergrübelt, es kann nichts finden, das es falsch gemacht hätte; es muß also in ihm einen nach wie vor verborgenen entsetzlichen Fehler geben, den es eigentlich längst schon hätte selbst herausfinden müssen, den es aber durchaus nicht herausfinden kann. Ein tiefes Mißtrauen sich selbst gegenüber setzt ein und eine ständige Angst, erneut bei diesem Entsetzlichen und Unbekannten ertappt zu werden. Ständig lebt es in der panischen Erwartung, schon durch eine kleine Unbotmäßigkeit, ja, schon durch die Tatsache seiner Existenz den ganzen Zorn des Vaters (oder der Mutter) auf sich zu lenken. In jedem Augenblick muß es gewärtig sein, daß der Boden unter seinen Füßen einstürzt, daß alles falsch war, was es gedacht und getan hat, ja, daß selbst das, was es für richtig oder für schuldlos hielt, vernichtend verurteilt wird, und es kann daraus nur lernen, daß diese Augenblicke der Verurteilung sein eigentliches Wesen offenbaren, wohingegen die Zeiten einer relativen Ruhe und vielleicht sogar eines bescheidenen Glücks eine pure Täuschung sind, der man sich nicht hingeben darf, ja, für die man sogar sich besonders schuldig zu fühlen hat. Immer mehr wächst auf diese Weise das Empfinden, alles verkehrt zu machen, ja, überhaupt womöglich unberechtigt auf der Welt zu sein und jedenfalls sich unter keinem Umstand für irgend etwas rechtfertigen zu können; man muß vielmehr bedingungslos voraussetzen, daß jeder, der mit einem schimpft, recht hat, und sogar, daß insofern auch schon jeder ein Recht hat, mit einem zu schimpfen. Jeder Wille, sich zu wehren und zu behaupten, verschwindet, und an seine Stelle tritt ein maßloses Bedürfnis, durch ständiges Entgegenkommen, durch vollständige Gefügigkeit sich das Wohlwollen der anderen zu erhalten, um die Katastrophe der Verurteilung zu vermeiden. Das eigene Wünschen und Wollen wird immer mehr zurückgedrängt, bis zu dem Punkt, daß es, wie bei KAFKA, wirklich fast unmöglich wird, in der Gegenwart anderer noch irgend etwas Eigenes zu denken. Alle Vorstellungen und Gedanken sind wie leer, wie abgesaugt, und das wiederum verstärkt noch den Eindruck, dumm und unfähig, schwach und nichtig, schuldig und unberechtigt zu sein, ein Gefühl, daß alle anderen stark und verständig sind, Leute, die von vornherein das Sagen haben, während man selbst sich vorkommt wie etwas, dessen man sich nur zutiefst schämen kann.

Diese *Stummheit* aus Schuldgefühl und schweren Selbstwertzweifeln, aus Selbstverachtung und Schwäche, aus Ohnmacht und Gefügigkeit, dieses *Schweigen,* das stets dem anderen das Wort überläßt, weil er doch wichtiger ist und richtiger denkt als man selber, hat viele Gesichter, aber die Sprache, in der es sich äußert, stockend und zögernd, unterbrochen durch zahllose Pausen, benutzt eigentümliche, stets gleichlautende Wendungen: «Ich schäme mich so, daß ich hier bin; ich möchte mich am liebsten jetzt ganz schnell entfernen; jetzt falle ich Ihnen sicher lästig; ganz bestimmt sind Sie mir jetzt böse; es würde mich sehr erleichtern, wenn Sie mir sagen würden, wovon ich reden soll; könnten *Sie* nicht Fragen stellen; ich fühle mich so gezwungen, Ihnen etwas zu sagen, aber ich bin so leer; als ich herkam, wußte ich noch, wovon ich reden sollte, aber jetzt fällt mir nichts mehr ein; jetzt schweige ich schon so lange – das muß Ihnen doch auf die Nerven gehen; schmeißen Sie mich jetzt raus; ich fürchte, Sie müssen alles, was ich sage, verurteilen; ich finde mich unmöglich, wenn ich rede; es klingt alles so dumm und verkehrt, und wenn ich schweige, ist es noch schlimmer mit dem Gefühl, Sie müßten mich verachten. Es ist so ein Empfinden: ich kann nicht von mir reden, denn ich bin nicht wert, von mir zu reden; ich darf nur sagen, was Ihnen gefällt, also müssen Sie mir sagen, was Ihnen gefällt.» –

Vielleicht kann man generell sagen, daß die Stummheit in dieser Form eine lange Zeit einhergeht mit einer enorm verstärkten *Aufmerksamkeit* den Wünschen des anderen gegenüber. Das Aussprechen der eigenen Erwartungen, Bitten und Hoffnungen wird ersetzt durch ein stetes Bemühen, dem anderen den Willen schon von den Augen abzulesen. Immerzu scheinen diese Stummgewordenen auf der Lauer zu liegen, um schon von weitem die Absichten des anderen zu erraten und nach Möglichkeit unaufgefordert zu erfüllen. Unablässig sind *ihre Augen* damit beschäftigt, die geheimsten Wünsche des anderen herauszufinden und blitzschnell zu verwirklichen. Mit ihrer Stummheit paart sich eine eigentümliche *Hellsicht* und Schärfe der Beobachtung, eine verblüffende Fähigkeit, Gedanken, Stimmungen und Gefühle zu sehen, zu verstehen, abzulesen, eine unglaubliche Intensivierung des Wahrnehmungsapparates, eine außerordentliche Sensibilisierung der *Augen* – und eine damit voranschreitende chronische *Blindheit* für sich selbst und sehr bald paradoxerweise auch für die anderen.

Bis dahin haben wir eigentlich ja nur die Form der *Stummheit* beschrieben, wie Kafka sie für sich notiert hat und wir sie als Grundmuster dieser Unfähigkeit, sich selbst mitzuteilen, annehmen können: ein Geflecht von Scham- und Schuldgefühlen, von scheuer Zurückgezogenheit, stiller Überbescheidenheit, zuvorkommender Höflichkeit und Rücksichtnahme, vermischt mit dem kompletten Unvermögen, für irgendein eigenes Recht einzutreten, eine Bitte zu äußern, einen Wunsch mitzuteilen, ja, auch nur irgend etwas für ein eigenes Recht zu *halten*. Dabei können wir jetzt schon mit einiger Wahrscheinlichkeit vermuten, daß dieser Lebensaufbau eines Tages einstürzen wird. Irgendwann einmal muß der Zeitpunkt kommen, wo dieses Leben, das ständig nur von fremden Wünschen und von fremden Interessen angetrieben und in Gang gehalten wird, verbraucht und zerschlissen ist, wo ein Stadium erreicht ist, daß es einfach so nicht mehr weitergeht, wo der Brunnen endgültig ausgeschöpft und leer ist und man innerlich wie instinktiv sich dagegen zu wehren anfängt, noch weiter in dieser Form bis zum Verdursten ausgeschöpft zu werden. Unzählige Male hat man erfahren, daß jede Annäherung an den anderen bedeutet, sich widerspruchslos ihm und seinen Wünschen auszuliefern, und da man sich gar nicht vorstellen kann, daß es eine andere Form des Kontaktes überhaupt geben könnte, meidet man allmählich die Begegnung mit den anderen insgesamt. Immer mehr macht sich das Gefühl breit, die anderen nicht mehr *sehen* zu können, überhaupt *niemanden* mehr «sehen» zu können, und ein Zwang setzt ein, die Augen zu verschließen und nichts mehr wahrzunehmen, um nicht auf alles eingehen zu müssen. Vor allem gegen den unablässigen Anblick der Not und des Elends der anderen, ihrer uferlosen Hilfsbedürftigkeit und Angewiesenheit auf Hilfe muß man sich schützen, denn er wäre gleichbedeutend mit der sofortigen und unabweisbaren Verpflichtung, selber wieder einzuspringen. Man muß die Augen verschließen, um am Leben zu bleiben, und darf nichts mehr sehen, um nicht von einem quälenden Schuldgefühl erdrückt zu werden.

Auf diese Weise könnte man sich sehr rasch einen *Zusammenhang* vorstellen zwischen *Stummheit* und *Blindheit*[32]; man könnte verstehen, wie Menschen, die das Sprechen von sich selbst, von ihren eigenen Wünschen, verlernt haben, dazu gedrängt werden, nicht mehr hinzusehen und sich nur noch auf sich selbst zurückzuziehen. Es läßt sich indessen voraussehen, daß sie diese absichtliche Abstumpfung ihrer überscharfen Hellsichtigkeit *noch* mehr mit Selbstverachtung und Schamgefühl erfüllen wird. Nunmehr werden sie *gänzlich* das Empfinden haben, wertlos, unbedeutend, ungefragt und überflüssig zu leben; *noch* drückender werden sie den Vorwurf spüren, ihr Dasein nicht rechtfertigen zu können. Und doch geht es nicht anders! *Nur* für die anderen dazusein ist einfach nicht möglich, – es ist vollkommen unerträglich und unzumutbar geworden; schon von daher bleibt nur noch der Versuch übrig, die Tür nach draußen abzuschließen und die Fensterläden fest zu verriegeln, den Kontakt abzubrechen und sich in sein eigenes Ich zu vergraben wie in ein Gefängnis.

Gewiß gibt es an sich noch viele andere Möglichkeiten, die Stummheit und die Blindheit zu deuten; aber alle Deutungen werden doch, wenn sie nur tief genug vorangetrieben werden, darauf hinauslaufen, daß hier ein Zustand der Ausweglosigkeit, der inneren Gefangenschaft, ein Dasein *im Getto* beschrieben wird; und wie immer man die Kräfte bestimmen will, die die Stummheit und die Blindheit verursachen, so wird man doch am Ende feststellen, daß sie den Menschen in einem geradezu *höllischen* Zustand festhalten. Anders kann es ja auch nach der biblischen Aussage nicht sein, sagt uns doch der Text selber, daß das «Stummsein» und die «Blindheit» nur die *Symptome* einer Krankheit sind, in welcher der Mensch sich selber nicht mehr gehört und er fremden, zerstörenden, *dämonischen* Mächten ausgeliefert ist[33], die von ihm Besitz ergriffen haben.

An dieser Stelle freilich müssen wir uns vor einem naheliegenden Mißverständnis hüten. Denn nach allem, was wir bisher gesagt haben, legt sich die folgende psychologische Interpretation der «Besessenheit» nahe: – man müßte sagen: Die bösen Geister, die den Stummen und Blinden besetzt halten, sind die Geister seines Vaters (seiner Mutter), die Gestalten all derer, die von früh an entsprechend zerstörerisch auf ihn eingewirkt haben, indem sie ihm dieses Steuerprogramm von Entmutigung, Angst, Schuldgefühl und Selbstverachtung einpflanzten; deren Erinnerungsnachbilder nun wirken als fremde unheilvolle Mächte in ihm nach und verhindern und blockieren seinen Zutritt zum Leben; sie halten sein schwaches Ich gefesselt und terrorisieren es weiter wie eh und je. Wie selbstverständlich erscheinen sie als überstarke persönliche Mächte mit einem eigenen Willen, der nur die Absicht verfolgt, sich das ohnmächtige Ich gefügig zu machen und es ihrer Herrschaft zu unterwerfen; ja, sie *müssen* so erscheinen, weil sie in einer Zeit entstanden sind, als das Ich tatsächlich schwach und ausgeliefert der allmächtigen Willkür der Eltern gegenüberstand. Ihr dämonischer Eindruck rührt dementsprechend von der Art her, in der damals die entscheidenden Bezugspersonen wie göttliche Mächte auf das hilflose Ich des Kindes eingehämmert haben.

In diesem Sinne wären die Stummheit und Blindheit des Kranken Ausdrucksformen schwerer Entwicklungsstörungen und psychischer Konflikte, die in den Personen der Eltern ihren Ursprung haben und in deren Gestalten im Über-Ich verfestigt sind. Zweifellos wäre mit einer solchen Interpretation eine zutreffende Erklärung des vorliegenden *Krankheitsbildes* der «Besessenheit» gegeben. Dennoch bleibt das, was die Bibel mit «Dämonen» und «bösen Geistern» meint, in diesem Rahmen noch irgendwie unverständlich. Man kann verstehen, daß die Elterngestalten im Über-Ich ins Göttliche oder Teuflische hineinprojiziert und metaphysiziert werden und in dieser Weise sich als unangreifbar dem Ich entgegenstellen[34]; man versteht auch das Interesse jeder veräußerlichten, autoritären Religion, sich die Elternangst verschüchterter Kinder zunutze zu machen und die Menschen auf ewig als unmündige Kinder gefangenzuhalten.[35] Was aber führt bei denkenden Menschen, bei erwachsenen Persönlichkeiten dazu, die Stummheit und Blindheit aus Kindertagen in ihr eigenes Leben zu übernehmen?

Für die Bibel geht es an dieser Stelle um den Einbruch von *Schuld;* es kann, um diese Sichtweise zu begreifen, daher nicht *nur* von einem verinnerlichten Schicksal, von der passiven Übernahme äußeren Unglücks die Rede sein, sondern wir müssen sprechen von der *Wahl* des eigenen Schicksals, von einer Haltung, die in Freiheit (?) nichts anderes sein will(?) als stumm und blind. Und wir müßten diese Haltung nicht länger mehr als eine rein *psychologische* Einstellung deuten, sondern wir müßten sie als eine geistige, *existentielle* Einstellung beschreiben. Die Psychoanalyse erweitert sich somit zur Existenzanalyse. Es ist dabei nicht uninteressant, daß wir eine solche Erweiterung offenbar in derselben Reihenfolge vornehmen müssen, die Matthäus hier wählt: beginnend mit der *Blindheit*, endend mit der Stummheit, umgekehrt also gegenüber der bisherigen Reihenfolge von Ursache und Wirkung. Wie *das* sein kann, vermag uns ein anderer großer Dichter des 20. Jahrhunderts zu zeigen.

In seinem «*Tagebuch*» schildert der französische Dichter und Hauptvertreter des sogenannten «absurden Theaters», E. JONESCO, einmal sein leidenschaftliches verzweifeltes Bemühen, *verstehen, «sehen»* zu wollen. «Ich bin da», schrieb er vor jetzt schon etwa fünfzig Jahren, «ich, ein Mensch, und ich muß das Unannehmbare hinnehmen: Ich will keinen Krieg, ich mache ihn mit; ich will wissen, ich weiß nichts. Und wenn ich schließlich diese Existenz, in die ich geworfen bin, zu lieben beginne, leide ich, weil sie mir wieder genommen wird. Ich besitze Kräfte, sie erschöpfen sich, ich altere, und ich will nicht altern, ich sterbe, und ich will nicht sterben. Das eben ist das Unwahrscheinliche: Eine Existenz zu lieben, die mir auferlegt worden ist, und die mir in dem Moment genommen wird, in dem ich sie hingenommen habe... Wenn wir alles wissen werden oder wissen würden, wären wir der Erkenntnis noch nicht näher... Was für ein Wesen steht hinter den Dingen? Das Universum erscheint mir wie ein in Unordnung befindliches Sammellager, bewegliche Körper, die in den ungeheuren Raum geschleudert wurden; aber wer hat sie geschleudert... selbst wenn ich alles weiß, werde ich höchstens gelernt haben, mich mehr oder weniger gut in diesen riesigen Bagnos, in dem erdrückenden Gefängnis, in dem ich lebe, zurechtzufinden. Was für eine Farce, was für eine Falle, was für eine Bauernfängerei! Wir sind als Betrogene geboren. Denn wenn man nicht erkennen darf, wenn man nicht erkennen kann, warum dann dieses Begehren nach Erkenntnis? Ich kann die Gesetze kennenlernen; den Grund der Gesetze kann ich nicht erkennen. Weshalb kann man nicht alles wissen...?» Und wenig später notiert JONESCO: «Nur nicht mehr denken, ausradieren! Aber ach, die Tiere denken auch, sie fürchten sich, sie haben Angst vor dem Tod. Keinen Hunger, keinen Durst zu haben, ist unmöglich. Wozu die Schöpfung?»[36]

Es gibt nur wenige zeitgenössische Dokumente, die so klar den Willen, die Notwendigkeit, *wissen* zu müssen, *sehen* zu müssen, *erkennen* zu müssen, ausdrücken, und die zugleich so eindrucksvoll die ohnmächtige Zurückgeworfenheit des Menschen auf sich selbst widerspiegeln, diese *metaphysische Frustration* allen Sehens und Wissens, diese äußerste Traurigkeit und Einsamkeit des

Menschen angesichts der Unendlichkeit des Nicht-Beantwortbaren, Rätselhaften, Nie-Erkennbaren; und nur selten ist in solcher Schärfe das *Verlangen nach Blindheit, nach Abschalten, nach Nicht-mehr-denken-Wollen* ausgesprochen worden wie hier. Wieder ist es, wie eben, die *Unerträglichkeit* einer übergroßen Hellsicht, die es nicht mehr aushält, zu sehen. Es ist eine Sehnsucht nach ewiger Nacht, die ein Licht nicht mehr will, das lediglich dazu dient, eine Welt des Absurden und Sinnlosen zu beleuchten. Es ist eine *Blindheit geistiger Verzweiflung*. «Manchmal», sagt JONESCO, «leide ich an Schlaflosigkeit. Im Dunkeln schlage ich die Augen auf. Doch dieses Dunkel ist wie eine andere Helligkeit, wie ein negatives Licht. Im schwarzen Licht erscheint mir mit unbestreitbarer Evidenz die Enthüllung des Unheils, der Katastrophe, des Unabwendbaren, des absoluten Scheiterns. Alles scheint mir verloren.» Daß alles ängstigt, alles sich verdunkelt, alles unansehnlich und sinnlos wird, daß man nichts mehr sehen *will* und sehen *kann*, diese *nicht mehr psychologische*, sondern *existentielle, metaphysische* Überforderung läßt das *geistige* Auge des Menschen *erblinden*.

Und desgleichen *verstummt* der Mund unter dem fatalen Eindruck, daß nichts Wahres, nichts Wichtiges, nichts Wesentliches sich erkennen oder sagen läßt, ja, daß jegliches Sprechen nur das schmerzliche Schweigen der Dinge übertönt. «Literatur zu produzieren», klagt JONESCO, «wieviel verlorene Zeit, welche Kräftevergeudung!... Gerade die Beschäftigung mit der Literatur ist schuld daran, daß ich überhaupt nichts mehr verstehe. Es ist, als hätte ich beim Schreiben alle Symbole verbraucht, ohne sie gründlich zu erfassen. Sie reden nicht mehr lebendig zu mir. Die Wörter haben die Bilder getötet oder verborgen. Eine Wörter-Kultur ist eine irrige Kultur. Wörter schaffen Verwirrung. Wörter sind nicht das Wort. Doch diese Wörter waren wie Masken, oder aber sie sind welken Blättern gleich, die zur Erde gefallen sind.»[37] Daß alles, was gesagt wird, die Wirklichkeit mehr zudeckt als durchsichtig macht, daß alle Zeichen lügen, weil sie sich selbst als Wirklichkeit ausgeben, daß das Reden das Sehen verdrängt und man sich sehnen würde nach dem Anblick von Gestalten und Sinnbildern – aber der Verlust des Sehens erzwingt das Sprechen in Worten, und das Sprechen entleert sich zum Gebrauch hohler und längst zersagter Worthülsen –, diese fortschreitende Sinnlosigkeit des Sprechens, dieser zunehmende Zerfall der Wörter zur Bedeutungslosigkeit *erzwingt die Stummheit*. Das Bedürfnis, etwas zu sagen, geht an der Wertlosigkeit all dessen, was man sagen könnte, zugrunde. *Und so erweitert sich die Blindheit zur Stummheit.* Die Erfahrung der eigenen Nichtigkeit und Wertlosigkeit, die wir vorhin *psychologisch* für das Erblinden und Verstummen verantwortlich machten, kehrt hier in absolutem Maßstab zurück; es wird jetzt nicht mehr ausgelöst von bestimmten Menschen, sondern es ist der Reflex einer geistigen Einstellung dem Dasein im ganzen gegenüber und daher unendlich gesteigert, unendlich trauriger – *endgültig!*

Diese abgründige *geistige* Verzweiflung scheint die Bibel zu meinen, wenn sie von «bösen Geistern» und «Dämonen» spricht. Sie scheint anzunehmen, daß es eine absolut hellsichtige, eine rein geistige, eine metaphysische Haltung gibt, die aus einer solchen Erfahrung der letzten Unverständlichkeit und Unbegreiflichkeit, der letzten Wertlosigkeit und Bedeutungslosigkeit von allem Sichtbaren und allem Aussagbaren stammt. Sie scheint zu behaupten, daß ein Mensch, wenn er sich einer solchen Haltung überläßt, eigentlich nicht mehr von sich aus derartige Gedanken der Verzweiflung erdenkt und ergreift, sondern daß er auf ein Geleise geschoben wird, dessen bestechende Schlüssigkeit und Logik bereits «vor ihm» angelegt und konzipiert wurde; nicht er selbst hat diese Gedankenbahnen ins Nichts erbaut, sondern er wird weit eher wie ein leer geräumter Güterwagen hinter den Zug rangiert und in die ewige Nacht und Schweigsamkeit einer geschlossenen und entschlossenen Blindheit und Stummheit hineingezogen.

Es hätte eigentlich nicht viel Sinn, die sehr undurchsichtigen und wenig greifbaren, *mythischen* Spekulationen der Bibel im Zusammenhang von «Teufeln» und «Dämonen» zu erwähnen, wenn in dem Sprechen von bösen Geistern symbolisch nicht ein sehr wichtiger Hinweis stecken würde, wie denn umgekehrt vielleicht eine Alternative, so etwas wie eine *Befreiung* aus diesem Teufelskreis der Dunkelheit und der Stummheit möglich wäre; und dies zu bedenken ist wichtig, weil sonst, ohne eine klare Alternative, die Verzweiflung schon als das notwendige Schicksal aller denkenden Wesen erscheinen müßte. Irgendwo, so viel ist klar, wird der Punkt erreicht sein, an dem uns die katastrophale Überflüssigkeit unseres Daseins und des Daseins aller Dinge anspringt und wir nach einer Rechtfertigung Ausschau halten, dazusein, und doch zugleich merken müssen, daß wir eine solche Rechtfertigung ein für allemal nicht besitzen und wir sie uns auf keinem Weg der Welt beschaffen können. Irgendwo ist der Punkt auf dem Weg erreicht, an dem das Licht verlöscht und das Reden verstummt. Aber nun scheint es die Frage zu sein, was das bedeutet: Bedeutet es den restlosen Absturz ins Nichts oder – *in Gott?* Bedeutet es den Willen, ins Ungeborensein zurückzukehren, oder die Sehnsucht nach ewigem Dasein? Bedeutet es ewige Verneinung oder ewige Bejahung? Gewiß: wir *sind* überflüssig, und es *brauchte* uns *nicht* zu geben. Aber die Frage ist: Bedeutet dies, daß wir selber schon danach trachten müssen, uns zu beseitigen und abzuschaffen, oder bedeutet dies, daß wir unser Dasein, das Dasein aller Dinge, entgegennehmen dürfen als ein ganz unerhörtes, überraschendes Geschenk; bedeutet dies, daß unser Leben eine irrsinnige Zumutung ist, ein wahnsinniges Experiment, um herauszufinden, ob denkende Wesen nach der Art lebender Menschen ihre Existenz überhaupt auch nur ertragen können, ohne sich zugrunde zu richten, oder bedeutet dies, daß wir das Leben sehen dürfen wie ein Angebot? In dem einen Falle ist dieses irdische Leben unsere «Hölle», in dem anderen der Vorgeschmack des Himmels. So oder so verschlägt es uns die Sprache; so oder so gehen uns die Augen über. Aber es gibt die Dunkelheit der Finsternis *und* des reinen Lichts, es gibt die Stummheit der Verzweiflung *und* der Glückseligkeit. Wenn die Verzweiflung «Schuld» ist, dann sicher nur, weil sie darin besteht, *nicht einzuwilligen,* oder weil sie nur «einwilligt», wie wenn im Akt einer ohnmächtigen Kapitulation man alles wegwerfen müßte. Was das Vertrauen hindert, ist vermutlich immer wieder nur, daß Gott uns im Schatten der Negativbilder der eigenen Eltern oder anderer Menschen, womöglich in kirchlichen Ämtern und Würden, *wie ein Scharfrichter* erscheint, vor dem wir Angst haben und dessen Anblick uns nötigt, an der eigenen Nichtigkeit uns festzuklammern. Gewiß, selber besitzen wir nichts Eigenes – das macht schon, daß wir *geschaffen* sind, und man *kann* daraus den Schluß ziehen, daß wir lediglich dazu da sind, Gott alles zurückzugeben und dagegen zu protestieren, daß er uns über kurz oder lang alles nehmen wird; man *kann* aber auch zu dem Schluß gelangen, daß wir Gott alles verdanken und er uns alles geben will; dann werden wir nicht müde werden, für Gott dazusein.

Selbsthaß *oder* Dankbarkeit – das ist die Wahl hier; Angst *oder* Vertrauen, Krampf *oder* Lösung – an dieser «Entscheidung» zerfällt die Welt in «böse» und «gute» Geister, in ein Schweigen des Nichts oder ein Schweigen des Seins, in ein Erblinden, das die Alten die «Glückseligkeit» nannten, «Gott anzuschauen», oder ein Erblinden im Schatten der Leere und der Nichtigkeit aller Dinge.

Noch einmal dazu JONESCO – jene Stelle aus seinem *«Tagebuch»,* an der er beschreibt, wie ihn die Frage, *warum es etwas gibt,* warum nicht einfach *Nichts* ist, immer wieder überkommt, und wie er einmal die *Ahnung einer Lösung* erfährt. Er schreibt: «Ich mag in dieser Welt tun, was immer ich will, sie umstürzen, verwandeln, mir einbilden, sie zu verwandeln, sie mir jedenfalls dienstbar zu machen, ich mag auf andere Planeten wandern, es ist immer ‹das›, und was ist dieses ‹das›, daß es *ist,* und daß ich da bin? Gelänge es mir, sämtliche Türen zu öffnen, so bliebe doch immer noch die Tür des Staunens, die sich nicht öffnen läßt. Diese Frage, die, wie ich weiß, nicht lösbar ist, erschöpft mich zu Tode. Auch das ist die Mauer (die mir in jeder Nacht im Traum begegnet). Was bedeutet es, hier zu sein, was bedeutet sein, und warum immer und ewig das Sein: Warum dieses Sein? Plötzlich der schwache Schimmer einer unsinnigen Hoffnung: Man hat uns das Leben geschenkt, ‹man› kann es uns nicht wieder nehmen... Früher, als ich kaum erwachsen war und auch noch etwas später, bewirkte das Staunen Euphorie. Ich versuche nochmals, diesen Geisteszustand, dieses Geschehen zu beschreiben. Ich war ungefähr achtzehn, als ich mich in einer kleinen Provinzstadt aufhielt. Es war ein herrlicher Tag, so gegen Mittag. Ein Junitag, Anfang Juni. Ich schlenderte an den niedrigen, ganz weißen Häusern der kleinen Stadt entlang. Was dann geschah, war gänzlich unerwartet. Eine plötzliche Verwandlung der Stadt. Alles wurde gleichzeitig zutiefst wirklich und zutiefst unwirklich. Genau das war es: Unwirklichkeit mit der Wirklichkeit vermengt, beide eng, unauflöslich verquickt. Die Häuser wurden noch weißer und sehr sauber. Etwas ganz Neues, Jungfräuliches kam in dieses Licht, die Welt erschien mir wie unbekannt und doch seit Ewigkeiten bekannt. Eine Welt, die das Licht auflöste und wieder neu schuf. Überschäumende Freude stieg in mir auf, heiß und leuchtend auch sie, es war da eine absolute Gegenwart. Ich sagte mir, dies sei die ‹Wahrheit›, ohne diese Wahrheit definieren zu können. Hätte ich versucht, sie zu definieren, hätte ich sie fraglos verflüchtigt. Ich sagte mir auch, da dieses Ereignis eingetreten war, da ich dies durchlebt hatte, da ich alles wußte und zugleich nicht wußte, was ich wußte, würde ich nie mehr unglücklich sein, denn ich erfuhr, daß man nicht stirbt. Ich brauchte nur noch an diese Augenblicke zu denken, um jede künftige Sorge und Angst zu besiegen. Ich hatte die Offenbarung des Wesentlichen erlebt, alles übrige war unwesentlich. Tatsächlich hat mich Jahre hindurch die Erinnerung an diesen Augenblick getröstet.»[38]

Das muß es sein, worauf wir warten und was die Stummheit und das Schweigen beredt und sehend macht: ein Wissen jenseits des Wissens, ein Sehen jenseits des Lichtes – eine erste Form der «Anschauung Gottes». «Das Paradies», sagt JONESCO, «ist bedingungslose Einwilligung».[39] So ist es. – Fügt man hinzu, wie Matthäus es sieht, so muß man sagen, daß Jesus kam, uns diese bedingungslose Bejahung zu lehren, hinter der *das* «sichtbar» und «ansprechbar» wird, was in der Sprache der Religion «Gott» genannt wird; ja, dann kann man auch sagen: in dem Mann aus Nazareth erschien Gott und redete Gott als unsere letzte endgültige große Bejahung. *So* hatte dieser Mann tatsächlich göttliche Macht über unsere «Blindheit» und «Stummheit». So ward er wirklich für uns ein «König», der heilt, ein Erlöser vom Reich der Finsternis und des Verstummens.

Mt 12,24–37
Der Teufel und der liebe Gott

Wir wissen bereits: Die Einleitungsszene zu dieser Rechtfertigungsrede Jesu hat Matthäus selber gestaltet. Um den Vorwurf des Satanspaktes seitens der «Pharisäer» gegen Jesus zu begründen, hat er (in Übereinstimmung mit der Logienquelle, Lk 11,24) dem ganzen Abschnitt eine Teufelsaustreibung vorangestellt: Jesus habe einen *Blinden* und Stummen geheilt, der von einem Dämon besessen war. Dieses «Wunder», von dem bei Markus (3,22) nichts steht, ist ein rein literarisches Gebilde, das sich historisch nie ereignet hat. Doch um so mehr kann die «Erfindung» des Matthäus für uns ein Anlaß sein, noch einmal über die Art nachzusinnen, wie Jesus auf Menschen wirken konnte und worum es bei seinen «Wunderheilungen» eigentlich ging.[40]

Auch ohne es zu wollen, können Menschen mit den Erzählungen ihres Lebens dabei helfen, ganze Passagen der Bibel besser zu verstehen – zum Beispiel was es heißt, *blind* und *stumm gleichzeitig* zu sein! – Eine Frau, die an die Bibel gar nicht dachte, erklärte diesen Zusammenhang vor einer Weile, indem sie, nach einer langen Phase des mühsamen Ringens um Selbstbeherrschung, endlich unter Schluchzen in ein Meer von Tränen ausbrach. Über Worte, um zu sagen, was in ihr vor sich ging, verfügte sie noch auf eine ganze Weile hin gar nicht, doch als sie endlich in einen gewissen Sprech*fluß* eintreten konnte, ergab sich ein überschaubarer Hintergrund des Erlebens, in der frühen Kindheit beginnend quer durch eine äußerst unglückliche Ehe bis in die jüngste Vergangenheit hinein. «Ich habe doch», sagte sie, «nie von mir reden dürfen.» Der Grund dafür war ebenso einfach wie schrecklich – wir fanden ihn, indem wir gegen alle Angst die schmerzhaften Erinnerungen an eine Zeit vor über 40 Jahren freisetzten.

Man stelle sich eine Mutter vor, die in ihrem Leben selber am Rande der Verzweiflung existiert. Nur notdürftig verdient sie in mühsamen Hilfsarbeiten die Habseligkeiten, um gerade vom Morgen bis zum Abend zu kommen – ein Leben in ständiger Abhängigkeit, Demütigung, Armut und Armseligkeit. Doch im Schatten einer solchen Frau muß ein sehr sensibles Mädchen aufwachsen, das Tag um Tag erlebt, wie die Mutter nach Hause kommt: abgearbeitet, nervös und fahrig, so daß es selbst nach vielen Stunden der Entbehrung der Mutter durchaus keine Zeit, keine Energie, keinen Raum gibt, um ihr irgend etwas von den eigenen Schwierigkeiten mitzuteilen. Allein dieser Eindruck genügt bereits, um für jedes freie Wort Schuldgefühle zu sammeln. Man kann sich leicht vorstellen, daß ein Mädchen, das unter der Last von soviel Elend groß werden muß, eigentlich seine Mutter nur allzu gern aufsuchen möchte, um bei ihr so etwas zu finden wie Trost oder Geborgenheit oder Halt oder Verständnis, aber das erste, was dieses Kind seiner Mutter dabei sagen müßte, wäre gewiß die Klage, daß es selbst unglücklich ist, daß es sich oft stundenlang wie verwaist vorkommt, daß es am Fenster sitzt und hinausschaut in eine vollkommen leere, einsame Welt.

Doch wie kann ein sechs Jahre altes Mädchen seiner Mutter in dieser Situation von seinen Wünschen und Bedürfnissen, Enttäuschungen und Qualen auch nur ein einziges Wort mitteilen? – Wohl muß es zaghafte Versuche dieser Art gegeben haben, doch wie sich mühsam rekonstruieren läßt, wurden sie offenbar damit beantwortet, daß die Mutter, eine sehr pflichtbewußte, treue, sich aufopfernde Frau, schon infolge ihrer eigenen Schuldgefühle, dem Mädchen nicht all das geben zu können, was sie wollte, aus der Haut fuhr und ungehemmt losschimpfte: – was für eine Unverschämtheit, was für eine Ungezogenheit – *mehr* zu tun war ihr doch gar nicht möglich! ... Auch ohne Worte, nur beim Blick in die Augen ihrer Mutter, spürte die Tochter, daß sie nichts sagen noch äußern durfte, weder an Bitten und Wünschen noch Enttäuschungen und vor allem nicht an Tränen. All das hätte für diese Mutter in ihrer Situation doch nur soviel wie eine unerträgliche Anklage bedeutet. Also: Nur nicht sprechen von irgend etwas Problematischem! Statt dessen wurde dieses Mädchen, um nur nicht lästig zu sein, ein scheinbar leichtfertiges Plappermaul, das redete und redete und in der Schule manchmal ins Zeugnis geschrieben erhielt: «Sie ist vorlaut.» Dabei sprach sie lauter fröhliche, lauter nette, lauter erheiternde Dinge. Die Mutter mit Freundlichkeiten und Lustigkeiten zu unterstützen war sozusagen ihr Lebensziel geworden, aber es stimmte in all der heiteren Redseligkeit kaum ein Wort, und ständig lauerte im Hintergrund die Angst vor dem Augenblick, da der Druck der Tränen, aufgestaut im Verlauf der Jahre, die so mühsam errichteten Hemmbarrieren wegschwemmen würde. Was Wunder, daß die Augen dieser Frau rotverweint und wie *blind* für alle eigenen Belange wovon und zugleich ihr vermeintlich so lockerer Mund ganz und gar *verstummt* war, etwas Eigenes mitzuteilen! – Mit ihrem Schicksal ist diese Frau wie ein Beispiel, um sich noch einmal vorzustellen, was Menschen durchmachen, wie Matthäus sie «erfindet»: blind und stumm!

Vielleicht lautet ein Einwand gegen eine solche Darstellung, das alles sei ja «nur» Psychologie, das habe doch nichts mit dem «Teufel» zu tun, wo blieben denn da die «Dämonen», die ganze Zaubermagie im Namen Gottes, von der die «Tröstung der Völkergemeinschaft» (TG) an vielen Stellen so dramatisch redet? Eines steht fest: Diese Texte sind keine Urkunde für fundamentalistische Exorzismusgottesdienste, wie sie selbst in unseren Tagen noch im Vatikan aufgeführt werden.[41] Was sie beschreiben, ist etwas an sich ganz Unspektakuläres. Um zu verstehen, wie «Dämonen» in der Seele von Menschen entstehen können, muß man sich nur all die Inhalte der frühen Kindertage vergegenwärtigen, die ängstigend, verformend, unter viel Leid in die Seele eines Menschen hineingepreßt wurden, bis daß aus der Gestalt der Mutter oder des Vaters (beziehungsweise der sie vertretenden Autoritäten) irgendwann absolute Instanzen wurden.

Immer wieder ist es erschreckend, gerade bei den besonders «Frommen» der Kirche hören und sehen zu müssen, wie vieles von dem, was da «Gott» heißt, nichts weiter ist als der Niederschlag uralter Kinderängste – gefrorene Tränen sozusagen, *Rauhreif* der Seele, hartkörnig gewordener Schmerz, Packeisblockaden aus Schuldgefühlen, Gletschermassen erstorbener Worte. Wie taut man diese Gefrierzustände der Seele wieder ab? Das war und ist die ganze Kunst des Mannes aus Nazareth gewesen, wenn *er* «Dämonen» der Stummheit und Blindheit vertrieb.

Einer Frau zum Beispiel wie der gerade geschilderten wird man anders gar nicht helfen können, als indem man sie bei der Hand nimmt und ihr als erstes Mut macht, genau *das* zu tun, was sie niemals tun durfte – hemmungslos zu weinen nämlich. Da versteht man plötzlich ein Wort Jesu aus der «Feldrede» des Lukas (Lk 6,20b–23) ganz genau: «Glücklich sind die Weinenden!» Diese Frau betritt den Weg zu sich selbst um keinen anderen Preis, als daß sie zum ersten Mal in ihrem Leben zu weinen sich erlaubt und getraut. Wohl hat sie furchtbare Angst dabei, lästig zu werden – schon wie sie aussieht – das ganze verheulte Gesicht – es ist ganz schlimm! Aber nun zu erleben, daß es *überhaupt nicht* «schlimm» ist, zu weinen, daß es nur schlimm wäre, in dem Kreislauf der endlosen Freundlichkeitslügen fortzufahren, das ist schon ein Hauptteil ihrer «Erlösung». Eine wirkliche Beziehung kommt ja überhaupt nie zustande, wenn jemand dauernd Dinge tun muß, die für ihn selbst schon nicht stimmen. Wie denn soll da der andere Zugang gewinnen zu einem ständigen Versteckspiel, das da lautet: «Ich werde nur geliebt, wenn ich ganz anders bin, als ich bin»? Es *muß* «zumutbar» sein, der Mensch zu sein, der man mit all dem Leid von der frühen Kindheit an bis heute geworden ist, und was man dann spüren kann, besteht in der Entdeckung, wie *rein* ein solches aufblühendes Leben oft ist, wieviel Glück es selbst zu verschenken hat, ist doch das lebenslange Bemühen, andere Menschen freundlich zu stimmen und glücklich zu machen, mittlerweile eine wirkliche Fähigkeit geworden, die nun endlich auch der eigenen Person zugute kommen darf.

Wieviel im Christentum ist eigentlich passiert, um die Auffassung in der Kirche durchzusetzen, daß es ein solches Glück gar nicht geben dürfe! Was es nach kirchlicher Vorstellung geben darf, ist die Selbstaufopferung, die Selbstabtötung, die Ganzhingabe, die Kreuzesnachfolge – der geheiligte Masochismus mit einem Wort; aber daß jemand *glücklich* werden will, das gilt als das Egoistische, als das Individualistische, als das Hochmütige, als das Sündhafte – der ganze Katalog aller Laster steht dagegen. Die menschliche Wahrheit jedoch ist ganz simpel: Nur jemand, der selbst glücklich ist, wird andere zum Glück öffnen können; nur jemand, der selber lebt, wird andere zum Leben verführen können; und wirklich begleiten kann man den anderen nur bis zu der Stelle, bis wohin man selbst gelangt ist.

Aber genau an dieser Stelle geht es los! Gerade bei dem Versuch, einen Menschen seelisch von seinen falschen Idealvorstellungen zu befreien, zeigt sich wohl unweigerlich, wie sehr man «Gott» gebrauchen kann in einer Form, die sich genau gegen diese menschliche Entfaltungsmöglichkeit zu einem eigenen Glück mit theologischem Anspruch richtet! Wenn von Gott die Rede geht, sollte man meinen, es müsse den Menschen *helfen*. Doch kaum passiert so etwas in der Praxis Jesu, stehen die «Pharisäer» da und erklären: «Menschlichkeit mag Menschlichkeit sein; wir aber haben einen Gott, in dessen Namen wir alles besser wissen, als es sich in menschlichen Evidenzen vermuten läßt. Gott ist jemand, dem man *gehorchen* muß – das ist es, was wir wissen.» Was da «Religion» heißt, ist eine Summe und ein Sammelsurium von Abgespaltenheit, Unterdrückung, Zensur, von Leistungsprogrammen, von tradierten Vorstellungen und Formeln, von autoritäten Bindungen und entwürdigender Untertänigkeit. Kommt da jemand wie Jesus daher und sagt: «Gott lebt, wo Menschen ihre Freiheit persönlich leben – nirgendwo sonst existiert Gott, *Kampf* also der Unfreiheit, der Gedankenkontrolle, der Zwangsmoral», und er handelt entsprechend im Namen der Menschen mit Berufung auf Gott, so steht er augenblicklich *gegen* den Gott der theologischen Gotteserklärer, so steht er auf gegen den Attrappengott der theologischen Dauerkommentierer, und ob er es will oder nicht, um der Einheit des Menschen willen spaltet sich das bis dahin so homogen erscheinende Religionsverständnis seiner Zuhörer zu allen Zeiten.

Zur Debatte steht, was ERICH FROMM vor fünfzig Jahren schon als den Grundkonflikt aller Frömmigkeit formulierte: Jede Religion steht heute auf dem Prüfstand, was sie will: ob sie (weiter!) autoritär bleiben möchte oder ob sie es lernt, humanitär zu werden.[42] Zweitausend Jahre alt ist diese Konfrontation in der Botschaft Jesu, und es ist unaufschiebbar, endlich zu wählen. Wenn es möglich ist, daß ein Mensch gesund wird durch eine bestimmte Art von Botschaft, von persönlicher Begegnung, von der Haltung eines neu gewonnenen Vertrauens, dann müßte man im Sinne Jesu unbedingt sagen, es *beweise* sich eben dadurch, daß eine solche Erfahrung *von Gott* ist. Denn Gott möchte, daß die Menschen leben; er möchte nicht, daß sie zerstört werden; und was er mithin am wenigsten wünscht, ist die Einrichtung einer Religion der dauernden Menschenzerstörung. Was wir indessen heute in der Gestalt des Kirchenglaubens vor uns haben, entspricht zutiefst dem Vorwurf SIGMUND FREUDS aus dem Jahre 1925: daß das, was er da in Hunderten von Analysestunden bei fromm-gläubigen Menschen unter dem Titel «Christentum» kennengelernt habe, nichts weiter sei als eine kollektive Zwangsneurose. Eine solche Feststellung besagt nicht mehr nur, daß das «Christentum» des Kirchenglaubens sich außerstande gesetzt hat, *heilen* zu können, sondern weit schlimmer noch: es steht unter dem Verdacht, psychohygienisch *krank* zu machen, indem es darauf hinausläuft, eine neurotische Kollektivveranstaltung zu sein. Eine solche «Kirche», meinte 1940 der FREUD-Schüler OSKAR PFISTER, sei eine *Hochmasse*, die durchaus kein Interesse daran trage, daß Individuen in ihr als Individuen leben könnten.[43]

Es ist unter solchen Umständen unmöglich, auch nur einen einzigen Menschen von seiner «Blindheit» und von seiner «Stummheit» zu befreien, ohne daß man für ihn Partei ergreift *gegen* alle Götzen, *gegen* alle Menscheninstanzen, die ihn hindern, selbst zu *sehen* und selbst zu *reden*.

Wie also, lautet die Frage, bekommt man es fertig, etwas, das nichts weiter ist als erwiesenermaßen menschlich, in den *Gegensatz* zu Gott zu stellen? Da sehen die «Pharisäer» aller Zeiten absolut klar: Wenn Jesus von Nazareth, *ohne* sich auf die Schrifterklärer, auf die autoritären Interpreten des Gotteswortes zu beziehen, auch nur einen einzigen Kranken von seinem inneren Wahn erlöst, dann ist für sie erwiesen, daß er sich *nicht* auf Gott bezieht, sondern daß vielmehr der oberste der Satane selber mit ihm im Pakt steht. Da ist Menschlichkeit nicht Menschlichkeit, sondern Verführung, da ist Aufblühen von Personalität nicht Gesundheit, sondern Angriff auf Gott, da ist die Heilung eines Menschen eine satanische, eine anarchische Aufruhrbewegung. Aber genau eine solche leitet Jesus hier ein, und zwar im Namen Gottes, zugunsten des Menschen! Es kann nicht anders sein: Ein «Gott» der psychischen (und politischen!) Gewalt, ein Gott der erzwungenen verinnerlichten

Zwangsstruktur hat mit dem «Vater» (beziehungsweise der «Mutter») Jesu «im Himmel» nicht das mindeste zu tun. *Das* müßte man den «obersten der Teufel» nennen: Einen Gott, der unentwegt bemüht ist und bemüht wird, um Menschen vom Kleinkindalter an bis zum Erwachsenenalter autoritär zu dressieren und zu drangsalieren.

Da muß zum Beispiel ein katholischer Priester sich Samstag für Samstag «Beichten» von siebzigjährigen Leuten anhören, die man dazu abgerichtet hat, ihr Leben lang vor Gott und den Menschen nichts anderes zu tun als zu sagen: «Ich habe am Freitag Fleisch gegessen», oder: «Ich habe meinen Mann geärgert» oder: «Ich habe unandächtig gebetet.» All das hat mit einem «christlichen» Leben nichts zu tun, wohl aber mit einer ständigen Abhängigmachung von der beamteten kirchlichen Vergebungsinstanz. Es ist wahr, in gewissem Sinne *hat* Jesus die Menschen gelehrt, einander zu vergeben, indem er ihnen das Kostbarste geschenkt hat, was es gibt: die Kraft, sogar *sich selbst* vergeben zu können. Jene Frau zum Beispiel: – bei jedem Wort, das sie redet, bei jeder Träne, die sie weint, hat sie Schuldgefühle, für jeden erwachenden Wunsch, für jede eigene Initiative hat sie ständige Ängste und Strafvorstellungen; ihr ganzes Vertrauen auf Gott aber kann in der Überzeugung gründen, es stünde trotz all der uralten Stimmen der Kindertage jemand hinter ihr, der möchte, daß sie lebt, daß sie *endlich* lebt, und es wäre jeder Tag zu schade, da sie damit *nicht* beginnt. Dann aber muß natürlich Schluß sein mit der ritualisierten Vergebungsmechanik der klerikalen Kirchenhierarchie.

In gewissem Sinne ist nur eins von beidem möglich: entweder man versucht, die Krankheiten und Zerquältheiten der Menschen zu *heilen*, dann muß Gott auf seiten der Menschen stehen; oder man versucht, die etablierte Form der Religion unter dem Namen Gottes zu *stärken* gegen die Menschen. Je nachdem, entweder – oder! Womit wir es zu tun haben, ist ein jeweils geschlossenes in sich widerspruchsfreies System. Es ist in sich kompakt, so daß man keinen Teil davon herausnehmen kann, ohne das ganze aufzulösen. Freiheit *oder* Zwang, Gott *oder* der Teufel; – erneut: man muß sich entscheiden.[44] Das, was wir hier als *Krankheit* des menschlichen Geistes, als eine – wir würden heute sagen: *neurotische* Form der Religiosität vor uns haben, ist eine Maschinerie, die in jedem Teil ihres Getriebes ineinandergreift und ihre immanente Logik besitzt. Manche Psychologen meinen, daß jede seelische Erkrankung ein «System» darstellt, das sich selbst erhält und Widerstand gegen seine Selbstauflösung leistet.[45] Gerade so etwas, meint Jesus an dieser Stelle, wird man erleben, wenn man dem Leid der Menschen auf den Grund geht – es wird immer tiefer reichen! Anfangs hat man es vielleicht nur mit einem Eheproblem zu tun, dann taucht man in die Familiengeschichte einer bestimmten Biographie ein, dann stößt man auf die Faktoren des sozialen Milieus – man begegnet plötzlich den Nachbarn, den Verwandten, den Lehrern, und es weitet sich immer weiter aus. Die Befreiung eines Menschen setzt die Durcharbeitung all dieser Ebenen der Erinnerung voraus – sie ist unvollendbar, sie hört eigentlich gar nicht auf. Es ist, wie wenn man plötzlich am Fenster eines stockdunklen Raumes ein Rollo hochziehen würde und blickte in das helle Licht: man ahnt plötzlich, daß die Welt draußen ganz anders ist als die innere Gefangenschaft – sie ist so weit, so schön, so stark, so leidenschaftlich! Also: «Wenn ich heute auch nur *einen* Kranken heile», sagt Jesus sinngemäß, «läßt sich dann nicht sehen, daß das Reich Gottes als Ganzes da ist? Worauf aber warten wir dann noch? Alles, was *menschlich* ist, könnten wir in uns selber spüren, es liegt nicht weit weg» (Mt 18,20).

Im Sinne Jesu geht es in den entscheidenden Fragen der Religion eigentlich nicht darum, neue Einsichten zu gewinnen. Schaut man sich zum Beispiel in unserem Jahrhundert um, was die Menschen, die man mit dem Nobelpreis des Friedens ausgezeichnet hat, wirklich entdeckt haben, so waren es niemals große Ideen, die nicht alle Menschen längst hätten fühlen und denken können. ALBERT SCHWEITZER etwa fand, man müsse alle Energie aufwenden, um dem Krieg zu widerstehen, man müsse die Tiere schützen und dürfe ihnen kein Leid zufügen, weil das Mitleid *unteilbar* sei für alle Teile der Schöpfung.[46] Weiß das nicht im Grunde ein jeder? Das einzige, was ihn daran hindert, sich entsprechend zu verhalten, ist ein Gemisch aus falscher Rücksichtnahme, Feigheit und Angst. Doch ist das ein Argument, etwas nicht zu tun, das man als richtig erkannt hat? MAHATMA GANDHI fand bereits als Anwalt in Südafrika heraus, daß ein Mensch eine Würde besitzt, die er sich nicht nehmen lassen darf. Nur weil man eine andere Hautfarbe hat als jemand anderer, gehört man nicht aus einem Zugabteil geworfen – eine ganz einfache «Erkenntnis» – jeder könnte sie mitvollziehen.[47] Aber für eine solche Einsicht geradestehen, das kann nur ein Mensch, für den Angst kein Argument ist. Es kommt mithin nicht darauf an, neue Einsichten zu gewinnen, es kommt einzig darauf an, das bißchen, das man klar erkennt, ohne Angst oder trotz aller Angst wirklich zu leben. Das war es, was Jesus als die «Herrschaft» Gottes ausrufen wollte.[48] Für ihn war sie nichts fern Gelegenes, sondern etwas mit Händen zu Greifendes.

Freilich kommt es jetzt darauf an, wie weit wir es wagen, selber zu leben. Es ist auch jetzt noch möglich, zu erklären, das alles gelte nicht, nur um wie bisher den tradierten Sicherungen zu folgen und den neu aufbrechenden

Ängsten durch Flucht in das Gewohnte auszuweichen. Wenn diese Logik der Angst das Ende der Weisheit bilden soll, so sind die Betreffenden wirklich nicht zu retten, meint Jesus an dieser Stelle. Es ist möglich, sogar ihn selber, den «Menschensohn», diese Verkörperung der Menschlichkeit, zu beleidigen und zu beschimpfen; es ist möglich, daß Menschen an «Sünden» sonst begehen, was immer es sei; aber ein Fehler, der (fast) rettungslos ist im Himmel wie auf Erden, liegt darin: genau zu wissen, wie man leben sollte, und es aus lauter Angst dann doch nicht zu tun, ja, es sogar für etwas Teuflisches zu erklären, das man im Namen Gottes verbieten muß – die «Sünde wider den (heiligen) Geist».

Eine kleine Novelle aus der Feder von FRANZ WERFEL, «*Eine blaßblaue Frauenhandschrift*», mag verdeutlichen, warum dieses Entweder-Oder sich so unausweichlich stellt.[49] Es handelt sich um die Geschichte eines Mannes, der eigentlich genau weiß, was er tun sollte: Er müßte dem beginnenden Faschismus an seiner eigenen Wirkungsstätte entgegentreten und die Wahrheit sagen; er müßte seiner eigenen Frau, die er betrügt, die Wahrheit sagen; er müßte *privat wie öffentlich* geradestehen für das, was er sich an den eigenen fünf Fingern abzählen könnte. Wird er also die Wahrheit wagen oder nicht? Alles hängt für ihn davon ab, aber er wird es nicht schaffen. Seine Entscheidung wird es sein, daß er sich niemals entscheiden wird.

Schauen wir genau nach, so gibt es in unserem Leben Dutzende solcher unsichtbaren Weichenstellungen, an denen sich offenbart, was wir wirklich sind. Folgen wir der Angst oder der Wahrhaftigkeit? *Das* ist die eigentliche Wahl, vor die Jesus uns hier stellt, die Wahl zwischen dem, was zerstört, dem «Dämonischen», oder dem, was heilt, dem Göttlichen.

Fragt man also: Was ist die rechte Religion, woran soll man glauben, was gilt?, so lautet die Antwort Jesu ganz einfach: Das, was gut *wirkt*, ist auch gut; das was *heilt*, ist heilsam; das, was Menschen *hilft*, ist menschlich *und also von Gott!* Wer *das* nicht wahrhaben will, versteht auf dieser Welt überhaupt nichts, nicht einmal einen Baum, der blüht, nicht einmal eine Pflanze, die in ihrer Schönheit sich entfaltet, ganz gewiß nicht einen Menschen, der wahrhaftig lebt. Die Logik wäre so simpel: Wenn Jesus einen dämonisch Besessenen, einen *Stummen* und *Blinden*, zu *heilen* vermag, ist er dann nicht selber das *Licht der Welt*, ist er dann nicht selber das *Wort Gottes*?[50] Stimmt dann nicht alles, was die Evangelisten bereits in so vielen dogmatischen Begriffen über ihn auszusagen suchen? Freilich, man begreift den Inhalt all dieser «christologischen» Formeln erst, wenn man die heilsame Menschlichkeit *lebt*, die in Jesus gegenwärtig war. Doch dann wird man sehr bald merken, daß der Kampf, der

Protest gegen das bestehende System einer entfremdenden Religiosität autoritärer Außenlenkung nie mehr aufhören wird.

Da hat Matthäus nicht unrecht, wenn er an dieser Stelle sogar seine eigene Vorlage noch dramatisch verschärft. Im *Markus*-Text heißt es: «Wer nicht gegen mich ist, der ist *für* mich.» Matthäus formuliert statt dessen: «Wer nicht *mit* mir ist, (schon) der ist *gegen* mich.»[51] Was er mit dieser bewußten Verkehrung eines Jesus-Wortes sagen will, ist klar: Es gibt eine innere Dynamik der Identität; wer diese verfehlt, der vertut sich *ganz*; ein solcher sammelt nicht nur nicht, er zerstreut. In diesem Leben muß man sich entscheiden, man muß sich in Entschiedenheit konzentrieren. All das ist *schwer* und *einfach* gleichzeitig; es ist «leicht» für diejenigen, die deutlich genug spüren, daß es anders gar nicht geht, es ist unsäglich schwer für alle, die immer noch glauben, so weiter machen zu können.

Vielleicht gibt es religiös keinen wichtigeren Trost, als zu sehen, wie Menschen trotz allem immer wieder *suchen* nach der Wahrheit. Man hat sie so oft und so lange gequält, zwanzig Jahre lang, dreißig Jahre lang, in einem ständigen Hürdenlauf mühseliger, absurder Springbewegungen, ein dauerndes Dressurreiten nach fremdem Willen – aber genau diese Menschen womöglich, denen man kaum zugetraut hätte, sie könnten jemals einen eigenen Kopf aufsetzen, sie würden jemals ihre eigenen Augen gebrauchen, sie würden jemals ihren eigenen Mund aufmachen, genau diese beginnen plötzlich sich zu regen, so wie in der Wüste nach Jahren der Dürre schon nach einem einzigen Regenguß mit einem Mal das gesamte ehedem wie tot daliegende Land in Pracht dasteht voller Blüten, eine Explosion von Leben und Schönheit. Die Menschen brauchen nur eine einzige, eine oft nur winzige Chance. Gibt man ihnen diese Chance, beginnt ein unaufhaltsamer Aufbruch des *Geistes* – der Freiheit, der Selbstbestimmung, der Spiegelung Gottes im Menschen. Es ist die Botschaft Jesu, damit anzufangen *heute*. «Das Reich Gottes», meinte er, «ist nahe» (Mt 4,17).

Vielleicht ist es gut, die tiefe Menschlichkeit eines solchen Aufbruchs zu Wahrhaftigkeit, «Einsicht» und «Mündigkeit» einmal in einem bibelfremden, indianischen *Gebet* mitzusprechen, das auf seine Weise den Psalmen Israels merkwürdig nahesteht, ja, diese in seiner Naturpoesie um eine wichtige Dimension der Frömmigkeit sogar noch ergänzt. Die *Navajos* flehen zu ihrer Gottheit auf den Gipfeln der Berge:

«Im Haus erbaut aus fruchtbringendem Pollen,
im Haus erbaut aus Grashüpfern,
wo Wolkendunkel die Tür verhüllt,
wo auf dem Regenbogen
der Weg zu dir führt,
wo die Zickzackspur
des Blitzes hoch oben steht,
o Gottheit!
In deinen Mokassins aus dunkler Wolke
komm zu uns,
Regenwolken unter den Füßen,
den Regenbogen über dir,
komm zu uns,
umleuchtet vom Zucken der Blitze.
Ich habe ein Opfer für dich bereitet,
ich bringe dir
den Rauch meines Feuers dar.
Gib meinen Füßen neue Kraft.
Gib meinen Beinen neue Kraft.
Gib meinem Körper neue Kraft.
Erneuere meinen Geist.
Nimm die Krankheit von mir.
Du hast sie von mir genommen,
weit weg von mir hast du sie genommen.
Voll Freude spüre ich,
wie meine Kraft zurückkehrt,
meine Augen sind nicht mehr trüb,
mein Kopf ist klar,
ich kann meine Glieder wieder gebrauchen.
Du hast die Krankheit von mir genommen.
Ich kann wieder gehen.
Möge ich ohne Schmerzen wandern.
Möge ich glücklich wandern.
Möge ich freudig wandern
unter der Regenwolke.
Möge ich freudig wandern
im kühlenden Regen.
Möge ich freudig wandern
inmitten grünender Pflanzen.
Möge ich freudig wandern
auf dem Pfad der lebenspendenden Pollen.

Möge ich voll Freude wandern.
Wie früher möge ich wandern.
Schönheit sei hinter mir.
Schönheit sei über mir.
Schönheit sei um mich.»[52]

Mt 12,38–50
Von drei Gefahren des Religiösen: Fetischisierung, Neurotisierung und Infantilisierung

Die Worte, die Matthäus hier der Logienquelle (vergleiche Lk 11,16.24–26.29–32) und dem Markusevangelium (Mk 3,31–35) entnimmt, bilden in einem weiten Fächer einen Aufriß so ziemlich aller Möglichkeiten, um entweder Gott zu finden oder ihn zu verlieren.[53] *Dieses ganze* 12. Kapitel ist gewissermaßen das «Geisterkapitel» des ersten Evangeliums. An jeder Stelle geht es im Hintergrund um die Auseinandersetzung mit «geistigen Mächten», die wie Spukgestalten und Gespenster die menschliche Seele verwüsten *können* und in der Wirkungsgeschichte des Matthäusevangeliums in dem Massenwahn eines theologisch begründeten Antisemitismus auch wirklich verwüstet *haben*. Zweitausend Jahre lang hat man im Abendland mit Berufung auf Matthäus die hier überlieferten Jesus-Worte im Sinne der Polemik der Kirche gegen das Judentum gedeutet. «Schriftgelehrte» und «Pharisäer» – daraus wurde der Popanz des «ewigen Juden», dem man die Person des Jesus von Nazareth entgegensetzte, als dessen «Schwestern» und «Brüder» selbstredend sich die «Christen» empfahlen. Da ist die Welt «christologisch» und «ekklesiologisch» eindeutig klar aufgeteilt: die Feinde des «Christus» sind die Juden, und die Bekenner des «Herrn» sind die Kirchenfrommen.

Man kann nur immer wieder, Stelle um Stelle, darauf hinweisen, daß es sich hier um eine stark projektive, buchstäblich «dämonische» Theologie handelt, die wie ein Qualm aus diesem Text hervorgegangen ist, die Augen verbrennend und den Atem erstickend. Und allgemeiner gesagt: Alles, was man in der Sprache der Religion nicht nach innen zieht, was im Sprechen von Gott nicht ins Herz hineinredet und aus dem Herzen kommt, ist prinzipiell nichts weiter als ein solcher *Spuk*. *Das* gilt es hier zu lernen. *Daran* hängt wirklich das «Leben»; aus seiner Verfehlung oder Verleugnung erhebt sich der «Tod».

Was dann an dieser Stelle wie in einer Querschnittanalyse durch die verschiedenen Spektren des Lebens sichtbar wird, läßt sich verstehen wie das Grundprogramm einer Reform des religiösen Bewußtseins insgesamt. Diese Reform ist in der Botschaft der Propheten schon entstanden im Judentum, doch dieses selber ist nicht das Thema, allenfalls der Katalysator, die Konzentrations- und Verdichtungsstelle einer Wahrheit, die im Sinne Jesu allen Völkern und allen Menschen gilt. Gerade darin besteht ja die Großtat des Juden Jesus von Nazareth, daß er *uns* hineingenommen hat in das Volk der Erwählung! Nichts hängt da mehr an Äußerlichkeiten, weder an Fragen der Abstammung und der völkischen Zugehörigkeit noch an gewissen kirchlich verwalteten, institutionell verabreichten Zuordnungsformeln. In keinem Betracht mehr geht es hier um Religionsstatistik; es geht einzig und allein um die Frage, wie sich das menschliche Leben, wie sich *die persönliche Existenz* unter den Augen Gottes gestaltet.

Wir erinnern uns: Am Anfang der ganzen Auseinandersetzung um die Freiheit des Menschen vor Gott stand die Frage, ob man am Sabbat einen Verkrüppelten heilen darf (Mt 12,9–14). Man *darf,* sagte Jesus, denn Gott selber findet keine Ruhe, und es gibt keinen siebenten Tag, an welchem Gott, im Himmel sitzend, seine Schöpfung für gut gemacht erachten könnte, solange Menschen leiden, solange sie *überflüssig* leiden! Solange also auch bedarf es *unserer* Aktivität, um die Welt «in Ordnung» zu bringen. *Das* war die Meinung Jesu über den *Sabbat,* mithin über die rituelle Feiertagsordnung seines Volkes. Und gleich schon spitzte sich's zu in der Frage, wie man einen Menschen heilen kann, der von einem *bösen Geist* besessen ist, so daß ihm das Augenlicht getrübt ist bis zum Erblinden und ihm der Mund verpreßt ist bis zur Stummheit (Mt 12,22). Kaum hat Jesus das «Wunder» gewirkt als ein reines Zeugnis seiner Menschlichkeit, da fallen über ihn die Schriftgelehrten und die «Pharisäer» her: Wer Menschlichkeit so lebt, daß es die herrschenden Instanzen in ihrer Autorität, in ihrem Geltungsanspruch, in ihrer Unfehlbarkeit untergräbt, richtet der sich nicht augenblicklich auch gegen Gott selber? Muß man einem solchen nicht das Handwerk legen, muß man ihm nicht selber den Mund verbieten, ihm nicht selber die Augen verkleben, bis daß er am Ende so dasteht wie sein Patient am Anfang? Ist er doch selbst offenbar ein dämonisch Besessener, der Gott bekämpft, indem er *die Stellvertreter* Gottes auf Erden anzugreifen wagt, im Wahne, daß nur so die Menschen selber wieder richtig zu sehen und recht zu reden lernen könnten! Da wird das Zeugnis der Humanität notwendig zur Widerlegung jeder autoritären Form von Frömmigkeit; diese aber *muß* antworten: «Im Namen des obersten der Satane, des Baalzebul, wirkt er seine Wunder!» (Mt 12,24) Was immer er also an Wunderbarem tut, ist nichts als Schwarzmagie und Hexenkunst. Menschlichkeit, als ein Wert in sich genommen, gilt da in sich selbst als Rebellion. Das alles haben wir in den vorangehenden Betrachtungen bereits kennengelernt, aber es ist nur erst der Vorspann! *Jetzt,* an dieser Stelle, wird eine neue Runde eröffnet. Denn kaum hat Jesus das Gespräch über die Zerspaltenheit des Menschen im Umfeld aller religiösen

Entfremdung, aller «Dämonie» beschlossen, als man ihm anträgt, Klarheit über seine «Legitimation» zu schaffen durch eindeutige «Beweise».

Wie tief muß die Verunsicherung des religiösen Bewußtseins auf seiten der offiziellen Amtsträger reichen, wenn zum Probierstück der Wahrheit über Mensch und Gott für sie nichts weiter als glaubwürdig gelten darf als eine sichtbare Demonstration, als etwas sozusagen schwarz auf weiß Überprüfbares! Jesus also hätte sich vor ihren Augen zu *legitimieren*. Und wie kann er das? Ganz einfach! Er müßte lediglich ein Werk vollkommen außerhalb jeglicher Naturordnung setzen! Vermöchte er im Namen Gottes etwas ganz und gar Stupendes, Mirakulöses, vollkommen Spektakuläres aufzuführen, so wäre er beglaubigt als von Gott selber stammend. Da ist ein Gottesbild im Schwange, von dem man ernstlich erwartet, es gebe im Himmel einen allmächtigen Vater, der jederzeit bereit und willens sei, seine eigene Welt zu demolieren, um sich dem Menschen mitzuteilen. Gott, mit anderen Worten, zeigt sich dieser Vorstellung nach wesentlich im Ausnahmefall, nicht in der Normalität, nicht im Alltäglichen; seine Erhebung, anders ausgedrückt, besteht in der Erniedrigung dessen, was wir tagaus, tagein, Stunde um Stunde miteinander leben und erleben.[54] Das Gewöhnliche ist da kein Erweis des Göttlichen. Aber passiert etwas Ungewöhnliches, das wir so noch nie gesehen haben, dann, so muß man glauben, ist dies die eigentliche Bestätigung des Religiösen.

Keineswegs haben wir es bei der Zeichenforderung der «Pharisäer» mit Fragen zu tun, die seit 2000 Jahren erledigt wären. Im Gegenteil! Bis in die *Gegenwartstheologie* hinein hält sich eine solche Fetischisierung beziehungsweise Vergegenständlichung des Gottesverhältnisses aufrecht.[55] Gott ist da das Übernatürliche, das Außerirdische und also das Wunderbare, das absolut Unerklärliche. Man kann es nicht klar genug sagen: Steht es so, hat all das, was Jesus getan hat, keine Macht. Wie denn hat der Mann aus Nazareth seine «Wunder» gewirkt? Hören wir unseren heutigen Schrifterklärern und Theologen zu, so lautet die Antwort zumeist ganz einfach: Er konnte Wunder wirken, weil er «Gottes Sohn» war, weil er mithin schon von «Natur» aus so außergewöhnlich anders war als wir selber, daß ihm buchstäblich *alles* zuzutrauen ist: Er brauchte nur die Hand auszustrecken, er brauchte nur den Mund aufzumachen, und schon geschah alles so, wie er wollte. Mit einer solchen «Theologie» machen wir Jesus sehr wichtig, wir verfeierlichen ihn zu etwas Großartigem, aber wir ziehen uns damit selbst aus der Affäre! Niemals wollte Jesus, daß wir von ihm in derlei «allmächtigen» Kategorien dächten oder sprächen. Was er mochte, war ganz einfach eine Menschlichkeit, die sich durch unser Verhalten ausbreitet. Die Art, wie er seine Wunder wirkte, bestand gerade nicht in der

Machtdemonstration seiner eigenen Würde; was er wollte, war einzig, daß Menschen durch unser Verhalten Vertrauen bekämen *in* sich und *zu* sich selber – mehr nicht.

Was eine religiöse Botschaft ist, läßt sich sehr leicht überprüfen. Wenn sie dahin wirkt, daß sich am Ende alles nur noch um eine bestimmte Person dreht, so steht sie sehr in Gefahr, sich gänzlich zu vertun. Wirkt sie hingegen dahin, daß am Ende ein jeder mit sich selbst nach Hause geht und ein Stück näher bei seinen tiefsten Ängsten, bei seinen leidenschaftlichsten Hoffnungen, bei seinen intensivsten Gefühlen sich vorfindet, wird mithin spürbar, daß *er selbst* gemeint ist in *seiner* Freiheit, in *seiner* Entschiedenheit und *seiner* Existenz, *dann* handelt es sich aller Wahrscheinlichkeit nach um eine *rechte* religiöse Rede. Im Sinne des Mannes aus Nazareth hat kein Mensch das Recht noch den Auftrag, zwischen die Menschen und Gott zu treten und einen langen Schatten über die Leute zu werfen. Freilich, je durchsichtiger wir einer dem anderen werden, desto *offener* wird das Licht vom Himmel her in die Seele unseres Gegenübers fallen, und sehr oft wird es dann sein, wie wenn in einer dunklen Kammer endlich von draußen her etwas von der Schönheit der Sonne Einzug hielte. Es gibt keine stärkere «Hypnose», als einen Ort zu finden, an dem sich leben läßt, an dem das Gefühl wächst, wir dürften so sein, wie wir sind; wir dürften da stehen, wo wir sind; wir dürften weitermachen an der Stelle, bis wohin wir früher ein Leben lang nur geschoben wurden. Was denn suchen Menschen anderes als einen solchen Raum der Güte, des Sein-Dürfens, des Verstanden-Werdens?

Sobald wir denken, wir hätten, womöglich unter Berufung auf den Mann aus Nazareth, das Recht, anderen Menschen zu diktieren, wie sie sein müßten oder was sie tun sollten, so legen wir ihnen ganz sicher ein *fremdes* Gesetz auf, das niemals mit der Person Jesu übereinstimmt. Was *er* wollte, war die Kraft, daß ein jeder Mensch zu sagen und zu tun wagte, was in seinem Leben angelegt ist, um sich selber zu gestalten.

Welche *«Zeichen»* von Gott her also lassen sich «wirken»? Es ist für die ganze Religionsgeschichte an dieser Stelle eindeutig klar: Wer von Gott ein «Wunder» verlangt, macht Gott zu einem Gegenstand und wird ihn niemals finden. Gott ist nie ein Teil der Ordnung draußen, sozusagen ein Stein auf dem Weg, an dem man sich stoßen und über den man stolpern könnte; es ist nicht möglich, Gott in Raum und Zeit zu verobjektivieren und sein «Erscheinen» unter eindeutig determinierte Testbedingungen zu stellen. Gott, damit er *Gott* ist, läßt sich nur spüren und erfahren in der Menschlichkeit zwischen Personen.

Es verhält sich gegenüber Gott ähnlich, wie wenn eine Frau, beunruhigt durch das Verhalten ihres Mannes, den Geliebten fragen wollte, ob er einen *Beweis* für seine Treue zu erbringen vermöge. Ein solcher Mann, gewiß, könnte tun, was er will. Beginnt er sich zu rechtfertigen, so wird er damit die Angst seiner Frau noch verstärken, denn alle Gründe, die er ausspricht, mögen sie auch noch so plausibel sein, werden niemals die Überzeugungskraft erlangen, die sie sich wünscht; was seine Frau verlangt, ist ja gerade nichts Persönliches mehr, sondern ein Fetisch, eine dingfeste, greifbare Bürgschaft. Aber auch umgekehrt: Zöge der Mann sich zurück und wirkte überhaupt keine «Wunder», sondern interessierte sich einzig für *die Angst* seiner Frau, so würde er bald schon aus all ihren Forderungen nach Liebesbeweisen das *Suchen ihrer Liebe* heraushören, und bald schon würden sich all die Sorgen und Befürchtungen seiner Gemahlin wie von selbst erledigen.

Ganz ähnlich scheint Jesus hier zu denken, nur daß in seiner Diktion bereits spürbar wird, daß er das Ansinnen der «Schriftgelehrten» endgültig leid ist – die gesamte Haltung, die da mit gespitztem Schreibgerät zum Verhör nur darauf wartet, was es jetzt zu protokollieren und zu notieren gibt, ist ihm obsolet – er will sie nicht. Und wie denn auch anders! Soll es denn möglich sein, in völliger existentieller *Unbetroffenheit*, sozusagen in akademischer *Distanz*, zu verbleiben, um «Gott» auf die Probe zu stellen wie ein noch unentdecktes Naturphänomen? Da brauchte unser Leben nichts weiter zu sein als eine Art Mikroskop oder Fernglas, und unsere Hände brauchten nichts weiter als eine Pinzette zum Nachforschen. Natürlich ist eine solche Vorstellung unsinnig. Gott redet, wo Menschen *mit ihrer Existenz* bereit sind, sich aufs Spiel zu setzen – anders gar nicht. Eben darum ist er «nahe dem Verzweifelten» (Ps 34,19), nahe «dem Kranken», (Mt 4,24), nahe dem Zerbrochenen, doch fern dem Heerbann all der Kontrolleure und Dauerwisser im Namen Gottes, die ungerührt und «objektiv» nur allzugern festlegen möchten, woran «Gott» sich erkennen läßt. Entweder treibt den Menschen seine eigene Sehnsucht, sein eigenes Leid in die Nähe Gottes, oder er wird ihn nicht finden – das ist die Meinung Jesu.

Dann aber gibt es jetzt schon etwas Entscheidendes von dem Mann aus Nazareth zu lernen. Man muß das Matthäusevangelium in etwa vor Augen haben, um zu wissen, wie *das Zeichen des Jona* gedeutet wird. Ursprünglich wird Jesus mit diesem Bild wohl zu seinen Zeitgenossen gesagt haben, es sei endgültig keine Zeit mehr zu verlieren: «Wenn ihr jetzt noch lange wartet, ob das, was ich sage, richtig ist oder falsch», wird er gemeint haben, «so werdet ihr erleben, daß es euch ergehen kann wie seinerzeit in den Tagen des Jona der

Stadt Ninive: Man kann euch genau ansagen, wie lang es noch bis zur Katastrophe dauern wird – in vierzig Tagen steht hier kein Stein mehr auf dem anderen –, solch eine präzis terminierte Drohung läßt sich wirklich aussprechen; und entweder ihr begreift das *jetzt* und richtet euch danach, oder alles ist zu spät. *Das* ist die ‹Beglaubigung›, das ‹Zeichen›, an das ihr euch halten solltet.»[56]

Es ist fast soviel, wie in unseren Tagen zu sagen: «In dreißig Jahren wird es keine tropischen Regenwälder mehr geben – in drei Jahrzehnten schon werden wir es geschafft haben. Wir werden dann eine Querschnittlähmung durch die Natur gelegt haben, die nie mehr, bis zum Ende des Planeten nicht, korrigierbar sein wird.» Derartige Zukunftsprognosen des Untergangs kann man wissen, auszählen, durchrechnen, sie sind im Grunde logisch zwingend; aber man kann sich gegen sie schützen, indem man sich die Ohren zuhält und die Augen verklebt. Dann gilt alles das, was eigentlich existentiell verbindlich sein sollte, überhaupt nicht, und am Ende ist alles zu spät. So war das «Zeichen des Jona» wohl ursprünglich einmal im Angesicht der Rettung Ninives gemeint gewesen. Im Sinne des *Matthäus* indessen ist nicht die Rettung dieser antiken Stadt das wichtige, sondern das, was aus dem Schicksal Jesu selber im Gegenüber der Schriftgelehrten und der «Pharisäer» wird. Es ist möglich, daß wir Menschen alle Wahrheit, die von Gott her in uns lebt, vollkommen richtig spüren, daß wir genau wissen, was in unserem Leben stimmt und was nicht stimmt, und trotzdem gibt es dagegen immer wieder ein und dasselbe Argument, es lautet: *Wir haben Angst.*

Wieviel Äußerlichkeit und «Greifbarkeit» des Göttlichen braucht eigentlich eine Religion, um die *Angst* ihrer Gläubigen zu beruhigen, und wieviel Angst umgekehrt erzeugt eine bestimmt Äußerlichkeit ihres Gottesverhältnisses?

Nehmen wir in unseren Tagen z. B. *das Dogma von der Jungfräulichkeit Mariens* – wie dingfest ist da das *Wunder* Gottes! Gewiß, die meisten Theologen, ja, sogar die meisten Bischöfe denken innerlich wohl grade so, wie es dem Sinne nach der Antwort Jesu auf die Zeichenforderung der «Pharisäer» zu entnehmen ist: Gott wirkt keine spektakulären Wunder! Seine «Macht» liegt einzig in seiner Menschlichkeit! Die «jungfräuliche Geburt» seines Sohnes hingegen *deutet* dieses Wunder eines existentiellen Neuanfangs mitten im Leben mit Hilfe eines uralten *Symbols*. Aber statt das zu sagen und damit eine ganz und gar voraufklärerische, fundamentalistische Auseinandersetzung um die biologische Jungfräulichkeit Mariens endlich zu beenden, hält ein jeder dieser kirchlichen «Schriftgelehrten» wohlweislich seinen Mund, alle Bischöfe stehen infolge päpstlicher Weisung da in Hackenschluß und Schulterschluß in gemeinsamer Loyalität gegenüber ihrem jeweiligen «Amtsbruder» zusammen, und es gibt keinerlei geistigen Widerstand gegen den Ungeist der eigenen Verkündigung. Nicht einmal ein ehrliches Bekenntnis des Glaubens ist da wichtig genug, um die Loyalitätspflicht im Amte zu schwächen.

Worum also geht es? Um Macht oder Wahrheit – das will man wissen! – Und diese Frage polarisiert die Menschen zwischen Aberglauben und Unglauben. Denn ein so «bewiesener» Gott ist kein Gott des Glaubens mehr; er ist ein abergläubisches Gespenst; er befreit nicht die Menschen, er lockt sie vielmehr in die Falle eines Fetischs. Was dabei herauskommt, ist eine Art Voodoo und Magie, aber gewiß nicht «Glauben». In Reaktion auf einen solchen verordneten Aberglauben wird der nachdenkliche Teil der Menschen sich sagen, daß er eine derartige Wundertheologie nicht länger mehr mitvollziehen kann. Vor allem unter den Jugendlichen sind die meisten Vierzehn- und Fünfzehnjährigen inzwischen soweit, einer primitiven Wundermagie *nicht* zu folgen, und sie haben völlig recht damit. Irgendwann in unseren Köpfen müssen Vernunft und Glaube, Rationalität und Mystik, aufgeklärtes Bewußtsein und Frömmigkeit am Ende des 20. Jahrhunderts in eine Synthese kommen dürfen. Doch genau davor hat das kirchliche Lehramt die größte Angst. Man sieht genau, was stimmt, aber man glaubt, es nicht sagen zu dürfen, vermeintlich mit Rücksicht auf die «kleinen», «ungebildeten» Leute, die angeblich «noch nicht» so weit sind. Die Folge ist klar: Seit zweihundert Jahren mittlerweile sind die Kirchengläubigen «noch nicht so weit», den einfachsten Regeln der Vernunft zu folgen, und sie werden in zweihundert Jahren vermutlich noch immer «nicht so weit» sein, weil die Träger des kirchlichen Lehramtes sich nach wie vor weigern, aus der «Tröstung der Völkergemeinschaft» (TG) den Wunder-Verzicht Jesu gegenüber den «Pharisäern» wirklich ernst zu nehmen.

Die *Angst* ist eine furchtbare Macht; sie führt immer wieder dahin, daß wir die klarsten Dinge hin- und herschieben, aufschieben, wegschieben, umbiegen und lügen – wie immer es geht. Doch mit einer solchen Angst vor der Ungeschütztheit des Daseins, die zu einem wahren Glauben gehört, wird man die Wunder der Menschlichkeit Jesu niemals verstehen. Man wird sie im Gegenteil wie eine Art Aufstand gegen die richtige Ordnung betrachten. Man wird Jesus *umbringen* einfach dafür, daß er Menschen leben läßt; denn *das* geht nur um den Preis der persönlichen Freiheit, der eigenen Entscheidung, der individuellen Mündigkeit der Menschen. Da ist der Einzelne als er selber gewollt, gemeint, *gemocht*, und *das* natürlich erschüttert eine ganze Welt der Vermassung, der Anpassung, der Duckmäuserei. Besser also, man löst die Angst durch Ausschluß und durch Töten, als daß man darauf setzte, sie durch ein Vertrauen in etwas schlechtweg Unsichtbares, in etwas rein Geistiges zu überwinden. In einer solchen Theologie kommt man nicht umhin, Gott zum Beweis zu gebrauchen, wie sehr man im Recht ist, und am Ende hofft man, fast triumphierend, es geschafft zu haben, wenn man die Freiheit in Ketten gelegt und das Leben ans Kreuz geschlagen hat. Aber es wird niemals stimmen.

Das ist das phantastische am Matthäusevangelium *hier*: es *wartet* im Zeichen des Jona nicht auf die Auferstehung am dritten Tag nach der Kreuzigung, sondern es zieht dieses Bild der *Auferstehung ins Leben* mitten in die Auseinandersetzung Jesu mit den Schriftgelehrten und «Pharisäern» hinein[57]: diese Worte hier sind bereits so viel wie die Erhebung vom Tode – ein «Aufstand» gegen die Angst; alles, was später sich sozusagen physisch am «Körper» der eigenen Existenz Jesu ereignen wird, trägt sich der geistigen Wirklichkeit nach jetzt bereits zu: Man wird Menschen nicht mundtot machen können, man wird die Wahrheit nicht ausrotten können, man wird das, was vor Gott stimmt, nicht vernichten können, es wird ganz im Gegenteil nur noch viel mehr leben als jemals zuvor. *Die Existenz des Jona als Zeichen* – die drei Tage im Fischbauch: – zum «Grab» wird das Leben nur, wenn wir uns in den Abgründen der Angst und Verzweiflung einschließen lassen!

Freilich, um zum Leben *aufzuerstehen*, gibt es immer wieder nur diese zwei Argumente: das Gefühl der Bedrohtheit wie bei den Menschen in Ninive, die zumindest auf die Predigt des Jona hin realisieren, daß es so wie bisher endgültig nicht weitergeht – das Argument einer vernünftig verarbeiteten, *realistisch gewordenen Angst* also, und, daneben, das Argument der *Sehnsucht*, verkörpert in der *Königin von Saba*, als sie mit all ihrer Schönheit und ihrem Reichtum quer durch die Wüste wanderte, um die Worte Salomos zu hören, eines Königs aus Israel.[58] Beide, die Niniviten und die Sabäer, die Angsterweckten und die Sehnsuchtsgeleiteten, haben die Kraft, aufzubrechen und das Neue zu ergreifen als die Rettung der Gegenwart, und sie sind durch ihr Leben wie Vorboten dieser Erfahrung der Freiheit von allen Arten der Menschenfurcht. Da hört Gott auf, der Gegenstand einer kirchlich verordneten Fetischreligion zu sein, doch dafür verwandelt er sich in den Atemwind unserer Seele, in die Wärme im Kelch der Blütenblätter einer Rose, in das Geheimnis in dem Köpfchen einer Schwalbe bei ihrem Flug nach Süden, in die Macht, die Schmetterlinge über Ozeane trägt, in die unbegreifbare Energie aus Hoffnung, Leidenschaft und Liebe, die unserer Seele Flügel gibt jenseits aller Klammern der Einschüchterung, Einschnürung und Einäscherung. Wir brauchen diesen Gott, der sich nie festlegen läßt in seiner Freiheit und in seiner Personalität, damit wir selbst Personen werden können – freie Wesen, die es wagen, sich jeder Festlegung zu widersetzen.

Es gibt neben der abergläubigen Vergegenständlichung des Göttlichen aber noch eine andere Gefahr, die in jeder Religion schlummert und die Macht besitzt, Nachtmare und Gespenster zu erwecken. Am einfachsten läßt *sie* sich kennzeichnen als *die zwangsneurotische Deformation* des Religiösen. Es gibt eine Art, «fromm» zu sein, die aus lauter Furcht vor einem bestimmten Problem nach einer *radikalen* Lösung verlangt. Man empfindet in der eigenen Seele eine bestimmte ungelöste Frage, mit der man nicht fertig wird; irgendwo in einer Ecke der eigenen Psyche wächst da etwas Unheimliches, und um dessen Herr zu werden, setzt man eine klare Ordnung dagegen. In der Bildersprache Jesu ist das so viel, wie wenn man aus seiner eigenen Existenz ein geordnetes, gesäubertes und aufgeräumtes Haus machte, in dem nichts auch nur einen Hauch von Anarchie und Unordnung verriete, sondern in dem alles perfekt, überschaubar, einsortiert und kontrolliert sich ausnähme. Gewiß, meint Jesus, es ist möglich, auf diese Weise die unmittelbare Gefahr eines vermeintlich drohenden Chaos abzuwenden – für eine Weile lang mag man in dieser Form Ruhe und Übersicht wahren; aber kann es nicht auch sein, daß ganze Teile des eigenen Seelenhaushaltes dabei buchstäblich *in die Wüste* emigrieren und selber *verwüstet* werden? Gerade infolge einer solchen Ordnung durch Ausgrenzung droht die Gefahr, daß schließlich alles siebenfach gesteigert und verschlimmert wie von außer her neu hereinbricht und es dann wirklich keine Rettung mehr gibt.

Das Wort Jesu von dem vertriebenen Geist, der nur um so schrecklicher zurückkehrt, enthält in der Tat den Schlüssel zur Erklärung zahlloser Tragödien unseres Lebens. Wie viele Ehepaare z. B. mag es geben, die aus Angst vor einer bestimmten Gefahr ihres Zusammenlebens bestrebt sind, alles möglichst korrekt und richtig zu machen? Zwanzig Jahre und mehr bewohnen solche Leute womöglich ein geordnetes, reiches und reinliches Hauswesen, aber sich selber kennen sie eigentlich gar nicht. Es lebt in ihnen überhaupt nichts Wirkliches. Um jeden Preis wollen sie in Treue, Festigkeit und Zuverlässigkeit miteinander leben, doch plötzlich, wie von außen, ohne es zu ahnen, mit «dämonischer» Kraft melden sich all die Gefühle und Gedanken zu Wort, die sie so sehr haben vermeiden wollen. – Oder: denken wir uns eine Frau, deren Kinder, gerade zwanzigjährig, aus dem Hause gehen und ihren Studienort aufsuchen; nach vielen Ehejahren verliert diese Frau mit einem Mal den bisherigen Grund ihrer Existenz – wofür lebt sie jetzt? Ihr Mann womöglich ist tüchtig und erfolgreich, er macht Karriere und klettert die Leiter im Ansehen seiner Mitarbeiter immer höher empor; doch mit seiner Gattin tauscht er sich nicht aus; das Zusammenleben reduziert sich auf Artigkeiten, Floskeln und ritualisierte Mitteilungen – es ist kein Leben. Niemand von den beiden hat bei aller Genauigkeit prompter Pflichterfüllung im Rahmen eines solch «geordneten» Ehelebens auch nur von ferne ahnen können, daß das Eis unter den Füßen ihrer Gemeinsamkeit immer dünner wurde. Doch genau das ist der Fall!

Wie also ist es möglich, die abgespaltenen, die «dämonisierten» beziehungsweise verteufelten Anteile unserer Seele nicht einfach wegzusperren und fortzujagen, sondern sie zuzulassen und «heimisch» zu machen? So lautet die allgemeine Form dieser Frage. Sie richtet, natürlich, sich auch an die bestehende Religion. Denn auch religiös kann in der Seele von Menschen einfach um der lieben Ordnung willen derartig viel abgespalten worden sein, daß statt der erhofften «Lösung» eine reine *Neurotisierung des Bewußtseins* eintritt. Man wehrt sich in mittelalterlicher Weise etwa gegen die «Sünde» der Unkeuschheit und gerät dabei in den Wahn der Hexenverbrennungen, man verteidigt die reine Lehre und erfindet die Inquisition, *usf.!*

Wenn Religion im Sinne Jesu überhaupt glaubwürdig sein soll, dann nur in der *Integration* der menschlichen Psyche, nie durch das gewaltsame «Vertreiben» ganzer Bereiche des Erlebens, nie durch eine Zwangsordnung des Aussperrens und Verdrängens, wohl aber durch eine Art von Häuslichwerden aller Kräfte, die zu uns gehören. Es war der Mann aus Nazareth, der das Wort des alten Israels aufgriff und beim Wort nahm, das da als Sinnmitte unseres ganzen Lebens die Forderung aufstellt: «Du sollst Gott lieben lernen mit *allen* Kräften deiner Seele, deines Denkens, deines Herzens» (Mt 22,37 nach Dt 6,4 ff.).

Neben der Gefahr der Fetischisierung beziehungsweise der Verdrängungsperfektionierung des Religiösen erhebt sich *zum dritten* die mögliche Deformation der Religion durch *Patriarchalisierung der Macht* und durch *Infantilisierung der Gläubigen*. Auch davon spricht dieser Abschnitt, wenngleich in Worten, die man zunächst für respektlos und pietätlos halten möchte. Während Jesus zum Volk redet, steht da seine eigene Mutter im Kreis seiner Geschwister – solche offenbar hat Jesus nach dem Zeugnis des Markus wie des Matthäus gehabt![59] –, und sie fragen, ob sie zu ihm kommen dürfen; – Matthäus übergeht, was Markus (3,31–35) wohl historisch korrekt erzählt: daß sie ihn für *verrückt* halten und nach Hause zurückholen wollen! Wie weit entfernt, nebenbei gesagt, ist dieses Bild der wahren Mutter Jesu von dem Madonnenbild der kirchlichen Theologie, wonach immer schon die «Gottesmutter» auf die Worte des Verkündigungsengels in Lk 1,18 hin als die «Magd des Herrn» demütig und gehorsam sich in den Willen Gottes und in den Willen ihres Sohnes fügte! Hier kommt Maria an der Spitze ihrer Sippe, um Jesus gegenüber dem tödlichen Vorwurf, vom Satan zu sein, in gewissem Sinne zu retten, indem man ihn für «von Sinnen» erklärt. Matthäus übergeht das.

Doch das absolut Befremdliche, das schier Unerhörte berichtet auch er: den Bruch Jesu mit einer ganzen Lebensform, indem er seine «Mutter» und seine «Geschwister» einzig in denen erkennt und anerkennt, die mit ihm gemeinsam unterwegs sind zu Gott hin.

Vermutlich begreift man die eigentliche Zuspitzung dieser Szene erst, wenn man sich klarmacht, daß wir in unseren Tagen womöglich zum erstenmal dabei sind, in ganzem Umfang zu merken, was alles in der Religionsgeschichte schon «Gott» genannt wurde, obwohl es nichts anderes war als das Nachbild der Elterngestalten der eigenen Familie. Seit jetzt fast 100 Jahren stellt vor allem die Psychoanalyse die Frage, ob nicht die dichtesten Gefühle, die einen Menschen subjektiv mit «Gott» verbinden, im Grunde vielleicht nur ein Ensemble von Verstellungen aus jenen Tagen sind, da er noch ein Kind war. Daß es sich so verhalten könnte, hat mit Intelligenz nichts zu tun, ganz im Gegenteil. Viel an Geistesarbeit, an Reflexion kann gerade im Leben von sogenannten Intellektuellen sich oft genug lediglich zur Stabilisierung uralter kindlicher Einschränkungen verbrauchen. – Ein kleines Beispiel mag das zeigen.

Vor Jahren erzählte eine Ordensschwester rückblickend ihr Leben, das heißt, sie «erzählte» es nicht, sie erbrach es gewissermaßen, stockend, langsam, gequält, im Verlauf von vielen Monaten und Jahren. Von einem bestimmten Moment an fiel ihr selber auf, daß immer, wenn sie sich glücklich fühlte, der Gedanke sie belastete, ob sie nicht dabei sei, sich das Leben *zu leicht* zu machen. Immer wenn sie an einem Nachmittag sich aufmachte, um spazierenzugehen oder an einem Abend ein Theater zu besuchen oder auch nur ein Buch zu lesen, war diese Dreinrede in ihrem Inneren besonders laut zu vernehmen: «Du machst es dir zu leicht!» Und die Stimme, die zu ihr so sprach, war für sie identisch mit Gott. «Gott» hatte offensichtlich etwas dagegen, daß sie auch nur für eine kurze Zeit hätte glücklich sein können. Die meisten unter den heute lebenden Menschen werden sich einig sein, daß ein allgütiger und allweiser Gott im Himmel nicht gerade ein Interesse daran haben wird, Menschen ständig zu verfolgen, auf daß sie nur ja niemals mit sich selber zufrieden werden. Diese Ordensschwester aber, die sich im übrigen entsprechend der kirchlichen Lehre von der Güte Gottes, die uns erschienen ist in der Person des Jesus von Nazareth, völlig überzeugt zeigte, glaubte, wenn es ernst wurde, doch weit eher, daß es ein Recht auch für sie, nur einmal zumindest auf Stunden glücklich zu sein, in ihrem Leben durchaus nicht gebe. Es hat lange gedauert, bis wir dahinterkamen, was für ein merkwürdiger «Gott» in der Seele dieser Frau Platz genommen hatte. Den Ausschlag gab ein scheinbar zufälliger Anlaß.

Ich entsinne mich noch, wie ich am Tisch saß und in bestimmter Weise die

Hände über den Tisch bewegte, als sie plötzlich in einer panikartigen Angst auf meine Finger starrte; und dann fing sie an zu *reden* – Dinge, die sie über dreißig Jahre lang auch nicht von ferne anzurühren gewagt hatte. Im Mittelpunkt stand die Erinnerung an ihren Vater – eine bestimmte Szene: Er war betrunken nach Hause gekommen, und der Anblick meiner Hände auf dem Tisch machte ihr plötzlich bewußt, wie er sich an sie als Sechsjährige herangemacht hatte. Bis dahin, wohlgemerkt, hatte sie von ihrem Vater nur Gutes berichtet; – daß er ein chronischer Alkoholiker war, erfuhren wir erst jetzt. Aber was viel schlimmer war als die Gestalt ihres Vaters, war das Leid des sechsjährigen Mädchens, das diese Ordensschwester vor über dreißig Jahren gewesen war. Dieses Mädchen hatte seinen Vater geliebt, lieben müssen, schon weil die Mutter an der Seite dieses Mannes mit all ihren Kräften längst überfordert war. Um *ihre* Lage zu verstehen, genügt es, sich vorzustellen, wie es einer Frau ergehen wird, die an keinem Abend weiß, wann ihr Mann nach Hause kommt, und wenn, in welchem Zustand? Und was wird noch alles passieren können? Wohl, er sagt, er werde nie trinken; aber das hat man erlebt – einmal, zwanzigmal, hundertmal! Was wird auch nur *heute abend* sein? Es kann dreißig Tage, es kann drei Monate lang gutgegangen sein, doch dann, am einunddreißigsten oder am fünfundvierzigsten Tag, kann wieder alles wie vorher sein. Das Leben einer solchen Frau ist nur Angst. Alle Hoffnung ist in ihrer Seele leergeräumt wie ein schwarzer Keller. Und im Schatten davon nun wächst ihre eigene Tochter auf. Alle Anklammerungsversuche an die Mutter im Leben dieses Mädchens müssen ins Leere gegriffen haben. Was also blieb ihr übrig, als sich um so mehr dem Vater zuzuwenden? An ihn hängte sie sich mit der unbedingten, unerschütterlichen Überzeugung: der Vater hat mich lieb. Und ja, das tat er wirklich! Der Liebe seiner katholisch erzogenen, frigiden Frau verlustig, war er geradewegs dankbar dafür, daß es zumindest einen Menschen auf Erden gab, der ihn anlachte, wenn er heimkam, der sich glücklich fühlte, wenn er ihn in den Armen hielt – *seine Tochter!* Sie hatte er wirklich lieb. Sie bedeutete ihm sehr bald schon weit mehr als seine Frau. Doch dieses Mädchen jetzt, eben weil es an dem Vater mit einer geradezu verzweifelten Liebe hing, mußte ihn *schützen*, und zwar als erstes vor sich selber: Wie oft mußte sie in die Wirtsstube gehen und ihn auf Befehl der Mutter anflehen: «Komm nach Haus!», nur um zu erleben, daß derselbe Vater, der sie am Morgen noch gestreichelt hatte, am Abend in der Kneipe seine Tochter mit einem Fußtritt herauswarf. Es war nur natürlich, daß dieses Mädchen angefangen hatte, seinen Vater nicht nur zu lieben, sondern gleichzeitig zu hassen.

Doch nun hob das eigentliche Drama an: Kein Mädchen, das derart verzweifelt an seinen Vater gebunden ist, wird die Gefühlsregung der Antipathie, der Aggression ohne die schwersten Schuldgefühle zulassen können. Dieses Mädchen war noch keine acht Jahre alt, als es fest glaubte, in die Hölle kommen zu müssen, so schuldig fühlte es sich für etwas, von dem es überhaupt nicht wußte, daß es existierte: für die eigenen verdrängten Aggressionen. Und als es dann noch seine eigene Sexualität entdeckte, war es passiert! Nichts mehr im Leben dieses damals zehnjährigen Kindes hatte irgendeine menschliche Gültigkeit. Die Prüderie der Mutter, die Angst vor dem Vater und die Angst um den Vater, der Haß auf den Vater und die Anhänglichkeit an den Vater verewigten sich in dem Bild des *himmlischen* Vaters. «Gott» übernahm fortan alle Verbote, alle Aufopferungsphantasien, alle Hingabewünsche, alle unerfüllte Sehnsucht auf Erden im Leben dieser Frau. Ihr «Gott» war ebenso gütig wie grausam, ebenso fesselnd wie verwerfend, ebenso erhebend wie erniedrigend – er sog, nur bis ins Unendliche gesteigert, alle *Ambivalenzen* in sich auf, die in dem *Vater* und in dem *Skript der Familie* selber angelegt waren.

Was Wunder also, daß diese Frau kaum sechzehn Jahre alt war, als sie auf der Flucht vor sich selbst sich zur Aufnahme in eine Ordensgemeinschaft meldete! Am Tage ihrer Aufnahme in den Konvent sang man den Psalm 45, einen Haremspsalm des alten Israels, der die Braut auffordert, sich herzlich zu freuen, da sie nunmehr ihrem «König» «zugeführt» wird. Da wächst sich der Ödipuskomplex zu einer reifen Form der Religiosität aus, und Gott war fortan noch viel schlimmer, weil unentrinnbarer, als der eigene Vater. Doch von alldem wußte diese Frau kein Wort. Sie meinte es subjektiv so gut, wie nur irgendein Mensch es meinen kann. Über zwanzig Jahre lang hat sie seither alles unternommen, um Menschen zu dienen, ihnen hilfreich zu sein, sich aufzuopfern, keinerlei eigenen Genuß sich zu gönnen und alle Kräfte des Körpers wie der Seele ganz nach dem Vorbild der Mutter zu investieren im Dienst für andere Menschen. In gewissem Sinne war sie eine wunderbare Ordensschwester. Das einzige, was man seitens des Ordens gleichwohl an ihr auszusetzen fand, waren ihre merkwürdigen Augen. Sie waren so sehnsuchtsvoll und in gewissem Sinne schön; und das irritierte die Oberin, die selber gewisse lesbische Züge besaß. Man schickte sie deshalb zum Augenarzt, doch es half nichts.

Da glaubte also eine persönlich hochmotivierte Ordensschwester, nahe bei Gott zu sein, und war doch erkennbar bei nichts als dem verunendlichten Spiegelbild ihrer Eltern angelangt! Wie, muß man deshalb fragen, ist *im Sinne Jesu* ein Leben vor Gott möglich, das *Abschied* nimmt von Mutter und Vater und allen Geschwistern?

Wir sind so sehr daran gewöhnt, menschliche Gruppierungen nach dem

Modell der «Familie» zu pflegen, daß wir es zunächst recht unbedenklich finden, wenn auch die Religion sich «familiär» gibt. Da wird uns pünktlich die «heilige Familie» zum Vorbild dessen vor Augen gestellt, was *Kirche* katholisch sein soll: die Mutter Maria, der himmlische Vater, sein ewiger Sohn...[60] da wird an der Spitze dieser Kirche ein «heiliger Vater» etabliert[61], mit seinen Söhnen, den Patres, da haben wir weibliche Ordensgemeinschaften, geführt von «ehrwürdigen Müttern»... und überall darunter, im Schatten all dieser Väter und Mütter, treffen wir auf eine große Heerzahl von kleinen Kindern, bei denen die Vermutung bleibt, daß all das, was sie mit «Gott» bezeichnen, nichts weiter sei als ihre verewigte Kinderstube, und das untrügliche Indiz dafür ist: das verweigerte persönliche Glück.

Begreift man daher, was davon abhängt, wenn Jesus sagt: Die Bindungen an Vater, Mutter und Familie gilt es als allererstes *aufzulösen*, oder es gibt eine wirkliche Gemeinsamkeit unter Menschen überhaupt nicht? Eine solche Gemeinschaft käme doch nur zustande, wenn Menschen ein einziges Mal auch nur das *Vaterunser* wirklich so sprechen könnten, daß sich deutlich unterscheiden ließe zwischen dem, was sie da meinen mit der Person, die sie im Himmel um Gnade, Vergebung und Beistand anflehen, und all dem, was sie bis dahin «Vater» oder «Mutter» *oder wie auch immer* genannt haben. Erst das *Durcharbeiten* all der Gefühle, die im Blick auf diese Macht, die will, daß wir selber endlich als Personen, als unableitbare Individuen existieren, aufgefunden werden, vermag die Religiosität im Sinne Jesu zu vermenschlichen.

Ganz einfach läßt sich dabei die Probe aufs Exempel machen. Wie viele *Ehen* werden geschlossen eigentlich nur im Ersatz für eine Häuslichkeit, die man als Kind niemals gefunden hat! Wieviel in der *Liebe zu einer Frau* wird wiederersehnt von all dem, was früher *uns* Mutter war oder doch hätte sein müssen, oder in der Liebe zu einem Mann von dem, was *damals* uns Vater war oder doch hätte sein müssen. Je *weniger* man damals ein Kind sein durfte, desto rascher mußte man «erwachsen» werden und desto mehr Verantwortung wurde da aufgeladen. Immer ging dabei das Defizit an Geborgenheit, die Angst, das Schuldgefühl Schritt für Schritt auf der Lebensbahn weiter. Es ist eine unerhörte Tat Jesu, wenn er hier dreifach gestaffelt erklärt: Gott ist kein Fetisch eines Wunderaberglaubens; Gott ist kein Pendant einer perfekten Verdrängungsordnung; und jetzt: Gott ist auch kein Übervater, keine Übermutter, kein Familiengespenst, Gott ist nicht der verewigte Gehorsam aus Kleinkindertagen.

Zu dem Gott Jesu findet man, sobald man sich aufrichtet zu einer eigenen Entscheidung. *«Kinder Gottes»* zu werden (Mt 18,3) – das ist im Sinne Jesu psychologisch soviel, wie ein wirklich losgelöster, erwachsener Mensch zu sein. Ein solcher lernt, für sich selber geradezustehen; ein solcher braucht keine fremden Autoritäten mehr; ein solcher entdeckt Gott im eigenen Herzen, und er braucht nicht mehr viele Worte, die man ihm vorreden müßte, um ihn zur «Frömmigkeit» zu erziehen. Alles weitere davon mag ein jeder Leser sich selber sagen.

Mt 13,1–23
Die vielfältige Saat oder:
Bilder gegen die Verzweiflung

Was im Ernst läßt sich tun gegen das Leid, das so sehr das Dasein von Menschen an unserer Seite zu verwüsten vermag? Wie läßt sich wirkliche Seelenqual trösten und Lebenspein lindern? Im Grunde nur darauf versucht dieses Evangelium in der Art einer *Gleichnisrede*, die Matthäus aus Mk 4,1–12.14–20.25 übernimmt, Antwort zu geben, und schon diese Redeform selbst ist sehr «vielsagend».[62]

Wie oft sind wir, die wir *Rat* geben möchten, selber rat*los* und suchen vergeblich nach Rat*schlägen*? Nur allzu oft geschieht es, daß wir in Verantwortung eintreten für einen Menschen, mit dem wir durch gewisse Verpflichtungen verbunden sind, und wissen ihm doch keinen brauchbaren Vorschlag zu unterbreiten noch irgendein rechtes Wort auf den Weg mitzugeben. Wie oft stehen wir sprachlos und stumm neben fremdem Leid? Es ist womöglich schon viel, wenn wir in Ehrlichkeit uns solch eine Lage eingestehen. Völlig unleidlich in Anbetracht menschlichen Leids jedenfalls sind die Daueroptimisten vom Dienst, die verpflichteten Besserwisser, die Auswegemacher. Warum nicht von Fall zu Fall *akzeptieren*, daß es, so weit zu sehn, im Planbaren, Machbaren einen Ausweg nicht gibt?

Nehmen wir an, wir sitzen am Krankenlager einer Frau, von der die Ärzte sagen, daß sie höchstens noch ein paar Wochen zu leben habe. Wenn ihre Verwandten sie besuchen kommen, verlieren sie sich, schon aus der Peinlichkeit der Situation heraus, in lauter Redensarten. Man wird sprechen über den Nebel, der draußen auf der Flur liegt, oder auch umgekehrt: wie schön der beginnende Januarmorgen gerade zu werden verspricht. Oder: man wird reden von dem nächsten Urlaub, den eines der Kinder bald antreten wird, oder von den Schulnoten, die es nach Hause bringt. Man versucht das Leid *abzulenken*. Man sieht, wie der Schmerz das Ich des Betroffenen immer mehr verengt und nach innen zieht; ist es da nicht richtig, mit *fremden* Interessen für so etwas wie für Beruhigung zu sorgen, indem man andere Gedanken vorträgt und den Blick ein wenig ins Weite schickt? – Andere versuchen, den Ernst des Augenblicks gänzlich zu ignorieren. «Es wird schon wieder alles werden!» sagen sie. Von dem nahenden Tod soll und darf keine Rede sein. Wie man geschlafen hat, wie man gegessen hat, wie man sich fühlt – mehr, als darüber zu sprechen, läßt sich kaum tun. – Warum nicht mitunter einfach den Mund halten und nur dasitzen und zuhören? Das kostbarste Geschenk des menschlichen *Tröstens* besteht in der Fähigkeit, sich erklären zu lassen, was das fremde Leid ausmacht. Oft hindert uns daran die eigene Angst, wir wüßten gegebenenfalls selbst keine Lösung. Aber wir sind durchaus nicht verpflichtet, überall Lösungen zu wissen. Indessen: Wieviel Vertrauen können wir schenken, wenn wir nicht ausweichen! Es genügt oft, einfach dabeizubleiben und den Mut zu haben, das scheinbar Unerträgliche mitzutragen. Mehr ist zumeist nicht möglich, aber es ist ganz viel. Es ist oft die letzte Chance für einen Menschen, einfach zu sagen, was ihn bedrückt, und schon indem er es ausspricht, verliert er doch von seiner Einsamkeit. Das, was all die Redensarten bis dahin beabsichtigten: Befreiung und Öffnung zu schaffen, das geschieht jetzt wirklich, eben weil da am Bettrand ein anderer sitzt, der einfach die Hand hält und innerlich mitgeht.

Was haben Menschen einander oft zu sagen, wenn wir nur richtig hinhören! Alte Leute etwa können immer wieder reden von den Tagen ihrer Jugend; zum x-ten Mal erzählen sie dieselben Begebenheiten und berichten dabei anscheinend in keinem Punkte irgend etwas wirklich Neues. Aber betrachten wir das, was sie sagen, einmal aus dem Blickwinkel ihrer eigenen Augen und hören wir mit ihnen nach innen, was sie da von sich selber sagen möchten! Sie berichten vielleicht nur von einer Stunde äußerster Not in ihrer Kindheit, wie sie sich einmal sehr geängstet haben, oder wie es war, als die Mutter starb, oder als ein Brief eintraf, der den Vater als vermißt meldete. Warum, müssen wir uns fragen, erzählt diese Frau, dieser Mann denn diese Geschichte immer noch einmal von vorn? Offenbar ist sie für ihn oder für sie noch nie wirklich zu Ende erzählt worden. Offenbar haften immer noch bestimmte Gefühle an diesen Erinnerungen, die sich mitteilen möchten. Viel mehr wäre da gar nicht nötig, als diesen Strom der Erinnerungen gemeinsam zu begleiten. Denn wie von selbst formt sich dabei ein Bündnis gegen das Unsagbare, ein Pakt gegen die Verzweiflung, die *stumm* macht. Schon wenn wir einem Menschen durch unsere Bereitschaft, ihm zuzuhören, das Vertrauen und die Würde schenken, daß in ihm etwas lebt, das sich auszusagen lohnt, bereitet sich in ihm selbst doch ein Gefühl vor für seine eigene Bedeutung. Ihm *die* zu schenken und ein Gespür dafür zu verleihen ist in aller Regel schon das meiste und das beste, das wir zu schenken vermögen.

Dann kann es sein, daß wir, je besser wir zuhören, mit einem Mal selber versonnen werden und ins Träumen über das Gehörte geraten, und es formen sich vor unserem inneren Auge eigene Bilder, die sich von den Inhalten unterschei-

Die vielfältige Saat

den, die gerade erörtert wurden. Diese Bilder spiegeln nicht die äußeren Tatbestände des Mitgeteilten wider, aber sie formen die *Bedeutung*, die das Gesagte für den anderen selber besitzt, zu bestimmten deutenden Bildern. Es genügt mitunter, daß wir vorgreifend solche Symbole, solche Bildgeschichten *parallel* zu dem Gehörten erfinden. Der andere schildert vielleicht gerade, wie haltlos er ist; vor unseren Augen aber taucht eine Situation auf, wie wenn ein Ertrinkender sich an eine Rettungsleine zu klammern sucht, die man ihm zugeworfen hat, doch je mehr man ihn an das Boot zu ziehen sucht, lassen seine Kräfte in den eisigen Wassern und im Kampf gegen die Strömung nach. – Oder: Wir hören, wie jemand sich alle Mühe gegeben hat, aus seinem Leben das Beste zu machen, und vor unserem Auge taucht das Bild eines Mannes auf, der wie endlos über eine lange Straße mitten im Winter gegen das Schneetreiben angeht, und es gibt kein Licht, kein Ziel, er geht immer nur weiter. Wenn wir solche Bilder dem anderen zur Wiedergabe seiner Gefühle mitteilen, wirkt das mitunter wie eine Anregung alter Gefühle in den Tiefenschichten seiner Seele; ein Verstehen beginnt, wie es vorher nie war. Da treten zwei Menschen in den Bann einer verbindenden Poesie ein, da schreiben sie gemeinsam so etwas wie ein Buch des Lebens – da erfinden sie im Ansatz genau das, was in der «Tröstung der Völkergemeinschaft» (TG) ein wirkliches *Gleichnis* genannt wird[63]; zum Beispiel dieses *von der vielfachen Saat!*[64]

Wie oft muß Jesus der Melancholie begegnet sein in Gestalt der ständigen Klage und Frage, wozu denn dies alles sich lohne! Seine eigenen Jünger, wie zum Erzählanlaß dieser Geschichte, mögen ihn, zutiefst verunsichert, eines Tages bestürmt haben: «Rabbi, siehst du denn selbst noch, wie es weitergehen kann? Noch vor Monaten, in den Dörfern Galiläas, hatten wir einen solchen Zulauf von Interessierten, von Begeisterten. Die Menschen trugen ihre Kranken uns zu; wie ein Sturmlauf ergriff die Dörfer und Städte deine Botschaft von dem beginnenden Reich; jetzt aber hat sich das Mißtrauen, die Verdächtigung, die Verfolgung der Mächtigen in Jerusalem zwischen dich und das Volk gestellt. Und du kannst das offenbar nicht rückgängig machen. Aller Friede, den du bringen wolltest, provoziert jetzt Streit und Zwietracht.»[65]

In der Tat: Noch ein Kapitel zuvor hat man Jesus des Teufelsbündnisses angeklagt, um seine Heilungen zu diffamieren, man hat ihm vorgeworfen, die Menschen durch seine Art, von Gott zu reden, in die Irre zu leiten; das Bild eines menschlichen Gottes, das er entwirft, *beunruhigt* die Machthaber in Jerusalem, und *ihre* Angst wiederum verängstigt die Glaubensuchenden. Sie fangen an zu zweifeln, sie laufen fort. «Rabbi, was machst du? Wie soll es weitergehen?» fragen da zu Recht seine Jünger. «Kannst du kämpfen gegen eine ganze Welt? Willst du antreten gegen die eigenen religiösen Behörden? Was wird aus dem Gotteswort, wenn alles scheinbar schon Erreichte in so kurzer Zeit wieder zerbröselt und zerfällt?»

Man kann sich gut vorstellen, daß Jesus in einem solchen Augenblick das vorliegende Gleichnis erzählt hat, zur Beglaubigung seines eigenen Glaubens und um den Jüngern Mut zu machen gegen die drohende Lähmung des Vertrauensverlustes. Doch es gibt über den historischen Erzählanlaß hinaus so viele vergleichbare, fast intime, *private* Situationen, in denen die Erzählung von der vielfachen Saat ebenso hilfreich wirkt und so nötig ist wie ein Vitamin bei Ausbruch einer schweren Mangelkrankheit. Wie rücken wir wirksam menschlicher Mutlosigkeit zu Leibe? Wie verstehen wir ihre Gründe?

In unseren Köpfen läuft mitunter eine sonderbare Interpretationsmechanik ab, die selbst kleine Beobachtungen schon ins unentrinnbar Schreckliche zu ziehen droht. Eine Frau entdeckt an ihrem Körper eine kleine verhärtete Hautstelle; bestimmt ist es Krebs! Sie fühlt in ihrem Unterleib bestimmte Auffälligkeiten – kann es nicht Aids sein? Ihr Kopf dröhnt und schmerzt –; bestimmt eine Hirnhautentzündung! Allein die Katastrophendeutung bestimmter Wahrnehmungen kann eine solche Kaskade zusätzlicher Ängste auslösen, daß der nachfolgende Zustand seelisch wirklich bedenklich wird. Schaut man indessen, woher diese Sehweise stammt, haben wir es recht häufig mit Menschen zu tun, die seit Kindertagen gelernt haben, die Angst ihrer eigenen Eltern beziehungsweise der maßgebenden Kontaktpersonen so in sich zu verinnerlichen, daß selbst kleine Begebenheiten, entsprechend der Deutung der Mutter mit ihrer übergroßen Sorge und Sorgfalt, auch heute noch ins Entsetzliche, ja, ins ganz und gar Dramatische gesteigert werden können. Freilich: Eine Frau von vierzig, ein Mann von fünfundvierzig, denken in ihrer Angst nicht mehr an die Mutter, sie sehen nicht mehr den Vater von damals vor sich, doch unsichtbar, wie Schatten, treten die Elterngestalten von rückwärts an sie heran und geben zu ihrem gegenwärtigen Erlebten immer wieder unhörbar den gleichen Kommentar: «Es wird alles ganz schlimm kommen; es kann gar nicht gutgehen; alles, was danach kommt, kann nur eine Katastrophe sein.»

Wieviel zerstören wir in unserem eigenen Leben durch derartige Ängste, die an sich gar nicht nötig wären, ja, die im Grunde überhaupt nicht unsere eigenen Ängste sind, sondern die wir geborgt und geliehen haben als Kinder schon, buchstäblich aus der Angst der Generationen vor uns?

Da war 1944 etwa eine Mutter mit einem Kind schwanger, gerade als der Krieg immer näher kam. Die Ostfront bewegte sich unaufhaltsam nach Westen, die Rote Armee rückte auf Schlesien vor. Das Kind war noch nicht auf der Welt,

Die vielfältige Saat

und doch wuchs es schon auf mit der Angst seiner Mutter. Diese Angst, damals war nur allzu real, doch seither formt sie psychisch ein ganzes Leben. – Oder: Denken wir uns ein Kind an der Seite einer Frau, die selbst in ihrer eigenen Nervosität, in ihrer eigenen Haltlosigkeit mit dem ganzen Bündel ungelöster Probleme in ihrem eigenen Dasein kaum zu leben wußte. Auch diese Ängste damals mochten real oder rein psychisch sein – sie bestimmten das ganze Erleben des Kindes. Allein so etwas genügt schon, auch späterhin jede aufkeimende Hoffnung im Ansatz zu zerstören. Und daneben gibt es all die Schicksalsschläge, angesichts derer wir wirklich nicht weiterwissen. Wer lehrt uns eigentlich im Namen des «Christus», daß es für jede Notsituation einen optimistischen Ausweg gäbe? Nicht selten vermißt man sich unter den Theologen, den Menschen weiszumachen, daß wir, als Erlöste, ein wirkliches *Scheitern* gar nimmer erleiden, wirkliche *Tragik* gar nimmer erleben könnten.[66] Um die Wahrheit zu sagen, leben wir in einem Zwischenreich von Licht und Schatten. Niemand verfügt über eine Garantie für das Gelingen. Oft trifft das Schicksal unschuldig die Besten, und sie wissen nicht, warum.

Was bleibt dann einem Menschen, woran er sich halten kann? Beispiele dafür gibt es genug. – Da hat eine Frau alles eingesetzt, mindestens ihren Kindern ein glückliches Leben zu bereiten, besser, als sie selber es hatte; da hat ein Mann gearbeitet und gearbeitet für seine Familie und soviel gespart, daß er schließlich ein Haus eingerichtet hat, als seine Frau ihn verläßt. «Warum das alles?» werden solche Menschen fragen, und je länger man ihnen zuhört, wird man spüren: Es gibt in ihrer Lage nicht einen einzigen vernünftigen *Ratschlag*. Es hilft nicht, ihnen zu sagen: «All das war nicht so schlimm, all das ist nicht so schlimm, alles wird wieder gut.» Niemand weiß das, keiner sieht das ab – eine handfeste Formel, wie es zu «machen» sei, existiert überhaupt nicht.

In solch einer psychischen Situation der Mutlosigkeit erzählt Jesus dieses kostbare, wunderbare Gleichnis. Es muß zu der unglaublichen Art dieses Mannes gehört haben, daß er Menschen einfach bei der Hand zu nehmen wußte. Nichts wird da beschönigt, nichts weggeredet, ganz im Gegenteil. Was Jesus, zum Beispiel in der Frage seiner Jünger, vor sich hat, *ist* die blanke Verzweiflung: Man kann machen, was man will, es wird doch nur zertrampelt, gestohlen oder wie mutwillig zerstört; es kann von innen heraus sich sowieso nichts entwickeln – es ist alles egal, *das* ist ihr Gefühl; und so erzählt Jesus mit einem ungeheuren Atem, mit einem Mut zur Geduld, wie man ihn in der Literatur der Menschheit nur ganz selten findet: «Ein Sämann geht aus, zu säen...» Und was erlebt er da? Jede Station dieses Gleichnisses muß man sich verdichtet vorstellen mit all den Ängsten, mit all den Hoffnungslosigkeiten, mit all den ungeweinten Tränen und Traurigkeiten des eigenen Lebens sowie der Menschen, die uns am nächsten stehen; und sie alle gehe man durch! Man hat sich so angestrengt, man hat es so gut gemeint, aber dann fiel alles darüber her – es hatte keine Chance! Daneben gibt es anderes, das *schien* aufzublühen, und es machte Freude; man dachte schon: So wird es gehen! Man klammerte sich an diese kleinen Pflänzchen, die eben aufschossen. Und dann erwies sich, daß das alles keinen Grund und keinen Halt besaß – es verdorrte, es sank darnieder –, es war alles umsonst.

Die Art Jesu, Menschen zu trösten, besteht gerade darin, alle Gründe der Verzweiflung beim Wort zu nehmen und sie im Erleben noch einmal zu sammeln und durchzugehen. Da ist keine Klage ausgeschlossen. Da ergeht förmlich die Aufforderung, bis ans Ende alles zu erzählen, was die Mutlosigkeit begründet. Da fordert Jesus Menschen, die nicht ein noch aus wissen, förmlich dazu auf, all das, was ihnen im Wege steht, *mitzuteilen*, und formt daraus *dieses* Bild, das zunächst besagt: Es ist nicht möglich, daß *alles* gelingt. Freilich, man könnte es im Folgenden beinahe hören wie billigen Trost, wenn es da weitergeht mit dem Versprechen: Aber irgend etwas kommt sicher heraus – irgendwann blüht alles auf zu einer hundertfachen oder mindestens doch dreißigfachen Ernte, – du mußt nur weitermachen, du mußt nur weiterwarten! Doch darin liegt *nicht* der eigentliche Trost dieses Gleichnisses. *Er* besteht darin, die Hoffnungslosigkeit ganz ernstzunehmen, bis dort, wo gar nichts mehr zu «machen» ist! Was Jesus möchte, ist ganz einfach: daß ein Mensch sich wiederfindet unter den Augen Gottes, ohne in ständiger Angst sein Schicksal zu verrechnen. An dieser entscheidenden Stelle verläßt das Gleichnis die Bauernlogik und stellt den Menschen in seiner Existenz unmittelbar vor Gott.[67]

Man kann einen solchen Vorgang des Perspektivenwechsels mitunter selbst miterleben. Ein Mensch hat geklagt und geklagt, und objektiv scheinbar hat sich in seinem Leben durchaus nichts geändert; er aber, als wollte er uns um den Hals fallen, dankt uns für diese eine kümmerliche Stunde Gesprächs, da wir für ihn Zeit hatten. Seine Krankheit ist derweil nicht anders geworden, seine finanzielle Lage nicht verbessert, sein beruflicher Alltag nicht solider, seine eheliche Beziehung keineswegs entspannter; aber es ist plötzlich in dieses Getto der Einsamkeit und der Aussichtslosigkeit ein breiter Strahl der Güte und des Verständnisses auf ihn gefallen, und das gibt ihm eine gewisse Empfindung für die Tatsache und den Wert seines Daseins zurück. *Mehr* ist oft überhaupt nicht nötig und auch nicht möglich; doch dieses Wenige ist schon unendlich viel. Allein dies ist bereits entscheidend zum Trost eines Menschen, daß er sich sagen kann: Was aus all dem, was ich versucht habe, jetzt herausgekommen ist – wie es ankam, wie es gewirkt hat, was die anderen damit gemacht haben –, das ist nicht das Eigentliche; was *ich* gewollt habe, was *ich* gemeint habe, was *ich* versucht habe, einzig *das* zählt, und nur dafür bin *ich* verantwortlich.

Es gibt einen grausamen Satz in der Kunstkritik, der da über einen Autor lautet: «Er hat es gut gemeint.» Eine solche Redewendung ist die Umschreibung für ein vernichtendes Urteil über sein Stilvermögen. In der Kunst, das mag sein, genügt es vielleicht tatsächlich nicht, es «gut gemeint» zu haben. In der Kunst *der Existenz* aber ist dies das Allerwichtigste und oft der einzige Trost, der uns nach vielleicht zwanzig, dreißig Jahren verlorener Mühe bleibt, daß wir uns am Ende sagen können: «Wir *haben* es gut gemeint.» Natürlich, es kann sein, daß uns auch *das* noch gestohlen wird, von den «Vögeln des Himmels» zum Beispiel, von bestimmten Gedanken, die wir so nicht kannten. Mag sein, wir kommen irgendwann dahinter, daß wir uns für eine ganz und gar falsche Sache eingesetzt haben, daß wir an etwas geglaubt haben, das sich am Ende als Wahnsinn enthüllt. Aber wir haben es zumindest subjektiv gut gemeint.

«Was würden Sie», fragte mich vor einer Weile eine Reporterin, «den Leuten in der alten DDR, den Kommunisten von damals, sagen?» Ich versuchte stammelnd zu erklären: «Ihr im anderen Deutschland habt über viele Jahrzehnte unter der Diktatur gelitten. Schlimmer, Ihr habt geglaubt, daß all die Leiden unter der Fremdherrschaft in gewissem Sinne nötig waren. Ihr habt Überstunden gemacht, Ihr habt eure Kinder in die entsprechenden Zeltlager geschickt. Ihr habt die Werke des Marxismus und Leninismus studiert bis in die Nächte hinein, Ihr habt geglaubt, mit all dem, was Ihr tätet, hättet Ihr zumindest einen kleinen Beitrag geleistet zur Verbesserung der Zukunft der gesamten Menschheit. Eure Opfer würden irgendwann, spätestens Euren Kindern oder Kindeskindern, zugute kommen. Das alles habt Ihr geglaubt, und dafür habt Ihr gelitten und gestritten. Ihr erkennt jetzt das alles als zerbrochen, als verlogen, als unsinnig, aber seid Ihr nicht *Menschen* gewesen, indem Ihr geglaubt habt, mindestens *etwas* beitragen zu können zur Verbesserung einer Welt von morgen, und Euch dafür eingesetzt habt? Ist das nicht ein Wert, den Ihr reklamieren könnt gegen alle Besserwessis? Ihr wart Menschen, und Ihr seid es geblieben, mitten im Irrtum möglicherweise. Das, was Ihr wart, als Irrende vielleicht, das wird man Euch nicht absprechen können, das seid und bleibt Ihr als Menschen.»

Ganze Generationenschicksale können sich so vergleichen lassen, daß es da etwas bleibend Gültiges gibt bei allem Weggenommenen, bei allem Zerstörten, und dieses Bleibende ist einem Menschen nicht aus der Hand zu nehmen, das lebt in seinem Herzen, das steht bei Gott. Dann muß man allerdings glauben, daß es so etwas gibt wie *eine menschliche Kontinuität*, die weiter geht und weiter reicht: Nichts war umsonst, was wirklich menschlich ist! Sehen läßt sich das nicht, beweisen oft gar nicht, aber glauben und hoffen kann man es. Viel mehr können wir in aller Regel ohnedies nicht tun, als daß wir den andern so ernstnehmen, daß er beginnt, an sich selbst als Person zu glauben; doch tut er das, formt sich im Hintergrund seines Lebens so etwas wie eine unsichtbare Hand, die ihn über den Abgrund trägt. Das ist es, was Jesus seinen und unseren «Vater» nannte.

«Rabbi, warum erzählst du Gleichnisse?» fragen da die Jünger.[68] Zur Antwort hätte Jesus sagen können: «Weil nur Gleichnisse etwas von Gott zu erzählen vermögen, das nicht weh tut. Hört den Theologen zu! Sie haben für jedes Problem eine Antwort. Es gibt praktisch keine Lebenssituation, in der sie nicht geradeaus die Moral, den deutlichen, willentlich guten Vorsatz zu setzen wüßten: So wird es gemacht! Schon aufgrund der Tradition kennen sie sich aus: Alles war schon immer so – wie denn auch nicht? Doch immer sind sie gewalttätig, weil sie stets im voraus wissen, was richtig ist, weil sie ihre fertigen Formeln haben, ihre begrifflichen Eindeutigkeiten. Immer ist für sie zweimal zwei vier. Wann aber wäre im Leben schon alles so einfach? Das meiste ist dialektisch – verflochten, widersprüchlich, unübersichtlich, ungarantiert. *Das heißt es zu leben, daß man mitunter nach dreißig Jahren Anstrengung merkt:* Was ich getan habe war ‹objektiv› womöglich umsonst, vielleicht sogar falsch, und doch kann es *menschlich* einen unschätzbaren Wert besitzen, denn die ehrlich Suchenden sind unendlich viel wertvoller als die wahrheitsversicherten Sitzenbleiber, die nie etwas riskiert haben und sich sogar um die Chance gebracht haben, jemals etwas dazuzulernen.» So oder ähnlich hätte Jesus sich verteidigen können. «Gleichnisse», hätte er sagen können, «sind die einzige Art, Menschen dort abzuholen, wo sie stehen; sie sind eine Art, Menschen auf ihren Irrwegen zu begleiten und ihre dichtesten Gefühle so zu formulieren, daß sie sich von innen her verstanden fühlen. Und plötzlich entsteht da eine Lösung, plötzlich ergibt sich da eine neue, eine andere Sicht der Dinge. Wer sich *die* zu eigen macht, bricht aus dem Getto drohender Verzweiflung aus und steht mitten im Leben.»

Die Antwort indessen, die Jesus hier wirklich gibt, ist ganz eigenartig: Die Gleichnisse würden erzählt, damit die, die schon *haben*, noch *mehr* bekommen, und die, die *nicht* haben, auch noch weggenommen bekommen, was sie an Wenigem haben.[69] Es ist ein bitteres Wort, ein Sprichwort des alten Israel offenbar: Die Armen werden immer ärmer und die Reichen immer reicher – ein sarkastischer Weisheitsspruch über die soziale Ungerechtigkeit der Welt. Was Jesus hingegen hier andeutet, ist so etwas wie *eine existentielle Regel:* Wenn Menschen aus lauter Angst nichts von sich einzusetzen wagen, wenn sie nichts aufs Spiel zu setzen wagen *aus Angst,* zu verlieren, so vertun sie sich am Ende ganz. Diejenigen aber, die wenigstens ein bißchen die Ohren offenhalten, die gelernt haben, ein Stück verwundbar zu bleiben im Leid, die sich einen Rest von Sensibilität bewahrt haben und versuchen, *den* zu leben, deren Leben wird immer intensiver, immer ausgefüllter, immer spannender, immer reicher, immer weiter. *Und dabei kommt etwas heraus,* das ist das Versprechen Jesu!

Und nun, vom Gegensatz her, typologisch übertragen auf ganz *«Israel»:* – auf eine *Art zu leben,* die sicher *nichts* einbringt: Man kann immer zuhören, indem man lediglich die eigene Bestätigung sucht; dann hat man Ohren, die nichts hören. Man kann immer zuschauen, so daß man nichts weiter sieht, als was man schon kennt; dann ist man fixiert auf das Herkömmliche und *blind* für alles Neue. Mit einer solchen Einstellung tut man allen Propheten Israels unrecht, indem man sie bestätigt; auf diese Weise wiederholt sich der Satz des Jesaja (6,9.10): «Dieses Volk ist herzverklebt und ohrenverfettet» – nichts kommt dabei herum![70] Aber so *muß* das wohl sein: Etwas wirklich energisch Neues sucht förmlich nach den Menschen, die es brauchen, und *das* sind im Matthäusevangelium grundsätzlich allein die Armen, die Leidenden, die Hungernden, die Kranken, die von Dämonen Gepeinigten, die Nachtwandler, die Suchenden. Nur *solche* brauchen das *Medikament* der Gleichnisrede des Jesus von Nazareth.

Doch dann erhebt sich die Frage: Wie gehen wir damit um? Es ist vermutlich mit den Gleichnissen Jesu für uns so ähnlich, wie man in Ostasien vor Jahrhunderten schon eine bestimmte Lehrtechnik erfand, die des *Koan.*[71] Beim Lesen der Bibel redet ja Jesus nicht ohne weiteres in unser *eigenes* Leben hinein. Die Geschichten, die er zu erzählen hat, sind nicht direkt in die Situation gesprochen worden, in der wir *Heutigen* als seine Hörer stehen. Also müssen wir versuchen, sie so zu nehmen, daß sie *uns* betreffen und unsere *eigene* Situation meinen und erhellen. Eben darin bestand die Technik des Koans in Ostasien. Ein Koan ist niemals eine fertige Formel, weit eher zumeist ein sehr rätselhafter Satz, den man nicht sogleich begreift. Der Schüler geht hin, meditiert ihn, löst ihn gewissermaßen wie ein kompaktes Stück Zucker, dem er alle Flüssigkeit seines Mundes leiht, in sich selber auf, da es nur so für ihn nahrhaft zu werden vermag; und wenn er das getan hat, wenn das Gesagte wirklich Eingang gefunden hat in den Kreislauf seines eigenen Lebens, erst dann meldet er sich zurück bei seinem Meister. Das ist ebenfalls eine Art zu lehren, die nicht weh tut, sondern freimacht, weil sie an nichts als an die Freiheit appelliert.

Die frühe Kirche schon hat die Offenheit der Gleichnisreden Jesu ein Stück eingeengt. Sie hat etwa das vorliegende Gleichnis Jesu genommen und als eine Art Geheimwissen *allegorisch* gedeutet. Alles, was da beschrieben wird, gewinnt einen esoterischen Sinn im Rahmen der Probleme, die sich aus der frühkirchlichen Situation zur Zeit der Abfassung schon des Markusevangeliums ergeben.[72] Da wird es zur Sorge der Gemeindeleiter, es könnte das Wort Gottes vertan werden, zum Beispiel durch die «Augenblicksmenschen», die das Neue der Jesus-Botschaft begeistert aufnehmen, aber dann, kaum daß es schwierig wird, etwa wenn Verfolgungen, Auseinandersetzungen, Konflikte und Spannungen drohen, alsbald Reißaus nehmen.

Es gibt in der Tat eine bestimmte Art von «Glauben», die überhaupt nicht darauf eingerichtet ist, daß man *mit Leidenschaft* irgendwelche religiösen Wahrheiten in die Zerreißprobe bringen müßte. Für sie besteht das «Christentum» wirklich nur im Augenblick, analog zum Erleben der Tiere: jetzt wird gefressen, dann wird geschlafen, dann steht man wieder auf – alles so, wie es die Natur in ihrer Weisheit vorgesehen hat. Daß da etwas zu entscheiden wäre, ist in einem solchen Lebensentwurf durchaus nicht vorgesehen. Mal ist man heiter, dann ist man traurig, ganz so, wie manchmal die Sonne scheint und wie es dann wieder mal regnet. Man ist gewissermaßen für sein Leben nicht zuständig; man bleibt dem eigenen Leben gegenüber unverantwortlich bis ins Herz hinein.

Eine andere Art von «Lebensentwurf» gibt es, die erst gar nicht damit beginnt, wirklich ernstzumachen. Von ihr meint Matthäus nach dem Vorbild des Markus sehr bitter, dies sei, wie wenn «der Böse» den Menschen allen Inhalt aus dem Herzen stehlen würde.

Da hat man vielleicht zwanzig Jahre lang so etwas wie eine christliche Erziehung genossen, aber man weiß überhaupt nicht, wofür. Fast drei Vierteln unserer Gesellschaft beinahe geht es heute so: Alles, was da in 500–1000 Stunden Religionsunterricht im Raum der kirchlichen Pädagogik geredet wurde, hat gewirkt wie ein Walzwerk, es hat alles mehr plattgestampft und flachgedrückt als zum Leben erschlossen – man kann es nicht mehr hören! Man ist die Flausen und die Redensarten leid von dem Gott der Barmherzigkeit, der Erlösung, der Gnade – es hängt den Leuten so zum Hals heraus, wie wenn sie in Kindertagen zuviel Lebertran hätten trinken müssen. Matthäus meint, daß in dem Vakuum solcher Empfindungen von Ekel und Überdruß alle Teufel zu tanzen beginnen. Es ist in seinen Augen sehr schlimm, wenn da eine ganze Kirche existiert, die den Menschen nichts mehr zu sagen hat; doch er fügt noch eine Bedingung hinzu, wie es dahin kommen mag: Ein Grund für ihn ist die Geldgier und die Sorge des Alltags, und er münzt diese Warnung zunächst auf die Gemeindemitglieder hin.[73] Doch die Gefahr ist weit größer! Kann es nicht sein, daß am Ende *eine ganze Kirche* existiert, der es sehr wichtig ist, ihr materielles Einkommen und Auskommen zu sichern mit lauter *Sorgen des Alltags*, indem sie durch und durch bestimmt ist von allerlei Macht- und Geldgier? Der Zustand einer solchen Kirche hätte mit der Botschaft Jesu durchaus nichts mehr zu tun – alles geriete da unter die Dornen. Aber nun sehe man zu!

Man bescheinigt *uns,* der Kirche in der Bundesrepublik, daß wir die bestversorgte katholische Kirche der Welt sind – nirgendwo funktioniert das Steuereinzugswesen so gut wie nach dem Reichskonkordat zwischen Kirche und Faschismus im Jahre 1933. Daß wir, Preußen, die wir sind, die bestverwaltete, administrativ und funktional am straffsten durchorganisierte «Kirche» besitzen, unvergleichbar mit jeder andern auf der Erde, auch das muß der Neid uns lassen. Aber was man in gerade dieser Kirche vermißt, ist so etwas wie ein neuer Impuls, eine geistige Innovation. Es dringt inhaltlich nichts mehr nach außen. An den Rändern unserer Gesellschaft suchen die Menschen nach wie vor verzweifelt, ein Wort Gottes zu erhaschen, aber wo wäre es? Eine ganze Jugend ist heute dabei, aus den Pfarrsälen und Kirchenräumen zu emigrieren, und findet sich eher wieder in den Texten des LAOTSE oder des TSCHUANGTSE oder des MAHATMA GANDHI oder des RABINDRANATH TAGORE; diese Suchenden spüren offenen Auges, hörenden Ohres und zitternden Herzens zumindest doch etwas von dem Sinn dieses Gleichnisses Jesu: Unser Leben, so zerbrochen es auch sein mag, so am Rande der Verzweiflung es sich oft auch befindet, so gedemütigt und niedergetreten auch immer es sich selber erscheint, ist unter den Augen Gottes trotzdem etwas Großartiges und Wunderbares – schon aufgrund seines Wagemutes und seiner Ehrlichkeit.

Und nun übertrage man diesen Gedanken auf den *Blick in die Zukunft!* So oft finden wir Menschen, die darüber klagen, daß sie Hoffnung kaum mehr zu hegen vermöchten. In dreißig Jahren schon, sagen sie, werde die Welt so verwüstet sein, daß es die tropischen Regenwälder nicht mehr gibt. In dreißig Jahren, sagen sie, gebe es dafür über elf Milliarden Menschen, von denen vielleicht anderthalb Milliarden Hungers sterben würden. In dreißig Jahren, sagen sie, wohnten drei Viertel aller Menschen in Großstädten unter Bedingungen wie heute schon in São Paulo, Mexico-City, Bombay oder Madras mit Bannmeilen des Elends, die wie ein Herzinfarkt das gesamte Leben der City erdrücken könnten.[74] In dreißig Jahren, sagen sie, werde man die Genkarte des Menschen so genau kennen, daß die Individualität darunter völlig erstickt sei. In dreißig Jahren, sagen sie, würden viele Milliarden Menschen vor den Fernsehapparaten sitzen und alle dasselbe Programm an demselben Abend in derselben Propaganda, in demselben Schematismus des befohlenen Unsinns sich anschauen. In dreißig Jahren schon gebe es keine Freiheit mehr, keine Poesie, keine Menschlichkeit.

All diese Sorgen kann man nur unterstreichen, sie haben eine unheimliche Wahrscheinlichkeit für sich. Und doch spricht *eine* elementare Erfahrung dagegen. Wer denn, der als Mutter ein Kind großzieht und sich vorstellt, was in dreißig Jahren sein könnte, vermag zu leben mit solchen Aussichten? Jedes Kind, das gerade eben geboren wird, braucht zumindest ein bißchen Hoffnung. Und was immer geschieht, wir Menschen verfügen über unglaubliche Kräfte auch zum Überwinden der Not. Natürlich, das rechtfertigt keinerlei Leichtsinn, das ist kein Trost, um gegenüber der offensichtlichen Unverantwortlichkeit die Hände in den Schoß zu legen. Aber wenn wir uns das Leben auch nur irgendeines einzelnen Menschen, sagen wir im Alter von zwanzig Jahren, anschauen und betrachten auch nur die nächsten dreißig Jahre seines möglichen weiteren Lebens, werden wir da nicht allemal sagen: Es ist ein großes Geschenk, daß es diesen jungen Menschen gibt? Niemand weiß wirklich, was werden wird. So aber, mitten darinnen, blüht immer wieder diese kleine Blume Hoffnung und schenkt dreißigfache Frucht und manchmal gar hundertfache Frucht, wenn wir nicht davon lassen, das Saatgut auszustreuen, das Gott uns schenkt. Es gibt keinen Grund, endgültig mutlos zu werden, wenn nur wir uns selbst nicht verlieren. *Verzweifelt* ist ein Mensch niemals an den Umständen, sondern nur dann, wenn er dabei ist, sein eigenes Ich aufzugeben. Das freilich wäre das Schlimmste, was uns geschehen könnte; doch weder der Zustand der Kirche noch der Zustand unserer Gesellschaft sollten uns dazu bestimmen.

Mt 13,24–43
Ausrotten oder Wachsenlassen – was eigentlich macht Gott mit uns?

Was Matthäus in dieser Kette von Gleichnissen teils aus eigenen Quellen *[Mt 13,24–30: Vom Unkraut im Weizen nebst seiner Deutung Mt 13,36–43, vom Schatz im Acker und der kostbaren Perle (Mt 13,44–46), von den Fischen (13,47–50) und das Bildwort vom Hausvater (13,51–52)]*, teils aus der Markusvorlage *[Mt 13,31–33: Von Senfkorn und Sauerteig (vgl. Mk 4,30–32) und das Wort über die Bildreden (Mt 13,34–35, vgl. Mk 4,33–34)]* zusammenstellt, ergibt eine fast atemberaubende Dramaturgie, eine Kaskade von Parabeln, gelagert um ein und dasselbe Thema: Wie redet man glaubwürdig von Gott[75]? Man kann es nur, indem man aus der sinnlichen Erfahrung *Gleichnisse* formt, um in die Mauern des menschlichen Lebens Breschen zu brechen, durch welche von außen her Licht einfällt, so daß der gesamte Innenraum neu sichtbar wird. Absichtlich formt Matthäus hier so etwas wie einen Schlüssel zum Verstehen von Welt, Geschichte und menschlichem Leben, und so fragmentarisch seine Überlieferungen auch sein mögen und so zufällig scheinbar sein Stichwort-Arrangement der Jesus-Worte ausfällt, die ihm zur Verfügung stehen – dieser Evangelist erhebt den Anspruch, die gesamte Art des Auftretens Jesu in einem einzigen Weisheitssatz formulieren zu können: Jesus redet in Gleichnissen, damit die Weltweisheit selbst, damit Gott so zur Sprache kommt, daß von Urbeginn der Zeiten an alles sich öffnet und erschließt (Mt 13,34–35)! Ein ungeheurer Anspruch, gemessen an der Rätselgestalt der Welt und des Menschseins selbst! Doch prüfen wir, was der Evangelist uns zu sagen hat, an unserem eigenen Leben, um es einzulösen.

Unser Ausgangspunkt sei das Gleichnis vom *Unkraut unter dem Weizen*[76], vom Tollkraut in der Ernte (Mt 13,24–30). Es greift eine Frage auf, die Menschen zur Verzweiflung gebracht hat, seitdem sie über das Schicksal dieser Welt nachsinnen. Wie viele Menschen würden an Gott wohl glauben, stünde dem nicht in Gestalt eines Meeres von Leid aus den Tränen der Menschen aller Zeiten der ewige Zweifel und die stete *Verzweiflung* entgegen: Wie kann denn ein Gott im Hintergrund einer Welt wie dieser existieren, die angefüllt ist mit so viel an Schmerz?

Man hat nach 1945 gesagt, nach Auschwitz und Dachau lasse sich an einen

Gott nicht mehr glauben. Daran ist etwas Wahres. Da führt die menschliche Geschichte in unseren Tagen mit System in ein sadistisches Inferno für viele Millionen Menschen hinein, da wird das Volk der Erwählung der Bibel selbst in den Feuerofen gestoßen, da werden Menschen unter zynischen Witzen verwandelt in Rauch, und es rührt sich keine Hand im Himmel noch auf Erden! Da wagt man in den Gottesdiensten des «Christentums» immer wieder einen Gott herbeizuflehen, daß er den Armen beistehe, den Schwachen helfe, die Ohnmächtigen erhöre, und kaum kommt es darauf an, daß solches geschehe, da passiert absolut gar nichts, da hört man nicht einmal einen leisen Widerspruch der «Christenheit» selber, geschweige denn einen gellenden Aufschrei der Empörung, und der Gott dieser «Christen» der Kirche hält sich hinter den Wolken versteckt, er ist nicht aufzutreiben, er agiert keinesfalls, wie biblisch versprochen und betend gesprochen, in die Geschichte hinein! Straft das nicht alle Prophetenansprüche und -aussprüche endgültig Lügen, die da sagten: Es ist ein Gott im Himmel, es ist auf ihn Verlaß, in den Stunden der Not *hört er auf seine Gerechten*? Oder soll man etwa glauben, daß all die in den Konzentrationslagern Vernichteten im Unrecht gewesen seien?

Dieser schreiende Widerspruch gegen einen Gott, der nach Theologenauskunft alles kann, aber aller Erfahrung nach nichts tut, erhebt sich in der Stimme aller Menschen, die ungerecht leiden, und er dehnt sich aus bis an den Rand der Welt. Denn selbst der Spuk des Faschismus, diese relativ kurze Strecke von nur zwölf Jahren deutscher Geschichte, war ja nicht nur ein Unfall der Historie, eher ein Beispiel dafür, daß bis in die Grundlagen menschlicher Geschichte hinein offensichtlich irgend etwas nicht mit uns stimmt. Es genügt in *unseren Tagen*, auf das unsägliche Leid an den Rändern unserer Zivilisation in all den Bereichen hinzuweisen, die wir der «dritten» Welt zurechnen, und wir stoßen auf Strukturbedingungen, die immer wieder Menschen ausgrenzen und wegschieben zugunsten der Stärkeren, Mächtigeren, Reicheren – doch keinesfalls «Besseren». Gott aber, wenn es ihn gibt, schaut sich das an! Zweitausend Jahre nach der Botschaft Jesu haben wir durchaus keine Antwort auf dieses Problem aller «Theologie».

Doch selbst das ist noch zu wenig gesagt. Denn noch einen Schritt weiter, stehen wir mitten in dem Dilemma der Geschöpflichkeit selber.

In den fünfziger Jahren war der Dichter REINHOLD SCHNEIDER, als er während seines Winteraufenthaltes in Wien seine Betrachtungen über den Zustand von Welt und Geschichte zu Papier brachte, ein innerlich zerbrochener Mensch. Aufs äußerste versuchte er an Gott zu glauben, doch erschien ihm dieser Gott wie ein Keltertreter, wie ein Würgegott, der ein Unsägliches an

Leid offensichtlich ungerührt in Kauf nimmt. Wie versteht man einen solchen Gott, wie vereinbart man ihn mit dem *Vater* Jesu, mit dem Glauben an Güte und Weisheit, die der Mann aus Nazareth uns nahebringen wollte? Beim Gang durch das Naturkundemuseum in Wien, schreibt REINHOLD SCHNEIDER, ist die Größe und Weisheit der Evolution ebenso zu betrachten wie ihre grenzenlose Grausamkeit. Diese Kathedralen des Sinnlosen beim Anblick des Skeletts eines Dinosauriers – wer entwirrt uns das alles?[77]

In dem *Gleichnis* Jesu vom Unkraut unter *dem Weizen* projiziert sich in relativ klaren Kategorien das Gute und das Böse in eine Widerspruchsordnung von Gott und Satan hinein. Als Hintergrund zum Verstehen dient da die mythische Vorstellung, es kämpften auf Erden zwei polare Geistermächte um den Besitz der Welt und des Menschen auf der Bühne der Geschichte.[78] Sehen wir von dieser Symbolsprache der biblischen Vorstellungwelt einmal ab, so stehen wir in der Anlage des Gleichnisses einer Antwort gegenüber, die in unseren Tagen zunächst höchst verwirrend wirken muß. Worauf Jesus in dieser Erzählung nämlich den größten Wert legt, ist die Feststellung, daß es nicht möglich sei, das sogenannte Gute isolieren zu wollen von dem sogenannten Bösen, ohne alles zu zerstören; das eine wie das andere *müsse* sich auswachsen, *das* ist seine Perspektive. Sie löst sich in unseren Tagen vermutlich am besten ein durch das, was wir, zumeist durch die Naturwissenschaften angeregt, auch als Theologen uns zu eigen machen sollten, um die Welt weiter und größer zu betrachten, als sie in einer rein moralisierenden Sicht erscheinen muß. Da lernen wir, daß «Gut» und «Böse» sich im Prozeß der Evolution nicht rein verrechnen lassen entsprechend den Erwartungen, die wir als Menschen an die Welt herantragen. Betrachten wir lediglich unsere recht kurzen Erwartungen des Wünschenswerten oder des zu Hoffenden, so erscheint uns in der Natur sehr vieles geradezu als absurd, wo nicht als gräßlich und grausam.[79] Gleichwohl müssen wir akzeptieren, daß das Getriebe der gesamten Evolution, vom Anorganischen beginnend bis hin zum Menschen, in immer neuen Stufen einem Schema folgt, in welchem Zufall und Notwendigkeit[80], Freiheit und Zwang, Chaos und Ordnung[81] voneinander nicht zu trennen sind, sondern in immer neuen Schritten sich wechselseitig durchdringen und bedingen, und eben diese Spannung des scheinbar nur Negativen und des scheinbar nur Positiven muß offenbar ausgehalten werden, weil sie die Produktionsbedingung von allem darstellt, was existiert.

Schauen wir uns zum Beispiel nur den Körper des Menschen an! Da befindet sich ausgerechnet die Luftröhre, die wir brauchen, um Atem zu schöpfen, auf gefährliche Weise in der Nachbarschaft der Speiseröhre: Es genügt, sich zu verschlucken, und wir bekommen keine Luft mehr! Leichtsinniger könnte niemand die Kanäle zur Versorgung mit Luft und Speise nebeneinanderordnen.[82] Man kann diese «Fahrlässigkeit» nur damit erklären, daß die Evolution vor vielen Jahrhunderten von Millionen Jahren nicht anders konnte, als einen bestimmten zufällig gefundenen Weg zur Aufnahme von Nahrung auch zur Aufnahme von Atemluft auszugestalten – von «Planung» und «Absicht» kann da keine Rede sein. Die Lage muß sich in gewissem Sinne vor ca. 70 000 Jahren mit dem Auftreten des *Homo sapiens sapiens* sogar noch «verschlimmert» haben, als der Kehlkopf des Menschen sich so gestaltete, daß sich die Fähigkeit zum Sprechen ausbilden konnte; die *Neandertaler* davor konnten zwar nicht sprechen, aber doch einigermaßen problemfrei schlucken.[83] Oder die Geburt eines Kindes: sie erfolgt just durch einen Knochenring, der um keinen Preis sich erweitern läßt – Gehirnverformungen, schwerste Erkrankungen auf Lebenszeit, all das nimmt die Natur ungerührt dabei in Kauf. Ja, schon der Umstand, daß wir aufrecht gehen –, ein Neuerwerb der Evolution im Verlauf der letzten 5 Millionen Jahre, führt heute zu Bandscheibenschäden und Rückenschmerzen aller Art; kein Wunder, sollte man denken, besieht man sich die Entwicklung der ganzen Konstruktion: Da wurde ursprünglich bei den Fischen vor 500 Millionen Jahren die Wirbelsäule in einer Form konzipiert, die beim Auftrieb des Wassers ohne große Belastungen auskam; doch schon als vor 350 Millionen Jahren die ersten Wirbeltiere an Land gingen, muß aus dem «Torpedo» eine mühsam zu balancierende «Brücke» geworden sein; aber daß die so geschaffene Brückenkonstruktion plötzlich zu einem Turm sich aufrichtete und sich s-förmig verbog, sieht nach allem andern aus als nach einem durchdachten Planungsmuster.[84] Doch gerade so, Zug um Zug, verlief die Entwicklung mit allen Vor- und Nachteilen. *Ein* Nachteil ist jedenfalls heute noch spürbar: Wenn achtzig Kilo Gewicht beim Gehen konstant auf Füße drücken, die ursprünglich zum Klettern bestimmt waren, führt das zu Senk- und Spreizfüßen – man braucht dringend Einlagen in den Schuhen. – Und so geht das weiter! Wohin immer man schaut, nichts in der Welt ringsum stellt sich als das reife Ergebnis zielgerichteter Vernunft, Planung und Ordnung dar. Im Gegenteil: Kein Architekt der Welt würde irgendein Hochhaus anlegen unter derart gespenstischen Bedingungen.

Und dieser Befund genügt schon, um einigermaßen klar zu sehen. Es scheint in der Natur gerade *das* nicht zu geben, was wir im christlichen Weltbild immer wieder geglaubt haben, mit Händen greifen zu müssen: eine vorgegebene Zielrichtung unter der allwissenden und allmächtigen Weisheit eines allgütigen Gottes. Vielmehr fangen wir gerade an zu verstehen, daß die Ordnungsgefüge in der Natur sich aus ihren eigenen Bedingungen in einem Spiel von Zufällen ergeben, die ihre eigenen Begrenzungen in Gestalt von Ordnungsprinzipien erschaffen, an denen sie sich aufranken, um Freiheitsräume zu neuen Formen zu gewinnen. Wohlgemerkt, jedes dieser *Spiele* aus Zufall und Notwendigkeit im Getriebe der Gene bedeutet im Ursprung soviel wie ein *Irrtum* beim Kopieren des Vorgegebenen. Auf eine Million Programme der Abschrift eines Gens, nimmt man an, kommt ein einziger Fehler[85]; der aber kann im Leben eines Menschen die Zuckerkrankheit programmieren oder die Hasenscharte oder schwerste Ausfälle im Gehirnbereich wie die Chorea Huntington. Es kann aber auch sein, daß bei einem Fehler der Abschrift irgendwann etwas entsteht, das unter veränderten Bedingungen in der Natur eine verbesserte Chance zum Überlegen bietet, und oft genug ist es unmöglich, im voraus zu wissen, was am Ende nützlich oder schädlich sein wird. Eine unglaublich komplexe Klaviatur der Natur benützt hier offensichtlich die Dissonanzen und die Konsonanzen gleichermaßen zum Arrangement einer Harmonie, die unseren menschlichen Ohren nur zu einem winzigen Ausschnitt der Tonfrequenz hörbar ist.

So hört man immer wieder Menschen klagen, sie hätten mit ihrem Sachverstand am Schöpfungsmorgen dem lieben Gott schon wohl behilflich sein wollen, um ihn auf den rechten Gedanken zu bringen; dies und das in der Ordnung der Natur gehöre sich keinesfalls. Doch denken wir einmal ein bißchen darüber nach, was alles uns *nicht* gefällt an der Natur, werden wir rasch merken, daß wir da nicht einen winzigen Baustein herausnehmen können, ohne daß alles nicht nur nicht besser wird, sondern schlechterdings als Ganzes zusammenbricht, bis dahin, daß überhaupt gar nichts mehr zu funktionieren vermöchte. Wir schreien zum Beispiel vor Entsetzen auf, wenn wir zu Zeugen eines schrecklichen Erdbebens werden; aber könnten wir uns eine Welt vorstellen, in der es *nicht* möglich wäre, daß die Erde auf zweihundert Kilometer Länge aufreißt im Andengebiet und alles verschlingt, was an Leben oberhalb der Erdkruste sich gebildet hat? Wir müßten, um das zu *verhindern*, eine Erde haben, die so *kalt* wäre, daß auf dem Glutinneren ihres Magmas die Kontinente nicht trieben wie Flöße im Meer.[86] Eine solche kaltgewordene Erde wäre zwar ungefährlich, aber sie wäre zugleich so lebensfeindlich wie der Mars, nichts könnte auf ihr existieren. Genau in diesem Schwingbereich gestaltet sich alles, und nichts davon können wir wegnehmen, nicht einmal das Erdbeben. Anders gesagt: Das scheinbar «Böse», «Zerstörerische», «Satanische» gehört ganz einfach zum Kosmos.

Viele werden sich noch erinnern, wie sie als Kinder zu Hause gebetet haben, wenn ein schweres Gewitter hereinbrach. Man nahm die Zweige des Palmsonntags, segnete sie mit Weihwasser und betete zur Abwehr des Schrecklichen zu Gott; es gab damals noch keinen Blitzableiter, und die Angst war verständlich. Was aber wäre eine Welt *ohne* Donner und Blitz? Wir sind uns heute einig, daß die Funkenentladungen in der Uratmosphäre die Zündung bildeten, um in der «Ursuppe» die ersten Kettenmoleküle der Aminosäuren zu bilden, die allen späteren Lebensformen zugrunde liegen.[87]

Wenn wir diese Zusammenhänge recht vor Augen haben, was bleibt uns dann, als das Bild Jesu vom Unkraut unter dem Weizen in unseren Tagen noch einmal ganz neu zu erzählen – wirklich als ein Lehrstück vom Urbeginn beziehungsweise von den Urmustern der Welt, so daß eine *Weisheit* redet aus der gesamten Schöpfung, die da sagt: «Ihr habt keinen Grund, euch über irgend etwas zu beschweren. Haltet die Welt aus mit ihren Spannungen; sie sind ungeheuer, sie überfordern euch an jeder Stelle, aber selbst wenn ihr überhaupt nichts versteht von dem Verlauf der Geschichte und des Kosmos, achtet doch nur darauf, wie es bis heute gerade so immer weiterging, Schritt für Schritt, immer noch, und daß aus dem Chaos, das ihr zu sehen vermeint, in Wahrheit eine Ordnung aufwächst, die ihr noch nicht einmal ahnt.»

In der Tat: Kein Mensch weiß, wie sich die millionenfach verzweigte Ordnung eines Urwalds formt, wie sich in einem Korallenriff die vielerlei Arten von Pflanzen und Tieren aufeinander beziehen, und keine Planung, die uns heute möglich ist, könnte eine solche Zauberwelt auch nur von fern her erschaffen. Sie hat mit all dem, was wir denken können, kaum etwas zu tun, weil sie viel *größer*, biblisch gesprochen: weil sie weit *gottförmiger* ist. Nicht einmal die Begriffe «Gut» und «Böse» machen da einen Sinn. Es war MEISTER ECKHARDT, der sagte, man könne Gott so wenig gut oder böse nennen wie man ihn schwarz oder weiß nennen könne.[88] Wir begreifen vielmehr, daß selbst unsere Moralvorstellungen subjektive Verhaltensmuster abbilden, die der menschlichen Art im Kampf ums Überleben begrenzt hilfreich waren und vielleicht noch sind, die aber gewiß keine objektiven Erkenntniskategorien darstellen, nach denen wir die Einrichtung der Welt, die unter anderem auch uns selber ermöglicht hat, beurteilen könnten.[89]

Natürlich kann man einwenden, das alles seien aber doch Gedanken, auf die Matthäus selber nie gekommen wäre. Das ist wahr. Und doch muß es erlaubt sein, den mythisch formulierten Gedanken Jesu in dem vorliegenden Gleichnis von der Untrennbarkeit von «Gut» und «Böse» einmal in seiner durchaus rationalen Aussagekraft sich bewußtzumachen.

Dann allerdings tritt die menschliche Aussage noch hinzu, die Matthäus vor allem in seiner eigenen *Deutung* des Gleichnisses hervorhebt.[90] Was *er* sagen wollte, war eigentlich, bezogen auf seine Zeit, etwas relativ Naheliegendes, aber um so Schwererwiegendes. In seiner eigenen Gemeinde drohte allem Anschein nach die Kirchenordnung aus dem Leim zu gehen durch «Gesetzlosigkeit», wie der Evangelist an dieser (Mt 13,41) und an manch anderer Stelle seines Evangeliums (7,23; 24,11) immer wieder formuliert.[91] Da gibt es offenbar eine Gruppe von Leuten in der Kirche des Matthäus, die sich auf die Botschaft des Jesus von Nazareth berufen, aber das Gesetz, wie es von Moses im Judentum überkommen ist, so nicht halten. Diese «Gesetzlosen» erweisen sich als die eigentlichen Beunruhiger des Evangelisten selber.[92] Es treibt ihn spürbar dahin, die jeweils einfachste Lösung zu wählen, nämlich die Unruhestifter auszugrenzen und klar zu diktieren, was die Kirchenordnung besagt; wer sich nicht an diese Ordnung der Kirche hält, der ist eben als Unkraut auszureißen – im Namen Gottes also gilt da: Wer nicht mit mir ist, ist gegen mich, und wer nicht mit mir sammelt, der zerstreut» (Mt 12,30).

Matthäus ist der Meinung, daß die Leute, die ihm da die Gemeinde verderben, in der Tat «Unkraut» sind, aber er hält den Atem an, aus Respekt vor diesem Gleichnis Jesu, er wagt es *nicht*, seiner Gemeinde eine fertige Ordnung zu verpassen, die genau festlegt, wer noch dazugehört und wer verdammt gehört. Ja, noch eindringlicher gesagt: Gesetzt sogar, man könnte mit Sicherheit feststellen, diese «Gesetzlosen» seien des Teufels – und Matthäus ist ganz dicht dabei, genau das zu tun! –, so ist es allem Anschein nach doch nicht möglich, in den Menschen und unter den Menschen «Gut» und «Böse» voneinander zu trennen, weil *alles* dabei zugrunde ginge! Das ist die Erfahrung Jesu, und das wird hier die Einsicht des Matthäus. Es ist alles derart miteinander verflochten, daß man die klare Trennung zwischen dem «Nützlichen» und dem «Schädlichen» Gott allein überlassen muß.

Darauf allerdings hofft der Evangelist, darauf wartet er. In dieser Absicht setzt er ein Gleichnis an das andere: Es wird sein am Ende der Tage wie nach einem Fischzug, erklärt er, da wird man aufsammeln, was genießbar ist, und wieder wegwerfen, was ungenießbar ist. Und *Gott sei Dank* wird das dann am Ende der Tage endlich passieren! Die «Engel» selber werden dafür sorgen am Jüngsten Tag (Mt 13,47–50). Dann werden sie die Ernte einfahren, und es wird ein großes Feuer geben für die «Spreu» – für all das Hohle, Unfruchtbare, Unbrauchbare, und um so heller im Prasseln der «Verdammten» werden leuchten die «Geretteten», die «Gerechten» (Mt 13,41–43).[93]

Es ist ein Denken, das erneut in mythischen Polaritäten verharrt und davon geprägt wird bis hin zu der grausamen Zweiteilung von Himmel und Hölle,

Heiligkeit und Verworfenheit, ewiger Belohnung und ewiger Bestrafung. Der Entscheidungsernst der menschlichen Existenz wird hier ins Ewige, ins Göttliche projiziert, und das Lehramt der katholischen Kirche hat bis heute alles getan, die projizierten Symbole, statt sie psychologisch zu interpretieren, vielmehr im Dogma zu metaphysizieren.[94] Aus dem Gott der Liebe wird da ein Gott endloser Strafangst, und aus der Drohung der frühen Gemeinde vor einem verfehlten Leben wird da eine zeitliche Verunendlichung diesseitiger Lebensperspektiven. Was das ursprüngliche Gleichnis Jesu *selber* sagt, ist indessen etwas anderes, ungleich Weiseres. *Seine* Lehre lautet: Man kann zumindest nach menschlichen Maßstäben eine solche Zweiteilung nicht durchführen, ohne das Leben selber zu vernichten! *Das begreift Matthäus als Seelsorger;* er läßt es indessen *nicht* gelten als allegorisierender Geschichtstheologie, nicht als dozierender Rabbi, nicht als moralisierender Mann der Kirchenordnung; immerhin jedoch übernimmt und überliefert er das Gleichnis Jesu als Trost für die Menschen!

Die Frage stellt sich dann, woher dieses Gleichnis vom «Unkraut im Weisen» selber stammt und was eigentlich dahintersteht. Es könnte sein, daß Jesus mit dieser Erzählung hier so etwas ausgesprochen hat wie ein Plädoyer für sein eigenes Leben. Er muß enorm gelitten haben beim Sammeln der Verlorenen in Israel, indem er selber immer wieder von seiten der Ordentlichen, der Orthodoxen, der «Richtigen» und «Frommen» ausgegrenzt und in die Ecke gedrückt wurde. Wie sollte er sich denn rechtfertigen für sein Bemühen?[95]

In seinem eigenen Kreis fanden sich *Dirnen* – Menschen also, die für die «Ehrenmenschen» nur zu meiden sind. Wer die Nähe solcher Leute sucht, kann sich am Tag kaum sehen lassen, ohne sich zu schämen. Dabei löst sich das Problem anscheinend ganz einfach: Diese Frauenspersonen kehren zurück in die Ordnung der Normalität – entweder sie heiraten oder sie tun rechtschaffene Arbeit; jedenfalls haben sie das Laster zu verlassen, mehr ist nicht nötig; sie müssen nur aufhören, die Menschen mit ihren Laszivitäten zur Sünde zu verführen. So einfach ist das! Immer noch gilt das Sechste Gebot. Wieso Jesus ausgerechnet über solche einfachen Lösungen stolpert und immer wieder etwas anderes will, als der gesunde Menschenverstand es gebietet – das muß er sich doch selber fragen!

Und dann sind da noch die *Zöllner* – die ebenfalls unter ordentlichen Bürgern nichts verloren haben. Alle in Israel, die national und fromm gesonnen sind, wissen, daß man mit Römern nicht paktiert und nicht Geschäfte macht mit der Besatzungsmacht. Jesus aber muß es partout für nötig finden, solche Grenzen der Vernunft zu überschreiten – was also wundert er sich, daß er Wut erntet von all denen, die begreifen, daß man in Zuständen der Not und der Unterdrückung des jüdischen Volkes durch die Römer zusammenstehen muß: national, religiös und militärisch; da sind keine Lockerungen mehr erlaubt, keine «Grenzüberschreitungen» mehr zuzulassen, sondern man muß sich dagegen verwahren, daß jemand herbeiholt, was sowieso nur stört: lauter Spaltpilze, Sandkörner, Trittbrettfahrer, Leichenwagenbremser – Gesindel eben. Worauf es ankäme, wäre gerade jetzt *die klare Grenzziehung* zwischen dem Volk der Erwählung und allem Heidnischen, zwischen dem Guten und dem Bösen – warum also tut dieser Jesus sich damit so schwer? Genauer gesagt: Warum will er dergleichen überhaupt nicht und bekämpft es sogar?

Die Antwort ist klar: Er handelt *dagegen* aus einer inneren Einsicht in die Hilflosigkeit der Menschen heraus. Es muß der Gedanke Jesu gewesen sein, daß niemandem, weder den «Guten» noch den «Bösen», mit den vermeintlich klaren Einteilungen geholfen ist. Menschen brauchen, will er sagen, um überhaupt leben zu können, so etwas wie eine reine Güte, eine reine Gnade; eher fangen sie nicht wirklich an, richtig zu leben.

Vielleicht ist es hilfreich, das Gleichnis vom Unkraut im Weizen einfach einmal im Umfeld *psychischer Not* durchzudeklamieren, weil es heute vermutlich keinen Erfahrungsraum gibt, der *besser* über den Sinn dieser Erzählung uns belehren könnte als das, was wir in unseren Tagen als «Psychotherapie» bezeichnen. Als Beispiel mag dabei eine Frau dienen, die in ihrer Ehe und im Umgang mit ihrer Tochter sehr unglücklich war. «Ich komme», sagte sie, «mit meiner sechzehnjährigen Tochter nicht zurecht». Und schon während sie das schilderte, merkte man, daß ihr ganzer Körper sich verspannte, als wenn ihr gesamtes Nervensystem durchgeschüttelt würde von einer krampfartigen Ablehnung. Eigentlich wehrte sie sich gegen ihre Tochter, das spürte man, aber natürlich wollte sie genau diese Gefühle ihr gegenüber gar nicht zulassen. Die Wahrheit war, daß ihre Tochter seit den Tagen der Geburt schwer hirngeschädigt war und bis heute in einer Sonderschule untergebracht werden mußte; jeden Tag überforderte dieses Mädchen in gewissem Sinne seine Mutter in all ihren Bemühungen. Doch nun: Kaum hat diese Frau ihre Lage geschildert, da bricht es in ihr los, und sie erzählt ihre ganze Ehegeschichte und wie sie ihre Tochter bekam. «Wir mußten heiraten», sagt sie. «Nicht, als wenn ich meinen Mann nicht gewollt hätte. Ich habe ihn in gewissem Sinn aus Mitleid geheiratet, er kam mir damals noch ärmer vor als ich mir selber; aber ich war auf die Ehe gar nicht vorbereitet. Als ich merkte, daß ich schwanger war, hat mein Mann mich verlassen; er wagte in dieser Zeit nicht mehr, als Mann zu mir zu kommen, er fühlte sich abgestoßen; er wagte aber auch nicht, als künftiger Vater bei mir zu sein. Ich wurde ihm fremd durch das Kind in mir, und ich meinerseits griff in meiner Verzweiflung zu allem, um mich zu beruhigen, vor allem zu Alkohol und Zigaretten. Ich betrank mich so sehr, daß die Ärzte mich darauf hinwiesen, meine Lebensweise würde das Kind schädigen. Ich wußte um die Gefahr, aber ich hielt mich nicht daran. Als ich das Kind dann schließlich zur Welt brachte, war ich einen Moment lang sehr glücklich, bis daß ich merkte, daß es sprachgestört ist, daß es von Zuckungen heimgesucht wird, daß es nach der Erklärung der Ärzte auf immer geschädigt sein wird – und zwar durch meine eigene Schuld! Meinen Mann habe ich seitdem nie mehr richtig wiedergewonnen. Ich hatte an seiner Stelle nur meine Tochter, die aber schaut mich noch heute an wie ein ewiger Vorwurf. Ich fühle mich so schuldig!»

Diese Frau, wenn man ihr nur ein wenig zuhört, hat offensichtlich alles getan, um ihre «Schuld» wiedergutzumachen, ein Leben lang, jahraus, jahrein. Eigentlich hatte sie damals zunächst überhaupt nicht wahrhaben wollen, daß ihre Tochter krank sein könnte. Sie hatte im Gegenteil das Äußerste versucht, um all die auftretenden Krankheitssymptome zu kaschieren. Indem sie die Wirklichkeit jedoch gar nicht zu sehen wagte, übte sie im Grunde gerade durch ihr gutes Bemühen einen starken moralischen Zwang auf die Tochter aus, sich als gesund zu erweisen. Dieses kranke Mädchen hatte beinahe die *Pflicht*, die Verzweiflung seiner Mutter abzuarbeiten, indem es keinerlei Krankheitssymptome verriet; doch natürlich wurden auf diese Weise echte Krankheitssymptome nur um so mehr produziert: Zu den körperlichen Schäden kamen alle möglichen Verhaltensschäden, und die ohnedies überforderte Mutter, längst am Rande der Verzweiflung, geriet in ihrem überbemühten Kampf *um* die Tochter schließlich in einen Abwehrkampf *gegen* die Tochter. Man hätte gewiß ein Findelkind von der Straße leichter aufziehen können als ein solches Mädchen unter solchen Umständen. Was aber soll man nun halten von einer derartigen Mischung zwischen Liebe und Haß, zwischen Fürsorge und Ablehnung, zwischen Mütterlichkeit und Fraulichkeit – zwischen «Unkraut» und «Weizen»?

Man kann sämtliche Kirchenbücher durchlesen, und man wird nichts finden als die üblichen hilflosen Sprüche, die da besagen: «Man muß eine *gute* Mutter sein, *pflichtbewußt* muß man sein, das *Sechste Gebot* muß man halten, *treu* in der Ehe muß man sein, eine *gute* Frau muß man sein dem eigenen Mann, freilich: Man muß auch *selber* leben, man muß auch *sich selber* lieben – sonst geht es nicht; aber im ganzen muß man seine Pflicht tun; man muß für das Kind dasein, man muß das Kind verstehen, man muß das Kind annehmen, wenngleich man auch sich selber darüber nicht vergessen darf.» Alle diese Regeln mag man noch so oft auf die Walze bringen, sie werden dieser Frau in keinem einzigen Punkte helfen.

Es genügt offensichtlich, ein einziges Moment menschlicher Verzweiflung zu begreifen, und schon gerät die Welt der vorgefertigten Ordnungen und Urteile aus den Fugen – plötzlich weiß man nicht mehr, was man noch tun soll. «Ausreißen», was «Unkraut» ist – dann wird diese Frau nicht mehr leben! Man muß nur ein einziges Mal im Ton der Verurteilung zu ihr sagen: «Sie sind es doch gewesen, die ihr Kind erst physisch, dann moralisch und jetzt noch durch chronische Ablehnung geschädigt hat! Also: *ermannen*, das heißt *erweiben* Sie sich endlich, zu ihrem Kind zu stehen!» – und man richtete eine Katastrophe an. Würde man auch nur ein einziges Mal solche Vorwürfe zum «Ausrotten» verwenden, so würde diese Frau fühlen wie jemand, der gerade noch mit den Händen sich am Außenrand eines Bootes wie ein Ertrinkender festklammert und dem mit jedem dieser Worte die Finger vom Bootsrand wieder gelöst würden. Würde man aber umgekehrt sagen: «Sie haben ganz recht, gnädige Frau. Das mit ihrem Kind sollte kein Problem sein, geben Sie es doch einfach ab in ein Waisenhaus – da hätte es ja von Anfang an hingehört! Leben Sie glücklich!» – so würde man diese Frau wohl vollends um ihren Verstand bringen. Sie *fühlt* sich schuldig! Sie *ist* eigentlich eine *gute* Mutter! Für ihre Verzweiflung *kann* sie nichts! – Dann bleibt für wohlmeinende, *nicht* patriarchalisch denkende «Ratgeber» vielleicht noch als Ausweg die rettende Idee, alle Probleme könnten sich lösen, sofern es gelänge, auch die *Männer* mit in die Situation einzubeziehen. Und tatsächlich: Wo ist denn der Ehemann in dieser ganzen Geschichte? Den Ehemann, um es vorweg zu sagen, trifft genausowenig Schuld, denn auch er hat seine Geschichte. *Er* ist als Waisenkind zur Welt gekommen. Er hat in Kinderheimen gelebt schon im Alter von zwei Jahren und dann seine ganze Kindheit über. Er hat folglich niemals lernen können, wie man über Gefühle spricht, er ist im Grunde stumm. Auch er also kann nur seine «Pflicht» tun. Der einzige Mensch, den er im Leben als Hilfe auf dem Weg zu sich selbst hätte finden mögen, war diese Frau; er hätte sie selber gebraucht wie ein mutterloses Kind. Als jenes Kind dann zur Welt kam, war *er* wie verdrängt, da wurde er ein zweites Mal eine Waise.

Was also ist da zu tun? Allein um eine solche Geschichte auch nur erzählbar zu machen, empfiehlt es sich einzig, *überhaupt nichts* zu tun und zu vertrauen auf die sich selbst organisierenden Kräfte des Systems «Seele» und «Leben». Da wird plötzlich diese neue Perspektive des Gleichnisses Jesu *psychotherapeutisch* wirksam. Man fängt an zu glauben, daß es im Menschen Kräfte gibt, die von sich her, wenn man sie nur nicht stört, sondern in all ihrer Widersprüchlichkeit zur Entfaltung bringt, das Beste hervortreiben, was möglich ist.

In gerade dieser Weise wollte Jesus offenbar, daß wir mit Menschen umgingen. *Offen* sollten wir sein für die Not des anderen, insbesondere für seine Widersprüche, denn nur wenn wir sie gewissermaßen mit der Wärme unseres *Verstehens* aufgreifen, können wir zur Entfaltung eines fremden Lebens etwas Wesentliches beitragen. Wir müssen dabei nicht wissen, wie es weitergeht; aber *dabeizubleiben* und dem anderen Mut zu machen, daß all seine Konflikte als erstes zugelassen sind, das allerdings ist schon unsäglich viel. – Die ganze Psychotherapie, wenn sie gut wirkt, besteht eigentlich in einer Handlungs*verweigerung*, und in gewissem Sinn ist sie das Allerschwierigste: Man konzentriert sich darauf, einzig zu akzeptieren, zu begleiten, aufzunehmen, – also: *nichts* zu tun; Jesus würde sagen: Man konzentriert sich darauf, *Gott* machen zu lassen.

Das gilt im übrigen gerade auch für das *Gerichtsbild* am Ende des Gleichnisses (Mt 13,41 f.).[96] Nur allzugern wirft man der Psychotherapie vor, sie rechtfertige alles und jedes und lasse keinerlei Moral mehr gelten. In Wahrheit steht es ganz anders: Nach und nach, je weiter die Entwicklung voranschreitet, klärt sich auch das eigene Urteilsvermögen zu einem entschiedenen Standpunkt, und man lernt, die Seiten an sich abzulegen, die dem Leben nicht dienen können, da sie nur aus alten Ängsten resultieren. Die eigenen geistigen Mächte, die «Engel», sorgen da selber für Ordnung, und zwar mitten im Leben, nicht erst mythologisch, am Ende der Welt.

Insofern hat Matthäus ganz recht, wenn er das Gleichnis Jesu über den Umgang mit sich selbst und mit anderen Menschen vor allem *in seiner Deutung* (Mt 13,36–43) auf die Praxis auch der «Kirche» überträgt; und es liegt an uns, zu vergleichen, wie *wir* es damit halten.[97] Wir haben zum Beispiel heute ein katholisches Gesetzbuch, den *Codex iuris canonici*, das an seinem Ende in zwei langen Büchern nur aus Strafen und Verurteilungen besteht.[98] Da wird ständig ausgegrenzt. Da weiß ständig eine bestimmte Gruppe über die anderen sehr genau Bescheid; sie *weiß*, wo es langgeht und wie es richtig ist. In der Kirche, wie wir sie heute haben, genügt es, Fragen zu stellen, auf die es (noch!) keine fertigen Antworten gibt, und man bringt innerhalb des dogmatischen Lehrgebäudes alles durcheinander. Es langt aus, *Unfertiges* als berechtigt anzumelden, und es wird der zögernde Neuansatz überwältigt werden durch die Perfektionsroutine des Tradierten. Wer sich da noch vermißt, etwas anderes vorzuschlagen als das, was bisher in Geltung stand, der gilt bereits als Irrlehrer und Verführer.

Könnten wir demgegenüber, gerade gestützt auf das Gleichnis Jesu, nicht auch im Raum der Kirche für möglich halten, was sonst im Leben und in der

Ausrotten oder Wachsenlassen – was eigentlich macht Gott mit uns?

Kulturgeschichte gilt? Alles, was neu beginnt, ist *unfertig*, es *muß* anders werden, als es vorher war, es ist notwendig in seiner Anfanghaftigkeit *hilflos* und schon deshalb schutzbedürftig. Wie oft haben wir im Verlauf der Kirchengeschichte ausgegrenzt und wußten dabei vermeintlich immer ganz genau Bescheid und haben erkennbar im Rückblick doch Unrecht gehabt und gestiftet!

Ein kleines Beispiel mag dafür genügen: Seit zweitausend Jahren «wissen» wir im Christentum beispielsweise, daß *Homosexuelle* «pervers» sind; diese Auffassung scheint wohlbegründet – sie steht in der Bibel[99]! Da heißt es eindeutig: Männer, die mit Männern schlafen, verdammt Gott; und was in der Bibel steht, wird ja wohl stimmen! Im Dritten Reich noch genügte es, homosexuell zu sein, und man kam als Schwuler in das KZ, man wurde physisch und psychisch vernichtet. Es gibt bis heute keine Schulderklärung oder Wiedergutmachung für die Ausrottung der Homosexuellen im Dritten Reich; aber es gibt keinen Zweifel: Was wirklich *kriminell* war, war nicht die Homosexualität, wohl aber die Ordentlichkeit der Produktiven, der Machowahn der Potenten, der «gesunde Menschenverstand» der «wirklichen» Männer. Die Mediziner und Psychologen zeigen uns heute, daß es viele Gründe geben kann, homosexuell zu werden, und sie alle zeigen, daß wir *Unrecht* begehen, wenn wir eine Menschengruppe wie die Homosexuellen, immerhin fast zehn bis fünfzehn Prozent in unserer Gesellschaft, von vornherein als unmoralisch diffamieren. Schon im Jahre 1992 sind in der UNO die Worte gestrichen worden, die besagten, Homosexualität sei eine *Krankheit;* aber wenn sie das nicht ist, wenn sie auch keine moralische Schwäche ist, dann ist sie wohl ein akzeptierbarer Teil der Normalität.[100] Nach zweitausend Jahren Unrecht müssen wir erkennen, daß wir mit der Berufung auf die Bibel ganze Gruppen von Menschen im Namen Gottes ausgegrenzt haben, nur weil wir uns geweigert haben, etwas zu verstehen, was unsere Ordnungsvorstellungen hätte durcheinanderbringen können.

Und so könnte man fortfahren. Nehmen wir zur Verdeutlichung noch das Problem so vieler zerbrechender Ehen. Noch wissen wir in unserem Kulturkreis scheinbar ganz eindeutig, daß nur die *Monogamie* «von Gott gegeben» ist und daß sie folglich unverzichtbar für das Christentum ist[101], also daß die *polygamen* Kulturen in Afrika oder in der Südsee keinerlei Chance haben, zum Christusbekenntnis heranzureifen, außer sie verließen die Tradition ihrer heidnischen Unsitten. Indessen haben wir selber schon in unserem eigenen Kulturraum mit der Monogamie ganz offenbar die größten Schwierigkeiten, wir sind keinesfalls nur einfach glücklich damit; doch um so mehr brauchen wir ein Dogma, das besagt, die Monogamie sei von Gott gestiftet und jede Abweichung müßten wir infolgedessen ahnden. *Lancelot du Lac* und *Ginevra* zum Beispiel – da verliebt sich gegen seinen Willen ein Ritter in seine Königin –, *das ist ein Stoff für die Dramenliteratur aller Zeiten!*[102] *König Artus*, ein weiser Mann, verschloß damals die Augen davor und ließ das «Unkraut» einfach weiter wachsen in seinem Weizen; aber dann gab es einen Bastard wie *Mordred*, der zur Rache an seinem Vater auf der klaren Ordnung bestand. Also ward Krieg geführt, wurden Menschen vernichtet und zerbrach die Tafelrunde. Die Frage stellt sich schon seit dem frühen Mittelalter, da diese Geschichten überliefert wurden, wieviel Toleranz wir haben. Spätestens wenn es darum geht, Konflikte, statt am Symptom, in den *Ursprüngen* zu lösen, brauchen wir diese grenzenlose Geduld des Abwartens, das Jesus in seinem Gleichnis empfiehlt, während dessen Weizen und Unkraut *gemeinsam* reifen.

Dann wird man vielleicht noch einwenden: Aber *die Gesellschaft* kann so nicht handeln! Doch selbst wenn das so wäre – *die Kirche* müßte so handeln, wie Jesus es sagte, oder nicht? Wir sehen, daß sie es *nicht* tut, und schon dadurch entsteht eine Menge Sprengstoff. Aber stimmt es denn: In der *Politik*, in der *Gesellschaft* sei es schlechterdings *unmöglich,* sich nach dem Gleichnis Jesu zu richten? Vermutlich ist es auch hier unvermeidlich, sich zu fragen, was wir eigentlich wollen: die Folgen oder die Ursachen einer Krankheit bekämpfen. – Nehmen wir beispielsweise den Drogenhandel! Da brauchen wir, scheint es, *unvermeidbar* eine Militarisierung der Polizei, da gilt es zur Waffe zu greifen im Kampf gegen das organisierte Verbrechen. Aber selbst da müßte es doch darum gehen, die Gründe, nicht die Symptome zu kurieren. Wie viele Menschen werden im Grunde unschuldig verhaftet als «Dealer», die nichts weiter sind als Kranke! Neunzig Prozent unserer Frauengefängnisse sind gefüllt mit Menschen, die kein anderes Verbrechen begangen haben, als hoffnungslos drogensüchtig zu sein und dadurch immer wieder in die Beschaffungskriminalität hineinzugeraten. Gut, wird man sagen, doch um so mehr muß man die Produzenten und die eigentlichen Händler fangen und bestrafen. Aber wie? Die Leute, die Kokainpflanzen in Bolivien oder in Chile anbauen, haben einstweilen keinerlei Chance, mit anderen Produkten auf dem Weltmarkt ihren Lebensunterhalt zu verdienen. Sie haben versucht, statt Kokain *Kakao* anzubauen, aber dann müßte man die Preise auf dem Weltmarkt für Kakao ändern. Man müßte den Bauern in Bolivien, in Chile, in Kolumbien eine Chance mit Produkten geben, die sie auch wirklich absetzen könnten; so einfach wäre der Kampf gegen das Rauschgift bereits an der Basis! Aber viel besser scheint es uns, wir entlauben mit Hilfe der US-Luftwaffe ganze Landstriche in Südamerika, wir führen regulär Krieg gegen die Länder

der Dritten Welt, die das Kokain immer noch anbauen, und gewiß ist das für uns viel einfacher, als daß wir selber unser Verhalten auf dem Weltmarkt ändern würden.

Doch genau das ist es, worauf es ankommt: Alles, was wir Abweichung, Laster, Sünde, Verbrechen, das Böse an sich nennen, ist im Grunde entweder der Anfang einer neuen Entwicklung oder eine Infragestellung dessen, was wir tun. Und nur so können wir es begreifen und ergreifen. – Es gibt, wenn wir es recht begreifen wollten, überhaupt keine verbrecherischen, teuflischen, auszugrenzenden Menschen, es gibt überall nur Suchende oder Zerbrochene oder Haltlose oder Unglückliche oder ganz einfach aus lauter Verzweiflung zynisch Gewordene.

Was Matthäus aus diesem Gleichnis in seiner Deutung dann macht, ist wieder eine eigene Geschichte. Er nimmt die Gleichniserzählung und zerlegt sie zugunsten seiner Gemeindeordnung. Da steht am Ende doch alles wieder in Reih und Glied da, und man weiß genau Bescheid, wer die «Guten» sind, wer die «Erntearbeiter» sind, was die «gute Saat» ist, was das «Unkraut» ist und wie es am Ende mit allem zu Ende gehen wird.[103] Schließlich, zu seiner Rechtfertigung, erklärt Matthäus noch, es gelte *Altes und Neues hervorzuholen!*[104] Das wagt er mit einem Jesus zu machen, der vorhin noch gesagt hat: Wenn ihr neuen Wein in alte Schläuche gießt, zerbricht euch alles (Mt 9,17; siehe aber unter S. 300)! Es ist deutlich: Was Matthäus hier tut, ist eine Gratwanderung. Er möchte eine Kirche zusammenschweißen, deren Ungefügtheit und innere Widersprüchlichkeit ihm zunehmend bewußt wird, und so verlangt es ihn sehnlichst nach Eindeutigkeit und Ordnung. Was uns indessen bleibt, ist ein Hoffen auf *den* Jesus, der den Ausgegrenzten, den «Unkrautigen» nachging, um sie heimzuholen in den einen Garten Gottes zwischen Sonnenaufgang und Sonnenuntergang, ohne Grenzen (Mt 5,45). Das ist es, wovon wir leben. Genauer betrachtet, hilft die moralische Dauerzensur seit Kindertagen uns nicht weiter, aber durchs Leben tragen können uns die Weite, die Toleranz, die Güte und das Verstehen – das «Wachsenlassen bis zur Ernte». Es ist buchstäblich der Stein der Weisen, die Welt *zu verstehen* und die menschliche Geschichte und das menschliche Leben von innen her zu begreifen, darinnen freilich am meisten uns selbst und die Menschen, die durch ihre Liebe uns am nächsten stehen.

Eine kleine Geschichte in der «Tröstung der Völkergemeinschaft» (TG) wie das Gleichnis von der unterschiedlichen Saat ist wie ein Edelstein, in dem das Licht sich bricht in vielen Facetten, in unterschiedlichen Farben, funkelnd, leuchtend, irritierend, irisierend, überraschend, widersprüchlich, *neu*, aber immer lebendig, kreativ, mutmachend. Mehr zu wissen ist tatsächlich nicht nötig, auch nicht im Sinne des Matthäus selber. Es kann kein Zufall sein, daß er, noch vor der Deutung des Gleichnisses vom Unkraut im Weizen, das Gleichnis Jesu vom *Senfkorn und vom Sauerteig* aus Mk 4,30–32 aufgreift (Mt 13,31–33) und gerade hier einschaltet. Soeben noch ging es um die *Ungeduld* gegenüber den «wachstumshemmenden» Faktoren bei der Verbreitung der Botschaft Jesu; und das Gleichnis bei Markus von den Vögeln des Himmels, die nach Ez 17,23 in den Zweigen einer Senfstaude nisten, beziehungsweise von dem Sauerteig, der das ganze Brot durchsäuert, bezieht sich ursprünglich wohl auf die Mission der frühen Kirche, die von dem kleinen Anfang der judenchristlichen Gemeinden aus die ganze «Heiden»-Welt durchdringt oder durchdringen soll[105], wie es am Ende in Mt 28,19 denn auch verheißen wird. In der Zusammenstellung des Matthäus hier aber wird daraus etwas ganz anderes, indem das Bild von den unscheinbaren Anfängen und der großen Zukunft ein *paralleles* Motiv im Kampf gegen die Entmutigung aufgreift. Ging es soeben um die mögliche Enttäuschung über die drohenden Mißerfolge einer ursprünglich großen Ernte, so dreht das Bild sich jetzt um: Es gibt so viele Menschen, die bei allem, was sie beginnen möchten, schon mutlos werden aufgrund der Kleinheit und Unansehnlichkeit des Anfangs.[106]

Eine Studentin zum Beispiel steht vor ihrer Diplomarbeit. Sie weiß von ihrem Thema – Walter von der Vogelweide und die höfische Minne – eigentlich genug; doch sie getraut sich nicht, es hinzuschreiben. Die Ausdrucksweise ist ihr nicht stilvoll genug, die Argumentation nicht wissenschaftlich genug, der Aufbau ihrer Arbeit nicht überzeugend genug – jeder Satz erscheint ihr als ein undeutliches Monstrum, und *das* bei einer Arbeit über einen der größten Dichter deutscher Sprache! Ihre ständige Selbstkritik blockiert jeden Anfang.

Und so geht es in allem wirklich Neuen; denn es ist ja klar: Gegenüber den immer schon fertigen, ausgereiften, vollendeten Formen des Lebens, welche die Tradition bereitstellt, wagt sich das Neue nur zögernd oder am besten gar nicht hervor. Es *ist* ja noch nichts! Es muß alles noch werden! Es ist noch so unfertig und unvollkommen! Es erscheint sich selbst als so überflüssig! Das Problem liegt hier *umgekehrt* wie beim Gleichnis vom Unkraut im Weizen. Nicht daß etwas groß Begonnenes durch lauter Kleinigkeiten zerstört werden könnte, sondern daß etwas gar nicht erst begonnen wird, weil es zu *klein* ist angesichts all des Großen ringsum, bildet *hier* den Kern der Verzweiflung. Es gibt eine Gefährdung durch eine Ungeduld, die alles ausreißen möchte, was dem Wachstum entgegensteht; es gibt daneben aber auch eine Ungeduld, die ein ruhiges Wachstum gar nicht erst zuläßt, weil sie alles gleich perfekt und ausgereift haben möchte. *Dagegen* greift Jesus in seinem Doppelgleichnis vom Senfkorn und vom Sauerteig die Erfahrungstatsache auf, daß *alle* Dinge *am Anfang* noch klein und unbedeutend sein *müssen*. Wichtig ist nicht, will er sagen, wie etwas erscheint, sondern was in ihm schlummert, und was gibt es Schöneres, als den Anfängen zu vertrauen – *vor* ihnen liegt noch die ganze unverbrauchte Zukunft!

HERMANN HESSE in seinem Gedicht *Stufen* beschrieb einmal auf klassische Weise diesen Mut, sich den Stadien der Reifung hinzugeben[107]:

Stufen

Wie jede Blüte welkt und jede Jugend
Dem Alter weicht, blüht jede Lebensstufe,
Blüht jede Weisheit auch und jede Tugend
Zu ihrer Zeit und darf nicht ewig dauern.
Es muß das Herz bei jedem Lebensrufe
Bereit zum Abschied sein und Neubeginne,
Um sich in Tapferkeit und ohne Trauern
In andre, neue Bindungen zu geben.
Und jedem Anfang wohnt ein Zauber inne,
Der uns beschützt und der uns hilft zu leben.

Wir sollen heiter Raum um Raum durchschreiten,
An keinem wie an einer Heimat hängen,
Der Weltgeist will nicht fesseln uns und engen,
Er will uns Stuf' um Stufe heben, weiten.
Kaum sind wir heimisch einem Lebenskreise
Und traulich eingewohnt, so droht Erschlaffen,
Nur wer bereit zu Aufbruch ist und Reise,
Mag lähmender Gewöhnung sich entraffen.
Es wird vielleicht auch noch die Todesstunde
Uns neuen Räumen jung entgegensenden,
Des Lebens Ruf an uns wird niemals enden...
Wohlan denn, Herz, nimm Abschied und gesunde!

Da ist das ganze Leben ein Rätsel in Ringen reifenden Werdens. Was also sollten wir kleinlaut werden angesichts der notwendigen Kleinheit allen Beginnens?

Mt 13,44–52
Entschiedenheit und Unterschiedenheit

Auch die nachfolgenden Gleichnisse (von Schatz und Perle, Mt 13,44–46, und vom Sortieren der Fische, Mt 13,47–50) ordnet Matthäus zu einem «komplementären Kontrast»[108]: auf der einen Seite gilt es, alles daran zu setzen, um in *Entschiedenheit* nur eine einzige Kostbarkeit zu erringen, für die, weil es keinen Ersatz gibt, kein Einsatz zu hoch und kein Wagnis zu groß ist; auf der anderen Seite wird die *Unterschiedenheit* deutlich, die religiös zwischen Menschen besteht, die eine solche Entscheidung gewagt haben, und denen, die sie nicht gewagt haben. Die *Inhalte*, um die es dabei geht, erscheinen Matthäus nicht gerade «neu» – es sind die «alten» Visionen prophetischer Hoffnung; doch es gilt jetzt, sie «hervorzuholen» und endlich zu leben![109] *Das* wäre wirklich etwas «Neues»: nicht länger zu warten, sondern in der Nähe der Person Jesu den Mut zu gewinnen, man könnte «verwirklichen» (oder «erfüllen»), was immer schon ersehnt und erhofft worden war für den Fall, daß einmal *nur Gott* im Leben der Menschen sich selber gestalten und «auswachsen» dürfte – das «Königtum» Gottes! Wer darüber in rechter Weise «schriftgelehrt» sprechen wollte, der müßte die uralte Hoffnung als Gegenwart leben! So meint es Matthäus in seinem abschließenden Wort zu dem großen Gleichniskapitel seines Evangeliums (Mt 13,51–52).[110]

Beginnen wir mit jener faszinierenden Entdeckung – jenem gern verwandten *Märchenmotiv: der kostbaren Perle!* Eine Erzählung wie das Märchen der BRÜDER GRIMM von der *Kristallkugel* (KHM 197)[111] zum Beispiel berichtet von drei Brüdern, deren zwei von ihrer Mutter, einer Zauberin, in einen Adler beziehungsweise in einen Walfisch verwandelt worden sind, während der dritte, aus Furcht, zu einem Bären oder Wolf werden zu können, in die Welt hinausflieht, fasziniert von der Kunde einer wunderschönen, verzauberten Prinzessin auf einem gläsernen Berge; um diese zu *erlösen*, muß er sich in einem Kampf auf Leben und Tod mit einem wilden Auerochsen messen, da er nur so, mit Hilfe der Tiergestalt seiner verwandelten Brüder, in den Besitz der *gläsernen Kugel* zu gelangen vermag, deren Anblick allein die überirdisch schöne Königstochter unter dem Fluch ihres Vaters von der Zerrgestalt vermeintlicher Häßlichkeit befreien kann. Die «kristallene Kugel» beziehungsweise die «kostbare Perle» gilt hier, wie in dem Gleichnis Jesu, für das Bild der allergrößten Kostbarkeit der Welt, nur daß diese Symbolik in dem Märchen noch näher erläutert wird: Die Kristallkugel ist dort das *Mittel* zur Gewinnung des eigenen unverstellten Wesens, sie ist die Bedingung dafür, daß die Liebe den anderen in der Schönheit *seines* Wesens wirklich zu entdecken vermag, sie ist das Bild der Einheit und der Durchsichtigkeit der eigenen Person; und deshalb: was könnte es Kostbareres geben als eine solche «Perle»? Das Bild, so verstanden, liest sich inhaltlich denn auch wie ein Kommentar zu einem anderen berühmten Jesus-Wort, das da lautet: «Was nützt es dem Menschen (jemandem), wenn er die ganze Welt gewinnt, doch darüber seine Seele (sich selber!) verliert?» (Mt 16,26, nach Mk 8,36) Die «kostbare Perle» steht da für das wahre Selbst des Menschen! Man muß diesen Zusammenhang klar vor Augen haben, um zu begreifen, wie eng für Jesus «Selbstfindung» und «Gottfindung», das menschliche «Leben» und das «Reich Gottes» miteinander verknüpft sind: Das eine ist ein Bild für das andere, beides erklärt sich wechselseitig, beides gehört untrennbar zusammen!

In einem *modernen* «Märchen» hat JOSEPH ROTH einmal das Bild von der kostbaren Perle zu einem Zentralmotiv gewählt. In seiner Erzählung *Der Leviathan* schildert er den Korallenhändler *Nissen Piczenik*, der sein ganzes Leben nicht eigentlich dem «Geschäft mit», sondern dem *Dienst an* den Korallen gewidmet hat. «Er betrieb das Geschäft in seiner Wohnung, das heißt: Er lebte mit den Korallen, Tag und Nacht, Sommer und Winter, und weil in seiner Stube wie in seiner Küche die Fenster in den Hof gingen und obendrein von dichten eisernen Gittern geschützt waren, herrschte in dieser Wohnung eine schöne geheimnisvolle Dämmerung, die an Meeresgrund erinnerte, und es war, als wüchsen dort die Korallen, und nicht, als würden sie gehandelt. Ja, dank einer besonderen, geradezu geflissentlichen Laune der Natur war Nissen Piczenik, der Korallenhändler, ein rothaariger Jude, dessen kupferfarbenes Ziegenbärtchen an eine Art rötlichen Tangs erinnerte und dem ganzen Mann eine frappante Ähnlichkeit mit einem Meergott verlieh. Es war, als schüfe oder pflanzte er selbst die Korallen, mit denen er handelte. Und so stark war die Beziehung seiner Ware zu seinem Aussehen, daß man ihn nicht nach seinem Namen im Städtchen Progrody nannte, mit der Zeit diesen sogar vergaß und ihn lediglich nach seinem Beruf bezeichnete. Man sagte zum Beispiel: Hier kommt der Korallenhändler – als gäbe es in der ganzen Welt außer ihn keinen anderen.»[112] «Nissen Piczenik hatte in der Tat eine familiäre Zärtlichkeit für Korallen. Von den Naturwissenschaften weit entfernt, ohne lesen und schreiben zu können – denn er hatte niemals eine Schule besucht, und er konnte nur unbeholfen seinen Namen zeichnen –, lebte er in der Überzeugung, daß die Korallen nicht etwa Pflanzen seien, sondern lebendige Tiere, eine Art winziger, roter Seetiere – und kein Professor der Meereskunde hätte ihn eines Besseren belehren können. Ja, für Nissen Piczenik lebten die Korallen noch, nachdem sie gesägt, zerschnitten, geschliffen, sortiert und gefädelt worden waren. Und er hatte vielleicht recht. Denn er sah mit eigenen Augen, wie seine rötlichen Korallenschnüre an den Busen kranker oder kränklicher Frauen allmählich zu verblassen begannen, an den Busen gesunder Frauen aber ihren Glanz behielten. Im Verlauf seiner langen Korallenhändler-Praxis hatte er oft bemerkt, wie Korallen, die blaß – trotz ihrer Röte – und immer blasser in seinen Schränken gelegen waren, plötzlich zu leuchten begannen, wenn sie um den Hals einer schönen jungen und gesunden Bäuerin gehängt wurden, als nährten sie sich von dem Blut der Frauen. Manchmal brachte man dem Händler Korallenschnüre zum Rückkauf, er erkannte sie, die Kleinodien, die er einst selbst gefädelt und behütet hatte – und er erkannte sofort, ob sie von gesunden oder kränklichen Frauen getragen worden waren.»[113] – «Er hatte eine eigene, ganz besondere Theorie von den Korallen. Seiner Meinung nach waren sie, wie gesagt, Tiere des Meeres, die gewissermaßen nur aus kluger Bescheidenheit Bäume und Pflanzen spielten, um nicht von den Haifischen angegriffen oder gefressen zu werden. Es war die Sehnsucht der Korallen, von den Tauchern gepflückt und an die Oberfläche der Erde gebracht, geschnitten, geschliffen und aufgefädelt zu werden, um endlich ihrem eigentlichen Daseinszweck zu dienen: nämlich, der Schmuck schöner Bäuerinnen zu werden. Hier erst, an den weißen festen Hälsen der Weiber, in innigster Nachbarschaft mit der lebendigen Schlagader, der Schwester der weiblichen Herzen, lebten sie auf, gewannen sie Glanz und Schönheit und übten die ihnen angeborene Zauberkraft aus, Männer anzuziehen und deren Liebeslust zu wecken. Zwar hatte der alte Gott Jehova alles selbst geschaffen, die Erde und ihr Getier, die Meere und alle ihre Geschöpfe. Dem Leviathan aber, der sich auf dem Urgrund aller Wasser ringelte, hatte Gott selbst für eine Zeitlang, bis zur Ankunft des Messias nämlich, die Verwaltung über die Tiere und Gewächse des Ozeans, insbesondere über die Korallen anvertraut.»[114]

In diesem Sinne ist *Nissen Piczenik* kein Korallen*händler*, sondern ein Korallen*verehrer*. Für ihn besitzen diese «Steine» ein inneres Leben aus Zauber, Schönheit und Magie, und wie in dem Gleichnis Jesu ist er bereit, *alles* für seine Korallen einzusetzen. Der innere Wert der Steine erlaubt es ihm nicht, mit ihnen zu verfahren wie mit bloßer Ware; er, der Händler, läutert sich an ihnen gewissermaßen zu einer eigentümlichen Mystik reiner lebendiger

Schönheit, und so wird er selber eines Tages den Tod suchen, als er erleben muß, wie die Leute wertlose Imitationen, die man preisgünstig auf den Markt geworfen hat, seinen kostbaren Perlen vorziehen.

«Perlen» stehen in der Erzählung J. ROTHS für die Sehnsucht der Menschen nach Wahrheit und Schönheit; *sie* gilt mehr als sogar der Wille zum Leben. Nicht sehr viel anders schildert es Jesus in *seinem* Gleichnis von dem Perlenhändler: Dieser Mann hört angesichts der einen überaus edlen Perle in gewissem Sinne auf, noch ein Händler zu sein: Entsprechend den rechnerischen Gesetzen des Marktes riskiert er zu viel – eigentlich alles: Wenn er all sein Kapital zum Ankauf dieser einen Perle investiert, wie lange wird er dann wohl warten müssen, bis er ihren Wert jemals wieder «realisiert», das heißt in der Sprache der Händler: «zu Geld macht»? Und wovon in der Zwischenzeit will er leben? Oder die Reisen bezahlen, die nötig sein werden, die *eine* Perle an den rechten Mann zu bringen? Was dieser Mann tut, ist nach der Logik der Händler nicht mehr vernünftig! Gewiß, er mag auf eine phantastische «Belohnung» hoffen, wenn er irgendeinmal die Perle mit großem Gewinn an jemanden wiederverkaufen sollte, doch wann wird das sein, und wird es denn wirklich je sein? Dieser Mann, das ist klar, handelt nicht länger als Händler, sondern im Grunde als Liebender, und hier offenbar liegt der eigentlich springende Punkt des Gleichnisses Jesu[115]: Menschen, die erst einmal entdecken, worin ihre wahre Freude besteht, ändern ihr ganzes Leben; sie tun Dinge, die den Außenstehenden als rätselhaft, unvernünftig, ja, als gefährlich erscheinen müssen; doch in ihren Augen ist jeder Aufwand und jedes Risiko mehr als gerechtfertigt für das Glück, etwas derart Wunderbares besitzen zu dürfen.

Zum Verständnis Jesu ist dieses kleine Gleichnis gewiß ganz zentral. Viele seiner Worte sind schon in der «Tröstung der Völkergemeinschaft» (TG) und erst recht in der «Verkündigung» der Kirche ins Asketische gedrückt und damit im Grunde um ihren Sinn gebracht worden. Immer wieder wird da die *Forderung* erhoben, alles preiszugeben und sich selbst aufzugeben um des «Himmelreiches» willen.[116] Doch was Jesus hier beschreibt, ist etwas durch und durch anderes; es trägt nichts an sich von den quälenden Gedanken priesterlicher Opfervorstellungen; es fordert nicht auf zu Selbstunterdrückung und Selbstabtötung; es geht Jesus im Sprechen von Gott vielmehr um eine alles verändernde Entdeckung ekstatischer Freude: Es gibt nichts, was sich noch lohnen würde außer diesem einen! Hier gerät das ganze Leben eines Menschen in seinen eigenen Mittelpunkt, hier konzentrieren sich all seine Kräfte, hier wird alles durchflossen von einem überschwenglichen Glück, hier werden die Gesetze der «Normalität» durchbrochen von einem einzigen Entscheidungsaugenblick rauschhafter Ergriffenheit, und dieses Glück, diese enthusiastische Faszination – *das* ist für Jesus die Art, wie das «Reich Gottes» uns näher kommt! Da wird nichts «geopfert», da wird auf nichts «verzichtet», da wird nicht «eingeschränkt», ganz im Gegenteil: da wird die menschliche Seele so weit und so leicht, daß sie alles abwirft, was sie noch länger beschweren könnte.

«Es ist doch alles egal», sagte eine Frau, «ich brauche *gar nichts*, wenn ich nur weiß, daß mein Freund mich wirklich liebt. *Wo* wir dann wohnen, *wieviel* Geld wir haben, *was* für ein Kleid ich anziehe – das alles ist doch ganz nebensächlich, wenn ich ihn nur fühlen, nur spüren, nur hören, nur sehen, nur an mich drücken kann.» Die Erfahrung einer solchen glückhaften Liebe war es, die Jesus bestimmte, alles andere als nebensächlich beiseite zu tun. Dieser «Sprung» von der Außenseite der kostbaren Perle nach innen, in einen Taumel beseligender Freude, die aufhört zu handeln und zu rechnen, ist der Kern des Gleichnisses Jesu.

JOHN STEINBECK hat, ganz anders, in seiner Novelle *Die Perle* einmal geschildert, wie ein Perlentaucher, der in einer Hütte mit seiner Frau und den Kindern in äußerst bescheidenen Verhältnissen, doch friedlich und glücklich zusammenlebt, eine überaus große, unschätzbar wertvolle Perle aus der Tiefe emporholt. Alles Glück scheint in dieser Perle konzentriert, es gibt nichts mehr, was sich damit nicht kaufen und erwerben ließe, wenn dieses Juwel erst einmal in der Stadt veräußert sein wird; doch in Wirklichkeit bringt die Perle durch den Neid und die Mißgunst der Menschen den vermeintlich so Glücklichen nur Unglück und Untergang – es wäre besser für sie, die Perle wäre niemals gefunden worden! Sie zersprengt nur das kleine alltägliche Glück dieser Menschen wie ein Meteor, der plötzlich vom Himmel auf die Erde fällt und mit der Wucht seines Einschlags alles vernichtet.[117] Wer nicht das Herz der Menschen verwandelt, der macht sie nur gefährdeter und trostloser, wenn er ihr äußeres Leben meint ins Großartige ändern zu können – diese «Botschaft» vermittelt sich beim Lesen der *«Perle»* JOHN STEINBECKS. Die wahre Wandlung des Lebens der Menschen besteht in der Entdeckung eines *inneren* Glücks – der Liebe, der Geborgenheit, der Schönheit, der Unendlichkeit – in der Entdeckung *Gottes!*, meint *Jesus.*

Dasselbe, wie zur Verstärkung, zwar weniger poetisch, doch dafür «selbstverständlicher», erzählt parallel das Gleichnis Jesu von dem *Schatz im Acker*[118]: Offenbar in unruhigen Zeiten von Krieg und Flucht hat jemand seinen Besitz in einem Acker vergraben, und er fand später nicht mehr die Möglichkeit, seine Hinterlassenschaft zu bergen; selbst die Kunde davon ging verloren. Ein anderer, ein Pachtbauer allem Anschein nach, stößt eines Tages beim Pflügen des

Ackers zufällig auf den Schatz, und *natürlich* verkauft er sogleich alles, um damit diesen Acker mitsamt dem gefundenen Schatz kaufen zu können. In dieser Geschichte liegt der Akzent etwas anders: Nicht Enthusiasmus und Verzückung, sondern kluge Berechnung und entschlossenes Handeln kennzeichnen diesen Bauern. Es ist ein Bild für die «Klugheit», die Jesus angesichts Gottes in seinen Gleichnissen immer wieder anmahnen wird (vergleiche Mt 25,1–13: von den klugen Brautjungfern oder Lk 16,1–8: von dem klugen Diener). Es gibt vor Gott eine einzige große Chance, will Jesus sagen; da gilt es *jetzt* zuzugreifen, und zwar so energisch, wie es nur geht – ohne Zögern, ohne Aufschub; man «riskiert» ja in Wahrheit *nichts,* man gewinnt alles, wenn man den ganzen Einsatz wagt![119] So gilt es zu leben! So war es *sein* Tempo, so liebte *er* es, das war *seine* Art!

Und ja, die *Kehrseite* zeigt uns Matthäus sogleich mit dem Gleichnis von den Fischen (Mt 13,47–50).[120] Gibt es denn zu der *Entschiedenheit* eines solchen Lebens, wie Jesus es hier beschwört, überhaupt eine Alternative? Es kann sein, daß jemand sein ganzes Leben aus lauter Vorsicht und Angst aufspart und bewahrt – dann verliert er alles (vergleiche Mt 16,25!). Am Ende ist er nur «unbrauchbar» und «ungenießbar». Das Bild selber ist dabei merkwürdig ungeschickt, so daß man sich fragen kann, ob Jesus es wirklich so erzählt hat; denn wieso soll es für die Fische ein Vorteil sein, als «brauchbar» zum Essen in den Krügen der Fischer gesammelt zu werden?[121] Weit besser doch für sie, «ungenießbar» zu sein und in den See zurückgeworfen zu werden! Da muß denn Matthäus noch einmal im Klartext sagen, was er meint: Es werden bei der «Vollendung der Weltzeit» «die Engel» die «Bösen» sammeln und (nach Dan 3,6!) in den «Feuerofen» werfen[122], wo «Heulen und Zähneknirschen» sein werden, wie Matthäus nicht müde wird zu versichern.[123] Von der Sammlung der «Guten» und ihrer Bestimmung ist hier gar nicht mehr die Rede; alles ist abgestimmt auf die Warnung, das Leben richtig zu leben; die Bilder selbst aber sind hochmythologisch und müssen Stelle für Stelle *übersetzt* werden, um die Botschaft Jesu nicht an die kirchlich gebotenen Höllenängste und Dämonenvorstellungen zu verraten.[124] Insbesondere die zeitliche Vorstellung vom *«Ende»* der *«Welt»* wird man existentiell als *Bilanz* eines Lebens- beziehungsweise «Weltentwurfs» deuten können[125], und in den «Engeln», die Gott zum «Gericht» aussendet, wird man die *geistige Zusammenfassung*[126], den Inhalt eines solchen Daseins erblicken dürfen; die «Bösen» sind hier dem Kontext nach keine *moralischen* Bösewichter, sondern die ewig Unentschlossenen[127]: – *sie* werden erleben, daß sie wirklich mit ihrer Vermeidehaltung «ins Feuer» geschickt werden: Endlos werden sie in *ohnmächtiger Wut auf sich selbst* ihr

Leben («zähneknirschend») bedauern und («heulend») betrauern, aber dann wird es zu *zu spät* sein (wie in Mt 25,11 bei den törichten Jungfrauen!).[128]

Alles, wohlgemerkt, ist hier Warnung und Mahnung, Drohung und Beschwörung, um gegen eine bestimmte Angst, die sich nicht zu einem kraftvollen Handeln durchringen mag, die *Konsequenzen* (die «Engel» Gottes!) der Unentschlossenheit so dramatisch zu schildern, daß eine noch größere, *heilsame* Angst daraus sich ergibt. Keinerlei Höllendogmatik und Höllenmetaphysik ist mit diesen Bildern vereinbar; vielmehr herrscht hier eine Psycho-Logik, wie Jesus sie auch dem *Gleichnis von den verschiedenen Talenten* (Mt 25,14–30) zugrunde legt: Wenn jemand, der alles zum Greifen nahe vor sich hat, aus lauter Ängstlichkeit nicht zuzulangen wagt, was soll *der* zu erwarten haben außer dem vorhersehbaren Gejammer über eine so schöne verpaßte Chance! *Also los!* Das ist die Stimmung, in die Jesus seine Zuhörer kompromißlos und alternativelos versetzen möchte. Die *Kirche* indessen, die es nur gibt, um diesen Entscheidungsaugenblick des Reiches Gottes zu *umgehen*, hat aus dem drohenden Entscheidungsernst der Worte Jesu die *ewige Höllenstrafe* gemacht, vor der sie selber als eine göttliche Institution die Menschen bewahren könnte; und so wird alles falsch: da wird das, was einmal den Menschen flinke Beine auf dem Weg zu ihrem Glücke machen sollte, als lähmender Schrecken interpretiert, auf daß sie in der Gefangenschaft dogmatisierter Höllenängste nie mehr etwas zu riskieren wagen, das moralisch falsch sein könnte. Die Verkehrung und Verheerung der ursprünglichen Botschaft kann nicht größer sein!

Mt 13,53–58
Jesus in Nazareth oder:
Von der Unableitbarkeit des Menschen

Soeben erst hat Jesus (entsprechend der Komposition des Matthäus) in seinen Gleichnissen zu einer Entscheidung auf Sein oder Nichtsein aufgefordert, indem er von der Größe des Glücks und dem Unglück des Kleinmuts sprach, da begibt er sich (nach der Vorlage von Mk 6,1–6a) in seine Vaterstadt Nazareth – und scheitert prompt an der Enge und Engstirnigkeit der Leute, unter denen er selbst groß geworden ist. Schon einmal, wenn auch sehr abgemildert, hatte Matthäus (in Anlehnung an Mk 3,31–35) berichtet, daß die eigenen Angehörigen, «seine Mutter und seine Brüder», versucht haben, mit Jesus «zu reden» – das heißt wohl: ihn *zur Rede zu stellen*, um ihn in die Lebens- und Denkweise der Familienbande und -tradition wieder einzuordnen.[129] Ohne Erfolg! Brüsk hatte Jesus seine Mutter und seine Brüder stehenlassen und seine Zuhörer, seine *Nachfolger*, als seine eigentliche und einzige (!) «Familie» bezeichnet (Mt 12,46–50). Jetzt, in Nazareth, berufen sich die Leute auf «seine Mutter Mirjam und seine Brüder Jakobus und Joseph und Simon und Judas», um Jesus empört *abzulehnen*. Keine Rede kann da von der Idylle sein, welche die Dogmatik der katholischen Kirche um die «Madonna» gelegt hat, die stets bereit und opferwillig ihren Sohn unterstützte und begleitete, um in allem gehorsam und ergeben dem Willen Gottes sich freudig zu fügen.[130] Im Gegenteil, diese Stelle verrät eine ungeheure Spannung zwischen Jesus und seinen Familienangehörigen, indem gerade die Vertrautheit und Bekanntheit in Nazareth zum *Grund* seiner Ablehnung wird. Nirgendwo bietet das Matthäus- (oder das Markus-)evangelium auch nur einen noch so kleinen Ansatzpunkt für die spätere kirchliche Marienlegende; vielmehr kommt es als erstes darauf an, die Radikalität zu begreifen, mit der Jesus (nach Mt 10,37–39!) auch hier alle Fragen der äußeren Bekanntschaft oder der biologischen Blutsverwandtschaft auf einen einzigen, ihm allein wesentlichen Punkt zurückführt: woran ein Mensch wesentlich glaubt beziehungsweise woran er seine Existenz im Entscheidenden festmacht. Genau darum aber geht es: Was ist eines Menschen «Heimat»?

Die Leute in Nazareth *bestehen* darauf: Wenn von Gott die Rede geht, dann muß es sich ergeben und verstehen lassen aus dem Umfeld von Tradition und Milieu heraus; nichts wirklich *Neues*, nichts unableitbar *Persönliches*, nichts wirklich *Freies* hat da vorzukommen. *Gott* in diesem Sinne ist das Bekannte und Althergebrachte, das Vertraute und wie Selbstverständliche, ein Aggregat der bodenständigen Folklore sozusagen; auf der anderen Seite ist dieser «bekannte» und «vertraute» «Gott» durchaus fremd und unlebendig, besteht doch sein ganzes Wesen darin, das Prinzip der Außenlenkung selber zu verkörpern. Man kennt *ihn*, diesen Gott, so gut, weil man unter seinem Regime niemals dahin gelangt, sich selbst kennenzulernen. Alles Eigene ist hier nach außen verlagert, das Innen zum Außen geworden und das Außen zum Innen. Die Religion der Leute von «Nazareth» ist dabei durchaus «populär»; sie erfreut sich jedenfalls zu allen Zeiten der größten Beliebtheit.

Der wahre Höhepunkt des Kirchenjahres in dem Ort zum Beispiel, da ich diese Zeilen schreibe, in *Paderborn*, besteht in dem Fest des Ortsheiligen, des Bischofs *Liborius* aus Le Mans. Alljährlich werden da, zur Abwehr von Nierenleiden aller Art, die Gebeine des Patrons der Diözese in einem goldenen Schrein in Prozession durch die Stadt getragen, geleitet von dem Schwanz eines Pfaus und begleitet von dem örtlichen Schützenverein; am Ende der langdauernden kirchlichen Feierlichkeiten ertönt schließlich unter Glockenläuten der *Liboritusch* des Blasorchesters, und das nun setzt das Startsignal, auf das hin die Kirmeskarussels sich zu drehen beginnen, das Riesenrad kreist, das Würstebraten und Bierzapfen anhebt und die ehrwürdige Bischofsstadt unter Beweis stellt, wie sehr doch nach den Worten des Ortsoberhirten der Katholizismus eine Religion der Freude ist und wie innig Leib und Seele hier zusammengehören. Wollte da jemand kommen und sinngemäß sagen wie Jesus: «Kümmert Euch um die Menschen, die seelisch an dieser Art von Geistlosigkeit um den Verstand gebracht werden» oder: «Ich möchte die Menschen dahin führen, daß sie sich selbst wieder wahrzunehmen lernen, bis Gott in ihnen selber wieder zu reden beginnt» oder: «Ich erlebe täglich im Umgang mit den Zerbrochenen und Leidenden, daß es nötig ist, *anders* von Gott zu sprechen als mit dem Ton der Robustheit und Rechthaberei», so beginnt das Erstaunen, die Verwunderung, die *Verstörung*, woher «der» denn «das» hat – eine «Vollmacht» zu *heilen?* Da weiß man plötzlich ganz genau, mit wem man es in der Person Jesu zu tun hat: Er ist der Sohn der Maria, man kennt seine Brüder, man kennt seine Schwestern – was also bildet «der» sich da ein?

Ein Mensch, so geht diese Vorstellung, ist das Ergebnis aus Erbgut, Erziehung und Milieu; kennt man dieses, so kennt man die Person eines Menschen – so kennt man zumindest die ehernen Grenzen, in denen er zu verbleiben hat! Besondere «Machttaten» sind da nicht zu erwarten; und wirklich: wo man nichts mehr erwartet, außer daß alles so bleibt, wie es ist, kann selbst Jesus keines seiner Wunder der Menschlichkeit an den Kranken verrichten; so sehr blockiert diese Einstellung alles!

Alle «Machttaten» Jesu gründen ja darin, einen einzelnen Menschen aus der erstickenden Gefangenschaft all der allmächtig scheinenden Umstände und Zustände herauszulösen und ihm seine Freiheit in der Kraft eines absoluten Vertrauens zurückzuschenken. Daß Gott auf der Seite einzelner Menschen, nicht bestimmter kollektiver Systemzwänge steht – *das* gerade ist die zentrale Überzeugung Jesu; das *ist* sein «Prophetsein», das ihn gerade denen innerlich am meisten entfremden muß, denen er äußerlich am allernächsten steht; das ist der Grund der ewigen Gegnerschaft, die ihm wie *allem* Prophetischen instinktiv entgegenschlagen *muß*. Es ist erschütternd zu sehen, daß Jesus gerade in seinem Heimatort, nur weil er zur Heimat einzig Gott erklärt, so handeln muß, wie er es seinen Jüngern empfahl, falls ein Ort sich des Grußes zur *Heilwerdung* als «nicht-wert» erweisen sollte: «Geht einfach weiter!» (Mt 10,14) Nichts anderes bleibt ihm selber hier übrig.

Will man sich an einem Beispiel der Weltliteratur einmal verdeutlichen, wie der Konflikt Jesu in Nazareth sich in unseren Tagen darstellen würde, so eignet sich dazu wohl am meisten HENRIK IBSENS Drama *Die Wildente*. In meisterhafter Verdichtung malt der norwegische Dramatiker in diesem Stück das Leben der Familie Ekdal, das für eine ganze Welt der Lüge und des Selbstbetrugs steht. Jede Person in IBSENS Drama wird innerlich geprägt und getrieben von einer anderen, deren Widersprüche sie in sich aufnimmt und weitergibt. Da ist der alte trunksüchtige *Ekdal*, der auf dem Dachboden des Hauses den Kaninchen nachstellt und sich dabei in die Zeit eines großen Bärenjägers zurückphantasiert. Sein Sohn *Hjalmar* hingegen, der als Photograph tätig ist, träumt davon, eine «Erfindung» zu machen, das heißt, er ist ein größenwahnsinniger Nichtstuer, der alle Arbeit seiner Frau *Gina* überläßt. Diese wiederum lebt wie eine Dienstmagd im Hause und büßt in gewissem Sinne die «Schuld» ab, daß ihre Tochter *Hedvig* in Wahrheit das Kind des reichen Fabrikbesitzers, des *Konsuls Werle*, ist, bei dem sie zuvor als Hausangestellte beschäftigt war. Als sie von ihm schwanger wurde, hatte dieser sie *Hjalmar Ekdal* in die Ehe gegeben, mit dem unter allen Umständen «harmonisch» zusammenzuleben ihre Lebensgrundlage bildet. Insbesondere der Arzt *Dr. Relling* verstärkt diese Scheinwelt noch, indem er sie mit einer Mischung aus Zynismus und Mitleid als unerläßlich für das Wohlbefinden der Ekdals erklärt. Alles könnte so seinen alltäglichen Gang nehmen, wäre da nicht *Gregers Wernle*, der die Heuchelei seines Vaters zutiefst ablehnt und sich in einen weltfremden Idealismus aus Wahrheitsliebe, unbedingter Aufrichtigkeit und sittlicher Größe hineinflüchtet. So glaubt er, die Ehe der Ekdals noch einmal ganz neu begründen zu können, indem er Zweifel in die Vaterschaft Hjalmars sät; doch statt der erhofften Aussprache und Versöhnung erreicht er nur, daß der junge Ekdal voller Empörung seine Familie verlassen will. Dessen Mißtrauen wird zur Gewißheit, als Konsul Werle seine neue Haushälterin, *Frau Sörby*, heiraten will und Hedvig zu ihrem Geburtstag zur Versorgung auf Lebenszeit eine Leibrente aussetzt. Es hilft nichts, daß Frau Sörby zu verstehen gibt, der Konsul werde nach ärztlicher Auskunft wohl bald erblinden, und sie liebe den alten Mann wirklich – Gregers haßt seinen Vater nur um so mehr, und Hjalmar, der in der Kurzsichtigkeit seiner Tochter jetzt den Beweis erblickt, daß nicht er der Vater Hedvigs sein kann, beschließt nun vollends auszuziehen. In dieser Situation überzeugt Gregers das arme Mädchen, das durchaus nicht versteht, warum sein Vater von ihm fortgehen will, zum Beweis ihrer Liebe ihm das größte Opfer zu bringen, das möglich ist, und ihre Wildente zu töten; doch verzweifelt richtet Hedvig die Pistole gegen sich selbst. Ihr Tod ist das Ergebnis von Gregers Versuch, Wahrheit und Größe in ein Leben der Mittelmäßigkeit und des Selbstbetrugs zu bringen. «Nehmen Sie einem Durchschnittsmenschen die Lebenslüge, und Sie nehmen ihm zur gleichen Zeit das Glück», hatte Dr. Relling warnend gesagt.[131] «Oh, das Leben könnte doch noch ganz schön sein, wenn wir nur Ruhe hätten vor diesen großartigen Gläubigen, die uns armen Leuten das Haus einlaufen mit der idealen Forderung», erklärt er zuletzt[132] und verhöhnt geradeheraus die Erwartung Gregers, sein Freund Hjalmar Ekdal könne nunmehr erst recht durch die Trauer um den Tod seiner Tochter geläutert werden: «Wir wollen uns wieder sprechen, wenn das erste Gras auf ihrem Grabe verdorrt ist. Dann können Sie ihn geschwollen reden hören ‹von dem Kinde, das dem Vaterherzen zu früh entrissen›; dann sollen Sie mal sehen, wie er sich entwickelt in Rührung und in Selbstbewunderung und in Mitleid mit sich selbst.» – «Wenn Sie recht haben, und ich hab unrecht, dann ist das Leben nicht wert, gelebt zu werden», antwortet Gregers.[133] Doch wer von beiden *hat* recht – der Arzt oder der «Retter», der mitleidig zynische Realist oder der opfererzwingende, opferbringende Idealist? Es scheint Gregers «Berufung» zu sein, der *«Dreizehnte»* «an der Tafel» zu sein, eine Art scheiternder Christus im Kreis der zwölf Jünger. Von der «offiziellen» Religion ist in IBSENS Drama nur noch der trunksüchtige Theologe *Molvik* übriggeblieben; doch lebt ihr gefährlicher Inhalt noch in säkularisierter Form in der Gestalt eines humanistischen Idealismus fort, der die Menschen, statt sie zu verstehen, nur allzuleicht überfordert. Und ist *das* nicht wirklich der Vorwurf, den man auch Jesus selber angesichts der Menschen in Nazareth machen muß: daß er ein «Prophet» und Phantast ist, der mit seiner Botschaft der «Wahrheit» und der «Eigentlichkeit» den schwachen Menschen nur Verwirrung und Zerstörung bringt?

Tatsächlich gibt es in IBSENS *«Wildente»* niemanden, der den Verstrickungen seiner inneren Zwänge zu entrinnen vermöchte, schon weil er sie selbst nicht begreift. *Hjalmar* genießt es geradezu, sich im Schatten seiner Genieträume bis zum Schamlosen von seiner Frau *Gina* und seiner Tochter *Hedvig* verwöhnen und umsorgen zu lassen, zumal er sich in der Vorstellung wiegt, sogar ein besonders aufopfernder und treusorgender Familienvater zu sein; er weiß nicht, daß er nicht so sehr das Opfer des alten *Wernle*, als vielmehr das Opfer der Lebenslügen seines eigenen Vaters ist. *Gregers* wiederum gibt sich nicht die geringste Rechenschaft, daß sein «Idealismus» nicht so sehr aus Menschenliebe als vielmehr aus (ödipalem) Vaterhaß geboren ist. Am besten stehen noch die beiden Frauen, die «Dienstmägde» *Gina Ekdal* und *Frau Sörby*, da. Selbst *Hedvig*, sie vor allem, *braucht* förmlich ihre Kurzsichtigkeit, um dem Harmoniezwang ihrer Mutter wie ihres Vaters entsprechen zu können. Wie aber soll es möglich sein, auch nur in die menschlichen Beziehungen einer einzigen Familie wie der Ekdals, geschweige denn in das Leben eines Dorfes wie Nazareth oder gar der ganzen Menschheit so etwas wie Ehrlichkeit, Aufrichtigkeit und persönliche Identität hineinzubekommen?

In IBSENS Bühnenstück kann es eine Lösung für dieses zentrale Problem aller Religion nicht geben, weil weder der Idealismus *Gregers* noch der Zynismus *Rellings* dazu angetan sind, die Menschen an ihrer Seite wirklich zu verstehen und ihre Not *durchzuarbeiten*, statt sie entweder bedauernd festzuschreiben oder betrauernd fortzuschreiben. Wir sahen bereits bei der Antwort Jesu an Johannes den Täufer (Mt 11,4–6), daß es nicht genügen kann, in «prophetischer» Pose vor den Menschen umstürzende Ideale aufzurichten; es kann freilich auch nicht damit getan sein, die Menschen in ihren Lebenslügen ohnmächtig verkommen zu lassen. Gebraucht würde eine Haltung, die es erlaubt, in all dem Verlogenen und Verbogenen die verborgene *Angst* zu erkennen, die zu all den Fluchtbewegungen der Uneigentlichkeit zwingt, sie geduldig bewußtzumachen und dann nach und nach auf eine ehrlichere Form des Lebens hin zu öffnen. Da müßte der «Prophet» mit seinem Anspruch auf Wahrhaftigkeit sich verbünden mit dem «Therapeuten» und seinem Willen, zu heilen, da müßte der unverbesserliche Menschenverbesserer zusammenkommen mit dem mitleidigen Menschenfreund, da müßte die Kraft ärztlicher Erkenntnis verschmelzen mit dem Wunsch, zu verstehen und durch das Verstehen zu heilen.

Und gerade das erscheint in den Texten der «Tröstung der Völkergemeinschaft» (TG) als das eigentliche «Genie» Jesu – als die wahre Provokation seines Lebens: in seiner Nähe *wäre* es möglich, «geheilt» zu werden, und doch fühlt man sich in Nazareth von ihm nur um so mehr bedroht, so daß die «Wunder» der Heilung dort wirklich nicht möglich sind. IBSENS Drama kann zur Entscheidung nicht zwingen, da es den Betrachter nur ratlos zurückläßt – die Menschen können nicht so leben, wie sie leben, zugleich aber sind sie auch außerstande, ihr Leben zu ändern; wenn sich indessen zeigt, daß ein *anderes* Leben zum Greifen nahe ist, versteht man den Entscheidungsernst, der in der Person des Mannes aus Nazareth sich unausweichlich stellt: Wer ist für uns Gott, und: Was sind wir für Menschen?

In der Auslegungsgeschichte speziell der katholischen Kirche spielt die vorliegende Stelle übrigens eine ganz eigentümliche Rolle, und es scheint lohnend, darauf noch kurz einzugehen. Die historisch glaubwürdig berichtete Tatsache, daß Jesus eine Vielzahl von Brüdern und Schwestern hatte, steht natürlich in krassem Gegensatz zu dem kirchlichen Dogma von der immerwährenden biologischen «leibhaften» Jungfräulichkeit Mariens, die, wie man glauben soll, «ohne Samen des Mannes» ihren Sohn Jesus vom Heiligen Geiste empfing und ihn «unversehrt» in Bethlehem zur Welt brachte.[134] Katholische Exegeten, die, wie R. PESCH[135] einfach lesen wollten, was hier steht: nämlich daß Jesus leibliche Geschwister hatte, wurden dementsprechend vom kirchlichen Lehramt gerügt und hatten ihre Ansichten bereitwillig dahin zu korrigieren, daß die «Schwestern» und «Brüder» Jesu nur entfernte Verwandte des Nazareners gewesen seien. So *muß* man die Bibel auslegen, solange man Symbole der Religionsgeschichte nicht als tiefsinnige Bilder, sondern als historische Tatsachen zu interpretieren sucht: *dann*, selbstredend, *widerspricht* der einfache Wortlaut der vorliegenden Stelle dem kirchlichen Dogma. Paradoxerweise aber bestätigt gerade die Szene in Nazareth die *symbolische* Bedeutung, die dem Bild der «Jungfrauengeburt» eigentlich zukommt. «Sohn der Jungfrau» – das heißt in der Sprache der antiken Mythen gerade, daß jemand in seiner Person *unableitbar* ist von den Vorgaben der Biologie, der Psychologie und der Soziologie. Nichts, was man von außen erklären könnte, wird helfen, *ihn* zu verstehen. Was er sagt, tut und verkörpert, ist so einzigartig, überraschend, irritierend, beglückend, provozierend, heilend oder bedrohend, daß man es durchaus mit nichts Bekanntem in Vergangenheit und Gegenwart vergleichen oder gleichstellen kann. Es ist ein Geheimnis, das ganz und gar in sich selbst gründet beziehungsweise das sich vollständig durch den Bezugspunkt ergibt, auf den hin die Existenz dieses Menschen ausgerichtet ist.

So verstanden, war Jesus ganz wörtlich der «Sohn der Jungfrau», und eben der Text, der dem *Dogma der Kirche* zu widersprechen scheint, bringt den *Sinn des mythischen Bildes* so deutlich zum Ausdruck wie nur wenige Stellen sonst in der «Tröstung der Völkergemeinschaft» (TG). Hier in Nazareth *definitiv* hört Jesus auf, der «Sohn seiner Mutter» (und seines Vaters), ein Kind aus Nazareth zu sein; hier *besteht* er entschieden und entscheidend auf einem Entwurf des ganzen Daseins *von Gott her.* Und er *scheitert* notwendig an all denen, die sich weder vorstellen können noch wollen, daß ein Mensch «Machttaten» in der Heilung menschlichen Leids zu vollbringen vermag, indem er sein Leben radikal gründet in Gott. – *Jesus* scheitert an dieser Stelle (vorerst nur) an den «einfachen» Leuten seines eigenen Heimatortes; doch man kann auch scheitern an den Interessen der Macht *derer,* welche die «kleinen Leute» im Dienste von Staat und Kirche, von Nation und Religion weiter «klein»-halten wollen. *Davon* berichtet die nachfolgende Geschichte von der Enthauptung Johannes des Täufers.

Mt 14,1–12
Die Ermordung des Täufers oder:
Die den Tod nicht fürchten

Wie Johannes der Täufer ums Leben kam, wissen wir historisch im Grunde nicht.[136] Die schreckliche Legende in der «Tröstung der Völkergemeinschaft» (TG) darüber erinnert sehr an die Sagen altorientalischer Fürstenhöfe: Da erscheinen Menschen wie Spielzeuge in den Händen der Mächtigen; ihr Leben gilt nichts, und die Macht, die Willkür und das Vergnügen der Herrscher scheinen ein zynisches Eigenleben zu entfalten.[137] Doch weil das immer wieder so ist, beschreiben derartige Geschichten nicht eine einzelne historische Begebenheit, sondern etwas immer Wiederkehrendes. Um so mehr freilich müssen wir uns fragen, welch ein Bild von Geschichte und Menschsein denn in einer solchen Erzählung zum Ausdruck kommt, und da stockt uns der Atem; denn selten finden wir eine Darstellung in der «Tröstung der Völkergemeinschaft» (TG), die so sehr nach Erklärung, nach Verstehen, nach Vergebung oder auch nach Widerstand, Protest und Gegnerschaft ruft wie diese. Hier wird uns eine Welt gezeigt fernab von Gott, in der die Menschen ausgeliefert sind an andere Menschen, die ihrerseits wiederum noch schlimmer ausgeliefert sind an sich selbst – ein furchtbares Räderwerk aus Macht, Triebhaftigkeit und Ohnmacht.

Gleichwohl wird das ganze Gemälde umrahmt von einem Kranz aus Licht, der den Namen Jesus von Nazareth trägt. Mit ihm *beginnt* diese Erzählung, und mit ihm *endet* sie. Noch hören wir nicht, *wie* man den Täufer tötet, da wird (bereits im Markusevangelium) der Leser vorgreifend mit der Bemerkung getröstet, Jesus selber werde alles, was in dem Täufer lebte, in seinem Dasein aufgreifen und neu verkörpern. Mag also auch alles jetzt so kommen, wie es hier erzählt wird: man wird einen heiligen Mann, den Größten aller Propheten (Mt 11,9–11), aus den gemeinsten und primitivsten Gründen heraus brutal ermorden – so wird doch das, was er war und wollte, niemals zu vernichten sein. Es wird wiederauferstehen und den Tätern erscheinen wie eine Spukgestalt, wie ein Gespenst! Man hat ihn getötet, das ist wahr; doch alles, was man in seiner Person beseitigen wollte, wird nur noch viel lebendiger gegenwärtig sein, bei Tag und bei Nacht, nicht mehr räumlich und zeitlich gebunden, sondern immerzu, in der Vorstellung, in den Eindrücken, in den Ängsten der Seele. Der *Alptraum* des Täufers, die *Verheißung* des Täufers wird Gestalt gewinnen in Jesus von Nazareth. Freilich: auch *dessen* Leben, darauf verweist schon Markus am Ende dieser Erzählung, ist fortan gefährdet, und bald schon wird Jesus selber ein Ähnliches zu erdulden haben wie sein Lehrmeister Johannes.[138] Die Geschichte selbst aber, die schon so etwas ist wie eine vorgreifende Passionsgeschichte des Messias, dargestellt als unvermeidbares Prophetenlos, schildert die handelnden Personen so brüchig, so an sich selber leidend und anderen Leiden schaffend, daß wir in der Literatur lange suchen müssen, ehe wir etwas Vergleichbares finden.

Alles beginnt mit einem äußersten Kontrast. Da hat ein König, Herodes mit Namen, sich als Herrscher herausgenommen, selber Gesetz zu sein, indem er aus persönlichen Gründen die gesetzte Ordnung aller zerbrach. Das göttliche Gebot, das für jeden in Israel gilt: Du sollst nicht ehebrechen!, mochte nicht länger für ein Gesetz gelten im Herzen und im Leben dieses Königs. Das allein schon ist ein Seiltanz am Abgrund. Denn stünde es wirklich so, dann wären die Regierenden befreit von der Ordnung, die sie selber zu hüten bestimmt sind, und es gäbe zwei Stände in Israel: einen, der unter das Gebot Gottes getan ist, und einen anderen, der davon befreit wäre nach Art der heidnischen Götter, deren Macht und Glückseligkeit gerade darin bestand, alles das tun zu dürfen, was sie den Untertanen verboten.

Das ist der Kern, der den Mann vom Jordan an den Königshof ruft. «Du hast kein Recht», spricht er, «die Frau deines Bruders zu deiner Frau zu erklären!» Alles mögliche kommt da zusammen: Ehebruch, sozialer Inzest, Verrat am Gesetz, Hybris vor Gott, Tyrannei an den Menschen – Johannes der Täufer ist sich den Widerspruch schuldig! Ein Mann, der den klaren Gotteswillen lehrt, darf hier nicht zurückschaudern; er muß recht reden gerade dort, wo es für ihn selbst am gefährlichsten ist. Der Vorwurf läge sonst leicht bei der Hand, auch er sei nur ein Mann, der den kleinen Leuten Moral predige, doch nicht die Stirn besitze, seinen Worten Geltung zu schaffen auch für die Großen. Eine Moral, die man derart verängstigt verkünden wollte, wäre tatsächlich nichts weiter als ein Lakaientum der Macht. So also geht es nicht! Für Johannes den Täufer gibt es nicht Große und nicht Kleine, es gibt für ihn, wie für alle Propheten, nur ein einziges Volk unter den Augen Gottes. Was sonst wäre wahre Gottesrede in Israel als die Verkündigung von der Freiheit und Unmittelbarkeit des Menschen gegenüber seinem Schöpfer? Also hält der Täufer dem König den Spiegel vor; und alles weitere ergibt sich wie von selber!

Welche Macht auf Erden ließe es sich schon gefallen, *kritisierbar* zu sein? Wann je wären die Herrschenden imstande, *Fehler* zuzugeben, womöglich sogar in ihrem eigenen privaten Bereich? Sie können es nicht! Denn falls sich wirklich zeigen sollte, daß sie in einem zentralen Punkt ihrer Lebensführung korrupt sind, so bleibt ihnen nur, entweder abzudanken und ins Nichts gestoßen zu werden, oder auf Alles und Nichts zu kämpfen um ihren Erhalt. Im Grunde werden sie deshalb *den letzteren* Weg immer wieder beschreiten: Sie werden so lange lügen, wie sie nur können, sie werden so lange töten, wie sie müssen, und sie werden immer mehr verschmelzen mit ihren eigenen Taten, mit ihren eigenen *Un*taten. Immer mehr werden sie auf diese Weise zum Teil *der* Geschichte, die sie durch sich selber schreiben, und immer erst zu spät werden sie wissen, daß sie darinnen sich selber ihr eigenes Urteil schreiben.

Es mag sein, daß eine *Legende* wie diese von der Ermordung des Täufers den wirklichen Personen, Herodes beispielsweise oder seiner Frau Herodias, historisch unrecht tut[139]; es kann sein, daß sie in ihrem Leben weit besser, zumindest ganz anders waren, als sie hier geschildert werden; aber nehmen wir die Erzählung als *ein Bild* für eine menschliche Möglichkeit, die in uns allen schlummert, auch dann könnte es sein, daß die gleichen Personen, die hier so monströs beschrieben werden, genau betrachtet, in den Brechungen ihrer Charaktere, Motive und Handlungsweisen am Ende *besser,* jedenfalls begreifbarer dastehen, als es zunächst den Anschein hat. Sie sind keine leibhaftigen Teufel mehr, sie sind nur noch arme Teufel in Menschengestalt.

Wie denn? – Da ist ein König, der eigentlich willens ist, Johannes den Täufer *umbringen* zu lassen; aber das tut er nicht, wenngleich weniger aus Gründen eigener Moralität oder Überzeugung, sondern aus Furcht vor dem eigenen Volk, das Johannes den Täufer für einen Propheten hält (Mt 13,6; 21,26). Da ist also ein Herrscher, den wir eben noch als einen zynischen Souverän mit dem Leben und Tod seiner Untertanen spielen sahen, während er insgeheim doch gebunden und verbunden ist dem Willen dieses seines Volkes! Da erscheint mit einem Mal der Mächtige als ohnmächtig, und die Angst vor der Menge, zumindest sie, beschränkt hier eine ganze Weile lang die Königswillkür und tritt auf als Richtmaß einer Menschlichkeit und Moralität, die es untersagt, das Furchtbare unverzüglich zu tun. Schon das ist erstaunlich! Was die Menge denkt, hat offensichtlich sogar auf einen orientalischen Despoten einen entscheidenden Einfluß. Man überschätzt demnach die Macht, die den Regierenden eignet, und vor allem die Macht, die sie selber sich zueignen, wenn man nicht begreift, wie abhängig vom Urteil der Untertanen gerade die Herrschenden sind. Das, was die «einfachen» Leute in den Straßen und Gassen der Dörfer und Städte in Israel sagen und glauben, kann unter Umständen ein Leben retten! Es kann wirklich etwas bewirken! So *König Herodes.* In ihm verdichtet sich eher die *Schwäche* als die vermeintliche Stärke der Macht.

Die Ermordung des Täufers

Daneben aber *Herodias! Sie* erscheint in der Erzählung als die wirkliche Antreiberin, als die eigentliche Verführerin. *Ihr* traut man den Ehebruch zu, und nur *das Opfer* ihrer Spinnenlist scheint Herodes selber zu sein. Der Todesanschlag zumindest wird von Herodias selber berechnend in Szene gesetzt, und zwar mit einer skrupellos scheinenden Zielstrebigkeit im Verbrecherischen, mit einer planenden Arglist und mit einem tödlichen Haß. Doch vielleicht ist auch das nur die vordergründige Seite! Was alles muß sich im Herzen einer Frau begeben, ehe sie, einer *Maria Stuart* gleich[140], zur Ehebrecherin und Mörderin wird? Man wagt es kaum zu denken, aber wenn Menschen bis zu einem Mord gehen, dann müssen sie sehr leidenschaftlich fühlen oder, richtiger, dann müssen sie an ihren Gefühlen selber tödlich leiden. Vor allem muß man bedenken, daß es vorderhand eigentlich kein Motiv gibt, sich des Täufers zu entledigen. Er ist an sich im Gefängnis gut aufgehoben. Man braucht ihn nicht vollends in seiner Existenz zu vernichten, nur um die Macht zu bewahren. Im Kerker kann er getrost bei lebendigem Leibe langsam verfaulen, die Zeit arbeitet gegen ihn; er bleibt in jedem Falle ungefährlich, nach drinnen wie nach draußen. Wenn Herodias dennoch auf eine günstige Stunde sinnt, um diesen Mann umzubringen, so muß sie dazu ein eigenes, offenbar «fraulicheres» Motiv besessen haben. Wäre es zum Beispiel denkbar, daß diese Mörderin eigentlich getrieben wurde von einer leidenschaftlichen *Liebe* zu ihrem jetzigen Gatten? Dann müßte man eine *Vorgeschichte* zu ihrem «Ehebruch» erfinden und sie womöglich suchen in einer jahrelangen unglücklichen Ehe, in einer sich verzehrenden Glut, in einem langsamen Dahinschwinden ihrer Kräfte, in der ruckhaften Anspannung schließlich eines neuen Entschlusses, über all die alten Bindungen hinwegzugehen und sich in ein Abenteuer zu stürzen, wie es so noch nicht war.

Wir hätten dann eine Frau vor uns, die es in ihrem Unglück wagt, alles auf eine Karte zu setzen; sie wäre dann in gewissem Sinn nicht zunächst hinterhältig, sondern als erstes kühn, entschlossen, ja, buchstäblich todesmutig. Doch jetzt fühlt sie sich von dem Täufer bedroht in all dem, was sie errungen und dem Leben abgetrotzt hat, wofür sie soviel riskiert hat – ihre ganze bisherige Existenz! Was hat denn ein hergelaufener Wüstling in Kamelhaarkleidung aus der Ödnis der Steppe Judäas für ein Recht, in den Palästen des Königs, des Gatten, des Geliebten herumzuagitieren und das Volk zum Widerstand aufzuhetzen? Wie kommt er überhaupt dazu, sich einzumischen in das Privatleben seiner Königin und moralisch zu verdammen, wovon er keine Ahnung hat? Sein Verhalten ist nicht nur anarchisch, impertinent und degoutant; da drängt sich jemand in eine Sphäre, in die er nicht gehört, in der er nichts verloren hat.

317

So betrachtet, verstünde man alles: Um ihrer bedrohten *Liebe* willen *haßt* Herodias den Täufer; weil sein radikaler Moralismus ihr mühsam aufgebautes Lebensglück tödlich gefährdet und ein zweites Mal zu vernichten droht, was sie eben erst sich aufgebaut hat, sinnt sie auf *Vernichtung* ihres ständigen Anklägers. – Doch selbst das ist vermutlich noch nicht alles: Alles bisher könnte in dieser Form in einem Kriminalroman von GEORGES SIMENON stehen; aber es gibt da womöglich noch andere, *feinere* Motive, keinesfalls nur die Empfindungen von Trieb, Affekt und Gefühl, sondern paradoxerweise womöglich auch einer zutiefst gequälten Moralität. Könnte es sein, daß die Stoßkraft des Todeswillens der Herodias sich im Grunde *aus einem verletzten Gewissen* ergibt, das sehr wohl spürt, wie recht der Täufer mit seiner Kritik hat? Denn natürlich hat er recht! Alles, was er sagt, leuchtet ein, es stimmt! Wie aber, wenn es nicht wahr sein *darf*, wenn man mit diesen Wahrheiten überhaupt nicht *leben* kann, wenn man, um weiterzuleben, dringend die dröhnenden Worte von Schuldgefühl und Vorwurf übertönen muß? Wie lebt man als Mensch, wenn man ins wirkliche Leben überhaupt nur getreten ist um den Preis schwerer Schuld und dahinter weder zurück kann noch zurück möchte?[141] Und nun hat man einen solchen Mann wie Johannes den Täufer vor sich, der nicht aufhört zu sagen: «Ehe sich diese eine Tatsache in deinem Leben nicht ändert, ist nichts in Ordnung! Du kannst so nicht weiterleben, du mußt zurück!» Es gibt aber kein Zurück! Nur: Das versteht dieser Wüstling aus der Wüste nicht! Was versteht so einer schon von der Liebe der Geschlechter und den Gefühlen einer zutiefst verletzten Frau? *Er* kennt nur den graden Gottesweg! Soll ihn da nicht der Teufel holen oder, da der es nicht tun wird, der Tod?

Wir befinden uns wohlgemerkt mit solchen Gedanken am Hofe eines orientalischen Herrschers. Da wird zum Pläsier der Männer eines Tages der Schleiertanz eines jungen Mädchens aufgeführt, einer erwachenden Frau, einer Lolita, die das Wohlgefallen des Königs, pervers genug, gerade in ihrer aufblühenden Körperlichkeit auf sich zieht. Er, weinselig, erotisch übersensibel, zu immer raffinierteren Genüssen gezwungen, schwört heilige Eide, er werde alles daransetzen, um diesem Mädchen jedes Geschenk zu machen, um das es ihn bitten sollte. Alle Höflinge hören diese Worte – das endlich ist die Stunde der Königin! Jetzt oder nie: der Kopf Johannes des Täufers!

Auch dahinter kann noch ein weiteres Tatmotiv sich verstecken, jetzt adressiert an den König selber; es besagt in etwa: «König Herodes, was willst du denn eigentlich? Eine *Frau* hast du gewollt. Warum also läßt du *sie* öffentlich beleidigen? Du bist ein *Mann*. All deine Sehnsüchte und Wünsche fordern ihren Preis. Jetzt steh zu dir selber und handle *als Mann*. Halt dich nicht schadlos an einer Zwölfjährigen. Bekenne dich vielmehr zu deiner Gefährtin, die zu dir kam in deine Träume. Räume die letzten Skrupel hinweg. Hör auf, das Opfer zu spielen, opfere selber – agiere!« – Da spräche die biblische Herodias ähnlich zu ihrem Gemahl wie in SARTRES *«Fliegen»* Orest zu seiner Schwester[142]: Man muß die Schuldgefühle verscheuchen selbst für einen Mord, man muß zu der eigenen Entscheidung in Konsequenz stehen, man muß den Fluch der eigenen Freiheit bejahen. Herodias, diesmal, ist «stärker» als der König; diesmal ist Elektra «stärker» als ihr Bruder. Alles hat da seine existentielle Logik; es gibt wirklich kein Zurück mehr.

Was wir indessen als nächstes erleben, ist wieder eine Schwankung. Der König selber, so sehr eigentlich wohl auch er geneigt wäre, sich des Täufers zu entledigen, hegt nach wie vor die größten Skrupel, diesen letzten Schritt zu tun. Da haben wir einen Herrscher vor uns, der im Grunde darauf sinnt, einen Menschen zu vernichten, der aber, merkwürdig genug, im letzten gerade das überhaupt nicht will. Eigentlich zögert Herodes, ja, man findet in dieser Geschichte schließlich das Allerschlimmste getan sogar in einer merkwürdigen Form von Anstand und Ehrgefühl. Der König hat *geschworen;* er *muß* also stehen zu seinen eigenen Worten. Es ist sozusagen *die Pflicht* seines eigenen Versprechens, jetzt zu halten, was er in Aussicht gestellt hat. Ein Meineid kann einen Herrscher den völligen Gesichtsverlust kosten; *das* darf er sich nicht leisten. Auf das Wort eines Königs, wenn schon nicht auf das Wort der Gesetze, hat unverbrüchlich Verlaß zu sein. Gegenüber seinen eigenen Schwüren darf er nicht zum Hampelmann werden. Dieser Ehrencodex erweist sich als wichtiger als das Leben eines Johannes des Täufers.

Dann bleibt das junge Mädchen selber. Es fordert den König zu einem Verbrechen auf, an dem es selber eigentlich kaum ein Interesse hat. Es ist lediglich gehorsam seiner Mutter gegenüber! Es spricht in dieser Erzählung den schlimmsten Wunsch aus, von dem die «Tröstung der Völkergemeinschaft» (TG) berichtet, aber es tut das in der Treue eines Kindes zu seiner Mutter. Das heißt nicht *nur!*

Immer wieder ist in der Dichtung, Musik und Malerei das Thema vom Tanz der «Salome» in seiner morbiden Laszivität aufgegriffen und entsprechend dem Zeitgeschmack interpretiert worden, von der mittelalterlichen Bernwardssäule[143] über B. Luini im 16. Jahrhundert[144] bis in die Gegenwart. Insbesondere in der Viktorianischen Ära trugen Autoren wie OSCAR WILDE[145], Komponisten wie JULES MASSENET und RICHARD STRAUSS und Maler wie GUSTAVE MOREAU[146] und FRANZ VON STUCK[147] dazu bei, daß «Salome», die verderbte Tochter der Herodias, zu dem Inbegriff der tödlichen Macht weiblicher Verführung werden konnte. Die Angst vor der kastrierenden Frau, der

Dämonin Lilith, und die Sehnsucht nach der Kindfrau, der Nymphe, verschmelzen hier zu einem faszinierenden gruseligen Alptraum.

So sieht man die jugendliche «Salome» VON STUCKS (Abb. 1) unter einem offenen sternenübersäten Himmel in provozierender Pose, die linke Hand in die Hüfte gestemmt, die rechte in lässiger Aufforderung zu dem violett schimmernden Firmament gerichtet, der bläulich glänzende, schlanke Leib nur mit einem Plisserock bekleidet, welcher die aufdringliche Nacktheit des Körpers nur noch stärker hervorhebt, geschmückt mit grüngoldenen Ohrringen, Halsketten und Armreifen – die ganze Gestalt dieses Mädchens, das den schwarzgelockten Kopf weit in den Nacken geworfen hat und wie verträumt, den Mund halbgeöffnet, einem fernen Ziel nachzublicken scheint, wirkt mit dem feingeschwungenen Hals und den mädchenhaft vortretenden Knospen der Brüste wie durchflossen von einem überirdischen Licht. Hinter ihr aber tritt der schwarze Sklave aus dem Dunkel hervor, das Gesicht wie das eines hungrigen Tieres, mit wülstigen Lippen, bleckenden Zähnen, die Augen fast stechend unter der gedrungenen faltigen Stirn, wie er auf einer Schale das Haupt des Täufers herbeiträgt, das «als leuchtende Gemme des Schreckens» «in seinem Strahlenglanz schmuckhaft» erglänzt.[148]

Auf diesem Bild scheint es des «Königs» Herodes zur Erklärung des Mords an dem Täufer gar nicht zu bedürfen; vielmehr erweckt der Kontrast zwischen der «Schönen» und dem «Tier» durch sich selber den Eindruck, als rufe die reine Sinnlichkeit, der weibliche Eros, der in «Salome» Gestalt gewinnt, unvermeidbar die männliche Lust zur Zerstörung, die Grausamkeit des Begehrens und den tödlichen Wunsch zu besitzen, auf den Plan – der Mohr als Verkörperung der lauernden Gefahr des dunklen Schattens. VON STUCKS Bild reflektiert das Unvermögen der unterdrückten Sexualität, die strahlende Schönheit des weiblichen Körpers anders denn als Laster, Verführung und Sünde wahrzunehmen, und das Haupt des Täufers, das selber die asketische Strenge forderte, wird hier einer fast schon gerechten Strafe geopfert: nur nach dem *Tode* des Täufers könnte Salomes Tanz seine Unschuld wiedergewinnen, ohne deswegen aufzuhören, von bezaubernder, faszinierender Verführungskraft zu sein. Es ist das *Fin de siècle* selber, das in dieser Darstellung seinen eigenen geheimen Wunsch wiedererkennt, an der Seite der Herodias sich des lästigen Täufers endlich zu entledigen und die Körperlichkeit der Schönheit und die Sinnlichkeit der Lust von allen Schuld- und Schamgefühlen zu entlasten. Da wird «Salome» zu einer geheimen Heroine der Freiheit, und in der Tat: auch in der biblischen Erzählung erscheint die Tochter der Königin als ein solches Instrument der Befreiung von den Vorwürfen.

Die Ermordung des Täufers

Doch all das betrifft nur das *Symbol* der Gestalt der Salome. Wer in ihr das Mädchen sieht, das, verschleiert-entschleiert, vor seinem König, dem eigenen Stiefvater, tanzt, der bleibt erschrocken über die fügsame Skrupellosigkeit, mit der «Salome» sich selber zu dem Werkzeug des Mordes gegenüber seiner Mutter erniedrigt. Müßig, über bestimmte Motive bei ihr zu spekulieren. Sie ist in dieser Erzählung nichts als eine Marionette, als ein sich drehendes Püppchen, ein wollüstiges Kind und eine willige Mörderin!

Und schließlich *die Soldaten*, die Henker! *Sie* haben mit der Geschichte Johannes des Täufers so wenig zu tun wie die Tochter der Herodias; sie haben nicht den mindesten Grund, ihn zu hassen; doch sind sie *gehorsam*, sie tun ihre «Pflicht», selbst wenn man ihnen einen Mord befiehlt: «Befehl ist Befehl.» Sie führen nur aus, was man ihnen aufträgt. Nur: Was sind das für Menschen, die nichts sind noch sein werden als Räder in der Maschinerie des Todes?

So aber sind sie alle hier: Menschen, die in einem unsichtbaren Netz zappeln, das sie sich selber weben, indem sie sich darin verfangen. Man muß nur noch einmal die ganze Motivkette der Akteure hier durchgehen: Da steht am Anfang die Schonung des Täufers aus der *Angst* des Königs vor der Meinung der Leute; da gibt es den *Mut* zum Ehebruch aus verlorener *Liebe;* da erwächst *Haß* auf den Täufer, um ein Leben zu schützen, das nie mehr in Ordnung kommen kann; da wird ein *Eid* geschworen, der wirkt wie ein Zwang, am Ende auch zu tun, was man nichtsahnend versprach; da folgen Menschen einem *Gehorsam*, der sich erfüllt, ohne eigentlich etwas Böses selbst zu ersinnen. Und aus all dem entsteht diese wüste Collage aus Blut und Sex, aus Sadismus und Geilheit, doch mitten darin Menschen, die allesamt *das* nicht wollen, was sie wirklich tun, und dann doch wieder zu dem stehen, was sie nun einmal begonnen haben. Täter sind sie und Opfer, Getriebene ebenso wie Treibende. Und am Ende werden *die Jünger des Johannes* kommen und können nur noch zu Grabe tragen, was dazu bestimmt war, so viel an Leben zu erwecken. Es bleibt nur die Hoffnung, daß *seine* Sache weitergeht in der Person Jesu, doch es dämmert auch schon die Ahnung der gleichen Gefährdung, des identischen Endes.

Wie rettet man eine Welt, in der es Herrscher gibt wie Herodes? Wie rettet man solche Herrscher, die doch auch nichts sind als nur Menschen, als wir? Johannes der Täufer wußte nur eins: Er setzte dagegen Widerspruch, Klarstellung, Forderung, *Anklage*. Das war eine einfache, eine womöglich *zu* einfache Reaktion auf das Durcheinander und die Verworrenheit des menschlichen Herzens. Die Haltung Jesu war deutlich anders, wie vom anderen Ende her geboren. Man stelle sich vor, es gäbe nicht mehr den Weg des Vorwurfs, nicht länger das Drohen mit erhobener Faust, sondern man nähme all diese Menschen hier bei der Hand und begleitete sie auf lange Zeit! Es wäre nicht minder gefährlich, es endete wohl auch sehr bald tödlich, doch es hätte die Kraft, von innen her neue Wege zu erschließen.

Herodias zum Beispiel. Wie lehrt man eine Frau, ihr Glück in der Liebe zu finden, so daß es stimmt? Wie viele Erlaubnisspielräume lassen sich öffnen im Rahmen der tradierten Ordnung, bis daß endlich ein Mensch mit sich selber in Einklang kommt, indem er in die Verhältnisse hineinfindet, die ihn wirklich leben lassen? Ist wirklich alles so klar und einfach, wie Johannes der Täufer sich das denkt: Ehebruch ist Ehebruch, Wiederheirat ist Abfall – geht das so einfach mit Menschen? Kann man so sprechen, ohne von der Vorgeschichte der jeweiligen Personen auch nur ein Sterbenswörtlein zu kennen oder sich auch nur ein wenig darum zu kümmern? Was geht vor sich in einer solchen Königin? Wer *danach* nicht fragt, versteht nicht nur die Menschen nicht, er versteht am Ende auch Gott nicht.

Und was wäre mit *Herodes*? So wie die Erzählung ihn schildert, schämt er sich mal an richtiger Stelle, mal an falscher Stelle; er hat ständig Angst vor den anderen Menschen. Wie bringt man einen derartigen «Herrscher» dazu, nicht ständig wie ein Thermometer den Fieberstand der Gefühle anderer zu registrieren? Wie führt man ihn dahin, daß er selber ein Mensch ist, der aus eigenem Inneren entscheidet, der lebt aus eigener Überzeugung, der als erstes *sich selber* Befehle zu geben vermag? Selbst in seiner scheinbaren Treue gegenüber den Eiden, die er geschworen hat, bleibt er am Ende ein Lakai seiner eigenen Frau. Er wird nicht der Mann, der zu werden er aufgefordert wurde. Er bleibt hörig gerade da, wo er die hörsamen Höflinge bis ins Tödliche hinein zum Gehorsam zwingt. Wie richtet man einen Herrscher auf zu seiner wirklichen Größe, wie lehrt man ihn, an sich selber zu glauben, wie schafft man ihm Mut, das Gute, das er kennt, sich selber und anderen gegenüber auch wirklich zu leben?

Und «*Salome*» schließlich. Wie bringt man sie dahin, eine unabhängige Frau zu werden und nicht nur das Dienstmädchen ihrer Mutter zu bleiben, beziehungsweise die Kurtisane ihres Königs zu werden? Wie lehrt man sie, Menschen nicht ins Leere zu locken, sondern zur Liebe zu lenken und die eigene Schönheit zu *entfalten,* statt zu *entblättern,* sie mit Stolz zu erfüllen, statt sie in unterwürfiger Knechtschaft zu schänden?

Daß ganz offensichtlich keiner von diesen Leuten im Bannkreis der Macht wirklich selbst lebt, *das* ist das Schlimme. Daß jeder auf gewisse Weise tot *war*, ehe er anfing zu töten, *das* ist das Furchtbare. Und was machen *wir* dann mit dem, was wir *Geschichte* nennen, wenn solche Geschichten möglich werden?

Die Ermordung des Täufers

Jeder der Akteure hier bedürfte eines langen Prozesses seiner eigenen individuellen Erlösung. Jesus ist *dazu* gekommen. Er verkündete nicht die klaren gesetzlichen Anweisungen wie sein Lehrer Johannes, er warb für Güte, Verstehen, Mitleid, Reifung, Geduld, Vermenschlichung – für angstfreie *Selbständigkeit* in jeder Form. *Das* freilich wird den Mächtigen genausowenig in den Kram passen wie die Täuferpredigt. *Da* fühlen sie sich am Ende womöglich noch viel mehr in ihren eigenen Rollen bedroht; da *müssen* sie Abschied nehmen von so vielem, was ihnen lieb ist. Am Ende gehören wirklich Johannes der Täufer und Jesus zusammen. Doch wie vieles muß sich noch wandeln bis zum Anfang des Reiches Gottes, bis zur Wirklichkeit einer Gnade, die leben läßt *vor* dem Tod und *gegen* den Tod? Wie lernen wir im Namen Jesu einander anzulieben gegen die Angst? Das ist die Frage, die sich im Matthäusevangelium unter dem Stichwort von der Heilung der Kranken (Mt 14,14; 14,34–36, nach Mk 6,53–56) im folgenden immer wieder stellen wird.

Mt 14,13–36
Brotvermehrung und Seewandel oder:
Von Halt und Lebensinhalt

Die folgenden zwei Geschichten aus dem 14. Kapitel des Matthäus von der wunderbaren Brotvermehrung und vom Seewandel Petri zählen zu den bekanntesten in der «Tröstung der Völkergemeinschaft» (TG), aber in gewissem Sinne auch zu den unbekanntesten, rätselvollsten, merkwürdigsten. Dabei stehen sie genau in der Mitte des gesamten Matthäusevangeliums, und tatsächlich sind sie so etwas wie der Schlüssel, bilden sie *die Erfahrungsachse* der ganzen «Christologie» des Ersten Evangeliums.

Wie eigentlich versteht man die Wundererzählungen der Bibel «richtig», und in welcher Weise bekennt man sich wirklich «gläubig» zu Jesus als dem «Sohne Gottes»? Beide Fragen stellen diese beiden Erzählungen selber, beide Fragen beantworten sie. «Je mehr du dich einläßt auf das Leben Jesu», erklären sie, «desto sicherer vollzieht es sich an dir selber. *Das* ist das Verhältnis von ‹Geschichte› und ‹Offenbarung›. Du kannst die Wirklichkeit Jesu nicht suchen nach rückwärts, vielmehr stets nur nach vorwärts, so daß alles, was *war,* durch deine eigene Existenz hindurchgeht und sich das Zukünftige gestaltet als Wiederholung des Vergangenen, ganz so, wie Jesus selbst, indem er die Hoffnung und den Glauben seiner Väter zu leben versuchte, an sich selber alles das wahr machte, was als die ‹vergangene› Offenbarung Gottes in der Vorzeit der Wüstenwanderung des Volkes überliefert wurde.»[149]

In der Tat: So wie damals *Moses* aufbrach zur Flucht vor dem Pharao, so und nicht anders sehen wir in dieser Erzählung Jesus mit der Schar seiner Jünger auf der Flucht vor dem König Herodes (Mt 14,13).[150] Er mit seinem Haß, mit seiner Gegnerschaft gegen das Wort Gottes, wie es bereits im Munde Johannes des Täufers erscholl, erweist sich, wie damals der «heidnische» König, als Würgeengel jeglicher Hoffnung, und es gibt offenbar keine andere Rettung, als vor ihm Reißaus zu nehmen so wie seinerzeit das Volk der Verheißung vor dem König Ägyptens. Aber mitten auf der Flucht, nur in umgekehrter Reihenfolge, entsteht hier die gleiche Frage: Wovon lebt denn ein Mensch, wenn nicht in der Absicherung durch eine höhere Macht?

Israel in Ägypten, das war ein Volk, das jeden Tag darum zu betteln hatte, daß man es duldete – eine geliehene, eine ungerechtfertigte Existenz, die ihre

Berechtigung tagaus, tagein sich *erarbeiten* mußte im Frondienst der Herrschenden. «Du hast einen Anspruch zu leben nur dann, wenn du ihn dir verdienst; du bist ein Gastsasse im Land der Fremde und der Entfremdung. Was du zu tun hast, bestimmen *wir* entsprechend unserem Bedürfnis; wer du bist, definieren *wir* kraft unseres Machtanspruchs; und was aus dir in Zukunft werden sollte, das richtet sich nach dem, was *uns* nützt. Was aus dir hervorgeht, deine eigenen männlichen Kinder, werden wir dir wegnehmen und töten; alles, worauf du dein Morgen gründest, werden wir vor deinen Augen vernichten, daß du gerade *heute noch* lebst ohne Einsicht noch Aussicht, wie ein Esel, der sich an der Pumpe im Kreise dreht. *Leben* heißt für dich *über*leben, und der Marschtritt deiner Arbeit wird nie etwas anderes sein als der Herzschlag deiner Angst.»

Also sprach man zu Israel *in Ägypten*.[151] Damals hatte *Moses* den Mut, in der Vision seines eigenen Gottes diesem Spuk des Terrors von Menschen über Menschen ein Ende zu bereiten; doch was er in Gang setzte, war soviel wie der Bruch aller Absicherungen von außen. In *«Ägypten»* zu sein hatte auch bedeutet, ein bestimmtes gesichertes Maß an Auskommen und Einkommen zu haben. Oft noch wird mitten auf der Wüstenwanderung das Volk der Erwählung sich wie wehmütig an die Tage erinnern, da man ihm Gurken, Rettich und Salat zu essen gab und die Fleischtöpfe Ägyptens wohlgefüllt bis zum Rande waren.[152] Es war der Mann Moses gewesen, der seinem Volk zutraute, es wolle weder vor Gott noch vor den Menschen diese Art eines vorwegdeterminierten Lebens auch nur einen Tag lang noch weiterführen, es verlange seine Freiheit, koste es, was auch immer, es erstrebe ein eigenes Land, eine eigene Existenz auf einem eigenen Boden. Damals am Roten Meer auf der Flucht kam es zu jener Szene, da es kein Rückwärts und kein Vorwärts mehr gab – hinter sich die Verfolger, vor sich die unüberschreitbar erscheinende Sperrwand des Wassers.[153] Damals hatte Moses seine Hand ausgestreckt und einem ganzen Volke gesagt: «Komm!» Und Gott hatte dieses Wunder gewirkt: zu gehen auf dem nie Begangenen, Pfade zu suchen im scheinbar Verlorenen, einfach zu *gehen* über die Angst hinweg! Danach dann *der Hunger*, die Frage, wovon ein Mensch lebt, und die Auskunft des Moses: an jedem Morgen neu lebt der Mensch aus den Händen Gottes, der sein «Manna», sein wunderbares «Was ist das», regnen läßt, soviel die Menschen brauchen, nie wissend, woher, und doch beschützt in der Macht des Unsichtbaren.[154] So war es damals, als Gott sich *in den Tagen des Moses* dem Volk offenbarte.

Die Person Jesu, meint Matthäus in Anlehnung an die Darstellung des Markusevangeliums (Mk 6,32–44.45–52), kristallisiert oder personalisiert all diese

Erfahrungen ein zweites Mal. Was sich da formt, ist so etwas wie eine Lebensregel für uns selber, eine Grundlage der gesamten Existenz. Der Mann, der eben noch zu fliehen schien aus Angst um sein Leben, bedroht von dem Zwinggriff seines eigenen Königs, welcher nur darauf lauert, daß auch er, ein zweiter Johannes der Täufer, ihm in das Maschennetz seiner Intrigen gerät, fasziniert die Massen, ein neuer Verfolgter, ein Ausgesetzter, dem sie folgen ins Land der Heimatlosigkeit, ein Einsamgewordener in Israel, dem sie zu Tausenden nachströmen, nicht mehr in ein Land der Verheißung, wohl aber, wie Matthäus hervorhebt, um *als Kranke geheilt* zu werden (Mt 14,14!). Die persönliche Identität, das Ende der inneren Zerrissenheit vertritt hier das alte Motiv von dem eigenen «Boden» unter den Füßen.[155] Doch auch so – und gerade deshalb – entsteht hier die gleiche Szenerie von Aufbruch und Ausbruch, von Sehnsucht und Suche, von einem Leben, das sich wagt, mit lauter Fragen, die nicht geklärt sind, mit lauter Hoffnungen, die nicht eingelöst sind, mit einer Unruhe, die sich nicht vertun will im dauernd schon Bekannten. So beginnt menschliches Leben! An der «Jenseite» des Sees von Gennesareth, am anderen Ufer wortwörtlich, findet man Jesus wieder. Was er zu den Menschen dort *gesagt* hat, überliefert uns der Text mit keinem Wort. Aber die Menschen müssen ihm zugehört haben von früh bis spät, und so war es *seine* Art, sie zu «ernähren».[156] Fragt man aber *womit,* so muß die Antwort wohl lauten: mit der reinen Macht eines Vertrauens, das die Angst überwindet. Ein Mensch bleibt nicht endlos auf der Flucht vor anderen Menschen, irgendwann reckt er sich auf zu seiner Größe und wird frei, und das erste, was er dabei verliert, ist die ständige Angst und die Sorge: Wovon soll ich leben (vergleiche Mt 4,4; 6,34!)?

Schauen wir uns um, so wird bis heute unser Leben geformt gerade von dieser Geißel der Absicherung unseres Daseins durch das Besorgen der *materiellen Lebensnotdurft.* Wieviel an psychischer Energie, wieviel an Arbeitskraft investieren wir in die Beruhigung dieser Ängste: Was wird morgen sein! Eine ganze Generation sehen wir heranwachsen, zwanzigjährige, fünfundzwanzigjährige, beschäftigt einzig mit der Frage: «Was wird aus uns werden, wenn wir fünfundsechzig sind und in Pension gehen? Gibt es dann eine ausreichende Rente, gibt es eine tragfähige Krankenversicherung, gibt es eine solide Altersversicherung, oder wird es bis dahin eine Inflation geben, droht nicht ein Zusammenbruch der gesamten Weltwirtschaft?»

Und *unser Körper* – ist er noch *fit* genug mit fünfunddreißig? Wie können wir ihn *jung* halten? «Du mußt nicht jeden Morgen einen Tag älter sein», verheißt uns an allen Litfaßsäulen die Reklame. Dabei treten wir ganz sicher auf der Stelle mit all diesen Ängsten, bewegen wir uns im Kreise wie ein Hamsterchen in der Trommel: immer schneller laufen wir, nur um das eigene Gefängnis desto rascher voranzudrehen. Und das Schlimmste: Wir drehen uns dabei so sehr um uns selber, daß wir in der Zentrifuge der Angst nicht mehr dazu kommen, die Not der anderen auch nur wahrzunehmen.

«Wie interpretiert man Wundergeschichten im Neuen Testament?» – das war die Frage am 6. Juli 1990 in einem entscheidenden Gespräch zwischen dem Paderborner Oberhirten, Dr. J. J. Degenhardt, und mir. «Man muß Texte so auslegen, wie sie sich selber verstehen», sagte der Bischof. «Die Absicht der Aussage des Evangelisten zählt, sie allein ist die rechte Auslegung.»[157] Wie von selber kamen wir auch auf diese Geschichte von der Brotvermehrung zu sprechen. Sie wird im Evangelium gleich zweimal überliefert (in Mk 6,32–44; 8,1–10; vgl. Mt 14,13–21; 15,32–39), und es leidet nicht den geringsten Zweifel, daß Markus seine beiden Erzählungen so «historisch» genommen hat wie nur möglich; auch Matthäus unterscheidet sich da nicht. Und doch wird eine im Sinne des Evangelisten «historische» Geschichte fehlverstanden, wollte man sie als eine äußerliche Wundergeschichte auffassen! Alles, was sie mitteilt, ist *symbolisch* aus dem Erbe und Echo der Botschaft des alten Israels genommen und als ein Aufbruch zu gelebter Menschlichkeit zu interpretieren.

«Symbolisch» – bedeutet das aber nicht soviel, wie die «Geschichtlichkeit» dieser Geschichte zu leugnen? Wenn man so will, ja und nein. Vielleicht gibt es zur Erklärung für dieses merkwürdige Verhältnis zwischen Symbol und Wirklichkeit kein besseres Beispiel als die Erinnerung an ein frühes Bild des norwegischen Malers EDVARD MUNCH (Abb. 2). Er malte als eines seiner ersten großen Gemälde den Tod seiner Schwester unter dem Titel *«Das kranke Kind»*[158]. Da sieht man auf einem weißen Laken, das Gesicht so bleich wie das Kissen, mit rötlichen Haaren, die wie das lodernde Feuer einer untergehenden Sonne sind, ein Mädchen liegen, das sich der schwarzgekleideten Tante des Malers zuwendet; grambegeugt sitzt diese an dem Sterbelager, und es scheint, als sei *sie* es, die von diesem sterbenden Mädchen getröstet werden müßte. Wir kennen rein historisch auf das genaueste den Tag und die Stunde, da EDVARD MUNCHS Schwester starb; wir kennen desgleichen die Namen der Personen, die er auf diesem Bild gemalt hat[159]; aber *was* er gemalt hat, war weit entfernt von einer historischen Darstellung. «Niemals», meinte er selber zur Erklärung seiner Maltechnik, «niemals kann ein Photoapparat mit dem Pinsel in Konkurrenz treten, solange man ihn nicht verwenden kann im Himmel oder in der Hölle.»[160] Was EDVARD MUNCH malen wollte, war nicht der Tod seiner Schwester, sondern das Sterben und die Armut eines jeden Menschen, die

Trennung zwischen Personen, die wesentlich zusammengehören und doch durch den Tod voneinander getrennt zu werden drohen; er malte die Hilflosigkeit der Menschen angesichts des Leids eines anderen und den Trost von seiten dessen womöglich, der selbst seiner Physis nach am allerschwächsten ist. Auf dem Bild EDVARD MUNCHS verwandelt sich Farbe in Tränen – ein erschütterndes Gemälde. Doch als er es zum ersten Mal öffentlich ausstellte, bogen die Leute sich vor Lachen; sie ertrugen nicht den Druck dieses so intensiven Gefühls, das von dem Bild ausging. So hatte man noch niemals gemalt![161]

Doch genau darin liegt der Unterschied zwischen Historie und künstlerischer Verdichtung. – Da wird ein bestimmtes historisches Ereignis zum Anlaß einer Aussage, die aus der Szene heraustritt und überzeitliche Gültigkeit quer durch die Jahrhunderte für jeden Menschen beansprucht, der mit seinem eigenen Leben in eine wirkliche Erfahrung dessen eintritt, was es heißt, menschliches Schicksal zu bestehen. Im Fall des Bildes von EDVARD MUNCH können wir *aus der Historie* das Bildgefüge dem Thema nach begreifen; das Umgekehrte aber können wir nicht: *Aus dem Bild allein* könnten wir die Historie des Vergangenen durchaus nicht mehr rekonstruieren, und wir beginnen zu verstehen, daß es darauf auch gar nicht ankommt. Selbst wenn dieses Mädchen *historisch so* nicht gestorben wäre, wie E. MUNCH es hier malt, so sterben doch überall auf der Welt Menschen in dieser Weise, und für sie alle besitzt dieses Gemälde Gültigkeit. Schon die Sprache der Kunst ist so, daß sie eigentlich nur *das innere Erleben* in *symbolischer Form* als *das Bedeutsame* wiedergibt; die Sprache der Religion aber ist noch weit inniger und innerlicher. Nichts, was sich äußerlich abspielt, ist da das Wesentliche, nur was sich in uns selber begibt. Nur dort findet das «Wunder» statt; nirgendwo sonst.

Und nun zurück zu dieser Geschichte von der wunderbaren Brotvermehrung. Sie behauptet von der Person des Jesus von Nazareth, daß er ein Wunder dieser Art gewirkt habe – *wirklich* habe er Brote und Fische vermehrt. Aber *wie* hat er das getan? Darauf kommt es *symbolisch* jetzt an. Der Erzählung nach treten da seine Jünger an ihn heran und bekennen, daß sie so gut wie nichts besitzen, um die Not tausender Menschen zu stillen, und schon sind sie vor lauter Resignation über ihre eigene Ohnmacht bereit, all die Tausende von Hungernden wegzuschicken. Soll sich doch ein jeder um sich selber kümmern! Ist doch in der Not ein jeder sich selbst der Nächste! Diese Denkweise kennen wir. Immer wieder ist es die Angst und die Not, die zur Zerteilung und Zerstreuung der Menschen führt. Das erste «Wunder» in dieser Geschichte, das Jesus hier wirkt, besteht darin, daß er diese Einstellung ändert. In der Parallele des Johannesevangeliums (Joh 6,9) ist da ein Kind, das überraschenderweise anders als die Jünger selber «vorausschauend» genug war, mindestens für sich selbst genügend Nahrung mitzubringen; dieses Kind aber ist bereit, alles, was es hat, in die Hände Jesu zu geben. Es rechnet nicht, es schenkt einfach fort, und so begibt sich dieses «Wunder» der Speisung der Fünftausend. Matthäus kennt diese Episode so wenig wie seine Vorlage, das Markusevangelium; bei ihm sind es unmittelbar die Jünger selbst, die lernen müssen, buchstäblich «freigebig» zu sein. Aber auch hier soll es ein Ende finden, daß die Angst und die Ohnmacht immer wieder uns hineintreibt in den Egoismus der Vereinzelung, der da sagt: jeder kümmere sich um seinen eigenen Hunger, jeder spiele auf seine Weise den Wolf bei der Jagd auf sein eigenes Futter und falle dabei am besten gleich über seinen Nachbarn her. Was Jesus vorschwebt, ist ein Ende dieser Art von menschlicher Geschichte. Was er möchte, ist eine neue Form geschichtlichen Handelns. «Gebt ihr ihnen zu essen», das ist das scheinbar ganz und gar unmögliche Ansinnen des Jesus von Nazareth an seine Jünger. Aber genau damit zu beginnen und das schier unmöglich Scheinende trotzdem zu versuchen, ist das ganze Wunder dieser Geschichte.

Damals am 6. Juli 1990 sagte ich also sinngemäß dem Erzbischof von Paderborn: «Ich möchte einmal erleben, daß ein Wunder dieser Art in unserer Kirche und Gesellschaft sich wiederholt. Spätestens seitdem ich fünfzehn Jahre alt bin, stehen mir die Bilder der Verelendeten und Verhungerten der dritten und der vierten Welt vor Augen. Seitdem frage ich mich unablässig, wo sich in Kirche und Gesellschaft Verantwortliche finden, die sagen: Wir gehen bei allem, was wir tun, von der Not der Menschen aus, die am meisten leiden. Wir versuchen konsequent, von ihnen her zu denken und auf sie hin zu handeln. Die Auskunft, die ich seit über 35 Jahren höre, besteht in der Erklärung: Wir haben nicht genug in Händen, um wirklich hilfreich und gütig zu werden. *Nicht genug!* Wir leben in dem reichsten oder zweitreichsten Land dieser Welt; wir sind in Paderborn die reichste Kirche inmitten dieses reichsten Landes der gesamten Welt, aber wir haben niemals Reichtum genug, um wirklich gütig zu sein; denn vorher müssen wir für uns selber sorgen, in Staat und Gesellschaft. Zum Beispiel für die äußere Sicherheit müssen wir sorgen – wir brauchen selbst jetzt noch neue Bomber und Panzer, 50 Milliarden DM jährlich, ganz klar; wir brauchen derzeit auch zur inneren Sicherheit einen gesetzlichen Schutz vor der Flut der Asylanten, sie überschwemmen uns wie Ratten, die in eine Burg eindringen! Da müssen wir einen Wallgraben ausschaufeln mit Gesetzen, in dem sie ersaufen. Nein, um Hungernde in der Dritten Welt zu speisen, haben wir offenbar niemals genug. Wir sind derzeit beschäftigt mit dem Aufbau der alten DDR, wir haben über vier Millionen Arbeitslose, wir haben selber mehr als

1800 Milliarden DM Schulden. An die Not der Sahel-Zone, an die Überschwemmungen in Bangladesch, an die Dürregebiete in Äthiopien können wir derzeit nicht vorrangig denken, solange wir *verantwortlich* handeln wollen. Jeder, der in einem Parlament sitzt, muß dies begreifen: die erste Pflicht eines guten Deutschen besteht darin zu verstehen, daß es nationale Interessen gibt; wirkliche Hilfeleistung ist überhaupt nur multinational, nie im Alleingang möglich. Nur in der *Verbundenheit* der nationalen Egoismen, wenn sie sich vereinigen zu internationaler *Verantwortung*, erwächst ein Hilfsfonds, der in Notfällen eingesetzt werden könnte. Diese Logik gibt sich als *politische* Verantwortung. Und *in der Kirche* gleichermaßen: Auch da können wir nur soviel Geld ausgeben, wie wir einnehmen, und was müssen wir da als erstes ausgeben! Allein die Personalausgaben umfassen mehr als sechzig Prozent vom Küster bis zum Bischof, und dann die Ausgaben zur Renovation von Kirchenbauten, die Investitionen auf dem Kreditmarkt, ferner die notwendigen Summen zur Grundstücksspekulation – da wird man niemals so reich werden können, um dem Luxus der Großzügigkeit zu frönen.

Nach 35 Jahren dieser Elendsauskunft beginnt es mir inzwischen zu dämmern, daß, wer in dieser Welt das Zeug hat, reich zu werden, von der Botschaft Jesu kein Wort begriffen haben wird – ganz im Gegenteil –, sondern, daß, selbst wenn er von Verantwortung spricht, er etwas ganz anderes damit meinen wird, als was Jesus in dieser Geschichte von der Brotvermehrung mit den einfachen Worten bezeichnet: Gibt ihr ihnen zu essen. Das, Herr Erzbischof», sagte ich damals, «scheint mir das wirkliche Wunder: daß Menschen aufhören zu rechnen und geben das immer viel zu Wenige den allzu vielen. Sie hören auf, sich zu fragen, wie weit das, was sie haben, nützen kann – ob sie damit *effektiv* in der ‹Weltgeschichte› etwas Positives bewirken. Sie folgen ganz simpel dem einfachen Gefühl des Mitleids, sie hören ab sofort damit auf, nichts anderes zu sein als kalkulierende Erwachsene, als tabellierende Bankautomaten; sie sagen sich: der andere neben mir hungert nicht anders als ich auch, und es ist mir jetzt egal, ob er ein Deutscher ist, ob er ein Kroate ist, ob er ein Russe ist, ob er ein Bengali ist, ob er ein Amhare ist oder was auch immer er ist – einfach weil er hungert, ist er ein Mensch wie ich; er gehört zu derselben Gemeinschaft des Lebens; und daraus folgt: was ich habe, soll auch er haben dürfen.

Das heißt: ‹Gebt ihr ihnen zu essen!› Dieses Wunder der leeren Hände ist hier das entscheidende. – Die Frage stellt sich deshalb nicht, ob Jesus das Wunder der Brotvermehrung *vor 2000 Jahren* gewirkt *hat*, die Frage lautet, ob Jesus es in uns *heute* zu wirken vermag. Alles andere: wie man die Bibel in ihrem

Verhältnis von Geschichtlichkeit und Offenbarung ‹richtig› interpretiert, zeigt sich allein in der Macht, die ein Text dieser Art *auf uns* ausübt, wirklich zu tun, wovon da die Rede geht. Die Frage, wie das Verhältnis von (historischer) Information und (symbolischer) Performation beschaffen ist, verwandelt sich in eine *existentielle* Frage, wie wir das Gesagte leben oder eben nicht leben. Alle andere Auslegung macht aus dieser kostbaren Erzählung ein Mirakel, nach dessen Realität wir vergeblich suchen, weil es zu nichts weiter dienen soll, als durch intellektuelle Scheinprobleme (wie Wunder an sich möglich sind) uns vom wirklichen Leben zu dispensieren.»[162]

Wie also jetzt? Nach fundamentalistischer Auffassung bleibt von der Gestalt Jesu im Grunde nichts übrig als ein Wundertäter, wie wir ihn brauchen – jeder Jahrmarkt hätte ihn auf Dauer abonnieren können! Brot *in dieser Form zu vermehren*, das kann nur heißen, daß Gott von diesen Männern – und Frauen – uns noch möglichst viele geben sollte. Doch in Wahrheit geht es eben nicht um Magie und Mystifikation, es geht einzig um eine Menschlichkeit, wie das Vertrauen in Gott sie uns schenkt. Wenn am Abend das Volk sich auflöst, wird Jesus allein sein im Gebet vor Gott. *Das* ist die Macht, aus der er lebt und aus der dieses Wunder stammt[163]; daher kommt es, dahin kehrt es zurück. Die Menschen aber, die ohne zu rechnen sich wagen und ganz einfach das bißchen tun, das sie können, verwandeln die Welt, und es kehrt zu ihnen selber zurück, körbeweise, dutzendweise – kein Mensch weiß, wie es kommt.

Wie sich Wunder dieser Art im Privatesten ereignen können, stellt man wohl immer wieder mit großem Staunen und großer Verwunderung fest. Da erzählen Frauen, wie sehr sie sich in der Erziehung ihrer Kinder oder im Umgang mit ihrem Mann überfordert fühlen, Männer schildern, wie sie an ihrem Arbeitsplatz oder im Umgang mit ihrer Familie nicht mehr ein noch aus wissen und buchstäblich nicht mehr sehen, was sie noch tun können. Sie haben aus ihrer Sicht alles eingesetzt, was sie hatten, und es hat trotzdem nicht genügt; jetzt haben sie endgültig keine Kraft mehr; sie wissen einfach nicht mehr weiter. Und doch kann es geschehen, daß eine Frau, ein Mann, zum Beispiel im Verlauf eines Gesprächs, sich dieses Moments einer Ruhe und Stille versichert – *auf dem Berge der Einsamkeit*, zu dem Jesus nach der «Brotvermehrung» sich begibt (Mt 14,23). Da gründet ein menschliches Leben, ausgespannt zwischen Himmel und Erde, einen Moment lang in absoluter Weise in sich selbst, und es tut sich etwas auf, an das die ganze Weile hin nie zu denken war: Plötzlich beginnt ein Mensch, persönlich zu leben. Er fragt sich mit einem Mal nicht mehr, was muß ich *tun*, sondern: wer *bin ich* selber, und: was geht von mir aus? Und jetzt erst erledigt sich alles und beschenkt viele.

Wie viele *Erziehungsfragen* etwa lösen sich einfach wie ohne Absicht, sobald es einer Mutter gelingt, für ihre Kinder einfach nur dazusein? In Hamburg, im Zoo von Hagenbeck, bot sich vor einiger Zeit ein wunderbares Bild. Da lag im Troparium ein Orang-Weibchen mit seinem wunderbar dichten braunen Fell auf dem Boden des Käfigs hingebreitet wie eine Matte. Über ihm spielten zwei Jungtiere, schwangen sich um einen Ast, hangelten an einem hanfgedrehten Seil, turnten und tanzten, und immer wieder, koppheister, stürzte eines der beiden Jungtiere von dem Ast herab und warf sich in die Arme seiner Mutter, die nur einfach da war und es aufnahm und umspielte; dann wieder faßte das Junge nach den Füßen, den Händen oder der Nase seiner Mutter und küßte sie in nahezu halsbrecherischen Positionen – und so konnte es weitergehen Stunde um Stunde!

Wie schwer demgegenüber machen wir Menschen uns oft die Frage: was haben wir einander zu geben? Je *weniger* wie füreinander da sind, desto mehr trösten wir uns mit *materiellen* Geschenken, die wir einander reichen, und am Ende sind wir wirklich durchaus nicht reich genug für all die Kompensationsleistungen unserer menschlichen Defizite. Doch einfach *dazusein* wäre vollkommen genug. Wieviel Krimskrams häufen wir auf zwischen Ich und Du, nur um dem anderen zu sagen: «Ich liebe dich!» Aber unsere einfache Gegenwart bedeutete «*körbeweise*» dem anderen Nahrung. – So ein Orang-Weibchen weiß das anscheinend seit mehreren Millionen Jahren; nur uns Menschen fällt eine solche Weisheit des Lebens offenbar außerordentlich schwer.

Dabei müßten wir überhaupt nichts Besonderes tun; wir müßten lediglich die Angst besiegen, die aus unserem eigenen Inneren kommt. Da *entläßt* Jesus seine Jünger, daß sie vorausfahren über den See, und jeder hört, daß die Stundenangabe jetzt so viel bedeutet wie eine existentielle Krise: «*als es spät geworden war...*»[164] Es ist das *zweite* Mal, daß Matthäus diesen Hinweis gibt (Mt 14,15.23), jetzt aber weist er zugleich auf die *Einsamkeit* Jesu hin. *Dunkelheit* bricht aus nach dieser Stunde einer scheinbaren Erfüllung, *Gegenwind* wirft sich über das Schiff, *Wogengang* und die Arbeit am Ruder und Riemen – all das offenbar ist jetzt zu lesen als ein neues *symbolisches* Bild der menschlichen Existenz. Wieder erscheint die Frage überflüssig, wann und wo am See Gennesareth sich die folgende Geschichte ereignet hat. Etwas wie das hier Geschilderte passiert, ohne daß wir wissen wie, ohne Vorwarnung, *plötzlich*. Eben noch für sicher geglaubt, sitzen wir mit einem Mal in einem Boot, das seinen eigenen Kurs nicht mehr zu halten weiß, für das es keine Landmarke gibt, auf die sich zusteuern ließe, und mitten in dem Durcheinander, ganz spät, im Aufzug des Morgens erst, erscheint Jesus seinen Jüngern wie ein Gespenst.

In wie vielen Stunden der Psychoanalyse kann man diese Szene durchdeklamieren hören! Da beginnen Menschen mitten in ihrer Angst zum erstenmal zu ahnen, wovon sie wirklich leben könnten, und plötzlich steht das Rettende vor ihnen auf wie ein Ungeheuer. Sie sehen in der Gestalt, die auf sie zukommt, in gewissem Sinne ihr eigenes Porträt, aber es erscheint ihnen wie in einem Geisterhaus, und so möchten sie am meisten gerade vor *dem* Reißaus nehmen, was seine Hand ausstrecken könnte, um sie über den Abgrund zu tragen.[165] Es ist, als wenn wir Menschen oft hätten groß werden müssen wie falsch programmierte Mäuse: Aus dem Erbgedächtnis ihrer Art existiert in ihren Köpfen eine Angst, die sie bestimmt, instinktiv das bergende Dunkel aufzusuchen; mit Elektroschocks aber kann man die kleinen Tiere dahin trainieren, daß sie beginnen, das *Dunkle* zu meiden und sich retten zu wollen in die Ausgesetztheit der hellen Flächen ihres Käfiggefängnisses; das objektiv Schützende fliehen sie, in das objektiv Gefährliche flüchten sie. Gerade so können auch wir Menschen auf eine Angst festgelegt sein, die uns gerade davor Reißaus nehmen läßt, wozu wir eigentlich bestimmt sind. So kann es zum Beispiel geschehen, daß all die Antriebe, die Wünsche, die Sehnsüchte, die in uns als Zielvorgaben schlummern, mit einem Mal wie eine Gegenkraft in uns aufstehen, die uns noch fürchterlicher erscheint als der «Sturm» selber. ja, diese Geschichte meint, so geheimnisvoll *müsse* uns in Wahrheit die Person des Jesus von Nazareth erscheinen, sobald wir verstehen, wer er ist.[166]

Oft ist es unglaublich, wie genau die «Tröstung der Völkergemeinschaft» (TG) zu erzählen vermag! Hören wir die Auskunft der kirchlichen Lehre über die Person des Jesus von Nazareth, so scheint sie uns in aller Regel seit Kindertagen wohlbekannt. Da haben wir eine ganze Menge Lehren auf dem Schnürchen herzusagen, die uns erklären, wer er war. Aber diese Geschichte sagt: «Du wirst dem Jesus von Nazareth überhaupt nie anders begegnen, außer du versenkst dich in die Tiefe deiner eigenen Träume, du erinnerst dich an die unheimlichsten Stunden, gebrochen zwischen Angst und Hoffnung, und was dir dann erscheint aus dem Abgrund deiner eigenen Seele, das trägt das Angesicht, die Physiognomie des Jesus von Nazareth. Nur in dieser merkwürdigen Verschmelzung zwischen dem Schwebenden und Personwerdenden, in dieser Berührungszone zwischen Seelischem und Realem begegnet dir der Jesus, der auf dich zukommt vom anderen Ufer her.»[167]

Es scheint, als teile sich das menschliche Leben in zwei Formen der Weltanschauung und als formten sich entscheidend danach die Charaktere der Menschen unterschiedlich. Es gibt einen bestimmten Typ, der als Realität nur *das* akzeptiert, was ihm fest unter den Füßen liegt. Er wird niemals seinen Fuß auf etwas setzen, das ihm zuvor nicht eindeutig, sozusagen physikalisch, als zuverlässig, als *bruchfest* erklärt worden ist. Jedem andern, der es anders versuchen sollte, wird er vorwerfen, daß er ein Esel sei, der sich zu weit aufs Eis vorgewagt habe und der wohl immer noch nicht merke, wie der Föhnwind die Eisdecke brüchig gemacht hat. Nur das polizeilich abgesichert Richtige dient ihm als Marschroute. Daneben aber gibt es einen anderen Typ, dem das Surreale als weit tragfähiger gilt als das sogenannte Reale; *er* weiß: keine seelische Krise löst man mit den Auskünften dessen, was sich äußerlich bestimmen und festsetzen läßt, und schon deswegen gilt es, Wege zu suchen, die noch nie begangen wurden, und den Abgrund zu bestehen wie in den Tagen des Moses, wie in den Tagen des Jesus von Nazareth. Da ist es nicht nötig, weiter zu *wissen;* es ist nicht unbedingt erforderlich, einen Ausweg vor sich zu sehen, aber absolut notwendig ist es, den ungeheuren Mut, diesen Schritt des Vertrauens aufzubringen, mit dem Petrus hier sinngemäß sagt: «Wenn du es bist, Herr, droht mir in deiner Nähe keine Gefahr; und nur wie ich mich dir annähern kann, ist die einzige Schwierigkeit meines Lebens.»[168] Da verwandelt sich ein eben noch zitternder Feigling in einen Menschen des Glaubens, da wird der «Simon» das, was der Name, den Jesus ihm geben wird, besagt: ein Mann, der mitten in der Angst ist wie *ein Felsen*, der standhält, um darauf eine ganze Gemeinde zu begründen (Mt 16,18). Das Geheimnis des Menschen besteht da nicht in seiner Charakterfestigkeit beziehungsweise in jener Scheuklappentapferkeit, mit der man Pferde ins Trommelfeuer peitscht, wohl aber in einem Wagemut, mit dem ein Mensch versucht, sein Leben im Gegenüber der Person Jesu auszusetzen; man geht fast wie blind ihm entgegen, man vergißt mit dem Blick auf ihn den Abgrund unter den Füßen[169]; man hört nicht den Wind, man sieht nicht die Wellen, man schaut nur auf ihn. Und es trägt! Da gilt es, das Boot zu verlassen und herauszusteigen in das Ungesicherte.

Selbst in unseren Tagen stellt sich immer noch die Frage, in welch einem «Boot» man sitzt – ist man noch katholisch, ist man schon protestantisch, wo steht man zwischen den Konfessionen? In Wahrheit ist es einfach, katholisch zu sein, ist es einfach, protestantisch zu sein, aber ein *«Christ» zu sein*, das ist fast unmöglich, denn es ist identisch damit, alle falschen Sicherheiten aufzugeben.

Wieso zum Beispiel warten wir stets auf die Erlaubnis, ob das, was wir tun, «richtig» ist, indem es den katholischen Bischöfen gefällt oder den protestantischen Bischöfen gefällt oder irgendwelchen anderen Institutionen genehm ist? Wieso soll das menschliche Leben stets genehmigungs*pflichtig* von seiten irgendeiner Behörde sein? Um der Gestalt entgegenzugehen, die wie etwas unbegreifbar Schwebendes uns durch den «Sturm» die Hand entgegenstreckt, muß man *heraussteigen* aus dem künstlichen Behältnis scheinbarer Sicherheit und ein Verhältnis wagen, das einzig in seiner Ungesichertheit wirklich zu schützen vermag. Von dieser Art ist der Wagemut *der Liebe*. Sie lehrt uns, Wege zu gehen, die uns bis dahin als ganz und gar unmöglich erschienen sind.

Aber natürlich, es ist auch jetzt immer noch möglich, in den Wogenschwall zu starren und wie betäubt zu werden von dem Dröhnen und Rauschen des Windes. Dann erweist sich diese Welt, durch die wir gehen, in jedem Betracht wie ein gähnender Krater, und je mehr wir in ihn hineinblicken, desto unheimlicher saugt die Angst uns hinab, sie hält uns umklammert wie die Fangarme eines Kraken, und der Strudel hört nicht auf; der Dreizack des Neptun wird das Meer weiter aufwühlen – eine ganz und gar gespenstische Magie der Selbsthypnose der Angst. Es gibt dagegen wirklich nur einen einzigen Gegenpol: Wir schauen nicht mehr auf das, was uns ängstigt, sondern nur noch auf den, der aus der Stille seines Gebetes uns erreichen möchte und seinen versinkenden Jünger schelten wird als «kleingläubig», als zu wenig vertrauend in seiner Angst.[170]

Ja, es ist möglich, selbst bei dem Versuch, auf Jesus zuzugehen, zu scheitern. Und doch hängt alles davon ab, es zumindest zu wagen. «Glauben» im Sinne Jesu ist eine Sache, die buchstäblich über Leben und Tod entscheidet; aber eben deshalb ist es nicht die Frage, wie weit man kommt; wenn man nur erst einmal sich ausgesetzt hat, und man hätte am Ende nur den Ausruf: «Herr, rette uns!», es wäre doch alles gewonnen, meint diese Geschichte. Denn wie schafften wir's selber? Nur das Vertrauen wandelt diese Welt der Angst in der Nähe Jesu in eine Zone von Geborgenheit und, soll man sagen: «Sicherheit»?

Aber wenn man nun fragt: Wer ist denn dieser Jesus, von dem derartige Kräfte der Hoffnung und der Festigkeit ausgehen, so nennt das Matthäusevangelium ihn an dieser Stelle *zum ersten Mal* den *Sohn Gottes*.[171] Dieses Wort ist zum Inbegriff des christlichen Dogmas geworden. Alles, was der kirchliche Glaube lehrt, is in dieser Formel enthalten. Und doch zeigt sich, daß viele in der Schule als Lehrer scheitern, den Kindern den Glauben an Jesus als den «Sohn Gottes» noch zu vermitteln. Der Grund liegt auf der Hand: Der Begriff ist kein Wort unserer heutigen Sprache. Selbst wenn die Kirche noch so intensiv in Hunderten von Religionsstunden die Kinder bearbeitet, um ihnen diese Formel einzuhämmern, erzeugt sie damit kein Leben. *«Sohn Gottes»* – das war einmal die mythische Umschreibung für den *König*, für den Messias, für den *Christus*[172]; doch selbst diese Worte sind heute wie leergeredet. Der Königstitel ist seit zweihundert Jahren der Demokratie eher ein Kampfbegriff denn ein

Wort von Wert; er verkörpert seit der Französischen Revolution etwas Abzuschaffendes, weil Freiheitunterdrückendes. Schon im Jahre 1913, in seinem Roman *«Der Untertan»*, konnte HEINRICH MANN sagen: Von Königen und Kaisern redet man allenfalls noch im Märchen.[173] Wer Worten dieser Art nachgehen will, der muß wirklich der Aura des «Königlichen» in der Bibel nachträumen wie einer verschollenen Feenerzählung! Wenn da irgendein Mensch einen anderen lieb hat, erscheint er ihm wie eine Königin, wie ein König. Nur in dieser durch und durch *romantischen* Sprache verstehen wir heute noch, daß uns einzig die Liebe über den Abgrund des Lebens zu retten vermag. Und diese Erfahrung gilt es, auf die Person Jesu zu übertragen. Wer immer zu ihm sagt: «Du bist der Inhalt meines ganzen Lebens, du bist der Grund dafür, daß es mich überhaupt gibt, immer dann, wenn ich nichts weiter sah als den Wind und die Wogen und spürte unter mir das Dunkel des Abgrunds, dann kamst du, und ich fühlte deinen Arm», der »bekennt« *wirklich*, ob er es so ausdrückt oder nicht: «Jesus von Nazareth ist (für mich!) der ‹Sohn Gottes›. Er ist das, worum es mir wesentlich geht, worauf es mir wesentlich ankommt; er ist nicht eine ideale religiöse oder moralische Forderung für mich, er ist vielmehr eine ausgestreckte Hand an meiner Seite, er ist der Boden unter meinen Füßen. Er ist der Inhalt, die Erklärung, der Zielpunkt jeder Liebe, jeder Verbundenheit, jeder Hoffnung.»[174] Und in der Tat: Überall da, wo Menschen so zueinander stehen, daß es über den Abgrund trägt, wird ein Stück von der Art des Jesus von Nazareth Wirklichkeit; immer da, wo jemand mitten in dem Meer der Tränen aufblickt und in der Person eines anderen so etwas vor sich sieht wie ein Licht, das auf ihn zukommt und ihn umfängt, geschieht etwas von dem Wesen Jesu; da ereignet sich *Gott*, da vollzieht sich ein Wunder der Menschlichkeit.

Und so geht es weiter: «Als sie hinübergefahren waren, kamen sie ans Land nach Gennesareth. Und als ihn die Männer jenes Ortes erkannten, sandten sie in jene ganze Umgegend, und man brachte alle Kranken zu ihm, und sie baten ihn, daß sie doch auch nur die Quaste seines Kleides anrühren dürften. Und alle, die sie anrührten, wurden gerettet» (Mt 14,34–36).

Es ist der Sieg der Güte über die Angst im Bilde der *Brotvermehrung*, es ist der Sieg des Vertrauens über die Verzweiflung im Bilde vom *Seewandel*, der es ermöglicht, bis in die Seele hinein *Kranke zu heilen*. Und diese Seite an der Person Jesu ist es, die Matthäus nicht müde wird, als den wesentlichen Inhalt an dem «Gottessohnsein» Jesu hervorzuheben. Es ist *der* «Begriff» von «Gottessohnschaft», den Jesus selber in der Bergpredigt verwendet, wenn er sagt: Glücklich, die *Heil* in die Welt bringen, (glücklich, die Menschen zu heilen vermögen), sie sind die eigentlichen «Söhne Gottes» (Mt 5,9). Es ist eine «Got-

1 Franz von Stuck, Salome, 1906, Städtische Galerie im Lenbachhaus, München.
(Zu Seite 320)

2 Edvard Munch, Das kranke Kind, 1885 – 86, Öl auf Leinwand, Nasjonalgalleriet, Oslo, Foto: J. Lathion, © The Munch-Museum/The Munch-Ellingsen-group/Pro Litteris 1994.
(Zu Seite 327)

3   Fritz von Uhde, Lasset die Kindlein zu mir kommen, 1884, Museum der Bildenden Künste, Leipzig.
(Zu Seite 499)

4   Max Klinger, Die Kreuzigung Christi, 1890, Museum der Bildenden Künste, Leipzig.
(Zu Seite 505)

tessohnherrschaft», die Jesus nicht *trennt* von seinen Jüngern, sondern ihn mit ihnen verbindet. Wenn wir doch nur von dem «Gewand» Jesu ein Winziges erhaschen würden, es würde von der Menschenkrankheit der Angst und der Ohnmacht erlösen zum Wandeln über den Wassern, zum Austeilen des Brotes mit leeren Händen, zur Herzensweite und zum Mut!

Von einem jüdischen Rabbi wird einmal berichtet, es sei ein Bettler zu ihm gekommen, und er habe ihm zwanzig Kopeken überlassen. Wenig später sei sein Schüler gekommen, den Rest des Geldes in seiner Hand. «Da, Rabbi, der Mann, dem du eben das Geld gabst, gleich in der nächsten Taverne wollt' er's versaufen. Ich hab's ihm weggenommen, um's dir zu bringen.» Da fuhr der Rabbi seinen eigenen Schüler an: «Höre, mein Sohn, vom Saum des Gewandes des Allmächtigen ergreife ich nur grad einen Zipfel, und den willst du mir entreißen? Nimm das Geld und bring es dem Bettler!»[175]

Alles, was wir in der Sprache der Liebe einander sagen, ist wie ein Gebet, und alles Gebet ist nichts als ein Ausdruck der Liebe. So scheint es richtig, zu schließen mit einem Liebeslied von R. M. RILKE und mit den Worten des Psalms 107. RILKE schreibt:

> Wie soll ich meine Seele halten, daß
> sie nicht an deine rührt? Wie soll ich sie
> hinheben über dich zu andern Dingen?
> Ach gerne möcht ich sie bei irgendwas
> Verlorenem im Dunkel unterbringen
> an einer fremden stillen Stelle, die
> nicht weiterschwingt, wenn deine Tiefen schwingen.
> Doch alles, was uns anrührt, dich und mich,
> nimmt uns zusammen wie ein Bogenstrich,
> der aus zwei Saiten eine Stimme zieht.
> Auf welches Instrument sind wir gespannt?
> Und welcher Geiger hat uns in der Hand?
> O süßes Lied.[176]

Und:

> Du Liebe, sag du mir erst wer ich bin,
> ich sage dir wer du bist,
> Und dann nimmt uns ein Großer Dritter hin
> und sagt uns groß *was* ist.
> O laß uns zusammen in Demut sein:

> wir waren bei vielen bisher,
> und jetzt sind wir allein auf der Welt zu zwein,
> und die Welt ist bewegt wie ein Meer.
> Doch wir stehn aneinandergelehnt,
> und die Hände ruhn in einander aus;
> wir haben uns lange nach Herz und Haus gesehnt.[177]

Wem irgend auf dieser Welt Jesus geworden ist zu etwas, das sein Herz weitet für die Not der Welt, zu einer Hand, die ihn trägt über den Abgrund, zu etwas, das ihn birgt in dem Atem der Liebe gegen den Sturm, dem ist er «Freund»[178], «Geliebter»[179], «Prophet», *Sohn Gottes* – *was* auch immer, *wie* immer man fühlt!

Die Szene von der Brotvermehrung und vom Seewandel findet in gewissem Sinne ihr *Vorbild* in dem Ps 107,17–32[180], so daß die Person Jesu bei Matthäus selbst erscheint wie der Kristallisationskern eines sich erfüllenden Gebetes; es heißt:

«Die krank waren ob ihres sündhaften Wandels..., daß ihnen ekelte ob jeglicher Speise, und die schon nahe waren den Pforten des Todes, die dann zum Herrn schrien in ihrer Not und denen er aus dieser Drangsal half, denen er sein Wort sandte, sie zu heilen, die er errettete aus ihrem Verderben: die sollen dem Herrn danken für seine Güte... Die in Schiffen das Meer befuhren und Handel trieben auf großen Wassern, die dort die Werke des Herrn geschaut und seine Wunder in der Tiefe – er gebot und ließ aufstehen den Wind, und es türmte die Wellen der Sturm, sie fuhren hinauf zum Himmel, hinunter zur Tiefe, daß ihre Seele in Not verzagte, sie tanzten und wankten wie Trunkene, mit all ihrer Weisheit war es zu Ende – die dann zum Herrn schrien in ihrer Not und die er aus ihrer Drangsal herausführte, da er den Sturm zum Säuseln stillte, daß die Wellen des Meeres schwiegen, die sich freuten, daß es stille geworden und die er an das ersehnte Gestade führte, sie sollen dem Herrn danken für seine Güte und für seine Wunder an den Menschenkindern; sie sollen ihn erheben in der Gemeinde des Volkes.»

Dieser Kreis des «Volkes» – das sind für Matthäus hier die Kranken, die danach suchen, Jesus zu «berühren»!

Mt 15,1–39
Gelebte Religion ist gerade soviel wie Prophetie und Therapie

Nur an wenigen Stellen der «Tröstung der Völkergemeinschaft» (TG) trifft die reine Innerlichkeit des Religiösen so sehr auf die Härte des Widerspruchs der objektiven Ordnung wie in den folgenden Szenen, die Matthäus aus der Vorlage des 7. und 8. Kapitels des Markusevangeliums übernimmt, aber in den großen Zyklus der Auseinandersetzung mit den «Pharisäern» einordnet. Der gesamte Text lagert sich um die zwei zentralen Formen der Wirksamkeit Jesu. Alles, was wir im *ersten* Teil des 15. Kapitels des Matthäusevangeliums hören, zeigt Jesus als eine durch und durch *prophetische* Gestalt im Kampf um die Erneuerung einer verfestigten, unlebendig gewordenen, unterdrückenden Form der Frömmigkeit (Mt 15,1–20), und daraus ergibt sich im zweiten Teil (Mt 15,21–31) die *therapeutische* Dimension des Auftretens Jesu.[181]

In dem Moment, da die Geschichte hier einsetzt, hat der Mann aus Nazareth bereits genug Verdacht erregt. Da war die Vergebung der Sünden bei der Heilung eines Gelähmten (Mt 9,1–8), da war (von Mt 12,1 an) jeder Schritt Jesu eine weitere Konfrontation und Provokation der «Pharisäer», wie Matthäus sie sieht. *Jetzt* beginnt man, sich *offiziell* für Jesus zu interessieren. Man schickt Sendboten von Jerusalem aus, erneut «Pharisäer» und Schriftgelehrte, die Superfrommen und die Theologen also, daß sie Jesus überprüfen; und schon sind sie dabei, ihn auf frischer Tat zu ertappen: Seine Jünger essen Brot und waschen sich zuvor nicht die Hände! Man sollte denken, es handle sich hier nur um ein einfaches Thema von Anstand und Eßkultur, doch für Jesus bedeutet es weit mehr.

In einem bestimmten Betracht nämlich scheint die Menschheit sich rein soziologisch bereits in zwei Gruppen zu teilen: in die «Kultivierten» und in die «Barbaren», und wie es so kommt: die Grenzlinie dieses Unterschieds verläuft in aller Regel just entlang der Grenze der Begüterten und der minder Privilegierten. Es gibt eine bestimmte *Moral*, für die es offensichtlich schlimmer ist, Fisch mit Messer und Gabel zu essen, als irgendeine wirkliche Gemeinheit in weißem Kittel zu begehen. Es gibt eine bestimmte Form des *Anstands*, die darin gründet, dem anderen so zu erscheinen, wie es die Etikette verlangt. Die Vorschriften mögen sich alle paar Jahre ändern: mal ist es in der Mode, das heißt *en vogue*, daß eine Frau die Brust flach, die Schultern eckig trägt, wenig später ist es umgekehrt; mal ist es Mode, daß ein Mann die unteren Hosenbeine schmal, dann wieder breit trägt, und für all diese Schwankungen, wie man zu sein hat, wie man *comme il faut* ist, bedarf es selbstredend einer gewissen stets verfügbaren Summe Geldes, um da mithalten zu können, und allein schon um herauszufinden, was gerade von der Mode diktiert wird, braucht man einen endlosen Diskurs der Nichtigkeiten und der Äußerlichkeiten. Sie *einzuhalten* kann die Würde eines Menschen begründen, sie zu *verletzten* seinen Ruin. Der Aufstieg auf der Leiter der Karriere führt nur über das Eintrittsbillett bestimmter Kreise, die in den Vorzimmern zur rechten Gesellschaft antichambrieren. Wer sich ihnen nicht anpaßt, wird wohl ein ewiger Außenseiter bleiben.

So besehen, steht hier auf dem Programm von vornherein so etwas wie eine Revolte gegen die etablierten Kreise in Religion und Gesellschaft im Namen derer, die *nicht* gelernt haben, wie man sich mit der Serviette den Mund abwischt, sondern die es mit dem Handrücken tun, die in ihren Wohnungen *nicht* über genügend Wasser verfügen, um ständig alle möglichen rituellen Waschungen durchzuführen – schon allein ihrer sozialen Herkunft nach zeigen sie sich außerstande, all das wirklich zu tun, was in bestimmten Kreisen zum Thema Hygiene und Sauberkeitserziehung ausgeheckt wird. Doch das ist menschlich jetzt entscheidend: *Soziale Unterschiede sind keine menschlich relevanten Unterschiede.* Wer auch nur so viel im Leben begriffen hat, trägt in sich schon das Zeug zum Aufruhr. Mit ihm wird man nicht mehr so einfach umspringen können, denn er hat Partei ergriffen genau für die Gruppe, die man eigentlich *erziehen* müßte, um sie zu sich zu erheben, um sie aus dem Schmutz zu befreien... So einer macht sich gemein mit den Gemeinen, so einer ist selbst ein Teil des Pöbels, bekennt er sich doch dazu! Um so schlimmer deshalb für ihn, wenn er von Hause aus dem Volk vom Lande, dem *Am haaretz* gar nicht zugehört[182], sondern sich schlicht weigert, ein Aufsteiger zu werden, ja, sich sogar dafür entscheidet, ein *Ab*steiger zu sein.

Für jeden Salon sind die ersten fünf Zeilen dieses Matthäus-Textes deshalb in sich schon ein großartiger Gesprächsstoff. Aber es kommt noch ärger, noch zugespitzter: Man kann alle Fragen der Gesellschaftskultur hochideologisieren zu einer Frage der *Religion*, und von da an eigentlich beginnt das *prophetische* Element dieses Kampfes Jesu nicht allein gegen die Religion *seiner* Zeit, sondern in gewissem Sinne *jeder* Zeit.

Wo wir *heute* stehen, läßt sich am einfachsten daran beobachten, daß im Sprechen von Gott der Mund der Theologen *viele* Auskünfte bereithält, unter anderem auch diejenige, es sei Jesus von Nazareth «prophetisch» gewesen, das heißt in Theologendeutsch: er besaß die «Vollmacht» eines Propheten, er war die «Erfüllung» aller Propheten, doch diese Nomenklatur wird selten wirklich ernst genommen. Sie gilt als minderrangig der weit vornehmeren Erklärung gegenüber, daß Jesus der «Sohn Gottes» gewesen sei oder der «Sohn Davids», wie wir gleich noch hören werden. Ein *Prophet* ist ja vermeintlich nur ein Mann Gottes, wie es deren viele gab. Doch darin liegt der ganze Ernst! Es kommt nicht darauf an, wie viele Propheten es in der Religionsgeschichte schon *gegeben* hat, die Frage ist, inwieweit wir es wagen, selber uns als Propheten zu geben. Die Relativierung der prophetischen Dimension der Person Jesu läuft darauf hinaus, daß wir in der Kirche, wie sie heute verfaßt ist, die Botschaft Jesu wie etwas Ferngerücktes erleben; der Mann aus Nazareth war etwas *ganz* Besonderes – mehr zu wissen ist für diese Art von «Glauben» nicht erforderlich. Buchstäblich *war* da Jesus ein Prophet; daß er es in uns selber jemals wieder werden könnte, indem seine Botschaft und seine Person als kritische Meßlatte an unser eigenes Leben angelegt würde, an den Zustand unserer heutigen Denkform und Praxis, davor buchstäblich möge Gott uns bewahren![183]

Doch setzen wir an dieser Bibelstelle nur einmal statt «Pharisäer und Schriftgelehrte» diejenigen Instanzen ein, die in dieselben Positionen *heute* eingerückt sind, dann müßten wir statt «Schriftgelehrte» einfach sagen «Theologen», all die Beamten der verwalteten Religion in Fragen der rechten Lehre, all diejenigen, die im *«Lehramt»* tätig sind, und sogleich merken wir, daß der Konflikt in unseren Tagen eher zu- als abgenommen hat. Denn worum geht es? Um nichts weiter als um die Feierlichkeit, mit der man als «Pharisäer», als ein «Gläubiger» religiöser Außenlenkung, Gott identisch setzt mit einer bestimmten Tradition, die «immer schon» so und nicht anders bestand, und mit einer bestimmten autoritären Gruppe, die diese Tradition auslegt, zerlegt und auferlegt, wie es ihr gelegen kommt. Beides, Tradition und Autorität, Bindung nach rückwärts und Verbindlichkeit nach oben, das sind die Fesseln, in die sich jede Freiheit eines Menschen für gewöhnlich einschnüren läßt, sobald er es mit der verfaßten Form von Religion zu tun bekommt. Jesus aber findet, daß *nichts* gilt im Raum von Tradition und Autorität, was sich nicht selber überprüfen lassen müßte und überprüfen lassen könnte nach seiner Wirkung auf die Menschen.

Sind da beispielsweise *seine* Jünger schlechtere Menschen, nur weil sie sich nach einer bestimmten religiös vermittelten Tradition von Schicklichkeit und Sittlichkeit nicht richten? Hat man ein Recht, über Leute zu urteilen, die eine bestimmte Gesetzesvorschrift ganz einfach nicht einhalten *können*? Schon solch ein fragender Gedanke muß für ausgeschlossen gelten in den Kreisen derer, die das Sagen über Gott besitzen, die festschreiben, wie man leben muß, um mit Gott zurechtzukommen.

Was alles an Menschen kann man *ausschließen*, weil es nicht *rein* genug ist? Nehmen wir zum Beispiel all die Fragen, die im 19. Jahrhundert fast die gesamte Arbeiterschaft betraf. Die Kirche hat die Menschen in den Fabriken und Zechen verloren, weil die Armut, die Ausbeutung, die 14-Stunden-Arbeit ohne jede soziale Sicherung in den Kohlegruben, in den Erzminen, in den Apparaturen des beginnenden Maschinenzeitalters des Manchesterkapitalismus keinen Raum ließ für einen «Gottesdienst», wie die Kirche ihn wollte; die Kluft zwischen einer einfachen Arbeiterkleidung und den Weißgewandeten in Linnengewändern in den Gottesdiensten wurde schlechterdings grotesk.[184] Das Sprechen von Gott, so begriff man, diente viel eher der Rechtfertigung jeder Form von Ungerechtigkeit und Unterdrückung, als daß es die Menschen aufstehen ließ zu ihrer eigenen Würde. Und weiter: Wie viele Menschen *im 20. Jahrhundert* wurden da mir nichts, dir nichts *ausgeschlossen* aus dem Raum des «Heiligen», einfach weil sie in *ihrer* Armut und Not, heute zumeist *seelischer* Art, mit bestimmten Geboten der Kirche nicht zurechtkamen? Wie weit darf es gegenüber Menschen unter den Augen Gottes ein *Argument* sein zu sagen: «Ich kenne eine Frau, ich kenne einen Mann, die tragen nicht die Schuld dafür, ein bestimmtes Gebot der Kirche nicht zu erfüllen, aber ich weiß, daß sie ordentliche Menschen sind; also *ändert* ihr euere heiligen Gebote im Namen dieser Menschen! Dreht es und formt es so lange, bis es zu diesen Menschen paßt! Gebraucht eure Vernunft *in diesem Sinne!* Hört auf, etwas von oben nach unten zu verkündigen oder aus der Vergangenheit in die Gegenwart hineinzurücken, nur um euerer eigenen Rechthaberei willen! Formuliert eure Ansichten *aus der Zukunft* in die Gegenwart, und wählt die Perspektive *von unten nach oben!* Denkt von den Menschen her, die am meisten leiden, von den sozial Geächteten, von den psychisch Fertiggemachten; *die* seien der Ausgangspunkt eures Forschens und Fragens; und was dann dabei herauskommt, das hat eine gute Aussicht, Gott zu erreichen!»

Es wird die Auskunft aller theologisch Wissenden, aller im Lehramt Gebundenen auch heute noch sein, daß ein solcher Umsturz unerhört sei und daß man alles tun müsse, um ihn zu verhindern. Ein solcher Umsturz würde ja bedeuten, daß die Länge der Tradition *kein* Argument der Wahrheit sei! Womöglich gibt es ja bestimmte Lehren, die bestehen schon seit Hunderten von Jahren, die existieren schon seit Tausenden von Jahren, und *sie* sollen plötzlich falsch sein?

Ein kleines Beispiel aus *Paderborn* freilich vermag uns zu zeigen, was da auf dem Spiel steht. Als an der Paderborner Theologischen Fakultät im 17. Jahrhundert der Jesuitenpater *Friedrich von Spee*[185] eine Frau nach vier Tagen Folterung am Westerntor auf den Scheiterhaufen zu begleiten hatte, erhielt er bei der üblichen Befragung, was sie denn getan hätte, was ihre Schuld sei, was am meisten sie zu bereuen habe, die Antwort: «Ich weiß es doch nicht, Herr Pater.» Wenn eine Frau nach vier Tagen der Folter angesichts des sicheren Todes noch nicht einmal weiß, *wofür* man sie eigentlich verurteilt – so der Gedanke des Humanisten *Friedrich von Spee* –, dann *kann* es sein – und dieses «kann» birgt eine unerhörte Möglichkeit! –, daß drei- bis fünfhundert Jahre Folter und Verbrennung gegen «Hexen» und Satansbesessene, wie sie im Abendland geübt wurden, ein einziger Irrtum waren![186] Dann ist es möglich, daß in diesem unglaublichen Zeitraum von fast einem halben Tausend Jahren *alle:* Päpste, Bischöfe, Theologen, Kirchenführer und staatliche Behörden, *im Irrtum* befangen waren! Dann ist es desgleichen überhaupt nicht sicher, ob die Person, die man *jetzt* verurteilt, wirklich eine Hexe ist oder nicht; wenn aber zumindest ein begründeter Zweifel besteht, ob diese Frau verurteilenswert ist oder nicht, dann *darf* man sie doch nicht verurteilen, dann gibt es keine klaren Kriterien zur Begründung ihrer Hinrichtung!

Ein einziger Fall evidenter Menschlichkeit, das lehrt das Beispiel des *F. von Spee*, kann imstande sein, eine jahrhundertealte Tradition *der Unmenschlichkeit* zu überführen. Und dann allerdings gerät alles ins Wanken. Ein solcher Gedanke, gewiß, ist *unmöglich* im Namen der Autorität – sie würde dadurch zutiefst erschüttert; ein solcher *Gedanke* auch nur verbietet sich selber im Namen der Heiligkeit der vorgegebenen Tradition – sie wäre damit am Ende; aber ein solcher Gedanke muß unter Umständen gewagt werden im Namen der Menschen – *das* ist der Gedanke Jesu an dieser Stelle! Es soll überhaupt nichts mehr gelten vor Gott, außer was sich beglaubigt durch die Menschlichkeit selber! Alles andere sei gleichgültig und in sich belanglos!

Natürlich wird da der Theologeneinwand auf der Stelle lauten, daß hier Gott entwertet werde durch «allzu viel» Menschlichkeit, daß hier ein *Humanismus* in die Religion hineingemogelt werde, der den Menschen wichtiger nehme als Gott selber. In christlicher Sprache hören wir diese Ansicht vertreten unter dem Titel *«Kreuzestheologie»*. Ein Mensch hat da als erstes Gott zu *dienen*, und dies am besten durch die *Opfer,* die er bringt; hernach erst, mit dem, was ihm übrigbleibt, mag er dann für «die Menschen», das heißt für das «normale» Wohlbefinden dasein.

In diese Erklärung hinein, in genau dieses Denkschema hinein spricht Jesus an dieser Stelle mit einer ungeheuren Wucht. Die ersten drei Gebote des Dekalogs, die sich in der Tat ausschließlich mit Gott beschäftigen, überspringt er ganz einfach und kommt unmittelbar zu dem menschlichen Kern aller Gottesrede: *Viertes Gebot* zum Beispiel: Ehre Vater und Mutter! – eine Frage im Judentum von oberstem Rang, weil die gesamte Gemeinschaftsordnung, der «Generationenvertrag», daran hing.[187] Es gab seinerzeit keine Altersversorgung, keine Rente, keine Krankenversicherung; alte Leute lebten damals buchstäblich von den jungen Leuten, und für sie zu sorgen war ein Prüfstein erwiesener Menschlichkeit. Wie also kann man da sprechen im Rahmen der etablierten Religion und es als ein neues feierliches Wort ausgeben: *Korbán:* «Wenn du hingehst zum Altar und bringst den Betrag, der eigentlich für deine Eltern nötig wäre, *Gott* zum Opfer dar, dann handelst du sehr viel würdiger, heiliger, *richtiger,* als wenn du deine Gabe deinen Eltern geben würdest»?[188] Da wäre es also möglich, Gott zu dienen *auf Kosten* der Menschen, denen man das eigene Leben verdankt! Da könnte es sein, daß man Gott *ausspielt* gegen die Menschen! Wenn es so steht, alternativisch: Gott *oder* Mensch, so gilt es, entscheidet sich Jesus an dieser Stelle – und zwar kategorisch, unwiderruflich –, für den Menschen Partei zu ergreifen – *gegen* den etablierten Fetischgott der Theologen! Jesus will sagen: Es *ist* kein Gott im Himmel, mit dem man diese Erniedrigung einfachster Humanität und Menschlichkeit rechtfertigen und betreiben könnte! *Umgekehrt:* Das, was Menschen nützt und hilft, *das* ist in sich selbst der beste Gottesdienst. *Opfer* sind da nicht gefordert. Es ist ein echt prophetisches Wort aus dem Munde des *Hosea* (6,6), das Matthäus gleich zweimal in seinem Evangelium einhämmernd und einpeitschend gegen die «Pharisäer» und «Schriftgelehrten» seiner Zeit in Anwendung bringt: «Wenn ihr doch (endlich) begreifen würdet, was das heißt: Ich will keine Opfer, einzig Barmherzigkeit» (Mt 9,13; 12,7) – es wäre der *Anfang* eines völlig neuen Verhältnisses zwischen Gott und Mensch; ein endgültig opferfreies, ein sadismusgereinigtes, ein wohltuendes Leben vor Gott würde da möglich, so daß die niedergebeugten Menschen sich aufrichten könnten.

Jesus steht an dieser Stelle nicht an, dem Propheten *Jesaja* recht zu geben, der (im 29. Kapitel) paraphrasiert[189], wie man Gott im Mund führen kann, nur um Menschen die Ehre abzuschneiden und ihnen die schuldigen Dienstleistungen zu verweigern – um den unerläßlichen Strom des *Mitleids* untereinander zu unterbrechen! Auf diese Weise, meinte schon *Jesaja,* macht man Gott zur faulen Redensart. Da kann man noch soviel im Namen Gottes von Gott «verkünden» – es ist nichts als hohler Götzendienst, was da betrieben wird; und das Kriterium: all diese theologischen Phrasen erreichen nicht das Herz des Menschen, sie sprechen ihm nicht «in die Seele», und sie kommen nicht aus seiner Seele; sie

Gelebte Religion ist gerade soviel wie Prophetie und Therapie

tragen lediglich dazu bei, Menschen in Marionetten zu verwandeln. Was aber wird geschehen, wenn man erst einmal damit beginnt, in eine so erstarrte Religionsform den menschlichen Faktor wieder einzuführen, und die Leute zu denken lehrt: «Alles, was wir an echtem Gefühl einander mitteilen, alles, was die Augen des Menschen neben uns hell macht vor Glück, alles, was seinen Mund weit macht vor Freude, *das* atmet Gott, *das* schaut Gott, *das* vergegenwärtigt *Heiliges;* alles aber, was den anderen traurig macht und zerstört, das ist schade für Gott, weil schädlich für den Menschen» – so müßte man denken?

Die Gefahr, die da gewittergleich am Horizont heraufzieht, läßt sich im voraus schon ahnen. Die eigenen Jünger bereits beginnen, nach Matthäus, Jesus zu warnen: «Weißt du nicht, wie übel man dir das genommen hat?»[190] Kann denn das gutgehen, mit anderen Worten, so provokativ, so energisch zu reden? Doch immer zeigt sich in der «Tröstung der Völkergemeinschaft» (TG), daß Jesus sich weder aufhalten noch warnen läßt. Ganz im Gegenteil. Mitten in die Gefahr hinein weitet er, typisch für ihn, den Konflikt eher noch aus, als ihn zu mäßigen: Statt im geheimen vertraulich zu verhandeln und zu sondieren, zieht er *in aller Öffentlichkeit* die Leute in die Diskussion mit hinein, und natürlich: er handelt damit nur konsequent! Sollen denn die religiösen Fragen allen Ernstes wie bisher nur unter den Experten, unter den theologisch Gebildeten verhandelt werden[191], unter denen, die seit Kindertagen das Buch *Levitikus* auswendig gelernt haben und also *Fachleute* sind in Fragen Gottes? Gehören Fragen, die ersichtlich alle angehen, denn wirklich in den Kreis einer Expertenkommission, die den Leuten ihre eigenen Problemstellungen wegnimmt, um die vorgefertigten Antworten der tradierten Lehre an deren Stelle zu rücken? Die Meinung Jesu lautet ganz entschieden: *Das Volk soll entscheiden!* Also: her mit den Leuten! «Begreift und versteht», ruft er den lebenden Menschen zu – *sie* sind seine Appellationsinstanz! Die «Pharisäer» und Theologen hingegen werden es nicht begreifen, das steht hier schon im 15. Kapitel des Matthäusevangeliums fest; man kann aber nicht warten, bis die «Lehramtsträger» es verstehen; *die Leute – sie müssen es* begreifen, denn es ist *ihre* Sache! Also noch einmal: «Hört und versteht: Unrein wird man nicht durch das, was man in den Mund hineinsteckt, sondern durch das, was herauskommt», aus *der Seele* nämlich.[192]

Von diesem Punkt an ist der Konflikt eindeutig, jetzt stellt sich die Machtfrage: Entsteht Religion dort, wo Menschen leben, oder bleibt sie in bestimmten Kammern und Denkstuben von Vorgesetzten hängen? Es ist, wie wenn die Sphäre sich dreht, ein Umsturz in allem von oben nach unten, eine Revolution in allen Fragen des Religiösen; und zugleich eine Universalisierung der Religion auf alles, was menschlich ist, hin.

Matthäus meint an dieser Stelle sogar, daß diese Ausdehnung des Konfliktes, weg von den «Pharisäern» und Schriftgelehrten hin zu den Menschen, der *Grund* dafür sei, daß auch wir, die wir aus den «Heiden» sind, in den Kreis der Schüler Jesu hätten aufgenommen werden können (Mt 15,21). Doch ehe er diesen Grundgedanken seiner *Geschichtstheologie* weiter ausführt, legt er (entsprechend der Markusvorlage) Jesus noch ein paar «Beispiele» in den Mund, wie es gemeint ist: «aus dem Herzen kommt alles, was unrein macht; die bösen Gedanken gehen vom Herzen aus.»

Immer, wenn man diese *Lasterliste* liest, wird man zunächst wohl den Eindruck der üblichen moralisierenden Verengung des ursprünglich Großartigen ins Kleinlich-Pedantische gewinnen und dafür der «Urgemeinde» (schon der Tradition des Markusevangeliums) die Schuld geben.[193] Tatsächlich aber ist doch bei aller Moralisiererei *ein* Hauptgedanke Jesu gewahrt geblieben: Es gehen *vom Herzen* des Menschen aus: Mord, Ehebruch, Hurerei, Diebstahl, Trugzeugnis, Lästerung. Das heißt doch eigentlich: Kümmert euch einmal nicht so sehr um die *Symptome* des Fehlverhaltens, sondern begreift, daß alles, was «böse» ist, einem einzigen Zentrum entstammt, das selber der Hilfe, der *Heilung*, der Rettung bedarf. Daß es zumindest bei Matthäus in *diese* Richtung wirklich gehen soll, zeigt er selber überdeutlich, indem er den ganzen folgenden Teil des 15. Kapitels dem Thema der Heilungs- und Speisungswunder widmen wird.[194] Im Kampf gegen das Böse geht es im Grunde um die Rückgewinnung der *Ganzheit* des menschlichen Herzens, soll das offenbar heißen; nicht mit den Gesetzen der Moral, nicht mit den Weisungen der Überlieferung ist ein Mensch aufzurichten, wohl aber indem man sein eigenes Herz von innen her ordnet!

Wie aber macht man das?, wird man sich natürlich fragen, *wie* beim *Mord* zum Beispiel? Man kann nicht gerade sagen, daß der Text hier besonders auskunftsfreudig wäre; aber er nötigt uns doch, in die richtige Richtung zu schauen. Kann es nicht etwa sein, daß alle Probleme dort liegen, wo wir sie am wenigsten vermuten? Vor Jahren meldete sich ein Mann, der wegen eines schweren Gewaltverbrechens ins Gefängnis gesteckt worden war. Hört man von seiner Tat, so wird man denken, dieser Mann müsse wohl besonders aggressiv und ungezügelt gewalttätig sein. Die Wahrheit indessen sah völlig anders aus. Er bemühte sich in jedem Betracht, den anderen näherzukommen, fremde Wünsche an ihren Augen abzulesen, er war so unsicher in seiner Bravheit, daß man ständig zu spüren bekam, wie sehr er die einfachsten Gefühle bei sich selber unterdrückte. Im Kessel einer solchen innerlich gespannten, ja, überspannten Gefühlslage genügt dann allerdings mitunter ein weniges auch nur an zusätzlicher Kränkung und Hänselei, um eine Explosion zu erzeugen. Dieser Mann war im Grunde nur zu hilflos, um sich auf normalem Wege gegen andere erfolgreich durchsetzen zu können. Er reagierte gewissermaßen wie eine Ratte, die man in die Ecke eines Zimmers getrieben hat: Wenn sie gar nicht mehr weiter weiß, greift sie an, blindwütig, sinnlos und im vorhinein zum Verlieren bestimmt – jetzt ist sie noch schlimmer! – Mit Ketten und Gefängnismauern heilt man nicht das Herz eines Menschen, nicht einmal das eines potentiellen Mörders. Wie aber hilft man einem Menschen, daß er es vermeidet, sich jeden Tag gewissermaßen selber umzubringen oder umbringen zu lassen, wie bringt man ihm bei, ein Stück an sich selber zu glauben? *Das* ist die Frage.

Oder der *Ehebruch*. Man muß das Wort nur aussprechen, und man hat im Sinn der kirchlichen Moral gleich all die Verurteilungsvokabeln im Ohr: Untreue, mangelndes Pflichtgefühl, Ausschweifung, Laxheit, Hedonismus... Wie viele Fälle von Ehebruch aber ergeben sich nach Jahren einer zwangsgebundenen Treue, in der die Beziehung zweier Menschen sich unmerklich verformt hat zu so etwas wie einer fleißigen Kameradschaftsgemeinschaft, ohne tiefere Verbundenheit, ohne die Chance, Konflikte beizeiten auszusprechen, und ohne die Fähigkeit, Worte zu finden, in denen sich Unstimmigkeiten, Ärger, unabgegoltene Wünsche an den anderen hätten artikulieren lassen? Am Ende, wenn soviel Ungesagtes liegenbleibt, genügt mitunter ein kleiner Anlaß, ein Aufenthalt in der Kur, eine Betriebsreise für die Firma, eine günstige Gelegenheit, und ein Mann erkennt in einer Frau, die er bis dahin nie gesehen hat, alles das wieder, was sich in ihm an Wünschen und Sehnsüchten im Verlauf von vielen Jahren aufgespeichert hat. Oder umgekehrt, eine Frau in einem Mann! Winzige Erinnerungen können plötzlich ausschlaggebend sein wie in der Novelle von STEFAN ZWEIG «*Vierundzwanzig Stunden im Leben einer Frau*»[195]: da ist es die *Handbewegung* eines Mannes auf den Tasten des Klaviers, die eine Frau wie hypnotisch in den Bann zieht und sie alles vergessen läßt, was bis dahin ihr Leben war. Wie heilt man das Herz eines Menschen zu *wahren* Gefühlen, zu wirklicher Verbundenheit, zu einer *Einheit* von Sollen und Wollen, von Pflicht und von Neigung? Wer darauf keine Antwort weiß, sollte sich nicht zum Richter über Menschen aufwerfen.

Oder die *Hurerei*: Da glauben wir ganz klar zu sehen: Das ist entartete Sexualität! Da werden Menschen zu Lustobjekten! Da werden vor allem Frauen zu bezahlbarer Ware gemacht, da handelt es sich um gemeine Ausbeutung, um ein Geschäft mit den Triebbedürfnissen frustrierter Männer. Das alles mag im großen und ganzen vielleicht sogar wirklich so sein, aber wieviel an abgespaltenen Triebgefühlen, oft genug seit Kindertagen, gehört eigentlich dazu, nur noch im Rotlichtmilieu des Verbotenen das zu suchen, was sich dort bestimmt *nicht* finden läßt – so etwas wie Nähe, Glück, Freude, Entspannung, Erholung in den Armen eines anderen Menschen? Wie traurig eigentlich muß ein Leben sein, das ernsthaft vermeint, für wenige Augenblicke geborgter Zärtlichkeit auch noch *bezahlen* zu müssen, statt daß man sich zutraut, selbst liebenswürdig genug zu sein und die notwendige Liebe zu bekommen wie ein gern gegebenes Geschenk aus den Händen eines anderen Menschen, der auch wirklich meint, was er tut? Wieviel muß ruiniert sein in Menschen, damit sie zum sogenannten «Laster» getrieben werden? Und wieder: wer das nicht versteht, wie eigentlich steht der zu Menschen?

Oder der *Diebstahl*. Man hatte eine Frau verhaftet als Ladendiebin, und schon stand es in der Zeitung, schon wurde ihr bürgerlicher Ruf vernichtet, schon lachte das ganze Dorf über sie. Dabei wäre es so einfach gewesen, an der *Sinnlosigkeit* ihres Tuns bereits zu ersehen, daß es sich keinesfalls um eine freie Handlung gehandelt haben wird. Was sie hatte «mitgehen» lassen, hätte sie kaum benötigt, *Geld* besaß sie genug, was sie tat, war wie eine Zwangshandlung. Kann es nicht sein, daß ein Mensch zum Diebstahl *von innen her* genötigt wird, weil ihm seit Kindertagen die einfachsten Wünsche niemals erlaubt waren, so daß er denken mußte, nur was er hintenherum sich entwendet, zusammenmogelt und stiehlt, nur das gehöre ihm, vorausgesetzt, daß er es gut genug versteckt vor den Augen der anderen? Wie heilt man das Herz eines Menschen, bis daß es seinen eigenen Gefühlen *recht* gibt und sogar dem «Diebstahl» eine gewisse Berechtigung zuspricht? Denn daß ein Mensch bestimmte Dinge *braucht*, das stimmt allemal; nur daß er sich diese Dinge *stehlen* müßte, ist zu kurz gedacht von der eigenen Würde. Ein Mensch hat *verdient*, was er braucht, er darf es haben, er hat unter Umständen ein *Anrecht* darauf, und er muß es nicht heimlich und oft genug als symbolischen Ersatz für die eigentlichen Bedürfnisse nach menschlicher Nähe sich aneignen. Nicht ein mehr an *Verzicht*, ein mehr an *Selbstbewußtsein* ist hier heilsam.

Genauso mit *Trugzeugnis* oder mit *Lästerung*. Was reden wir Menschen alles daher aus Unfähigkeit zur Wahrheit! Sie entstammt zum Teil unserer Angst, zum Teil den Brechungen in unserem eigenen Charakter, und fast immer der übergroßen Bedeutung, die wir der Umgebung beimessen. Aus lauter Angst oft verspotten wir schließlich das, was uns eben noch heilig war, und sind aufsässig gegenüber dem, was vorhin noch unsere Größe zu sein schien. Wie heilt man einen Menschen zu seiner eigenen Stimmigkeit, daß er bei dem bleiben kann, was er wirklich denkt, und auch nach außen hin ernst *nimmt*,

Gelebte Religion ist gerade soviel wie Prophetie und Therapie

was ihm wirklich ernst *ist?* – Vor Jahren stand ein Theologiestudent vor dem Problem, daß er mitten im Domhochamt, an dem teilzunehmen man ihn jeden Sonntag bestellte, laut anfing zu lachen. Der Regens, gerade neu eingeführt, war schon entschlossen, ihm die Priesterweihe zu verweigern – jemand, der in einem bischöflichen Hochamt im Kirchengestühl laut anfängt zu lachen, kann doch kein andächtiger Mensch sein, ein solcher *lästert*, ganz offensichtlich! Mit Strafen und Gesetzen läßt sich stets recht «praktisch» umgehen. Die Wahrheit in diesem Falle aber war, daß dieser junge Student alle Dinge des Gottesdienstes gerade ganz besonders ernst nahm. Er versuchte in der Tat die Botschaft Jesu zu verinnerlichen: «Wenn ihr in die Dörfer Galiläas geht, zieht nicht einmal ein Unterhemd an» (Mt 10,10). Jetzt aber wurde ihm in aller Feierlichkeit vorgeführt, daß ein Bischof der katholischen Kirche, wenn er sich anzieht für eine Meßfeier, mindestens vier Bedienstete um sich hat und selbst sommertags zwölf verschiedene Kleidungsstücke aus ganz verschiedenen Jahrhunderten zu seinem heiligen Auftritt benötigt. Dabei nun freilich bleibe man ernsthaft! Er mußte des weiteren mitansehen, wie da am hellichten Tage eine henkelförmige Nachtleuchte, ganz wie bei der Reklame für ein bekanntes Abführmittel, durch den Altarraum getragen wurde, auf daß der Bischof morgens um 11 Uhr beim Lesen des Evangeliums auch alles deutlich genug zu lesen vermöchte. Und dabei bleibe man ernsthaft! In diesem Manne staute sich gerade das Bemühen um das Heilige so sehr an, daß es in ihm losprustete wie eine gut durchgeschüttelte Sektflasche, von welcher der Korken gezogen wird. Das Mißverhältnis zwischen dem Sichtbaren und dem zu Glaubenden kann so grotesk werden, daß es selbst zu einer «Lästerung» gerät, und wer lästert dann, wenn er lacht? Wie aber *heilt* man Menschen dazu, daß sie nicht länger vor ihren Augen verspotten lassen, was ihnen eigentlich das Leben bedeutet?

Jesus wird über den Stand derer, welche die verfeierlichte, die abgeleitete, die immer wissende, die von oben nach unten aufgesagte Religion verwalten, im Matthäusevangelium später in aller Entschiedenheit sprechen: «Laßt sie nur machen. Sie sind blind genug und richten sich selber zugrunde. Es hat keinen Zweck, an ihrer Hand noch mitzulaufen. Und was nicht von Gott ist, wird von selber ausgejätet» (Mt 15,13–14). *Das* ist ein Entscheidungswort: Alles, was *lebendig* ist, ist von Gott; *das* ist das Kriterium. Und umgekehrt: Was von Gott ist, wird sich durchsetzen *im* Leben und *ins* Leben.

Doch nun schaue man sich um! Allein im Jahre 1990 haben über 151000 Katholiken der katholischen Kirche den Rücken gekehrt. Noch im Jahr davor, im Jahre 1989, waren es «nur» etwa 90000 – ein dramatischer, fast explosionsartiger Anstieg, der die letzten Barrieren aufsprengt. In 1991 lagen die Zahlen bei 150 000, im Jahre 1992 bei 200 000, und es hat den Anschein, als wollte und sollte das so weitergehen.[196] Sollte man da nicht im Namen Jesu denken, der Menschen seien allzu viele, die in unseren Tagen keine Chance haben im Schatten der «Pharisäer» und der «Schriftgelehrten» – der immer Orthodoxen, der stets Wissenden, der unangefochten Richtigen, und die *ungewaschenen Hände* täten besser als die geweihten und die heiligen, und sogar die ungewaschenen *Mäuler* wären herzhafter zum Küssen als die geschminkten und gepuderten, und die schwitzenden *Leiber* zum Umarmen zärtlicher und anziehender als die weihrauchgedünsteten?

Es geht um die Frage, wieweit das «Christentum» guttut. *Das* meint Matthäus. Im Aufbau seines Evangeliums ist es eine Wendemarke, wenn Jesus an dieser Stelle buchstäblich die Flucht ergreift vor den «Pharisäern» und Schriftgelehrten und hinübergeht ins Heidenland, nach Tyrus und Sidon.[197] Der Grund: Es glaubt der Mann aus Nazareth nicht länger mehr, im Kreise der Führer seines eigenen Volkes und seiner eigenen Religion sich noch verständlich machen zu können! Zwar hält er (wie Matthäus ergänzt!) daran fest, er sei allein bestimmt für die Verlorenen *in Israel* bzw. für *das* verlorene Israel (Mt 15,24; vergleiche 10,5!); und doch spürt auch er schon den Sog, hinüberzugehen zu dem Volk der «Heiden» – zu allen Menschen, die in ihrer Not gar keine andere Wahl haben, als sich ohne Vorbedingungen in die Hände Gottes zu geben.

Da leidet im Gebiet von Kanaan eine Mutter an der Besessenheit ihrer Tochter.[198] Gewiß mag diese «Dämonie» in jüdischen Augen auch stehen für die «Verfallenheit» des Menschen außerhalb *Israels* an die Macht des Bösen, aber alles, war wir bei Matthäus (entsprechend der Markusvorlage) hier hören, ist viel zu persönlich, viel zu individuell geformt, als daß wir es gleich in solche allgemeinen Zusammenhänge bringen könnten; zudem scheinen in dieser Darstellung gerade die «Heiden» Gott näherzustehen als das Volk der Erwählung. Diese Frau jedenfalls spricht *das* Bekenntnis, das Israel orthodoxerweise Jesus gegenüber verweigert: «Sohn Davids» nennt sie den Mann aus Nazareth. Das ist die christlich-orthodoxe Formel: der Messiastitel, die Christuswürde – das vollgültige «Bekenntnis» der gesamten christlichen Theologie! Was diese Syro-Phönizierin damit jedoch meint, ist gewiß zunächst etwas ganz Einfaches, menschlich Ergreifendes: «Sohn Davids», «du mein König», das heißt doch soviel wie: «Du, nur du kannst meine Tochter heilen.» *Mehr* ist in diesem Titel zunächst nicht enthalten als die flehende Bitte dieser Frau, die wie nachgelaufen, wie hündisch hinter Jesus hergekrochen kommt: «Ich brauche dich *für meine Tochter.*»

Ein Mann, der so stolz war wie ANTOINE DE SAINT-EXUPÉRY, meinte einmal, daß ein Mensch von nichts wesentlich gequält werden könne, das nur ihn selbst betreffe.[199] Recht hat der französische Dichter zumindest darin, daß noch viel ärger als das eigene Leid der Schmerz der Verantwortung um einen Menschen ist und sein kann, der uns nahesteht und dem wir dennoch nicht entscheidend helfen können. Hier in dieser Geschichte bittet eine Heidin, eine Kanaanäerin, für ihre Tochter, doch das Ausmaß ihres Leids dringt vor bis ins Absolute, bis zu der Frage nach Gott: Wie findet man aus der «Dämonie», aus der Verheerung der Angst, zu einer Geborgenheit zurück, durch die diese Tochter wieder zu leben vermöchte?

In gewissem Sinne steht uns diese Frau aus dem Gebiet von Tyrus und Sidon stellvertretend für all die Mütter vor Augen, die in der Erziehung ihrer Kinder nicht mehr weiterwissen, und das mit bestem Wollen und Bemühen. Da in der Erzählung nur von dieser Frau gesprochen wird, dürfen wir annehmen, sie sei alleinerziehend; ob sie noch einen Mann hat, wissen wir nicht und ist auch nicht von Belang, denn in jedem Fall ruht auf ihr, auf ihrem Flehen, alles, was mit ihrer Tochter geschehen wird. *Sie*, ganz allein, ist verantwortlich, *das* ist ihr Gefühl. Doch gerade daraus entsteht eine unheimliche, eine wirklich «dämonische» Möglichkeit: Kann es nicht sein, daß eine solche Mutter, auf die es allein und entscheidend tagaus und tagein ankommt, sich ihrer eigenen Tochter, die sie lieb hat, am Ende unvermerkt einflößt wie etwas, das einem «bösen Geist» ähnelt? Die Psychoanalyse hat uns für derlei Zusammenhänge die Augen geöffnet: wie eine Mutter, einfach aus Angst um ihr Kind, schließlich sich gerade dem Wesen, das sie am meisten liebt, auf eine Weise verinnerlichen kann, daß die Tochter buchstäblich wie *besessen* von einer fremden geistigen Macht erscheint. Die erstickende Fürsorge der Mutter gegenüber ihrer Tochter kann ein heranwachsendes Mädchen daran hindern, selber zu denken, selber zu fühlen, selber zu leben, selber zu sein. Ständig ist es genötigt, zu horchen und zu spüren, was wohl *die Mutter* denkt, und so kann es dahin kommen, daß automatisch an jeder Stelle, wo etwas Eigenes sich melden möchte, ein Gegenwille auf den Plan tritt, der sich tonbandartig über alles legt. Mitunter erkennt man die Stimme einer solchen «verhexenden» Mutter bis in den Tonfall hinein[200]; die Sprache eines solchen «besessenen» Menschen wird unversehens schnarrend, der Inhalt ändert sich von einem Satz, der eben noch positiv gemeint war, auf den anderen in eine vernichtende Kritik; plötzlich, an Stellen, da gerade noch Selbstsicherheit und Zuversicht herrschten, bricht jäh alles ab, und es treten quälende Selbstzweifel an die Stelle – immer wieder ahnt man, wenn man einem solchen Gespräch zuhört, daß jetzt ein *fremder* Geist, eine Hintergrundmacht aus einem solchen Menschen heraus redet, die ihn zwingt, Dinge zu denken, die gar nicht seine eigenen Überzeugungen sind. Das «Überich» verdrängt hier das «Ich», müßten wir psychoanalytisch sagen. Wenn es sich aber so verhält, so müßten wir wirklich annehmen, daß es im Grunde die Mutter ist, die am tiefsten unter der Entfremdung ihrer Tochter leidet, stammt doch das Leiden dieses Mädchens aus der Übersorge und Überfürsorge der Mutter selbst – ein schier unauflöslicher Teufelskreis, der, je länger er währt, sich nur immer noch verstärkt.

Dabei sehen wir, wie flehentlich und von Angst getrieben diese Frau Jesus gegenübersteht. Keine Entwürdigung wäre ihr tief genug, wenn sie nur Hilfe bekäme. Wieviel Angst muß da liegen im Herzen dieser Frau – für ihre Tochter! Die *Jünger,* wie mehrfach bei Matthäus (vergleiche Mt 19,13, nach Mk 10,13–16), möchten die Frau nur loswerden (Mt 15,13!) – der Evangelist schildert selber über die Markusvorlage hinaus diese unglaubliche Möglichkeit, daß die «Apostel», sie selber, die Menschen nicht zu Jesus hinführen, sondern aus Gründen des früher Gesagten von Jesus fernhalten (vergleiche Mt 10,10!). Eine einfaches Stehenbleiben bei dem historischen «Vorbild» genügt – und das «Geht nicht zu den Heiden» *verhindert* den Aufbruch Jesu!

Doch selbst der Vergleich Jesu mit einem *Hündchen* ist für diese Frau kein Hindernis, in ihrer Not weiter zu bitten. Sie würde alles tun – für ihre Tochter! Sie würde hundert Meilen gehen und jeden Dienst verrichten – für ihre Tochter! Und so ahnt man, wie sie wohl gelebt hat all die Jahre zuvor schon. Nichts war ihr zu schwer, nichts war ihr zuviel – für ihre Tochter! Aber wenn *dies* am Ende das Ergebnis ist: das völlige Unglück des Menschen, den sie am meisten liebt, soll man dann nicht wirklich, biblisch geredet, sagen, daß in einer solchen Beziehung «der Deiwel drin» ist? Man versteht subjektiv nicht, was sich hier zuträgt, man kommt dagegen nicht an!

Wieder stoßen wir somit auf einen Konflikt, der mit guten Worten und mit gutem Willen, mit den Mitteln des Bewußtseins und der Moral, durchaus nicht zu lösen ist. Es ist eine der wunderbaren, der selbst in der «Tröstung der Völkergemeinschaft» (TG) seltenen Szenen, an denen ein Evangelist sogar die Gebetsordnung, die er selber vertritt, auf den Kopf stellt: Als Jesus seine Jünger (in Mt 6,7–15) beten lehrte, sagte er zu ihnen: «So sollt ihr sprechen: Dein Wille geschehe.» (Mt 6,10) An *dieser* Stelle geschieht einmal, was ein Mensch braucht in seiner Not; «dein Wille geschehe», sagt Jesus. (Mt 15,28)[201] So verzweifelt also können Menschen bitten, daß selbst Gott ihnen gehorcht – und Jesus auch! Denn mit dieser Geschichte eigentlich beginnt der Gang des Messias zu den Völkern, zu den «Heiden».

Und es weitet sich der Darstellung des Matthäus nach gleich wieder aus. Am

See von Gennesareth läßt der Evangelist Jesus *eine zweite Bergpredigt* halten, und sie kommen erneut alle zu ihm: die Lahmen, die Blinden, die Krüppel, die Stummen (Mt 15,90), daß die Leute staunen, wie ein solches Wunder der Heilung möglich ist – daß Menschen lernen, selber zu gehen, selber zu sehen, das Weggenommene an ihrem eigenen Ich zurückzugewinnen und endlich den Mund aufzumachen –, Redefreimut und Tapferkeit, Selbständigkeit und Selbstverfügbarkeit – das sind die Wirkungen, in denen die *Prophetie* des Nazareners zur *Therapie* an den Menschen wird.

Theologen aller Jahrhunderte sind auf der Suche nach dem «richtigen» Bekenntnis Gottes gewesen. An dieser Stelle aber könnten sie es finden. Da verherrlichen «die Scharen» den Gott Israels, wie damals bei der Austreibung des «Teufels» aus einem Stummen (Mt 9,33). Das ist die wirklich «prophetische» Einsicht des Matthäus: Alles, was wir heute nennen das «Alte Testament», die gesamte Botschaft Israels von Gott, findet ihre Zusammenfassung in einer Menschlichkeit, die wohltut und heilt, so wie sie Gestalt gewonnen hat in der Person des Mannes aus Nazareth.

Freilich, da lauert der übliche Einwand, der lautet: «Das können wir nicht», und er bezieht sich in gewisser Weise auch auf die Darstellung, die Matthäus selber hier gibt. Er, der Evangelist, läßt Jesus selber sich setzen auf einen *Berg*, zwischen Himmel und Erde (Mt 15,29). Er, der gerade noch bekannte Messias, verströmt da gewissermaßen seine göttliche Kraft in das Herz der Menschen, und schon könnten wir geneigt sein, die Person des Jesus von Nazareth dogmatisch zu verfeierlichen und nichts weiter zu tun, als unsere untätige Ohnmacht vor ihm zu bekennen.

Auf daß dies gerade *nicht* sei, greift Matthäus *ein zweites Mal* die Geschichte von der wunderbaren Brotvermehrung auf (Mt 15,32–39). «Redet euch nicht heraus», scheint er an *dieser* Stelle sagen zu wollen, »erklärt nicht, ihr könntet das nicht, ihr hättet ja nicht das Vermögen, ihr wäret halt ja nur Menschen, und eure Hände seien zu leer. Wohl seid ihr Menschen und habt leere Hände; doch dann tut immerhin das wenige, das ihr vermögt. Mehr ist nicht nötig; mehr will kein Mensch und kein Gott von Euch. Doch ihr werdet sehen, wenn ihr das tut: Die Menschen, die es bekommen, werden von euch im Überfluß haben und euch im Überfluß zurückschenken.» Solche Wunder der Menschlichkeit ereignen sich ganz sicher jeden Tag: Menschen, die eigentlich kaum weiterwissen und sich leer und müde fühlen, die oft erschöpft oder krank sind, geben anderen den letzten Rest, den sie noch haben, und ahnen nicht, daß es zu ihnen selber körbeweise zurückkommt und daß das Geschenk ihres Lebens sich immer wieder vervielfacht.

Am Ende leben wir allesamt doch nur von der Liebe. Und sie allein ist das ganze Wunder. Es geht um nichts anderes, als die Religion freizukämpfen zu ihrer Menschlichkeit hin und dem anderen so zu begegnen, daß es sein Herz erreicht und es gut wird bis ins Innere seines Körpers. So ganz allein dient man dem Gott Israels in prophetischer Kraft.

3. Der Weg zur Passion

(Mt 16,1–20,19)

Mt 16,1–20
Die Forderung nach einem «objektiven» Gott oder: Wie «bekennt» man Jesus als den «Christus»?

Ein Gesetz lebendiger Entwicklung scheint zu besagen, daß alles sich aufbaut nach der Ordnung einer Wendeltreppe, die über stets dem gleichen Grund in unterschiedlichen Höhen des Abstands gleiche Bewegungen zieht. Unter den Evangelisten jedenfalls ist Matthäus derjenige, der den *Spiralaufbau*[1] in der Darstellungweise am meisten bevorzugt. Vier Kapitel vorher noch (Mt 12,38–39) hat er eine ganz gleiche Szene (nach dem Vorbild von Mk 8,11–13) gestaltet wie hier am Eingang des 16. Kapitels.[2] Damals war die Rede von einem faulen Baum, von dem man keine gute Frucht erwarten kann: es gilt, sollte das heißen, im eigenen Leben, in der eigenen Existenz, die Wahrheit Gottes zu bewähren. Doch kaum gehört, waren die «Pharisäer» ausgewichen und hatten die Wahrheitsfrage von ihrer Existenz weg an einen objektiven Beweis delegieren wollen, den sie von Jesus forderten; der aber hatte ihn verweigert: «Kein Zeichen wird euch gegeben als das des Jona» (Mt 12,39). Für Matthäus bedeutete dieser Hinweis in Erinnerung an die drei Tage des Propheten im Bauch des Fisches ein Bild für den Tod und die Auferstehung Jesu. Ganz ähnlich hier. Eben voraus ging die Szene der wunderbaren Brotvermehrung, als Jesus seinen Jüngern sagte: «Ihr, gebt ihr den Hungernden zu essen» (Mt 14,16; 15,37). *Das* war die Probe Jesu – ein Exempel menschlicher Güte. Doch wie im Kapitel vorher kehren jetzt erneut die «Pharisäer», diesmal im Verein mit den *Sadduzäern*, zurück, um von Jesus, als hätten all die Wunder niemals stattgefunden, den entscheidenden «Beweis» zu fordern (Mt 16,1). Es ist, wie wenn der Evangelist sagen wollte: Das ganze Leben Jesu dreht sich immer wieder um dieselben Fragen, nur daß es sich gleich einem Mahlstrom immer tiefer in den Abgrund senken wird. Es läuft auf ein Ende zu, und zwar mit System, weil man es so will, aber die Drehbewegungen, die Spannkräfte gewinnen ihre Energie immer wieder aus den gleichen Konflikten.

Worin hier im 16. Kapitel besteht der *Kontrast,* der lebensentscheidende *Umbruch* von allem? Worum es geht, läßt sich am besten in der Frage formulieren, woraus wir Menschen leben, was uns als Wahrheit gilt und wie man die Wahrheit des Lebens beglaubigen, «beweisen», *vermitteln* kann. Es scheint ein Kerngegensatz in jeder Form von Religion zu liegen: Geht sie von der persönlich gelebten Daseinsform aus, oder wird sie von außen her, *abgeleitet,* an die Menschen herangegeben? Um diesen Kernkonflikt bewegt sich das Problem jeder Beziehung des Menschen zu Gott, und je nachdem entscheidet es sich, ob sie heilsam oder zerstörerisch, menschlich aufbauend oder verwüstend, befreiend oder versklavend, erhebend oder erniedrigend wirkt. Was wir in dem *Typ* der «Phyrisäer» und der «Sadduzäer» im Matthäusevangelium vor Augen haben, ist die *Verweigerung,* Religion als erstes aus dem eigenen Leben zu begründen und an das eigene Leben heranzulassen. Was man statt dessen möchte, ist eine sozusagen objektive, garantierte, festzumachende Wahrheit unter bestimmten Erkenntnisbedingungen, sozusagen festgelegt nach gewissen experimentellen Voraussetzungen. Gefragt: «Wer seid ihr selber? wie geht ihr miteinander um? was macht ihr mit dem, was ihr in den Händen habt angesichts der fremden Not?» lautet die Antwort solcher Leute allemal: «Nicht, was wir sind, lassen wir befragen, sondern wer du bist: Worauf beziehst du dich, wenn du solche Fragen an uns richtest? Wie legitimierst du dich? Ehe du versuchen willst, Wahrheit in unser Leben zu bringen, zeig uns zunächst die Legitimation deines eigenen Anspruchs! Zeig uns *ein Zeichen!*»[3] Dies ist soviel wie eine Forderung nach einer hieb- und stichfesten «objektiven» Beweisführung in Sachen Gottes. Es ist soviel, wie daß wir einen *nachprüfbaren* Gott erstellen, der sich dingfest machen läßt, indem wie eindeutig von ihm wissen: hier hat er gehandelt, hier ist er unbezweifelbar, hier ist er jeder Fragwürdigkeit ein für allemal enthoben. Und wir fügen gleich noch hinzu: «Wenn du uns einen solchen Gott vorführen kannst, dann möchte unser menschliches Leben sich fügen, dann fügten auch wir uns hinein in den Glauben, dann wollten auch wir gerne gute Christen oder was auch immer werden.»

Ein kleines Beispiel mag helfen, die Absurdität dieses Ansinnens zu begreifen. Jedem, der in den fünfziger Jahren die «Diskussion» um TEILHARD DE CHARDIN miterlebt hat, wird diese Religion der objektiven Zeichensuche wie ein schwarzer Engel der Denkverweigerung erschienen sein. Ich selbst entsinne mich noch der Schulzeit, als ich das erste Mal in einem Fischer-Taschenbuch von dem Paläontologen HERBERT KÜHN erfuhr, daß der Prozeß der Menschwerdung vermutlich viele Hunderttausende von Jahren durchlaufen haben könnte[4]; ich hörte, es sei möglich, daß die Anfänge der Menschwerdung in Ost- und Südafrika auf einen Zeitraum von über einer Million Jahren zurückreichten, und ich las das als Fünfzehnjähriger zu einer Zeit, in der im Religionsunterricht immer noch im treuen Gefolge der Lehre Pius' XII. der Glaube verlangt wurde, daß Gott den Menschen *unmittelbar* durch Einhauchung einer geistbegabten unsterblichen Seele geschaffen habe und daß Adam und Eva mithin *historisch* am Anfang der Menschheit gelebt haben müßten[5]. – Rund 40 Jahre danach ist das im übrigen gerade die Lehre, die JOHANNES PAUL II. im «Weltkatechismus» von 1993 den 900 Millionen Katholiken auf Erden verordnet.[6] Mit sechzehn Jahren in der Volkshochschule zeigte mir ein Arzt damals Dias, wie das erste Menschenpaar der Spezies des Australopithecus ausgesehen haben könnte: aufrecht stehend, mit einem Stab in der Hand. Tiere, die imstande sind, einen Stab zu führen, müssen unzweifelhaft über eine primitive Intelligenz verfügen. Das Gehirnvolumen des Australopithecus, so lernte ich damals, betrug etwa sechshundert Kubikzentimeter, und man darf annehmen, daß dieses Wesen zwischen Tier und Mensch anfanghaft denken konnte. Wenn es aber so steht, kann unmöglich Gott in einem bestimmten Zeitpunkt diesem Wesen eine Seele «eingehaucht» haben, die es eben dadurch zum Menschen gemacht hätte. Mit anderen Worten: eine zentrale Lehre, an welcher die katholische Kirche bis heute festhält, um Gott auf das Handeln in einem bestimmten Augenblick festzulegen, ist ersichtlich falsch. Gleichwohl treffen wir im Lehramt der Kirche sogar im Rang von Kardinälen und Bischöfen immer noch fleißige «sechzehnjährige Schuljungen» an, die nach wie vor darauf bestehen, daß, wenn von Gott glaubhaft die Rede sein soll, es *punktuell:* historisch, konkret, *greifbar,* geschehen sein müsse, sonst wäre es nicht Gott, der da gewirkt hätte: entweder – oder, ein *historischer* Gott oder ein *widerlegter* Gott, ein Drittes scheint logisch ausgeschlossen.

Doch schon bei dem Problem der Menschwerdung ist die Frage ersichtlich falsch gestellt. Es ist *nicht möglich,* die Bibel gegen DARWIN zu lesen. Gott gegen die Evolution: so macht es keinen Sinn! Wenn es zwischen Religion und Naturwissenschaft jemals wieder eine Einheit geben soll, so müssen wir mittlerweile aber über die gesamte Natur, insbesondere über uns selbst und unsere Stellung in der Schöpfung, gründlich anders denken als bisher. Dann ist Gott nicht ein Etwas oder Jemand, das wie der griechische Zeus mit dem Blitz in den Prozeß der Natur hineinschlägt, sondern er ist eine geduldige, langsam formende Kraft, die alle Welt durchzieht; dann ist er buchstäblich das, was die Theologen auch sonst von ihm zu sagen pflegen: Gott sei *Geist.* Geist ist niemals ein Etwas unter anderem, sondern das, was alles gestaltet – formgebend, belebend, durchdringend, ein Strukturmoment von Zusammenordnung und Vernunft, niemals etwas anderes.[7]

Mit *siebzehn*, erinnere ich mich, daß in einem *Philosophiekurs* der Lehrer festiglich die Meinung vertrat, es sei heute sozusagen im Reagenzglas zu erweisen, ob Gott existiere oder nicht. Die Kernfrage in der ideologischen Auseinandersetzung zwischen Ost und West, zwischen Marxismus und christlicher Weltdeutung lautete damals: Kann *Leben* sich spontan aus anorganischer Materie entwickelt haben, oder kann es das nicht? Wenn es das kann, wird es Leben überall im Weltall geben, wo immer die Bedingungen dafür günstig sind, und es ist kein Gott nötig, der, sagen wir vor dreieinhalb Milliarden Jahren, die Urformen des Lebens, die Prokaryonten, selber geschaffen hätte, sondern alles wäre ein gleitender Prozeß, der sich rein aus sich selbst, aus den Strukturen der Materie, verstehen ließe.[8] In diesem Falle bildete der weltanschauliche Materialismus den logischen Ersatz der vergangenen Religion. Oder umgekehrt: Es läßt sich aus den Bedingungen der Materie das Leben *nicht* erklären, dann ist Gott unerläßlich, dann ist er *bewiesen*. Da wird also die Gottesfrage zu einem Testfall der Biochemie, da wird im Grunde die Theologie delegiert an die Naturwissenschaften. Damals hatte der Russe OPARIN eine geniale Theorie, die Coazervatenhypothese, aufgestellt, die erklären sollte, wie das Leben sich geformt haben könnte[9]; diese Theorie ist heute längst veraltet, aber für die Naturphilosophie damals stellte sie eine Herausforderung erster Ordnung dar.

Heute erscheinen uns all diese Fragen schon wie überholt. Wir glauben heute einigermaßen klar zu sehen: um etwas zu verstehen, müssen wir auf den Weltenursprung selbst zurückgehen. Da gibt es keine Lücke des Erklärens, auch bei der Entstehung des Lebens auf unserem Planeten nicht. Die Theorien mögen im einzelnen noch beliebig weit verfeinert oder verbessert werden – an der Grundhypothese aber eines Zusammenhangs der gesamten Evolution vom ersten Wasserstoffmolekül an bis zu uns Menschen wagt im Grunde niemand mehr zu zweifeln. Es ist das Weltbild, das wir mittlerweile den Zwölfjährigen in der Schule vermitteln und das wir den Zwanzigjährigen an den Universitäten begründet vortragen, mit dem wir in den Labors rechnen und das als eine selbstverständliche Spiegelung unseres Bewußtseins von den Dingen her zu uns zurückkommt. Oder anders gesagt: Ein «bewiesener» Gott ist kein Gott. Um etwas zu *beweisen*, braucht man keinen Gott.

Und damit schließt sich der Kreis. Denn wo ist da ein Gott, den man befragen könnte: «Gib uns ein Zeichen?» Und wie ist es möglich, Jesus aufzufordern, etwas zu tun, das ersichtlich den Zusammenhang der Natur ins Wunderbare durchbrechen oder übersteigen müßte? – Nach wie vor zeigt sich, daß die kirchliche Theologie, wenngleich auf dem Rückzug befindlich, selbst in ihrer Dogmatik oder Bibeltheologie immer noch die Denkweise der «Pharisäer» und der «Sadduzäer» an dieser Stelle des Matthäusevangeliums beibehält. Hat Jesus *historisch* Wunder gewirkt oder nicht? Hat er Wunder im strengen Sinne gewirkt, so daß sie in keiner Weise erklärbar sind, daß sie nicht etwa «von unten» abgeleitet werden können? Hat er Taten gewirkt, die schlechterdings nur er selber wirken konnte, so daß es für die christliche Apologetik feststeht: er war wirklich der Sohn Gottes? Und umgekehrt: Wer da leugnen wollte, daß Jesus dergleichen Taten vollbracht hat, unableitbar aus jedem Weltzusammenhang, unvergleichbar gegenüber den Möglichkeiten jedes anderen Menschen, der leugnet für diese Art von Theologie augenblicklich, daß Jesus überhaupt der Sohn Gottes oder der Messias hat gewesen sein können.[10]

Es dürfte einleuchten, daß wir mit all diesen Fragestellungen und Überlegungen die Menschen heute ratloser zurücklassen, als sie es *vor* all diesen theologischen «Beweisführungen» waren, indem wir das Bewußtsein *spalten* zwischen einem bizarren Aberglauben und, reaktiv dazu, einem manifesten Unglauben. Es «gibt», wenn es so steht, *Gott* eigentlich nur im Außerordentlichen, und damit verwandelt er sich wie von selbst in einen Gegenstand unter anderen Gegenständen; er hört auf, die Wirklichkeit zu sein, die alles durchzieht; er wird zu einem objektiven Prüffall im Rahmen bestimmter Sachverhalte, und er hört auf, ein lebendiger Gott zu sein. Schlimmer! Wir verweigern bei dieser Art von Theologie, daß es je eine *Einheit* geben sollte zwischen Himmel und Erde, zwischen Heiligem und Profanem, zwischen Feiertäglichem und Alltäglichem, zwischen Göttlichem und Menschlichem, zwischen Gnadenhaftem und Naturhaftem. Alles, was wir *als Einheit* brauchten, um wirklich zu leben, wird da auseinandergerissen und in einen Gegensatz verwandelt.

Es ist, um dieses Problem näher zu beleuchten, eine bittere Not für die Menschen in unseren Tagen, immer wieder von einem Gott zu hören, der «an sich» Wunder wirken könnte und sie damals, vor zweitausend Jahren, auch gewirkt hat, der aber heute leider, aus Gründen, die wir nicht kennen, dazu nicht länger mehr bereit ist.

Nehmen wir nur die Geschichte, die Matthäus unmittelbar zuvor noch erzählt hat: die Szene von der Speisung der Fünftausend (Mt 15,32–39). Wenn *das* ein Wunder ist, das man «objektiv», als Zeichen des absolut Ungewöhnlichen und schon deshalb Göttlichen, nachprüfen könnte, dann brauchte man heute wohl nichts weiter zu erwarten, als daß Gott angesichts von fünfzig *Millionen* verhungernder Menschen umgehend ein Gleiches täte durch seinen

Sohn Jesus Christus oder durch die, welche sich seine «Nachfolger» im Amte nennen. Genau das aber tut er ganz offensichtlich nicht. Ein Gott aber, der jederzeit wunderbare mildtätige *Ausnahmen* setzen könnte zugunsten notleidender Menschen und sich seiner eigenen Macht und dem eigenen Mitleid *verweigert,* ein solcher Gott widerlegt auf der Stelle sich selber.

Es ist daher ganz entscheidend, daß wir die Antwort Jesu an die «Pharisäer» und die «Sadduzäer» an dieser Stelle des Matthäusevangeliums richtig begreifen: Es gibt keinen Gott, den man von außen erklären könnte, besagt sie! Auf der Spurensuche nach «Zeichen» von Gott gibt es auch für uns Menschen nur diese einfache Kunst, die sogar die Tiere beherrschen: Sie schauen sich um in der Natur, und sie finden eine Reihe von Hinweisen für alle Fragen, die ihnen wichtig sind. Jedes Schwälbchen spürt da in seinem Körper ein nahendes Gewitter, die kleinste Fliege merkt am Luftdruck, in welcher Höhe sie schweben muß – *jedes* Lebewesen hat ein gewisses Sensorium für das, was ihm guttut und was es schädigen wird. Nicht anders wir Menschen in all den wichtigen, den zentral religiösen Belangen unseres Lebens. «An der Art des Sonnenaufgangs», meint Jesus, «könnt ihr in etwa vorhersagen, wie das Wetter am Tage wird; und wenn die Sonne niedersinkt am Abend, wißt ihr euch vorzustellen, wie der morgige Tag anhebt. Soviel vermag schon eure eigene Beobachtung, euer eigenes Wissen – ihr braucht nur hinzusehen; nur in der Frage nach Gott verhaltet ihr euch derartig dumpf und stumpf!» (Mt 16,2–3)[11]

Was Jesus da meint, läßt sich vielleicht in einem Bild ganz gut ausdrücken. Man stelle sich ein Kind vor, das der Gegenwart seiner Mutter nie recht sicher ist. Es hat gelernt, daß, wenn die Mutter zu ihm kommt, sie oft so verstört, so zerquält, so verärgert sein kann, daß sie mitunter einfach voller Heftigkeit die Drohung ausstößt: «Wenn du nicht lieb bist, gehe ich weg!» Oder auch ohne jede Ankündigung: «Ich *gehe* hier weg!» Oder noch schlimmer: «Ich hänge mich auf!» Oder: «Du bist der Nagel zu meinem Sarg!» – schreckliche Dinge, die ein Kind mit einer jähen Angst durchfahren werden. Es ist also möglich, in einem einzigen Augenblick alles zu verlieren, wovon man lebt! Ein Kind, das in einem solchen Klima aufwächst, wird *aufs verzweifeltste* sich an seine Mutter hängen, es wird die Person, die seine Existenz begründet, förmlich *anflehen* nach *Zeichen der Vergewisserung,* und so wird ein ständiges Spurensuchen beginnen: Ist die Mutter noch da oder geht sie schon weg? Wenn sie zurückkehrt: Wie schaut sie drein? Wie klang doch soeben noch der Ton ihrer Stimme? Und so in jedem Detail: Wenn sie Nahrung besorgt, wenn sie ein Geschenk mitbringt, wenn sie ein kleines Spiel erfindet – ist darin ein gültiger

Die Forderung nach einem «objektiven» Gott

Beweis zu erkennen, daß sie fortan doch *zuverlässig und sicher* sein wird für ihr Kind? Oder umgekehrt: Man macht der Mutter selbst eine Freude – in welcher Weise nimmt sie das Geschenk an? Ist sie damit zufrieden? Zeigt sie sich dankbar? Ist sie sogar ein bißchen glücklich darüber? In welcher Weise geht sie damit um? All diese Fragen sind ein endloses Suchen nach klaren *Zeichen* und sicheren *Beweisen* inmitten eines Feldes der kompletten Unsicherheit und vollständigen Angst. – Und *das* ist es im Grunde, was Jesus sagen möchte: «Solange ihr, ‹Pharisäer› und ‹Sadduzäer›, *Zeichen* einfordert, die Gott festlegen, seid ihr wie kleine, verängstigte Kinder, die aus lauter Not *Beweise* für etwas möchten, das sich im Grunde überhaupt nicht beweisen läßt. Schon im Verhältnis unter Menschen gilt es, *Angst* zu besiegen durch *Vertrauen*. Wenn die Angst sich beruhigt, bedarf man keiner Beweise mehr. Nicht anders verhält es sich zwischen den Menschen und Gott.»

Wie sehr es in den Augen Jesu hier um eine Frage auf Leben und Tod geht, zeigt Matthäus in der Anspielung auf die Szene des 12. Kapitels. Damals meinte Jesus mit dem «Zeichen des Jona» in der Deutung des Matthäus (Mt 12,40) eine Chiffre *der Auferstehung* am dritten Tage. Er wollte diesem Duktus zufolge sagen: «Ihr könnt alles totschlagen, was euch leben läßt – ihr werdet es nicht totkriegen!» An *dieser* Stelle, an der das «Zeichen des Jona» nicht weiter kommentiert wird, scheint er zu sagen: «Es ist doch mit euch wie in den Tagen des Propheten damals! Damals ging der Mann Gottes in die große Stadt und verkündete ihr den baldigen Untergang: Ihr könnt, sagte er, es euch an den Fingern abzählen: ‹In vierzig Tagen – und Ninive ist nicht mehr!› Damals schon kam es darauf an, die Zeichen der Zeit zu erkennen – in ihnen spricht Gott! Mehr also braucht es nicht! Selbst wenn ihr redet vom *Wort* Gottes, ist das doch nur ein Symbol für das, was ihr selbst hören könntet in den Stimmen und in den Stimmungen der Geschichte selbst, die ihr mitgestaltet und verantworten müßt!»[12]

Um auch diesen Gedanken noch einmal zu konkretisieren und zu aktualisieren: Ist nicht *ein* Zeichen der Zeit beispielsweise in unseren Tagen sehr deutlich die Zerstörung der Natur, die uns umgibt: der tropischen Regenwälder, der Schutzschicht des Ozons, der Atmosphäre, der Meere, der Flüsse, der Böden – wer all dies nicht begreift als eine *drohende Warnung*, die Gott an uns richtet, wie soll dem noch zu helfen sein?[13] Ein Gott, der obendrein noch bedeutungsschwer donnern wollte, machte den Ernst der Lage nicht eindrücklicher, er würde nur falsche Hoffnungen wecken, so als würde Er, der doch alles vermag, uns am Ende wohl doch noch wunderbar aus dem selbstgeschaffenen Schlamassel ziehen.[14] Es bleibt vielmehr dabei: Entweder man begreift die Zeichen der Zeit, oder man wird dafür «bestraft», daß man sie nicht oder zu spät erkennt. So *im gesamten Raum* des Menschlichen!

Und nun zugespitzt auf die Frage dieses Textes: *Wer also ist Jesus für uns?* Im «Zeichen des Jona» ist er ganz sicher einer, der uns lehren kann, mit dem Leben zu beginnen *vor* dem Sterben, und der uns Mut macht, an *Auferstehung* zu glauben, *längst ehe* man gegen ihn mit realen Maßnahmen einschreitet und die Daumenschrauben der Ausgrenzung, der Verdächtigung, der Bespitzelung und der Zerstörung immer enger dreht. Es ist wahr: Gott läßt sich nicht «beweisen», doch wer ihm vertraut, *braucht* keine zusätzlichen Wundertaten; für den ist Gott in dem Wunder seiner eigenen Existenz stets gegenwärtig. – MARTIN LUTHER hat das sinngemäß einmal sehr treffend gesagt: «Wenn Gott uns geschaffen hätte mit nur einem Arm und würde, wenn wir fünfzehn Jahre alt sind, den anderen Arm hinzufügen, und wenn wir fünfundzwanzig Jahre sind, das erste Bein und mit fünfunddreißig das zweite, hätten wir Grund, über all die Jahre hin Gott dankbar zu sein, daß er so wunderbar uns geschaffen hat und weiter schafft. Nun aber hat Gott alles auf einmal gemacht, und da staunen die Dummköpfe, wo denn wohl Gott sei.»[15] Es ist in gewissem Sinn ganz richtig, daß Gott sich *verbirgt* hinter den Gesetzen, die er in seine Welt hineingelegt hat und die er getreulich befolgt in allem, was ringsum geschieht. Doch dies *mindert* nicht seine Allmacht, darin *zeigt* sie sich, indem sie sich einfügt in die *Weisheit,* die in der Schöpfung ihre objektive Form gewonnen hat. In all dem, was uns umgibt, sind wir Gott nahe. Jesus aber ist derjenige, der uns mit seinem Vertrauen bis ins Wunderbare hinein diese Nähe Gottes zu schenken vermag. *Seine Existenz* ist das beste Zeichen für das, was Gott ist.

Es gilt daher, eine bestimmte *Theologie der Angst* zu vergessen, die Gott immer wieder zum Absonderlichen, zum bewiesenen Ausnahmefall erniedrigen möchte – das zeigt sich bei dieser Anfrage der «Pharisäer» an Jesus ganz deutlich. Theologen, die Gott zum Gegenstand herabziehen und von ihm ungewöhnliche Wundertaten erwarten, setzen Gott ins Äußere seiner eigenen Schöpfung. Sie *brauchen* einen solchen festgestellten, bewiesenen Gott, indem sie gleichermaßen auch den Menschen festsetzen und in einen zu verwaltenden Gegenstand verwandeln. *Beides ist eins:* die definierte Person Gottes und die kontrollierte Person des Menschen, ein Gott im Absonderlichen und ein Mensch im Abseits – die «pharisäische» Frömmigkeit und die «sadduzäische» Praktik, beides korrespondiert da miteinander. Auf der einen Seite maßt man sich eine förmlich magische Allmacht über Gott an – man setzt ihm Bedingungen, die er gefälligst einzuhalten hat, um als theologisch «glaubwürdig» zu gelten –, und umgekehrt setzt man *den Menschen* auf den Prüfstand, wie er zu sein und zu leben hat, um als «Gläubiger» im Rahmen der kirchlichen Apparatur des Religiösen erkennbar zu sein. In beiden Fällen hat man eine Art von Walzwerk vor sich, das alles, was *frei* sein möchte, flachdrückt und ausstanzt. Das *Abergläubische* des Religiösen ist, wie sich zeigt, nicht das menschlich Harmlose, sondern notwendigerweise das menschlich Zerstörerische; ein äußerlich den Menschen erklärter Gott veräußerlicht die Menschen im Namen ihres veräußerlichten Gottes. Beides hängt auf das engste miteinander zusammen.

So verstanden, ergibt sich im folgenden der Gedankengang der nächsten Frage wie von selber: Wie gehen denn wir Menschen mit uns selber um? Es handelt sich um eine Frage, auf die wir immer wieder stoßen. Wieviel Macht eigentlich besitzt *die Angst* der Daseinssicherung in unserem Leben? Das Bild für diese Problemstellung bieten die Jünger, als sie entdecken, daß sie kein *Brot* mitgenommen haben (Mt 16,5)[16]; denn augenblicklich beginnt ihre Unruhe: «Wovon werden wir morgen leben?» Es ist eine erstaunliche Verführungskraft, die von Jesus ausgegangen sein muß, daß er Menschen in seiner Nähe über all diese Sorge hinwegzuheben vermochte und es ihnen ermöglichte, mitunter selbst die einfachste Vorsorge zu vergessen. Da sitzen sie also im Boot, da gelangen sie bereits zur anderen Seite des Sees, und es scheint wirklich alles zu spät! Also taucht mit Macht erneut diese Frage auf: «Wovon lebt denn der Mensch?» Jesus hat sie im wesentlichen bereits vor seinem öffentlichen Auftreten im Gegenüber des «Teufels» beantwortet, als er selbst Hunger litt. «Der Mensch lebt nicht vom Brot, sondern von Gott», sagte er damals (Mt 4,6). Jetzt erklärt er indirekt seinen Jüngern aus dieser Gewißheit heraus, daß es nur Angst ist, wenn man Gott zwingen möchte, sich selber zu vergegenständlichen. Es ist auch Angst, wenn Menschen sich nicht länger fragen, wie sie leben, sondern nur noch, wie sie sich Lebensmittel beschaffen können, um zu *über*leben. So etwas ist kein wirkliches Leben mehr. *Daran* erinnert Jesus in dieser erstaunlichen Szene. «Hütet euch vor dem Sauerteig der Pharisäer und der Sadduzäer!»[17] Es ist die gleiche Denkweise, will er sagen, mit der man Gott Vorschriften machen zu können glaubt und mit der man auf der anderen Seite den Menschen in ein Bündel aller möglichen sozialen, caritativen, politischen und funktionalen Maßnahmen verwandeln möchte. Alle Daseinsprobleme lösen sich in einer solchen Optik scheinbar durch richtig planende, vernünftige Schritte der Lebensfürsorge!

Heute zum Beispiel muten wir einer ganzen Jugend zu, auf diese Weise «erzogen» zu werden. Schon die Achtzehnjährigen müssen sich da überlegen, was sie spätestens mit siebenundfünfzig Jahren, im Frühpensionsalter, unternehmen werden, und auch für die Zeitspanne dazwischen muß man Vorsorge treffen, was man *studiert,* damit man einen einträglichen Beruf erlernt; und wenn man einen einträglichen Beruf erlernt hat, muß man Vorsorge treffen, wie man einen Ehestand gründet und wie man ihn finanzieren kann; hernach dann muß man sich sorgen, wie man für den neu gegründeten Familienstand ein Eigenheim gründet mit einem Auto davor, einer Garage daneben und einem Kleingarten dahinter – und wie man das alles bezahlt kriegt, finanziert kriegt, geregelt kriegt – so kann man dranbleiben! Alle Probleme, die sich *auf diese Weise* lösen lassen, scheint Jesus zu sagen, sind absolut nicht die wesentlichen Fragen des Lebens. Manch einer begreift vielleicht erst, wenn es zu spät ist, daß es weit gesünder wäre, er nähme beizeiten Abschied von einer solchen Lebensweise – er atmete frei und fügte sich in ein Vertrauen, das ihn *heute* leben ließe. «Hütet euch vor der Denkweise, vor der Lehre, vor dem *Sauerteig* der ‹Pharisäer› und der ‹Sadduzäer›! Es genügt ein Gramm von diesem Stoff, und er durchdringt alles wie Hefe in einem Teig, und es gibt am Ende keinen Rest mehr, der nicht sauer würde, der nicht Blasen triebe und der nicht aufginge vor Angst!»[18] Es gibt mit anderen Worten keinen anderen Weg zur Lösung menschlicher Probleme, als sich zu fügen in die Hände Gottes. Buchstäblich gilt da: «Sorgt euch nicht um das Morgen, denn der heutige Tag hat seiner Plage genug» (Mt 6,34). Diese Lehre wird hier zur Wirklichkeit. Und das wiederum bildet den Hintergrund für die Frage auch nach der Zukunft dessen, was man gemeinhin «Kirche» nennt. Da kommen wir zu einem Zentraltext des ganzen 16. Kapitels des Matthäusevangeliums, indem die Frage, wie zeigt sich denn Gott, jetzt aus der Gemeinschaft des Religiösen selber ihre Antwort erfährt.

Was ist es mit der Kirche? – Es gibt in der ganzen «Tröstung der Völkergemeinschaft» (TG) wohl keinen Text, der so massiv zur Legitimation dessen, was sich geschichtlich als Katholizismus etabliert hat, herhalten mußte, wie diese Worte aus dem 16. Kapitel des Matthäus: «Du bist Petrus.» Bis heute wird in der römischen Theologie aus diesem Text die Einsetzung des Papsttums herausgelesen, die Heiligkeit der *Binde-* und *Lösegewalt* des *päpstlichen Amtes,* der Anspruch auf *Unfehlbarkeit* im Binden und Lösen unter den Augen Gottes und vor den Augen der Menschen[19]; da gilt die katholische Kirche als eine feste Burg, gegründet auf den Felsen des Papsttums selber, stärker als jede Macht der Verderbnis und des Untergangs, der «Hölle», des *Hades,* der Unterwelt.[20] Entlang der unterschiedlichen Auslegung dieser Stelle ist die *Spaltung* zwischen Katholiken und Protestanten, zwischen der Kirche Roms und den Kirchen der Reformation, wie ein Grabenbruch verlaufen. Die Frage selbst ist so tragisch verwickelt, daß man am besten hier an den *letzten Versuch*

Die Forderung nach einem «objektiven» Gott

der reformatorischen Theologen in den sogenannten «*Schmalkaldischen Artikeln*» erinnert, in Erwartung eines möglichen Konzils in Mantua oder sonstwo die drohende Spaltung zwischen den Kirchen im letzten Moment noch durch eine Bekenntnisformel der Versöhnung zu verhindern. LUTHER selber, der nicht gerade ein Mensch von leisetreterischem Gemüt war, ließ sich im Jahre 1537 unter dem Einfluß MELANCHTHONS zu der Erklärung bestimmen, er wolle den Papst in Rom selbst anerkennen, wenn der nur sagen wollte, er sei von Amts wegen eingesetzt *nicht* von Gott, sondern von *Menschen*. Er schrieb freilich recht realistisch sogleich dabei, dazu könnten die Papisten sich wohl niemals verstehen.[21]

Worum es eigentlich geht, ist eine Spätfolge des Konflikts, der gerade vorhin schon erörtert wurde: wie verhält sich Göttliches und Menschliches zueinander? LUTHER schrieb und befürwortete seinerzeit sogar, daß die Christenheit eine gemeinsame und zentrale Verwaltung haben solle mit ihrem Sitz in Rom, rein praktischerweise – weil es geschichtlich sich so ergeben habe. Aber zu behaupten, es sei da ein Führer der Christenheit, der im Sinne des Absolutismus sagen könne, was immer er wolle, es sei schon von Gott, eben weil *er* es der ganzen Kirche sagen wolle – *das* gehe entschieden zu weit, meinte er; dem wollte er entgegensetzen, daß der Papst selbst nur ein Mensch sei und ein Mensch bleiben müsse, also daß er kontrolliert zu werden habe von allen anderen gläubigen Menschen in seiner Kirche.

Da haben wir unmittelbar bis ins Kirchenpolitische hinein den Prüfstein zum Exempel, wie ein bestimmtes veräußerlichtes Sprechen von Gott augenblicklich benutzt werden kann und muß zur Legitimation einer autoritären, von außen gesetzten Macht. Ist Gott selber dem Menschen äußerlich, so *bedarf* es geradewegs eines Gottesstellvertretertums auf Erden, das mitten in der Gemeinschaft der Gläubigen diesen selber äußerlich bleiben muß; haben wir indessen die ersten beiden Abschnitte in diesem Kapitel richtig verstanden als ein Programm der *Einheit* zwischen Gott und Mensch, so werden wir auch die Worte über oder an «Petrus» nicht anders verstehen dürfen denn als eine Aufforderung, von innen her, aus dem wirklichen Leben selber, die vermeintlich «göttlichen» «Ämter» in der «Kirche» und an der Kirche als etwas *Abgeleitetes* zu interpretieren. Wir werden uns dann um ein Modell von Kirche bemühen müssen, das der Grundforderung entspricht, die da lautet: Gott redet aus dem Inneren der Natur, aus dem Zentrum des menschlichen Herzens, und so bilden sich gewisse Strukturen des Zusammenlebens der Menschen; diese haben eine gewisse funktionale Plausibilität, aber sie dürfen niemals isoliert, ideologisiert und sakralisisiert werden – so wenig wie das Göttliche selber[22]!

Ganz in diesem Sinne scheint es gesprochen, wenn Jesus, schon in der Überlieferung des Markusevangeliums, mit einer sonderbaren Einleitung seines – nur von Matthäus dargebotenen[23] – «Einsetzungsbefehls» beginnt: «Für wen halten die Leute den Menschensohn?« (Mt 16,13). «Menschensohn» – das bedeutete in der Rede der *Apokalyptik* soviel wie die «Wesensgestalt des Menschen»[24], und eben damit bezeichnet Jesus sich selber – *das* möchte er sein und leben! Es ist das Wort, mit dem in den Evangelien Jesus seine eigene Mission wohl auch historisch am deutlichsten wiederzugeben versucht hat[25]: *Vermenschlichung* von allem, *das* war sein Anliegen. Wie aber stehen dazu die Leute? Seine Jünger referieren! Erstaunlich dabei, daß bereits auf dem Boden der «Tröstung der Völkergemeinschaft» (TG) mindestens mit drei verschiedenen Modellen gespielt wird, wer Jesus sein könnte.

Ein wiedererstandener Johannes der Täufer, das ist das erste Modell zur Deutung der Person Jesu. Träfe dieses Bild zu, so hätten wir in der Gestalt Jesu eine Person vor uns, nach welcher viele in der heutigen Kirche, und zwar gerade die Verunsicherten, sich sehr sehnen: einen klaren Lehrer von Moral und Ordnung, einen eindeutigen Prediger und Mahner zu Gesetzestrenge und Gesetzestreue: wie Gott gesprochen hat in den Geboten Israels, das gilt es zu halten aufs Jota und Komma – anderenfalls droht das Ende, das Chaos, der Untergang.[26] Alles ist da ganz klar und einfach. Und im Ernst: Wäre Jesus nichts weiter geblieben als der Schüler seines Lehrers am Jordan, so möchte man ihn wohl zu Recht als den Garanten des kirchlichen Lehramtes betrachten. Da wäre die Morallehre der Kirche in all ihren Anweisungen und Abweisungen selber als etwas von Gott Gegebenes zu erachten, nicht anders als das römische Kirchenrecht, und wie da erst der Weltkatechismus, mit dem nach Auskunft von Papst Johannes Paul II. der Heilige Geist uns erfreut hat![27] Wäre Jesus wirklich ein zweiter Johannes der Täufer geworden, so hätte er uns ganz sicher so etwas hinterlassen wie eine ein für allemal gültige Moralenzyklika der Kirche, er hätte uns sozusagen die schlußendlich revidierte Fassung des Deuteronomiums übergeben, und er wäre damit zu dem Gründer einer neuen Form verkündigter Moral und Gesetzlichkeit geworden. Genau das aber war Jesus augenscheinlich niemals, er *durfte* es gar nicht sein, um wirklich der *Menschensohn* zu werden. Dem Mann aus Nazareth war deutlich, daß jede Moral die Menschen verurteilen muß, die sich außerstande zeigen, nach ihr zu leben, und das sind alle Zerbrochenen, alle Verzweifelten, alle Suchenden, alle Versuchten, alle Hilflosen, alle Ausgegrenzten. *Gerade von ihnen her* wollte er einen Weg *der Erlösung* eröffnen, der *jenseits* der Vorschriften und Bestimmungen alle Menschen umgreift, einfach weil sie anders gar keine Chance besäßen. Der

Abschied von Johannes dem Täufer im Munde Jesu lautete sehr einfach am Anfang der Bergpredigt: «Selig sind die Weinenden» (Mt 5,4; Lk 6,21). Es ist das Wort, mit dem Jesus betonen wollte, daß die Menschen, die im Grunde keine Zukunft sehen, in ein völlig neues Verhältnis zu Gott gesetzt werden müssen. Sie sind zu ohnmächtig, um noch etwas zu tun. Sie sind zu müde, um die Energie aufzubringen, die nötig wäre, ihr Leben in den Griff zu bekommen. Sie sind seelisch viel zu zerstört, um ihr Dasein zu meistern. Die besten Vorschriften werden ihnen deshalb nur noch zur Last; sie *möchten* sie erfüllen, und sie werden von ihnen doch nur um so mehr erdrückt. Darum wollte Jesus *ein Jahr der Gnade* verkünden, wie er es selber gelernt hatte beim Blick in die Augen der Weinenden (Lk 4,19, nach Jes 61,1.2). Nein, Jesus war *kein* zweiter Johannes der Täufer.

Doch es gibt ein anderes Modell: *War er Elija?* Auch das ist eine Gestalt, die vielen in der gegenwärtigen Theologie sehr faszinierend erscheint. Elija mag stehen für die Gestalt des Propheten mit dem Schwert, eines Mannes, der Wahrheit und Kraft, religiöse Überzeugung und durchsetzende Gewalt, in einer Hand und in einem Mund miteinander vereinigt. Immer wieder im Verlauf der Religionsgeschichte sind solche Erweckergestalten erstanden – als Programm sozusagen einer göttlichen Revolution in Gesellschaft, Staat, Geschichte und Kirche. Eine derartige Revolution eines Aufstandes der Freiheit im Namen Gottes hat man Jesus gewiß auch damals schon zutrauen mögen. Aber: Der Aufstand gegen Rom, der heilige Krieg des Messias – nein, auch das wollte Jesus nicht.[28] Er war kein Bandenkämpfer, er war kein Freiheitskrieger, er war niemand, der meinte, daß man Gott am besten beglaubigen könnte, indem man notfalls über erschlagene Menschen hinwegginge. Freiheit ja, aber nicht in der Knechtschaft der Angst, nicht in der Tyrannei der Gewalt. «Steck dein Schwert in die Scheide!» wird er dem Petrus sagen unmittelbar vor seiner Verhaftung (Mt 26,52).

Doch da ist noch ein drittes Bild: *Ein zweiter Jeremia!* Auch damit spielen – laut Matthäus![29] – die Zeitgenossen, und dieses Bild trifft am nächsten, ist doch Jeremia derjenige Prophet, der förmlich darum betete und sich danach sehnte, daß gesamt Jerusalem, daß alles Äußere nur ja recht bald zerstört und verheert werden möge, damit Gott endlich beginnen könnte, im Inneren der Menschen *von vorn, ganz neu, in ihr Herz* zu schreiben, was sie, jenseits jeglicher Fremdbestimmung, in Geradheit und Wahrheit leben ließe. Jeremia war am entschiedensten der Prophet der Freiheit in der «Tröstung Israels» (TI), ein *Verweigerer* aller beamteten Religion, in der immer noch die einen die Stirn haben, sich vor die anderen hinzustellen, um ihnen vorzuschreiben, was sie zu tun und zu lassen haben (Jer 31,31–34). Es sind die Worte des Jeremia, die Jesus bei Matthäus noch im Abendmahlssaal gebrauchen wird, um die Gemeinschaft des «neuen» Bundes seiner Liebe mit seinen Jüngern zu begründen (Mt 26,28).

Jesus – *ein zweiter Jeremia!* Das trifft das Leben des Mannes aus Nazareth in seinem Leiden und seiner Leidenschaft fast schon genau. Es geht jedenfalls nicht darüber hinaus, es faßt in der Intensität nur zusammen, wird aber sogleich auch schon mißverständlich und zweideutig, wenn *Petrus* im folgenden sagt: «Du bist der Messias, der Christus, der Sohn Gottes» (Mt 16,16). Das sind die Worte des Bekenntnisses geworden, das bis heute in der katholischen Kirche in jedem Kommunionunterricht schon den Kindern zum Auswendiglernen vorgelegt wird. «Jesus ist der Christus, der Messias.» Nur: wie hilft es den Jugendlichen, das Anliegen und die Person Jesu wirklich zu verstehen?

«Du bist der *König*», hören wir sagen; aber das Wort «König» ist seit zweihundert Jahren ein veralteter Begriff; es gibt keine Wertvorstellung mehr wieder, eher etwas zu Stürzendes, etwas zu Beseitigendes; das Wort «König» ist identisch geworden mit Herrschaft und Unfreiheit. Der Titel *«Sohn Gottes»* hilft im Grunde auch nicht viel weiter; er war in der Antike, im Alten Ägypten einmal die (mythische) Umschreibung für das, was *ein König* war.[30] In dem König, in seiner Macht, spiegelte sich die Fülle des Göttlichen; doch hat Jesus jemals «Macht» in diesem Sinne erstrebt? Er hat sich von Anfang an geweigert, die Herrschaft über die Völker zu erringen, ihm erschien schon das Streben danach als eine satanische Versuchung (Mt 4,8–10)! Also bleibt uns, wenn wir dem Wort «König» – *und damit* «Sohn Gottes»! – überhaupt noch einen Sinn und eine Berechtigung abgewinnen wollen, gar nichts anderes über, als die Kernformeln der religiösen Botschaft in unserem eigenen Seelenraum zurückzugewinnen, und das heißt literaturgeschichtlich soviel wie im Sprachfeld der *Romantik*. In den *Märchen* kann es noch sein, daß irgendwo in einem verschlossenen Wald, in einem verwunschenen Turm ein Mädchen wartet auf seinen Retter und daß ihm nach Jahren der Hoffnungslosigkeit und der Trauer ein *Königssohn* erscheint: *der* schafft sich Zugang zu der Verwunschenen, der entführt und befreit die geheimnisvolle Geliebte und holt sie heim in sein Reich. – Wer Geschichten dieser Art, diese poetischen Suchwanderungen der Liebe, nicht versteht, wie sollte der je zurückgewinnen, was *die Bibel* meint, wenn sie Jesus auf eine ganz und gar unpolitische, ganz und gar *romantische* Art einen *König* nennt, einen *Messias*-König, den *Gesalbten Israels*?

Man wird in der gesamten Weltgeschichte keine Person antreffen, die so sehr jedem Königsattribut sich versperrt hat wie die Person Jesu. KH. GIBRAN meinte einmal, das Haupt Jesu sei so nahe den Sternen gewesen, daß es sich weigern *mußte,* von dem Stirnreif aus Gold eines irdischen Königs umschlossen und umsperrt zu werden; seine Hände seien viel zu zärtlich und zu gütig gewesen, wenn sie über die Stirn eines Menschen streichelten, als daß sie sich hätten behängen lassen mit den Ringen der Macht und der Würde; sein Mund sei so gütig und offen gewesen, daß die Ohren der Tauben sich ihm erschlossen und ihren eigenen Namen wieder zu vernehmen vermochten – wie hätte da sein Hals, seine Brust mit Königsketten eingeengt werden können?[31] Alles, was sonst Eindruck macht auf Menschen an den Insignien von Machtbesitz, Größe, Würde und Titulatur, war Jesus absolut verhaßt, weil es den Weg zu den Menschen nur verstellen konnte. Nichts Königliches von alldem, war wir sonst königlich nennen, hat er je für sich akzeptiert – drum, daß Matthäus denn auch sofort schon (nach dem Zeugnis des Markus) berichtet, wie Jesus dem beginnenden Spuk seiner Königsverfeierlichung, seiner «Christologie» einen Riegel vorschieben muß! «Hört auf, je den Leuten beizubringen, ich sei der Christus!» erklärt er (Mt 16,20!). So paradox also steht es: Genau das Bekenntnis, in dem wir als «Christen» groß werden und nach dem wir uns selber benennen, ist *gegen den erklärten Willen Jesu!* «Sagt den Menschen nicht, ich sei der Christus» – das ist die Bedingung, um *ihn* als die Wahrheit Israels, als den «Messias» *wirklich* zu glauben[32]! Als hätte Jesus es bereits kommen sehen, was daraus wird, wenn man ihn erstmal zum König erklärt: Eines Tages werden einzelne, vermeintlich «besonders» berufene Menschen *in seinem Namen* sich aufschwingen und wieder wie Könige herrschen über andere Menschen und werden sich dabei beziehen auf ihn selber! An die Wände ihrer Kirchen werden sie ihn malen als den Allherrscher, als den Pantokrator, zum Schrecken aller, enthoben dem Staub der Straßen von Galiläa, und ständig werden sie den Menschen einen Jesus vor Augen stellen, der wie ein Weltenrichter auf sie zukommt und dessen Richtmaß von schrecklicher Größe und Gewalt sein wird. Jesus *ist* das Richtmaß der Welt, aber doch nur in der Art und Gestalt des *Menschensohns!* «Wie menschlich wart ihr gegenüber anderen Menschen, wie gütig und ungeschützt konntet ihr einander begegnen» (vergleiche Mt 25,35–36)? *Das* ist das «Richtmaß».

In solchen Fragen allein besteht das *«Königreich»,* von dem Jesus träumen mochte – ein wirklich ganz und gar «romantisches», ein ganz und gar *unsichtbares* Königreich der Liebe, in dem ein jeder sich wiederentdecken darf, so verwunschen, so verloren, so vereinsamt auch immer er bis dahin gewesen sein mag: nach all den Jahren der Abgeschlossenheit, des oft dumpf empfundenen Fluchs, der seit Kindertagen über ihm lastete, soll ihn diese Botschaft erreichen und ihn zurückführen in das Reich seiner Freiheit und Größe, in dem er selber in Wahrheit so etwas ist wie eines Königs Kind oder wie die Gemahlin des *ewigen Königs*. Wo irgend den Menschen die eigene Souveränität, der Vollbesitz des Anspruchs antiker Könige, *ins eigene Herz* gesenkt wird, da beginnt man Jesus zu glauben als den wahren König. Wer sich selber erlebt mit einer eigenen Würde, einer eigenen Zuständigkeit, einer eigenen Kompetenz für sein Leben, der begreift, indem er sich selber in seinem eigenen Wesen ergreift, daß und wieso wirklich Jesus «von Gott» ist als *Sohn* Gottes, als ein einzigartiges Wunder der Liebe, der Angstfreiheit und des Vertrauens.

Vielleicht hängt damit sogar der Ort *Cäsarea Philippi* zusammen, an den Matthäus das Petrusbekenntnis zu Jesus als dem «Christus» verlegt.[33] Es ist ein Ort, den wir außerhalb der «Tröstung der Völkergemeinschaft» (TG) so gut wie nicht kennen, eine Stadt, die von dem Marionettenherrscher Philippus gegründet wurde im Jahre 2 vor Christus und deren Name so etwas bedeutete wie ein politisches Programm: Es sollte der Name des jüdischen Beauftragten sich verbünden mit dem Namen des Römischen Kaisers, die Macht der Unterdrücker sollte einheitlich zusammen existieren mit den Hoffnungen des Nationalstaates Israel – ein Programm politischer Vernunft und geschichtlicher Weisheit im Zeichen des Friedens und der Kooperation, könnte man denken.[34] Doch gerade diesen Ort, der schon dem Namen nach ein politisches Manifest darstellt, wählt Matthäus zur Kulisse des *Kontrastprogramms* der Botschaft Jesu. Nicht die geschichtliche «Vernunft» ist hier gefragt, sondern die Erlösung der Welt, nicht politische Machtgefüge und Herrschaftsbezirke werden hier verhandelt, sondern das Reich Gottes wird hier proklamiert, und es soll sich stützen auf die Schwachheit von Menschen. Was vermögen wir gegen den *Zwang* der Umstände und gegen die Logik der praktischen Vernunft? Nichts, wenn wir bleiben, was wir sind, doch alles, wenn unser Leben sich wandelt vom Tod zur Auferstehung, meinte Jesus.

Aber nun frage man sich, *worauf* denn die Kirche sich gründet. Sie hält in der Person des Petrus, sagt Jesus hier, den *Schlüssel* zum Himmelreich in Händen (Mt 16,19),[35] aber sie ist, mit anderen Worten, durchaus nicht selbst schon das Himmelreich. Auf die immer wieder gestellte Frage, hat Jesus denn überhaupt eine «Kirche» gegründet, kann man mit Bezug zu dieser Stelle nur sagen: das hat er *nicht*. Wohl: gekommen ist die «Kirche», aber selbst in der vorsichtigsten Interpretation des Matthäusevangeliums an dieser Stelle kann man bestenfalls sagen, die «Kirche» habe den *Zweck, den Weg* zum Himmelreich zu erschließen; die *Fähigkeit* dazu hätte sie, und sie *könnte* ein wirkliches «Fundament» sein, wenn sie wirklich täte, was Jesus in der Bergpredigt sagte (Mt 7,24).

Fragt man von daher, ob es in einer solchen Kirche so etwas gibt wie ein Petrus-*Amt*, so gibt es nur eine einzige Antwort: *Nicht eine Institution* wird hier eingesetzt, sondern *eine Position des Glaubens* festgesetzt![36] Das, was *Petrus* hier sagt, ist seine Erfahrung mit der Person Jesu, und diese Erfahrung von Gott her ist stärker als alles; es ist nicht ein *Amt*, es ist einzig eine Haltung der Existenz, ein *Bekenntnis* der Person, das als solches standhält gegen den Treibsand der Zeit. Einzig darauf läßt sich etwas «bauen» – nicht auf Titel, nicht auf Würden, aber auf die inneren Einsichten des Herzens.[37] So wird, indem er so spricht wie hier, der «Simon» zum *Kepha*, zum «Felsen», zum *Petrus*.

Zu Recht wohl meinen manche, es seien bestimmte Erfahrungen *nach Ostern* gewesen, die zu einer gewissen Sonderstellung des Petrus in der Urgemeinde geführt hätten – Begegnungen mit dem Auferstandenen[38]; auch die ganze Szene hier wäre dann »nachösterlich». Doch wie auch immer: einzig das Zeugnis des Lebens gegen den Tod, wie es Jesus im «Zeichen des Jona» verkörpert, kann aus dem «Bar Jona» einen Schlüsselträger Gottes machen. Da ist kein Amt zu verwalten, da ist etwas vorzuleben, nachzuleben, weiterzugeben.

Wie es allerdings dann weitergeht, ist im Grunde keine religiöse Frage mehr, sondern eine Frage der Sozialpsychologie. *Religiös* ist einzig die Aufgabe, eine Gemeinde von Glaubenden im Sinne Jesu *freizuhalten* von den Mechanismen der Angst, die in allen anderen Gemeinschaftsformen wirksam sind und zu denen auch der real existierende Katholizismus weitgehend degeneriert ist. Da gilt die Regel, daß jede menschliche Gruppe sich zusammenschließt unter drei, vier bestimmten Faktoren: Es muß die Anzahl der Menschen, die eine Gruppe bilden, erlebnismäßig überzeugt sein, daß sie gemeinsam einer kollektiven Not besser standhielten; daß sie gemeinsam mehr an Freude und an Gewinn erwarten dürften als jeder für sich als einzelner; und daß sie in einer gemeinsamen Aufgabe, sagen wir: gegen eine bestimmte Gefahr, gegen einen bestimmten Feind, sich solidarisieren müßten. Jede menschliche Gruppe, versichern uns die Sozialpsychologen, setzt sich auf Grund solcher Faktoren zusammen, und es ist eben dieses Gesetz aller Gruppenbildung, das dafür sorgt, daß jede menschliche Gruppe sich irgendwann wieder auflöst.[39] Denn steht es so, dann besteht die Bedingung jeder menschlichen Gemeinschaftsbildung in der *Angst*; der Sozialvertrag ROUSSEAUS kommt hier nicht durch Freiheit zustande, sondern wesentlich durch den Zwang der Angst ums Überleben.[40] Die Angst aber verinnerlicht sich innerhalb der Gruppe selber in den Strukturen von Gewalt.[41] Damit die Gruppe gegen die Angst aller wirklich zusammenhält, muß ein jeder Druck ausüben auf den anderen, daß er in der Gruppe verbleibt. Man braucht mithin *Eide*[42], die festsetzen, daß man der Gruppenzugehörigkeit des anderen auch wirklich sicher sein kann; man braucht *Strafen* aller Art, um von einem möglichen Gruppenaustritt abzuschrecken, und der wichtigste Faktor des Zusammenhaltes wird hier die Angst vor den Folgen der Nicht-Mitgliedschaft, die der *Gruppenleiter* gegen Abweichler verhängt.

Eben darin, Angst zu verbreiten, bestand denn auch jahrhundertelang die vermeintliche Stärke der katholischen Kirche. Schon dem Neugeborenen wurde in der Taufe ein «unauslöschliches Merkmal» eingeprägt, das ihn nach Kirchenauskunft wesentlich zu einem Christen macht und das er niemals mehr zu ändern vermag. Selbst wenn er aus der Kirche austreten wollte, bliebe er laut dogmatischer Lehre noch immer ein katholischer Christ. Doch damit nicht genug. Spätestens mit acht, neun Jahren, beim Empfang der *ersten heiligen Kommunion*, muß er sein Taufversprechen erneuern: «Ich will die Kirche hören», wird er singen müssen und noch bekräftigen: «Sie soll mich allzeit gläubig sehen und folgsam ihren Lehren.»[43] Und noch einmal mit dreizehn Jahren, bei der *Firmung:* da gilt es, als ein fast schon Herangewachsener so etwas zu schwören wie einen Eid. Und so in alle Zukunft. Wenn irgend jemand etwas Wichtiges für die Kirche als Institution tun will, so hat er Stelle für Stelle gewisse Eide zu leisten, stets auf die Bibel, in der Jesus sagt: Du sollst nicht schwören (Mt 5,34)! Ständig wächst dabei der Druck des Kollektivs auf den Einzelnen. All die Eide sollen ja nur festschreiben, wer man für die Gruppe zu sein hat, welche Pflichten, welche Dienstleistungen perfekt und routiniert abzuleisten sind, damit die Gruppe als ganze bestehen bleibt. Auf diese Weise wird in der Kirche aus dem *Prinzip* des Petrusamtes eine Petrifizierung im Prinzip, eine Versteinerung aller Basisbedingungen des Zusammenlebens, und ist es erst einmal so weit gekommen, daß die *Angst* und der *Mangel* eine Gruppe regieren statt das Vertrauen und die Güte, so darf man gewiß sein, daß die Pforten des Totenreiches *jede* Macht über eine solche Gruppe gewinnen!

Mit anderen Worten: Wenn irgend man überhaupt glauben will, es sei wirklich von Jesus eine Gruppe von Menschen ausgegangen, die von der Macht der Zersetzung und der Auflösung in der Geschichte *nicht* korrodiert und kompromittiert werden müßte, dann dürfte sie sich nicht zusammenfügen durch die gemeinsam erlittene Entbehrung aller, sondern durch eine gemeinsame Erfahrung des Reichtums und des Überflusses im Gegenüber Gottes, wie die Geschichte von der *Brotvermehrung* es vorweg deutlich gemacht hat.[44] Anders als in der «Sauerteiglehre» der «Pharisäer», dürften Angst, Mißtrauen, Zwangsvereidigung, Strafe, Dogmenbildung und Veräußerlichung nicht länger den Grund und die Verwaltungsform der Kirche bilden. Im Gegenteil, es müßte als erstes die Verwaltung durch Menschen über Menschen insgesamt abgeschafft werden im Namen Gottes. Es dürfte dann überhaupt kein «Papsttum» mehr geben, das sich selbst an die Spitze der Gläubigen setzt und sich in der Anmaßung absoluter Macht von den eigenen Kirchenmitgliedern isoliert. Es gäbe dann auch nicht das, was wir – mit Bezug auf dieses Felsenfundament des Petrus – dogmatisch in der römischen Kirche verankert finden: «Du bist Petrus» – als die Grundsteinlegung zum Bau des Petersdoms. Soviel ist klar: Der Jesus, der nicht einmal für sich selber den Königstitel ohne Einschränkung gelten ließ, der wollte nicht, daß seine «Nachfolger» mit Berufung auf ihn den Thron der Caesaren bestiegen.[45]

PAUL HOFFMANN hat einmal in einer Art Vision beschrieben, wie das Papsttum aussehen würde, wenn es denn je mit Matthäus 16 in Übereinstimmung gebracht werden könnte. «Ich sehe vor mir», schreibt er, «das vertraute Bild der Peterskirche, in goldenen Lettern im Zentrum des Kirchenraums die Inschrift ‹Tu es Petrus – Du bist Petrus›, und darüber die gewaltige Kuppel Michelangelos. Versammelt sind Vertreter der römischen Teilkirchen, Bischöfe, Presbyter, Männer und Frauen aus allen Kirchen sowie zahlreiche Delegaten der übrigen christlichen Gemeinschaften. Der Papst zieht unter dem Schutz der Schweizer Garde ein, begleitet von Kardinälen, Prälaten und römischen Kurialen, er besteigt die Cathedra Petri. Nach einem kurzen Gebet wendet er sich den Versammelten zu und gibt eine feierliche Erklärung ab: ‹Unter Bezugnahme auf das Zeugnis des Evangeliums erkläre ich den Verzicht auf den Absolutheitsanspruch, den der Heilige Stuhl im Verlauf der Kirchengeschichte an sich gezogen hat.› Dann verläßt er den Thron, steigt die Stufen hinab und begibt sich zu den übrigen in den Kirchenraum. Dort nimmt er mitten unter ihnen Platz, eine Ikone wird hereingetragen, eine Darstellung des mit Dornen gekrönten Jesus. Sie wird auf den Thron gestellt. Etwas verloren steht sie nun da unter der gewaltigen Kuppel des Papstdoms im Schatten der hoch aufragenden Säulen des Bernini-Altars. Für alle Zeiten soll sie hier stehenbleiben zum Zeichen dafür, daß die Kirche keinen anderen Herrn kennt als den Gekreuzigten und er das alleinige Haupt der Kirche ist.»[46]

Schauen wir hin, so gibt es zwischen Katholiken und Protestanten, zwischen römischen Katholiken und anglikanischen Christen, zwischen römisch-lateinischen Katholiken und orthodoxen Katholiken, zwischen Kopten und Melchiten 2000 Jahre nach Jesus nur einen einzigen Differenzpunkt, der da lautet: das Papsttum. Ein solcher Anspruch auf Macht und Unfehlbarkeit, das weiß Gott oder der Teufel, ist *nicht* von Gott gesetzt; *das* kann man *sicher* sagen.

Wenn wir uns des weiteren fragen: was ist es mit den *Aposteln*, die in ihrer

12-Zahl den Petrus umgeben, so wird auch in ihnen kein fertiges (Bischofs-) *Amt* zu erblicken sein, das Jesus gegründet hätte *gegen* die Religion seines eigenen Volkes. Schon ein solcher Gedanke ist historisch ganz unmöglich.[47] Man mache sich ferner nur einmal klar, was es *heute* in Deutschland bedeutet, «Bischof» zu werden! Als «Nachfolger» nicht der «Apostel», wohl aber der Fürstbischöfe des 16. Jahrhunderts hat ein solcher Kirchen*beamter*, um «Bischof» zu werden, zugleich auch Staatsbeamter zu sein: die staatliche Behörde muß seine «Wahl» absegnen, heilige Eide auf die Verfassung müssen ihn als politisch unverdächtig erscheinen lassen – das alles will von vornherein so viel besagen, als ob Jesus hätte bei Kaiphas und Herodes sich die Erlaubnis für sein öffentliches Wirken «von Amts wegen» einholen müssen!

Wohl aber ist es wahr, daß Jesus *in der Zahl seiner zwölf Apostel* die Stämme *Israels* nicht politisch, aber religiös sammeln wollte, um sie zusammenzuführen, auf daß endgültig *niemand mehr ausgeschlossen* sei.[48] Wenn es von daher «Apostel» gibt in einer Gemeinschaft von Glaubenden, die sich bezieht auf das, was Jesus wirklich wollte, dann müßten sie sein, wie der Mann aus Nazareth sie ausgesandt hat: so weitherzig, so offen, so einladend, daß sich eine ganze Menschheit darunter sammeln könnte wie zwischen Sonnenaufgang und Sonnenuntergang die ganze Erde. *Das* müßte es heißen, Jesu Botschaft weiterzutragen unter der gültigen Bedingung: «Sagt niemandem, daß ich der Christus (Messias) sei!» (Mt 16,20)

Wie aber «bekennen» dann wir Heutigen Jesus als den «Christus», den «Sohn Gottes»? – Sagen wir es so: Wenn irgend jemand sprechen würde: «Es gab Augenblicke, da ich nicht ein noch aus wußte – ich fühlte mich vollkommen allein, ich sah in meinem Leben keinen Sinn mehr, ich wußte nicht mehr, was gut und böse, was richtig oder falsch für mich ist, aber es gab irgendwo doch noch ein fernes Echo aus dem Wort *seines* Mundes, das mir weiterhalf, wie zum Beispiel: als er den Jüngern sagte: ‹Wenn ihr betet, so sprecht: Vater unser, der du bist im Himmel›» – dann hätte ein solcher unzweifelhaft von Jesus *alles* verstanden: seine Sohnschaft, seine Menschlichkeit, seinen Beistand und seine Lebendigkeit über den Tod hinaus. Man braucht dafür keine dogmatischen Formeln, wohl aber gewisse Erlebnisse, man braucht dafür keine kirchlich festgelegte Begriffssprache, wohl aber eine dichterische Poesie. Würden wir sagen: «Es gab Augenblicke, da Jesus uns über das Wasser trug, mitten durch den Sturm; es gab Augenblicke, in denen wir wie verhungert waren oder wie verdurstet, und er ließ uns weiterleben; es gab Augenblicke, in denen wir vollkommen glücklich waren, und in dem Übermaß der Freude war es, als liege die Welt uns zu Füßen und alles wäre ganz klar und durchsichtig, und wir fühlten uns geborgen in einem Vertrauen der Liebe, wie nur *er* es uns lehrte» – da sprächen wir selber mit einem Mal in den Bildern der Bibel, wir gewönnen die Sprache wieder, welche die «Tröstung der Völkergemeinschaft» (TG) tatsächlich redet; und auf der Stelle würden wir merken: da gibt es ab sofort keine Ketzer mehr, da gibt es keine gottstellvertretende Kirchenverwaltung mehr, wohl aber gibt es gewisse einladende Formen des Umgangs miteinander; und *mehr* benötigten wir absolut nicht!

Ein kleines Gebet beziehungsweise eine Betrachtung von OTTO und FELIZITAS BETZ fragt einmal: «Wie spricht Gott zu uns?» «Meine Tante hätte es als Höhepunkt ihres Lebens angesehen, einmal von Gott direkt angesprochen zu werden. Ihr Leben lang wartete sie darauf, eine geheimnisvolle Botschaft zu empfangen. Jeden Tag wieder neu spitzte sie die Ohren, eine Kunde zu erfahren, die nur ihr gehört. Könnte nicht wenigstens, so meinte sie, Maria oder ein Engel mir begegnen? Irgendwann einmal muß doch eine solche Hoffnung erfüllt werden. Meine Tante war keine einfache Frau. Ihr Mann störte sie eigentlich in ihrer Erwartung, und die Kinder waren so laut und drängten sich dauernd dazwischen. Eigentlich machten es alle Menschen ihr schwer, das Ohr dem Unvergleichlichen hinzuhalten. Ich glaube, Gott hat oft zu meiner Tante gesprochen, aber der Ärger über die quengelnden Kinder, die geheime Verachtung für den so durchschnittlichen Mann, die haben ihr das Ohr verdorben für seinen Anspruch. Wie spricht denn Gott zu uns? Schickt er uns einen Engel? Läßt er uns einer unbefleckten Immaculata begegnen? Tönt sein Wort aus Wolkenhöhen? Kenne ich dich? Ich kenne zahllose Bilder von dir. Man hat dich als Herrscher dargestellt, als Leidensmann, Richter und König, als Lehrer stehst du vor mir, als Hirte und machtvoller Redner. Dein Bild ist mir vertraut, aber ich frage mich dennoch: Kenne ich dich? Ich weiß immer noch nicht, wer du bist. Die Bilder haben dein Antlitz verstellt. Deine Augen sind schwer zu finden, weil mich tausend Gesichter anschauen. Wie sprichst du? Die vielen Worte, die man von dir überliefert, hallen mir in den Ohren. Sie sind mir bekannt, denn sie sind mir erklärt worden. Wie aber komme ich durch den Berg der Kommentare? Wer bist du? Ich möchte dein Gesicht erkennen. Ich möchte dein Wort vernehmen. Dringt dein Wort durch all die Worte? Wird dein Antlitz erkennbar durch all die Bilder?»[49]

Nur darum geht es. Die (römische) Kirche mit ihrem Caesaro-Papismus hingegen gibt sich sehr zuversichtlich, daß ihr aus Mt 16,18 ein göttliches Bild der «Unzerstörbarkeit» bis zum Jüngsten Tage zugesprochen sei. Sie vergißt, daß Gott in der Bibel niemals etwas «verspricht», das nicht an gewisse Bedingungen gebunden wäre. Das «Binden und Lösen» zum Beispiel wurde in der

«Tröstung Israels» (TI) in den Tagen des Jesaja *zum Fluch* gegen den Palastvorsteher Sebna von Gott an Eljakim, den Sohn Hilkias, vergeben: «Ich will», sagte Gott da durch seinen Propheten, «ihn mit deinem Gürtel umgürten und deine Gewalt in seine Hand geben, daß er ein Vater sei den Bewohnern Jerusalems und dem Hause Juda. Ich will ihm auch den Schlüssel des Hauses Davids auf die Schultern legen, und wenn er auftut, so wird niemand schließen, und wenn er schließt, wird niemand auftun. Ich will ihn als Nagel einschlagen an einen festen Ort... und es wird sich an ihn hängen die ganze Bürde seiner Sippe... An jenem Tage... wird der Nagel durchbrechen und fallen, und die Last, die dran hängt, wird zugrunde gehen» (Jes 22,20–25).[50] Vor diesem Hintergrund vergibt in der Szene von Caesarea Philippi der *Davidssohn* die «Schlüssel» des «Hauses Davids» an den *wahren* Führer Judas – ein Wechsel wie damals von dem ungetreuen Königsbeamten Sebna an Eljakim; aber buchstäblich: hängt man zuviel an diesen festen «Nagel», so reißt er aus, und alles stürzt ein. Und vor allem: wie soll der «feste Nagel» jemals nützlich werden, wenn er nicht «fest» verankert ist im «Holze»? Die Gestalt eines «Heiligen Vaters», wolkengleich schwebend über dem «Volke», ist mit dem Sinn auch von Mt 16,18 völlig unvereinbar (vergleiche Mt 23,9).

Mt 16,21–28
Vom «Kreuzweg» der Selbstfindung und der Befreiung des Menschen oder: Wider die Ältesten, Priester und Schriftgelehrten!

Die *zweite* Hälfte aus dem 16. Kapitel des Matthäusevangeliums ist gewidmet dem ewigen Konflikt zwischen einem Leben im Schoß des Kollektivs und der Ungeborgenheit des Mutes, ein Individuum zu werden, ausgespannt auf die Kreuzesbalken zwischen Machtgier und Ohnmacht, zwischen abgeleiteter Existenz und dem Mut zum eigenen Sein, zwischen dem Untergang eines verwalteten Lebens im Tode und der Auferstehung zu der Ursprünglichkeit und Unableitbarkeit des «Eigensinns» einer wirklichen Persönlichkeit.

Hört man diese Worte Jesu, so mag einem schaudern, mit welcher Härte und Kompromißlosigkeit hier *das Leid* in Aussicht gestellt und eingefordert wird *als Bedingung*, an der Seite Jesu auch nur ein Stück Wahrheit in das eigene Leben zu bringen. Der Schrecken, der von diesen Worten ausgeht, rührt indessen von einer doppelt verkehrten Interpretation her, wie wir sie seit Kindertagen im Raum der Kirche zu vernehmen gewohnt sind. Was wir *in Wahrheit* an dieser Stelle hören, ist so etwas wie eine lautlose Explosion, eine Umwertung des Bestehenden mitten im Zentrum. Da geht durch die Wände der Prachtbauten von Kirche und Gesellschaft ein Riß bis tief in den Boden hinein; er ist die Auswirkung des Wortes, mit dem Jesus soeben das «Bekenntnis» des Petrus kommentiert hat: «Da befahl er ausdrücklich seinen Jüngern, niemandem zu sagen, daß er der Christus sei» (Mt 16,20).

Dieses Wort bereits war der erste Kontrapunkt zu der üblich gewordenen kirchlichen Fehlinterpretation dieser Stelle. Das einzige, was man uns beigebracht hat, damit wir rechte «Christen» würden, ist ja genau dieses: zu hören, zu lernen und nachzusprechen: «Jesus ist der Christus.» Und was steht in diesem Text? Daß wir genau *das* nicht tun sollten, weil Jesus offenbar eine *Gefahr* darin sah, die, wenn sie erst einmal wirksam werden würde, alles verwüsten müßte, was er in die Welt tragen wollte.

Wieso? wird man fragen, was für eine Gefahr soll darin liegen, die Person und die Botschaft Jesu mit einem vorgegebenen Titel des alten Israels zu deuten? Ist dies nicht das ganz und gar Normale und Formale geworden, von «Jesus Christus» oder von Jesus *als dem* «Christus» zu sprechen? – Offensichtlich überhaupt nicht! Worauf Jesus selbst hier mit äußerstem Nachdruck bestehen mochte, das war die Forderung, sich einzig und allein *an seine Person* zu halten, sie in keiner Form zu verfeierlichen, sie nicht zu übermalen mit der Tünche irgendeines fertigen, annehmlichen Titels, und nichts zur Interpretation von außen an sie heranzutragen, sondern umgekehrt, sich mit allem Wagemut, mit aller Riskiertheit, mit aller Angefochtenheit, mit aller *Verletzbarkeit* für dieselben Ziele einzusetzen, für die *er* selber sich eingesetzt hat.

Unter dem «Königstitel» des «Christus» hingegen läßt sich offensichtlich auf ganz famose Art eine «Kirche» begründen, die am Ende das gerade Widerspiel zur Botschaft des Jesus von Nazareth darstellt. Bezeichnenderweise tritt an dieser Stelle bereits Petrus selbst als der erste Mann der «Kirche» an seinen Herrn heran, um ihm zu sagen, daß das, was ihm bei seinem Gang nach Jerusalem vorschwebt, um Gottes willen verhütet werden muß: Nur nicht ein Jesus des Leidens! Was man braucht, ist der Titel des Christus, des Herrschers, des Königs mitsamt seinen bestellten königlichen Dienern. Die mögen dann «leiden», so viel sie wollen.

Aber als erstes braucht es vermeintlich einen Siegeszug im Triumph!

Was da auf dem Spiel steht, läßt sich am deutlichsten zeigen, wenn wir den faktischen *Antijudaismus* dieser Stelle auflösen und diese Worte selbstkritisch ins Christentum hineinziehen. Die meisten Ausleger der «Tröstung der Völkergemeinschaft» (TG) sind sich inzwischen darüber einig, daß Matthäus niemals nur schreibt, um eine historische Spannung zwischen Jesus von Nazareth und der Synagoge seiner Zeit zu formulieren; alle Probleme existieren *typologisch* weiter, nichts davon ist existentiell bloße Vergangenheit. Also beginnen wir mit dieser *ständigen* Auseinandersetzung auf Leben und Tod zwischen dem Prinzip religiöser Außenlenkung und religiöser Freiheit.

Da ist Jesus bereit, sich in einem Akt entgültiger Entscheidung hinüberzubegeben an den Heiligtumsort von Jerusalem, und auch *seine Gegner* formieren sich: die *Ältesten*, die *Priester* und die *Schriftgelehrten* (Mt 16,21). Warum? wird man fragen. Nun, weil *im Namen dieser heiligen Dreiheit* Menschen immer wieder im Namen Gottes *verbogen* und um ihr Leben menschlich *betrogen* werden.

Da stehen vornean *die Ältesten*.[51] Auf *sie* zu hören bedeutet allemal, die eigene Meinung an der Kirchentüre abzugeben, denn sie sind *die Autorität*. Die erste Frage des Denkens darf da nicht länger mehr lauten: Was ist richtig? Wem nützt das? Welche Überzeugungen sind wirklich tragend? Welche Argumente lassen sich einbringen? – Nein, als erstes muß man sich fragen: Wie stimmt es überein mit den Leuten, die *vor einem* waren und gedacht haben?

Welche Traditionszusammenhänge lassen sich aufzeigen? Und: Welche Übereinstimmung besteht zwischen der eigenen und der herrschenden Lehrmeinung? Erst wenn man sich auf irgend etwas Anerkanntes der Vergangenheit berufen kann, wird man selber anerkannt. Denn nur im Allerältesten liegt die Garantie der Wahrheit in den Augen der Ältesten. Freilich, es sollte jedem klar sein: das im Raum des Geistes *allerschwächste*, das beinahe *dümmste* aller Argumente, *den Autoritätsbeweis*, den *Traditionsbeweis* zum Garantiebegriff religiöser Wahrheit zu erheben, das ist nicht nur eine Travestie des Denkens, das macht die gesamte Botschaft zu einer reinen Farce – zu einer opfervollen *Entsagung* gegenüber dem eigenen Kopf.

Doch es kann, wenn möglich, noch schlimmer kommen. – Es gibt, des weiteren, den Raum *der Priester*.[52] Mit ihnen hat Jesus sich von Anfang an überworfen auf Sein oder Nichtsein, und fragt man erneut, warum eigentlich?, was daran denn so gefährlich sein soll, daß es in einer bestimmten Religion eine Priesterschaft, eine Beamtenschaft des religiösen Kultus gibt?, so muß man sagen: Die Gefahr besteht schon allein darin, daß man aus all dem, was Jesus sagen wollte, erneut im Namen Gottes einen feierlichen Possen macht, ein rituelles Theater, eine Dramaturgie, die sich aufführt alle Sonntage wieder, alle Feiertage wieder, pünktlich zur Stunde nach dem Glockenläuten. Nichts, wenn man einen solchen «Gottesdienst» besucht, wird da jemals überraschend sein, alles kennt man im voraus, es gibt nicht ein einziges neu zu sagendes Wort. Man weiß genau, wenn drei Viertelstunden herum sind, an welcher Stelle der Abfolge der heiligen Messe ein Priester der katholischen Kirche halten wird, wenn er nicht Streit bekommen will mit seinem Pfarrgemeinderat, der als gewähltes Gremium der «Ältesten» auf *Pünktlichkeit* besteht, schon damit im Kreis der gläubigen Familie später das Mittagessen *pünktlich* eingenommen werden kann. Jedes Stück Autonomie, jede autochthone Freiheit richtet sich gegen diesen Geist der Priester, und dieser wiederum richtet sich gegen den Geist des Mannes von Nazareth. Gott, in *seinen* Augen, ist kein solcher Pausenclown. Er ist *nicht* einzuordnen in das Marionettenspiel derartiger verwalteter Bühnenbeamter in Feiertagsroben und Meßgewändern. *Gott ist Person*, und also fordert er, daß Menschen den Mut haben, selbst mit ihrer Existenz *als Personen* Gott gegenüberzutreten. Zu diesem Zwecke braucht es keinerlei rituelle Vermittlungen, keine besonderen, hierarchisch zu funktionalisierenden Zeichen, keine Garantieerklärungen; ein einfacher Mensch in seiner Freiheit ist vollauf genug.

Aber da kommen zum dritten auch noch die *Schriftgelehrten* daher[53]. Auch mit ihnen ist Jesus aneinandergeraten sehr bald schon, da er öffentlich auftrat

(Mt 9,1–8, nach Mk 2,1–12: Die Heilung des Gelähmten). Im Grunde tritt er damit in die Auseinandersetzung schon seines Lehrers Johannes des Täufers ein. *Der* war, bei Gott, *kein* Schriftgelehrter. Wenn er etwas war, meint Jesus, war er der größte Mensch, der je von einer Frau geboren wurde, *als Prophet* (Mt 11,11; vergleiche Lk 7,28). Eine *schriftgelehrte* Existenz hingegen ist eine sehr bequeme Existenz, am meisten sogar, wenn sie *fleißig* ist. Leute von der Art der Schriftgelehrten können alles lesen mit um so größerer Geschwindigkeit, als sie sich niemals die Aufgabe stellen, das Gelesene für ihr eigenes Leben durchzuarbeiten. Solche Leute können alles zur Kenntnis nehmen, sie setzen sich in die Gelegenheit, alles zu beurteilen, mit Vorliebe sogar dasjenige, was sie nie gesehen haben, denn auf Anhieb sagt ihnen ihr schriftgelehrter Instinkt von ferne schon, was richtig oder falsch ist. Da ist um jeden Menschen sozusagen ein Odium gebreitet, das ihm je nachdem den Duft der gottwohlgefälligen oder der stinkigen Meute verleiht. Ein Schriftgelehrter zu sein heißt in diesem Sinne, im Rahmen vorgefertigter Auskünfte abgeleitete Auskünfte zu geben, einer Tradition zu folgen, die im Grunde nur sich selber erklärt, Kaschen und Scheinfragen zu stellen, die vom Leben weit genug abweichen, um wahre Experten der Gottesgelehrsamkeit nötig zu machen – kurz, daß der Volksmund von den Tagen Jesu bis heute zu dieser Art der Gottesrednerei den Kommentar abgeben wird: Je gelehrter, desto verkehrter.[54] Und so geht es fort bis in den Erfahrungsraum jeder Familie, bis in die Auseinandersetzungen buchstäblich jeder Schulstunde.

Vor einer Weile sagte eine Frau: «Ich weiß nicht mehr, was ich mit meiner Tochter machen soll, das heißt, ich weiß es nur allzu genau. Sie ist jetzt fünfzehn Jahre alt und kam dieser Tage aus dem Religionsunterricht. Sie hatte sich gemeldet und gesagt: ‹Man kann doch vom Buddhismus etwas lernen›. – ‹Wenn du so sprichst›, sagte ihr Religionslehrer, ‹stehst du nicht auf dem Boden des Christentums›.» Dann hatte das Mädchen zu sich selbst und zu seiner Mutter schließlich gesagt: «Der kapiert es nie.» – Man begreift recht genau, was da geschieht. Da ist ein fünfzehnjähriges offen fragendes Mädchen, doch es hat als sein Gegenüber einen Religionslehrer vom Typ eines rechten «Schriftgelehrten», der zu ihr sagt, was er offiziell muß, der an sie weitergibt, was er selber gelernt hat, und der aus jeder Schulstunde eine Art Minitheologenkurs macht, miniaturisiert freilich für das Fassungsvermögen, wie er meint, gerade von Pubertierenden. In diesem so verordneten Korsett aber ist keine neue Frage zu stellen möglich, ist kein wirkliches Lernen erlaubt, alles ist da stets schon vorweg beantwortet. Doch in der Langeweile, die so entsteht, in dem Zerbrechen jeder echten Neugier resigniert eine ganze Jugend; sie will den ganzen feierlichen Überbau, den man entsprechend der kirchlichen Dogmatik angeblich lernen muß, um Jesus *besser* zu verstehen, überhaupt nicht mehr lernen. Da gibt es keine Auseinandersetzung, keine Spannung, keine Dynamik, kein Abenteuer, keine Phantasie, nichts hält als Schriftgelehrsamkeit und eben damit den geistigen Suizid.

Multipliziert man Erfahrungen dieser Art mal fünfzig oder hundert im Verlauf von etwa zehn Jahren Religionsausbildung in der Schule, so begreift man, *warum* eine ganze Generation dieses «Unterrichts» müde, angeödet und angewidert ist. Hat denn das, fragt sie ganz richtig, was da getrieben wird, mit der Botschaft Jesu noch irgend etwas zu tun? Es gibt unter dem Namen «Jesus ist der Christus» mittlerweile Dutzende und Hunderte von kirchenbefohlenen Dogmen, die haarklein erklären, wer er war, doch all diese Dogmen und Erklärungen sind nützlich allein für eine einzige Schicht, damit diese sich mit ihrer Bildung möglichst wichtig zu machen vermag. Diese Schicht der Schriftgelehrten schwimmt auf dem Wasser wie Öl. Sie raubt jedem Lebewesen darunter die Atemluft. Sie erstickt alles, was vital leben möchte und könnte. Jesus wird später sagen: «Diese Leute sitzen auf dem Lehrstuhl des Moses, mit dem Schlüssel zum Himmelreich in den Händen, doch sie selber kommen nicht ins Himmelreich und sie lassen auch niemanden hinein.» Ärger noch: «Sie durchfahren Land und Meer, bis sie einen einzigen Nachfolger gewinnen, und haben sie ihn schließlich soweit, so machen sie ihn zum Sohn der Hölle, schlimmer als sie selber» (Mt 23,1.13.15). Es ist am Ende nichts als *Ungeist* mehr in diesen Köpfen vermeintlicher Gottesgelehrsamkeit.

Und was, bitteschön, wäre dazu die Alternative? Im Munde Jesu einzig *der Wagemut, sich auszusetzen,* nach *vorne* zu blicken und *Gefahr nicht* für einen *Einwand* gegen das Leben zu halten.

Wenn wir dieses Evangelium hören, wie Jesus die Jünger auffordert, *das Kreuz* auf sich zu nehmen, haben wir, parallel zu dem Herrschaftswissen der Kirche in allen Fragen der Christologie, zugleich einen *zweiten* Fehlschluß vor uns, der darin besteht, daß, je großartiger die Kirche *als Gesamtinstitution* dasteht, *der Einzelne* in ihr wirklich *leiden* muß. Stets ist insbesondere dieser Text dazu verwendet worden, Menschen moralisch ans Kreuz zu schlagen. Jedes eigene Streben, jedes eigene Sein, alles persönliche Existieren-Wollen erweist sich an dieser Stelle des Matthäusevangeliums vermeintlich als das Selbstische, als das Egoistische, als das Widergöttliche. Wie man weiß, wollen ja Menschen nur einfach ihr Glück und verweigern sich damit dem notwendigen Leid; hier aber wird ja ganz wörtlich gelehrt, es sei *die Kreuzesnachfolge* unerläßlich im Christentum!

Um es klar zu sagen: allerdings ist sie nötig, die «Kreuzesnachfolge», doch nur an der richtigen Stelle, nur im Kampf um das menschliche Glück, nicht aber als asketischer Selbstzweck, nicht als Diffamierung der besten Kräfte im Menschen, nicht als Sklavenideologie zur Unterdrückung dessen, was im Menschen lebendig sein möchte! *Dafür* ist Jesus *nicht* gekreuzigt worden, daß man die Barbarei der Römer zweitausend Jahre danach *psychisch* tagaus, tagein erneuert, routiniert und systematisiert, um sie in der Autorität von Tradition, Schriftgelehrsamkeit und Priesterschaft zu verfeierlichen und zu kultivieren. Das *Nein* zum Kreuz, *das* war *sein* Kreuz! Der Kampf um die Humanität gegen jede Art von Außenlenkung, Barbarei und Unterdrückung, das war es, was *er* wollte!

Doch nun gehe man es einmal durch, was da in den Erfahrungen ganzer Generationen mit dem fertigen Apparat der Kreuzesverwaltung, der Kreuzestheologie, der Leidensmystik gesammelt wurde! – Nehmen wir uns noch einmal die drei Instanzen vor, die Matthäus (nach Mk 8,31–33) hier aufzählt. Da gibt es, von hinten beginnend, *die Schriftgelehrten*. Sie insbesondere verbieten das eigene Denken. Seit Kindertagen mußte man das lernen. Steht nicht im Beichtspiegel: «Habe ich freiwillig *Glaubenszweifel* genährt? Habe ich *böse Gedanken* gegen Gott und seine Kirche freiwillig geschürt?»[55] Wann beginnt ein «freiwilliger Zweifel» an Gott und «seiner» (!) Kirche, und seit wann wäre er Sünde? Wenn es Sünde ist, an Gott zu *zweifeln*, dann müßten wir das ganze *Buch Ijob* aus der «Tröstung Israels» (TI) streichen, insgleichen das *Buch Kohelet*, insgleichen das Buch des *Hohenlieds der Liebe* – wir brauchten offensichtlich einen großen Rotstift, um die Bibel von all ihren Zweifeln zu reinigen, und zwar wohlgemerkt nicht von rein cartesianischen, nur methodisch begründeten Zweifeln, sondern von solchen, die das Leben selber aufgibt – unausweichlichen, erschütternden Zweifeln, solchen, die den Abgrund unter der eigenen Existenz offenbaren und dicht heranführen an die *Verzweiflung*. Derlei Zustände sind nicht vermeidbar, sie sind das Leben selber. Geist zu haben *bedeutet, Zweifel* haben zu dürfen, es bedeutet, *verneinen* zu dürfen, so sehr, daß einer der größten Philosophen, G. W. F. HEGEL, im letzten Jahrhundert den Geist überhaupt für das Negative erklärte. Er meinte, Geist *bestehe* in dieser ständigen Unruhe, nichts als endgültig gelten zu lassen, sondern immer wieder aufzubrechen zu neuen Ufern mit der Kraft und der Sehnsucht nach Unendlichkeit.[56] Was denn wäre *sicher* im Raum des Geistes? Ist nicht all unser Denken nur ein Spiel zwischen Versuch und Irrtum?

Gerade vor Gott aber: wieviel an *Entmutigung* hat die Kirche des theologischen «Lehramtes» bis heute den Menschen im Raum des persönlichen Denkens auferlegt? Wundern wir uns da wirklich über den Zustand, an dem wir heute halten? Soll eine Institution, die jahrhundertelang die Freiheit des Denkens, die Offenheit der Diskussion, die Riskiertheit neuen Fragens mit Feuer und Eisen, mit Inquisition und Gesetz in allen Landen Europas auszutilgen suchte, im Ernst dafür gehalten werden dürfen, daß sie ein Träger des Fortschritts, eine Lichtfackel der Hoffnung, ein Beistand an der Seite suchender Menschen sei? Noch bis in die Mitte der 60er Jahre hatte jeder, der als Priester dem kirchen «Lehramt» zugehören wollte, einen heiligen Eid zu schwören – gegen den *Modernismus*.⁵⁷ In einer langen Sammlung von «Irrlehren» war dort all das zu finden, was im großen und ganzen in den letzten zweihundert Jahren geistesgeschichtlich kraftvoll war, was die Suche nach Wahrheit beförderte und was in irgendeinem Sinne kulturell und menschlich kreativ gewirkt hat. Kann man eine ganze Generation von *Theologen*, von Gotteserklärern und Gottesverwaltern, *unter Eid* nehmen, bestimmte Gedanken *gar nie* zu denken, sie als Versuchung zu deklarieren und sie *abzuschwören* in alle Zeiten? – Es gibt heute *formell* keinen «Antimodernisteneid» mehr, doch es *braucht* ihn auch nicht zu geben. Denn was wir allemal haben, ist eine beamtete Lehrerschaft wohlangepaßter Kopfnicker. Ein einziges Beispiel genügt da.

Deutlich entsinnt man sich noch des Jahres 1956, als in Deutschland leidenschaftlich diskutiert wurde über die Wiederbewaffnung der Bundesrepublik. Darf man den Wehrdienst verweigern mit Berufung auf sein Gewissen, auf sein Innerstes, auf sein Persönlichstes, oder darf man das nicht? Es war die *katholische* Kirche, die, im *Unterschied* zur protestantischen, eindeutig, vom Papst herunter bis zu jedem Vikar am Ort, erklärte und vorschrieb: Kein Katholik hat das Recht, sich auf sein Gewissen zu berufen und den Wehrdienst zu verweigern![58] Das allein schon war schlimm, es bedeutete die Strangulation des persönlichen Wertgefühls, es war ein Skandal. Aber weit schlimmer als dies war die Tatsache, daß die gesamte Schicht von theologisch Ausgebildeten, von Leuten also, die man sechs, acht, fünfzehn Jahre lang für Millionen Mark dahin erzogen hatte, die Lehre der Kirche zu kennen und zur Kenntnis zu geben, im Besitz all ihres Wissens, mit den Zugangsmöglichkeiten zu jeder Bibliothek, eingeschworen auf die Idee des THOMAS VON AQUIN, daß selbst das Urteil eines irrigen Gewissens befolgt werden müsse, gleichwohl, nur weil es von Papst Pius XII. so befohlen wurde, ihren Mund nicht aufmachte, keinen Widerstand leistete und es nicht fertig bekam, Einspruch zu erheben. Sieben Jahre später hingegen, im II. Vaticanum, konnten dieselben Leute, weil es nunmehr erlaubt war, die Meinung für «immer schon katholisch» erklären, es sei möglich, Friedensdienst *mit der Waffe* zu leisten und auch *ohne* die Waffe, beides sei verantwortlich im Rahmen des Christlichen.[59] So wußte man es jetzt. Doch wieviel Wert besitzt die Lehre von der Freiheit des Gewissens, wenn sie derart manipuliert und ideologisiert werden kann? Was für ein Lakaientum ist es, den Mund stets nur aufzumachen, wenn die Oberen es gebieten, in Phalanx, stets loyal, stets solidarisch, stets als Propagandisten und Ideologen der offiziellen Parteilinie, nur um zu sagen: «Wir belehren euch, denn wir sind die Zuständigen!»

Umgekehrt müßte man im Namen Jesu sich fragen, was für eine Kirche wir hätten, fände diese Farce von «Gottesgelehrsamkeit» endlich ihre Ende, indem jeder Einzelne sagte: «Ich bin ein lebender Mensch; also bin ich ein Suchender, ein Ausgesetzter, ein Leidender, und ich habe Fragen, die legitim sind. *Gott* beantwortet sie mir in meinem Leben, und ich habe neben mir andere Menschen an meiner Seite. Ich bin nicht weisungsabhängig von irgendeiner Schicht von Experten, die hinter verschlossenen Wänden verhandeln, wie man von Bischofskonferenz zu Bischofskonferenz als ‹richtig› von Gott spricht, indem man das *Nizäno-Konstantinopolitanische Glaubensbekenntnis* exakt und treu gemäß dem Weltkatechismus heruntersagt. Dies ist nicht Geist, dies ist Verrat am Geist!»

Jesus wagt an dieser Stelle sogar zu Petrus, zu diesem «Felsenfundament» seiner eigenen Gemeinschaft, zu sagen: «Verschwinde, Satan» (Mt 16,23). So energisch ist das. Es ist soviel wie im 4. Kapitel des Matthäus, als der Geist des Bösen an Jesus herantrat und ihm anempfahl, doch mehr Rücksicht zu nehmen auf die armen, kleinen Menschen, die man am besten bevormundet, indem man ihnen vorschreibt, was sie sagen, was sie denken, was sie tun müssen (Mt 4,8). In den Augen Jesu bildet es eine schlimme Gefahr, eine machtvolle Kirche einzurichten, einen straff geordneten Ameisenstaat von allzu Gläubigen, eine gut verwaltete Zensurbehörde, die an der Eingangstüre womöglich noch den Titel trägt: Hier wohnt Gott. Jesus meinte, es stelle einen *Boykott* an dem Kostbarsten dar, was Gott auf Erden geschaffen hat: an der Freiheit der Gedanken und der Eigenverantwortung des persönlichen Gewissens.

Es gibt neben dem *Terror* der *Schriftgelehrten* den Terror der Unterdrückung im Namen der *Priester* –, sie sind der *zweite* Block, dessen tödliche Gegnerschaft Jesus als sicher voraussieht. Sie teilen die Welt ein in Rein und Unrein, sie zerspalten die Gefühle, sie zertrennen den Körper, sie lösen auf, was eine vitale Einheit sein möchte, um sich zu vollziehen.

«Wissen Sie, worin mein Unglück liegt?», schilderte eine Frau ihr Leben. «Ich wurde stets dazu erzogen, auf mich achtzuhaben. Was ich an mir sah, war Sünde, was ich fühlte, Sünde, was ich *war*, war Sünde.» «Läßt du dich je mit einem Mann vor der Heirat ein, bring' ich dich um», hatte ihre eigene Mutter zu ihr gesagt. Doch selbst diese Drohung war nicht das schlimmste gewesen. Viel schlimmer war es, daß sie als Achtjährige schon hatte lernen müssen, in der Beichte eine Schuld zu bekennen, die sie überhaupt nicht verstehen konnte, und als sie sie verstand, brach für sie eine ganze Welt zusammen. «Als ich meinen Mann kennenlernte», fuhr sie fort, «sah ich die Traurigkeit in seinen Augen. Er hatte etwas Ähnliches durchgemacht wie ich selber, und allein das war der Grund, mich ihm hinzugeben. Ich konnte nicht nein sagen, es hätte ihm zu weh getan. Ich weiß heute, daß ich mich selbst in ihm erlösen wollte, daß ich mich durch ihn zum Leben bringen wollte, indem ich ihn in meinem Leben zu befreien suchte. Aber das ging nicht. Ich kann Ihnen versprechen, ich habe dann nur geheiratet, um die Sünde dieser Nacht wiedergutzumachen.»

«Gib dich keinem Mann hin vor der Ehe!» Wie sieht eine katholische Ehe wohl aus, die so geschlossen wird, und was haben *die Priester* der katholischen Kirche je getan, ihre Schuld daran abzuarbeiten, daß sie, Generation um Generation, so viele falsche Gefühle, Ängste aller Art, Ekel und Selbsthaß in die Menschen hineingepumpt haben! «Das Christentum», meinte FRIEDRICH NIETZSCHE schon vor über hundert Jahren, «hat dem Eros Gift zu trinken gegeben; er starb zwar nicht daran, aber er entartete: zum Laster!»[60] Freilich, wenn es erst einmal soweit ist, daß die besten Kräfte im Menschen von Priestern im Namen Gottes gelästert werden dürfen als Laster, so sind die Menschen ganz und gar abhängig von Vergebung aus den Händen eben der Priester, von denen das Übel ursprünglich kam. Die ganze priesterliche Vergebungsprozedur ist dann soviel wert, wie wenn jemand, fieberkrank, von Erkältung sich kurieren wollte, indem er sich zur Absenkung seiner Temperatur in kaltes Wasser setzt. Am Ende fliehen die am meisten Geschädigten geradewegs wieder in die Arme derer, von denen der Schaden kommt. Der so entstehende Teufelskreis ist unentrinnbar. Wie könnte denn auch ein Mädchen, ein Junge, mit zwölf, mit fünfzehn, mit achtzehn Jahren auf die Idee kommen, daß eine Institution, die über 1500 Jahre lang erklärt hat, sie sei der fortlebende Christus selber, in ihr sei der *Geist*, die dritte Person der dreifaltigen Gottheit, selbst gegenwärtig, nur sie verfüge über ein Lehramt, das in allen Punkten als irrtumsfrei gelten müsse – wie sagte doch im 11. Jahrhundert Papst Gregor VII.: «Die katholische Kirche hat nie geirrt und kann niemals irren»[61] –, also daß just diese Institution, eben *weil* sie sich für irrtumsfrei erklärt, zu jedem Irrtum verführbar sein muß, indem sie schon aus Gründen der Selbststilisierung die notwendigen Korrekturstellen geschichtlicher Erfahrung von sich selber notwendig ausblenden muß? Eine Institution, die immer recht hat, muß vor allem immer recht gehabt haben: also wird sie darauf beharren, daß selbst ihre schlimmsten Irrungen noch durchaus veritabel und rechtens waren, und dieser Kampf der Ideologie gegen das Leben muß in jeden Winkel des menschlichen Herzens hineingetragen werden.

Die Kraft *Jesu* lag darin, Menschen so zu berühren, daß sie *rein* wurden (Mt 8,1–4, nach Mk 1,40–45), und wenn *er* dem Aussätzigen sagte: Zeige dich dem Priester (Mt 8,4 nach Lev 13,49; 14,2–32), war es dann nicht, daß die Priester im Grunde hätten *zurücktreten* müssen, um nur ja keinen Schatten und Schaden mehr zu werfen über die Menschen, sondern vielmehr gemeinsam *zu danken* für soviel Licht und Glück, das die Menschen aufrichtet und lebendig macht? Doch statt dessen sind sie es, die Jesus mit in den Tod treiben werden, einstmals und jedesmal.

Und schließlich der Widerstand der «*Ältesten*», die Unterdrückung von seiten der *Autorität:* Sie richtet sich nicht gegen das Denken, nicht gegen das Fühlen, wohl aber gegen das Wollen, gegen das Selber-Entscheiden. In diesen Kreisen gilt jedes eigene Wollen als Eigenwilligkeit, jedes Selber-Wollen als selbstisches Wollen, jede Subjektivität als Subjektivismus. Auch *das* muß wohl so sein. Kein totalitäres System kann funktionieren, ehe man nicht den Menschen beibringt, daß sie in allen wesentlichen Entscheidungen von der Zuständigkeit eines Gremiums abhängig sind, das sie vor allfälligem Irrtum gottwohlgefällig bewahrt.

Beispiele dafür gibt es in Hülle und Fülle. *Jede dritte Ehe* zum Beispiel in der BRD ist heute von dem Problem der Ehescheidung betroffen, jede zweite in den Vereinigten Staaten, und wenn irgend man denken sollte, daß Menschen selber wissen und entscheiden dürften, was aus ihrem weiteren Leben werden kann und soll, so müßten es gewiß solche Menschen sein, die in einer unglücklichen Ehe jahrelang aneinander gelitten haben. Doch weit gefehlt nach der Logik der «Ältesten»! *Kein Mensch* darf wissen und kann wissen, wann er sich darf scheiden lassen *in der katholischen Kirche!* Er ist und bleibt abhängig von den Lehramtsinhabern jener unfehlbaren religiösen Behörde, die sich römisches Episkopat nennt. Also muß er seinen «Fall» als erstes melden im «Offizialat» seines Ortsoberhirten; dort begegnet er ganz sicher mindestens zwei bis drei unverheirateten Klerikern im Alter zwischen 73–80 Jahren, und die werden ihn, die müssen ihn vernehmen, fünf Stunden, zehn Stunden, je nachdem, nach Vorstellungen und Fragestellungen, die dem gemeinen Menschenverstand als so ungeheuerlich anmuten, daß sie geradewegs KAFKAS Parabel *«Vor dem Gesetz»* entsprungen sein könnten.[62] «War das Zeugungsglied des Mannes imstande, sich fleischlich mit der Frau zu vereinigen?» «War sie oder er vielleicht andersgeschlechtlich veranlagt?» «Herrschten perverse Neigungen?» Das sind die Fragen, um die es hier geht. Von den kleinen Tragödien des Alltags zählt hier durchaus nichts. – Vor einer Weile noch erzählte ein Mann, der es religiös sehr ernst meinte, wie es ihm in einer Nachbardiözese von Paderborn ergangen war. Sein Eheproblem hatte wesentlich darin bestanden, daß er über keine Worte verfügte, um seiner Frau (und anderen Menschen) gegenüber sich verständlich zu machen. Gerade diesem Mann wurde im kirchlichen «Offizialat» jetzt zugemutet, kurz und bündig zu erklären, woran es wohl gelegen haben könnte, daß seine Ehe zerbrochen war, indem zwar er nach wie vor seine Frau suchte, sie aber nicht ihn. Da saß er nun mit offenem Mund und hörte lauter Fragen, die er nicht verstand: «Waren Sie ehefähig?» «Was waren die Motive Ihrer Ehe?» «Wie funktionierte es denn, Sie verstehen, zwischen Ihnen als Mann und als Frau?» Er wußte auf alles das keine Antwort, und wenn er sie gewußt hätte, so hätte er sie nicht erklären können, und wenn er sie hätte erklären können, so hätte ihn die Wahrheit wohl zerstört, weil sie viel zu tief zurückreichte in die eigene Kindheit.

Die katholische Kirche verfügt über einen famosen Begriff zur «Wiederherstellung» einer Ehe – sie nennt es eine Heilung in der Wurzel, eine «sanatio in radice». Das Wort verheißt etwas Wunderbares, doch was hat man aus ihm gemacht? Nichts weiter als eine Finesse des Kirchenrechts![63] Eine «Heilung in der Wurzel», das bedeutet, daß jemand, der beim Trauungsakt einen «Formfehler» begangen hat, ungültig getraut wurde, und die Gültigkeit der Eheschließungs*formel* läßt sich natürlich nachholen! Basta! Da ist eine Ehe «in der Wurzel» *im Formalen* angesiedelt! Sie selbst degeneriert damit zur bloßen Formsache! Aber man probiere es einmal in der Wirklichkeit und versuche, eine Ehe «in der Wurzel» zu heilen! Da sitzt man unter Umständen *jahrelang* an der Auflösung eines Problems, dessen Lösung man *niemals im voraus* kennt, und das ist das Entscheidende! Es ist nicht nur, das es keine *Genehmigungsbehörde* mehr gibt, welche den Menschen eine Erlaubnis erteilen könnte, ihr Leben zu gestalten, es ist nicht einmal möglich, daß die betroffenen Menschen *selber* wissen können, wie es mit ihnen endgültig weitergeht. Und doch darf und kann man ihnen vertrauen, daß Gott in ihrem Leben und mit ihrem Leben etwas Besonderes meint und beabsichtigt!

So also steht es, wenn Jesus im 23. Kapitel des Matthäusevangeliums sagt: «Niemand von euch lasse sich Vater nennen», zu deutsch: er beanspruche nie und nimmer eine patriarchalische Autorität in irgendeiner Frage des Menschseins gegenüber den Menschen und gegenüber Gott, sondern unmittelbar und frei sind die Menschen in ihren Entscheidungen (Mt 23,9). Überträgt man dieses Wort auf all die Fragen, die heute in der katholischen Kirche diskutiert werden: Homosexualität, Abtreibung, Empfängnisverhütung – so tritt da an jeder Stelle eine Autorität auf, die offiziös zu erklären beansprucht, so sei es richtig, doch im Leben der Menschen funktioniert es in aller Regel so nicht, schon weil diese «Autorität» nicht von unten her, von den eigenen Erfahrungen her denkt, sondern rein aus dem «Allerältesten», aus der Tradition der Vergangenheit ihre «Wahrheit» bezieht.

Natürlich, man kann den üblichen Einwand gegen die Revolution der Botschaft Jesu jetzt schon hören; er klingt etwa so: «Also, was du lehrst, mit anderen Worten, ist die Freiheit vom Schriftgelehrtentum, die Freiheit vom Priestertum, die Freiheit von den Autoritäten – doch wer so redet, will der nicht *Anarchie?* Klingt das nicht nach ALBERT CAMUS' These, die Freiheit sei nicht zu haben außerhalb des Aufstands?[64] Ist das nicht der krasse Existentialismus, der hier zur Bibelauslegung vorangetrieben wird? Und jetzt die Kernfrage: Wo bleibt da noch das Kreuz Christi? Das alles verleugnet doch den Gang nach Golgotha! Da wird doch ein Mensch gerechtgesprochen in seinem naturhaften Glücksstreben! Da wird doch genau das Sich-Selber-Leben und Sich-selber-Finden, da wird doch der schrankenlose Subjektivismus zur Grundlage der Bibelhermeneutik erklärt!»

In Wahrheit verhält es sich gerade umgekehrt, als die kirchliche Doktrin es vorschreiben möchte. Wir werden das «Kreuz Christi» überhaupt erst wirklich verstehen, wenn wir es als ein Sinnbild und eine Folge all der Schwierigkeiten verstehen, die sich auf dem Weg zu uns selbst und zur eigenen Freiheit entgegenstellen. Gerade die eigene Freiheit kostet am allermeisten. Es kostet überhaupt *nicht* viel, mit den herrschenden Lehrmeinungen, mit den herrschenden hierarchischen Systemen sein Auskommen zu finden. Doch *frei* zu werden, im Widerspruch womöglich zum Überkommenen, zu *vergleichgültigen,* was die anderen Menschen rings um uns her sagen, *herauszufordern* womöglich, daß sie ihre Wachhunde von der Kette lassen, *ausgesetzt* zu sein womöglich gegenüber Spott und Verleumdung in vieler Leute Augen und vieler Leute Mäuler – *das* kommt dem «Kreuz» Jesu schon ziemlich nahe. In der Bergpredigt kann der Mann aus Nazareth sogar einmal sagen: «*Den* Tag preist glücklich, da sie alles mögliche Gelogene über euch reden nur um meinetwillen; freut euch und frohlockt, wenn es so kommt!» (Mt 5,11–12) Da nimmt es Jesus geradewegs als Kriterium dafür, etwas *nicht ganz falsch* gemacht zu haben, wenn es die übliche Gegnerschaft von Priestern, Schriftgelehrten und Ältesten herausfordert. Aber auch umgekehrt: Wer sein Auskommen mit all diesen Kreisen findet, der wird gewiß niemals ein freier Mensch. *Das* steht hier auf dem Spiel!

Vom «Kreuzweg» der Selbstfindung und der Befreiung des Menschen

Es versteht sich, daß wir der Energie einer solchen Entscheidung, wie Jesus sie hier fordert, nach Möglichkeit ausweichen. Wir leben nur ein paar Jahrzehnte. Ist nicht schon deshalb die Verlängerung des Lebens in sich ein hohes Gut, ein wirkliches Ziel? Wen wird es schon behagen, sich derart nervenaufreibend in ein paar Jahren zu vertun wie dieser Mann aus Narzareth? Und mit was für einem Tempo jagt er seine eigenen Jünger nach vorn! – Aber genau so ist die Gestalt Jesu! – so daß Matthäus es (nach Mk 8,35) fertigbekommt zu sagen: «Wenn du dein Leben retten willst, wirst du es verlieren; nur wenn du es in die Schanze schlägst, wirst du es gewinnen.»

Man kann diese Umkehrlogik des Paradoxen wohl nur begreifen, wenn man sich vor Augen hält, wie bis zum Neurotischen hin Menschen *umgekehrt* gepolt sein können. All ihr Leben besteht im Grunde in einem fiktiven Schutz vor dem, was passieren *könnte,* ganz entsprechend der Struktur der Abhängigkeit, auf die wir soeben schon gestoßen sind. «Du möchtest auf irgend etwas hoffen? – das ist eine Gefahr, denn sobald du etwas leidenschaftlich erwartest, könntest du enttäuscht werden; besser deshalb, du ziehst die Fühlhörner einfach ein und kriechst in dein Schneckenhäuschen zurück.» «Wage dich nur nicht nach draußen –, es ist draußen kalt, es ist zu gefährlich, *rette dein Leben!*» Eine solche Lebenseinstellung führt zu nichts, aber sie ist die Strategie aller Verängstigten. «Du möchtest dich binden an irgendein Gegenüber deines Vertrauens? – aber welch ein Mensch ist schon vertrauenswürdig genug? Kannst du nicht, wenn du dich öffnest, jederzeit belogen und betrogen werden? Ist nicht, wenn du dich *aussetzt,* die *Schutzlosigkeit* selbst schon deine Gefahr und der mögliche Tribut ein zerstörtes Leben? Besser deshalb, du hältst dich in Sicherheit, du reservierst dich, du ziehst dich nach innen zurück und lebst die Introversion deiner Angst, bis daß die gesamte Welt nichts weiter mehr ist als das Schattenkabinett deiner projizierten Befürchtungen.»

Wer so lebt, meint Jesus an dieser Stelle, der *verliert* sein Leben, indem er nichts anderes tut, als es zu retten. Das leuchtet ein, setzt man die Umkehrung der gesamten Antriebsrichtung des Lebens im Getto der Angst in Rechnung. Aber nun buchstabiere man es zurück! Das Leben *retten* kann heißen, nur noch *gehorsam* sein zu wollen – man will aus lauter Angst nichts weiter sein als ein Funktionsbeamter der Autorität, man will nur noch nachplappern, was man seit Kindertagen schon in Sachen Religion unter der Zuchtrute der Schriftgelehrten zu hören bekommen hat, man will nur noch nach Programm existieren, buchstäblich im *Opfer* jedes eigenen Willens, denn nur so kann man vermeintlich nichts falsch machen. – Paradox genug: *gerade mit dem kirchlichen Programm der Selbstaufopferung* «rettet» man sich selbst, man *vermei-*

389

det jede Gefahr, man schwimmt wie ein Stück Holz im Wasser – immer obenauf und immer mit der Strömung. Aber auch umgekehrt: man *gewinnt* das Leben, wenn man der Angst nicht folgt, wenn man sich aussetzt, wenn man nicht ständig besorgt ist, was daraus wird; nur dann ist es lebendig, nur dann menschlich offen, nur dann fängt es an, den andern gutzutun.

Doch das ist jetzt die Frage: woran wir wirklich glauben? Daß ein wirklicher Schmerz, eine Hinnahme der Angst, eine Akzeptation der Gefahr dazu gehört, bei sich selber anzukommen, das ist deutlich. Und deutlich ist auch, daß man auf dem anderen Weg womöglich recht tüchtig, angepaßt und erfolgreich sein kann, ja, die ganze Welt mag einem da am Ende zu Füßen liegen – es geht *doch* zu wie in dem russischen Sprichwort: «Mit einer Lüge kannst du um die ganze Welt gelangen, du kommst nur niemals bei dir selber an.» *Das* ist die einzige Gefahr, die es wirklich zu meiden gilt, meint Jesus.

Aber noch einmal: ist nicht am Ende die Gefahr doch gegenwärtig, man könnte uns *zerstören*, man könnte das, was wir sind, physisch, psychisch, moralisch *vernichten*? Es gibt so viele Methoden, Menschen zu foltern und zugrunde zu richten! Es ist die vielleicht *großartigste* Botschaft, die sich in der Person Jesu verkörpert, daß er den Glauben an *Auferstehung* nicht eigentlich *erfunden* hat, daß er aber diesen Glauben glaubenswürdig *lebte*. Es ist *das erste Mal* hier, daß Jesus seine Jünger über seinen Tod belehrt, es wird sich noch zweimal im Matthäusevangelium (parallel zu der Markus-Vorlage) steigern: es müsse der Menschensohn leiden, aber am dritten Tag *werde er auferstehen* (Mt 17,22–23; 20,17–19). Im Munde Jesu heißt das: «*Laßt* es doch drauf *ankommen!* Selbst wenn sie zum Äußersten gehen – sie werden mich nicht anders als euch ausstoßen, verfolgen, töten, ausradieren – sie werden tun, was sie können – doch laßt sie nur machen! Haltet euch selber durch; seid euch treu; tut das, was Gott in euch gesät hat; laßt *das* blühen und aufgehen. Und ihr werdet leben, so daß es kein Mensch mehr zugrunde richten kann; wie Hosea schon sagte: *drei Tage danach* – und ihr werdet sehen, daß unser Leben einzig bei Gott steht (Hos 6,2).[65] Ihr müßt nur durch die Dunkelkammer der Angst hindurch. Sie kann so groß sein! Aber wenn ihr davor aus Angst zurückschaudert, verliert ihr euch selbst, und ihr habt nicht teil an der Wirklichkeit Gottes. Und umgekehrt: Diejenigen, die es begriffen haben», sagt Jesus an dieser Stelle, «werden das Reich Gottes erblicken!»

Provozierender, eindeutiger geht es nicht! Da trösten wir uns seit über zweitausend Jahren kirchlicher Verkündigung immer noch damit, daß wir all das, was Jesus wirklich gesagt hat, gar noch nicht tun können, eben weil wir *in der Kirche* leben, weil wir nur schwache Menschen sind, weil die geschichtliche

Stunde, die «Epoche» des Heils noch nicht soweit gediehen sei, daß wir es überhaupt verantworten könnten, so zu leben, wie Jesus es wollte, und jetzt spricht Jesus in solcher Eindrücklichkeit! Gibt es denn in seinem Namen auch nur die geringste Legitimation, all seine Worte in ständiger Vorsicht auf die lange Bank zu schieben? «Einige derer, die hier stehen», sagt Jesus, «werden den Menschensohn kommen sehen in der Macht des Himmelreiches» (Mt 16,28). Fragt man sich da: «Wie werden wir den Menschensohn sehen?», so müßte man mit Matthäus antworten: «indem er vergilt all ihrem Tun» (Mt 16,27, nach Ps 62,13). Was dem Evangelisten damit gelingt, ist ein großer Brückenschlag zum 25. Kapitel: Da *wird* der Menschensohn kommen, und er wird zu den Menschen sagen: «Schaut euch um und blickt zurück in das Leben, das ihr geführt habt. Da gab es Nackte, Arme, Hungernde, Gefangene. Und wo wart da *ihr* angesichts von soviel menschlicher Not? Habt ihr euch ‹bewahrt›, seid ihr fett und reich dabei geworden, habt euch gut gepflegt, hattet ihr stets Angst vor jeder Herausforderung des Elends an euerer Seite? Oder habt ihr gedacht: was tut's denn, wenn es nur jemandem hilft? Seid ihr über euren Schatten gesprungen und habt *den Tod* besiegt durch ein bißchen Güte?» (Mt 25,35–36) Es ist doch *ein und dasselbe*, sich selbst zu finden und den Menschen neben uns und Gott über uns. *Das* ist «Kreuz» und «Auferstehung» und «Nachfolge» und «Bekenntnis» zu Jesus als dem «Messias».

Doch auch das ist alles noch Bibelsprache, ist Kirchensprache, ist feierliche Redensart. Vielleicht läßt sich das alles weit einfacher sagen. – Um 1919, gerade erst war der Wahn des ersten Weltkrieges, der Zwang zum Völkerhaß in der zur Pflicht erhobenen wechselseitigen Vernichtung von Millionen Menschen vor Verdun, vor Ypern, vor Cambrai, am Chemin des Dames, vorübergezogen, da schrieb HERMANN HESSE: «Eine Tugend gibt es, die liebe ich sehr, eine einzige. Sie heißt Eigensinn... Es ist sehr schade, daß der Eigensinn so wenig beliebt ist! Genießt er irgendwelche Achtung? O nein, er gilt sogar für ein Laster oder doch für eine bedauerliche Unart. Man nennt ihn bloß da bei seinem vollen, schönen Namen, wo er stört und Haß erregt. (Übrigens, wirkliche Tugenden stören immer und erregen Haß. Siehe Sokrates, Jesus, Giordano Bruno und alle anderen Eigensinnigen.) Wo man einigermaßen den Willen hat, Eigensinn wirklich als Tugend oder doch als hübsche Zierde gelten zu lassen, da schwächt man den rauhen Namen dieser Tugend nach Möglichkeit ab. ‹Charakter› oder ‹Persönlichkeit› – das klingt nicht so herb und beinahe lasterhaft wie ‹Eigensinn›. Das tönt schon hoffähiger, auch ‹Originalität› läßt man sich zur Not gefallen. Letztere freilich nur bei geduldeten Sonderlingen, bei Künstlern und solchen Käuzen... Sonst aber versteht man unter ‹Charakter› oder ‹Persönlichkeit› in der heutigen Tagessprache etwas äußerst Verzwicktes, nämlich einen Charakter, der zwar vorhanden ist und gezeigt und dekoriert werden kann, der sich aber bei jedem irgend wichtigen Anlaß sorgfältig unter fremde Gesetze beugt. ‹Charakter› nennt man einen Mann, der einige eigene Ahnungen und Ansichten hat, aber nicht nach ihnen lebt. Er läßt nur ganz fein so je und je durchblicken, daß er anders denkt, daß er Meinungen hat. In dieser sanften und eitlen Form gilt Charakter auch schon unter Lebenden für Tugend. Hat aber einer eigene Ahnungen und lebt wirklich nach ihnen, so geht er des lobenden Zeugnisses ‹Charakter› verlustig, und es wird ihm nur ‹Eigensinn› zuerkannt. Aber nehmen wir doch das Wort einmal wörtlich. Was heißt denn ‹Eigensinn›? Das, was einen eigenen Sinn hat. Oder nicht?»[66] «Einen ‹eigenen Sinn› nun hat jedes Ding auf Erden, schlechthin jedes. Jeder Stein, jedes Gras, jede Blume, jeder Strauch, jedes Tier wächst, lebt, tut und fühlt lediglich nach seinem ‹eigenen Sinn›, und darauf beruht es, daß die Welt gut, reich und schön ist. Daß es Blumen und Früchte, daß es Eichen und Birken, daß es Pferde und Hühner, Zinn und Eisen, Gold und Kohle gibt, das alles kommt einzig und allein davon her, daß jedes kleinste Ding im Weltall seinen ‹Sinn›, sein eigenes Gesetz in sich trägt und vollkommen sicher und unbeirrbar diesem Gesetz folgt.»[67] «Einzig zwei arme, verfluchte Wesen auf Erden gibt es, denen es nicht vergönnt ist, diesem ewigen Ruf zu folgen und so zu sein, so zu wachsen, zu leben und zu sterben, wie es ihnen der tief eingeborene eigene Sinn befiehlt. Einzig der Mensch und das von ihm gezähmte Haustier sind dazu verurteilt, nicht der Stimme des Lebens und Wachstums zu folgen, sondern irgend welchen Gesetzen, die von Menschen aufgestellt sind und die immer von Zeit zu Zeit wieder von Menschen gebrochen und geändert werden. Und das ist nun das Sonderbarste: Jene wenigen, welche die willkürlichen Gesetze mißachten, um ihren eigenen, natürlichen Gesetzen zu folgen, sind zwar meistens verurteilt und gesteinigt worden, nachher aber wurden sie, gerade sie, für immer als Helden und Befreier verehrt. Dieselbe Menschheit, die den Gehorsam gegen ihre willkürlichen Gesetze als höchste Tugend bei den Lebenden preist und fordert, dieselbe Menschheit nimmt in ihr ewiges Pantheon gerade jene auf, die jener Forderung Trotz boten und lieber ihr Leben ließen, als ihrem eigenen Sinn untreu wurden.»[68] «Würde die Mehrzahl der Menschen diesen Mut und Eigensinn haben, sähe die Erde anders aus. Unsere bezahlten Lehrer zwar... sagen, es würde dann alles drüber und drunter gehen, Beweise haben und brauchen sie aber nicht. In Wirklichkeit würde unter Menschen, die selbständig ihrem inneren Gesetz und Sinn folgen, das Leben reicher und höher gedeihen.»[69] «Manche furchtbare und unausdenklich traurige, irrsinnige

Dinge aber, die wir mitten in unserer so wohlgeordneten Welt schauerlich gedeihen sehen, wären dann unbekannt und ganz unmöglich. Zum Beispiel Völkerkriege. – Jetzt höre ich die Autoritäten sagen: ‹Du predigst Revolution.› Wieder ein Irrtum, der nur unter Herdenmenschen möglich ist. Ich predige Eigensinn, nicht Umsturz.»[70] «Der Mensch mit jenem ‹Eigensinn›, den ich meine, sucht nicht Geld und Macht. Er verschmäht diese Dinge nicht etwa, weil er ein Tugendbold und resignierender Altruist wäre – im Gegenteil! Aber Geld und Macht und all die Dinge, um derentwillen Menschen einander quälen und am Ende totschießen, sind dem zu sich selbst gekommenen Menschen, dem Eigensinnigen, wenig wert. Er schätzt eben nur Eines hoch, die geheimnisvolle Kraft in ihm selbst, die ihn leben heißt und ihm wachsen hilft. Diese Kraft kann durch Geld und dergleichen nicht erhalten, nicht gesteigert, nicht vertieft werden, denn Geld und Macht sind Erfindungen des Mißtrauens. Wer der Lebenskraft im eigensten Inneren mißtraut, wem sie fehlt, der muß sie durch solche Ersatzmittel, wie Geld, kompensieren. Wer das Vertrauen zu sich selber hat, wer nichts anderes mehr wünscht, als sein eigenes Schicksal rein und frei in sich zu erleben und ausschwingen zu lassen, dem sinken jene überschätzten, tausendmal überbezahlten Hilfsmittel zu untergeordneten Werkzeugen herab, deren Besitz und Gebrauch angenehm, aber nie entscheidend sein kann. – Oh, wie ich diese Tugend liebe, den Eigensinn!»[71]

Mt 17,1–23
Das Glück der eigenen Bestimmung und die Heilung innerer Zerrissenheit

Der vorliegende Abschnitt aus dem Matthäusevangelium ist ein Gang von der dunkelsten Tiefe hinauf zu der Höhe des Lichts, von der Verzweiflung im Wissen um den Tod zur Hoffnung auf ein unsterbliches Leben, und es ist der Beginn von Glück und Wahrheit, dargestellt als ein folgerichtiges Nacheinander von «Verklärung» und Heilung.

Im ganzen Evangelium sucht man vergeblich nach einer Stelle, an welcher Jesus einmal als unzweifelhaft glücklich geschildert wird, außer hier. In diesem Moment der «Verklärung» auf dem «Berge» bricht durch die Hülle seines Lebens seine wahre Gestalt und teilt sich in einem solchen Übermaß von Licht und Glück und beseligender Freude mit, daß sie unten am Fuße des «Berges» sich erneut umsetzt in die Kraft, alle «Teufel» der Krankheit (soweit seelisch bedingt) zu vertreiben. Die gesamte Szene beginnt mit einem Aufstieg auf den «Berg», und man muß Schritt für Schritt dieses symbolischen «Aufstiegs» mitvollziehen, um an den Ort zu gelangen, da man die «Niederungen» des Lebens unter sich läßt.[72] Sich nach und nach über die «Schwerkraft» erhebend, findet man hin zu der Stelle, da der Himmel die Erde berührt, zu dieser Zone, da Gott offenbar wird im Herzen seines «Sohnes».

Die Religionen vieler Völker kennen diese Sprache. In der Architektonik der älteren Kirchen zum Beispiel wurde der «Berg», an dem die Erde ihr *Zentrum* besitzt und hinaufwächst zum Himmel, in den *Altarraum* verlegt –, *dort* war die Zone der Begegnung zwischen Gott und dem Menschen; und jeder begriff, daß, wer die neun (oder dreizehn) Stufen eines Altares emporsteigt, dies nicht tut, um räumlich einen Ortswechsel vorzunehmen, sondern um sein Herz zu erheben.[73] Er schreitet nicht einfach nur in die Höhe, er begibt sich, genau gesprochen, an den Ort, da sein eigenes Leben, seine gesamte Welt ihr Zentrum besitzt. Nur dort wohnt Heiliges, nur dort begegnet man der Gottheit. Ob man in Indien den Berg *Kailasha* als Pilgerort wählt[74] oder in steinerner Nachbildung den Himmelsberg *Meru* in Angkor Vat in Kambodscha aufsucht[75] –, es handelt sich stets um dieselbe Symbolik: sich hinüberzubegeben zum Mittelpunkt der «Welt», wo unser Leben seine innere Achse und seine Einheit findet, und dabei sich auszuspannen zwischen Oben und Unten, zwi-

Das Glück der eigenen Bestimmung und die Heilung innerer Zerrissenheit

schen Höhe und Tiefe. Es ist das *Vertrauen,* das in der Meditationshaltung einer Weltreligion wie dem *Buddhismus* sich ausspricht: Die Wahrheit zu finden bedeutet dort buchstäblich, das eigene *Rückgrat* auszuspannen, wie wenn die Wirbel entlanggeführt würden dem Baum oder dem Berg in der Mitte der Welt, und unsere Stirn berührte die Sterne, während wir gleichzeitig zu ruhen versuchen auf der Erde, wie über dem Abgrund gelagert, wie buchstäblich versammelt über dem Nichts.[76] Was ist das für eine Hand, die uns trägt, und woher kommt die Weisung, diese Stelle zu finden, da die ganze Welt sich zusammenschließt, als bestünde die gesamte «Geographie» unseres Daseins aus unsichtbaren Kraftlinien, die alle zurückführten an die Stelle ihres Energieursprungs und leiteten uns, wenn wir nur fühlsam genug wären, unfehlbar dorthin zurück, von wo wir selber gekommen sind?

Hat eine solche Begebenheit wie die hier berichtete von der Verklärung im Leben Jesu sich «wirklich» ereignet? Läßt sich ein solcher «Himmelsberg» ausmachen auf der Karte von Galiläa oder Judäa? Der Text selber sagt *nein,* indem er am Ende Jesus zu den Jüngern sprechen läßt, sie sollten über dieses Ereignis kein Wort den Menschen sagen bis nach der Erfahrung der Auferstehung; nur wer *sie* erlebt hätte, vermöchte davon Zeugnis zu geben, und unabhängig davon sei nichts gültig von dem hier Berichteten (Mt 17,9, nach Mk 9,9)[77]. Wir haben hier eine Schlüsselstelle des Evangeliums vor uns, und gerade *sie* vermag uns also zu belehren, wie insgesamt die Bibel zu lesen ist. Gefragt nach der «Geschichtlichkeit» der «Offenbarung» – einem theologischen Dauerthema! –, antwortet dieser Text mit Eindeutigkeit, daß in Raum und Zeit, historisch *objektiv,* die gesamte Erzählung hier sich *nicht* festmachen läßt. Es gibt keinen Berg, auf dem in Palästina diese Manifestation einer Gottesoffenbarung an Jesus sich – sagen wir, freitagsnachmittags pünktlich um 14.30 Uhr – hätte ereignen können. Von derlei ist überhaupt nicht die Rede!

Ist deshalb ein solcher Text *unwahr?* – Genau das ist er nicht! Freilich in der Sprache heutiger Bibelausleger ist die vorliegende Erzählung erwiesenermaßen «nachösterlich», und für jedes kritische Ohr, das eine solche Auskunft vernimmt, bedeutet das: man hat diese Geschichte als eine *Legende* erfunden und aus späteren Zeiten in das Leben Jesu zurückgetragen. So etwas mag fromm gemeint sein, aber historisch wird dadurch natürlich nichts beglaubigt, eher wird es fragwürdig. Daß eine Legende als ein «Glaubenszeugnis» gewertet wird, mag ja in Ordnung gehen, aber es bezeugt doch nur den Glauben selber, ansonsten hängt eine Legende historisch in der Luft.

Doch gerade deshalb gilt es anhand dieses Textes zu begreifen, daß die ganze Fragestellung: historisch oder unhistorisch? religiös betrachtet in sich absurd ist. Wollen wir im Ernst von einem Menschen, den wir wirklich liebhaben, verlangen, wir könnten alles, was an ihm wesentlich ist, in den paar Jahren kennenlernen, da er an unserer Seite lebt? Wie viele Männer, wie viele Frauen begreifen erst dreißig, vierzig Jahre *nach* dem Tod ihrer Gemahlin oder ihres Gatten, *nicht,* wer die Geliebte, wer der Geliebte *war,* sondern wer er, wer sie *ist!* Das historische Gedächtnis mag inzwischen längst getrübt sein, die historischen Informationen mögen viel unzureichender sein als damals zu Lebzeiten, und doch geschieht es, daß in der Kraft der Verbundenheit *Träume* sich aufdrängen Nacht für Nacht, daß *Bilder* sich einspielen Tag für Tag, die nicht aufhören zu erzählen, wer diese wichtige, zentrale Persönlichkeit in unserem Leben heute *ist,* und diese sonderbare Art einer *vergegenwärtigenden Erinnerung* wächst immer weiter.

Geschichten dieser Art berichten nicht die Unwahrheit über die Geschichte, sondern sie machen die Bedeutung des Geschehenen in der Tiefe transparent. Also: Nicht zu einem bestimmten Zeitpunkt, nicht an einem bestimmten Orte, wohl aber im Sinn dieser Symbolsprache «am Mittelpunkt der Erde» hat sich ereignet, was hier berichtet wird! An diesem «Ort» befand Jesus sich *sein Leben lang;* genauer gesagt: dieses Zentrum war *er selbst!* Wer diesen Zusammenhang nicht begreift, steht schon außerhalb des Verstehensraums dieser Erzählung. Für wen der Mann aus Nazareth *nicht* zum inneren Halt, zum Orientierungsmittelpunkt, zur *Achse* seines Daseins wird, zum Verbindungsglied zwischen Gott und Mensch, dem ist er *nicht wesentlich;* dem mag er sein, was immer es sei, aber er ist nicht derjenige, der hier auf dem Berg steht und den Himmel über sich offen sieht. Was hier geschieht, ist eine Offenbarung seines ganzen Wesens, keine Randerscheinung seines Lebens an irgendeinem beliebigen Nachmittag, es ist keine *zufällige* Geschichte, es ist vielmehr die *Manifestation der Wahrheit* seiner Persönlichkeit. Mehr noch: Wir müssen an der Seite der drei Jünger, die Jesus auserwählt, mit Jesus beim Besteigen des «Berges» gerade diese Bewegung gemeinsam vollziehen, in der wir die ganze Welt buchstäblich unter uns lassen, so daß *nichts mehr* wesentlich ist von all dem, was von den umlagernden Bestimmungen der Umgebung sonstwie erdrückend unser Dasein verformen kann.

Was überhaupt bedeutet es, *glücklich* zu sein? Es liegt eine fast melancholische Untermalung in dieser ganzen Szene, daß sie im Rahmen einer dreimaligen Jüngerunterweisung bereits auf den Tod Jesu vorbereiten soll. Unmittelbar am Ende dieser Geschichte schon werden die Jünger, als Jesus von seinem *Tod* spricht und ineins damit von der *Auferstehung* nach drei Tagen (Mt 17,22–23), kein anderes Gefühl verspüren als die Trauer eines zerreißenden Abschieds, eines vernichtenden Widerspruchs gegen alle Hoffnungen (Mt 17,23) – ein von Matthäus selbst hier (in die Vorlage von Mk 9,30–32) eingeschobener Satz.⁷⁸ Aber ist nicht das Leben, das wir führen, immer wieder hineingestellt in die Zerwürfnisse und Zerstörungen dessen, was uns am liebsten ist? Wieviel an Schwere, an Zu-Boden-Ziehendem, an buchstäblich *depressiv* an die Erde Drückendem liegt in so vielen zerbrochenen Erwartungen, an so viel Wagemut im eigenen Reifen, über das vorzeitig der Frost fällt? Und wie widersteht man dem? Vor dreißig Jahren meinte ALBERT CAMUS, es sei des Menschen Größe, zu revoltieren und zu protestieren gegen die Macht, die zeitlebens jedem vor Augen steht und die dennoch der Feind aller ist: gegen den Tod. Es sei des Menschen Würde, meinte er, die Absurdität auf sich zu nehmen, mit der in einer unseligen, brutalen Mathematik die Natur mit uns «rechnet», ohne in Wahrheit auf uns Wert zu legen. Als bloßer Teil des Energiehaushaltes der Natur zurückgenommen zu werden, verdienten wir Menschen nicht; was wir verdienten, sei, daß einer den anderen in Schutz nehme gegen die scheinbare Allgewalt des Todes. Gewiß, mit dem metaphysischen Protest unserer Existenz richten wir endgültig nichts aus, aber wir erschaffen im Widerspruch gegen den Tod das Paradox unserer eigenen Existenz, wir begründen im Kampf gegen die Unmenschlichkeit die eigene Menschlichkeit.⁷⁹

Das allein schon ist *viel* an Auf*stand* und Auf*stieg*. Da hört ein Mensch auf, nichts weiter sein zu wollen als eine bloße Staubgeburt, die ihr Schicksal willenlos, passiv und unterwürfig hinnimmt. Da begreift ein Mensch, daß er eine Aussaat der Sterne ist mit einem eigenen Stolz, mit einer eigenen Größe, und er läßt sich die völlige Vergleichgültigung seines Daseins nicht bieten. Das, ohne Zweifel, atmet etwas von dem Mut und dem Geist des Mannes aus Nazareth. Da wird, mindestens im Kontrast, *mehr* gehofft, *mehr* geliebt, *mehr* geglaubt, *mehr* gelebt, als sich «historisch» beweisen läßt.

Was Jesus in diese Welt zu bringen kam, nähert sich der Auffassung des ALBERT CAMUS tatsächlich in etwa an, wenn er den Kampf gegen die Absurdität, gegen das Unglück einer nur endlichen Existenz als Umschreibung für das nimmt, was man als wirkliches «Glück» bezeichnen kann.

Hören wir in diese Geschichte von der Verklärung Jesu hinein, was da für gewöhnlich als «Glück» umschrieben wird, so rückt es weit ab von der Zufälligkeit, mit der wir im Deutschen sagen, jemand habe «Glück» gehabt. Glück *haben*, das bedeutet umgangssprachlich soviel, wie im Roulette zu gewinnen oder sonst durch Schicksalslaune begünstigt zu werden, ohne durch eigenes Verdienst dazu beigetragen zu haben. Auf diese Weise bestimmt, ist man mal glücklich und mal unglücklich, wie es der Zufall will, in jedem Falle ist man immerzu an die Lotterie des Schicksals ausgeliefert. Glücklich *zu sein* ist etwas ganz anderes. Glücklich zu sein bedeutet, eine Wahrheit zu finden, die über das eigene Leben endgültig entscheidet. Wie das? Diese Erzählung bringt es auf eine alttestamentliche Formel von unglaublicher Größe. Sie sagt: Wenn man Jesus von Nazareth in seinem Wesen, in dem, woraus er lebte und worin sein Glück ruhte, wirklich verstehen will, dann muß man ihn sich vorstellen als jemanden, der, hoch auf einem Berge stehend, hörte, wie *Moses* und *Elija* zu ihm redeten. Diese Vision steht für sein ganzes Leben, sie enthält das ganze Programm seines Wirkens, und es kommt nur darauf an, den Inhalt dieser Erscheinung auf dem «Berge» richtig zu verstehen.[80]

Alles, was die Bibel über *Moses* erzählt, muß verstanden werden als ein existentielles Bild. Dieser Mann am Anfang der jüdischen Religion steht für den Ruf der Freiheit gegenüber einem in Knechtschaft darniederliegenden Volk. Übertragen wir diesen Auftrag in unser eigenes Leben, so wachsen wir auf zu einer buchstäblich revolutionären Ahnung, zu einem Widerspruchsgeist, der die Mächtigen erbeben läßt, zu einem Mut zu sich selbst, wie er außerhalb einer zutiefst religiösen Überzeugung schwerlich zu finden sein wird. Wie denn? Da lebt ein ganzes Volk eigentlich nur geliehenermaßen, nur *rechtlos* in einem Land, in dem es sich den Aufenthalt seiner Existenz tagaus, tagein mit Fronarbeit *verdienen* muß, es ist in seinem ganzen Dasein versklavt, ein Untertanenvolk, ausgebeutet in seiner Arbeitskraft, betrogen um seine eigene Zukunft in Gestalt der Kinder, die man ihm fortnimmt und tötet (Ex 2,16). Im Lande «Ägypten» kann man vielleicht einigermaßen wohlversorgt dahinvegetieren, doch man hört auf, ein Mensch zu sein. *Das findet Moses!* Da ruft er gegenüber der Menschenabhängigkeit sein Volk auf, sich hinüberzubegeben in die Offenheit der Wüste.

Gehen wir ein solches Programm einfach für uns selbst einmal durch: Wenn des Morgens der Wecker klingelt, wie abhängig ist da unser Leben von einem erdrückenden und erstickenden Wust von Vorschriften, Anweisungen, von *vor*programmierten Inhalten, die wir fleißig ableisten müssen, bis es nachmittags 17 Uhr oder abends 22 Uhr ist? Wann in all dem kämen wir selber vor?

Das *Programm des Moses* hat es ganz entschieden zu tun mit der *Gegnerschaft zum politischen Prinzip*, das vergöttlicht wird in der Gestalt des zum Gott erhobenen Pharao. Man kann auf eine Weise die Welt auslegen, die den Menschen als etwas völlig Berechenbares erscheinen läßt. Hörte man zum Beispiel vor dreißig Jahren im Rundfunk den Bundestagsdebatten zu und es ergriff damals HERBERT WEHNER das Wort[81], so mußte es jedesmal wundernehmen, wie da jemand mit System nicht auf das antwortete, was der andere inhaltlich gerade vorweg noch gesagt hatte, sondern einzig und allein sich dem Gedanken hingab, was der Vorredner der Gegenpartei wohl damit bezweckt haben könnte, daß er gerade diese Ausführungen mit dieser Akzentuierung gemacht hatte. Die Regieanweisung des politischen Kampfes lautet offenbar grundsätzlich: Höre niemals auf das, was der andere sagt, sondern auf das, was er damit erreichen will, wenn er es sagt, wenn er vorgibt, so etwas zu meinen; entlarve nach Möglichkeit alles, was er sagt, als ein Pokerspiel der Macht, das er der Öffentlichkeit lediglich zum Stimmenfang vorführt. Analysiere die Hintergründe; glaube dem anderen nichts, außer daß er an der Macht bleiben will oder an Macht noch gewinnen will.

Wenn wir beginnen, so mit Menschen umzugehen, behalten wir nichts mehr von ihnen übrig als bloßes Stimmvieh; da besteht das Volk nur noch aus Untergebenen, es ist nichts weiter als eine manipulierbare Masse, und wir selber gehören dazu, solange wir den Status der Selbstverachtung nicht wirklich durchschauen, solange wir ernsthaft noch glauben, es könne ja stimmen, was da jeden Morgen in bestimmten meinungsabhängigen Presseorganen auf Wunsch der jeweiligen Auftraggeber gedruckt wird. HERBERT WEHNER hatte so unrecht nicht, wenn er sagte: Wer irgend etwas glaubt von dem, was da im Rahmen der verwalteten Macht gesagt wird, muß schon ein ausgemachter Dummkopf sein. *Politische* Intelligenz beginnt allemal damit, den anderen zu entlarven, ihn zu demaskieren; doch was ist das für eine Welt, in der man die chronische Doppelbödigkeit der Verwaltung von Menschen, in der man das «Pharaonentum» in «biblischem» Sinne für Gott selbst erklärt? Da bringt man zum Zwecke der Machtbehauptung jedes Opfer, da sind selbst Hekatomben von Menschen kein zu hoher Preis, da erscheint eine Unmasse von Leid immer noch als gerechtfertigt auf dem Wege zum «richtigen» Ziel. Es war Jesu Antwort schon auf dem «Berg der Versuchung», daß die Vergöttlichung der Macht nichts weiter sei als ein sinistrer Dämonenkult der Unmenschlichkeit, als ein Götzendienst, den man um jeden Preis *vermeiden* müsse, wenn man wirklich Gott und die Freiheit des Menschen im Sinn trüge (Mt 4,8–10). In Wahrheit aber verfügen wir jederzeit über die Chance, an der Seite des Moses den Status der Unfreiheit *aufzugeben*. Der Preis dazu besteht «lediglich» in der *Wahl* der Unversorgtheit, des Risikos der offen geführten Existenz, des nicht vorweg definierten Daseins; diese Wahl an sich ist identisch mit Selbstbestimmung und Souveränität.

Gewiß, da stehen wir sehr bald «draußen», da befinden wir uns sehr bald im Niemandsland, – es gibt ab sofort keinen Rückzug und Rückweg mehr in die alte Existenzform; wir wissen, wie Israel damals beim Exodus, lange Zeit womöglich nicht, ob wir wirklich «gerettet» sind oder nur noch mehr gefährdet. In der Bibel läßt sich nachlesen, wie das Volk, das Moses in die Wüste führte, immer wieder im Zweifel darüber war, ob dieser Mann es nicht *verführte*, ob der Gott, den er predigte, nicht eher ein Dämon war, der sein eigenes Volk lachhaft machen und zugrunderichten wollte, und ob dieser lange Marsch durch das «Heidenland» nicht eher ein Ab- oder Umweg war – konnte es nicht sein: das Land der Verheißung war nichts als ein gefährlicher Traum? Wie gelangt ein Mensch dahin, endlich einen eigenen Grund und Boden unter die Füße zu bekommen? Wann irgend wir einem Menschen helfen, bei sich selber zu beginnen und nicht mehr auf die Fremdbestimmungen anderer zu hören, sondern die leise Stimme in seinem eigenen Herzen zu vernehmen, werden wir erleben, was es heißt, *auf dem Berge* stehend *Moses* mit uns *reden* zu hören.

Das Problem der Freiheit und des Aufbruchs existiert übrigens nicht nur gegenüber der weltlichen, sondern auch gegenüber der kirchlichen Macht. «Was sagen Sie», fragte dieser Tage ein Interviewpartner, «zu den beiden Säulen der Volkskirche: zu Kindertaufe und Kirchensteuer?» – «Nun», sagte ich, «es zeigt sich, daß diese beiden ‹ehernen Säulen› *illegitim* sind mit Berufung auf den Mann aus Nazareth. Keinesfalls wollte *er*, daß man seine Botschaft buchstäblich zu einem Kinderspiel macht, indem man alle neugeborenen, vier Wochen oder vier Monate alten Babys durch einen fertigen, praktisch zu vermittelnden Ritus zu ‹Christen› erklärt.» Vor 150 Jahren schon meinte bissig genug der dänische Religionsphilosoph SÖREN KIERKEGAARD einmal, was da praktiziert werde, laufe hinaus auf die *Naturalisierung* des Christentums. Da werde nicht geglaubt, da würden keine persönlichen Entscheidungen getroffen, da gelte es als von vornherein zuviel verlangt, wenn jemand ernstlich erwarten wollte, es sei zum Glauben so etwas wie ein Individuum erforderlich, das gegenüber einem anderen, absoluten Individuum existiere, das da Gott heiße. Viel einfacher jedenfalls erscheine die Vermassung, das Flachbügeln in einem indoktrinierten Meinungskollektiv, das sich «Kirche» nenne. Wenn solcher Art das Christentum beschaffen sei, so könne man mit der ‹christlichen› Erziehung natürlich gar nicht früh genug beginnen. Wie man dänischer Staatsbürger werde, so werde man eben durch den Vorgang der Geburt auch automatisch schon Mitglied der protestantischen Staatskirche in Dänemark. Da werde, meinte KIERKEGAARD, das Christliche auf eine Weise zum Natürlichen gemacht, daß man zum Zwecke der Vermehrung dieser Art von Christen am besten eine Dauerkommission einberufen sollte, zusammengesetzt aus

Tierärzten und Pfarrern. Würden *die beiden* sich verständigen, so sollte es wohl eine trefflich gesunde Mischung des Christlichen ergeben.[82]

Trotz seines Sarkasmus – KIERKEGAARD hat recht! Wenn die Worte *Johannes' des Täufers*, die hier von Matthäus (noch ausdrücklicher als in Mk 9,13, vergleiche den neu geformten Satz Mt 17,13!)[83] in den unmittelbaren Umkreis der Offenbarung Jesu selber gerückt werden, Sinn machen sollen, dann beginnt die ganze «Tröstung der Völkergemeinschaft» (TG) mit einer Erfahrung, die zu einem gänzlich neuen Existenzgefühl führt: Gott vernichtet nicht, er straft nicht, er will nicht primär «Gerechtigkeit», er will *Menschen*, die begreifen, daß sie angesichts der *absolut* gesetzten Gerechtigkeit gar keine Chance haben, als sich auf Gedeih oder Verderb dieser unsichtbaren Macht, die wir Gott nennen, zu überlassen. *Das* muß die Erfahrung Jesu gewesen sein, als er sich, am Jordan, von Johannes taufen ließ (Mt 3,13–17, nach Mk 1,9–11): Wir werden nicht *untergehen*, sondern im Gegenteil, wir werden den Himmel offen sehen und uns getragen fühlen, wenn wir uns gänzlich Gott anvertrauen; wir werden ganz von vorn zu leben beginnen, aus einem Vertrauen, das *bedingungslos* ist, kraft einer Güte, die *nicht* mehr einteilt, sondern nur noch zu verstehen sucht. *Kinder* leben von einer solchen Güte, sagt Jesus ein Kapitel später (Mt 18,2, in Weiterführung von Mk 10,15), aber dahin zu finden, ist das ganze Christentum. *Das* wäre «Taufe»: vom Tod hinüberzufinden zum Leben, von «Ägypten» ins Gelobte Land – quer durch das Rote Meer und quer durch die Wüste. Aber: wo wird dergleichen «kirchlich» vermittelt?

Von der anderen Frage, der *Kirchensteuer*, die das Thema gleich des nächsten Abschnittes bilden wird, muß man wohl sagen, daß eine Kirche, die sich wesentlich auf die Furcht gründet, die jemanden befällt, wenn er die Steuer *verweigert*, – er könnte dann eventuell, wenn er stirbt, vielleicht doch nicht kirchlich beerdigt werden! – eine Jammerauskunft für die Glaubwürdigkeit des Christlichen darstellt. So gründet man sich nicht in der Hoffnung auf Auferstehung, sondern lediglich *wieder* auf klerikal verordnete Angst und Abhängigkeit! Da wird *Geld eingetrieben*, nicht anders als vor 500 Jahren in den Tagen LUTHERS in der Ablaßfrage. Da wird die Zugehörigkeit zu «Christus» ganz unverschämt und geradeaus an Geld, Besitz und Eigentum gebunden –, an lauter Dinge, von denen Jesus nur sagen konnte: «Macht damit Schluß! Es hindert euch auf dem Weg zu Gott.» (Vergleiche Mt 19,17–22, nach Mk 10,16–22!) Auf diese Weise tritt man *niemals* in Verbindung mit dem Mann aus Nazareth! Hingegen: Jedes Stück des Protestes gegen die kirchliche Praxis und Ideologie führt weg aus dem verordneten Zwang des Kollektivs, es macht Menschen zu Individuen und läßt sie ein Stück in der Botschaft des

Moses zu sich selber emporwachsen. – Es ist eine der Formeln, unter denen sich *alles*, was Jesus tat, begreifen läßt: «Er hörte *Moses* mit sich reden.»

Und nicht anders mit *Elija!* – Das *Unheimliche* an unserer Existenz, das wir vielleicht erst seit 150 Jahren auf dem Weg der psychologischen Romane des 19. Jahrhunderts und der Psychoanalyse im 20. Jahrhundert wahrzunehmen vermögen, liegt darin, daß wir ja nicht nur durch bestimmte akute Anlässe, die unmittelbar in der Gegenwart auf uns wirken, unserer Freiheit beraubt werden können, sondern weit mehr noch durch diejenigen Erlebnisse, denen wir als Kinder in vollkommener Abhängigkeit ausgesetzt waren. All diese Eindrücke werden seit der Zeit damals in den Tiefen unseres Unbewußten gespeichert, und aus ihnen, durch die Art und Weise, wie wir als Kinder unseren Vater und unsere Mutter erlebt haben, formt sich auch die Vorstellung dessen, was wir als «Gott» empfinden. Dieser «Gott» existiert womöglich nicht in der Sprache der Theologen, doch unsere Existenz betrifft er so, daß schon das bloße Sprechen von *Gott* diejenigen Gefühle wachruft, die wir als etwas Letztes, als etwas Absolutes kennengelernt haben.

So betrachtet, steht der Prophet *Elija* an einer Grenzmarke der religiösen Existenz mitten im sogenannten «Gelobten Land». Es ist möglich, daß die Verheißungen des *Moses* an ihr Ende gekommen sind, indem die politische, die soziale Befreiung in etwa abgeschlossen ist, daß aber immer noch und umso mehr Menschen mitten im Land der Verheißung psychisch sich gebunden fühlen an die Schreckgestalten bestimmter Götzen, denen sie bis zum Blutvergießen, bis zum Töten ihrer eigenen Kinder, bis zum mörderischen Opfer des Liebsten, was sie haben, alles darbringen, was im Grunde ihr eigenes Glück begründen könnte.[84]

Es ist möglich, *Religion* zu erleben als eine einzigartige masochistische Tyrannei. «Wie hältst du es mit dem Gedanken des Opfers, – ist es nötig oder nicht?» Das ist eine theologische Dauerfrage unter all den Theologen der klerikalen Orthodoxie. Doch man kann nur sagen: «Gewiß gibt es Wahrheiten, die den Menschen *helfen* zu leben, und dann verdienen sie jeden Preis des Einsatzes, der nötig ist, um solche Ziele zu erreichen.» Zum Beispiel um dem Programm des *Mose* oder des *Elija* zu folgen, sind gewisse «Opfer» auch im Sinne Jesu ohne Zweifel berechtigt, sinnvoll und nötig; womit aber im Namen der Menschen endgültig Schluß sein muß, das ist die Verfälschung der Religion, indem man den Namen Gottes gebraucht für ganz und gar neurotische, ja, vollkommen absurde Ideale, welche die Menschen lediglich einengen und ihnen erkennbar nicht zum Leben verhelfen, sondern die immer wieder nur darin bestehen, *Schuldgefühle* ohne Sinn hervorzurufen, Ängste zu schüren, die die Menschen in Schach halten, und ihnen einen Gott nahezubringen, der zur Machtgewinnung seiner Vertreter auf Erden jeden Spielraum läßt, während er den Untergebenen jeden Freiheitsraum beschneidet. *Solche «Opfer» gehören beseitigt,* oder wir hätten die Botschaft Jesu im Namen des *Mose* und des *Elija* nicht den Zentimeter weit begriffen, geschweige denn, daß wir ihr nachzufolgen vermöchten! Im Kampf *gegen* solche Opfer *bestand* für Jesus das «Opfer» seines Lebens! *Das* war Elija, als er, auf dem Berge Karmel stehend, sich *weigerte,* die Riten des *Baal* seinem Volke zu verstatten, – die Tyrannei der Abhängigkeit unter den Götzen Kanaans! (1 Kg 18,1–46) Was da geglaubt werden sollte und worauf er selber zuging am Gottesberge Horeb, war ein Gott, der buchstäblich redet in einem «verschwebenden Schweigen», – (1 Kg 19,12)[85] – ungegenständlich, nicht faßbar, geheimnisvoll, aber eben deshalb in unserem eigenen Inneren vernehmbar, nicht von außen kommend, sondern ganz und gar das eigene Herz erschütternd – in Freiheit. Dafür steht die Gestalt des *Elija:* daß man den Menschen die *Götzen* wegnimmt, die sie unterdrücken!

Versuchen wir uns diese Botschaft in der Praxis klarzumachen, so wird es nicht schwer fallen, zu sehen, wie recht SIGMUND FREUD hatte, als er auf der Berggasse 19 in Wien um die Jahrhundertwende immer wieder die Erfahrung machte, daß, wenn Menschen beginnen, von «Gott» zu reden, sie nicht von Gott reden, als vielmehr von ihrer infantilen Abhängigkeit von Vater und Mutter, von ihren Kinderängsten, von ihren nie gelösten Konflikten, Autoritätsauseinandersetzungen, Schuldgefühlen und lebenslänglichen Charakterverformungen. Ehe man nicht für «Gott» probeweise einmal all das einsetzt, was vielleicht vor vierzig oder fünfzig Jahren in der Seele eines Menschen in Gestalt der eigenen Mutter, des eigenen Vaters gespielt und gespukt hat, kann man wohl nie sicher sein, ob da die Rede geht von einem *Götzen* oder von dem Gott, den Jesus uns bringen wollte – im Sinne des *Mose* und des *Elija.* Es müßte vor allem für die Theologen eine außerordentliche Pflicht darstellen, nicht länger zu diskutieren und zu analysieren, was im Rahmen bestimmter Sprachspiele, im Rahmen fertiger Lehrtraditionen mit «Gott» bezeichnet wird, sondern was für das Leben je nachdem davon abhängt, ob man so oder so von «Gott» spricht, welche Gefühle da mitschwingen, was im eigenen Dasein mit dem Wort «Gott» gedeutet wird. Auf der Stelle würde man begreifen, daß Theologie keine abgeleitete Sache sein kann, die sich existenzfern in Katechismusklarheit verwalten und veralten ließe, sondern daß es dabei gilt, alles, was man selber ist, im Angesicht Gottes auf die Probe zu stellen.

Und dann ist klar: *Elija reden zu hören,* das ist das Plädoyer für einen *menschlichen* Gott, das ist aber auch die Zumutung, womöglich sogar das Heiligste, das man kennenlernte in Kindertagen, zu *verbrennen,* damit Menschen *frei* würden! Ein furchtbares, aber sehr zutreffendes buddhistisches Sprichwort lautet: «Begegnest du dem Buddha auf dem Wege, töte ihn!» Das Sprichwort meint: Solange du unterwegs bist, und es steht dir etwas Göttliches im Wege, das du für *endgültig* nimmst, so engagiere all deine Kräfte, es *hinter dich* zu bringen; denn es beruhigt dich auf falsche Weise, noch ehe dein Weg zu Ende ist, es lähmt dich mit Hilfe falscher Gewißheiten, es zwingt dich zu Vorstellungen, die keine Gültigkeit besitzen. Der *Weg* ist wichtiger als das Ankommen, das *Suchen* ist mehr wert als das sichere Gefundenhaben.

Mehr sind wir nicht, auch *christlich* nicht, als *unterwegs.* Der Gott, der zu Moses auf die Frage: Wie heißt du? nur sagen konnte: «Ich bin da, als der ich dasein werde» (Ex 3,14)[86], ist die *Widerlegung* aller Theologenauskunft. Nichts gibt es da zu «wissen», wohl aber alles zu *vertrauen.* – Beginnen wir *damit,* werden wir unfehlbar alle Gegnerschaft der Scheinsicheren, allen Haß der Verängstigten, allen Vorwurf der Sich-Klammernden, alle Verleumdung der institutionell im vorhinein kirchlich Beruhigten gegen uns aufbringen. Doch das ist so gewesen und muß offensichtlich immer wieder so sich ereignen! «Johannes der Täufer», sagt Jesus «*war* schon Elija, nur sie wollten es nicht wissen», (Mt 17,12) – sie wollten ein *Alibi* haben, um weiter machen zu können, was sie wollten. So wie bei ihm, wird es sich auch bei Jesus aus Nazareth *wieder* ereignen. *Das* hört nicht auf; und doch ist, was hier an Leben beginnt, niemals mehr totzukriegen!

Fragt man sich also: «Und wer ist dann Jesus *selber* im Erbe des Elija und des Moses?», so meint an dieser Stelle *Matthäus* nach dem Wort des Jesaja: Er ist der Sohn Gottes (Jes 42,1; 44,2).[87] Aus *dem Himmel* spricht es selber: «Mein Sohn, der geliebte.» Da scheint Jesus ein ganz *anderer* zu sein, als wir selber sind, und doch ist es derselbe Evangelist Matthäus, der in der Bergpredigt, in der Seligpreisung sagen kann: «Glücklich sind, die Heilung (Schalom) stiften. Sie heißen ‹Söhne Gottes›» (Mt 5,9).[88] Also: Wer einen Menschen *erlöst* von Menschenabhängigkeit, wer einen Menschen *herausführt* aus falscher Frömmigkeit, wer einen Menschen *befreit* zu sich selbst, so daß es ihm seinen «Frieden» bringt, seine *Ganzheit,* seine *Integration,* der ist ein «Sohn Gottes»! Da gibt es keinen Jesus zu «bekennen», wie wenn er fertig dastünde und wir brauchten uns nur vor ihm zu verneigen; da gibt es nur einen Jesus, der sich selbst in Auftrag gibt für uns. Genauso wie er sollten wir selbst sein!

Wenn wir deshalb in ein paar Jahren schon – sehr viele von uns schon in zehn oder fünfzehn Jahren, solange Gott uns zu leben schenkt – gefragt werden, was

Das Glück der eigenen Bestimmung und die Heilung innerer Zerrissenheit

wir aus unserem Leben gemacht haben, und es gäbe darinnen nur ein paar Momente, ein paar Menschen, an die wir uns zu erinnern wüßten, und wir könnten sagen: «Da hat *Mose*, da hat *Elija* mit mir geredet, daß ich den anderen bei der Hand nahm und ihn ein Stück näher zum Heilsein vor Gott hinüberführte an den Mittelpunkt der Erde, zum *Berge Gottes*», so wäre es ohne Zweifel das ganze «Christentum».

Doch die Probe aufs Exempel steht erst noch bevor. Kaum hinabgestiegen, finden die Jünger *einen Vater* vor, der verzweifelt klagt, daß sein Sohn *zwischen Feuer und Wasser* hin- und hergeschleudert wird. Die *Wundergeschichte*, die sich jetzt anschließt, ist gewissermaßen *die Bewahrheitung des zwischen den Wolken Geschauten in den «Niederungen»*, sie ist die Realisierung des Traums auf dem «Berg» zwischen Himmel und Erde, sie ist *die Prüfung*, ob es sich überhaupt leben läßt, was da von *«Elija»* und *«Mose»* als Vision gesehen wurde. Keiner der Jünger, so die Erfahrung, vermag das; doch Jesus, in heftiger Klage über «dieses Geschlecht» (über diese Art Mensch), das er kaum noch verträgt nach all dem, was schon geschehen ist und gesagt wurde, *beruhigt* den Vater dieses Jungen und heilt diesen *selbst*.

Worum geht es dabei? – Das Markusevangelium (9,14–29) spricht einfach von einem *dämonisch besessenen* Jungen, Matthäus gibt eine Art medizinisch formulierter, wenngleich unzureichender Diagnose: er nennt den Knaben «mondsüchtig», spricht aber später dann gleichwohl doch wieder von einem «Teufel», der aus dem Jungen ausgetrieben werden muß. In jedem Falle scheint nach all dem, was wir von dem Kind hier hören, seine Krankheit *epileptischer* Natur zu sein; deuten wir aber eine bestimmte Art der sogenannten *Hysteroepilepsie* einmal rein psychodynamisch[89], so haben wir in der Tat einen Konflikt vor uns, der die meisten Mütter, die meisten Väter bis an den Rand der Verzweiflung treiben kann, – ein Hin- und Hergeschleudertwerden zwischen diametral entgegengesetzten psychischen Extremen. Lesen wir diese Art von «Epilepsie» also einmal nicht als eine hirnorganische Störung, sondern als rein psychisch bedingt, dann läßt sich als *deren* Hauptmerkmal das *Aufstauen* von Gegensätzen erkennen, in einem Ausmaß, daß es dafür keine Sprache gibt, – ein Überschäumen von Empfindungen bis zum Verstummen, so heftig, daß vor allem *die Affekte der Aggression* ganz und gar *nach innen* gerichtet werden, wie wenn ein Blitz in den eigenen Körper einschlägt, um sich dort im Anfall zu entladen.

Manche Autoren im vergangenen Jahrhundert schon wußten derartige Seelenzustände außerordentlich einfühlsam zu beschreiben. HERMAN MELVILLE zum Beispiel in seinem Novellenfragment von dem Matrosen *Billy Budd*[90] konnte erzählen, wie auf einem Segelschiff ein Stotterer unter der Unmenschlichkeit eines seiner Vorgesetzten derart leidet, daß es aus ihm, im Gefühl der Gerechtigkeit für einen unterdrückten Kameraden, bis zum Totschlag hervorbricht. Würde ein solches Maß an aufgestautem Zorn nicht nach außen, sondern gegen das eigene Körper-Ich gerichtet, so hätte man, anstelle der Affekthandlung, den Anfall der *Hystero-Epilepsie* vor sich. Er ist wirklich gespannt zwischen die Extreme eines leidenschaftlichen *Feuers* im Es und einer vollkommenen *Abkühlung* in der Kälte des «Wassers» der Triebunterdrückung, dazwischen gibt es keinen Mittelweg; wohl gibt es stattdessen ein unendliches Gefühl der *Sehnsucht,* wie wenn man des Nachts auf den Dachfirsten ginge, einem fern am Firmament stehenden Stern nach, *mondsüchtig*[91], meint Matthäus, geheimnisvoll wandernd, unruhig und triebhaft bis in die Nächte – ein genaues Umkehrbild eigentlich der visionären Aura Jesu auf dem «Berg».

Wie können *Eltern* leben mit einem solchen Schicksal? – Vor einer Weile erklärte eine Frau, die seit Kindertagen ein Kind aufzieht, das an solchen Anfällen leidet, was *sie selbst* an der Seite ihres Kindes lernen mußte, um ihm hilfreich zu werden. «Ich bestand damals, wenn ich die Anfälle miterlebte», sagte sie, «immer wieder nur aus Angst. Ich durchwachte an der Seite meines Kindes viele Nächte, ich blieb bei ihm, damit ihm nichts geschehen sollte. Ich ging, wer weiß wie oft, mit ihm zum Arzt, aber die Diagnosen verschärften sich, sie wurden immer schlimmer. Mein Mann wollte von all dem natürlich überhaupt nichts wissen, ich aber war in ständiger fieberhafter Vorbereitung: wann könnte der nächste schlimme Anfall ausgelöst werden?» – Es war jetzt, vor einer Weile, daß sie sagte: «Ich habe dieser Tage beim Waschen gefunden, daß das Hemd meines Jungen wieder mit Speichel besudelt war, aber ich mache mir keine Angst mehr.» Dazwischen liegt ein unglaublich langer Weg gegen ein schier unerträgliches Angstgefühl, gegen ein ständiges Erdbeben unter den Füßen, bis daß diese Frau so spricht wie jetzt: «Selbst wenn es wieder geschieht, ist es doch nicht so schlimm.» Dieses Gefühl aber ist die entscheidende Voraussetzung dafür, daß diese Frau sich selber beruhigt fühlt durch ein Vertrauen, das scheinbar gar nicht begründet ist und das dennoch auf den Jungen selber so begütigend und beruhigend wirkt, daß offensichtlich seine Anfälle mittlerweile in immer länger auseinanderliegenden Phasen eintreten. – Ganz ähnlich wird man sich diese Art der Heilung vorstellen müssen, die hier berichtet wird. Wie ist es möglich, «Dämonen» dieser Art auszutreiben?, fragen die Jünger (Mt 17,19), und Jesus antwortet ganz einfach: «Daß ihr es nicht konntet, das ist euer *Kleinglaube*» (Mt 17,20).[92]

Was Jesus hier andeutet, ist unglaublich. Wir versuchen ganz oft, Entschei-

Das Glück der eigenen Bestimmung und die Heilung innerer Zerrissenheit

dendes zu vollbringen, und es türmt sich als Hindernis vor uns auf wie ein riesiger Berg, der einfach nicht wegzuschaufeln ist. Wir unternehmen alles mögliche –, wir suchen nach den richtigen Ärzten, den richtigen Medikamenten, der richtigen Behandlungsweise, der richtigen Klinik, doch nichts wird wirklich besser. Dann aber gibt es Zeiten und Zonen, in denen wir einfach uns selber zu entängstigen suchen, bis daß wir zu einem ruhigen Vertrauen hinfinden, und es hebt sich hinweg und versetzt Berge. Da, wo eben noch die Hindernisse aufragten, öffnet sich mit einem Mal ein weiter, gut begehbarer Weg![93]

Vielleicht gibt es für das Bild der *Auferstehung*, von der da (Mt 17,9) die Rede geht, keine intensivere, persönlichere Beschreibung, als der russische Dichter F. M. DOSTOJEWSKI – ein Epileptiker auch er, ein Spielsüchtiger er selber, lebenslänglich hin- und hergeschleudert zwischen Genieträumen und Verelendung, zwischen Liebe und Haß, zwischen Mordimpulsen und einem weltweit umspannenden Bemühen, die ganze Menschheit zu verstehen – sie in einem Brief vom 28. April 1871 an seine Gemahlin Anna Grigorjewna aus Wiesbaden aufgezeichnet hat. Man muß vorausschicken, daß DOSTOJEWSKI seiner Frau viele Jahre lang versprochen hat, er werde nie wieder das bißchen Geld, das sie noch zurückgelegt hatte, im Salon verspielen; und doch hatte er seiner Gemahlin sogar den Mantel, sogar die Kleider, ja, selbst den Ehering weggenommen, im Wahn, beim nächstenmal im Roulette das große Glück zu gewinnen. Anna Grigorjewna, seine Gemahlin, war imstande, immer wieder die Schuldgeständnisse, die Verzweiflungsausbrüche, die Erklärungen, daß ab sofort alles besser würde, sich anzuhören, mit allem Zweifel und aller Skepsis, aber auch mit Glauben und Hoffnung, – sie blieb einfach trotz allem *bei ihm* als bei einem Menschen, der ersichtlich am allermeisten an sich selber litt. Doch jetzt hört man etwas fast unmöglich Scheinendes: An jenem 28. April des Jahres 1871 schreibt DOSTOJEWSKI: «Anja, um Christi willen... mach Dir keine Sorgen, rege Dich nicht auf, und lies diesen Brief aufmerksam bis zu Ende... Meine unschätzbare, meine ewige Freundin, mein himmlischer Engel, Du hast es natürlich schon begriffen – ich habe alles verspielt, die ganzen dreißig Taler, die Du mir geschickt hattest. Denke daran, daß Du meine einzige Retterin bist... ich schwöre Dir, daß ich nicht die Absicht hatte, zu spielen. Damit Du mir glaubst, will ich Dir alles bekennen... Ich kalkulierte, wenn mir Geld übrigbliebe, würde ich es ohnehin bringen. Als ich aber heute die dreißig Taler erhielt, wollte ich gar nicht spielen, aus zwei Gründen: 1) Dein Brief hatte mich sehr erschüttert; sich nur vorzustellen, was mit Dir geschehen sein könnte... und 2) habe ich heute nacht meinen Vater im Traum gesehen, und zwar in einer so entsetzlichen Gestalt, wie er mir nur zweimal im Leben erschienen ist, als er mir ein furchtbares Unglück prophezeite... als ich in den Kursaal kam, trat ich in Gedanken an den Spieltisch und begann, in Gedanken mitzusetzen: Treff ich's – treff ich's nicht?... Zehnmal hintereinander traf ich es, sogar Zero. Ich war so erschüttert, daß ich zu spielen anfing, und in fünf Minuten hatte ich 18 Taler gewonnen. In dem Augenblick, Anja, wußte ich nicht mehr, wie mir geschah... Wegen der dreißig Taler, die ich Dir *geraubt* hatte, schämte ich mich so sehr!... Anja, denke... daran, daß ich kein Schuft bin, sondern nur ein leidenschaftlicher Spieler. (Aber jetzt, Anja) habe ich mich von diesem Wahn gelöst und wollte Gott danken, daß es so gekommen ist, trotz des großen Verlustes, wenn in diesem Augenblick nur nicht die Angst um Dich wäre!... ich weiß, daß Du das volle Recht hast, mich zu verachten als auch zu denken: ‹Er wird ja doch wieder spielen›. Wobei soll ich Dir nur schwören, daß ich es *nicht mehr tun werde;* ich habe Dich ja schon betrogen. Aber, mein Engel, begreife doch: Ich weiß ja, daß Du sterben wirst, wenn ich wieder verliere! Ich bin doch nicht ganz wahnsinnig!... Ich werde nicht spielen, ich werde es nicht tun, ich will nicht mehr und werde *sofort abreisen.* Glaube mir. Glaube mir *ein letztes Mal,* und Du wirst es nicht bereuen... Das war wirklich das allerletzte Mal!... Zum Priester *werde ich nicht gehen,* um nichts in der Welt, auf keinen Fall. Er ist einer der Zeugen des Alten, Vergangenen, Früheren, Verschwundenen. Es würde mir schon weh tun, ihn nur zu sehen. – Anja, meine ewige Freude, mein fortan einziges Glück... gräme Dich nicht, erhalte Dich für mich!... Ich werde mein ganzes Leben daran denken und dann jedes Mal Dich, meinen Engel, segnen. Nein, jetzt bin ich nur noch Dein.» «Ich werde in diesen Tagen ein anderer Mensch sein und ein neues Leben beginnen.»[94]

Wenn man je in der Weltliteratur das *Wunder einer Auferstehung* miterleben kann, so ist es in diesen Worten. Nichts steht in diesem Brief, das nicht in Dutzenden von Briefen zuvor schon hätte stehen können und gestanden hat; doch mit einem Mal, von innen her, beginnt es zu *stimmen!* «Ein neuer Mensch erstand in mir!» Was mit keinem moralischen Vorsatz zu erzwingen war, formt sich jetzt durch ein einfaches Vertrauen! Es ist nicht möglich und auch nicht länger mehr nötig, auf das große Glück des Zufalls zu warten; es ist aber möglich, glücklich zu werden und zu sein als der Mensch, der man ist: *Fjodor Michailowitsch* – was für ein Mensch! Belehrt durch den Abgrund, geformt durch die Verzweiflung, genötigt zu der Größe einer Humanität, wie man sie nur lernt im Leid.

So etwas muß es heißen, *Mose* zu hören, *Elija* zu hören und die *Gottessohnschaft des Friedens und der Heilung* über Menschen zu bringen in der Versöhnung der Gegensätze von Feuer und Wasser, von Oben und Unten. So weit ist das menschliche Herz und so lang der Weg, bis es seinen Frieden findet! Aber das bißchen Vertrauen, das wir investieren in unser eigenes Leben und in den Menschen an unserer Seite, das ist alles, was wir haben und sind; und – mehr braucht es nicht!

Mt 17,24–27
Das Märchen von dem Gold im Fischmaul oder: Eine phantastische Antwort auf die Frage nach der Tempelsteuer

Voraus geht diesem Abschnitt des Evangeliums die sichere Gewißheit der Unvermeidbarkeit von Verfolgung, Leid und Hinrichtung (Mt 17,22–23). *Will* also Jesus leiden, wie es die kirchliche Dogmatik behauptet? Ist er einzuordnen in das übliche Psychogramm der «Ungeduld der Martyrer», wie TH. REIK meinte[95]? Worum eigentlich geht es bei der *Sicherheit*, mit der Jesus beim Gang nach Jerusalem Zug um Zug, hier zum zweitenmal, seinen Jüngern nahebringen möchte, daß dieser Weg hinauf in die heilige Stadt der Weg ins Ende sein wird oder, je nachdem wie man es betrachtet, der Weg zu einem vollkommenen Neuanfang? Gerade vorweg ging die Heilung eines mondsüchtigen Knaben, der wie tot am Boden lag, geschüttelt und durchschauert von Konvulsionen der Fremdbestimmung seiner «Dämonie», wie Matthäus meint; Jesus aber rührte ihn an und gab ihn seinen Eltern zurück. Es ist das Bild für ein Leben, das in seinen Widersprüchen zerrissen war und doch zusammengefügt wird zu Heilwerdung und innerer Gesundheit.

Das Thema *jetzt* scheint weit entlegen, – die Frage nach der Tempelsteuer, und tatsächlich wird das Problem in diesem Abschnitt fast wie nebensächlich, ja, geradezu spaßig abgehandelt. Wie aber, wenn dieser Anschein schon den eigentlichen Kern der ganzen Geschichte ausmacht, so sehr sogar, daß rückwärts noch einmal kommentiert wird, *warum* Jesus wirklich leiden *mußte*? In *seinem* Munde, gewiß, war die Frage nach der Tempelsteuer eine spaßige Bagatelle, aber soll ihn nicht der Teufel bereits dafür holen, *daß* er die Frage nach der Tempelsteuer nur so nebenbei abhandelt, *wie wenn* das eine Bagatelle *wäre*[96]?

Manchmal scheint es, als ob fast 500 Jahre nach MARTIN LUTHER eigentlich alle Themen, die damals von den Reformatoren erörtert und von der katholischen Kirche *verweigert* wurden, noch einmal neu durchkonjugiert werden müßten: – Jede wirkliche Reform *in* der Kirche, *an* der Kirche, *mit* der Kirche oder *gegen* die Kirche beginnt damit, daß bestimmte Anliegen der Seelsorge mit theologischem Anspruch entsprechend der Botschaft und dem Beispiel Jesu an die kirchliche Institution zurückgemeldet werden, die sich mit dem Mann aus Nazareth legitimieren und rechtfertigen möchte. In den Tagen

LUTHERS war der Protest gegen die Kirche Roms entstanden an einer ebensolchen scheinbar absoluten Nebensache, die mit dem Evangelium im Grunde nichts zu tun hatte: der *Ablaßfrage*. Trotzdem rückte *der Sündennachlaß für Geld* im Bewußtsein der Leute damals in das Zentrum der «Seelsorge». Man muß, um das zu verstehen, sich nur die Stimme der Dominikanermönche in jenen Tagen, sagen wir um 1515, in ihrem Gekreische in die Ohren zurückrufen, etwa so: «Hörst du, Mann oder Frau auf der Straße, den Schrei deiner Mutter aus dem Fegefeuer, aus der Stätte des Schmerzes? Du *kannst* sie erlösen; doch wirst du so hartherzig sein, deinen Beutel zu schonen im Angesicht ihrer Qual? Hörst du die Stimme deines Vaters, wie sie um Hilfe ruft? Einen einzigen Moment der Milde auch nur, und du vermagst ihn von aller Pein zu befreien. Wenn das Geld im Kasten klingt, die Seele aus dem Fegfeuer springt.» – Und so weiter...

Man muß nur dieses Geschäft mit der selbsterzeugten Angst der Kirche in der Seele der Menschen deutlich vor Augen haben, und man begreift, mit welcher Daumenschraube der besten Gefühle seinerzeit Menschen erpreßt werden konnten für ein Finanzsystem, dem am Ende der Bau des Petersdoms weit wichtiger war als die «Kirche» Gottes im Herzen der Menschen. Damals meinte der Augustinermönch in Wittenberg, es müsse Schluß sein mit der gewinnträchtigen Lüge im Namen Gottes vor den Menschen. Er bestand theologisch darauf, das ganze Fegefeuer als einen Pfaffenspuk zu beseitigen, damit endgültig kein Mißbrauch mehr mit fehlerhaft vergegenständlichten Symbolen des Glaubens möglich sei. Natürlich lag ihm daran, zu betonen, daß Menschen sich *wandeln* könnten und müßten, notfalls auch durch sehr viel Leid, aber der Legende nach hämmerte er an die Schloßkirche zu Wittenberg zum Allerheiligenfest des Jahres 1517 als die erste seiner Thesen den Satz: «Als unser Herr Jesus Christus euch sagte: Tut Buße!, da meinte er nicht eure Ablaßwerke, sondern daß euer ganzes Leben eine Buße sei.»[97] Die Stoßrichtung *jeder* Reform(ation) ist die Beseitigung der Veräußerlichung des Religiösen, indem sie das Vorgefundene umstülpt wie einen Handschuh, auf daß es sich von neuem verinnerliche und aus dem Inneren sich neu formuliere und firmiere.

Was wir in *unseren* Tagen erleben entlang der Diskussion um die Pflicht zur «Tempelsteuer», hat 500 Jahre danach an Aktualität noch immer nicht verloren. Die Geschichte der Reformation war dornenreich genug: Um sich vor dem Zwinggriff des Kaisers zu schützen, mußte man sehr bald sich an die Fürsten anlehnen, und manche Historiker, nicht sehr zu Unrecht, neigen zu der Auffassung, man habe schon Anfang der zwanziger Jahre des 16. Jahrhunderts die Reformation des Volkes an die Reformation der Fürsten verraten. Wie

Mt 17,24–27

auch immer – daraus geworden ist, daß die Landesherren mit samtenem Mantel und eisernem Schwert die Religion «ihrer» Gebiete zu «schützen» suchten, vor allem in deutschen Landen. Der preußische Staat war es schließlich, der für die Kirche (zur Rückzahlung der enteigneten Besitztümer in der Säkularisation) die Steuer einzutreiben bestrebt war, und er erwarb sich damit die moralische Gewißheit, daß für solch sichere Rückleistung die Kirche, derart geschützt und gesichert, auch ihrerseits den Staat nicht eines gewissen geistlichen Schutzes entkleiden werde. Thron und Altar wurden somit zu den Säulen einer bestimmten Art von Frömmigkeit. 1933 wurde die preußische Ordnung ins Reichskonkordat übernommen, und seitdem gilt sie noch heute.[98] In all dem hat man es mit einer fast grotesken *Wiederkehr des alten Konfliktes von Priester und König*, Tempel und Palast *im antiken Ägypten* zu tun, dessen Struktur über das römische Reich sich ins «christliche» Mittelalter fortsetzte: schon im 11.–12. Jahrhundert kassierte die Kirche ein Zehntel aller Einkünfte – sie erhob einfach den freiwillig geleisteten «Zehnten» der Pharisäer aus den Tagen Jesu (vergleiche Lk 18,12) zur Pflicht. *Das* waren die Besitztümer, deren «Verlust» die Kirche sich immer noch vergüten läßt.[99]

Wo also stehen *wir* in der Frage des Tempelguldens beziehungsweise des «Zehnten» und der Kirchensteuer? Ein hoher Prozentsatz der Leute, die derzeit aus der Kirche austreten, vermerken auf ihren Abmeldungsurkunden, sie handelten so, um die Steuer gegenüber der kirchlichen Verwaltung zu verweigern, sie träten aus der Kirche als einer Gemeinschaft des Glaubens im Grunde nicht aus. In den letzten vier, fünf Jahren bilden die Austrittszahlen, miteinander auf Millimeterpapier verbunden, eine Kurve, die so steil ansteigt wie ein Hyperbelast. Das Problem wächst, statt abzunehmen. Was aber wird aus den Menschen, die in dieser Weise sich von einer staatlich etablierten, an Kirchenbeitrittszahlungen gebundenen Institution lösen? Paradox genug, die übliche bischöfliche Erklärung zu dieser Frage lautet, daß es einen Austritt aus der katholischen Kirche an sich gar nicht gebe! Rein dogmatisch betrachtet, ist diese «Argumentation» von frappanter Einfalt: jeder, der als Kind schon mit sechs Wochen getauft wurde, ist ein getaufter Katholik, ihm ist ein «unauslöschliches Siegel» eingeprägt worden, und an dieses Zeichen, das Gott auf ihn gelegt hat, ist er gebunden sein Leben lang. Es ist wohl möglich, daß er in seiner Freiheit sich *gegen* dieses Merkmal entscheidet, aber dann wird er nach kirchlicher Lehre nur eine um so strengere Strafe Gottes im Jenseits auf sich ziehen, indem der Widerspruch gegen das von Gott selbst Gewirkte sich durch eine solche Entscheidung *ins Unendliche* steigert. Es ist insofern überhaupt nicht möglich, der Kirche zu sagen: «Ich trete aus!» Man kann eine solche Erklärung nach kirchlicher Überzeugung nur gegenüber dem Staat abgeben![100]

Doch nun wird man zum Zeugen einer merkwürdigen logischen Volte. Wer gegenüber dem Staat erklärt, er wolle keine Kirchensteuern mehr zahlen, der muß zugleich erklären, daß er die Kirche *verlasse*. Man muß also vor dem Staat etwas beteuern, das die Kirche für sich selber gar nicht akzeptiert! Mehr noch: man kann ein Mitglied dieser Kirche nicht anders sein, als indem man *dem Staat* das Geld gibt, das die Kirche für ihre (unkündbare!) Mitgliedschaft verlangt. So stehen die Dinge heute in der Bundesrepublik Deutschland. Wer da also sagen wollte: «Wir möchten in der Kirche dann aber auch über unsere Kirchensteuermittel selber mitentscheiden dürfen, so wie im staatlichen Raum seit langem schon, wir verlangen ein Recht auf demokratische Mitsprache über die Verwaltung unserer Geldmittel, womöglich im Namen Jesu», der kann im real existierenden Katholizismus des Jahres 1994 nicht umhin, augenblicklich die Kirche zu *verlassen*. Er muß aus der Kirche austreten, um der kirchlichen Behörde die finanzielle Unterstützung verweigern zu können!

Die Konsequenz daraus liegt auf der Hand: Diese Kirche ist nicht daran interessiert, Menschen zu Vertrauen, Glauben und Liebe hinzuführen; die Art, wie sie sich selbst den Menschen gegenüber definiert, ist auf das engste gebunden an die zwei einzigen Meßfühler, die ihr seit Jahrhunderten wirklich wichtig sind: an Macht und Geld. Da wird mit der Angst der Leute immer noch *Geld* eingetrieben, wie damals in den Tagen des PETRUS WALDES[101] und des MARTIN LUTHER. Wer die Kirchensteuer verweigert und also aus der Kirche austritt, der exkommuniziert sich selbst durch einen solchen Schritt; dem droht, daß er kirchlich nicht beerdigt wird, dem werden die Sakramente der Kirche mitten im Leben verweigert, der hört auf, im Namen der Kirche überhaupt noch irgend etwas mit Christus zu tun zu haben!

Da sind wir bei dem *Machtanspruch*, gegründet auf *Angst*. Die Kirche besitzt das Monopol auf die Verwaltung der Gnadenmittel des «Christus» in einem Umfang, daß jeder, der sich von ihr entfernt, am Gnadenangebot Gottes selber sich versündigt. So müssen wir damit rechnen, daß heute mehr als ein Drittel der deutschen Bevölkerung in der Kirche nur noch verbleibt, um aus lauter Angst den letzten Bruch zu vermeiden – man kann in Fragen des Jenseits ja nie so ganz wissen! Stünde die Kirchensteuer *frei*, so würden *viele* sie verweigern, so viel scheint sicher.

Wir haben es bei all dem wohlgemerkt mit einer Ordnung zu tun, die aus historischen Gründen nur in Deutschland so hat wachsen können und die schon deshalb auf der ganzen Erde ihresgleichen sucht. Nirgendwo, auch nur schon ein paar hundert Kilometer weiter westlich, in den Benelux-Staaten zum Beispiel, wird man die preußisch-deutsche Ordnung für sinnvoll finden. In den Staaten, die aus der Französischen Revolution hervorgegangen sind, ist keinerlei Erinnerung mehr daran, daß zwischen Thron und Altar einmal eine solch einträgliche Ordnung eingerichtet war. In Deutschland aber verteidigt die katholische Kirche die Verknüpfung von Gott und Geld auf eine Art, die einer vollendeten Travestie der Botschaft Jesu gleichkommt.

Schauen wir in diese kleine Erzählung von der Münze im Fischmaul, so spürt man gegenüber der kirchlichen Eiszeit so etwas wie einen sanften Frühlingswind der Freiheit wehen, der einen warmen, milden Sommer kündet. Am meisten erstaunt an diesen Worten wohl ihre unglaubliche Freiheit. *Zahlen* die Jünger und ihr Meister den Tempelgulden? Diese Frage zu *verneinen* bedeutete soviel wie ein Sakrileg zu begehen, und *Petrus* stottert denn auch gleich schuldbewußt sein Einverständnis zu der unverständlichen «Ordnung» des Gesetzes: es werde ja gezahlt werden, man werde es nachholen – daß es noch nicht geschehen sei, erkläre sich aus einem einfachen Versehen. *Ganz anders Jesus!* Es ist ungeheuerlich, am Beispiel dieser kleinen Erzählung mitansehen zu müssen, wie sehr die Kirche *Petri*, die auf diesen «ersten» der Apostel dogmatisch zur Rechtfertigung des Papsttums immer wieder sich bezieht, nach wie vor von einer solchen Angsttreue und Furchtbindung an bestimmte Ordnungen geleitet wird, daß es dem Vorbild Jesu geradewegs widerspricht.

Formal hat man es hier mit einer *«halakhischen»* Erzählung zu tun, einer Überlieferung also, die so etwas darstellt wie einen lebendigen Kommentar zu ungelösten strittigen Rechtsfragen. «Wie der Meister, so der Schüler», – diese Logik existentieller Verbindlichkeit steht hinter dieser Geschichte. Um so wichtiger aber ist es dann zu sehen, wie Jesus den ersten seiner Jünger, denjenigen, der ein Kapitel vorher noch als Schlüsselwahrer des Himmelreiches eingesetzt wurde, an dieser Stelle zu einem Menschen der Freiheit «umerzieht». Augenfällig wird da der ewige, essentielle Unterschied zwischen jeder Gemeindeordnung, die sich auf den Mann von Nazareth will berufen können, und dem, was staatliche oder kirchliche Ordnung ihrer ganzen Art nach im Sinn trägt.

Wie kühn ist die Frage aus dem Munde Jesu: «Wie halten es denn die Regierenden und die Herrscher? Treiben *sie* ihre Gelder ein von den eigenen Bürgern, von ihren Landeskindern?» – Es war damals die Zeit, da die Mächtigen auf eine Art regierten, daß der römische Geschichtsschreiber VELLEIUS PATERCULUS in seiner *«Historia»* von einem «Landpfleger», der in Syrien eingesetzt wurde, sagen konnte: «Arm kam er in ein reiches Land, reich verließ

Das Märchen von dem Gold im Fischmaul

er ein armes Land.»[102] Man beutete schamlos die «Fremdvölker» in den Kolonien aus, man wußte sehr praktisch zwischen den römischen Bürgern und den Unterworfenen zu unterscheiden, indem man die Fremdlinge zahlen ließ für die Gunst Roms, an dem Fortschritt und den zivilisatorischen Errungenschaften der Sieger teilhaben zu dürfen. Jesus greift diese Praxis hier auf und meint dazu zwischen den Zeilen: «Wenn es so steht, wie es die Steuereintreiberei voraussetzt, so gibt es religiös überhaupt kein Recht, oder umgekehrt: unter den Augen Gottes besteht *nicht die mindeste Erlaubnis*, von Menschen Geld einzufordern.» Dieser Gedanke allein schon ist unerhört kostbar, weil er alles relativiert, was wir sonst an Verwaltung, an Institution, an politischem Umgang mit Menschen landauf, landab, womöglich sogar kirchlich abgesegnet, vorfinden. «Menschen vor Gott» – das sind *Kinder* Gottes, und so sind sie zwischen Sonnenaufgang und Sonnenuntergang absolut frei! Menschen bleiben das unveräußerliche *Eigentum Gottes*, niemand hat deshalb das Recht, von ihnen Eigentum zu nehmen. Anders ausgedrückt: «Der einzige Tribut, den Gott von Menschen eingezogen sehen möchte, ist der Tribut der Menschlichkeit und der Freiheit selbst.» Nichts anderes hat jemals Recht, mit Berufung auf die Person und die Botschaft Jesu im Namen Gottes erhoben zu werden.

Schon bis dahin, so gelesen, haben wir eine erstaunliche «Gesetzesauslegung» Jesu vor uns; doch noch weit unglaublicher, wirklich fabelhaft, wird es, wenn wir hören, daß Jesus die Ableistung der Tempelsteuer in eine rein märchenhafte Sphäre hebt. Die Frage stellt sich natürlich, wie wir die folgende Beispielserzählung einer «richtigen» Gesetzesauslegung im Sinne Jesu verstehen sollen. Folgen wir der fundamentalistischen Auslegungsweise, wie sie kirchlich wieder zur Vorschrift wird, so müßten wir sagen: Da Jesus der «Sohn Gottes» war, konnte er alles machen, was er wollte; so konnte er selbstredend auch bewirken, daß im See Gennesareth, just als man den Tempelgulden brauchte, ein Fisch schwamm, der, weil er irgendwo das passende Geldstück verschluckt hatte, dies prompt in die Hände des Petrus zur pünktlichen Einzahlung der Schulden ablieferte – wunderbar eben, ein solches Wunder! Nur leider eines, das mit uns durchaus nichts zu tun hat! Es ward so gewirkt vor zweitausend Jahren, aber die Hoffnung dürfen wir fahren lassen, ein gleiches möchte irgendwann sich auch in unseren Tagen praktischerweise so günstig ereignen. Nicht nur der verschmutzten Gewässer wegen, in denen Fische, geschweige «Goldfische», immer seltener werden – wir werden wohl oder übel, weil Gott ein solches «Wunder» nicht wieder wirkt, die Kirchensteuer immer noch aus der eigenen Tasche berappen müssen.

Wie aber, wenn wir die Geschichte einmal *wirklich* «beim Wort» nehmen? Wir haben es erkennbar zu tun mit einem echten *Märchen*: plötzlich bricht da die Wirklichkeit, in der Menschen soeben noch dem Zugriff anderer Menschen ausgeliefert waren, unrettbar auseinander, und die Botschaft von der Freiheit des Menschen unter den Augen Gottes öffnet sich zu einer reinen *Traumvision*. Geben wir die Geschichte einmal *so* wieder, dann müßten wir, wie stets in symbolischen Erzählungen, *zwischen den Zeilen lesen* und erfassen, was verbal *nicht* dasteht; dieses *Ungesagte* und doch *einzig zu Sagende* an dieser Stelle lautet, daß jede Institution bis in ihre finanziellen Grundlagen hinein an der Wesenstatsache der Freiheit der Menschen vor Gott zerbrechen muß. Doch gerade hier liegt das Tödliche an der Botschaft Jesu. Keine Institution, die sich stellvertretend für Gott auf Erden etabliert hat, wird sich das gefallen lassen! Sie wird versuchen, die Unterminierung ihrer eigenen Fundamente abzuwehren, indem sie vernichtet, was sie angreift. *So* geht das zu! *So* offensichtlich muß das riskiert werden! Und dennoch gibt es etwas, das, recht begriffen, überhaupt kein Ärgernis darstellen müßte: Menschen, die selber frei sind, haben das Vermögen, in die eigene Tiefe zu gehen, sozusagen hinabzutauchen zu den Schätzen ihrer eigenen Seele, ihres eigenen Unbewußten, und daraus etwas hervorzuholen, das weit kostbarer ist – unvergänglich und reich – und viel *mehr* wert als alles, was man je von ihnen eingefordert hat. An die Stelle der Steuerpraxis, der Bürokratie, der Finanzwirtschaft, stets kirchendogmatisch institutionalisiert und staatsjuristisch fixiert, tritt da mit einem Mal ein Austausch der Güte, der gewonnen wird im eigenen Herzen. *Das* gilt es im Sinne Jesu *als erstes* zu tun: sich *nicht* zu beugen und das Risiko vollkommener Freiheit auf sich zu nehmen und darin dann, wie von selbst, *der* Mensch zu werden, als den Gott uns gemeint hat – goldwert ein jeder von uns! *Das* einzubringen mit aller Kraft, wäre und ist die Art Jesu, die «Tempelsteuer» zu zahlen! Wie sagte es doch in der Goethe-Zeit BETTINA VON ARNIM: «Ich will ich sein – immer stolz, immer hoch, immer kühn!»[103] – ein überhebliches und vermessenes Wort, findet die Kirche bis heute; ein wunderbar menschliches, ein wahrhaft göttliches Wort, wird man finden im Sinne Jesu.

Dabei bietet sich an dieser Stelle eine kostbare Gelegenheit, etwas zur Interpretation der Bibel besonders Wichtiges zu lernen. Denn so selten auch immer in der «Tröstung der Völkergemeinschaft» (TG) *Märchen* vorkommen, so zeigt sich hier doch, daß wir mit Hilfe von Geschichten, die wir seit Kindertagen bereits kennen, mit Hilfe der Märchen der BRÜDER GRIMM zum Beispiel, *das,* was hier in einem einzigen Satz verdichtet ist, auf das vortrefflichste werden ergänzen und tiefer verstehen können. Was heißt *in den Märchen* zum Bei-

Das Märchen von dem Gold im Fischmaul

spiel: «Geh zum *See* und fange einen *Fisch* mit einem *Geldstück* im Maul?» Was da in einem äußerst komprimierten Bild gemeint ist, läßt sich auflösen, indem wir einmal einem Kindermärchen zuhören; – allein das zu tun, ist wie ein echter Gottesdienst, denn zwei Seiten eines Kindermärchens enthalten da ein ganzes Menschenleben!

Lehnen wir uns also getrost zurück, machen wir es uns recht bequem, schließen wir unsere Augen und träumen wir das Märchen: *Die Goldkinder* –[104] eine Geschichte, die in den Augen der Märchenkundigen sich zusammensetzt aus Motiven, die dem Märchen vom «Fischer und seiner Frau» (KHM 19) sowie den Märchen vom «Bärenhäuter» (KHM 101) und von den «Zwei Brüdern» (KHM 60) sehr ähnlich sind und zum Teil auch an die Geschichte von dem «Goldenen Vogel» erinnern (KHM 57).[105] Die meisten Märchen sprechen für *Frauen* und von Frauen; das Märchen von den «Goldkindern» aber ist ein echtes *Männer*märchen. Es erzählt sich wie folgt (KHM 85):

«Es war ein armer Mann und eine arme Frau, die hatten nichts als eine kleine Hütte und nährten sich vom Fischfang, und es ging bei ihnen von Hand zu Mund. Es geschah aber, als der Mann eines Tages beim Wasser saß und sein Netz auswarf, daß er einen Fisch herauszog, der ganz golden war. Und als er den Fisch voll Verwunderung betrachtete, hub dieser an zu reden und sprach: ‹Hör, Fischer, wirfst du mich wieder hinab ins Wasser, so mach ich deine kleine Hütte zu einem prächtigen Schloß.› Da antwortete der Fischer: ‹Was hilft mir ein Schloß, wenn ich nichts zu essen habe?› Sprach der Goldfisch weiter: ‹Auch dafür soll gesorgt sein, es wird ein Schrank im Schloß sein, wenn du den aufschließest, so stehen Schüsseln darin mit den schönsten Speisen, soviel du dir wünschest.› ‹Wenn das ist›, sprach der Mann, ‹so kann ich dir wohl den Gefallen tun.› ‹Ja›, sagte der Fisch, ‹es ist aber die Bedingung dabei, daß du keinem Menschen auf der Welt, wer es auch immer sein mag, entdeckst, woher dein Glück gekommen ist; sprichst du ein einziges Wort, so ist alles vorbei.› Nun warf der Mann den wunderbaren Fisch wieder ins Wasser und ging heim. Wo aber sonst seine Hütte gestanden hatte, da stand jetzt ein großes Schloß.» – Alles wäre damit zum besten bestellt gewesen, wenn nicht des Fischers Frau so ruhelos in ihrer Neugierde gewesen wäre, daß sie ihrem Gemahl das Geheimnis des Wohlstandes schließlich doch noch entlockt und damit das unbegreifbare Glück ruiniert hätte. Ja, selbst als der Fisch ein zweites Mal ins Netz geht, muß die Frau erklären: «Ich will den Reichtum lieber nicht, wenn ich nicht weiß, von wem er kommt; sonst habe ich doch keine Ruhe.» Als er endlich zum dritten Mal gefangen wurde, sprach der Fisch: «Hör, ... ich sehe wohl, ich soll immer wieder in deine Hände fallen, nimm mich mit nach Haus und zerschneid mich in sechs Stücke, zwei davon gib deiner Frau zu essen, zwei deinem Pferd, und zwei leg in die Erde, so wirst du Segen davon haben.» Der Mann nahm den Fisch mit nach Haus und tat, wie er ihm gesagt hatte. Es geschah aber, daß aus den zwei Stücken, die in die Erde gelegt waren, zwei

417

goldene Lilien aufwuchsen und daß das Pferd zwei goldene Füllen bekam und des Fischers Frau zwei Kinder gebar, die ganz golden waren.

Die Kinder wuchsen heran, wurden groß und schön, und die Lilien und Pferde wuchsen mit ihnen. Da sprachen sie: ‹Vater, wir wollen uns auf unsere goldenen Rosse setzen und in die Welt ausziehen.› Er aber antwortete betrübt: ‹Wie will ich's aushalten, wenn ihr fortzieht und ich nicht weiß, wie's euch geht?› Da sagten sie: ‹Die zwei goldenen Lilien bleiben hier, daran könnt Ihr sehen, wie's uns geht: sind sie frisch, so sind wir gesund; sind sie welk, so sind wir krank; fallen sie um, so sind wir tot.› Sie ritten fort und kamen in ein Wirtshaus, darin waren viele Leute, und als sie die zwei Goldkinder erblickten, fingen sie an zu lachen und zu spotten. Wie der eine das Gespött hörte, so schämte er sich, wollte nicht in die Welt, kehrte um und kam wieder heim zu seinem Vater. Der andere aber ritt fort und gelangte zu einem großen Wald. Und als er hineinreiten wollte, sprachen die Leute: ‹Es geht nicht, daß Ihr durchreitet, der Wald ist voll Räuber, die werden übel mit Euch umgehen, und gar wenn sie sehen, daß Ihr golden seid und Euere Pferde auch, so werden sie Euch totschlagen.› Er aber ließ sich nicht schrecken und sprach: ‹Ich muß und soll hindurch.› Da nahm er Bärenfelle und überzog sich und sein Pferd damit, daß nichts mehr vom Gold zu sehen war, und ritt getrost in den Wald hinein. Als er ein wenig fortgeritten war, so hörte er es in den Gebüschen rauschen und vernahm Stimmen, die miteinander sprachen. Von der einen Seite rief's: ‹Da ist einer›, von der andern aber: ‹Laß ihn laufen, das ist ein Bärenhäuter, und arm und kahl wie eine Kirchenmaus, was sollen wir mit ihm anfangen!› So ritt das Goldkind glücklich durch den Wald und geschah ihm kein Leid.

Eines Tages kam er in ein Dorf, darin sah er ein Mädchen, das war so schön, daß er nicht glaubte, es könnte ein schöneres auf der Welt sein. Und weil er eine so große Liebe zu ihm empfand, so ging er zu ihm und sagte: ‹Ich habe dich von ganzem Herzen lieb, willst du meine Frau werden?› Er gefiel aber auch dem Mädchen so sehr, daß es einwilligte und sprach: ‹Ja, ich will deine Frau werden und dir treu sein mein Leben lang.› Nun hielten sie Hochzeit zusammen, und als sie eben in der größten Freude waren, kam der Vater der Braut heim, und als er sah, daß seine Tochter Hochzeit machte, verwunderte er sich und sprach: ‹Wo ist der Bräutigam?› Sie zeigten ihm das Goldkind, das hatte aber noch seine Bärenfelle um. Da sprach der Vater zornig: ‹Nimmermehr soll ein Bärenhäuter meine Tochter haben›, und wollte ihn ermorden. Da bat ihn die Braut, was sie konnte, und sprach: ‹Er ist einmal mein Mann, und ich habe ihn von Herzen lieb›, bis er sich endlich besänftigen ließ. Doch es kam ihm nicht aus den Gedanken, so daß er am andern Morgen früh aufstand und seiner Tochter Mann sehen wollte, ob er ein gemeiner und verlumpter Bettler wäre. Wie er aber hinblickte, sah er einen herrlichen, goldenen Mann im Bette, und die abgeworfenen Bärenfelle lagen auf der Erde. Da ging er zurück und dachte: ‹Wie gut ist's, daß ich meinen Zorn bändigte, ich hätte eine große Missetat begangen.›

Dem Goldkind aber träumte, er zöge hinaus auf die Jagd nach einem prächtigen Hirsch, und als er am Morgen erwachte, sprach er zu seiner Braut: ‹Ich will hinaus auf die Jagd.› Ihr war angst, und sie bat ihn dazubleiben und sagte: ‹Leicht kann dir ein großes Unglück begegnen›, aber er antwortete: ‹Ich soll und muß fort.› Da stand er auf und zog hinaus in den Wald, und gar nicht lange, so hielt auch ein stolzer Hirsch vor ihm, ganz nach seinem Traume. Er legte an und wollte ihn schießen, aber der Hirsch sprang fort. Da jagte er ihm nach, über Graben und durch Gebüsche und war nicht müde den ganzen Tag; am Abend aber verschwand der Hirsch vor seinen Augen. Und als das Goldkind sich umsah, so stand er vor einem kleinen Haus, darin saß eine Hexe. Er klopfte an, und ein Mütterchen kam heraus und fragte: ‹Was wollt Ihr so spät noch mitten in dem großen Wald?› Er sprach: ‹Habt Ihr keinen Hirsch gesehen?› ‹Ja›, antwortete sie, ‹den Hirsch kenn ich wohl›, und ein Hündlein, das mit ihr aus dem Haus gekommen war, bellte dabei den Mann heftig an. ‹Willst du schweigen, du böse Kröte›, sprach er, ‹sonst schieß ich dich tot.› Da rief die Hexe zornig: ‹Was, mein Hündchen willst du töten?›, und verwandelte ihn alsbald, daß er dalag wie ein Stein, und seine Braut erwartete ihn umsonst und dachte: ‹Es ist gewiß eingetroffen, was mir so angst machte und so schwer auf dem Herzen lag.›

Daheim aber stand der andere Bruder bei den Goldlilien, als plötzlich eine davon umfiel. ‹Ach Gott›, sprach er, ‹meinem Bruder ist ein großes Unglück zugestoßen, ich muß fort, ob ich ihn vielleicht errette.› Da sagte der Vater: ‹Bleib hier, wenn ich auch dich verliere, was soll ich anfangen?› Er aber antwortete: ‹Ich soll und muß fort!› Da setzte er sich auf sein goldenes Pferd und ritt fort und kam in den großen Wald, wo sein Bruder lag und Stein war. Die alte Hexe kam aus ihrem Haus, rief ihn an und wollte ihn auch berücken, aber er näherte sich nicht, sondern sprach: ‹Ich schieße dich nieder, wenn du meinen Bruder nicht wieder lebendig machst.› Sie rührte, so ungerne sie's auch tat, den Stein mit dem Finger an, und alsbald erhielt er sein menschliches Leben zurück. Die beiden Goldkinder aber freuten sich, als sie sich wiedersahen, küßten und herzten sich und ritten zusammen fort aus dem Wald, der eine zu seiner Braut, der andere heim zu seinem Vater. Da sprach der Vater: ‹Ich wußte wohl, daß du deinen Bruder erlöst hattest, denn die goldene Lilie ist auf einmal wieder aufgestanden und hat fortgeblüht.› Nun lebten sie vergnügt, und es ging ihnen wohl bis an ihr Ende.»

Beim ersten Hören dieses Märchens von den «Goldkindern» wird es wohl am meisten wundernehmen, daß am Anfang der Erzählung *von der Mutter* der beiden Kinder recht ausführlich, am Ende aber gar nicht mehr die Rede ist. Viele Märchen sonst erzählen von Frauen, die als Repräsentantinnen des Unbewußten, gewissermaßen im Besitz einer instinktiven Vernunft, geheime Schätze bei sich bergen. Ganz im Widerspruch dazu handelt die Mutter hier. Mit ihrer *Neugier* zerstört sie alles Erworbene; in *dieser* Geschichte verkörpert sie unzweifelhaft eine quälende Wißbegier und Unruhe – «lieber bettelarm als unwissend», scheint die Devise *ihres* Lebens zu lauten. Zugleich ahnt man, daß es eine untergründige Beziehung zwischen der Fischersfrau am Anfang der

Mt 17,24–27

Erzählung und der Hexe geben muß, die später dem ersten der Goldkinder als eine tödliche Gefahr entgegentritt. Das ganze Märchen aber hat von der Vorgeschichte an kein anderes Thema, als wie *ein junger Mann*, in zwei einander hilfreiche verschwisterte Gestalten geteilt, *erwachsen* werden und das einzige lernen kann, was wirklich *Goldes wert* auf dieser Erde ist: *zu lieben*.

Die Schwierigkeiten auf dem Wege dahin allerdings beginnen bereits mit dem «*Vater*», einem Mann, der bei alldem, was er anfängt und einfängt, nichts anderes im Sinn trägt, als gut zu wohnen und gut zu speisen, letzteres wohlgemerkt offenbar noch mehr als ersteres. Es ist ein Leben in buchstäblich *unbewußter*, nicht weiter reflektierter Selbstgenügsamkeit, eine rein irdische Existenz, die zweimal zwei vier sein läßt und den Braten auf dem Tisch allemal bevorzugt gegenüber jedem Abenteuer des Lebens sonst. Da kann das «Meer» *an Schätzen* bergen, was es will, es mag *an Geheimnissen* in sich tragen, was immer es sei, ja, es kann geschehen, daß dieser Fischer sich zumindest ahnungsweise wie in ein *Königsschloß* versetzt fühlt – ein «König» wird aus ihm gleichwohl niemals werden, vielmehr scheint alles in seinem Leben auf diesen einen Punkt zugeschnitten: wie man überlebt und sein Dasein fristet, indem man ißt und trinkt und sich's wohlsein läßt. – Bis dahin ist diese Geschichte, wenn man so will, *eine Parabel auf die Normalität*. Auf dieser Ebene sind Menschen nichts anderes als Geldverdiener und (entsprechend der Frage des Matthäusevangeliums) Steuerzahler, niemals *mehr*. Von irgendeinem Aufbruch, von irgendeiner Freiheit, von irgendeiner Ahnung auch nur der Unruhe des Geistes könnte hier niemals die Rede sein, gäbe es nicht *diese Frau*, die, so merkwürdig und humorvoll sie auch eingeführt werden mag, ein notwendiges und treibendes Element dieser Geschichte darstellt. Kein Mensch kann allein damit zufrieden sein, daß er sich lediglich in der Selbstzufriedenheit seiner Versorgung und deren Garantien abschirmt. Irgendwann erwacht in jedem Menschen so etwas wie eine Sehnsucht, *wissen* zu wollen, *warum*, und die Entdeckung dabei wird allemal sein: Sobald wir unsere Situation auf Erden *begreifen* – begreifen im Sinn des letzten Wortes, das MARTIN LUTHER vor seinem Tode auf einen Zettel schrieb: «Wir sind Bettler allzumal; das ist wahr»[106] –, sobald wir *merken, was* wir sind, und umschlösse man uns mit einem Schloß und verwöhnte man uns mit allen Köstlichkeiten –: dieser *Daseinsunruhe*, der wir innewerden, sobald wir die wahren Bedingungen unserer Existenz erkennen, werden wir *nie mehr* ausweichen können!

Es gibt zur Beruhigung der Lebensangst nur *zwei* Auskünfte: Die eine liegt in dem *Wagemut des Reifens*, die andere in der *Energie der Liebe*, und beide letztlich sind eins. Das entscheidende Bild und Prinzip des Reifens in dem

Märchen aber ist der sprechende *Fisch*. In der Mythologie der Völker tritt er oft auf als ein Symbol der *Unsterblichkeit*, der Unendlichkeit, des sich regenerierenden Lebens; – die frühen Christen selber verwandten dieses aus dem Alten Ägypten überkommene *Osiris*-Motiv für den lebenden *Christus*.[107] Was dort eine religiöse Verheißung in sich trägt, zerlegt sich in dem Märchen der BRÜDER GRIMM in eine sechsgeteilte Zerstückelung, indem der Fisch, mithin die gesamte Zone der regenerativen Kräfte, zu einer dreifach gestaffelten, organisierten Ganzheit sich formt, die ihrerseits drei Stufen der geistigen Entwicklung aus sich entläßt: *in die Erde gesenkt*, verwandelt sich der Fisch in ein sozusagen pflanzlich blühendes Leben voller Schönheit und Unmittelbarkeit – bis ins Vegetative hinein läßt sich daran Gesundheit oder Krankheit ablesen. *Die zwei Pferde*, die aus den beiden Anteilen des goldenen Fisches hervorgehen, werden als Verkörperungen der erwachenden Triebwelt eingeführt – auf diesen beiden goldenen Pferden werden die zwei Goldkinder sich bald schon in die Welt ihrer Entdeckungen begeben. *Sie selber aber* gehen hervor aus den Fischteilen, welche die *Fischersfrau* zu sich genommen hat – deutlich sind sie die «Kinder» eines neu erwachenden Bewußtseins, verschmolzen mit der Kraft im Inneren des eigenen Herzens. Und *das* nun ist das Bild, von dem her sich wieder die Brücke zu der religiösen Symbolsprache schlagen läßt: *Menschen sind Gold wert!* Ein *jeder* von uns ist so etwas wie ein *Königssohn*, berufen zu einer *Bewußtwerdung*, die etwas von ihm zeigt, das, wie Edelmetall, nicht korrodierbar ist, da es in keinen Austausch mit irgendeiner anderen chemischen Verbindung tritt, sondern sich «rein» erhält. Nach *aztekischem* Glauben ist «Gold» als «Schweiß der Götter» zur Erde gekommen, in den Adern der Berge rinnend, ausgewaschen in den Flüssen,[108] – nach heutigem astronomischem Wissen entstammt es dem Schoß verstorbener Sonnen, es wurde geboren und geschmolzen in den Weiten des Kosmos, – es ist, wie auch immer, ein großartiges Symbol für *die Sternengeburt unseres menschlichen Bewußtseins*.

Wie lernen Menschen *die Liebe*, so daß sie ihnen die Kraft schenkt, zu werden, was sie sind? Das Märchen der BRÜDER GRIMM läßt sich am besten erzählen, wenn wir es mit der uns vertrauten Realität vergleichen.

Da spielt die «Mutter» – als Bild für das *Streben, zu wissen* – von einem bestimmten Punkt an nicht mehr die entscheidende Rolle, wohl aber ist der Weg sehr lang zwischen dem Erleben des eigenen «Vaters» und der Geliebten später. Im Kontrast zwischen «Vater» und «Mutter» bildet sich eine ausgesprochene Zwiespältigkeit, die das Wesen des «Goldkindes» in *zwei Hälften* zerlegt: *Auf der einen Seite* fühlt es sich buchstäblich ausgesetzt, lächerlich, unwert, vereinsamt, *unfähig* zu all dem, was es eigentlich nach außen setzen möchte und könnte. Die ganze Schönheit des eigenen Wesens – so das Erleben der «Goldkinder» in dem «Wirtshaus» –, solange sie nach dem Maßstab rein äußerer Lebensinteressen gemessen wird, führt zu nichts anderem, als *ausgelacht* zu werden. – So vieler Menschen Schicksal von den Kinderspielplätzen an bis ins Erwachsenenalter hinein ließe sich zur Verdeutlichung dieser Erfahrung erzählen: Gerade *dasjenige*, was im Wesen eines Menschen womöglich das Kostbarste war, wurde von den anderen kaum verstanden – sie begriffen es nicht, es erschien in ihren Augen als so ungewöhnlich, daß sie darüber nur mit groben Witzen herzuziehen verstanden. – Allein das schon genügt, um *die erste Hälfte* eines «Goldkindes» in den Schutz des «Vaters» zurückzutreiben. Da haben wir eine «Männlichkeit», die voller Angst nicht mehr wagt, sich nach vorn ins Leben zu trauen, sondern die, um nicht *lächerlich* zu sein, ständig sich *zurückzieht* in die Nähe des «Vaters» – einer Existenzform, die vorwegdefiniert ist durch die Rolle, die von außen her übernommen wurde.

Die *andere* Hälfte des «Goldkindes» macht es nicht *ganz* viel besser. Auch sie beginnt Versteck zu spielen, indem sie sich niedrig und gemein macht wie ein halbes Tier, in Bärenfelle gehüllt. – Kann es nicht sein, daß ein Mensch, der begreift, wie *kostbar* er eigentlich wäre, gerade deshalb voller Angst erfüllt wird und das, woraus er eigentlich lebt, in gewissem Sinne *prostituiert*, indem er es *billig* macht und *verrät*, nur um zu überleben? Wie viele sogenannte «Erwachsene» gibt es, die im Grunde zum Opfer ihres eigenen Versteckspiels wurden! Alles mögliche haben sie in ihrem Leben unternommen in dem aberwitzigen Glauben, daß das, worin sie am schönsten sind, von den anderen doch nur verspottet werden wird. Mit der eigenen Wahrheit, so haben sie als Kinder schon lernen müssen, durfte man den anderen doch niemals kommen; aber wenn man vor der Gefahr einer wirklichen Entdeckung achtsam genug sich *schützte*, wenn man das Niveau immer tiefer senkte, wenn man *mitmachte*, wie die anderen es haben wollten, wenn man ihnen signalisierte, es sei hinter der Fassade doch nichts weiter zu holen, dann vielleicht bekam man seine Ruhe. – Es ist ein wunderbares Erleben *der Liebe* zu spüren, daß diese «Bärenhäuterei» aus Angst ihr Ende finden kann! Die Liebe *besteht darin*, das Äußere *nicht* zu glauben; sie *besteht darauf*, mitten in den Verschleierungen die wahre Schönheit zu entdecken und darauf alle Wertschätzung und Sehnsucht zu gründen. Vielleicht ist *das* wirklich die beste Beschreibung dessen, was die Liebe vermag: sie läßt sich nicht narren, nicht einmal durch den notvollen Selbstbetrug des Geliebten selber; sie ist stärker als die tödliche Angst.

Man versteht, daß gerade an dieser Stelle erneut die Gestalt eines «*Vaters*», diesmal der Braut selber, auftaucht. Auch *er* sieht nur von außen, er läßt sich täuschen und blenden durch die Maskeraden des Äußerlichen, und er bedarf dringend der Belehrungen seiner eigenen Tochter in ihrer Treue zu dem nur scheinbar so Wertlosen. Die Liebe, lehrt dieses Märchen, ist imstande, dem anderen die Hülle zu nehmen, die er bislang nötig zu haben meinte, um sich zu verbergen. Es ist eine der schönsten Erfahrungen, daß es so etwas gibt wie ein Verlangen, sich der (dem) Geliebten *unverhüllt* zeigen zu dürfen; und das Großartige in der Liebe, das am meisten Beseligende besteht wohl darin, lernen zu dürfen, daß die Eigenart, die man mitbringt, in den Augen des Liebenden und Geliebten wunderschön und überaus liebenswert ist, daß das eigene Sein buchstäblich *goldwert* ist. Man braucht *nicht mehr Angst zu haben* – weder vor dem Spott noch vor der Gewalttätigkeit der anderen. *Man darf so sein, wie man ist.* Für das, was im Raum der Religion «Gnade» heißt, gibt es schwerlich eine schönere Darstellung als diese Szene aus dem Märchen von den «Goldkindern».

Und doch ist die Entwicklungsgeschichte dieses Märchens noch lange nicht zu Ende, ganz im Gegenteil. Nur Phantasten können glauben, alle Probleme seien sozusagen mit dem Hochzeitstage ausgestanden. Alles beginnt vielmehr unmittelbar nach der Heirat noch einmal von vorn. Da wird dem «Goldkind» *ein Traum* zuteil, in dem es sich auf der Jagd nach einem *Hirschen* sieht – offenbar ein Bild für die erwachende Sexualität, für die vitale Triebkraft, die da auf «Jagd» geht und ihre Männlichkeit leben möchte –, das alles wird erst noch verhüllt und symbolisch verschlüsselt erzählt, aber es ist doch schon mächtig genug in seinen Andeutungen: Das Goldkind kommt abends – der Hirsch ist *entlaufen* –, an das Haus einer *Hexe,* und man wird sich beim ersten Hören dieses Märchens wohl unwillkürlich fragen, was der *Hund* an dieser Stelle soll und wieso die «Hexe» das Goldkind in *Stein* verwandelt. Es handelt sich um Motive, die *in den antiken Sagen* bereits auftauchen: die Todesgöttin Hekate zum Beispiel hat einen solchen Hund an ihrer Seite, und HOMER erzählt davon, wie die Genossen des *Odysseus* von der Nymphe *Circe* in Schweine verwandelt werden konnten.[109] Auch das GRIMMSCHE Märchen liegt auf dieser Ebene. Es ist möglich, mitten bei dem Versuch, auf männliche Art sich der Liebe zu getrauen, plötzlich buchstäblich auf einen «Hund», auf ein Wachtier zu treffen, das bellend, die Zähne bleckend, das «Goldkind» einzuschüchtern sucht; das «Goldkind» möchte es töten, es wird aber eben deshalb *durch die Gestalt der Mutter* im Hintergrund in etwas Lebloses, in einen *Stein* verwandelt. – Auch dieses Motiv muß man sich in der psychischen Realität vergegenwärtigen, etwa so: Ein Mann, gerade dabei, sich von der Männlichkeit seines «Vaters», definiert in reiner Äußerlichkeit, allmählich zu lösen, heiratet ohne

Umschweife eine Frau, die es ihm erlaubt, seine schützende «Tierhaut» abzulegen und sich zu seiner Wahrheit zu bekennen; im Erleben seiner Sexualität aber, bei der «Jagd» nach dem «Hirschen», auf dem Weg zu seiner Geliebten im «Wald» seines Unbewußten, findet er sich alsbald dem «Angebelltwerden» durch schlimme Schuldgefühle und Gewissensbisse und auch wohl durch das Bewußtsein des Todes ausgesetzt. All seine Gefühle möchte er erledigen – er möchte seine Schuldgefühle und Ängste, eingepflanzt von seiner *«Mutter»,* hier: *von seiner geistigen Natur,* überhaupt nicht haben, er möchte im Gegenteil einen fast *jägerischen* Zugang zur Welt der Frau sich erobern, aber genau das führt zur «Rache» von seiten der verinnerlichten «Mutter», der er nicht entrinnen kann: Er empfindet im Bereich der *Gefühle* gerade durch die Gewaltsamkeit seines Vorgehens sich wie versteinert, er getraut sich keiner einzigen wirklichen Empfindung mehr, und *beides* kann sogar parallel verlaufen: das ewige *«Jagen»* der Triebdynamik und das *Abtöten* der eigenen Gefühle! *Dazwischen* lauert stets der «bellende Hund» der eigenen «Mutter» – ein ständiger *Cerberus* am Eingang zu höllischen Schuldgefühlen und Todesängsten. In dem Willen, *sie* zu beseitigen, sie einfach zu *verdrängen,* liegt die Gefahr völliger Empfindungslosigkeit bis zur Grenze der «Versteinerung» über dem «Goldkind». – Man muß sich die Situation an dieser Stelle nur recht klarmachen: das «Goldkind» hat alles getan, was es konnte: es ist mit großem Mut durch den Wald der «Räuber» gezogen, es hat vermocht, mit allen möglichen Tricks und Winkelzügen zu überleben, es hat es geschafft, die schönste Frau der Welt für sich zu erobern, und dennoch ist es möglich, nach soviel bereits Gelungenem immer noch zu *scheitern* an der Hintergrundgestalt der eigenen «Mutter»!

Tatsächlich wäre die Geschichte hier zu Ende, gäbe es nicht gerade aus den bisher notgedrungen *liegengebliebenen* Möglichkeiten der Seele heraus doch noch eine späte Rettung. Die Frage *mußte* sich ja stellen, ob denn das gutgehen kann, daß jemand aus lauter Scheu vor dem Spott, aus lauter Angst, von den anderen gehänselt zu werden, *Zuflucht* nimmt bei seinem «Vater», und alles wäre in Ordnung! Es ist, meint das Märchen der BRÜDER GRIMM, möglich und nötig, daß die Sensibilität eines sehr feinnervigen hintergründigen Schamgefühls sich auf den Weg macht und den schon am Boden liegenden *Bruder* wieder zum Leben erweckt. Es ist möglich, daß plötzlich all das, wovor man sich sein Leben lang gefürchtet hat, was auszusprechen man bislang sich weigerte, wovor man ewig meinte sich schämen zu müssen, weil es ja doch niemand verstünde, genau das wird, was am Ende die versteinerten Gefühle wieder lebendig macht und die Hexengestalt der «Mutter», einer tödlichen, zerstörerischen Geistigkeit, nötigt, ihre Hand auszustrecken und, statt zu strafen und zu verfluchen, zu *segnen*. Und mit einem Mal würde beides eins: der Weg zurück zum «Vater» und der Weg hinüber zur «Braut» führten lebensrettend zusammen in der Liebe, und es wären *Treue und Aufbruch*, es wären *Schamgefühl und Leidenschaft*, es wären *Bewahrung und Bewährung* ein und dasselbe, vereinigt in zwei Gestalten.

Alles das, gewiß, ist «nur» ein Märchen von ganzen zweieinhalb Seiten der BRÜDER GRIMM; aber was es heißen kann: «Geh zum See, fang einen Fisch, der ein Geldstück im Maul trägt!», ist, wenn es die *Märchen* erklären, so viel, wie *ein ganzes Leben zu riskieren* – religiös gesprochen: es unter den Augen Gottes als etwas *«Goldwertes» zu vollziehen!* Im ganzen zeigt die Geschichte des Matthäusevangeliums methodisch sogar, daß es kaum anders möglich ist, die Botschaft Jesu vom «Königreich» Gottes zu verstehen, als indem man die Ausdrucksgestalten und Bilder dieses Glaubens verbindet mit all den *märchenhaften* Darstellungsformen des *Glücks* auf Erden. Freilich wird dabei unsere Sprache weniger konventionell ausfallen: sie hört auf, so vieles als dogmatisch sicher zu behaupten, was in Wirklichkeit nichts ist als ein hochpoetisches Symbol der Seele; doch dafür wird sie in sich selbst *mutiger im Aufbruch* und *scheuer in ihren Aussagen*. LOTHAR ZENETTI meinte ganz richtig einmal:

> Wir reden so viel von unserm Gott
> und nennen ihn mächtig
> und weise und prächtig.
> Wir reden zu viel von dir, o Gott,
> Manchmal such' ich dich
> im Schweigen,
> fern von den Worten.
>
> Wir wissen so viel von unserm Gott,
> für alles gibt's Namen,
> auf alles ein Amen.
> Wir wissen zu viel von dir, o Gott.
> Manchmal such' ich dich
> in den Fragen,
> in den Problemen.
>
> Wir beten so viel zu unserm Gott,
> das könnte uns nützen,
> es soll uns beschützen.
> Wir beten zu viel zu dir, o Gott,

Mt 17,24–27

Manchmal such' ich dich
bei den andern,
die dich nicht kennen.

Wir eifern so viel für unsern Gott,
wir wollen bekehren,
um dein Lob zu vermehren.
Wir eifern zu viel für dich, o Gott.
Manchmal such' ich dich
an dem Kreuze,
wo du gehangen.[110]

Mt 18,1–14
Die Perspektive der «Kleinen»

Was wir im 18. Kapitel des Matthäusevangeliums aus den mahnenden Worten des Ersten Evangelisten vor allem lernen können, ist eine merkwürdige Mischung aus Verantwortung und Besorgnis, Vertrauen und Verstörung, Neuanfang und Zerbrechen, Aufblühen und Scheitern, denn es geht um die «kindlichen» Menschen mitten in der «Gemeinde» derer, die versuchen, wie Jesus zu glauben und mit Jesus zu lieben.[111] Worte wie diese beeindrucken zunächst wohl in dem *Schrecken*, den sie verbreiten. Die schlimmste aller überhaupt nur möglichen religiösen Drohungen: die Warnung vor der *Strafe der ewigen Verdammnis* – hier wird sie ausgesprochen.[112] Als Ausflucht zum Entrinnen wird offengelassen einzig die mögliche Verstümmelung seiner selbst.[113] Etwas Ähnliches konnten wir im Matthäusevangelium schon im 5. Kapitel lesen (Mt 5,29–30)[114]. *Da* bezog es sich auf die Warnung, eine Frau mit unreinen Blicken zu betrachten und sich dadurch zum Opfer der eigenen Begehrlichkeit zu machen. *Hier* an dieser Stelle wiederholt Matthäus dieselben Worte entsprechend der Vorlage bei Markus (Mk 9,43–48)[115] noch einmal, aber in ganz anderem Zusammenhang und also mit einer ganz anderen Bedeutung: Was wir *hier* vor uns haben, ist erneut eine «Jüngerbelehrung», also soviel wie eine urchristliche *Gemeindeordnung*[116], deren erster Teil wesentlich dem Schutz und der Wertschätzung der «Kleinen» gewidmet ist.[117] Was hier für Matthäus auf dem Spiel steht, ist, zwei Generationen nach Jesus, die Begründung einer Gemeinschaft von Glaubenden, die trotz aller Veränderungen zumindest grundsätzlich dem entsprechen soll, was einstmals gemeint war. Die Hochachtung vor den *«Kleinen»* erscheint da als besonders wichtig. Wer aber sind sie?

Schlägt man die Erklärungen der Kommentare zur Stelle auf, so findet man eigentümlicherweise eine Querschnittmeinung, die in den «Kleinen» zum Teil sozial Entrechtete, Abhängige, Unterstützungsbedürftige erkennt, zum anderen Teil Menschen, denen es, entsprechend der Seligpreisung der «Armen im Geiste» (Mt 5,3), in gewissem Sinn an eigenem Urteilsvermögen, an innerer Glaubensfestigkeit mangle, und speziell in dieser zweiten Bedeutung hat man im Verlauf der Kirchengeschichte sich die Interpretation des 18. Kapitels bei

Matthäus besonders zu eigen gemacht.[118] Da soll es mitten in der Kirche eine Gruppe von geistig «Kleinen» und «Schwachen» geben, die man *schützen* müsse vor der Gefährdung durch die Intellektuellen, vor dem Ärgernis des Zweifels, vor der Verstörung des aufklärerischen Unglaubens. Die *Pflicht* dazu obliegt natürlich den «Hirten» der Herde, den beamteten Führern, den episkopalen Leitern der Kirche. Sie werden hier, entsprechend dieser Ausdeutung, unter Androhung der Höllenstrafe *gewarnt*, diese Gruppierung der leicht zu Beeinflussenden und eben deshalb besonders Schützenswerten etwa durch verwirrende Gedankenspiele durcheinanderbringen zu lassen.[119] Und so walten *die Bischöfe der Kirche* denn auch ihres Amtes, indem sie jeden Ansatz zu einem glaubenslosen Intellektualismus bekämpfen.

Wie man das kann? – Zum Beispiel, indem man die Grenzen der Gemeinde nach außen hin abschirmt vor fremden Einflüssen, ungefähr so, wie im Zarismus des 19. Jahrhunderts an den Zollstätten Leute saßen, die überwachten, welche Bücher in das heilige Rußland eingeführt werden durften: Welchen Inhaltes sind diese Schriften, und was wird geschehen, wenn «das einfache Volk auf dem Lande» beginnt, derartige Druckerzeugnisse zu lesen? *Das* waren die Fragen der Bücherzensoren des Absolutismus. Und ganz so über Jahrhunderte hin die katholische Kirche bis zum Jahre 1965! Da gab es einen *Index* der verbotenen Bücher, der jeden Katholiken vor der ungläubigen Literatur der Neuzeit abschirmte.[120] Und *das zu Recht,* wenn es wirklich nötig ist, eine «Herde» Christi einzurichten, in welcher die geistig Unmündigen den Maßstab der Seelsorge bilden. Auf *sie* zu «achten» muß bedeuten, den Freiraum des Denkbaren einzuengen, den Mut zu neuen Gedanken im Keim zu ersticken, alles noch Unerprobte abzuwehren, könnte es doch diese Gruppe der geistig «Schwachen» und «Kleinen» nur allzu leicht überfordern! – Und da sei Gott vor! Hirten, die *davor* ihre «Herde» nicht schützen, soll wahrlich der Teufel holen, *das* hat man herausgelesen aus dieser Stelle bei Matthäus!

Und noch in unseren Tagen setzt sich das fort! Wer da etwa verlangen wollte, daß Fundamentalbedürfnisse der *Aufklärung* in der Kirche, zumindest heute, 200 Jahre danach, offen diskutiert würden, verlangt immer noch anscheinend zuviel von der «Herde» der «Gläubigen»; denn da sind ja die «Kleinen», die davor *geschützt* werden müssen! Diese «Kleinen» sind inzwischen recht *groß* geworden, sie können mittlerweile in den höchsten Ämtern sitzen, sie können Rektoren in Schulen sein, sie können Doktoren der Theologie sein, sie wachsen selbst auf zur Inthronisation auf Bischofsstühlen – alles das zählt nicht, sie müssen *geschützt* werden, sie müssen sich selber schützen in der Versicherung ihres Glaubens. Mit anderen Worten: Mit der dauernden

Die Perspektive der «Kleinen»

Rücksicht auf die «Kleinheit» der *geistig zu Kleinen,* der geistig zu Schützenden hält man allererst, je länger es dauert, die Menschen *immer mehr* «klein», und hat man sie schließlich soweit: *klein*mütig und *klein*geistig und entsprechend *eng*stirnig und *eng*herzig, so melden sie sich zurück und verlangen, daß es ja nichts mehr gibt, das sie noch erweitern, verunsichern, *erschüttern* könnte. So reproduziert sich, wenn dies die Grundregel des Gemeindelebens wird, unfehlbar die Religionspsychologie einer *Sekte*: inwendig kompakt, selbstsicher, mit einem die Welt erlösenden Heilsauftrag begabt, nach außen hin aber ein lebendiges Museum, ein lächerliches Ensemble von hochideologisierten, immer getreuen Mitläufern, *ein geistiger Kindergarten.* Man begreift inzwischen nur allzu gut, daß es keinen «Glauben» geben kann und darf ohne Eigenentscheidung, ohne das Risiko einer eigenen Existenz, und daß es ein Kardinalfehler war und ist, den Glauben Jesu überhaupt in eine *Doktrin* verwandelt zu haben. Gerade *die Intellektualisierung* des «Glaubens» muß die Intelligenz fürchten, gerade die Formalisierung des Glaubensbekenntnisses muß sich schützen vor den Bewegungen des Lebens[121]; anders gesagt: um das «arm im Geiste» *so* zu verstehen, muß man die Botschaft Jesu bereits einer vollständigen Perversion unterzogen haben.

In der Tat wollte Jesus, daß man die Welt betrachten lerne *aus der Perspektive der Schwachen und Ohnmächtigen,* und er pries selig den, der seine Armut begreift. Doch sollte er wirklich eines seiner kostbarsten Gleichnisse am Ende dieser ganzen Passage, sein Rechtfertigungsgleichnis gegenüber einer Anklage für ihn selber auf Leben und Tod, die *Geschichte von dem Hirten auf der Suche nach dem hundertsten Schaf (Mt 18,10–14),* lediglich erzählt haben zum Zwecke einer bewahrenden Kirchenpolitik der Behütung, der treuen Umschirmung nach innen und der hermetischen Abschirmung nach außen? Schon gleich am Anfang begreifen wir, daß es gerade *die Öffnung nach draußen* sein wird, die Jesus mit seiner *Meinung,* mit seinem *Typ von Frömmigkeit* verbunden wissen wollte.

Was aber, noch einmal gefragt, ist dann mit den «Kleinen» gemeint? – Eines steht fest, die Theologen haben an dieser Stelle, so interpretiert, nichts weiter als sich selbst in den Wortlaut dieses Textes hineinverlegt. Sie haben das gesamte Verhältnis der Gläubigen zu der Person des Jesus von Nazareth in ein reines Bewußtseinsphänomen verwandelt, und dementsprechend haben sie die Bestimmung der «Kleinen» für eine intellektuelle Größe, für eine Art Geistesschwachheit und Urteilsgebrechlichkeit erklärt. Gerade davon aber kann hier überhaupt nicht die Rede sein! Die Ausgangsszene selber zeigt, daß unter den «Kleinen» etwas völlig anderes verstanden werden muß und daß es *nicht* um *die Fragen einer intellektuellen Beziehung,* sondern um *die Probleme einer Existenzform* geht.

Da fragen die Jünger ihren Meister, was *Größe* sei unter den Augen Gottes (18,1), und die Antwort lautet: Schaut, ein Kind (18,2)! Jesus nimmt es und stellt es in ihr Zentrum, in den *Mittelpunkt* von allem, wie wenn die gesamte Welt sich drehen sollte *um dieses Kleine.* – Was ist *bei einem Kind* derart groß, daß es unter den Augen Gottes nach Jesu Meinung für das Kostbarste von allem gilt, so sehr, daß Jesus an dieser Stelle sagen kann: «Wenn ihr euch nicht umstellt und werdet wie die Kinder, nein, niemals habt ihr teil am Königtum Gottes.»? Man muß genau hinhören, was für eine Vision von Menschsein Jesus da vorschwebt.

Was für ein Kind auf der Straße er aufgreift, läßt sich noch heute in den Souks und Basaren arabischer Dörfer und Städte finden: – ein Kind, verlumpt, verlaust und staubbedeckt, aber mit hell leuchtenden Augen, barfuß, aber mit einem in aller Armut lachenden Mund. Ein solches Kind soll der *Maßstab* sein, der alles andere für ungültig erklärt! Wenn man wissen will, was ein Mensch *wert* ist, will Jesus offenbar sagen, so muß man in *seine Augen* schauen, die der Spiegel seiner Seele sind, so muß man in *sein Herz* schauen, welches der Spiegel des Himmels selber ist – wenn es nicht sturmgepeitscht von Angst verwüstet ist. Wenn man *die Größe* eines Menschen ermessen will, so muß man ihn in seiner Ausgeliefertheit und «Kindlichkeit» betrachten unter der Weite des Horizonts, und man muß in seiner Armseligkeit etwas wiederfinden *von einem Königskind,* einem *kleinen Prinzen.* Man müßte, um diese Botschaft zu verstehen, unbedingt das vielleicht kostbarste Märchen des 20. Jahrhunderts aus der Feder des französischen Dichters ANTOINE DE SAINT-EXUPÉRY noch einmal existentiell neu verdichten, bis man entdeckt, daß das, was man in der Gestalt eines Menschen vor sich hat, in all seiner Kleinheit und Armut *nicht* ein Produkt von Staub und Wasser ist, nicht nur etwas in die Vergänglichkeit Ausgestreutes – es ist etwas von den Sternen Gekommenes, das, wenn es unverfälscht mit seinen großen Augen die Welt anschaut, lauter wunderbare Fragen an die sogenannten «großen» Leute zu richten weiß[122]; vor allem *diese:* Worin sie eigentlich *so groß* sind, die «großen Leute»?

Schon 1958 drehte R. BROOKS nach dem Bühnenstück von TENNESSEE WILLIAMS *den Film «Die Katze auf dem heißen Blechdach»,*[123] eine sehr wahre, psychisch stimmige Geschichte von dem jungen Brick, der nach dem Tod seines Freundes zu einem Alkoholiker wird; er fühlt sich impotent und haßt seine Frau dafür, daß er sich als einen Versager erlebt, er haßt seinen Vater, von dem er sich für homosexuell gehalten glaubt, doch weder er noch seine Frau begreifen *so recht*, daß das ganze Malheur dieses jungen Mannes durch die Übergestalt seines Vaters *bedingt* ist. Erst als an einem heißen Nachmittag die kondensierte Wut aller Beteiligten während einer langdauernden, langweiligen Geburtstags-Party, gespickt mit all den üblichen Nettigkeiten und kleinlichen Intrigen, zum Platzen kommt, erst als man den pflichtbewußt anwesenden Partypastor der Familie endlich verabschiedet hat, geschieht es, daß unten im Rumpelkeller, als «Big Daddy» die Treppe herunterkommt und seinen verzweifelten Sohn wie so oft stark betrunken antrifft, das erste wahre Gespräch zwischen dem Vater und seinem Jungen zustande kommt, ein Gespräch voller zuckender Blitze, voller Zornesausbrüche, die im Film sinngemäß mit dieser Frage beginnen: «Wieso bist du denn eigentlich ‹groß›, Big Daddy? Weil du ein Kerl von zwei Zentnern bist – bist du deshalb ‹Big Daddy›? Oder weil du niemals etwas anderes neben dir gelten ließest? Was du sagtest, mußte stimmen, denn du wußtest es. Wie du dachtest, mußte ich denken, denn das war die Wahrheit. Nennt man dich deshalb ‹Big Daddy›?»

Kann es sein, daß Menschen «groß» sind, nur indem sie andere unter ihre Füße treten? Es gibt Menschen, die auf eine Weise «erwachsen» sind, daß sie *Kinder* kaum in ihrer Nähe dulden. Sie können nur leben mit dem, was sie selbst sind, und sie selber sind *Über*lebte, vorschnell Gereifte, so etwas wie wurmstichige Äpfel, die vor der Zeit sich röten, ehe sie inwendig zersetzt, faul und ungenießbar, jedoch immer schön aussehend, vom Stamm fallen. *Kinder* freilich kann man nicht täuschen; wenn *sie* in die Augen von «Erwachsenen» schauen, wissen sie sehr genau, was sie vor sich haben. Eben deshalb wohl meint Jesus, dies sei das Aller*größte* im Leben: so wahr zu bleiben, daß es den Augen eines kleinen Kindes standhält, indem man die eigene «Kleinheit» nicht verleugnet und das Vertrauen aufbringt, mit ihr leben zu dürfen.

Das Unerhörte ist, daß man *ein Kind* liebhaben muß einfach dafür, daß es da ist. Jeden *Erwachsenen* wird man darauf befragen, *weswegen* man ihn wertschätzt, welche *Eigenschaften* man an ihm bevorzugt, was man mit ihm *anfangen* kann –, mit anderen Worten, wie man ihn in dem Räderwerk bestimmter wünschenswerter Funktionen so einsetzen kann, daß alles sich wie gewünscht abspult. Ein *Kind* hingegen hat noch nichts, es kann noch nichts, es ist noch nichts, es weiß noch nichts – und es ist trotzdem voller *Weisheit!* Es lehrt jeden Erwachsenen etwas über die Grundlagen des menschlichen Daseins: *Man muß einen anderen Menschen liebhaben einfach für seine Existenz.* Einfach durch die Tatsache seines Daseins kann ein Kind der reine Sonnenschein und das größte Glück seiner Eltern sein. Es vermag Freude zu schenken durch sein Lachen, Glück durch sein Lallen, Heiterkeit und Gelöstheit durch sein Spielen. Es mag daneben gewiß auch eine Menge an Unruhe und Ärger bereiten, es mag seinen Eltern ungezählte unruhige Nächte bescheren, doch all das übertönt nicht, was es *auch* tut: es enthüllt eine Dimension des Lebens, die den Erwachsenen oft genug verlorengegangen ist.

Man versteht die ganze Botschaft Jesu, wie Matthäus sie akzentuiert, im Grunde nur unter einer einzigen Voraussetzung: daß Jesus jeden Dünkel, jede Rangordnung, bei der es «große» Leute gibt und «kleine» Leute gibt, *beseitigen* möchte im Namen derer, die bei solchen «Spielen» doch nicht mithalten können. Was Jesus will, von der Bergpredigt an, ist der vollkommene *Verzicht* auf jegliches «Besitztum», gleichgültig, ob wirtschaftlich, sozial, politisch, und zwar um der *wesentlichen Armut* der Menschen willen. Rein in sich betrachtet, sind die Menschen in der Tat *nichts* – eine Erfahrung, die man immer wieder ins Demütigende wenden kann und gewendet hat; Jesus aber meint es eben deshalb gerade umgekehrt: er geht von den Menschen aus, denen es selber unbezweifelbar scheint, daß sie nichts sind, doch gerade für *die* möchte er Partei ergreifen, gerade *die* sollen eine Chance im Rahmen all derer bekommen, die da glauben, *etwas* zu sein.

Fragen wir also, wer sind denn «die Kleinen» in diesem Abschnitt des Matthäusevangeliums, so lautet die erste Antwort jetzt: «Betrachtet die *Kinder!*» Das Gemeinte läßt sich konkret am besten verstehen, wenn wir den Begriff «die Kleinen» wiedergeben als: «alle, die verzweifelt sind», «alle, die seelisch leiden», «alle, die psychosomatisch am Ende sind»: Alkoholiker, Drogenabhängige, Asoziale, straffällig Gewordene, Asylanten, Ausgesetzte, «alle durch das Maschennetz der sozialen Sicherung Gefallene, alle an sich *Chancenlosen*...»

Matthäus selber bestätigt eine solche «Übersetzung», indem er Jesus einmal sagen läßt: «Die *Zöllner* und die *Huren* kommen in das Himmelreich, ihr (die Hohenpriester) nicht» (Mt 21,31). Mit den *«Huren»* war es damals wohl nicht anders bestellt als heute: sie sind Menschen, die man herumstößt, indem man sie für ihre Schönheit beleidigt, für ihre Wirkung auf andere verschämt, bis daß sie «unverschämt» genug werden müssen, um sich mit Füßen treten und ausnutzen zu lassen. Sie würden jeder Handbewegung, die sie wirklich streichelt, nachgehen, aber was man ihnen nachwirft, ist nichts als billiger Plunder und Geld. Vielleicht gibt es keinen Typ *des Frauseins,* der in der menschlichen Geschichte ausgebeuteter und entrechteter gewesen wäre als die Gestalt der Dirne. – *Männlicherseits* bieten in den Tagen Jesu die *Zöllner* ein Konterfei der Entfremdung *menschlicher Arbeit.* Sie stehen für all die Menschen, die sich bis zur Grenze des Charakterlosen prostituieren, indem sie lauter Dinge tun, die sie überhaupt nicht tun wollen, indem sie mitmachen in Sachen, die sie im

Die Perspektive der «Kleinen»

Grunde anwidern, indem sie Dinge für richtig erklären, die sie überhaupt nicht rechtfertigen können, indem sie Gedanken vortragen, an die sie selbst nicht glauben, indem sie Sprüche hersagen, die sie selbst als hohl und sinnlos durchschauen – aber für all das bekommen sie Geld, Einfluß und Macht. *Das* waren die *«Zöllner»* damals, und das sind sie bis heute: Gefangene ihrer selbst, Ausgelieferte an die Willkür fremder Herren, Marionetten in den Händen der Bestbezahlenden.

Beginnt man erst einmal, sich in diese Richtung voranzutasten, so versteht man mit einem Mal, daß alles *Heil*, wirklich *eine Entscheidung über Leben und Tod*, über *Himmel und Hölle*, darin liegt, wie man aus einer bestimmten Position des «Erwachsenenseins» *herauskommt* und es lernt, ein *«Kind»* zu werden. Das Hauptproblem des Menschseins liegt offenbar darin, daß wir es immer wieder mit Leuten zu tun haben, die ganz zufrieden mit dem scheinen, was sie repräsentieren; *mehr* vermeintlich wollen sie überhaupt nicht. Sie sitzen wohldekoriert da, in ihren Hosenträgern stramm, in der Pomade ihrer Haare glänzend, mit den zum Vorlesen vorgelegten Phrasen immer beeindruckend – ihnen fehlt wirklich überhaupt nichts, und das ist wahr: Mit dieser Sorte Mensch, mit diesen Krachledernen, diesen Arrivierten und Etablierten, hat Jesus sich ungeheuer schwergetan. Diese Leute haben niemals Ängste, sie verraten nicht die geringste Unsicherheit, sie genießen es, wenn andere, kaum daß sie in ihre Nähe treten, wackelige Knie und trockene Hälse bekommen. Wie erreicht man es, daß die *Scheinsicherheit* solcher «Erwachsenen» endlich in ihrer Pathologie entlarvt wird? Und wie rettet man in dieser Welt *die Kinder*? Wie ermöglicht man so etwas wie ein ursprüngliches Gefühl für das, was wirklich stimmt?

Das meinte Jesus offenbar, als er sagte: «Wenn ihr euch nicht umstellt und werdet wie die Kinder, so kann (frei übersetzt:) in euerem Leben niemals etwas richtig werden.»

Mit einer solchen Devise, freilich, ändert sich die ganze Welt(betrachtung). Eine kleine Probe aufs Exempel bereits kann uns das zeigen. – Setzen wir uns einmal hin, nehmen wir ein Blatt Papier und schreiben aus der Erinnerung einmal auf, welche Vorstellungen vom Leben, welche Träume wir hatten, als wir fünf Jahre oder zehn Jahre oder fünfzehn Jahre alt waren. Gemeint sind nicht die Träume, die unsere Eltern von uns hatten, noch ehe wir zur Welt kamen, gemeint sind die Träume, die wir selber damals von uns hatten, wie wir selber sein wollten. Ein paar Beispiele genügen da, um den Kontrast zwischen unserer ursprünglichen Kinderwelt und der Welt der Erwachsenen zu begreifen.

So wird es zum Beispiel kein Kind geben, das nicht zu Tode darüber erschrocken war, als es zum ersten Mal erleben mußte, wie Menschen *Tiere töten*. Es gibt kein Kind auf Erden, das sich nicht eine Welt ohne Grausamkeit und Leid wünschen würde. Es wird auch kein Kind geben, das nicht entsetzt wäre, zu erfahren, daß das, was tagaus, tagein in den Nachrichten gesagt wird, tatsächlich Wahrheit ist. Da rollen *wirklich* stählerne Panzerwagen über lebende Menschen hinweg. Da werden wirklich aus den elektronisch gesteuerten Mündungsgarben der Artillerie Krankenhäuser beschossen und darinnen Frauen, Kinder und alte Menschen mutwillig verstümmelt und vernichtet. Wenn wir auch nur ein einziges Mal mit den Augen eines Kindes lesen wollten, was da wie etwas ganz Normales alltäglich in der Zeitung steht –, was für ein Bild würden wir dann von uns selbst, von uns «Erwachsenen» bekommen? Und schon sind wir dabei, die ganze Welt auf den Kopf gestellt zu finden. Wir brauchen uns nur eine Welt zu wünschen, in der keine *Tiere* mehr *getötet* und keine *Menschen* mehr *geschlachtet* werden (man drehe die Worte nur einmal um!), dann funktioniert auf der Stelle unsere ganze Wirtschaft nicht mehr, dann bricht unsere ganze Gesellschaftsordnung zusammen, dann ist die gesamte bürgerliche Welt *heute noch* ruiniert – nichts mehr geht dann so weiter, wie es war! Aber sollen wir deshalb sagen: Wir blasen eben deshalb all die Kinderträume ab? Eben das heißt es ja vermeintlich, erwachsen zu werden: Wir ziehen die Knobelbecherschuhe an und werden endlich kernige Männer; wir lernen, wie man sich durchsetzt und draufhaut und stark wird, ganz wie man es von uns verlangt. Aber wer ist denn das eigentlich, der das von uns verlangt, so zu leben? *Gott* doch nicht! Wahr ist es aber, daß in unseren Köpfen eine Mechanik spukt, die auch noch die schlimmsten Handlungsweisen unter Umständen für unsere Pflicht erklärt. Es lohnt sich, all diese Zusammenhänge einmal bis ins Private durchzugehen.

«Wer ein Kind annimmt in meinem Namen» – im Grunde also: *wer sich selber annimmt* in seiner «Kindlichkeit» –, verheißt Jesus an dieser Stelle –, «der wird ganz nahe bei Gott sein.»

Die elementare Wahrheit dieses Satzes kann man sich gar nicht konkret und oft genug im Umgang mit Menschen klarmachen. – Wie oft etwa geraten Ehepaare notwendig in die größten Schwierigkeiten, einfach weil jeder der beiden Partner *vor seiner eigenen Kindheit* und Jugend jeweils in die Arme des anderen geflohen ist? Sie haben sich vielleicht mit zwanzig oder mit fünfundzwanzig kennengelernt als gewissermaßen «fertige» Menschen, und seitdem beharrten sie voreinander darauf, in diesem Status eines fertigen «Charakters» in alle Zukunft auch zu verbleiben. All die Erlebnisse *vor* dieser Zeit, als sie noch *klein* waren, spielen jetzt in der Art ihres Zusammenlebens vermeintlich keine

Rolle mehr. Sehr bald aber ist es in aller Regel gerade deshalb möglich, daß die Vergangenheit, vor der die beiden so sehr fliehen zu müssen glaubten, sich als die Drohung der Zukunft gestaltet – alles wiederholt sich! Spätestens von da an gibt es keinen anderen Weg mehr als *zurück* zu dem, was man einmal war, indem man buchstäblich «in Gottes Namen» das *Kind* annimmt, das man ständig verdrängen mußte.

So erzählte vor einer Weile eine Frau: «Ich bin mit meinem neuen Freund in meine Kindheit gegangen, *ganz wörtlich:* ich bin mit ihm zu meinem Heimatort gefahren. Ich wollte ihm alles zeigen. Ich dachte: wenn er mich wirklich liebhat, dann wird er das verstehen, und ehe er *das* nicht versteht, wird er *mich* nicht wirklich liebhaben. Ich muß genauer sagen: Ich hätte diese Fahrt in meine Kindheit nie für möglich gehalten ohne das Vertrauen, daß er das verstehen *würde;* es war mir aber überaus wichtig, daß er es verstehen *könnte*. Mit anderen Worten: ich hatte scheußliche Angst. Schon bei der Fahrt dahin war ich aufgelöst vor Tränen; ich wußte ja nicht, was jetzt passiert. Trotzdem haben wir es getan. Ich habe nicht gewagt, mit meinem Freund das Haus meiner Kindheit zu betreten, aber ich habe ihm alles erzählt, was sich damals in meinem Leben ereignet hat: Wir haben davor gestanden, und ich habe ihm geschildert, wieviel Armut dadrinnen gewohnt hat. Es gab keinen Tag, wo nicht irgendetwas sich ereignete, das mir Schuldgefühle machte. Ich habe meinem Freund den Weiher gezeigt, in dem ich fast ertrunken wäre: Ich hatte an einem Wehr gesessen und ein Stück Brot fallen lassen; ich hätte niemals zu meiner Mutter zurückkommen und ihr sagen dürfen: Ich habe eine halbe Semmel ins Wasser fallen lassen! Also bin ich dem Stück Brot nachgesprungen, obwohl ich überhaupt nicht schwimmen konnte; es ist ein Glück, daß ich noch lebe! ‹Doch schau: hier ist das passiert!› Oft habe ich später gedacht, es wäre eigentlich viel besser gewesen, man hätte mich niemals mehr da herausgezogen! ‹Und siehst du: Das ist die *Wiese;* sie war das Schönste in meinem Leben; so oft bin ich darüber gegangen!› Wenn ich zu Hause nicht wußte, wo ich hätte bleiben können, bedeutete die Wiese meine Rettung. Als ich mit meinem Freund dort war, stand sie voller Schneeglöckchen – eine wunderschöne, schneeglöckchenbestandene Wiese! Mein Freund *mußte* das verstehen – daraus ging mein Wesen hervor. Wenn ich heute noch lebe, so ist das für die Schneeglöckchen, für die ersten Schmetterlinge, für die ersten Bienen, für die ersten Strahlen der Sonne. Meine Liebe zu meinem Freund ist vielleicht der erste Frühling meines Lebens. Aber wie soll er sich ereignen, außer ich kehre zurück in die Tage meiner eigenen Jugend und darf wieder das sein, was ich damals war – ein Mädchen noch, gequält, voller Schuldgefühle, aber doch auch voller Träume, voller

Hoffnungen! Wenn ich damals den Mond sah, konnte ich mir vorstellen, wie seine Rückseite aussieht. Wenn ich den Zug hörte, der hinter unserer Wohnung über die Gleise der Werksbahn fuhr, ging ich mit dem Mond am Himmel auf Reisen – jede Nacht –. Ich kann mich noch entsinnen, wie es war, als man mir das erstemal erzählte, daß es einen Weihnachtsmann gar nicht gebe, auch kein Christkind, auch keinen Osterhasen. Ich habe als Kind an all das geglaubt, weil ich an irgend etwas glauben *mußte;* und jetzt sagte man mir plötzlich im Laden, als ich ein Pfund Kartoffeln holte und einen von den Schokoladenhasen mitnehmen wollte, in der Meinung, der Osterhase habe all das gebracht: ‹Du bist dumm, es gibt gar keine Osterhasen!›»

Was für eine Kindheit hat diese Frau erlitten und wie schwer fiel es ihr, sich an all das in der Nähe ihres Freundes wieder zu erinnern! Wie im Leben dieser Frau durchzieht unser Dasein oft ein Paradox, das darin besteht, daß man erwachsen nur wird, wenn man alle Kinderträume *wieder wahr macht!* Natürlich gibt es keine Osterhasen, natürlich gibt es keine Christkinder, natürlich gibt es keine Weihnachtsmänner, natürlich gibt es keine über die Milchstraße ziehenden Mond-Schlitten, aber was es gibt, ist ein Stück *Schimmer der Gnade* über dem Haupt eines jeden Menschen, und wohin immer ein solcher Strahl des Himmels fällt, fängt etwas zu blühen an wie eine unvergleichbar kostbare und schöne Blume, die behütet werden will. Sie *ist* ein kleiner Prinz, sie ist ein ewiges Kind, sie ist ein Reifen unter den Sternen, ein Suchen nach Wahrheit, ein Sich-Sehnen nach Unendlichkeit, sie ist der Anfang des Himmels auf Erden.

Das heißt es, sich *anzunehmen als ein Kind.* – Wir lernen so etwas heute in unserer Gersellschaft zumeist recht künstlich und wie ausnahmsweise in der Psychoanalyse, in der Psychotherapie; doch auch dort beginnt alles damit, daß wir die Worte, die wir unserem Vater, unserer Mutter, unseren Geschwistern damals *nicht* haben sagen können, *heute* zurücklernen, und wir dabei anfangen, alle «Väter» und «Mütter» nicht mehr für so absolut wichtig zu nehmen, wie wir sie damals als verängstigte Kinder erleben mußten. Indem wir in diesem Sinne wieder zu «Kindern» werden, werden wir zugleich unabhängig, mündig und stark, da werden wir in der Sprache Jesu zu *«Kindern Gottes»,* zu *«Erben»* seines *«Reiches».* Alles, was man sonst von außen äußerlich verlangt, erscheint, gemessen daran, jetzt fast wie lächerlich; doch diese Wahrheit wird uns keiner mehr austreiben können: «Da kann die ‹Welt› machen, was sie will: das, was wir *sind,* läßt sich nicht mehr kaputtmachen.» (Vergleiche Mt 10,28!) *Das* ist der ganze Jesus, das seine ganze Botschaft, darauf ruht seine Verheißung.

Die Perspektive der «Kleinen»

Doch mit dieser Auslegung ist immer noch nicht recht verständlich, warum Jesus gerade an dieser Stelle, da er für mehr «Kindlichkeit» eintritt, derart heftige, ängstigende Drohungen ausstößt. Man muß, um das zu begreifen, sich noch einmal genau anhören, was Jesus hier sagt: «Wer einen dieser Kleinen, die auf mich hin *vertrauen*, verstört, dem gebührt, daß ein Eselsmühlstein um seinen Hals gehängt und er in der Tiefe des Sees Gennesareth ersäuft wird» (Mt 18,6). Da haben Menschen also gerade gelernt, in Richtung der Person des Jesus von Nazareth auf ihr eigenes Leben wieder Zuversicht zu setzen, da beginnen sie gerade, an ihre Würde wieder zu glauben, da kommen diese Leute daher, die sich «groß» aufspielen, indem sie ihre alte Angst, die sie «Gott» nennen, dagegen setzen! Da wird Gott, meint Jesus, nicht mitspielen! Das läßt er mit sich nicht treiben! Die Anfänge der Werke seiner Gnade wieder auszutreten mit breiten Schuhen – das duldet er nicht! Wenn es irgendein wirkliches *Verbrechen* gibt, dann besteht es darin, das mühsam beginnende Vertrauen von Menschen wieder durcheinanderzubringen mit den tradierten Dauerredensarten und den für sakrosankt erklärten falschen Auskünften. Da wäre es wirklich besser, solche Leute hätten nur *eine* Hand oder nur *einen* Fuß oder nur *ein* Auge, sie verstümmelten sich selbst, als daß sie so weitermachen würden.

Buchstäblich mit *Händen* und *Füßen* können Menschen das Vertrauen, das sich aus der Botschaft Jesu gebildet hat, durch «Großtuerei» verstören, und zwar auf ganz einfache Weise. Es genügt, daß es Leute gibt, die gewöhnt sind, im Leben ihre «Ärmel» aufzukrempeln: Sie haben gewissermaßen Hände wie Schraubstöcke, sie wissen stets, wie die Dinge anzupacken sind, sie sind die Großhändigen, die Großmächtigen; überall, wo sie ihre Faust hinlegen, wächst kein Gras mehr, und sie schlagen drauf, wo sie wollen. Das sind die Leute, die es in der *Hand* haben, andere Menschen zu «manipulieren», wie sie es möchten. – Und daneben gibt es die Leute mit den *großen Füßen*, die Standfesten, die gewissermaßen Charakterstarken, die da, wo sie sind, wie aus Beton aus der Erde gewachsen zu sein scheinen. Beide, die *Manipulierenden* ebenso wie die *«Verbunkerten»*, können die Art von Vertrauen völlig durcheinanderbringen, die Jesus den «Kleinen» zu bringen kam, und Jesus scheint zu meinen: Wenn ihr nur die Hälfte all euerer zerstörerischen Scheinsicherheiten behieltet, so wäre es doppelt so gut! (Mt 18,8).[124] Denn nur dann hättet ihr eine gute Chance, mit Menschen so zu leben, daß es euch Gott näherbringt. Woran die Menschen am meisten leiden, ist offenbar diese «Beidhändigkeit» und «Breitbeinigkeit», mit der ein Mensch vor dem anderen dasteht und sich selbst für den Maßstab erklärt. Auch die Leute, die dauernd das «Richtige» im Auge haben, die vermeintlich Weitblickenden, die angeblich Vorausschauenden, die mutmaßlich Einsichtigen, die Leute, die ständig die Neigung haben, für die andern mitzusehen, die hinterlassen nichts als eine Heerschar von Abhängigen, von Entmündigten, von Blinden – von *armen Teufeln* gewissermaßen. Menschen aber, die andere Menschen verteufeln, *leben* die nicht selber schon in der «Hölle»? Wirklich: «Halbiert» wäre besser!

Wie rettet man die *Kindlichen?* das ist die große Frage des Matthäusevangeliums. Es ist ein unerhörtes Gleichnis, mit dem Jesus in der Geschichte vom verlorenen Schaf im Sinne des Evangelisten jetzt darauf Antwort gibt (Mt 18,10–14)[125]. Was Jesus in dieser kleinen Erzählung sagt, richtet sich gegen jede verfaßte Ordnung von Kirche oder Synagoge. Es ist ein Programm, das alle Grenzen zersprengt, in die man die «Herde» der Gläubigen seitens der «Kirchenleitung» immer wieder einsperren möchte. Man muß Jesus, ehe er diese Geschichte vom hundertsten Schaf erzählte, wohl immer wieder gefragt haben: «Rabbi, wie kommst du darauf und wie rechtfertigst du das, was du tust? All die Leute, die Sabbat für Sabbat in die Synagoge gehen, die in den heiligen Texten lesen, die auf die Erklärung der Rabbinen hören, die sich an die Gesetze Israels halten, die alle sind dir offensichtlich egal, aber irgendwelche Huren und Zöllner, Nachteulen und Tagediebe, Leute, auf die man nur spukken kann, Asoziale aller Art, denen läufst du nach! Du tust uns Unrecht! *Wir* verdienen, daß man uns beachtet; auf *unserer* Seite steht Gott! Du aber löst jede klare Grenzziehung auf, du ergreifst immer Partei für die Verkehrten, du engagierst dich für Leute, die es gar nicht wert sind!»

Ein junger Geistlicher erzählte einmal: «Ich entsinne mich noch, wie ich bei meiner ersten Stelle als Vikar mir die Kartei anschaute und feststellte, daß in der Gemeinde nur noch ein Drittel der Leute mit der Kirche was im Sinn hatte. Also fragte ich, wo die anderen zwei Drittel seien, welche Leute man wohl als erste besuchen müsse... ‹Ja›, sagte man im Pfarrgemeinderat zu mir, ‹das hat nicht not; der Pfarrer vor Ihnen ist nur zu den Leuten gegangen, die auch selber in die Kirche gehen. *Wie,* hinter diesen andern wollen Sie herlaufen? Da laufen Sie sich nur die Füße wund, das hat keinen Zweck, Herr Pfarrer.›»

Wenn es nun aber *doch* Zweck hätte, selbst wenn gar nichts dabei «rauskäme»? Es wäre ja möglich, daß irgendjemand, der in seinem Leben nie eine Chance hatte – der mit achtzehn Jahren schon hinter Schloß und Riegel kam und da sitzen mußte für die nächsten zwanzig Jahre, der mit 38 Jahren rauskam, nur um nach zwei Jahren wieder reinzukommen –, daß ein Mensch, der nichts ist als eine gescheiterte und verlorene Existenz, etwas zu sagen hätte, das uns alle angeht – über den Zusammenhang von Gut und Böse und Schuld und

Unschuld im menschlichen Leben! Wie man da rumgestoßen wird gleich einer Billardkugel, könnte so ein Mann uns erzählen, und wir würden mit einem Mal begreifen: *Jeder*, wenn er nur tief genug nachdenkt, könnte eine ähnliche Geschichte erzählen; und offenbar immer erst in der Nähe der Tränen, immer in der Nähe des Leidens, immer in der Nähe der Verlorenheit lernen wir etwas über *Gott*. Wir lernen, die falschen Wichtigkeiten abzubauen und endlich ernst zu nehmen, was Menschen auferbaut. Drogenabhängige, Aids-Kranke, Kriminelle, Berber, Gescheiterte – all diese lehren uns ein Stück von der zerstörerischen Kraft des sogenannten normalen Zusammenlebens, und sie zeigen uns, wie man die Grenzen *erweitern* müßte, um *sie* zu erreichen.

Und gerade zu diesem Zweck erzählt Jesus uns *dieses Gleichnis von dem verlorenen Schaf*. Er tut es auf *seine* Art: wie etwas völlig Selbstverständliches trägt er das für den Bürgersinn Unbegreifliche vor: Ein Hirte, wenn er hundert Schafe hat, wird er nicht am Abend die Hürde verlassen und das eine verlorene Schäfchen zurückholen?

Wenn man erst einmal begreift, was Jesus hier meint, so ist jede kirchliche Gesetzgebung, der gesamte *Codex iuris canonici* der römischen Kirche, mit seinem Latein buchstäblich am Ende.[126] Jesus meint nämlich, daß es lauter Menschen gibt, deren Leben wie das eines solchen Schafs im Gebirge ist: Es findet sich nicht mehr zurecht. Anders als die bergebewohnenden Ziegen sind Schafe wirklich «dumm», was die räumliche Orientierung angeht[127] – als Steppentiere finden sie von allein nie nach Hause. Sie können nur daliegen und mäh-mäh! sagen. Und kaum blöken sie herum, locken sie natürlich die Beutegreifer an. Es scheint äußerst wahrscheinlich, daß bald schon Hyänen und Geier auf ein einzelnes solches Schaf aufmerksam werden. Der Hirte *muß* sich also aufmachen und es *bald* wiederfinden, sonst ist es verloren. Und selbst dann wird er es nicht einfach zurücktreiben können, so müde und entkräftet, wie es ist. Also nimmt er es auf den Arm und trägt es selber nach Hause.

Übersetzen wir uns dieses Bild ins Menschliche, dann finden wir in diesem ebenso erschütternden wie tröstenden Gleichnis das ganze Leid des Menschen in seiner Hilflosigkeit und Auswegslosigkeit beschrieben. Wenn *dies* das Bild des Menschen ist: – er kann nicht vor- und rückwärts, selbst seine Hilferufe geraten ihm noch zur Gefahr, selbst wenn man ihm näherzukommen sich bemüht, wird er von sich her doch kaum vorankommen, man muß ihn förmlich nach Hause *tragen* –, dann stehen wir mit Sicherheit vor der Schwierigkeit, daß alsbald *die Leute in der Hürde* kommen werden, um uns zu sagen, wir hätten auf unverantwortliche Weise nur Zeit und Energie vergeudet; und schon werden wir wissen, mit was für Schwierigkeiten *Jesus* es zu tun hatte und wie *modern* all die Fragen sind, die dieser Mann aufgeworfen hat. Solange wir sagen: hier ist die Norm – wer sie einhält, ist gut –, wer sie übertritt, fliegt raus, ganz einfach, haben wir von der Botschaft Jesu nichts verstanden. Wenn aber die Welt sich drehen soll gerade um die Rausgeflogenen, wenn gerade sie die Welt derer, die erwiesenermaßen in Ordnung sind, ja, die mit ihrer Stellung und mit ihrer Einstellung die Ordnung selber sind, in Frage stellen dürfen, so schafft doch das nur Unordnung. Und doch, meint Jesus, ist diese «Unordnung» die einzige «Ordnung», die vor Gott und den Menschen Bestand haben könnte.

Gewiß können wir sagen, Matthäus richte im 18. Kapitel seines Evangeliums eine «Gemeindeordnung» auf. Aber was bedeutet das? Er spricht über *Seelsorge,* worüber sonst? Er gibt Anweisungen über die «Pastoral», das heißt über die «Hirtenkunst», wie Theologen sich auszudrücken belieben. Doch hat man schon einmal Theologen gesehen, die sich dadurch verdient gemacht hätten, Freunde von *Verlorenen:* von Huren und «Zöllnern», von Heimatlosen und Asylanten, von Ausländern und Randgruppen zu werden? Die Beruhigung unserer «Gemeinde» Sonntag für Sonntag – *das* ist das Programm der akademischen Theologie, selbst wenn sie den Worten nach etwas anderes von sich behauptet; die Restauration einer baufälligen Kirche am Stadtrand für fünf Millionen Mark und mehr, das ist der Stil der heutigen Kirchenverwaltung in unseren Generalvikariaten, und man scheint in den letzten Jahren zunehmend entschlossen, jetzt erst recht so weiterzumachen.

Doch *können* wir so weiterfahren? – Offenbar müssen wir im Sinne Jesu alles noch einmal lernen! Die «Kleinen» und die «Armen» – das sind heute Tausende von Menschen, die mit ihren Habseligkeiten auf dem Flughafen in Frankfurt ankommen; hinter ihnen liegt der Tod, aber vor ihnen liegt die deutsche Bürokratie, und die wird erklären: «Ihr seid nur ‹Wirtschaftsasylanten› – so sorry! Ihr habt keinen deutschen Paß, ihr habt keine deutschen Eltern in der soundsovielten Linie euerer Vorfahren, ihr seid lediglich Äthiopier – das genügt nicht! Nicht in Deutschland! Wir sind kein Einwanderungsland!» Wenn wir mit den Augen Jesu sehen könnten, so wüßte ein jeder, daß menschliche Not keinen Aufschub duldet. Um es so zu sagen: Wenn in unserem Nachbarhaus jemand dabei wäre, zu verhungern, wir hörten seine Hilfeschreie, aber wir gingen nicht hin und gäben ihm zu essen, so könnte die Polizei kommen und uns wegen unterlassener Hilfeleistung verklagen. Was aber soll man *von* oder *zu* Politikern sagen, die im Jahr 50 Milliarden für Panzerwagen und Raketen ausgeben und die immer noch über die «Leichtausgabe» des «Jäger 90» für 100 Milliarden Mark diskutieren, während sie dem Tod von

50 Millionen verhungernder Menschen auf diesem Globus ungerührt zuschauen? Kann uns deren Leiden wirklich egal sein, bloß weil sie 8000 Kilometer südlich wohnen, nicht im Nachbarhaus, sondern geographisch etwas weiter? Und weil sie nicht hochdeutsch reden, sondern vielleicht Arabisch oder Bengali oder Urdu reden, sind sie deshalb keine Menschen?

Da steht wirklich alles auf dem Spiel, was wir mit den «Kleinen» machen. Schlimmer als daß wir sie verhungern lassen, können wir sie wohl kaum «verstören». Freilich, wir können sie zuvor noch lehren, wie aus Armut Armseligkeit wird und aus der Armseligkeit Verzweiflung und wie sie von keinem Gott im Himmel mehr hören möchten, weil sie keinen Menschen mehr auf Erden finden. Das alles können und werden wir erreichen, das kann und wird die Zukunft von morgen sein – wir müssen nur so weitermachen! Wir müssen nur immer noch denken: All die Worte Jesu sind gesprochen vor zweitausend Jahren, aber es hat viel Zeit, bis wir irgendwas davon wirklich tun! Wofür auch haben wir eine so famose Kirche, einen so famosen Staat! Es bleibe nur alles, wie es sei!

Eine halbe Bibelseite entscheidet da wirklich, und zwar nicht erst im Jenseits, über «Himmel» und «Hölle»; alles fängt *jetzt* an! Ob wir selber uns aufführen wie die Teufel oder wie die Engel, das können wir wählen, und entlang dieser Frage steht zur Entscheidung an, wie weit wir es wagen, *Kinder* zu werden. Das Vertrauen in die Menschen ist da unbegrenzt! Kein Kind gibt es, das von Natur aus hartherzig sein wird; kein Kind gibt es, das nicht wüßte, daß Streicheln Heilung bedeuten kann, daß Zärtlichkeit lebensnotwendig sein kann, kein Kind existiert, das nicht wüßte, daß jedes Kind genau so willkommen ist wie es selbst, ob es schwarz aussieht oder gelb aussieht oder weiß aussieht – seine Sprache kann klingen, wie sie will, ein Kind wird sie über kurz oder lang verstehen, schon weil das andere Kind genauso spielt wie es selber, genauso lacht wie es selber, genauso weint wie es selber, genauso Kind ist wie es selber. Also werden wir *Kinder,* wunderbare, eingeladene *Kinder Gottes!*

Das meinte Jesus wirklich: Wer Heil stiftet, indem er den andern heil macht und zusammenfügt, der verdient den Namen eines *Sohnes,* einer *Tochter* Gottes (Mt 5,9).

In seiner quälend ehrlichen Selbstanalyse *Der Fall* schrieb ALBERT CAMUS einmal: «Ich sage Ihnen, die Religionen gehen von dem Augenblick an fehl, da sie Moral predigen und Gebote schleudern. Es ist kein Gott vonnöten, um Schuldhaftigkeit zu schaffen oder um zu strafen. Unsere von uns selbst wacker unterstützten Mitmenschen besorgen das zur Genüge.»[128] «Was ich damit sagen will? Nun, daß die einzige Nützlichkeit Gottes darin bestünde, die

Unschuld zu verbürgen; ich selbst würde die Religion eher als eine große Weißwäscherei betrachten – was sie übrigens einmal gewesen ist, doch nur kurze Zeit, genau drei Jahre lang, und damals hieß sie nicht Religion. Seither fehlt es an Seife, wir haben Rotznasen und schneuzen uns gegenseitig.»[129] Wie man den Menschen, jenseits und abseits der moralischen und religiösen Gesetze von Kirche und Gesellschaft, wieder ihre *Unschuld* zurückschenkt, das war das ganze Bemühen Jesu.

Mt 18,15–35; 19,1–2
«Wie ich mich deiner erbarmt habe» oder: Wovon die Menschen leben

Wenn irgend man in der «Tröstung der Völkergemeinschaft» (TG) nach einem Text sucht, der auf einer halben Seite Text die gesamte Botschaft Jesu im Kern enthält, so ist es unzweifelhaft dieses Gleichnis von dem begnadigten, doch ungnädigen Königsdiener – es ist das wohl *schönste:* das provozierendste, verzweifeltste und hoffnungsvollste Gleichnis aus dem Munde Jesu. Diese Worte schließen alles in sich, was er uns sagen wollte, und sie zeigen zugleich, wie er es in die Tat umsetzte: Nichts war Jesus wichtiger, als die Grenzen Israels zu öffnen für die Menschen *außerhalb* aller Grenzen. Niemanden sollte es mehr geben, der im Namen Gottes von Gott ausgeschlossen würde. Es muß vielmehr die innerste Erfahrung Jesu beim Lesen der Propheten oder der Psalmen gebildet haben, daß kein Mensch vor Gott auch nur den Hauch einer Chance besäße, am Leben zu bleiben, wäre Gott so, wie die Theologen ihn schildern: *gerecht!,* und handelte er an uns Menschen so, wie wir es verdienen: strafend! Was *Johannes der Täufer* ins Werk gesetzt hatte, muß bis zu einem bestimmten Punkt auch Jesus als evident erschienen sein: Würde Gott sich lediglich an sein eigenes Gesetz, an die «Gerechtigkeit» halten, so stünde unbedingt eine neue Sintflut bevor.[130] Kein Mensch hätte da eine Aussicht, ihr zu entrinnen, es sei denn, er nähme das Strafgericht Gottes freiwillig vorweg, er würde all seiner Schuld geständig und reuig sein, und er ließe sich hinabtauchen in die Fluten, um wieder aufzuerstehen in Vergebung. Johannes der Täufer hatte in den Augen Jesu in gewissem Sinne vollkommen recht und unrecht zugleich: Daß es uns noch gibt, liegt daran, daß Gott seit Urzeittagen auf das Strafgericht einer Sintflut, die wir verdient hätten, *Verzicht* tut bis ans Ende der Zeiten! Was aber folgt nun daraus?

Die Menschen – das muß die Erfahrung Jesu im Umgang gerade mit den Kranken, den Verlorenen, den Ausgestoßenen gewesen sein – *können* aus eigener Kraft überhaupt nicht «umkehren», sie können ihr Leben nicht einfach ändern, selbst wenn sie es wollten. *Das* unmittelbar vor diesen Worten war der Inhalt noch des Rechtfertigungsgleichnisses Jesu gewesen, in dem er von einem *Hirten* erzählte, der sich *auf die Suche nach seinem verlorenen hundertsten Schaf* begibt. Er nimmt es auf seine Arme und trägt es in die Hürde zurück

(Mt 18,10–14). So, wollte Jesus sagen, muß Gott an einem jeden von uns tun, denn anders vermöchten wir durchaus nicht zu leben. Ein *jeder* von uns ist angewiesen auf ein grenzenloses Erbarmen. Unabhängig davon vermöchte er, eingezwängt in die Begriffe von Recht und Unrecht, überhaupt nicht zu existieren!

Vor allem muß Jesus deutlich gemerkt haben, daß es das *Prinzip der Gerechtigkeit* ist, das den Rechtlosen im Volk keine Chance läßt; also muß man die gesamte Grundlage des Zusammenlebens der Menschen, das ganze Fundament allen Rechthabens und aller Rechthaberei aufbrechen, damit die Menschen leben können.[131] Die gesamte Provokation des Auftretens Jesu liegt darin begründet, daß er generell und universell den Menschen nahebringen wollte, auf jeden Rechtsanspruch gegen ihresgleichen *Verzicht* zu tun, – der Wahrheit zuliebe und den anderen zuliebe, die immer wieder beim Reden vom Recht nur unter die Räder kommen. Niemand wäre «gerechtfertigt», wollte er wirklich damit beginnen, seine gußeisernen religiösen, moralischen und juristischen Prinzipien auf Gott zu gründen. Er selber hielte nicht stand, wenn er bestimmte menschliche Gesetze verunendlichen und in Gott selber hineinprojizieren wollte. Als erstes, meinte Jesus, brauchten wir deshalb die Erfahrung nicht eines erhobenen Zeigefingers, sondern einer ausgestreckten Hand, die uns hinwegträgt über den Abgrund, der sich zwischen den künstlichen Begriffen von Gut und Böse vor unseren Füßen auftut. Nur weil Gott uns *aushält*, werden wir uns selber erträglich. – So erzählt Jesus dieses Gleichnis von dem «Schalksknecht» eigentlich, um einen jeden, der es hört, dahin zu führen, sich selbst mit seinem Leben in dieser Geschichte wiederzuerkennen.[132]

Alles in dieser Erzählung geht scheinbar paradox zu. Normalerweise werden wir belehrt, daß es in unserer eigenen Hand liege, zwischen Gut und Böse frei zu wählen und dementsprechend unsere Schuld zu begrenzen. Die Voraussetzung aller *Ethik*, die man uns beibringt, liegt darin, daß wir, wenn wir etwas Böses getan haben, es selber wieder korrigieren können. Die *Freiheit unserer Entscheidung* und die *Begrenzbarkeit unserer Schuld*, – darauf beruht scheinbar die gesamte Regel des menschlichen Zusammenlebens in Kirche wie Gesellschaft. Genau aber *gegen* dieses Grundprinzip richtet Jesus sich in diesem Gleichnis, in dem er leidenschaftlich an ein *grenzenloses* Mitleid mit all den Menschen appelliert, die in ihrem gesamten Lebensgefüge aus den Maschen der konventionellen Definitionen von Gut und Böse herausgefallen sind. Normalerweise sehen wir diesen Schaden so deutlich nicht, aber wie wenig gehört dazu, eine Tat zu begehen, die uns aus dem gesamten Kordon des sozialen Zusammenhaltes herausstößt! Eine einzelne Handlung im Affekt, ein einziger öffentlicher Skandal, ein gewisses moralisches Gebrechen, das lange Jahre mit Erfolg verborgen wurde, nun aber plötzlich ruchbar wird, reicht völlig aus, die gesamte soziale Existenz eines Menschen zu ruinieren; und je höher jemand zu stehen meinte, desto tiefer ist jetzt sein Fall! Alle vermeintlichen Verdienste gelten da plötzlich nichts mehr, so daß man sich fragen muß, ob sie überhaupt jemals etwas gegolten haben.

Leben wir im Grunde nicht alle von dem Vertrauen, wenn es drauf ankommt, auch ohne Vorleistungen akzeptiert zu werden? Wann aber können wir das wirklich von Grund auf glauben? Muß unsere Existenz erst einmal als berechtigt erwiesen werden durch Tüchtigkeit und Züchtigkeit, durch Tauglichkeit und Tugendhaftigkeit, durch Redlichkeit und Rechtlichkeit, so sind wir im Grunde *Verlorene. Das* will Jesus mit diesem Gleichnis deutlich machen: Treten wir vor Gott hin, und die Frage ergeht *in absoluter Strenge*, wo wir stehen, so sind wir alle in einen Schuldzusammenhang hineinverwoben, aus dem es kein Entrinnen gibt! *Der Gerechtigkeit nach* müßten wir jede Schuld abarbeiten und wiedergutmachen; und tatsächlich: jede Anweisung in Staat und Kirche wird uns auferlegen, für alles begangene Unrecht konsequent geradezustehen und alles zu veräußern, ja, notfalls pfänden zu lassen, was wir noch unser Eigen nennen. Doch wenn diese Art von «Gerechtigkeit» auch vor Gott gelten soll – buchstäblich: dann gnade uns Gott! Genau das erzählt Jesus in seinem Gleichnis – nichts seit 2000 Jahren scheint sich da geändert zu haben: «Verkaufen», befiehlt der König, «deine Frau, dein Kind, und du selbst: in den Schuldturm!» Dabei weiß er genau, daß auf diese Weise sich nicht einmal ein Winziges von der Schuldenlast seines Dieners auch nur für die Zinsentilgung abtragen läßt; am Ende ist auch mit einer lebenslangen Haft dieses Mannes nichts gewonnen; es liegt mithin sogar im Interesse des Königs selber, wenn er angesichts der erdrückenden Schuldenlast seinem Knecht *alles erläßt* und ihm *vergibt* einfach auf das Flehen um Gnade hin!

Wer diesen Teil des Gleichnisses bis dahin begriffen hat, dem ist die *Grunderfahrung* der gesamten Verkündigung Jesu evident, und alles Folgende ergibt sich dann wie von selbst, einschließlich der dringlichen Bitte Jesu im *Vaterunser:* «Vergib uns unsere Schuld, wie auch wir hiermit vergeben unsern Schuldigern» (Mt 6,12). Im Sinne Jesu geht es entscheidend im menschlichen Leben weder um «Ethik» noch um «Moral», die doch nur zu der Formulierung bestimmter «Rechte» und «Pflichten» führen, niemals aber zu dem unbedingten *Verzicht* auf alles Denken in Rechten und Pflichten angesichts der unsäglichen Hilflosigkeit der Menschen. Unter den Augen Gottes sind es im Grunde lächerliche Beträge, die wir, ein Mensch gegenüber dem anderen, zu verrechnen haben! Allein schon der einfache Gedanke, wie wenige Jahrzehnte nur wir miteinander auf dieser Erde zu leben haben, sollte im Gegenüber des dunklen Angesichts des Todes uns einander wechselseitig an die Hand nehmen lassen als Schwestern und als Brüder. *In Dankbarkeit*, als dem Tode gerade Entronnene, sollten wir uns einander in die Arme schließen und uns gemeinsam der wenigen Jahre erfreuen, die wir miteinander leben dürfen, ein jeder dankbar für das Geschenk seines Lebens und für das Geschenk des anderen neben ihm, *mit* ihm. Sobald wir vor diesem Hintergrund prüfen, was wir einander *vorzuwerfen* haben, sind es allemal Lappalien und Nichtigkeiten, nie etwas wirklich Wesentliches und Entscheidendes. Ja, Jesus fügt noch hinzu: allesamt dem ewigen Richter *Entlaufene* sind wir, von Grund auf *Begnadigte* sind wir! *Das ist seine Gefühlslage, das* seine Stimmung, die er uns mitteilen möchte, auf daß wir endlich aufatmen und die Freude spüren, *sein* zu dürfen, als Unberechtigte zwar und doch als Gerettete, als im Unrecht Befindliche zwar und doch als Begnadigte. Es ist ein Gefühl, die ganze Welt umarmen zu mögen.

Eins nur, meint Jesus, würde Gott, der *himmlische* König, *nicht* verstehen: daß wir, ganz im Gegenteil, so wie wenn wir nicht genau begreifen würden, daß es sich gerade so verhält, einander an die Gurgel gingen und nach wie vor dem Wahne folgten, *Rechtsstandpunkte* gegenseitig aufrechnen zu können. Um davor zu warnen, schildert Jesus das Kontrastbild eines *zornmütigen* Königs, da malt er *bitter* gewordene Knechte angesichts einer Rechthaberei, die schon im Unrecht ist aufgrund jenes Erbarmens, von dem sie selbst doch lebt und das sie mitteilen müßte bis an den Rand der Welt.

Alles, was Jesus hat sagen wollen und was er je getan hat an Provozierendem, Aufrührendem, Revoltierendem liegt in diesem einen Gleichnis vollkommen beschlossen. Wie *ernst* er diese seine Botschaft meint, hat er immer wieder bewiesen, indem er – gar nicht oft genug kann man darauf hinweisen! – Zöllner und Sünder, Huren und Bettler, *Asoziale* aller Art an ein und denselben Tisch lud. Dies war sein Grundmotiv: man sollte sich *versammeln* unter den Augen Gottes, und niemand sollte dabei von der Mahlgemeinschaft der Gnade ausgeschlossen sein (Mt 9,11). *Das* war es, was Jesus als wesentliches, fast als einzig wirklich *Unvergleichliches* in die Religionsgeschichte der Menschheit einbringen mochte. Jeder *andere* Standpunkt, der von dem Gedanken eines voraussetzungslosen Erbarmens abweicht, bedeutet demgegenüber einen Rückfall ins Moralische; da akzeptiert man den anderen wieder nur *unter gewissen Bedingungen;* man sagt zu ihm: «Du gehörst zu uns, wenn du dich nach unseren Geboten, nach diesen Gesetzen, nach jenen Verpflichtungen richtest. *Jede* menschliche Gemeinschaft hat ihre Spielregeln; wenn du dich daran hältst, bist du einer von uns; wofern nicht, schließt du dich selber aus, und wir sind im Recht, wenn wir über dich den Ausschluß verfügen.» Allüberall ist diese Denkweise etwas scheinbar Selbstverständliches. *Jesus aber will mit ihr brechen,* weil er sieht, wie viele Menschen dabei *zerbrochen* werden, und weil immer wieder nur eine bestimmte Gruppierung von vermeintlich ewig Richtigen am Ende noch sich auf der Seite Gottes fühlt. Genau das nicht!, denkt er. Wenn von *Gott* die Rede ist, so tritt damit etwas absolut Neues in das Leben, das alle Rechte von Menschen gegeneinander und untereinander zersprengt. Gegenüber Gott haben wir *keinerlei* Rechte; und wenn das so ist, welche Rechte hätten wir dann wohl *gegeneinander* einzuklagen?

Man hört ganz richtig: was Jesus hier einbringt, ist *Vergebung als Prinzip,* als Lebensgrundlage. Er kehrt das Prinzip der Ethik schlechtweg auf den Kopf, das uns üblicherweise sagt: Durch dein Vergehen wirst du schuldig, aber du kannst das Begangene sühnen, du kannst das Vergangene wiedergutmachen, du kannst dich *bessern* und dadurch Vergebung *verdienen.* In dieser Reihenfolge geht es überhaupt nicht!, meint Jesus; kein Mensch kommt auf diese Weise mit sich zurecht. Das erste, was er von Grund auf benötigt, ist die Zusicherung: *Du darfst sein,* mit allem, was du bist, mit allem, was du je getan hast, *weil du ein Mensch bist,* weil auch du *ein Kind Gottes* bist. Das und nur das ist die Grundlage, um wirklich zu leben. – Soweit die ursprüngliche Botschaft Jesu.

Was man dann im 18. Kapitel des *Matthäus*evangeliums des weiteren zu hören bekommt, ist der mühsame Versuch, die unglaublich mutige Öffnung Israels auf die Ausgeschlossenen hin, die Jesus verkörperte, zurückzudrehen zu einer Gemeindeordnung, welche die Umgangsweise im Inneren der frühen Christusgemeinde *en detail* regeln – und erneut *verrechtlichen* soll!

Schon bei dem Gleichnis von dem verlorenen Schaf (Mt 18,10–14), einen Abschnitt zuvor, konnte man das sehen: Da wurde aus der Entschlossenheit Jesu, niemanden mehr auszugrenzen, in der Theologie des Matthäus eine seelsorgliche Anweisung, wie man mit den Gemeindemitgliedern, mit den «Kleinen» und den Schwachen, *als Gemeindeleiter* zu verfahren habe.[133] Wie kann überhaupt eine menschliche Gemeinschaft sich etablieren und begründen unter der Voraussetzung einer voraussetzungslosen Güte? Das ist die Frage, die Jesus seinem Evangelisten als ein schier unlösbares Problem im Sinne der «Moral» hinterlassen hat. Gilt wirklich als Grundhaltung eine voraussetzungslose Güte, so gibt es erlaubtermaßen keine Gesetze mehr, so gibt es keine Gesetzbücher mehr, so gibt es keine heiligen Verordnungen mehr, dann gibt es von Grund auf nur noch die Freiheit des Zusammenlebens, die Menschlichkeit selber, die sich reguliert in der jeweiligen Situation; nichts von außen Aufgesetztes kann da mehr Bestand haben. Was es statt dessen geben wird und geben muß, ist eine gemeinsame *Freude* in dem Gefühl, *miteinander* unterwegs zu sein zu dem gleichen Ziel als Verschwisterte, als Verbrüderte ohne Ende, – ein Weg, der nie aufhört, eine beseligende Einheit, die sich nie mehr zerstören läßt. Wo *sie* sich fügt, meinte Jesus, sind im Grunde alle Bitten erfüllt (Mt 18,19–20).[134] Wenn also auch nur *zwei Menschen* wirklich in ihrem Herzen ganz übereinstimmen, dann mögen sie ersehen, dann mögen sie erflehen, was immer sie wollen, es ist, worum irgend sie Gott angehen, bereits erfüllt in der Gemeinsamkeit ihrer Liebe selbst. *Mehr* gibt es nicht zu wünschen, mehr ist nicht zu ersehen, als auf Erden zwei Menschen einander in ihrer Nähe an Glückseligkeit schenken können. Ihre Liebe selbst ist so reich, daß *mitten unter ihnen* alles verwirklicht ist, was sich irgend erbitten und im Namen Jesu lernen ließe.

So klar indessen solche Gedanken auch sind und sein mögen – *Matthäus* in seinen Tagen hat ein schweres Problem mit ihnen. Die *Voraussetzungslosigkeit der Vergebung* scheint ihm nicht länger praktikabel. Sie unterliegt dem Verdacht des Mißbrauchs; und so versucht er in den folgenden Sätzen, die er Jesus in den Mund legt[135], auf gewisse Weise gegenzusteuern. Als erstes erfindet er eine Art hierarchischen Verfahrens von Zuständigkeiten, die von unten nach oben sich aufbauen. «Wenn jemand etwas gegen dich hat», empfiehlt Matthäus, «so sprich dich mit deinem Nächsten aus und suche dich mit ihm zu versöhnen. Wenn das aber nicht geht, so wende dich an die nächsthöhere Instanz, suche noch einen oder zwei als Zeugen mithinzuzuziehen, und führt auch das nicht zu dem gewünschten Ergebnis, so bringe den ganzen Streitfall vor die Gemeinde – verhandle ihn *öffentlich*. Bringt aber auch das nicht die gewünschte Umkehr, Reue und Eintracht – da hören wir ein wirklich schreckliches Wort –, dann sei dieser (Schuldige) dir ein *Zöllner,* dann sei er dir wie ein *Heide!*»

Die Spannung zwischen dem, was Jesus wollte, und dem, was Matthäus daraus macht, kann wohl nicht größer sein, als sie an dieser Stelle hier erscheint. «Er sei dir wie ein *Zöllner!*» Darin bestand ja das ganze Anliegen, das war die ganze Mission Jesu, zu sagen: «Auf den ‹Zöllner› gehe zu, hole ihn mit hinein, laß ihn *nicht* draußen stehen, sondern eben weil er im Rahmen der vorgegebenen Ordnung keine Möglichkeit hat, mit den Menschen wieder zurechtzukommen, muß der erste Schritt *aus der Gruppe selbst* heraus nach außen hin getan werden.» *Das* war der ganze Jesus. *Hier* an dieser Stelle aber macht Matthäus just das Gegenteil daraus. «Er sei dir wie ein Zöllner, wie ein Heide», das heißt: er sei für dich jemand, der aus der Gottesordnung *herausgefallen* ist und mithin ebenso aus der *Gottesgemeinde.* Da wird das Prinzip der Einheit, der *Integration,* umgekehrt und in ein neuerliches Rechtsverfahren der strafweisen Abspaltung, der moralischen Dissoziation verwandelt. Plötzlich hat die «Gemeinde», die sich auf Jesus beruft(!), wieder ein «Recht» und sogar die «Pflicht», im Namen Gottes Menschen auszugrenzen, und man leitet dieses Recht und diese Pflicht von eben dem Manne ab, der gerade noch erklärt hat: «Es gibt von Gott her *überhaupt kein* Recht, irgendeinen Menschen auszugrenzen!» Zwischen diesen beiden Standpunkten liegen *zeitlich* ganze vierzig Jahre, aber *wesentlich* liegt zwischen ihnen eine ganze Welt.

Was wir hier miterleben, ist die Art und Weise, wie sich in der frühen Kirche ein «Evangelium» erstellt – *mit* Jesusworten, wenn es geht, *ohne* Jesusworte, wenn es nicht geht, *gegen* erklärte Jesusworte, wenn es partout nicht anders geht. Natürlich, man begreift die Not, in der ein Seelsorger, ein «Evangelist» wie Matthäus in seinen Tagen in seiner Gemeinde (vermutlich in *Syrien*)[136] stehen kann; doch rechtfertigt das einen solchen Salto mortale? Der einzige ‹Trost›, der uns bleibt, liegt allenfalls darin, daß das, was Matthäus verordnet, immerhin dem Ursprung noch weit näher steht als die «Ordnung», in der die katholische Kirche, obwohl sie sich mit Vorliebe auf das *erste* Evangelium beruft, *heute* sich darstellt.

Hat Jesus *Sakramente* eingesetzt, ja oder nein? Diese Frage zum Beispiel wird mit Bezug zu Beichte und Eucharistie dogmatisch immer wieder gestellt. Doch die Antwort kann nur lauten: Was Jesus getan hat, war, *Mahlgemeinschaft* zu haben *mit* Zöllnern und Sündern – *das* ist unbezweifelbar! Daraus geworden aber ist im Umgang mit dem Anliegen der Vergebung in der Botschaft Jesu für die katholische Kirche eine lange Liste von Verordnungen, die man bereits den Acht-, Neunjährigen im *Erstkommunionsunterricht* vorlegt. «Du darfst», spricht man da, «zum ‹Tisch des Herrn› gehen, wenn du ‹reinen Herzens› bist, wenn du alle ‹Sünden›, die du auf dich geladen hast, *gebeichtet* hast und sie dir durch den Priester der Kirche vergeben wurden.» Da wird die «Vergebung» gehandhabt als ein Einleitungssakrament für die erste heilige Kommunion.[137] Aus der Vergebungsbereitschaft untereinander hat man da ein sakramentales Privileg von besonders Befugten, den Priestern der Kirche, gemacht.[138]

Die römische Dogmatik richtet sich dabei erklärtermaßen sogar *gegen* die hier vorliegende *Notverordnung* des Matthäus. Diese besagt immerhin ausdrücklich, daß die Vergebungs«gewalt» in den Händen *aller* liegt, in den Händen der *gesamten* Gemeinde mitsamt *all* ihren Mitgliedern. Da gibt es keine *besondere* Binde- oder Lösegewalt für spezielle Kirchenbedienstete, sondern wie Menschen zusammenkommen oder eben nicht zusammenkommen, *das* entscheidet zugleich auch vor Gott, läßt Matthäus seinen Jesus hier erklären.[139] Da sind alle in der Gemeinde *gleichwertig* und gleich*rangig* im Verhältnis zueinander. Es gibt keine Ranghierarchie gewisser sakramentaler Funktionen in Händen geweihter «Beamter» in Gestalt der Kleriker der katholischen Kirche.

Desgleichen herrscht bei Matthäus noch die Voraussetzung, daß Konflikte als erstes gelöst werden sollten und könnten *durch persönliche Aussprache*. Erst wenn *sie* versagt, soll späterhin die Gemeinde selber, entsprechend ihrer Ordnung, in Tätigkeit treten. *Ganz anders* in aller Regel trifft man es an in der katholischen Kirche heute. Der bloße *Verdachtsfall* in «Glaubens»- oder «Sittenfragen» genügt da bereits für den Kirchenausschluß. *Gesprochen* mit dem Betreffenden wird in aller Regel nicht, sondern es herrscht die jesuitische Regel bis heute vor, daß der Einzelne, wenn er sich selbst der Gemeinschaft gegenüber erklärt, ja *subjektiv* urteilen muß, weil er in eigener Sache naturgemäß *Partei* ist. Wenn also ein Ordensoberer über jemanden Erkundigungen einholt, der im Rahmen des Ordens *Verdacht* gemacht hat, so *soll* er ihn durchaus *nicht* selber befragen, sondern er soll sich informieren lassen von unabhängigen Zeugen.[140] Geschieht dies – und es geschieht! –, so spinnt sich das Netz der Verdächtigungen notwendigerweise immer enger, immer unentrinnbarer. Bis der Betreffende überhaupt die Gelegenheit erhält, zu merken, daß er «Verdacht» gemacht hat, zappelt er schon wie ein Fisch im Netz, schnappt nach Luft und ist aus seinem eigenen Element gerissen. Statt von unten nach oben, delegiert sich in der heutigen Kirchenform die «Vergebungsgewalt» von oben nach unten. Sie macht am Ende die Menschen *abhängig* von den vergebenden Kirchen-Beamten, von den Priestern, zu denen man gehen muß, um der Vergebung Gottes teilhaftig zu werden. Diese Leute *usurpieren* die Möglichkeit, zu «binden» und zu «lösen», unter den Menschen, sie pervertieren Fragen des Umgangs miteinander in Verwaltungsangelegenheiten, sie bewirken statt Freiheit und Selbstvertrauen ängstliche Untertänigkeit und ständige Schuldgefühle.

Dabei verfügt die katholische Kirche, wenn sie von der *Beichte* redet, dogmatisch sogar noch über eine gewisse Erinnerung an das ursprünglich Gemeinte, und diese Erinnerung wäre an sich kostbar, wenn sie selbst nur ernstgenommen würde. In ihrer «Glaubenslehre» spricht die katholische Theologie selber davon, daß ein *Sakrament* wie die Beichte nur empfangen werden könnte von demjenigen, der die *Taufe* empfangen habe.[141] Das heißt soviel wie, daß jemand *Vergebung* im Raum des «Sakramentes» der «Beichte» nur erlangen kann, wenn er am eigenen Leibe erlebt hat, was es heißt, vom *Tode* überzugehen zum *Leben,* von der *Schuld* des Abgrunds hinüber in die rettende *Hand* Gottes selber. Jedes Kommunionkind heute lernt, daß zu einer gültig empfangenen Beichte als erstes *die Gewissenserforschung* gehört. Das wäre in der Tat ein richtiger Hinweis – griffe die Kirche ihn nur selbst wirklich auf. Aus zahllosen psychotherapeutischen Gesprächen wissen wir heute, wie wenig die Menschen, selbst bei ehrlichem Bemühen, zu einer «Gewissenserforschung» imstande sind. In jeder katholischen Beichte sitzen wir da, um über unser Leben Bilanz zu ziehen: Was haben wir falsch gemacht, was haben wir richtig gemacht? Im Rahmen der gängigen moralischen Standards sollte das eigentlich nicht schwer sein herauszufinden. Und dennoch finden wir uns selber nicht zurecht, solange wir nicht auf eine wirklich voraussetzungslose Akzeptation zählen können, wie sie in der «Taufe» erfahren werden sollte, aber in der kirchlichen Praxis natürlich nicht erfahren werden kann.

Ein kleines Beispiel nur: Ein Mann belastet sich schwer. Er hat über einen langen Zeitraum hin eine Geliebte gehabt. Er hat mit ihr oft «die Ehe gebrochen», wie man so sagt. Seiner Frau hat er von alldem nie etwas gesagt, aber er leidet unter den ständigen Unaufrichtigkeiten, er fühlt sich schuldig. Doch was kann er tun? Sagt er zu seiner Geliebten: «Meiner Frau wegen mußt du jetzt gehen», zerbricht er womöglich ein Leben, das sich an ihn menschlich unauflöslich gebunden hat. Diese Frau, seine Geliebte, ist fast zwanzig Jahre jünger als er selber; sie hat in ihm nicht nur einen Liebhaber, sie hat in ihm einen Vater gesucht. Gesteht er andererseits seiner Frau offen, wohin er gelangt ist, so droht womöglich seine ganze Ehe zu zerbrechen. *Belügt* er indessen seine Ehefrau weiter, so nimmt die Entfremdung zu ihr in seinem eigenen Inneren gewiß weiter zu. Mit anderen Worten: Er kann sich drehen und wenden, wie er will, es gibt keinen Ausweg. Dabei ist das, was die kirchliche *Moral* ihm sagt, an sich ganz eindeutig: Du mußt deine Freundin meiden als «die nächste Gelegenheit zur Sünde», sagt sie. Aber geht das so einfach? Kann man das so einfach versprechen? Dieser Mann meint seine Reue ehrlich, aber sie bewirkt nichts. Es quält ihn, was er erlebt hat und lebt, aber er versteht selber nicht, warum es so gekommen ist und worum es eigentlich geht. «Gewissenserforschung» ist ein einfaches Wort im Rahmen der katholischen Beichte, aber sie wirklich durchzuführen ist ein Bemühen oft von Monaten und Jahren. Und jetzt das Entscheidende: *Vergebung* steht nicht am *Ende* einer solchen «Gewissenserforschung», eines solchen «Geständnisses», sie ergibt sich nicht als Belohnung für ein moralisch endlich wieder gelungenes Wohlverhalten. Ganz im Gegenteil.

Die Vergebung stellt *die Voraussetzung* dar, um überhaupt ehrlich mit sich selber umgehen zu können! Dieser Mann wird die Gründe seines Verhaltens nur auffinden können, wenn er weiß: es sitzt ihm jemand gegenüber, der sich bemüht, ihn zu verstehen; er wird *nicht* verurteilt werden, bei allem, was er sagen wird. Daß man ehrlich zu ihm steht und ihn verstehen, nicht aburteilen will, ist die *Grundvoraussetzung*, um ehrlich zu sich selber sein zu können, und auch umgekehrt, auf seiten des «Beraters» oder des Seelsorgers, muß das Vertrauen walten, dieser Mann sei im Grunde ein *guter* Mensch, ein in gewissem Sinne Verlorener, vielleicht ein Verzweifelter, jemand jedenfalls, der mit sich und mit den Menschen an seiner Seite zutiefst nicht zurechtkomme, aber er sei nicht «von Grund auf böse». Wie hilft man einem solchen Menschen auf? Nur *darum* geht es.

In einer solchen Situation als Berater, als Priester, als Seelsorger, als Therapeut, als Freund oder Freundin sich zu befinden bedeutet gewiß als erstes, *die eigene Hilflosigkeit* eingestehen zu müssen. Es gibt ab sofort nicht mehr die klare Formel, nach der man einfach gradeaus marschieren könnte. Natürlich gibt es nach wie vor die gußeisernen Charaktere; wenn *die* ins Land schwärmen, wissen sie immer genau, wie solche Probleme vom Tisch zu bringen sind – eindeutig, mutig, männlich, mit klarem Entschluß –, wofür auch hat man einen *freien Willen*, und was sagt die Moral, und wofür gibt es die Zehn Gebote Gottes, und jetzt muß man endlich...! Keiner von all diesen prachtvollen Mitmenschen weiß auch nur von ferne, wie ein Mann und eine Frau zusammenleben sollen, wenn sie lediglich durch den moralischen Entschluß eines immerwährenden Schuldgefühls aneinandergekettet sind; er weiß auch nicht, wieviel an Ressentiment, an Rache und Haß sich in einem solchen Leben aufstauen kann, wieviel da an persönlichen Möglichkeiten zerstört wird und wieviel an nie ausgesprochenen Vorwürfen sich da aufhäuft. Zwei Hölzer, die man gegeneinander preßt, leimen nicht zusammen; selbst wenn man noch soviel dagegendrückt, es wird nichts nützen. Keine moralische Gewalt verbindet Menschen, die innerlich miteinander nicht verbunden sind. Also hilft nichts weiter, als all die feinen Fäden einer verlorenen Zärtlichkeit wieder neu zu spinnen, neu zu weben, neu zu verflechten. Aber man muß sie *finden!* Welche Gründe gibt es zwischen diesem Mann und dieser Frau, an den Fortbestand ihrer Ehe überhaupt noch zu glauben? Was liebt *er* wirklich an seiner Frau, wenn er ehrlich ist? Und wie sieht es bei *ihr* aus: Wofür liebt sie ihn? Und dann *seine Freundin:* Gefühle, die so heftig sind, wie er sie ihr entgegenbringt, können doch nicht einfach falsch sein. Irgend etwas Berechtigtes muß darin enthalten sein, aber was? – Wenn wir nur zuhören, erfahren wir vielleicht, daß dieser Mann gerade diese Frau kennengelernt hat in dem schweren Augenblick einer persönlichen *Krise*. Er glaubte sich damals fast wie lebendig tot. Er stand damals vor einem schweren ärztlichen Eingriff – Krebs vermutete man; und als er die Operation überstanden hatte, begann in ihm so etwas wie eine zweite Jugend. Sehnsüchte, wie er sie so nie erlebt hatte, brachen in ihm auf, und gerade diese jugendliche Frau, selber in gewissem Sinne eine Verzweifelte, war wie geschaffen, sie ihm zu erfüllen. Auch *sie* kann und muß man ja verstehen: Ist es wirklich nur *Schuld*, wenn jemand eine einzigartige, in seinen Augen gar die *einzige* Gelegenheit zum Glück ergreift, die sich in seinem Leben bietet? Wie viele Schwüre werden da miteinander ausgetauscht worden sein, wie viele Hoffnungen, Erklärungen, Versprechungen? Können, *dürfen* sie alle über Nacht für nichtig gelten? – Es handelt sich hier nur um ein kleines Beispiel, doch man spürt bereits, daß die Tragik[142] des menschlichen Lebens oft viel umfassender ist, als daß sie sich mit moralischen Regeln steuern ließe.

Und tauchen wir nur tief genug hinab, werden wir etwas noch weit Seltsameres entdecken: Entsprechend der *moralischen* Marschroute würde dieser Mann sich auf der Stelle *disziplinieren* müssen; doch aller menschlichen Erwartung nach vermag er das *nicht* – so viel ist uns bereits klar. Das aber ist noch nicht alles! Wenn wir erst einmal begreifen, was in ihm vor sich geht, werden wir beizeiten merken, daß sein eigentlicher Fehler womöglich gar nicht darin liegt, *zu viel* an Glück für sich verlangt zu haben, sondern in gewissem Sinn *zu wenig*. Denn plötzlich erklärt er: «Ich habe mich noch nie in meinem Leben wirklich durchsetzen können; eigentlich all mein Leben lang wollte ich es allen Menschen nur recht machen.» Da wird deutlich, daß jemand *schuldig werden* kann, indem er sich selbst, seinem eigenen Leben gegenüber alles *schuldig bleibt*. Dies, daß es in seinem Leben eine eigene Person mit einem eigenen Bedürfnis und einem eigenen Willen unter lauter Schuldgefühlen nie wirklich gegeben hat, *das* verwickelt ihn am Ende *auch moralisch gesehen* in unausweichliche und unentrinnbare tragische Situationen. Also müßte ihm als erstes dazu aufgeholfen werden, *eine eigene Persönlichkeit zu entfalten!* Er müßte seiner Frau gegenüber all die Wünsche äußern dürfen, die sich zwischen ihm und ihr austauschen könnten; erst von dem Zeitpunkt an wäre es nicht mehr nötig, vor ihr ins Fremde hinein auszuweichen. Desgleichen müßten die Schuldgefühle und Erwartungen auch gegenüber der Geliebten noch einmal überprüft und neu bestimmt werden dürfen – wozu er selber da noch stehen kann und wozu nicht mehr. Aber wie immer es sich in seinem Leben auch entwickeln wird – kein Mensch von außen wird die Lösung kennen! Sie muß sich *von innen her* ergeben, oder es gibt sie überhaupt nicht! Die *Lösung,* die es geben wird, so viel ist sicher, hängt zu einem großen Teil von der Charakterstruktur der beteiligten Personen ab; ehe wir dieser Frage nicht wirklich nachgehen, ehe wir nicht wissen, mit welchen Menschen wir es überhaupt zu tun haben, ist das Problem nicht zu «lösen»; «Vergebung» aber geht noch viel tiefer: Am Ende spüren wir, daß Gott uns buchstäblich *alles* vergeben muß, *was wir sind,* weil wir wirklich anders nicht leben können! Denn nur in der Entschlossenheit zu uns selbst, wie sie im Vertrauen auf eine solche unbedingte Vergebungsbereitschaft erwächst, formt sich von innen her unsere eigene Person und werden wir allererst fähig auch zum «Guten» im moralischen Sinne.

Was wir da «Beichte» nennen, müßte im Grunde ein solch langsames, mühsames Einander-Begleiten sein – kein Patent für einen besonderen Stand, wohl aber ein Appell an unsere eigene gelebte Menschlichkeit. In der heutigen (katholischen) Kirche hingegen gibt es so etwas als «Beichte» nicht. Wen wundert es da, daß die Psychotherapie die Stelle der Religion übernommen hat? Was wir heute «Psychotherapie» nennen, ist kulturgeschichtlich vermutlich nur eine Vorwegnahme der Basisbedingungen des Zusammenlebens, wie sie uns in den überfüllten Straßen der Städte morgen schon unerläßlich sein werden. Da wächst eine neue Sensibilität füreinander und eine neue Bereitschaft zur Offenheit heran, wie es sie bisher wohl noch nie gab. Allein schon in Anbetracht dieses *Kulturwandels* kann es nicht länger mehr genügen, daß entsprechend dem katholischen Beichtritus der eine hintritt vor den anderen und sagt: «Ich vergebe dir im Namen Gottes.» Die weit größere Kunst Jesu war es, die Menschen zu lehren, *sich selbst vergeben zu können.*

Dieser Mann etwa mit seiner gefährdeten Ehe leidet selbst Jahre später noch immer wieder unter der Schuld, die er damals begangen hat. *Wie kann er selbst sich vergeben?* Doch nur, indem er das Richtige *sogar in seinen Fehlern* begreift und dieses Richtige mutiger lebt.

Und wie kann ein Mensch einem anderen vergeben? Die größte Schwierigkeit liegt vermutlich darin, daß die eigene Schwäche uns derart verletzbar macht, daß wir oft nur aufschreien können vor Schmerz, und in diesem Zustand neigt alles in uns dahin, als erstes sich gegen die Gefahr weiterer Verletzungen innerlich und äußerlich zu *wehren.* Solange der andere noch als ein Eindringling in unser Dasein empfunden wird, *müssen* wir ihn als erstes wie einen Dorn, den wir uns in den Fuß getreten haben, aus unserem eigenen Ich zu entfernen suchen, und solange können wir ihm nicht wirklich «vergeben».

Vieles in der kirchlichen Moraldoktrin mit ihrer Forderung nach einer psychisch oft noch nicht genügend vorbereiteten «Vergebung» hat sogar zu neuen neurotisierenden Schuldgefühlen geführt. Die Fähigkeit, dem anderen wahrhaftig zu sagen: «Es ist gut – ich vergeb' dir», besteht darin, *ein eigenes Ich* zu bekommen, das fest genug ist, um nicht immer neu sich als gefährdet zu empfinden. Nur so hat Jesus seine Weisung an Petrus verstanden, es genüge nicht, siebenmal, es sei nötig, *siebenundsiebzigmal* zu vergeben. Hinter diesen Worten steht der angstgetriebene Rachegesang des Kainssohnes Lamech vor seinen Frauen (Gen 4,22–24)[143], er werde jede Verletzung siebenfach ahnden. In der Logik der Angst, meint Jesus (Mt 18,21–22)[144], kann die Spirale der Gewalt und der Gegengewalt nur immer weiter eskalieren; es ist einzig möglich, diesen Teufelskreis durch eine neue Erfahrung des Vertrauens zu verlassen. Diese neue Erfahrung wollte er in dem Gleichnis vom «Schalksknecht» schildern; verwandelt man aber diese *zutiefst religiöse* Erfahrung reiner Gnade in eine neue *Moral*, so zerstört sie, statt zu heilen.

Eine Frau beispielsweise, die selber nie gelernt hatte, sich durchzusetzen und sich zu wehren, sagte: «Ich verstehe überhaupt nicht, wie meine Nachbarin so sein kann.» Sie erzählte ausführlich, wie sehr sie sich von dieser Person schikaniert fühlt, doch schaut man genau hin, so handelt es sich scheinbar um recht normale Vorkommnisse. Diese Frau war nur nicht gewohnt, den Mund aufzumachen und beizeiten zu sagen: «Wie meinen Sie das? Was wollen Sie da? Können Sie mir erklären, wie es kommt, daß Sie dies und das jetzt so tun?» Oder: «Für mich bedeutet das, was Sie da sagen, etwas, das mir weh tut.» Es gab zwischen ihr und der Nachbarin keine genügende Rückkoppelung. In gewissem Sinn trat *jeder* auf ihr herum wie mit breiten Stiefeln, eben weil sie es nie gelernt hatte, sich selber den anderen zu erklären und sich die anderen zu erklären. *Das* aber wäre die Voraussetzung, um am Ende zu merken: es handelt sich bei dem, was man dem anderen «vergeben» müßte, ganz einfach um Bagatellen, überhaupt gar nicht um große Dinge – wirklich nur um «hundert Denare», um winzige Beträge, für die man dem Nächsten nicht gerade an die Gurgel gehen muß.

Neben einer solchen *depressiv* zu nennenden Schwierigkeit im Umgang mit der «Vergebung» existiert noch eine andere, eher *zwangsneurotische* Problemstellung, und auf *sie hin* scheint das Gleichnis Jesu am meisten gesprochen zu sein. Hier nämlich geht es um Leute, die so sehr sich *im Recht fühlen*, daß sie kaum begreifen, wieviel an Unrecht sie anderen zufügen. Da gibt es Väter und Mütter, die stets genau wissen, was für ihre Kinder richtig ist – mit wem sie sich einlassen dürfen, wie sie in der Schule zu sein haben –, das ganze Problem des Lebens ist seit eh und je fertig im Kopf solcher Eltern. – «Mit diesem Jungen gehst du nicht mehr!» erklärte ein Vater noch vor einer Weile seiner Tochter. «Die Leute haben mir gesagt: deine Tochter zerbricht daran. Aber das weiß ich besser! An so etwas zerbricht meine Tochter nicht, sonst wäre sie nicht meine Tochter!» So kann man ein Mädchen mit achtzehn Jahren schon mit aller Wahrscheinlichkeit dahin bringen, daß es mit zwanzig sich unglücklich verliebt, mutmaßlich dann in einen Mann, der dem eigenen Vater, wie es ihn *gebraucht* hätte, ein wenig ähnlich sieht. Ihr wirklicher Vater aber hat in seiner Selbstwahrnehmung nur verantwortlich gehandelt, er *hat* überhaupt kein Glück zerstört, er hat im Gegenteil die einzig richtige Weichenstellung zur richtigen Zeit für seine Tochter in die richtige Richtung gestellt. *Unrecht* – wie könnte er! Er *weiß* das!

Es muß die größte Schwierigkeit in der gesamten Botschaft Jesu gebildet haben, diese hart gewordene, diese immer richtige, diese entscheidungsklare Variante der Vergebungsunfähigkeit aufzubrechen. Da kann von Vergebung keine Rede sein, weil sie fast schon einem Rechts*bruch* gleichkäme, weil «Vergebung» in dieser Optik hinausläuft auf eine Beleidigung des «gesunden» Rechtsempfindens. Da gibt es Strafen und Bußen, da gibt es Abzuleistendes – immer nach Maß, Gesetz, Regel und Ordnung. Doch was es da niemals gibt noch geben wird, das ist eine offenherzige Freizügigkeit und Freiheit. Eine solche würde *beunruhigen!* Sie würde den gesamten Untergrund einer zwanghaften Existenz als das erweisen, was sie ist: nur Sand und Staub – nichts Festes!

Dann aber bleibt noch die Frage: Führt nicht am Ende die Botschaft Jesu doch nur wieder dahin, *neue* Spaltungen hervorzurufen? – Offensichtlich! Das Programm der endgültigen Öffnung in alle Himmelsrichtungen, nach oben und nach unten, wird die Gruppe der Richtigen notwendig und unausweichlich in Frage stellen, es wird sie in aller Klarheit der eigenen Unmenschlichkeit überführen, und dieses Thema wird die ganze «Tröstung der Völkergemeinschaft» (TG) durchziehen. Gleich im nächsten Abschnitt schon werden wiederum die «Pharisäer» auftreten (Mt 19,3) und ihre Dreinrede führen – das muß so sein offenbar.

Es ist an der Botschaft Jesu immer wieder das gleiche zu beobachten: Diejenigen, die spüren, daß sie nicht ein noch aus wissen, denen hilft sie zu leben, denen sagt Jesus im Grunde überhaupt nichts Neues, sie ergreifen es mit aller Kraft. Denen aber, die mit ihrem Leben bislang mehr oder minder klargekommen sind, bedeutet sie eine nie gekannte Bedrohung, gegen die sie sich wappnen müssen (Mt 9,12–13!). In jedem Falle stellt sich das Thema der Vergebung, wenn es mehr ist als eine bloß moralische Übung, wenn es, wie Jesus es wollte, die *ganze Existenz umgreift*, vor eine unaufschiebbare Entscheidung: *Entweder* wir haben immer noch genügend Luft, um so weiterzumachen wie bisher, dann werden wir den Mann aus Nazareth abweisen als einen Träumer, Spinner oder Anarchisten – als jemanden, der so radikal nicht denken *darf*, wie er gedacht hat. *Oder* wir kehren die ganze Perspektive um, wir gehen von den Ärmsten der Armen aus, von ihrer Not, von ihrer Verzweiflung, und fragen nur noch, was ihnen *hilft*; dann ergibt sich alles, was Jesus zu sagen hat, ganz wie von selbst. Dann sinken wir bis in die Tiefe des Meeres, bis dorthin, wo der Abgrund sich auftut, bis zum Mittelpunkt der Welt – bis zu dem Ort, von dem uns das Leben kommt oder der Tod, bis zu dem Ort, da wir *Gott* begegnen.

Der russische Dichter FJODOR MICHAILOWITSCH DOSTOJEWSKI hat im sibirischen Straflager an einem Ostermorgen einmal die entscheidende Erfahrung seines Lebens gemacht. Es hatte ihn schrecklich gequält, im Grunde als Unschuldiger, als politischer Häftling, über lange Zeit hin gemeinsam dahinvegetieren zu müssen mit Mördern, Gewalttätern und Strauchdieben.[145] Es quälte ihn *psychisch*, und insgeheim verachtete er seine eigenen Lagergenossen. An diesem Ostermorgen aber ging ihm im Gefängnis von Sibirien etwas Entscheidendes auf. «All diese Leute», sagte er sich, «sind doch genau wie du selbst. Du mußt die Verurteilung überwinden durch das Verstehen. Du darfst keinen Menschen richten, denn es wird in seinem Leben alles richtig nur, indem du ihn verstehst.»[146] Seine Tochter, AIMÉE DOSTOJEWSKAJA, schreibt, daß, als ihr Vater im Sterben lag, er die Bibel sich habe aufschlagen lassen – die Geschichte Jesu von dem verlorenen Sohn (Lk 15,11–32), und dann soll er, seine Kinder rufend, zu ihnen sinngemäß so gesprochen haben: «Wann immer ihr in eurem Leben schuldig werden mögt, vergeßt niemals: Ich, euer eigener Vater, würde euch alles vergeben, was immer ihr jemals tätet und wohin immer ihr gelangen würdet. Und so glaubt noch viel mehr, daß Gott, euer *ewiger* Vater, euch begleiten wird, wohin immer das Leben euch führt. Mögt ihr auch schuldig geworden sein; *verzweifeln* in der Schuld und an der Schuld, *das* müßt ihr nicht. Nur davor bewahre euch Gott: schuldig zu werden aus Verzweiflung.»[147] AIMÉE DOSTOJEWSKAJA fügt noch hinzu, sie habe in ihrem gesamten Leben niemals Angst gehabt, denn das Bild ihres Vaters habe sie überallhin begleitet.[148]

Für das, was Jesus wollte, gibt es wohl kein besseres Bild als eben dieses. Er wollte uns das Bild eines Vaters malen, der uns begleitet und uns vergibt, was immer es sei. Freilich, um das zu glauben, brauchen wir Menschen, die es, wie Jesus es tat, an unserer Seite leben und mit uns gehen durch dick und dünn.

Aber wann immer wir Zweifel haben, was wir tun sollten, ist es ganz einfach: Wir müssen uns nur daran erinnern, was wir selbst wären *ohne* Vergebung. Die Gemeinschaft der Menschen ist dann so offen und so weit wie das Rund des Horizonts (Mt 5,45!). Da gibt es keine Dogmen mehr, die Menschen zu Ungläubigen stempeln, keine Gebote mehr, die Menschen zu Unbotmäßigen abqualifizieren würden. Was es statt dessen gibt, sind Menschen, die gemeinsam abhängig sind von jener Vergebung und Güte, die sie alle vereint.

Mt 19,3–12
O leg mich wie ein Siegel an dein Herz

Dieser Abschnitt im 19. Kapitel des Matthäusevangeliums ist seit eh und je von der katholischen Kirche dazu verwandt worden, die «Unauflöslichkeit» der Ehe als göttliche Offenbarung und moralische Pflicht hinzustellen.[149] Doch eben deshalb scheint es nötig, zunächst einmal sich Rechenschaft davon zu geben, was heute das Zusammenleben zwischen den Geschlechtern so sehr *erschwert* – mit welcher Problematik wir es beim Sprechen über «eheliche Treue» eigentlich zu tun haben.

Es gibt vermutlich kein Thema, das persönlich so weh tun oder auch so glücklich machen kann wie die Frage der Liebe mit all ihren Schwierigkeiten und Chancen. Wohl manch einen Menschen sieht man resignieren über den unglückseligen Gang der menschlichen Geschichte in Anbetracht der Vielzahl von Tragödien, die tagaus, tagein in unseren Zeitungen stehen; wenn aber irgend jemand nicht mehr aus noch ein weiß, dann wird es in aller Regel nicht an *solchen* Fragen liegen, sondern an dem Eindruck der Ungeliebtheit und des Verstoßenwerdens bzw. des persönlichen Unvermögens, zumindest einen Menschen auf Erden wirklich lieben zu können. Aber auch umgekehrt: wenn irgend etwas einem Menschen entscheidend über Krisenmomente seines Lebens hinwegzuhelfen vermag, so ist es schwerlich eine neue Nachricht in der Zeitung, so hoffnungsfroh und bedeutsam sie ihrem Inhalt nach auch sein mag, sondern fast immer wird es sich um eine Entdeckung ganz im Privaten, sehr im Persönlichen handeln, die eben darin gründet, wider Erwarten, überraschend, *endlich* doch die Liebe zu oder von einem anderen Menschen gefunden zu haben.

Alle Kräfte, alle Energien richten sich auf die Lösung dieser Frage. Ein menschliches Leben scheint nicht an sein Ziel zu gelangen, ehe nicht eine Antwort gefunden wird auf diesen Lebensauftrag: wie es möglich ist, auch nur einen einzigen Menschen auf dieser Welt zu einem Partner und Gefährten des Vertrauens und der Zärtlichkeit zu gewinnen. Gelingen und Mißraten unseres Lebens hat im Kern zu tun mit dem Mißraten und Gelingen in dieser Hauptaufgabe unseres Daseins.

Warum das so ist, dafür sprechen eine Menge uralter Gründe. Sie aufzuzählen entbehrt nicht des Amüsements, müssen wir uns doch wiedererkennen im Konterfei von Anlagen und Verhaltensstrategien, die schon viele Jahrmillionen vor uns entwickelt wurden. Da sagen uns die Verhaltensforscher ebenso wie die Frühmenschenkundler (die Ethologen wie die Paläontologen), daß auf dem Wege der Menschwerdung ein relativ stabiles Arrangement zwischen Mann und Frau zum Schutze der Kinder geschlossen werden mußte.[150] Die Art und Weise, wie dieses Arrangement zustande kam, scheint nach allem, was wir heute wissen, einem Katalog all der Einstellungen entnommen zu sein, die bis heute das Zusammenleben von Frau und Mann ermöglichen, aber auch erschweren. Man vermutet, daß ein gewisser Überhang der *Polygamie* auf seiten der Männer am Anfang gestanden hat – aus relativ handfesten Argumenten glaubt man das schließen zu dürfen, wie zum Beispiel, daß die Kopfform bestimmter Primaten männlicherseits von einer Robustheit war, wie sie wohl nur im Konkurrenzkampf der Männchen um die Gunst der Weibchen gebraucht wurde[151]; – und noch heute sehen wir, daß ein Männchen (oder denn: ein *Mann!*) um ein paar Zentimeter größer zu sein pflegt als eine Frau; eine entsprechende Verhaltensform von Dominanz und Überlegenheit scheint sich wie selbstverständlich daraus ergeben zu haben. Es kommt hinzu, daß rund um den Globus die Männer in aller Regel bei der Heirat um ein paar Jahre älter zu sein pflegen als die Frauen[152] – und auch *das* signalisiert einen gewissen Vorsprung an Erfahrung und Lebensweisheit. Es scheint, als lägen *hier* bereits die Gründe für zahlreiche Schwierigkeiten auf dem Wege zu einem partnerschaftlichen Miteinander. Indessen: Die Natur *spielt* selten! Wenn sie etwas arrangiert, so tut sie es unter dem Zwang unabweisbarer Notwendigkeiten. Das uralte Schema der Paarbeziehung scheint sich im Verlauf von Hunderttausenden von Jahren dadurch ergeben zu haben, daß die Männer zum Schutz von Frauen und Kindern bestimmte Reviere zu verteidigen hatten und daß sie Nahrung in einem Radius von etwa zwanzig Kilometern um eine Wasserstelle beschaffen mußten[153]; mit anderen Worten: sie mußten körperlich die Stärkeren sein – die besseren Langläufer, die in den Lungen besser Atmenden, die physisch Überlegenen; und was die *Raumorientierung* angeht, lag es an *ihnen* zu wissen, in welcher Richtung es Fleisch und Wasser zu finden gab, wohingegen den Frauen bis heute eine weit stärkere *Sprachfähigkeit*, eine höhere Sensibilität und psychische Reflektiertheit zugesprochen wird.

All diese Polaritäten sollten wir nicht leugnen, sie existieren.[154] Doch eben daraus ergeben sich für uns heute eine Menge an Aufgaben und Konflikten, die wir lösen müssen. Etliche von ihnen liegen paradoxerweise in der *Entfernung* von dem biologischen Erbe selber; sie zu beachten ist nicht überflüssig, zeigt sich doch daran, wie wenig wir entscheidende Fragen der menschlichen Existenz einfachhin «moralisieren» können.

Was die Einrichtung der Ehe angeht, so scheint klar, daß der Zusammenhalt von Mann und Frau biologisch mindestens für *die* Dauer *der* Zeit gesichert werden mußte, die nötig war, um die Nachkommen heranzuziehen.[155] Das bedeutete in den Jahrhunderttausenden der Menschwerdung: man heiratete mit etwa zwölf Jahren bei einer Lebenserwartung von durchschnittlich 27, wenn es hoch kam, von 35 Jahren, und in all der Zeit konnte man vielleicht zehn bis zwölf Kinder hervorbringen, dann war das Maß, das die Natur dem Menschen gesetzt hatte, endgültig erschöpft.[156] In all der Zeit stand für ein persönliches Glück außerhalb dieser Beziehung zum Zwecke menschlicher Fruchtbarkeit weder viel Zeit noch Energie zur Verfügung. Auch kulturell stand nicht die persönliche Entfaltung, sondern das Interesse der Sippe im Vordergrund. *Sie* war es, die oft schon vor der Geburt die Heiratsbeziehungen bestimmte, wie noch heute in manchen Teilen Indiens.[157] Die Sicherung des familiär erworbenen Eigentums für die Sippe entlang bestimmter Erbschaftsregelungen gehörte wie selbstverständlich zum Bestand der Institution der Ehe und Familie[158]; entsprechend streng war die soziale Kontrolle zur Einhaltung bestimmter gesellschaftlicher und religiöser Normen. In dem Gefüge archaischer Lebensformen war vom Geburts- bis zum Todestag alles gebahnt und geregelt; ein Spielraum persönlicher Entscheidung existierte so gut wie gar nicht, allenfalls als das Privileg einiger weniger Mächtiger.

Das alles hat einmal funktioniert, nur haben die Zeiten heute sich geändert. – Menschliche Fruchtbarkeit, früher eine Überlebensfrage, ist heute eine der Hauptgefahren der Menschheit geworden.[159] Eine Milliarde Chinesen muß es zum harten Gesetz erklären, nicht *mehr* als ein Kind haben zu dürfen; ein *zweites* Kind wird als asoziale Belastung der Gesellschaft empfunden und folglich nicht mit Steuervergünstigungen belohnt, sondern mit Steuererschwernissen förmlich *geahndet*. Natürlich ergeben sich allein dadurch bereits erhebliche psychische Umstellungen: Ein einziges Kind großzuziehen ist etwas völlig anderes, als sieben oder ein Dutzend Kinder ins Leben zu begleiten. Ein anderer Faktor ergibt sich aus der *Verlängerung der Altersspanne*. Im Durchschnitt leben wir heute als Frauen etwa 78 Jahre, als Männer etwa 74 Jahre[160]; das ist mehr als das Dreifache von dem Zeitmaß, das die Natur uns ursprünglich gesetzt hat. So ist es nicht überraschend, heute beobachten zu können, daß gerade um die Lebensmitte, wenn die Kinder erwachsen werden, Eheleute in unseren Tagen noch einmal beginnen, darüber nachzusinnen, warum sie vor Jahren eigentlich geheiratet haben und welch einen Sinn es ergeben soll, weiter verheiratet zu bleiben. Sie sind jetzt etwa vierzig, fünfundvierzig Jahre alt, sie haben ihre *biologische* Aufgabe in gewissem Sinne erfüllt, und sie spüren genau: Entweder gibt es zum weiteren Zusammenleben starke persönliche Gründe, oder es gibt solche Gründe *nicht*. Die *Gesellschaft* benötigt den Zusammenhalt ihrer Ehe biologisch, finanziell und kulturell nicht mehr, und ganz sicher benötigt sie keine größere Hypothek an persönlichem *Unglück*.

Daraus ergibt sich, daß mit einem Mal *Entscheidungsfreiheit* an Stellen herrscht, an denen sie früher nicht zu vermuten war. Vor allem aber ergibt sich moralisch daraus eine wichtige Folgerung: Es scheint nicht gerecht, Gesetze dem Menschen als unabänderlich zuzumuten, die unter ganz anderen Verhältnissen entstanden sind, als unter denen er heute lebt! Ist es wirklich nur, wie der Vatikan glaubt, ein Zeichen der Sünde[161], daß wir in unseren Tagen weit über ein Drittel aller Ehen, die in der Bundesrepublik geschlossen werden, nach relativ kurzer Zeit wieder sich auflösen sehen? Bis zu vierzig Prozent sind es heute in Kanada, bis zu fünfzig Prozent in den Vereinigten Staaten – das Problem *wächst*, statt abzunehmen![162] Und wie antworten wir nun auf ein Problem, das *im Mittel*(!) jeden Dritten oder jeden Zweiten von uns betreffen mag? Mehr noch: Wir können vermuten, daß selbst die Ehen, die zusammenbleiben, nicht ohne Gefährdung, nicht ohne Krisen, nicht ohne Problematik zurückbleiben. Wie wird ihnen Hilfe? *Das* müssen wir wissen.

Mit dieser Frage stehen wir in gewissem Sinne bei der *Einleitung* zum 19. Kapitel des Matthäusevangeliums. Da war eben noch in einer großartigen, von Matthäus selbst geschaffenen Szene die Rede davon, wie Jesus all die Menschen *heilt*, die man zu ihm bringt (Mt 19,1–2). Doch schon kommen die «Pharisäer» und stellen Jesus vor die Frage, die auch heute noch im Mittelpunkt der kirchlichen Verkündigung gegen das Recht auf Selbstbestimmung steht: Was hat der Prophet aus Nazareth zu sagen *in Anbetracht zerbrechender Ehen*? Wie ist da seine Meinung? Gibt es da nicht eine klare Weisung, entsprechend dem mosaischen Gesetz (Dt 24,1), und wie verhält sich sein Wort dazu?

Es ist überaus entscheidend, daß man die Antwort, die Jesus hier gibt – bei Matthäus entnommen der «Hausordnung» im 10. Kapitel bei Markus (Mk 10,2–12)[163] –, *in ihrer eigentlichen Intention* mitvollzieht, nimmt Jesus doch mit seiner Antwort auf die «Pharisäer»frage die Menschen sehr leise bei der Hand, um sie aus all ihrer Not zurückzuführen *zum Paradiesesanfang*. Man kann nicht wie der kirchliche Dogmatismus erklären: «am Anfang» hat Gott Mann und Frau geschaffen, das bedeute, er habe sie zusammengefügt in einem rein historischen oder juristischen Sinn. Wir müßten das Wort «am Anfang» vielmehr übersetzen mit «von Grund auf», *«wesentlich»*; daß aber *Gott* Mann und Frau miteinander verbindet, kann doch nur heißen, daß *die Liebe* etwas ist, das von Gott kommt und das von Menschen weder zerstört werden kann noch zerstört werden darf.[164] Nehmen wir *das* einmal beim Wort, wie *wesentlich, ursprünglich* die Liebe das einzige Band bildet zwischen Mann und Frau, so verstehen wir die Anspielung Jesu auf die *Anfangs*seiten der Bibel ganz anders, als es das Kirchenrecht und die kirchliche Dogmatik bis heute vorsehen. Lesen wir also als erstes Gen 2,4–25!

Alles beginnt in der Paradieserzählung mit einem *göttlichen Lernen* an der eigenen Kreatur. Er, der Ewige, der Schöpfer selber, bedarf seiner Welt nicht wesentlich als seines Gegenübers; Gott, so erzählt uns die Bibel, erschafft die Menschen nicht, weil er sie zu seiner Ergänzung braucht, sondern aus freien Stücken. Er selbst hielte es sehr wohl noch in Äonen glücklich genug mit sich selber aus. Es gibt aber etwas, das selbst der Gott der Bibel lernen muß an dem, was er geschaffen hat. Was für ihn, den Schöpfer, gilt, hat nicht ohne weiteres Geltung auch für den Menschen. Für einen *Menschen* bedeutet es sein Unglück, allein zu sein. Schon weil er *geschaffen* ist, *bedarf* er einer Ergänzung! Es ist aber das Geheimnis des menschlichen Daseins, daß es nur Ergänzung finden kann in dem, was ihm ähnlich ist.

Man mag beim Lesen der Paradieserzählung (Gen 2,18–25) immer wieder sich fragen, wie umständlich denn Gott da zu Werke geht, um dem Menschen ein «Gegenüber» zu schaffen. *Alle Tiere des Feldes* werden da als erstes auf den Plan gerufen und dem Menschen zugeführt, auf daß er ihnen «Namen» gebe; Gott selber will offenbar aus dem Munde des Menschen lernen, wie seine Kreaturen heißen sollen. – Bis in die Gegenwart hinein hat man diese Szene als eine Demonstration der *Machtverleihung* gedeutet: den Namen von etwas zu kennen interpretierte man als Herrschaftsausübung. Doch so ist es nicht gemeint. Offenbar will Gott dem Mann eine Frau nicht zuführen, es sei denn, er hätte zuvörderst gezeigt, wie pfleglich er umzugehen versteht mit den Tieren des Feldes. Die Art einer solchen «Namengebung» wird man sich in etwa so vorstellen müssen wie das Bild eines Malers oder das Gedicht eines Sängers: als Ausdruck einer tiefverwurzelten Poesie. Das weite Terrain der Sensibilität gegenüber fühlenden Geschöpfen bildet mithin die Vorbedingung, auch unter Menschen die Liebe zu lernen, bis daß ein Mensch eines anderen wert werde. Eine *Vorbereitungszeit*, ein Noviziat der Liebe, findet da statt im Raum der Natur: Wer kein Mitgefühl mit fühlenden Wesen besitzt, der sollte auch einen anderen fühlenden Menschen nie kennenlernen, der müßte einsam bleiben auf ewig, scheint Gott hier zu denken. Erst wenn diese Einheit zwischen Mensch und Natur einmal anerkannt ist, gilt in einem nächsten Schritt, daß für einen

Menschen unter den Tieren *kein Gegenüber* sich findet und Gott noch einmal, diesmal gewissermaßen hautnah, sich des Menschen annehmen muß. Aus dem Schmerz seiner Träume genommen, verdichtet aus der Sehnsucht der Nacht, formt Gott *aus der Seite* des Mannes seine Geliebte.

Es ist ein eigenartiges mythisches Bild, wonach die Liebe den anderen immer wieder erleben läßt als etwas, das man sich buchstäblich hätte *aus den Rippen* schneiden müssen, wenn es nicht schon existierte; es würde uns von Ewigkeit her fehlen, würde Gott selbst es uns nicht zuführen. Stets wird die Liebe empfunden werden als eine geheime göttliche Fügung. Alle Verliebten spielen irgendwann einmal in der Phantasie durch, wie es gewesen wäre, sie hätten einander damals bereits kennengelernt im Alter von vier oder fünf Jahren, im Sandkasten, im Kindergarten, auf dem Spielplatz, und es will ihnen scheinen, als ob ihr gesamtes weiteres Leben nur eine Weile lang auseinandergegangen wäre, um sich im Ring der Liebe zusammenzuschließen, und die Wegstrecke dazwischen wäre nur ein Zugeführtwerden unter der unsichtbaren Hand eines Gottes, dem man auf immer Dank sagen möchte für seine gnädige Führung. Aller Austausch der Zärtlichkeit unter den Verliebten wird dabei in der Tat zurückgreifen auf die ursprüngliche Zärtlichkeit eines Kindes gegenüber der Kreatur, indem sie einander sehr gerne mit *Tiernamen* benennen: die Frau heißt da zärtlich das «Täubchen» oder das «Häschen», und umgekehrt: der Mann wird zum «Löwen» oder zum «Tiger» oder, manchmal, nach einigen amourösen Ausflügen, womöglich zum «Wanderfalken» – was auch immer: da herrscht eine Art *Totemismus* in der Sprache der Verliebten; *alle* Namen aber laufen auf ein einziges Geständnis hinaus, das da lautet im Sinne des biblischen Textes: «Du bist als Frau genau wie ich als Mann, bis auf den einen entscheidenden Unterschied, daß du zugleich ganz anders bist als ich, eben weil du eine Frau bist. ‹Männin› drum müßtest du heißen (oder ‹Frauin› als Mann).»

Liebe – das ist diese Identität der Geschlechter mit jenem entscheidenden Unterschied, der doch so groß sein kann wie zwischen Mars und Venus gewissermaßen, als kämen wir Menschen als Mann und als Frau von verschiedenen Sternen und gehörten dennoch, quer über den Kosmos gespannt, zueinander, so innig, daß sich der Schmerz der Sehnsucht erst wieder schließt durch die Gegenwart des anderen, den zu sehen wie ein Lied, wie ein Lobgesang, wie ein Brauthymnus durch die Jahrtausende geht.

Gefragt aber nun, wie *lebt* sich die Liebe, antwortet die alte Erzählung der Genesis: Die Liebe ist ein Verlassen aller Abhängigkeit von Vater und Mutter (Gen 2,24), sie ist ein Ende der Kindheit, sie ist ein vertrauensvolles Aufbrechen in die Welt des anderen, und am schönsten: sie ist das Wagnis, *nackt* zu sein, ohne sich zu schämen (Gen 2,25).

Es ist die *Sehnsucht* der Liebe, keine Hüllen mehr zu kennen und so zärtlich miteinander zu sein, daß alles sich öffnet zum Glück, zur Schönheit, zum Rausch der Seele wie des Körpers. «Nackt» zu sein, das heißt, einander sagen zu dürfen, wo man den anderen braucht, um zu leben, wo man die eigenen Mängel spürt, die der Ergänzung des anderen bedürfen, um zur inneren Einheit zu reifen; es bedeutet deshalb auch, daß es fortan keine Schwäche mehr gibt, die nicht sagbar wäre; es bedeutet, eine Sprache des Verstehens zu finden, die ihrerseits den anderen nicht erniedrigt, nicht beschämt, sondern aufblühen läßt zum Licht. – *So* wären wir Menschen, so *sind* wir Menschen, meint diese Geschichte, wenn wir *so* blieben, wie Gott uns gewollt hat. So ist die Liebe das schönste Geschenk des Schöpfungsmorgens und das letzte womöglich, das wie ein fernes Echo aus der «Zeit» des Paradieses zu uns herübertönt.

Natürlich mögen Skeptiker fragen, ob es wohl Sinn macht, von einem «Zustand» zu schwärmen, den wir doch immer wieder gewiß nur sehr gebrochen und fragwürdig erreichen können. Ist nicht alles Idealisieren der Liebe geradewegs gefährlich – der möglichen Enttäuschungen wegen? – Man versteht die Antwort Jesu ganz richtig, die er der Frage der «Pharisäer» erteilt, was man denn machen könne *jenseits* von Eden, *außerhalb* des Paradieses. Im Sinne der «pharisäischen» Fragestellung ließe sich nur sagen: wir brauchen gegen die eigene Entfremdung außerhalb der von Gott gesetzten Ordnung des Herzens unbedingt klare *gesetzliche* Anweisungen; genau dem aber *widerspricht* Jesus auf das äußerste! *Das* zunächst muß man an dieser Stelle hören, denn dieser Konflikt bildet den eigentlichen Grund und Hintergrund dieses Gesprächs im Evangelium des Markus nicht anders als bei Matthäus! Mit aller Energie will Jesus in seiner Antwort deutlich machen, daß es für die Fragen des menschlichen Herzens *keine andere Lösung* gibt, als indem man den Menschen nimmt und ihn zu seinem inneren Ursprung zurückgeleitet. Nur indem man die Menschen *die Liebe* wieder lehrt, schützt man sie vor dem Chaos einer zerbrechenden und zerbrochenen Welt, die sie oft mit soviel Mühen aufgerichtet haben.

Insbesondere *Matthäus* hat vollkommen recht: Man kann das, was Jesus mit der Erinnerung an das Paradies an dieser Stelle zum Thema Ehe sagen will und meint, überhaupt nicht anders wiedergeben als *in Konsequenz der Heilung*, die er all denen angedeihen läßt, die zu ihm gebracht werden (Mt 19,2).[165] Und die Kraft zur *Heilung* wiederum hängt ab von der Kraft der *Vergebung*. – Noch ein Kapitel zuvor sprach Matthäus nicht zufällig von der Bereitschaft zur Vergebung (Mt 18,1–35; vgl. Mt 9,1–8 nach Mk 2,1–12; die Heilung des Gelähmten). Diese beiden Momente: einander bis ins Grenzenlose, was immer auch an Schuld geschehen sein mag, zu *verzeihen*, und die Fähigkeit zur *Heilung* zugefügter Wunden sind *der Rahmen*, in dem die Frage nach der Ehe hier gestellt wird! «Nur eurer Herzenshärte wegen», erklärt Jesus den «Pharisäern», «hat Moses *euch* – den Männern wohlgemerkt! – gestattet, die Frauen zu entlassen», aber *nicht* «aus beliebigem Grunde», wie Rabbi Hillel es lehrte.[166]

Probieren wir diese Antwort einmal durch, indem wir der Not nachgehen, aus der heraus Ehen zerbrechen können, so lassen sich vermutlich *drei verschiedene Formen summarisch* namhaft machen, die wir in gewissem Sinne «therapieren» sollten, wenn irgendeine Ehe wirklich gerettet oder geheilt werden könnte; aus dem jeweiligen Konflikt und aus den Chancen zur *Heilung* sollte sich dann auch der ungefähre Spielraum ertasten lassen, der uns verbleibt, um von außen her irgendeine «Lösung» für die Krise der Liebe im Leben von Eheleuten finden zu können.[167]

Vermutlich der häufigste Grund für das Scheitern einer Ehe liegt in gerade denjenigen Ursachen, die ursprünglich die Ehe gestiftet haben. Mit Hilfe der Psychoanalyse, durch die Kenntnis des Unbewußten, verstehen wir heute zumindest ein wenig von den Verflechtungen der sog. *Übertragungsbeziehungen*. Sie *zum ersten* können bei noch so viel gutem Willen immer wieder Eheleute aneinander sich aufreiben lassen, und sie haben allesamt zu tun mit dem, was Jesus hier erwähnt: mit dem Verlassen von Vater und Mutter.

Ein kleines Beispiel: Ein Mann heiratet eine Frau, die er von Herzen liebhat und auf Händen tragen möchte; er wäre für sie bereit, alles zu tun, was irgend sie ihm nur an Wünschen mitteilen würde, und doch ahnt er in keinem Betracht, daß er *gerade damit* in Wahrheit einem Programm der Wunscherfüllung nachgeht, das in Kindertagen schon gegenüber seiner Mutter ihm auferlegt wurde; *sie* womöglich schon hatte bestimmte Vorstellungen, was ein Junge, was *ein Mann* im Leben zu verrichten hat, welch ein Bild von sich selber er präsentieren muß, und so war dieser Mann seit Kindertagen schon bemüht, dem Erwartungsbild seiner Mutter zu entsprechen. Eben deshalb nun hat er eine Frau geheiratet, die in gewissem Sinn in ihm *nicht* sogleich die Angst erweckt, sie könnte so ähnlich auf ihn wirken wie seine Mutter. *Diese Frau* ist keineswegs so fordernd, so aufdringlich, so ungestüm wie die Mutter damals, sondern ganz im Gegenteil, sie ist eher zurückhaltend, bescheiden, fast unfähig, einen eigenen Wunsch zu äußern. Alles fügt sich deshalb scheinbar zum besten, und doch befinden wir uns bereits mitten in einer schwierigen Krise.

Der Mann, eigentlich darauf eingerichtet, alle möglichen Wünsche, die ihm angetragen werden, *gerne* zu erfüllen, stets in der Hoffnung, zumindest *dafür* geliebt zu werden, *leidet* förmlich darunter, daß seine Gattin ihm ihre Wünsche nur im äußersten Notfall mitteilt, und so muß er selber sich ihre Erwartungen *ausdenken*; doch da er beim besten Willen nicht wissen kann, was seine Frau wünscht, fallen ihm lauter Wünsche ein, die *seine Mutter* schon gehabt hat, und *die* nun wirklich erfüllt er prompt und pünktlich, ohne daß seine Frau dabei auch nur eine Mitsprache besäße. – Mit anderen Worten: dieser Mann läuft unvermerkt vollkommen ins Abseits. Er spielt gewissermaßen Fußball hinter dem eigenen Tor und rackert sich ab ohne den geringsten Erfolg. Allein dieser eine Mechanismus muß nur ein paar Jahre lang so laufen, und es kann nicht ohne Zerstörung so weitergehen.

Das wird klar, wenn wir dieselbe Geschichte uns zusätzlich noch *aus der Perspektive der Frau* anschauen. *Sie* hat womöglich ihren Mann gerade in der Hoffnung geheiratet, daß er ihr vieles, *ohne* es erst lange aussprechen zu müssen, an den Augen ablesen werde. Sie kann nicht wissen, daß das, was er in ihren Augen lesen wird, lauter «übertragene» Inhalte sind. Genau betrachtet, hat sie womöglich gar nicht ihren Mann geheiratet; denn auch sie hatte eine Mutter, die schon in Kindertagen alles eigene Wünschen kontrolliert, ja, geradewegs verboten hat – sie war einfach nicht länger belastbar mit dem Lebensanspruch eines zusätzlichen Kindes. Eine solche Frau hat schon unter diesen Umständen womöglich bereits als Mädchen gelernt, sehr bescheiden und sehr rücksichtsvoll zu sein. Wenn man gewissermaßen stets ganz leise, wie auf Zehenspitzen, durch das Zimmer geht, dann, hat sie geglaubt, wird man geliebt; und tatsächlich: ihr Mann liebt sie im Bewußtsein gerade deshalb; *unbewußt* aber hätte er nur allzu gerne eine Nachfolgerin seiner Mutter, eine robuste, problemlose, hemdsärmelige Frau, die munter und lustig durchs Zimmer ginge! *Das* erwartet er; und so beschwert er sich bald schon über die Langsamkeit oder, soll man sagen, über die Tranfunzeligkeit, mit der seine Frau da herumsitzt: Man kommt abends nach anstrengender Arbeit nach Hause und findet nichts vor als ein ständiges Lamento und neurotisches Wehweh – so geht es nicht weiter! *Konflikte* zu lösen aber haben beide nie gelernt! Statt dessen agieren sie, ohne es zu merken, ihre *Übertragungen* aneinander aus; sie scheitern im Grunde an dem Mißraten von Erwartungen, die sie selber subjektiv überhaupt nicht benennen können. – An solchen Krisen zersprengt erkennbar das beste moralische Wollen, und es zeigt sich schon an diesem kleinen Beispiel, wie wenig es möglich ist, mit ethischen Vorschriften das Zusammenleben auch nur von zwei Menschen zusammenzufügen, selbst wenn diese selber es mit allen Fasern ihrer Seele möchten. Für das Gelingen einer Ehe muß es im Leben eines Mannes und einer Frau *auf der Ebene der Existenz* weit tiefer zusammenstimmen, als daß man es «machen» oder «planen» oder willentlich gegen sich selbst oder den anderen durchsetzen könnte. Schon im Umkreis der *Übertragungsproblematik* also scheint keine Auskunft zu funktionieren, die rein moralisch von außen her verordnet und rechtlich angeordnet werden könnte.

Zum zweiten: das Problem der *Unverträglichkeit bei gleichzeitig starker Anziehung.* Es ist klar, daß Menschen, deren Psyche seit Kindertagen geformt wird, eine bestimmte *Charakterstruktur* auch in die eheliche Beziehung mitbringen. Da kann es durchaus sein, daß ein bestimmter Mann ein an sich wunderbarer Liebhaber ist und nicht anders seine Frau, nur: *füreinander* geschaffen sind sie überhaupt nicht, obwohl, als sie sich kennenlernten, sie gerade diesen Eindruck voneinander gewinnen mußten. Auch *dafür* ein einfaches Beispiel – der Konflikt eines Mannes, den wir uns als *zwangsneurotisch* vorstellen, während wir uns seine Frau als *hysterisch* denken.

Zur *hysterischen* Charakterform einer Frau gehört es, daß sie innerlich sehr an ihren Vater gebunden ist; ihn hat sie als Mädchen geliebt, vor ihm aber ist sie auch geflohen; sie war zu ihm hingeneigt voller Sehnsucht und von ihm zugleich verschüchtert voller Angst – eine ständig ambivalente Haltung *jedem* Manne später gegenüber. Diese Frau nun *sehnt* sich förmlich nach einem Mann, der von außen her Halt, Ordnung, Richtung, mithin eine klare, führende Hand in ihr Leben einbringen könnte, und ein solcher Mann scheint geradezu verkörpert zu werden in einer eher *zwanghaft* strukturierten Persönlichkeit. Ein solcher *Mann* weiß *grundsätzlich*, was richtig, was falsch, was ordentlich, was unordentlich, was pünktlich, was unpünktlich ist – er *kennt* die Welt, er weiß, was man tun muß, er überschaut, wie man mit Geld erfolgversprechend umgeht, er ist ein Experte darin, wie man Anschaffungen tätigt, er ist eine Kapazität, wenn es darum geht, wie man beim Finanzamt zurechtkommt – er, wenn überhaupt jemand, ist der *ideale Berater* für seine Frau, die womöglich mit fünfundzwanzig Jahren immer noch nicht weiß, wie man eine Bankvollmacht ausstellt oder auch nur eine Zahlkarte ausfüllt. – Die beiden also, Sinnes, *einen gemeinsamen Vorteil* durch ihre Heirat zu finden, lieben sich subjektiv ehrlich und aufrichtig, und doch wird schon ihre *Hochzeitsreise* vermutlich sehr turbulent. Dabei ist der «zwanghafte» *Mann* eigentlich recht froh, endlich eine so lebhafte Frau bekommen zu haben, *sie* aber wird glauben, nunmehr sozial, wirtschaftlich und vor allem: *moralisch* gesichert zu sein. Was also brauchen wir noch, um uns die beiden als ein glückliches Paar vorzustellen? Indessen zeigt sich recht bald, daß diese Ehe für eine lebenshungrige

Frau an der Seite eines so korrekten und pflichtgetreuen Mannes sehr langweilig werden kann. Es ist nichts los in dieser Ehe, denkt sie; es hat zwar alles seine Ordnung, aber es passiert nichts, es ist ein elender Trott! Wann man sonntags aufsteht, was man montags anzieht, all das weiß man im voraus; auch was man an welchen Tagen kocht, sogar wieviel Salz man nehmen darf, um sich diätetisch gesund zu ernähren, hat man zu wissen; man weiß desgleichen, welche Leute man besucht, welche Zeitungen man liest, welches Kino man nicht besucht, welche Fernsehprogramme nützlich und belehrend sind und welche «idiotisch», weil «nur unterhaltend» – kurz, es ist zum Aus-dem-Fenster-Springen für diese Frau! Alles, was *sie* sich vornehmen möchte, erscheint in den Augen ihres Mannes als unvernünftig, wenn nicht als unmoralisch. Man müßte mal ausgehen, man müßte mal ordentlich tanzen, man müßte mal, wenn doch schon in Paderborn ein Sommerfest ist, mal auf die Pauke hauen... das aber tut «man» nicht. Wenn «man» aber alles nicht tun darf, was Spaß macht, macht man es vielleicht mal auf eigene Faust! Von da an freilich wird es schlimm. Denn spätestens jetzt denkt ihr treuer, anständiger Gemahl darüber nach, ob seine Frau nicht schon dabei ist, *fremdzugehen.* Mit anderen Worten: er wird *eifersüchtig.* Das aber hat für sie gerade noch gefehlt – der eigenen Frau das Mißtrauen auszusprechen nur schon für die Art, wie sie mit einem völlig Unbekannten einmal etwas länger ausgeblieben ist! Bei *allem* muß dieser Mann sich aber auch etwas denken!

Man muß nur fünf Minuten lang so weiter überlegen, und man wird rasch begreifen, daß es moralisch völlig integre Menschen gibt, die trotzdem aneinander leiden *müssen*, weil sie in ihrer Weise, so wunderbar sie sind, so wunderlich für gerade den Mann und gerade die Frau erscheinen werden, die sie sich, in bester Absicht, für ihr Leben ausgesucht haben. Bei SHAKESPEARE ist es nachzulesen: «Besser gut gehenkt als schlecht verheiratet!» Also wirklich!

Kommen wir zu dem *dritten* möglichen Krisenfaktor einer Ehe. Er besteht in der *Verformung einer Beziehung durch ungleichzeitige Entwicklungen.* Auch dafür ein Beispiel. – Wir sagten vorhin, daß in aller Regel ein Mann bei seiner Heirat ein paar Jahre älter ist als seine Frau; nehmen wir jetzt aber einmal an, daß ein Mann, schon weil er sich eigentlich sehr unsicher fühlt, eine Frau heiratet, die *sehr* viel jünger ist als er. Er ahnt nicht, daß er womöglich aus eigener Gehemmtheit bzw. aus Unfähigkeit, eine *gleichberechtigte* Beziehung mit einer Frau einzugehen, im Grunde sehr froh ist, eine Frau in die Ehe zu führen, die, sagen wir, zehn, fünfzehn Jahre jünger ist als er und der gegenüber er sich gewissermaßen als ein wahrer Maestro das Daseins erweisen kann: *Er hat einen Beruf, sie nicht; er verdient das Geld, sie nicht; er* hat eine abgeschlossene Ausbildung, sie *nicht; er* schenkt ihr alles, er erspart ihr den ganzen weiteren Weg durch ein Studium, er befindet sich womöglich längst in akademischem Rang und gesellschaftlichen Würden – sie braucht nur an seiner Seite aufzuwachsen, aufzublühen und ihm dankbar zu sein, dann wird das Eheglück, denken er *und sie* (!), auf festen Boden gestellt sein. Es ist indessen klar, daß in einem solchen Arrangement, bei dem *sie* gewissermaßen einen Ersatz ihres Vaters und *er* einen Ersatz für das Mädchen findet, das anzusprechen er als Junge nicht den Mut hatte, weder er noch sie ahnen können, daß hier eine *Aufgabe* unterschlagen wird, die im Verlauf der Ehe sich irgendwann unüberhörbar zu Wort melden wird. Der Mann müßte schon sehr weise sein, wenn er in dieser Situation begreifen würde, daß er in seiner Ehe eigentlich so etwas wie eine gemeinsame Erziehungsaufgabe zu lösen hätte: Er müßte förmlich *wünschen*, daß seine Ehe sich so ähnlich veränderte, wie man es in manchen Märchen liest, wo es Spukschlösser mit dreizehn Zimmern gibt, von denen man höchstens eines erst kennengelernt hat: Was kann aus einer Frau, die gerade achtzehn oder fünfundzwanzig Jahre alt ist, noch alles werden, während man selber bereits fünfunddreißig oder fünfzig Jahre alt ist? Und wieviel kostet es, von sich selber her *zu wünschen*, daß ein solche Entwicklung, die unter Umständen alles in Frage stellen kann, *in jedem Falle* stattfinde, in dem Vertrauen, es werde irgendwo schon zueinander führen! –

Oder denken wir uns das Umgekehrte: Daß *eine Frau* mit fünfundvierzig Jahren einen sehr viel jüngeren Mann heiratet, so daß alle Leute ringsum ihr schon im voraus sagen, so etwas könne gar nicht gutgehen. Man begreift nur zu sehr, daß sie vor dem Problem steht, *älter* zu werden, und Sorge trägt, dadurch an Attraktivität und Schönheit zu verlieren; gerade deshalb womöglich möchte sie sich noch einmal beweisen, daß ein junger Mann, sozusagen ein *Felix Krull*, sie trotz allem leidenschaftlich liebhaben könnte.[168] Aber wie fügt sich das nun im Verlauf des Lebens zueinander? Kann es nicht sein, wir müßten uns eingestehen und akzeptieren, daß allein schon *die ungleichzeitige Entfaltung* zweier Menschen am Ende eine Gemeinschaft auseinandertreibt, die diese Entfaltung selbst überhaupt erst ermöglicht hat?

Es bedarf keiner weiteren Erläuterung, daß all die drei genannten Varianten des Scheiterns einer Ehe sich *durchmischen* können, daß mit anderen Worten *Übertragung, Charakter* und *Entwicklung* auf je eigene Weise ineinandergreifen und ihr Spiel mit zwei Menschen treiben können; wer aber, jetzt allen Ernstes gefragt, weiß da von außen, was für ein Leben lang auch nur für zwei Menschen zumutbar ist und was nicht? Freilich, es wird Theologen geben, die sagen, derlei Fragen stelle «der Text» nicht und man solle gefälligst sich an das

«Wort Gottes» halten; hier werde nicht Psychologie getrieben, sondern hier gelte es, «die Offenbarung» Gottes zu vernehmen; die Frage sei also nicht, was Menschen wollen oder nicht, sondern was sie vor Gott sollen, was Gott «geschlossen» und «beschlossen» hat. In gewissem Sinne ist das nicht falsch – es *geht* um «Gott» und um seine «Offenbarung»; doch woran erkennen wir, daß *Gott* etwas «geschlossen» hat? *Das* ist die Frage, und sie läßt sich im wirklichen Leben nicht anders als *psychologisch*, als «empirisch» beantworten, zumindest negativ. Nur wenn wir mindestens vermuten, hier sei eine Ehe, in welcher *nicht* der «Teufel» drin stecke, läßt sich doch wohl sagen, «Gott» habe zwei Menschen zusammengefügt. Wenn Eheleute hingegen nach zwanzig Jahren Ringens umeinander sagen müssen: «Es ist verteufelt und verhext mit unserer Ehe», geben sie da nicht *die Erfahrung* wieder, daß von «Gott» hier eben *nicht* die Rede sein kann? Wenn Jesus schon meint, es lasse sich einigermaßen klar umschreiben, wie das Verhältnis eines Mannes und einer Frau zueinander beschaffen ist, *wenn es von Gott stammt*, indem es so ist wie «am Anfang», wie im «Wesensursprung» der Liebe, dann muß man die Erklärungen aus der Paradiesesgeschichte nur noch einmal hinzufügen und im konkreten Einzelfall fragen: Wieviel an Offenheit, *ohne sich zu schämen*, hat da ihre Berechtigung und Gelegenheit im Miteinandersein zweier Menschen? Wieviel an *Ablösung von den eigenen Eltern* wird da durch die Liebe zueinander wirklich ermöglicht und gewährleistet, statt rückwärtsstabilisiert und wiederholt? Wieviel an *wechselseitiger Ergänzung* findet da wirklich statt, statt an Verwundung und Kampf gegeneinander? (Gen 2,24–25) Sind *das* nicht *gerade in psychologischer Absicht* recht eindeutige Kriterien, die die biblische Geschichte *aus der Paradiesesmythe* selbst uns an die Hand gibt? Und liegt es dann nicht *bei den Eheleuten selber*, entscheiden zu können und souverän entscheiden zu *müssen*, was sie in ihrer Gemeinschaft erleben und erlebt haben – jahraus, jahrein? Wie lange mag es da dauern, bis einer seelisch wirklich das Bild seines eigenen Vaters, seiner eigenen Mutter so weit «verlassen», das heißt *durchgearbeitet* und *integriert* hat, daß er den anderen ohne all die Verzerrungen kindlicher Übertragungen und Wiederholungszwänge zu lieben vermag? Eine Kirche, die nicht zu heilen vermag, sollte auch nicht richten!

Rein formal gelesen, kehrt die Weisung von Mt 19,9 mit dem *Verbot der Ehescheidung* indessen zu einer gesetzlichen Regelung zurück, und sie entfernt sich damit eigentlich nicht von der «pharisäischen» Fragestellung selbst: Es gibt – nach Rabbi Schammai[169] – keine Ehescheidung, da Gott selbst die Ehe geschlossen hat. Daraus folgt *für die katholische Kirche* bis heute, daß, wenn *ein Pfarrer vor zwei Zeugen* am Altar einer katholischen Kirche eine Ehe eingesegnet hat, dieser juristische Akt durch den Tatbestand seines Vollzugs die Gewißheit verleiht, daß hier vor Gott *ein Sakrament* zustande gekommen sei.[170] Da hört man ganz richtig: Wir haben in der katholischen Lehre als Eheabschluß eine Formvorschrift in Geltung, die *identisch* gesetzt wird mit dem Wissen und mit der Garantie über das, was Gott gewirkt hat und was er nicht gewirkt hat. Jeder, der so etwas hört, begreift sogleich, daß hier die Kirche *als Institution* sich ein Problem erleichtert, das sie notwendig mit ihren eigenen Gläubigen hat: daß man nämlich Krisen des Persönlichen und Privaten von außen her nicht kontrollieren kann! Wenn das eben Gesagte stimmt, so gibt es Konflikte *des Unbewußten*, die den Betreffenden selbst erst im Verlauf von Jahren klarwerden können. Wie aber will dann eine Institution mit Hilfe ihrer klerikalen Beamten von außen her und *im voraus schon* wissen, was in Menschen vor sich geht oder gegangen ist, so daß es *von Gott* ist und *vor Gott* gilt?

Man kann, gerade wenn man das Bibelwort bei Matthäus ernst nimmt, nur *zurückkehren* zu dem, was Jesus selber hier sinngemäß sagt, wenn er vom «Anfang» spricht: «Ihr müßt bei den Konflikten der Ehe Menschen bei der Hand nehmen und zurückführen *in ein verlorenes Paradies!* Ihr müßt versuchen, eine zerbrechende Ehe zu *heilen!*» Und jetzt muß man hinzufügen, was hier den Worten nach nicht dasteht und doch gilt: «Wenn ihr *das* nicht könnt, dann laßt die Finger davon! Dann redet nicht von dem, was Gott geschlossen hat, dann existiert Gott in diesen Dunkelzonen der Verzweiflung nicht länger für euer Gesetzbuch, dann folgt, wenn ihr Gott finden wollt, allein dem Lastgewicht menschlicher Not!»

Bei Matthäus freilich steht das anders. *Matthäus* setzt, daß es – entgegen der katholischen Regelung! – mindestens *eine* Klausel gebe, unter der eine an sich nicht zu scheidende Ehe *doch* geschieden werden könne, daß sei *der Fall des Ehebruchs*.[171] Da hat, wohlgemerkt, *der Mann* ein Recht, seine Frau zu entlassen. Das sind *zwei* Änderungen, die dieser Evangelist in seine eigene Vorlage aus dem Markusevangelium einträgt.[172] Bei *Markus* findet man von der Klausel des Ehebruchs kein Sterbenswort; dort findet man statt dessen, daß *weder* ein Mann seine Frau *noch eine Frau ihren Mann* entlassen dürfe. Diesen letzteren Gedanken streicht Matthäus von vornherein weg – es ist ihm undenkbar, daß eine Frau ihrem Mann den Laufpaß geben könnte; ein Entlaßrecht haben bei ihm allein die Männer.[173] Mit anderen Worten: wir kehren bei Matthäus aus dem griechischen beziehungsweise *hellenistischen* Kulturraum in den syrisch-palästinensischen Raum zurück – das *Patriarchat* verhärtet sich wieder auf dem Rechtswege zu einer göttlichen Ordnung.[174]

Und *ein zweites* zeigt sich uns hier: daß die Klausel vom Ehebruch *eine*

Erweiterung zuläßt, die auch dem heutigen katholischen Kirchenrecht fremd geblieben ist. Es könnte ja sein, daß der Mann oder die Frau aus einer Ehe ausgebrochen ist beziehungsweise sie «gebrochen» hat – läßt sich dann nicht denken, daß da Verletzungen entstanden sein könnten, die bei sehr viel gutem Willen vielleicht sich «vergeben» lassen, die aber alle Gefühle nachhaltig zerstört haben[175]? Soll es da von außen einen moralischen Zwang geben können, die Ehe *in jedem Falle* fortsetzen zu müssen? Bei Licht betrachtet, meint Matthäus: *nein!* Man muß es nur ein Stück anders ausdrücken, als er es sagt. *Er* sagt: Wenn eine *Frau* die Ehe gebrochen hat, dann darf *der Mann* sie entlassen – so einfach in der patriarchalen Ordnung Israels zur Zeit Jesu soll das sein. Jedoch: Wenn *das* gelten soll, so muß man gegenüber dem Evangelisten entschieden feststellen: So einfach *kann* das nicht sein! Geht es denn zumindest nicht erst einmal um die Frage, *warum* eine Frau die Ehe gebrochen hat? FRIEDRICH NIETZSCHE meinte einmal: «Also sprach das Weiblein – zwar brach ich die Ehe, aber zuerst brach sie mich.»[176] Was ist denn die *Vorgeschichte* eines Ehebruchs? Was wurde denn gesucht in der anderen Beziehung? Ist es nicht jedem, der Menschenkenntnis genug besitzt, deutlich, daß oft Beziehungen *außerhalb* der Ehe gesucht, gewünscht, ja, geradezu notwendig werden können, um in die alte Ehe zurückzufinden, weil allzu vieles dort allzu lange *nicht* gelebt und erlebt wurde?

Wie viele Eheleute, insbesondere in der katholischen Kirche, haben zum Beispiel heiraten *müssen* schon mit achtzehn, zwanzig Jahren, um der Sünde der «Unzucht» zu entgehen? Jede sexuelle Erfahrung *vor* der Ehe bekanntlich ist im Raum der katholischen Kirche selbst nach der Erklärung des «Weltkatechismus» aus dem Jahre 1993 schwere Sünde.[177] Wenn man *das* ernsthaft glaubt, ist die Ehe immer noch nach der Weisung des Apostels Paulus ein «Heilmittel gegen die Ausschweifung»[178], und *die* kann man gar nicht *früh genug* durch die Institution der Ehe bekämpfen. Es ist, als hätte die katholische Kirche bis heute nicht begriffen, welch eine kulturelle Entwicklung die Menschheit durchlaufen hat, indem zwischen sexueller und sozialer Reife in den komplexen Strukturen der Industriegesellschaft heute mehr als ein Dutzend Jahre liegen; wer da nach wie vor verlangt, daß die Sexualität strikt an die Ehe gebunden bleibt, der kann nur für die totale Enthaltsamkeit bzw. für eine möglichst frühe Heirat plädieren. Sind aber die Eheleute erst einmal unter moralischem Zwang mit achtzehn Jahren verheiratet, stabilisieren sie ihre persönliche Entwicklung ebenso wie die Art ihrer Beziehung in aller Regel auf dem Plafond, auf dem sie beim Ehebeginn standen, und alles, was aus ihnen noch hätte werden können, bleibt fortan am Rand einer solchen Ehegemeinschaft liegen. Es kehrt aber nicht selten später durch die Fenster zurück, und wieder finden wir in der kirchlichen Moraltheologie keinerlei Verständnis noch Hilfe für die Notlagen, die ihr eigener Rigorismus allererst selber geschaffen hat.

Vor allem müssen wir der heutigen Kirche sagen: «Ihr beruft euch auf einen Matthäus, der selbst sich erlaubt, ein vorgefundenes Recht aus dem *Markusevangelium*, das dort sich auf ein erklärtes (wenngleich schon weiterinterpretiertes)[179] Jesuswort gründet, für seine eigene Gemeinde zu *ändern*.[180] Sollte nicht allein schon aus diesem Umstand hervorgehen, daß *jede* Kirche in *ihrer* Gemeinde das Recht haben müßte, in Anbetracht der Not ihrer Gläubigen Regeln zu finden, die *in ihrer Zeit* tragend und erträglich, nicht aber beschwerend und erschwerend wirken?»

Freilich wird da die Antwort gleich lauten: «Aber Matthäus war *ein Evangelist!* Er stand unter einer besonderen *Inspiration*, die wir heute nicht haben. *Wir* haben zwar in Gestalt des Papstes und der Bischöfe ein unfehlbares Lehramt, aber selbst das ist ja gegründet auf die Unfehlbarkeit des apostolischen Zeitalters, in dem die Bibel, das ‹Neue Testament›, uns gegeben wurde, und an diesem Grundbestand können und dürfen selbst wir, die Bischöfe, nichts ändern.»

Doch *dagegen* ist zu sagen, daß Matthäus, als er sein «Evangelium» schrieb, überhaupt nicht wußte, daß er ein «Evangelist» sei; er hatte auch keine Ahnung, daß er «inspiriert» sei vom Heiligen Geiste; er bemühte sich ganz einfach, *für seine Gemeinde,* vermutlich in Syrien, die Jesustradition, die ihm vorlag, in Verpflichtung und Modifikation, in Verantwortung und Freiheit so aufzugreifen, daß sich damit lebendig umgehen ließ. Nur *in einem solchen Anpassungsspielraum* kann sich überhaupt ein Sozialgefüge erhalten. Die heutige Kirche jedenfalls hat kein Recht, sich auf die kreative Phantasie des Matthäus zu berufen, indem sie phantasie*los*, und zwar weit rigoroser als Matthäus selber, bestimmte Worte, welche die Einzelnen unerträglich belasten, festschreibt, während sie in dem gleichen Evangelium Regeln, die sie selber als Institution beträfen (wie das Verbot des Eides zum Beispiel oder die Forderung völliger Armut der Apostel oder das Gebot des Machtverzichts usw.), großzügig ignoriert.

Aber es kommt noch «besser»! Kaum hören bei Matthäus die Jünger, daß es eine Erlaubnis zur Ehescheidung, das heißt: eines Mannes, *die Frau* zu entlassen, durchaus nicht geben soll, es sei denn, man wiese ihr Treuebruch nach, da finden sie bereits in groteskem Selbstmitleid heraus, es sei «nicht gut», zu heiraten, wenn es so stehe. Diese Last aber auch – eine Frau nicht per Willkür entlassen zu dürfen! Man begreift, daß es hier – weit mehr noch als um die

Frage der «Sexualität» – um den *sozialen Schutz an sich rechtloser Frauen* geht![181] Doch statt nun im Sinne Jesu die Jünger zu lehren, was *Liebe* sei, läßt Matthäus es sich angelegen sein, Jesus auf eine Weise sprechen zu lassen, die man eher in den Wüstenklöstern von Qumran findet als in der Jesus-Überlieferung.[182] Da *bestätigt* Jesus scheinbar sogar die Angst seiner Jünger vor der Ehe: viel besser, erklärt er, ist es, überhaupt nicht zu heiraten; und dann stellt er eine Staffel von Ordnungen auf, die deutlich der Geschichtstheologie des Matthäus folgt[183]: Ganz *am Anfang* war da *die reine Ordnung des Paradieses;* doch die Menschen sind Sünder, und also kam *als nächstes* das *Gesetz des Moses* in die Welt, das die Ehescheidung erlaubte; nun aber, *im dritten Akt*, ergeht in der Botschaft des Messias *wieder der reine Gotteswille*, und da gibt es keine Erlaubnis mehr, aus «Herzenshärte» die Ehe zu scheiden und die Frau zu entlassen, sondern es gilt gewissermaßen der Grundsatz: mitgefangen, mitgehangen – in die Ehe gewilligt, ist die Ehe gebilligt! *Darunter*, natürlich, *leiden alle Männer*, und man darf hinzufügen, wenn *das* gelten soll, auch alle «Menschen», auch alle Frauen.

Dabei muß man unbedingt noch bedenken, daß die Frage der Ehescheidung hier im Rahmen der israelitischen *Polygamie* diskutiert wird.[184] Wollte die Kirche sich wirklich auf den Rechtsstreit der Rabbinnen zur Zeit Jesu einlassen, so besäßen *die Männer* an sich alle möglichen Auswege, im Streit mit *einer* Frau sich ganz legal an den anderen Frauen ihres Hauses schadlos zu halten.[185] Auch hier scheint es nicht gerecht und billig, wenn die katholische Kirche moralische Ordnungen aus sehr verschiedenen sozialen Verhältnissen und Zeiten rein abstrakt in anderen Kulturräumen und Epochen unter Androhung ewiger Höllenstrafen geltend zu machen sucht. Gleichwohl bietet Matthäus schon eine Aussicht auf Rettung sozusagen *im Jenseits:* Es wird ein Zustand sein, erklärt er, *wie bei den Engeln* (Mt 22, 30), wo man nicht mehr heiratet noch geheiratet wird, nicht genommen wird noch selbst in die Ehe nimmt, und wer *das* begreift, schon in Erdentagen, der allerdings ist ledig des ganzen Dilemmas; – *erlöst von der Liebe* zu einer einzelnen Frau, dient er nur noch Gott!

Spätestens seit dem 11. Jahrhundert hat die katholische Kirche – neben dem Verbot der Ehescheidung – auf diese Stelle vom Kastratenspruch die Einrichtung des *Zölibats* begründet.[186] Ohne dessen Geschichte und Problematik hier zu diskutieren, muß man klar sagen, daß damit die Akzente nun wirklich *völlig falsch* gesetzt werden. Die Frage, ob jemand verheiratet ist oder nicht, war Jesus selbst offenbar so unwichtig, daß wir diesbezüglich über sein Privatleben nicht die geringste Information besitzen.[187] Vor allem aber: Im Schatten der kirchlichen Zölibatsforderung wird es zu einem *Ideal besonderer Gotteser-*

wählung, als Kleriker niemals in seinem Leben eine Frau in die Arme geschlossen zu haben. Da gilt es zu *wählen* zwischen der Liebe zu Gott und der Liebe zu einem Menschen! *Genau diese Spaltung aber ist ungeheuerlich im Sinne Jesu,* der gerade kam, die *priesterliche* Trennung zwischen Gottesdienst und Menschenliebe aufzuheben! Es war eine der großen Leistungen MARTIN LUTHERS, diese Schizophrenie des Religiösen in seinem Leben beispielhaft überwunden zu haben.[188] Es stimmt offenbar, wenn die Bibel «im Anfang» schon feststellt: «Es ist *nicht* gut, allein zu sein.» Kein Gott im Himmel, selbst wenn er nach biblischer Darstellung allmorgendlich auf die Erde kommt und mitten unter den Menschen über die betauten Wiesen seiner Schöpfung geht, befreit den Menschen von seiner Einsamkeit. Im Leben eines Menschen kann das nur ein anderer Mensch, meint die *Bibel;* und *Jesus* meint, so wollte es Gott *am Anfang, wesentlich* also; – «keinerlei Erlaubnis, in irgendeinem Kloster zu verschwinden, geht daraus hervor», fügte K. BARTH hinzu.[189] Vor allem mit dem Blick auf die *heutige* Kirche kann man nach einem Jahrhundert Psychoanalyse nur sagen: Es gibt kein glaubwürdiges Ideal der Gottesliebe mehr, das Menschen *hindern* dürfte, Menschen zu lieben. Ein solches Ideal muß *ausgetrieben* werden als eine neurotische und neurotisierende Ideologie, als eine Verfälschung des Göttlichen ins Unmenschliche. Endgültig Schluß muß sein mit Lehren, wonach es eine «größere Ganzhingabe» an Gott[190] bedeute, wenn man sich der Liebe zwischen Mann und Frau verweigere. In der Liebe verliert ein Mensch sich nicht an den anderen und verliert auch nicht Gott; vielmehr: wer sich hingibt an den anderen, *gewinnt* sich selbst und *gewinnt* Gott, der die Liebe selber ist.[191]

Historisch spricht vieles dafür, daß Jesus das Wort von den «Kastraten» wirklich gesagt hat; aber man muß es nur einmal aus dem Sinnzusammenhang lösen, in den Matthäus es gestellt hat, um dieses Rätselwort aus sich selbst heraus zu verstehen. Es klingt dann sehr nach der Tonart, in der Jesus auch sonst gesprochen hat, etwa in Mt 16,25, wenn er sagt: «Wer sein Leben retten will, der verliert es, doch wer sein Leben verliert, der gewinnt es.» Manche Ausleger denken daran, Jesus könnte mit dem Ausspruch von den Kastraten den Vorwurf beantwortet haben, *unverheiratet* geblieben zu sein, doch bleibt diese Vorstellung immer noch in dem Kontext des Matthäus gefangen – ein «Kastrat» ist etwas anderes als ein unverheirateter Mann. Wenn man sich aber einmal vorstellt, man habe Jesus vorgeworfen, *unproduktiv* zu sein – ein Parasit, ein Asozialer, jemand, der es zu nichts bringt, dann könnte er sinngemäß schon haben sagen wollen: «Und was ist daran so schlimm? Es gibt Menschen, bei deren ganzem Leben ‹nichts herauskommt›, schon weil sie von Natur aus nicht ‹produktiv› sein können; andere sind von anderen Menschen so ‹beschnitten› worden, daß sie ein eigenes ‹erfolgreiches›, ‹fruchtbares› Leben gar nicht entfalten konnten – sie alle haben doch auch ein Recht, vor Gott leben zu dürfen (jedenfalls habt ihr kein Recht, sie auszustoßen). Wie aber, es wäre hier eine entscheidende Entdeckung zu machen: nämlich daß es insgesamt gilt, *absichtslos* zu leben und zu lieben, wenn es dem Glück, wenn es der Wahrheit, wenn es *Gott* dienen soll? Bei der Liebe muß nichts ‹herauskommen›; der (die) Geliebte ist ein Zweck in sich selbst; und der Wert jedes Menschenlebens liegt nicht in den ‹Folgen›, die es biologisch, wirtschaftlich oder kulturell ‹zeugt› – es liegt in ihm selber, in seiner Art dazusein. Freiwillig ‹Kastrat› sein heißt: Gott zu verstehen!»

Bei dieser Deutung stoßen wir auf ein Wort, das insgeheim das ganze 19. Kapitel des Matthäus durchzieht, es heißt: *absichtslos!* Eine *Liebe* zwischen zwei Menschen ist nur wahr, wenn der eine den anderen nicht in ein Mittel zum Zweck, in ein Produktionswerkzeug seiner (biologischen, wirtschaftlichen oder künstlerischen) «Potenz» verwandelt; das *Leben* eines Menschen im Umgang mit sich selbst wird nur wahr, wenn es *kindlich* genug bleibt, um in sich selbst stimmig zu sein – nicht «Erfolg», sondern Identität ist hier wesentlich; und genauso beim *Umgang mit den Dingen:* es kommt nicht darauf an, sie planvoll in Mittel zum Erwerb von Macht und Reichtum zu verwandeln, es gilt, ihnen *absichtslos* gegenüberzutreten, wenn man sie in ihrer Wahrheit und Schönheit erkennen will. Alle drei Themen in Mt 19 gewinnen so einen inneren Zusammenhalt, der weit tiefer geht, als er in der «Haustafel» des Markus vorgezeichnet schien: der *Kastrat* (Mt 19,11–12), das *Kind* (Mt 19,13–15) und der *Bettler* (Mt 19,16–22), der nichts «kann», der nichts «ist», der nichts «hat» – nur wer es lernt, in Lieben, Leben und Handeln *absichtslos* zu sein, wird etwas spüren von dem Geschenk des Daseins, von «Gottes Reich». Man versteht, warum Matthäus mit Nachdruck erklärt: «Wer da partout immer noch ‹Erster› sein will, der wird am Ende entdecken, wie leer er wirklich ist» (Mt 19,30; 20,16). Nicht um soziale, rechtliche und moralische Gesetze und Ordnungen geht es da, sondern um eine innere Gesetzmäßigkeit der menschlichen Existenz.

Es gibt einen wunderbaren Text in der Tröstung Israels, den man in der Synode von Jamnia überhaupt nur aufgenommen hat, weil sich die Gelehrten damals nicht ganz einig waren, ob hier die Rede gehe von der Liebe zwischen Frau und Mann oder von der Liebe der Seele zu Gott. Das *Hohelied* besingt als der schönste der Gesänge Salomos den Worten nach das Verhältnis der Zärtlichkeit unter den Geschlechtern, doch, wie in den Hindugesängen der Liebe zwischen *Krishna* und seiner geliebten Hirtin *Radha*, läßt sich der Text vielleicht auch ins Mystische interpretieren als ein Lied der Zwiesprache zwischen

Mensch und Schöpfer.[192] Nur weil man damals so dachte, steht das *Hohelied* überhaupt in der Bibel. Doch wenn schon die Gottesgelehrten sich literarisch nicht einig sind, was gemeint ist, sollten wir dann nicht menschlich ganz einfach sagen dürfen: Es redet die Seele mit ihrem Gott überhaupt *nur* in dem Dialog der Liebe zwischen Mann und Frau? *Darin* kommt sie zu ihrer Wahrheit, darin bestätigt sie sich; und sie wartet durchaus nicht auf einen gesegneten Kastraten(zu)stand in überirdischen Chören moralisch beschnittener Kinder, die es niemals ganz wagen, erwachsen zu werden. Das Lied aus dem Hohen Lied lautet wie folgt:

«Auf meinem Lager nächtlicherweile suchte ich ihn, den meine Seele liebt. Ich suchte ihn, doch ich fand ihn nicht. ‹So will ich mich aufmachen, die Stadt durchwandern, die Straßen und die Plätze, will ihn suchen, den meine Seele liebt.› Ich suchte ihn, doch ich fand ihn nicht. Mich fanden die Wächter, die die Stadt durchstreifen. ‹Habt ihr ihn gesehen, den meine Seele liebt?› Kaum war ich an ihnen vorüber, da fand ich ihn, den meine Seele liebt. Ich hielt ihn fest und ließ ihn nicht mehr, bis ich ihn gebracht in meiner Mutter Haus, in die Kammer derer, die mich geboren. Ich beschwöre euch, ihr Töchter Jerusalems, bei den Gazellen oder den Hinden des Feldes; stört nicht auf, weckt nicht auf die Liebe, bis es ihr gefällt!» «Lege mich wie ein Siegel an dein Herz, wie einen Ring an deinen Arm. Denn stark wie der Tod ist die Liebe, die Leidenschaft hart wie die Unterwelt. Ihre Gluten sind Feuersgluten, ihre Flammen wie Flammen von Gott. Große Wasser können die Liebe nicht löschen, Ströme sie nicht überfluten. Gäbe einer auch all sein Gut um die Liebe, würde man ihn verachten?» (Hld 3,1–5; 8,6–7; vergleiche 2,6–7; 5,6–9)[193] *Das* muß es heißen: «Was von Gott ist, soll und kann der Mensch nicht trennen»: Dies ist das wahre und einzige «*Gebot*» Jesu: «Stört nicht die Liebenden.» Und mit dem «Kastratenspruch»: Macht nichts «mit» der Liebe, macht die Liebe zum Selbstzweck. Liebt «absichtslos». «Produziert» nicht, seid selbst!

Mt 19,13–30
Von Kindsein- und von Armseindürfen

Ein ebenso schönes wie kurzes *Wallfahrtslied* in der «Tröstung Israels» (TI) lautet: «Herr, mein Herz geht nicht auf das Hohe, und meine Augen richten sich nicht auf das Große. Ich geh' nicht mit Dingen um, die mir doch nur zu hoch und zu wunderbar sind. Fürwahr, ich habe meine Seele gestillt und beruhigt wie ein entwöhntes Kind bei seiner Mutter. Wie ein Entwöhntes ist stille in mir meine Seele. Harre, Israel, auf den Herrn von nun an bis in Ewigkeit» (Ps 131,1–3).[194]

Immer wieder können wir die Feststellung machen, daß zentrale Aussagen und Vorstellungen der «Tröstung der Völkergemeinschaft» (TG) in der Auslegung der abendländischen Kirche eher verdeckt als offenbar gemacht worden sind. Die Gestalt *des Kindes* als Inbegriff des Heiligen ist quer durch die Jahrhunderte der Kirchengeschicht nicht nur kaum gewürdigt, sondern in der Geschichte der Päpste, Kaiser und Fürsterzbischöfe förmlich widerlegt worden. Was darin einmal gemeint und angedeutet war, hat man sehr rasch verwandelt und sehr praktisch verwaltet in dem «Sakrament» der *Taufe*. Da werden wir rein rituell zu «Kindern» Gottes.[195] Dann aber gibt es keine Erziehung, keine Kultur mehr zur Einübung oder zur Bewahrung wirklichen Kindseins. Eines der zentralen Anliegen der ganzen Botschaft Jesu ist damit psychisch und existentiell um seinen Inhalt gebracht worden, und es ist nichts geblieben als ein leerer Gestus auf der Stirn von Säuglingen.

Dabei enthält das 19. Kapitel des *Matthäus* in sich selbst eine eigentümliche Auslegung. Entsprechend der Vorlage des Markus (10.2–12.13–16.17–22.23–31) ist es selbst auf *drei Ebenen* so etwas wie eine *Haustafel* des christlichen Lebens[196], die jede Häuslichkeit, jedes bürgerliche Arrangement zersprengt. Das *Zusammenleben von Mann und Frau* war das Thema des letzten Abschnitts (Mt 19,3–12, nach Mk 10,2–12); diesmal geht es um die *Kinder* (Mt 19,13–15, nach Mk 10,13–16), und hernach wird der Umgang mit Besitz erörtert werden (Mt 19,16–22, nach Mk 10,17–22). Das *«Kindsein»* ist in diesem Zusammenhang nicht nur ein *sozialer* Begriff, sondern zugleich *das Schlüsselwort,* um im folgenden das Motiv der Freiheit gegenüber Eigentum und Geld in der Geschichte vom reichen Jüngling zu erklären. «Kindsein» bedeutet, so verstanden, mit anderen Menschen, in der Ehe zum Beispiel, so zu leben, daß es sie nicht in ein festes Besitztum verwandelt (Mt 19,2–12); es bedeutet zugleich auch, aus der Tretmühle des *Geldes* herauszutreten und jeden Machtanspruch mit Hilfe von Besitz und Kapital fahrenzulassen. «Gläubige» im Sinne Jesu sind *kindliche* Menschen, solche, die im «Vaterunser» wörtlich beten: «Unser morgiges Brot gib uns heute», und die sich dabei «nicht sorgen um den morgigen Tag» (Mt 6,11.34).[197]

Die Kirche, die wir heute haben, *liest* diese Texte, doch sie weigert sich, auf sie zu hören: *Verzicht auf Macht und Geld!* – Wann denn wäre das je auf dem Thron der Päpste und Bischöfe Wirklichkeit gewesen? Wann je wäre ein wirkliches «Kind» im Verlauf der Kirchengeschichte heiliggesprochen worden? Der *heilige Franziskus*[198], sicher – nach vielen Wirren, die im Grunde bis heute nicht aufgehört haben für jeden, der ihn ernst nimmt mit seinem Verzicht auf Geld und Gewalt und mit der Zumutung seiner Liebe zu allem, was sanft ist; oder *Jeanne d'Arc*, ganz anders, aber auch sie! Fünfhundert Jahre hat es gedauert, bis man sie, die verbrannte Hexe von Rouen, zu den Ehren der Altäre erhob.[199] In *unseren* Tagen geht das schneller! In fünfzehn Jahren kann da ein Mann wie Escribà, der Gründer des Opus Dei, seliggesprochen werden[200], weil er mit seinem «Laienapostolat» erkennbar der Kirche eine Menge Geld und Macht zugeführt hat – eine wahre Fundgrube! Auf so etwas muß ja nach kirchlicher Ansicht der Segen Gottes ruhen! Was das *Opus Dei* wesentlich verkörpert, ist der «Militärdienst» Christi: Gehorsam, Selbstaufgabe und bedingungsloses Festhalten an der überlieferten «Wahrheit».[201] Da sind selbst die Jesuiten, immerhin ein Orden strenger Papsttreue, nicht länger mehr stramm genug diszipliniert, organisiert und kommandiert; all das läßt sich verbessern Ende des 20. Jahrhunderts. Man muß dem «Bösen» *mit allen Mitteln* widerstehen! Das hat zwar Jesus anders gelehrt (Mt 5,39), aber das sagt uns die Vernunft, und also werden wir so tun, und wenn's nicht geradeaus geht, dann *im Untergrund* – auch die Maulwürfe sind auf ihre Weise erfolgreich, wie man weiß.

Man muß sich schon sehr weit umschauen und sehr weit fortgehen, *außerhalb* der katholischen Kirche, um zu verstehen, was *Jesus* wollte; man muß *pilgern* gewissermaßen nicht nach Rom oder nach Santiago de Compostela, sondern bis nach Ostasien möglicherweise, um irgendein Jesuwort *richtig* zu verstehen – diese kleine Szene von Jesus und den Kindern zum Beispiel verrät das überdeutlich. Da bringen die Leute ihre Kinder zu Jesus, und er soll sie segnen oder ganz einfach streicheln oder nur auf den Schoß nehmen; doch da stehen zugleich die «Jünger» – *Leute*, die alles «ganz richtig» ordnen und in die

Hand nehmen möchten, indem sie sich stets auf Jesus beziehen: sie vermeintlich *kennen* den Willen ihres Meisters, sie *wissen* zu allen Zeiten, was sie ihm zumuten dürfen und was nicht, und *sie* sperren ab, indem sie *zum Schutze Jesu,* damit dem Meister nur nichts passiert, eine Mauer der Rücksicht errichten und die Menschen abweisen, die da zu ihm kommen möchten. Sogleich freilich wird dabei deutlich, daß Jesus solche «Kontaktsperren» zu seiner Sicherheit oder Bequemlichkeit durchaus nicht duldet. Je schutzloser, je offener, je *menschlicher,* desto richtiger – so dachte *er.* Doch was sich dann ergibt, beziehungsweise was er *meinte* mit der Gestalt, mit dem *Bild* eines *Kindes,* dazu gibt es in der gesamten christlichen Literatur – abgesehen von den ebenso idealistischen wie masochismusgetränkten Anmutungen der «kleinen» Therese vom «Kinde Jesu»[202] – keine wirkliche Hinführung; wohl aber existiert so etwas im *altchinesischen Taoismus,* vierhundert Jahre *vor* Christus. Da beschäftigt sich TSCHUANG-TSE in seinem Buch *«Das südliche Blütenland»* mit den Lehren seines Meisters *Lau Dan* (LAOTSE) und referiert dabei ein Gespräch zwischen *Lau Dan* und dem suchenden *Nan-Yung-Tschu.*

Er schreibt: ‹Nan-Yung-Tschu sprach: ‹Wenn ein Dorfbewohner krank ist, so kommen wohl die anderen Dorfbewohner und erkundigen sich nach ihm. Wenn nun der Kranke imstande ist zu sagen, was ihm fehlt, dann ist die Krankheit, an der er leidet, noch nicht so schlimm. Aber in meinem Suchen nach dem großen Sinn gleiche ich einem Menschen, der Arznei getrunken und seine Krankheit dadurch nur schlimmer gemacht hat. Ich möchte weiter nichts als ein Mittel erfahren, durch das ich mein Leben wahren kann.›

Lan Dan sprach: ‹Also ein Mittel zur Wahrung des Lebens willst du? Kannst du die Einheit festhalten? Kannst du dich freihalten von ihrem Verlust? Kannst du ohne Orakel und Wahrsagung Heil und Unheil erkennen? Kannst du haltmachen, kannst du aufhören? Kannst du die anderen in Ruhe lassen und (den Frieden) nur in dir selber suchen? Kannst du dich freihalten? Kannst du einfältig sein? Ein Kind kann den ganzen Tag weinen, es verschluckt sich nicht und wird nicht heiser, weil es des Friedens Fülle hat; es kann den ganzen Tag etwas festhalten, und seine Hand läßt nicht locker, weil es in seinem Wesen einheitlich ist; es kann den ganzen Tag blicken, und sein Auge blinzelt nicht, weil es durch nichts von draußen her angezogen wird. Es geht und weiß nicht, wohin, es bleibt stehen und weiß nicht, was es tut, es ist allen Dingen gegenüber frei, obwohl es bei allem mitmacht. Das sind Mittel, das Leben zu wahren.›

Nan-Yung-Tschu sprach: ‹Ist denn das das Wesen des höchsten Menschen?›

Lau Dan sprach: ‹Noch nicht. Das ist nur erst, was man das Auftauen des Eises nennt. Der höchste Mensch lebt ebenso wie die anderen von den Gaben der Erde, aber sein Glück hat er vom Himmel. Er streitet sich nicht mit den Menschen um Gewinn und Schaden. Er läßt sich nicht ein auf ihre Seltsamkeiten; er läßt sich nicht ein auf ihre Pläne; er läßt sich nicht ein auf ihre Geschäfte. Sich freihalten und einfältig sein in allem, was man tut, das ist das Mittel zur Erhaltung des Lebens, weiter nichts.›

Nan-Yung-Tschu sprach: ‹Ist dann also dies das Höchste?›

Lau Dan sprach: ‹Soweit sind wir noch nicht. Wahrlich, ich sage dir: Kannst du sein wie ein Kind? Ein Kind bewegt sich und weiß nicht, was es tut, es geht und weiß nicht, wohin... Wenn man also ist, so naht uns weder Leid noch Glück. Wenn man frei ist von Leid und Glück, ist man dem Menschenelend entnommen.› »[203]

Es gibt in der Religionsgeschichte wohl keinen schöneren Text, der zeigt, daß «Kindsein» soviel ist, wie den Menschen und darinnen *das eigene Menschsein* «erlöst» zu haben. Es ist völlig identisch mit der *Absichtslosigkeit* in allem Tun. Der Unterschied liegt auf der Hand. Von *Erwachsenen* erwartet man, daß sie planvoll, organisiert, zielstrebig, eben «vernünftig» handeln; ein Kind wird alles das *nicht* tun; es ist einfach da, und es ist in jedem Augenblick so da, wie es ist. Es verkompliziert sich nicht ständig, indem es Stelle für Stelle etwas anderes will, als es fühlt, etwas anderes soll, als es möchte – *es ist;* und die ganze Kunst besteht offenbar darin, zu einer Wahrhaftigkeit zurückzufinden, die ganz und gar aus innen kommt und die uns so sehr bestimmt, daß sich zwischen Wesen und Erscheinung kein Gegensatz mehr findet. Alles, was das menschliche Leben durcheinanderbringt, muß man einem Kind erst von außen her auferlegen und anerziehen: daß es sich schämen muß für das, was es ist, daß es anders reden muß, als es möchte, daß es anders dreinzuschauen hat, als ihm zumute ist, daß es «artig» zu werden hat, indem es sich als allererstes fragt, was die anderen von ihm erwarten. Da wird sehr bald die Straße abschüssig, und je schneller man sich auf ihr fortbewegt, desto rascher kommt man ins Rollen, und desto schneller geht es dem Abgrund entgegen. Am Ende *müssen* wir so «groß» sein, wie man es von uns verlangt – dann sind wir vollendete «Erwachsene», aber wir haben uns selber dabei verloren. Man hat uns uns selber weggenommen und uns nur noch ein gestohlenes und verstohlenes Leben übriggelassen. Ein solches Leben mag sehr erfolgreich, überlegen, strategisch richtig gestylt erscheinen, aber es ist nicht menschlich.

Vielleicht gibt es *vier* Varianten, einmal zu überlegen, wie wir LAU DAN nachahmen könnten und was es, versetzt in *unseren* Kulturkreis, bedeuten könnte, die Kunst des *Kindseins* wiederzuerlernen.

Der erste Kreis einer solchen Meditation über das Kindwerden oder *Kind-*

sein legt sich nahe aus all dem, was heute *Psychotherapie* heißt. Die «Seelenheilkunde» besteht, vor allem in *analytischer* Ausprägung, ganz und gar in dem Bemühen, die verschütteten Spuren der Kindheit wiederzufinden. Eine Frau, ein Mann kommt in aller Regel mit einer konkreten Fragestellung aus dem Umkreis gegenwärtiger Konflikte zum Therapeuten: «Wie gehe ich mit meiner Frau um? Wie lasse ich mich von meinem Mann scheiden? Was mache ich nur mit meinem ältesten Sohn? Wie halte ich die Absurditäten am Arbeitsplatz aus? Wie gehe ich um mit Schlaflosigkeit oder bestimmten psychosomatischen Symptomen?» – Solche Fragen sind es, die am Anfang einer psychotherapeutischen Behandlung zu stehen pflegen. Es ist gewiß in aller Regel schon viel gewonnen, wenn sich im Umfeld der aktuellen Konflikte zumindest die ersten Richtungen eines Lösungsweges abzeichnen, und manch ein Gespräch gelangt damit auch schon an sein Ende; jedoch liegen Konflikte, die sich derart «vernünftig», «zweckrational», mit den Mitteln «erwachsener» Logik lösen lassen, zumeist sehr an der Oberfläche. In aller Regel muß man *tiefer* gehen, und da wird man sehr bald merken, daß die gegenwärtigen Konflikte in der Ehe, im Berufsleben, in der Kindererziehung, in der Partnerbeziehung auf *viel älteren Schemata* aufruhen, die aus der frühen Kindheit stammen. Der eigene Mann mag rabiat sein – ein wirklicher Unmensch!, die eigene Frau «ganz unmöglich» –, es gibt viele Gründe dafür!, doch schaut man genauer hin, so bilden die gegenwärtigen Umstände fast niemals die wirklichen Ursachen an dem heutigen Dilemma, sondern man wird entdecken, daß man, ob gewollt oder nicht, den anderen in bestimmten starr festliegenden Perspektiven wahrgenommen hat, die aus kindlichen Übertragungen stammen; ja, man hat das eigene Unglück womöglich geradezu *gesucht,* indem man ein verlorenes Glück aus Kindertagen wiederzugewinnen hoffte; und so ergibt sich jetzt das Problem, wie man sich an die eigene verschüttete Kindheit noch zu erinnern vermag. Um das tun zu können, braucht man viel Vertrauen – gerade soviel, wie man als Kind *nicht* haben durfte und konnte. Um sich wirklich und wahrhaftig zu erinnern, muß man dem Erinnerungsschmerz von vielen Jahrzehnten standhalten, und das kann man nur, wenn man sich in gewissem Sinne aufgehoben, geborgen und begleitet fühlen darf in der Nähe dessen, mit dem man da «therapeutisch» spricht.

Von der *Psychoanalyse* kann man insgesamt sagen, sie bestehe darin, daß jemand (der Therapeut) stellvertretend in die Rolle des Vaters beziehungsweise der Mutter aus Kindertagen eintritt und es dem anderen (dem Klienten) probeweise erlaubt, all das noch einmal durchzu*gehen,* durchzu*erleben,* auszugestalten, was vor vielen Jahren, als er noch ein Kind war, mit ihm und in ihm passiert sein muß. Immer wieder wird man dabei erstaunt sein, wie genau die *Paßformen* «ausgestanzt» sind, die aus dem gegenwärtigen Erleben heraus die Türen in die Vergangenheit öffnen. Winzige Momente der Erinnerung, scheinbar *nebensächliche* Ereignisse können plötzlich starke Gefühle wachrufen, die in ihrer Ungemäßheit von Anlaß und Wirkung schon darauf hinweisen, daß hier *mehr* im Spiel sein muß als eine einfache Reaktion auf die Gegenwart. Das aber ist schon das Problem: man begreift irgendwie, daß die Gefühle, die man *jetzt* äußern möchte: an Traurigkeit, an Tränen, an Wut oder Haß oder auch an Verlangen und Liebe, dem anderen *in dieser Form* überhaupt nicht zuzumuten sind. Man muß befürchten, er werde das Weite suchen, würde man ihm von all dem ein Sterbenswörtchen mitteilen oder auch nur andeuten. Also verschweigt man es, beißt es in sich hinein, und dennoch dringt es durch die Poren – durch die Art des Blickes, durch die veränderte Sprache muß und wird der andere es allemal merken. Ist er aber erst einmal aufmerksam genug, so begreift er, daß in dem *Schweigen*, das *plötzlich* ausbricht, eine beredte Form der Mitteilung stecken kann, die nur darauf wartet, angesprochen zu werden, daß hinter dem *Verlegenheitslächeln* vielleicht Tränen warten, die sich nur schämen hervorzukommen. Gerade indem man *die Gebrochenheit*, den *Widerstand* gegen die erwachten Gefühle zu äußern beginnt, ist der Konflikt zwischen dem jetzt Wirklichen und dem innerlich Gefühlten, je näher man zuschaut, gerade identisch mit der Gegenwart heute und dem, was sich aus der Vergangenheit erschließen läßt. *Das aufzufinden* ist in aller Regel jedoch nur möglich, indem man eine Art Spurensuche beginnt, so wie ein Geologe in einem ihm noch fremden Gelände aus ein paar Bruchstücken die gesamte Morphologie des Bodens und daraus vielleicht die Geschichte eines längst verloschenen Vulkans oder eines niedergegangenen Meteors zu rekonstruieren vermag. Auch *psychologisch* ist es möglich, aus ein paar Bruchstücken *heute* Szenen zu rekonstruieren, die, je vollständiger sie werden, ganze Bilder, ganze Konfigurationen der frühen Kindheit sichtbar machen. Fast immer ist das, was uns zwang, viel zu früh *erwachsen* zu werden und den Kontakt zu uns selber zu verlieren, positiv oder negativ in einer zu engen Bindung an die eigenen Eltern gelegen beziehungsweise in einer zu frühen Verstoßung von der Seite der Eltern begründet.

So kann es etwa sein, daß ein Mann als Kind schon all die Konflikte hat lösen müssen, welche die Eltern selber seinerzeit nicht zu lösen vermochten. Er war gewissermaßen der unsichtbare *Halt* in den Fragen einer zerbrechenden Ehe, er war die Stütze seiner Mutter, die wie verzweifelt an der Seite ihres Mannes sich fühlte und schon deshalb dieses Kind zu ihrem eigenen Trost brauchte und verbrauchte, oder es bedeutete das Zukunftsversprechen für den Vater auf dem Weg seines eigenen Erfolges – endlich bekam er einen *Erben* für all das, was er sich selber in seinem Geschäft, in seiner Firma aufgebaut hatte. Das Kind war vielleicht damals noch keine zwei Jahre alt, und dennoch ruhten auf ihm bereits die kühnsten Erwartungen. Ein eigenes Leben konnte sich unter solchen Umständen natürlich nicht formen. Was die Eltern *wollten*, war erdrückend stark; alles, was sie selbst *nicht* lebten, sollte sich da stellvertretend erfüllen in der Person des eigenen Kindes.

Oder umgekehrt: Man mußte nur allzu früh merken, wie sehr man der Mutter, dem Vater *lästig* fiel durch die einfache Tatsache, auf der Welt zu sein, oder der älteren Schwester, dem Bruder, die auf das Jüngere achthaben mußten! Man kam in eine Welt, die längst schon *besetzt* war, man fühlte sich gewissermaßen wie ein Kuckuck in einem fremden Gelege und hätte, um zu überleben, alle anderen hinauswerfen müssen. Ein Kind verträgt solch eine Notwendigkeit nicht ohne die schlimmsten Schuldgefühle. Man kann nicht schnell mal an den Interessen der eigenen Mutter, des eigenen Vaters, der eigenen Geschwister vorbei sich breitmachen, ohne sich als egoistisch, als brutal, als *mörderisch* zu empfinden. Solche Schuldgefühle liegen aber fast immer in unseren Seelen, wenn wir schon in der Kindheit gar keine Kinder mehr sein durften. Schlimmer noch: In Reaktion auf solche Erlebnisse gab es gewiß Widerstandsgefühle, gab es Regungen, mit denen man sich hätte *wehren* mögen, doch um so mehr noch hielt man sich schon als ein vierjähriges Kind, schon als ein sechsjähriger Junge oder als ein siebenjähriges Mädchen für derart schlimm, daß man fortan nur alles *wiedergutmachen* mußte, was man an «Bösem» den anderen hätte wünschen oder antun mögen.

Wo gibt es Orte, an denen es als ein *religiöser* Weg begriffen wird, all die Gefühle von damals aus dem Brunnenschacht des Vergessens hervorzuholen und *neu* zu leben, indem die Seele sich *zusammenfügt* aus den Trümmerstücken, aus den Splittern ihrer eigenen zersprungenen Gestalt und sich zusammensetzt zu ihrem Wesensbild und ihrer Einheit?

Immer wenn eine psychotherapeutische Begleitung, oft über Jahre hin, wirklich gelingt, werden Menschen so ähnlich sprechen: «Es ist, wie wenn in mir aus vielen Teilen etwas zusammenwüchse. Es entsteht in mir nichts anderes, als was ich bin, aber endlich beginnt das, was ich immer schon vor mir gesehen habe, sich vorzugetrauen und sich selbst zu ermöglichen.» – Vielleicht nach ein, zwei Jahren Gespräch bringt eine Frau oder ein Mann *Bilder* ihrer Kindheit mit, vergilbte Photos von damals, und erzählt: «So war ich – sehen Sie hier, ich sitze da als Schulkind unter den anderen. Und *das* habe ich gemalt, als es Ostern war. Oder: hier ist ein ganz alter Traum, den ich nie verstanden habe.»

Es gibt so viele Spuren zurück in eine verlorene Kindheit! *Religiös* gesprochen aber bedeuten all diese Mitteilungen, daß man endlich leben darf, was Gott in uns angelegt hat. Es setzt voraus, daß all die engmaschigen Fragen von außen: «Wer bist du in den Augen der anderen? Was mußt du tun, um dein Leben zu rechtfertigen? Wie bist du so, daß sie dich mögen können? Wie erreichst du, daß du erfolgreich wirst?» – samt und sonders wie etwas Unwichtiges beiseite getan werden. Es ist die *Kunst* eines Kindes, zu weinen, wenn es weinen möchte, zu reden, wenn es reden möchte, seine Bedürfnisse zu leben, wann immer es sie fühlt, und sich jederzeit einzubringen mit seinem eigenen Wesen. Wir sollten sie als etwas Kostbares hüten, diese Fähigkeit der Kinder, zu schlafen, zu träumen, zu spielen und glücklich zu sein! Wenn uns *das* gelingen würde *mit Bewußtsein*, als *Erwachsene*, so wären wir wirklich die «vollkommensten» Menschen – im Sinne des *Taoismus* nicht weniger als im Sinne des *Jesus von Nazareth*.

Vielleicht kann man – zum zweiten – das «Kindwerden» oder «Kindsein» auch noch anders ausdrücken und es beschreiben als die *Tugend der Werdenden*. Unter den «Erwachsenen», wenn wir einen zweiten Meditationsgang wagen, stellen wir uns allzumal Leute vor, die in irgendeinem Betracht *fertig* sind, die zum Abschluß gekommen sind, die *sich* oder etwas von sich «vollendet» haben. Sie brauchen in gewissem Sinne nichts wirklich *Neues* mehr zu lernen, sie sind so, wie wenn man sie, sagen wir: mit fünf Jahren oder spätestens mit fünfundzwanzig Jahren, wie schlafend in irgendein Abteil der Deutschen Bahn A. G. gesetzt hätte, und nun führe ihr Zug, ohne anzuhalten, bis zum Lebensende mit ihnen weiter, bis zu dem Bahnhof, auf den hin die Fahrkarte ihres Lebens von Anfang an von anderen gelöst worden ist. Selbst wenn sie eines Tages aufwachen und aus dem Abteilfenster schauen sollten, werden sie bei dem Tempo, mit dem alles rings um sie her sich zu bewegen scheint, gar keine Chance zum Aussteigen haben. Und die *Notbremse* zu ziehen ist da in sich selbst schon eine «straftatbestandswürdige» Handlung. Sie werden also im Grunde nur so *weitermachen* können: sie werden weiter so sprechen, wie man es ihnen beigebracht hat, sie werden weiter das machen, was man ihnen vorgemacht hat – als «Fertige» werden sie auch die anderen rasch auf ihre Art «fertig»machen. Ein *Kind* demgegenüber ist ein Mensch, der nicht aufhört zu reifen, der neue Erfahrungen in seiner Neugier für wichtiger nimmt als alles, was ihm von früher her vermittelt wurde, und der nicht aufhört zu suchen, zu forschen und in Frage zu stellen, um klarer zu sehen.

Schauen wir uns um, *welche Menschen* wir in der Geschichte als «groß» bewundern, so sind es fast allesamt Leute, die in gewissem Sinne nie aufgehört haben, *Kinder* zu bleiben, indem sie immer wieder den Mut hatten, zu wachsen und zu reifen und sich weiterzuentwickeln. KONRAD LORENZ hat einmal als die Haupttugend eines wissenschaftlichen Forschers die Fähigkeit bezeichnet, in gewissem Sinn die Hobbies und Interessen eines Fünfzehnjährigen nie mehr zu verlieren.[204] Er wollte sagen: «Was ich heute als Verhaltensforscher mache, sind lauter Marotten, die ich im Grunde als Junge schon verfolgt und als Student zur Doktorarbeit ausgebaut habe. Mit Enten und Gänsen zu spielen – das war einfach mein Vergnügen, schon damals als Kind. Ich habe heute lediglich einen Beruf daraus gemacht.» So betrachtet, ist ein Forscher niemand anderes als jemand, der mit kindlicher Neugier: mit staunenden Augen, mit offenen Ohren, *Fragen* anmeldet, die von all den klugen Leuten vor ihm niemals wirklich beantwortet oder auch nur gestellt wurden. Was zum Beispiel tun eigentlich Gänse? Sie schnattern nicht nur, sie sind nicht nur das Fabelvorbild für bestimmte Frauen, in ihren kleinen Köpfen geht etwas vor, das sich lohnt, einmal kennenzulernen: zum Beispiel warum sie hinter erwachsenen Leuten herlaufen oder warum sie plötzlich angreifen und überhaupt: wie sie miteinander im Gruppenverband leben. *Vor* KONRAD LORENZ hatte solche Fragen niemand an die Gänse gestellt, und also hatten sie auch niemandem eine Antwort gegeben. KONRAD LORENZ aber konnte sich eines Tages kaum der Liebe seiner Graugänse erwehren – so gern mochten sie ihn. Und er hat auch herausgefunden, *warum*. Es ist gar nicht schwer: Man muß einem Gänslein nur als einem kleinen Tier, gleich nachdem es auf die Welt gekommen ist, begegnen, und es wird später bis zum Rest der Tage folgsam sein. Es ist «geprägt» worden – diesen Ausdruck prägte K. LORENZ zur Erklärung.

Nehmen wir ein *anderes* Beispiel: ALBERT EINSTEIN[205]. Auch er war ein großes ewiges Kind, das mit dem bürgerlichen Leben eigentlich nie zurechtkam. Er konnte mit ein paar Knickern, die er aus der Tasche holte, die Relativitätstheorie und die Logik «Gottes» im Weltall erklären – am liebsten Kindern auf der Straße. All die großen Ideen waren den wahrhaft Großen ganz einfache, kindliche Gedanken. «Ein Genie», konnte EINSTEIN sagen, «ist ein großes Kind mit einer richtigen Intuition und dem Willen, ein Leben lang daran zu basteln: wenn man Glück hat, wird man ein großer Mann dabei, wenn man Pech hat, ein Phantast, den die anderen auslachen.»

Doch eben: Das weiß man nicht vorher! Man muß es riskieren – *das* ist das entscheidende. Die meisten wagen nur etwas, wenn sie vorher schon wissen, was dabei herauskommt, drum wagen sie niemals wirklich etwas. Die *Kinder* schon! Sie haben gewissermaßen einen unterentwickelten Sinn für das, was äußere Gefahren sind; sie marschieren einfach drauflos, sie fassen aus Leichtsinn sogar ins Herdfeuer, wenn man nicht auf sie aufpaßt. Manchmal aber *muß* man das im Leben: sich die Finger verbrennen und aus Irrtum und Erfahrung wirkliche Schlüsse ziehen! Es gibt keine Glasglocke für unser Dasein.

Oder nehmen wir, um den Bereich der Naturwissenschaften zu verlassen, den holländischen Maler VINCENT VAN GOGH als Beispiel – auch er ein großartiges Kind, ein Mann, der Trost finden mochte in den Wurzeln der Bäume: – in den borkigen Strukturen ihrer Rinde, in den Blättern, in den Blüten oder im Wogen des Korns auf den Feldern von Arles – sie alle trösteten ihn gegen die Angst aus seinem Inneren, sie waren sein Beistand beim Erleben einer Vielzahl kindlicher Ängste. Es war kennzeichnend für ihn, daß er in der Borinage den Bergarbeitern nahe sein und ihnen Jesus predigen wollte, weil er dachte: die Kirche verrät all das – jedes einfache, *kindliche* Gefühl wird von den Pastören von Amts wegen kaputtgeredet. Am Ende blieb ihm nur die Staffelei, die Leinwand, um zu malen – ohne Kunstunterricht, ohne professionelle Ausbildung. Die Akademie hätte ihn nur verdorben, genau so wie sein Versuch, Theologie zu studieren.[206]

Wie *erhält* man sich das, was man ist? Vor einer Weile zeigte das Fernsehen einen Dokumentarfilm über einen Zeitgenossen und zeitweiligen Freund Vincent van Goghs: über PAUL GAUGUIN. Auf einer Südseeinsel hatte man seine Hinterlassenschaften, vor allem das Haus gefunden, das er gegen Ende des vergangenen Jahrhunderts gebaut hatte: Relikte des Hütteneingangs, den er geschnitzt hatte, Sammlungen der Bilder und Fragmente, die er hinterlassen hatte; und wie zum Kommentar sah man auch eine Missionsschwester, die ihre Auffassung über den Maler kundtat. «Dieser Mann», sagte sie, «war ein verlorener Mensch. Er hat soviel Unkeusches gemalt.» Paul Gauguin, ein schmutziges, unanständiges Kind? Ja! Aber vielleicht war er ein Genie! Ja, wer das wüßte in den Tagen, da solche Menschen leben, und wer weiß es auch nur 100 Jahre danach[207]? Solche Leute verunsichern die ganze Kunstwelt, sie beunruhigen die Kultur, all die «kultivierten» und etablierten Menschen, und sie tun das einfach, indem sie sind, was sie sind, all die van Goghs, Gauguins, Einsteins, Konrad Lorenz' – *Genies der Menschlichkeit,* wenn man so will.

In bestimmter Weise kann man auch sagen, diese ewig *Werdenden,* Suchenden, Gestaltenden sind eigentlich ihr Leben lang wie magisch angezogen von der Kraft *der Liebe.* Sucht man nach ihrem Geheimnis, so findet man, daß sie nie aufhören, einem bestimmten Traum, einer bestimmten Gestalt dessen, was sie am intensivsten lieben, *mehr* zu vertrauen als jeder Dreinrede. Die

Energie des Werdens, die formende Kraft des Lebens, ist identisch mit dieser Triebkraft aller Gestaltungen.

Auf diese Weise lernen wir bereits auf zweifache Weise, was *Kindsein* bedeutet: Es ergibt sich zum einen aus der Gelassenheit und Heiterkeit, die als *die Schönheit der Welt* über dem Antlitz eines Menschen und über den Dingen liegt, und daneben finden wir *die Offenbarung des Lebens* durch die Liebe als die eigentliche Energie, zu reifen.

Es gibt daneben eine *dritte* Gestalt, über die wir beim Thema des *Kindseins* sprechen müssen, weil sie ein Einwand gegen all das zu sein scheint, was bisher gesagt wurde. Droht nicht uns allen, Kinder her, Kinder hin, das *Alter,* die Krankheit, der *beginnende Tod?* Wie geht man um mit der *Zeit?* Wird sie im Laufe der Jahre nicht immer verrinnender, immer knapper? Läuft nicht durch das Stundenglas gegen Ende unseres Lebens der Sandstrahl immer rascher? Was hat es dann noch für einen Sinn, zurückzuschauen in Kindertage? Die Antwort lautet, daß *das Geheimnis des Kindseins* vermutlich *gerade im Alter* überhaupt erst richtig zum Vorschein kommt. Die *mittlere* Phase unseres Lebens, sagen wir zwischen fünfunddreißig und fünfundvierzig, wurde von den Griechen in der Antike die *Hochblüte* geheißen. Sie besteht im Grunde darin, all das nach außen zu setzen, was bis dahin im eigenen Leben erworben und angelegt war. In dieser Zeit sind wir *aktiv,* glauben wir vieles tun zu müssen, sind wir *produktiv* und *nützlich,* und man kann das von uns wohl in etwa auch erwarten. Aber das Tempo von all dem, was wir da tun, wird immer schneller, und so kommen wir innerlich selber eines Tages kaum noch mit. Was eine Krise für *eine Frau* zwischen 48 und 50, in den sogenannten *Wechseljahren,* bedeuten kann, wird *bei den Männern,* spätestens mit 56, 57 Jahren akut werden – irgend etwas muß sich da in Zukunft wandeln, das sagt uns das Gefühl, aber was? Die Antwort kann nur lauten: die ganze Einstellung zum Leben! Sie kann *nicht* länger darin liegen, produktiv zu sein, neues Leben zu erwecken und großzuziehen, neue Taten zu vollbringen und in die Welt zu setzen; das Leben *dreht* sich, und man beginnt, fortzulassen, abzulassen. Wie das geschieht? Es ist nicht schwer, es herauszufinden.

Wir sind etwa kaum 50 Jahre alt und haben womöglich noch eine Menge Dinge im Kopf, die wir tun könnten, da merken wir plötzlich, daß jedes ordentliche Thema, das wir noch bearbeiten möchten, vermutlich vier, fünf Jahre an zusätzlichem Studium voraussetzt. Rechnen wir auch nur mal durch, daß wir im Durchschnitt etwa siebzig Jahre alt werden, so haben wir gerade noch vier, fünf Themen vor uns, die wir, selbst wenn es hochkommt, noch angehen können. Und auch *diese* werden wir nur recht oberflächlich behandeln können. Von den dreißig Ideen, die wir ansonsten noch wie zum Greifen nahe vor uns sehen, müssen wir also eine rigorose Auswahl treffen, und die Auswahl, die wir *jetzt* treffen, wird vermutlich darüber entscheiden, was andere Menschen später für unser Leben halten werden. Um sich unter diesen Voraussetzungen überhaupt richtig entscheiden zu können, muß es uns deshalb ziemlich egal werden, was die anderen später über uns sagen. Es muß für uns selber stimmen, was wir tun – das allein ist wichtig; und es muß sich formen aus dem, was wir sind.

Genauso verhält es sich *mit den menschlichen Beziehungen:* sie wachsen und reifen und gestalten sich, indem alles *immer weniger* wird und sich in gewissem Sinne *vereinfacht.* Es wird konzentrierter, es wird *ärmer,* kann man auch sagen. Doch genau das bedeutet es, *Werdende* zu bleiben, *Kinder* zu bleiben angesichts des Alters. Nennen wir es die Tugend der Hoffenden oder auch den Mut zu den Tränen der Trauernden (Mt 5,4)! Denn es läßt sich nicht aufhalten: Immer näher rückt das Ende, *der Tod* an uns heran, und die Frage stellt sich, wie wir ihm begegnen. Das ganze Leben, ob wir es bewußt reflektieren oder nicht, ist in dem Vexierspiel dieser Frage enthalten: Was halten wir von dem sicheren Ende des Todes? Ist er für uns eine Tür, die alles abschließt, oder eine Tür, die sich öffnet und durch die wir hindurchgehen? Gibt es außerhalb der Psychotherapie mitten im Leben so etwas wie eine Wiedergeburt in der Hoffnung, daß auch der Tod nur eine neuerliche Stufe des Reifens, des *Kindwerdens* ist?

Etwas ganz Wunderbares bei vielen alten Leuten, die man das Glück hat kennenzulernen, ist in der Tat ihre wiedererwachende Kindlichkeit. Sie können sehr lieb sein zu einem Tier an ihrer Seite, so wie sonst nur ein Kind. Ihre Zeit verläuft immer rascher, schon weil sie selber sich aufgrund physischer Schwäche immer langsamer bewegen, und dennoch haben sie Zeit für Gespräche oder für Spiele, so wie sonst nur ein Kind. Sie können von sich selbst erzählen – am liebsten über die Zeit, in der sie noch Kinder waren, so als würde da unsichtbar eine Brücke geschlagen über die Zeit zwischen heute und damals, und jeder begreift, welch einen Sinn es macht, daß sich da zwei Gestalten: die des Kindes von damals und des «Erwachsenen» heute, zusammenfügen und bis zur Kongruenz miteinander verschmelzen: Der Ring des Lebens schließt sich. Am schönsten aber ist es, unter den alten Menschen Leuten zu begegnen, die *zuhören* können mit jener Neugier, mit der Kinder Geschichten mitverfolgen. Das Leben geht ja weiter, das wissen sie, und so lauschen sie den Erzählungen ihrer Enkel und Urenkel, wie wenn man jemandem über die Vorbereitung der Expedition in ein noch unbekanntes Land zuhört. –

Insgesamt ist es *als viertes* wohl unerläßlich, das *Kindsein* als einen Zustand *des Dauerprotestes* zu verstehen. Um insbesondere der Gestalt *Jesu* näherzukommen, muß man begreifen, daß der Mann aus Nazareth nie aufgehört hat, seine *Kinderträume* von einem verlorenen Reich Gottes, von einer gemeinsamen Menschheit, geeint durch die Liebe, *gegen den Rest der Welt* zu setzen. Man braucht nur die Evidenz, mit der ein Kind Gewalt verabscheut oder Eigentum lächerlich findet, mit der es offen ist für Freude, aber leicht verletzbar für Kränkung, zu *Grunderfahrung* der Welt zu erklären, und man wird begreifen, daß all die Künstler, Wissenschaftler und Weisen, die Genies der Menschlichkeit nicht anders konnten und können, als *gegen* diese Welt zu stehen, die mit ihrer «Normalität», mit ihrer Selbstverständlichkeit und Selbstgefälligkeit wesentlich auf Macht, Besitz, Gewalt und Eitelkeit basiert.

Auch da genügt ein einfaches Beispiel: ERICH MARIA REMARQUE schildert in seinem Roman über den Ersten Weltkrieg *«Im Westen nichts Neues»* die Geschichte neunzehnjähriger Schulentlaßknaben, die man unter den Phrasen des Heldentums der nationalen Glorie bis nach Fort Douaumont bei Verdun peitscht. Sinngemäß läßt er eine seiner Hauptgestalten einmal sagen: «Wenn der Krieg möglich ist, wenn *das* hier möglich ist, dann ist jedes Wort aus der Kulturgeschichte verlogen. Und wenn wir bei allem, was wir tun und sagen und schreiben, *dies* nicht haben verhindern können, war alles umsonst. Warum werfen wir das nicht weg, was man uns da gibt – die Uniformen, den Stahlhelm, das Gewehr? Mon ami, als ich dich tötete, wollte ich dich nicht töten; ich tat das nur, weil ich dein Gewehr sah; in deiner Uniform warst du kein Mensch für mich.»[208] Jedes Moment, das ein Stück ursprünglichen Gefühls setzt gegen die Phrasen der «Wissenden», gegen die Parolen der «Macher», gegen das Diktat der «Mächtigen», *revolutioniert* die Welt. Doch nur wenn wir Wiedererinnernde, Werdende und Liebende sind, Hoffende, Reifende und Protestierende, Zweifelnde und manchmal Verzweifelte, behalten wir eine Chance, auf Erden den Himmel zu ahnen. Daß beides *eins* ist, Göttliches und Menschliches, ist das ganze Geheimnis der christlichen Existenz: von nichts abhängig zu sein, aber offen für alles, an nichts gebunden zu sein, aber mit allem verbunden, voller Fragen und doch auch voller Ahnungen gegenüber dem, was auf uns wartet. Es ist ein wunderbares Leben, so zu existieren zwischen Himmel und Erde, zwischen Hoffnung und Glauben. *Davon* träumte Jesus, und *das* verkörperte er. Deswegen wollte er, daß man die *Jünger* wegschickte, um die *Kinder* zuzulassen.

Alles weitere dann ist wie eine praktische Anwendung des soeben Erfahrenen. In der *Geschichte* vom *reichen Jüngling* geht die Frage in moralischer Absicht dahin: «Was muß ich tun?», und sie endet in der Feststellung einer

*Unmöglichkeit.*²⁰⁹ Das Entscheidende, auf das es ankommt, kann man nicht moralisch *leisten!* In der Vorlage bei Markus erscheint Jesus dem moralischen Denken insgesamt sogar derart fern, daß er die Anrede «guter Meister» brüsk abweist und zur Antwort gibt: «Nur Gott allein ist gut», denn, so muß man hinzufügen: «nur er *schenkt* alles Gute» (Mk 10,18).²¹⁰ Matthäus mildert diese Erklärung Jesu – wohl aus «christologischen» Gründen: Die Antwort Jesu erscheint ihm offenbar als «allzu-menschlich», als zu wenig «göttlich»; doch um so mehr läßt er Jesus fragen, was das «Gute» sei.²¹¹ Dabei ist die Auffassung Jesu nach dem Gesagten ganz eindeutig: Nur *das* ist «gut», was *gütig* ist und was man über das hinaus *gibt,* was man müßte. Wohl gibt es alle möglichen moralischen *Gebote* und *Regeln;* doch sie alle haben ein einziges Ziel: Du sollst den Nächsten lieben wie dich selbst (Mk 12,31; Mt 22,38). Der ganze Rest ist *Hinführung,* so wie Jesus es dem reichen Mann hier erklärt. Aber dann gibt es dieses scheinbar *Unmögliche,* das sehr damit zusammenhängt, wie man ein *Kind* sein kann: es gilt, all das abzugeben, was in Wahrheit das Leben nur belastet.

Manchmal, wenn Leute gerade einen Umzug tätigen – sie werden aus irgendeinem Grunde gezwungen, ihre Wohnung zu verlassen –, erlebt man es immer wieder: das Klagen, was für ein *Plunder* da herumliege. Man hat ihn da liegen gehabt, fünfzehn Jahre lang, zwanzig Jahre lang, doch nichts von alldem war wirklich *nötig!* Er hat uns nur wie lebendig begraben – ein Riesenhaufen Wust. Die wohl wichtigste Kunst im Leben besteht darin, wie in einem Boot, das im Sturm überladen ist, *wegzuwerfen,* was man nicht brauchen kann, um weiter Fahrt zu machen. Nur etwas anderes mag noch wichtiger sein: zu sehen, was man selber alles *nicht* benötigt, indem man schaut, was *andere* brauchen! Dann ist alles ganz einfach. Die einzige Frage im Umgang mit dem, was wir *haben,* sollte sein, was wir damit anderen nützen können. Nur in dieser Perspektive ordnet sich die Welt. Es gibt fortan keine Gegensätze mehr, keine Kämpfe mehr. Was es statt dessen gibt, ist eine Solidarität ohne Ende. Sie stammt wirklich aus Gott. Sie ist kein politisches Programm – man kann sie nicht erzwingen; aber sie ist eine menschliche Evidenz, die alle «Politik» ändern würde, wenn sie sich zurückmeldet an die *Mächtigen.*

Wie weit speziell die «Mächtigen» der katholischen Kirche sich von dem Sinn des Gesprächs Jesu mit dem reichen Jüngling entfernt haben, ersieht man wohl am besten daran, daß Papst Johannes Paul II. ausgerechnet diese Stelle aus dem Matthäusevangelium zum Ausgangspunkt wählen konnte, um in einer umfangreichen Enzyklika «die» Moraltheologie der Kirche im Jahre 1993 darzulegen.²¹² Was ihm dabei so wohlgefiel, war natürlich die lange Aufzählung der Gebote des Dekalogs an dieser Stelle, doch dem Papst ist es augenscheinlich entgangen, daß die ganze Erzählung mit Absicht darauf angelegt ist, nicht den moralischen Standpunkt *zu stärken*, sondern ihn *aufzulösen*. Alles, was es über das Thema «Armut (aus Geist)» bei Matthäus zu sagen gibt, steht im Grunde bereits am Anfang der Bergpredigt, als Jesus gerade die *«Armen»* «glücklich» preist und ihnen zutraut, *Erbarmen* zu üben (Mt 5,3.7).[213] Während alle Moral daran appelliert, daß die Menschen tun, was sie *sind* und was sie *können*, besteht die «Ordnung», die Jesus im Namen Gottes unter den Menschen und in den Menschen errichten möchte, gerade darin, die Welt aus der Perspektive derer zu betrachten, die *nichts* sind und *nichts* können. Diese «Armut» (oder dieses *Kindsein*) zu lernen ist gerade der Sinn des Gesprächs mit dem reichen Jüngling, und nichts könnte abwegiger sein, als diese unerbittliche *Demontage* des moralischen Standpunktes zum Aufbau der Kirchenmoral (im wesentlichen einer Mischung aus Dekalog plus päpstlicher Sexualerziehung) zu be- oder vernutzen.

Die *Mißdeutungen* beginnen freilich schon auf der Ebene der *Übersetzung*. *Markus* (10,21) läßt Jesus noch auf die Gebotserfüllungen des reichen Jünglings antworten: «Eines fehlt dir noch» (nämlich: daß du deinen Besitz den Armen gibst).[214] Dem deutschen Wortlaut nach legt sich hier wie von selbst die Deutung nahe, es sei die «Armut» nur ein Surplus auf der Skala der moralischen Leistungen, eben nur die letzte Sprosse auf der Tugendleiter. Doch genau davon kann überhaupt keine Rede sein! «Eines fehlt noch» – das ist soviel, wie daß ein ganzes gotisches Gewölbe *zusammenbricht* ohne den Schlußstein, der die gesamte Spannung der Strebekonstruktion in sich aufnimmt und ermöglicht. Dieses «eine» mit anderen Worten ist das Entscheidende, das *einzige*, auf das es wirklich ankommt. «Wenn die Erfüllung der Gebote, die du aufzählst, einen Sinn machen soll», müßte man frei übersetzen, «so nur, wenn du es lernst, *arm* zu sein.» *Alles*, so betrachtet, ist *falsch*, solange es in der Haltung geschieht, in welcher der Jüngling seine moralische Integrität unter Beweis zu stellen sucht. «Wenn ihr das alles getan habt, was euch befohlen war, solltet ihr sagen: Unnütze Knechte sind wir; wir haben (doch nur) getan, was uns befohlen war.» Dieses Wort aus dem Lukasevangelium (Lk 17,10) steckt eigentlich hinter dem «nur Gott allein ist gut»[215]. Alle «Moral» hat im Sinne Jesu nur den Zweck, all die *Gebote* zu *vergessen* und eine *Güte* zu lernen, die sich *nicht* gebieten läßt, die man aber auch nicht zu gebieten braucht; sie ergibt sich vielmehr von selbst auf dem Boden einer tiefgefühlten Solidarität der *Armut* aller. Wie in der Bergpredigt, kehrt sich der ethische Standpunkt des «Könnens» und «Sollens» mithin radikal um; was Menschen *nötig* haben, nur das ist wirklich *notwendig;* und das ganze Paradox der Erzählung vom reichen Jüngling liegt gerade darin, daß er auf seinen «Besitz» solange nicht wird verzichten können, als er immer noch glaubt, dies und das in moralischer Absicht wirklich «leisten» zu *können.* Es ist genau der Standpunkt, der sich dem «Reich Gottes», einer Welt der *Gnade,* nicht der Gebote, in den Weg stellt (Mt 19,24)!

Warum es so schwer, ja, ganz unmöglich ist, den äußeren Besitz fahrenzulassen, wird man wohl erst verstehen, wenn man die *psychische Bedeutung* von Geld und Eigentum als *Kompensationsmittel* für das Gefühl der eigenen Hohlheit und Nichtigkeit begreift.[216] Jeder Mangel an eigenem Leben, an wirklichem *Sein,* kann einen solch unersättlichen Sog des Habens und Besitzenmüssens auslösen, und es wird wohl kaum etwas Schwierigeres geben, als hinter den Fassaden des Reichtums die wirkliche seelische Armut zu erkennen.[217]

Man müßte sich das Gespräch mit dem reichen Jüngling nur einmal mit einem der Millionäre unserer Tage vorstellen, – mit BARBARA HUTTON zum Beispiel, der amerikanischen Woolworth-Erbin und Leiterin eines Wirtschaftsimperiums der 50er Jahre mit mehr als zweieinhalbtausend Einzelhandelsgeschäften und mehr als eineinhalb Milliarden Dollar. Alles nur Wünschbare lag dieser reichsten Frau der Welt zu Füßen, sie überhäufte ihre Angestellten buchstäblich mit Perlen und Edelsteinen, sie lebte in einer Welt, in der alles: Menschen, Gegenstände, Beziehungen, Meinungen, Entscheidungen, Pressedarstellungen, Bälle und Veranstaltungen, kurzum: *alles* für Geld zu kaufen war; sie selbst aber erstickte förmlich in dem Gefühl, wertlos und ungeliebt zu sein. Daß alle Menschen *ihr Geld* wollten, niemand aber *sie selber,* dieses Empfinden zerfraß ihre Seele ein Leben lang bis zum Sterbebett. «Reiches armes Mädchen» hieß deshalb ein Film, den ein amerikanischer Regisseur über sie gedreht hat (mit *F. Fawcett* in der Hauptrolle)[218] – ein erschütterndes Drama über den Zusammenbruch eines Menschen, der in Kindertagen schon weder Liebe noch Wärme, nur Geschenke und Surrogate erhielt. Am Ende hat ein Mensch alles getan, was er konnte, er hat alles erreicht, was zu erreichen war, und er hat doch nur alles vertan und verloren – sich selbst! Es ist wie in der Geschichte von der kostbaren Perle (Mt 13,45–46): Es geht alles darum, endlich so *arm* sein zu *dürfen,* wie man *wirklich* ist, um in Wahrheit die Kostbarkeit des eigenen unverfälschten Daseins wiederzufinden. «Du mußt die Gesellschaft, die sich auf dem Geld aufbaut, zerstören», meinte JEAN GIONO einmal. «Besitz gereicht dem Menschen wohl zur Ehre, wenn das, was er besitzt, der Mühe wert ist. Das, was man dir bietet, ist nicht der Mühe wert. Du spürst wohl, daß unsere Zeit unsicher und wankend ist; zu viele Menschen sind ihrer natürlichen Freuden beraubt. Alle. Denn der Reichste hat sich nicht bereichert; er bleibt stets ein armer Mann. Ich sage dir nicht, daß du dich für kommende Generationen opfern sollst – das sind Redensarten, mit denen man die gegenwärtige Generation täuscht –, ich sage dir: Begründe dein eigenes Glück!»[219]

Wieviel aber gehört dazu, eine Welt zu begründen, in der das Glück der Menschen überhaupt noch als Wert erscheint! Selbst bis dahin hat die kirchliche Verkündigung es gebracht, daß sie diese *befreiende* Stelle des Matthäusevangeliums in das unglückselige Ideal einer an sich unerfüllbaren Moral verwandelt hat: – gegen das Glück der Liebe hat sie aus dem 19. Kapitel des Matthäusevangeliums die Zölibatsforderung der Kleriker herausgelesen, und aus einem glühenden Bekenntnis zu der Liebenswürdigkeit des Menschen in seiner «Nacktheit» (Gen 2,25) hat sie die Armut und Armseligkeit eines «evangelischen Rates» für ein Leben «besonders Berufener» hinter Klostermauern etabliert, um der Kirche als ganzer die Armut Jesu zu ersparen.[220] Die katholische Kirche als *Institution!* Da *muß* die Beamtenschaft der Bischöfe als der «Nachfolger» der «Apostel» natürlich auch weiterhin in vatikanischen und erzbischöflichen Palästen residieren und repräsentieren, wenn nur ein winziger Kreis von Ordensschwestern und -brüdern jeglichem Recht auf persönliches Eigentum zum Nutzen und Frommen der Kirche in einem feierlichen Gelübde auf lebenslänglich entsagt. Man muß nur die *Schuldgefühle* einmal miterlebt haben, unter denen eine Ordensschwester in den Weihnachtstagen hin und her überlegt, ob sie die selbstgestrickten Handschuhe ihrer Nicht wohl behalten darf oder nicht, ob sie die Briefmarke für eine Postkarte zum Hochzeitstag ihrer Tante wohl ohne Erlaubnis der Oberin verschicken darf oder nicht, ob sie sich zum Geburtstag von ihrer Schwester wohl eine bestimmte Unterwäsche an der Ordensaufsicht vorbei wünschen darf, und so weiter – und man wird keinen Zweifel mehr hegen, daß sich die katholische Kirche mit ihrer Theorie von den «evangelischen Räten» – institutionalisiert in den Klöstern und paralysiert im bürgerlichen und hochherrschaftlichen Kirchenalltag – seit vielen Jahrhunderten auf eine groteske Art an der Botschaft Jesu vorbeimogelt. Der Kernfehler aber ist dabei stets der gleiche: Die katholische Kirche hat aus Fragen der Existenz Angelegenheiten von Moral und Dogma gemacht, sie hat an die Stelle des Lebens ihr eigenes Lehrgebäude gesetzt, und sie hat dabei bewußt in Kauf genommen, daß aus der wirklich *heilenden* Botschaft Jesu eine Kirchendoktrin zur seelischen Zerstörung wird.

Es ist demgegenüber sehr bemerkenswert, daß Matthäus *nicht* das (mißverständliche) «Eins fehlt dir noch» aufnimmt, sondern Jesus sagen läßt: «Willst du *ganz* sein» (so verkauf dein Hab und Gut) (Mt 19,21)[221]. Auch hier stehen dem rechten Verständnis falsche Übersetzungen im Wege: gemeint ist *nicht*, «vollkommen» zu sein wie Gott selbst (vergleiche Mt 5,48), im Sinne eines neuen Perfektionsideals[222]; gemeint ist, «heil», «weitherzig», «in sich geschlossen», «erfüllt», «integriert», *«identisch»* also zu sein; das hebräische *«schalem»* oder *«thamim»* heißt soviel wie «vollständig», «unversehrt» und «ungeteilt», so daß es in Haltung und Verhalten dem *Schalom*, dem Heil und der Heilung von Menschen dient. Ein neuer *Maßstab* wird da von Jesus eingeführt, nach welchem «die 12 Throne Israels» nur besetzt werden können von Menschen, die bei der *«Ankunft des Menschensohns»*, nach dem Richtmaß der Menschlichkeit also, wirklich so gelebt haben, wie Gott es wollte (Mt 19,28).

Das Wort aus dem Gleichnis vom Großen Weltgericht bereitet sich hier bereits vor[223]: «Was ihr dem geringsten von diesen, von meinen Brüdern, getan habt, mir habt ihr's getan» (Mt 25,40). «Ihr wollt immer noch *herrschen* über Menschen?» scheint Jesus da seine Jünger zu fragen; «nun, die Belohnung des Guten liegt darin, daß das, was ihr tut, in sich stimmt, und ob es so ist, seht ihr am einfachsten daran, in wieweit es anderen zum Leben hilft.» Keinerlei Form von «Apostelnachfolgerei» in bischöflichen und päpstlichen Ämtern und Amtsstuben scheint mit diesem Grundsatz vereinbar! Aber in gewissem Sinne auch nicht, was in der Evangelientradition selbst daraus wird!

In seiner Vorlage des Markus schon (Mk 10,29) spricht Jesus davon, daß jeder hundertfältig *auf Erden bereits* «belohnt» werde, der «Häuser, Brüder, Schwestern, Mütter und Kinder» verlasse (zum Beispiel bei Verfolgungen um des Bekenntnisses zur Botschaft Jesu willen); Matthäus fügt noch das Verlassen des eigenen «Vaters» und des eigenen Hofes hinzu (Mt 19,29) und erweckt damit den Eindruck, als sei die Lebensform, die Jesus hier verlange, das göttliche Bettlertum von «Wanderradikalen» nach kynischem oder buddhistischem Vorbild.[224] Historisch mag ein solches Ideal in der Gemeinde des Matthäus auch wirklich bestanden haben.[225] Aber man steht hier – erneut! – in der Auslegung vor einer Weggabelung. Solange man die historische Aussage eines Textes in ihrem eigenen Verständnis für das allein Maßgebende, das «göttlich Inspirierte» hält, kommt man an dieser Stelle nicht daran vorbei, eine Forderung an die Gegenwart zu richten, die haltlos und zerstörerisch ist, weil sie in ihrer Äußerlichkeit nicht zu begreifen ist. Aus dem Motiv der *religiösen Armut*, das von hoher Weisheit ist, wenn man es *psychisch* versteht, wird dann ein sozialer Zwang, der sich nicht leben läßt. Keine noch so kräftige Verdammung des Geldes – etwa im Sinne der Frühsozialisten der Pariser Kommune zu Beginn des Industriekapitalismus[226] oder des heiligen Franziskus zur Zeit der aufstrebenden Handelszentren der oberitalienischen Städte[227] – ändert etwas an der Tatsache, daß keine entwickelte Gesellschaftsform auf der Basis des Tauschhandels funktionieren kann. Allenfalls läßt sich über die Abschaffung des *Zinses* diskutieren[228] oder über die Einbeziehung von Umweltfaktoren in die Preisgestaltung[229] oder über den Aufbau fairer Preise für die Länder der Dritten Welt[230] oder über den Abbau des Verdrängungswettbewerbs auf dem «freien» Markt..., aber das alles ist hier nicht das Thema. Die *radikale Armut*, die von Matthäus unmittelbar als eine äußere Lebensform (im Angesicht einer zum Untergang verurteilten Welt!) gesehen wurde, läßt sich als ein religiöses Ideal nur plausibel machen, wenn man sie *innerlich* als ein Zeichen der ehrlichen Anerkennung der Wesensarmut des menschlichen Daseins versteht. Dann aber muß man, wie vorgeschlagen, mit *psychologischen Mitteln* den Fetischismus des Reichtums und des Geldes durcharbeiten, man muß die *seelische* Armut und ihre Fluchtbewegungen thematisieren, und man muß den *therapeutischen* Sinn der Preisgabe falscher Glücksversprechungen und selbstgeschaffener Zwänge in der Botschaft Jesu erkennbar machen. Es ist die *Psychologie*, nicht die Soziologie, die zum Verständnis solcher Texte als erstes entscheidend weiterhilft.

Genauso bei der Forderung jetzt, «alles» zu verlassen. Rein äußerlich, unmittelbar genommen, wäre in der Tat *Nikolaus von der Flüe* einer der ganz wenigen Heiligen, die so gelebt hätten, wie es hier verordnet wird.[231] Was aber ist von Menschen zu halten, die ihre Frau und ihre Kinder im Stich lassen, um ihrer Vision eines dreifaltigen Gottes zu folgen? Es wird dabei bleiben, daß man Gott nicht lieben kann, indem man grausam sich gibt gegenüber den Gefühlen von Menschen. Die Welt ist keine «eschatologische» oder apokalyptische Hürde, die man, wie beim Hindernisrennen, möglichst in hohem Bogen überspringen müßte, um rascher ins Ziel zu gelangen. Vielmehr mit beiden Füßen über diese Erde zu gehen und den Horizont des Himmels nicht aus den Augen zu verlieren, *das* ist das «Gleichgewicht», das religiös ein jeder unter *seinen* Lebensumständen wird ausbalancieren müssen. Auch das «Verlassen» von «allem» wird man daher als erstes *psychisch* verstehen müssen.

Wie «arm» ist beispielsweise ein Mensch, der *innerlich* sein «Zuhause» verläßt, um nur zu sein, was er selber ist? Es zählt für ihn nicht mehr der Titel der Herkunft und Abkunft, für ihn gelten nicht mehr die Standards des vorgefertigten sozialen Umfelds der Sippe («Brüder und Schwestern»), für ihn ist nicht mehr letztgültig maßgebend, was in der Erziehung durch die eigenen Eltern «grundgelegt» wurde, ja, es ist ihm nicht einmal mehr möglich, sich durch *das* zu definieren, was er selber «hervorgebracht» hat: die eigenen «Kinder» und die erworbenen «Äcker» – all das unter Umständen gilt es *aufzugeben*, um in der Nähe Jesu, in seinem «Namen», zu lernen, bei sich selbst anzukommen. Was passiert da innerlich beim «Verlassen» von «allem»?

Hilfreich zum Verständnis mag da noch einmal das Modell der Psychotherapie sein. Wie oft wird man auf die Frage: «Wer bist du?» «Wie geht es dir?» «Was ist dein Leben?» zu hören bekommen: «meine Eltern», «meine Geschwister», «meine Kinder», und hinter all diesen Auskünften werden die Ausflüchte nur allzu sichtbar, die es verhindern, ein eigenes Leben zu beginnen. Immer hat man da *abgeleitet* gelebt, statt selbständig, immer mußte man da etwas «Fertiges» als einen wohlerworbenen «Besitz» vorführen, statt zu glauben, man dürfe wie am Schöpfungsmorgen geliebt werden ohne all die Maskeraden und brauche sich nicht länger dessen zu schämen, was man selbst ist (Gen 2,25). Keine Liebe, meinte schon die Paradieserzählung, kommt zustande und erreicht den anderen, solange ein Mensch nicht gelernt hat, sich aus seinem Elternhaus zu *lösen* und sich auf die eigenen Füße zu stellen (Gen 2,24).[232] Das «Verlassen» der alten Bindungen, das Jesus hier fordert, ist religiös zu wahr und zu weise, als daß man es auf das Niveau asketischer Verzichtsleistungen und angestrengter Formen der Selbstunterdrückung herunterschieben dürfte; es ist ein wichtiges und unerläßliches Motiv des Wachsens und Reifens zu sich selber in dem milderen Klima eines Vertrauens, wie es einzig die Liebe, wie es nur *Gott* uns zu schenken vermag (Mt 19,26).

Freilich, wer da immer noch denkt, er *verliere* etwas, wenn er nicht «der Erste» sei, der wird niemals *wahr* werden können und schließlich ganz leer dastehen (Mt 19,30). Nur wer das Denken in äußeren Erfolgen ganz *drangibt*, der wird sich selber *zurück*gegeben werden, und alles, was er dann tut, wird sich «auszahlen» – hundertfältig schon in dieser Weltzeit – und dann: das ewige Leben! Das greift noch einmal das Motiv von Leistung und Verdienst auf. Doch genau darum geht es *nicht!* Es geht um das *Ende* der gesamten Lohn- und Straferechnerei. Die ganze gängige Morallehre ist hier *am Ende!*

Sehr schön hat der libanesische Dichter und Religionsphilosoph KHALIL GIBRAN einmal diese «Umwertung aller Werte» im Umgang mit den Worten «arm» und «reich» formuliert, indem er die gängigen Formen von «Reichtum», «Macht» und «Größe» auf ihre innere Armut hin ansprach:

«Arm das Land, das voller Lehren ist, aber ohne Glauben.
Arm das Land, das Kleider trägt, die es nicht selber webte, das Brot ißt, das es nicht selbst erntete, und das Wein trinkt, der nicht aus eigener Kelter floß.

Arm das Land, das die Leidenschaft in seinen Träumen für gering achtet, aber sich ihr beim Erwachen unterwirft.

Arm das Land, das nicht seine Stimme erhebt, außer beim Begräbnis, das nichts rühmt, außer seine Ruinen, und das sich nicht auflehnt, außer sein Hals liegt zwischen Schwert und Richtblock.

Arm das Land, dessen Führung arglistig ist, dessen Philosoph ein Gaukler und dessen Kunst Flickwerk und Fälschung ist.

Arm das Land, das seinen neuen Herrscher mit Trompetenstößen willkommen heißt und mit Hohngelächter ihn verabschiedet, nur um einen anderen wieder mit Trompeten zu begrüßen.

Arm das Land, darin die Weisen mit den Jahren schweigen und dessen stärkste Männer noch in der Wiege liegen.

Arm das Land, das gespalten ist in Teile, und darin jeder Teil ein eigen Land sich nennt.»[233]

An einen «armen Freund» aber schrieb er:

«Die Armut macht die Würde der Seele sichtbar [...] und der Reichtum enthüllt ihre Verderbtheit. Die Trauer schärft unser Mitgefühl, und die Freude macht es stumpf; denn der Mensch, der im Wohlstand lebt und in der Freude, setzt alles daran, sie zu mehren. Im Namen des Buches (sc. der Bibel, d. V.) tut er Böses, welches das Buch verbietet, und im Namen der Menschlichkeit handelt er unmenschlich. – Wenn Armut und Trauer aus dem Leben verbannt würden, so würde die Seele zu einer Buchseite, die nichts als Zahlen enthält, die auf Selbstsucht und Raffgier schließen lassen, und Zeichen, die von irdischer Lust berichten. – Ich habe das Göttliche überall gesucht und fand es schließlich im Innern des Menschen. Es läßt sich weder durch Reichtum erwerben noch durch irdische Freuden vermehren. Ich sah die Reichen ihre Göttlichkeit verachten und an ihrem Reichtum hängen, und ich sah die Jugend das Göttliche bei ihrer Suche nach irdischen Freuden verraten. [...] Deine Tränen, mein trauernder Freund, sind süßer als das Lachen desjenigen, der vergessen will, und dein Seufzen ist wohlklingender als das Geschrei der Ausgelassenen. Die Tränen reinigen das Herz von Haß und lehren es, den Schmerz aller gebrochenen Herzen zu heilen. Sie sind die Tränen des Nazaräers. [...] Und die Trauer, die du erlitten hast, wird nach dem Gesetz des Himmels in Freude verwandelt werden. – Die kommenden Jahrhunderte werden von den Armen die Gleichheit und von den Trauernden die Liebe lernen.»[234]

In seinem Bild «Lasset die Kindlein zu mir kommen» (Abb. 3) hat *F. von Uhde* einmal einen ganz alltäglichen häuslichen, einfachen Jesus gemalt, dessen Nähe den Kindern des Hauses ersichtlich Freude macht. Doch wieviel Licht fällt in das Zimmer einer solchen Menschlichkeit!

Mt 20,1–19
Die grenzenlose Güte und die grausame Gerechtigkeit – die Arbeiter im Weinberg und die Todesweissagung

Das Matthäusevangelium ist wohl schon deshalb notwendig in der «Tröstung der Völkergemeinschaft» (TG), weil es als einziges Geschichten wie diese enthält und weil es mit Hilfe solcher Geschichten sogar das vorgefundene Material der Überlieferung in einen neuen Zusammenhang stellt und auf eine neue Art deutet. Gerade vorweg erging die Frage des Petrus: «Was werden wir bekommen, die wir dir nachgefolgt sind?» und Jesus tröstete seine Jünger: Gott werde sie belohnen über die Maßen; Gott sei «gerecht», sozusagen.

Diese Passage lag Matthäus aus dem Markusevangelium vor; jetzt aber, in diesem Gleichnis Jesu, ergänzt er den Gedanken der «Gerechtigkeit» Gottes wie im Kontrapunkt dazu: Gott ist *nicht* zu begreifen, und alles, was er tut, ist *nicht* zu verstehen vom Gedanken der Gerechtigkeit her; denn wäre Gott wirklich «gerecht» – kein Mensch könnte damit leben! Vorliegen hatte Matthäus die drei Leidensweissagungen Jesu (Mk 8,31–33; 9,30–32; 10, 32–34), die den Weg nach Jerusalem als einen unvermeidlichen Weg hinüber in die Katastrophe – *oder* in die *Verherrlichung* des «Königs» Israels! – in Aussicht stellten, als einen Akt der Einwilligung Jesu in das scheinbar Unvermeidbare. Daß aber Jesus ins Leiden gehen muß aus keinem anderen Grund, als daß er prinzipiell einander *antithetisch* in einem unvereinbaren Entweder – Oder gegenübersetzt: den Gedanken der Gerechtigkeit *oder* der Barmherzigkeit, *das* war nicht zu lesen im Markusevangelium; *das* ist Matthäus[235], und zwar nicht nebenbei, als eine Aussage unter anderen, sondern als die Grundkonzeption seines ganzen Evangeliums, ausgesprochen in Texten und Textmontagen, die wuchtig sind wie Paukenschläge, immer wieder, in Synkopen eines bebenden Herzens; so war es in der Bergpredigt bereits, da vor allem schon, aber selbst dort ging es nicht so dramatisch zu wie hier, wo es um Sein oder Nichtsein auf seiten der Menschen ebenso geht wie auf seiten Jesu – ein Kampf auf Leben und Tod, der letzte Akt auf dem Weg zur Passion (Mt 16,13–20,34). Da wird das *Gleichnis von den Arbeitern im Weinberg* sowohl zur Ouvertüre eines Gesamtprogramms wie zum Summarium einer Kernaussage. Alles verdichtet sich hier ein letztes Mal – so will es bereits der *Rahmen*, den Matthäus hier schafft.

Man mag vielleicht abwehrend denken: warum denn nur immer wieder diese Dramaturgie der *Extreme,* diese Rücksichtslosigkeit alternativer Entgegensetzungen – läßt sich das alles nicht auch milder, toleranter, *kompromißbereiter* sagen? Offenbar nicht, jedenfalls nicht im Sinne Jesu, und man kann verstehen, wieso.

Der Begriff der «Gerechtigkeit» erscheint uns heute als der Inbegriff des Humanen. Er ist ohne Zweifel eine der kostbarsten und unentbehrlichsten Wertvorstellungen der Moral zivilisierten Zusammenlebens. – Manches scheint dafür zu sprechen, daß, längst ehe noch die Vorstellungen von Gerechtigkeit in die Köpfe denkender Lebewesen auf diesem Planeten geraten sind, es die Mechanismen der *Physik* waren, die Milliarden Jahre lang zuvor das Modell eines Ausgleichs gegensätzlicher Kräfte geliefert haben. Es ist wie bei einer Kugel, die in einen Trichter läuft: Sie wird von ihrem eigenen Schwung hoch und nieder geschleudert, um irgendwann in *stabiler Lage* unten liegenzubleiben. Alle Bewegung drängt danach, irgendwann an dem Punkt des geringsten energetischen Aufwandes ihren Ausgleich und ihre Ruhe zu finden. So auch offensichtlich das Zusammenleben, das sich auf der Brücke vergleichbarer Gesetze der Sozialpsychologie irgendwann ergeben hat. Es geht um das einfache Gesetz von Stoß und Gegenstoß, um einen Ausgleich der Kräfte in einer gemeinsamen Resultante. Man spanne eine Feder und lasse sie zurückschnellen; sie wird eine Zeitlang hin- und herschwingen, bis sie ihr eigenes Maß gefunden hat. Die soziale Ordnung des menschlichen Zusammenlebens formt sich nicht sehr viel anders. Sie basiert auf bestimmten *Normen.* Werden diese verletzt, so bedarf es offenbar bestimmter *Strafen,* damit sich das Zusammenleben wieder um seinen eigenen Mittelpunkt herum einpendeln kann.[236] Viele Sozialpsychologen sind deshalb sogar der Meinung, daß Strafen notwendig seien, weil ein Normenverstoß, der straffrei bliebe, die Normen selber ihrer Wirksamkeit entheben müßte. Die Härte der Strafe zeigt ihrer Auffassung nach linear die Strenge einer gültigen Norm an.

Anscheinend geht es wirklich kaum anders. Kulturgeschichtlich mutet uns das Lohn- und Strafsystem der «Gerechtigkeit» geradezu als ein *Fortschritt* in der Geschichte der Menschheit an. Solange noch das Faustrecht regierte, mochte das subjektiv empfundene Leid das Strafmaß diktieren, und fast immer tendierte es zum Willkürlichen, Überschießenden und Maßlosen. Die eigene Verletzung verlangte wie von selbst nach Revanche und Rache weit über das äußerlich Angetane hinaus. Als logische Folgerung scheint sich daraus die Forderung ergeben zu haben, das Maß der Gerechtigkeit nach dem *äußeren Tatbestand* zu bestimmen. Anfang des zweiten Jahrtausends vor Christus wird in

Mesopotamien zum erstenmal eine entsprechende Gleichung sogar schriftlich fixiert.²³⁷ – «Gerechtigkeit» besteht fortan darin, daß die «Strafe» genau dem zu entsprechen hat, was als «Schuld» begangen wurde – «Aug' um Auge, Zahn um Zahn».²³⁸ *Ein gleiches Maß* – das ist «Gerechtigkeit». Diese Regelung nahm den Menschen das Faustrecht aus den Händen und delegierte die Strafgewalt an die staatliche Autorität.

Viertausend Jahre danach mögen wir im Rückblick solche Spielregeln eines gerecht organisierten Zusammenlebens als eine echte kulturelle Errungenschaft rühmen, ja, wir haben besonderen Grund dazu, insofern wir mit dem Prinzip der Gerechtigkeit auch heute noch lange nicht an das Ende seiner eigenen möglichen Anwendung und Durchsetzung gelangt sind. Wie denn, wenn wir uns umschauen, ist es auf diesem Planeten um die Gerechtigkeit bestellt? *Gleichberechtigung* zwischen Schwarz und Weiß beispielsweise – sie gilt uns für undiskutierbar als *Menschenrecht*, doch wie steht es damit? Wer von *Rechten* spricht, macht deutlich, daß es hier etwas zu fordern, zu verlangen, notfalls einzuklagen gibt. *Gerechtigkeit* – das bedeutet, daß man nicht die Hand gleich einem Bettler aufhalten muß, um nach Gnade und Barmherzigkeit Ausschau zu halten, sondern daß man *zugreifen* darf in eigener Ermächtigung. *Recht* ist etwas, das dem anderen abzuverlangen ist, wenn es nicht anders geht, sogar mit legaler Gewalt. Aber genau das ist nach wie vor die Frage: Wie soll das geschehen?

Betrachten wir auch nur die Länder der sogenannten Dritten Welt – welch ein Unmaß an Ungerechtigkeit gälte es da abzuarbeiten! Das *zu tun* ist wohlgemerkt *nicht* ein Akt des Mitleids oder des Wohlmeinens, *nicht* der Ausdruck einer besonderen Güte oder des freundlichen Entgegenkommens, es ist ein *Anspruchsrecht* der Menschen auf diesem Planeten, einander gleichgestellt zu sein! «Alle Menschen sind gleich gegenüber dem Recht» – das bedeutet, daß wir den Begriff der Gerechtigkeit *internationalisieren* müßten. Es ist nicht möglich zu sagen, Gerechtigkeit für Deutsche ist etwas anderes als Gerechtigkeit für Leute in Obervolta oder in Bangladesh. Leben da auch *Menschen*, haben sie teil an ein und derselben Gerechtigkeit!

Eben weil dieses Prinzip in unseren Tagen allererst dabei ist, sich weltumspannend durchzusetzen und zur Grundlage einer kollektiven Ethik des Menschlichen zu werden, fällt es uns so schwer, davon *Abschied* zu nehmen. Aber genau das ist es, was Jesus vor zweitausend Jahren schon wollte! Nicht mehr und nicht weniger schwebte ihm vor, als daß wir es lernten, an die Stelle des Prinzips der Gerechtigkeit lautere Güte als Lebensgrundlage zu setzen. So erstaunlich weit war der Mann aus Nazareth *seiner* Zeit und *unserer* Zeit vor-

Die grenzenlose Güte und die grausame Gerechtigkeit

aus, daß er *die Grenzen* moralisch und rechtlich einklagbarer Gerechtigkeit längst vor Augen sah, ehe wir willens oder fähig sind, sie allgemein durchzusetzen.

Denn noch einmal gefragt: Was ist Gerechtigkeit? – Da werden die Ansprüche des einen Menschen an den anderen Menschen geltend gemacht und auf diese Weise wird der Sittlichkeit genüge getan, doch die Grundlage von allem ist und bleibt der *Egoismus aller*. Er wird gezähmt in den Grenzen des Legalen, das ist wahr, aber sind deshalb die Menschen wirklich schon großzügiger, menschlicher, sozial verträglicher geworden? Ist nicht «Gerechtigkeit» nach wie vor nur ein Deckmantel für jede Art von Rechthaberei?

Und nun genauer betrachtet: Wer eigentlich hat den *Nutzen* von der «Gerechtigkeit»? Man sollte denken, gerade die Schutzlosen würden von der Gerechtigkeit in Schutz genommen. So sollte es in der Tat sein, aber so ist es (natürlich!) nicht. Gerade die Ärmsten der Armen kommen nach dem Maßstab der Gerechtigkeit in aller Regel unter die Räder, indem die Reichen und Wohlhabenden ihren Besitz als Rechtsanspruch gegen die Habenichtse geltend machen. Das ist es, was Jesus erlebt hat und was auch wir heute noch unverändert, ganz genauso, erleben können. *Dagegen* hat Jesus Protest eingelegt, und man kann sich unschwer vergegenwärtigen, warum: Das Prinzip der «Gerechtigkeit» wird immer wieder die Schuldiggewordenen an den Rändern der Gesellschaft ausgrenzen, weil es in sich selbst ein *äußerliches* Prinzip darstellt. Die Gerechtigkeit wird sagen: «Du hast so und so gehandelt, und daraus folgt die Strafe über dich, sie *muß* sein – eben darin besteht ja die Gerechtigkeit.» Ein solches Denken interessiert sich nicht für das, was in Menschen vor sich geht, ehe sie «straffällig wurden», es interessiert sich einzig für das, was man sieht, für die Fakten, für das Beweisbare. Die *Außenseite* der Dinge wird hier verrechtlicht und verordnet. Jesus hingegen mochte, daß wir aufhören, uns für das, was «gerecht» ist, zu interessieren, denn es wird immer wieder dazu führen, über andere Menschen den Stab zu brechen. Jesus mochte, daß wir uns für das interessieren, was Menschen *brauchen*, wessen sie *bedürfen*, was sie *nötig* haben, um zu existieren. *Deshalb* setzte er sein Leben daran, bis zum äußersten an den Rand zu gehen und einzusammeln all die Ausgedrängten, die Verstoßenen, die Outlaws, die Out-of-bounds-Befindlichen. Er wollte sie wohlgemerkt nicht einfach in die bestehende Gesellschaft zurückholen beziehungsweise zurückanpassen; sondern indem er sich auf ihre Seite stellte, wollte er einen *neuen* «Anspruch» an das Bestehende geltend machen, und dieser Anspruch lautete: *Barmherzigkeit* beziehungsweise *Mitleid*. Freilich, gerade diese Begriffe sind in der christlichen

«Verkündigung» so lange theologisch hin- und hergekaut worden, daß sie fast unbrauchbar geworden sind; man muß sie deshalb ersetzen durch Worte wie: «offenes Verstehen», «Begleiten ohne Zensur», «Sensibilität für die Bedürfnisse anderer» und so fort.

Das Erstaunliche ist, daß dieses Engagement Jesu für die «Zöllner», «Sünder» und «Huren» nach Auffassung des Matthäus identisch ist mit seiner Verurteilung zum Tode. Was man Jesus vorwirft, ist im Grunde dies: daß er alles von unterst zu oberst kehrt, daß er die Welt auf den Kopf stellt, und genau das sagt er hier – das ist kein Mißverständnis, das ist sein Programm: «Die Letzten werden die Ersten sein.»[239] Diese Ersetzung der Gerechtigkeit durch die Barmherzigkeit ist natürlich nicht harmlos. Sie geschieht derart zugespitzt, ja, aggressiv, daß darin die Drohung auf der Stelle mitschwingt: «Es werden die Ersten die Letzten sein!» Das eine ist das Programm für die *Ausgegrenzten,* das andere die *Erschütterung* für all die Sicheren, die denken, ihr Leben müsse nur so weitergehen, stünden sie doch obenan.[240] Sie werden selbstverständlich *verlieren,* wenn sich die Verhältnisse je ändern sollten; schon deshalb haben sie nach ihrer Vorstellung das *Recht,* daß alles so bleibt, wie es ist, und so werden sie im Namen ihres «Rechtes» das Bestehende verteidigen. Alles, was sie haben, haben sie sich erarbeitet, rechtschaffen erwirtschaftet, redlich verdient – wer ihnen *das* wegnimmt, zerstört die Ordnung und ist ein Feind der «Gerechtigkeit».

Wir Deutsche zum Beispiel im Jahre 1994, haben wir nicht hart gearbeitet? Steht uns der Wohlstand nicht zu, den wir haben? Wer will *den* ernsthaft messen an den Armenhausbewohnern der Dritten Welt, an diesen Nichtskönnern, die nicht bis drei zählen können, die kaum lesen und schreiben gelernt haben, Analphabeten zu achtzig Prozent der Bevölkerung? Die *verdienen* scheinbar, daß sie im Dreck leben, sie wollen es ja offenbar nicht besser – es sei denn, sie lernten – bei *uns! Wir* würden es ihnen schon beibringen, wir täten *alles* für sie, wenn sie nur unseren Wohlstand nicht gefährden! Wer uns *den* rauben will, indem er uns ein schlechtes Gewissen macht, der steht in allen rechten Medien als ein schlechter Volksgenosse da. Die gesamte bürgerliche Presse predigt das täglich: nur Optimismus schafft Investitionen, nur Investitionen schaffen Arbeitsplätze, nur Arbeitsplätze schaffen Wohlstand – *so* sieht das aus! Aber nicht Miesmacherei, nicht Erschütterung im Untergrund, nicht das dauernde Erdbeben: «Die Letzten werden die Ersten sein!» So etwas ist doch der Aufstand der Gosse! Da dreht sich die Achse der Welt von den Herrschenden zu den Niedrigen. Das ist Anarchie! Das ist Revolution!

Wer diese *Logik der Abwehr* nicht begreift, wird den *Haß* nie verstehen, der

Die grenzenlose Güte und die grausame Gerechtigkeit

sich auf die Güte des Mannes auf Nazareth richtet, richten muß. Da stoßen zwei völlig heterogene Prinzipien unverträglich aufeinander, und dieser Konflikt ist nicht ein Nebenschauplatz der Auseinandersetzungen um die Botschaft Jesu, hier entscheidet sich alles. Jesus selbst kann sich an drei Fingern ausrechnen, was ihm blühen wird, wenn er mit der Gruppe der Ausgegrenzten in die heilige Stadt hinaufziehen wird, um zu *verlangen*, daß die Tempeltore sich öffnen für diese Leute, die es *nicht* «verdient» haben. In den Augen der Superfrommen werden sie niemals bußfertig genug sein, sie werden nie dazu bereit sein, durch entsprechende Vorleistungen sich als würdig zu erweisen, sie werden ihr Leben niemals soweit ändern, daß man sie akzeptieren könnte, sie haben im Gegenteil die Strafen, die sie verdient hätten, noch lange nicht abgebüßt, denn soviel steht fest: Sie gehören nicht in den Tempel – nicht Huren, Zöllner und Sünder! Irgendwo gibt es Grenzen und Schranken. Wenn Jesus erwartet, daß man *die* aufbricht, wird er selbst daran zerbrechen. Schriftgelehrte und Hohepriester werden dafür sorgen. Sie *kennen* die Gesetze, sie *wissen*, was Gott will, sie haben es schwarz auf weiß bestätigt aus einer langen Lehrtradition, sie müssen *nur*, was sie längst wissen, «in Anwendung bringen», wie man so sagt.

Im *Museum der bildenden Künste* zu Leipzig wird ein Bild gezeigt, das MAX KLINGER im Jahre 1890 unter dem Titel *Die Kreuzigung Christi* gemalt hat (Abb. 4) Entsprechend der Darstellung aus Joh 19,25 sieht man (vor «einem sonnenüberfluteten Landschaftshintergrund mit der Ansicht von Siena»)[241] «drei Figurengruppen angeordnet. Am linken Bildrand zusammengedrängt Römer und Juden, in der Mitte Maria, Maria Salome – die Frau des Kleophas – und Maria Magdalena sowie der Jünger Johannes vor dem Kreuz des guten Schächers, rechts zwei Kreuze mit Christus und dem bösen Schächer.»[242] Anders aber als bei Johannes, wo Jesus sich als der «König Israels» in Erfüllung des göttlichen Willens selbst in den Tod gibt, wird Jesus hier als Mensch unter Menschen gemalt – alles Erhobene und Erhabene fehlt, die physische Nacktheit, in der KLINGER (historisch zutreffend!) den Christus zu malen wagte, sorgte für einen jahrelangen *Skandal;* er wurde von Kirchenmännern geschürt, die nicht merkten, daß *sie selbst* mit ihrem Verhalten als dem eigentlich Obszönen auf dem Bild porträtiert wurden. Jesu Größe, wollte KLINGER sagen, liegt gerade darin, daß er unverhüllt und schutzlos selbst in seiner Ausgeliefertheit nichts von seiner inneren Festigkeit verliert, mit der er, in großem *Abstand*, sich der Gruppe seiner Ankläger und Henker entgegengestellt findet: Die Art der Gruppierung selbst markiert hier bereits den Grund des Todesurteils: – es genügt, von innen heraus ein königlicher, «apollinischer» Mensch zu sein![243]

Es wird den Neid und den Spott und die Lust, ins Gemeine und Niedrige zu ziehen, bei all denen erregen *müssen*, deren ganze «Größe» in ihren vermeintlich göttlichen Titeln und Ämtern besteht. «...man braucht», schrieb KLINGER, «noch lange kein Verächter biblischer Geschichte zu sein, um die Handlungsweise dieser Leute in vieler Beziehung natürlich zu finden. Wiederholt sich dergleichen wie die Verurtheilung Christi eben durch die Intelligenz und Noblesse seiner Zeit und seines Volks nicht fast von Jahrhundert zu Jahrhundert?»[244]

Da sieht man den «Hoheprieser», in Rot gewandet wie einen Kardinal der katholischen Kirche, asketisch, hoch aufgerichtet, in säulenartiger Starre, mit kaltem Blick – er hat in der Hinrichtung Jesu soeben gegen den «Aufruhr» des «Abschaums» die rechte Ordnung wiederhergestellt –, auf seine Weise kann er zufrieden sein, in gewissem Sinne ein Einsamer auch er, die wahre Gegengestalt des Christus. Neben ihm, und doch wie Wesen anderer Art, drei «Schriftgelehrte» in Gewändern, die an Mönchskutten gemahnen, geduckte, verhockte Gestalten, «ihr» *Buch* in der Hand, auf das sie pochen, das «Gotteswort», das *ihn* unfehlbar verurteilt – sie werden niemals begreifen, welch einer verbohrten Anmaßung sie unter dem Namen ihres schriftlichen «Gottes» sich unterwerfen; im Hintergrund zwei «Älteste» – machtkundige Krämer, möchte man denken. *Und* ein junger römischer Soldat, keck an der Seite einer Frau – seiner Geliebten (?), den tödlichen Speer als Zeichen seiner männlichen Macht präsentierend –, auch er hat «tüchtig» getan, was er mußte, er verdient, dafür geliebt und bewundert zu werden. Doch zwischen ihnen und dem Gekreuzigten steht – wie es keiner der Evangelisten, erst Johannes erzählt – die Mutter Jesu, starr vor Schmerz, den schwarzen Trauerumhang über ein weißes Gewand geworfen, Unschuld und Wehmut zugleich, die Lippen verpreßt vor Gram, die Hände hilflos vor der Brust verklammert, wie frierend in der grausamen Kälte der Welt, eine christliche Niobe, während Maria von Magdala, eine Frau von sinnlicher Körperlichkeit, in ein braun-rotes Gewand gehüllt, die verkörperte erdgebundene Liebe, ihre Arme hinstreckt zu dem Sterbenden, zu dem zum Tode Verurteilten: ohnmächtig bricht sie zusammen, während Johannes, direkt den Zuschauer anblickend, beethovenartig in seinen Gesichtszügen, energisch die Bedeutung des Geschehenden bereits geistig gestaltend, die Fallende in seinen Armen auffängt, gemeinsam mit Salome, die sich, wie Trost suchend, Maria, der Mutter des Gekreuzigten, zuwendet; und genauso der Schächer: hinter der Gestalt des Evangelisten hervor richtet sein Blick sich sehnsüchtig auf die Person Jesu: – es ist *seine* Güte, die ihn im Tode umfangen wird.

Die grenzenlose Güte und die grausame Gerechtigkeit

Ergreifender, *menschlicher* als auf diesem Bild läßt sich der Sinn der wenigen Worte nicht schildern: «Der Menschensohn wird ausgeliefert den Hohenpriestern und Schriftgelehrten, und sie werden ihn verurteilen – zum Tod. Und (dann) werden sie ihn ausliefern: an die Völker zum Verhöhnen, Geißeln und Kreuzigen» (Mt 20,19).[245] Alle werden sie denken, sie hätten «ihn» endgültig erledigt, sie wären ihn für immer los. Doch vielleicht ist gerade dieses gräßliche Finale nur der Anfang eines «Aufstands», einer «Auferweckung» – wenn Gott es so will. Und Gott *wird* es so wollen, das glaubt Jesus ganz sicher: «Am dritten Tag» (nach dem «Zeitmaß» aus Hosea, 6,2)[246] «wird er auferweckt werden» – das ist seine Zuversicht. Sie können nur töten! Sie verdienen nicht, daß man sie ernstnimmt im letzten, wie Jesus es seinen *Jüngern* gesagt hat (Mt 10,28!). Und dann, wie *zwischendrein hier*, nach der Komposition des Matthäus, erzählt er als *Begründung* des kommenden Dramas das Gleichnis von den Arbeitern im Weinberg (Mt 20,1–16).[247]

Schon daß so etwas möglich ist, stellt eine bezaubernde Tatsache im Leben des Mannes von Nazareth dar. Er kann getrieben werden und gehetzt bis in die äußerste Lebensgefahr, und man möchte meinen, daß er jetzt vor lauter Angst wie blind um sich schlüge – da steht er plötzlich da und erzählt in vollkommener Freiheit ein solches Gleichnis! Er argumentiert nicht, er legt nicht dar, er verteidigt sich nicht – er erzählt *eine Geschichte*, die dazu einlädt, vielleicht doch noch, ein letztes Mal, alles, was er zu sagen hat, *richtig* zu hören.

Der äußere Rahmen der Geschichte, die er hier vorträgt, läßt sich aus den Lebensumständen in Galiläa vor zweitausend Jahren leicht rekonstruieren: Es ist Erntezeit, und so drängt die Arbeit: Ehe die Reben unter der Gluthitze verdorren, braucht ein Weinbergbesitzer jetzt stoßweise für ein paar Tage Hilfsarbeiter zum Pflücken der Trauben, und er findet sie zahlreich. Natürlich! In den Tagen Jesu ist die Arbeitslosigkeit grassierend.[248] Der Weinbergeigner braucht deshalb nur stundenweise auszugehen, und er wird immer wieder Leute finden, die da unbeschäftigt auf dem Marktplatz (nicht «herumstehen», sondern) herum*sitzen*.[249] Morgens schon bei Sonnenaufgang begibt er sich hinaus und setzt seine Anwerbung fort bis um fünf Uhr nachmittags, kurz vor Sonnenuntergang. Den Ersten der gedungenen Arbeiter – es können offenbar wirklich nicht genug sein – verspricht der Weinbergbesitzer *einen* Denar. Das sind ungefähr sechzig Pfennige, just soviel wie in einem heutigen sogenannten Entwicklungsland für vierzehn Stunden Arbeit gezahlt werden – geändert hat sich das bis heute nicht. Am Abend heimgekehrt, kann ein solcher Tagelöhner sich gerade soviel dafür kaufen, wie vielleicht seine Frau und seine zwei bis fünf Kinder brauchen, um einen Tag lang zu leben: ein paar Fladenbrote, eine

Melone, ein paar Gurken oder Feigen, dafür reicht es, bis zum nächsten Morgen; dann beginnt das Gebet der armen Leute wieder von neuem: «Unser Brot für morgen gib uns heute» (Mt 6,11). Nun sollte man denken, daß Leute, die etwa zehn bis zwölf Stunden für einen Denar arbeiten, sich werden ausrechnen können, daß Leute, die nur eine Stunde arbeiten, wohl auch nur ein Zehntel oder ein Zwölftel der Tageslohnsumme bekämen; so verlangt es die «Gerechtigkeit». Ein Zehntel oder ein Zwölftel Denar aber – das ist auf dem Basar soviel wie ein einziges oder ein halbes Fladenbrot –, das langt für niemanden! *Deshalb* offenbar sagt in dem Gleichnis Jesu der Weinbergbesitzer zu seinem Zahlmeister, zu seinem «Aufseher»: «Fang mit den letzten an und gib jedem dasselbe: *einen Denar.*» Es ist eine Tat, die formal *ungerecht* ist: Sie gibt nicht jedem, was er verdient, sonder *unverdientermaßen* das – nicht was ihm *zusteht,* sondern –, was er braucht. Der Weinbergbesitzer kann sich das leisten. Er hat offenbar die Reben abgeerntet, ihm droht kein Verlust mehr.

Doch genau hier beginnt auf der Stelle das Gegeifer: «Wir haben die ganze Last und Mühe getragen, *die Hitze des Tages!*» Das stimmt! Bei vierzig Grad im Schatten, den Rücken gekrümmt von früh bis spät, meist ohne Essen und ohne Trinken, dafür nichts weiter zu bekommen als diejenigen, die das Ganze nicht einmal *eine* Stunde durchgemacht haben, das ist *nicht gerecht,* daran entzündet sich der Widerspruch und notfalls der Haß. Jesus aber läßt in seinem Gleichnis einen der Schreihälse, den Hauprädelsführer offenbar, vortreten, und der Aufseher redet ihn mit einem Wort an, das man nur recht doppelbödig wiedergeben kann: «Mein Lieber», «mein Freundchen»[250] – es ist ein Wort auf der Grenze zwischen Wohlwollen und Ärger – und sagt zu ihm: «Jetzt gehst du», «*verschwinde!* Du hast, was mit dir vereinbart war!»

Das, was der Mann hier erhalten hat, ist in sich *kein Unrecht,* wohlgemerkt. Das «Unrecht» entsteht erst im Vergleich mit den anderen, mit den *aus Güte* Bevorzugten. Und *das* ist jetzt der Dreh- und Angelpunkt der ganzen Auseinandersetzung: *Man gebe den Menschen, was sie nötig haben,* denn, muß man ergänzen, mit dem, was sie *verdienen,* können sie nicht leben. *Das ist der Kern:* «Bist du *neidisch,* weil ich gut bin?» Dazwischen muß man einen Satz *ergänzen,* der etwa so lautet: «Wenn *das* der Fall sein sollte, wirst du als erstes erleben, daß du in der Ordnung Gottes ganz zuunterst stehst. Gott ist nicht zu messen nach den Prinzipien der Gerechtigkeit. Kein Mensch könnte dann existieren!» *Das* ist die Grunderfahrung Jesu: «Wenn du begreifen willst, wovon du lebst, mußt du beginnen, Barmherzigkeit und Güte zur Voraussetzung von allem zu erheben!»

Gehen wir, um das praktisch zu machen, einfach einmal durch, was sich in

Die grenzenlose Güte und die grausame Gerechtigkeit

unserem Leben daraus an Folgen und Folgerungen nahelegen würde – den Katalog der 10 *Gebote*, den Dekalog, am einfachsten.

Zum Beispiel: *Viertes Gebot*: «Du sollst Vater und Mutter gehorchen.» Denken wir uns eine Familie, in welcher die Tochter oder der Sohn *ungehorsam* ist, in der die Kinder womöglich schimpfen mit ihrem Vater. Der Vater, nehmen wir einmal an, verteidigt *sein Recht* und *zwingt* zum Gehorsam. Scheinbar schafft er in seiner Familie auf diese Weise Ruhe und Ordnung, aber löst er damit den bestehenden Konflikt? Ein Machtwort, das Auf-den-Tisch-Schlagen, das laute Drohen: «Solang du deine Beine unter meinen Tisch stellst...», ist *das* die richtige Form der Auseinandersetzung? Mit solchen Verfahren wird man nicht einmal «Gerechtigkeit» lernen, sondern nur, daß Macht vor Recht geht – mindestens aus der Perspektive des Jungen oder des Mädchens, die sich der väterlichen Gewalt beugen sollen, muß das so erscheinen. Wäre es mithin nicht weit vernünftiger, falls ein Junge, ein Mädchen, wirklich ungehorsam war und sich über einen elterlichen Befehl hinweggesetzt hat, daß die Eltern mit dem Kind, mit dem Jugendlichen, *ins Gespräch* zu kommen suchten, um herauszufinden, was denn da eigentlich los war? Wie konnte etwas Wünschenswertes in den Augen des Kindes für viel wichtiger erscheinen, als mit dem Vater oder der Mutter zurechtzukommen? Wenn *das* die Frage ist: «Warum war das, was du tatest, dir so wichtig? Was steht dahinter? *Was brauchtest du?* Was war es eigentlich, das du damit gemeint hast?», so entstünde sehr rasch ein Klima *jenseits* der Befehle – und jenseits der «Gerechtigkeit»! Es formte sich plötzlich *ein Miteinander* des Verständnisses, und *nur so* wird eine Familie auf die Dauer zu ihrer Ruhe finden und jedem den Platz zuweisen, an dem er mit den anderen leben kann. Es ist deutlich: Von den Eltern wird, wenn es so steht, erwartet, daß sie sich beim Übertreten bestimmter Weisungen *nicht* auf den Standpunkt stellen: «Wir haben recht, und wir setzen es durch», sondern *umgekehrt*: «Was ging in dir vor sich, als du die Ordnung, die wir dir gesetzt haben, brachest?» Und erst wenn sich dieser Bereich des offenbar *Notwendigen*, dessen, was der andere *bedurfte*, eingefügt hat in die alte, vorgegebene Welt, kann wieder Frieden eintreten.

Oder nehmen wir *das fünfte Gebot*: «Du sollst nicht töten.» In der *Abtreibungsfrage* beispielsweise diskutieren wir heute leidenschaftlich um diesen Punkt, und erneut geht es dabei um Recht, um Ordnung, um Straffestsetzung.[251] Wie würde, stellen wir uns einmal vor, *eine Mutter* handeln, zu der die Tochter käme und ihr sagen würde: «Ich habe abgetrieben?» Würde sie dann ihre Tochter als eine Mörderin bei der Polizei anzeigen? Würde sie auf ihre eigene Tochter mit ausgestrecktem Finger zeigen und ihrem Gewissen die

Hölle heißmachen? Oder würde sie die Kraft haben, die *Tragödie* ihres Kindes zu begreifen? Vielleicht würde sie weinend ihrer Tochter um den Hals fallen und sagen: «Mädchen, warum hast du mir das alles nicht *eher* gesagt? Für wie schlimm mußtest du mich halten, mir das *jetzt erst* mitzuteilen!» Plötzlich verschöbe sich da alles, was bis dahin nur Schuld und Anklage war. Diese Mutter begriffe mit einem Mal einen Zusammenhang, der so nie sichtbar war; all ihr Interesse richtete sich auf *die Not* ihrer Tochter – was sie jetzt *braucht*, um weiterzuleben! Und *das* ist jetzt das Entscheidende: Ganz sicher braucht sie nicht «gerechte» Strafen –, sie selber vermutlich leidet am allermeisten an ihrem Tun.

Oder weiter: *sechstes Gebot*: «Du sollst nicht ehebrechen.» Wieder: Man kann den anderen, der womöglich *in flagranti* erwischt wurde, in die Härte des Vorwurfs nehmen und ihm erklären, daß sein Tun *verwerflich* war, daß der Bruch seiner Ehe einen Rechtsverstoß darstellt, der *unter Strafe* gesühnt werden muß. Es kann dabei sogar derart streng und «gerecht» geurteilt werden, daß ein Zusammenleben der beiden Eheleute fernerhin gar nicht mehr möglich ist. Es kann aber auch sein, daß die Frage sich aus Anlaß der eingetretenen Krise entscheidend verschiebt und jetzt lautet: «Was *fehlte* dem anderen, was *brauchte* er, was sind die Dinge, die bis dahin in unserem Zusammenleben zu kurz kamen, daß er ‹fremd›gehen mußte?» Oder noch mehr: «Welch eine Geschichte trägt der andere in sich, daß er Wünsche spürt, die völlig widersprüchlich sind und die ihn immer wieder außerhalb der Ordnung drängen?» *Was braucht er am meisten?* Diese Frage läßt sich oft gar nicht beantworten aus dem, was geschehen ist, sondern nur aus den Motiven, die den jeweiligen Handlungen zugrunde lagen, und ehe *sie* nicht begriffen und durchgearbeitet sind, versteht man den anderen nicht, hilft man dem anderen nicht, wird die Forderung nach «Gerechtigkeit» in sich selbst zu etwas Grausamem und Zerstörerischem.

Ferner: *Siebtes und achtes Gebot*: «Du sollst nicht stehlen» und: «Du sollst nicht lügen» bzw.: «Du sollst nicht falsches Zeugnis geben.» Wieder: Was würde ein Vater oder eine Mutter tun, wenn sie entdeckten, daß ihr Kind sie *angelogen* hat? Es hat beispielsweise behauptet, eine Klassenarbeit in Englisch sei gar nicht geschrieben worden, dabei ist sie längst mit «Fünf» zurückgegeben worden. Oder der Junge hat gesagt, er habe das Portemonnaie der Mutter nie in der Hand gehabt, dabei fehlen dreißig Mark darin, und es läßt sich nachweisen, daß *er* sie genommen hat. Oder: Im Kaufhaus hat eine Frau unbezahlt bestimmte Waren «mitgehen»lassen – Lüge, Diebstahl –, das sind die Straftatbestände. Entsprechend dem Anspruch des Gerichts, entsprechend der

Definition des Rechtes, ist das Urteil über so etwas rasch gefällt. Aber noch einmal: *Was ist*, wenn wir fragen würden: «Warum kam es dazu? Was ging in dem anderen vor sich?» Es veränderte eine ganze Welt! Während die Gerechtigkeit zwischen den Menschen trennt, indem sie *hier* die Richtigen, *dort* die Verurteilenswerten hinstellt, erleben wir, daß das Prinzip des Mitleids und der Barmherzigkeit, wie Jesus es will, die Menschen verbindet und den Abgrund zwischen ihnen überwindet. Die Güte würde die «Gerechtigkeit» ersetzen!

An dieser Stelle müssen wir uns allerdings noch einmal fragen, wie wir eine solche Botschaft denn in unseren Alltag hineinholen. All die genannten Bespiele mögen noch relativ einleuchtend sein, weil sie sozusagen noch im Privaten verbleiben. Auf *dieser Ebene* des persönlichen Zusammenlebens wird es mancher wohl für plausibel finden, daß Barmherzigkeit, Verstehen, Güte *besser,* praktischer, angemessener sind als Rechtsforderungen. Es ist da nicht allzuschwer zu begreifen, daß die Liebe unter den Menschen bereits *zerbrochen* sein muß, wenn nichts weiter mehr gelten soll als der *Rechtsstandpunkt*. Einen Schritt weiter aber treffen wir auf eine Grauzone in unserem Zusammenleben, wo das Prinzip der Güte oder des Mitleids sich ein Stück weit bereits *sozial* organisiert, ohne den Boden der «Gerechtigkeit» deshalb vollends zu verlassen. *Die gesamte kirchliche Praxis* zum Beispiel ist von solcher Art. Was sie betreibt, ähnelt der Moral des *Roten Kreuzes* oder der *Caritas:* Da finden in der Welt grausame Kriege statt, aber es gibt dennoch auch *Mitleid* zwischen den Fronten gegenüber den Schwerverwundeten. Da erhält sich trotz allem eine schmale Schneise der Humanität *jenseits* der Begriffe von Recht und Unrecht, für die man ursprünglich ins Feld zog. Das Rote Kreuz (ebenso wie die Caritas) stellt keinerlei politischen Anspruch, es stellt keinerlei Kriegsschuldfrage, es interessiert sich einzig für die Menschen, und darin ist es großartig. Es ist sehr wichtig, daß zwischen den Fronten sozusagen Vakuolen der Barmherzigkeit bestehen bleiben, in denen man Luft schöpfen kann, Terrains, in denen die Frage, auf welcher Seite man steht, *neutralisiert* wird zugunsten der Menschen. So etwas verdient Hochachtung bei der *Caritas* nicht minder als bei *«Brot für die Welt»* oder beim Roten Halbmond – bei allen Aktionen, die nichts weiter sind als mitleidig, indem sie nichts weiter wollen als helfen. Da wird der Kordon der Gerechtigkeit in gewissem Sinn *überschritten;* dann aber bleibt man dabei stehen und geht nicht weiter; es folgt *kein neues Prinzip* daraus! Die *Caritas* wird nie ein Stein des Anstoßes gegenüber der staatlichen Ordnung sein, auch das *Rote Kreuz* nicht. Sie werden niemals *die Gründe* verändern, aus denen heraus Menschen einander bekämpfen. Und so stehen sie in der Gefahr, als Schmiermasse in dem Getriebe der Unbarmherzigkeit verbraucht zu werden, das im übrigen so weiterlaufen wird wie bisher.

Darum gilt es, radikal *weiter* zu fragen: was denn *die Folgen* der Grundhaltung Jesu im Bereich des Politischen, des Justiziablen, der *Ordnung* sein werden, auf der wir stehen. Wenn Jesus von Nazareth recht hat – «Gebt den Menschen, was sie *brauchen*, verläßt den Standpunkt der *Gerechtigkeit*», so lohnt es vielleicht, dieses Thema konkret an den drei *Exekutionen* in den Vereinigten Staaten festzumachen, die innerhalb von drei Tagen im Mai 1992 verhängt wurden. Denn lernen können wir davon, das vermeintliche «Recht» als *Unrecht* zu entlarven, und umgekehrt: das Verstehen und die Güte als die einzige Form zu erkennen, in der dem anderen in seiner Not etwas «Rechtes» widerfahren kann.

Hingerichtet wurde 1992 auch *Roger Coleman*, ein Mann von 35 Jahren, für dessen Schuldlosigkeit eine Menge guter Gründe sprachen, die indessen nie überprüft wurden, weil sein Anwalt durch ein Versehen bei der Datumsangabe das Revisionsverfahren einen Tag zu spät eingereicht hatte.[252] Der Oberste Gerichtshof der Vereinigten Staaten hatte es nicht für nötig befunden, die Datumsüberschreitung von 24 Stunden zugunsten eines Menschenlebens zu annullieren. Wahrlich: «Wir haben ein Gesetz, und nach diesem Gesetze muß er sterben» (Joh 19,7). 2500 Menschen sitzen derzeit in den Todeszellen der USA; ein Mann wie *Roger Coleman* aber wartete bereits zehn Jahre auf seine Hinrichtung und beteuerte bis zur letzten Minute, er sei unschuldig. Sogar die Farce eines Lügendetektors hatte man ihm noch ein paar Stunden vor der Hinrichtung zugemutet. Wie die Hinrichtung selbst dann nach ritualisiertem Schema vor sich ging, beschrieb der *«Spiegel»* Tage zuvor bereits so:

Mittwoch, den 20. Mai: «Um 22,45 Uhr soll das Todesteam Coleman aus der Zelle holen und zum elektrischen Stuhl des Greenville Correctional Center in Jarrat (US-Bundesstaat Virginia) bringen. Die Männer werden den Häftling Nr. 804 535 7000 mit Bauch- und Brustriemen an einen unförmigen Eichenstuhl fesseln, seine Arme an die Lehnen, seine Waden an die Stuhlbeine schnallen. Den eigens glattrasierten Schädel wird eine abgetragene Lederkappe bedecken, in der ein mit Salzwasser getränkter Schwamm für guten Stromfluß zum Hirn sorgt. Schließlich befestigen Helfer des Henkers dickadrige Stromkabel an der Kappe und an einer Fußmanschette. Statt seiner dunkelrandigen Brille wird Roger Coleman nun eine Ledermaske tragen, die schon ganz fleckig ist von Angstschweiß, Tränen und Erbrochenem seiner unglücklichen Vorgänger. Nur die Nase bleibt frei. Coleman soll unbehindert atmen können, bis ein 2500-Volt-Stromstoß die Strafe vollstreckt, zu der er verurteilt wurde vor zehn Jahren.»

Das Urteil gegen *Coleman* wurde ausgesprochen wegen Vergewaltigung und Tötung einer Sechzehnjährigen, aber es gibt, wie gesagt, eine Menge guter Gründe zu glauben, daß dieser Mann diese Tat niemals begangen hat. Es gibt des weiteren sehr gute Gründe anzunehmen, daß der Staatsanwalt Beweismaterial unterschlagen hat, das zu Gunsten des Delinquenten hätte sprechen können. Es spricht inzwischen sogar vieles dafür, daß man den wirklichen Täter mittlerweile kennt, aber Roger Coleman ist tot. – Die eigentliche Frage, die sich da stellt, lautet natürlich, wie man dazu kommt, auf Leben und Tod Menschen nach Gut und Böse einzuteilen, um verfügen zu können, daß «wir» «im Namen des Volkes» «für Recht befinden»: die Hinrichtung eines Menschen! Die katholische Kirche lehrt immer noch, daß der Staat unter Umständen das Recht und die Pflicht haben könnte, die Todesstrafe einzuführen und durchzuführen.[253] Menschen, die ein *Verbrechen* wie die Ermordung eines anderen Menschen begehen, schließen nach dieser Vorstellung sich selber aus der Rechtsgemeinschaft der Menschen aus, sie sind in diesem Sinne vogelfrei. Entsprechend der «Rechtsverwirkungstheorie» haben sie keinen Anspruch mehr auf ihr Lebensrecht unter den anderen Menschen.[254] Also ist es eine Ermessensfrage der Zeitumstände, ob und wann man sie tötet oder nicht, ob man sie leben läßt oder nicht. Sie haben *keinen Anspruch mehr* auf ihr Leben, *das ist Gerechtigkeit*, wie es geschrieben steht, *Genesis* 9,6: «Wer Menschenblut vergießt, des Blut soll vergossen werden.»[255] So brutal und so archaisch ist dieses Denken. Da ist «Gerechtigkeit» gerade soviel wie Rache, wie Revanche.

Es war erschütternd im Mai 1992, daß selbst die Leute, welche die Exekution an Roger Coleman eigentlich hätten begrüßen müssen, beim Anblick dessen, was da geschah, in Tränen ausbrechen konnten und sagten: «Das haben wir nicht gewollt; es ist uns für die Tötung unserer Tochter nicht damit gedient, daß noch irgend jemand sonst stirbt.» Die ganze Diskussion um die Todesstrafe hat im übrigen längst schon gezeigt, daß man nicht *einen* Mord durch die tödliche Strafandrohung verhindert, ja, man begreift, daß, wenn der Staat nicht aufhört zu töten, es unlogisch ist, dem Privatmann, der Privatfrau, zu verbieten, in gewissen Extremsituationen ein gleiches zu tun. Menschlichkeit ist unteilbar, *das* steht zur Debatte hier. Wir aber haben als Katholiken immer noch eine Kirche, die sich nicht rührt – *nicht* in den Fragen, wo protestiert werden müßte gegen eine bestimmte politische Ordnung. Der bloße Caritas-Standpunkt hilft da erkennbar nicht weiter – er riskiert überhaupt nichts, er ist bloße Feigheit, indem da ein Christus gepredigt wird, der gut daran tat, daß er gekreuzigt wurde, uns aber wird ein ähnliches schon nicht passieren, weil wir klug genug sind, alles «in Maßen» zu tun und das Prinzip der Barmherzigkeit nur nicht «allzusehr» gegen die bürgerliche Ordnung geltend zu machen. Die Todesstrafe, soviel begreift man, ist ein absoluter Grenzbegriff der bürgerlichen Vorstellung von «Gerechtigkeit». Ein hingerichteter Mensch läßt sich nicht mehr zum Leben erwecken. Man wird notfalls vielleicht verstehen können, daß unter gewissen Umständen einzelne Befehlshaber keinen Ausweg mehr wissen, als zur Wiederherstellung der Ordnung *schießen* zu lassen, aber sie werden hoffentlich sich nicht einbilden, daß das, was sie da tun, wirkliches «Recht» sei. Es ist in jedem Falle *Unrecht* im Sinne Jesu. Denn: Es *verschweigt* die Zusammengehörigkeit aller. Es versündigt sich an der Grundlage der Gemeinsamkeit, aus der wir leben.

Und jetzt frage man sich nur einmal umgekehrt: Was müßte jemandem geschehen, der tatsächlich ein sechzehnjähriges Mädchen vergewaltigt und getötet hat? Sollte man nicht denken, er sei bei seiner Tat *bis zur Krankheit* auf der Suche nach einer Liebe gewesen, die er nie bekommen hat? Das, was er da als Verbrechen tat, sei ein äußerster Hilfeschrei gewesen? Einen solchen natürlich kann man ersticken – wir brauchen ihn nicht zu hören. Aber wir *müßten* ihn hören; und dann allerdings stellt er all das in Frage, was bislang als so normal erschien: Vielleicht stammt ja so ein Roger Coleman sogar aus einer gut funktionierenden Familie – kein Mensch hätte geglaubt, daß «so etwas» daraus hervorgehen könnte –; schon um sich gegen die Beunruhigung solcher Fragestellungen zu schützen, *muß* man den Schuldiggewordenen ausstoßen. Immer wenn Menschen Gesetze übertreten, zeigt sich, daß die Grundlagen des Lebens *nicht* in Ordnung sind, und was sich *hinter* der Tat an Sehnsucht, an Bedürfnis verbirgt, *das* zu geben, wäre die einzige gerechte «Strafe» im Sinne Jesu. Aber eine solche wahrhaft «göttliche» *Liebe* zu lernen ist ungeheuer schwer, eine wirkliche Anstrengung und Zumutung, und gewiß, wir haben bis heute kein Verfahren, Schwerkriminelle zu «resozialisieren», wir haben keine Psychotherapie, keine Neurologie, keine Psychiatrie, die gegenüber einem verkorksten Leben Wunder wirken könnten – das ist zuzugeben. Aber: Haben wir deshalb ein Recht, aus Hilflosigkeit um uns zu schlagen wie die Cowboys im Wilden Westen – und das in einer vermeintlich zivilisierten Welt auch noch als Fortschritt zu rühmen? ALBERT CAMUS sagte einmal ganz richtig: Das einzige, was wir in dieser Welt haben, ist das Wissen, daß wir gemeinsam sterben müssen.[256] Wer *das* nicht zur Grundlage nimmt, sich mit dem anderen zu verbrüdern und ihn bei der Hand zu nehmen, um die paar Jahrzehnte, die wir auf Erden verbringen, in der gleichen Not und in der gleichen Herausforderung

Die grenzenlose Güte und die grausame Gerechtigkeit

gemeinsam zu leben, der hat nichts begriffen, weder von dem Rätsel noch von dem Geschenk dieses Daseins.

Es gibt eine Stelle im Buche Ijob (14,1–6)[257], die von der *Tagelöhnerexistenz* des Menschen in den folgenden Worten spricht: «Der Mensch, vom Weibe geboren, ist kurzen Lebens und voller Unruhe. Wie eine Blume geht er auf und welkt, schwindet dahin wie ein Schatten und hat nicht Bestand. Und über einem solchen hältst du dein Auge offen, und ihn ziehst du vor dein Gericht? Wie könnte ein Reiner von Unreinen kommen? Auch nicht *ein einziger!* Wenn doch seine Tage bestimmt sind und die Zahl seiner Monde bei dir beschlossen und du sein Ziel gesetzt, das er nicht überschreite, so blicke weg von ihm und laß ihn ruhen, daß er doch seines Tages froh werde wie ein Tagelöhner.» *Besser* wird man die Weltsicht Jesu in dem Gleichnis von den Tagelöhnern im «Weinberg» nicht ausgesprochen finden können. Wir alle, sagten in den Tagen Jesu die *Qumran*-Texte, sind «etwas aus Lehm und Wasser Zusammengerührtes»[258] – Hilflose allesamt, Armselige allesamt, Unreine allesamt, Verwiesene auf eine Barmherzigkeit, die so weit ist wie Sonnenaufgang und Sonnenuntergang (Mt 5,45) – allesamt!

Mt 20,17–19 (vergleiche Mt 16,21–23; Mt 17,22–23)
Die drei Leidensweissagungen Jesu oder: Vom wahren Glück des Menschen

Es gibt im Leben wohl keinen Augenblick, der schmerzhafter sein könnte, als mitansehen zu sollen, wie ein Mensch, den wir lieben, ins Leiden hineingeht. Die gewöhnliche Reaktion darauf ist die Fürsorge und die Abwehr. Das Matthäusevangelium an dieser Stelle hat den Kampf des Widerspruchs schon hinter sich. Das war im 16. Kapitel (Vers 21): Kaum hatte Jesus die Andeutung seines Leidens den Jüngern als unausweichlich zugemutet, da war Petrus ihm in die Rede gefallen und hatte ihn ermahnt, nur ja Abstand zu nehmen von diesem Gang ins Martyrium. So oder ähnlich würden wir vermutlich alle handeln, aus Verantwortung, aus Zuneigung, aus Freundschaft: Wir würden den anderen bitten, sich zu schonen und nur ja nicht sich *bis dahin* auszusetzen. Es ist eigenartig, daß Jesus seinen Jünger schon damals harsch zurechtwies und ihn anfuhr als jemanden, der nichts weiter zu sagen weiß als die normalen Gedanken des Menschen. «*Teufel*, du», schleuderte Jesus ihm entgegen. Es gibt kein Wort im Evangelium, das er je zu einem Menschen mit einer solchen Heftigkeit gesprochen hätte als dieses, offenbar weil die Gedanken der Schonung so sympathisch, so verführerisch, so menschlich verbindend, so *gefährlich* sind und vielleicht wohl auch, weil Jesus spürt, daß der Schmerz, den er *sich* zumutet, auch der Schmerz der Menschen sein wird, die an seiner Seite stehen. Das, was da auf ihn zukommt, oder das, worauf er zugeht, muß ja eine Zäsur des Schmerzes zwischen ihn und seine Anhänger legen, so daß die normale Verbindungsfläche menschlicher Gefühle bis ins Mißverständliche hinein zerbrochen werden wird. Trotzdem bleibt die Frage, was denn im Sinne Jesu daran so gefährlich, so «satanisch» sein soll, *ganz normal* zu denken.

Alles beginnt offenbar mit dem Nachdenken darüber, was menschlich *Glück* heißt. Schon im Rahmen der Leidensweissagung Jesu im 16. Kapitel des Matthäus ging es um *die Vision des eigenen Wesens*, um die Bedeutung der eigenen Person. «Für wen halten mich die Menschen?» fragte Jesus damals seine Jünger, und sie probierten alle möglichen Antworten durch, bis Petrus sagte: «Du bist *der Messias*», – der König Israels bist du *für uns!* Es ist eine Antwort, die den üblichen Traum vom Menschen, glücklich zu sein, sowohl bestätigt wie widerlegt. – Schaut man genau hin, so hat jeder seine eigene Idee vom Glück; aber die allermeisten Vorstellungen laufen darauf hinaus, daß man glücklich *ist,* wenn man Glück *hat,* und das hängt ab von den Umständen. Man *hat* Glück, wenn man im Lotto gewinnt oder wenn man gesund bleibt oder wenn man beruflich Erfolg hat oder wenn man die richtige Frau bzw. den richtigen Mann «hat», kurz, wenn das Schicksal es so zusammenfügt, daß am Ende wie bei einem Lotteriespiel ein Gewinn dabei herausspringt. Wäre das alles, was wir im Leben erhoffen könnten, so blieben wir mit unseren Glückserwartungen in gewisser Weise «realistisch»: Fortkommen, Einkommen, Auskommen bildeten da die Parameter unseres Lebens. Irgendwann in Frieden, irgendwo in Ruhe inmitten einer überschaubaren kleinen Welt ein paar Jahre gemütlich zu leben, wer wollte das nicht? Und wer wollte dasselbe nicht auch den Menschen gönnen, die er gern hat? Man gründet jenen begrenzten Kreis der Zuständigkeit und der Verantwortung, der sich Familie nennt – in dem die eigenen Kinder behütet aufwachsen, und man erfreut sich daran, zu sehen, wie das eigene Leben in den eigenen Kindern weiterwächst, ehe sich die Augen trüben und das Leben entschwindet. So ist es *normal,* und so geht es quer durch die Generationen immer weiter – eine ganz und gar *menschliche* Rechnung. An Leid ist darin nur so viel enthalten, als man nicht vermeiden kann. Alles ist da ganz selbstverständlich. Und deshalb noch einmal gefragt: Soll das so falsch sein? Die Antwort liegt in einem tieferen Verständnis von Glück.

Es gibt bei den Leidensweissagungen Jesu gleich zwei Verwirrungen des Verständnisses. Der erste Eindruck ist womöglich: Jesus war offenbar *naiv* mit seinem ganzen Programm, das er sich vorgesetzt hatte; er *mußte* leiden, weil er nicht beizeiten nachgedacht hat. Er hat so ähnlich gehandelt wie zwei Leute in einem seiner eigenen Gleichnisse: Da hat einer angefangen, einen Krieg zu führen, ohne sich den Ausgang richtig zu überlegen; er ist mit zehntausend Mann ins Feld gezogen gegen einen Gegner, der doppelt so stark ist wie er (Lk 14,28–32). Dieser Mann war nichts als ein Phantast. Ein anderer wollte einen großen Turm bauen, doch nach der Grundsteinlegung mußte er feststellen, daß er nicht genügend Geld besaß – so einer, müßte man denken, war er wohl selber, der Mann aus Nazareth: ein Bankrotteur, ein Pleitemacher aus Unüberlegtheit, ein Besiegter aus mangelndem Kalkül, ein geborener Verlierer aus unzureichender Berechnung. Jesus, mit anderen Worten, war ein Träumer und Illusionist. Aber das, keine Angst, werden *wir* schon nicht sein! *Wir* werden aus seiner Niederlage schon das Richtige lernen; wir werden lernen, was das Sprichwort sagt: Bürger, bleibt bei eurem Leisten. *Das* lehrt uns sein Golgatha; seid vernünftig und richtet euch ein; folgt diesem «Vorbild» auf gar keinen Fall! Nennt euch Christen, wenn es denn sein soll, doch übertreibt es nicht wie er, welcher der ‹Christus› war. Wir haben seine Lebensart als lebensgefährlich *durchschaut,* als *unsinnig* auch – so erreicht man *nichts.* Drum werden wir natürlich unsere Kinder weiterhin «christlich» erziehen; wir werden ihnen sagen, daß es *gut* ist, «Christen» zu sein, immer brav vor dem Kaiser, immer folgsam den Schriftgelehrten, immer redlich sich nährend und Steuern zahlend an Staat und an Kirche, aber Jesus *nachzufolgen, so ernst* gemeint wird und darf das alles nicht werden. Wir müssen schließlich unterscheiden – zweimal zwei ist vier!

Tatsächlich *war* Jesus, wenn man so will, im bürgerlichen Sinne «naiv». Er hat in einem entscheidenden Punkt sich sicher geirrt. Er muß den Mythos seiner Tage wirklich geglaubt haben, ein neuer Frühling gehe ins Land und alles sei zum Greifen nahe: Jetzt endlich werde Gott wahr machen, was er im Mund seiner Propheten in Aussicht gestellt habe; in seinen Tagen, unbedingt *jetzt,* werde *das Reich Gottes* anbrechen[259], so sehr, daß manche Worte Jesu in der «Tröstung der Völkergemeinschaft» (TG) wirklich völlig phantastisch scheinen. So sagte er zum Beispiel den Jüngern: «Ihr werdet mit den Dörfern Galiläas nicht zu Ende sein, bis der Menschensohn kommt» (Mt 10,23).[260] So sah Jesus die Welt in zeitlichen Maßstäben gänzlich am Ende. Da wurde eine bestimmte Hoffnung ganz wörtlich genommen, und das war, erkennbar, ein großer Irrtum: Die Welt steht noch heute. Aber die Genies der Menschheit, die religiösen zumal, sind gerade darin groß, daß sie sich phantastisch irren können und dennoch aus ihrem Irrtum eine Wahrheit hervorbringen, die über alle Zeiten gültig ist. Das, was Jesus aus seinem «Irrtum» vom baldigen Königtum Gottes gelernt hat, war die Vision eines neuen Menschseins unter den Augen Gottes. Jeder Mensch ist ein Königskind! Seine Jünger haben völlig recht, wenn sie sagen: «Du bist der Messias», «du bist der *König*»; aber nur, weil er dasselbe für *alle* Menschen will! Da soll *ein göttliches Königreich* anheben, das sich ausdehnt, indem *ein jeder* den Titel eines Königssohnes, eines Gottessohnes für sich selber geltend macht in Souveränität, Freiheit, Würde und Eigenständigkeit. Wenn sich *das* durchsetzt: ein Königreich Gottes in den Herzen der Menschen, wird Gott ganz sichtbar sein in den Augen eines jeden, dann denkt er sich selbst hinter der Stirn eines jeden, dann schaut er uns an in dem Blick eines jeden, dann zeichnen seine Spuren sich ein im Gram des Gesichts eines jeden, dann braucht ein jeder ein Stück der Liebe, die ihn leben läßt und ihm eine Chance gibt zu sein – und diese Chance, *endlich* zu sein, das ist Gott, dachte Jesus; *das* muß endlich sein; *das* duldet keinen Aufschub; *das* ist jetzt oder nie; da gibt es kein Warten.

Naiv im Sinne mangelnder Vorsicht aber war Jesus nicht. Die dreimalige

Die drei Leidensweissagungen Jesu

Leidensweissagung macht es ganz deutlich. Er glaubte das Reich Gottes unmittelbar gegenwärtig, das ist wahr; aber spätestens von einem bestimmten Moment an muß er gespürt haben, daß das Ergreifen der ausgestreckten Hand Gottes so viel bedeutet, wie wenn man in ein tödliches Getriebe hineingreift, um es zum Stillstand zu bringen.

Die moderne Bibelauslegung hält bis heute zu diesen drei Stellen im 16., 17. und 20. Kapitel des Matthäus (in Parallele zur Vorlage des Markusevangeliums 8; 9; 10) die Auskunft bereit, daß die Leidensweissagungen Jesu *nachösterlich* formuliert seien; man habe Jesus hier bei seinem Gang nach Jerusalem einen Königsweg beschreiten lassen *im Wissen um das Ende*.[261] Was von dieser Frage abhängt, ob die Worte der Leidensweissagungen vor Ostern oder nach Ostern gesprochen wurden, sieht womöglich aus wie ein rein historisches Expertenproblem. In Wahrheit aber steht hier unser ganzes Leben auf dem Spiel. Denn selbst wenn literarhistorisch diese Worte sich erwiesenermaßen als nachösterlich dartun – wofür in der Tat viele Gründe sprechen –, so haben *existentiell* die Evangelisten Markus und Matthäus doch völlig recht, wenn sie sagen, diese Worte müßten von Jesus stammen, und zwar unbedingt *noch bevor* es losging.

Wieso das? – Einfach deswegen, weil niemand in ein Leid hineingeht, das die Welt verändern könnte, außer *sehenden Auges*. Die entscheidenden Dinge im Leben eines Menschen vollziehen sich nicht stolpernd, sozusagen wie bei einem Kind, das im Dunkeln die Treppe hinunterfällt. Man geht in die Dunkelheit *bewußt*, im Ausblick auf ein *Licht*, das mitten im Dunkeln leuchtet. So dieser Weg Jesu nach Jerusalem. Wenn irgend Jesus *völlig klar* sah, *was* er provozierte und anrichtete, indem er es wagte, mit der Gruppe derer, die er zu sich eingeladen hatte: lauter Randexistenzen, lauter gescheiterte Charaktere, lauter Gemiedene und Ausgestoßene, *in Jerusalem anzuklopfen*, daß die Tempeltüren sich öffneten, dann war es in diesen Worten und in diesen Augenblicken, da er den Jüngern erklärte, wie es mit ihm kommen würde. «Naiv» ist daran gar nichts, sondern im Gegenteil: Hier handelt jemand wohlüberlegt, riskiert, kalkuliert. *Das müssen wir festhalten:* Man muß Jesus zutrauen, daß das Entscheidende in seinem Leben sich nicht ereignet hat durch Zufall, so wenig wie seine Ahnung vom Glück darin bestand, äußerlich wohlgefügte Umstände für das Wesentliche am Menschen auszugeben; vielmehr wie im Bereich des Glücks alles von innen her sich bestimmt, so nicht minder auch in der Sphäre des Leids. Hier wird entschieden *gewollt* und klarsichtig selber *gehandelt*.

Dann aber dreht sich schon alles wieder dialektisch! Denn wenn es so steht, wird man in einem *zweiten* Mißverständnis sagen: Also *wollte* Jesus leiden,

519

und schon ergeben sich erneut alle möglichen Zweideutigkeiten. Die Herrschenden werden sagen: Er *wollte* ja sein Martyrium – also: Freispruch für die Regierenden, damals wie heute! Sie *konnten* ja überhaupt nicht anders, als ihn über kurz oder lang zu beseitigen, denn: Er *wollte* es ja nicht anders! Man hat ihm gewissermaßen nur seinen Gefallen getan, damit endlich Friede sei! Dieser Mann hätte nie Ruhe gegeben, außer man schaffte ihn ab. Und das geht völlig in Ordnung! Keine Administration hätte das anders gekonnt; man hat im Grunde lediglich seinen fanatischen Willen akzeptiert und respektiert. Er wollte partout ein Martyrer sein, also, was sollte man machen? Die Regierenden sind nur dem Zugzwang eines Masochisten bei aller Geduld und Langmut endlich erlegen gewesen. Sie haben ihre Pflicht getan. Sie haben ein Schaf, das unbedingt ins Messer laufen wollte, nicht mehr davor bewahren können. *Das* also war dann der Tod Jesu. Er *wollte* es so, er hat es selber so gesagt, dreimal sogar, er wußte und wollte, daß es so kam.

Es gibt daneben noch eine andere Variante, sich auf den vermeintlichen Willen Jesu zum Leid zu berufen, und auch sie hilft im Grunde nur vom anderen Ende her den Machthabern in Kirche und Staat. Sie werden sagen: «Jesus hat sich *geopfert,* das *wollte* er wirklich, er war wahrhaftig ein *Martyrer;* daraus geht hervor, daß *auch ihr* – nicht zwar Martyrer sein müßt – alles Martyrertum richtet sich versteckt gegen das Regime der Herrschenden –, aber daß ihr *das Leiden* akzeptieren müßt wie er!» Da wird der *Protest* Jesu gegen die Regierenden in Synagoge und Senat gleich umfunktioniert in den Dienst der Macht. Im ersteren Falle spricht die Macht sich selbst rein an dem Schmerz, im letzteren Falle erhebt sie das Leiden zur Pflicht, und in jedem Falle erhält sie sich selber. «Er war ein Martyrer» – und *wir* konnten nicht anders; «er war ein Martyrer» –, und *ihr* müßt genauso handeln wie er; in jedem Falle müßt ihr also die Macht als etwas Gottgegebenes anerkennen – sie hat immer recht. Sie mag euch zugrunde richten, es geschieht euch nur recht. Sie wird euch zu Tode quälen, wenn ihr's aber auch nicht anders wollt! *Fügsamkeit* also ist stets das Richtige, und wenn ihr euch *nicht* fügen könnt, dann müßt ihr eben leiden *zugunsten* des Systems; doch protestieren dürft ihr nie; das wäre das *falsche* Leid! Wenn ihr glaubt, ihr müßtet leiden gegen die herrschende Macht, gegen das bestehende Regime, siehst du, *das ist das Verkehrte,* das ist es ja: *Du willst das Martyrium.*

Von all dieser Sophisterei, so trickreich und virtuos sie auch vorgetragen werden mag, kann im Sinne Jesu natürlich keine Rede sein. Das Paradox ist, daß Jesus das Leid kommen sah, sehr klar sogar kommen sah, ohne jede Illusion, aber es durchaus *nicht* wollte. Das zeigen alle vier Evangelisten überaus deutlich: Jesus *wollte nicht* leiden! Er hat durchaus keinen mystischen Sinn in seinem Leiden gesehen.[262] Tatsächlich berichtet gerade *Matthäus* mit einem eigenen Leitwort, das sich an so vielen Stellen seines Evangeliums durchhält, daß Jesus von Anfang an *ausgewichen* ist vor der Verfolgung seiner Person.[263] Kaum auf die Welt gekommen, wichen seine Eltern aus bis nach Ägypten (Mt 2,14), und so ging das weiter – ein Leben stets auf der Flucht (vergleiche Mt 2,22; 4,12; 12,15; 14,13), und so muß es historisch auch wohl gewesen sein; immer wieder stand Jesus an den Rändern der Gesellschaft und sogar des eigenen Staatswesens, er zog sich zurück ins Heidengebiet (Mt 15,21), er übertrat die Landesgrenze (Mt 16,13) – als ein ständiges elastisches Vorgehen und Weggehen muß man eine Zeitlang das Leben Jesu historisch sich vorstellen –, überhaupt kein heroischer Weg, keine Donquijoterie gegen die Windmühlen, kein gradliniger Marsch von Bethlehem auf Jerusalem, eher ein Zickzackkurs, eher ein ständiges Bemühen, doch noch etwas begreifbar zu machen, das sich offenbar gar nicht begreifbar machen lassen will, ein dauernd neues Versuchen und Ringen darum, Verständnis zu finden für etwas, das man überhaupt nicht verstehen will, Kontraste zusammenzufügen, die am Ende wieder nur neu Kontraste schaffen – im ganzen, gewiß, ein Leben hellsichtig *im Scheitern.*

Nur so erklärt sich die dreifache Weissagung Jesu über sein Ende: Er wollte nicht leiden, aber wollte dem Leid schließlich auch nicht ausweichen. So viel ist klar: Man kann etwas absolut *nicht* wünschen und *nicht* wollen und dennoch dazu stehen, wenn und weil es unausweichlich ist – eine merkwürdig gespannte Dialektik der Existenz. Es kommt mitunter darauf an, etwas *in Kauf* zu nehmen: Man *will* es überhaupt nicht, aber es gibt keinen Weg, es zu vermeiden. Diese Einstellung gegenüber dem Leid kommt der Haltung Jesu wohl am nächsten. Das Leid hat keinen Wert, es besitzt keinen Zweck an sich, aber mitunter verliert man die Berechtigung, davor zurückzuweichen, weil es Werte, Inhalte, Wahrheiten und Entdeckungen gibt, die verbindlicher sind als alle Interessen des Lebenserhalts.

An dieser Stelle erweist sich Matthäus als ein Meister der Interpretation vorgefundener Quellentexte. Die Art, wie er die dreifach gestaffelten Leidensweissagungen des Markus in sein Evangelium einbaut, verdient genau betrachtet zu werden. In Kapitel 16, so sahen wir vorhin, ging es um die Frage des menschlichen Glücks und damit der menschlichen Größe – sie ist so groß, wie sie an Stärke aufbringt, vor dem Leiden *nicht* zurückzuweichen. Um es noch einmal deutlich auf den Begriff zu bringen: Ein Mensch ist laut Mt 16,16.23 geradeso königlich, er besitzt geradesoviel innere Macht über sich, als er *aufhört*, die Angst vor dem Tode Macht über sich selber gewinnen zu lassen. – *Das ist vornean das Entscheidende.* Fragen wir uns, warum wir oft in unserem

Leben solche Winzlinge, solche Miniaturausgaben unserer selbst zu werden drohen, werden wir immer wieder, kaum daß wir nachschauen, bemerken, wie sehr die Angst uns einschnürt und daran hindert, das zu entfalten, was wir wirklich sind. Darum also geht es im Kern: Die Größe der Menschen hängt davon ab, daß sie sich nicht von der Dauerfurcht kujonieren, demütigen und kleinmachen lassen. Was wird aber dann aus uns werden? Es ist ganz im Sinne Jesu gesprochen, wenn er sagt: «Fürchtet euch nicht vor denen, die lediglich die Macht haben, eure physische Existenz zu vernichten. Nehmt einzig Gott ernst» (Mt 10,28) – *er allein* entscheidet über das, was ihr wirklich seid, in alle Ewigkeit! *Groß* in diesem Sinne werden Menschen eigentlich nicht durch besondere Ideen oder durch spektakuläre Entdeckungen, *groß* sind diejenigen Menschen, die wagen, das zu tun, was unbewußt an Traum, an Sehnsucht, an Hoffnung längst in ihnen schlummert. Der Gedanke eines Reichs Gottes auf Erden ist ja Jesus nicht allein gekommen. Kein Kind kommt auf die Welt, ohne davon zu träumen, es gäbe eine Form des Zusammenlebens, in der jeder Mensch unmittelbar vor Gott stehe, ein jeder im Respekt vor dem anderen, ein jeder wachsend nach dem Maß seines Vertrauens, ungehindert, uneingeschränkt durch den Nächsten; jeder weiß, daß Gott, wenn es ihn gibt, die menschliche Geschichte nicht von außen her lenkt, es genügt, daß er sein eigenes Wesen in das Herz eines jeden gelegt hat; alle Entfaltungskräfte unserer Menschlichkeit ruhen zutiefst in uns selbst, und das einzige, was sie behindert, ist die scheinbare Allmacht der Angst vor dem Tod. Schiebt man jedoch die Riegel beiseite, welche die Tore versperren, so treten wir hinaus ins Freie und können ganz dicht bei Gott sein.

Das ist der Rahmen, den schon die *erste* Leidensweissagung in Mt 16 bietet; doch die *inhaltliche* Thematik, der *Grund* der Spannung, findet sich erst in der nächsten Leidensweissagung, im 17. Kapitel des Matthäus, Vers 22. Vorweg geht da die Heilung eines epileptischen beziehungsweise «mondsüchtigen» Knaben (Mt 17,14–21), und es schließt sich unmittelbar danach die Frage nach der Tempelsteuer an (Mt 17,24–27). Zwischen diesen beiden Themen: Wie heilt man einen Menschen aus seiner inneren Zerrissenheit, und: Wie löst man ihn aus der scheinbar unabänderlichen Verpflichtung gegenüber einer Religion, die sich im Namen Gottes als ein Finanzkartell des Seelenheils etabliert hat – *dazwischen* steht die Frage, warum der Menschensohn *leiden* muß! Es ist im Grunde ein und dieselbe Wahrheit, die Jesus im Heilen ebenso wie in der Souveränität der Freiheit gegenüber der Tempelsteuerfrage hier wie dort zu leben suchte, doch gerade sie weckt auch den Widerstand.

Eine Frau, die von dieser Stelle der Bibel kaum eine Kenntnis besaß, erzählte vor einer Weile, wie sie ihr Leben freier zu gestalten bemüht war. «Sehen Sie», sagte sie, «seitdem ich auf der Welt bin, bin ich groß geworden durch die Erziehung der Kirche. Sie hat mir seit der Erstkommunionzeit quer durch die Jugend bis weit ins Erwachsenenleben hinein alles vorgesagt, was ich denken muß, was ich fühlen muß, was ich glauben muß, was ich tun muß, und es hat für mein Leben niemals gestimmt. Ich war in all dem mit mir selber zerrissen; mein Kopf stimmte nicht überein mit meinem Herzen, mein Denken nicht mit meinem Fühlen, meine Seele nicht mit meinem Körper, ich selber als Frau nicht mit mir als Mensch, als Ehefrau nicht mit meinem Mann, als Mutter nicht mit meinen Kindern – ich war ein einziger Widerspruch, und ständig war ich hin und her geschüttelt zwischen Heiß und Kalt, zwischen Gut und Böse –, ein Leben in endlos zermahlenden und zerreibenden Kontrasten. Ich habe erst angefangen zu leben, nachdem wir in den Gesprächen hier herausgefunden haben, daß ich selber denken darf, daß ich eine eigene Verantwortung haben darf, daß ich selber *wählen* darf, daß ich mir trauen kann auch in dem, was instinktiv und gefühlsmäßig in mir angelegt ist. Ich darf auf mich selber hören! Seitdem geht es mir besser.»

In solchen Äußerungen wird deutlich, was passiert, wenn das Thema der Königswürde der Menschen plötzlich konkret wird; da bildet sich ein Heilmittel gegen die Lehre der «Pharisäer», die danebenstehen und mit ihren fertigen religiösen Doktrinen jede Form eines eigenen Lebens ersticken. Hinzu kommt dabei noch die Auslieferung an die *äußere* Macht. Dieselbe Frau konnte fortfahren: «Ich hab' vor allem gelernt, *die Erwartungen an mich* zu vergleichgültigen. Im Umkreis meiner Familie war es vorgesehen, ständig irgend etwas zu repräsentieren. Ich hatte als Ehefrau die Pflicht, jede Woche bestimmte Einladungen auszusprechen und für den entsprechenden Service zu sorgen. Alle möglichen Leute mußten uns besuchen, und wir selber hatten stets *comme il faut* zu sein; ich war eine Gesellschaftsdame, und entsprechend mußten wir Geld beschaffen, Macht gewinnen und nach außen etwas darstellen; die Gastmähler am Abend mußten makellos und glänzend sein, kurz, ich war ständig unter Politur, ich benahm mich wie ein Preisschwein und war völlig überdreht und überspannt. Ich weiß heute, daß das alles ein Leben am Rande des Wahnsinns war. Schließlich *konnte* ich einfach nicht mehr, und so *will* ich heute auch nicht mehr! Ich möchte endlich, daß mein Leben etwas wert ist, auch ohne daß ich es an Äußerlichkeiten und Eitelkeiten verschleiße.»

In der Szene von der Tempelsteuer (Mt 17,24–27) wurde *dies* das Leitmotiv: es sei ein jeder ein noch unentdecktes «Goldkind», ein *Königs*kind, das in seinem eigenen Wesen «goldwert» ist, und alle entscheidenden Dinge stellten sich *gratis* ein, wenn wir nur wirklich zu leben versuchten. Genau das sagte jetzt diese Frau: «Nachdem wir den Schwindel der dauernden Parties endlich abgeblasen haben, kommen wir nach und nach zu uns selber; mein Mann und ich fangen an, abends miteinander zu sprechen, was vorher niemals der Fall war. Wir können mittlerweile sogar Einladungen anderer absagen. Es muß ja gar nicht sein, daß wir überall dabei sind. Ich merke zudem, daß die Belastungen, die ich selber empfand, doch auch von den anderen ganz genau so empfunden werden. Was soll also dieser ständige Konkurrenzkampf, wer es noch besser macht, wer noch mehr zugunsten gesellschaftlicher Anerkennung investiert und wer noch konsequenter sich selbst ruiniert, nur damit eine bestimmte Art von Erwartung befriedigt wird?»

Es gilt zu entdecken, wie sehr es Menschen *heilen* kann, wenn sie erst einmal bei sich selber anknüpfen und ihre eigene Freiheit nach innen wie nach außen, psychisch wie gesellschaftlich wiederfinden. Freilich, sobald sie damit wirklich ernst machen, werden sie bei sich selbst und den anderen augenblicklich auf Gegnerschaft und Widerstand treffen – sie müssen sich wappnen! Es ist nicht so einfach, selber zu denken, selber zu entscheiden, selber zu leben und für die eigenen Gefühle und Verhaltensweisen Verantwortung zu übernehmen. *Dagegen* richtet sich so vieles an verinnerlichter Angst seit Kindertagen, und dagegen vor allem stehen all die Leute, die immer schon wußten, wer wir sind, indem sie im Ausbeuten unserer inneren Widersprüche ihre eigentliche Macht begründen konnten; und das größte Paradox: es ist außerordentlich schwer, diese Form der Abhängigkeit zu verlassen und nicht nur psychisch, auch politisch endlich abzuschütteln, was uns am meisten quält.

Bekannt ist vielleicht noch der Bestseller aus den fünfziger Jahren, das Buch von H. H. Kirst «08/15», das schildert, wie man Menschen auf dem Kasernenhof «schleifen» kann[264]: Sie bestehen am Ende aus nichts als aus Drill, Befehl und Demütigungen aller Art, doch das Erstaunliche ist, daß schließlich all die Zwänge wie ein neuer Stolz in den Marschstiefeln sich versammelt haben. Man hat so lange auf der Seele der künftigen «Soldaten» herumgetrampelt, bis daß die Seele schließlich hart genug wurde, um die Sohle zu bilden, auf der es sich weitermarschieren läßt. An «Wert» gilt da nur noch, daß man es *geschafft* hat, *mitzumachen* bis zum letzten Dreck: Nur weil es befohlen worden war, hatte man es gelernt, dem Spieß vor den Füßen herumzurobben, durch jeden Schlamm, durch jede Scheiße, wenn man am Ende nur «gehorsam» war, das heißt völlig identisch mit dem, der zu befehlen hatte. – Dieser Kommiß-Geist geht in der Geschichte weit zurück. Unsere Großeltern werden sich noch daran erinnern, wie das zuging, im sogenannten «Kaiserreich», in der Zeit *des «Untertan»*[265] und *der Untertanen*. Liebenswert war da ein Mann gerade soviel, wie er eine Uniform um seine Schultern trug, nur im bunten Rock war er ein schmucker, gerader Kerl. «Haben Sie *gedient?*» Diese Frage war das Eintreebillet für die Gesellschaft, außerhalb davon verstand das Wilhelminische Zeitalter sich selbst nicht. Aber wer «gedient» hatte, wußte, daß Befehl Befehl ist und daß jeder Befehl durchsetzbar ist, notfalls mit dem Bajonett, notfalls mit dem MG – der Militarismus als Staatsform! Wohin wir damit gekommen sind im 20. Jahrhundert, sollten gerade wir Deutsche wissen; doch richtig Abschied genommen haben wir von dieser Gesinnung noch lange nicht. Wir sind im Gegenteil gerade dabei, eine neue Weltordnung zu entwerfen mit einer «Weltpolizei», die «Weltverantwortung» wahrnimmt, stets im Dienste der Ressourcen wohlgemerkt der Ersten Welt gegen die Dritte Welt. An sich wüßte jeder wohl, was wir heute tun sollten: Überbevölkerung, Umweltzerstörung, – *das* wäre unsere «Verantwortung»! Doch können wir uns die leisten?

Das ist nur ein Beispiel, wie wir uns ständig zwischen Denken und Gefühlen kaputtmachen lassen. Wir werden dauernd zwischen Gehorsam nach außen und Gehorsam nach innen *wie ein Epileptiker* in den Zuckungen und Konvulsionen unserer Ohnmacht am Boden hin und her geworfen. Und fast schon wollen wir es selber kaum anders! *Das alles* steht dagegen, ein geheilter, freier Mensch zu sein! Sollten wir aber sogar beschließen damit aufzuhören, uns zu *opfern*, damit die Reichen immer noch reicher und die Fetten immer noch fetter in Staat und Kirche gemästet würden, da wird uns der Teufel holen. Doch genau *das* war die Freiheit Jesu; damit im Privaten wie im Öffentlichen beginnt alles! *Das* war seine Vision eines kommenden Reiches Gottes, im Guten wie im Widersprüchlichen; sie bestand *in Mt 17,22–23* in dem Gedanken einer inneren wie äußeren Freiheit, in dem *Ende* jeglicher Abhängigkeit.

Diese Stelle *hier*, in Kapitel 20, Vers 17, als Jesus *zum drittenmal* die Jünger auf sein Leiden hinweist, ist von Matthäus erneut in eine Spannung eingebettet, die wie ein roter Faden alles durchzieht. Vorweg stellt der Evangelist eines der schönsten Gleichnisse aus dem Munde Jesu; nur *er* überliefert es – eine kostbare Perle, ein Konzentrat des gesamten Lebens Jesu, die wunderbare *Geschichte von den Arbeitern im Weinberg* (Mt 20,1–16). Kein Mensch wird dieses Gleichnis verstehen, der sich nicht selbst so empfindet, wie Jesus all diejenigen schildert, für die er vor allem dasein wollte: für die zu spät Gekommenen, für die zu spät Eingeladenen, für die Tagelöhner des Daseins, die ihr Leben lang womöglich «herumgesessen» haben, ohne daß jemals ein Mensch sie gebraucht hätte – sie waren seit eh und je nichts als überflüssig. In diesem

Gleichnis erzählt Jesus, daß Gott wie ein Mann ist, der am Ende des Tages seinen Lohn auszahlt, indem er gerade bei diesen zuletzt Geladenen als ersten beginnt. Er müßte ihnen, der Gerechtigkeit nach, eine Lohnsumme auszahlen, mit der sie kaum durch die Nacht kämen, geschweige denn, daß sie ihre Familie damit ernähren könnten; doch eben weil das so ist, gibt der Ökonom dieses Weinbergbesitzers den Tagelöhnern, den zuletzt Gekommenen, gerade soviel, wie sie brauchen, je einen Denar, und allen anderen ebenso. «Gerecht» ist das nicht, aber *gütig*. Dieses Gleichnis hat Jesus bei Matthäus soeben erst erzählt, und er hat noch hinzugefügt, wie ein ganzer Teil der «Eingeladenen», die restlichen vier Fünftel der Lohnarbeiter, *Klage* führen, daß sie sich ins Hintertreffen gesetzt und ungerecht behandelt fühlen angesichts der offensichtlichen Bevorzugung dieser Arbeiter der letzten Stunde; doch jetzt: gerade entlang dieses Protestes der «Guten», der *Gerechtigkeit* Einklagenden, der ewig *richtigen* Leute bringt Jesus *ein drittes Mal* die Ankündigung seines Leids beim Gang nach Jerusalem vor. *Danach* aber, kaum hat er in Aussicht gestellt, was mit ihm in der heiligen Stadt geschehen wird, beginnt *die Mutter* der Söhne des Zebedäus – so schon gemildert Matthäus zufolge[266] – für ihre beiden Söhne bei Jesus zu bitten, sie möchten, wenn schon gelitten werden muß, dann doch gefälligst sitzen zur Rechten und zur Linken des Menschensohnes; sie würden alles mitmachen, gewiß, doch dann würden sie wohl auch erwarten dürfen, genau so belohnt zu werden wie er selber. *Dazwischen* also, zwischen Barmherzigkeit und Machtstreben, steht dieses dritte Wort von der Notwendigkeit des Leidens. Es hat zu tun mit zwei Erfahrungen, die wiederum, positiv wie negativ, zusammengehören. Das Entscheidende im Gleichnis der Güte des Weinbergbesitzers, einer neuen Variante der Vision vom Königtum des Menschen, von seiner inneren Einheit und Größe, lag in dem *Vertrauen*, bei Gott *akzeptiert* zu sein ohne jede Voraussetzung.

Schon dieser Gedanke aber, um es noch einmal zu sagen, ist eine Provokation auf Leben und Tod. Wir alle haben gelernt, daß man mit uns einverstanden ist und uns leben lassen wird, wenn wir etwas Produktives tun, wenn wir eine Arbeit verrichten, die am Abend des Tages sich sehen lassen kann, wenn wir uns *nützlich* gemacht haben, wenn wir etwas hervorgebracht haben, das den anderen geholfen hat. Und so quält und schuftet ein jeder sich durch sein Dasein, zergrämt bis zum Herzinfarkt, überanstrengt bis zum physischen Ruin längst vor der Zeit; doch am schlimmsten ist es, über kurz oder lang entdecken zu müssen, daß man bei dieser Einstellung nicht nur sich selbst stets im Wege gestanden hat, sondern auch den anderen. Denn je mehr man in sich selber beherrschen und unterdrücken mußte, um so mehr, ob man wollte oder nicht, mußte man auch im Leben anderer unterdrücken und beherrschen. Das innere Gefüge des «du mußt» und «du sollst» dehnt sich unweigerlich nach außen hin aus und macht sich dort als Anspruch auf Herrschaft geltend; das eine wie das andere hängen ganz eng zusammen. Das Phantastische aber an der Entdeckung, die Jesus über unser Dasein gemacht hat, besteht darin, daß wir Menschen eintauchen könnten in ein Feld *bedingungsloser* Akzeptation, in dem man uns gönnt, *ganz einfach* zu *leben*. Das ist das, was Jesus jedem hätte sagen wollen und, so gut es ging, auch versucht hat zu sagen: «Glaube doch daran, daß dein Leben *berechtigt* ist. Es ist etwas Wunderbares und Kostbares! Nur die Menschen haben dich gelehrt, du könntest ‹beten›, indem du *Opfer* darbringst: Du müßtest Tauben schlachten, wenn du arm bist, du müßtest Ziegen oder Ochsen schlachten, wenn du reicher bist, und in jedem Falle müßtest du für dich die Priester *machen* lassen; um zu Gott zu beten, müßtest du viele Worte machen (Mt 6,7); *dauernd* müßtest du etwas tun, damit *Gott* dich erhört; und ebenso müßtest du wer weiß wieviel *darstellen*, damit *die Menschen* auf dich achthaben. Kehr doch mal alles das einfach um! *Beten*, das könnten die Augenblicke sein, in denen du einfach da bist: Du atmest ein und atmest aus, und du spürst die Wohltat, wie es sich in dir erweitert und austauscht und frei wird. Du spürst dich mit einem Mal verbunden mit der ganzen Welt ringsum, sie geht in dich ein, und du bist ein Teil von ihr, du kannst dich verströmen und gehenlassen, und es gibt keine Angst mehr. Du kannst auf deiner Haut die Sonne spüren, wie sie dich umspielt und wärmt und, wenn du es brauchst, ihren Schatten wirft. Du kannst die Kühle des Wassers spüren auf deinen Lippen, auf deiner Zunge, und es ist ein Geschenk, daß es alles das gibt. Dabei sind das doch nur erst die Erfahrungen, die du schon mit deinem Körper machen kannst. Du lehnst dich zurück, und du spürst die Schwere deines Leibes, und es ist eine Wohltat, einfach dazusein und auszuruhen – über dir die Wolken, die Wipfel der Bäume, die Blüten am Zweig, und du beginnst zu begreifen, daß diese ganze Welt ein Wunderwerk der Gnade ist; du aber bist der Zeuge dieses großartigen Geschehens: Es ist dir vergönnt, mit dabeizusein; es ist eine zauberhafte Welt, du mußt nur richtig hinsehen! Und auch du selber: Womöglich ist es gar nicht wahr, daß du dein Leben nur verhockt hättest, daß nichts dabei herausgekommen wäre – wer denn auch sagt dir das eigentlich? Nur die Augenblicke wären etwas wert, wo du etwas *getan* hättest? Das stimmt doch gar nicht! Das, was du *bist*, ist unendlich viel mehr wert, als was du *tust*.»

In ZUCKMAYERS *«Hauptmann von Köpenick»* sagt der Schuster Wilhelm einmal zu seinem Bruder: «Als erstes kommt die Wanze, und dann kommt die

Wanzenordnung»[267] – soll heißen: Als erstes leben die Menschen, und dann erst kann man von ihnen etwas erwarten, das sie zu tun hätten; man kann von Menschen nichts erwarten, ehe sie nicht selber sind. Erst das Dasein, dann die Pflicht, so ist es die rechte Reihenfolge. Ganz entscheidend ist da das Gefühl, in sich selber, *gratis* berechtigt zu sein; wer *das* nicht erfahren hat, versteht jedenfalls den Kern der ganzen Religion nicht, wie Jesus sie gemeint hat. Im Grunde dreht sich alles nur darum: um die Beruhigung der Angst vor der Ungeliebtheit in der Tiefe. Ist dieses Problem erst einmal gelöst, so sind alle anderen Probleme meist schon mitgelöst.

Wie viele Mütter und Väter zum Beispiel stehen vor der Frage, wie sie ihre Kinder erziehen sollen; sie fragen sich ständig, was sie nur falsch machen, die Kinder tun einfach nicht, was sie sollen, und aller Druck hat nichts geholfen. In aller Regel läßt sich indessen beizeiten feststellen, daß die meisten Erziehungsprobleme sich wie von selber lösen, wenn nur die Mutter einmal versucht, ein wenig auch selber glücklich zu sein und selber zu leben. Wenn die eigenen Widersprüche sich schließen, dann schließen sich auch die Widersprüche im Leben der Tochter oder des Sohnes. Da wo ein Mensch glücklich ist, da strahlt es von innen heraus, es hilft zur Orientierung, es richtet den anderen auf, es wird gewaltfrei und gütig. Das einzige, worum es Jesus bei all dem geht, läßt sich im Grunde *so* wiedergeben: «Die Güte, die du selbst erfahren hast, setzt sich fort in die Welt, in das Leben all derer, mit denen du lebst, und sie kommt von ihnen zu dir zurück und trägt dich und bestätigt dich am Ende selber. Über alldem aber ist Gott, der möchte, daß du bist und daß wir miteinander so sind.» Das ist das ganze Stenogramm der Botschaft Jesu.

Lassen wir es uns noch einmal aus den alltäglichen Erfahrungen heraus übersetzen. «Ich habe», sagte eine Frau, «wenn meine Kinder zu mir kamen, ihnen schon seit langem nicht mehr gesagt: Das sollt ihr nicht, das dürft ihr nicht! Ich bin so verunsichert. Dieser Tage sagte mir meine Freundin, wie *sie* ihren Jungen erzieht, und ich war ganz erschrocken – ich dachte, ich hab' soviel falsch gemacht! Und das stimmt doch auch. Ich hatte soviel Angst oft um meine Kinder, bestimmt hab' ich viel falsch gemacht.» Im weiteren Gespräch dann fanden wir jedoch bald schon heraus, daß sie trotz all ihrer Angst *eines* ganz sicher ganz richtig gemacht hatte: Sie hatte nie versucht zu kommandieren, zu verbieten oder etwas mit Gewalt zu unterdrücken. Sie hatte, schon aufgrund der ständigen Sorge um ihre Kinder, stets versucht, mit wachen Ohren zuzuhören und mit offener Bereitschaft zu verstehen. Kamen die Kinder beispielsweise von der Straße und hatten einen Streit gehabt, so hätte sie nach dem Ratschlag ihrer Freundin sie zurückschicken müssen, damit sie lernten, sich zu wehren.

«So hab' ich nie gesprochen», erklärte diese Frau. «Ich habe versucht herauszubekommen, worin der Streit vielleicht bestanden hat und worin meine Kinder recht hatten oder unter Umständen auch den anderen hätten besser verstehen sollen.» Ist das so falsch? Vielleicht gar nicht! Vielleicht hat diese Frau inmitten ihrer Angst nur gelernt, in besonderer Weise Rücksicht zu üben, und diese Haltung erweist sich heute als sehr hilfreich und gut und trägt dazu bei, ein Stück Liebe weiterzuschenken.

Natürlich richten sich gegen solche einfachen Haltungen immer wieder all die Ordnungsstrukturen, in denen wir selber groß geworden sind. *Gratis* zu leben gilt allerorten als etwas Kindliches, als etwas Regressives. Die Gesellschaft, wendet man ein, ist keine große Mutter, die Gesellschaft *erwartet* Leistung. Auch *die Kirche*, betont man, kann nicht nur eine große Mutter sein; zwar wenn sie sich den Gläubigen von ihrer besten Seite darstellen möchte, dann *ist* sie «unsere Mutter», dann ist sie die Kirche, in welcher Christus, der Herr, weiterlebt; aber ganz mütterlich kann sie dann eben doch nicht sein, vielmehr hat sie ein Strafgesetzbuch mit einer Menge von Paragraphen, sie hat in ihren Moralvorstellungen vielerlei Gebote, die man einhalten muß, und zu ihrer eigenen Rechtfertigung wird sie stets sagen: «*Jede* Gesellschaft hat ihre Ordnung, das muß man begreifen.» An der Spitze der Kirche steht denn auch keine Mutter, sondern ein Heiliger Vater, und das ist ein Unterschied. Ein religiöses Matriarchat – das wäre theologisch zu undifferenziert, zu emotional, zu wenig begrifflich geklärt, eine Welt ohne Dogmen – vor solcher Frauenherrschaft bewahre uns Gott! Tatsächlich müssen wir denken, daß die kirchliche Struktur, die uns umgibt und die wir verinnerlichen mußten, noch als wir Kinder waren, uns so festlegt. Nicht die Geschichte von dem gütigen Weinbergbesitzer bildet da das Modell, sondern die *Gerechtigkeit; sie* ist es, von der wir leben sollen, und jeder, der kirchlich glaubt, damit leben zu können, wird eben diese kirchengerechte Ordnung einklagen und mit Gewalt verteidigen. Am Ende sind wir mitten in der Kirche wirklich bei den Söhnen des Zebedäus angelangt[268], die am Jüngsten Tag auf dem Thron sitzen möchten, um die Menschheit zu richten, und das alles an der Seite ihres Meisters, der gerade noch sagte: «Hört damit auf – fragt euch ganz einfach, wie das, was ihr seid und was ihr tut, anderen Menschen zu helfen vermag.» Da geht es nicht mehr um einen neuen moralischen Zwang, dem anderen «nützlich» sein zu müssen, vielmehr handelt es sich hier um ein Bedürfnis aus innen, das sich gewaltfrei, wie selbstverständlich, organisch wachsend und wohltuend, ausbreitet, so natürlich, wie ein Kerzenlicht Helligkeit verbreitet.

Damit freilich stehen wir vor der eigentlichen Frage der dritten Leidensweissagung Jesu: Warum ist ein so wunderbares Programm derart *gefährlich?* Die Antwort fällt nicht schwer. – Da ist zunächst das *Tempo,* mit dem Jesus alles auf einmal erwartet. Es ist so groß, daß man ihm, schon wie Petrus im 16. Kapitel des Matthäus, warnend gegenübertreten möchte, um ihm zu sagen: «Rabbi aus Nazareth, das, was du ändern willst, ist nicht mehr und nicht weniger als die gesamte Welt; und jetzt sagen wir dir einmal in aller Eindringlichkeit mit der Erkenntnis der Systemtheorie[269], daß das nicht geht. Alles auf einmal ändern zu wollen, das ist so unmöglich, wie ein Fachwerkhaus restaurieren zu wollen, indem man alle Balken zugleich daraus entfernt. Eine solche Restauration bedeutet soviel, wie das ganze Haus wegzuplanieren. Ist es das, was du möchtest? Wenn du aber die Welt wirklich restaurieren oder regenerieren willst, dann mußt du jeden Balken einzeln entfernen und durch einen neuen ersetzen und hernach den nächsten, Schritt für Schritt; doch dann wirst du erleben, daß das Gefüge der Welt so eingerichtet ist, daß du mit dem Ausbessern der ‹Balken› fortfahren kannst bis zum Ende der Welt, schneller geht das nun mal nicht! Du aber sagst, es muß schleunigst gehen, es muß *heute* gehen, es muß *im ganzen* gehen – du bist viel zu ungeduldig![270] Jedes System wird mit der Beharrungskraft, die ihm innewohnt, sich dagegen verwahren, als Ganzes geändert zu werden. Schau dir die Natur an. Sie braucht Jahrzehntausende, sie braucht Jahrmillionen, um etwas wirklich Neues hervorzubringen. Da werden aus Händen nach und nach Flügel, oder es werden aus Schwimmflossen Finger, aber das geht nur ganz langsam vonstatten, dazwischen liegen viele Jahrhunderttausende der Evolution. Wenn du hingegen das Leben auf der Stelle in entscheidenden Punkten verändern möchtest, erzeugst du nichts als Monstren, die nicht leben können. Du darfst die Menschen nicht überfordern, du mußt *mit ihnen* gehen, du mußt *langsam* zuwarten, du mußt *im Atem der Zeit* gemächlich nach und nach die Veränderungen herbeiführen. Ist das nicht dein eigenes Reden: Geduld und Güte und Verständnis? Du aber bläst in jede Flamme; du erklärst: Ich will *Feuer* auf die Erde werden (Lk 12,49), du willst alles in Brand stecken, und das tust du wirklich. Und dann sagst du noch dabei: Ihr müßt euch entscheiden; ich bin nicht gekommen, Frieden zu bringen, sondern das Schwert – das sind deine eigenen Worte! (Mt 10,34) Aber irgendwie paßt das nicht zusammen, begreifst du das nicht selber?»

Ein zweiter Grund ist genauso klar: Es ist nicht nur die Dringlichkeit und Unbedingtheit, mit der Jesus seine Botschaft vorträgt, es ist daneben auch die *Herausforderung der Macht,* die ihn irgendwann, und zwar sehr bald schon, in den Tod treiben muß. Auch da möchte man Jesus ins Gewissen reden und sagen: «Wenn die Leute, *die auf den Thronen sitzen,* begriffen haben, was du wirklich vorhast, sollen sie sich dann etwa *nicht* dagegen wehren? Bist du wirklich so einfältig zu denken, du klagst sie an wie in Jerusalem, drei Kapitel später: ‹Auf dem Lehrstuhl des Moses sitzen die Pharisäer und die Schriftgelehrten; sie selber kommen nicht ins Himmelreich, und sie lassen keinen Menschen ins Himmelreich› (Mt 23,2–3) – glaubst du, du sprichst solche Worte, und sie klatschen dir Beifall und sagen: Du hast uns endlich dahin gebracht, daß wir begreifen, wer wir sind? Sie werden den Deiwel tun! Sie werden dich einen Abkömmling des Baalzebul nennen (Mt 10,25) und alles auszuradieren trachten, was du bist – das werden sie! Und in *ihrem* Sinn haben sie völlig recht dabei. Was du willst, wirkt so, wie wenn ein Organismus erst einmal begriffen hat, daß das, was er in sich trägt, ein tödliches Virus ist. Von dem Moment an wird er das gesamte Immunsystem mobilisieren, um gegen die Gefahr seiner Selbstauflösung vorzugehen. Im Sinn der schriftgelehrten Orthodoxie bist du gerade ein solches Virus; was also wunderst du dich, daß, wenn man dich als Fremdkörper erst einmal kenntlich gemacht hat, alle Makrophagen und Killerzellen sich über dich hermachen werden? Der gesamte Organismus wird alles, was sich von dir je in ihm vermehrt hat, bis zum letzten auszumerzen suchen, und in alle Zukunft wird er sich deinen Typ von Virus merken, damit, wenn er wieder auftaucht, man sofort, in ein paar Stunden, die Abwehrkräfte dagegen mobilisieren kann. *So* sieht das aus, Jesus von Nazareth! Entweder du fügst dich dienstbar in den Organismus ein, in dem du lebst, du machst da mit, du wirst ein Teil des Blutplasmas und kreist wie alle anderen darin herum – dann wird man dich akzeptieren, *oder* du zerwühlst und zersetzt den Organismus von innen, dann haben die Leute völlig recht, wenn sie sich gegen dich wehren.»

Man kann nach allem, was die Evangelisten erzählen, nur annehmen, daß Jesus leidenschaftlich gehofft hat, daß diese Welt, daß ihre ganze Ordnung nur ja bald *zugrunde* gehe. Das war sein *Traum* vom Reich Gottes – er hat geglaubt, daß es ganz, ganz rasch kommen werde. Rein äußerlich gesehen, war dies, wie wir wissen, sein Irrtum; aber innerlich gesehen, war selbst dieser Irrtum noch seine Wahrheit. Denn warum sollte man nicht denken, ein Reich der Liebe wäre in der Tat heute noch möglich, sobald wir begreifen, wie sehr wir es brauchen? Gewiß, solange wir denken, es gehe auch ohne ohne jene göttliche Akzeptation jenseits aller selbstgeschaffenen Voraussetzungen, solange müssen wir uns *wehren* gegen die Botschaft Jesu. Aber sobald wir begreifen, daß es ein wirkliches Leben außerhalb der Lehre von dem gütigen Weinbergbesitzer für uns selbst gar nicht gibt, ist alles so selbstverständlich, so buchstäblich *nahe*liegend, daß man sich wundert, was uns eigentlich davon noch trennt außer der Angst vor dem vollständigen Einsturz der uns so gewohnten Welt.

Ein Haupthindernis scheint darin zu liegen, daß wir Religion immer noch mit Politik verwechseln. Die Geschicke der Kirche als Kirchenfürst in die Hand zu nehmen, ob als Bischof, Kardinal oder Prälat, heißt immer auch Verantwortung *nach weltlichem Maßstab* zu tragen, bedeutet also, *diplomatisch* die Wirkung eines bestimmten Verhaltens auf die Menge zu kalkulieren, es bedeutet immer, das, was sich an Konsequenzen jeweils ergeben könnte, mit in die Überlegungen des eigenen Handelns einzubeziehen. Das macht es scheinbar nötig, Kirchen*politik* zu treiben und die Botschaft Jesu an die vorgegebenen Systeme anzupassen. Selbst wenn wir versuchen, sie zu ändern, setzen wir sie voraus, gehen von ihnen aus und kommen wieder bei ihnen an, und alles dreht sich im Kreis. Natürlich hat unter solchen Umständen Petrus (in Mt 16,22) ganz recht, wenn er den Gang Jesu nach Jerusalem *für unverantwortlich* hält – was denn hätte die Kirche Petri im Dritten Reich zum Beispiel anderes getan, als durch Mitläufertum und Mittätertum den Weg des Christus in das Martyrium um jeden Preis zu *verhindern*?[271] Das Schlimmste *vermeiden*, war da die Devise. Die Freiheit hingegen, die Jesus uns schenken wollte, bestand unter anderem darin, die Frage ins Unwesentliche zu stellen, was aus dem wird, was wir tun; wir sollten vielmehr bei dem stehenbleiben, was wir sind, und dementsprechend unsere Wahrheit wirklich leben. Um es so zu sagen: Die Frage ist nicht, wie das *wirkt*, was wir tun, sondern ob wir *wirklich sind;* die Frage ist nicht, wie das *an*kommt, was wir tun, sondern ob es uns *zu*kommt; die Frage ist nicht, ob das *ge*fällt, was wir tun, sondern ob es *der Fall ist;* die Frage ist nicht, was wir *errei*chen durch das, was wir tun, sondern wie wir reich werden durch *die Wahrheit,* die wir *sind;* die Frage ist nicht, was wir mit unserem Tun *verändern,* sondern wie wir uns selbst *verwandeln:* ins Glück!

Die ganze Schwierigkeit liegt darin, etwas zu begreifen, was allem pragmatischen Kalkül wie entrückt scheint. An dieser Stelle ebenso wie an den beiden voraufgegangenen erklärt Jesus seinen Gang in das Leiden mit einer Zuversicht, die seine Jünger förmlich überhören: Am dritten Tage, sagt er, werde der Menschensohn den Heiden übergeben – bespuckt, geschändet, verfolgt, getötet, in der Macht Gottes aber werde er *auferstehen*.[272] Das ist die zentrale Voraussetzung der nicht-kalkulierenden, der einfach sich wagenden Haltung Jesu dem Leben gegenüber. Was er da glaubte, gab ihm die Kraft zu allem. Man kann die unvermeidbaren Widersprüche des Lebens nur akzeptieren und das Leid für die Wahrheit nur mit in Kauf nehmen in der Perspektive eines größeren Glücks. Dieses größere Glück hatte für Jesus die Dimension *Aufer-*

stehung. – Eigentümlicherweise scheint es in unseren Tagen besonders schwer, eine solche Hoffnung auf ein Leben jenseits des Todes glaubhaft zu leben und weiterzugeben. Ein Grund dafür liegt vorwiegend in dem dogmatischen Fundamentalismus der Kirche selbst. Die Bischöfe, die Theologen geben sich da vermeintlich ganz klar: An die Auferstehung Jesu kann nur glauben, wer lehrt, daß das Grab Jesu am Ostermorgen physikalisch leer war[273], und wer so nicht glaubt, glaubt im Sinne des kirchlichen *Weltkatechismus* gar nicht wirklich. Es ist unvermeidbar, daß mit solchen Vorstellungen Generation um Generation aus der Kirche herausgedrückt wird. Der Glaube selber verkommt da zum Aberglauben und erzeugt reaktiv wieder Unglauben, – eine schlimme Last! Mit Tränen in den Augen sagte dieser Tage eine Frau: «Ich bin darüber so erschüttert. Mein Sohn studiert jetzt Medizin. Ich habe so viele Jahre mich bemüht, meine Kinder im christlichen Glauben zu erziehen. Mein Sohn war sehr früh schon Meßdiener, er ist als Kind oft in die Kirche gegangen, er war so bemüht – er glaubt heute an nichts mehr! Er sagt: Was ich in Biologie, in Chemie, in Physik gelernt habe, paßt doch nicht zu dem Glauben der Kirche. Und alles, was er jetzt im Medizinstudium lernt, besteht darin, den Menschen wie eine komplizierte kybernetisch gesteuerte Maschine zu betrachten. Das alles ist so kalt. Er wird um die Erhaltung des Lebens hier auf Erden kämpfen, daß es ein paar Jahrzehnte verlängert wird, und dieses Bemühen ist menschlich und gut, das verstehe ich; aber wie kann man das alles tun, wenn man keine Perspektive darüber hinaus mehr besitzt? Das ist doch die Kirche in Schuld, daß sie den Kindern den Glauben austreibt. Und was kann ich dagegen tun? All diese Jugendlichen müssen sich so allein durchkämpfen; sie hätten verdient, daß es für ihre Intelligenz Antworten gibt.» – Was diese Frau ausspracht, ist das Schicksal mittlerweile von Hunderttausenden von Familien. Es steht als Teil fürs Ganze, was wir heute erleben, daß ein unsinniges äußerliches Definieren von Glaubenswahrheiten die Menschen völlig wurzellos macht. Wenn wir indessen begreifen wollen, was *Auferstehung* ist und bedeutet, dann können wir es mit den Leidensweissagungen Jesu so gut erläutern, wie es nur irgend geht. Die Erklärung lautet dann etwa: «Damit die Rechnung deines Lebens aufgeht, mußt du an unendlich viel *mehr* glauben als an dieses Leben. Um dich wirklich zu wagen und um richtig zu leben, mußt du dir abgewöhnen, den Parameter deiner Existenz für die paar wenigen Jahrzehnte deines Daseins hier auf Erden zu setzen; denn danach bemißt du dich selbst wesentlich falsch. Du wirst *nie* ein Königskind, wenn du nichts weiter von dir vor Augen hast, als daß du aus Staub geboren bist und zum Staube zurückkehrst (Gen 3,19). Richte deine Augen empor; der Kampf um die Würde jedes Menschenlebens setzt voraus, daß es eine Perspektive gibt, die den Tod überdauert. Erst dann lohnt sich jeder Einsatz. Dann ist es nicht wichtig, was für Erfolge du bei deinem Handeln zeitigst – das ist niemals die Frage, sondern ob das stimmt, was du tust.»

Es ist mit der Kunst des Lebens so ähnlich, wie daß in der Malerei oder Dichtung ein Künstler sich nicht fragen darf, wie seine Werke bei den Betrachtern ankommen, was die Rezensenten sagen werden, ob die Kunstdirektoren viel Geld oder wenig dafür ausgeben werden, ob sich ein Museum dafür zur Verfügung stellen wird oder nicht – all das ist buchstäblich egal.[274] Ein Mann wie VAN GOGH wird seine Bilder malen, auch wenn man ihn als Wahnsinnigen einsperrt und wenn man ihm für keines seiner Bilder mehr geben wird als ein paar Mark, die sein Bruder mehr erbetteln als einnehmen muß, um ihn am Leben zu halten.[275] *Er wird seine Bilder malen.* Sie werden später Millionen kosten, doch VAN GOGH selber hat damit nicht das geringste zu tun. Was er geschaffen hat, stammt aus einer Wahrheit, die aufgehört hat zu rechnen. Und wenn das bei einem Künstler schon so ist, um wieviel mehr dann in den Fragen der Religion! Die Großen, die Unsterblichen der Religionsgeschichte haben nie davon geträumt, im Gedächtnis der Menschen zu überleben; sie hatten eine ganz kleine Wahrheit, und die haben sie versucht zu artikulieren. Auch das Leben des Christus und das Leben als Christ ist ganz einfach – jede Lerche kann es uns zeigen: Sie steigt senkrecht empor über dem Ackerrain und singt ihr Lied, bis sie aus dem Himmel zurückkehrt. Mehr ist es nicht, was wir tun sollten; es ist all unsere Größe und all unsere Kunst.

«Am dritten Tage wird er wiederauferstehen.» Diese Überzeugung schenkt die Kraft, richtig zu leben, schon *vor* dem Tode. Was wir sind, steht gänzlich bei Gott, und was aus uns wird, weiß allein er. Wir aber dürfen die Hoffnung haben, *ewig* zu *sein* – eine phantastische Hoffnung, doch die einzige Voraussetzung, um die absurden Gleichungen unseres Lebens zur Lösung zu bringen und: *glücklich* zu sein, so daß es sich lohnt, eine Menge an Leid dafür in Kauf zu nehmen!

Anmerkungen

Abkürzungen

Q	Redequelle, die Mt und Lk gemeinsam vorliegt und sich aus den Parallelen zwischen beiden rekonstruieren läßt.
Mt I xyz	E. Drewermann: Das Matthäus-Evangelium, 1. Bd., S. abc.
Mk I/II xyz	E. Drewermann: Das Markus-Evangelium, 1./2. Bd., S. abc.
TE I/II	E. Drewermann: Tiefenpsychologie und Exegese, 2 Bde.
2. Vatic.	Das 2. Vatikanische Konzil. Vorgeschichte, Verlauf, Ergebnisse, nach Dokumenten dargestellt v. H. Reuter
DS	Denzinger-Schönmetzer: Enchiridion Symbolorum
WK	«Weltkatechismus», Catéchisme de l'Église Catholique, 1993
ThW	Theologisches Wörterbuch zum Neuen Testament
Gnilka	J. Gnilka: Das Matthäusevangelium, 2 Bde.
Lohmeyer	E. Lohmeyer–W. Schmauch: Das Evangelium des Matthäus
Luz	U. Luz: Das Evangelium nach Matthäus, 2 Bde. (Mt 1–17)
Sand	A. Sand: Das Evangelium nach Matthäus
S–B	Strack-Billerbeck: Kommentar zum Neuen Testament aus Talmud und Midrasch
Schweizer	E. Schweizer: Das Evangelium nach Matthäus

I. Einleitung
(Seite 11 bis 19)

[1] 2. Vatikan., Dogmatische Konstitution über die Kirche, Nr. 25, Reuter, S. 58: «Die der Kirche verheißene Unfehlbarkeit wohnt... im Kollegium der Bischöfe, wenn es das oberste Lehramt zusammen mit dem Nachfolger Petri ausübt.»
[2] M. LAMBERT: Ketzerei im Mittelalter, 319–342: John Wyclif; DS 1151–1195, Irrtum Nr. 40: «Die Papstwahl von seiten der Kardinäle ist vom Teufel eingeführt worden.» DS 1190.
[3] M. LUTHER: Die Schmalkaldischen Artikel, Werke III 335–367, 2. Teil, 4. Artikel: Vom Papsttum, S. 346–350.
[4] 2. Vatikan., Dogm. Konstitution über die Kirche, Nr. 22, Reuter, S. 55: «Das Bischofskollegium... hat... nur Autorität, wenn sie in Gemeinschaft mit dem römischen Bischof, dem Nachfolger Petri, als ihrem Haupt begriffen wird.»
[5] H. HEINE: Deutschland, ein Wintermärchen, 95.
[6] A. a. O.
[7] Vgl. Mk II 412–740.

III. Einzelauslegung

1. (Mt 8,1–11,30)
Die Wunder der Heilung
(Seite 45 bis 213)

[1] Vgl. Süddeutsche Zeitung, 18.–20. 4. 92: Und das höllische Feuer existiert doch. Italienische Jesuiten fordern die «heilsame Angst» vor der Hölle (AFP): «Italiens Jesuiten haben der katholischen Kirche anempfohlen, den ‹Mut› zu finden, klar und deutlich zu sagen, daß die Hölle tatsächlich existiert. Die Gläubigen müßten wieder ‹heilsame Angst› vor dem Aufenthalt der Unseligen empfinden, heißt es in der jüngsten Ausgabe der Zeitschrift der Kongregation, *Civiltà cattolica*. Bischöfe und Priester werden aufgefordert, nicht länger den Mantel des Schweigens über den Ort der Verdammnis und seine Schrecken zu breiten, wie dies gegenwärtig zu häufig geschehe. Die Doktrin von der Hölle sei ein zentraler Bestandteil der katholischen Lehre. Um so unerträglicher sei es deshalb, daß ihr im offiziellen Katechismus der katholischen Jugend nicht einmal eine Seite gewidmet sei.

Das Magazin erinnert an die fünf unabänderlichen Grundsätze: Die Hölle existiert; sie ist ewig; sie ist das Schicksal derjenigen, die im Stand der Todsünde sterben; sie folgt unmittelbar auf den Tod und ist eine fürchterliche Strafe, insbesondere wegen der Abwesenheit Gottes. Vom theologischen Standpunkt aus gebe es außerdem keinen Zweifel daran, daß die auf der Erde begangenen Verfehlungen mit entsprechenden Strafen der Hölle gesühnt würden, daß es im Höllenpfuhl keine Milderung der Strafen gebe und daß das höllische Feuer nicht etwa symbolisch zu verstehen sei.

Zum Teufel findet sich in der Zeitschrift, die sich zuvor mit Paradies und Fegefeuer befaßte, kein Wort. Doch es ist anzunehmen, daß sich *Civiltà cattolica* nach der ausführlichen Auseinandersetzung mit dem Sitz des Höllenfürsten in einer der kommenden Ausgaben auch mit Luzifer selbst beschäftigen wird.» Da hat es keinen Mangel, denn so bereitwillig wie möglich gibt der «Weltkatechismus» Auskunft über den Teufel: WK 391–395: über den Sündenfall der «Engel», die zu «Teufeln» wurden. – Zu dem ganzen Abschnitt vgl. GNILKA, I 348–351: Die Intentionen des Wunderzyklus (Mt 8;9); C. BURGER: Jesu Taten nach Matthäus 8 und 9, in: ZThK 70 (1973) 272–287.

[2] M. FERRARI (Übers.): Satan, der Vater der Lüge. Erzbischof Emmanuel Milingo berichtet von seinen Erfahrungen. Auszug aus dem Buch «Contra Satana», Mailand 1993, in: Kirche heute, 1/1994, 34–36. SAND, 210, macht die Sache im Grunde nicht besser, wenn er erklärt: «Der Exorzismus als Mittel, den Besessenen von der wesensfremden Macht zu befreien, darf nicht mit Heilpraktiken magischer Art gleichgesetzt werden. Vielmehr geht es beim Exorzismus darum, den Dämon zu ‹vertreiben›, um den besessenen Menschen wieder zu sich selbst zu bringen.» Auf solche Weise verneint man bei anderen als «magisch», was man bejaht, sobald man es in der eigenen Religion vorfindet. Statt dessen gilt es, den psychischen Sinn der Magie zu begreifen!

[3] TE II 188–238: Psychoanalytische und psychosomatische Auslegungsregeln antiker Wundererzählungen.

[4] Zur Interpretation der Stelle vgl. Mk I 209–222. GNILKA I 297 hebt hervor, daß Mt die Reihenfolge bei Mk nicht einhält (Mt 8,14 ff. = Mk 1,29 ff.), und meint, die Voranstellung der Aussätzigenheilung sei «durch die Gesetzes-

frage» bestimmt. «So bildet sie den Anschluß an die Rede vom Berg.» Daß der Kranke sich geheilt dem Priester zeigt – *das* also wäre die «Erfüllung» des «Gesetzes»; so tut man, was Gott will (Mt 7,21).

⁵ Zum «Aussatz» vgl. R. DE VAUX: Das Alte Testament und seine Lebensordnungen, II 315–317; F. HAUCK: Rein und unrein im NT, ThW III 427–430; DERS.: Rein und unrein außerhalb des NT, 1. Teil, ThW III 417–421; R. MEYER: Rein und unrein außerhalb des NT: Zweiter Teil: im Judentum, ThW III 421–427: «Ein wegen Aussatzverdachtes vom Priester Eingeschlossener (gemäß Lv 13,4–5.21.26. 31–33) verunreinigt das Haus durch seinen Eintritt.»

⁶ Zur Psychologie des «Aussatzes» vgl. Mk I 217, Anm. 2–3; 218, Anm. 6.

⁷ J. H. REICHHOLF: Das Rätsel der Menschwerdung, 142–149.

⁸ R. DE VAUX: Das Alte Testament und seine Lebensordnungen, II 315–317: Das Ritual des Aussatzes: «...so kommt man zu einer Schlußfolgerung, die wahrscheinlich für alle Reinheitsgesetze von Lv 11–16 gilt: die nachexilische Gemeinde stellt wachsende Reinheitsforderungen, die Furcht vor Unreinheit wurde schließlich übersteigert, und die priesterlichen Gesetzgeber haben die Fälle von Unreinheit und Heilmittel vervielfacht, indem sie großzügig von überall her Anleihen machten, volkstümlichen Aberglauben dem levitischen System einfügten und so zahlreiche Vorschriften auferlegten, daß sie das Gesetz unausführbar machten. Das nachbiblische Judentum ist auf diesem Weg noch weiter gegangen... Jesus wird die Schriftgelehrten und Pharisäer verurteilen... Er wird verkünden, daß Unreinheit, die befleckt, moralische Unreinheit ist, Mt 15,10–20, und der heilige Paulus wird bestätigen, daß *nichts an sich unrein ist,* Röm 14,14» (316–317). Vgl. S–B IV 2, 745–763: Aussatz und Aussätzige, bes. S. 751–752.

⁹ Vgl. E. DREWERMANN: Strukturen des Bösen, II 223–226, zur Ausstoßvictimisation; R. BILZ: Über die menschliche Schuld-Angst. Erörterungen über die Tat und das Motiv-Objekt (1958), in: Paläoanthropologie, I 351–369.

¹⁰ Vgl. bes. K. u. M. JUNG: Die aufgekratzte Seele. Neurodermitis, 9–63, die Erfahrungsberichte von Neurodermitikern und ihren Angehörigen.

¹¹ K. DESCHNER: Das Kreuz mit der Kirche. Eine Sexualgeschichte des Christentums, 379–385: Über die Schamlosigkeit von Mode, Tanz und (Nackt-)Bad. – Als Beispiel: Am 1.3. 1926 erließ der Paderborner Bischof CASPAR KLEIN die folgende Verfügung: *Kleidung der Frauen in der Kirche:* «Personen weiblichen Geschlechtes können zu den hl. Sakramenten, insbesondere zur hl. Kommunion und zur hl. Firmung, nur zugelassen werden, wenn das Kleid nach unten über die Knie herabreicht und nach oben geschlossen bis zum Halse geht, nicht aus Stoffen besteht, die den Körper durchscheinen lassen, und mit Ärmeln versehen sind, die wenigstens bis über die Ellenbogen reichen. Die Priester mögen alle, die in der Kleidung die Ehrfurcht vor dem Allerhöchsten vermissen lassen, ohne ein Wort zu sagen, übergehen. – Diese Bestimmungen über die Kleidung gelten auch für die Teilnahme an kirchlichen Trauungen. Alle Priester sind verpflichtet, nach diesen Weisungen zu handeln.»

¹² Vgl. Mk I 214, Anm. 6.

¹³ Zum Geheimhaltungsmotiv bei *Markus* vgl. zur Stelle Mk I 214, Anm. 6. Richtig bemerkt LUZ I/2, 11: «Die kirchliche Auslegung hat immer wieder die Transparenz unserer Geschichte für die christliche Existenz... betont: Der Aussätzige ist der Typ des Glaubenden, der zu Christus kommt... Die körperliche und soziale Seite der Hilfe Christi wurde selten ernst genommen.» Man muß hinzufügen: noch weniger, bis in die heutige historisch-kritische Exegese hinein, wird der psychische Zusammenhang von «Unglauben» und «Krankheit» beachtet!

¹⁴ Mt übernimmt die Geschichte aus der Q-Quelle, «wo sie unmittelbar hinter der Feldrede stand (Lk 7,1–10 nach 6,20–49). In Q gehörte sie mit dem Täuferkomplex Lk 7,18–35 vermutlich zu einem Abschnitt israelkritischer Texte.» LUZ I 2, 12. Formal ist die Erzählung eine Wun-

dergeschichte, in deren Zentrum aber das prophetische Wort steht, zu dem als apophthegmatischer Pointe «das Wunder ... dienstbar gemacht ist». R. BULTMANN: Die Geschichte der synoptischen Tradition, 223.

[15] «Das ‹schockierende Novum› besteht darin, daß es die Völkerwallfahrt, von der die alttestamentlich-jüdische Tradition in der Regel ad majorem gloriam Israels spricht, gegen Israel wendet: Annahme der ‹vielen› Heiden, aber Ausschluß Israels. Vermutlich war das Wort, ähnlich wie das Johannes des Täufers Mt 3,9 f., ein zugespitztes Drohwort, nicht eine von Unabänderlichem kündende Weissagung. Es kann durchaus auf Jesus zurückgehen.» LUZ: I/2, 14. Vgl. J. JEREMIAS: Verheißung für die Völker, Stuttgart 1956, 47–54; D. ZELLER: Das Logion Mt 8,11 f./Lk 13,28 f., Biblische Zeitschrift Neue Folge 15 (1971) 222–237; 16 (1972) 84–93. Zu der Verheißung des Freudenmahls in Gemeinschaft mit Abraham und den Vätern vgl. S–B IV 1163 ff.; G. DALMAN: Die Worte Jesu, 90–95: «Die ‹Söhne der Gottesherrschaft› sind ... die ihr durch ... Geburt angehörenden ... welche (sc. in Mt 8,12) ... aus ihrem Bereiche ausgestoßen werden.»

[16] Vgl. P. SCHOLL-LATOUR: Das Schwert des Islam. Revolution im Namen Allahs, ZDF Chronik in 4 Teilen, 1993.

[17] R. PARET (Übers.): Der Koran, Sure 80, 1–10, S. 421; M. HENNING (Übers.): Der Koran, eingel. u. angem. v. A. Schimmel, S. 568, Anm. 1.

[18] F. STIER (Übers.): Das Neue Testament, S. 22. U. WEGNER: Der Hauptmann von Kafarnaum (WUNT II/14), Tübingen 1985, 41 ff., begründet ausführlich, warum wir es hier mit dem Knecht, nicht mit einem «Sohn» des Hauptmanns zu tun haben.

[19] Das Sprechen von einer «Fernheilung» erklärt an dieser Stelle natürlich gar nichts und leistet lediglich einer fundamentalistischen Wundermagie Vorschub. Statt dessen geht es darum, die innere Zusammengehörigkeit zwischen den handelnden Personen psychologisch verständlich zu machen. Zur Psychodynamik der «Gelähmtheit» vgl. Mk I 223–236, zu Mk 2,1–12.

Zu den Parallelen von «Fernheilungsgeschichte» vgl. Lk 17,12 ff.; 2 Kg 5,1 ff.; K. WEGNER: Der Hauptmann von Kafarnaum, 354 ff.

[20] Zur Technik des *Bibliodramas* zur Interpretation dafür geeigneter Bibeltexte vgl. TE I 382–383; P. HÜBNER: Geschichtentheater. Bericht über die Arbeit mit biblischen Texten; in: WPKG 68 (1979), 151–156; G. M. MARTIN: «Bibliodrama» als Spiel, Exegese und Seelsorge, in: WPKG 68 (1979) 135–144. Vgl. Mk I 202–209. Vgl. auch R. PESCH: Die Heilung der Schwiegermutter des Petrus: Neuere Exegese – Verlust oder Gewinn?, Freiburg 1968, 143–175.

[21] «Durch die Straffung wird die kleine Geschichte bei Matthäus zur reinen Jesusgeschichte. Die Jünger verschwinden. Keine Bitte wird mehr an Jesus gerichtet. Er sieht die kranke Frau, ergreift allein die Initiative und heilt sie. ... Jedes biographische oder novellistische Interesse fehlt auch hier, wo es um die Familie des Petrus geht.» U. LUZ: Matthäus, I/2, 18. Das stimmt – bis auf die *Abfolge*, die Mt selbst konstruiert – ein Weg von den Juden zu den Heiden und zur «Kirche».

[22] Vgl. F. ROHRER: Ausschnittsberichte aus einem Bibliodrama, in: WPKG (68) 1979, 144–151. – GNILKA, I 308–309: «Die Geschichte von der Heilung der Schwiegermutter des Petrus hat die Erinnerung an eine konkrete Heilungstat Jesu aufbewahrt. Sie ist mit einem ... eindeutigen Ort, dem Haus des Petrus in Kafarnaum, verknüpft. Diese Nachricht besagt gleichzeitig, daß Petrus, nach Joh 1,44 aus Bethsaida gebürtig, in das Haus seiner Schwiegereltern umgezogen war, vermutlich in Verbindung mit seiner Heirat.»

[23] G. THEISSEN: Wanderradikalismus. Literatursoziologische Aspekte der Überlieferung von Worten Jesu im Urchristentum (1973), in: Studien zur Soziologie des Urchristentums, Tübingen 1979; ³erw. 1989, 79–105.

[24] Vgl. Mt I 70–101; es geht nicht darum, daß Jesus «die Sünden auf sich nahm» oder sich am Kreuz opferte; vielmehr «tritt der Gedanke an den Schmerzensmann vollständig zurück»; «die barmherzige Zuwendung zu

Die Wunder der Heilung

den Kranken» ist der Akzent, unter dem hier Jes 53,4 zitiert wird. GNILKA I 308.

²⁵ Vgl. GNILKA: I 308: «Jesus, identifiziert mit dem barmherzigen Gottesknecht, erscheint als der große Helfer der Kranken und Hilfsbedüftigen, die sich ihm gläubig zuwenden.»

²⁶ Zur Stelle vgl. C. WESTERMANN: Das Buch Jesaja, II 212–215, der «Krankheit» als traditionellen Typos des Leidenden schlechthin deutet (214) und auf die revolutionäre Konzeption der «Stellvertretung» hinweist (212). Vgl. bes. M. BUBER: Der Glaube der Propheten, Werke II 231–484, S. 400–484: Der Gott der Leidenden, bes. S. 475–477.

²⁷ S. HUNKE: Allahs Sonne über dem Abendland, 109–190: Heilende Hände.

²⁸ E. DREWERMANN: Strukturen des Bösen, II 223–226.

²⁹ I. KANT: Metaphysik der Sitten (1797 A), in: Werke, VIII 305–634, S: 526.

³⁰ CH. LEMMEN: Das Kreuz mit dem Virus. AIDS und die Kirche: eine moralische Herausforderung, WDR III, 26. 7. 87.

³¹ E. DREWERMANN: Strukturen des Bösen, I 97–106: Die verbannten Kinder Evas.

³² R. WINTER: Ami go home, 102–129: «Money talks»: Was der Markt hergibt.

³³ Vgl. Mt I 77–84: Die Überhöhung des Christusbildes.

³⁴ «Die mk Geschichte von der Sturmstillung Mk 4,35–41 dient als Rahmen für die beiden Nachfolgeapophthegmata aus Q Lk 9,57–60 = Mt 8,19–22. Eine solche Perikopenverbindung ist bei Mt ungewöhnlich. V 18 ist von Mt ‹jesuzentrisch› neu formuliert. V 19–22 stimmen im ganzen mit Lk 9,57–60 überein.» LUZ I/2, 21.

³⁵ Zu Mt 8,20 vgl. R. BULTMANN: Die Geschichte der synoptischen Tradition, 85: ein zweigliedriger Maschal, bei dem «das erste Glied des antithetischen Parallelismus membrorum zweigliedrig ist und einen synonymen Parallelismus membrorum bildet.» S. 102: ein Wort, «das ganz den volkstümlichen Pessimismus enthält, wie er seine künstlerische Ausprägung in Qohelet und Hiob gewonnen hat, und vielleicht erst in der griechischen Gemeinde auf Jesu Person bezogen wurde.» Ein ähnliches Wort findet sich bei PLUTARCH: Tiberius Gracchus, 9: «Die wilden Tiere, die in Italien hausen, haben ihre Gruben; jedes von ihnen weiß seine Lagerstätte, seinen Schlupfwinkel. Nur die, welche für Italien fechten und sterben, können auf weiter nichts als Luft und Licht rechnen; unstet, ohne Haus und Wohnsitz, müssen sie mit Weibern und Kindern im Lande herumstreichen.» PLUTARCH: Lebensbeschreibungen, V 193. Was hier *sozial* von den Soldaten und Kriegsveteranen gemeint ist, hat im Munde Jesu einen grundsätzlichen, religiösen Sinn.

³⁶ Vgl. E. DREWERMANN: Fundevogel (KHM 51), in: Der Herr Gevatter. Der Gevatter Tod. Fundevogel, 55–78, S. 59–61.

³⁷ S–B I 487–489: «Rabbinische Auslegung hat diese Gesetzesbestimmung (sc. Lv 21,2 f., die dem Priester erlaubte, sich an der Leiche eines Angehörigen zu verunreinigen, d. V.), die im Sinne des ‹Dürfens› gemeint war, geradezu in ein ‹Muß› umgewandelt: ein Priester wurde unter Umständen *gezwungen*, sich mit der Bestattung seiner Blutsverwandten zu befassen. Um so mehr lag diese Pflicht natürlich den nichtpriesterlichen Israeliten ob» (487). «Das Wort ist skandalös.» LUZ I/2, 25. Das stimmt; aber es genügt nicht, auf den «tiefen Ernst» bzw. die «radikale Kompromißlosigkeit» des Ausspruchs hinzuweisen und dann in aller Ehrlichkeit festzustellen, das Wort habe «auch etwas Unmenschliches an sich». Die Frage stellt sich vielmehr, in welch einer «unmenschlichen» Situation diese «Unmenschlichkeit» zur Vermenschlichung notwendig ist! GNILKA, I 315 fragt mehr rhetorisch: «Die Rigorosität hatte im Wirken Jesu ihre Begründung in der nahen Gottesherrschaft. Ist sie mit dem Abklingen der Naherwartung erledigt?» Als ob es nicht gerade darauf ankäme, die «Nähe» der «Gottesherrschaft» existentiell verbindlich zu deuten, statt die mystisch formulierte Vorstellung rein historisch stehenzulassen.

³⁸ LUZ I 2, 27: «Das Wort... hat Matthäus einerseits deshalb gewählt, weil Erdbeben zu den Drangsalen der Endzeit gehören... Andererseits wird... eine innere, psychische Dimension transparent. Das Wasser versinnbildlicht die Macht des Todes und der Finsternis.» Dementsprechend gilt es, die Szene vom psy-

chischen Erleben her zu deuten. Vgl. Mk I 350–359. Vgl. auch Mt 27,51, das «Erdbeben», das Matthäus der Szene des Todes Jesu hinzufügt. GNILKA, I 318 meint: «Wie Jahve dem Meer und Sturm gebietet (Ps 107,28 f.; 74,13 f.), so Jesus, wie Jave ‹den Sturm zum Säuseln beruhigte› (Ps 107,29), so tritt jetzt eine große Stille ein.» Zu der *Symbolik* von Sturm und Schiff vgl. J. KAHLMEYER: Seesturm und Schiffbruch als Bild im antiken Schrifttum, Hildesheim 1934.

[39] S. KIERKEGAARD: Tagebücher, IV 297.

[40] LAOTSE: Tao te king, Nr. 48, S. 91: «Wer das Lernen übt, vermehrt täglich. Wer den *Sinn* übt, vermindert täglich. Er vermindert und vermindert, bis er schließlich ankommt beim Nichtsmachen. Beim Nichtsmachen bleibt nichts ungemacht.»

[41] DSCHUANG DSI: Südliches Blütenland, XIII 3, S. 146.

[42] Mt I 77–84. Vgl. GNILKA I 320.

[43] Mt I 78–79; LUZ I 2, 33, Anm. 17: «Bei Mt fehlen also fast all die Züge, die für eine psychologische Interpretation... wichtig sind.»

[44] Zur psychodynamischen Interpretation der Stelle in Mk 5,1–20 vgl. TE II 246–272. Geradezu hilflos der «Rettungsversuch» bei GNILKA I 323: «Können wir mit der Perikope noch etwas anfangen?» «Das Heilige löst den Gottesschrecken aus», usw. Die Bezugnahme zu F. NIETZSCHE schreit geradewegs nach psychologischer Durcharbeitung der Stelle, doch die gerade fürchtet die historisch kritische Exegese wie der Dämon den Erlöser.

[45] LUZ I 2, 32: «Vielleicht steht die Vorstellung im Hintergrund, die Macht der Dämonen sei auf diesen Äon begrenzt.» LOHMEYER 166: «So ist dem heidnischen Lande in einem offenbaren Zeichen der Fluch genommen, das alles heidnische Wesen bedrückt, die Herrschaft der Dämonen... Die Vernichtung der Dämonen – von der Heilung der Kranken ist mit keinem Wort die Rede – erfolgt nur durch die Erlaubnis Jesu.» Vgl. F. ANNEN: Heil für die Heiden (FTS 20), Frankfurt 1976; R. PESCH: Der Besessene von Gerasa (SBS 56), Stuttgart 1972, 50–56.

[46] Vgl. Mk I 25–44: Der Kampf zwischen Satan und Gott.

[47] D. W. RINTELS: Im Zweifel für den Angeklagten. Schauspiel nach *Clarence Darrow for the Defense* von Irving Stone, 1974; übers. v. G. Penzoldt; Aufführungsrechte: Mimos Verlag CH 4144 Arlesheim.

[48] Derzeit warten in den USA ca. 2000 Menschen auf ihre Hinrichtung. Vgl. R. WINTER: Ami go home, 99–101.

[49] M. ANTONIONI (Reg.): Die rote Wüste (Il deserto rosso), 1963.

[50] LUZ I 2, 37: «Warum Jesus... lästert, berichtet Matthäus nicht mehr...; seinen judenchristlichen Lesern, die von vornherein glauben, daß in Jesus Gott selbst handelt, und die überdies vielleicht bereits die sehr restriktiven Bestimmungen der Mischna über Gotteslästerung kennen, wird es überhaupt nicht mehr eingeleuchtet haben, warum Jesu Zuspruch der Sündenvergebung eine Lästerung sein soll. Die Schriftgelehrten reagieren also... böswillig auf Jesus.» Doch die *Bedingungslosigkeit* der Vergebung – das *muß* Ärgernis erregen in einer verrechtlichten Frömmigkeit! Vgl. S–B I 495: «Die Sündenfreiheit der messian. Heilsgemeinde gilt der älteren Zeit meist als etwas Selbstverständliches... Dagegen ist uns keine Stelle bekannt, in der der Messias kraft eigner Machtvollkommenheit einem Menschen die Vergebung der Sünden zuspricht. Die Sündenvergebung bleibt überall das ausschließliche Recht Gottes.» Selbst die «Christologie» also mildert den Konflikt nicht ab, daß Jesus es sich herausnimmt, als Mensch zu Mensch, im Vertrauen auf Gott, Vergebung *absolut* zuzusprechen! Vgl. LOHMEYER 169: «Jesus tritt... in Gegensatz zu der Vollmacht von Tempel und Priestertum, und die Frage richtet sich gegen den alleinigen priesterlichen Anspruch des in Jerusalem zentralisierten Kultus und überwindet ihn kraft der eschatologisch offenbarenden Macht des Wortes und Daseins des Menschensohnes. Aber die Gegner sind hier nicht Priester, sondern Schriftgelehrte; nicht die bestehende Herrschaft des priesterlichen Opfers wird bekämpft, sondern ihr dogmatischer Anspruch.»

[51] Vgl. J. CALVIN: Unterricht in der christlichen Religion, IV 19, 15–17: Die Buße ist kein Sakrament.

[52] Zwar ist in Mt 9,6 die Rede von der Voll-

macht des *Menschensohnes*, doch interpretiert Matthäus die Markus-Vorlage mit dieser Hinzufügung eindeutig: es geht ihm um die «Vollmacht» *der Menschen*, einander Sünden zu vergeben (Mt 9,8)! LUZ I/2, 38: «Die Vollmacht des ‹Menschen›sohns ist es, die die ‹Menschen› zur Sündenvergebung ermächtigt.» Doch was für ein Umsturz der religiösen Einstellung geschieht hier! Und welche Erfahrungen sind es, die Jesus als den «Menschensohn», als die verkörperte Menschlichkeit, erkennen lassen! Vgl. W. SCHENK: «Den Menschen» Mt 9,8; ZNW 54 (1963), 272–275.

[53] Mt 9,1.10. Vgl. GNILKA I 328 zu Mt 9,7: «Vergebung ist Reintegration, Heimholung in das Haus.»

[54] So wie die «Wunder» Jesu den «praktischen» Kommentar der Bergpredigt darstellen (s. o. 1: zu Mt 8,1–11,30: Die Wunder der Heilung und der Auftrag der Jünger), so bildet umgekehrt die Einladung an die «Verlorenen den Kern all der Worte und Taten Jesu; vgl. Mt 9,12!

[55] Vgl. O. MICHEL: *telonäs* (Zöllner), ThW VIII 88–106, bes. S. 101–103: «Die rabbinischen Rechtssätze» «behandeln Steuererheber, Zollpächter und Diebe in besonderer Weise als unrein.» «Man betrachtete die Steuererheber und die Zöllner als Diebe oder gar als Räuber.» «Während die direkten Abgaben (sc. die Abgabe vom Bodenertrag und die Kopfsteuer, d. V.) als Zeichen der Unterwerfung angesehen wurden, scheint man die indirekten Abgaben, besonders die Zölle mehr als Unrecht und Schikane empfunden zu haben.» Selbst Mt 5,46 f. nennt «Zöllner und Heiden» in einem Atemzug, ebenso die Gemeindeordnung Mt 18,15–20. Demgegenüber galt Jesus als «Liebhaber von Zöllnern und Sündern» (Mt 11,19; Lk 7,34); der Grund: Jesus «lehnt für die Gegenwart einen Ausschluß bestimmter Gruppen ab (Mt 13,24–30.47–50)... Hier liegt ein deutlicher Gegensatz zum Essenismus und Pharisäismus» (104). Vgl. S–B I 377–380. Vgl. J. GNILKA: Markus, I 105 ff.: Exkurs Zöllner. J. JEREMIAS: Zöllner und Sünder, ZNW 30 (1931) 239–300.

[56] F. M. DOSTOJEWSKI: Der Jüngling, III 2, 3, S. 370: «Du bist ein Gottloser? Nein, du bist kein Gottloser... Du bist ein heiterer Mensch.»

[57] Vgl. H. FRANKEMÖLLE: Eucharistie. Bibeltheologisch, in: P. Eicher (Hrsg.): Neues Handbuch theologischer Grundbegriffe, I 418–426; G. THEISSEN: Soziale Integration und sakramentales Handeln, in: Studien zur Soziologie des Urchristentums, Tübingen 1979, 290–317. Vgl. S. WIBBING: Das Zöllnergastmahl, in: H. Stock–K. Wegenast–S. Wibbing: Streitgespräche, Gütersloh 1968, 84–107.

[58] *Gotteslob*, Stuttgart 1975, Nr. 620, S. 581: L. ZENETTI: «Das Weizenkorn muß sterben, sonst bleibt es ja allein; der eine lebt vom andern, für sich kann keiner sein... Wer dies Geheimnis feiert, soll selber sein wie Brot; so läßt er sich verzehren von aller Menschen Not.»

[59] Mt I 536–546.

[60] J. BEHM: *näsṭeyo* (fasten), ThW IV 925–935. «Das Fasten galt – wie das Opfer ... – ... als dingliche fromme Leistung ... Gegen solche Veräußerlichung erhob sich der Protest der Propheten. Jer 14,24» (929).

[61] A. a. O., 933: «Von der messianisch eschatologischen Mitte der Botschaft Jesu her gesehen, ist das Fasten etwas Überwundenes.» Zum Fasten der *Pharisäer* vgl. S–B II 241–244: «durch ihr Fasten wollen sie die Sünden sühnen, die das Unheil (sc. die Zerstörung des zweiten Tempels, d. V.) herbeigeführt haben» (243). Statt dessen lehnt Jesus im Vertrauen auf Gott (!) eine solche Praxis ab! Vgl. K. TH. SCHÄFER: «... und dann werden sie fasten, an jenem Tag», in: Synoptische Studien (Festschrift für A. Wikenhauser), München 1923, 124–147. W. NAGEL: Neuer Wein in alten Schläuchen, in: Vig Chr 14 (1960) 1–8.

[62] Vgl. E. DREWERMANN: Strukturen des Bösen, I 117–134: zu Gen 4,1–8, dem Opfer Kains und Abels; DERS.: Ich lasse Dich nicht, Du segnest mich denn, 106–126.

[63] J. JEREMIAS: *nymphios* (Bräutigam), ThW IV 1092–1099: «Von Hause aus ist dem Logion ... die Allegorie Bräutigam/Messias fremd; nur die Wahl des Hochzeitsbildes

wird durch den geläufigen Vergleich der Heilszeit mit einer Hochzeit veranlaßt sein» (1096).
[64] Zum Motiv der *hl. Hochzeit* vgl. TE I 177; 197; C. G. JUNG: Mysterium Conjunctionis (1955–56), XIV 1/2, Olten 1968; DERS.: Die Ehe als psychologische Beziehung (1925), XVII, Olten 1972, 215–227.
[65] A. VON HARNACK: Das Wesen des Christentums, 125: «La médiocrité fonda l'autorité (Die Mittelmäßigkeit ist der Grund der Autorität). Wer die Religion nur als Sitte und Gehorsam kennt, der schafft den Priester, um einen wesentlichen Teil der Verpflichtungen, die er fühlt, auf ihn abladen zu können; er schafft auch das Gesetz, denn ein Gesetz ist den Halben bequemer als ein Evangelium.»
[66] G. R. TAYLOR: Kulturgeschichte der Sexualität, 71–73; E. DREWERMANN: Die Spirale der Angst, 244.
[67] Mk I 366–370; bes. TE II 277–309.
[68] Mt I 77–84.
[69] TE II 282 ff. Freilich bleibt zu beachten, wie wenig Mt selbst an der Psychologie der Heilungen interessiert ist. H. J. HELD: Matthäus als Interpret der Wundergeschichte, in: G. Bornkamm–G. Barth–H. J. Held: Überlieferung und Auslegung im Matthäusevangelium (WMANT 1) Neukirchen ²1961, 155–287, S. 206 meint richtig, Mt wolle bei seinen Wundererzählungen, und speziell hier, nicht berichten, sondern belehren.
[70] S. FREUD: Über die weibliche Sexualität, XIV 515–537.
[71] TE II 279–281.
[72] Vgl. A. SUHL: Der Davidssohn im Matthäus-Evangelium, in: Zeitschrift für Neutestamentl. Wissenschaft 59 (1968) 57–81, bes. 73–75. GNILKA I 345: «Die Ausrichtung des Davidssohnes auf Heilungen kommt besonders schön in 21,14f zum Ausdruck, wo Jesus nach seinem Einzug in Jerusalem als Davidssohn im Tempel akklamiert wird, nachdem er Blinde und Lahme heilte. Man hat mit Recht von einem therapeutischen Davidssohn bei Mt gesprochen.» «Der Glaube wird nahezu definitorisch bestimmt als Vertrauen auf Jesu helfende Macht.» Wenn das so ist, wie gelangt man dann zu einer «Theologie», die im Sprechen von der Person Jesu *heilend* wirkt? *Das* ist die Frage an die rechte Auslegung des Mts! Vgl. auch C. BURGER: Jesus als Davidssohn (FRLANT 98), Göttingen 1970, 74 zum Messiasgeheimnis. J. D. KINGSBURY: The Title «Son of David» in Matthew's Gospel, in: JBL (1976) 591–602.
[73] Mk I 25–44.
[74] GNILKA I 344: «E (der Evangelist) hat unseren Text aus verschiedenen Elementen (bes. aus Mk 10,46–52 = Mt 20,29–34, d. V.) geschaffen. Theologischen Rang gewinnt er insbesondere durch das Davidssohn-Prädikat.» «Man darf vermuten, daß Mt mit unserem Text einen Ersatz für Mk 8,22 ff. bieten wollte», «als Doublette von Mt 20,29 ff.»
[75] Mk I 322–333.
[76] Zur Stelle vgl. O. KAISER: Der Prophet Jesaja, Kap. 1–12, ATD 17, Göttingen ²1963, 65–66.
[77] Mk I 148–165, zu Mk 10,46–52.
[78] TE II 185–186; 213 Anm. 3; K. ABRAHAM: Über Einschränkungen und Umwandlungen der Schaulust, in: Schriften, 324–382.
[79] E. DREWERMANN: Der goldene Vogel (KHM 57) Olten 1982, 49–51.
[80] «Streit im Schloß», 29.10.93, Südwestfunk III, 29.10.93: Der Papst und die Moral. Veritatis Splendor. Was die Kirche von den Katholiken will. Leitung: P. Huemer. Teilnehmer: E. Drewermann, Frau A. Lissner, Frau M. Löhr (Vorsitzende des Bundes katholischer Unternehmer, Sitz: Berlin, Opus Dei nahe), T. Neufeld, J. Seifert (Rektor der Internationalen Akademie für Philosophie Lichtenstein, Opus Dei nahe), Prof. A. Laun (Moraltheologe, Opus-Dei-Mitglied).
[81] Mt I 325–345. LUZ I 2, 59–62 verweist darauf, daß im Hauptteil des Evangeliums, Kap. 8–20, der Davidssohntitel stets mit Wundergeschichten, speziell mit Blindenheilungen verbunden ist; es scheint aber zu eng, wenn er resümiert: «Der Messias Israels hilft also Israels Blindheit auf.» Das religiös zentrale Thema ist vielmehr die Frage, wie «Macht» «heilend» sein kann. Vgl. D. C. DULING: The Therapeutic Son of David. An Ele-

Die Wunder der Heilung

[82] LUZ I/2, 59: «Schon in der Tradition bedeutet ‹blind› sein auch, unverständig zu sein oder im Dunkel des alten Äons zu leben... Bei Matthäus wird in der großen Wehrede fünfmal die Blindheit der jüdischen Führer festgehalten (23,16–26, vgl. 15,14). 13,13–15 wird Jesus Israels Blindheit und Taubheit feststellen... Er (sc. Mt) führt hier ein Motiv ein, das er öfter wiederholen wird und das in Kap. 23 mit der Trennung zwischen den blinden Führern Israels und dem Blinde heilenden Jesus gipfelt.» Vgl. auch SAND, 208–215: Die Machttaten Jesu: «Mt hat... den Titel ‹Davidssohn› 7mal in sein Ev. eingefügt... 5mal begegnet der Titel in Heilungsberichten: 9,27 (Dublette von 20,30.31); 15,22; 12,23 ... Jesus, der Sohn Davids, ist nach dem MT-Ev. der Heiland Israels und seine Heilungen sind Teil seines Dienstes an Israel» (215). Daß eine solche rein historische Sicht nicht auslangt, ergibt sich bereits aus der offenbaren Ohnmacht Jesu, die «Blindheit» der Führer «Israels» zu heilen; die eigentliche Frage stellt sich nicht historisch, sondern existentiell: welch eine Art von «Blindheit» ist es, die sich in den «Führern» «Israels» auf eine Weise religiös repräsentiert, daß sie die wahre Größe eines heilenden Vertrauens in die Macht Gottes, wie Jesus sie den Menschen bringt, nicht zu erkennen vermögen?

[83] SAND, 205 meint richtig: «Mit der Vertreibung der Dämonen war immer auch die Behebung der von diesen – wie man meinte – verursachten körperlichen und seelischen Schäden verbunden.» Dann aber gibt es im Rahmen der historischen Exegese kein weiteres Nachdenken über den Zusammenhang psychoneurotischer und psychosomatischer Krankheiten mit bestimmten Fragen der religiösen Existenz, im Gegenteil, das Problem so zu stellen und damit den Text in die Gegenwart hinein sprechen zu lassen, wird selber zum «Verstummen» gebracht. – LUZ I/2, 63 verweist besonders auf die «Reaktion Israels (V 33 f.). Die ganze Geschichte geht auf Q zurück (= Lk 11,14f.); Mt wird sie nochmals, stärker variiert, bringen (12, 22f.). Die zweifache Reaktion auf das Wunder ist bereits in Q angedeutet (Lk 11,14c.15). Die positive Reaktion des Volkes hat Mt ausgebaut; für die negative der Pharisäer übernimmt er das, was in Q Lk 11,15 von ‹einigen› Leuten gesagt ist.» Sehr zustimmen muß man LUZ, wenn er sich (I/2, 64–73) der Wunderproblematik *heute* stellt und auf das «Auseinanderbrechen der Frage nach dem (historischen oder physischen) Geschehen und seiner (theologischen) Bedeutung» hinweist: «Das Geschehen droht bedeutungslos, die Bedeutung grundlos zu werden» (71). Es ist nicht zu sehen, wie die historische (!) Realität hinter den symbolischen Erzählungen zurückzugewinnen sein könnte außer durch die Vermittlung der Psychoanalyse, die den *Sinn* der Krankheitssymptome ebenso darzustellen vermag wie ihre Überwindung durch ein tieferes Vertrauen in der Begegnung mit einer Person, die von Gott her *mehr* an Hoffnung in das Leben von Menschen zu tragen vermag, als diese selber es in ihrem Leben zu sehen vermögen. Erst dann wird die übliche Ablehnung SCHLEIERMACHERS oder der existentialen Interpretation BULTMANNS durch ein tieferes Verstehen überflüssig (LUZ I/2, 71; 72, Anm. 33). Auch wird es dann erst möglich, die Texte wirklich «als *Hilfe* in Anspruch zu nehmen» (73).

[84] Mk I 120–121.

[85] Vgl. *Neues Meßbuch* für Sonn- und Feiertage. Kirchenjahr A, Stuttgart 1971, 11. Sonntag, S. 428: «Das Thema ‹Berufung und Sendung› bildet den religiösen Grundakkord der alttestamentlichen und neutestamentlichen Lesungen (sc. Mt 9,36–10,8, d. V.) des heutigen Sonntags. Anknüpfend am alttestamentlichen Zwölfstämmebund hat Jesus durch die Berufung von zwölf Aposteln die Stiftung eines neuen Gottesvolkes deutlich gemacht.» «Im Zeitalter der Bevölkerungsexplosion und des gleichzeitigen Priestermangels kann kein verantwortungsbewußter Christ (sc. ‹Katholik›!, d. V.) an dem Wort des Herrn gedankenlos vorbeigehen: ‹Die Ernte ist groß, aber es gibt nur wenige Arbeiter. Bittet also den Herrn der Ernte, Arbeiter für seine Ernte zu schicken› (Mt 9,38).»

[86] Vgl. bes. A. VON HARNACK: Die Mission und

Ausbreitung des Christentums, 39–48: «Jesus ... hat seine Botschaft ... ausschließlich an seine Volksgenossen, die Juden gerichtet ... er steht ... auf dem Boden der jüdischen Rechten, d. h. der Frömmigkeit, wie sie der Pharisäismus behauptete. Allein er ... kämpfte gegen die eigensüchtige und selbstgerechte Art, in welcher zahlreiche Pharisäer die Frömmigkeit ausbauten und betrieben. Schon daraus ergab sich eine Loslösung von der nationalen Religion ... und stellte den Gedanken der Gottessohnschaft ausschließlich auf die Pfeiler der Demut, des Glaubens und der Liebe. Damit löste er die Religion innerlich vom nationalen Boden ab und machte den Menschen, nicht den Juden zu ihrem Träger» (39–40). – Formal ist Mt 9,36–38 Teil der Einleitung der großen Jüngerrede (9,36–11,1) und ähnlich wie der Anfang der Bergpredigt: man vergleiche Mt 4,23 mit 9,35 und 5,1 mit 9,36. Luz I/2, 75. Gnilka, I 353 meint: «Mt gelingt mit diesem Summarium ein eindrucksvoller Übergang vom Wirken Jesu zur Aussendungsrede. Daneben ist die Konzentration auf das Volk Israel bemerkenswert. Das Volk Israel ist die ermattete und hingestreckte Herde, deren Jesus sich erbarmt ... Vom Erntebild her spannt sich ein Bogen zu 21,33 f., dem Gleichnis von den Winzern.»

[87] Dabei ist über die sprachliche Entgleisung eines Mannes, der in der Öffentlichkeit öfter, als ihm lieb sein mag, nach allem möglichen gefragt wird, leicht hinwegzusehn; doch daß einem Kirchenvorsteher im Rang eines Bischofs nichts weiter wichtig scheint – als die eigene Kirche!, kein Gedanke an die Vierfünftel in Deutschland, die heute faktisch außerhalb der Kirche stehen, das ist, im Blick auf das Beispiel Jesu, ein skandalöses Stück.

[88] K. Fruchtmann (Reg.): «– trotzdem». Aus dem Leben von Émile Zola. Fernsehspiel, ARD 6.8.89, mit Ernst Jacobi, Doris Schade und Franziska Walser.

[89] R. Rolland: Jean-Christophe (Paris 1902–1904); dt.: Johann Christof. Die Geschichte einer Generation, übers. v. E. u. O. Grautoff, 5 Bde., Berlin 1959.

[90] A. von Harnack: Entstehung und Entwicklung der Kirchenverfassung und des Kirchenrechts in den zwei ersten Jahrhunderten. Urchristentum und Katholizismus, Leipzig 1910; Darmstadt 1980.

[91] Schon die *Gliederung* ist «nicht einfach»: es beginnt mit 9,36–10,5a als Einleitung, indem nach der Aufzählung der Apostel (10,1–4) in 9,36.37f. bereits spätere Themen formuliert werden. Die eigentliche Rede zerfällt in 10,5b–23 und 10,24–42. «V 24f. haben eine Schlüsselfunktion: Sie verbinden das Geschick der Jünger mit dem des Meisters.» «Den ersten Hauptteil rahmen jene beiden Worte, die die Sendung der Jünger auf Israel beschränken (10,5 f.23) ... Im zweiten Hauptteil dagegen gibt es keine Begrenzung auf Israel mehr.» «Wie alle anderen Reden ist auch die Jüngerrede eine bewußt vom Evangelisten gestaltete Komposition. Eine Aussendung gibt es bei Markus (6,7–13.30 f.) und in Q (Lk 10,2–16) ... die ... Plazierung: Er will die Jüngerrede unmittelbar auf den Zyklus von Jesu Taten (Mt 8–9) folgen lassen.» Luz I 2/75–77. Entscheidend ist: «Worte, die nur für die Anfangszeit gelten können (10,5 f.23), Worte, die deutlich die Situation einer vergangenen Zeit durchschimmern lassen (z. B. 10,17f), und Worte, die zeitlos gültig sind, wechseln ab, ohne daß irgendwo eine Begrenzung der Gültigkeit durch den Evangelisten angedeutet wäre.» «Manche Worte der Aussendungsrede sprechen die sogenannten Wanderradikalen an, d. h. Jünger unterwegs (10,5 f.9–14.23.40), andere dagegen richten sich ausdrücklich an seßhafte Christen (10,41 f.). ... Wiederum scheint ... Matthäus keinen Unterschied zu machen.» «Versteht man das Verhältnis von Seßhaften und Wanderradikalen als ein fließendes, so wird verständlich, weshalb Mt ... die ganze Gemeinde als Wanderradikale ansprechen kann: Sie erfüllen durch ihre Verkündigung stellvertretend den der ganzen Gemeinde gegebenen Auftrag. Entsprechend ist die Gemeinde mit ‹ihren› Wanderradikalen solidarisch (vgl. 10,10.40–42). Wanderradikalismus ist eine besondere Möglichkeit christlicher Vollkommenheit (19,16–30).» A. a. O. I/2, 78–79. Will man nicht den Text in einem historischen Fundamentalismus rein moralisierend auslegen, so gilt es zu sehen, daß die Aussen-

dung der Jünger auf die «Krankheiten» antworten will, deren Heilung zuvor berichtet wurde. Entsprechend gilt es, den folgenden Text als eine Formulierung *therapeutischer Grundhaltungen* zu verstehen. Zur Analyse des Abschnitts vgl. schon E. SCHOTT: Die Aussendungsrede Mt 10. Mc 6. Lc 9.10 in: ZNW 7 (1906) 140–150; bes. P. HOFFMANN: Lk 10,5–11 in der Instruktionsrede der Logienquelle (EKK V 3) Zürich-Neukirchen 1971, 37–53.

[92] Matthäus setzt «die Zwölf» (V 1.2.5), entsprechend den 12 Stämmen Israels (19,28). «So ist der Abschnitt 9,36–10,6 ganz auf Israel bezogen. Daß Jesus zwölf Jünger hat, setzt Matthäus voraus; anders als in Mk 3,13–15 erzählt er aber nichts von der Einrichtung des Zwölferkreises. Nicht um seine damalige Konstitution geht es, sondern um seine Bevollmächtigung durch Jesus. ... Es geht also Matthäus nicht nur um einen Bericht über die Anfänge der Kirche.» LUZ I/2, 83. «Die Zwölf» *sind* die «Jünger», *sind* in ihrer Sendung «das Urbild der Gemeinde.» Vgl. U. LUZ: Die Jünger im Matthäusevangelium, in: Zeitschr. f. Neutestamentl. Wiss. 62 (1971) 141–171.

[93] Zur Symbolik der «12» vgl. Mk I 295–311. GNILKA I 355 verweist darauf, daß «das Volk seinerzeit nurmehr aus 2 bzw. 2½ Stämmen bestand»; die Zwölfzahl bedeute deshalb «ein Zeichen der Hoffnung». Doch ist diese Hoffnung eben nicht in einer politischen, sondern existentiellen Form der *Ganzheit* zu sehen.

[94] F. M. DOSTOJEWSKI: Schuld und Sühne, I 2, S. 15: «Einen Bettler jagt man nicht einmal mit dem Stock weg, sondern fegt ihn mit dem Besen aus der menschlichen Gesellschaft, damit es desto kränkender ist.»

[95] GNILKA I 355: «Wenn die auf jegliche krankheit und Entkräftung bezogene Vollmacht in Übereinstimmung mit 9,35 formuliert wird, besagt dies, daß sie (die Jünger), Jesu Werk fortsetzen sollen.» M. a. W.: Die gesamte «Sendung» der «Kirche» müßte eine wesentlich therapeutische sein!

[96] «Die Befehle Jesu (sc. in 10,5b–15) erinnern zunächst an sein eigenes Wirken: Wie Jesus (9,37), so sollen die Jünger die Schafe Israels (10,6) weiden. Seine Verkündigung (4,17) sollen sie weitertragen (10,7) und seine Taten (8,1–4.17.28–34; 9,18–26.32–35) ausführen (10,8)...; durch die Inhaltsangabe (sc. 10,7) wird die Verkündigung und durch drei beispielhafte Imperative (sc. 10,8) das Heilen konkretisiert.» LUZ I/2, 87. Wenn das zutrifft, so muß man sagen, daß die *Heilungen* die «Praxis» zur «Theorie» (Theologie) der «Verkündigung» darstellen; erneut ist das Verhältnis zu sehen wie zwischen Mt 5–7 (Bergpredigt) und Mt 8–9 (Heilungen und Wunder), wie «Wort» und «Sakrament». Wie aber *vermeidet* es die Exegese, entweder das Sprechen von «Heilungen» und «Wundern» rein historisierend als fremdartig draußen zu halten oder rein fundamentalistisch oder ritualistisch mißzuverstehen? Wie gelingt es, den Auftrag Jesu verbindlich in unsere Tage zu übersetzen? LUZ I 2, 94 hat recht: «der ganze Vers 8 tritt zurück oder wird gar verschwiegen.» Zu den *Quellen* vgl. LUZ I 2, 88–89. Im großen und ganzen hat Mt Mk 6,8–11 und Q Lk 10,4–12 neu zusammengestellt. Vgl. E. SCHOTT: Die Aussendungsrede Mt 10. Mc 6. Lc 9.10: ZNW 7 (1906) 140–150; P. HOFFMANN: Lk 10,5–11 in der Instruktionsrede der Logienquelle (EKK V 3), Zürich-Neukirchen 1971, 37–53. H. SCHÜRMANN: Mt 10,5b–6 und die Vorgeschichte des synoptischen Aussendungsberichtes (1963), in: Traditionsgeschichtliche Untersuchungen zu den synoptischen Evangelien, Düsseldorf 1968, 137–149. Zu den Wundererzählungen bei Mt vgl. SAND, 208–215: Die Machttaten Jesu: «Sie geben ... Auskunft über Jesu ... Absicht, barmherzig zu sein und zu dienen, sie belehren ... über den ... geforderten Glauben an den Sohn, der die ... Rettung ... bringt ... aus ... leiblicher Not und Schuld» (215).

[97] GNILKA I 364 meint richtig: «Das Ausgeliefertsein des Menschen an Krankheit, innere Zerrissenheit und Tod ist vielleicht der sinnfälligste Ausdruck seines Begrenzt- und Unerlöstseins. Die Befreiung von diesen Fesseln ist es in erster Linie, die die Erfahrbarkeit der nahen Herrschaft der Himmel dokumentiert. Sie wäre gänzlich mißverstanden, wenn man sie als eine Art Argument oder Beweis auffaßte. Viel-

mehr soll sie erkennen lassen, daß Gott diese Befreiung ... letztendlich will.» Also: Geheilt zu werden bedeutet hier, Gottes Nähe zu erfahren! Wie anders, wie *völlig* anders müßte dann die kirchliche «Verkündigung» erfolgen, als wir sie heute vor uns sehen! Und: was weiß unsere heutige historisch-kritische Exegese auf den theologischen Kathedern von den Krankheiten der Menschen, die sie den Worten nach zu «heilen» vorgibt? Und wohlgemerkt: es gilt, den *seelischen* Hintergrund in aller Krankheit zu erkennen, m. a. W. die heutige Tiefenpsychologie in die Theologie zu integrieren! Keineswegs genügt die übliche Theologenrede von den eschatologischen «Zeichen» des «Heils», um die Heilungen der Kranken und «Besessenen» in der Nähe Jesu zu verstehen; denn diese Rede eignet sich im besten Falle zu einer Beschreibung historischer Tatbestände – als religiöse «Verkündigung kann sie nur entfremdend wirken. Als Beispiel vgl. J. KREMER: «Heilt Kranke ... Treibt Dämonen aus!» (Mt 10,8): Zeichen des Heils. Österreichische Pastoraltagung (1975), Wien 1975, 33–52.

[98] Zur Stelle vgl. A. WEISER: Die Psalmen II: Psalm 61–150, ATD 15, Göttingen 1963, 344–351.

[99] LUZ I 2, 96–97: «In der alten Ausrüstungsregel der *Logienquelle* war die Verkündigung der Boten mit demonstrativer Armut und Wehrlosigkeit verbunden. Das Allernötigste wurde verboten: Ohne Schuhe lebt man unter dem Existenzminimum. So entsprach es aber dem verkündeten Evangelium, der Frohbotschaft für die Armen (Q = Lk 6,20), der Wehrlosigkeit (Q = 6,29), der Feindesliebe (Q = 6,27 f.), dem Bruch mit allen irdischen Verwandten (Q = Lk 14,26) und dem Leben allein für das Gottesreich (Q = Lk 12,31).» Matthäus verschärft z. T. sogar noch: 10,10: «denn der Arbeiter ist seines *Unterhaltes* wert» ist in 1 Tim 5,18 wiedergegeben als «seines *Lohnes*» wert. Nicht «Lohn», lediglich die Nahrung – mehr braucht es nicht. Andererseits scheint Lk 10,4 in Mt 10,9–10 gemildert: statt «tragt nicht» heißt es nur «verschafft euch nicht». Im ganzen ist damit zu rechnen, «daß die meisten Logien von Lk 10,2–12/Mt 10,9–16 auf Jesus zurückgehen; möglicherweise ist auch eine einmalige Jüngeraussendung durch Jesus historisch. Nicht auf Jesus zurückgehen werden, ... vor allem 10,12/Mt 10,15 (vermutlich in Q eine sekundäre Bildung aufgrund von Lk 10,14) und Mt 10,5 f: mit seinem schroffen Nein auch gegen die Samaritaner ... paßt dieses Wort am besten in eine judenchristliche Gemeinde.» LUZ, I/2, 89. Zu der Einstellung der Juden zu den Samaritanern in den Tagen Jesu vgl. S–B I 538–560. Rabbi Eliezer (um 90) erklärte sie nach 2 Kg 17,25 ff. für Löwenproselyten, die nur aus Angst sich dem Judentum angeschlossen hätten, in Wahrheit aber Heiden geblieben seien. Auch *Psalmen Salomons* 17,23 ff. betonen, daß der Messias nur Israel gesandt wird. GNILKA, I 362 deutet Mt 10,5 im Sinne dieser partikularistischen Sicht der Heilserwartung, thematisiert aber nicht das Problem, das darin liegt.

[100] Man steht hier erneut vor der Alternative, die Worte Jesu an dieser Stelle historisierend fernzuhalten oder fundamentalistisch mißzuverstehen, so als sei der «Wanderradikalismus» Jesu als äußere Lebensform ein Ideal zu erheben, wie es der hl. *Franziskus* versucht hat. Viel wäre gewonnen, in dem äußeren historischen Verhalten Jesu *den symbolischen Sinn* für das heutige Leben geistig und religiös wiederzuentdecken. Dann aber bedarf es einer psychoanalytischen Durcharbeitung der entsprechenden Worte als *Bilder* seelischer Einstellungen. Zur *«Armut»* z. B. vgl. E. DREWERMANN: Kleriker, 369–426; 674–688. Dem Ideal nach richtig, aber psychologisch unvermittelt stellt M. WERNER: Der protestantische Weg des Glaubens, 2 Bde., Berlin-Tübingen 1955; 1962, I 267 das franziskanische Armutsideal dem Klerus des Mittelalters gegenüber. Vgl. auch R. SCHNEIDER: Innozenz der Dritte (1931), München (dtv 116), 1963, Nachwe v. J. Rast, S. 103–109: Der Heilige und der Papst.

[101] Der «Unentgeltlichkeitsspruch» (GNILKA I 364) kommt bei den Auslegern meist zu kurz, er gibt in Wahrheit aber die zentrale Entdeckung der ganzen Einstellung Jesu wieder: der radikalen Geschenkhaftigkeit des Daseins unter den Augen Gottes! Wohl nicht historisch, aber *geistig* scheint hier tatsächlich eine innere Ver-

wandtschaft zu der Bedürfnislosigkeit der *Kyniker* in Griechenland (GNILKA, I 366) oder der *buddhistischen* Mönche in Indien vorzuliegen; doch ist der Akzent vollkommen anders: nicht die Loslösung von allen Bedürfnissen, sondern die Erfahrung einer grundlosen Güte im Grund allen Lebens bildet den Kern! Vgl. auch U. LUZ: Die Kirche und ihr Geld im Neuen Testament, in: W. Lienemann (Hrsg.): Die Finanzen der Kirche, München 1989. S–B I 561–564 beschreibt die Warnung, Thorakenntnisse zu vermarkten – aber das ist etwas anderes!

[102] Vgl. Mk I 295–311 zu Mk 3,13–19; I 390–404 zu Mk 6,7–13. Die *paarweise* Aussendung findet sich in Mk 6,7.

[103] Zu Mt 10,14 vgl. LUZ I 2, 102: «Wer mit dem Gebot Jesu von V 14 umgeht, muß sich fragen, ob und wie es von der Liebe regiert werden kann ... Nach außen kann es ein Akt extremer eigener Selbstverabsolutierung und Lieblosigkeit und gerade kein Zeichen Gottes sein ... Auf der anderen Seite ... Der fürstlich behausten, aber unfreien Kirche stellt unser Wort die Frage, ob sie noch in der Lage ist, Menschen vor verpflichtende Entscheidungen zu stellen.» Zu dem Bild selbst vgl. Neh 5,13; Apg 13,51; 18,6 – ein Bild des Abbruchs der Gemeinsamkeit.

[104] Mt 10,16a spricht ganz allgemein von den bevorstehenden Verfolgungen wie von einer Naturtatsache; es könnte ein echtes Jesus-Wort sein. Mt 10,17b–20 geht auf Mk 13,9.11 zurück und bezieht sich dort wohl schon auf die Gemeinde, die in Israel missioniert; vgl. R. PESCH: Das Markusevangelium, II 287: Mt 10,21 f. entspricht Mk 13,12 f. und geht wie Mt 10,34–36 auf Mi 7,6 zurück.

[105] R. WALKER: Die Heilsgeschichte im ersten Evangelium, Göttingen 1967, 76–77: «die Verfolgung durch Israel gehört für ihn (sc. Mt) nicht mehr zur Situation der Jünger vor dem Ende, die an die Heiden gewiesen sind (vgl. 24, 9b.14; 28,18 ff.) ... Was in strenger Ausschließlichkeit mit Israel beginnt und woran Israel zu Fall kommt, bleibt nicht auf Israel beschränkt.» LUZ I/2, 111 meint zu Mt 10,17b–18: «die Widerfahrnisse der Israelmission werden sich in der Heidenmission wiederholen.» Doch worin liegt dann der Grund, daß die Botschaft Jesu *wesentlich* in Gegensatz zu Religion und Politik, zu Synagoge und Verwaltung, zu Kirche und Staat gerät? GNILKA, I 363 meint zur historischen Einordnung des Logions: «Das Bemühen um Israel hatte in Palästina vor dem jüdischen Krieg durch die hinter der Spruchquelle stehenden Missionare nochmals eine intensive Erweckungsbewegung ausgelöst ... unter den Vorzeichen des erwarteten Menschensohnes ... Die Einbeziehung der Heidenvölker wird man als deren Wallfahrt zum Sionsberg am letzten Tag gedacht haben ... Man darf vermuten, daß die Israelmissionare von einst ... sich nach der Katastrophe (sc. des Jahres 70) nach Norden wandten, wo sie zu den Gemeinden des Mt stießen.»

[106] Zu Mt 10,24–25 vgl. LUZ I/2, 118–121. Bei dem Wort über «den Knecht, der ist wie der Herr», liegt ein jüdisches Sprichwort vor; vgl. S–B I 578. Der Baalzebul-Vorwurf geht wohl auf die Dämonenaustreibung Jesu (12,22–27) und seiner Jünger (10,18) zurück. *Baalzebul* bedeutet wohl «Herr der himmlischen Wohnungen» bzw. «des Tempels», wird aber in 2 Kg 1,2–16 in «Baal-Sebub» (Herr der Fliegen) verkehrt. Vgl. auch die Analyse der Tradition von Mt 10,16–25 bei GNILKA, I 373–374: «ein Ensemble von Texten, die (der) E(vangelist) aus Mk 13 und Q schöpft.» Vgl. Mt 10,16a = Lk 10,3 = Q. Mt 10,17a ist Redaktion des Mt. Mt 10,18–22 = Mk 13,9.11–13. Mt 10,21.22 = Mk 13,12 f. Stärkere Eingriffe in Mt 10,17b.18. Mt 10,19–20 entsprechen Mk 13,11, aber auch Q = Lk 12,11 f. Auch Mt 10,24 f. ist Q-Tradition (Lk 6,40). Zu Mt 10,23 s. u. Anm. 109.

[107] Zu Mt 10,16b vgl. S–B I 574–575; Israel gilt da als Taube vor Gott und als Schlange unter den Heiden.

[108] Vgl. E. DREWERMANN: Die Spirale der Angst, 22–37. AUGUSTINUS: Gottesstaat IV 4 (BKV I 192–193) erklärte ganz richtig die Staaten für «große Räuberbanden», in denen «nicht ... die Habgier erloschen, sondern ... Straflosigkeit dafür eingetreten ist.»

[109] Mt 10,21 ist ein Zitat aus Mi 7,6 und übernommen aus Mk 13,12 und wird in 10,34–36 noch einmal wiederholt. Was prophetisch als

Apokalypse gemeint war, vollzieht sich für Mt schon bei der Mission in Israel! Aber wieder ist hier die Frage: was ist es, das die Familien spalten *muß*, wenn die Botschaft Jesu wirksam wird? – Ein äußerst schwieriges Wort ist *Mt 10,23* von dem baldigen Kommen des Menschensohnes. Das Wort könnte auf Jesus selbst zurückgehen und wäre dann als Trost angesichts des drohenden Leids durch die Aussicht des baldigen Endes zu verstehen. Zur Diskussion um das Wort vgl. Luz I/2, 106–108. Auch hier aber ist die Frage wieder zu stellen, wer eigentlich sich mit der sog. Naherwartung eigentlich «irrt»: Jesus, der es für richtig hält, trotz aller Widerstände so zu leben, wie es vor Gott stimmt, oder all diejenigen, die, statt alles zu riskieren, sich weigern, «endgültig» und entschlossen «menschlich» zu leben – so daß der «Menschensohn» niemals «kommt»! Zur Literatur über Mt 10,23 vgl. bes. H. Schürmann: Zur Traditions- und Redaktionsgeschichte von Mt 10,23, BZ 3(1959), 82–88 (das Wort sei in der Tradition von Q überliefert); P. Vielhauer: Gottesreich und Menschensohn in der Verkündigung Jesu, Neukirchen (Festschrift für G. Dehn) 1957, 51–79 (ein Einzellogion). Zur Problematik des Wortes in «christologischer» Sicht vgl. A. Vögtle: Exegetische Erwägungen über das Wissen und Selbstbewußtsein Jesu, in: Gott in Welt, Freiburg (Festschrift für K. Rahner) 1964, 608–667, bes. S. 647–651. E. Grässer: Das Problem der Parusieverzögerung in den synoptischen Evangelien und in der Apostelgeschichte (BZNW 22), Berlin ²1960, 137–141.

[110] Die Spaltung der Familien als Generationenkonflikt klingt bereits an in Mt 9,16–17: vom Wein und vom Flicken; die Trennung von der Familie ist Jesu eigenes Schicksal in Mt 12,46–50! Wie problematisch sie kulturell und psychologisch ist, kann man in einem einfachen Kulturvergleich etwa mit der Pietät des alten China erkennen: Mong Dsi: Die Lehrgespräche, IV A 18, S. 120: «Zwischen Vater und Sohn darf es nicht zu tadelndem Richten kommen. Durch solch tadelndes Richten kommen sie auseinander. Wenn Vater und Sohn auseinanderkommen: das ist das größte Unglück.»

[111] Mt 10,20 stammt aus Mk 13,11. Dazu Mk II 353–375.

[112] Mt 10,26: «Fürchtet euch nicht», zieht die Schlußfolgerung aus 10,24–25: es ist ein *Trost*, zu wissen, daß die Widerstände sein *müssen* und daß sie nur um so mehr mit der Person Jesu verbinden. «Wer 33 Jahre alt wird und noch nicht gekreuzigt wurde, muß in Sachen Jesu etwas falsch gemacht haben», sagte einmal ein irischer Priester. Nur für den, der alles wagt, bleibt die Gewißheit, daß die Wahrheit siegen wird.

[113] Es ist wohl zu eng, in 10,26–27, in dem «Enthüllen des Verborgenen» ein Bild des «Endgerichts» zu sehen; Luz I/2, 125; jedenfalls ist es dann unerläßlich herauszuarbeiten, daß selbst das «Endgericht» nur ein Bild ist für das «Endgültige», das in unserem Leben sich vollzieht. – *Quellenkritisch* zeigt sich, daß Mt 10,26b einmal ein selbständiges Sprichwort war; vgl. Mk 4,22; Thomas-Evangelium Log. 5. Der Satz ist bei Mt mit 10,27 verbunden und auf die Jüngerverkündigung bezogen worden, wie die Parallele bei Q Lk 12,3 zeigt. Traditionsgeschichtlich stammt der ganze Abschnitt Mt 10,26–33 ausschließlich aus Q, wo Lk 12,2–9 wohl der ursprünglichen Abfolge der Worte entsprechen dürften. Dies gilt trotz der Parallelen von Mt 10,26 und Mk 4,22 sowie Mt 10,33 und Mk 8,38. Besonders schwer ist die Rekonstruktion von Mt 10,32–33 und Lk 12, 8–9 für Q. Vgl. Gnilka, I 384–386.

[114] Mt 10,28–31 dürfen als *einheitliche* Überlieferung betrachtet werden, die den Jüngern Mut machen will; nur 10,30 ist als Weisheitsspruch eingefügt – vgl. 1 Sam 14,45; 2 Sam 14,11; 1 Kg 1,52. Mt 10,32–33 ist möglicherweise ein echtes Jesus-Wort, gesprochen vielleicht in der Gewißheit der Passion. Luz, I/2,124. Das Wort in 10,28 erinnert an Jes 9,12f: «Was (das Volk) fürchtet, sollt ihr nicht fürchten.» P. Hoffmann: Die Toten in Christus (NTA 2), Münster ³1978, 58–174 verweist darauf, daß das Wort «Seele» und «Leib» eine grobe hellenistische Anthropologie voraussetzt sowie die apokalyptische Vorstellung von Zwischenzustand und Endgericht. G. Dautzenberg: Sein Leben bewahren (STANT 14), München 1966, 138–153 zeigt, daß Mt hier mit

der Verweisung in die Hölle rechnet, während Lk 12,4–5 bei Geenna wohl an die Scheol, den Zwischenzustand, denkt, nicht an das Jüngste Gericht. Während *Geenna* (Hölle) bei Mt siebenmal vorkommt, erscheint es bei Lk nur an dieser Stelle.

[115] Vgl. E. DREWERMANN: Der Spiegel des Unendlichen, 387–395.

[116] Der Abschnitt Mt 10,34–36 entspricht Lk 12,51–53 und stammt aus Q unter Anspielung auf Mi 7,6, wobei (vgl. Mt 10,21) Mt eher dem hebräischen Text als der Septuaginta folgt. Die Unterschiede zwischen Lk und Mt sind an dieser Stelle so groß, daß es richtig scheint, zwei verschiedene Fassungen von Q als die Quelle der Evangelisten anzunehmen. LUZ, I/2, 134. Das Schwertwort von Mt 10,34 ist von J. KLAUSNER: Jesus von Nazareth, Jerusalem 1952, 548, als ein Scheitern der ursprünglichen Friedensmission Jesu gedeutet worden (ähnlich SCH. BEN CHORIN: Bruder Jesus, 120); 10,35 aber zeigt, wie das «Schwert» zu verstehen ist: nicht um politischen Aufstand geht es, sondern (nach Mi 7,6) um die Zerspaltung sogar der Familien, wie Jesus selber sie provoziert hat: Mk 3,31–35! Es geht nicht um einen apokalyptischen Krieg wie in Apk 6,4. Die Worte von Mt 10,37–39 entsprechen Lk 14,26–27; 17,33, entstammen also ebenfalls Q. «Die Verse 38f. finden zusätzlich in Mk 8,34f. = Mt 16,24f. ihre Parallelen und sind demnach in unserem Evangelium als Doublette überliefert.» GNILKA, I 393.

[117] E. MÜHSAM: Befreiung der Gesellschaft vom Staat, eingel. v. S. Blankertz, Berlin ⁵1988, 89 (Proletarische und bürgerliche Moral).

[118] Mt 10,37–39 entspricht Q = Lk 14,26f. und Mk 8,34–35; LUZ, I/2, 134: «Vermutlich hat Lk das Logion vom Preisgeben des Lebens in die eschatologische Rede 17,33 verschoben, um das dem Leiden des Menschensohnes (17,25) entsprechende Leiden der Jünger zu betonen.» Die Zusammenstellung von 10,34–36 mit 10,37–39 ist Komposition des Mt. Zur *Menschensohndebatte* vgl. G. HAUFE: Das Menschensohn-Problem in der gegenwärtigen wissenschaftlichen Diskussion, Ev Th 26 (1966) 130–141; J. JEREMIAS: Die älteste Schicht der Menschensohn-Logien, ZNW 58 (1967) 159–172; A. J. B. HIGGINS: «Menschensohn» oder «ich» in Q: Lk 12,8–9/Mt 10,32–33 in: Jesus und der Menschensohn (Festschrift für A. Vögtle), Freiburg 1975, 117–123.

[119] Vgl. L. FEUERBACH: Das Wesen der Religion (1846), in: Werke, IV 81–153: «Die Gottheit ist eine Vorstellung, deren Wahrheit und Wirklichkeit nur die Seligkeit ist. Soweit das Verlangen der Seligkeit geht, so weit – nicht weiter – geht die Vorstellung der Gottheit. Wer keine übernatürlichen Wünsche mehr hat, der hat auch keine übernatürlichen Wesen mehr» (152–153).

[120] So wurde von *Phalaris*, dem Tyrann von Akragas (570–554) berichtet, daß er seine Feinde in einem glühenden Stier zu Tode geröstet habe. PINDAR: Oden. Griech.-dt., S. 93: Pythische Oden, II, 95 ff.

[121] Zum *Schamgefühl* als Bewußtwerden der Kontingenz vgl. E. DREWERMANN: Strukturen des Bösen, I 97–110; II 203–221; III 207–209.

[122] Zu Mt 10,37 vgl. LUZ, I/2, 140: «Familiäre Liebe wird von Matthäus grundsätzlich bejaht (15,3–6; 19,19). Aber es kann ein Konflikt entstehen zwischen Christusnachfolge und Loyalität gegenüber der Familie; dann gilt es, Christus *mehr* zu lieben. Grundsätzlich bedeutet das die gleiche Praxis, die wir auch bei Epiktet finden: ›Das Gute muß man höher achten als jede Verwandtschaft.‹» Das ist wahr, doch bezieht es sich bis dahin nur auf die moralische bzw. «christologische» Frage; weit tiefer aber geht die psychologische Frage des «Lassens» der Eltern, der Kinder, um im Sinne Jesu zu Gott zu finden. – Zur Entzweiung der Familien als Zeichen der Zeit des Messias vgl. S-B I 585–586.

[123] Eine ähnliche Thematik findet sich in Gen 22,1–19; vgl. E. DREWERMANN: Ich lasse Dich nicht, Du segnest mich denn, 198–215.

[124] E. DREWERMANN: Die Symbolik von Baum und Kreuz in religionsgeschichtlicher und tiefenpsychologischer Betrachtung, Schwerte 1979. Zur Stelle Mt 10,38 vgl. E. DINKLER: Jesu Wort vom Kreuztragen. In: Neutestamentliche Studien für R. Bultmann (BZNW 21), Berlin ²1957, 110–129. A. SA-

TAKE: Das Leiden der Jünger «um meinetwillen», in: ZNW 67 (1976), 4–19.
[125] M. LURKER: Die Botschaft der Symbole, 152–165: Von der Universalität des Baumsymbols; G. DE CHAMPEUX–S. STERCKX: Le monde des symboles, 365–373: Der Kreuzesbaum; G. HEINZ-MOHR: Lexikon der Symbole, 164–168. Es scheint äußerst schwierig und ist in jedem Fall zu eng, das Kreuz *historisch* als *Verdrängung* einer weiblichen Urgestalt in den Anfängen der ägyptischen Kultur zu erblicken, wie es D. WOLF: Was war vor den Pharaonen? Die Entdeckung der Urmütter Ägyptens, 1993, versucht; richtig ist, daß der *Baum* aus einer Reihe von evolutiven Gründen eine weibliche Bedeutung annehmen kann; vgl. E. DREWERMANN: Strukturen des Bösen, II 52–69.
[126] LIÄ DSI: Quellender Urgrund, VII 11, S. 147–148: Wert der Selbstsucht.
[127] Mt 10,40 hat in Lk 10,16 und Mk 9,37 (vgl. Mt 18,5) seine Parallele, Mt 10,42 geht auf Mk 9,41 zurück. «V 41 ist mt Sondergut. Nach der Zweiquellentheorie hat Mt in V 40 auf den Schluß der Aussendungsrede von Q (Lk 10,16) zurückgegriffen, ihn aber unter Verwendung des später fast ganz weggelassenen Mk 9,37–41 ergänzt. Die mk Perikope vom fremden Exorzisten (Mk 9,38–40) paßte aus formalen Gründen nicht in seine Rede; zugleich machte sie wohl, wie ein Vergleich von 12,30 mit Mk 9,40 zeigt, dem gemeindebewußten Evangelisten auch inhaltlich Mühe. V 40 ist also eine Neufassung von Lk 10,16, den Mt im Anschluß an Mk 9,37 auf die Aufnahme der Jünger bezogen hat.» «V 41 setzt wohl bereits nachösterliche Gemeindestrukturen voraus.» «‹Propheten› sind im Sinne von 23,34 als Wanderpropheten zu verstehen.» Die «Gerechten» waren vielleicht «wandernde Asketen, die nicht Propheten waren und die sonst für die mt Gemeinde nie mehr belegt sind. Unser Vers zeigt also ... die Struktur des urchristlichen Wanderradikalismus.» LUZ, I/2, 149; 150, 151. Vgl. G. SCHRENK: *dikaios* (Gerechter), ThW II 184–193: «Nach gemeinchristlicher Überzeugung ist der Christ wahrer Erfüller des Gotteswillens» (192). Vgl. GNILKA, I 401. E. MEYER: Ursprünge und Anfänge des Christentums, 3 Bde., Berlin 1921–1923, I 143, Anm. 1, sah in den «Gerechten» einen Teil der Hierarchie der frühen Kirche: «die Propheten sind (nächst den Zwölf oder den Aposteln) der vornehmste Stand, s. Kor I 12,28; dann folgen die ... (Gerechten), die Christen, die sich bewährt haben.» Gewiß, die «recht vor Gott Lebenden» sind «bewährte Christen», doch eben deshalb keine Kirchenbeamten oder Standeschristen!
[128] Vgl. bereits: Lehre der 12 Apostel, 11,4–7: «Jeder Apostel, der zu euch kommt, soll aufgenommen werden wie der Herr ... wenn er aber Geld verlangt, ist er ein falscher Prophet.» F. ZELLER (Übers.): Die apostolischen Väter, S. 13. IGNATIUS: An die Epheser 6,1: «Daher ist es klar, daß wir den Bischof so ansehen müssen wie den Herrn selbst.» A. a. O., 120.
[129] Vgl. H. RENGSTORF: *dodeka* (Zwölf), ThW II 321–328: «Somit hat Jesus in ihnen (sc. den Zwölfen, d. V.) seinen Anspruch auf Israel jedermann sichtbar erhoben, und zwar so, daß erkennbar wurde, daß er nicht einer Gruppe des Volkes und auch nicht einer Auswahl aus ihm, sondern dem ganzen Volke in allen seinen Teilen galt. Die Zwölf gehören daher allein zwischen ihn und sein eigenes Volk, sind aber keine Größe, die auch abgesehen von dieser Stellung das Recht oder nur die Möglichkeit der Existenz hätte» (326). Eine «Sukzession» der «Apostel» von Amts wegen ist, so gesehen, ein Ungedanke.
[130] Dieser Sinn geht allzu leicht verloren, wenn GNILKA, I 401 bemerkt: «Das Wort von der Aufnahme der Boten ist mehr als Belehrung. Es drückt Bevollmächtigung aus.» Woher denn soll diese «Bevollmächtigung» anders kommen als durch die Dichte der persönlichen Erfahrung? – S–B I 588–590 bieten Hinweise auf die Regel der *Gastfreundschaft* und den rabbinischen Grundsatz: «Der Gesandte (d. h. der Beauftragte, Bevollmächtigte) eines Menschen ist wie dieser selbst.»
[131] Vgl. S. KIERKEGAARD: Der Augenblick, XIV 182–184. Werkausgabe, II 392–395, zu der «amtlichen Verkündigung» als dem «Kriminalfall», der «Falschmünzerei» der Christenheit.
[132] Mt 10,40.

¹³³ Vgl. historisch GNILKA, I 401: «Mt 7,15 ff. hatte in der Warnung vor falschen Propheten Skepsis gegenüber prophetischem Wirken zu verstehen gegeben, aber Mt weiß nicht nur um die Existenz christlicher Propheten, sondern er ist auch mit dem Wirken zuverlässiger Propheten einverstanden, besonders dann, wenn sie durch Leiden ihre Zuverlässigkeit bewährt haben (23,34).» Zur Aufnahme der «Gottesmänner» vgl. 1 Kg 17,24; 2 Kg 4,9; SAND 233. Zur Gestalt des *Propheten* vgl. E. DREWERMANN: Glauben in Freiheit, I 51–61.

¹³⁴ Zur «Kindertaufe» als Travestie der christlichen Existenz vgl. S. KIERKEGAARD: Der Augenblick, XIV 252–256, Werkausgabe, II 458–463: «Von Geschlecht zu Geschlecht ist die ‹Christenheit› eine Gesellschaft von Nichtchristen, und die Formel, nach der das zugeht, ist folgende: Der Einzelne will nicht selbst Christ sein, er übernimmt es aber, Kinder zu zeugen, die Christen werden sollen; und diese Kinder halten es wieder genauso. Gott sitzt als Narr im Himmel. Aber seine vereidigten Diener, die Pfarrer, die freuen sich ihres Lebens und dieser Posse; Hand in Hand mit den Hebammen sind sie behilflich bei der Fortsetzung des Geschlechts – dem wahren christlichen Ernst!» XIV 256; II 463. Vgl. DERS.: Tagebücher, V 332–334.

¹³⁵ Die «Propheten» und «Gerechten» hier dürften «Wanderradikale» sein; LUZ I/2, 151. Was aber haben sie dann zu schaffen mit dem «Amt» «residierender» «Ortsoberhirten», die, vereidigt auf Staat und Kirche, ihrer «Diözese» «vorstehen»? LUZ, I/2, 161: «Eine Kirche, die nicht in Bewegung ist und sich um den Gehorsam gegenüber ihrem Herrn nicht mit allen Mitteln müht, ist für Matthäus keine Kirche. Ebendas dürfte der Sinn der matthäischen Aussage sein, daß die wahre Familie Jesu diejenigen sind, die den Willen des Vaters tun (Mt 12,50).»

¹³⁶ SAND, 233: «‹Lohn empfangen› entspricht mt Ausdrucksweise ... und Gedankenwelt, die wiederum der (jüdischen) Vergeltungslehre Jesu entsprechen ... Der Lohn aber wird nur erworben ‹auf den Namen hin› ... Man soll Propheten und Gerechte aufnehmen, weil sie in Vollmacht Gottes kommen (nicht wegen des zu erwartenden Lohnes).»

¹³⁷ Vgl. S. KIERKEGAARD: Einübung im Christentum, XII 230–235; Werkausgabe, II 252–258: gegen das «Bewundern» anstelle des «Nachfolgens». DERS.: Der Augenblick, XIV 297 f.; Werkausgabe, II 503–509.

¹³⁸ Zum «richtig leben vor Gott» vgl. Mt I 390–395.

¹³⁹ Die «Kleinen» sind «die in sozialer Hinsicht Unbedeutenden und wegen ihrer sozialen Unsicherheit auch seelisch Gefährdeten»; GNILKA, I 402. Vgl. aber O. MICHEL: *mikros* (klein), ThW IV 650–661, der (655–657) das «Kleinsein» als freiwilliges «Kindsein» versteht.

¹⁴⁰ Vgl. hier schon Mt 25,31–46.

¹⁴¹ Mt 25,31.

¹⁴² Zur Gestalt des *Täufers* vgl. Mk I 127–141; Mt I 307–324; E. MEYER: Ursprung und Anfänge des Christentums, I 83–94; II 425; J. KLAUSNER: Jesus von Nazareth, 326–341, der Mt 11,2–15 (= Lk 7,18–35) für unhistorisch hält; historisch sei die Taufe Jesu durch Johannes und das Wort Jesu, der Täufer sei «mehr als ein Prophet – er sei Elija ... Trotzdem fügte Jesus hinzu: ‹Der Kleinste im Himmelreich ist größer als er› ... Schließlich war doch Johannes ‹ein Rohr, das im Winde schwankt›, d. h. ein Mensch, der nicht Entschiedenheit genug besaß, das Alte abzutun ... und Jesus – war ja der Größte im himmlischen Königreich...» «So aber sprach und dachte Jesus erst nach dem Tode des Johannes ... zuerst ... sah Jesus in ihm den Torwächter und Erschließer des himmlischen Königreiches für alle, auch für sich selbst» (341). GNILKA, I 410: «Der Haupteinwand gegen eine in dieser Form gehaltene Täuferanfrage (sc. Mt 11,2–6) ist, daß der Täufer den Feuerrichter erwartete, sei es Gott, sei es den apokalyptischen, himmlischen Menschensohn. So ist die Entscheidung der Perikope an der Stelle anzusiedeln, wo man christlicherseits die Vorläuferrolle des Täufers für Jesus in Anspruch nimmt.» Vgl. W. G. KÜMMEL: Jesu Antwort an Johannes den Täufer, Wiesbaden 1974. Anders LUZ, I/2, 166, der hier ein beredtes Zeugnis sieht, wie Jesus seine Wunder ver-

Die Wunder der Heilung

stand. Wichtig sei, daß Mt «in der Hinwendung Jesu zu den Hilfsbedürftigen und Armen das genuine messianische Wirken» erkennt. «Es ist die Haltung der Kleinen und Unbedeutenden, die ihre Hilfe von Gott erwarten. Mt hat diese Zusammenhänge auch an anderen Stellen aufgewiesen. Er berichtet nicht nur summarisch von Heilungen an Blinden, Lahmen, Stummen, Krüppeln, sondern auch von den Reaktionen darauf in 15,31; 21, 14 ff. ... Darum ist das an die Armen gerichtete Evangelium der Schlüsselbegriff des Ganzen.» GNILKA, I 409. Vgl. S–B I 593–596. Vgl. SAND, 243–248: Jesus und der Täufer; das Bemühen des Mts, den Täufer in die Nähe Jesu zu stellen, ergibt sich wohl «nicht aus einer Polemik gegen eine nichtchristliche Täuferbewegung», sondern aus «der theologischen Absicht», in die «prophetische Anklage gegen Israel» einzustimmen: «nicht das Judentum, sondern die Kirche» sei das Volk Gottes. Insgesamt gehört für Mt der Täufer in die Zeit der Erfüllung, die mit Jesus gekommen ist (247–248).

[143] Vgl. Mk I 127–136; M. DIBELIUS: Die urchristliche Überlieferung von Johannes dem Täufer (FRLANT 15) 1911, 6–39; G. BORNKAMM: Jesus von Nazareth, 40–47; E. STAUFFER: Jerusalem und Rom, 88–102; J. JEREMIAS: Neutestamentliche Theologie, I 50–55; P. HOFFMANN: Studien zur Theologie der Logienquelle 1972 (NTA NF 8) 190–233; W. TRILLING: Die Täufertradition bei Matthäus, in: Studien, 45–65; J. BECKER: Johannes der Täufer und Jesus von Nazareth (B St 63), Neukirchen-Vluyn 1973.

[144] J. JEREMIAS: Elias, ThW II 930–943, bes. 933–936 zur Wiederkehr des Elias. Die atl. Zentralstelle ist Mal 3,23 f.; Vgl. S–B IV 2,764–798.

[145] Vgl. Y. YADIN: Die Tempelrolle, 274–277: «Was für die Essener nur ein Übergang war (sc. als Jude zu leben ohne Tempel, d. V.), wurde für Paulus und die Christen überhaupt endgültig» (276).

[146] Vgl. S–B IV 2, 799–976; Diese Welt, die Tage des Messias und die zukünftige Welt.

[147] Mt 3,10!

[148] Vgl. Lk 7,18–23: Q! Vgl. P. HOFFMANN: Studien zur Theologie der Logienquelle, 190–233.

[149] S–B I 593–596: «In der messian(ischen) Heilszeit erwartete man Heilung aller Krankheit. Man nahm an, daß der Messias seinem Volk Israel alle jene Güter wiederbringen werde, die durch Adams Fall verlorengegangen waren» (593). Wie aber ist die Nähe zu Gott und die Heilung von Krankheit als Einheit psychisch außerhalb des kirchenoffiziellen Wunderaberglaubens zu verstehen? Das ist die eigentliche Frage der Auslegung, und sie beantwortet sich heute nur durch Einbeziehung der Tiefenpsychologie. Zur historischen Bestandsaufnahme vgl. A. VÖGTLE: Wunder und Wort in urchristlicher Glaubenswerbung (Mt 11,2–5/ Lk 7, 18–23), in: Das Evangelium und die Evangelien, Düsseldorf 1971, 219–242.

[150] Der Abschnitt Mt 11,2–6.7–11 stammt aus Q = Lk 7, 18–23.24–28; von Mt hinzugefügt ist wohl 11,8c, die Bemerkung von denen in den Königspalästen, und 11,14–15; 11,10 ist Gemeindezusatz. Schwierig ist 11,12–13; auch dieses Wort scheint Q anzugehören (Lk 16,16–18); doch ist der Ausspruch bei Lk wie bei Mt so stark redaktionell bearbeitet, daß es kaum möglich scheint, eine ursprüngliche Q-Fassung zu rekonstruieren; vgl. Mt 5,18.32 = Lk 16,17.18. Auf das Konto der Redaktion des Mt geht wohl in 11, 12a die Wendung «von den Tagen Johannes des Täufers bis jetzt» sowie in 11,13 «alle» Propheten und das Wort «geweissagt», das dem Erfüllungsverständnis des Mt entspricht. «Aus der Tradition vorgegeben war ein Logion, dessen erste Hälfte vielleicht etwa wie Lk 16,16a lautete und zu dessen zweiter Hälfte wohl ... (das Himmelreich ... leidet Gewalt und Gewalttätige nehmen es weg) gehörte.» LUZ I/2, 172–173. Zur Diskussion um dieses Wort vgl. a. a. O., 176–179: «Die Entscheidung kann nur vom – eindeutigen! – Sprachgebrauch von ... (Gewalt erleiden) her ... fallen. Dem Gottesreich wird seit Johannes dem Täufer Gewalt angetan. V 12b erläutert dann geheimnisvoll, durch wen. Oft hat man an die Zeloten gedacht. Für diese Deutung spricht, daß auch in jüdischen Texten vom gewaltsamen Herbeizwingen des Weltendes durch die Zeloten die Rede ist. Mit Einschränkung darf man aber nicht allgemein an die Zeloten denken, da

es sie schon längst vor Johannes gegeben hat ... Am natürlichsten ist es..., an die Gegner des Johannes und Jesu zu denken, die das Gottesreich gewaltsam wegnehmen. Die allgemeine Formulierung schließt ebenso politische Gegner (Herodes Antipas!) wie das religiöse Establishment ein. Für Jesus wiegt ihr Widerstand schwer: Er richtet sich gegen das Reich Gottes selbst. Q = Lk 16, 16a ist bei dieser Deutung schwierig: Möglicherweise will dieser Satz den eschatologischen und widergesetzlichen Charakter der Gewalt hervorheben: Bis zu Johannes wurden Gesetz und Propheten beachtet, aber von da an, in der Endzeit, bricht der Widerstand gegen das Gottesreich aus ‹mit Gewalt›, also ... widergesetzlich.» A. a. O., 178–179. GNILKA, I 412–413 hebt hervor, daß Mt 11,12 in Q wohl gelautet haben dürfte: «Das Gesetz und die Propheten bis Johannes; seitdem leidet das Gottesreich Gewalt...» Die Einbeziehung schon des Täufers in die Reichsgottespredigt ist wohl erst das Werk des Mt (Mt 3,12 und red. 11,12f.); gegen P. HOFFMANN: Studien zur Theologie der Logienquelle, 51–60. Vgl. auch F. HAHN: Christologische Hoheitstitel, 166–170, der zu Recht jede zelotische Tendenz bei Jesus ausschließt. – Es verdient bemerkt zu werden, mit welch ungestraftem Zynismus GEORG WERTHMANN, stellvertretender Armeebischof Hitlers, in seinem Buch *Pflege des religiösen Geistes*, neu verlegt in drei Teilen im Jahre 1940, erklären konnte: «Das Christentum belehrt uns, daß nur die Gewalttätigkeiten das Himmelreich an sich reißen.» K. DESCHNER: Die Politik der Päpste im 20. Jahrhundert, II 63. «Seit 1952 bestimmte Werthmann maßgeblich die Planungen für die Militärseelsorge der Bundeswehr mit. Er wurde 1956 Generalvikar ihres ersten Militärbischofs Wendel, leitete bis 1962 als Generalvikar das Katholische Militärbischofsamt in Köln.» (II393). Vgl. H. D. BAMBERG: Militärseelsorge in der Bundeswehr. Schule der Anpassung und des Unfriedens, 1970, 24 ff.

[151] LUZ, I/2, 512–513.
[152] GNILKA, I 418: «Die Ablehnung des Täufers aber steht bei Mt nicht für sich, sie ist auf das engste mit der Ablehnung Jesu verbunden (Mt 11,19).» Vgl. W. TRILLING: Die Täufertradition bei Matthäus, in: BZ 3 (1959), 271–289; bes. auch G. BRAUMANN: «Dem Himmelreich wird Gewalt angetan», (Mt 11,12 par.), ZNW 52 (1961), 104–109.
[153] Zu dem Gleichniswort von den spielenden Kindern vgl. A. JÜLICHER: Die Gleichnisse Jesu, II 23–36: «Wenn auf dem Markt sich Kinder in zwei Gruppen teilen zum Spiel und nun ins Zanken geraten, weil, wenn die einen flöten, die andern nicht tanzen, wenn die einen Klagegesang anstimmen, die andern nicht weinen wollen, so sagt man: kindischer Eigensinn! Was sagt man denn von diesem Geschlecht, das über Johannes schilt, weil er nicht ißt und trinkt, und über den Menschensohn, weil er ißt und trinkt? Zeigt sich da klügeres, reiferes und hoffnungsvolleres Gebaren?!» (33) Der Abschnitt Mt 11,16–19 stammt aus Q «und ist dort die Fortsetzung von 11,7–11 = Lk 7,24–28.» LUZ, I/2, 183. «... die Vorwürfe der Juden an Johannes und Jesus sind gegensätzlich: Eben das, was man an Johannes tadelt, möchte man von Jesus haben.» A. a. O., 186. D. ZELLER: Die Bildlogik des Gleichnisses Mt 11,16f./Lk 7,31f., ZNW 68 (1977), 252–257, S. 257 zitiert vergleichbares antikes Material, darunter aus dem Midrasch zu den *Klageliedern*: «Welchen Gesang auch immer einer singt, der verstockte Sohn hört es nicht.»
[154] Zu Mt 11,19e vgl. LUZ, I/2, 188–189: In Lk 7,35 wird die Weisheit «von allen ihren Kindern», also von der Gemeinde, gerechtfertigt; Mt hingegen verweist auf die «*Werke*» und damit auf 11,2: die *Heilungen* Jesu! *Sie* sollten die Rechtfertigung Jesu darstellen. «Die hypostasierte Weisheit ist im Judentum ein Ausdruck des heilsamen Waltens Gottes, das die Welt gestaltet (Spr 8,22–31), die Geschichte lenkt (Sap 10–12) und den Menschen erfüllt. Sie kann in Menschen übergehen (Sap 7,27) und Menschen als Kinder haben (Spr 8,32f.; Sir 4,11).» «Vermutlich werden also indirekt Jesus und die Weisheit identifiziert ... Die christologischen Konsequenzen, die diese im Urchristentum verbreitete Identifikation haben könnte und die etwa durch Joh 1,1–18; Phil 2,6–11; Kol 1,15–20 etc. illustriert werden,

nämlich Präexistenz und Inkarnationsgedanken, überlegt er (Mt) sich nicht. Dennoch macht er mit V 19e einen weiteren Schritt (sc. neben dem Menschensohntitel in V 19a, d. V.) in Richtung auf eine Steigerung von Jesu Hoheit» (189).

[155] Mt 11,20 ist vom Evangelisten selbst aus den Informationen des folgenden Abschnitts (11,21–24) geformt, der aus Q = Lk 10,13–15 stammt und dort in den Zusammenhang der Aussendungsrede gehört. «Vermutlich hatte ein Q-Redaktor das alte Drohwort Lk 10,13f. durch V 12, der nur V 14 variiert, mit der vorangehenden Sendung der Boten in eine Stadt (Lk 10,8–11) verbunden. Als zweites Gerichtswort enthielt Q wohl nur noch den lapidaren Spruch gegen Kafarnaum Lk 10,15, der dem mt ‹Überschuß› in V 23bc entspricht. Mt hat dann das Gerichtswort gegen Kafarnaum parallel zum ersten ausgebaut.» Was die Herkunft von Jesus angeht, «könnten die inhaltlich ähnlichen und vermutlich echten Logien Lk 11,31f.; 13,28f. für Herkunft von Jesus sprechen. Auch in ihnen werden im Gericht die Heiden Israel vorgezogen. Der Unterschied besteht aber darin, daß unsere Worte definitiver und unbedingter klingen als die Drohung Lk 13,28f. und die Anklage Lk 11,31f. Trotzdem spricht ... mindestens beim Wort gegen Chorazin und Betsaida mehr für als gegen die Echtheit. Beim stärker alttestamentlich gefärbten Wort gegen Kafarnaum kann man eher mit Gemeindebildung rechnen. Vielleicht wurde dieses Wort von urchristlichen Propheten bei ihrer Israelmission formuliert.» LUZ, I/2, 192. GNILKA, I 428, sieht in der Konfrontation mit Tyrus und Sidon die eigentliche Provokation – in Jes 23; Ez 26–28 werden diese «Bollwerke der Phönizier» «wegen ihres Hochmutes gescholten. Jesus wendet die ‹Völkerorakel› der Propheten gegen die Städte Galiläas.» «Auffällig ist, daß nur im nördlichen Seegebiet gelegene Städte genannt werden, nicht Magdala, Sepphoris usw. Das ... kann mit der vorwiegend jüdischen Bevölkerung dieser Orte zusammenhängen.» Vorbild des Fluchwortes ist Jes 14,9–15.

[156] Zu Mt 11,28–30 vgl. LUZ, I/2, 216–224; GNILKA, I 431–442.

[157] A. ALT: Die Stätten des Wirkens Jesu in Galiläa (1949), Kleine Schriften, II 436–455, S. 447–448: «Die Orte (sc. Kapernaum – *tell ḥum* – und Chorazin – *chirbet kerazie* – und Beth-Saida, d. V.) lagen nur 3–5 km voneinander entfernt, waren aber zur Zeit Jesu territorial getrennt, da Beth-Saida zum Herrschaftsbereich des Herodessohnes Philippus gehörte, der es sogar zu einer Stadt ausbauen wollte, während Kapernaum und Chorazin offenbar nur Dörfer im Gebiet seines Bruders Herodes Antipas waren.» Vgl. GNILKA, I 428. Zu *Tyrus* und *Sidon* vgl. A. JIRKU: Die Welt der Bibel, Stuttgart 1984, 34–35.

[158] Zur Stelle vgl. C. WESTERMANN: Das Buch Jesaja (ATD 19), 204–217.

[159] Vgl. R. WALKER: Die Heilsgeschichte im ersten Evangelium, 50–52: «... nun erscheinen die Weherufe als vernichtende richterliche Antwort Jesu auf die vorauszusetzende, faktische Unbußfertigkeit der Städte, nicht mehr als drohendes Werben» (51).

[160] GNILKA, I 427 hält noch daran fest, daß es sich ursprünglich um einen *Weheruf* handelte, «eine Redeform, deren sich vor allem die Propheten bedienten», vgl. Jes 31,1f. «Während nach dem lk Kontext die Türe noch nicht zugeschlagen ist, werden bei Mt Resultate festgestellt.»

[161] Zu Mt 11,25–30 vgl. GNILKA, I 431–442: «Waren die vorausgehenden Perikopen von der Ablehnung bestimmt, die Jesus mit seinem Wirken erfuhr, so wird jetzt der Blick auf die gerichtet, die ihn aufnehmen» (431).

[162] Vgl. J. JEREMIAS: Neutestamentliche Theologie, I 50–56: «Jesus führt das Werk des ermordeten Gottesboten fort? Die Antwort lautet: Nein... Der Täufer gehört noch in den Bereich des *Gesetzes*, mit Jesus beginnt das Evangelium.» (56)

[163] JOHANNES PAUL II.: Enzyklika Veritatis splendor, 6. Aug. 1993, Nr. 5, S. 11: «Ich wende mich an euch, ehrwürdige Brüder im Bischofsamt, die ihr mit mir die Verantwortung teilt, die ‹gesunde Lehre› (2 Tim 4,3) zu bewahren.»

[164] Vgl. GNILKA, I 427: «Der Aufruf (sc. Jesu) zur Umkehr, der mit der Botschaft von der Himmelsherrschaft verknüpft war (4,17; 3,2),

wurde nicht gehört.» S. 430–431: «Gerichts- und Entscheidungsworte nehmen einen nicht geringeren Raum in der mt Verkündigung ein (z. B. 10, 32 f. 34. 38 f.) ... Der Zorn Gottes, ein der prophetischen Botschaft vertrauter Gedanke, lebt in den Evangelien weiter. Er hat mit Gottes Heiligkeit zu tun.» Die eigentliche Frage aber wird so nicht beantwortet: wie sich die archaische Sprechweise Jesu (!) von Fluch und Strafe Gottes psychologisch sinnvoll übersetzen läßt.

[165] Vgl. J. JEREMIAS: Neutestamentliche Theologie, I 156: Die Freude der Buße: «Umkehr ist Freude darüber, daß Gott so gnädig ist. Ja mehr! Umkehr ist Freude Gottes (Lk 15,7).»

[166] Mt 11,25–27 «stammen aus Q = Lk 10,21 f., vermutlich in Fortsetzung von Q Lk 10,13–16 (vgl. Mt 11,20–24) ... Das weisheitliche Wort V 28–30 fehlt bei Lk ... Es stammt aus Sondergut ... wahrscheinlich, daß erst Mt es an V 25–27 angefügt hat.» LUZ, I/2, 198–199. Formal ist Mt 11,25–26 ein Lobpreis bzw. ein Dankgebet, das historisch auf Jesus zurückgehen dürfte. J. JEREMIAS: Abba, in: Abba, 15–67, S. 47–54, verweist darauf, «daß der Vater-Sohn-Vergleich der palästinischen Apokalyptik geläufig ist zur Illustration des Vorgangs der Offenbarungsübermittlung» (52). Gegen JEREMIAS dürfte aber Mt 11,27, das Wort vom Sohn, eine Gemeindebildung sein: «Vom ‹Sohn› hat Jesus kaum gesprochen, von der wechselseitigen und exklusiven Erkenntnis des Vaters und des Sohnes auch nicht.» «Der ‹Heilandsruf› V 28–30 hat seine nächsten Par(allelen) in jüdischen Einladungen der Weisheit.» LUZ I/2, 200. Zum «Joch des Himmelreiches» vgl. S–B I 608–610. Bes. E. NORDEN: Agnostos Theost (1913), Neudruck Darmstadt 1956, 277–308, hat den Text als in sich geschlossen aus Sir 51 abzuleiten versucht und dabei gemeint, ein vorgegebenes Schema von Lobpreis, Danksagung und Einladung finden zu können. Doch dagegen spricht der traditionsgeschichtliche Befund. Die Einheit von Schöpfermacht und Wissen/Weisheit Gott entspricht apokalyptischem Denken; vgl. äthiop. Hen 48,2 f.

[167] Zur «trinitarischen» Deutung vor allem der katholischen Exegese vgl. LUZ, I/2, 201–204; 215. GNILKA, I 441 verweist auf die «Dreigliedrigkeit der Perikope: «Das Offenbarungslogion (25 f.) enthält implizit einen starken Umkehrruf, nicht zuletzt an den Theologen gerichtet ... Das Sohneswort handelt vom Mysterium des Sohnes. ... In ihm ist Gott ... entzogen und doch ganz bei uns ... Ruhe findet das menschliche Herz, wenn es seine Güte/Liebe aufnimmt.»

[168] Vor allem Mt 11,27 ist offenbar ein Wort der nachösterlichen Gemeinde, das «zusammen mit 1 Kor 15,28 und Mk 13,32 – aus der *Menschensohnchristologie* abzuleiten» ist. «Das an sich weisheitlich geprägte absolute ‹der Sohn› stünde dann statt ‹Menschensohn›.» Vgl. E. SCHWEIZER: *hyios* (Sohn), ThW VIII 372–375. Dagegen macht LUZ, I/2, 208–209, geltend, daß in der Logienquelle mit ihrer Menschensohn-Christologie ein solcher Wechsel unverständlich ist. Desgleichen scheint es problematisch, den Titel «Sohn» aus der jüdischen präexistenten Weisheit abzuleiten – eine solche Identifikation von Christus und Weisheit ist in Q unbekannt: «M(it) E(inschränkung) kann man den Titel ‹der Sohn› nicht religionsgeschichtlich ableiten. An fast allen Stellen ist das Gegenüber von ‹der Sohn› und ‹der Vater› konstitutiv. Es ist also ‹der Vater›, der das Gegenüber ‹des Sohns› rhetorisch – und nicht religionsgeschichtlich – fordert.» S. 215: «Ohne Jesus läßt sich Gottes Gottheit nicht denken. Ohne den Vater gibt es keinen Weg zu Jesus. Beide gehören zusammen. Gott wird nur als Geschenk des Sohnes, nur durch Offenbarung verstehbar.« Gleichwohl scheint unübersehbar, wie stark die religionsgeschichtlich vorgegebene Gottessohnvorstellung sich schon auf dem Boden des NT in der christlichen Dogmenbildung geltend gemacht hat. Von dort her, nicht von der Verkündigung Jesu her ist die dogmatische Gottessohnschaft Jesu zu verstehen.

[169] Mt 11,28.30 ist traditionsgeschichtlich «eine Einladung der Weisheit ... Die nächsten Analogien sind Sir 51,23–29: 24,19–22, vgl. Sir 6,18–37; Sap 6,11–16.» LUZ, I/2, 217. SCHWEIZER, 174–178 betont: «So führt der Weg zu Gott über das Armwerden, das Unmündig-

Die Wunder der Heilung

werden im Verstehen Gottes, ja, die seelische Belastung: denn den Armen, Unmündigen und Belasteten ist verheißen, daß sie erreichen, was alle Gelehrsamkeit und alle erfolgreiche Aktivität nicht erreicht: das Stillwerden, in dem der Mensch sein Leben als Geschenk Gottes verstehen darf» (178).

[170] Mt 70–77.

[171] A. SCHWEIZER: Aus meinem Leben und Denken, 71–75: «Es kam mir unfaßlich vor, daß ich, wo ich so viele Menschen um mich herum mit Leid und Sorge ringen sah, ein glückliches Leben führen durfte» (71).

[172] Vgl. die großartige Auslegung bei S. KIERKEGAARD: Einübung im Christentum, XII 3–18, Werkausgabe, II 15–27: «die Einladung sprengt alle Unterschiede fort, um Alle zu einen ... Ihr Herzkranken, die ihr nur durch den Schmerz erfahren habt, daß ein Mensch noch in anderm Sinne ein Herz hat als ein Tier ... ihr, welche Untreue getrogen und welche dann menschliche Teilnahme ... zur Zielscheibe des Spotts gemacht; alle ihr Übervorteilten und Verunrechteten und Gekränkten und Mißhandelten; alle ihr Edlen, die ihr, wie denn jedermann euch zu sagen weiß, mit Fug Undankbarkeit zum Lohn geerntet, denn warum seid ihr so dumm gewesen, edel zu sein, warum so töricht, liebenswert und uneigennützig zu sein und ehrenfest; alle ihr Opfer der Arglist und des Betruges und der Afterrede und des Neides, welche die Niedertracht sich ersehen und die Feigheit im Stich gelassen, mögt ihr nun abseits und einsam als Opfer fallen, nachdem ihr auf die Seite gegangen seid, um zu sterben, oder niedergetreten werden im Menschengedränge, wo niemand fragt, welch Recht ihr habt, niemand, welch Unrecht ihr leidet, niemand, wie es schmerzt oder wie es schmerzen kann, wenn das Gedränge mit tierischer Lebenskraft euch in den Staub tritt: kommet her!» (21).

[173] A. a. o, 21: «Ihr Geringgeachteten und Übersehenen, um derer Dasein keiner, keiner sich kümmert, nicht soviel wie um das eines Haustiers, das hat größeren Wert! – Ihr Kranken, Lahmen, Tauben, Blinden, Krüppel, kommet her! – Ihr Bettlägrigen, ihr auch kommet her; denn die Einladung erkühnt sich Bettlägrige einzuladen – daß sie kommen!» – Vgl. auch J. JEREMIAS: Neutestamentliche Theologie, I 110–123: Die Frohbotschaft für die Armen. P. HOFFMANN: Die Offenbarung des Sohnes, in: Kairos 12 (1970) 270–288; J. BAUER: Das milde Joch und die Ruhe, Matthäus 11,28–30, in: ThZ 17 (1961) 99–106.

[174] Mt I 198–199; 642–667.

[175] Zur Stelle vgl. A. WEISER: Der Prophet Jeremia, ATD 20, 56–58. – Zu dem Zusammenhang von jüdischem und hellenistischem Denken auf dem Boden der jüdischen Weisheitsspekulation vgl. M. HENGEL: Judentum und Hellenismus, Tübingen ²1969, 275–318; bes. 381–394: «Höhere Weisheit durch Offenbarung» als Wesensmerkmal spätantiker Religiosität.

[176] Zur «Weisheit» vgl. U. WILCKENS: sophia (Weisheit), ThW VII 497–529, bes. 515–518. GNILKA, I 441 verweist auf den «apokalyptischen Horizont» des Wortes von der Weisheit und erinnert an *äthiopisches Henochbuch* 48,2f.; G. BEER: Das Buch Henoch, in: E. Kautzsch, II 331–401, S. 264; aber: die Offenbarung der Weisheit geschieht «nicht erst am Jüngsten Tag ... sondern schon jetzt.» Wie also ist es möglich, in der Nähe Jesu das «Endgültige» heute zu leben!?

[177] J. JEREMIAS: Abba, 54, denkt daran, daß Jesus diese «Offenbarung» in der Taufe empfing: «Die ... ‹Mein Vater›-Worte handeln sämtlich von der Jesus geschenkten einzigartigen Offenbarung und Vollmacht. Sie sind in der ältesten Schicht streng auf das spezifische Gottesverhältnis Jesu bezogen.» DERS.: Neutestamentliche Theologie, I 120: «Gewiß weiß das Judentum davon, daß Gott barmherzig ist und vergeben kann. Aber diese seine Hilfe gilt den Gerechten; den Sündern ist das Gericht bestimmt ... Bei Jesus gilt die Liebe des Vaters gerade den Verachteten und verlorenen Kindern. Daß ihnen sein Ruf galt und nicht den Gerechten (Mk 2,17), das war scheinbar die Auflösung aller Ethik ... Die Umwelt Jesu stellt das Gottesverhältnis auf das sittliche Verhalten des Menschen. Indem das Evangelium das nicht tut, rüttelt es an den Fundamenten der Religion.» Ähnlich GNILKA, I 441: «Die älteste Schicht der Perikope liegt in (Mt 11,) 25f. vor.

Daß dieser Offenbarungsanspruch auf Jesus zurückzuführen ist, deutet der Protest gegen den konventionellen Frömmigkeitstyp an. Jesus steht auf seiten der kleinen Leute, die von den Frommen verachtet werden.»

[178] Mt 23,34 stellt die «Weisen» neben die «Schriftgelehrten», und so werden auch hier die schriftgelehrten Gegner Jesu, die Rabbinen gemeint sein, denen Gott das Geheimnis der Gottesherrschaft vorenthalten hat. Vgl. LUZ, I/2, 206–207, der an Ps 19,8; 119, 130 erinnert.

[179] R. SCHNACKENBURG: Gottes Herrschaft und Reich, 130–131.

[180] LAOTSE: Tao te king, Nr. 67, S. 110.

2. Wider die Lehre der «Pharisäer» und der Sadduzäer (Mt 12,1–16,12)

(Seite 215 bis 354)

[1] Vgl. E. LOHSE: sabbaton (Sabbat), ThW VII 1–35, bes. S. 21–25: Die Sabbatkonflikte Jesu; DERS.: Jesu Worte über den Sabbat, in: Judentum – Urchristentum – Kirche (Festschrift für J. Jeremias), BZNW 26, Berlin ²1964, 79–89.

[2] Vgl. E. FROMM: Der Sabbat (1927), Gesamtausgabe, VI 1–9.

[3] S-B I 615–618, zu den 39 Hauptarbeiten, die am Sabbat verboten waren.

[4] Zur Sabbatordnung vgl. R. DE VAUX: Das Alte Testament und seine Lebensordnungen, II 330–340.

[5] Zu Mk 2,23–28 vgl. Mk I 268–279; zu 1 Sam 21,4–7 vgl. H. W. HERTZBERG: Die Samuelbücher (ATD 10), 143–146.

[6] Zu Mk 2,18–22 vgl. Mk I 247–267.

[7] Vgl. E. FROMM: Psychoanalyse und Religion (1950), Gesamtausgabe VI 227–292, bes. Kap. 3: Analyse einiger Typen religiöser Erfahrung, S. 241–263: «Darum strebt die psychoanalytische Einschätzung der Religion danach, *die menschliche Realität, die hinter Denksystemen steht, zu verstehen*. Sie fragt, ob ein Gedankengebäude wirklich das Gefühl ausdrückt, das es wiederzugeben scheint» (262). «Wenn religiöse Lehren zum seelischen Wachstum, zur Stärke, Freiheit und Glücksfähigkeit ihrer Gläubigen beitragen, erkennen wir die Früchte der Liebe. Wenn sie die Einengung menschlicher Möglichkeiten, Unglücklichsein und Mangel an Produktivität zur Folge haben, können sie nicht aus der Liebe geboren sein, gleichgültig, was das Dogma zu vermitteln vorgibt» (263).

[8] Zur Übersetzung und Auslegung der Stelle vgl. M. BUBER: Moses, Schriften, II 9–230, S. 62–66.

[9] Zum Vergleich von Mt 12,1–8 mit den synoptischen Parallelen vgl. LUZ, I/2, 228–229. Am meisten problematisch ist die Frage, warum Mk 2,27 bei Mt und Lk nicht übernommen werden. «Bei Mt gilt, daß Mk 2,27 seinen geschlossenen Gedankengang gestört hätte.»

(229) Mt 12,5-7 bieten eine zusätzliche Argumentation. «Sprachlich sind V 5 f. weitgehend, aber nicht durchgehend red(aktionell). V 7 mit dem schon aus 9,13 bekannten Hoseazitat ist mt Red(aktion)» Luz, I/2, 229. E. Schweizer, 180, hält Mt 12,5 für einen anderen «Lösungsversuch für die Sabbatfrage..., der dem Matthäus schon vorlag. Vielleicht ist auf dieser Stufe schon die Bemerkung des Markus, David habe das Brot nötig gehabt (Mk 2,25), weggefallen, da sie der Intention des Matthäus eigentlich entsprochen hätte. Das setzte allerdings voraus, daß er einen schon in seiner Gemeinde ergänzten Markustext besessen hätte.» Mt 12,6 betrachtet Schweizer als ein isoliertes Jesus-Wort, «gerade weil mit dieser verhüllenden Aussage nicht direkt auf ihn selbst, sondern auf das mit ihm kommende Gottesreich als das Größere hingewiesen wird». Luz, I/2, 229, hingegen hält Mt 12,5-7 für einen in sich geschlossenen Gedankengang des Evangelisten.

[10] R. Bultmann: Die Geschichte der synoptischen Tradition, 40-41, sah Mk 2,23 ff. für eine «ideale Konstruktion» der palästinensischen Gemeinde an.

[11] Zu «Wundern» dieser Art vgl. TE II 74-114; 188-238.

[12] Zur Psychodynamik der «Lähmung» vgl. Mk I 223-236 zu Mk 2,1-12.

[13] So schon in Mk 3,1-6; vgl. dazu Mk I 280-294. Mt hat die Stelle übernommen und stilistisch überarbeitet; neu hinzugefügt ist Mt 12,11-12a, das Wort vom Schaf im Brunnen. Lk 14,5 zeigt, daß das Wort bereits traditionell ist und vielleicht von der aramäisch sprechenden Gemeinde in den Sabbatdiskussionen verwandt wurde. «Neu ist, daß es in V 12a nicht einfach als Beispiel stehenbleibt, sondern durch einen Vergleich zwischen Schaf und Mensch überboten wird. Da dieser ... Schluß (sc. vom kleineren aufs größere, d. V.) in der Sache dem für Mt zentralen Liebesgebot entspricht, könnte V 12a mt sein. Aus Mk 3,5 fehlt nicht nur der Zorn Jesu, sondern auch die Verhärtung der Gegner.» Luz, I/2, 238.

[14] S-B I 615-618; 622-629: «Das Heilen am Sabbat ist bei drohender Lebensgefahr erlaubt; aber wo keine Gefahr im Verzuge, ist es unbedingt verboten.» «Der Kasuistik eröffnete die Frage der Sabbatheilungen ein weites Feld der Betätigung. In dem Mt 12,10 ff vorliegenden Falle würde sie entschieden haben: da die vertrocknete Hand eine unmittelbare Lebensgefahr für den Leidenden nicht in sich schließt, ist die Heilung am Sabbat nicht gestattet» (623). Was aber ist eine Krankheit oder Notlage in Lebensgefahr? Dazu I 624-627.

[15] E. Fromm: Einige post-marxsche und post-freudsche Gedanken über Religion und Religiosität (1972), Gesamtausgabe VI 293-299: «Die radikale Kritik der Gesellschaft und der Religion hat eine religiöse Funktion; sie ist die Entlarvung der Idole und damit die Bedingung echter Religiosität» (299). Ders.: Psychoanalyse und Zen-Buddhismus (1960), VI 303-356, bes. Kap. 4: Bewußtsein, Verdrängung und Aufhebung der Verdrängung, S. 320-333.

[16] Zur Stelle vgl. A. Weiser: Die Propheten: Hosea, Joel, Amos, Obadja, Jona, Micha (ATD 24), 86-87.

[17] R. Mayer: Der babylonische Talmud, 514-515: Mischna Schabbat VII 2 zählt die «vierzig weniger eine» der am Sabbat verbotenen Hauptarbeiten auf. E. Stauffer: Jerusalem und Rom, 64, zeigt, was daraus wurde: «Im dritten Jahrhundert haben nach einem Bericht des Jerusalemer Talmuds zwei prominente Thorajuristen sechs Monate lang über diese Tabelle gegrübelt und debattiert, bis sie aus jedem Sabbatverbot sechs verbotene ‹Unterarbeiten› herausgeholt hatten, macht 39 mal 6 = 234 Arbeitsverbote. Zehn Jahre später setzten sich zwei noch prominentere Rabbinen 36 Monate zusammen und brachten aus jedem der 39 Sabbatverbote wiederum 39 spezielle Arbeitsverbote heraus, macht in summa 39 mal 39 = 1521 verbotene Sabbatarbeiten (j Sab 7,9b, 67).» Über die ungünstigen Urteile der «Leute vom Lande» über die Gesetzsauslegung der Pharisäer vgl. S-B IV 1, 336-339. Vgl. bes. E. Lohse: sabbaton (Sabbat), ThW VII 1-35, S. 11-15: Das Arbeitsverbot am Sabbat. Die Damaskusschrift X 21, in: J. Maier (Übers.): Die Texte vom Toten Meer, I 60, verfügt z. B.: «Man soll nicht über tausend Ellen aus seiner Stadt hinausgehen.» Und XI 5-6: «Niemand

soll dem Vieh nachgehen, um es außerhalb der Stadt zu weiden, es sei denn zweitausend Ellen (weit).» E. LOHSE, a. a. O., ThW VII 14, Anm. 89, zeigt, wie man in der Praxis dann doch mehr als 2000 Ellen gehen durfte: man dehnte den «Sabbatsitz», der eigentlich nur vier Ellen im Quadrat maß, auf die ganze Ortschaft aus, so daß man darinnen frei sich bewegen konnte.

[18] Nach Ex 20,10; Dt 5,14 war ja auch das Vieh dem Sabbatgebot unterworfen.

[19] Ausdrücklich erklärt Damaskusschrift XI 13–14. 16–17, J. MAIER: Die Texte vom Toten Meer, I 61: «Niemand darf einem Vieh am Sabbathtage Geburtshilfe leisten. Wenn es (sc. das Neugeborene) in eine Grube oder in eine Zisterne geworfen hat, soll man es am Sabbath nicht herausholen ... Ein lebendiger Mensch, der ins Wasser oder sonst wo hineinfällt, den darf man nicht mit einer Leiter, einem Strick oder einem (anderen) Gerät herausholen.» S–B I 629–630 zeigt die Bestimmungen, wie man einem Vieh am Sabbat immerhin indirekt durch Decken und dergleichen helfen durfte. Im *Widerspruch* zu der Schriftgelehrsamkeit appelliert Jesus hier an den gesunden Menschen- oder Bauernverstand!

[20] Der Abschnitt Mt 12,15–21 geht in V 15–16 auf Mk 3,7–12 zurück, wobei die Einleitung in 15a von Mt selbst geformt ist. «Der Wortlaut des Erfüllungszitats aus Jes 42,1–4 entspricht weder dem masoretischen Text noch der LXX ...Entweder hat Mt dieses Zitat aus einer Quelle übernommen, oder er bzw. seine ‹Schule› haben selbst einen targumartigen eigenen Text hergestellt.» LUZ I/2, 243.

[21] Das Schweigegebot stammt aus der Markus-Vorlage und hatte dort «den Geistern gegolten und sich auf die Gottessohnschaft Jesu bezogen. Matthäus interessiert das meiste, was mit dem markinischen Messiasgeheimnis zusammenhängt, nicht ... Daß Matthäus hier das Schweigegebot überhaupt bringt, muß damit zusammenhängen, daß es Ausdruck der Verborgenheit und der ‹Stille› ist, die nach V 19a den ... (Gottesknecht) auszeichnet.» LUZ, I/2, 243. GNILKA, I 454, folgert: «So unterscheidet sich sein (sc. des Mt) Jesusbild von dem der Vorgabe des Mk. Nicht die Hülle des Geheimnisses oder der dualistische Kampf mit den dämonischen Mächten bestimmen es, sondern die Güte des jesajanischen Knechtes.» Vgl. auch E. LOHMEYER: Gottesknecht und Davidssohn (FRLANT 61), Göttingen 1953, 8–14.

[22] Offenbar hat Mt den Abschnitt Mk 3,22–30 mit Q = Lk 11,14–23 zusammengezogen. Der gesamte Passus Mt 12,22–45 ist ein in sich zusammenhängendes Stück aus Q = Lk 11,14–32, «das letzte größere zusammenhängende Q-Stück vor der Endzeitrede». LUZ, I/2, 254.

[23] LUZ, I/2, 258 hat recht: «Der Leser erinnert sich an frühere Geschichten: 9,27–31; 9,32–34. So knapp wie möglich berichtet Matthäus die Heilung.» Doch sollte deshalb die Erweiterung der Stummheit (Taubheit) um das Motiv der *Blindheit* ebenso «knapp wie möglich» gedeutet werden dürfen? Oder hätte Mt die «Blindheit» wirklich nur hinzugefügt, damit der Leser nicht merkt, daß er dasselbe schon in Mt 9,32–34 gelesen hat? LUZ, I/2, 254. M. DIBELIUS: Die Formgeschichte des Evangeliums, 159, erklärte richtig, «die Fassung» der Perikope geht «zweifellos auf den Evangelisten zurück, der ungerahmten Worten einen biographisch geeigneten Platz verschaffen wollte.»

[24] Mt 12,23 zeigt den Kontrast: «Das Volk ahnt – mehr nicht – seinen Messias. Demgegenüber verschärfen die Pharisäer ihre Ablehnung Jesu.» LUZ, I/2, 258.

[25] F. HAHN: Christologische Hoheitstitel, 159–179: Die Bedeutung der Messiasvorstellung in Jesu Leben, meint, die «Vorstellung vom königlichen Messias» habe «für Jesu Wirken keine Bedeutung gehabt; der Messiastitel ist höchstwahrscheinlich von Jesus zurückgewiesen worden. Sein Verkündigen und Auftreten war auch wenig geeignet, die spezifisch messianische Erwartung zu wecken. Auf der anderen Seite ist Jesus aber fälschlich als messianischer Aufrührer angeklagt worden ... Aus dieser doppelten Voraussetzung muß die weitere Geschichte des Messiastitels in der Urgemeinde verstanden werden» (179). Was es *inhaltlich* heißen könnte, «Gottesknecht» *und* «Davidssohn» (königlicher Herrscher) zu sein, hat unübertrefflich im alten China im 4. Jh. v. Chr. MONG DSI: Die Lehrgespräche, II A 5,

S. 74, formuliert: «Wer keinen Feind auf Erden hat, ist Gottes Knecht. Daß ein solcher nicht König der Welt würde, ist noch niemals vorgekommen.»

[26] Vgl. Mt I 77–84.

[27] Vgl. Mt I 102–114.

[28] Vgl. P. HOFFMANN: Studien zur Theologie der Logienquelle, Münster ³1971.

[29] Vgl. TH. REIK: Der eigene und der fremde Gott, 130–153: Gott und Teufel: «Das Dämonenaustreiben und Heilen ist nach Luc 13,22 seine (sc. Jesu) Haupttätigkeit; ja sein ganzes Erlösungswerk erscheint als Kampf mit dem Satan. Wir können uns dem Schluß nicht entziehen, daß Jesus im Dämon sein Gegenstück hat.»

[30] F. KAFKA: Brief an den Vater, in: Er, 133–192, S. 147–151.

[31] A. a. O., 154.

[32] Zur Psychodynamik psychogener *Sehstörungen* vgl. TE II 185–186; Mk II 148–165; zur Psychodynamik der Taubstummheit vgl. Mk I 492–501.

[33] Natürlich geht es dabei nicht um den Fundamentalismus, mit dem WK 391–395 von dem Teufel und WK 396–409 von der «Ursünde» und ihren «Konsequenzen» spricht: «Der Tod hielt seinen Einzug in die Geschichte der Menschheit» (Nr. 400), und dabei die Mythe von Gen 3,1–7 so liest wie einen historischen Bericht.

[34] Vgl. E. DREWERMANN: Der Teufel im Märchen, in: Archiv für Religionspsychologie, 93–128.

[35] Vgl. E. DREWERMANN: Glauben in Freiheit, I 96–139: Kirchenlehre als Entfremdung.

[36] E. IONESCO: Tagebuch, 49–51; 98.

[37] A. a. O., 62; 98–99.

[38] A. a. O., 109–110.

[39] A. a. O., 81: «Hierin stimmt die Freudsche Lehre in gewisser Weise mit dem Buddhismus überein… Man müßte sich also vom Begehren freimachen wollen, um zu erreichen, daß man sich nicht einmal mehr befreien will.»

[40] Gerade für Mt ist Jesus wesentlich als «Heiler» *aller* Kranken «messianisch», vgl. Mt I 70–84. Die Szene von Mt 12,22–24 ist eine direkte Wiederholung von Mt 9,32–34, wobei die *«Blindheit»* im Sinne der «christologischen» Konzeption des Evangelisten wohl als ein Bild für die Einsichtslosigkeit der «Pharisäer» zu verstehen ist. S–B I 630 zeigt, daß Jes 42,1–4 vom Targum bereits auf den Messias gedeutet wurde.

[41] Vgl. Erzbischof EMMANUEL MILINGO: Contra Satana, Mailand 1993. Für das Denken des Judentums zur Zeit Jesu vgl. S–B IV 1, 501–535: Zur altjüdischen Dämonologie. S–B I 631–635 zeigt, wie verbreitet der Vorwurf war, Jesus sei ein Zauberer, ein Schwarzmagier gewesen. Vgl. JUSTINUS: Dialog mit dem Juden Tryphon, LXIX 1–7, BKV 33, S. 113–115.

[42] E. FROMM: Psychoanalyse und Religion, VI 292: «Heute sind es nicht Baal und Astarte, welche die kostbarsten geistig-seelischen Güter des Menschen bedrohen; vielmehr sind diese durch Vergöttlichung des Staates und der Macht in autoritären Ländern und in unserer Kultur durch Vergötzung der Maschine und des Erfolgs gefährdet. Ob wir Religionsanhänger sind oder nicht, ob wir an die Notwendigkeit einer neuen Religion glauben oder an eine Religion des Verzichts auf Religion oder an den Fortbestand der jüdisch-christlichen Tradition – solange wir uns um das Wesen und nicht um die Schale kümmern, um die Erfahrung und nicht um das Wort, um den Menschen und nicht um die Kirche, können wir uns zusammentun in fester Ablehnung allen Götzendienstes und in dieser Negation vielleicht einen stärkeren gemeinsamen Glauben finden als in irgendeiner bejahenden Aussage über Gott. Und gewiß werden wir mehr Demut und mehr Nächstenliebe finden.»

[43] O. PFISTER: Das Christentum und die Angst, 256–263; vgl. E. DREWERMANN: Glauben in Freiheit, I 142–161, zu S. FREUDS «Massenpsychologie».

[44] Zur Gestalt des «Beelzebul» vgl. S–B I 631–632; zu der literarischen *Komposition* des ganzen Abschnittes vgl. H. SCHÜRMANN: Gottes Reich – Jesu Geschick, 104–108: «Die… Einheit Mk 3,22–27 hat ihre Parallele in Q, ist dort aber noch einmal erweitert. Zunächst ist der apophthegmatische Charakter erzählerisch verstärkt, wenn Lk 11,14 par Mt 12,22–23a vorgebaut ist, am Ende Lk 11,23 par Mt 12,30,

auch wohl schon Lk 11,24–26 par Mt 12,43–45 angefügt war. Mk gegenüber ist zudem noch Lk 11,19.20 par Mt 12,27.28. eingefügt.» «Die Erweiterungen in Q haben auch ihrerseits eine eigene Kompositionsgeschichte gehabt. Lk 11,19–20 par Mt 12,27–28 wurde durch den Anhang Lk 11,23 par Mt 12,30 vor Mißverständnissen abgesichert … Die abermalige Erweiterung Lk 11,24–26 par Mt 12,43–45 knüpft an Lk 11,19c par Mt 12,27c an» (105–106). Vgl. bes. Luz, I/2, 254–258, der vermutet, daß Mt 12,27 = Lk 11,19 «die ursprünglichste Antwort Jesu auf den Beelzebul-Vorwurf» darstellt. «Dafür spricht, daß in V 27 von Beelzebul die Rede ist, und nicht, wie V 25 f, vom Satan, und daß V 27 den Vorwurf der Gegner Jesu von V 24 wirklich aufnimmt.» Es kann deshalb sein, «daß Q = Lk 11,17 f ursprünglich nicht in den Kontext des Beelzebul-Streitgesprächs gehörten. Vielleicht bezog sich die Spaltung des Reichs des Satans ursprünglich auf Jesu Sieg über ihn, der in den Exorzismen sichtbar wird» (255). – M. HENGEL: Judentum und Hellenismus, 442, verweist bei Mt 12,27 = Lk 11,19 Q darauf, daß «auch die Pharisäer als Exorzisten tätig waren». Besonders durch den heiligen Gottesnamen glaubte man sich in der jüdischen Magie anderen Religionen überlegen. Vgl. S–B IV 535.
45 Vgl. P. K. ANOCHIN: Beiträge zur allgemeinen Theorie des funktionellen Systems, Jena 1978; G. AMMON: Das sozialenergetische Prinzip in der Dynamischen Psychiatrie, in: DERS. (Hrsg.): Handbuch der Dynamischen Psychiatrie, II 4–48.
46 A. SCHWEITZER: Kultur und Ethik, 328–353: Die Ethik der Ehrfurcht vor dem Leben.
47 M. K. GANDHI: Eine Autobiographie oder Die Geschichte meiner Experimente mit der Wahrheit, 101–104: Auf dem Weg nach Pretoria; die Szene wurde aufgegriffen auch in dem Film von R. ATTENBOROUGH (Reg.): Gandhi, England 1981–1982; Hauptrolle: B. Kingsley.
48 Vgl. R. SCHNACKENBURG: Gottesherrschaft und Reich, 49–76: Die von Jesus verkündigte Gottesherrschaft, S. 70: «Es ist (sc. die Gesinnung, die Jesus zu bringen kam, d. V.) eine tiefgreifende Wandlung des Herzens, ein Zurückfinden zu Gott, ein völliges Sich-Ausliefern an seine Barmherzigkeit, ein dankbarer Neubeginn.» Das alles ist eine richtige Umschreibung, die aber den Kern aller Schwierigkeiten weder benennt noch durcharbeitet: die menschliche Angst. – Zur *«Sünde wider den heiligen Geist»* vgl. C. COLPE: Der Spruch von der Lästerung des Geistes; in: E. LOHSE (Hrsg.): Der Ruf Jesu und die Antwort der Gemeinde, (Festschrift für J. Jeremias), Göttingen 1970, 63–79; D. FLUSSER: Die Sünde gegen den heiligen Geist, in: E. L. Ehrlich (Hrsg.): Wie gut sind deine Zelte, Jaakow, Gerlingen 1986, 139–144. Vgl. LUZ, I/2, 263–268, der auf die bedenkliche Wirkungsgeschichte des Wortes »zur Untermauerung *eigener* Wahrheitsansprüche, zur Verabsolutierung der (eigenen!) Kirche und zur Vernichtung kirchlicher Gegner» verweist. «Der Evangelist läßt Jesus dieses Wort als Keulenschlag gegen ‹die› bösen Pharisäer brauchen, die ja … (erst, d. V.) in der Retrospektive der abgelehnten und verfolgten matthäischen Gemeinde zu dem wurden, was sie heute im Matthäusevangelium sind. Hier ist etwas anderes passiert als das, was Jesus … in der Bergpredigt meinte» (267)!
49 Verfilmt wurde die Novelle von A. CORTI (Reg.): Eine blaßblaue Frauenschrift, Österreich-Italien 1986; 2 Teile: ZDF 13.7.86; 14.7.86; Hauptrollen: F. von Thun, K. Janda, F. Kammer.
50 So Joh 1,3–4, in einer charakteristischen Verschmelzung von Sprechen und Sehen, von «Wort» und «Licht»!
51 Mt 12,30 entspricht wörtlich Lk 11,23, ist also Q-Zitat. Anderes aber Lk 9,50! Anders Mk 9,40. – Zu dem Bild von dem Baum (Mt 12,33) vgl. A. JÜLICHER: Die Gleichnisreden Jesu, II 116–128: Vom Baum und seinen Früchten. Mt 7,16–20; 12,33–37; Lc 6,43–46.
52 R. KAISER: Indianischer Sonnengesang, 92–96; zit. n. A. Leser (Hrsg.): Die Weisheit der Indianer, 83–85: Nachtgesang.
53 Der Abschnitt Mt 12,38–45 stammt aus Q = Lk 11,29–32.24–26. Das Wort von der Zeichenforderung entspricht Mk 8,11–12 und wird noch einmal in Mt 16,1–4 aufgegriffen. In Mt 12,38 dürften die «Schriftgelehrten und

Pharisäer» von Mt stammen. In 12,39 hat Mt die Q-Quelle und in 16,2a.4 die Mk-Vorlage identisch bearbeitet. 12,39b entspricht dem Q-Text, nur «der Prophet» Jona ist hinzugefügt. 12,40 ist gegenüber Lk 11,30 offenbar von Mt «christologisch» geformt worden. «Auf Lk 11,30 folgte vermutlich in Q das Wort von der Königin des Südens (Lk 11,31/Mt 12,42). Wahrscheinlich hat Mt das Jonawort Q = Lk 11,32 vorangestellt, um einen besseren Anschluß an V 39f zu haben. Den Q-Text hat er in V 41f wörtlich erhalten. Auch der Q-Text des ‹Rückfallspruchs› Lk 11,24–26/ Mt 12,43–45 ist sehr gut erhalten. In Q stand er in der Beelzebulkontroverse im Anschluß an Lk 11,23. Die mt Umstellung hängt mit der neuen Deutung zusammen. Das Schlußsätzlein V 45fin, das den Spruch zum Gleichnis für ‹diese Generation› werden läßt, geht auf ihn zurück.» Luz, I/2, 273.

⁵⁴ Vgl. Luz, I/2, 68–73: Zur Bedeutung der matthäischen Wundergeschichten heute.

⁵⁵ Es ist schlechthin blamabel, wenn WK 156 die Wunder Jesu, reinweg als historische Fakten genommen, zu den «Motiven» des Glaubens erklärt. Als hätte es B. de Spinoza: Theologisch-politischer Traktat, 110–132: «Von den Wundern», nie gegeben: «Die Philosophen... wissen ja mit Bestimmtheit, daß Gott die Natur so leitet, wie es ihre allgemeinen Gesetze, aber nicht wie es die besonderen Gesetze der menschlichen Natur erfordern, und daß Gott somit nicht bloß auf die Menschheit, sondern auf die ganze Natur Rücksicht nimmt» (120).

⁵⁶ Zur Gestalt des Propheten *Jona* in der jüdischen Haggada vgl. S–B I 642–649.

⁵⁷ Mt 12,40 ist redaktionell von Mt an die «Schriftgelehrten und Pharisäer» adressiert. Der ganze Abschnitt Mt 12,38–45 entspricht Q = Lk 11,29–32.24–26. Der Wortlaut von Lk 11,30 ist wohl getreu Q überliefert. Mt denkt bei den «drei Tage» des Jona als ein Bild der Grabexistenz, der «Höllenfahrt» der kirchlichen Mythologie. Die Auferstehung «nach drei Tagen» (Mt 27,62f.) hängt von Hos 6,2 ab; rabbinisch folgerte aus dieser Stelle, daß Gott «die Gerechten nicht länger als drei Tage in Not» läßt; S–B I 647. Der Gedanke der *Auferstehung* ist für Mt an dieser Stelle wesentlich im Jona-Zeichen, der Errettung des Propheten aus dem Fischbauch, vorgebildet. Vgl. A. Vögtle: Der Spruch vom Jonaszeichen, in: Das Evangelium und die Evangelien (KBANT), Düsseldorf 1971, 103–136; G. Schmitt: Das Zeichen des Jona, ZNW 69 (1978), 123–129.

⁵⁸ Zu der «Königin» von Saba vgl. historisch V. Panzer: Verschollene Wüstenreiche im Orient, in: G. Kirchner (Hrsg.): Terra X. Rätsel alter Kulturen. Neue Folge, Frankfurt 1986, 52–100; zur *Religion* der Sabäer vgl. M. Höfner: Die vorislamischen Religionen Arabiens, in: Ch. M. Schröder (Hrsg.): Die Religionen der Menschheit, Bd. X, 2: Die Religionen Altsyriens, Altarabiens und der Mandäer, Stuttgart-Berlin-Köln-Mainz 1970, 234–402, S. 240–280.

⁵⁹ Der Abschnitt Mt 12,46–50 ist eine redaktionelle Kürzung von Mk 3,31–35. Vgl. dazu Mk I 311–321.

⁶⁰ Insbesondere Papst Johannes Paul II: Christifideles Laici, 30.12.1988, Nr. 40, S. 62–64; ders.: Familiaris Consortio. Die Aufgaben der christlichen Familie in der Welt von heute, 1981; zur traditionellen «Theologie» (oder Ideologie) der katholischen Mariologie vgl. L. Scheffczyk: Maria in der Verehrung der Kirche, Wien 1981, wo (S. 15–20) in einer historisch unhaltbaren, aber dogmatisch vorgegebenen Exegese aus Lk 1,28–38 alles das herausgelesen wird, was der kath. Kirche lieb und teuer ist. Gnilka, I 472, Anm. 9, bemerkt zu Mt 12,46–50: «Es ist festzustellen, daß das theologische Interesse an Maria in den jüngeren Schichten des Evangeliums aufkommt. Auch hierin erweist sich unsere Perikope als ältere Überlieferung.»

⁶¹ Auch *das* steht in den Texten des für «renovativ» geltenden 2. Vatic. Konzils: «Der römische Bischof hat... kraft seines Amtes als Stellvertreter Christi und Hirt der ganzen Kirche volle, höchste und universale Gewalt über die Kirche, die er immer frei ausüben kann.» 2. Vatic., Reuter, S. 53 (Nachtrag zur Konstitution über die Kirche, Kap. 3, Nr. 22).

⁶² Zu Stellung und Aufbau der Gleichnisrede von Mt 13,1–53 vgl. Gnilka, I 473–475; Luz, I/2, 291–295: «Matthäus konnte eine

der beiden großen markinischen Reden übernehmen (Mk 4,1–34). Sie steht auch bei Markus nach der Perikope von den wahren Verwandten Jesu (Mk 3,31–35 = Mt 12,46–50). Er folgt seinem üblichen Verfahren und erweitert eine vorgegebene markinische Rede am Schluß durch Q und Sondergutstraditionen» (295). «Das Gleichnis vom vierfachen Ackerfeld ist in seinem Zwischenstück V 10–18 erweitert durch ein Logion aus dem sonst fehlenden Logienkomplex Mk 4,21–25 (V 12 = Mk 4,25) und durch eines Q (Lk 10,23f = V 16f). Das Gleichnis vom Lolch im Getreidefeld (V 24–30) steht an der Stelle des markinischen Gleichnisses von der selbstwachsenden Saat (Mk 4,26–29)... Das Gleichnis vom Senfkorn V 31f steht bei Markus (4,30–32) und in Q, dort zusammen mit dem Sauerteiggleichnis (Lk 13,18–21). Deshalb hat es Mt auch hier eingefügt (13,33). Der Abschluß des Hauptteils am See, V 34f, knüpft an Mk 4,33f an. Das heißt: Die ganze Schlußszene mit der Jüngerbelehrung im Haus (V 36–52) ist eine von Mt neu gestaltete Erweiterung gegenüber Mk. Die Deutung des Lolchgleichnisses V 36–43 ist red(aktionell). Die folgenden drei Gleichnisse vom Schatz, von der Perle und vom Fischnetz stammen wohl aus einer mündlichen Sonderüberlieferung, ebenso das kleine Schlußgleichnis vom Hausvater 13,52» (295–296). – Zur Auslegung des Gleichnisses von der vielfältigen Saat in Mt 13,18–23 vgl. Mk I 322–333; dort die entsprechenden Literaturverweise. Zum Aufbau von Mt 13,1–53 vgl. auch W. WILKENS: Die Redaktion des Gleichniskapitels Markus 4 durch Matthäus, ThZ 20 (1964) 305–327; J. D. KINGSBURY: The Parables of Jesus in Matthew 13, London 1969; B. GERHARDSSON: The Seven Parables in Matthew 13, NTS 19 (1972/73), 16–37; D. WENHAM: The Structure of Matthew 13, NTS 25 (1979), 516–522; DERS.: The Interpretation of the Parable of the Power, NTS 20 (1973/74), 299–319.

[63] Zur Psychodynamik der Gleichnisrede vgl. TE II 712–753.

[64] Vgl. zur ursprünglichen Situation des Gleichnisses J. JEREMIAS: Die Gleichnisse Jesu, 150; E. LINNEMANN: Gleichnisse Jesu, 180–183; TE II 739–746; vgl. LUZ, I/2, 308–311.

[65] Vgl. E. DREWERMANN: Das Tragische und das Christliche, in: Psychoanalyse und Moraltheologie, I 19–78.

[66] GNILKA, I 478–479 hat das Gleichnis (gegen J. JEREMIAS: Palästinakundliches zum Gleichnis vom Sämann, NTS 13 [1966–67] 48–53) eher als Parabel sehen wollen; dann ergäbe sich eine «unrealistische Schilderung. Mt... denkt, im Zuge seiner paränetischen Individualisierung, an das einzelne Saatkorn» (479), eher also an den Gesamtertrag des Ackers; der Tenor wäre dann noch stärker, das eigene individuelle Leben als den Entscheidungsort Gottes zu betrachten.

[67] Zu Mt 13,10 vgl. Mk I 322–333; LUZ, I/2, 311–312: «Bereits Mk 4,10–12... war ein Versuch, dieses Nichtverstehen Israels in der Gegenwart zu verstehen. Diesen Versuch nimmt Matthäus auf und führt ihn weiter» (312). Darum aber gilt es, die Gründe in uns selber zu verstehen, die uns, Menschen, die wir sind, an der Aufnahme der Botschaft Jesu hindern.

[68] Zu dem Sprichwort vgl. Spr. 9,9; 11,24; 15,6; S–B I 660–662. Die Antwort Jesu zeigt deutlich, daß es hier keineswegs nur um den historischen Rückblick auf die Ablehnung der Botschaft Jesu durch das zeitgenössische Judentum geht!

[69] Zu Jes 6,9.10 vgl. O. KAISER: Der Prophet Jesaja, Kap. 1–12, (ATD 17), 65–66; vgl. bes. GNILKA, I 483–485; zur «Verstocktheit Israels» vgl. J. GNILKA: Die Verstockung Israels. Is 6,9–10 in der Theologie der Synoptiker (StANT 3) München 1961, bes. S. 90–115. «Das Prophetenwort Is 6,9f ist der klassische Beleg des Urchristentums für die Verstocktheit des Volkes Israel, seine Verweigerung, das Evangelium anzunehmen. Es begegnet nicht nur... am Ende der Apg 28,26f, sondern auch als negative Zusammenfassung des Wirkens des johanneischen Christus (Joh 12,39f). Auch in Röm 11,8 könnte es aufscheinen.» GNILKA, I 483–484.

[70] Vgl. E. CONZE: Der Buddhismus, 193–195.
[71] Zu Mt 13,18–23 vgl. LUZ, I/2, 315–320; GNILKA, I 485–488: «Mt läßt den Jüngertadel Mk 4,13 aus und gibt dem Gleichnis in V 18 einen Namen. Er spricht vom Wort vom Reich und ändert den Satansnamen in: der Böse. Das Herz ist ihm bedeutungsvoll als Empfänger dieses Wortes (V 19)... Was schon für die Mk-Vorlage galt, ist auch für den Mt-Text miteinzubeziehen: die Deutung ist eine durch Allegorisierung des Gleichnisses entstandene nachträgliche Interpretation, die die Sprache frühchristlicher Mission teilweise aufgreift und in struktureller Hinsicht Gleichnis- und Traumdeutungen der Apokalyptik zum Vorbild hat» (486). Mt «vermag zu zeigen, daß es darauf ankommt, das Wort nicht nur zu hören, sondern es auch zu tun... So betrachtet, steht die Geschichte in einer Linie mit dem Gleichnis von der Sturmflut am Ende der Bergpredigt. Der einzelne ist angesprochen in seiner Verantwortung» (487).
[72] Zu Mt 13,22 vgl. SAND, 282: «statt dreier elementarer Gefährdungen – wie Mk und Lk – kennt Mt nur zwei, die aber für ihn besondere Bedeutung haben, vgl. 6,25–33.34 (vom falschen Sorgen) und 19,23 (von der Gefahr des Reichtums...).»
[73] Vgl. E. DREWERMANN: Der tödliche Fortschritt, 15–21.
[74] Vgl. zu Mt 13,24–30.36–43 A. JÜLICHER: Die Gleichnisreden Jesu, 546–563, der (561–562) die Vermutung erörtert, die Allegorie vom Unkraut unter dem Weizen könnte durch Umbildung aus Mk 4,26–29 entstanden sein. «War bei Mc die Überflüssigkeit menschlichen Eingreifens veranschaulicht worden, so konnte Mt nicht vergessen, daß doch auch der Teufel noch da ist, der nicht still zusieht, wie Gottes Saaten wachsen; bei seinem allegorisierenden Auffassen der Texte störte ihn vielleicht auch, daß der Sämann selber nach Mc 4,27 geschlafen haben sollte: also der Menschensohn unbekümmert um die Kinder seines Reichs?» Dagegen R. BULTMANN: Geschichte der synoptischen Tradition, 191, der eine «reine Parabel» hier erkennt. SAND, 285, wendet gegen die Echtheit des Gleichnisses in der Verkündigung Jesu ein: «Jesus hat die freie Gnade Gottes verkündet, die den Sünder rechtfertigt und in seine Gemeinde aufnimmt; seine Anhängerschaft setzt sich aus Zöllnern, Sündern und Dirnen zusammen... Gegenüber dieser Lehre und Praxis Jesu hat die Parabel die Absicht, die Frage nach Gut und Bös in der Gemeinde zu beantworten.» «Die Parabel spiegelt somit die Probleme der frühchristlichen Zeit, also der Gemeinde des Mt-Ev., in der eine feste ‹Kirchenordnung› allmählich Gestalt annimmt, und zwar mit folgendem Inhalt: Die Auserwählung des eschatologischen Gottesvolkes verträgt sich nicht mit ‹Unkraut› in der Gemeinde. Vor dem Hintergrund dieses wachsenden Gemeindeverständnisses aber bedeutet die Parabel für die Mt-Gemeinde eine Provokation; protestiert sie doch gegen jeden eifernden Purismus, und zwar mit dem Hinweis auf die noch ausstehende Endzeit, vor allem mit dem Hinweis auf die völlige Unzulänglichkeit des menschlichen Urteilsvermögens... Mt hat dann aber in der ‹Deutung› der Parabel den genannten Protest erheblich abgeschwächt.» *Thomasevangelium* 57 läßt mit seinem kürzeren Schluß vermuten, daß erst Mt die Scheidung von Weizen und Unkraut (Mt 13,30) gestaltet hat.
[75] J. JEREMIAS: Die Gleichnisse Jesu, 221–222, sieht in dem Gleichnis vom Unkraut im Weizen (Mt 13,24–30) und vom Schleppnetz (Mt 13,47f.) eine Antwort Jesu gegen den Vorwurf der Pharisäer, daß er «gerade das verfluchte ‹Volk, das vom Gesetz nichts weiß› (Joh 7,49), zu sich rief... Warum forderte er nicht auf zur Aussonderung der reinen Gemeinde aus Israel?» So verstanden, wäre das Gleichnis nicht erst ein Protest gegen den neuen «Pharisäismus» in der frühchristlichen Gemeinde; vielmehr «rechtfertigt» Jesus sich hier gegen zeitgenössische Vorwürfe offenbar mit einem bestimmten Bild von Gott, das u. a. eine komplexe «Schöpfungstheologie» enthält.
[76] R. SCHNEIDER: Winter in Wien, 130.
[77] Zum iranischen Dualismus vgl. J. DUCHESNE-GUILLEMIN: Zoroaster und das Abendland (1958), in: B. Schlerath (Hrsg.): Zarathustra, Darmstadt 1970, 217–252, S. 243.
[78] Vgl. M. NOEL: Erfahrungen mit Gott,

33–34: «Ich klammere mich, wie ich kann, an die verstreuten Trümmer meines Glaubens... ich habe flüchtig Gott geschaut... Aber nicht den Gott, den ich seit der Kindheit vertraut kannte, den ‹lieben› Gott, ‹Unseren Vater›, meinen Freund. Nein! Einen anderen! Ein anderer, der hinter ihm versteckt war und so fürchterlich, daß mein Verstand wankte. Es ist derjenige, der nur ein einziges Gesetz auf seine stummen Tafeln geschrieben hat: ‹Du mußt töten... du wirst getötet werden›, und sich nicht die Mühe gegeben hat, es anders zu erklären als durch den erbarmungslosen Gang des Weltalls.»

[79] So in seinem umstrittenen Buch J. MONOD: Zufall und Notwendigkeit, 195–219: Das Reich und die Finsternis.

[80] Vgl. R. RIEDL: Die Strategie der Genesis, 15–30: In des Teufels Küche.

[81] A. a. O., 191.

[82] J. H. REICHHOLF: Das Rätsel der Menschwerdung, 219–221.

[83] R. RIEDL: Die Strategie der Genesis, 18; 191.

[84] A. a. O., 132; 148 f.; 152.

[85] Vgl. R. u. B. DECKER: Vulkane. Abbild der Erddynamik, 15–26: Nahtstellen der Erde.

[86] M. EIGEN: Stufen zum Leben; 86; E. JANTSCH: Die Selbstorganisation des Universums, 145–147.

[87] Der Satz wurde (natürlich!) als häretisch verurteilt; DS 978.

[88] Vgl. R. RIEDL: Evolution der Erkenntnis, 55–78: Von der Evolutions- zur Erkenntnistheorie; 79–94: Eine Wissenschaft von der Erkenntnis.

[89] Zu Mt 13,36–43 vgl. GNILKA, I 499–503, der bes. auf die apokalyptische Bildtradition hinweist, in der Mt das Gericht des Menschensohnes malt. W. TRILLING: Das wahre Israel, 125–126, hat das «Reich des Menschensohnes» (vgl. Mt 16,28; 20,21) mit der «Kirche identifiziert; dagegen GNILKA, I 502: «Die Einsammlung der Frevler aus seinem Reich bezeichnet das Gericht über die Welt. Die Benennung der Basileia (sc. der Königsherrschaft, d. V.) nach dem Menschensohn drückt dessen einzigartige und bleibende Bedeutung im heilsgeschichtlichen Prozeß aus, weil Heil, Gericht und Vollendung an ihn gebunden sind. Es ist nicht zu erkennen, daß Mt wie Paulus (vgl. 1 Kor 15,25ff) daran gedacht hätte, daß der Menschensohn am Ende sein Reich dem Vater übergibt.» Eine «Unterordnung des Menschensohnes unter den Vater» verrät allerdings Mt 20,23b; 25,34. – Zur Aussendung der *Engel* durch den Menschensohn vgl. S–B I 973–974; äthiop. Henoch 1,3ff.; 53,3ff.; 54,6; 56,1ff.; 62,11; 63,1; 100,4f.

[90] Mt I 53–63: Die Angst vor der Gesetzlosigkeit und die Reaktionsbildung einer neuen Gesetzlichkeit: Vgl. auch G. BARTH: Auseinandersetzungen um die Kirchenzucht im Umkreis des Matthäusevangeliums, ZNW 69 (1978), 158–177, bes. S. 159 ff.

[91] Mt I 53–54.

[92] S–B I 673; aethiop. Henoch 98,3; G. BEER: Das Buch Henoch, in: E. Kautzsch (Hrsg.): Die Apokryphen und Pseudepigraphen des Alten Testament, 2 Bde., Tübingen 1900, II 217–310, S. 303.

[93] H. D. ALTENDORF: Die Entstehung des theologischen Höllenbildes in der Alten Kirche, in: P. Jezler: Himmel – Hölle – Fegefeuer. Das Jenseits im Mittelalter, Schweizerisches Landesmuseum Zürich 1994, 27–32; WK 1033–1037; vgl. dazu E. DREWERMANN: Glauben in Freiheit, I 157–158. Theologisch hat bes. P. TILLICH: Systematische Theologie, Berlin 1958, Bd. 2, 87, die «Hölle» sehr zu Recht als *Symbol* der Verdammnis gedeutet und hinzugefügt: «Der Mensch ist niemals vom Grund seines Daseins abgeschnitten, nicht einmal im Zustand der Verdammnis.» Vgl. a. a. O. III 450–453: Das Ende der Geschichte als Enthüllung des Negativen.

[94] So meinte wohl nicht zu Unrecht J. JEREMIAS: Die Gleichnisse Jesu, 221, das Gleichnis vom Unkraut im Weizen könnte der Rechtfertigung Jesu gedient haben gegenüber der Frage «der pharisäischen Gemeinde des heiligen Restes», «warum er nicht durch Aussonderung der Sünder die reine messianische Gemeinde herstelle. Man hätte... nie behaupten sollen, daß diese Frage erst für die spätere Gemeinde brennend gewesen sei!»

[95] Gerade das apokalyptische Bild von der «Sammlung» durch die Engel muß natürlich

symbolisch gedeutet statt fundamentalistisch dogmatisiert werden; zur Interpretation apokalyptischer Bilder vgl. TE II 467–591.

[96] Vgl. Luz, I/2, 342–343, der an «die bereits vollzogene Trennung von Israel, die Heidenmission und die Notwendigkeit, die Gemeinde zu ermahnen», als Motiv des Mt erinnert. «Eine neue Situation hat zu einer neuen Akzentuierung des Textes geführt.» Zum «Problem der reinen Kirche», zum «Umgang mit Häretikern» und zu den «ethischen Deutungen» vgl. a. a. O., 344–348.

[97] *Codex Juris Canonici,* Buch VI: Strafbestimmungen in der Kirche, S. 574–615, Can 1311–1399; Buch VII: Prozesse, S. 616–769, Can 1400–1752.

[98] Nach Röm 1,27.32 steht auf Homosexualität sogar die Todesstrafe. Es gibt bis heute kein Schuldeingeständnis der Kirche, daß im «Dritten Reich» die Homosexuellen, entsprechend den moralischen Vorstellungen der Kirche, neben den Wehrdienstverweigerern die ersten waren, die in die «Konzentrationslager» deportiert wurden. Vgl. K. Deschner: Das Kreuz mit der Kirche, Kap. 24, 2, S. 331–335: Kastration oder Feuertod für Homosexuelle.

[99] Dagegen nach wie vor WK 2357.

[100] Derselbe Papst, der die *Familie* als so entscheidend für die Grundlegung des Christlichen betrachtet, kann doch unverblümt dazu aufrufen, in den polygamen Kulturen Afrikas «immer weitere Landstriche oder immer größere Volksgruppen durch die Predigt des Evangeliums zu erfassen» und dabei «die Lebensmodelle der Menschheit, die zum Wort Gottes und zum Heilsplan im Gegensatz stehen», im Sinne der Kirche, vor allem mit Hilfe der «Kommunikationsmittel», umzuwandeln. Johannes Paul II: Christifideles Laici, Nr. 44, S. 71. Also: Zerschlagung aller nichtchristlichen Kulturen im Namen Christi, kirchlicher Imperialismus als «Verkündigung» der Gottesherrschaft und Medieninfiltration als «Dienst» am Evangelium.

[101] R. Schirmer: Der Roman von Tristan und Isolde. Den alten Quellen nacherzählt von R. Schirmer, Zürich 1969, 252–256; J. Bédier: Der Roman von Tristan und Isolde, übers. v. R. G. Binding, Frankfurt (it 387) 1979, 131–134.

[102] Gnilka, I 501, meint sogar, die «Deutungen des guten Samens und des Tollkrauts» seien «in der Knappheit mißverständlich. Sind die Menschen von vornherein festgelegt? Zu der einen oder anderen Art bestimmt?» Es genügt festzustellen, daß das «Bild... nicht prädestinatianisch, sondern ethisch zu deuten» ist, um den Kontrast zur Botschaft Jesu zu bemerken.

[103] Zu Mt 13,52 vgl. Gnilka, I 510–512: «Für Mt... liegt die Zuordnung von Evangelium und Schrift (= AT) näher... Für diese Auffassung spricht auch die auffallende Voranstellung des Neuen. Im Umgang mit der Jesus-Tradition ist Mt ein relativ konservativer Theologe. Also trägt der christliche Schriftgelehrte das Evangelium vom Reich vor, aber er vergißt nicht die Worte der Schrift. Maßstab ist das Neue... ein Konterfei des Evangelisten» selbst (511). Aber was Mt hier macht, ist nicht «konservativ», sondern reaktionär! Das «Neue», das er gegenüber der Botschaft Jesu hervorholt, ist gerade das «Alte», das Jesus überwinden wollte: die Klassifizierung der Menschen in «Gute» und «Böse»! Vgl. S–B I 676–677. Die Stelle erinnert an Jes 43,18–19.

[104] J. Jeremias: Die Gleichnisse Jesu, 145–149, sieht in dem «nisten» der Vögel (Mk 4,32; Mt 13,32) einen geradezu eschatologischen «Terminus technicus für die Einverleibung der Heiden in das Gottesvolk». *Thomasevangelium,* 20 und Mk 4,32 berichteten von einer Senfstaude, Mt hat daraus einen Baum gemacht; ebenso enthält *Thomasevangelium,* 96 für den Sauerteig keine Mengenangabe; die «drei Scheffel» Mehl in Mt 13,33 sind ein Zitat aus Gen 18,6 und entsprechen fast einem halben Zentner Mehl – Brot für 100 Personen! Vgl. Röm 11,16, wo der Teig ein Bild für das Gottesvolk darstellt. Der «Sinn ist: aus den kümmerlichsten Anfängen, aus einem Nichts für menschliche Augen, schafft Gott seine machtvolle Königsherrschaft, die die Völker der Welt umfassen wird». «Den Hörern Jesu war von der Schrift her (Ez 31; Dan 4) der hohe Baum als Bild für die Weltmacht geläufig, und das kleine Stück Sauerteig, das den

ganzen Teig durchsäuert, war ihnen von der Passa-Haggadha her als Sinnbild der Bosheit und Schlechtigkeit vertraut (sc. 1 Kor 5,6, d. V.). Jesus hat die Kühnheit, beiden Vergleichen eine entgegengesetzte Anwendung zu geben. So ist's – nicht mit der Macht des Bösen, sondern mit der königlichen Macht Gottes.» JEREMIAS, 148–149. Ähnlich spricht A. JÜLICHER: Die Gleichnisreden Jesu, II 569–581, von dem gewaltigen «Optimismus, den Jesus trotz seiner dualistischen Welt- und Geschichtsbetrachtung besessen und zu unmittelbarer religiöser Wirksamkeit gebracht hat» (569). Zu Mk 4,26–34 vgl. Mk I 343–350. LUZ, I/2, 333, meint: «Es ist denkbar, daß sie (sc. die Gemeinde des Mt, d. V.) beim ‹Kommen› und ‹Sich-Niederlassen› der Vögel an das endzeitliche Hinzuströmen der Heiden gedacht hat, zu deren Missionierung sie ja aufbricht... Bei Matthäus verbindet sich... der gegenwärtige Aufbruch zur Heidenmission mit der Hoffnung auf das kommende Reich Gottes. Das Gottesreich ist aber deswegen nicht in der Kirche vorweggenommen; das ist durch die folgende Erklärung der Parabel vom Lolch im Weizenfeld ausgeschlossen (V 37–43).» Vgl. auch J. DUPONT: Le couple parabolique du sénevé et du levain, in: Jesus Christus in Historie und Theologie (Festschrift für H. Conzelmann), Tübingen 1975, 331–345; O. KUSS: Zur Senfkornparabel. Zum Sinngehalt des Doppelgleichnisses vom Senfkorn und Sauerteig, in: Auslegung und Verkündigung, I. Bd., Regensburg 1963, 78–97.

[105] Gerade die *Kleinheit* des Senfkorns und das *Wenige* des Sauerteigs macht die Erzählung Jesu zu einem «Kontrastgleichnis»; J. JEREMIAS: Die Gleichnisse Jesu, 148. Dann aber gilt es, psychologisch die *Mutlosigkeit* anzusprechen, die mit diesem Kontrastbild überwunden werden soll. Vgl. J. JEREMIAS: Die Deutung des Gleichnisses vom Unkraut unter dem Weizen, in: Neotestamentica et Patristica (Festschrift für O. Cullmann), Leiden 1962, 59–63, wo die «moralisierende» Nutzanwendung der mt Allegorese in der Situation der Gemeinde betont wird.

[106] H. HESSE: Stufen. Ausgewählte Gedichte. Gedichte von 1895 bis 1949, ausgew. v. H. Hesse, Frankfurt (sv 342) 1970, 187.

[107] In Mt 13,44 (dem Schatz im Acker) und Mt 13,45–46 (der kostbaren Perle) handelt es sich um zwei Gleichnisse, die in *Thomasevangelium*, 109; 76 getrennt überliefert werden. Mt 13,47–50 (das Schleppnetz) steht inhaltlich in engem Zusammenhang mit dem Unkrautgleichnis (Th Ev 57); die Deutung des Gleichnisses (Mt 13,49f.) geht auf Mt selbst zurück und ist «lediglich eine verkürzte Wiedergabe von 13,40b–43». J. JEREMIAS: Die Gleichnisse Jesu, 223; 83. A. JÜLICHER: Die Gleichnisreden Jesu, 563–569, meint zum Fischnetzgleichnis: «Ein bloß eschatologischer Gottesreichsbegriff ist mit diesen Parabeln nicht vereinbar; Jesus handelt in ihnen vom Gottesreich als einer bereits gegenwärtigen Größe... Ihr Kleinmütigen werdet doch nicht an dem Dasein des Lichtreichs auf Erden verzweifeln, weil ihr überall noch so viel Finsternis, so viel Ärgernis, so viel Schwachheit in ihm findet? Verzweifelt... der Fischer an seinem Fang, weil faule Fische gleich oben auf liegen?» (567) «... die Phantasien Späterer von dem einen Netz der allein selig machenden Kirche, das durch die Menschenfischer und ihre legitimen Nachfolger in das Völkermeer ausgeworfen wird, und das dereinst seinen sehr mannigfachen Inhalt zur letzten Scheidung an den Ufern der Ewigkeit abliefern wird, sind dem Mt noch fremd» (566). Redaktionell ist die *gegensätzliche* Montage interessant, in der Mt die beiden Gleichnisse hier zusammenfügt.

[108] S. o. Anm. 103 zu Mt 13,52. LUZ, I/2, 365, betont, daß Mt «bei der Jesusüberlieferung gerade nicht zwischen ‹Altem› und ‹Neuem› unterscheidet.» Vgl. Mt 5,17–20.

[109] Zur «matthäischen Gleichnisdeutung» insgesamt vgl. LUZ, I/2, 366–375, der auf die heilsgeschichtliche und paränetische Aussagerichtung verweist und resümiert: «In den matthäischen Gleichnissen gewinnt das Gericht eine unheimlich prominente Stellung» (374). Die Gleichnisse selbst versteht er als «Neue Bilder vom Leben» und betont: «Durch Exegese allein kann man die Himmelreichgleichnisse nicht verstehen» (380). Dem ist nur zuzustim-

[110] E. DREWERMANN–I. NEUHAUS: Die Kristallkugel, 48–52. – Die Entdeckung der «kostbaren Perle» schildert B. VON ARNIM: Die Günderode (1853), hrsg. v. E. Bronfen, München 1982, S. 361, so: «Die Wahrheit erfüllt Dich, der Mut umarmt die allumarmende Weisheit. Die Wahrheit sagt zum Mut, brich deine Fesseln, – und dann fallen sie ab von ihm. Der Schein ist Furcht, die Wahrheit fürchtet nicht, wer sich fürchtet, der ist nicht wirklich, der scheint nur. Furcht ist Vergehen, Erlöschen des wahrhaften Seins. *Sein* ist der kühnste Mut zu denken. Denken ist gottbewegende Schwinge... Ist das, was Ihr für wahr ausgebt, Wahrheit, so schwing ich mich im Denken zu ihr auf.»

[111] J. ROTH: Der Leviathan, in: Die Erzählungen, Amsterdam–Köln 1973, 234–274, S. 236–237.

[112] A. a. O., 237.

[113] A. a. O., 238.

[114] E. LINNEMANN: Gleichnisse Jesu, 103–111, S. 107, sieht das Entscheidende des Gleichnisses in der «einmaligen Gelegenheit»: «Einen derart entschlossenen und ganzen Einsatz hält Jesus für erforderlich und eine solche einmalige Gelegenheit für gegeben.» Über die «Realisierung» einer Perle aber, deren Ankauf bereits das gesamte Zahlungsvermögen dieses Kaufmanns einfordert, wird wenig nachgedacht, auch nicht darüber, daß der Kaufmann gerade diese *alles* kostende Perle *suchte*. A. JÜLICHER: Die Gleichnisreden Jesu, II 581–585, S. 583, meint: «Das einzige... (Vergleichsmoment) ist, wie die einfachste Klugheit allen alten Besitz hingibt, wenn nur durch dieses Opfer ein neuer schönerer erworben werden kann.» S. 585: «So lehren die Parabeln uns..., daß als Preis für das Himmelreich schlechterdings *nichts*, selbst Vater und Mutter nicht zu teuer sein darf: wo der Erwerb des Himmelreichs durch Behalten von früherem Besitz gefährdet ist, heißt's freudig fahren lassen.» Vgl. auch O. GLOMBITZA: Der Perlenkaufmann, NTS (1960/61), 153–161.

[115] E. LINNEMANN: Gleichnisse Jesu, 105–106, betont zu Recht: «Weithin wird das Verhalten des Perlenkaufmanns und des Schatzfinders als Opfer aufgefaßt. Aber diese Männer opfern nicht, sie zahlen einen Kaufpreis. Zwischen einem Kaufpreis und einem Opfer besteht ein grundlegender Unterschied: Kauf ist ausgerichtet auf den Empfang des Gegenwertes, Opfer ist dagegen Hingabe, die keinen Lohn erwartet.» – Einen sehr schönen «Kommentar» asiatischer Weisheit zur Stelle enthält DSCHUANG DSI: Südliches Blütenland, XII 4, S. 131: Der Herr der gelben Erde verliert auf einem Berg jenseits der Grenzen der Welt beim Anblick des Kreislaufs der Wiederkehr seine Zauberperle. Erkenntnis, Scharfblick und Denken finden sie nicht wieder – nur das Selbstvergessen!

[116] J. STEINBECK: Die Perle (1947), übers. v. F. Horst, Stuttgart–Konstanz 1962. – Interessant ist die «Kontrastgeschichte» zu der Erzählung Jesu von der kostbaren Perle bei S. KIERKEGAARD: Der Augenblick, XIV 306–307; Werkausgabe II 512–513: Die Perle, die ein armes Ehepaar findet, stammt aus dem Thron im Himmel, und so warten sie die paar Jahre auf Erden noch ab, ohne die Perle zu verkaufen, auf daß sie dereinst um so glücklicher sind. Hier wird der *Verzicht* auf Erden zur Bedingung der himmlischen Seligkeit. Gerade so meint Jesus es nicht!

[117] J. JEREMIAS: Die Gleichnisse Jesu, 197–198, verweist auf die «zahlreichen Kriege, die über Palästina infolge seiner Mittellage zwischen Zweistromland und Ägypten im Laufe der Jahrhunderte hinweggingen» und die «immer wieder» dazu zwangen, «bei drohender Gefahr das Wertvollste zu vergraben». Eine Fassung im *Thomasevangelium*, 109 erzählt von einem Vater, der, *unwissentlich*, seinem Sohn einen Acker überläßt, in dem ein Schatz verborgen ist; erst ein späterer Käufer des Ackers entdeckt den Schatz. Weitere jüdische Parallelen bei S–B I 674.

[118] Vgl. GNILKA, I 506: «Als Basileia (sc. Königreich-)Gleichnis kündet die Geschichte vom ‹Mehrwert› der Himmelsherrschaft.» «Die entschiedene Reaktion des Menschen geschieht in Freude.» – «Wer da nicht zugreift, ist

ein Narr, dem selbst dann, wenn es Brei regnet, noch der Löffel fehlt.» E. LINNEMANN: Gleichnisse Jesu, 106.

[119] Zum Fischnetzgleichnis (Mt 13,47–50) vgl. A. JÜLICHER: Die Gleichnisreden Jesu, II 563–569: «Der Fischer kann gar nicht anders als Fische aller Art in sein Netz einzulassen, wenn er überhaupt welche fangen will, der Landmann kann nicht anders als das Unkraut mitwachsen lassen» (568). «In unsern Parabeln sucht Jesus nach einem Ausgleich zwischen dem von den Vätern übernommenen Ideal vom Gottesreich, nach dessen Verwirklichung er sich sehnte, und der von ihm erlebten Gegenwart dieses Reichs.» (569)

[120] Vor allem die Deutung des Gleichnisses in Mt 13,49.50 ist ganz und gar redaktionell und eine Wiederholung von 13,40–43. Aber auch die Verse 47–48 sind so stark mt geformt, daß sie von dem Evangelisten selbst stammen könnten; zumindest sind sie auf die redaktionelle Deutung hin stark überarbeitet worden. Was die «Bösen» im «Feuerofen» sollen in Parallele zu den «faulen» Fischen, die man ins *Meer* zurückwirft, ist gänzlich unpassend erzählt. LUZ, I/2, 357, glaubt, 13,47–48 entstamme mündlicher Überlieferung und sei erst von Mt schriftlich geformt worden. A. JÜLICHER: Die Gleichnisreden Jesu, II 566, warnt vor den «Phantasien Späterer von dem einen Netz der allein selig machenden Kirche, das durch die Menschenfischer und ihre legitimen Nachfolger in das Völkermeer ausgeworfen wird». Von Anfang an hat man es hier eher mit einer Allegorie als mit einer Parabel zu tun.

[121] Zum Aussenden der Engel und zum «Feuerofen» vgl. S-B I 672–673.

[122] Das Wort vom «Heulen und Zähneknirschen» ist ein Lieblingsausdruck des Mt; vgl. Mt 8,12; 13,42.50; 22,13; 24,51b; 25,30.

[123] Vgl. dazu Mt I 173–184.

[124] Vgl. TE II 467–511 zur Interpretation apokalyptischer Endzeit- und Weltuntergangsvorstellungen. – In Mt 13,52 stellt Mt sich selbst als der «Schriftgelehrte» dar, der «Neues und Altes austeilt». D. ZELLER: Zu einer jüdischen Vorlage von Mt 13,52, BZ 20 (1976) 223–226, denkt mit Bezug auf Sir 18,29; 21,15; 24,30ff. an den Typos des Weisheitslehrers, der die Lehre der Vorfahren ergründet und eigene Weisheitsworte vorträgt. GNILKA, I 511, denkt an das Verhältnis von Evangelium und Schrift (= AT); es gelte, die Jesus-Tradition mit den Worten der Schrift zu verbinden.

[125] Ein solches *synthetisches* Bild der Vereinigung der «Engel» und der «Tiere» im Ich bietet Mk 1,12–13; vgl. Mk I 142–161: Vereint mit Tieren und mit Engeln. Demgegenüber vermerkt GNILKA, I 512, zu Recht: «Scheidung, Dualität, Antithese sind ein Grundzug der mt Kompositions- und Redaktionstätigkeit... Es gilt, diese eschatologische Orientierung nicht zu verlieren.» Dann aber ist es um so wichtiger, den Entscheidungsernst der Gleichnisse so zu deuten, daß es der Integration, nicht der Dissoziation dient.

[126] Es ist zu wenig, in dem Aufbau von Mt 13 mit GNILKA, I 512, zu sagen: «Alles, was in der Welt ist, ist ambivalent.» Das ist zwar richtig, doch um so wichtiger ist es, sich eindeutig zu entscheiden!

[127] Vgl. J. JEREMIAS: Neutestamentliche Theologie, I 124–141: Die Gnadenfrist, bes. S. 135.

[128] J. KLAUSNER: Jesus von Nazareth, 386, meint: «die Bewohner seiner Heimatstadt... konnten sich gar nicht vorstellen, daß einer aus ihrer Mitte so weise geworden sein sollte, Wunder tun könne und gar das Kommen des Messias verkünde.» – Die Szene geht auf Mk 6,1–6 zurück; vgl. dazu Mk I 376–389. Mt 13,53 ist redaktionell – ein Leitwort des Mt; vgl. Mt I 208–212.

[129] Vgl. JOHANNES PAUL II: Predigten und Ansprachen bei seinem zweiten Pastoralbesuch in Deutschland, 30.4.–4.5.1987, Verlautbarungen des Apostolischen Stuhls, 77: Ansprachen bei der Marienfeier in Kevelaer, 2.5.87, S. 53–59, Nr. 4: «Als Magd des Herrn war Maria bereit zur selbstlosen Hingabe, zu Verzicht und Opfer, zur Christusnachfolge bis unter das Kreuz. Sie verlangt von uns die gleiche Haltung...» (S. 55). Das alles begründet mit Joh 2,5!

[130] H. IBSEN: Die Wildente (1884), in: Dramen, 2 Bde., München 1973, 159–251, 5. Akt, S. 238.

[131] A. a. O., 5. Akt, S. 251.

[132] A. a. O., 250–251.
[133] WK 496–511!
[134] R. PESCH: Das Markusevangelium, I 319; 322–325; vgl. E. DREWERMANN: An ihren Früchten sollt ihr sie erkennen, 20–21. LUZ, I/2, 385, sagt lobenswert klar: «‹Brüder› und ‹Schwestern› müssen natürlich nach dem nächstliegenden Verständnis auf leibliche Geschwister Jesu gedeutet werden; es gibt keine Anhaltspunkte im Text, welche die Leser zu einem anderen Verständnis führen würden.» Dann aber lese man, in welcher Weise ein Bischof wie J. J. DEGENHARDT (Paderborn) an die «leibhaftige» Jungfräulichkeit Mariens auf römische Weisung hin die Frage der Zugehörigkeit zum christlichen Glauben knüpfen kann. E. DREWERMANN: Worum es eigentlich geht. Protokoll einer Verurteilung, 125–155; 256–258; 304; 337–338; 341; 351; 353; 360–361; 370; und dann: 385–389! 402! 410–411; 418–419; 431–432; 438; 456; 467–468; 476; 512; 515; 519; 522; 525; 529. – GNILKA, I 514, meint zu den Namen der Brüder Jesu: «Die Herrenbrüder tragen Patriarchennamen. Jakobus ist vielleicht wegen seiner späteren Bedeutung ... – Leiter der Jerusalemer Gemeinde – an erster Stelle genannt.»
[135] J. KLAUSNER: Jesus von Nazareth, 326–341, S. 339–340, meint, Johannes sei aus Sorge vor einem Aufstand von Herodes Antipas und weil er die gesetzwidrige Ehe mit Herodias gerügt habe, verhaftet und in der Festung Machärus gefangengehalten und getötet worden. Die Resonanz des Johannes war so groß, daß FLAVIUS JOSEPHUS: Jüdische Altertümer XVIII 5, 2, S. 525, schreibt: «Manche Juden waren übrigens der Ansicht, der Untergang der Streitmacht des Herodes (sc. im Kampf gegen den Araberkönig Aretas, d. V.) sei nur dem Zorne Gottes zuzuschreiben, der für die Tötung Johannes des Täufers die gerechte Strafe gefordert habe.» Vgl. S–B I 679. Zu Mk 6,14–29 vgl. Mk I 405–424. Die historischen Bedenken gegen die Einzelheiten der mk Geschichte, die Mt hier übernimmt, beginnen schon damit, daß Mt 14,3 Herodias als die Frau des Philippus bezeichnet; in Wahrheit war Herodias zuerst mit Herodes (dem «Privatmann»), dem zweiten Sohn Herodes des Großen (37–4 v. Chr.), verheiratet; Herodes Antipas, den sie dann heiratete, war der Stiefbruder des Herodes; Philippus, der 5. Sohn Herodes' des Großen, heiratete Salome, die Tochter der Herodias aus erster Ehe.
[136] Zu den entsprechenden Parallelen vgl. Mk I 409, Anm. 14.
[137] Mk I 419–422.
[138] Was soll man von einer Berichterstattung halten, die nicht einmal die Verwandtschaftsbeziehungen am Königshause richtig wiederzugeben weiß? LUZ, I/2, 389, urteilt: Mt «macht in V 6 aus der eigenen Tochter des Herodes, die auch Herodias heißt (Mk 6,22) eine (Tochter) seiner Frau, ohne ihren Namen, Salome, zu nennen. Die treibende Rolle der Herodias fällt bei ihm weg, und Herodes Antipas selbst wird zum negativen Hauptakteur – wie bei Josephus. Damit erreicht er *auch* ein theologisches Ziel: Die Parallelität zwischen Jesus (Mt 2!) und Johannes wird größer, als wenn Johannes einer reinen Dameninrige zum Opfer gefallen wäre. Aber der erste Gatte der Herodias heißt wie bei Mk Philippus.» S. 391: «Natürlich werden sich die Leser ihren Teil über die Sitten am Hof gedacht haben, wenn sie hören, daß eine Prinzessin an diesem Männerbankett eine Rolle spielt, die sonst Hetären spielen.» Zu den *historischen* Verhältnissen am Königshof vgl. FLAVIUS JOSEPHUS: Der jüdische Krieg, I 24,1–8. Wenn Mt 14,12 die Jünger des Johannes (!) Jesus melden, daß ihr Meister getötet sei, so will Mt mit dieser Zufügung offenbar «die Johannes-Jüngerschaft an Jesus» binden. GNILKA, II 4.
[139] Vgl. ST. ZWEIG: Maria Stuart, 186–213: Tragödie einer Leidenschaft: «Denn ein Furchtbares ist in dieser Leidenschaft, etwas, was sie zugleich so großartig und grauenhaft macht – das unüberbietbare Furchtbare, daß die Königin vom ersten Augenblicke weiß, daß ihre Liebeswahl eine verbrecherische und eine völlig ausweglose ist» (202).
[140] Vgl. W. SHAKESPEARE: Hamlet, 3. Akt, 3. Szene: «O meine Tat ist faul, sie stinkt zum Himmel, / Sie trägt den ersten, ältesten der Flüche, / Mord eines Bruders! – Beten kann ich nicht, / Ist gleich die Neigung dringend wie der

Wille: / Die stärkre Schuld besiegt den starken Vorsatz.» Werke, S. 817.

[141] J. P. SARTRE: Die Fliegen, in: Gesammelte Dramen, 11–65, 3. Akt, 3. Szene: *Orest:* «Oh, du meine Liebe, es ist wahr, ich habe dir alles genommen und ich kann dir nichts geben – als mein Verbrechen. Aber das ist ein ungeheures Geschenk.» *Elektra:* «Ich will dich nicht mehr hören, du bringst mir nur Unglück und Ekel… Bewahre mich ‹Jupiter› vor den Fliegen, vor meinem Bruder, vor mir selbst, lasse mich nicht allein. Ich werde mein ganzes Leben der Sühne weihen.»

[142] Zur Wirkungsgeschichte in Kunst und Literatur vgl. LUZ, I/2, 392–394.

[143] Vgl. A. O. DELLA CHIESA: Luini, Bernardone, in: Kindlers Malerei Lexikon, VIII 264–266.

[144] O. WILDE: Salomé (Paris 1893, französisch; engl. London 1894, übers. v. A. Douglas; dt.: Leipzig 1903, übers. v. H. Lachmann; in: Werke, 2 Bde., München 1970. WILDES Kunstgriff besteht darin, daß er Salome, angewidert vom Begehren ihres Stiefvaters, in Liebe zu Johannes verfallen läßt; vom Täufer verschmäht, tötet sie ihn, um wenigstens das abgeschlagene Haupt, gleich einer rasenden Mänade, küssen zu können. Vgl. das Vorbild dazu schon bei H. HEINE: Atta Troll. Ein Sommernachtstraum, Hamburg 1847; Berlin 1961, in: Werke und Briefe, hrsg. v. H. Kaufmann, 10 Bde., 1961–1964, 1. Bd.

[145] T. STOOS (Hrsg.): Gustave Moreau, Kunsthaus Zürich 1986, Nr. 51–66, S. 168–183. J. K. HUJSMANS: A rebours (Gegen den Strich), schrieb zu der Salome-Darstellung MOREAUS: *L'apparition* (Die Erscheinung) von 1876: «Sie wurde gleichsam die symbolische Gottheit der unzerstörbaren Wollust, die Göttin der unsterblichen Hysterie, die verruchte Schönheit, auserwählt unter allen anderen durch den Krampf, der ihr Fleisch starr und ihre Muskeln hart machte, das scheußliche, gleichgültige, unverantwortliche Tier, das gleich der antiken Helena alles vergiftet, was ihr nahe kommt, was sie sieht, was sie berührt.» A. a. O., 176.

[146] J. SCHULTZE: Franz von Stuck: Salome (1906), in: W. von Bonin (Hrsg.): 100 Meisterwerke aus den großen Museen der Welt, Bd. 3, Köln 1987, 80–85.

[147] A. a. O., 85. – U. LUZ, I/2, 394, meint zu Recht: «Die Theologie sollte sich selbstkritisch damit befassen, warum diese Neubewertung (sc. von Schönheit, Tanz und Liebe, d. V.) nicht mit, sondern gegen die kirchliche Tradition erfolgte.» – W. TRILLING: Die Täufertradition bei Matthäus, BZ 3 (1959), 270–289, bes. 272 ff. sah in der Meldung der Johannes-Jünger vom Tod ihres Meisters (Mt 14,12), die Mt der Mk-Vorlage hinzufügt, die Begründung für das Ende der Tätigkeit Jesu in Galiläa (Mt 14,13). Dagegen jedoch GNILKA, II 4: «die Abwendung von Galiläa erfolgt endgültig erst in 19,1. Das Fluchtmotiv ist auch schon in 4,12; 12,15 anzutreffen.» Es gehe vielmehr um die Verbindung des Todes des Täufers mit dem Tod Jesu.

[148] Zu Mt 14,13–21, der ersten Brotvermehrung, vgl. Mk 6,35–44; dazu Mk I 430–440; zu Mt 14,22–23, dem Seewandel Jesu (und Petri) vgl. Mk 6,45–52; dazu Mk I 441–450. Zu der «Brotvermehrung» vgl. LUZ, I/2, 397: «Unsere Geschichte… war… ein klassisches Beispiel für die Fruchtbarkeit der sog. ‹mythischen› Erklärung evangelischer Geschichten durch D. F. Strauß (Das Leben Jesu, II 212–235). Das entscheidende alttestamentliche Vorbild… war das Speisungswunder Elischas 2 Kön 4,42–44.» «Gerade weil die Speisungsgeschichte keinen… geschichtlichen Kern hat…, gehört sie zu denjenigen evangelischen Texten, an die sich auch in der Auslegungsgeschichte besonders viele Erfahrungen und Bedürfnisse der Gemeinden und einzelner Ausleger anhängen konnten.» Daneben nun vergleiche man die auf Glauben und Unglauben geführten Darlegungen von Erzbischof J. J. DEGENHARDT (Paderborn) im Jahre 1990, in: E. DREWERMANN: Worum es eigentlich geht, 101–198; 117–118: «Weshalb sollte er (Jesus) das (5 Brote in 5000 Brote vermehren) nicht tun können, wenn er ein wirklicher Mensch (sc. Der Erzbischof meint: ‹Gott›, d. V.) ist?» (117) Das alles kann man als «kirchliche Lehre» «verbindlich» «vorlegen», ohne die alte Studie von A. HEISING: Die Botschaft der Brotvermehrung (SBS 15), Stuttgart 1966, auch nur gelesen zu haben. Der Benediktinerpater *Alkuin*

Heising übrigens war ehrlich genug, die Zerstörung seines Glaubens durch die historisch-kritische Bibelauslegung offen zu bekennen und präzis zu benennen: man kann nicht einen Glauben begründen, wenn die begründenden Texte historisch unglaubwürdig sind! Was ist die Wahrheit symbolischer Erzählungen?!

[149] Schon D. F. STRAUSS: Das Leben Jesu, II 231, verwies zur Erklärung des Brotwunders auf Ex 16,11– 36; Num 11,1–35. Formgeschichtlich handelt es sich in Mt 14,13–21 um ein «Geschenkwunder»; vgl. G. THEISSEN: Urchristliche Wundergeschichten, Gütersloh 1974, 111–113.

[150] Zur psychologischen Deutung der Exodus-Erzählung vgl. TE I 484–502.

[151] Vgl. Num 11,4–9.

[152] Ex 13,17–22. Vgl. dazu M. NOTH: Das zweite Buch Mose (ATD 5), 84–86.

[153] Ex 16,11–36 (V 15). Vgl. dazu M. NOTH: A. a. O., 106–109.

[154] Mt 14,34–36: Der Heiler der Kranken, entstammt Mk 6,53–56, ist aber zugleich eine redaktionelle Lieblingsszene des Mt; vgl. Mt 4,24–25; 8,16–17; 9,20–21; 9,35; 12,15; 14,14; 15,29–31. LUZ, I/2, 413, dazu: «Die vielen Heilungssummare bei Matthäus zeigen, wie wichtig gerade für den sonst die Gebote Jesu so sehr betonenden Evangelisten Jesu heilende Zuwendung zu seinem Volke ist.» –*«Zu allen Menschen ist»*, sollte man besser sagen; dann muß man fragen, was die heutige Theologie eigentlich treibt!

[155] Die Verkündigung Jesu als *«Nahrung»* – so schon Mt 4,4; Joh 6,27–59. Dazu R. BULTMANN: Das Evangelium des Johannes, 161–174: Das Brot des Lebens: «Er gibt das Lebensbrot..., indem er es ist» (168). Vgl. B. VON JERSEL: Die wunderbare Speisung und das Abendmahl in der synoptischen Tradition, NT 7 (1964/65), 167–194; A. HEISING: Das Kerygma der wunderbaren Fischvermehrung, Bibel und Leben 10 (1969), 52–57.

[156] Vgl. E. DREWERMANN: Worum es eigentlich geht. Protokoll einer Verurteilung, 103: «Das Faktum... würde bedeuten, Jesus hat wirklich aus 5 Broten Brot für 5000 Menschen – plus Frauen und Kinder – plus 12 Körbe Überfluß – verwandelt. Das soll es heißen: das Faktum. Das ist möglich für Sie?» – Erzbischof Degenhardt: «Ja!» – Wie anders vor 150 Jahren schon Texte dieser Art gedeutet werden konnten, zeigt B. VON ARNIM: Die Günderode (1853), hrsg. v. E. Bronfen, München 1982, S. 339: «Siehe! da war plötzlich Überfluß für alle... so wolltet doch... als göttliches Wunder achten, daß die Liebe aus den Herzen aller strömte..., so daß von Nachbar zu Nachbar sie einander mitteilten... Und so waltete der Segen in den wenigen Broten... Wenn ihr das nicht als Wunder bekennt...»

[157] E. MUNCH: Das kranke Kind (1885–1886), Oslo, Nationalgalerie: Th. M. MESSER: Edvard Munch, übers. aus dem Engl. v. H. Schuldt, Köln 1976, 49–50.

[158] Vgl. R. STANG: Edvard Munch – der Mensch und der Künstler, 60–63. G. Magnaguagno (Hrsg.): Edvard Munch, Folkwang Museum, Essen 1987, S. 65–67; bes. A. EGGUM: Edvard Munch. Gemälde, Zeichnungen und Studien (1984), aus dem Engl. übers. v. G. u. K. Felten, C. Buchbinder-Felten, Stuttgart 1986, 19–21; 44–46; 62. Es handelt sich um E. Munchs Schwester Sophie, die im Alter von 16 Jahren an Tuberkulose starb.

[159] Vgl. A. EGGUM: Edvard Munch, 58: «Wenn man ein Glas krumm sieht, muß man es krumm wiedergeben.» S. 71: «Sein Menschsein bringt er dar, nicht den Gegenstand.» Zit. aus: R. Stang: Edvard Munch, S. 15.

[160] R. STANG: Edvard Munch, 60; A. EGGUM: Edvard Munch, 45.

[161] Vgl. TE II 64–74: Der Offenbarungseid der historisch-kritischen Wunderauslegung.

[162] Mt 14,23. – Der Abschnitt Mt 14,22–27.32–33 ist eine gekürzte Fassung von Mk 6,45–52; dazu vgl. Mk I 441–450. Der «Seewandel des Petrus» (28–31) «ist, wohl auf Grund mündlicher Überlieferung, von Matthäus selbst gestaltet, weil viele Wendungen für ihn typisch sind. So reden V. 28f von ‹Wassern› statt vom ‹Meer› (wie V. 25 = Mk 6,48). Der gleiche Wechsel ist Mt 8,32 Ende gegen Mk 5,13 festzustellen. Inhaltlich kommt das Anliegen des Matthäus zum Ausdruck, die einzigartige Vollmacht Jesu als etwas zu sehen, was in der Gemeinde weiterlebt... die Furcht der Jünger V 26 f. taucht als die

des Petrus in V 30 wieder auf. So wird deutlich, wie an Petrus noch einmal beispielhaft gezeigt wird, was Jüngerschaft im Schiff der Kirche bedeutet... Nicht unmöglich wäre, daß hinter der Geschichte einmal eine Ostererzählung stand, vielleicht die nirgends geschilderte Erscheinung Jesu vor Petrus (1 Kor 15,5; Lk 24,34). Nach Joh 21,7 stürzt sich Petrus dem auferstandenen Jesus entgegen ins Wasser und watet durch (nicht über) den See ihm entgegen. Sollte dies zu einer Episode im irdischen Leben Jesu umgestaltet worden sein? Darauf könnte vielleicht deuten, daß Matthäus den Satz des Markus, das Herz der Jünger sei verstockt geblieben, durch einen gegenteiligen ersetzt, der ihr anbetendes Niederfallen vor Jesus... und ihr Bekenntnis zu ihm als zum Gottessohn berichtet. Das entwertet eigentlich das Petrusbekenntnis 16,16, paßte aber gut in eine Ostergeschichte.» SCHWEIZER, 209. Vgl. GNILKA, II 15–16: ‹Trifft das zu, so verdient – ganz abgesehen von der Rückkehr des Petrus und anderer Jünger nach Galiläa – der Topos Galiläa, näherhin der See, als Erscheinungsort festgehalten zu werden.» – Für die mt Redaktion hat H. J. HELD: Matthäus als Interpret der Wundergeschichten, in: G. Bornkamm–G. Barth–H. J. Held: Überlieferung und Auslegung im Matthäusevangelium (WMANT 1), Neukirchen ²1961, 155–287, S. 194–195, gezeigt, daß Mt die Geschichte vom Seewandel Jesu (Mt 14,25) und die Geschichte vom Seewandel Petri (Mt 14,29) bewußt einander angeglichen hat; vgl. bes. 14,26c und 14,30: den Angstschrei der Jünger und den Angstschrei Petri; zudem ist die Geschichte vom Seesturm (Mt 8,23–27) für Mt Vorbild gewesen; vgl. das Boot in den Wellen (8,24 = 14,24) und den Rettungsruf (8,25 = 14,30).

[163] GNILKA, II 12: «Der Berg ist der bevorzugte Ort des Gebetes, der Ort der Gottesbegegnung. Gott offenbart sich vom Gebirge her (vgl. Dt 33,2; Hab 3,3). Die Einsamkeit Jesu unterstreicht seine Nähe zu Gott. Die Abendstunde steht chronologisch in Spannung zu V 15. Das Dunkel der Nacht aber ist die erforderliche Kulisse für das Epiphaniegeschehen.» So ist es. Lediglich *«symbolische Szene»* wäre besser als «Kulisse».

[164] GNILKA, II 13: «Nach biblischem Verständnis ist die Zeit vor dem Morgen die Stunde der Hilfe Gottes: ‹Zur Abendzeit, siehe da Schrecken, bevor noch der Morgen graut, sind sie nicht mehr.› (Is 17,14; vgl. Ps 46,6).» Der Seewandel erinnert an den Durchzug durch das Rote Meer (Ps 77,20), mehr noch aber an Job 9,8: «Er schreitet einer auf des Meeres Höhen.» «Es bleibt zu beachten, daß im Bild göttliche Eigenschaften auf Jesus übertragen werden. Jesus offenbart sich als der über die Chaosmächte einherschreitende Sohn Gottes.»

[165] GNILKA, II 13: «Die Reaktion der Jünger entspricht der Epiphanie. Sie schreien auf von Schrecken und Furcht gepackt. Was sie sehen, erscheint ihnen als Phantasma.» Richtig; doch gerade dann muß man die *Psychologie* von Erscheinungen und «Phantasmata» untersuchen! Vgl. TE II 329–355; 392–423 (zu Joh 21,1–14).

[166] Das «Ich bin» in Mt 14,27 ist Offenbarungsformel Gottes; vgl. H. ZIMMERMANN: Das absolute *ego eimi* (ich bin) als die neutestamentliche Offenbarungsformel, in: Bibl. Zeitschr., Neue Folge 4 (1960) 54–69; 266–276. Vgl. Dt 32,39; Jes 41,4; 43,10.13.25; 46,4; 48,12; 51,12; 52,6. Das «Faßt Mut» spricht Moses zum Volk angesichts des Heeres des Pharao (Ex 14,13) oder bei der Gottesoffenbarung am Sinai (Ex 20,20). GNILKA, II 13. Es erinnert zugleich an das «Fürchtet euch nicht» in Mt 28,5 = Mk 16,6. Zur Beziehung der Geschichte vom Seewandel Petri zu den Ostererzählungen (s. o. Anm. 162) vgl. bereits J. KREYENBÜHL: Der älteste Auferstehungsbericht und seine Varianten, ZNW 9 (1908), 257–296.

[167] GNILKA, II 13: «Zum ersten Mal im Evangelium tritt Petrus aus der Gruppe der Jünger hervor (bisher erwähnt in 4,18; 8,14; 10,2). Seine Rede, als Antwort gekennzeichnet, antwortet auf die Offenbarungsformel. ‹Wenn du es bist› läßt diese allerdings mehr als eine Identifikationsformel erscheinen... Im Zweifel über die Identität Jesu will er sich Gewißheit verschaffen. Auf das Wort, den Befehl Jesu hin wagt er den Schritt auf das bewegte Wasser, in die Bedrohung und Finsternis. Daß ihn die Bedrohung nicht ereilt, ist... seinem Glauben verdankt.»

¹⁶⁸ «Glaube» als ein Vertrauen, das hilft, den Abgrund nicht zu *sehen!* Vgl. demgegenüber das Gespräch zwischen Eva und der «Schlange» in Gen 3,1–7; E. DREWERMANN: Strukturen des Bösen, 3. Bd., S. XIV–XLVII.
¹⁶⁹ Vgl. Mt 8,26, wo gegenüber Mk 4,40 die Mahnung zum Vertrauen bzw. der Tadel des Kleinglaubens förmlich zur Bedingung der Beruhigung des «Sturmes» wird.
¹⁷⁰ LUZ, I/2, 412, meint: «Unsere Geschichte mit ihren vielen religionsgeschichtlichen Parallelen ist ein wichtiger Grundtext, um der Frage der ‹Absolutheit› des christlichen Glaubens nachzugehen. ... So wird ... unser Text ein Beispiel für die Konvergenz religiöser Vorstellungen und Erfahrungen. Wir begegnen hier einem Christus, der dem Orion und dem präexistenten Buddha mehr gleicht als dem irdischen Jesus, der sonst mit beiden Füßen auf der Erde und nicht dem Wasser wandelte! Nimmt man ernst, daß unsere Geschichte unhistorisch ist und grundlegende urchristliche Transzendenzerfahrungen mythologisch symbolisiert, so ist es nicht leicht, von christlicher Einzigartigkeit zu reden.» «Durch Jesus getragen werden im Abgrund des Wassers heißt nicht, *irgendwie* über sich selbst hinauszuwachsen und Transzendenzerfahrungen zu machen, sondern auf Jesu Weg der Liebe sich einzulassen und dann, in einer abgründig lieblosen Welt, das Getragensein durch ihn zu erfahren.» Entscheidend ist religionspsychologisch die Verschmelzung der Person des historischen Jesus von Nazareth mit mythischen Bildern, die nach Ausweis der Religionsgeschichte offenbar in der menschlichen Psyche bereitliegen, um bestimmte geschichtliche Erfahrungen zu deuten, so wie sie ihrerseits inhaltlich von der Person Jesu her eine spezifisch neue, oftmals alles verändernde Deutung erfahren. So meint L. GOPPELT: *hydor* (Wasser), ThW VIII 313–333, S. 322: «Glauben bedeutet jetzt, dem Gott Israels recht geben und seine Hilfe in Jesus gegenwärtig sehen.»
¹⁷¹ Zum *«Sohn-Gottes»*-Titel vgl. E. LOHSE: *hyios* (Sohn), ThW VIII 358–363: Palästinensisches Judentum, bes. S. 361–363: Der Messias als Sohn Gottes: «Sowohl im Gottesspruch von Ps 2,7, der den Herrscher als ‹meinen Sohn› anredet, als auch in der ... Verheißung von 2 S(am) 7,14 bedeutet *Sohn Gottes* die Annahme des Herrschers durch Gott und seine Einsetzung in das Amt des Gesalbten ... Obwohl in diesen Worten des Alten Testamentes die Gottessohnschaft nicht im Sinne physischer Abstammung, sondern als Ausdruck der Legitimation des Herrschers durch Gott verstanden wurde, ist das Judentum offenbar besorgt gewesen, es könnte sich mit der Bezeichnung Sohn Gottes das Mißverständnis einer physischen Gottessohnschaft verbinden, von der in der Welt des alten Orients weithin die Rede war» (361). M. a. W.: Das Judentum hat den *mythischen* Begriff der (nicht «physischen», sondern «metaphysischen») Gottessohnschaft des Königs (ausgedrückt in dem *Bild* der Zeugung aus Gott) in einen *poetischen* Begriff zu verwandeln gesucht; doch genau diesen Schritt hat das Christentum wieder rückgängig gemacht, indem es die Christusgestalt unter Aufnahme der alten Mythen der Jungfrauengeburt, des Seewandels, der Auferstehung und der Himmelfahrt mit dem mythischen Vorstellungskomplex der Gottessohnschaft zu beschreiben suchte. Doch der Unterschied war gewaltig: er bestand in der vollkommenen Entkleidung der Königs- bzw. Gottessohnvorstellung von allen Inhalten politischer Machtausübung; oder anders gesagt: die vollständige Ohnmacht Jesu im äußeren bildete die Voraussetzung, ja den Grund für seine Erhebung zum Sohn Gottes: er stand dem Licht der Gottheit nicht im Wege; er wurde selbst so durchsichtig auf den Himmel hin, daß er keinen Schatten warf; er ging so sehr von Gott her auf die Menschen zu, daß er wirklich zu dem «Licht» wurde, das «vom Lichte» zu uns kam. E. SCHWEIZER: *hyios* (Sohn), ThW VIII 364–395, S. 367, résümiert richtig: «Jesus selbst hat den Ausdruck ‹Gottes Sohn› kaum gebraucht. Abgesehen von den Stellen, an denen der Titel von anderen an ihn herangetragen wird, findet er sich innerhalb der Synoptiker nur im Plural. Daran kann auch die auf eine besondere Tradition zurückgehende Behauptung der Spötter unter dem Kreuz, Jesus habe sich so genannt (Mt 27,43), nichts ändern. So wäre es

einzig diskutabel, ob Jesus die absolute Form *ho hyios* (der Sohn) (Mk 13,32; Mt 11,27 Par) gebraucht habe; doch bleibt auch dies unwahrscheinlich. Wie bei allen schon geprägten Titeln (s.... Menschensohn) zeigt sich auch hier die Einzigartigkeit Jesu gerade darin, daß er zwar keine geläufigen Kategorien als Selbstbezeichnung aufnahm, tatsächlich aber durch sein Lehren und Leben mehr aussagte und ausprägte, als die Titel je sagen konnten.» Vgl. auch F. HAHN: Christologische Hoheitstitel, 280–333, bes. S. 308: «Die Übertragung der Gottessohnvorstellung auf den irdischen Jesus erfolgte erstmals im Bereich des hellenistischen Judenchristentums.» «Gerade diese spiritualisierende Umdeutung traditionell jüdischer Motive verweist ebenfalls wieder in den Bereich des hellenistischen Judenchristentums.»

[172] H. MANN: Der Untertan, Kap. 4, 238: «Die Gesinnung trägt Kostüm, Reden fallen wie von Kreuzrittern, indes man Blech erzeugt oder Papier; und das Pappschwert wird gezogen für einen Begriff wie den der Majestät, den doch kein Mensch mehr, außer in Märchenbüchern, ernsthaft erlebt.»

[173] PAUL TILLICH: Systematische Theologie, II 103–106: Gott, Mensch und das Symbol des «Christus»: «Wenn... der Christus als Mittler und Erlöser erwartet wird, ist er keine dritte Wirklichkeit zwischen Gott und dem Menschen. Er ist derjenige, der Gott den Menschen gegenüber repräsentiert. Er repräsentiert nicht den Menschen Gott gegenüber. Er zeigt vielmehr, was Gott wünscht, daß der Mensch sei... Es ist daher unangemessen und führt zu einer falschen Christologie, wenn man sagt, daß der Mittler eine ontologische Realität neben Gott und Mensch sei» (103). Wenn TILLICH «Gott» definiert als «das, was mich unbedingt angeht», so wäre der «Christus» in dieser Szene zu «definieren» als «das, was auf mich unbedingt zugeht».

[174] M. BUBER: Die Erzählungen der Chassidim (1949), Werke, III: Schriften zum Chassidismus, München–Heidelberg 1963, 69–712, S. 292 (Aus dem Kreis des Baal-Schem-Tow: Die Eigenschaft Gottes).

[175] R. M. RILKE: Neue Gedichte (1907), Sämtliche Werke, hrsg. vom Rilke-Archiv, besorgt durch E. Zinn, 1. Bd., Frankfurt 1955, 479–554, S. 482: Liebes-Lied.

[176] R. M. RILKE: Verstreute und nachgelassene Gedichte aus den Jahren 1884–1905, in: Sämtliche Werke, hrsg. v. Rilke-Archiv, besorgt durch E. Zinn: Bd. 3: Jugendgedichte, Wiesbaden 1959, 411–782, S. 733: An Clara Westhoff VI.

[177] So sehr schön E. BISER: Der Freund. Annäherungen an Jesus, München (SP 981) 1989, 221–239, S. 230–233.

[178] Vgl. a. a. O., 233–235: Der Bräutigam. Vgl. MECHTHILD VON MAGDEBURG: Das fließende Licht der Gottheit, eingef. v. M. Schmidt, mit einer Studie von H. U. von Balthasar, Einsiedeln 1955, 2. Buch, 2, S. 85: Zwei Lieder von der Liebe dessen, der in der Liebe gesehen wird: «Ich stürbe gern aus Minne, könnte mir das geschehen, / Denn jenen, den ich liebe, den habe ich gesehen / Mit meinen lichten Augen in meiner Seele stehen.» MEISTER ECKHART konnte (in einem seiner als häretisch verurteilten Sätze) sagen: «Ein guter Mensch ist der eingeborene Sohn Gottes.» DS 970. Der schönste Kommentar zu dem, was «Gottessohn» in der Symbolsprache der Königstheologie des Alten Orients genannt wird, findet sich im Alten China bei MONG DSI: Die Lehrgespräche, VII B 25, S. 203: «Einer, der liebenswürdig ist, heißt gut; wer das Gute in sich selbst besitzt, heißt wahr; wer es in voller Wirklichkeit besitzt, so daß es von ihm ausstrahlt und leuchtet, heißt groß; wer groß ist und Schöpferkräfte entfaltet, heißt heilig; wer heilig ist und unerforschlich, heißt göttlich.» Der Ausgang vom Heiligen, nicht vom Mächtigen ist das Entscheidende.

[179] Zur Stelle A. WEISER: Die Psalmen II (ATD 15), Psalm 61–150, Göttingen 1963, 469–472: «In der Erinnerung an die Nöte und Irrwege des Gottesvolkes auf seiner Wüstenwanderung, wo es Gott auf wunderbare Weise in das gelobte Land zum Ziele führte, sind die eigenen Erfahrungen der Wallfahrer verwoben zu einem einheitlichen Erlebnis der wunderbaren Heilsführungen Gottes, die in der festlichen Stunde in der Gottesstadt zur verheißenen und ersehnten Erfüllung gelangt

sind.» Kulterlebnis und Gottesgeschichte verschmelzen hier miteinander.

[180] Der Abschnitt Mt 15,1–20 geht auf Mk 7,1–23 zurück. Vgl. dazu Mk I 451–471. Verändert hat Mt im wesentlichen die folgenden Punkte: in 15,1 sind die Gegner Jesu «Pharisäer und Schriftgelehrte», wobei die (falsche!) Erklärung aus Mk 7,3–4 wegfällt; Mk 7,6–8 (das Jesaja-Zitat) und 7,9–13 (die Korban-Frage) hat Mt umgestellt und so in Mt 15,4–9 eine verschärfte Auseinandersetzung über die Überlieferung der Alten und den Dekalog geformt. Während Mk 7,18 die Jünger «unverständig» nennt, erklärt Mt 15,16 sie für *«noch»* unverständig. Mk 7,19 ist fast ganz gestrichen worden. «Der Lasterkatalog in Mk 7,21f ist erheblich gekürzt, vor allem um diejenigen Laster, die nicht direkt Dekaloggeboten entsprechen, dafür aber in den hellenistisch bestimmten Lasterkatalogen der ntl. Briefe häufig auftauchen.» «Die wichtigste Änderung ist... der Einschub des Wortes von den blinden Führern V 12–14. V 14bc hat eine Par in der Feldrede Lk 6,39b. Es ist aber wie bei Lk 6,40 par Mt 10,24f sehr fraglich, ob das Wort in Q stand... Am ehesten hat Mt eine mündliche Tradition übernommen und mit einer ausführlichen Rahmung verbunden: Auf ihn zurück geht die neue Einleitung V 12a, die Jüngerfrage V 12b, V 14a und der Neueinsatz mit der Petrusfrage V 15a. Am schwierigsten zu beurteilen ist das Logion V 13: Sprachlich ist es nicht durchweg mt. Das Bild vom Pflanzen Gottes ist aber aus der Bibel geläufig, so daß Mt das Logion gut selbst gebildet haben kann. V 12–15 sind also fast ganz mt.» Luz, I/2, 416–417.

[181] Sch. Ben-Chorin: Bruder Jesus, 50–51: «Die Pharisäer... sind offenbar diejenigen gewesen, die sich... von dieser Masse (sc. dem ‹Landvolk›) abgesondert haben. Dadurch ging ein Riß durch das Bundesvolk, da die Pharisäer gleichsam die Kaste der Erwählten innerhalb des erwählten Volkes bildeten. Jesus durchbricht diese Mauer... Wir dürfen uns Jesus selbst aber nicht als Am Haarez (sc. als Ungelehrten des Landvolkes) vorstellen.» Vgl. bes. R. Hummel: Die Auseinandersetzung zwischen Kirche und Judentum im Matthäusevangelium (B Ev Th 33), München 1966, 46–49, der auch für Mt die «Überlieferung der Alten» noch in Geltung sieht, nur daß Mt eine eigene Auslegung gegen die pharisäische Halacha vom rituellen Händewaschen setze (Mt 15,20). Eben deshalb vermeide Mt 14,11 die Radikalität von Mk 7,15, daß *nichts* den Menschen von außen verunreinige. Das Grundsätzliche dieser Auseinandersetzung aber geht so verloren.

[182] Vgl. E. Drewermann: Glauben in Freiheit, I 51–61: Das prophetische Vorbild; 62–95: ...und die lehramtliche Travestie.

[183] Vgl. P. Stripp: Rote Erde. Familien-Saga aus dem Ruhrgebiet; München 1983, 184, das Gespräch zwischen dem Bergarbeiter *Bruno Kruska* und dem Pastor über seine «Mischehe» mit der katholischen *Pauline Boetzkes,* die kirchlich nur geschlossen werden kann, wenn die Kinder katholisch erzogen werden. «Bruno... ließ die Zigarette... zwischen seinen Fingern verglimmen: ‹Ich will mal so fragen: Was würde denn Jesus Christus über die Sache denken, nehmen wir mal an, wenn es gar keine Kirche gibt, keine katholische und auch keine protestantische?» – «Du bist dir hoffentlich klar darüber, Bruno, daß solche Fragen nur ein Ketzer stellt», antwortet der Kaplan. Die Szene spielt um 1905. Vgl. K. Emmerich (Reg.): Die Rote Erde, 1. Staffel, 1–8 Teile, 2. Staffel, 1–4 Teile, WDR 1992–1993. Vgl. auch E. Zola: Germinal, z. B. II 5, S. 127–128, zu der «Moral» der Bergarbeiterinnen: «Sie richteten sich ein, wie sie konnten, dicht bei dicht, ohne sich um die Nachbarn zu kümmern. Es schien, als sei dies Treiben rings um die erloschene Maschine, um diesen Schacht, der es müde geworden war, Kohle zu speien, eine Vergeltung der Natur – die freie Liebe, die unter der Geißel des Triebs diesen kaum zu Weibern herangewachsenen Mädchen Kinder in den Bauch pflanzte.» Man vgl. dazu 120 Jahre später (!) die Ausführungen der kath. Kirche zur «Sexualmoral».

[184] Vgl. E. Drewermann: Friedrich von Spee – ein Kämpfer um die Menschlichkeit, in: D. Brockmann–P. Eicher (Hrsg.): Die politische Theologie Friedrich von Spees, München 1991, 17–48.

[185] A. a. O., 34–44. Vgl. H. WUNDER: Friedrich von Spee und die verfolgten Frauen, in: a. a. O., 117–131.
[186] Zu Mt 15,4–5 vgl. S–B I 705–717. Mit der «Überlieferung der Alten» (vgl. S–B I 691–695) sind die «Gesetze... aus der Überlieferung der Väter» gemeint; vgl. FLAVIUS JOSEPHUS: Jüdische Altertümer, XIII 10, 6, S. 178–179: «Für jetzt will ich nur noch bemerken, daß die Pharisäer dem Volke durch mündliche Überlieferung viele Gebote aufbewahrt haben, welche in die Gesetzgebung des Moyses nicht aufgenommen sind. Diese Gebote nun verwirft die Sekte der Sadducäer und behauptet, das allein sei maßgebend, was geschrieben stehe, während die mündliche Überlieferung der Vorfahren keine Gültigkeit habe. Über diesen Punkt entstanden oft heftige Streitigkeiten, wobei die Sadducäer nur die Reichen, die Pharisäer aber die große Menge des Volkes auf ihrer Seite hatten.» LUZ, I/2, 421, schließt aus der Tatsache, «daß im 1. Jh. das Händewaschen vor den Mahlzeiten noch nicht allgemeine Regel, sondern eine Besonderheit pharisäischer ‹Pietisten› war», daß «das Mt-Ev als eines der wenigen erhaltenen Dokumente antipharisäischer Reaktionen in der Zeit nach der Tempelzerstörung» zu bestimmen» ist. Vgl. auch W. G. KÜMMEL: Äußere und innere Reinheit des Menschen bei Jesus, in: Das Wort und die Wörter (Festschrift für G. Friedrich), Stuttgart 1973, 35–46.
[187] Zur Korban-Frage vgl. LUZ, I/2, 422–423; zur Unantastbarkeit von Gelübden vgl. Num 30,3; Dt 23,24. «Das Gelübdegebot war ein Stück der Tora, während die Überlieferungen der Rabbinen, wie man unmoralische Gelübde aufheben könnte, den ‹Überlieferungen der Alten› zuzurechnen sind. Der Unterschied zwischen der rabbinischen und der frühchristlichen Auslegungstradition besteht darin, daß hier unter keinen Umständen die Grundgebote der Liebe und des Dekalogs durch ein Gelübde aufgehoben werden dürfen, während dort von Fall zu Fall kasuistische Lösungen gesucht wurden.» Vgl. S–B I 715. «Doch gibt es auch im Judentum Ansätze, die in dieselbe Richtung weisen.»
[188] Zu dem *Verstockungsgedanken* in Jes 29,9–14 vgl. G. VON RAD: Theologie des Alten Testaments, II 164–166: «das Rätsel der Verhärtung gegenüber Jahwes Angebot durchzieht Jesajas ganzes Wirken» (165).
[189] Vorbildlich für alle existentialisierende Exegese hat S. KIERKEGAARD: Einübung im Christentum, XII 81–87; Werkausgabe, II 87–94, das Ärgernisnehmen in Mt 15,1–12 ausgelegt: «Jedesmal, daß ein Wahrheitszeuge die Wahrheit zur Innerlichkeit macht (und dies ist das wesentliche Geschäft der Wahrheitszeugen); jedesmal, daß ein Genie mit Urgewalt das Wahre verinnerlicht: wird sich auch das Bestehende an ihm ärgern.»
[190] Vgl. dagegen den «Maulkorberlaß» für Theologen in der Öffentlichkeit von JOSEPH KARDINAL RATZINGER: Schreiben der Glaubenskongregation an die Bischöfe der katholischen Kirche über einige Aspekte der Kirche als Communio, Kirchl. Amtsblatt Paderborn, 135. Jg., 3. Aug. 1992. Alle theologischen Fragen verwandeln sich da in Disziplinarfragen gegenüber dem päpstlichen «Lehramt»; die Botschaft Jesu verkommt auf diese Weise zur Verwaltungsangelegenheit der etablierten Kirchenmacht.
[191] «Höret und versteht» – Mt 15,10 – das ist das *Gegenteil* des Kirchengehorsams zugunsten der eigenen Einsicht! GNILKA, II 27, meint zu Recht: «Wir haben es (sc. in Mt 15,1–20) sogar mit einem der brisantesten Texte des Evangeliums zu tun... Das Evangelium treibt an hohl und fragwürdig gewordenen Riten radikale Kritik... Traditionen haben es in sich, daß sie ernster genommen werden können als der Ursprung... Traditionen können das Christentum bequem machen.»
[192] Vgl. Mk I 451–465; 466–471. Besonders G. BORNKAMM: Jesus von Nazareth, 88–100, hat den Gegensatz zwischen den Weisungen Jesu und der Kasuistik der... Gesetzlichkeit» (97), deren «Herzlosigkeit» ihr Wesen darstelle, herausgehoben.
[193] Mt 15,21–28, die Geschichte von der syrophönizischen Frau, stammt aus Mk 7,24–30; Mt ändert an der Vorlage das mk Geheimnismotiv, Mk 7,24a sowie die Problemangabe in Mk 7,25a.b. Statt dessen drückt die Frau in

Mt 15,22 direkt ihre Not aus. In Mt 15,28 ist aus dem «fernwirkenden Exorzismus zugunsten einer Heidin (Mk 7,29f)... ein Glaubenswunder geworden. In seinem Aufbau erinnert der Text jetzt an Mk 10,46–52, wo ebenfalls der Kranke die Bitte um Heilung zweimal formuliert, weil die Umstehenden ihn wegzudrängen suchen.» LUZ, I/2, 431. Zu Mk 7,24–30 vgl. Mk I 483–492. – Das Zweite Speisungswunder Mt 15,32–39 entstammt Mk 8,1–10; vgl. dazu Mk I 502–506. Die Heilung des Taubstummen in Mk 7,31–37 hat Mt weggelassen, vielleicht wegen der «magischen» Praktiken, die hier erzählt werden, erscheint hier Jesus doch eher als ein hellenistischer Wunderheiler denn als «allmächtiger» «Sohn Gottes». Statt dessen hat er in Mt 15,29–31 eigenständig eine neue Szene geformt. «Daß Mt aber nicht völlig frei bzw. aus Reminiszenzen an sich selbst ein Bild von der Wirksamkeit Jesu gestaltet, ergibt sich aus der Einleitungsszene zur joh Speisungsgeschichte 6,2f, wo ebenfalls Heilungen Jesu, sein ‹Hinaufsteigen auf den Berg› und sein ‹Sitzen dort› erwähnt sind. Ähnlich wie bei den Übereinstimmungen zwischen Mt 14,13–21 und Joh 6 wird man mit dem Einfluß mündlicher Überlieferung rechnen.» LUZ, I/2, 439.

[194] ST. ZWEIG: Vierundzwanzig Stunden aus dem Leben einer Frau, in: Meisternovellen, Stockholm 1943–46; Frankfurt 1960, 265–325.

[195] Im Jahre 1992 waren es tatsächlich knapp 200 000 Leute, die aus der kath. Kirche austraten, in 1993 flachte die Kurve etwas ab, doch an eine Umkehrung des Trends ist nicht zu denken.

[196] W. TRILLING: Das wahre Israel, 133–134, betont: «Daß Jesus sich im heidnischen Gebiet aufhält und dort wirkt, wird nur in einem einzigen Text gesagt, in dem nun gerade das entscheidende Wort von der *Beschränkung Jesu auf Israel* steht, nämlich in (Mt) 15,21–28» (134). Vgl. A. ALT: Die Stätten des Wirkens Jesu in Galiläa, in: Kleine Schriften, II 437–455, S. 453: «daß Jesus die phönizische Küste selbst aufgesucht haben sollte, ist... durch nichts angedeutet... Das Territorium von Tyrus reichte damals über das ganze nördliche Obergaliläa hinweg... bis an das Westufer dieses (Jordan-) Sees und des Jordans heran.» Es gibt mithin keinen Hinweis (außerhalb der legendären Geschichte von Mk 5,1–20), daß Jesus Israel jemals verlassen hätte. W. TRILLING, a. a. O., 133, meint: «Mk 7,31 schildert den Fortgang der Reise mit einer umständlichen und unwahrscheinlichen Route. Matthäus vereinfacht den Vers und behält nur den Zielpunkt der Reise bei: das galiläische Meer.» Auch daß in Mt 15,31 der «Gott Israels» gepriesen wird, muß nicht auf eine Akklamation durch Heiden deuten – zumindest im Sinne des Mt begibt sich Jesus auch hier *nicht* ausdrücklich ins Heidenland. Dennoch «entweicht» Jesus hier «vorübergehend in das Gebiet der heidnischen Städte Tyrus und Sidon, ebenso wie 8,28–34 ins Land der Gadarener, trotz 10,5f. Bereits in der nächsten Perikope wird er wieder in Israel sein. Am heilsgeschichtlich-geographischen Problem des heiligen Landes scheint Matthäus weniger interessiert zu sein als an den Personen: Wichtig ist für ihn die Begegnung Jesu mit einer Heidin. Sie ist wie diejenige mit dem Hauptmann von Kafarnaum eine Ausnahme, die Matthäus als solche hervorhebt. Aber diese Ausnahme hat Zukunft.» LUZ, I/2, 433. SCHWEIZER, 214–215, überschreibt Mt 15,21–28 zu Recht als «Jesu Bindung an Israel». GNILKA, II 31, verweist darauf, daß in Mt 15,24 der Satz: «Ich bin nur gesandt zu den verlorenen Schafen des Hauses Israel» die Formulierung von Mk 7,27 ersetzt: «Laß *als erstes* die Kinder satt werden...» H. J. HELD: Matthäus als Interpret der Wundergeschichten, in: Überlieferung und Auslegung im Matthäusevangelium, 189, folgert daraus, daß Mk eine heidenchristliche Sicht der Missionstätigkeit vertritt, Mt eine judenchristliche.

[197] Vgl. zu Mk 7,24–30 die Auslegung in Mk I 472–492.

[198] A. DE SAINT-EXUPÉRY: Wind, Sand und Sterne, in: Ges. Schriften, I 175–340, S. 295: «Nichts, was einem selbst geschieht, ist unerträglich.»

[199] Vgl. E. BERNE: Was sagen Sie, nachdem Sie ‹Guten Tag› gesagt haben?, Kap. 17: Die

Skript-Zeichen, S. 264–287, bes. 269–272: Die grundlegenden Stimmsignale; 272–277: Die Wortwahl.

[200] SCHWEIZER, 215: «Gott ist... seinem Bund mit Israel treu geblieben; nur hat Israel ihn weithin abgelehnt. Umgekehrt aber geschieht bei dieser Heidin, was die Jünger nicht erwarten; sie erfährt Heil und Rettung auf Grund ihres ‹großen› Glaubens (vgl. 17,20), der in ihm den Herrn und den Sohn Davids, also den Messias erblickt. Gesetzliche Bedingungen werden keine gestellt. Der Schrei des Glaubens, der dem des Petrus ähnelt (14,30; vgl. Ps 22,20 usw.) genügt: ‹Herr, hilf mir!› So betont Matthäus beides, Gottes Treue zu Israel und das Wunder des Glaubens der Heiden.» Vgl. auch H. RUSCHE: Für das «Haus Israel» vom «Gott Israel» gesandt, in: H. Goldstein: Gottesverächter und Menschenfeinde?, Düsseldorf 1979, 99–122.

3. Der Weg zur Passion (Mt 16,1–20,19)

(Seite 355 bis 534)

[1] Dazu vgl. TE I 188; 378.

[2] In Mt 16,1–4 liegt eine absichtliche Doublette zu 12,38–40 vor, «aus der die Antwort an diese ‹böse und ehebrecherische Generation› stammt (V 4a.b = 12,39bc....) Als Quelle liegt Mk 8,11–13 zugrunde. Mt kürzt die mk Perikope um Mk 8,12a und wählt anstelle von Mk 8,12b seine eigene Formulierung aus 12,39. Die übrigen geringfügigen Änderungen sind red(aktionell). In Einzelheiten wirkt auch der Q-Text ein, der hinter Lk 11,16 steht.» LUZ, I/2, 444.

[3] Vgl. K. H. RENGSTORF: *sämeion* (Zeichen), ThW VII 199–268, bes. S. 231–234: «Es ist immer nur von (irgend) einem... (Zeichen)... die Rede... Die Forderung stammt, wenn man von Lk 23,8 absieht, aus schriftgelehrten Kreisen. Ihren Hintergrund bilden Wundertaten Jesu, in denen sich Vollmacht ausdrückt (Mt 12,22ff/Lk 11,16ff; Mt 15,21ff/Mk 7,24ff)... Die ‹Zeichen›-Forderung betrifft Gott als Autor (Mt 16,1/Mk 8,11...)... Jesus... soll dafür sorgen, daß Gott, in dessen Namen er wirkt, ihn eindeutig als von ihm autorisiert erweise... daß Gott im Blick auf Jesus etwas tut oder geschehen läßt, was jeden Zweifel an seiner göttlichen Vollmacht ins Unrecht setzt» (233). GNILKA, II 40, verweist auf die Formelhaftigkeit der Gruppe «der Pharisäer und Sadduzäer», die an allen Stellen unter *einem* Artikel zusammengeführt werden und «die geschlossene Front der führenden Schicht des Judentums gegen Jesus» bilden. Diese Gruppe begegnete bereits Mt 3,7 «in Angriff gegen Johannes den Täufer, der ihnen ein schlimmes Gericht ansagte». M. a. W.: was sich jetzt mit Jesus begibt, wird die Wiederholung des Täuferschicksals sein.

[4] Vgl. TH. DE CHARDIN: Der Mensch im Kosmos, München 1959, 132–138; H. KÜHN: Das Erwachen der Menschheit, Frankfurt–Hamburg (Fischer Tb. 53) 1954, 159–161, zur «Sündenfallmythe» der Bibel.

[5] Vgl. DS 3895–3896.

⁶ WK 400: «Der Tod hielt seinen Einzug in die Geschichte der Menschheit.» Da die Sünde der «ersten» Eltern des näheren im «Ungehorsam» bestand (WK 397), ergeben sich daraus, wie leicht verständlich, die entsprechenden Folgerungen für «Erziehung», «Politik» und «Sitte» (WK 407).

⁷ So bereits *biologisch* G. BATESON: Ökologie des Geistes, 577–597: Form, Substanz und Differenz: «Das elementare kybernetische System mit seinen Nachrichten in Kreisläufen ist in der Tat die einfachste Einheit des Geistes» (589).

⁸ Vgl. M. EIGEN: Stufen zum Leben, 21–30: Läßt sich der historische Ursprung des Lebens rekonstruieren?

⁹ A. I. OPARIN: Genesis and Evolutionary Development of Life, New York (Academic Press) 1968; E. JANTSCH: Die Selbstorganisation des Universums, 149.

¹⁰ Vgl. Erzbischof J. J. DEGENHARDT: «Ich sage, die Jungfräulichkeit Mariens zeigt, daß Gott seinen Sohn Mensch werden läßt auf eine Weise, die sonst unter Menschen nicht geschieht.» «Das heißt also, daß sie (sc. Maria) keinen geschlechtlichen Verkehr mit einem Mann gehabt haben kann, also deswegen auch keine anderen Kinder gehabt haben konnte. Das einzige Kind Mariens ist Jesus. Das ist, glaube ich, unbestritten im katholischen Bereich.» E. DREWERMANN: Worum es eigentlich geht, 140; 141.

¹¹ Die Verse Mt 16,2αβb3 sind textkritisch als Einschub zu beurteilen, der aber nicht aus Q = Lk 12,54–56 stammt. Gleichwohl besitzt der Langtext zahlreiche «westliche» handschriftliche Zeugen und verdient eine eigene Auslegung im Rahmen des jetzigen Kontextes. GNILKA, II 39, urteilt, daß die «Textüberlieferung... zu keinem überzeugenden Ergebnis» bei der Beurteilung der Echtheit der «Glosse» in Mt 16,2 führe; da aber die lk Version offenbar die ältere gegenüber der mt sei, lege es sich nahe, die Verse als «Analogiebildung» zu Lk 12,54–56 zu verstehen.

¹² Vgl. zum Jona-Zeichen Mt 12,38–40. Allerdings fordert man im Unterschied zu 12,38 jetzt ein Zeichen vom Himmel; die «Wunder», die «Machttaten» Jesu genügen jetzt nicht einmal mehr. «Als Zeichen vom Himmel versteht man es am besten als unmittelbar von Gott gesetztes Wunder, das Jesus vor aller Welt beglaubigt.» GNILKA, II 41. Ex 17,2.7; Ps 77,41.56 zeigen, wie schon die Mosesgeneration der «Versuchung» erlag, Gott mit Zeichenforderungen auf die Probe zu stellen. Doch genau darauf basiert der heutige Kirchendogmatismus!

¹³ Vgl. E. DREWERMANN: Der tödliche Fortschritt, 249–261: Die Veränderung des Klimas und der Atmosphäre.

¹⁴ So bes. C. AMERY: Das Ende der Vorsehung, Hamburg (rororo 6874) 1972.

¹⁵ M. LUTHER: Das schöne Confitemini, an der Zahl der 118. Psalm (1530): Die Werke Luthers in Auswahl, hrsg. v. K. Aland, VII: Der Christ in der Welt, Göttingen ³1983, 308–361 (WA 31, I, 68–182), S. 308–313: Die größten Güter werden am meisten verachtet.

¹⁶ Der Abschnitt Mt 16,5–12 geht auf Mk 8,14–21 zurück, wobei Mt die Szene nicht, wie Mk, im Boot, sondern am anderen Ufer spielen läßt und «Herodes» (Mk 8,15) durch die «Sadduzäer» (16,1.6) ersetzt wird; desgleichen hat Mt das Verstockungsmotiv der Jünger in Mk 6,52; 8,17b–18 gestrichen; Mt 16,8b–12 erscheint durch Streichung der Jüngerantworten in Mk 8,19.20 als in sich geschlossene Lehre Jesu. «Matthäus stellte sich offenbar vor, daß Jesus 15,39 allein nach Magadan gegangen war. Er stieß dort mit den Pharisäern und Sadduzäern zusammen und ging nachher weg. Nun kommen die Jünger (ohne Boot!) wieder zu ihm. Sie haben vergessen, Proviant mitzunehmen. Wie üblich hat sich Matthäus die Geographie nicht genau vorgestellt; wichtig ist ihm die durch... (jenseits) ausgedrückte Distanz zu den jüdischen Gegnern.» «Es entsteht nun eine Art ‹gestörter Kommunikation›. Statt sich um das Problem der Jünger zu kümmern, kommt Jesus auf das zu sprechen, was ihn nach 16,1–4 beschäftigt.» LUZ, I/2, 446; 447.

¹⁷ LUZ, I/2, 449: «Nach seinem letzten, entscheidenden Rückzug aus Israel, den seine Gegner erzwungen haben, warnt Jesus die Gemeinde grundsätzlich vor der Lehre der jüdischen Führer... Nun, da sich die Jüngerge-

meinde vom übrigen Israel zurückzieht, muß sie sich auch in der Lehre neu orientieren. Darum geht es hier.» Doch weit mehr als um eine «Lehre» geht es um eine Lebensweise!

[18] E. SCHWEIZER, 217: «Das Urteil des Matthäus zeigt sich in der Episode von der Zeichenforderung: vor einer selbstsicheren Frömmigkeit, die Garantien fordert, wenn Gott anders und unerwartet durch die fixen Vorstellungen ihres Systems hindurchbrechen möchte, muß sich die Schar der Jünger hüten; sonst wird sie unfähig, für Gottes... unerwartetes Handeln offenzubleiben.»

[19] WK 880–887: «Das episkopale Kollegium und sein Chef, der Papst.» Vgl. bes. LUZ, I/2, 471–483: «‹So etwas wie ein Petrus*amt*› in seiner Kirche kennt Matthäus gerade nicht, sondern er kennt *nur* den Jesusjünger Petrus, dessen Bild er seiner Gemeinde bewahren muß, weil sie die Kirche Jesu ist» (472). Vgl. auch J. LAMBRECHT: «Du bist Petrus» – Mt 16,16–19 und das Papsttum, SNTU 11 (1986), 5–32. Bes. GNILKA, II 71–80: Die Petrusverheißung in Geschichte und Gegenwart, tut das Beste, um das römische Papsttum als «Zentrum der Einheit» zu verteidigen; doch genau das ist das Papsttum derzeit *nicht*: es ist das Prinzip der Spaltung der Christenheit!

[20] J. JEREMIAS: *hadäs* (Hades), ThW I 146–150: «Die Gemeinde Jesu weiß sich durch Jesu Zusage sicher vor den Mächten des Hades (Mt 16,18), weil ihr durch den Glauben an ihn der Zugang zur Königsherrschaft Gottes geschenkt ist (16,19).» «Die christliche Gemeinde weiß ferner, daß Jesus der Herr des Hades ist. Diese in der Predigt Jesu (Mt 16,18) und im Glauben an seine Auferstehung (Apg 2,31) wurzelnde Gewißheit fand ihren Ausdruck in der Lehre von der *Hadesfahrt Christi* in der Zeit zwischen seinem Tod und seiner Auferstehung. Dieses Theologumenon knüpft an einen Zug der antiken Erlösermythologie an; Analogien finden sich in Babylonien (Höllenfahrt der Ischtar), Griechenland (Hadesfahrten der griech. Mysterien) und bei den Mandäern (Höllenfahrt des Hibil-Ziwa)» (149). M. a. W.: Man kann die Dimension von Mt 16,18 nur als *nachösterlich* bezeichnen. So spricht der *Herr* über Leben und Tod. Vgl. W. BOUSSET: Kyrios Christos ²(1921), 26–31. J. JEREMIAS: *kleis* (Schlüssel), ThW III 743–753, S. 749–751, betont, daß es bei der «Schlüsselübergabe» in Mt 16,19 um die «Einsetzung einer Bevollmächtigung» geht. Nach Mt 23,13 beanspruchen die Schriftgelehrten der Zeit Jesu, «Schlüsselgewalt über die Königsherrschaft Gottes zu besitzen. Sie üben sie aus, indem sie den in der Schrift niedergelegten Gotteswillen... verkündigen... d. h.... die geistliche Leitung der Gemeinde ausüben. Jesus wirft ihnen vor, daß sie... den Menschen den Zugang zur Gottesherrschaft verschließen... Als Herrscher der messianischen Heilsgemeinde überträgt er dabei die... Vollmacht der geistlichen Leitung seiner Gemeinde auf Petrus.» Inhaltlich bedeutet Mt 16,19 «die Vollmacht, über die Ungläubigen das Gericht zu verhängen und den Glaubenden die Vergebung zuzusprechen». Vgl. S–B I 738–747 zu den «Binden und Lösen»: «Sachlich folgt aus Mt 18,18 für 16,19, daß zu der dem Petrus übertragenen Schlüsselgewalt jedenfalls die Ausübung der Disziplinargewalt bis hin zur Verhängung des Bannes gehört hat» (738). Die Abschnitte Mt 16,17–19, der Heilruf an Petrus und der Spruch vom Bau der Gemeinde nebst der Verleihung des Schlüsselamtes, sind in die Vorlage von Mk 8,27–30 eingeschoben; vgl. Mk I 532–559. E. SCHWEIZER, 218–221, verweist darauf, daß das Wortspiel von «Petrus» dem «Felsen» nur aramäisch «rein» formulierbar ist; er fragt dann aber: «können die Worte von Jesus stammen? Schon bei V. 17 ist die Markusdarstellung viel wahrscheinlicher. Danach hat Jesus ein schlichtes Christusbekenntnis des Petrus zwar nicht abgelehnt, aber auch nicht begrüßt.» «In allen vier Evangelien taucht das Wort ‹Gemeinde› (oder ‹Kirche›) nur hier und 18,17 auf. In den nachösterlichen Briefen und in der Apostelgeschichte kommt es häufig vor, immer aber in der Verbindung ‹Gemeinde Gottes›, was die Übersetzung des alttestamentlichen Ausdrucks ‹Aufgebot Gottes› für Israel darstellt. Im ganzen neuen Testament weiß man also noch, daß Jesus im Unterschied zu Qumran wie Pharisäertum keine Sondergemeinde gründen, son-

dern *das* Gottesvolk wieder zu seinem Herrn zurückrufen will. Höchstens wird von den Gemeinden ‹in Christus› gesprochen (Gal 1,22; vgl. Eph 3,21; 1 Kor 1,2)... Jedenfalls ist die Wendung ‹meine Gemeinde› unmöglich für Jesus; ‹mein› müßte erst später an die Stelle von ‹Gottes› getreten sein. Schwerlich hätte Jesus auch die rabbinische Wendung vom ‹Binden und Lösen› gebraucht, ohne zu erklären, daß er damit etwas ganz anderes meine als die schriftgelehrte Gesetzesauslegung. Dazu kommt, daß Petrus, wohl wegen der ihm zuteil gewordenen Ersterscheinung (1 Kor 15,5), zu Beginn eine führende Rolle in der Gemeinde spielt (Gal 1,18), daß diese aber keineswegs unbestritten ist und bald Jakobus an die erste Stelle rückt (Gal 2,9.12; Apg 21,18). Selbst nach Apg 11,2 ff. (vgl. 6,1 ff.) steht die Autorität des Petrus nicht einfach auf Grund eines Herrenwortes fest. Wer diese Verse auf Jesus selbst zurückführen will, der muß annehmen, daß Jesus doch grundsätzlich auf die Linie der Qumranleute und der Pharisäer eingeschwenkt sei, resigniert darüber, daß sich Israel nicht rufen ließ, so daß er sich damit begnügte, eine Schar der Umkehrwilligen zu sammeln und ihr über seinen Tod hinaus eine gewisse Institutionalisierung zu geben. Das ist nach der ganzen übrigen Tradition nicht der Weg und Wille Jesu. – Nun entsprechen V.18 f. sachlich dem Osterbericht Joh 21,15–17 (und 20,23). Sie können also ursprünglich mit einem solchen (etwa gar dem über die Ersterscheinung, 1 Kor 15,5?) verknüpft gewesen sein. V 17 hingegen muß sich auf ein vorangegangenes Petrusbekenntnis bezogen haben. ‹Offenbaren› findet sich sonst bei Matthäus nur in Q-Worten, ‹Fleisch und Blut› im ganzen Neuen Testament nur noch 1 Kor 15,50; Gal 1,16. Beide Ausdrücke finden sich aber Gal 1,15 f., wo Paulus davon spricht, wie Gott ihm ‹seinen Sohn› (Mt 16,16!) offenbart und ihn zum Apostel gemacht habe. Ist vielleicht das Petrusbekenntnis (Mk 8,29 f.) in Antiochien schon der Form von Mt 16,16 f. bekannt gewesen, so daß Paulus dem entsprechend formuliert hatte, und hätte Matthäus dann das Osterwort V 18 f. an dieser Stelle eingefügt?» «Vor allem die syrische Kirche scheint sich auf die Autorität des Petrus gestützt zu haben... Vielleicht zeigt Gal 2,11 ff. noch, daß Petrus von Jerusalem, wo er auch in der Apostelgeschichte nach 12,17 nicht mehr erscheint (ausg. 15,7), in die syrische Kirche nach Antiochien wechselte, freilich missionarisch tätig blieb (1 Kor 9,5). In 18 f. könnte es sich um so etwas wie eine Unabhängigkeitserklärung der syrischen Kirche gegenüber der Mutterkirche in Jerusalem oder gegenüber der Synagoge handeln. Da V. 19 die Autorität des Petrus als Fels der Kirche auf seine Lehrvollmacht im Sinne der schriftgelehrten Gesetzesauslegung gründet, ist das zweite viel wahrscheinlicher. Dann wäre das Wort eventuell erst nach 70... entstanden, als sich das Judentum wieder unter der Autorität der Gelehrten von Jabne sammelte und so die Katastrophe überstand. Ihnen gegenüber, die die alleinige Autorität beanspruchten und das geschichtlich gesehen auch tun mußten, wenn sie die Scheidung Israels von der heidnischen Welt nicht aufgeben wollten, formulierte die Kirche, daß es im Gegenteil Petrus sei, dem Gott selbst solche Autorität verliehen habe. Sie hat also das, was unter der Leitung des auferstandenen Jesus tatsächlich geschehen war, auf seinen Willen zurückgeführt und betont, daß alle Autorität des Petrus nie seine eigene, auf seinen besonderen Fähigkeiten beruhende sei, sondern eine ihm nur verliehene, nämlich die Jesu selber.» M. a. W.: Mt 16,17–19 darf als der Schlüsseltext betrachtet werden, der die endgültige *Trennung* zwischen Synagoge und Kirche begründete; vgl. W. TRILLING: Das wahre Israel, 161; selbst der «Auferstandene» erscheint hier in gewissem Sinne als der ewig Gescheiterte: er, der kam, ganz Israel zu einen, wird zur Grundgestaltung des «päpstlichen» Antijudaismus im Abendland! An die Stelle der Sammlung tritt jetzt die Trennung; und was ursprünglich bestimmt war, den Tod zu überwinden, droht jetzt selber tödlich zu werden! – Zu der unbestreitbar sekundären Stellung von Mt 16,17–19 in der Caesarea-Perikope vgl. auch A. VÖGTLE: Jesus und die Kirche, in: Begegnung der Christen, Stuttgart–Frankfurt 1959, 54–81, S. 60; DERS.: Zum Problem der Herkunft von Mt 16,17–19, in: Orientierung an

Jesus (Festschrift für J. Schmid), Freiburg 1973, 372–393.
DERS.: Messiasbekenntnis und Petrusverheißung, in: Das Evangelium und die Evangelien (KBANT), Düsseldorf 1971, 137–170.
[21] M. LUTHER: Die Schmalkaldischen Artikel (1537), WA 50, 192–253, in: Die Werke Luthers in Auswahl, hrsg. v. K. Aland, III: Der neue Glaube, Göttingen 1991, 335–367, 2. Teil, 4. Artikel: Vom Papsttum, S. 346–350. LUZ, I/2, 467–483: Exkurs: Petrus im Matthäusevangelium, resümiert: «die bruderschaftliche und nicht-hierarchische Struktur der matthäischen Kirche, die 18,1–22 und 23,8–11 besonders deutlich machen werden... Wenn sich in einer Kirche der Petrus*dienst* in *einem* Petrus*amt* konzentriert, dann... nur..., daß in diesem *einen*... in Erscheinung tritt, was von Jesus Christus her *alle* sind, und nicht ein Mehr.» Das «Felsenfundament» ist nicht ein Petrusamt, sondern Mt 7,24–27: «wer diese meine Worte hört und tut...!» Vgl. auch J. RINGGER: Zur Sinndeutung von Mt 16,18, vor allem im Lichte der Symbolgeschichte, in: Begegnung der Christen (Festschrift für O. Karrer), Stuttgart–Frankfurt ²1969, 271–347.
[22] Vgl. R. RIEDL: Die Strategie der Genesis, 264f.; DERS.: Die Ordnung des Lebendigen, 188–269; Mt I 16–43: Jesus und die Kirche. S. KIERKEGAARD: Der Augenblick, XIV 229; Werkausgabe II 436, bemerkt: «Daß die Pforten der Hölle über seine Kirche nicht Macht haben sollten, diese Worte Christi sind in letzter Zeit immer wieder gegen mich in Erinnerung gebracht worden, gegen meine Behauptung, das Christentum sei gar nicht da. Meine Antwort ist folgende: Uns hilft jene Verheißung nicht das allergeringste; denn das Geschwätz, in dem wir leben, als ob wir damit Christen wären, hat nichts mit dem zu tun, was Christus und das neue Testament unter Christsein verstehen.»
[23] Zu dem *strophischen* Aufbau von Mt 16,17–19 vgl. GNILKA, II 47–57, der hier das «Schema von der Investitur des Offenbarungstradenten» erblickt. B. GERHARDSSON: Memory and Manuscript, 266–270, geht (wie SCHWEIZER, s. o. Anm. 20) von der Parallele Gal 1,15 – Mt 16,17–19 aus, um das *Alter* der Stelle zu erweisen, indem bereits Paulus «mit dem Wort der Autorisation Petri vertraut» gewesen sei (270).
W. TRILLING: Das wahre Israel, 156–158, meint, die Sprüche seien erst sekundär zusammengefügt. GNILKA (54) rechnet nicht nur mit einer einheitlichen Fassung des Abschnittes, sondern spricht sich auch gegen die «Protophanie»-Hypothese aus: nicht Petrus habe hier sein Osterbekenntnis abgelegt, sondern Mt habe das Bekenntnis zu *Christus* in der Mk-Vorlage mit der Formel von «dem Sohn des lebendigen Gottes» erweitert: «Im Unterschied zu Mk legt Petrus nach Mt ein vollgültiges, nicht korrekturbedürftiges Messiasbekenntnis ab. Wir dürfen es als das christologische Bekenntnis der mt Gemeinde ansehen. Schon in Mt 1 hatte (der) E(vangelist) seinen Lesern Jesus als Christus (1,1–17) und Sohn Gottes (1,18ff.) präsentiert.» «Auch für V 17» nimmt GNILKA mt Redaktion an, in Analogie zu 11,25.27. (54); ebenso sei Mt 16,19a mt Redaktion in Parallele zu 23,13. «Mithin ergibt sich, daß (der) E(vangelist) 16,16–19 als dreistrophigen Text unter Aufnahme zweier Logien (18 und 19b) bildete» (56). Dagegen LUZ, I/2, 453–459, der in V 17 eine «Übergangswendung» des Matthäus als Autor «zu V 18f.» sieht (454), hingegen V 18f und 19bc für «eindeutig vorredaktionell» erklärt: «Der Beiname Kephas ist alt, aber Mt 16,18 nicht. Der Vers ist wahrscheinlich nicht die Deutung, sondern die Umdeutung des Beinamens Kephas. Im ganzen scheint die Herleitung aus einer griechischsprachigen Gemeinde wahrscheinlich» (!) (458). Gegenüber Mt 16,19bc hält er Mt 18,18 als Variante von Joh 20,23 für ursprünglicher (458–459). – Die Bezeichnung *Menschensohn*, zu dem Jesus hier die «Menschen» befragt, drückt an dieser Stelle «Distanz» aus: Die Menschen erfassen offenbar nicht, wer der ist, in der Wirklichkeit der Menschensohn ist... Die Außenstehenden hatten Jesu öffentliche Menschensohnworte schon bisher verstanden (11,19; 12,40; vgl. 8,20). Von jetzt an bis zur Passion wird Jesus nicht mehr öffentlich vom Menschensohn reden» (459).
[24] Zum *Menschensohntitel* vgl. F. HAHN: Christologische Hoheitstitel, 13–53; 226–230 zu dem Petrus-Bekenntnis von Mk 8,27–33;

S. 13–23 zu dem religionsgeschichtlichen Ursprung des Begriffs; vgl. auch G. DALMAN: Die Worte Jesu, 191–219, bes. S. 208–209. Vgl. auch SAND, 344–357: Die Christologie des Matthäusevangeliums: «‹Sohn Gottes› ist... für Mt nicht nur der dominierende christologische Hoheitstitel, dem alle anderen Titel untergeordnet sind; er ist auch und vor allem die Prädikation, ‹die sich auf jede Phase des ‹Lebens› Jesu erstreckt: Empfängnis, Geburt und Kindheit; Taufe und Versuchung; öffentliches Wirken; Tod; Auferstehung und Erhöhung» (356).
[25] Vgl. G. DALMAN: Die Worte Jesu, 206–208: Eine ausschließliche Selbstbezeichnung Jesu. Bes. LUZ, I/2, 497–503: Der Menschensohn im Matthäusevangelium: «Vom kommenden Menschensohn spricht Jesus abgesehen von der letzten Verhörszene 26,64 nie in der Öffentlichkeit und vom leidenden und auferstehenden Menschensohn abgesehen vom paradoxen Jonazeichen 12,40 auch nie. Öffentlich sind also allein die Worte von seinem gegenwärtigen Wirken, die fast alle im ersten Teil des Evangeliums stehen» (498). Es handelt sich um «ein Stück ‹Christussprache›, das voller Erinnerungen steckte» (500). «Der Evangelist braucht den Ausdruck 9,6; 11,19; 12,8.32.40 in Polemiken Jesu gegenüber seinen jüdischen *Gegnern*. Haben diese verstanden, welche Konnotationen Jesu (und die Gemeinde!) mit diesem Ausdruck verband? Die Antwort... muß lauten: nein» (500). «Der Ausdruck ‹Menschensohn› dient... insgesamt dazu, den Bruch zwischen Jesu Gegnern und den Jüngern zu konstituieren» (501). Vgl. bes. Mt 26,65 f.!
[26] Vgl. Mk I 44–52; 307–324.
[27] JOHANNES PAUL II.: Apostolische Konstitution *Fidei Depositum* zur Veröffentlichung des «Katechismus der katholischen Kirche nach dem Zweiten Vatikanischen Konzil», in: Kirchliches Amtsblatt für die Erzdiözese Paderborn, 136. Jg., 24. 5. 1993, S. 57–59.
[28] Zur Gestalt des *wiederkehrenden Elias* vgl. S–B IV 2,764–798: Der Prophet Elias nach seiner Entrückung aus dem Diesseits, bes. S. 776, wie Elias selber zum Schwert greift, «um an frechen Sündern Rache zu nehmen» (769).

[29] S–B I 730; F. HAHN: Christologische Hoheitstitel, 354–356: «Mit dem königlichen Messias wurde Elia wohl nie gleichgesetzt» (356).
[30] Vgl. F. HAHN: Christologische Hoheitstitel, 280–346: Gottessohn, bes. S. 281–287.
[31] KH. GIBRAN: Jesus Menschensohn, 7–11: Jakobus, der Sohn des Zebedäus; 136–140: Ein Mann aus der Umgebung Jerusalems über Judas.
[32] F. HAHN: Christologische Hoheitstitel, 133–225, resümiert: «Es zeigt sich, daß diese letzte Ausweitung des verchristlichten Messiasbegriffs, die eine Anwendung auf das gesamte Wirken Jesu möglich machte, erst im Bereich der frühen hellenistischen Gemeinde erfolgte, die die Traditionsschicht vom irdischen Wirken Jesu als des neuen Mose und endzeitlichen Propheten in die Messiasvorstellung übernahm. Damit konnte ‹Christos› im besonderen auch mit Jesu Wunderwirken in Beziehung gesetzt werden. Dies führte zu einer gleichartigen Verwendung von ‹Christos› und ‹Gottessohn›, wobei jedoch das Gottessohnprädikat bald den Vorrang bekam, so daß ‹Christos› zunehmend abgeblaßt und schließlich zum Eigennamen erstarrt ist.» (224–225) – Zu dem Titel *«Sohn Gottes»* vgl. O. KAISER: Der Prophet Jesaja, Kap. 1–12 (ATD 17), Göttingen ³verb. 1963, 102: «Nur hier (sc. Jes 9,5, d. V.) und Ps 45,7 wird der König im Alten Testament als Gott bezeichnet. Die zumal ägyptische Vorstellung von der physischen Gottessohnschaft des Königs war in Jerusalem nach Ps 2,7; 89,27 f. und 2 Sam 7,14 in die eines, auf einem Adoptionsakt beruhenden, Kindschaftsverhältnisses abgewandelt.»
[33] GNILKA, II 57–58: «Kaisareia Philippi, das alte Panion/Paneas (heute Baniyas) wurde vom Tetrarchen Philippos zur Stadt gestaltet und zu Ehren des Augustus ‹die Kaiserliche› genannt. Die westlich des Jordan dorthin führende Straße (Via Maris) kam von Kafarnaum her... Symbolische Deutungen des Topos (Pansgrotte, Augustus-Tempel), in denen eine nahe Felswand zum Felsenwort in Beziehung gesetzt wurde, sind vom Text fernzuhalten... Nur die Nähe zur Grenze zum heidnischen Land und zum Gebiet der mt Gemeinde

könnte... von Bedeutung gewesen sein.» Die Erwähnung des Ortes erfolgt schon in Mk 8,27 scheinbar ohne weitere Anspielung.

[34] E. STAUFFER: Christus und die Caesaren, 126–137: Die Pilatusinschrift von Caesarea; vgl. bes. S. 96.

[35] S. o. Anm. 20; vgl. auch O. CULLMANN: *Petros* (Petrus), ThW VI 99–112: «Indem... Petrus als der Fels des Baues mit den Schlüsseln des Himmelreichs ausgerüstet ist, die ihm von Christus selbst als dem Hausherrn übergeben werden (Is 22,22; Apk 3,7), ist er der menschliche Mittler der Auferstehung» (107).

[36] Das um so mehr, wenn wirklich die Bedeutung des Petrus in der Erscheinung des Auferstandenen gründet und Mt 16,17–19 das *Bekenntnis* enthält, das diese Vision hervorrief; s. o. Anm. 20. Alle «Kompetenz» der «Leitung» von «Gläubigen» in der «Kirche» gründet ganz allein in der inneren Erfahrung, nicht in der Tradition von «Ämtern».

[37] Vgl. S. KIERKEGAARD: Der Augenblick, XIV 349–350; Werkausgabe, II 550–551: «Der Augenblick ist, wenn der Mann da ist... Die weltliche Klugheit starrt und starrt auf Begebenheiten und Umstände, rechnet und rechnet in der Meinung, sie könne den Augenblick aus den Umständen herausdestillieren... Nein, nur wenn der Mann da ist, und wenn er wagt, wie gewagt werden muß (was gerade weltliche Klugheit und Mittelmäßigkeit vermeiden will), dann ist der Augenblick da – und dem Mann des Augenblicks gehorchen die Umstände.» Was für ein Christus-Titel: «Der Mann des Augenblicks»!

[38] GNILKA, II 68–69 sieht die «einmalige Funktion» Petri darin, «daß er der Fels der Kirche des Messias Jesus ist und bleibt... Petrus ist der Bürge der Christus-Tradition, wie sie das Mt-Evangelium vertritt... In seinem Amt löst er die Schriftgelehrten und Pharisäer ab, die bislang die Schlüssel des Himmelreiches trugen. An eine Fortsetzung des einem einzelnen übertragenen Petrusamtes hat (der) E(vangelist) noch nicht gedacht, wohl aber an eine Fortsetzung des Petrusdienstes.» «Daß Mt 16,17 ff. erst in der nachösterlichen Situation möglich ist, schließt keinesfalls die Namensgebung durch den irdischen Jesus aus. Im Gegenteil.» Was aber ist das für ein «Amt», das gerade *nicht* «schriftgelehrt» und «pharisäisch» ist und einfach «dient», indem es verkörpert, was Jesus wollte? – Zur Gestalt des *Petrus* vgl. den Exkurs bei SAND, 327–335: Petrus im Matthäusevangelium: «Ein christliches Rabbinat gibt es nicht mehr... Aber es gibt die christliche ‹Kontrastgesellschaft›.» (335) Ja, gibt es sie denn? Und sollte sie dann just identisch sein mit der Integrierten Gemeinde in München, wie G. LOHFINK: Wie hat Jesus Gemeinde gewollt? Zur gesellschaftlichen Dimension des christlichen Glaubens, Freiburg 1982, glauben machen möchte?

[39] Vgl. E. DREWERMANN: Strukturen des Bösen, III 340–348: Gruppenbildung, Terrorbrüderlichkeit und zirkuläre Rückläufigkeit, in der Sozialphilosophie von J. P. SARTRE: Kritik der dialektischen Vernunft, 463–468; 610–703.

[40] J. J. ROUSSEAU: Der Gesellschaftsvertrag oder Die Grundsätze des Staatsrechts (1762), übers. v. H. Denhardt (1885), rev. H. Weinstock, Stuttgart (RUB 1769–70) 1958.

[41] J. P. SARTRE: Kritik der dialektischen Vernunft, 433: «Eine Gruppe *ist nicht* (oder sie vertrocknet und verknöchert zumindest, je mehr Sein, das heißt, je mehr inerte Materialität sie enthält): sie totalisiert sich unaufhörlich und verschwindet durch Auseinanderbrechen (Zerstreuung) oder durch Verknöcherung (Trägheit).» Vgl. S. 457–467 über die reflektive Furcht und den Terror als «Liebeswechselseitigkeit».

[42] J. P. SARTRE: A. a. O., 470–473.

[43] Gotteslob, Paderborner Anhang, Nr. 902, S. 99.

[44] Vgl. E. DREWERMANN: Strukturen des Bösen, III 411–435; 573–576.

[45] Vgl. K. DESCHNER: Kriminalgeschichte des Christentums, II: Die Spätantike, 55–92: Der päpstliche Primat; 281–352: Der Krieg in den Kirchen und um die Kirchen.

[46] P. HOFFMANN: Das Erbe Jesu und die Macht in der Kirche. Rückbesinnung auf das Neue Testament, Mainz (Topos Tb. 213) 1991, 121; vgl. DERS.: Die Bedeutung des Petrus für die Kirche, in: J. Ratzinger: Dienst an der Einheit, Düssel-

dorf 1978, 9–26; W. SCHENK: Das «Matthäusevangelium» als Petrusevangelium, BZ 27 (1983), 58–80.

⁴⁷ Vgl. A. VON HARNACK: Lehrbuch der Dogmengeschichte, I: Die Entstehung des kirchlichen Dogmas (³1893), Darmstadt 1983, 65–85: Das Evangelium Jesu Christi nach seinem Selbstzeugnis, S. 77: «Eine neue Religionsgemeinde hat Jesus selbst nicht gestiftet, aber einen Kreis von Jüngern aus Israel um sich gesammelt und sie einmal zur Verkündigung des Evangeliums schon bei seinen Lebzeiten ausgesandt. Universalistisch war seine Predigt, insofern er dem Ceremonialwesen als solchem keinen Werth beigelegt und die Vollendung des mosaischen Gesetzes in der Herausstellung seines sittlichen Gehalts... erkannt hat... Damit war die äußere pharisäische Gerechtigkeit nicht nur für Schale, sondern auch für Trug erklärt, und zerrissen war das Band, das im Judenthum Religion, äußeren Cultus und Nationalität noch verband.»

⁴⁸ Vgl. J. JEREMIAS: Neutestamentliche Theologie, I 164–174: Die Sammlung der Heilsgemeinde.

⁴⁹ O. u. F. BETZ: Tastende Gebete. Texte zur Ortsbestimmung, München 1971, 119–121.

⁵⁰ Zu Jes 22,22 vgl. S-B I 736–737: «Die Übergabe der Schlüssel symbolisiert die Übertragung der Macht auf den Hausverwalter. Von letzterem gilt dann der Satz: Der Beauftragte ist wie sein Auftraggeber.» Zum «Binden und Lösen» vgl. S-B I 738–747. Vgl. auch Jes 9,5; zur Stelle O. KAISER: Der Prophet Jesaja, Kap. 1–12 (ATD 17), Göttingen ³(verb.) 1963, 101–103. Dogmengeschichtlich vgl. H. VORGRIMMLER: Das «Binden» und «Lösen» in der Exegese nach dem Tridentinum bis zu Beginn des 20. Jahrhunderts, ZKTh 85 (1963), 460–477; P. STOCKMEIER: Das Petrusamt in der frühen Kirche; in: Zum Thema Petrusamt und Papsttum, Stuttgart 1970, 61–79.

⁵¹ Der Abschnitt Mt 16,21–28 geht auf Mk 8,31–9,1 zurück; vgl. Mk I 541–585; geändert hat Mt seine Vorlage in 16,23 dahin, daß die Antwort Jesu nur an Petrus und in 16,24 nur an die Jünger ergeht; Mk 8,38 ist in Mt 16,27 stark verkürzt, V 27b ist statt dessen neu geformt; das Wort findet sich schon in 10,32–33 nach Q – Lk 12,8–9, wird aber jetzt in freier Form eingefügt und gilt nunmehr als *Begründung* der ganzen Rede in 16,24–26. In 16,28 wird das Wort aus Mk 9,1 ohne Überleitung zu einem Menschensohnwort, das «Königtum Gottes» bei Mk verwandelt sich bei Mt in das «Reich des Menschensohnes». Vgl. LUZ, I/2, 487. Von Mt 16,26 meint GNILKA, II 90, der Vers habe zwar weisheitlichen Charakter. Aber es bestehe keine Veranlassung, ihn Jesus abzusprechen. Vgl. auch E. FASCHER: Der unendliche Wert der Menschenseele. Zur Auslegung von Mk 8,36 und Mt 16,26, in: Forschung und Erfahrung, Göttingen 1961, 44–57. – Zu dem Motiv von dem *leidenden Messias* vgl. S-B II 273–299: «Aus dem Nt erkennen wir, daß ein *leidender Messias* in Jesu Tagen den messianischen Hoffnungen des jüdischen Volkes jedenfalls nicht entsprochen hat; vgl. Mt 16,21 ff. ... Die Ablehnung eines leidenden Messias hat etwas Auffallendes, wenn man die hohe Bedeutung erwägt, die die alte Synagoge gerade den Leiden beigelegt hat» (274). – Zu den *Ältesten*, von denen Jesus das Leid erwartet, vgl. G. BORNKAMM: *presbyteros* (Ältester), ThW VI 651–683: «Einen ‹Ältestenrat› als fest umrissene oberste jüdische Religionsbehörde mit dem Sitz in Jerusalem gibt es nachweislich erst seit der Seleukidenzeit (Antiochus III., 223–187 v. Chr.)» «Der Begriff ... (Älteste) ... wird ... zur Bezeichnung speziell der Laienmitglieder, im Unterschied einerseits zu den Vertretern der priesterlichen Familien, aus denen der im Synhedrium den Vorsitz führende Hohepriester gewählt wurde, andrerseits zu der Theologengruppe der... (Schriftgelehrten)... Doch wird man annehmen dürfen, daß die Ältesten als Vertreter des privilegierten Jerusalemer Patriziates in der Regel die Gefolgsleute der priesterlich-sadduzäischen Richtung waren» (659). Daneben ist «Ältester» im Judentum geläufig für «Schriftgelehrter». Die «Überlieferung der Alten» (Mk 7,1–23; Mt 15,1–20) wurde «im Pharisäismus und Rabbinat der Thora gleichgestellt, während die Sadduzäer jede Weiterbildung der Thora verwerfen. Jesu Kritik steht im Gegensatz zu beiden Gruppen,

da er Thora und Überlieferung überhaupt nicht als formale Autoritäten diskutiert, sondern beide unter inhaltliche Kriterien stellt. Darum kann er bald Gesetz und Propheten gegen die... (Überlieferung) ins Feld führen (Mk 7,6–13 und öfter), bald auch die Anweisungen der Mose-Thora selbst in Gegensatz zu dem eigentlichen Gebot Gottes stellen... Mk 10,1–12» (661–662). – Vgl. auch J. JEREMIAS: Jerusalem zur Zeit Jesu, 252–264: Der Laienadel.

⁵² Zu den *Priestern* vgl. G. SCHRENK: *hieros, hiereus* (Heiliger, Priester), ThW III 221–284, bes. S. 257–265 (Priester), 265–284 (Hoherpriester), der «es... auffallend» findet, «daß der Kult und zumal das Bild des Priesters in den Sprüchen Jesu keine Verwendung findet. Auch sich selbst hat er nicht als Priester bezeichnet (etwa nach Ps 110 vgl. Mt 22,44), seine Jünger ebenso nicht. Seine Bilder nimmt er aus der profanen menschlichen Umwelt, nicht aber aus dem Priesterdienst. Das führt darauf, bei ihm auch in diesem Stück Erfüllung des Prophetismus festzustellen. Jedoch fehlt die ausgesprochen kultkritische Haltung des Prophetismus – und dennoch weist das Wort Jesu als Ganzes vom priesterlichen Typus weit fort und zum prophetischen Worte hin» (263–264). In der Zeit nach dem Exil erhielt unter Esra das Priestertum «eine ungeahnt geschlossene Rechtsordnung. Es hat zu wachen über den Satzungen Jahwes. Aber gerade diese Aufgabe ruft zugleich (nach) dem Schriftgelehrten. Er tritt neben den Priester. Er unterstellt das Priestertum der Kontrolle des nicht nur schriftlich fixierten, sondern auch der Auslegung durch die Zunft bedürftigen Gesetzes» (261). Zu den einzelnen Priesterklassen vgl. S–B II 66–68; wie kritisch man in den Tagen Jesu über die Priester denken mochte, zeigt das *Testament Levis* (über das Priestertum und den Übermut); vgl. E. KAUTZSCH: Die Testamente der 12 Patriarchen, in: E. Kautzsch (Hrsg.): Die Apokryphen und Pseudepigraphen des Alten Testamentes, 2. Bd. (1900), Darmstadt 1962, 458–506, S. 465–471, bes. Kap. 17, S. 470, wo die Priester als «Götzendiener, Streitsüchtige, Habsüchtige, Übermütige, Gottlose, Wollüstige, Knabenschänder, Viehschänder» bezeichnet werden. Kritischer hat selbst F. NIETZSCHE: Also sprach Zarathustra, 2. Teil, Von den Priestern, 69–71 sich nicht geäußert: «Wahrlich, ihre Erlöser selber kamen nicht aus der Freiheit und der Freiheit siebentem Himmel! Wahrlich, sie selber wandelten niemals auf den Teppichen der Erkenntnis! Aus Lücken bestand der Geist dieser Erlöser; aber in jede Lücke hatten sie ihren Wahn gestellt, ihren Lückenbüßer, den sie Gott nannten» (71). – Zur sozialen Stellung der Priester in den Tagen Jesu vgl. J. JEREMIAS: Jerusalem in den Tagen Jesu, 166–251.

⁵³ Zu den *Schriftgelehrten* vgl. J. JEREMIAS: *grammateys* (Schriftgelehrter), ThW I 740–742: «Jesu Vorwürfe richten sich gegen Lebenswandel und Lehre der Theologen seiner Zeit. Was den Lebenswandel anlangt, so wirft ihnen Jesus vor allem fehlende Demut (Mt 23,5 ff. und öfter), fehlende Selbstlosigkeit (Mk 12,40a) und fehlende Wahrhaftigkeit (Mk 12,40b und öfter) vor. Sein härtester Vorwurf aber ist der, daß sie selbst nicht tun, was sie in Lehre und Predigt fordern (Lk 11,46 und öfter). Gegen ihre Lehre erhebt Jesus vor allem den Vorwurf, daß sie den im Liebesgebot enthaltenen wahren Gotteswillen durch ihre Kasuistik zunichte macht» (742). Vgl. *ders.*: Jerusalem zur Zeit Jesu, 265–278.

⁵⁴ Zu den «Hohenpriestern und Schriftgelehrten» insgesamt vgl. S–B I 78–82; vgl. auch IV 1,334–352: Die Pharisäer und Sadduzäer in der altjüdischen Literatur; z. B. S. 337 (Sota 21): «Wie verhält es sich mit einem närrischen Frommen? Wenn zum Beispiel eine Frau in einen Fluß stürzt, und er sagt: Es ist nicht schicklich, daß ich sie ansehe, während ich sie rette.» Oder S. 336 (pSota 3,19): «Er sieht, wie ein Kind im Strom mit den Wellen ringt; er spricht: Wenn ich die Gebetsriemen werde abgelegt haben, will ich es retten.» Vgl. auch A. F. J. Klijn: Scribes, Pharisees, Highpriests and Elders in the New Testament, NT 3 (1959), 259–267.

⁵⁵ (W. KASPER): Katholischer Erwachsenenkatechismus. Das Glaubensbekenntnis der Kirche, hrsg. v. der Deutschen Bischofskonferenz, München 1985, 35 erklärt zwar: «Wer an Gott glaubt, braucht... die Offenheit vieler

Fragen nicht zuzudecken... Der Glaube an den verborgenen Gott wird immer ein suchender, fragender und stets neu wagender Glauben sein.» Die Wirklichkeit hingegen schildert JANOSCH: Zurück nach Uskow, 21: «Also die Sünden wurden gelehrt: der Glaubenszweifel (wenn nicht fest und unerschütterlich für wahr gehalten wird, was Gott uns durch seine heilige katholische Kirche sagt).» Vgl. zur Psychologie des *Zweifels* und des *Verbots* des Zweifels E. DREWERMANN: Glauben in Freiheit, I 62–95; 161–173.

[56] G. W. F. HEGEL: Phänomenologie des Geistes, Vorrede, S. 29: «Die Tätigkeit des Scheidens ist die Kraft und Arbeit des Verstandes... Aber daß das von seinem Umfange getrennte Akzidentelle als solches, das Gebundne und nur in seinem Zusammenhange mit anderm Wirkliche ein eigenes Dasein und abgesonderte Freiheit gewinnt, ist die ungeheure Macht des Negativen; es ist die Energie des Denkens, des reinen Ichs. Der Tod, wenn wir jene Wirklichkeit so nennen wollen, ist das Furchtbarste, und das Tote festzuhalten, das, was die größte Kraft erfordert. Die kraftlose Schönheit haßt den Verstand, weil er ihr dies zumutet, was sie nicht vermag. Aber nicht das Leben, das sich vor dem Tode scheut und von der Verwüstung rein bewahrt, sondern das ihn erträgt und in ihm sich erhält, ist das Leben des Geistes.»

[57] DS 3401–3466: die Irrtümer der Modernisten: – da wird so ziemlich alles abgeschworen, was Exegese, Kirchengeschichte, Religionsphilosophie und Dogmatik an neuen Erkenntnissen vor rund 90 Jahren schon hätten aufnehmen und verarbeiten müssen, wenn Liebe zur Wahrheit jemals mit dem Anspruch päpstlicher Unfehlbarkeit vereinbar wäre.

[58] Vgl. dazu E. DREWERMANN: Glauben in Freiheit, I 98–99; 123–139: Der «Untertan» oder: Die Wahl zwischen Selbstbehauptung und Selbstpreisgabe; DERS.: Die Spirale der Angst, 135; 227.

[59] 2. Vatic., Pastoralkonstitution über die Kirche in der Welt von heute, H. REUTER: Das II. Vatikanische Konzil, 223–295, Kap. V, Abschn. 1, Nr. 79, S. 279: «Darüber hinaus muß es als gerechtfertigt angesehen werden, daß die Gesetze in humaner Weise für den Fall derer Vorsorge treffen, die aus Gewissensgründen den Waffendienst verweigern, jedoch zu einer anderen Form des Dienstes für die menschliche Gemeinschaft bereit sind.»

[60] F. NIETZSCHE: Jenseits von Gut und Böse, Nr. 168, S. 71; vgl. DERS.: Also sprach Zarathustra, 1. Teil, Von der Keuschheit, 43–44.

[61] Vgl. P. DE ROSA: Gottes erste Diener, 4. Kap.: Das Papsttum in seiner Blütezeit, S. 72–93, bes. 74; 13. Kap.: Der erste unfehlbare Papst, S. 294–314.

[62] F. KAFKA: Der Prozeß, 9. Kap.: Im Dom, S. 144–161, S. 155–160.

[63] Codex des kanonischen Rechtes, lat.-dt. Ausgabe, Kevelaer 1983, Can. 1161–1165, S. 511–513.

[64] A. CAMUS: Der Mensch in der Revolte, 17–27: «Eine Bewußtwerdung, sei sie noch so unbestimmt, wächst aus der Bewegung der Revolte... Was zuerst ein unbeugsamer Widerstand des Menschen war, wird nun der ganze Mensch» (18).

[65] Zur Auferstehung am 3. Tage vgl. S–B I 747; zu Hos 6,2 vgl. A. WEISER: Die Propheten: Hosea, Joel, Amos, Obadja, Micha (ATD 24), Göttingen 1959, 57: «Allerdings zeigt die merkwürdige Form der Hoffnung auf eine Auferstehung am dritten Tage, die aus dem Kult der sterbenden und wiederauferstehenden Vegetationsgötter (Adonis, Tammuz usw.) entlehnt zu sein scheint, daß das Volk innerlich doch nicht ganz von der Vorstellungswelt kanaanäischer Religionsformen losgekommen ist.» Den Hintergrund der «drei Tage» bildet naturmythologisch wohl die Phase des *Neumonds*, da der Mond für drei Tage am Himmel «im Grab» liegt. «Ostern» ist eben der Sonntag nach Frühlingsvollmond. Vgl. auch H. K. MCARTHUR: «On the Third Day», NTS 18 (1971–72), 81–86; zur Sinndeutung des *Neumonds* vgl. M. ELIADE: Das Heilige und das Profane, 91–94: Kosmische Hierophanien.

[66] H. HESSE: Eigensinn. Autobiographische Schriften, Ausw. u. Nachw. v. S. Unseld, Frankfurt 1972; Reinbek (rororo 4856) 1981, 78–83: Eigensinn (1919), S. 78–79.

[67] A. a. O., 79.

⁶⁸ A.a.O., 79.
⁶⁹ A.a.O., 80.
⁷⁰ A.a.O., 81.
⁷¹ A.a.O., 81.
⁷² Die Geschichte in Mt 17,1–13 stammt aus Mk 9,2–13; vgl. Mk I 586–611; entscheidend verändert hat Mt die Perikope, indem er die Bemerkung aus Mk 9,6b von der Furcht der Jünger (vgl. Mk 16,8b, die Grabeserzählung!) in 17,6–7 zu einer eigenen Szene ausgestaltete, in der Jesus selbst die Furcht der Jünger beruhigt. Die Bemerkung in Mk 9,3b von dem Walker, der so nicht zu weißen vermag, wie es den Kleidern Jesu entspräche, hat Mt weggelassen; dieselbe Auslassung findet sich aber auch in Lk 9,29 und geht vielleicht auf eine beiden Evangelisten vorliegende Mk-Fassung zurück. In dem anschließenden Jüngergespräch hat Mt die Bemerkung aus Mk 9,10 weggelassen; die Frage der Jünger in Mt 17,10 geht somit direkt auf die «Auferstehung des Menschensohnes» in 17,9 zurück; das *Leiden* des Menschensohns aber (Mk 9,12) taucht nur noch in der Antwort Jesu von 17,12 auf; die Hinweise auf die Erfüllung der Schrift (Mk 9,12b und 9,13) sind weggelassen. Der Satz über das Verständnis der Jünger (17,13) ist (wie in 16,12) von Mt hinzugefügt. Mt hat die Perikope besonders zu 16,13–23 hin parallelisiert: wie in 16,14 tritt Elija auf; wie in 16,16.20 ist Petrus Sprecher; wie in 16,16–17 geht es um die Offenbarung der Gottessohnschaft; wie in 16,20 sollen die Jünger schweigen; die Menschensohnworte in 17,9b.12c entsprechen der Leidensankündigung von 16,21. Insofern ist die «Verwandlungsszene» eine «dramatische Fassung der Offenbarung von Mt 16,16f. Die Himmelsstimme in 17,5 verweist auf die Taufszene in 3,17, der hohe «Berg» auf den Berg der Versuchung in Mt 4,8. Das Leiden des Johannes wurde in Mt 11,12–14; 14,3–12 bereits erwähnt. Das Bekenntnis der Gottessohnschaft (17,5) könnte bereits auf den römischen Hauptmann in Mt 27,54 verweisen; desgleichen verweist das Motiv der weißen Kleider und die Tröstung der Furcht der Jünger auf die Grabesszene (Mt 28,3–7); auch die Abschlußszene Mt 28,16–20 auf dem Berge, wo Jesus «hinzutritt» und sich als der «Sohn» zu erkennen gibt, spielt hier hinein. Vor allem durch diese letztere Verbindung spricht manches dafür, die Verwandlungsgeschichte als eine *Inthronisation* nach altägyptischem Vorbild zu betrachten, bestehend aus drei Szenen: die Begabung des Gottkönigs mit himmlischem Leben, seine Präsentation vor den himmlischen Mächten und die Übertragung irdischer Herrschaft; vgl. U.B. MÜLLER: Die christologische Absicht des Markusevangeliums und die Verklärungsgeschichte, ZNW 64 (1973), 159–193; E. NORDEN: Die Geburt des Kindes (1924), Darmstadt ³1958, 116–128. Vgl. bes. LUZ, I/2, 505–509, der an Ps 2,7 erinnert, «der aus dem Thronbesteigungsritual der Jerusalemer Könige stammt und der die neutestamentliche Gottessohnchristologie... maßgeblich geprägt hat. Im alten Bekenntnis Röm 1,3f. wurde ‹die Inthronisation› Jesu zum Gottessohn mit der Auferstehung verbunden (vgl. Apg 13,33f.). Sie bedeutet zugleich Jesu Erhöhung und seine Verbindung mit göttlichem Geist und Macht» (508). Natürlich ist die Szene rein *symbolisch* zu lesen; nicht ausgeschlossen ist bei dem *Berg* auch eine Erinnerung an den wolkenbedeckten Sinai (Ex 24,1.9.15 f.) und die Gestalt des Moses. Zu den Erfahrungen *auf* dem Berg und zum Abstieg *vom* Berg vgl. LUZ, I/2, 515.
⁷³ Vgl. Mk I 82–102, bes. S. 96 ff.; 600; 602. F. HAHN: Christologische Hoheitstitel, 310, deutet die Szene auf dem *«Berge»* als eine «Metamorphose, wie wir es aus Mysterienkulten und Zaubertexten» kennen. J. BEHM: *morphä* (Gestalt), ThW IV 750–767, S. 765 meint dagegen, die Stelle in «den Zusammenhang apokalyptischer Vorstellungen» rücken zu sollen: «Was den Frommen für den neuen Aeon verheißen ist (vgl. auch 1 Kor 15,51 f.), widerfährt hier Jesus schon in der Gegenwart.» Für die Auslegung ist es dann um so wichtiger, existentiell den «Ort» zu finden, wo das «Endgültige» der Welt Gottes in unser Leben hereinragt bzw. wo der «Himmel» die «Erde» berührt. Vor allem genügt es nicht, rein religionsgeschichtlich bestimmte Analogien über «Berge» und «weiße Kleider» herzustellen, sondern man muß sich fragen, welche *Erfahrungen* denn in derartigen

Bildern beschworen werden. – Zu den *heiligen Bergen* vgl. TE I 403–404. M. ELIADE: Das Heilige und das Profane. Vom Wesen des Religiösen, Hamburg (rde 31) 1957, 26–29: «Unsere Welt» liegt immer im Zentrum: «... der religiöse Mensch... wußte, daß sein Land in der Mitte der Welt liegt.» Er «hatte das Bedürfnis, immer im Zentrum zu leben» (26).

[74] Vgl. E. DREWERMANN: Strukturen des Bösen, II, Abb. 5; S. 52; 512–513. Vgl. W. FOERSTER: *oros* (Berg), ThW V 475–486, der bes. auf die «psychologische Herausnahme aus der alltäglichen Umgebung» und auf die «Einsamkeit» verweist (S. 484). Vgl. auch G. VAN DER LEEUW: Phänomenologie der Religion, Tübingen 1956, 39–42: «Berge... tragen... die Macht des ganz Andern... Der Berggipfel ist der älteste Himmel. Auch im Alten Testament wohnt die Gottheit auf Bergen» (41). Vgl. Ps 89,13; Ps 121. Zur antriebspsychologischen Begründung dieser Symbolik vgl. E. DREWERMANN: Glauben in Freiheit, I 443–459: Baum, Berg und Heiliges Mahl.

[75] D. MAZZEO – CH. S. ANTONINI: Angkor (Milano 1972), Wiesbaden 1974, 7–8: «Der heilige Berg Meru hat sein symbolisches Äquivalent in den Zikkurat von Babylon, dem Tempel von Jerusalem und den Bergtempeln der Maya» (8).

[76] Vgl. M. LURKER: Die Botschaft der Symbole, 118–119.

[77] E. SCHWEIZER, 227 verweist auf die «Erwartung, daß die Gesichter der Gerechten bei der Auferstehung wie die Sonne leuchten werden (4 Esra 7,97; Syr. Bar 51,3)», und daß Mt an Bilder anknüpft, «die an das Geheimnis der Endzeit und der Auferstehung rühren». «Nur bei der Erscheinung des Auferstandenen (28,18) wird noch einmal von Jesu ‹Herantreten› gesprochen; wie hier nähert er sich dort den Jüngern als Herr über den Tod, der sie aufrichtet und ihnen das wahre Leben zurückgibt. Vermutlich will Matthäus damit vorweg abbilden, was dem Jünger einst geschehen wird, wenn sein Herr als der Auferstandene zu ihm treten und ihn auferwecken wird» (227–228). Doch eben: diese «Auferstehung» ereignet sich mitten im Leben und muß erfahren worden sein, um allererst den «Tod» aus der Hand der Hohenpriester, Schriftgelehrten und Pharisäer auf sich nehmen zu können. – Die «Metamorphose», um die es in der ‹Taborstunde› geht, hat B. VON ARNIM: Die Günderode, 155 trefflich in die Erfahrung gekleidet: «Alle Morgen bet' ich, wenn ich aufwache: ‹Lieber Gott, warum bin ich geboren›, und jetzt weiß ich's.»

[78] Mt 17,22–23 geht auf Mk 9,30–32 zurück, doch hat Mt die Einleitung in Mk 9,30b–31a gekürzt und vor allem an die Stelle des Unverständnisses (Mk 9,32) *die Trauer* der Jünger gesetzt. Die verwandten Formulierungen erinnern an 16,21; 20,18f. LUZ, I/2, 526. GNILKA, II 112 verweist auf 4 Kg 21,14; Ps 105,41: wie Gott das Volk an die Feinde auslieferte, so jetzt stellvertretend den Menschensohn. Wenn aber «das Ausliefern als Handeln Gottes» zu verstehen ist, welch ein Gottesbild dann! Und wie läßt es sich psychologisch wirklich *erlösend* vermitteln? Dazu müßte man die Projektionen rückgängig machen, die diese Vorstellung begründen.

[79] Vgl. A. CAMUS: Der Mythos von Sisyphos, 47–58: Die absurde Freiheit.

[80] Zu der Erscheinung von Mose und Elija vgl. S–B I 753–758. Nach 2 Kg 2,11 ist Elija zum Himmel entrückt worden; FLAVIUS JOSEPHUS: Jüdische Altertümer, IV 8,48, S. 249 berichtet: «während er (sc. Moses) noch mit ihnen sprach, ließ sich plötzlich eine Wolke auf ihn herab, und er entschwand in ein Thal. In den heiligen Büchern (sc. Dt 34,7) aber hat er geschrieben, er sei gestorben, aus Furcht, man möchte sagen, er sei wegen seiner hervorragenden Tugenden zu Gott hinübergegangen.»

[81] Vgl. H. WEHNER: Selbstbesinnung und Selbstkritik, Köln 1994; Die Akte Wehner. Moskau 1937–1941, Hamburg (rororo 9690), 1993.

[82] S. KIERKEGAARD: Der Augenblick, XIV 127–128; Werkausgabe II 344–346: Lobrede auf das menschliche Geschlecht oder Beweis, daß das neue Testament nicht mehr die Wahrheit ist.

[83] Vgl. LUZ, I/2, 513: «Das Zentrum von Jesu Belehrung aber liegt in V 12b: Den gleichen Weg des Leidens wie Johannes der Täufer muß

der Menschensohn Jesus auch gehen.» GNILKA, II 98 betont: «Der Kontext handelt vom Sterben Jesu, vom gewaltsamen Sterben (16,21f.25; 17,12). So handelt auch die Verklärungsgeschichte vom Tod.» Wie aber kann es ein *Glück,* eine *Herrlichkeit* sein, den Tod in solcher Weise vor sich zu sehen? Hier liegt das eigentliche Problem der Auslegung, das mit aller «Christologie» nicht gelöst, nur verdrängt wird.

[84] Zu dem phönikischen bzw. kanaanäischen *Baals*kult vgl. A. PARROT–M. H. CHÉHAB–S. MOSCATI: Die Phönizier. Die Entwicklung der phönizischen Kunst von den Anfängen bis zum Ende des dritten punischen Krieges, München 1977, übers. aus dem Franz. v. F. von Otting und W.-D. Bach, S. 6; 9; 17; 29; 76; W. W. BAUDISSIN: Adonis und Esmun. Eine Untersuchung zur Geschichte des Glaubens an Auferstehungsgötter und an Heilgötter, Leipzig 1911, 24–38: Die Baale und die Natur; 39–52: Die Baale und der Stamm; 56–64: Die Idee des Lebens; bes. S. 59: S. MOSCATI: Die Phönizier. Von 1200 vor Chr. bis zum Untergang Karthagos, aus dem Ital. übers. v. R. Schott, Essen 1975, 262–279.

[85] Vgl. M. BUBER: Königtum Gottes, Werke, II 485–723, S. 633–636 zu dem Kampf des Elija gegen den Baal; DERS.: Der Glaube der Propheten, II 231–484, S. 310–320: JHWH und der Baal, S. 317 zu der Übersetzung von 1 Kg 19,12.

[86] Zur Übersetzung der Stelle vgl. M. BUBER: Moses, Werke, II 9–230, S. 47–66: Der brennende Dornbusch, bes. S. 62–65.

[87] Vgl. oben Anm. 72. Zu Jes 42,1; 44,2 vgl. C. WESTERMANN: Das Buch Jesaja. Kap. 40–66 (ATD 19), Göttingen 1966, 77–81; 109–111. Vgl. GNILKA, II 96–97, der zugleich auch die Nähe zur Apokalyptik hervorhebt: «Jene, die die Anschauung hatten, sind ... wie tot (... Dn 8,17; 10,9; Apk 1,17). Sie müssen durch andere Hilfe, durch einen göttlichen Boten, hier durch Jesus, wieder zu sich selbst gebracht werden ... gleichsam eine Vorwegnahme der künftigen Totenauferstehung.» Wie aber läßt die Überwindung des Todes mitten im Leben sich psychologisch glaubwürdig vermitteln?

[88] Vgl. B. LANG: Eugen Drewermann, interprète de la Bible. La paradis. La naissance du Christ, Paris 1994, 111–122, der (S. 120) den «Allerhöchsten» und den «Sohn des Allerhöchsten» (d. h. den Christus) unterscheidet von den «Söhnen Gottes» (also den Gläubigen). Zur Stelle vgl. S. PEDERSEN: Die Proklamation Jesu als des eschatologischen Offenbarungsträgers (Mt 17,1–13), NT 17 (1975), 241–264; W. GERBER: Die Metamorphose Jesu, Mk 9,2f. par, ThZ 23 (1967), 385–395.

[89] Der Abschnitt Mt 17,14–18, die Geschichte von der Heilung des Knaben, geht zurück auf Mk 9,14–27, ist aber um mehr als die Hälfte bei Mt gekürzt worden; vgl. Mk II 15–40; zu der Art der mt Bearbeitung vgl. Mt I 77–84. Aber: «Das besondere Problem besteht darin, daß Lk 9,37–43 etwa die gleichen Teile der mk Geschichte wegläßt, obwohl der lk Text einen ganz anderen Skopus hat als der mt: Bei Lk geht es um die Heilung durch das Wort Jesu; bei Mt ist diese nur der Auftakt zu einer Jüngerbelehrung über ihren Glauben.» LUZ, I/2, 519. Möglich ist eine abweichende Mk-Überlieferung. Es bleibt, daß Mt vor allem «das Mk 9,28f. als Anhang überlieferte Jüngergespräch zum eigentlichen Zentrum der Geschichte gemacht hat.» «In V 19f. hat Mt an die Stelle des mk ‹Exorzismusrezepts› (Mk 9,29) das Wort über den Berge versetzenden Glauben gesetzt. Seine Quelle war vermutlich das Wort vom Senfkornglauben aus Q = Lk 17,6, das eine Variante in Mk 11,23 besitzt. Mt hat es z. T. an Mk 11,23 angepaßt, indem er das Bild des Maulbeerbaums durch das viel geläufigere vom Berg ersetzte. Auch die übrigen Änderungen im Text sind red(aktionell). Das Logion selbst ist eine bedingte Ankündigung prophetischen Stils, die sehr wohl auf Jesus zurückgehen kann.» LUZ I/2, 520–521. «Mondsucht ist Epilepsie, die ‹heilige Krankheit›, die nach verbreiteter antiker Auffassung von der Mondgöttin Selene verursacht werden und mit den Phasen des Mondes zusammenhängen konnte» (521). Für die Auslegung kommt es darauf an, die «dämonisierende» Weltbetrachtung des biblischen Mythos psychoanalytisch so zu übersetzen, daß zwischen fundamentalistischem Teufelsglauben und rationalistischer Verdrängung der «ir-

rationalen» Teile der menschlichen Psyche ein verbindlicher Zugang zum Verständnis der Wirklichkeit eröffnet wird, die sich in den biblischen Bildern ausdrückt. Vgl. auch S–B I 758–759. GNILKA, II 105 begründet die Darstellung bei Lk 9,37–43 mit der Umgestaltung «in Analogie zu antiken Wundergeschichten... Der Wundertäter, seine Macht und Hilfe, tritt ganz in den Vordergrund... Der Glaube kommt überhaupt nicht mehr vor.» Vgl. U. BUSSE: Die Wunder des Propheten Jesus (FzB 24), Stuttgart ²1979, 249–267.

[90] H. MELVILLE: Billy Budd, in: Billy Budd. Benito Cereno. Zwei Erzählungen, übers. v. R. Möring, Hamburg (Fischer Tb. 22) 1952, 5–91.

[91] C. G. JUNG: Synchronizität als Prinzip akausaler Zusammenhänge (1952), Werke VIII, Olten 1971, 475–577, S. 530ff. stellt in dieser freilich sonderlichsten seiner Arbeiten allerlei «Mondaspekte» des menschlichen Seelenlebens vor. Unbezweifelbar jedenfalls scheint, daß der Mond für die menschliche Seele entschieden *mehr* bedeutet als für die Augen eines Astronomen: was diesem ein toter Stein, ist jener ein Ort magischer Verzauberung. Man lese J. VON EICHENDORFF: Gedichte, in: Werke in 2 Bdn., hrsg. v. P. Stapf, Wiesbaden o.J., I 7–385, S. 12: «Nachts»: «Ich wandre durch die stille Nacht, / Da schleicht der Mond so heimlich sacht / Oft aus der dunklen Wolkenhülle, / Und hin und her im Tal / Erwacht die Nachtigall, / Dann wieder alles grau und stille. // O wunderbarer Nachtgesang: / Von fern im Land der Ströme Gang, / Leis schauern in den dunklen Bäumen – / Wirrst die Gedanken mir, / Mein irres Singen hier / Ist wie ein Rufen nur aus Träumen.»

[92] Vgl. LUZ I/2, 523: «Die von Matthäus gegebene Antwort ist grundsätzlicher als die markinische. Sie... lautet: Das Ausbleiben von Heilungserfolgen ist ein Ausdruck des Kleinglaubens. Kleinglaube ist wie 6,30; 8,26; 14,31; 16,8 mutlos gewordener Glaube und mangelndes Zutrauen in Gottes wunderbare Hilfe. Matthäus denkt also nicht, daß Krankenheilungen und Dämonenaustreibungen besondere Erfahrungen sind, die manchmal auftreten, manchmal nicht. Er ist viel ‹enthusiastischer› und hält Heilungen und Exorzismen für Erfahrungen, die konstitutiv zum Glauben gehören; wo sie ausbleiben, ist der Glaube hinter sich selbst zurückgeblieben.» So ist es. Doch eben deshalb ist es unerläßlich, die Art von *Vertrauen*, die Krankheiten heilt, auf dem Niveau des heutigen psychoanalytischen Wissens um die Dynamik psychoneurotischer und psychosomatischer Erkrankungen (nur um solche kann es sich handeln!) zu interpretieren und wirksam werden zu lassen. Denn natürlich kann man der Ehrlichkeit von U. Luz nur Beifall zollen, wenn er gegenüber einer falschen Allmachtsvorstellung bestimmter Formen fundamentalistischer Bibelauslegungen auf das existentielle Problem verweist: «Der Glaube hat noch nie Berge versetzt!» (525)

[93] Zu dem Bild vom Berge versetzenden Glauben vgl. S–B I 759. – Wie «allgemeinmenschlich» das Denken Jesu hier ist, zeigt der taoistische Philosoph LIĀ DSI: Quellender Urgrund, V 3, S. 102–103: Berge versetzender Glaube: Ein 90 Jahre alter Mann will zwei ihm hinderliche Berge versetzen und hofft, daß die Arbeit, wenn sie schon ihm selbst nicht gelinge, von seinen Söhnen und Enkeln bewerkstelligt werden könnte. «Einer der schlangenhaltenden Götter hörte davon und... sagte es dem Herrn. Der Herr ward bewegt von diesem Glauben und befahl den... (Ameisenfürsten), die beiden Berge auf den Rücken zu nehmen und den einen östlich des Nordens und den anderen südlich von Yung zu vergraben.» Auch hier bedarf es dringend einer psychologisch vertieften Interpretation des Bildes, wie sie gerade der *Taoismus* anbietet. Exegetisch vgl. F. HAHN: Jesu Wort vom bergeversetzenden Glauben, ZNW 76 (1985), 149–169; J. ZNIJEWSKI: Der Glaube und seine Macht, in: Begegnung mit dem Wort (Festschrift für H. Zimmermann), Bonn 1980, 81–103.

[94] F. M. DOSTOJEWSKI: Gesammelte Briefe 1833–1881, S. 395–400: Wiesbaden, Freitag, 28. April 1871, An A. G. Dostojewskaja.

[95] TH. REIK: Aus Leiden Freuden, 138–148: Die Ungeduld des Duldenden: «... der Masochist... ist um einen Takt (oder mehrere Takte)

voraus.» (147) GNILKA, II 113 verweist darauf, wie «sich der Gegensatz der Menschen zum Menschensohn in ihren unzureichenden Auffassungen über diesen äußerte (16,13)» und sich tödlich auswachsen wird. Aber wiederum: worin besteht der Grund des Widerspruchs der Menschen gegen ihre eigene Vermenschlichung? Eine Exegese, die diese Frage nicht stellt noch beantwortet, vertieft das Problem, statt es zu lösen.

⁹⁶ In dem Abschnitt Mt 17,24–27 stammt die Situationsangabe: «Kafarnaum» offenbar aus Mk 9,33. SCHWEIZER, 231 meint zum Aufbau und zur Herkunft der Perikope: «Da sich in jedem Vers matthäische Wendungen finden..., hat er wohl selbst auf Grund mündlicher Überlieferung formuliert. Möglich ist, daß einmal nur das Ja des Petrus (V 24 und der Anfang von V 25) erzählt wurde, um ihn als Autorität für die Treue der Gemeinde der jüdischen Kultgemeinschaft gegenüber darzustellen. In der heutigen Form wird die grundsätzliche Freiheit der Gemeinde Jesu verbunden mit der Bereitschaft, in äußerlichen Dingen wie dem Zahlen der Tempelsteuer sich dem geltenden jüdischen Recht anzupassen. Das dürfte durchaus der Sicht des Matthäus entsprechen... Doch muß die Geschichte im wesentlichen vor der Tempelzerstörung entstanden sein, da die Steuer nachher nur noch für die Römer eingezogen wurde.» Zur *Tempelsteuer* selber vgl. S–B I 760–770: «Nach Ex 30,11ff. war eine Musterungssteuer in Höhe eines halben Scheqels von jedem zwanzigjährigen Israeliten zu entrichten; der Ertrag der Steuer diente zur Bestreitung der Kultusbedürfnisse. Nach dem Vorbild dieser Abgabe wurde in den Tagen des Nehemia eine Kopfsteuer in Höhe eines Drittel-Scheqels eingeführt, die gleichfalls Kultuszwecken dienen sollte, s. Neh 10,33f. Identisch mit dieser Kopfsteuer ist die zur Zeit Jesu wiederum einen halben Scheqel betragende Tempelsteuer.» (760) «Nur die Priester erhoben den Anspruch, von dieser Steuer frei zu sein... Frei... waren Frauen und Sklaven» sowie Minderjährige unter 20 Jahren. (762) LUZ I/2, 531 meint: «Dafür, daß das ganze Apophthegma eine Gemeindebildung ist, spricht mit Einschränkung zwingend, daß die Steuereinnehmer die Frage an Petrus, d.h. den Jüngersprecher stellen. Angesprochen ist also die Gemeinde.» Dennoch kann 17,25–26 «sehr wohl auf Jesus zurückgehen. Es paßt auf der einen Seite zu Jesu Gottesverhältnis: Gottes Vaterschaft steht im Mittelpunkt seiner Frömmigkeit. Auf der anderen Seite paßt es zum relativ distanzierten Verhältnis, das Jesus auch gegenüber dem Zehnten (vgl. 23,23 par) hatte. Vielleicht ist auch die Vertreibung der Geldwechsler aus dem Tempel (Mk 11,15–17) hier wichtig; gerade für die Tempelsteuer, die in Scheqeln bezahlt werden mußte, aber so aus der Diaspora nicht transportiert werden konnte, brauchte man sie. In einem weiteren Sinn paßt Jesu Antwort zur distanzierten bis oppositionellen Haltung gegenüber dem Tempel, die in Galiläa wohl da und dort anzutreffen war. Der Galiläer Jesus vertrat in der Praxis vielleicht die alte Position der Sadduzäer, daß die Spenden an den Tempel freiwillig sein sollten... Er wandte sich gegen eine von den Pharisäern eingeführte Praxis, aber nicht gegen die Tora... Diese Interpretation... paßt gut in das vormatthäische palästinensische Judenchristentum, das sich noch als Teil Israels verstand und nicht in einem exklusiven Sinn als Gottes ‹Söhne›.» LUZ I/2, 534. Demgegenüber ist Mt die Geschichte offenbar «wichtig, weil sie die volle und grundsätzliche Freiheit der Gemeinde von der jüdischen Tempelgemeinschaft betont, zugleich aber festhält, daß man seine jüdischen Zeitgenossen in den Fragen, die nicht das Zentrum des Glaubens betreffen, nicht verletzen soll... Es gibt auch eine negative Gesetzlichkeit, die nicht besser ist als die positive...» SCHWEIZER, 233. Entscheidend ist die Verknüpfung der Gottesfreiheit, die Jesus den «Söhnen» bzw. den «Versöhnten» schenkt, mit dem ausgesprochenen *Märchenmotiv* von der Münze im Fischmaul, das einer eigenen Deutung bedarf. Es ist wohl *nicht* so, daß darin eine «Abschwächung» der Gottesfreiheit liegt, wie GNILKA, II 117 meint; eher eine Verschiebung ins Phantastische! G. THEISSEN: Urchristliche Wundergeschichten, Gütersloh 1974, 194 sieht formal hier ein «Normenwunder» vor sich, indem ein Problem

mit himmlischer Macht gelöst werde; doch was erklärt das?

[97] M. LUTHER: Die Ablaßthesen und die Resolutionen (1517–1518), WA I, 530–628; Die Werke Luthers, hrsg. v. K. Aland, II 32–83, S. 32.

[98] Zum «Reichskonkordat» vgl. G. DENZLER – V. FABRICIUS: Christen und Nationalsozialisten (1984: Die Kirchen im Dritten Reich), Frankfurt (Fischer 11871) 1993, 64–69: «Im Juli 1933 dozierte (der Dogmatiker Michael) Schmaus im Auditorium Maximum der Universität Münster: ‹Eine authentische Interpretation empfängt der Totalitätsanspruch des Staates durch das Reichskonkordat.›» (68) E. R. KOCH – O. SCHRÖM: Dunkle Ritter im weißen Gewand, Die Zeit, Nr. 13; 25.3.1994, 11–16, S. 12 weisen auf die Rolle der *«Ritter vom Heiligen Grabe»* beim Zustandekommen des Reichskonkordates durch Grabesritter *Franz von Papen* hin; dem Orden gehören heute noch Bischöfe wie Bischof *Dyba* (Fulda) und Erzbischof *Degenhardt* (Paderborn) an. «Es gibt keinen wichtigen Entscheidungsbereich, in dem nicht ein Glaubensritter säße.» Dagegen vgl. man S. KIERKEGAARD: Einübung im Christentum, XII 88–89; Werkausgabe, II 95–96: «Der Zusammenstoß ist hier wiederum der gleiche: der Einzelne und das Bestehende. ... Da das Steuerzahlen eine gleichgültige Äußerlichkeit ist, ordnet Christus sich ein ...; aber die Art, auf die er das Geld beschafft, setzt die Möglichkeit des wesentlichen Ärgernisses.»

[99] Vgl. E. MILLER: Wirtschaftspolitik und öffentliche Finanzen 1000–1500, in: C. M. Cipolla – K. Borchardt (Hrsg.): Europäische Wirtschaftsgeschichte, 5 Bde., I: Mittelalter, Stuttgart – New York (UTB 1267) 1983, 219–240, S. 223–225: Die Entwicklung der Besteuerung.

[100] Vgl. H. MYNAREK: Verrat an der Botschaft Jesu. Kirche ohne Tabu, Rottweil 1986, 197–204: Der kirchliche Funktionär und das Geld, wo besonders die *psychische* Abhängigkeit der Klerikermentalität vom Geldbesitz herausgestellt wird.

[101] Vgl. M. LAMBERT: Ketzerei im Mittelalter, 108–142: Die Waldenser und die Vertiefung der Krise.

[102] E. STAUFFER: Christus und die Caesaren, 102–125: Die Geschichte vom Zinsgroschen, S. 105; gemeint ist Publius Quinctilius Varus. Vgl. VILLEIUS PATERCULUS, (Römische Geschichte), 2, 117–119, zit. in: G. FRANZIUS: Die römischen Funde aus Kalkriese, in: Kalkriese – Römer im Osnabrücker Land, hrsg. v. W. Schlüter, Osnabrück 1993, 107–197, S. 183–185, Exkurs a.

[103] B. VON ARNIM: Die Günderode (1804–1806), hrsg. v. E. Bronfen, München 1982, 159: «Aber ein Gesetz in unserer Religion muß ich Dir gleich zur Beurteilung vorschlagen, und zwar ein erstes Grundgesetz. Nämlich: Der Mensch soll immer die größte Handlung tun und nie eine andere.»

[104] Von einer kostbaren *Perle* in einem Fisch erzählen zwei jüdische Märchen; S – B I 773; vgl. 614; 675. Bekannt in der Antike bereits war die Geschichte vom *Ring des Polykrates*, die HERODOT: Historien, III 42, S. 203–204 überliefert. Zur Verbreitung der Erzählung *«Die Goldkinder»* vgl. J. BOLTE – G. POLIVKA: Anmerkungen zu den Kinder- und Hausmärchen der Brüder Grimm, 2. Bd. (61–120), Leipzig 1915, 204; *Die zwei Brüder*, 1. Bd. (1–60), Leipzig 1913, 528–555, S. 535f. – Zu dem Symbol des *Fisches* vgl. SCH. BEN-CHORIN: Bruder Jesus, 52–54, der die christliche Verwendung der Fischsymbolik aus dem Jakobssegen Gen 48,16 abzuleiten sucht: «Fischgleich mögen sie wachsen ...» Vgl. auch R. MEYER: Der Ring des Polykrates. Mt 17,27 und die biblische Überlieferung, OLZ 40 (1937), 665–670.

[105] Zu den Motiven des Märchens der *Brüder Grimm* vgl. W. SCHERF: Lexikon der Zaubermärchen, 180–182; 456–463: Die zwei Brüder (KHM 60).

[106] H. ZAHRNT: Martin Luther. Reformator wider Willen, München (SP 5246), 241–242.

[107] Vgl. E. DREWERMANN: Ich steige hinab in die Barke der Sonne, 122; 128–129.

[108] Vgl. W. KRICKEBERG: Altmexikanische Kulturen, 140: «Gold und Silber hießen bei den Azteken gelber und weißer ‹Götterkot› (*teocuitlatl*). Sie galten also als Ausscheidungen des Sonnen- und Mondgottes.»

[109] HOMER: Odyssee, X 274–405. Vgl. M.

Gall: Die Irrfahrten des Odysseus, in: E. Lessing: Die Odyssee, Stuttgart 1965, 13–43, S. 26–27.

[110] L. ZENETTI: Texte der Zuversicht. Für den einzelnen und die Gemeinde, München 1972, 145.

[111] Zu dem Begriff des *«Kindes»* vgl. A. OEPKE: *pais, paidion* etc. (Knabe, Kind etc.), ThW V 636–653, S. 647–648: «Jesus hat der seinem Volke geläufigen Geringachtung der ‹Kleinen› eine betonte Hochwertung entgegengestellt (Mt 18,2ff.10; 19,13–15; 21,15f.)... Dabei handelt es sich nicht um eine Eigenschaft, die dem Kinde anhinge und die man entdecken könnte. Kleinheit, Unfertigkeit und Hilfsbedürftigkeit des Kindes, die man gemeinhin gering achtet, halten den Weg für die Vaterliebe Gottes offen, den die ‹Großen› ihr so oft sperren.»

[112] Zu der Polarität von Himmel–Hölle vgl. B. LANG–C. MC. DANNELL: Der Himmel. Eine Kulturgeschichte des ewigen Lebens (1988), Frankfurt (sv 1586) 1990, 250–251; B. LANG: Hölle, in: P. Eicher (Hrsg.): Neues Handbuch theologischer Grundbegriffe, II 362–373: «In der Tat wurzelt die Höllenlehre in einem unersättlichen menschlichen und auch Gott zugeschriebenen Rachedurst, den zu überwinden auch heute noch Aufgabe bleibt.» (373); J. JEREMIAS: *Hadās* (Hades), ThW I 146–150 meint, die Vorstellung von der Unterwelt *(scheol)* als dem Strafort der gottlosen Seelen im Totenreich sei zur Zeit Jesu «noch im Vordringen» begriffen gewesen: «Jesus kennt sowohl die ältere Vorstellung, wonach sich die Seelen der Gerechten wie der Gottlosen in der Unterwelt befinden (Lk 16,23.26), auch die zu seiner Zeit sich einbürgernde neue Vorstellung, wonach sich die Seelen der Gerechten im Paradies befinden (Lk 16,9; 23,43).» (147). J. JEREMIAS: *geenna* (Hölle), ThW I 655–656 sieht den Unterschied zwischen «Hades» und «Geenna» darin, «daß der Hades die Gottlosen nur für die Zwischenzeit zwischen Tod und Auferstehung aufnimmt, während die Geenna ihr Strafort nach dem Endgericht ist: im Hades erleiden die Gottlosen... nur ein vorläufiges Gericht, in der Geenna dagegen die ewige Pein (Mk 9,43 par; 9,48). Sodann... befinden sich die Seelen der Gottlosen im Hades in leibgelöstem Zustand, während in der Geenna nach der Auferstehung Seele und Leib vom ewigen Feuer vernichtet werden (Mk 9,43 par. 45. 47 par. 48; Mt 10,28 par.).» (655) Es ist beschämend, wenn die kath. Kirche diese offensichtlich mythischen Ansichten der Antike immer noch ihren «Gläubigen» in einer bibelfundamentalistischen «Metaphysik» als dogmatisch verbindliche «Glaubenswahrheiten» glaubt vorschreiben zu müssen und jeden Versuch einer psychologischen und existentiellen Vertiefung im Verständnis derartiger Bilder als «Irrlehre» lehramtlich auszugrenzen sucht. WK 1033–1037; selbst das «ewige Feuer» wird dort (1035) unter Bezug auf eine Serie von «Zeugnissen» der Antike und des Mittelalters «wörtlich» genommen. Ja, woraus besteht denn wohl ein Feuer, das die «Seele» «verbrennen» kann – wenn nicht aus «Seele»? Zu den spätjüdischen Höllenvorstellungen vgl. S–B IV 2, 1016–1165, Exkurs: Scheol, Gehinnom und Gan Eden.

[113] SCHWEIZER, 238: «Wo Menschen im Glauben irregemacht werden und damit ihres Heils verlustig gehen könnten, da geschieht ein ‹Skandal›..., der an den letzten Angriff des Feindes Gottes vor dem Ende erinnert. So ernst nimmt Matthäus die Frage nach Glaube oder Unglaube, aber auch die Ungeschütztheit der ‹Kleinen› Jesu. Darum wiederholt er auch die harten Worte vom Abhauen von Hand und Fuß und vom Ausreißen des Auges, die er ähnlich schon in 5,29f. gebracht hat. Sicher versteht er sie wörtlich, nicht etwa bildlich vom Ausschluß sich verfehlender Gemeindemitglieder; denn das paulinische Bild von der Gemeinde als dem Leib Christi fehlt bei Matthäus völlig.» Dies gegenüber GNILKA, II 127–128; äußerst problematisch ist der Gedanke insgesamt, man könne Menschen (oder «etwas» an Menschen) abschneiden oder ausreißen, um die Gesellschaft oder die «Gemeinde» zu «retten», weil eine solche Vorstellung das Nachdenken über die Opfer der gesellschaftlichen bzw. kirchlichen Praxis durch neue und jetzt absolute Grenzziehungen ersetzt. Daß diese Art zu denken und zu sprechen *nicht* von Jesus stammt, zeigt schon die Formulierung von den «Klei-

nen...‚ die an mich glauben» (Mt 18,6). «Mt hat hier den Sprachgebrauch der späteren Gemeinde übernommen.» SCHWEIZER, 238.
[114] Vgl. Mt I 53–63; 463–473.
[115] Vgl. Mk II 73–85.
[116] Vgl. SCHWEIZER, 233: «Schon daß hier, zwischen der zweiten und dritten Leidensankündigung, von den Gemeindefragen gesprochen wird, ist instruktiv. Negativ besagt dies, daß Matthäus diese nicht mit der Sendungsrede in Kap. 10 verbindet, also nicht an Anweisungen für besondere Dienstträger, sondern an dem für alle Jünger Jesu Gültigen interessiert ist; positiv, daß die Stichworte ‹Kind› und ‹diese Kleinen› in Mk 9,36.42 den Anknüpfungspunkt bilden.» «Das Gespräch vom Großsein (18,1–5) wird so umgestaltet, daß die Jünger jetzt in gutem Licht erscheinen.» Matthäus hat den Abschnitt aus Mk 9,33–37 übernommen, aber neu zu einem eigenen Gespräch geformt; der entscheidende Satz, der «Größte» der Jüngergemeinde sei derjenige, welcher der «Diener aller sei» (Mk 9,34. = Mt 18,4), wird noch einmal in Mk 10,43f. = Mt 20,26f. aufgegriffen. Mt 18,3, das Wort vom Kindwerden, liegt zugleich in Mk 10,15 und Joh 3,3.5 vor. «Allen gemeinsam ist die Einleitung: ‹Amen, ich sage euch (dir), wenn (wer) nicht...› und die Formulierung ‹...nicht eingehen in das Gottes(Himmel)reich›.» Mt 18,5, von der Aufnahme eines dieser Kinder, ist an Mk 9,37 angeglichen. Der Satz Jesu in Mt 18,3 läßt sich auf eine aramäische Form zurückführen. «So könnte Jesus selbst, ohne den Gedanken der Buße zu betonen, davon gesprochen haben, daß, wer nicht ‹wieder zum Kind werden› könne, nicht ins Gottesreich eingehen werde.» (A. a. O., 235) – «Die Sprüche vom Ärgernisgeben (Mk 9,42–50) sind aufgefüllt durch einen Zusatz, der auch Lk 17,1f. mit dem ersten Wort vom Ärgernis verknüpft ist. Das darin angeschnittene Thema von ‹einem dieser Kleinen› wird in V. 10 und 14 von Matthäus weitergeführt. Dabei übernimmt er das kleine Gleichnis vom verlorenen Schaf, das sich auch in Lk 15,3–7 findet, und paßt es seinem Zusammenhang an, indem er es neu auf die Pflicht deutet, dem Bruder, der sich verirrt, nachzugehen. Es schließt wieder mit einem, Gottes endgültige Entscheidung beschreibenden, ‹Amen, ich sage euch›-Satz, dem zwei Bedingungssätze vorangehen. Derselbe Aufbau erscheint nochmals im gleich darauf folgenden Abschnitt 18,15–18, der das Vorgehen der Gemeinde regelt, wenn eines ihrer Glieder in Sünde gefallen ist.» (233–234) Interessant ist, daß in Qumran eine ähnliche Parallele zwischen dem Guten Hirten und dem «Lösen der Fesseln» (Mt 18,12–14.15–18) vorliegt: «Er soll sich ihrer erbarmen, wie ein Vater gegenüber seinen Söhnen und kehre alle ihre Verstreuten zurück wie ein Hirt seine Herde. Er soll alle Bande ihrer Fesseln lösen, damit es keinen Bedrückten und Zerschlagenen in seiner Gemeinde gibt.» *Damaskusschrift* XIII 4, J. MAIER: Die Texte vom toten Meer, I 63. Zu Mt 18,1–35 vgl. insgesamt W. TRILLING: Hausordnung Gottes (WB 10), Düsseldorf 1960; W. PESCH: Die sogenannte Gemeindeordnung Mt 18, BZ 7 (1963), 220–235; E. SCHWEIZER: Matthäus und seine Gemeinde (SBS 71), Stuttgart 1974.
[117] SCHWEIZER, 236 sieht in den «Kleinen» einen scharfen «Gegensatz zur Schriftgelehrsamkeit, die den akademischen Lehrer Rabbi, d. h. den ‹Großen› nennt. Demgegenüber bleibt die Jüngerschar Jesu laienhaft und hilflos wie Kinder. Aber sie soll und will bewußt so leben; denn nur das Kind ist nicht fixiert und erstarrt, sondern offen, Neues zu lernen... Das könnte auch den Übergang zur Empfehlung der Kindesaufnahme bilden, die mit ihrer Betonung des sittlichen Handelns dem Anliegen des Matthäus entgegenkommt, die praktische Durchführung der Umkehr aufzuzeigen.» Wie anders müßte «Theologie» betrieben werden, wenn sie den Worten von Mt 18,3–5 entsprechen sollte! Zu Mt 5,3 vgl. Mt I 369–373. Wenn das «Kind-Werden» ein Bild für eine bestimmte Lebensform darstellt, so natürlich auch das «Annehmen» des «Kindes». Entsprechend die Deutung! Vgl. exegetisch bes. J. BLINZLER: Kind und Königreich, in: Aus der Umwelt des NT, Stuttgart 1969, 41–63. GNILKA, II 128 meint, die Grundformen von Mt 18,5–9 könnten jesuanisch sein: «Sowohl

V 5 als auch die Verse 6f. – von letzterem hat Lk 17,1f. die ältere Fassung bewahrt – beziehen sich in der Predigt Jesu auf die Kinder. Es kann als ein Proprium seiner Verkündigung angesehen werden, daß er sich auch den Kindern zuwandte.»

[118] WK 2785 empfiehlt demgemäß die «Herzensniedrigkeit», der Gott sich offenbart (Mt 11,25).

[119] WK 2285 legt Mt 18,6 so aus, daß besonders die lehramtlichen Kirchenbehörden die «Kleinen» vor Irrlehren zu schützen haben und sich nicht nach dem Vorbild der Schriftgelehrten und Pharisäer (der Juden!, so immer noch im Jahre 1993!) gewissermaßen als Wölfe im Schafspelz (Mt 7,15) verhalten dürfen.

[120] Vgl. F. HEER: Gottes erste Liebe, 514: «Der Index Romanus stellt einen ‹permanenten Kreuzzug gegen Geist und Mensch› dar»; «diese außerordentliche Selbstdarstellung einer pathologischen Situation der Kirche als einer geschlossenen Gesellschaft.»

[121] Vgl. E. DREWERMANN: Glauben in Freiheit, I 96–123: Das System notwendiger Aufspaltungen.

[122] A. DE SAINT-EXUPÉRY: Der kleine Prinz, Kap. 10–15; E. DREWERMANN: Das Eigentliche ist unsichtbar, 21–36: Die Erwachsenen-Portraits der Einsamkeit.

[123] R. BROOKS (Regisseur): Cat on a Hot tin Roof (1958); dt.: Die Katze auf dem heißen Blechdach; T. WILLIAMS: Die Katze auf dem heißen Blechdach (1954), übers. v. H. Sahl, Frankfurt (Fischer Tb. 7071) 1982.

[124] SCHWEIZER, 237 meint zu Mt 18,7–9: «In der Überlieferung der Redequelle (Lk 17,1f.) war eine Ansage der notwendig kommenden Anstöße, d. h. der vor dem Ende kommenden weltweiten Versuchung, mit der Mahnung aus Mk 9,42 verknüpft, ‹keinem dieser Kleinen einen Anstoß zu geben›. Das paßt freilich nicht recht. Der in Mt 18,7 enthaltene Ruf ‹Wehe der Welt› hingegen stimmt zu dieser Weissagung endzeitlicher Schrecken. Der, durch den diese Schrecken kommen, war also ursprünglich eine Gestalt wie der Antichrist (2 Thess 2,4f.), bzw. innerhalb des Judentums ein heidnischer König, der Israel verfolgte und ausrotten wollte wie Antiochus Epiphanes. Das Wehe über ihn wurde dann verallgemeinert und auf jeden angewendet, der ‹einen dieser Kleinen› zu Fall brachte (V 6), und mit dieser wohl schon selbständig umlaufenden Warnung verknüpft. Matthäus nimmt das apokalyptische Wort V. 7 auf, weil es V 6 verschärft. Die drei in Mk 9,43–47 folgenden Worte konzentriert er in zwei, indem er Hand und Fuß nebeneinanderstellt.» Weggelassen hat Mt übrigens das Gespräch über den fremden Exorzisten in Mk 9,38–40, wohl weil er sich «das Wirken eines echten Charismatikers» schon nicht mehr «ohne Anschluß an die Gemeinde Jesu denken kann». Sie zählen für ihn zu den «Trugpropheten» (Mt 7,15), zu den «Wölfen im Schafspelz» und «zerstreuen», statt zu «sammeln» (Mt 12,30)!

[125] Zu Mt 18,10.12–14, dem Gleichnis vom verlorenen Schaf, vgl. A. JÜLICHER: Die Gleichnisreden Jesu II 314–333: «wenn man nur Gottes Hingebung an jeden *einzelnen* Sünder begriff... Dann war die gehässige Kritik an seinem, Jesu, Verkehr mit den Sündern prinzipiell ins Unrecht gesetzt.» J. JEREMIAS: Die Gleichnisse Jesu, 132–135: «Die Frage der Pharisäer und Schriftgelehrten, warum Jesus solchen Menschen die Tischgemeinschaft gewähre, ist nicht etwa Ausdruck der Verwunderung, sondern Anklage gegen Jesus – er ist ein unfrommer Mensch! – und damit Aufforderung an seine Anhänger, sich von ihm zu trennen.» (132) Das Gleichnis vom verlorenen Schaf ist ursprünglich ein Doppelgleichnis, das mit dem Gleichnis von der verlorenen Drachme eine Einheit bildet (Lk 15,4–7.8–10); Thomasevangelium 107 hat das Gleichnis mißverstanden, indem es die Suche nach dem einen Schaf damit motivierte, daß es sich um «das größte» der Tiere handelte. Wichtig bei Mt ist der Wechsel der Hörerschaft: ursprünglich zu den entrüsteten Pharisäern gesprochen (Lk 15,2) und der Rechtfertigung der Offenheit gegenüber den «Sündern» gewidmet, läßt Mt 18,1 das Gleichnis zu den *Jüngern* gesagt sein: Gott will nicht, daß auch nur einer der Allergeringsten verlorengehe (Mt 18,14). «Umrahmt von der Mahnung, keinen auch der Geringsten zu verachten (V 10),

und von der Anweisung über die Handhabung der Zucht gegenüber dem sündigen Bruder (V 15–17), besagt der Schlußsatz V 14: Gott will, daß Ihr dem abgefallenen Bruder – und zwar gerade dem ‹Kleinen›, Schwachen, Hilflosen – so treulich nachgeht, wie der Hirte des Gleichnisses dem verirrten Schaf. Das Gleichnis ist also bei Matthäus ein Jüngergleichnis, das die Gemeindeleiter zur Hirtentreue gegenüber den Apostaten aufruft; der Akzent liegt nicht wie bei Lukas auf der Freude der Hirten, sondern auf der Vorbildlichkeit seines Suchens.» J. Jeremias, 36.

[126] Vgl. *Codex Juris Canonici*, Buch VI: Strafbestimmungen in der Kirche, Can 1331–1335: Beugestrafen; 1336–1353: Sühnestrafen. Can 1311 behauptet sogar: «Es ist das angeborene und eigene Recht der Kirche, straffällig gewordene Gläubige durch Strafmittel zurechtzuweisen.»

[127] Vgl. H. Kraft: Das Hausschaf, in: Grzimeks Tierleben. Enzyklopädie des Tierreichs, Bd. 13, Säugetiere 4, 502–504: «Schon in der frühen Steinzeit, etwa um 6000 vor Christus, wurden Schafe zu Haustieren gemacht.» «Mittelpunkt der Hausschafentstehung lag anscheinend in Kleinasien. Hier entwickelten sich aus Steppenschafen langschwänzige Hausschafe, unter ihnen die an trockene Steppen angepaßten Fettschwanzschafe.» W. Bardorff (Neubearbeiter): Brehms Tierleben. Volksausgabe in einem Buch, Berlin 1951, 362–375: Schafe; Ziegen, S. 365: «Das zahme Schaf ist nur noch ein Schatten von dem wilden. Die Ziege bewahrt sich bis zu einem gewissen Grade auch in der Gefangenschaft ihre Selbständigkeit; das Schaf wird im Dienste des Menschen ein willenloser Knecht.»

[128] A. Camus: Der Fall (1956), in: Gesammelte Erzählungen, übers. von G. Meister, Hamburg 1966, 9–104, S. 79: «Sie sprachen vom Jüngsten Gericht... Ich erwarte es furchtlos: ich habe das Schlimmste erfahren, und das ist das Gericht der Menschen. Bei ihnen gibt es keine mildernden Umstände, sogar die gute Absicht wird als Verbrechen angekreidet.»

[129] A. a. O., 80.

[130] Vgl. Mt I 44–52; 307–312; 313–319; 320–324.

[131] G. Schrenk: *dikā, dikaiosynā* (Recht, Gerechtigkeit), ThW II 180–229, S. 200–201 meint von der «Gerechtigkeit» bei Mt, sie werde «aufs engste mit Gott und seiner Herrschaft zusammengeschlossen, wiederum als reine Gabe von Gott her.» Mit «Gerechtigkeit» im Sinne des deutschen Wortes hat der Begriff nichts zu tun, und es ist ein schweres Mißverständnis, das «rechte Leben vor Gott» mit dem deutschen Wort «Gerechtigkeit» zu übersetzen; Mt I 198–199; 390; 642–667. Es läuft auf ein reines Streiten um Worte hinaus, wenn etwa D. Sölle versucht, die «sozialistische» «Gerechtigkeit», die nicht «jedem das Seine» gibt, sondern «jedem, was er braucht», als den eigentlichen Inhalt der jüdischen «Gerechtigkeit» zu erweisen. Mit Paragraphen und Gesetzen (die man nur an den Schaltstellen der Macht verordnen kann!) wird man niemals formulieren können, was Jesus als eine menschliche Haltung und religiöse Überzeugung, als «Mitleid» und «Gnade», verkündete!

[132] Zu Mt 18,21–35, dem Gleichnis vom «Schalksknecht», vgl. A. Jülicher: Die Gleichnisreden Jesu, II 302–314, S. 313: «Als Pointe der Parabel bleibt nur eins übrig. Entsprechend dem Verhalten des Königs gegenüber jenem bösen Knecht kann und wird Gott, trotz seiner ewig gleichen Bereitwilligkeit zum Vergeben auch der schwersten Schuld, trotz allen Bittens um Vergebung, uns nicht vergeben, wenn wir den von uns Ähnliches erbittenden Schuldnern die Vergebung versagt haben.» «Daß der Zusammenhang von (Mt 18,)23–35 mit 21f. nicht der glänzendste ist, wird man zugeben... Der Zusammenhang, den Lc 17,4 nicht kennt, wird denn auch wohl erst von Mt hergestellt sein.» J. Jeremias: Die Gleichnisse Jesu, 207–211, S. 210–211: «Wehe Dir, wenn Du auf Dein Recht pochst... und die erfahrene Vergebung nicht weitergibst! ... Jesu greift, wie auch sonst (sc. Mt 5,7; 6,14f.; 7,1f.; 25,31 ff.; d. V.), die jüdische Lehre von den zwei Maßen auf... Die jüdische Apokalyptik lehrte, daß, während Gott für die Weltregierung zwei Maße habe: Barmherzigkeit und Gericht, im

Endgericht nur noch das Maß des Gerichtes gelte... Jesus dagegen lehrt, daß das Maß der Barmherzigkeit auch im Endgericht Geltung hat... Wo Gottes Vergebung echte Vergebungsbereitschaft wirkt, da spricht Gottes Barmherzigkeit frei; den aber, der Gottes Gabe mißbraucht, trifft die ganze Schärfe des Gerichts, als ob er die Vergebung nie empfangen hätte (Mt 6,14f.).» Vgl. S–B IV 2, 1199–1212, Exkurs: Gerichtsgemälde aus der altjüdischen Literatur; zu dem rechtlichen Hintergrund der Schuldentilgung nach Ex 22,2 vgl. S–B I 797–798. Der Sinn des Gleichnisses Jesu ist vorbereitet in Jesus Sirach 28,1–7; V. RYSSEL: Die Sprüche Jesus', des Sohnes Sirachs, in: E. Kautzsch (Hrsg.): Die Apokryphen und Pseudepigraphen des Alten Testaments, 1. Bd.: Die Apokrypen (1900), Darmstadt 1962, 230–475, S. 372–373: «Wer sich rächt, wird Rache vom Herrn erfahren, und seine Sünde wird er ihm fest und sicher anrechnen... Es hält ein Mensch gegen einen (anderen) Menschen den Zorn fest und will vom Herrn Heilung fordern?!» Vgl. I. BROER: Die Parabel vom Verzicht auf das Prinzip von Leistung und Gegenleistung, in: A cause de l'évangile (Festschrift für J. Dupont), Paris 1985, 145–164; C. DIETZFELBINGER: Das Gleichnis von der erlassenen Schuld, Ev Th 32 (1972), 437–451.

[133] Vgl. GNILKA, II 133: «In Mt 18 erscheinen die Konturen einer gefährdeten Gemeinde, auch einer von innen heraus gefährdeten Gemeinde.» Vgl. DERS.: Die Kirche des Matthäus und die Gemeinde von Qumran, BZ 7 (1963), 43–63; R. BOHREN: Das Problem der Kirchenzucht im NT, Zollikon–Zürich 1952, 92 ff.

[134] «Der Abschnitt (Mt 18,)15–17 beinhaltet eine rechtlich geprägte Weisung... und wurde auch als Kirchenzuchtverfahren bezeichnet.» «Die Weisung, den Nächsten zurechtzuweisen, findet sich auch in Lv 19,17, aber eindeutig nur im LXX-Text... Der Mt-Text lehnt sich (in Mt 18,15, d. V.) an die Stelle an.» Bei «Unbußfertigkeit» kommt ein Verfahren in Gang, für das Mt 18,16 die Zeugenregel Dt 19,15 zitiert, wobei wieder die LXX als Vorbild dient. GNILKA II 136–137. – Dem ganzen Abschnitt Mt 18,15–20 liegt als Grundmuster die Logienquelle zugrunde. «Mt 18,15 entspricht Lk 17,3a... Es ist interessant zu sehen, daß der Faden von Lk 17,3b.4 von Mt in (18,)21 wiederaufgenommen wird.» Der Text von 18,15–20 ist also zwischen Lk 17,3a und 17,3b eingeschoben. Formal ist Mt 18,15–17 eine Halakha und dürfte dem Evangelisten bereits vorgelegen haben.» Die Zeugenregel in Mt 18,16b dürfte sekundär eingetragen worden sein, um das AT zur Geltung zu bringen. GNILKA II 135. Das Wort vom Binden und Lösen (Mt 18,18) entspricht Mt 16,19b, wo es nur zu Petrus gesprochen ist. J. JEREMIAS: *kleis* (Schlüssel), ThW III 743–753, S. 751 meint: «Sicher wird Mt 18,18 auf Mt 16,19 Bezug genommen, wahrscheinlich auch in dem analog aufgebauten antithetischen Doppelspruch Joh 20,23. Die beiden Stellen zeigen, daß man im apostolischen Zeitalter die Vollmacht des Bindens und Lösens nicht als Sondervorrecht des Petrus betrachtet hat. Vielmehr ist sie Joh 20,23 auf die elf Apostel ausgedehnt. Schwieriger ist zu sagen, wer Mt 18,18 im jetzigen Zusammenhang als Träger der Binde- und Lösegewalt gedacht sei. Der unmittelbar vorhergehende V 17 scheint die Annahme zu empfehlen, daß die Gemeinde als Trägerin der Binde- und Lösegewalt gedacht sei. Doch das scheinbar nicht die Meinung des Evangelisten. Denn 1) läßt er die ganze Rede Mt 18 an die... (Jünger) gerichtet sein (18,1), unter denen er im allgemeinen die Zwölf versteht; 2) gibt er Mt 18,12 ff. die Weisungen Jesu für die... (Jünger) in ihrer Eigenschaft als Hirten der Herde, und V 15–18 scheint als direkte Fortsetzung dazu gedacht zu sein... 3) daß Tit 3,10 (wo ein analoges Zuchtverfahren wie Mt 18,15–17 vorgeschrieben wird) es der bevollmächtigte Vertreter des Apostels ist – nicht die Gemeinde –, der den Ausschluß vollzieht. Danach dürfte anzunehmen sein, daß auch Mt 18,18 – wie Joh 20,23 – die Apostel als die Inhaber der Binde- und Lösegewalt gedacht sind.» Entscheidend ist, daß das Binden – und Lösen *hier* auf das Sündenvergeben bezogen wird, und es scheint ausgeschlossen, daß diese Zentralforderung der Botschaft Jesu (vgl. Mt 18,21–35), wenige Verse, bevor Mt selbst sie noch einmal als für alle verbindlich erklärt, nur

als ein Sonderrecht für bestimmte Gemeindefunktionäre reserviert bleiben sollte. Vielmehr wird SCHWEIZER, 241–242 zuzustimmen sein: «Zu beachten ist, daß nur allgemein von Sünde die Rede ist, nicht etwa von einer Versündigung gegen den ihn Zurechtweisenden. Jedem Jünger Jesu ist also die Verantwortung für jeden Bruder aufgeladen (ebenso 1 Thess 5,11.14f.). Dabei soll seine Ehre durch ein erstes Gespräch ohne Zeugen gewahrt werden, und der Ausdruck ‹gewinnen› zeigt, daß es dabei um den Sünder geht, nicht um eine ‹reine Gemeinde›. Auch beim zweiten Schritt wird keine Amtsperson erwähnt. Der Jünger Jesu hat nur Mitjünger neben sich, keinen ‹Aufseher› wie in Qumran. Es gibt also wohl Regeln für das Zusammenleben, aber keine institutionelle Hierarchie. Wortempfänger und Wortverkünder können noch nicht unterschieden werden; wer das Wort empfangen hat, muß es auch dem Bruder weitersagen, wenn dieser es nötig hat. Der Zuzug eines oder zweier Brüder soll den Sünder schützen; vielleicht ist der Mahner ja im Unrecht... Die Zufügung des alttestamentlichen Rechtssatzes läßt freilich schon eine Verfestigung ahnen. Weiß man gar noch, daß 4 Mose 35,30 und 5 Mose 17,6 Vorschrift für die Überführung eines Todsünders ist? Immerhin wird der Satz auch 2 Kor 13,1; 1 Tim 5,19 ganz allgemein zitiert. Selbst für den Fall, daß der Sünder bewußt am Zuspruch der ganzen Gemeinde ‹vorbeihört› (so wörtlich) und verurteilt wird, tritt kein Gemeindeleiter in Erscheinung; nur der Gesamtheit der Brüder ist das letzte Wort gegeben – oder besser Gott selbst, der im letzten Gericht validiert, was die Gemeinde schon in ihrem Gerichtsspruch proklamiert. Wie dieses Verfahren durchgeführt wurde, ist schwer zu sagen. Der Rechtssatz V 18 denkt wohl daran, daß das Urteil bloß ausgesprochen und dann Gott zur Ausführung überlassen wurde.» Im Grunde zeigt schon die *Ausdehnung* der Binde- und Lösegewalt von Petrus auf die Apostel, und vollends dann das Gleichnis vom Schalksknecht, daß es eine Institution oder hierarchische Verbeamtung einer «Vergebungsgewalt» auch im Sinne des Mt, geschweige denn im Sinne Jesu, nicht gibt. Zu dem «Ausschluß» «Unbußfertiger» vgl. C. H. HUNZINGER: Die jüdische Bannpraxis im neutestamentlichen Zeitalter, Göttingen (Dissertationsschrift) 1954.

[135] Vgl. SCHWEIZER, 234: «Wahrscheinlich hat die Gemeinde mit solchen und ähnlichen Sätzen das Recht umschrieben, nach dem der Geist Gottes die Ordnung der Gemeinde herstellt... Da V 17 von Heiden und Zöllnern spricht, wie es nur in eng judenchristlichen Gemeinden möglich war, nicht aber bei Matthäus selbst (vgl. 21,32.43; 28,19), geht zumindest dieser Vers auf Tradition zurück. Eine wirkliche Parallele bietet nur das traditionelle Wort 5,46f.»

[136] Vgl. SCHWEIZER, 4–5: «Die Gemeinde, in der Matthäus lebt, hat einen ausgesprochen eigenen Charakter, wie er sonst nur in der Didache, also vermutlich ebenfalls in Syrien, auf noch etwas weiter fortgeschrittener Stufe zu finden ist. Diese Gemeinde zeigt noch starke Verbindungsfäden zum historischen Jesus, wörtliche Übernahme seiner Weisungen mit einem gewissen asketischen Einschlag, Hochschätzung der ethischen Forderungen, der schriftgelehrten Auslegung und der charismatischen Vollmacht... Der Evangelist wird also am ehesten unter den Judenchristen der syrischen Kirche zu suchen sein.» – Zu «Binden und Lösen» als Synagogenbann vgl. S-B I 792–793. In dem Sektenkanon von Qumran galt die Regel, es solle «einer den anderen zurechtweisen in Wahrheit und Demut und liebevoller Verbundenheit untereinander.» 1 QS V 25; J. MAIER: Die Texte vom Toten Meer, I 31. 1 QS VI 1, Maier, I 32 erklärt: «Es soll keiner gegen seinen Nächsten vor der Vollversammlung eine Sache vorbringen ohne (vorherigen) Verweis vor Zeugen.» Ähnlich die *Damaskusschrift*, IX 2–8, Maier I 58: «Zurechtweisen sollst du deinen Nächsten, daß du nicht seinethalben Sünde auf dich ladest.» Entsprechend nahe steht die Gemeindeordnung des Mt den Mönchen von Qumran und fern dem Ursprung Jesu!

[137] Zur katholischen *Beichte* vgl. (W. KASPER): Katholischer Erwachsenen-Katechismus, 363–374, wo der heutige Bischof von Rottenburg wohl zugibt, daß Mt 18,18 «von der Kirche insgesamt» gilt, das «Tun der Kirche» dann aber

flugs so interpretiert, «die die kirchliche Gemeinschaft unter der Leitung des Bischofs und der Priester im Namen Jesu Christi die Vergebung der Sünden anbietet, die notwendigen Formen der Genugtuung (sic!) festlegt..., um ihm (dem Sünder) schließlich... die Vergebung seiner Sünden zuzusprechen.» (369)

[138] WK 1422–1498, bes. 1495: «Nur die Priester, welche von der Autorität der Kirche die Lossprechungsvollmacht erhalten haben, können im Namen Christi die Sünden vergeben.» Schon Mt 18,19–20 betont deutlich die *unhierarchische* Gegenwart des Christus. Vgl. S–B I 794–795. SCHWEIZER, 244: «Während es für gemeinsames Gebet in der jüdischen Gemeinde mindestens zehn Männer braucht, sind für die Jünger Jesu solche Regeln aufgehoben... Im Zusammenhang bedeutet dies, daß, was die Gemeinde bindet und löst, von Gott bestätigt werde.»

[139] SCHWEIZER, 242–243 bemerkt ausdrücklich: «Ein Sündenbekenntnis der Glaubenden gibt es nicht, auch wenn Paulus viele konkrete Fälle nennt, wo die Gemeinde ihren Glauben nicht konsequent durch ihr Leben ausdrückt. Diese werden als ‹Verfehlungen› sehr ernst genommen, aber noch deutlich von ‹der Sünde› (immer Einzahl) unterschieden, in der der Nichtglaubende lebt. Das bedeutet, daß das Leben als ein Ganzes gesehen wird, das mit all seinem Gehorsam und seinem Versagen... entweder auf Gott hin ausgerichtet ist oder auf alles mögliche andere und darum als Ganzes ‹Gerechtigkeit› oder ‹Sünde› ist... Dennoch weiß das ganze Neue Testament, daß es jenes Verfehlen gibt, in dem man nicht mehr aus dem Geschenk Gottes heraus lebt. Das muß freilich weniger vergeben als gesehen und geheilt werden. ... Ein regelmäßig wiederholtes Sündenbekenntnis, als müßte das ganze Heilsdrama stets wieder von neuem beginnen, gibt es aber im Neuen Testament nicht.» «Der Satz vom ‹Binden› zeigt freilich, wie gefährlich Nachwirkungen übernommener Sprache sind. Bedeutet das Wort einfach, daß ein bestimmtes Gebot für bindend erklärt wird, dann ist selbstverständlich, daß dies auch vor Gott gelten soll. Sobald es aber auf Menschen angewendet wird, scheint es auszusagen, daß Menschen, z. B. ein kirchliches Inquisitionsgericht, andere für ewig verdammen können.»

[140] Vgl. E. DREWERMANN: Kleriker, 180–187: Das festgelegte Gewissen; 237–242: Die Ambivalenz gegenüber den Oberen. Vgl. IGNATIUS VON LOYOLA: Satzungen der Gesellschaft Jesu mit Erlaubnis der Oberen als Manuskript gedruckt, Frankfurt ³1980, Nr. 63, S. 37: die Mitteilungspflicht von Fehlern an die Oberen «von jedem, der außerhalb der Beichte davon erfährt». GNILKA, II 141–142 meint, Mt 18,15–17, das «Kirchenzuchtverfahren», habe «kaum eine Nachgeschichte in der kirchlichen Praxis. Aufschlußreich ist, daß es in der Didaskalie 2,38, geschrieben im 3. Jh., hinsichtlich der Durchführung auf den Bischof eingeschränkt wird. Die zwei oder drei Zeugen werden mit der Trinität gleichgesetzt. Das zeigt die veränderte Situation in einer Kirche an, die zur Massenkirche wird. Das Zuchtverfahren hat aber sein Fortleben bei den Mönchen. Kapitel 23 der Regel des hl. Benedikt...» Tatsache ist, daß Mt 18,15–17, nachdem es erst einmal auf den ‹Bischof› zentralisiert war, sich zur Beichtpraxis der Kleriker ausgedehnt hat. Vgl. H. VON CAMPENHAUSEN: Kirchliches Amt und geistliche Vollmacht in den ersten drei Jahrhunderten, Tübingen 1953, bes. 268. A. VON HARNACK: Lehrbuch der Dogmengeschichte, III 321–329; 414–420; 583–600.

[141] WK 1269.

[142] Vgl. E. DREWERMANN: Das Tragische und das Christliche, in: Psychoanalyse und Moraltheologie, I 19–78.

[143] Vgl. E. DREWERMANN: Strukturen des Bösen, I 152–159; II 318–325; III 299–310.

[144] Es geht im Lamechlied keinesfalls nur um «das Prahllied eines mächtigen Mannes vor seinen Frauen, der im Imponiergehabe übersteigerte Selbstbehauptung demonstriert», wie GNILKA, II 145 meint. Vielmehr ist das «Imponieren» selbst die Reaktionsbildung auf eine fundamentale Verunsicherung des eigenen Selbstwertgefühls. Vgl. E. DREWERMANN: Strukturen des Bösen, I 149–161; II 316–329; III 299–310.

[145] F. M. DOSTOJEVSKIJ: Aufzeichnungen aus einem Totenhaus, übers. v. G. Jarcho, Hamburg (rk 122–124) 1963, 7–11: Einleitung.

[146] F. M. DOSTOJEVSKIJ: Tagebuch eines Schriftstellers, 141 ff.; 145; 147.
[147] A. DOSTOJEVSKIJ: Dostojewski. Geschildert von seiner Tochter. München 1920, 295–297.
[148] A. a. O., 307. – GNILKA, II 148–149 verweist auf W. SOLOWJEW: Drei Gespräche über den Krieg, Fortschritt und das Ende der Weltgeschichte, in: Deutsche Gesamtausgabe, hrsg. von. W. Szylkarski u. a., München 1980, VIII 484, der den rettenden Glauben an die Barmherzigkeit Gottes als einen «kühnen Anarchismus des religiösen Gefühls» bezeichne; er selber ergänzt: «Zur vollkommenen Freiheit wird nur der befähigt sein, für den allein die Barmherzigkeit und Liebe Maßstäbe des Handelns sind. Diese absolute Sicht hat Mt nicht durchgehalten.» Doch gerade dieses «Nicht» wurde die Basis der katholischen Kirche!
[149] Vgl. WK 1644–1645, wo auch die vor allem im Schwarzafrika übliche Polygamie gleich mitverurteilt wird.
[150] Vgl. I. EIBL-EIBESFELDT: Zum Verhalten des Menschen, in: Grzimeks Tierleben, Bd. 11: Säugetiere 2, München (dtv) 1979, 59–79, S. 67; DERS.: Liebe und Haß, 177–183; E. DREWERMANN: Glauben in Freiheit, I 479–502: Leben zwischen Individualität und Tod, S. 494.
[151] V. SOMMER: Die Affen. Unsere wilde Verwandtschaft, Hamburg 1989, 140–143; W. WICKLER–U. SEIBT: Männlich–Weiblich, 105.
[152] W. WICKLER–U. SEIBT: Männlich–Weiblich. Ein Naturgesetz und seine Folgen, München 1983; München (SP 546) 1990, 168.
[153] R. E. LEAKEY: Die Suche nach dem Menschen. Wie wir wurden, was wir sind, 97–109: Das Leben der Jäger und Sammler, bes.: 105–109: Die Rolle der Frau.
[154] Vgl. W. WICKLER: Die Biologie der 10 Gebote. Warum die Natur für uns kein Vorbild ist (1971), München (SP 236) 1981, 112–127: Die sexuelle Partnerschaft – Du sollst nicht ehebrechen.
[155] R. E. LEAKEY–R. LEWIN: Wie der Mensch zum Menschen wurde, 207–237: Aggression, Rollenverteilung und menschliche Natur.
[156] W. WICKLER–U. SEIBT: Männlich–Weiblich, 181: «Eine Frau in den industrialisierten Ländern, die sexuell aktiv ist, nicht stillt und keine Kontrazeptiva benutzt, wird etwa alle 18 Monate gebären und in 30 Jahren fruchtbaren sexuellen Lebens 20 Kinder zur Welt bringen. Dreiviertel der Weltbevölkerung wächst heute jährlich um 2–3 %; es werden pro Sekunde zwei Menschen mehr geboren als sterben.» – Zum «Durchschnittsalter» noch der neolithischen Siedlung Çatal Hüyük vor 8000 Jahren vgl. J. MELLAART: Çatal Hüyük, 270: «Nur wenige scheinen älter als vierzig Jahre geworden zu sein… Kindbett, fiebrige Erkrankungen, Lungenentzündung… werden als die hauptsächlichsten Todesursachen angenommen.»
[157] Vgl. noch M. GANDHI: Eine Autobiographie oder Die Geschichte meiner Experimente mit der Wahrheit, aus dem Gujarāti von M. Desai ins Engl. übers., aus dem Engl. übers. v. F. Kraus (1960), neu hrsg. v. R. Hinter, Gladenbach 1977, 19–21: Kinderheirat.
[158] *Éditions des Connaissances Modernes:* Die Geschichte der Familie, ohne Verf.-Angabe, (1971) Freiburg 1975, 44–49: Das System der Beziehungen; 53–54: Der Brautpreis; die Mitgift.
[159] E. BROWN–L. MORGAN: Wunderbarer Planet, übers. aus dem Engl. v. H. U. Schmincke, Köln 1989, 209–240: Unser Planet.
[160] A. E. IMHOF: Die gewonnenen Jahre. Von der Zunahme unserer Lebensspanne seit dreihundert Jahren oder von der Notwendigkeit einer neuen Einstellung zu Leben und Sterben, München 1981, 75–226: Was sich im Verlauf der letzten Jahrhunderte grundlegend geändert hat.
[161] JOHANNES PAUL II.: Veritatis splendor, an alle Bischöfe der kath. Kirche über einige grundlegende Fragen der kirchlichen Morallehre, 6. August 1993, Bonn, Sekretariat der Deutschen Bischofskonferenz, Nr. 51, S. 53: «Am Anfang war das nicht so» (Mt 19,8).
[162] Vgl. E. BLESKE: Konfliktfeld Ehe und christliche Ethik. Vorw. v. A. Mandel, München 1981, 20–26: Zur Aussagekraft von Scheidungsquoten. – HZ (Neue Westfälische) 24. 5. 94 berichtet als Ergebnis einer Untersuchung von

H. W. OPASCHOWSKI: Einführung in die Freizeitwissenschaft, Hamburg 1994, die Mitteilung, schon heute gebe es in der BRD mehr Singlehaushalte als Familienhaushalte mit Kindern; für jeden 2. Mann und jede 3. Frau seien Hobby und Freizeit wichtiger als Ehe, Kinder und Familiengründung.

[163] Zu Mk 10,2–12 vgl. Mk I 86–104. Der Abschnitt Mt 19,3–9 geht ausschließlich auf die Mk-Vorlage zurück. In Mt 19,1–2 formuliert Mt indessen einen Sammelbericht, wie er für seine «Theologie» charakteristisch ist: die *Heilungen* an den Volksscharen! Zu dem Ende der Redekompositionen in Mt 19,1 vgl. Mt I 210–211. W. TRILLING: Das wahre Israel, 136 sieht in Mt 19,1, wo durch Streichung des «und» zwischen «Judäa» und «jenseits des Jordan» in Mk 10,1 die Ortsangabe präzisiert ist, «einen deutlichen Einschnitt. Die Zeit von Galiläa ist zu Ende, nun folgt die zweite Periode von Judäa.» Bei Mk provoziert Jesus das Zitat des Scheidebriefgebotes im Munde seiner Gegner. GNILKA, II 150–151: «Bei Mt erfolgt zunächst sein Hinweis auf die Schöpfungsordnung mit Gn 1,27 und 2,24, eingeführt durch das vorwurfsvolle: ‹Habt ihr nicht gelesen?› Gn 2,24 wird ausführlicher zitiert, vermehrt um ‹und er wird sich seiner Frau verbinden›. Die am Beginn stehende Pharisäerfrage hatte Mt um den Zusatz ‹aus jedem Grunde› erweitert und damit sein Anliegen angezeigt. Die zweite Pharisäerfrage geht nach dem Scheidebrief. In die Antwort Jesu ist ‹vom Anfang aber war es nicht so› (8) hinzugekommen. Die Sentenz V 9 ist im Vergleich mit Mk 10,11f. um die Unzuchtsklausel erweitert... (Mk 10) V 12, der in der Entlassung des Mannes durch die Frau griechisch-römische Rechtsverhältnisse berücksichtigt, ist ausgelassen. ‹Für das Jüngergespräch über die Ehelosigkeit (sc. Mt 19,10–12, d. V.) fußt Mt auf einer Vorlage, die mindestens V 12 umfaßte. Ihr Inhalt weist auf einen judenchristlichen Hintergrund... Die Kombination von Streit- und Jüngergespräch, die Neufassung des ersteren, die veränderte Fragestellung in V 3b, auf die die Unzuchtsklausel in V 9 eingeht, haben dazu beigetragen, den Text zu versachlichen und als Gemeinde-Halacha erscheinen zu lassen.» Der Spruch von Mt 19,12 wird auch von JUSTIN: 1. Apologie, 15,4 aufgegriffen, endet dort aber mit: «nur fassen das nicht alle»; Mt 19,12d: «Wer es fassen kann, der fasse es», ist sekundäre Wiederholung von 19,11. G. RAUSCHEN (Übers.): Die beiden Apologien Justins, in: Frühchristliche Apologeten, 1. Bd., Kempten–München (BKV 12) 1913, 55–138, S. 79.

[164] Es ist entscheidend, ob man das, was «Gott verbindet», wie die katholische Kirche nach dem Tridentinischen Konzil von 1563, an einem formalen Rechtsakt festzumachen gedenkt oder als etwas betrachtet, das im Menschen selber zustande kommt. Die Zwiespältigkeit der «römischen» Kirche zeigt sich darin, daß sie CIC, Can 1057 § 1 selbst erklärt: «Die Ehe kommt durch den Konsens der Partner zustande...; der Konsens kann durch keine menschliche Macht ersetzt werden», nur um dann Can 1059 zu behaupten: «Die Ehe von Katholiken, auch wenn nur ein Partner katholisch ist, richtet sich nicht allein nach dem Göttlichen, sondern auch nach dem kirchlichen Recht.» Ja, WK 2384 bekommt es sogar fertig, die Ehescheidung als einen «schweren Verstoß gegen das Naturrecht» zu bezeichnen, d. h., nach römischer Vorstellung kommt der Kirche die Aufgabe zu, selbst den säkularen Staat daran zu hindern, die Ehescheidung zivilrechtlich anzuerkennen! Das alles mit Rekurs auf Mt 19,7–9; WK 2382. – Zur Interpretation der Paradieserzählung vgl. E. DREWERMANN: Strukturen des Bösen, 1. Bd., 3. Aufl., Nachwort, S. 356–410, S. 389–408: Von der Geborgenheit im Ring der Liebe. Zu Gen 2,24 im Spätjudentum vgl. S–BI 802–803. A. VON HARNACK: Die Mission und Ausbreitung des Christentums, 228–229 stellt die Unauflöslichkeit der Ehe» schon im 2. Jh. n. Chr. in den «Kampf gegen die Fleischsünden». «Auch dies gehörte zur Vorbereitung des Christentums, daß die Monogamie zu der Zeit, da es sich verbreitete, bei vielen Juden und im römischen Reich als die einzige gesetzliche Form der Geschlechtsverbindung nahezu zum Siege gekommen war.»

[165] GNILKA, II 151: «Ganz allgemein wird von

seiner (sc. Jesu, d. V.) Heilungstätigkeit auch in dieser Gegend geredet, um – wie so oft – in Erinnerung zu rufen, daß er nicht nur Erbarmen forderte, sondern auch selbst unablässig übte.» Wie aber, wenn nun diese «Barmherzigkeit» auch in der Frage der Ehescheidung von der kath. Kirche einzufordern wäre – *Heilung* statt Verurteilung?! – Daß es auch anders geht, zeigt S. MERIAN (Hrsg.): Scheidungspredigten; Darmstadt–Neuwied 1986, in einer Sammlung sehr sensibler Ansprachen für Menschen, die gerade in dem Moment der Trennung den Segen Gottes – oder ganz einfach menschliches Verständnis brauchen.

[166] Vgl. S–B I 312–320, bes. S. 315 zu den Streitigkeiten zwischen Hilleliten und Schammaiten in der Auslegung von Dt 24,1.

[167] Es geht in dieser Frage im Grunde auch um die *Offenheit* einer Eheberatung im kirchlichen Raum. Vgl. zu den folgenden Beispielen der Übertragung, der Charakterunverträglichkeit und der unterschiedlichen Persönlichkeitsentwicklung die Ausführungen bei E. DREWERMANN: Ehe – Tiefenpsychologische Erkenntnisse für Dogmatik und Moraltheologie (1980), in: Psychoanalyse und Moraltheologie, 2. Bd.: Wege und Umwege der Liebe, Mainz 1983, 38–76; DERS.: Von einer besonders tragischen Form des Mißverständnisses in der Ehe – oder: vom Recht auf Scheidung und auf Wiederverheiratung in der katholischen Kirche (1982), a. a. O., II 77–111; DERS.: Aus Schuld geschieden – verdammt zum Unglück? Von dem Recht auf Vergebung auch in der katholischen Kirche, a. a. O., II 112–137. Insbesondere T. BLIXEN: Moderne Ehe (1981), Frankfurt (sv 886) 1987, übers. aus dem Dänischen v. W. Boehlich, Nachw. H. Grössel, S. 72 meint zu Recht: «... es ist heuchlerisch, oberflächlich und unmoralisch..., ein Liebesverhältnis mit Regeln und Formen der Ideale zu idealisieren, die keine Ideale mehr sind... Deswegen hat für die jetzt lebende Generation, vor allem Wert auf den Individualismus legt, die die Liebe als das Höchste im Menschenleben einschätzt, und deren Ideale – wenn sie welche hat – Freiheit und Schönheit sind, jedes Liebesverhältnis,... in dem die Persönlichkeiten einander verstehen, helfen und erfreuen können, alle Möglichkeiten, als ideal an sich, ohne Licht von außerhalb, dazustehen.»

[168] TH. MANN: Bekenntnisse des Hochstaplers Felix Krull. Der Memoiren erster Teil (1954), Frankfurt (Fischer Tb. 639) 1965, 1. Buch, 9. Kap., S. 131–143.

[169] S–B I 315: «Der sowohl von den Schammaiten, als auch von den Hilleliten anerkannte Grundsatz, daß eine Frau wegen einer schandbaren Sache zu verstoßen sei, war so allgemein gehalten, daß es einer näheren Bestimmung bedurfte, was als schandbare Sache anzusehen sei.» In der Schule Schammais galt als «schandbare Sache» einzig «Unzucht», das hieß «alles, was gegen die guten Sitten verstieß», z. B. die Arme zu entblößen, die Haare aufgelöst zu tragen oder geschlitzte Kleider zu tragen; selbst das Stillen eines Kindes in der Öffentlichkeit zählte dazu, ferner aber auch Kinderlosigkeit. In der «mischnischen Periode» gab es «keine Ehe im jüdischen Volk..., die nicht kurzerhand vom Manne in völlig legaler Weise durch Aushändigung eines Scheidebriefes hätte gelöst werden können». S–B I 319–320. Indem Jesus das Entlassen der Frauen überhaupt als unvereinbar mit der Liebe der Schöpfungsordnung erklärt und der Jesus des Mt-Evangeliums nur den *«Ehebruch»*, die «Unzucht», als Ehescheidungsgrund anerkennt, «weil durch sie die Ehegemeinschaft tatsächlich aufgehoben ist» (I 312), erhalten vor allem die Frauen gegenüber den Männern einen gewissermaßen göttlichen Schutz in der Verbindlichkeit ihrer Ehe zurück. Dabei scheint es Mt 19,9 so, als werde dem Mann nach der Entlassung der Frau «im Falle der Unzucht» (nach Dt 24,1ff.) eine Wiederverheiratung zugebilligt oder gar empfohlen, doch dagegen richtet sich nach wie vor der Sinn des Kontextes mit dem Rückgriff auf die «Schöpfungsordnung». GNILKA, II 154 meint allerdings zu Recht gegenüber der Intention Jesu: «Mt hat einen Weg beschritten, der gesetzliche Regelungen einleitete und gesetzliches Denken förderte.» In Qumran (Damaskusschrift 4,20f.; Maier: Die Texte vom Toten Meer, I 52) wurde unter «Unzucht» übrigens auch die «Polygamie» verstanden und damit die Einehe urgiert.

Das Faktum bleibt, daß die kath. Kirche mit ihrer Verweigerung der Ehescheidung nicht nur die strengste pharisäische Auffassung (der Schule Schammais) wieder aufgreift, sondern bei weitem übertrifft, indem nicht einmal die *Zerrüttung* einer Ehe (so wohl am besten «Unzucht» auf Neudeutsch) einen Grund bilden soll, eine Ehe zu scheiden; – das ist mosaischer als Moses und unevangelischer als das Evangelium nach Matthäus.

170 CIC, Can. 1108 § 1: «Nur jene Ehen sind gültig, die geschlossen werden unter Assistenz des Ortsordinarius oder des Ortspfarrers... sowie vor zwei Zeugen.»

171 SCHWEIZER, 249: «Das Gespräch ist (sc. bei Mt, d. V.)... weit logischer als Streitgespräch aufgebaut: auf Jesu schon die Voraussetzung radikal angreifende Berufung auf die Schöpfungsgeschichte entgegnen die Pharisäer mit einer anderen Schriftstelle, die Jesus dann als bloßes Zugeständnis (der ‹Herzenshärte› wegen, d. V.) bezeichnet. Das ist... schwächer als bei Markus. Vor allem ist das Zugeständnis einer Ehescheidung bei Unzucht, das Matthäus zufügt, eine Rückkehr zur Praxis und zum Verständnis seiner Gegner. Umgekehrt wird der Gegensatz dadurch schärfer, daß diese die Scheidungsmöglichkeit von Anfang an als selbstverständlich voraussetzen und Jesus gerade dies bestreitet.»

172 Vgl. H. ZIMMERMANN: Neutestamentliche Methodenlehre, 101–112, S. 111: «Matthäus hat das Streitgespräch... durch... (die Unzuchtklausel, d. V.)... ‹historisiert›.»

173 Das römisch-griechische Recht, das Mk voraussetzt, indem er das Entlaßrecht auch der Frau aufhebt (Mk 10,12), bildet hier einen Kontrast zum jüdischen Recht, zu dessen (strenger) Ordnung Mt an dieser Stelle zurückkehrt. Wenn sich bereits bei Mk und Mt zeigt, wie unterschiedlich die frühen Gemeinden den Versuch Jesu, den Menschen zur ursprünglichen Ordnung der Liebe zurückzuführen, interpretiert haben, sollte sich dann nicht erst recht daraus die Notwendigkeit ergeben, die Worte Jesu in ihrem Sinn – hier: zur Betonung des Schutzes der Frauen vor der Männerwillkür!, sowie der Verteidigung der Liebe gegenüber einem zynisch gewordenen Legalismus! – auf die Verhältnisse unserer gegenwärtigen sozialen und psychischen Situation hin auszulegen?

174 Vgl. P. VEYNE: Das römische Reich, in: P. Ariès–G. Duby (Hrsg.): Geschichte des privaten Lebens, I: Vom Römischen Imperium zum Byzantinischen Reich, Paris 1985, Frankfurt 1989, 19–227, S. 79–99: Hausgemeinschaft und Freigelassene, der die Eigenart einer römischen Hausgemeinschaft, sehr im Unterschied zu unseren heutigen Vorstellungen, hervorhebt: «Die römische Hausgemeinschaft besteht aus Haussklaven, ehemaligen Sklaven – den Freigelassenen –, dem ‹pater familias›, seiner rechtmäßigen Ehefrau und zwei oder drei Kindern. Hinzu kommen einige Dutzend Freie, die ‹Klienten› des Hausvaters... Die Hausgemeinschaft ist... keine ‹natürliche› Familie... auch kein Clan, keine patriarchalische Großfamilie...; sie ist nicht einmal das Überbleibsel dieses archaischen Gebildes. Der ‹pater familias› hat nicht etwa aufgehört, der Gebieter dieses Gebildes zu sein; er ist es niemals gewesen.» Vgl. auch P. GRIMAL: Liebe im Alten Rom (1963), übers. v. U. Schuler, Frankfurt 1981, 53–71: Die römische Ehe. Zu der stark emotionalen Verankerung der Ehe in der abendländischen Gesellschaft vgl. P. VON MATT: Liebesverrat. Die Treulosen in der Literatur, 210–226: Das Wort «Liebe» und die deutsche Gegenreligion. Vgl. auch R. DE VAUX: Das Alte Testament und seine Lebensordnungen I 45–77: Die Familie. Die Ehe. Die Stellung der Frau.

175 Vgl. E. DREWERMANN: Aus Schuld geschieden – verdammt zum Unglück?, in: Psychoanalyse und Moraltheologie, II 112–137.

176 F. NIETZSCHE: Also sprach Zarathustra, 1. Teil, Von Kind und Ehe, 54–56, S. 55: «Ferne bleibe mir... der Gott, der heranhinkt, zu segnen, was er nicht zusammenfügte! Lacht mir nicht über solche Ehen! Welches Kind hätte nicht Grund, über seine Eltern zu weinen?» 3. Teil, Von alten und neuen Tafeln, Nr. 24, S. 162: «Und besser noch Ehebrechen als Ehebiegen, Ehe-lügen! – So sprach mir ein Weib: ‹wohl brach ich die Ehe, aber zuerst brach die

Ehe – mich!› Schlimm-Gepaarte fand ich immer als die schlimmsten Rachsüchtigen: sie lassen es aller Welt entgelten, daß sie nicht mehr einzeln laufen. Deshalb will ich, daß Redliche zueinander reden: ‹wir lieben uns: laßt uns zusehn, daß wir uns liebbehalten! ... Gebt uns eine Frist und kleine Ehe, daß wir zusehn, ob wir zur großen Ehe taugen!› ... Nicht nur fort euch zu pflanzen, sondern hinauf – dazu, o meine Brüder, helfe auch der Garten der Ehe! –

[177] WK 2353.
[178] Vgl. K. DESCHNER: Das Kreuz mit der Kirche. Eine Sexualgeschichte des Christentums (1974), München ¹²erw. (Heyne Nr. 19/16) 1989, 256–264: Warum man die Ehe überhaupt geduldet hat. Vgl. 1 Kor 7,2.36ff.: «Aber um der (Verhütung von) Unzuchtssünden willen soll jeder seine eigene Frau und jede ihren eigenen Mann haben.»
[179] Vgl. E. STAUFFER: Die Botschaft Jesu damals und heute, 68–85: Mann und Weib, der in 1 Kor 7,10f. die älteste Fassung des Jesuswortes sieht: «daß ein Weib sich von ihrem Manne nicht trennen soll (wenn sie es aber dennoch tut, soll sie unverheiratet bleiben oder sich mit ihrem Manne wieder versöhnen), und daß der Mann sein Weib nicht verstoßen soll.» Der Klammersatz aber ist von Paulus, und ebenso ist die Möglichkeit einer Scheidung, die eine Frau vornimmt, dem Palästinajudentum völlig fremd. Mk 10,9: «Was *Gott* gefügt hat, soll der *Mensch* nicht trennen» – einzig *so* könnte Jesus tatsächlich gesprochen haben!
[180] Zur mosaischen Notverordnung der *«Herzenshärte»* vgl. S–B I 805. Vgl. J. BEHM: *kardia* (Herz), ThW III 609–616, S. 616: «Herzenshärte» «kennzeichnet die beharrliche menschliche Unempfänglichkeit für die Kundgebung des Heilswillens Gottes.»
[181] Vgl. Mk II 86–104; E. STAUFFER: Die Botschaft Jesu, 76: «Das Scheidungsverbot Jesu ist ein Akt der Menschlichkeit, eine Deklaration zum Schutze der Frau gegen die legalisierte Willkür, Brutalität und Ausbeutungspraxis des Mannes.» Vgl. auch A. KRETZER: Die Frage: Ehe auf Dauer und ihre mögliche Trennung nach Mt 19,3–12, in: Biblische Randbemerkungen (Schülerfestschrift für R. Schnackenburg), Würzburg 1974, 218–230. Die Frage bleibt, was es *innerlich* bedeutet: «Was *Gott* verbunden hat!"
[182] H. BRAUN: Spätjüdisch-häretischer und frühchristlicher Radikalismus, 2 Bde., 1957, II 13; 113 hält den «Eunuchenspruch» wegen seiner Radikalität für jesuanisch, doch spricht dagegen bereits die Tatsache, daß Paulus in 1 Kor 7,32.35 das Wort nicht aufgreift. E. STAUFFER: Die Botschaft Jesu, 78 meint: «Die ‹Jünger› von Mt 19,10 scheinen eine unwiderrufliche Ehe so ungefähr wie eine lebenslängliche Zuchthausstrafe zu betrachten. Die Antwort ... ist ein ... Elogium auf die ‹Eunuchen› ..., gewiß keine Aufforderung zur Selbstverstümmelung, wohl aber ein Maschalwort zum Ruhme des frommen Eheverzichts. Das ist Geist vom Geiste der Essener, der Therapeuten oder der Täuferjünger.» So erscheint das Wort freilich nur im Kontext des Mt. GNILKA, II 156 hält den Eunuchenspruch für jesuanisch und nennt als Begründung: «Jesus lebte ehelos. Das ungewöhnliche Wort Eunuch läßt sich gut als Schimpfwort begreifen, mit dem man ihn belegte.» Ähnlich SAND, 391–392. J. BLINZLER: *eisin eynoychoi* (es gibt Verschnittene), Zeitschrift für Neutestamentl. Wiss. 48, (1957), 254–270, in: Aus der Welt und Umwelt des Neuen Testaments. Ges. Aufs. 1 (SBB) Stuttgart 1969, 20–40. Doch ist es wirklich sicher, daß Jesus unverheiratet war? Vgl. dagegen SCH. BEN-CHORIN: Bruder Jesus, 103–105: «Ein unverheirateter Rabbi ist kaum denkbar.» (104) Andererseits war Jesus kein «Rabbi», sondern ein Prophet. H. HÜBNER: Zölibat in Qumran?, NTS 17 (1970–71) 153–167 nimmt an, daß es in Qumran freiwillige Formen der Ehelosigkeit gab. S–B I 807 führt auf, daß um 110 Ben Azzai um der Thora willen unverheiratet blieb. Doch geht es bei «Eunuchen» denn um Junggesellen? SCHWEIZER, 250 verweist darauf, daß den *Verschnittenen* der Zugang zur Gemeinde verwehrt war (Dt 23,1), und fährt fort: «Jesus setzt sich ... für die ein, die von allen verachtet und abgeschrieben waren.» «Der ganze Abschnitt zeigt, wie wenig Jesus starr gesetzlich dachte.» Das ist richtig. Doch muß man dann das Wort ganz au-

ßerhalb der «Ehe»-Frage stellen und es – wie Mt selber im Kontext der Mk-Vorlage! – in der Nähe zur Kindlichkeit des Daseins und zur Armut der Lebensführung sehen. «Was kommt denn produktiv bei deiner Lebensführung raus? Du lebst rechtlos und parasitär – du Kastrat, du Gebirge von Impotenz» – mag man Jesus gesagt haben. Und seine Antwort war: «Die Kinder, die Kastraten und die Bettler – sie alle leben einzig aus Gnade. Nur sie begreifen Gott – und die ihnen ähnlich werden. Nicht was das Leben an Nutzen produziert, sondern was es wahrhaft ist, entscheidet.»

[183] So bes. H. ZIMMERMANN: *mā epi porneia* (nicht im Falle der Unzucht) (Mt 19,9) – ein literarisches Problem, Catholica 16 (1962) 293–299; DERS.: Neutestamentliche Methodenlehre, 101–112; 238–244. Demnach ist das «um des Himmelreiches willen» eine «Sinndeutung... durch den Evangelisten» (240). Der Sinn des Wortes wäre ähnlich Mk 8,35 (Mt 16,25) gewesen: das Sich-Selbst-Töten als Bedingung der Nachfolge! Das führt zumindest in den richtigen Kontext!

[184] Vgl. E. STAUFFER: Die Botschaft Jesu, 68: «Die geschichtliche Voraussetzung des jüdischen Eherechts ist die alttestamentliche Polygamie. Das Recht des Mannes auf mehrere gleichzeitige Ehefrauen ist im alten Israel selbstverständlich und in der Zeit und Heimat Jesu unbestritten.» Vgl. FLAVIUS JOSEPHUS: Der jüdische Krieg, 1. Buch, Kap. 24,2: «denn nach alter Vätersitte durften Juden mehrere Frauen heiraten, und dem König gefiel eben eine ganze Reihe.» Bd. 1, S. 110. Noch JUSTIN: Dialog mit dem Juden Tryphon, 134, 1, S. 218 fordert die Juden auf, wenn schon nicht den Propheten und Jesus, so doch Gott lieber zu folgen als ihren «blinden Führern», welche jedem von euch auch jetzt noch gestatten, vier oder fünf Frauen zu haben».

[185] Freilich spielen solche Gedankengänge für Mt durchaus keine Rolle mehr; vgl. E. STAUFFER: Die Botschaft Jesu, 78.

[186] Vgl. E. DREWERMANN: Kleriker, 480–499: Vom Sinn und Unsinn kirchlicher Beschlüsse.

[187] Einzig R. GRAVES: König Jesus, Darmstadt–Genf o. J., übers. v. F. G. Pincus, 2. Teil, 19. Kapitel: König Adam, 275–293 nimmt eine rituelle Hochzeit Jesu mit Maria (aus Magdala) an, allerdings nur, um «die Werke des Weibes» zu überwinden; *die* aber fragt: «Ist mein Herr, der König, weiser als König Salomo, dessen Schwester auch seine Gattin war? Denn Salomo lag taubenäugig die ganze Nacht zwischen ihren Brüsten auf einem grünen Bett in ihrer geräumigen Laube; und wie eine Taube suchte er die Felsklüfte auf.» (293)

[188] M. LUTHER: Vom ehelichen Leben (1522), WA 10,2, 275–304; Die Werke Luthers in Auswahl, hrsg. v. K. Aland, Bd. VII, Göttingen ³1983, 284–307, bes. S. 298–299: «So soll auch das Weib bei seinen Werken denken: wenn sie das Kind säugt, wiegt, badet... Es sind alles lauter goldene, edle Werke.» «Umgekehrt lernen wir, wie unselig der geistliche Mönchs- und Nonnenstand an sich ist, wo kein Gotteswort noch Wohlgefallen ist.» DERS.: Die Tischreden, Nr. 744–790, Die Werke Luthers in Auswahl, hrsg. v. K. Aland, IX, Göttingen 1991, 267–280, bes. Nr. 745, S. 267: «die Ehe ist nicht etwas Natürliches oder Naturbedingtes, sondern sie ist ein Geschenk Gottes. Sie ist ein überaus liebliches Leben, ja sie ist ganz und gar keusch und steht höher als jeder Zölibat.»

[189] K. BARTH: Die kirchliche Dogmatik. 3. Band: Die Lehre von der Schöpfung, 4. Teil, Zürich 1957, 166–202: Mann und Frau: «Wogegen offenbar alles, was in der Richtung der männlichen oder weiblichen Einsiedelei oder auch des (religiösen oder säkularen) Männer- oder Frauenordens oder gar -klosters, alles, was in der Richtung eines männlichen oder weiblichen Fürsich- und Untersichseins geht – wenn es nicht ein als solcher bewußter und vorübergehender Notbehelf, wenn es irgendwie prinzipiell gemeint ist –, nur klarer Ungehorsam sein kann.»

[190] Vgl. E. DREWERMANN: Kleriker, 226–228: Das Prinzip der Verfügbarkeit; 254–258: Bindungsangst und Einsamkeit.

[191] A.a.O., 708–729: Von einer Zärtlichkeit, die Träume weckt, und von einer Liebe, die Wege weist.

[192] H. VON GLASENAPP: Indische Geisteswelt. Glaube, Dichtung und Wissenschaft der Hin-

dus. Eine Auswahl von Texten in deutscher Übersetzung, Baden-Baden o. J., 217–223: Erotische Krishna-Mystik.

[193] Vgl. H. HAAG – K. ELLIGER: Stört nicht die Liebe. Die Diskriminierung der Sexualität – ein Verrat an der Bibel, Olten 1986, 212–223: Was sagt Jesus zur Ehescheidung?, S. 222–223: «Jesus forderte die unbedingte eheliche Treue. Aus dieser Forderung hat die Kirche von Anfang an rechtliche Regelungen abgeleitet, mit denen sie versuchte, die Idealforderungen Jesu mit der konkreten Wirklichkeit in Einklang zu bringen. Hierbei wurde schon in apostolischer Zeit eine Ehe für gelöst angesehen und eine neue Ehe erlaubt, wo Treue, Liebe und Friede einseitig aufgekündigt worden waren. Unsere heutige Problematik ist grundsätzlich keine andere.» «Jesus sagt nicht, Mann und Frau *könnten* sich nicht trennen, sondern sie *sollten* sich nicht trennen. Der Kapitalfehler, der in der späteren kirchlichen Praxis begangen wurde, bestand darin, aus einem ethischen Appell ein absolutes Gesetz zu machen.» Vgl. zur Neubewertung der gesamten christlichen Einstellung K. LEDERGERBER: Die Auferstehung des Eros. Die Bedeutung von Liebe und Sexualität für das künftige Christentum, München 1971, S. 153–193: Liebe und Ehe zwischen den Zeiten.

[194] Vgl. A. WEISER: Die Psalmen II, Psalm 61–150 (ATD 15) Göttingen 1963, 536–537: «Dieser leider wenig bekannte Vertrauenspsalm, ein wundervoll zartes und inniges Liedchen abgeklärter Frömmigkeit, verdient es, unter den schönsten der Psalmen genannt zu werden. Die feinen Töne demütigen Vertrauens klingen wie friedliches Abendläuten über einem stillen Tal, das der letzte Schein der scheidenden Sonne mild verklärt.» «... wie das Kind ... lernt, die Mutter um ihrer selbst willen zu lieben, so hat der Beter sich durchgerungen zu einer Haltung, die Gott begehrt um Gottes und nicht um der Erfüllung eigener Wünsche willen.» In diesem Sinne könnte man den Psalm 131 als das «Vater (Mutter) unser» der «Tröstung Israels» bezeichnen.

[195] WK I 250. Vgl. J. JEREMIAS: Mc 10,13–16 par. und die Übung der Kindertaufe in der Urkirche, ZNW 40 (1941), 243–245. Auch M. LUTHER: Von der babylonischen Gefangenschaft der Kirche (1520), VI 497–573; Die Werke Luthers in Auswahl, hrsg. v. K. Aland, Göttingen 1991, 2. Bd.: Der Reformator, 171–238, S. 211–212 verteidigt die Kindertaufe: leichter sei es, ein Kind zu bekehren als einen Unbußfertigen. Der Text bei Mt sagt nichts davon.

[196] Vgl. Mk II 86–104; 104–114; 115–128. Der Abschnitt 19,13–15 geht auf Mk 10,13–16 zurück; aus dem «Berühren» der Kinder bei Mk ist jetzt «Handauflegung» und «Gebet» geworden, mithin ein Segensritual. «Matthäus versteht also den Segen als vollmächtige Fürbitte. Vielleicht denkt er an die Segnung der Kinder durch die Ältesten in Palästina am Versöhnungstag; wahrscheinlicher ist ein populärer Brauch hier verchristlicht. Der Unwille Jesu über seine Jünger wie das Umarmen der Kinder sind weggelassen, ebenso das schon 18,3 referierte Wort über die Kindesgesinnung gegenüber dem Gottesreich (Mk 10,15); aber der Ausdruck ‹solchen›, d. h. ‹Menschen dieser Art›, erinnert noch daran, daß das Kindsein gegenüber Gott nicht einfach am Alter hängt, sondern an der Gabe, ohne Anspruch und Vorbehalt Gott als ‹einer dieser Kleinen› begegnen zu können.» SCHWEIZER, 251. Auch Mt 19,16–30 entstammt Mk 10,17–31. Von Mt hinzugefügt ist in 19,28 die Verheißung vom Sitzen der Jünger auf zwölf Thronen, ein Wort, das sich auch in Lk 22,28–30 findet. Die Zwölf werden durch diesen Zusatz unterschieden von «jedem, der...» in 19,29. Vgl. ähnlich Mt 25,31. «... die Wiederherstellung der zwölf Stämme in dem als Festmahl vorgestellten Gottesreich (vgl. Jes 25,6–8) ist das Ziel. Doch nennt erst Matthäus die Zwölf ausdrücklich. Abgesehen vom textlich nicht ganz sicheren Ausdruck ‹mein Reich› könnten solche Bilder auf Jesus zurückgehen; gerade weil sie nicht an eine Sondergemeinde, sondern an ganz Israel als das für Gott neu gewonnene Bundesvolk denken... Wahrscheinlich ist Offb. 3,21, wo allen Glaubenden das Sitzen auf dem Throne Christi verheißen ist, so wie er mit Gott auf seinem Throne sitzt, ebenfalls Nachklang unseres Wortes.»

SCHWEIZER, 252. «Der Thron des Menschensohnes ist der Gerichtsstuhl (25,31; vgl. 16,27; 13,41), und die Vorstellung des Mitwirkens beim Gericht ist 1 Kor 6,2 belegt (vgl. Dan 7,22; Weish. 3,8)... Die Vorstellung einer ‹Neugeburt› geht auf die griechisch-stoische Philosophie zurück, die einen Weltbrand erwartete, auf den dann immer wieder eine neue Welt folgen würde.» (A. a. O., 254) Übersetzt man diese projektiven mythischen Vorstellungen in die psychische Erfahrung zurück, so muß man sagen, daß die Einfachheit der «Kinder» und ihr ungeschütztes Vertrauen, das keines anderen Halts mehr bedarf als der Nähe Gottes selbst, in diesen Worten Jesu zu den eigentlichen Maßstäben des menschlichen Daseins erhoben werden. JOHANNES CHRYSOSTOMUS: Kommentar zum Evangelium des heiligen Matthäus, aus dem Griech. übers. v. J. Ch. Baur, 3 Bde. (BKV 25–27), Kempten–München 1916, Bd. III 290, 62. Homilie, 4 meint sehr schön vom *Kind*: «Nicht Armut oder Reichtum, sondern die Liebe allein gibt ihm den Maßstab für das, was ihm nahesteht oder fremd ist.»

[197] Vgl. Mt I 526–535.
[198] Vgl. S. L. THRUPP: Das mittelalterliche Gewerbe, 1000–1500, in: C. M. Cipolla–K. Borchardt (Hrsg.): Europäische Wirtschaftsgeschichte, Bd. 1: Mittelalter, Stuttgart–New York (UTB 1267) 1983, 141–176, S. 154–164: Das städtische Gewerbe; E. MILLER: Wirtschaftspolitik und öffentliche Finanzen 1000–1500, a. a. O., 219–240, bes. S. 234–237: Politik und das Wechselspiel der Interessen; J. BERNARD: Handel und Geldwesen im Mittelalter, 900–1500, a. a. O., 177–217, S. 188–192, zur Entwicklung der italienischen Städte. Zur politischen und sozialen Situation vgl. I. GOBRY: Franz von Assisi in Selbstzeugnissen und Bilddokumenten, Hamburg (rm 16) 1958, übers. v. O. v. Nostitz, 7–15; vgl. auch S. 63–67: Geist der Kindheit. Auch GNILKA, II 168 empfiehlt, wie üblich, den hl. Franz, «der vielleicht als einziger die Forderung Jesu wirklich verstanden hat». In Wirklichkeit geht es darum, einen äußerlichen Anachronismus bzw. eine äußerliche Imitationsethik in aller mittelalterlichen Doppelbödigkeit zu überwinden und den heilsamen Sinn der «Armut» Jesu psychologisch herauszuarbeiten.
[199] R. SCHIRMER-IMHOFF: Der Prozeß Jeanne d'Arc. Akten und Protokolle 1431–1456 (1978), München (dtv 2909) 1961. Verbrannt wurde Jeanne d'Arc am 30. Mai 1431, rehabilitiert am 7. Juli 1456, heiliggesprochen am 16. Mai 1920.
[200] Vgl. M. METTNER: Die katholische Mafia. Kirchliche Geheimbünde greifen nach der Macht, Hamburg 1993, S. 12–13; 33–49; zur Seligsprechung des Opus-Dei-Gründers am 17. Mai 1992.
[201] P. HERTEL: «Ich verspreche Euch den Himmel.» Geistlicher Anspruch, gesellschaftliche Ziele und kirchliche Bedeutung des Opus Dei, Düsseldorf ³erw. 1991, Kap. 14: Spurensicherung – oder: wie Opus Dei gegen die Theologie der Befreiung vorgeht, S. 142–155; M. METTNER: A. a. O., 235–243: Zwang zum kindischen Glauben.
[202] Vgl. E. DREWERMANN: Kleriker, 175–176; 425–426.
[203] DSCHUANG DSI: Südliches Blütenland, Buch XXIII 1, S. 243–244.
[204] Vgl. K. LORENZ: Er redete mit dem Vieh, den Vögeln und den Fischen, München (dtv 173) 1964, 84–95: Das Gänsekind Martina.
[205] Vgl. N. CALDER: Einsteins Universum (1979), aus dem Engl. übers. v. W. Knapp, Frankfurt 1980, 191–195 zur «Religiösität» Einsteins: «Wie ein Kind mit schimmernden Perlen spielt, so band Albert Einstein Materie und Energie, Raum und Zeit zusammen und flocht daraus einen Gürtel für das Universum.» (S. 202)
[206] Vgl. V. VAN GOGH: Briefe an seinen Bruder, hrsg. v. J. G. van Gogh-Bongers, 3 Bde., Frankfurt (it 954) 1988, III 642–645, Beilage zu Brief 623, vom 17.6. 1890: «Ich versuche, Studien nach Weizenfeldern zu machen... Nur Ähren und Halme, blau, grün, mit schlanken Blättern wie Bänder, die grün und rosa leuchten, die Ähren, schon etwas angegilbt, vom Blütenstaub hellrosa gesäumt, ein Reflex, der die Ährenhalme umkränzt... Da gibt es Grüns der verschiedensten Arten von gleichen Tönen, die zu-

sammen mit dem Gewoge ein Ganzes bilden und an das süße Rauschen der Halme erinnern, die sich im Wind schaukeln.»

²⁰⁷ Vgl. R. GOLDWATER: Paul Gauguin, Köln 1957, 13–34: «Ich bin nicht lächerlich, da ich gleichzeitig zweierlei bin, das nicht lächerlich sein kann: ein Kind und ein Wilder.»

²⁰⁸ E. M. REMARQUE: Im Westen nichts Neues (1929), Frankfurt–Berlin–Wien (Ullstein Tb. 56) 1979, Kap. 9, S. 158: «Kamerad, ich wollte dich nicht töten... du warst mir vorhin nur ein Gedanke, eine Kombination, die in meinem Gehirn lebte und einen Entschluß hervorrief: – diese Kombination habe ich erstochen. Jetzt sehe ich erst, daß du ein Mensch bist wie ich. Ich habe gedacht an deine Handgranaten, an dein Bajonett und deine Waffen; – jetzt sehe ich deine Frau und dein Gesicht und das Gemeinsame... Warum sagt man uns nicht immer wieder, daß ihr ebenso arme Hunde seid wie wir, daß eure Mütter sich ebenso ängstigen wie unsere und daß wir die gleiche Furcht vor dem Tode haben und das gleiche Sterben.» Kap. 10, S. 184: «Wie sinnlos ist alles, was je geschrieben, getan, gedacht wurde, wenn so etwas möglich ist! Es muß alles gelogen und belanglos sein, wenn die Kultur von Jahrtausenden nicht einmal verhindern konnte, daß diese Ströme von Blut vergossen wurden, daß diese Kerker der Qualen zu Hunderttausenden existieren.»

²⁰⁹ Vgl. Mk II 115–128; es ist sehr wichtig, als erstes die «moralische» bzw. existentielle Armut zu begreifen, deren Entdeckung mit der «Unmöglichkeit» freiwilliger sozialer Armut einhergeht.

²¹⁰ Vgl. dazu Mt I 82–83.

²¹¹ SCHWEIZER, 252: «Matthäus vermeidet die markinische Anrede ‹guter Meister› und setzt dafür ‹Meister, was soll ich Gutes tun?›... Damit entgeht er der Schwierigkeit, daß Jesus nach Mk 10,18 abzulehnen scheint, gut zu sein.» S–B I 809: «Der Vers wird so zu deuten sein: Was fragst du mich noch nach dem Guten? Einer ist der Gute! Also die Befolgung seines Willens das Gute, das du zu tun hast; – willst du zum Leben eingehn, halte die Gebote!»

²¹² JOHANNES PAUL II.: Veritatis splendor, Kapitel 1, Nr. 6–24, S. 13–29 beginnt mit einer geradezu fatalen Auslegung von Mt 19,16–30; eine Szene, die ganz und gar unter dem Schatten des «bei Menschen unmöglich» steht, wird hier zur Grundlage der uralten thomistischen Gesetzesmetaphysik umfunktioniert. Das gesamte Drama der Erlösung des Menschen verdampft in der Phraseologie von Nr. 21, S. 26: «Durch seine Einverleibung (sic!) in Christus wird der Christ Glied seines Leibes, der die Kirche ist.» Weder die Spannung der neutestamentlichen «Christologie» noch die Probleme der «Bergpredigt» gegenüber jedem Denken in fertigen Rechtsvorstellungen scheinen bis heute dem vatikanischen «Denken» bewußt geworden zu sein.

²¹³ Vgl. zu Mt 5,3.7 die Ausführungen in Mt I 369–373; 395–403.

²¹⁴ Sehr zu Recht bemerkt SCHWEIZER, 253: «Besonders an diesen Satz (sc. ‹wenn du vollkommen sein willst›, d. V.) hat sich das Mißverständnis angeschlossen, es gebe innerhalb der Jüngerschaft Jesu eine noch höhere Stufe, die Vollkommenheit, die zwar nicht zum Heil notwendig ist, aber besonderen Lohn erwarten darf... Die vorangehenden Verse 10–12, die man als Lobpreis des asketischen Eheverzichtes verstand, haben dazu noch geholfen. Das entspräche etwa der Forderung der Klostergemeinschaft in Qumran, wo der Novize beim Eintreten allen Besitz aufgeben muß. Aber das Vollkommensein ist nach 5,48 jenes ‹mehr›, das Jesus nach 5,20 von jedem Jünger erwartet... So zeigt denn auch die Frage des Jünglings»... in V 23f. deutlich, daß es immer noch um die eine Frage nach dem Leben geht, nicht um die nach einer Sonderstellung im ewigen Leben. So wenig Jesus die wörtlich verstandene Nachfolge mit Aufgabe von Haus und Besitz von allen gefordert hat, so wenig hat er aus den ihm in diesem Sinne Nachfolgenden eine höhere Klasse gegenüber anderen werden lassen.» M. a. W.: die kath. Kirche folgt bis heute zwei charakteristischen Fehlern in der Auslegung der Bergpredigt und damit der gesamten Botschaft Jesu: sie verdinglicht die Fragen der «Nachfolge», statt den *Sinn* der jeweiligen Haltungen, die Jesus verkörpert, deutlich zu machen, und des weiteren steht sie nach wie vor in ihrem hierarchi-

schen Denken von «besonders» «Erwählten» der Gemeinde von Qumran näher als der offenen Sammlungsbewegung, die Jesus mit seiner Forderung gottgeschenkter, menschenunmöglicher Armut ins Leben rufen wollte.

[215] Vgl. E. SCHWEIZER: Das Evangelium nach Lukas (NTD 3), Göttingen 1982, 175: «Es geht nicht um Sonderleistungen... ‹Wir gehören Gott mit allem, was wir sind und haben; darum ist es dumm, mit Gott abrechnen zu wollen›. (Calvin)» Zu einer Surplus-Ethik gelangt im Grunde auch GNILKA, II 164: «Will man Nägel mit Köpfen machen, könnte man paraphrasieren: Wie kann er das Liebesgebot im Sinne Jesu erfüllt haben, wo er in Sicherheit und Reichtum lebt, während Armut und Elend ganz in seiner Nähe sind?» Das aber ist nicht Mt 19,20f., sondern *Das Nazaräerevangelium*, 16, in: E. HENNECKE – W. SCHNEEMELCHER: Neutestamentliche Apokryphen in deutscher Übersetzung, 2 Bde., Tübingen 1959, I. Bd.: Evangelien, 90–100, S. 97: Jesus sagt dort: «Liebe deinen Nächsten wie dich selbst; und siehe, viele deiner Brüder, Söhne Abrahams, starren vor Schmutz und sterben vor Hunger – und dein Haus ist voll von vielen Gütern, und gar nichts kommt aus ihm heraus zu ihnen!»

[216] Statt eine «besondere» Art der «Berufung» zu statuieren und zu institutionalisieren, kommt es vielmehr darauf an, die Szene von dem reichen Jüngling zu personalisieren und in der Aufforderung zum Hergeben von allem ein spezifisches Medikament zur Heilung einer speziellen Art von Krankheit zu erkennen. E. FROMM: Haben oder Sein (1976), übers. v. B. Stein, in: Gesamtausgabe, hrsg. v. R. Funk, Bd. 2: Analytische Charaktertheorie, Stuttgart 1980, 269–414, Kap. 7: Religion, Charakter und Gesellschaft, S. 364–388 verweist (S. 381) auf eine überraschende Parallele zwischen K. MARX und Meister Eckhart. «Marx drückte diese Form der nichtentfremdeten Aktivität in folgendem Passus aus: ‹Setze den *Menschen als Menschen* und sein Verhältnis zur Welt als ein menschliches voraus, so kannst du Liebe nur gegen Liebe austauschen, Vertrauen nur gegen Vertrauen etc. Wenn du die Kunst genießen willst, mußt du ein künstlerisch gebildeter Mensch sein; wenn du Einfluß auf andere Menschen ausüben willst, mußt du ein wirklich anregend und fördernd auf andre Menschen wirkender Mensch sein. Jedes deiner Verhältnisse zum Menschen – und zu der Natur – muß eine *bestimmte*, dem Gegenstand deines Willens entsprechende *Äußerung* deines *wirklichen individuellen* Lebens sein.» So verstanden, hieße: «Gib alles, was du hast, den Armen», so viel wie: Anerkenne als erstes deine eigene Armut und hebe die Abhängigkeiten deiner Selbstentfremdung und Selbstversklavung auf und dann kämpfe entschlossen gegen eine Welt, in der die Realität der Arbeit so gut wie ausnahmslos immer noch von Not und Zweckmäßigkeit, statt von freiem persönlichem Ausdruck geprägt wird. Vgl. auch E. FROMM: Die Seele des Menschen (1964), in: Gesamtausgabe: II: Analytische Charaktertheorie, hrsg. v. R. Funk, Stuttgart 1980, 159–268, übers. v. L. u. E. Mickel, Kap. 3, S. 179–198: Die Liebe zum Toten und die Liebe zum Lebendigen.

[217] Vgl. E. DREWERMANN: Kleriker, 674–688: Von einer Armut, die freimacht. – Sehr zutreffend überlieferte im 4. Jh. *vor* Christus (!) der konfuzianische Weise MONG DSI: Die Lehrgespräche des Meisters Meng K'o, übers. von R. Wilhelm (1914), Köln 1982, III A 3, S. 92: «Wem es um Reichtum zu tun ist, der kann nicht gütig sein. Wem es um Güte zu tun ist, der wird nicht reich.»

[218] Der amerikanische Spielfilm über das Leben der *Barbara Hutton* erschien in der Fernsehfassung unter dem Titel: Armes, reiches Mädchen.

[219] J. GIONO: Vom wahren Reichtum, 149.

[220] Vgl. E. DREWERMANN: Kleriker, 369–385: Kirchliche Verfügungen und kirchliche Verformungen oder: Das Ideal der Verfügbarkeit.

[221] GNILKA, II 165: «Die Bedingung, die Jesus jetzt nennt, ist ... vom reichen Jüngling zu erfüllen, wenn er das ewige Leben erreichen will. Nirgendwo hat Mt im Sinn, zwei Klassen von Christen zu konstituieren, die normalen und die vollkommenen. Vollkommen zu sein ist eine Forderung, die sich an alle richtet.» Vgl. G. DELLING: *telos, teleios* (Vollendung, vollkommen), ThW VIII 50–88, S. 74–75: «Der Reiche ist Gott gegenüber nicht ungeteilt. Das

Ganzsein verwirklicht sich in einem konkreten Verhalten; *ungeteilt* sein gegenüber Gott schließt das Sichlösen von dem ein, was einen von Gott trennt.» Vgl. Sir 31,5–7: «Wer das Gold liebt, bleibt nicht schuldlos, und wer dem Gelde nachjagt, geht zugrunde.» Vgl. Spr. 15,16f. S–BI 826–828. Vgl. K. PRÜMM: Das neutestamentliche Sprach- und Begriffsproblem der Vollkommenheit, Bib 44 (1959), 76–92; R. SCHNACKENBURG: Die Vollkommenheit des Christen nach Matthäus, in: Christliche Existenz nach dem Neuen Testament, 1. Bd., München 1967, 131–155.

[222] Vgl. Mt I 199–200.

[223] S. o. Anm. 196. Das Bild von dem Sitzen und Mitrichten auf den Thronen dürfte altägyptischen Ursprungs sein; vgl. A. ERMAN: Die Religion der Ägypter. Ihr Werden und Vergehen in 4 Jtsden., Berlin–Leipzig 1934, 219: «Das Himmelstor wird dir geöffnet und die großen Riegel werden dir zurückgezogen. Da findest du den Re dastehen... er nimmt dich bei der Hand und führt dich in den Palast des Himmels und setzt dich auf den Thron des Osiris, auf diesen deinen Thron, damit du die Verklärten richtest.» (Pyramidentext 572; 757; 573). Zu den spätjüdischen Parallelen von Mt 19,28 vgl. GNILKA, II 171–172.

[224] G. THEISSEN: Wanderradikalismus. Literatursoziologische Aspekte der Überlieferung von Worten Jesu im Urchristentum (1973), in: Studien zur Soziologie des Urchristentums, Tübingen 1979; ³(erw.) 1989, 79–105; DERS.: «Wir haben alles verlassen» (Mc X 28). Nachfolge und soziale Entwurzelung in der jüdisch-palästinensischen Gesellschaft des 1. Jh.s n. Chr. (1977), in: A. a. O., 106–141. Zur Bewegung der griechischen *Kyniker* vgl. K. VON FRITZ: Quellenforschungen zum Leben und Philosophieren des Diogenes von Sinope, 1926. Zum *buddhistischen* Wanderleben vgl. H. OLDENBERG: Buddha. Sein Leben, seine Lehre, seine Gemeinde (1881), hrsg. v. H. von Glasenapp, München (Goldmann Tb. 708–709) 1961, 135–143: Tägliches Leben Buddhas.

[225] Vgl. SCHWEIZER, 116–117: «Diese Gemeinde (sc. des Mt) kennt... weder die Ordnung der Ältesten noch die der Bischöfe und Diakonen... Sie unterscheidet sich von den strengen Judenchristen dadurch, daß sie weder eine buchstäbliche Befolgung des Mosesgesetzes fordert noch an den Verwandten Jesu als Gemeindeleitern, sondern eher an dem für die Heidenmission offenen Petrus interessiert ist. Sie unterscheidet sich zugleich von den paulinischen Gemeinden dadurch, daß sie sehr an Jesu Geboten wie an seinem ganzen vorbildlichen Verhalten hängt und sie nicht hinter einer nachösterlichen Christusverkündigung zurücktreten lassen kann. Ihr ist die Nächstenliebe und auch ein gewisser asketischer Einsatz geboten.» «Auch Lehrer sind im wesentlichen noch Wanderlehrer, falls sie überhaupt von den Propheten zu unterscheiden sind (13,1); doch wird sichtbar, wie Propheten zu mangeln beginnen (13,4) und durch Bischöfe und Diakonen ersetzt werden (15,1f.). Offenbar sind diese Wanderpropheten besitzlos und unverheiratet. Hier zeigt sich also ein ganz anderer Gemeindetyp als bei Paulus, wo die Propheten seßhaft sind, ja wo eigentlich alle Gemeindeglieder Propheten sein sollten (Röm 12,4; 1 Kor 12,4; 14,1ff). Aber noch weit ins zweite, ja in vielen Strömungen bis ins vierte Jahrhundert hinein lebt in Syrien ein eigenständiges Christentum der Armen und Wandernden, die in glühender Erwartung des Kommenden leben. Sie verzichten oft auf Ehe, Wein und Fleisch... Überhaupt ist Christsein hier mehr ‹Weg› als Lehre, d. h. diese wird als Anleitung zur Wanderung auf dem Weg verstanden..., der Lösung von der Welt in Nachahmung des unverheirateten, armen und wandernden Jesus fordert... Vieles von diesem Christentum, das vor allem für Syrien typisch geblieben ist, ist später in die Mönchsbewegung eingeflossen.» *Didache* 6,2 formuliert bereits: «wenn du das ganze Joch des Herrn tragen kannst, wirst du vollkommen sein; vermagst du das aber nicht, so tue, was du kannst.» F. ZELLER (Übers.): Die Apostolischen Väter, München (BKV 35) 1918, S. 1–16: Didache oder Lehre der 12 Apostel, S. 10. Gerade diese frühzeitige Beruhigung durch eine Zweistufentheologie der «Nachfolge» hat Mt noch deutlich abgelehnt.

[226] Vgl. M. BAKUNIN: Gott und der Staat und

andere Schriften, hrsg. v. S. Hillmann, Hamburg (rororo 240–242) 1969, S. 56–166. In seinem Sinne forderte noch E. MÜHSAM: Trotz allem Mensch sein. Gedichte und Aufsätze, hrsg. v. J. Schiewe–H. Maußner, Stuttgart (reclam 8238) 1984, 125–137: Die Befreiung der Gesellschaft vom Staat, – «die planmäßige gemeinsame Bewirtschaftung des Gemeineigentums», «weder Grundrente noch Unternehmerprofit noch auch die Abgeltung vermieteter Arbeitskraft durch Lohn». Vgl. DERS.: Befreiung der Gesellschaft vom Staat, eingel. v. S. Blankertz, Berlin 1985, 23–27: Staat und Gesellschaft. Bes. P. J. PROUDHON: Was ist das Eigentum? Erste Denkschrift. Untersuchungen über den Ursprung und die Grundlagen des Rechts und der Herrschaft (1840), übers. v. F. A. Cohn, Stuttgart 1963, hrsg. v. Th. Ramm, erklärte schon auf den ersten Seiten: «Eigentum ist Diebstahl» – «La propriété, c'est le vol.» So richtig es ist, die strukturelle Ungerechtigkeit in den Austauschrelationen auf dem Weltmarkt als Ursache einer ständig wachsenden (!) Ausbeutung der Länder der Dritten Welt durch die Industrienationen auch und vor allem theologisch zu thematisieren, so falsch ist es, die religiös begründete Armut vom äußeren Besitzstand, statt von der inneren Freiheit bzw. Abhängigkeit her zu verstehen. Die Wesensarmut der menschlichen Existenz, nicht die Steuererklärung ist das Thema der Geschichte vom reichen Jüngling. Vgl. K. KOCH: Der Schatz im Himmel, in: Leben angesichts des Todes (Festschrift für H. Thielicke), Tübingen 1969, 47–60.

[227] Vgl. J. DHONDT: Das frühe Mittelalter, übers. v. W. Hirsch, Frankfurt (Fischer Weltgeschichte 10) 1968, 10. Kap., 267–317: Wirtschaft und Gesellschaft im 10. und frühen 11. Jahrhundert, bes. S. 275–278: Soziale Differenzierungen auf dem Lande; 285–289: Der Aufstieg der Städte.

[228] Vgl. J. CROITORU: Moses contra Kapital. Die Juden, der Sozialismus und die Arbeiterbewegung, FAZ, 11.1.94, S: 25, über die Ausstellung: «Arbeiter und Revolutionäre» im historischen Museum Beit-Hatefutsoth in Ramat Aviv bei Tel Aviv. Bes. *Samuel Aron Liberman* gilt als der «Vater des jüdischen Sozialismus».

[229] Vgl. E. DREWERMANN: Der tödliche Fortschritt, 371–378.

[230] Vgl. F. FRÖBEL–J. HEINRICHS–O. KREYE: Die Armut des Volkes. Verelendung in den unterentwickelten Ländern. Auszüge aus Dokumenten der Vereinten Nationen, übers. v. K. de Sousa Ferreira, Hamburg (rororo 1772) 1974 (!); E. EPPLER: Wenig Zeit für die Dritte Welt, Stuttgart–Berlin–Köln–Mainz (UTB 822) 1971 (!), 124–127: «In aller Welt verschiebt sich die Preisrelation zwischen Industrieerzeugnissen auf der einen und der Mehrzahl der Primärgüter auf der anderen Seite ... Die ‹terms of trade› sind nicht das Ergebnis abgründiger Bosheit einiger Kapitalisten ..., sondern der Machtverhältnisse am Markt.» (124–125)

[231] Vgl. K. OBERMÜLLER: Ganz nah und weit weg. Fragen an Dorothee, die Frau des Nicolaus von Flüe, Luzern–Stuttgart, 1982. – Insbesondere das *Verlassen der Familie* – Eltern, Gatten, Kindern – gilt es, ganz entsprechend der «Armut», von innen her, mit den Mitteln der Tiefenpsychologie als eine Form der Befreiung zu sich selbst und zum anderen an unserer Seite begreifbar zu machen; jede andere Interpretation schafft neben ständigen Schuldgefühlen nur Zerstörungen und asketische Monstrositäten; vgl. das übliche theologische Pathos bei H. FÜRST: Verlust der Familie – Gewinn einer neuen Familie (Mk 10,29 Parr), in: Studia Historico-Ecclesiastica (Festschrift für L. G. Spätling), Rom 1977.

[232] Zur Stelle vgl. E. DREWERMANN: Strukturen des Bösen, I 400–402: Die erwachsene Gestalt der Liebe – das Verlassen von Vater und Mutter im Ring der Welt, im Ring der Zeit.

[233] B. YOUNG: Khalil Gibran. Die Biographie (1945), dt. nach der Ausg. v. A. A. Knopf, New York 1981, übers. v. P. Michel, K.-F. Hörner–A. Hoffmann, Grafing (Aquamarin Verlag) o. J., 133.

[234] KH. GIBRAN: Eine Träne und ein Lächeln (1914), übers. aus dem Arab. v. U. Assaf-Nowaki u. S. Y. Assaf, Olten 1992, 120–121.

[235] Vgl. Mt 1 44–69: Von Zwang und Freiheit; vgl. bes. das Gleichnis vom Schalksknecht (Mt 18,23–35), das ebenso wie Mt 20,1–16 Sondergut des Evangelisten darstellt.

[236] Vgl. G. C. Homans: Theorie der sozialen Gruppe, 294–297: Strafe als Ritual, der die Bedeutung der Strafe vor allem darin sieht, über entsprechende Gefühle «die Bedeutung der Norm im Bewußtsein der Gruppenmitglieder von neuem zu unterstreichen». Als Beispiel denke man an die öffentliche Hinrichtung.
[237] H. W. F. Saggs: Mesopotamien (1962), Zürich 1966, übers. aus dem Engl. v. W. Wagmuth, S. 295–346: Rechtswesen und Staatskunst; E. Cassin–J. Bottéro–J. Vercoutter: Die altorientalischen Reiche, 1. Bd.: Vom Paläolithikum bis zur Mitte des 2. Jahrtausends, Frankfurt (Fischer Weltgeschichte 2) 1965, 165–210, bes. S. 193–202.
[238] R. de Vaux: Das Alte Testament und seine Lebensordnungen, I 255–258: Die Strafen.
[239] Der Abschnitt Mt 19,27–30 geht auf Mk 10,28–31 zurück; s. o. Anm. 196. In Mt 19,30 wurde in umgekehrter Reihenfolge der Satz aus Mt 20,16 schon einmal gebracht, und das Gleichnis «Von der seltsamen Gerechtigkeit Gottes», wie Schweizer, 255 die Geschichte von den «Arbeitern im Weinberg» nennt, dient Mt geradezu als Verdeutlichung dieser beiden Rahmensätze. Dabei kann es sein, daß Mt 20,16 schon in der Tradition am Ende des Gleichnisses gestanden hat, das selber freilich eine ganz andere Bedeutung besaß. Der Satz selbst stammt aus Mk 10,31, steht aber auch in Lk 13,30 und faßt dort die Gerichtsansage an Israel und die Verheißung an die Heiden zusammen. «Das Wort beschreibt in der Tradition also die Tatsache, daß auf Erden Reiche im Gericht berufen sein können und umgekehrt... Wahrscheinlich will er (sc. Mt, d. V.) sagen, daß die Jünger freilich aus letzten zu ersten werden, aber auch wieder aus ersten letzte werden können, wenn sie die Güte Gottes nicht erkennen, sich nicht von Herzen mitfreuen könnten über die ‹Kleinen›, die Gott ruft, wenn sie also nicht so als Gemeinde lebten, wie es Kap. 18 eingeschärft hat.» Schweizer, 257–258. J. Jeremias: Neutestamentliche Theologie, I 24–30 verweist auf die Sprachform des antithetischen Parallelismus, die Jesus so oft verwendet, sowie auf den Rhythmus der Worte (30–37), der bei Übersetzung ins Aramäische (S. 36) sogar einen Endreim aufweist. – A. Jülicher: Die Gleichnisreden Jesu, II 469 sieht in Mt 19,30; 20,16 eine radikale «Umkehrung der Verhältnisse in ihr Gegenteil, für die einen drohend, für die anderen glückverheißend», angekündigt; Mt habe (vgl. 21,28–22,14) als die «Ersten» «die anerkannten Normalfrommen in Israel» gesehen (470).
[240] Gnilka, II 173 meint zu Mt 19,30: «Im Gericht ist aber nicht nur Lohn zu erwarten... Der wahre Wert des Menschen wird hervortreten, der nach anderen Kriterien bemessen wird, als es menschlichen Werturteilen entspricht.» S. 174: «Die Lohnfrage muß in ihrer Ambivalenz gesehen werden. Einmal entspringt sie menschlichem Kalkül. Zum anderen wird sie durch die Größe der Gabe Gottes ad absurdum geführt. Ist himmlischer Lohn Movens, alles Irdische preiszugeben?» Die Antwort ist nur psychologisch möglich. Vgl. TE II 725–734: Sublimation ins Unendliche.
[241] D. Gleisberg (Hrsg.): Max Klinger 1857–1920. Städtische Galerie im Städelschen Kunstinstitut Frankfurt am Main, 12. 2.–7. 6. 1992, Abb. S. 224: Die Kreuzigung (1888); S. 341.
[242] A. a. O.
[243] F. Gross: Vom Alltagsgetriebe fern: Der Große Einzelne in Klingers «Kreuzigung Christi» und «Christus im Olymp», in: D. Gleisberg (Hrsg.): Max Klinger 1857–1920, Städtische Galerie, Frankfurt am Main, 12. 2.–7. 6. 1992, S. 72–83.
[244] A. a. O.
[245] Zu Mt 20,17–19 vgl. Gnilka, II 184: «Die dritte Leidensankündigung besitzt Übereinstimmungen mit den beiden ersten (16,21; 17,22f.)... Neu sind... die Verurteilung zum Tod, die Auslieferung an die Heiden (17,22: in die Hände der Menschen), Verspottung, Auspeitschung und Kreuzigung. Durch diese Elemente wird die Aussage zum Passionssummarium. ... Hinsichtlich der formalen Strukturierung verdient das parallel gesetzte Hinaufziehen nach Jerusalem (in 17 als Bericht, in 18 als Aussage) ebenso Aufmerksamkeit wie die doppelte Auslieferung: an die Hohenpriester und Schriftgelehrten (passivisch), an die Hei-

den (aktivisch formuliert). Damit erscheinen die Hohenpriester und Schriftgelehrten als die verantwortlichen Akteure.» Zu der «Quelle» des Mt, zu Mk 10,32–34, vgl. Mk II 129–147.
[246] Wie in Mt 16,21; 17,23 spricht auch Mt 20,19 vom «Auferwecktwerden am dritten Tag (Mk 10,34: nach drei Tagen auferstehen). Mt berücksichtigt eine schon vorhandene Glaubensformel.» GNILKA, II 184.
[247] Zu dem Weinberggleichnis vgl. A. JÜLICHER: Die Gleichnisreden Jesu, II 459–471: «So gehört Mt 20,1–15 ... mit seiner Anerkennung von Gerechten neben den auf Gnade Angewiesenen zu den erhabensten Dokumenten der neuen Religion wie Lc 15,11–22» (die Geschichte von dem verlorenen Sohn) (468). J. JEREMIAS: Die Gleichnisse Jesu, 29–35; 136–139 verweist darauf, daß das Gleichnis der grenzenlosen Güte Gottes, das ursprünglich «zu den Pharisäern, den Schriftgelehrten, der Menge» gesprochen war, in Mt 20,16 «auf die Jünger Jesu» bezogen werde (35). Aus einem Gleichnis der Einladung an alle wird jetzt ein Gerichtsgleichnis über Israel sowie über bestimmte Mitglieder der Gemeinde. E. LINNEMANN: Gleichnisse Jesu, 87–94; 158–162. Vgl. J. B. BAUER: Gnadenlohn oder Tageslohn (Mt 20,8–16)?, Bib 42 (1961), 224–228; C. DIETZFELBINGER: Das Gleichnis von den Arbeitern im Weinberg als Jesuswort, EvTh 43 (1983), 126–137. Vgl. bes. S–B IV 1, 484–500: Das Gleichnis von den Arbeitern im Weinberg und die altsynagogale Lohnlehre, S. 488: «Ein Sklave hatte gegenüber seinem Herrn nicht den geringsten Anspruch auf Lohn; alles, was er erarbeitete, gehörte seinem Besitzer. Es geht von vornherein um *Gnaden*lohn!»
[248] Vgl. J. JEREMIAS: Die Gleichnisse Jesu, 138: «Unser Gleichnis ist mitten aus dem Leben seiner Zeit genommen, über der das Gespenst der Arbeitslosigkeit stand.» Vgl. FLAVIUS JOSEPHUS: Jüdische Altertümer, XX 9, 7, S. 670, der davon spricht, daß nach der Beendigung des Tempelbaus in Jerusalem «das Volk die Handwerker, mehr denn achtzehntausend an der Zahl, müßig gehen sah». J. JEREMIAS: Jerusalem zur Zeit Jesu, 125–127: Sklaven und Tagelöhner: «Ihr Verdienst betrug im Durchschnitt einen Denar mit Beköstigung.» (126) Vgl. L. SCHOTTROFF: Die Güte Gottes und die Solidarität von Menschen. Das Gleichnis von den Arbeitern im Weinberg, in: L. Schottroff– W. Stegemann: Der Gott der kleinen Leute, 2. Bd.: Neues Testament, München–Gelnhausen ²1979, 71–93.
[249] J. JEREMIAS: Die Gleichnisse Jesu, 136: «Kein Orientale *steht* stundenlang auf dem Marktplatz.»
[250] Zu der Übersetzung vgl. Mt I 203. G. BORNKAMM: Jesus von Nazareth, Stuttgart (UTB 19) 1956, 131 faßt den Sinn des Gleichnisses so zusammen: «Am deutlichsten ist der Gedanke der Verdienstlichkeit der guten Werke und des menschlichen Anspruchs vor Gott erschüttert und aufgehoben in dem Gleichnis von den Arbeitern im Weinberg (Mt 20,1–16) ...: am Ende gibt der Herr allen den gleichen Lohn... Ein Verhalten, das alle Grenzen bürgerlicher Ordnung und Gerechtigkeit durchbricht. Die zuerst so sorgfältig geschilderte Lohnordnung bekommt durch diesen Ausgang der Geschichte einen vernichtenden Stoß.» Vgl. DERS.: Der Lohngedanke im Neuen Testament, in: Studien zu Antike und Christentum (BEvTh 28), München 1963, 69–92. Vgl. demgegenüber S–B IV 1, 484–500: Das Gleichnis von den Arbeitern im Weinberg Mt 20,1–16 und die altsynagogale Lohnlehre. Wenn es «Gerechtigkeit» ist, «jedem das Seine» zu geben im Sinne dessen, was er verdient, so ist es «Barmherzigkeit», «Güte» oder «Menschlichkeit», jedem zu geben, was er braucht. Zwischen einem Denken in Rechtsvorstellungen und einem Leben aus Liebe besteht ein Unterschied wie zwischen Fordern und Schenken, Einklagen und Geltenlassen, Zwang und Freiheit, Paragraphenordnung und Herzensweite.
[251] Bis zu welch einem Fanatismus die römische Moral in der *Abtreibungsfrage* (WK 2270–2275) gediehen ist, zeigt die Mitteilung der Generalsekretärin der UNO bei der Konferenz über Bevölkerung und Entwicklung im Sept. 94 in Kairo, Frau NAFIS SADIK: Ich will helfen, Die Zeit, Nr. 18, 29. April 94: «An der Konferenz in Kairo nehmen insgesamt 184 Länder teil ... 1974 und 1984, bei den beiden

vorigen UN-Bevölkerungskonferenzen, hat sich der Vatikan am Ende nicht dem Konsens der Vereinten Nationen angeschlossen. Und ich bin sicher, auch in Kairo wird der Heilige Stuhl als Staat den Konsens nicht mittragen. Sie mögen nicht den Gebrauch von Verhütungsmitteln, nicht einmal, um die Verbreitung von Aids zu bremsen. Und momentan scheint es fast, als wolle der Vatikan nicht einmal die Behandlung von Komplikationen nach einer verpfuschten Abtreibung dulden – deshalb ist jetzt sogar ein bewährtes Fürsorgekonzept... umstritten.»

[252] *Spiegel*, 20. Mai 1992.

[253] WK 2266. Das einzige Wort gegen die Todesstrafe, das ein Bischof im Amte in aller Öffentlichkeit und mit der notwendigen Klarheit gegenüber der kirchlichen Rechtfertigung dieser archaischen Form rechtlich geregelter Rache gesprochen hat, stammt von J. GAILLOT: Keine Angst vor klaren Worten. Unterwegs zu einer kommunikativen Kirche (1993), aus dem Franz. übers. v. H. W. Eichelberger, Freiburg–Basel–Wien 1994, 85–87: «Die Todesstrafe ist eine Form von Lebensverachtung.» «Die Kirche hatte die Gelegenheit, mit prophetischer Stimme laut und hörbar Nein zu sagen – ohne Wenn und Aber. Doch sie hat die Gelegenheit nicht genutzt.»

[254] Zur ethischen Begründung der Todesstrafe heute. Vortrag beim Antritt des Rektorats und zur Eröffnung des Studienjahres 1958–59 der Philos.-Theolog. Akademie zu Paderborn, 17. Okt. 1958, Paderborn 1959, S. 33: «Im Ermordeten hat der Mörder die Gemeinschaft verneint und sein Recht auf weitere Zugehörigkeit zu ihr verwirkt. Der Staat, der die Todesstrafe dafür verhängt, realisiert nur, was der Verbrecher selbst schon bewirkt hat: seinen Ausschluß aus der Rechtsgemeinschaft, seinen gleichsam rechtlichen Tod.» Die Frage, was wohl «die Gemeinschaft» in einem Menschen «gleichsam» getötet haben muß, ehe er fähig wurde, einem anderen Menschen das Leben zu nehmen, stellt sich bei solchen Überlegungen gar nicht erst. Wie sagte doch der heilige THOMAS VON AQUIN: Summa theologica, II.II.q.64 a.2: «Wenn jemand der Gemeinschaft gefährlich wird und wegen einer Sünde verderblich für sie ist, so ist es lobenswert und heilsam, ihn zu töten, um das allgemeine Wohl zu erhalten.» PAPST PIUS XII. erklärte am 13. 9. 52 (Kongreß für Histopathologie des Nervensystems): «Es ist der öffentlichen Autorität... vorbehalten, den Verurteilten zur Sühne seines Verbrechens des Lebensgutes zu berauben, nachdem er sein Lebensrecht bereits durch das Verbrechen verwirkt hat.» A.-F. UTZ–J. F. GRONER: Aufbau und Entfaltung des Gesellschaftslebens. Soziale Summe Pius' XII., Freiburg (Schweiz) 1954, I. Bd., Nr. 2280. – Wie eine solche «Beraubung des Lebensgutes» durch die «öffentliche Autorität» «zur Sühne» in der Praxis aussieht, berichtete dpa (NW 11. 5. 94) aus Joliet, als der «schlimmste Serienmörder in der amerikanischen Kriminalgeschichte», *John Wayne Gacy* (52), im Staate Illinois um 7.58 Uhr (MESZ) durch eine Giftinjektion hingerichtet wurde: «Sechs Stunden vorher hatte das Oberste Gericht ein letztes Gnadengesuch abgelehnt. Gacy war des Mordes an 33 Jungen und jungen Männern schuldig gesprochen worden, hatte aber alle – bis auf einen – bis zuletzt bestritten. Er hatte seine Opfer in den 70er Jahren in Chicago sexuell mißbraucht, gefoltert, erdrosselt und die Leichen auf seinem ranch-ähnlichen Anwesen in einem Vorort von Chicago verscharrt. Der wie ein gutmütiger Familienvater wirkende Mann übertraf damit selbst amerikanische Massenmörder wie Jeffrey Dahmer, der 17 Jungen umbrachte, und Ted Bundy, der 23 Frauen und Mädchen tötete. Bei seinen Nachbarn war Gacy beliebt. Er organisierte Grillfeste und trat bei Kindergeburtstagen als Clown auf. Gacy hatte 14 Jahre lang gegen den Vollzug der Strafe gekämpft. Zuletzt versuchten seine Anwälte, ihn als geistig behindert hinzustellen. Gacy würde nicht verstehen, was ihm widerfahre, wenn er zur Hinrichtung angeschnallt werde. Im Gefängnis war er zu einem gefragten Maler geworden. Seine Ölbilder, darunter eines von einem Clown mit Reißzähnen, verkauften sich glänzend. Es dauerte fast 20 Minuten, ehe der Serienmörder an dem Gift starb, das ihm durch drei Kanülen eingeflößt wurde. Nach sechs Minuten entdeckten die Verant-

wortlichen, daß eine der Kanülen verstopft war. Nach einer zehn Minuten langen Unterbrechung ging dann die Hinrichtung unter den Augen der 37 Zeugen weiter, die sich hinter einer Glaswand befanden.»
[255] Zu dem archaischen Gesetz von Blutrache und Todesstrafe vgl. R. DE VAUX: Das Alte Testament und seine Lebensordnungen, I 255–257.
[256] A. CAMUS: Die Guillotine. Betrachtungen zur Todesstrafe, in: Fragen der Zeit, aus dem Franz. übers. v. G. Meister, Hamburg 1960, 114–181: «Kain soll nicht getötet werden... das ist auf jeden Fall die Lehre, die wir dem Alten Testament... entnehmen sollen, anstatt uns auf die grausamen Beispiele des mosaischen Gesetzes zu berufen.» «In Wahrheit töten wir im Atomzeitalter wie zur Zeit der Balkenwaage. Und es gibt keinen normal empfindenden Menschen, der nicht beim bloßen Gedanken an diesen brutalen chirurgischen Eingriff einen Brechreiz verspürt.» «Weder im Herzen des einzelnen noch in den Sitten der Gesellschaft wird es einen dauerhaften Frieden geben, solange der Tod nicht aus den Gesetzen verbannt ist.»(179–181).
[257] Zur Stelle vgl. A. WEISER: Das Buch Hiob, ATD 13, Göttingen 1959, 102–103. Es ist *die radikale Armut* des menschlichen Daseins vor Gott, von der her noch einmal auch Mt 19,16–26, die Szene vom reichen Jüngling, zu interpretieren ist und die in sich selbst alles Berufen auf Lohn und Verdienst als absurd erscheinen läßt – die ganze Lehre von den «verdienstlich guten Werken» der katholischen Dogmatik geht hier zugrunde. «Gnade» statt «Gerechtigkeit», «Barmherzigkeit» statt Bestrafung, Verstehen statt Verurteilen – es ist das Ende der gesamten «Ordnung»!
[258] Vgl. 1 QS XI 9–22, J. MAIER: Die Texte vom Toten Meer, I 44–45: «Doch ich gehöre zur frevlen Menschheit und zur Menge des sündigen Fleisches... Denn nicht beim Menschen liegt sein Weg, und nicht der Mensch bestimmt seinen Schritt, vielmehr bei Gott liegt der Entscheid, aus seiner Hand kommt vollkommener Wandel... und ohne Ihn geschieht es nicht... Wenn ich strauchle durch Schuld des Fleisches, bleibt meine Rechtfertigung durch Gottes Gerechtigkeit doch für die Dauer bestehn... Durch Seine Gnade kommt meine Rechtfertigung.» «Wer ist er auch schon, der Mensch, unter Deinen Wunderwerken und der Weibgeborene, was gilt er vor Dir? Er, seine Form ist aus Staub und Nahrung der Würmer seine Gestalt. Er, ein Gebilde, bloß geformter Lehm und zum Staube hin zieht es ihn wieder. Was sollte Lehm antworten und das Gebilde der Hand und was versteht er in bezug auf den Ratschluß?» – M. HENGEL: Judentum und Hellenismus, 236 zitiert den «sonst unbekannten Lehrer *Antigonos von Socho* um 200 v. Chr.: «Seid nicht wie die Knechte, die dem Herrn dienen unter der Bedingung, Lohn zu empfangen, sondern seid wie die Knechte, die dem Herrn dienen unter der Bedingung, daß sie keinen Lohn empfangen, und es sei die Furcht des Himmels auf euch.» Auch das ist Lk 17,10! Das Gegenstück zur grenzenlosen Güte ist das Wegfallen aller eigenen «Rechtsansprüche».
[259] Zu dem Begriff von dem *«Königreich Gottes»* vgl. K. L. SCHMIDT: *basileus, basileia* (König, Königtum), ThW I 537–595, S. 584–588; H. SCHÜRMANN: Gottes Reich – Jesu Geschick. Jesu ureigener Tod im Licht seiner Basileia-Verkündigung, Freiburg–Basel–Wien 1983, 44–64: Die Basileia als mögliches Todes-Geschick Jesu, bes. S. 45–51: Das Mißgeschick der Basileia als Geschick Jesu: «Niemand wird so wie Jesus selbst gesehen haben, wie seine ureigene Basileia-Verkündigung ihn gewissermaßen *von innen her* in Gegensatz zu allen Richtungen des damaligen Judentums brachte.» (45) Vgl. a. a. O., S. 63, die Charakterisierung der Basileia-Botschaft Jesu.
[260] SCHWEIZER, 157 meint zu Mt 10,23: «Ursprünglich ist das Wort ziemlich sicher in einer Zeit gesprochen worden, die das Ende sehr nahe und die Mission auf Palästina beschränkt sah»; «ursprünglich wohl als Trost für die Flüchtenden gedacht, ist (das Wort bei Mt) hier auf den Missionsauftrag bezogen.» «Alle diese Sätze paßten besser in eine Rede von der Endzeit (Mk 13,9–13) als in eine Aussendungsrede Jesu.» Doch eben: die «Aussendung» vollzieht sich nur im Schatten des Endes dieser Welt(ordnung); das Wissen darum ist ihr Inhalt!

²⁶¹ Vgl. dazu Mk I 560–571, zu Mk 8,31.32–33, bes. Anm. 4; 6.
²⁶² Anders H. SCHÜRMANN: Gottes Reich – Jesu Geschick, 51–64: Das hingenommene Todes-Geschick Jesu als heilsames Basileia-Geschick?, S. 62: «Wenn Jesus sein Todes-Geschick als Basileia-Geschick verstanden hat, konnte er zuversichtlich hoffen, dieses würde Heil wirken.» Insbesondere A. SCHWEITZER: Geschichte der Leben-Jesu-Forschung, Kap. 21: Die Lösung der konsequenten Eschatologie, S. 402–450, S. 440 ff. meinte, die Leidensgewißheit sei Jesu gekommen, als nach der Aussendung der Jünger die für nah erwartete Ankunft des Gottesreiches ausgeblieben sei; der historische Jesus habe an das «Dogma» geglaubt, daß die Gottesherrschaft nur durch das Leiden der Endzeit, durch die «Versuchung» heraufgeführt werden könne, und er sei überzeugt gewesen, dieses Leid am eigenen Leibe auf sich nehmen zu müssen, damit Gottes Macht zum Durchbruch gelangen könne. «In der ersten Periode ging der Leidensgedanke Jesu in dem im Geheimnis des Reiches Gottes gegebenen Leidensgedanken auf. Die Vermahnungen, in der Erniedrigung bei ihm auszuharren und nicht an ihm irre zu werden (Mk 8,34–38), legen den Gedanken nahe, daß er sich als den Mittelpunkt des Aufruhrs dachte und die Möglichkeit des Todes für sich selbst ebensosehr voraussetzte wie für die andern... Sicher ist..., daß irgendein Leiden für ihn von jeher mit dem Messianitätsgeheimnis verbunden war. Seine Parusie sollte ja erst am Ende der von ihm mitzuerlebenden messianischen Drangsal stattfinden.» Selbst wenn man – aus guten Gründen! – voraussetzt, daß Jesus sein Ende von einem bestimmten Zeitpunkt an habe in etwa voraussehen können und dazu habe Stellung nehmen müssen, so ist es immer noch sehr schwierig, mit SCHÜRMANN, a. a. O., 236–245 die Lösung in einem stellvertretenden Sühneleiden nach Jes 52,13–53,12 zu sehen; das Gottesbild, das Jesus eben noch in dem Gleichnis von dem gütigen Weinbergbesitzer (Mt 20,1–15) gemalt hat, verträgt sich nicht mit den archaischen Opfervorstellungen! Will man aber das spätjüdische «Dogma» von den *Leiden der Endzeit* (vgl. S–B IV 2, 977–1015: Vorzeichen und Berechnung der Tage des Messias) aus seiner projektiven Symbolik in die psychische Erfahrung zurückübersetzen, so kann man wohl sagen, daß das «Reich», das Jesus von Gott her durch seine Person verwirklichen wollte, tatsächlich zunächst nur den *Widerstand* aller herrschenden Schichten und Kreise hervorrufen mußte; eben diesen Widerstand aber galt es im Vertrauen auf Gott *durchzustehen*, koste es, was es wolle. Nicht «Opfer», sondern «Identität», nicht «Sühne», sondern «Treue zu sich selbst» sind hier die Stichworte. Zu bedenken bleibt freilich, daß A. SCHWEITZER, a. a. O., 417 bei seiner Berufung auf Mt 10,23 immer noch *zu viel* von dem historischen Jesus wissen zu können glaubt: Mt 10,17–25 ist weitgehend ein Konstrukt des Evangelisten aus Mk 13,9–13! Vgl. SCHWEIZER, 156–157.
²⁶³ Vgl. Mt I 208–210 zu dem Leitwort «*entweichen*». Deutlich aber dürfte hinter der literarischen Konstruktion des Evangelisten ein über längere Zeit hin *ausweichendes,* immer noch um Hoffnung bemühtes Verhalten Jesu stecken. Selbst das Gleichnis vom gütigen Weinbergbesitzer (Mt 20,1–15) liest sich noch als eine *Einladung,* die Öffnung auf die Chancenlosen hin *mitzuvollziehen;* ähnlich Lk 15,11–32, das Gleichnis vom verlorenen Sohn; vgl. J. JEREMIAS: Die Gleichnisse Jesu, 128–132: «Jesu Hörer sind in der Lage des älteren Sohnes, der sich entscheiden muß, ob er den bittenden Worten des Vaters Folge leisten und sich mitfreuen will. Noch bricht Jesus nicht den Stab über sie, noch hat er Hoffnung; er will ihnen helfen, daß sie den Anstoß am Evangelium überwinden, daß sie erkennen, wie ihre Selbstgerechtigkeit und Lieblosigkeit sie von Gott trennt...» (131) Aber wenn diese «Hilfe» nicht angenommen wird, so gilt es, sich nicht beirren zu lassen; dann ist es nicht mehr möglich, etwas zu ändern, dann kommt es darauf an, *durchzuhalten* und dadurch auch «offenbaren», wie es um diese «Welt» bestellt ist. In Lk 18,9–14, in dem Gleichnis vom Pharisäer und Zöllner, jedenfalls sind die Würfel gefallen. J. JEREMIAS, a. a. O., 139–143 meint (S. 143), in

dieser Erzählung sei Ps 51 beim Wort genommen; das ist richtig, doch ist es zugleich das Gericht über all die «Richtigen» in «Israel» wie in der Kirche.

²⁶⁴ H. L. KIRST: 08/15, Klagenfurt 1988.

²⁶⁵ H. MANN: Der Untertan (1919), Frankfurt (Fischer Tb. 10168) 1991, hrsg. v. P.-P. Schneider; Kap. 4, S. 237–238: «Ich werde also nicht vom Fürsten sprechen, sondern vom Untertan, den er sich formt; nicht von Wilhelm II., sondern vom Zeugen Heßling. Sie haben ihn gesehen! Ein Durchschnittsmensch mit gewöhnlichem Verstand, abhängig von Umgebung und Gelegenheit, mutlos, solange hier die Dinge schlecht für ihn standen, und von großem Selbstbewußtsein, sobald sie sich gewendet hatten.» «Wie er... waren zu jeder Zeit viele Tausende, die ihr Geschäft versahen und eine politische Meinung hatten. Was hinzukommt und ihn zu einem neuen Typus macht, ist einzig die Geste: das Prahlerische des Auftretens, die Kampfstimmung einer vorgeblichen Persönlichkeit, das Wirkenwollen um jeden Preis... Klasseninteressen, mag sein, aber umgelogen durch Romantik. Eine romantische Prostration vor einem Herrn, der seinem Untertan von seiner Macht das Nötige leihen soll, um die noch Kleineren niederzuhalten.»

²⁶⁶ SCHWEIZER, 259: «Das zeigt, daß auch Frauen Jesus nachgefolgt sind (Lk 8,1 ff.; Mk 15,40 f. = Mt 27,55 f.), wenngleich die Namen nicht feststehen... Mt 27,56 setzt ‹die Mutter der Zebedäussöhne› der Salome (Mk 15,40) gleich. Die Jünger werden also entschuldigt..., während die Mutter in die Reihe israelitischer Mütter tritt (1 Sam 1; 2 Makk 7; vgl. Lk 1,39 ff.).»

²⁶⁷ C. ZUCKMAYER: Der Hauptmann von Köpenick. Ein deutsches Märchen, Schauspiel in 3 Akten (1930), Frankfurt 1966, in: Meisterdramen, Nachw. v. G. F. Hering; verfilmt von H. KÄUTNER (Reg.): Der Hauptmann von Köpenick, Deutschland 1956, Hauptrolle: H. Rühmann.

²⁶⁸ Dabei verbleibt der Machthunger der Jünger immerhin in einem projektiven Jenseits; zu der sehr irdischen Machtgier der *römischen Nachfolger Petri* vgl. K. DESCHNER: Die Politik der Päpste im 20. Jahrhundert. Erweiterte, aktualisierte Neuausgabe von «Ein Jahrhundert Heilsgeschichte» I und II, Hamburg 1991, z. B. II 54–83: Die katholische Militärseelsorge im Zweiten Weltkrieg; 130–150: Der Überfall auf Rußland und die vatikanischen Missionserwartungen, u. a. m.

²⁶⁹ Vgl. R. RIEDL: Die Strategie der Genesis. Naturgeschichte der realen Welt, München (SP 290) 1976, 9. Kap., bes. S. 273–285: Sicherheit für Freiheit, mit der Betonung, «daß Veränderungen, soll ihre Erfolgschance nicht völlig schwinden, nur den geringsten Teil des Repertoires eines Systems bestimmen dürfen... Selbst die großen Erfindungen ändern nur kleine Teile ihrer Systeme.» (277)

²⁷⁰ Vgl. TH. REIK: Aus Leiden Freuden. Masochismus und Gesellschaft (1941), Frankfurt (Fischer Tb. 6768) 1983, 138–148: «Beim Masochisten ist... die Ersetzung des Triebrhythmus durch den Kulturrhythmus zu gut gelungen... Er hat sich dem Kulturrhythmus nicht etwa angepaßt; er hat ihn übertrieben und damit verfälscht... Was erreicht wurde, ist die Verzerrung oder Karikatur dieses Zieles» der Erziehung. (147)

²⁷¹ Vgl. bes. G. C. ZAHN: German Catholics and Hitler's Wars, New York 1962; G. LEWY: Die katholische Kirche und das Dritte Reich (1964), München 1965, S. 180 ff. Man lese nur G. GUNDLACH: Antisemitismus, in: Lexikon für Theologie und Kirche, Freiburg ²1930, I 504; derselbe GUNDLACH (SJ) plädierte 25 Jahre später erfolgreich für das Verbot der Wehrdienstverweigerung aus Gewissensgründen und votierte für die Erlaubtheit, ja, situative Notwendigkeit des Atomkriegs gegen den atheistischen Bolschewismus. Vgl. auch K. DESCHNER: Mit Gott und dem Führer. Die Politik der Päpste zur Zeit des Nationalsozialismus, Köln (Ki Wi 149) 1988, 54–64, zur Haltung der kath. Kirche im Jahre 1933.

²⁷² Zu dem Begriff des «Auferwecktwerdens» in Mt 20,19 vgl. A. OEPKE: egeiro (auferwecken), ThW II 332–337, bes. S. 334: «Wenn das NT abweichend vom Hellenismus» bevorzugt von Auferwecktwerden, statt von Auferstehen spricht, «so könnte darin die konkretere Vor-

stellung vom Handeln Gottes zum Ausdruck kommen. Der Gedanke der selbständigen Auferstehung Jesu wird erst in der johanneischen Theologie erreicht (Joh 2,19.21; 10,17.18).»

[273] WK 643! Wie die Wortarabesken zu dem Dogma vom *leeren Grab* heute klingen, zeigt EB. *J.J. Degenhardt* in seiner Osterpredigt 1994: dem Glaubensbekenntnis, erklärte er, liege «nicht unmittelbar daran, daß das Grab leer war, sondern daran, daß Jesus in ihm gelegen hat, daß der, der als Gekreuzigter ins Grab gelegt wurde, nicht im Grab gelegen ist, sondern am dritten Tage auferstanden ist.» Die Frage nach dem leeren Grabe sei auch die Frage danach, «welche Art von Realismus die christliche Botschaft» verlange. In der Tat! Neue Westfälische, 5.4.94: «Auferstehung als Kern des christlichen Glaubens». Osterpredigt von Erzbischof Degenhardt. Vgl. auch E. DREWERMANN: Worum es eigentlich geht, 110–117.

[274] Vgl. VAN GOGH: In seinen Briefen, mit einem Nachwort von P. Nizon, Frankfurt (it 177) 1977: «Siehe, ich finde ihn mausetot, diesen Gott der Pfaffen. Aber bin ich darum Atheist? Die Pfarrer halten mich dafür – aber siehe, ich liebe, und wie würde ich Liebe fühlen können, wenn ich selbst nicht lebte und andere nicht lebten, und wenn wir denn leben, so ist etwas Wunderbares darin. Nenne das nun Gott oder die menschliche Natur oder was Du willst, aber es gibt ein gewisses Etwas, das ich nicht definieren kann, und das, obwohl es außerordentlich lebendig und wirklich ist, mir eine Art System scheint, und siehe, das ist nun mein Gott, oder so gut wie mein Gott.» (S. 35)

[275] A.a.O., 266: «Ich kann nichts dafür, daß sich meine Bilder nicht verkaufen. Einmal wird der Tag kommen, da wird man sehen, daß sie mehr als den Preis der Farbe wert sind und mein ganzes erbärmliches Leben, das ich daran hängte.» «Ich glaube, eines Tages werde auch ich verkaufen, aber Dir gegenüber bin ich so im Rückstande, ich gebe alles aus und bringe nichts herein.»

Verzeichnis der zitierten Literatur

(zitiert stets nach der letztgenannten Ausgabe)

1. Philosophie, Systematische Theologie, kirchliche Verlautbarungen

M. Bakunin: Gott und der Staat und andere Schriften, hrsg. v. S. Hillmann, Hamburg (rororo 240–242) 1969.

K. Barth: Die kirchliche Dogmatik. 3. Band: Die Lehre von der Schöpfung, 4. Teil, Zürich 1957.

E. Biser: Der Freund. Annäherungen an Jesus, München (SP 981) 1989.

E. Bleske: Konfliktfeld Ehe und christliche Ethik. Vorw. v. A. Mandel, München 1981.

T. Blixen: Moderne Ehe (1981), Frankfurt (sv 886) 1987, übers. aus dem Dänischen v. W. Boehlich, Nachw. H. Grössel.

J. Calvin: Unterricht in der christlichen Religion. Institutio Christianae Religionis, nach der letzten Ausgabe übers. u. bearb. v. O. Weber, Neukirchen 1955/1988.

A. Camus: Der Mythos von Sisyphos. Ein Versuch über das Absurde (1943), komm. v. L. Richter, Hamburg (rde 90) 1959.

A. Camus: Der Mensch in der Revolte, übers. v. J. Streller, Reinbek 1953.

A. Camus: Die Guillotine. Betrachtungen zur Todesstrafe, in: Fragen der Zeit, aus dem Franz. übers. v. G. Meister, Hamburg 1960, 114–181.

CIC: Codex Juris Canonici. Codex des kanonischen Rechtes, lat.-dt. Kevelaer 1983.

H. Denzinger – A. Schönmetzer: Enchiridion Symbolorum, Definitionum et Declarationum de rebus Fidei et Morum, Freiburg ^{32}1963.

E. Drewermann: Strukturen des Bösen. Die jahwistische Urgeschichte in exegetischer, psychoanalytischer und philosophischer Sicht.
1. Bd.: Die jahwistische Urgeschichte in exegetischer Sicht, Paderborn ^{1}1977; ^{2}1979 erw. durch ein Vorwort: Zur Ergänzungsbedürftigkeit der historisch-kritischen Exegese; ^{3}1981: erg. durch ein Nachwort: Von dem Geschenk des Lebens oder: das Welt- und Menschenbild der Paradieserzählung des Jahwisten (Gn 2,4b–25), S. 356–413; 6. Aufl. 1987.
2. Bd.: Die jahwistische Urgeschichte in psychoanalytischer Sicht, ^{1}1977; ^{2}1980 erw. durch ein Vorw.: Tiefenpsychologie als anthropologische Wissenschaft; 6. Aufl. 1987.
3. Bd.: Die jahwistische Urgeschichte in philosophischer Sicht, Paderborn ^{1}1978; ^{2}1980 erw. durch ein Vorw.: Das Ende des ethischen Optimismus; 6. Aufl. 1987.

E. Drewermann: Das Tragische und das Christliche; in: Psychoanalyse und Moraltheologie, 1. Bd.: Angst und Schuld, Mainz 1982, 19–78.

E. Drewermann: Ehe – Tiefenpsychologische Erkenntnisse für Dogmatik und Moraltheologie (1980), in: Psychoanalyse und Moraltheologie, 2. Bd.: Wege und Umwege der Liebe, Mainz 1983, 38–76.

E. Drewermann: Von einer besonders tragischen Form des Mißverständnisses in der Ehe – oder: vom Recht auf Scheidung und auf Wiederverheiratung in der katholischen Kirche (1982), Psychoanalyse und Moraltheologie, Bd. 2, 77–111, Mainz 1983.

E. Drewermann: Aus Schuld geschieden – verdammt zum Unglück?, in: Psychoanalyse und Moraltheologie, 3 Bde., Mainz 1982–1984, Bd. 2: Wege und Umwege der Liebe, 112–137.

E. Drewermann: An ihren Früchten sollt ihr sie erkennen. Antwort auf Rudolf Peschs und Gerhard Lohfinks «Tiefenpsychologie und keine Exegese», Olten–Freiburg ^{2}1988.

E. Drewermann: Worum es eigentlich geht. Protokoll einer Verurteilung (1992), 3. Aktualisierte Ausgabe, München (dtv 30404) 1994.

E. Drewermann: Glauben in Freiheit oder Tiefenpsychologie und Dogmatik. 1. Bd.: Dogma, Angst und Symbolismus, Olten 1993.

G. Ermecke: Zur ethischen Begründung der Todesstrafe heute. Vortrag beim Antritt des Rektorats und zur Eröffnung des Studienjahres 1958–59 der Philos.-Theolog. Akademie zu Paderborn, 17. Okt. 1958, Paderborn 1959.

M. FERRARI (Übers.): Satan, der Vater der Lüge. Erzbischof Emmanuel Milingo berichtet von seinen Erfahrungen. Auszug aus dem Buch «Contra Satana», Mailand 1993, in: Kirche heute, 1/1994, 34–36.

L. FEUERBACH: Das Wesen der Religion (1846), in: Werke in 6 Bden., hrsg. v. E. Thies, IV, Frankfurt 1975, 81–153.

J. GAILLOT: Keine Angst vor klaren Worten. Unterwegs zu einer kommunikativen Kirche (1993), aus dem Franz. übers. v. H. W. Eichelberger, Freiburg–Basel–Wien 1994.

J. GIONO: Vom wahren Reichtum (1937), Zürich 1958, aus dem Franz. übers. v. R. u. W. Gerall-Kardas; Frankfurt (Fischer Tb. 5974) 1986.

Gotteslob, Stuttgart 1975.

G. GUNDLACH: Antisemitismus, in: Lexikon für Theologie und Kirche, Freiburg ²1930, I 504.

H. HAAG–K. ELLIGER: Stört nicht die Liebe. Die Diskriminierung der Sexualität – ein Verrat an der Bibel, Olten 1986.

G. W. F. HEGEL: Phänomenologie des Geistes (1807), hrsg. v. J. Hoffmeister (1937), Hamburg (Philos. Bibl. 114) ⁶1952.

Papst JOHANNES PAUL II.: Familiaris Consortio. Die Aufgaben der christlichen Familie in der Welt von heute; Sekretariat der Deutschen Bischofskonferenz, Bonn 1981.

Papst JOHANNES PAUL II.: Predigten und Ansprachen bei seinem zweiten Pastoralbesuch in Deutschland, 30. 4.–4. 5. 1987, Verlautbarungen des Apostolischen Stuhls, 77; Sekretariat der Deutschen Bischofskonferenz, Bonn 1987.

JOHANNES PAUL II.: Christifideles Laici. Über die Berufung und Sendung der Laien in Kirche und Welt. Nachsynodales Apostolisches Schreiben, AAS 87, 1988, hrsg. v. Sekretariat der Deutschen Bischofskonferenz.

Papst JOHANNES PAUL II.: Apostolische Konstitution *Fidei Depositum* zur Veröffentlichung des «Katechismus der katholischen Kirche nach dem Zweiten Vatikanischen Konzil», in: Kirchliches Amtsblatt für die Erzdiözese Paderborn, 136. Jg., 24. 5. 93, S. 57–59.

JOHANNES PAUL II.: Enzyklika Veritatis splendor, an alle Bischöfe der katholischen Kirche über einige grundlegende Fragen der kirchlichen Morallehre, 6. Aug. 93, Verlautbarungen des Apostolischen Stuhls, 111; Sekretariat der Deutschen Bischofskonferenz, Bonn 1993.

I. KANT: Grundlegung zur Metaphysik der Sitten, Riga 1785 (A); 1786 (B); Werke in 12 Bänden, hrsg. v. W. Weischedel; Frankfurt (sv) 1968, Bd. VII 7–102.

I. KANT: Metaphysik der Sitten (1797 A), in: Werke, hrsg. v. W. Weischedel, Frankfurt 1968, VIII 305–634.

KEK: Katholischer Erwachsenenkatechismus. Das Glaubensbekenntnis der Kirche, hrsg. von der Deutschen Bischofskonferenz, Bonn 1985 (nicht genannter Verfasser: W. KASPER, heute Bischof von Rottenburg).

WK: «Weltkatechismus. Catéchisme de l'Église Catholique, Paris 1992.

S. KIERKEGAARD: Der Begriff Angst. Eine simple psychologisch-hinweisende Erörterung in Richtung der dogmatischen Problems der Erbsünde (1844), übers. v. L. Richter, Reinbek (Werke I, rk 71) 1960.

S. KIERKEGAARD: Einübung im Christentum, von Anti-Climacus, Kopenhagen 1850, mit Widerruf des Pseudonyms Anti-Climacus von 1855; übers. v. E. Hirsch; in: S. Kierkegaard: Werkausgabe, Bd. II 5–307; Düsseldorf–Köln 1971.

S. KIERKEGAARD: Der Augenblick. Aufsätze und Schriften des letzten Streits zwischen 1854–1855; übers. v. H. Gerdes, Werke XIV, Düsseldorf–Köln 1959; Werkausgabe in 2 Bden., II 309–567, Düsseldorf–Köln 1971.

S. KIERKEGAARD: Tagebücher, 5 Bde., ausgew. u. übers. v. H. Gerdes, Düsseldorf–Köln 1962–1974.

B. LANG: Hölle, in: P. Eicher (Hrsg.): Neues Handbuch theologischer Grundbegriffe; Erweiterte Neuausgabe in 5 Bden., München 1991, II 362–373.

M. LUTHER: Die Ablaßthesen und die Resolutionen (1517–1518), WA 1, 530–628; Die Werke Luthers, hrsg. v. K. Aland, II 32–83, Göttingen ³1983.

M. LUTHER: Von der babylonischen Gefangenschaft der Kirche (1520); Die Werke Luthers in Auswahl, hrsg. v. K. Aland, Göttingen 1991, 2. Bd.: Der Reformator, 171–238.

M. LUTHER: Die Schmalkaldischen Artikel (1537), WA 50, 192–253; Die Werke Luthers in Auswahl, hrsg. v. K. Aland, III 335–367, Göttingen 1991.

M. LUTHER: Vom ehelichen Leben (1522), WA 10,2,275–304; Die Werke Luthers in Auswahl, hrsg. v. K. Aland, Bd. VII, Göttingen ³1983, 284–307.

M. LUTHER: Das schöne Confitemini, an der Zahl der 118. Psalm (1530): Die Werke Luthers in Auswahl, hrsg. v. K. Aland, VII: Der Christ in der Welt, Göttingen ³1983, 308–361 (WA 31,1,68–182).

M. LUTHER: Die Tischreden, Die Werke Luthers in Auswahl, hrsg. v. K. Aland, IX, Göttingen 1991, 267–280.

S. MERIAN (Hrsg.): Scheidungspredigten; Darmstadt–Neuwied 1986.

Erzbischof EMMANUEL MILINGO: Contra Satana, Mailand 1993.

E. MÜHSAM: Befreiung der Gesellschaft vom Staat, eingel. v. S. Blankertz, Berlin 1985.

Neues Meßbuch für Sonn- und Feiertage. Kirchenjahr A, Stuttgart 1971.

F. NIETZSCHE: Also sprach Zarathustra. Ein Buch für alle und keinen (1883–1884; Teil I–III; 1885: Teil IV), München (Goldmann Tb. 403) 1960.

F. NIETZSCHE: Jenseits von Gut und Böse. Vorspiel einer Philosophie der Zukunft (1885), München (Goldmann Tb. 990) o. J.

P. J. PROUDHON: Was ist das Eigentum? Erste Denkschrift. Untersuchungen über den Ursprung und die Grundlagen des Rechts und der Herrschaft (1840), übers. v. F. A. Cohn, Stuttgart 1963, hrsg. v. Th. Ramm.

JOSEPH KARDINAL RATZINGER: Schreiben der Glaubenskongregation an die Bischöfe der katholischen Kirche über einige Aspekte der Kirche als Communio, Kirchl. Amtsblatt Paderborn, 135. Jg., 3. Aug. 92.

DVK: H. REUTER (Hrsg.): Das II. Vatikanische Konzil. Vorgeschichte, Verlauf, Ergebnisse, dargestellt nach Dokumenten und Berichten; Köln ²(verb.) 1966.

J. J. ROUSSEAU: Der Gesellschaftsvertrag oder Die Grundsätze des Staatsrechts (1762), übers. v. H. Denhardt (1885), rev. H. Weinstock, Stuttgart (RUB 1769–70) 1958.

J. P. SARTRE: Das Sein und das Nichts. Versuch einer phänomenologischen Ontologie (1943), übers. v. J. Streller, K. A. Ott u. A. Wagner, Reinbek 1962.

J. P. SARTRE: Kritik der dialektischen Vernunft, 1. Bd.: Theorie der gesellschaftlichen Praxis (1960), übers. v. T. König, Reinbek 1967.

L. SCHEFFCZYK: Maria in der Verehrung der Kirche, Wien 1981.

A. SCHWEITZER: Aus meinem Leben und Denken, Frankfurt–Hamburg (Fischer-Tb. 18) 1952.

A. SCHWEITZER: Kultur und Ethik. Sonderausgabe mit Einschluß von: Verfall und Wiederaufbau der Kultur, München 1960.

W. SOLOWJEW: Drei Gespräche über den Krieg, Fortschritt und das Ende der Weltgeschichte, in: Deutsche Gesamtausgabe, hrsg. v. W. Szylkarski u. a., München 1980, VIII. Bd.

B. DE SPINOZA: Theologisch-Politischer Traktat (1660), übers. v. C. Gebhardt, Hamburg (Philos. Bibl. 93) ⁵1955.

THOMAS VON AQUIN: Summa contra gentiles (1259–1267), Turin 1961, hrsg. v. P. A. L. Marc u. a., 3 Bde.; dt.: Die Summe wider die Heiden, übers. v. H. Nachod u. P. Stern, 5 Bde., Leipzig 1935–1937; Summa contra gentiles oder Die Verteidigung der höchsten Wahrheiten, übers. v. R. Fahsel, 6 Bde., Zürich 1942–49.

THOMAS VON AQUIN: Summa theologica. Straßburg 1466 (secunda secundae partis); Mainz 1471 (Prima secundae partis); Venedig 1473 (Pars I); Venedig 1478 (Pars III); Basel 1485 (Partes I–III); Rom 1888–1906

(in: Opera omnia, Bd. 4–5, 9–12; Editio Leonina).
P. TILLICH: Systematic Theology, 3 Bde., Illinois 1951; 1957; 1963; dt.: Systematische Theologie, übers. v. R. Albrecht, M. Rhine, G. Siemsen, G. Stöber, Dr. Schrey, hrsg. v. A. Rathmann; 1.–2. Bd., Berlin–New York ⁸1987; 3. Bd.: Das Leben und der Geist. Die Geschichte und das Reich Gottes, Stuttgart 1966.
A.-F. UTZ–J. F. GRONER: Aufbau und Entfaltung des Gesellschaftslebens. Soziale Summe Pius' XII., Freiburg (Schweiz) 1954, 1. Bd.

2. Exegese

a) Altes Testament und Judentum

A. ALT: Die Stätten des Wirkens Jesu in Galiläa (1949), in: Kleine Schriften zur Geschichte des Volkes Israel, 3 Bde., München 1959, II 437–455.
G. BEER: Das Martyrium Jesajae, in: E. Kautzsch (Hrsg.): Die Apokryphen und Pseudepigraphen des Alten Testaments, Tübingen 1900; Neudruck: Darmstadt 1962, II 119–127.
G. BEER: Das Buch Henoch, in: E. Kautzsch (Hrsg.): Die Apokryphen und Pseudepigraphen des Alten Testaments, Tübingen 1900, 2 Bde., Neudruck: Darmstadt 1962, II 217–310.
M. BUBER: Moses (hebr. 1945; dt.: 1948), in: Werke, Bd. 2: Schriften zur Bibel, München–Heidelberg 1964, 9–230.
M. BUBER: Der Glaube der Propheten (1940), Werke II, München–Heidelberg 1964, 231–484.
M. BUBER: Königtum Gottes (1932), in: Werke, 2. Bd.: Schriften zur Bibel, München–Heidelberg 1964, 485–723.
M. BUBER: Die Erzählungen der Chassidim (1949), Werke, III: Schriften zum Chassidismus, München–Heidelberg 1963, 69–712.
C. CLEMEN: Die Himmelfahrt Moses (Assumptio Mosis), in: E. Kautzsch (Hrsg.): Die Apokryphen und Pseudepigraphen des Alten Testaments, 2 Bde., Tübingen 1900; Neudruck: Darmstadt 1962, II 311–331.
J. CROITORU: Moses contra Kapital. Die Juden, der Sozialismus und die Arbeiterbewegung, FAZ, 11. 1. 94, S. 25.
E. DREWERMANN: Ich lasse Dich nicht, Du segnest mich denn. Predigten zum 1. Buch Mose, Düsseldorf 1994.
B. GERHARDSSON: Memory and Manuscript. Oral Tradition and Written Transmission in Rabbinic Judaism and Early Christianity, Lund–Copenhagen (Acta Seminarii Neotestamentici Upsaliensis 22) 1961.
W. GESENIUS: Hebräisches und aramäisches Handwörterbuch über das Alte Testament,

bearb. v. F. Buhl, Berlin–Göttingen–Heidelberg, Neudruck der 1915 erschienenen 17. Aufl., 1962.

H. GUNKEL: Das 4. Buch Esra, in: E. Kautzsch (Hrsg.): Die Apokryphen und Pseudepigraphen des Alten Testaments, 2. Bd.: Die Pseudepigraphen des Alten Testaments, Tübingen 1900; Nachdruck: Darmstadt 1962, 331–401.

H. GUNKEL: Die Apokalypsen des Baruch, in: E. Kautzsch (Hrsg.): Die Apokryphen und Pseudepigraphen des Alten Testaments, 2 Bde., Tübingen 1900; Neudruck: Darmstadt 1962: II 402–457; Die syrische Baruchapokalypse, 404–446; Die griechische Baruchapokalypse, 446–457.

F. HAUCK: Rein und unrein außerhalb des NT, 1. Teil, Theologisches Wörterbuch zum Neuen Testament, 3. Bd., hrsg. v. G. Kittel, Stuttgart 1938, 417–421.

H. W. HERTZBERG: Die Samuelbücher (ATD 10), Göttingen ²1960.

M. HENGEL: Judentum und Hellenismus. Studien zu ihrer Begegnung unter besonderer Berücksichtigung Palästinas bis zur Mitte des 2. Jahrhunderts v. Chr., Tübingen ³(durchges. u. erg.) 1973.

A. JIRKU: Die Welt der Bibel, Stuttgart 1984.

FLAVIUS JOSEPHUS: Der jüdische Krieg (bellum Judaicum; ca. 75–79 n. Chr.); übers. u. eingel. v. H. Endrös; 2 Bde., München (GGTb. 1642–1645) 1965–1966.

FLAVIUS JOSEPHUS: Antiquitates (94 n. Chr., 20 Bücher); dt.: Jüdische Altertümer, übers. u. mit Einl. u. Anm. vers. v. H. Clementz, Wiesbaden o. J. (Fourier-Verlag).

O. KAISER: Der Prophet Jesaja, Kap. 1–12, Göttingen (Das Alte Testament Deutsch, Teilband 17) ²(verb.) 1963.

O. KAISER: Das Buch Jesaja, Kap. 13–39 (ATD 18), Göttingen 1966.

E. KAUTZSCH: Die Testamente der 12 Patriarchen, in: E. Kautzsch (Hrsg.): Die Apokryphen und Pseudepigraphen des Alten Testaments, 2 Bde., Tübingen 1900, Darmstadt 1962, II 458–506.

R. KITTEL: Die Psalmen Salomos, in: E. Kautzsch (Hrsg.): Die Apokryphen und Pseudepigraphen des Alten Testaments, 2 Bde., Tübingen 1900; Reprint: Darmstadt 1962, II 127–148.

A. F. J. KLIJN: Scribes, Pharisees, Highpriests and Elders in the New Testament, NT 3 (1959), 259–267.

J. MAIER (Übers.): Die Texte vom Toten Meer. Erste deutsche Gesamtübertragung, 2 Bde., München 1960.

R. MAYER: Der babylonische Talmud. Ausgew., übers. u. erkl. v. R. Mayer, München (Goldmann Tb. 1330–1332) 1963.

R. MEYER: Rein und unrein außerhalb des NT, 2. Teil, Theologisches Wörterbuch zum Neuen Testament, 3. Bd., hrsg. v. G. Kittel, Stuttgart 1938, 421–427.

M. NOTH: Das zweite Buch Mose (ATD 5), Göttingen ²1961.

G. VON RAD: Theologie des Alten Testamentes, 2 Bde., München ⁴1957/1960.

V. RYSSEL: Die Sprüche Jesus', des Sohnes Sirach, in: E. Kautzsch (Hrsg.): Die Apokryphen und Pseudepigraphen des Alten Testaments, 1. Bd.: Die Apokryphen (1900), Darmstadt 1962, 230–475.

K. SIEGFRIED (Übers.): Die Weisheit Salomos (Sapientia), in: E. Kautzsch (Hrsg.): Die Apokryphen und Pseudepigraphen des Alten Testaments, 2 Bde., Tübingen 1900; Darmstadt 1962; 1. Bd.: Die Apokryphen des Alten Testaments, 476–507.

H. L. STRACK–P. BILLERBECK: Kommentar zum Neuen Testament aus Talmud und Midrasch, 6 Bde., München 1922–1961.

R. DE VAUX: Das Alte Testament und seine Lebensordnungen (1958–1960), übers. v. L. Hollerbach, 2 Bde., Freiburg–Basel–Wien ²1964.

A. WEISER: Die Psalmen, 1. Bd.: Ps 1–60 (ATD 14), Göttingen 1950.

A. WEISER: Die Psalmen, 2. Bd.: Ps 61–150 (ATD 15), Göttingen 1950.

A. WEISER: Die Propheten, 1. Bd.: Hosea, Joel, Amos, Obadja, Jona, Micha; Göttingen (ATD 24) 1950.

A. WEISER: Das Buch Hiob, ATD 13, Göttingen 1959.

A. WEISER: Der Prophet Jeremia. Kapitel

1,1–25,14, Göttingen (Das Alte Testament Deutsch, Teilband 20) ⁴(neu bearb.) 1960; Kap. 25,15–52,34, Göttingen (ATD 21), 3. neu bearb. Aufl. 1960.

C. WESTERMANN: Das Buch Jesaja, Kap. 40–66 (ATD 19), Göttingen 1966.

Y. YADIN: The Temple Scroll. The Hidden Law of the Dead Sea Sect, London 1985; dt.: Die Tempelrolle. Die verborgene Thora vom Toten Meer, übers. v. E. Eggebrecht, München–Hamburg 1985.

b) Neues Testament

F. ANNEN: Heil für die Heiden (FTS 20), Frankfurt 1976.

H. K. MC ARTHUR: «On the Third Day», NTS 18 (1971–72), 81–86.

G. BARTH: Auseinandersetzungen um die Kirchenzucht im Umkreis des Matthäusevangeliums, ZNW 69 (1978), 158–177.

J. BAUER: Das milde Joch und die Ruhe, Matthäus 11,28–30, in: Th Z 17 (1961) 99–106.

J. B. BAUER: Gnadenlohn oder Tageslohn (Mt 20,8–16)?, Bib 42 (1961), 224–228.

J. BECKER: Johannes der Täufer und Jesus von Nazareth (B St 63), Neukirchen–Vluyn 1973.

J. BEHM: *kardia* (Herz), Theologisches Wörterbuch zum Neuen Testament, III, hrsg. v. G. Kittel, Stuttgart 1938, 609–616.

J. BEHM: *morphä* (Gestalt), Theologisches Wörterbuch zum Neuen Testament, IV, hrsg. v. G. Kittel, Stuttgart 1942, 750–767.

J. BEHM: *nästeyo* (fasten), Theologisches Wörterbuch zum NT, IV, hrsg. v. G. Kittel, Stuttgart 1942, 925–935.

SCH. BEN CHORIN: Bruder Jesus. Der Nazarener in jüdischer Sicht (1967), München (dtv 1253) 1977.

J. BLINZLER: *eisin eynoychoi* (es gibt Verschnittene), Zeitschrift für Neutestamentl. Wiss. 48 (1957) 254–270, in: Aus der Welt und Umwelt des Neuen Testaments. Ges. Aufs. I (SBB) Stuttgart 1969, 20–40.

J. BLINZLER: Kind und Königreich, in: Aus der Umwelt des NT, Stuttgart 1969, 41–63.

R. BOHREN: Das Problem der Kirchenzucht im NT, Zollikon–Zürich 1952.

G. BORNKAMM: Jesus von Nazareth, Stuttgart (Urban Tb. 19) 1956.

G. BORNKAMM: *presbyteros* (Ältester), Theologisches Wörterbuch zum Neuen Testament, VI, hrsg. v. G. Friedrich, Stuttgart 1959, 651–683.

G. BORNKAMM: Der Lohngedanke im Neuen Testament, in: Studien zu Antike und Christentum (B Ev Th 28), München 1963, 69–92.

W. BOUSSET: Kyrios Christos ²(1921).

G. BRAUMANN: «Dem Himmelreich wird Gewalt angetan» (Mt 11,12 par), ZNW 52 (1961), 104–109.

H. BRAUN: Qumran und das Neue Testament II, Tübingen 1966.

H. BRAUN: Spätjüdisch-häretischer und frühchristlicher Radikalismus. Jesus von Nazareth und die essenische Qumransekte, 2 Bde., Tübingen ²1969.

I. BROER: Die Parabel vom Verzicht auf das Prinzip von Leistung und Gegenleistung, in: A cause de l'évangile (Festschrift für J. Dupont), Paris 1985, 145–164.

R. BULTMANN: Die Geschichte der synoptischen Tradition, Marburg 1931; Göttingen 1957.

C. BURGER: Jesus als Davidssohn (FRLANT 98), Göttingen 1970.

C. BURGER: Jesu Taten nach Matthäus 8 und 9, in: ZThK 70 (1973) 272–287.

U. BUSSE: Die Wunder des Propheten Jesus (FzB 24), Stuttgart ²1979.

C. COLPE: *ho hyios toy anthropoy*, in: G. Friedrich (Hrsg.): Theologisches Wörterbuch zum Neuen Testament, VIII 403–481, Stuttgart 1965.

C. COLPE: Der Spruch von der Lästerung des Geistes, in: E. Lohse (Hrsg.): Der Ruf Jesu und die Antwort der Gemeinde (Festschrift für J. Jeremias), Göttingen 1970, 63–79.

O. CULLMANN: Petros, in: G. Friedrich (Hrsg.): Theologisches Wörterbuch zum Neuen Testament, VI 99–112, Stuttgart 1959.

G. DALMAN: Die Worte Jesu mit Berücksichtigung des nachkanonischen jüdischen Schrifttums und der aramäischen Sprache, Bd. 1: Einleitung und wichtige Begriffe. Mit Anhang: A. Das Vaterunser. B. Nachträge und Berichtigungen, Leipzig ²1930; Darmstadt 1965.

G. DELLING: telos, teleios (Vollendung, vollkommen), Theologisches Wörterbuch zum Neuen Testament, VIII, hrsg. v. G. Friedrich, Stuttgart 1967, 50–88.

M. DIBELIUS: Die urchristliche Überlieferung von Johannes dem Täufer, Göttingen 1911, FRLANT 15, 6–39.

M. DIBELIUS: Die Formgeschichte des Evangeliums (1919), 4. Aufl. der dritten durchges. Aufl. von 1933, mit einem Nachw. v. G. Iber, hrsg. v. G. Bornkamm, Tübingen 1961.

C. DIETZFELBINGER: Das Gleichnis von der erlassenen Schuld, Ev Th 32 (1972), 437–451.

C. DIETZFELBINGER: Das Gleichnis von den Arbeitern im Weinberg als Jesuswort, Ev Th 43 (1983), 126–137.

E. DINKLER: Jesu Wort vom Kreuztragen. In: Neutestamentliche Studien für R. Bultmann (BZNW 21) Berlin ²1957, 110–129.

E. DREWERMANN: Tiefenpsychologie und Exegese. 2 Bde., 1. Bd.: Die Wahrheit der Formen. Von Traum, Mythos, Märchen, Sage und Legende, Olten–Freiburg 1984; 2. Bd.: Die Wahrheit der Werke und der Worte. Wunder, Vision, Weissagung, Apokalypse, Geschichte, Gleichnis, Olten–Freiburg 1985.

E. DREWERMANN: Dein Name ist wie der Geschmack des Lebens. Tiefenpsychologische Deutung der Kindheitsgeschichte nach dem Lukasevangelium, Freiburg–Basel–Wien 1986.

E. DREWERMANN: Das Markus-Evangelium, 2 Bde., Olten–Freiburg 1987–1988.

E. DREWERMANN: Ich steige hinab in die Barke der Sonne. Meditationen zu Tod und Auferstehung, Olten–Freiburg 1989.

E. DREWERMANN: Das Matthäusevangelium. Bilder der Erfüllung, 1. Bd., Olten–Freiburg 1992.

D. C. DULING: The Therapeutic Son of David. An Element in Matthew's Christological Apologetic, in: New Testament Studies 24 (1978), 392–410.

J. DUPONT: Le couple parabolique du sénevé et du levain, in: Jesus Christus in Historie und Theologie (Festschrift für H. Conzelmann), Tübingen 1975, 331–345.

E. FASCHER: Der unendliche Wert der Menschenseele. Zur Auslegung von Mk 8,36–37/Mt 16,26, in: Forschung und Erfahrung, Göttingen 1961, 44–51.

D. FLUSSER: Die Sünde gegen den heiligen Geist, in: E. L. Ehrlich (Hrsg.): Wie gut sind deine Zelte, Jaakow, Gerlingen 1986, 139–144.

W. FOERSTER: oros (Berg), Theologisches Wörterbuch zum Neuen Testament, V, hrsg. v. G. Friedrich, Stuttgart 1954, 475–486.

H. FRANKEMÖLLE: Eucharistie. Bibeltheologisch, in: P. Eicher (Hrsg.): Neues Handbuch theologischer Grundbegriffe, München 1991, I 418–426.

H. FÜRST: Verlust der Familie – Gewinn einer neuen Familie (Mk 10,29 Par), in: Studia Historica Ecclesiastica (Festschrift für L. G. Spätling), Rom 1977.

W. GERBER: Die Metamorphose Jesu, Mk 9,2f par, ThZ 23 (1967), 385–395.

B. GERHARDSSON: The Seven Parables in Matthew 13, NTS 19 (1972/73), 16–37.

O. GLOMBITZA: Der Perlenkaufmann, NTS (1960/61), 153–161.

J. GNILKA: Die Verstockung Israels. Is 6,9–10 in der Theologie der Synoptiker (St ANT 3) München 1961.

J. GNILKA: Die Kirche des Matthäus und die Gemeinde von Qumran, BZ 7 (1963), 43–63.

J. GNILKA: Das Matthäusevangelium, 1. Teil: Kommentar zu Kap. 1,1–13,58, Freiburg–Basel–Wien ²1988; 2. Teil: Kommentar zu Kap. 14,1–28,20 und Einleitungsfragen, 1988.

L. GOPPELT: hydor (Wasser), Theologisches Wörterbuch zum Neuen Testament, VIII, Stuttgart 1967, hrsg. v. G. Friedrich, 313–333.

E. Grässer: Das Problem der Parusieverzögerung in den synoptischen Evangelien und in der Apostelgeschichte (BZNW 22), Berlin ²1960, 137–141.

F. Hahn: Christologische Hoheitstitel. Ihre Geschichte im frühen Christentum, Göttingen 1963, ²1964.

F. Hahn: Jesu Wort vom bergeversetzenden Glauben, ZNW 76 (1985), 149–169.

F. Hauck: Rein und unrein im NT, Theologisches Wörterbuch zum Neuen Testament, 3. Bd., hrsg. v. G. Kittel, Stuttgart 1938, 427–430.

G. Haufe: Das Menschensohn-Problem in der gegenwärtigen wissenschaftlichen Diskussion, Ev Th 26 (1966), 130–141.

A. Heising: Die Botschaft der Brotvermehrung (SBS 15), Stuttgart 1966.

A. Heising: Das Kerygma der wunderbaren Fischvermehrung, Bibel und Leben 10 (1969), 52–57.

H. J. Held: Matthäus als Interpret der Wundergeschichten, in: G. Bornkamm–G. Barth–H. J. Held: Überlieferung und Auslegung im Matthäusevangelium (WMANT 1) Neukirchen ²1961, 155–287.

E. Hennecke: Neutestamentliche Apokryphen in deutscher Übersetzung; 3. völlig neu bearb. Aufl., hrsg. v. W. Schneemelcher; 2 Bde., 1. Bd.: Evangelien, Tübingen 1959; 2. Bd.: Apostolisches, Apokalypsen und Verwandtes, Tübingen 1964.

A. J. B. Higgins: «Menschensohn» oder «ich» in Q: Lk 12,8–9 / Mt 10,32–33; in: Jesus und der Menschensohn (Festschrift für A. Vögtle), Freiburg 1975, 117ff.

P. Hoffmann: Die Offenbarung des Sohnes, in: Kairos 12 (1970), 270–288.

P. Hoffmann: Studien zur Theologie der Logienquelle, Münster (Neutestamentliche Abhandlungen, Neue Folge 8), 3. durchges. 1971.

P. Hoffmann: Lk 10,5–11 in der Instruktionsrede der Logienquelle (EKK v 3) Zürich–Neukirchen 1971, 37–53.

P. Hoffmann: Die Bedeutung des Petrus für die Kirche, in: J. Ratzinger: Dienst an der Einheit, Düsseldorf 1978, 9–26.

P. Hoffmann: Das Erbe Jesu und die Macht in der Kirche. Rückbesinnung auf das Neue Testament, Mainz (Topos Tb. 213) 1991.

H. Hübner: Zölibat in Qumran?, NTS 17 (1970–71) 153–167.

R. Hummel: Die Auseinandersetzung zwischen Kirche und Judentum im Matthäusevangelium (B Ev Th) München 1966.

C. H. Hunzinger: Die jüdische Bannpraxis im neutestamentlichen Zeitalter, Göttingen (Dissertationsschrift) 1954.

J. Jeremias: Zöllner und Sünder, ZNW 30 (1931) 239–300.

J. Jeremias: *geenna* (Hölle), Theologisches Wörterbuch zum Neuen Testament, I, hrsg. v. G. Kittel, Stuttgart 1933, 655–656.

J. Jeremias: *grammateys* (Schriftgelehrter), Theologisches Wörterbuch zum Neuen Testament, I, hrsg. v. G. Kittel, Stuttgart 1933, 740–742.

J. Jeremias: *hadās* (Hades), Theologisches Wörterbuch zum Neuen Testament, I, hrsg. von G. Kittel, Stuttgart 1933, 146–150.

J. Jeremias: *Elias*, Theologisches Wörterbuch zum NT, 2. Bd., hrsg. von G. Kittel, Stuttgart 1935, 930–943.

J. Jeremias: *kleis* (Schlüssel), Theologisches Wörterbuch zum Neuen Testament, III, hrsg. v. G. Kittel, Stuttgart 1938, 743–753.

J. Jeremias: Mc 10,13–16 parr. und die Übung der Kindertaufe in der Urkirche, ZNW 40 (1941), 243–245.

J. Jeremias: *nymphios* (Bräutigam), Theologisches Wörterbuch zum NT, IV, hrsg. v. G. Kittel, Stuttgart 1949, 1092ff.

J. Jeremias: Verheißung für die Völker, Stuttgart 1956.

J. Jeremias: Die Kindertaufe in den ersten vier Jahrhunderten, Göttingen 1958.

J. Jeremias: Nochmals: Die Anfänge der Kindertaufe. Eine Replik auf Kurt Alands Schrift: ‹Die Säuglingstaufe im Neuen Testament und in der alten Kirche›, München 1962.

J. Jeremias: Jerusalem zur Zeit Jesu. Eine kulturgeschichtliche Untersuchung zur neutestamentlichen Zeitgeschichte, Göttingen ³(neu bearb.) 1962.

J. Jeremias: Die Deutung des Gleichnisses vom Unkraut unter dem Weizen, in: Neotestamentica et Patristica (Festschrift für O. Cullmann), Leiden 1962, 59–63.

J. Jeremias: Die Gleichnisse Jesu, [1](1947), Göttingen [6](neu bearb.) 1962.

J. Jeremias: Abba, in: Abba. Studien zur Neutestamentlichen Theologie und Zeitgeschichte, Göttingen 1966, 15–67.

J. Jeremias: Die älteste Schicht der Menschensohn-Logien, ZNW 58 (1967), 159–172.

J. Jeremias: Palästinakundliches zum Gleichnis vom Sämann, NTS 13 (1966–67) 48–53.

J. Jeremias: Neutestamentliche Theologie, 1. Teil: Die Verkündigung Jesu, Gütersloh 1971.

B. van Jersel: Die wunderbare Speisung und das Abendmahl in der synoptischen Tradition, NT 7 (1964/65), 167–194.

A. Jülicher: Die Gleichnisreden Jesu, Tübingen 1910; 1. Teil: Die Gleichnisreden Jesu im allgemeinen; 2. Teil: Auslegung der Gleichnisreden der drei ersten Evangelien; Neudruck: 2 Teile in einem Band, Darmstadt 1976.

J. D. Kingsbury: The Title «Son of David» in Matthew's Gospel, in: JBL (1976) 591–602.

J. D. Kingsbury: The Parables of Jesus in Matthew 13, London 1969.

K. Koch: Der Schatz im Himmel, in: Leben angesichts des Todes (Festschrift für H. Thielicke), Tübingen 1969, 47–60.

J. Kremer: «Heilt Kranke... Treibt Dämonen aus!» (Mt 10,8) in: Zeichen des Heils. Österreichische Pastoraltagung (1975), Wien 1975, 33–52.

A. Kretzer: Die Frage: Ehe auf Dauer und ihre mögliche Trennung nach Mt 19,3–12, in: Biblische Randbemerkungen (Schülerfestschrift für R. Schnackenburg), Würzburg 1974, 218–230.

J. Kreyenbühl: Der älteste Auferstehungsbericht und seine Varianten, ZNW 9 (1908), 257–296.

W. G. Kümmel: Äußere und innere Reinheit des Menschen bei Jesus, in: Das Wort und die Wörter (Festschrift für G. Friedrich), Stuttgart 1973, 35–46.

W. G. Kümmel: Jesu Antwort an Johannes den Täufer, Wiesbaden 1974.

O. Kuss: Zur Senfkornparabel. Zum Sinngehalt des Doppelgleichnisses vom Senfkorn und Sauerteig, in: Auslegung und Verkündigung, 1. Bd., Regensburg 1963, 78–97.

J. Lambrecht: «Du bist Petrus» – Mt 16,16–19 und das Papsttum, SNTU 11 (1986), 5–32.

B. Lang: Eugen Drewermann, interprète de la Bible. La paradis. La naissance du Christ, Paris 1994.

E. Linnemann: Die Gleichnisse Jesu. Einführung und Auslegung, Göttingen 1961.

E. Lohmeyer: Das Evangelium des Markus, Göttingen 1937, [17]1967.

E. Lohmeyer: Gottesknecht und Davidssohn (FRLANT 6) Göttingen 1953, 8–14.

E. Lohmeyer: Das Evangelium des Matthäus, nachgelassene Ausarbeitung und Entwürfe zur Übersetzung und Erklärung, für den Druck erarbeitet und hrsg. v. W. Schmauch, Göttingen (Kritisch-exegetischer Kommentar über das Neue Testament, Sonderband), 1956.

E. Lohse: Jesu Worte über den Sabbat, in: Judentum – Urchristentum – Kirche (Festschrift für J. Jeremias), BZNW 26, Berlin [2]1964, 79–89.

E. Lohse: *sabbaton* (Sabbat), Theologisches Wörterbuch zum Neuen Testament, VII, hrsg. v. G. Friedrich, Stuttgart 1964, 1–35.

E. Lohse: *hyios* (Sohn), Theologisches Wörterbuch zum Neuen Testament, VIII, Stuttgart 1967, hrsg. v. G. Friedrich, 358–363.

U. Luz: Die Jünger im Matthäusevangelium, in: Zeitschr. f. Neutestamentl. Wiss. 62 (1971), 141–171.

U. Luz: Die Kirche und ihr Geld im Neuen Testament, in: W. Lienemann (Hrsg.): Die Finanzen der Kirche, München 1989.

U. Luz: Das Evangelium nach Matthäus, Evangelisch-katholischer Kommentar zum Neuen Testament, 1. Teilband: Mt 1–7, Neukirchen–Vluyn [2](durchges.) 1989; 2. Teilband: Mt 8–17, 1990.

R. Meyer: Der Ring des Polykrates. Mt 17,27 und die biblische Überlieferung, OLZ 40 (1937), 665–670.

O. Michel: *mikros* (klein), Theologisches Wörterbuch zum NT, IV, hrsg. v. G. Kittel, Stuttgart 1942, 650–661.

O. Michel: *telonäs* (Zöllner), Theologisches Wörterbuch, VIII, hrsg. v. G. Friedrich, Stuttgart 1967, 88–106.

R. Morgenthaler: Statistik des neutestamentlichen Wortschatzes, Zürich–Frankfurt 1958.

U. B. Müller: Die christologische Absicht des Markusevangeliums und die Verklärungsgeschichte, ZNW 64 (1973), 159–193.

W. Nagel: Neuer Wein in alten Schläuchen, in: Vig Chr 14 (1960) 1–8.

A. Oepke: *egeiro* (auferwecken), Theologisches Wörterbuch zum Neuen Testament, II, hrsg. v. G. Kittel, Stuttgart 1935, 332–337.

A. Oepke: *pais, paidion* etc. (Knabe, Kind etc.), Theologisches Wörterbuch zum Neuen Testament, V, hrsg. v. G. Friedrich, Stuttgart 1954, 636–653.

S. Pedersen: Die Proklamation Jesu als des eschatologischen Offenbarungsträgers (Mt 17,1–13), NT 17 (1975), 241–264.

W. Pesch: Die sogenannte Gemeindeordnung Mt 18, BZ 7 (1963), 220–235.

R. Pesch: Die Heilung der Schwiegermutter des Petrus, in: Neuere Exegese – Verlust oder Gewinn?, Freiburg 1968, 143–175.

R. Pesch: Der Besessene von Gerasa (SBS 56), Stuttgart 1972.

R. Pesch: Das Markusevangelium, 2 Bde., Freiburg–Basel–Wien (Herders Theologischer Kommentar zum Neuen Testament), 4(durchges. u. erw.) 1984.

K. Prümm: Das neutestamentliche Sprach- und Begriffsproblem der Vollkommenheit, Bib 44 (1959), 76–92.

K. H. Rengstorf: *dodeka* (Zwölf), in: G. Kittel (Hrsg.): Theologisches Wörterbuch zum Neuen Testament, II, Stuttgart 1935, 321–328.

K. H. Rengstorf: *sämeion* (Zeichen), Theologisches Wörterbuch zum Neuen Testament, VII, hrsg. v. G. Friedrich, Stuttgart 1964, 199–268.

J. Ringger: Zur Sinndeutung von Mt 16,18, vor allem im Lichte der Symbolgeschichte, in: Begegnung der Christen (Festschrift für O. Karrer), Stuttgart–Frankfurt ²1969, 271–347.

H. Rusche: Für das «Haus Israel» vom «Gott Israel» gesandt, in: H. Goldstein: Gottesverächter und Menschenfeinde?, Düsseldorf 1979, 99–122.

A. Sand: Das Evangelium nach Matthäus, Regensburg (Regensburger NT) 1986.

A. Satake: Das Leiden der Jünger «um meinetwillen», in: ZNW 67 (1976), 4–19.

K. Th. Schäfer: «... und dann werden sie fasten, an jenem Tag», in: Synoptische Studien (Festschrift für A. Wikenhauser), München 1923, 124–147.

W. Schenk: «Den Menschen» Mt 9,8; ZNW 54 (1963), 272–275.

W. Schenk: Das «Matthäusevangelium» als Petrusevangelium, BZ 27 (1983), 58–80.

K. L. Schmidt: *basileus, basileia* (König, Königtum), Theologisches Wörterbuch zum Neuen Testament, I, hrsg. v. G. Kittel, Stuttgart 1933, 537–595.

G. Schmitt: Das Zeichen des Jona, ZNW 69 (1978), 123–129.

R. Schnackenburg: Gottes Herrschaft und Reich. Eine biblisch-theologische Studie, Freiburg–Basel–Wien ³1963.

R. Schnackenburg: Die Vollkommenheit des Christen nach Matthäus, in: Christliche Existenz nach dem Neuen Testament, 1. Bd., München 1967, 131–155.

J. Schniewind: Das Evangelium nach Matthäus (NTD 2) ¹²1968 Göttingen.

E. Schott: Die Aussendungsrede Mt 10. Mc 6. Lc 9.10, in: ZNW 7 (1906) 140–150.

L. Schottroff: Die Güte Gottes und die Solidarität von Menschen. Das Gleichnis von den Arbeitern im Weinberg, in: L. Schottroff–W. Stegemann: Der Gott der kleinen Leute, 2. Bd.: Neues Testament, München–Gelnhausen ²1979, 71–93.

G. Schrenk: *dikā, dikaiosynā* (Recht, Gerechtigkeit), Theologisches Wörterbuch zum

Neuen Testament, II, hrsg. v. G. Kittel, Stuttgart 1935, 180–229.

G. SCHRENK: *hieros, hiereus* (Heiliger, Priester), Theologisches Wörterbuch zum Neuen Testament, III, hrsg. v. G. Kittel, Stuttgart 1938, 221–284.

H. SCHÜRMANN: Zur Traditions- und Redaktionsgeschichte von Mt 10,23, BZ 3 (1959), 82–88.

H. SCHÜRMANN: Mt 10,5b–6 und die Vorgeschichte des synoptischen Aussendungsberichtes (1963), in: Traditionsgeschichtliche Untersuchungen zu den synoptischen Evangelien, Düsseldorf 1968, 137–149.

H. SCHÜRMANN. Gottes Reich – Jesu Geschick. Jesu ureigener Tod im Licht seiner Basileia-Verkündigung, Freiburg–Basel–Wien 1983.

A. SCHWEITZER: Geschichte der Leben-Jesu-Forschung (1913; 1906 unter dem Titel: Von Reimarus zu Wrede); Neudruck: München–Hamburg (Siebenstern Tb. 77–80) 1966, 2 Bde., eingel. v. J. M. Robinson.

E. SCHWEIZER: *hyios* (Sohn), Theologisches Wörterbuch zum Neuen Testament, VIII, Stuttgart 1967, hrsg. v. G. Friedrich, 364–395.

E. SCHWEIZER: Matthäus und seine Gemeinde (SBS 71), Stuttgart 1974.

E. SCHWEIZER: Das Evangelium nach Lukas (NTD 3), Göttingen 1982.

E. SCHWEIZER: Das Evangelium nach Markus, Göttingen (NTD 1) 1983.

E. SCHWEIZER: Das Evangelium nach Matthäus, Göttingen–Zürich (NTD 2) 1986.

E. STAUFFER. Jerusalem und Rom im Zeitalter Christi, Bern (Dalp Tb. 331) 1957.

E. STAUFFER: Die Botschaft Jesu damals und heute, Bern–München (Dalp Tb. 333) 1959.

E. STAUFFER: Christus und die Caesaren. Historische Skizzen, Hamburg 1952; Neudruck: München–Hamburg (Siebenstern Tb. 83–84) 1966.

F. STIER (Übers.): Das Neue Testament, aus dem Nachlaß hrsg. v. E. Beck, G. Miller, E. Sitarz, München 1989.

P. STOCKMEIER: Das Petrusamt in der frühen Kirche, in: Zum Thema Petrusamt und Papsttum, Stuttgart 1970, 61–79.

D. F. STRAUSS: Das Leben Jesu, Kritisch bearbeitet, 2 Bde. (1835–36); Ges. Schriften, hrsg. v. E. Zeller, 12 Bde., 1876–1878, Bd. 3–4.

A. SUHL: Der Davidssohn im Matthäus-Evangelium, in: Zeitschrift für Neutestamentl. Wissenschaft 59 (1968) 57–81.

G. THEISSEN: Wanderradikalismus. Literatursoziologische Aspekte der Überlieferung von Worten Jesu im Urchristentum (1973), in: Studien zur Soziologie des Urchristentums, Tübingen 1979; ³(erw.) 1989, 79–105.

G. THEISSEN: Urchristliche Wundergeschichten. Ein Beitrag zur formgeschichtlichen Erforschung der synoptischen Evangelien, Gütersloh 1974.

G. THEISSEN: «Wir haben alles verlassen» (Mc X 28). Nachfolge und soziale Entwurzelung in der jüdisch-palästinensischen Gesellschaft des 1. Jh.s n. Chr. (1977), in: Studien zur Soziologie des Urchristentums, Tübingen 1979; ³(erw.) 1989, 106–141.

G. THEISSEN: Soziale Integration und sakramentales Handeln, in: Studien zur Soziologie des Urchristentums, Tübingen 1979, 290–317.

Thomas-Evangelium, in: K. Aland: Synopsis Quattuor Evangeliorum, Stuttgart 1964, 517–530.

W. TRILLING: Die Täufertradition bei Matthäus, in: BZ 3 (1959), 271–289.

W. TRILLING: Das wahre Israel. Studien zur Theologie des Matthäusevangeliums, München ³(umgearb.) 1964.

W. TRILLING: Hausordnung Gottes (WB 10), Düsseldorf 1966.

P. VIELHAUER: Gottesreich und Menschensohn in der Verkündigung Jesu, Neukirchen (Festschrift für G. Dehn) 1957, 51–79.

A. VÖGTLE: Jesus und die Kirche, in: Begegnung der Christen, Stuttgart–Frankfurt 1959, 54–81.

H. VORGRIMLER: Das «Binden und Lösen» in der Exegese nach dem Tridentinum bis zu Beginn des 20. Jahrhunderts, ZKTh 85 (1963), 460–477.

A. VÖGTLE: Exegetische Erwägungen über das Wissen und Selbstbewußtsein Jesu, in: Gott in Welt, Freiburg (Festschrift für K. Rahner) 1964, 608–667.

A. VÖGTLE: Der Spruch vom Jonaszeichen, in: Das Evangelium und die Evangelien (KBANT), Düsseldorf 1971, 103–136.

A. VÖGTLE: Messiasbekenntnis und Petrusverheißung, in: Das Evangelium und die Evangelien (KBANT), Düsseldorf 1971, 137–170.

A. VÖGTLE: Wunder und Wort in urchristlicher Glaubenswerbung (Mt 11,2–5/Lk 7,18–23), in: Das Evangelium und die Evangelien, Düsseldorf 1971, 219–242.

A. VÖGTLE: Zum Problem der Herkunft von Mt 16,17–19, in: Orientierung an Jesus (Festschrift für J. Schmid), Freiburg 1973, 372–393.

R. WALKER: Die Heilsgeschichte im ersten Evangelium, Göttingen 1967.

U. WEGNER: Der Hauptmann von Kafarnaum (WUNT II/14), Tübingen 1985, 41 ff.

D. WENHAM: The Interpretation of the Parable of the Sower, NTS 20 (1973/74), 299–319.

D. WENHAM: The Structure of Matthew 13, NTS 25 (1979), 516–522.

S. WIBBING: Das Zöllnergastmahl, in: H. Stock–K. Wegenast–S. Wibbing: Streitgespräche, Gütersloh 1968, 84–107.

W. WILKENS: Die Redaktion des Gleichniskapitels Markus 4 durch Matthäus, ThZ 20 (1964) 305–327.

D. ZELLER: Das Logion Mt 8,11 f./Lk 13,28 f., Biblische Zeitschrift Neue Folge 15 (1971) 222–237; 16 (1972) 84 ff.

D. ZELLER: Zu einer jüdischen Vorlage von Mt 13,52, BZ 20 (1976) 223–226.

D. ZELLER: Die Bildlogik des Gleichnisses Mt 11,16 f./Lk 7,31 f., ZNW 68 (1977), 252–257.

H. ZIMMERMANN: Das absolute *ego eimi* (ich bin) als die neutestamentliche Offenbarungsformel, in: Bibl. Zeitschr., Neue Folge 4 (1960), 54–69, 266–276.

H. ZIMMERMANN: *mā epi porneia* (nicht im Fall der Unzucht) (Mt 19,9) – ein literarisches Problem, Catholica 16 (1962) 293–299.

H. ZIMMERMANN: Neutestamentliche Methodenlehre. Darstellung der historisch-kritischen Methode, Stuttgart ⁷(neubearb. v. K. Kliesch) 1982.

J. ZMIJEWSKI: Der Glaube und seine Macht, in: Begegnung mit dem Wort (Festschrift für H. Zimmermann), Bonn 1980, 81–103.

3. Kirchengeschichte, Patristik, Religionsgeschichte und Profangeschichte; Zeitungsartikel

H. D. ALTENDORF: Die Entstehung des theologischen Höllenbildes in der Alten Kirche, in: P. Jezler: Himmel – Hölle – Fegefeuer. Das Jenseits im Mittelalter, Schweizerisches Landesmuseum Zürich 1994, 27–32.

C. AMERY: Das Ende der Vorsehung, Hamburg (rororo 6874) 1972.

A. AUGUSTINUS: Der Gottesstaat, aus dem Lat. übers. v. A. Schröder, in: Ausgew. Schriften, Bd. I u. II (BKV 15–16), München–Kempten 1911; 1914; eingel. v. J. N. Espenberger.

H. D. BAMBERG: Militärseelsorge in der Bundeswehr. Schule der Anpassung und des Unfriedens, 1970.

W. W. BAUDISSIN: Adonis und Esmun. Eine Untersuchung zur Geschichte des Glaubens an Auferstehungsgötter und an Heilgötter, Leipzig 1911.

J. BERNARD: Handel und Geldwesen im Mittelalter, 900–1500, in: C. M. Cipolla–K. Borchardt (Hrsg.): Europäische Wirtschaftsgeschichte, Bd. 1: Mittelalter, Stuttgart (UTB 1267) 1983, 177–217.

H. VON CAMPENHAUSEN: Kirchliches Amt und geistliche Vollmacht in den ersten drei Jahrhunderten, Tübingen 1953.

E. CASSIN–J. BOTTÉRO–J. VERCOUTTER: Die altorientalischen Reiche, 1. Bd.: Vom Paläolithikum bis zur Mitte des 2. Jahrtausends, Frankfurt (Fischer Weltgeschichte 2) 1965.

E. CONZE: Der Buddhismus. Wesen und Entwicklung (1951), Stuttgart (Urban Tb. 5) 1953.

J. DHONDT: Das frühe Mittelalter, übers. v. W. Hirsch, Frankfurt (Fischer Weltgeschichte 10) 1968.

G. DENZLER–V. FABRICIUS: Christen und Nationalsozialisten (1984: Die Kirche im Dritten Reich), Frankfurt (Fischer 11871) 1993.

K. DESCHNER: Das Kreuz mit der Kirche. Eine Sexualgeschichte des Christentums (1974), München [12]erw. (Heyne Nr. 19/16) 1989.

K. DESCHNER: Kriminalgeschichte des Christentums, I: Die Frühzeit. Von den Ursprüngen im Alten Testament bis zum Tod des hl. Augustinus (430), Reinbek 1986.

K. DESCHNER: Kriminalgeschichte des Christentums, II: Die Spätantike, von den katholischen «Kinderkaisern» bis zur Ausrottung der arianischen Wandalen und Ostgoten unter Justinian I. (527–565), Reinbek 1988.

K. DESCHNER: Die Kriminalgeschichte des Christentums, III: Die alte Kirche. Fälschung, Verdummung, Ausbeutung, Vernichtung, Reinbek 1990.

K. DESCHNER: Mit Gott und dem Führer. Die Politik der Päpste zur Zeit des Nationalsozialismus, Köln (Ki Wi 149) 1988.

K. DESCHNER: Die Politik der Päpste im 20. Jahrhundert. Erweiterte, aktualisierte Neuausgabe von «Ein Jahrhundert Heilsgeschichte» I und II, Hamburg 1991.

E. DREWERMANN: Friedrich von Spee – ein Kämpfer um die Menschlichkeit, in: D. Brockmann–P. Eicher (Hrsg.): Die politische Theologie Friedrich von Spees, München 1991, 17–48.

DSCHUANG DSI: Südliches Blütenland, übers. v. R. Wilhelm (1912), Düsseldorf–Köln 1972.

J. DUCHESNE-GUILLEMIN: Zoroaster und das Abendland (1958), in: B. Schlerath (Hrsg.): Zarathustra, Darmstadt 1970, 217–252.

Éditions des Connaissances Modernes: Die Geschichte der Familie, ohne Verf.-angabe (1971), Freiburg 1975.

M. ELIADE: Das Heilige und das Profane. Vom Wesen des Religiösen, Hamburg (rde 31) 1957.

E. EPPLER: Wenig Zeit für die Dritte Welt, Stuttgart–Berlin–Köln–Mainz (UTB 822) 1971.

A. ERMAN: Die Religion der Ägypter. Ihr Werden und Vergehen in 4 Jahrtausenden, Berlin–Leipzig 1934.

G. FRANZIUS: Die römischen Funde aus Kalkriese, in: Kalkriese – Römer im Osnabrük-

ker Land, hrsg. v. W. Schlüter, Osnabrück 1993, 107–197.
K. VON FRITZ: Quellenforschungen zum Leben und Philosophieren des Diogenes von Sinope, 1926.
F. FRÖBEL–J. HEINRICHS–O. KREYE: Die Armut des Volkes. Verelendung in den unterentwickelten Ländern. Auszüge aus Dokumenten der Vereinten Nationen, übers. v. K. de Sousa Ferreira, Hamburg (rororo 1772) 1974.
M. GALL: Die Irrfahrten des Odysseus, in: E. Lessing: Die Odyssee, Stuttgart 1965, 13–43.
M. K. GANDHI: An Autobiography or The Story of My Experiments With Truth, Ahmedabad; dt.: Eine Autobiographie oder: Die Geschichte meiner Experimente mit der Wahrheit, übers. nach der engl. Übers. aus dem Gujarati von F. Kranz, Gladenbach 1977 (überarbeitete Fassung der 1960 in Freiburg–München erschienenen Fassung).
H. VON GLASENAPP: Indische Geisteswelt. Glaube, Dichtung und Wissenschaft der Hindus. Eine Auswahl von Texten in deutscher Übersetzung, Baden-Baden o. J.
I. GOBRY: Franz von Assisi in Selbstzeugnissen und Bilddokumenten, Hamburg (rm 16) 1958, übers. v. O. v. Nostitz.
P. GRIMAL: Liebe im Alten Rom (1963), übers. v. U. Schuler, Frankfurt 1981.
A. VON HARNACK: Lehrbuch der Dogmengeschichte. 1. Bd.: Die Entstehung des kirchlichen Dogmas (1887), Darmstadt 1983.
A. VON HARNACK: Lehrbuch der Dogmengeschichte. 2.–3. Bd.: Die Entwicklung des kirchlichen Dogmas II/III (^{4}1910) Darmstadt 1983.
A. VON HARNACK: Das Wesen des Christentums (Vorlesungen 1899–1900), mit einem Vorwort von W. Trillhaas, Gütersloh (Siebenstern Tb. 227) 1977.
A. VON HARNACK: Entstehung und Entwicklung der Kirchenverfassung und des Kirchenrechts in den zwei ersten Jahrhunderten. Urchristentum und Katholizismus, Leipzig 1910; Darmstadt 1980.

A. VON HARNACK: Die Mission und Ausbreitung des Christentums in den ersten drei Jahrhunderten, Leipzig ^{4}(verb. u. verm.) 1924.
F. HEER: Gottes erste Liebe. Die Juden im Spannungsfeld der Geschichte, Esslingen 1967; Frankfurt (Ullstein 34329) 1986.
M. HENNING (Übers.): Der Koran, eingel. u. angem. v. A. Schimmel, Stuttgart (reclam 4206) 1960.
HERODOT: Historien (ca. 445 v. Chr.), Gesamtausgabe in 5 Bden., übers. v. E. Richtsteig, München (GGTb. KL 3; 767; 777; 787; 797) o. J.; in der Übers. v. J. Feix, Wiesbaden (Vollmer) o. J.
P. HERTEL: «Ich verspreche Euch den Himmel». Geistlicher Anspruch, gesellschaftliche Ziele und kirchliche Bedeutung des Opus Dei, Düsseldorf ^{3}erw. 1991.
M. HÖFNER: Die vorislamischen Religionen Arabiens, in: Ch. M. Schröder (Hrsg.): Die Religionen der Menschheit, Bd. x, 2: Die Religionen Altsyriens, Altarabiens und der Mandäer, Stuttgart–Berlin–Köln–Mainz 1970, 234–402.
HOMER: Odyssee, übers. in deutsche Prosa v. W. Schadewaldt, Reinbek (rk 29–30) 1958.
S. HUNKE: Allahs Sonne über dem Abendland. Unser arabisches Erbe, Stuttgart 1960; Frankfurt (Fischer Tb. 3543) 1990.
IGNATIUS VON ANTIOCHIEN: Die sieben Briefe, übers. v. F. Zeller: Die apostolischen Väter, München–Kempten (BKV 35) 1918, 107–156.
IRENÄUS: Gegen die Häresien, Schriften I–II, übers. v. E. Klebba, München (BKV 4) 1912.
JOHANNES CHRYSOSTOMUS: Kommentar zum Evangelium des hl. Matthäus, aus dem Griech. übers. v. J. Ch. Baur, 4 Bde., Kempten–München (BKV Bd. 23: Mt 1,1–5, 48; Bd. 25: Mt 6,1–12, 37; Bd. 26: Mt 12,38–22, 46; Bd. 27: Mt 23,1–28,20) 1915–1916 (Des heiligen Kirchenlehrers Johannes Chrysostomus ausgewählte Schriften, Bd. 1–4).
JUSTIN: Apologien (ca. 140 n. Chr.), aus dem Griechischen übers. u. eingel. v. G. Rauschen, in: Frühchristliche Apologeten und Märtyrerakten, Bd. 1, 55–155; Kempten und München (BKV Bd. 12) 1913.

Kirchengeschichte, Patristik, Religionsgeschichte

Justin: Dialog mit dem Juden Tryphon (ca. 155 n. Chr.), aus dem Griech. übers. u. eingel. v. P. Häuser, Kempten–München (BKV 33) 1917, 1–231.

J. Kahlmeyer: Seesturm und Schiffbruch als Bild im antiken Schrifttum, Hildesheim 1934.

R. Kaiser: Indianischer Sonnengesang. Die Weisheit der Erde in der Spiritualität nordamerikanischer Indianer, Freiburg (Spektrum 4143) 1993.

E. R. Koch–O. Schröm: Dunkle Ritter im weißen Gewand, Die Zeit, Nr. 13; 25. 3. 94, 11–16.

Der Koran. Übers. v. R. Paret, Stuttgart–Berlin–Köln 1979.

W. Krickeberg: Altmexikanische Kulturen, Berlin 1975; Anhang: G. Kutscher: Zur Kunst Altmexikos.

M. Lambert: Ketzerei im Mittelalter. Häresien von Bogumil bis Hus, München 1981; Neudruck: Freiburg (Herder spektrum 4047) 1991.

B. Lang–C. Mc. Dannell: Der Himmel. Eine Kulturgeschichte des ewigen Lebens (1988), Frankfurt (sv 1586) 1990.

Laotse: Tao te king. Das Buch des Alten vom Sinn und Leben, übers. v. R. Wilhelm (1910), Köln–Düsseldorf 1957.

G. van der Leeuw: Phänomenologie der Religion (1933), ²(erw.) Tübingen 1956.

Ch. Lemmen: Das Kreuz mit dem Virus. AIDS und die Kirche: eine moralische Herausforderung, WDR III, 26. 7. 87.

G. Lewy: Die katholische Kirche und das Dritte Reich (1964), München 1965.

Liā Dsi: Quellender Urgrund. Die Lehren der Philosophen Liä Yü Kou und Yang Dschu, übers. v. R. Wilhelm (1912), Köln 1972.

D. Mazzeo–Ch. S. Antonini: Angkor (Milano 1972), Wiesbaden 1974.

Mechthild von Magdeburg: Das fließende Licht der Gottheit, eingef. v. M. Schmidt, mit einer Studie von H. U. von Balthasar, Einsiedeln 1955.

J. Mellaart: Çatal Hüyük. Stadt aus der Steinzeit (1967), übers. v. J. Rehork, Bergisch Gladbach 1967.

M. Mettner: Die katholische Mafia. Kirchliche Geheimbünde greifen nach der Macht, Hamburg 1993.

E. Meyer: Ursprung und Anfänge des Christentums, 3 Bde., Stuttgart–Berlin 1921–1923.

E. Miller: Wirtschaftspolitik und öffentliche Finanzen 1000–1500, in: C. M. Cipolla–K. Borchardt (Hrsg.): Europäische Wirtschaftsgeschichte, 5 Bde., 1: Mittelalter, Stuttgart–New York (UTB 1267) 1983, 219–240.

Mong Dsi: Die Lehrgespräche des Meisters Meng K'o (4. Jh. v. Chr.), übers. v. R. Wilhelm (1911), Köln 1982.

S. Moscati: Die Phönizier. Von 1200 v. Chr. bis zum Untergang Karthagos, aus dem Ital. übers. v. R. Schott, Essen 1975.

H. Mynarek: Verrat an der Botschaft Jesu. Kirche ohne Tabu, Rottweil 1986.

Neue Westfälische, 5. 4. 94: «Auferstehung als Kern des christlichen Glaubens». Osterpredigt von Erzbischof Degenhardt.

E. Norden: Agnostos Theos (1913), Neudruck Darmstadt 1956.

E. Norden: Die Geburt des Kindes (1924), Darmstadt ³1958.

H. Oldenberg: Buddha. Sein Leben, seine Lehre, seine Gemeinde (1881), hrsg. v. H. von Glasenapp, München (Goldmann Tb. 708–709) 1961.

V. Panzer: Verschollene Wüstenreiche im Orient, in: G. Kirchner (Hrsg.): Terra X. Rätsel alter Kulturen. Neue Folge, Frankfurt 1986.

A. Parrot–M. H. Chéhab–S. Moscati: Die Phönizier. Die Entwicklung der phönizischen Kunst von den Anfängen bis zum Ende des dritten punischen Krieges, München 1977, übers. aus dem Franz. v. F. von Otting u. W.-D. Bach.

Plutarch: Tiberius Gracchus und Cajus Gracchus, in: Lebensbeschreibungen, 6 Bde., übers. v. J. F. Kaltwasser, bearb. v. H. Floerke, rev. v. L. Kröner, München (Goldmann Tb. 1130–1141) 1964, v 185–226.

G. Rauschen (Übers.): Die beiden Apologien

Justins, in: Frühchristliche Apologeten, 1. Bd., Kempten–München (BKV 12) 1913, 55–101.
P. DE ROSA: Gottes erste Diener. Die dunkle Seite des Papsttums (1988), aus dem Engl. übers. v. M. Huber, München 1989.
NAFIS SADIK: Ich will helfen, Die Zeit, Nr. 18, 29. April 94.
H. W. F. SAGGS: Mesopotamien (1962), Zürich 1966, übers. aus dem Engl. v. W. Wagmuth.
R. SCHIRMER-IMHOFF: Der Prozeß Jeanne d'Arc. Akten und Protokolle 1431–1456 (1978), München (dtv 2909) 1961.
R. SCHNEIDER: Innozenz der Dritte (1931), München (dtv 116), 1963, Nachw. v. J. Rast.
P. SCHOLL-LATOUR: Das Schwert des Islam. Revolution im Namen Allahs, ZDF Chronik in 4 Teilen, 1993.
«Streit im Schloß». 29. 10. 93, Südwestfunk III, 29. 10. 93: Der Papst und die Moral. Veritatis Splendor. Was die Kirche von den Katholiken will. Leitung: P. Huemer. Teilnehmer: E. Drewermann, Frau A. Lissner, Frau M. Löhr (Vorsitzende des Bundes katholischer Unternehmer, Sitz: Berlin, Opus Dei nahe), T. Neufeld, J. Seifer (Rektor der Internationalen Akademie für Philosophie Liechtenstein, Opus Dei nahe), Prof. A. Laun (Moraltheologe, Opus Dei Mitglied).
Süddeutsche Zeitung, 18.–20. 4. 92: Und das höllische Feuer existiert doch. Italienische Jesuiten fordern die «heilsame Angst» vor der Hölle (AFP).
G. R. TAYLOR: Kulturgeschichte der Sexualität (1953); (Köln 1957: Wandlungen der Sexualität); Frankfurt (Fischer Tb. 1839) 1970, erg. u. überarb.; eingel. v. A. Mitscherlich.
S. L. THRUPP: Das mittelalterliche Gewerbe, 1000–1500, in: C. M. Cipolla–K. Borchardt (Hrsg.): Europäische Wirtschaftsgeschichte, Bd. 1: Mittelalter, Stuttgart–New York (UTB 1267) 1983, 141–176.
P. VEYNE: Das römische Reich, in: P. Ariès–G. Duby (Hg.): Geschichte des privaten Lebens, 1: Vom Römischen Imperium zum Byzantinischen Reich, Paris 1985, Frankfurt 1989, 19–227.
H. WEHNER: Selbstbesinnung und Selbstkritik, Köln 1994.
Die Akte Wehner. Moskau 1937–1941, Hamburg (rororo 9690), 1993.
R. WINTER: Ami go home. Plädoyer für den Abschied von einem gewalttätigen Land, Hamburg 1989; München (Goldmann Tb. 11685) 1990.
D. WOLF: Was war vor den Pharaonen? Die Entdeckung der Urmütter Ägyptens, 1993.
H. WUNDER: Friedrich von Spee und die verfolgten Frauen, in: D. Brockmann–P. Eicher (Hrsg.): Die politische Theologie Friedrich von Spees, München 1991, 117–131.
G. C. ZAHN: German Catholics and Hitler's Wars, New York 1962.
H. ZAHRNT: Martin Luther. Reformator wider Willen, München (SP 5246), 1986.
F. ZELLER (Übers.): Die Apostolischen Väter, München (BKV 35) 1918, S. 1–16.

4. Tiefenpsychologie, Verhaltensforschung, Biologie und andere naturwissenschaftliche Gebiete

K. Abraham: Über Einschränkungen und Umwandlungen der Schaulust bei den Psychoneurotikern nebst Bemerkungen über analoge Erscheinungen in der Völkerpsychologie (1914), in: Psychoanalytische Studien zur Charakterbildung und andere Schriften, hrsg. v. J. Cremerius, Frankfurt 1969, 324–382.

G. Ammon: Das sozialenergetische Prinzip in der Dynamischen Psychiatrie, in: Ders. (Hrsg.): Handbuch der Dynamischen Psychiatrie, II. Bd., München 1982, 4–48.

P. K. Anochin: Beiträge zur allgemeinen Theorie des funktionellen Systems, Jena 1978.

W. Bardorff (Neubearbeiter): Brehms Tierleben. Volksausgabe in einem Band, Berlin 1951, 362–375.

G. Bateson: Ökologie des Geistes. Anthropologische, psychologische, biologische und epistemologische Perspektiven (1972), übers. v. H. G. Holl, Frankfurt 1981.

E. Berne: Was sagen Sie, nachdem Sie «Guten Tag» gesagt haben? (1972), übers. aus dem Engl. v. W. Wagemuth, München (Kindler Tb. 2192) 1975.

R. Bilz: Über die menschliche Schuld-Angst. Erörterungen über die Tat und das Motiv-Objekt (1958), in: Paläoanthropologie, Der neue Mensch in der Sicht einer Verhaltensforschung, 1. Bd., Frankfurt 1971, 351–369.

B. Brown–L. Morgan: Wunderbarer Planet, übers. aus dem Engl. v. H. U. Schmincke, Köln 1989.

N. Calder: Einsteins Universum (1979), aus dem Engl. übers. v. W. Knapp, Frankfurt 1980.

G. de Champeaux–S. Sterckx: Le monde des symboles, Paris–Mailand ⁴1989.

Th. de Chardin: Der Mensch im Kosmos, München 1959.

R. u. B. Decker: Vulkane. Abbild der Erddynamik (1981), aus dem Amerik. übers. v. B. Klare, Heidelberg–Berlin–New York 1992.

E. Drewermann: Die Symbolik von Baum und Kreuz in religionsgeschichtlicher und tiefenpsychologischer Betrachtung, Schwerte (Akademie-Vorträge 2) 1979.

E. Drewermann: Der Teufel im Märchen, in: Archiv für Religionspsychologie, Bd. 15, Göttingen 1982, 93–128.

E. Drewermann–Ingritt Neuhaus: Der goldene Vogel (Reihe: Grimms Märchen tiefenpsychologisch gedeutet) Olten–Freiburg 1982, ⁶1988.

E. Drewermann–I. Neuhaus: Die Kristallkugel, Olten (Grimms Märchen tiefenpsychologisch gedeutet, Bd. 6) 1985.

E. Drewermann: Fundevogel (KHM 51), in: Der Herr Gevatter. Der Gevatter Tod. Fundevogel, Olten 1990, 55–78.

E. Drewermann: An ihren Früchten sollt ihr sie erkennen. Antwort auf R. Peschs und G. Lohfinks «Tiefenpsychologie und keine Exegese». Mit einem Beitrag von St. Schmitz, Olten–Freiburg 1988.

E. Drewermann: Kleriker. Psychogramm eines Ideals, Olten–Freiburg 1989.

E. Drewermann: Der Krieg und das Christentum. Von der Ohnmacht und Notwendigkeit des Religiösen, Regensburg 1982; Neudruck: Die Spirale der Angst. Der Krieg und das Christentum. Mit vier Reden gegen den Krieg am Golf, Freiburg (Herder Spektrum 4003) 1991.

E. Drewermann: Der tödliche Fortschritt, Von der Zerstörung der Erde und des Menschen im Erbe des Christentums, ⁶erw. u. aktualisiert, Regensburg 1981; Neudruck, Freiburg–Basel–Wien (Herder Spektrum 4032) ²1992.

E. Drewermann: Das Eigentliche ist unsichtbar. Der kleine Prinz tiefenpsychologisch gedeutet (1984), Freiburg (Herder Spektrum 4068) 1993.

I. Eibl-Eibesfeldt: Liebe und Haß. Zur Naturgeschichte elementarer Verhaltensweisen, München–Zürich 1970.

I. Eibl-Eibesfeldt: Zum Verhalten des Menschen, in: Grzimeks Tierleben, Bd. 11: Säugetiere 2, München (dtv) 1979, 59–79.
M. Eigen: Stufen zum Leben. Die frühe Evolution im Visier der Molekularbiologie (1987), München (SP 765) 1992.
S. Freud: Massenpsychologie und Ich-Analyse (1921), Ges. Werke XIII, London 1940, 71–161.
S. Freud: Über die weibliche Sexualität (1931), Ges. Werke XIV, London 1948, 515–537.
E. Fromm: Die Seele des Menschen (1964), in: Gesamtausgabe, II: Analytische Charaktertheorie, hrsg. v. R. Funk, Stuttgart 1980, 159–268, übers. v. L. u. E. Mickel.
E. Fromm: Haben oder Sein (1976), übers. v. B. Stein, in: Gesamtausgabe, hrsg. v. R. Funk, Bd. 2: Analytische Charaktertheorie, Stuttgart 1980, 269–414.
E. Fromm: Der Sabbat (1927), Gesamtausgabe, hrsg. v. R. Funk, VI: Religion, Berlin 1980, 1–9.
E. Fromm: Psychoanalyse und Religion (1950), Gesamtausgabe, hrsg. v. R. Funk, VI: Religion, Berlin 1980, 227–292.
E. Fromm: Einige post-marxsche und post-freudsche Gedanken über Religion und Religiosität (1972), Gesamtausgabe, hrsg. v. R. Funk, Berlin 1960, VI: Religion, 293–299.
E. Fromm: Psychoanalyse und Zen-Buddhismus (1960), Gesamtausgabe, hrsg. v. R. Funk, Berlin 1980, VI 303–356.
G. Heinz-Mohr: Lexikon der Symbole. Bilder und Zeichen der christlichen Kunst, Köln 1971.
G. C. Homans: Theorie der sozialen Gruppe (1950), übers. v. R. Gruner, Köln–Opladen 1960.
P. Hübner: Geschichtentheater. Bericht über die Arbeit mit biblischen Texten, in: WPKG 68 (1979), 151–156.
A. E. Imhof: Die gewonnenen Jahre. Von der Zunahme unserer Lebensspanne seit dreihundert Jahren oder von der Notwendigkeit einer neuen Einstellung zu Leben und Sterben, München 1981.
E. Jantsch: Die Selbstorganisation des Universums. Vom Urknall zum menschlichen Geist, mit einem Vorw. v. P. Feyerabend, München 1979; München (dtv 4397) 1982.
C. G. Jung: Synchronizität als Prinzip akausaler Zusammenhänge (1952), Werke VIII, Olten 1971, 475–577.
C. G. Jung: Mysterium Conjunctionis (1955–56), XIV 1/2, Olten 1968.
C. G. Jung: Die Ehe als psychologische Beziehung (1925), XVII, Olten 1972, 215–227.
K. u. M. Jung: Die aufgekratzte Seele. Neurodermitis. Wissen, behandeln, mit der Krankheit leben, Zürich 1991.
H. Kraft: Das Hausschaf, in: Grzimeks Tierleben. Enzyklopädie des Tierreichs, Bd. 13, Säugetiere 4 (Zürich 1970), München (dtv) 1979, 502–504.
H. Kühn: Das Erwachen der Menschheit, Frankfurt–Hamburg (Fischer Tb. 53) 1954.
R. E. Leakey–R. Lewin: Wie der Mensch zum Menschen wurde. Neue Erkenntnisse über den Ursprung und die Zukunft des Menschen (1977), übers. v. A. Sussdorff, Hamburg 1978.
R. E. Leakey: Die Suche nach dem Menschen. Wie wir wurden, was wir sind (London 1981), übers. v. F. W. Gutbrod, Frankfurt 1981.
K. Ledergerber: Die Auferstehung des Eros. Die Bedeutung von Liebe und Sexualität für das künftige Christentum, München 1971.
K. Lorenz: Er redete mit dem Vieh, den Vögeln und den Fischen, München (dtv 173) 1964.
M. Lurker: Die Botschaft der Symbole. In Mythen, Kulturen und Religionen, München 1990.
G. M. Martin: «Bibliodrama» als Spiel, Exegese und Seelsorge, in: WPKG 68 (1979) 135–144.
J. Monod: Zufall und Notwendigkeit. Philosophische Fragen der modernen Biologie (1970), übers. aus dem Franz. v. F. Griese, München 1971, Vorrede v. M. Eigen.
A. I. Oparin: Genesis and Evolutionary De-

velopment of Life, New York (Academic Press) 1968.
H. W. OPASCHOWSKI: Einführung in die Freizeitwissenschaft, Hamburg 1994.
O. PFISTER: Das Christentum und die Angst (1944), Olten 1975; Frankfurt–Berlin–Wien (Ullstein Tb. 35219) 1985.
J. H. REICHHOLF: Das Rätsel der Menschwerdung. Die Entstehung des Menschen im Wechselspiel mit der Natur, Stuttgart 1990.
TH. REIK: Der eigene und der fremde Gott. Zur Psychoanalyse der religiösen Entwicklung (1923), Frankfurt (st 221) 1975, Vorw. v. A. Mitscherlich.
TH. REIK: Aus Leiden Freuden. Masochismus und Gesellschaft (1941), Frankfurt (Fischer Tb. 6768) 1983.
R. RIEDL: Die Strategie der Genesis. Naturgeschichte der realen Welt, München (SP 290) 1976.
R. RIEDL: Biologie der Erkenntnis. Die stammesgeschichtlichen Grundlagen der Vernunft, Berlin–Hamburg ³(durchges.) 1981.
R. RIEDL: Die Ordnung des Lebendigen. Systembedingungen der Evolution, Hamburg–Berlin 1975; München (SP 1018) 1990.
F. ROHRER: Ausschnittsberichte aus einem Bibliodrama, in: WPKG (68) 1979, 144–151.
V. SOMMER: Die Affen. Unsere wilde Verwandtschaft, Hamburg 1989.
W. WICKLER: Die Biologie der 10 Gebote. Warum die Natur für uns kein Vorbild ist (1971), München (SP 236) 1981.
W. WICKLER–U. SEIBT: Männlich-Weiblich Ein Naturgesetz und seine Folgen, München 1983; München (SP 546) 1990.

5. Film, Malerei und Belletristik

M. ANTONIONI (Reg.): Die rote Wüste (Il deserto rosso), 1963.
B. VON ARNIM: Die Günderode (1853), hrsg. v. E. Bronfen, München 1982.
R. ATTENBOROUGH (Reg.): Gandhi, England 1981–1982: Hauptrolle: B. Kingsley.
J. BÉDIER: Der Roman von Tristan und Isolde, übers. v. R. G. Binding, Frankfurt (it 387) 1979.
O. u. F. BETZ: Tastende Gebete. Texte zur Ortsbestimmung, München 1971.
J. BOLTE–G. POLIVKA: Anmerkungen zu den Kinder- und Hausmärchen der Brüder Grimm, 2. Bd. (61–120), Leipzig 1915.
R. BROOKS (Regisseur): Cat on a Hot Tin Roof (1958); dt.: Die Katze auf dem heißen Blechdach; Hauptrolle: Liz Taylor.
Brüder (J. u. W.) GRIMM: Kinder- und Hausmärchen, mit einer Einl. v. H. Grimm und der Vorrede der Brüder Grimm zur ersten Gesamtausgabe von 1819, Zürich (Transitbooks) 1975.
A. CAMUS: Der Fall (1956), in: Gesammelte Erzählungen, übers. von G. Meister, Hamburg 1966, 9–104.
A. O. DELLA CHIESA: Luini, Bernardone, in: Kindlers Malerei Lexikon, VIII 264–266; hrsg. v. K. Fassmann, 15 Bde., München 1985.
A. CORTI (Reg.): Eine blaßblaue Frauenschrift, Österreich–Italien 1986; 2 Teile: ZDF 13.7.86; 14.7.86; Hauptrollen: F. von Thun, K. Janda, F. Kammer.
A. DOSTOJEWSKI: Dostojewski. Geschildert von seiner Tochter, München 1920.
F. M. DOSTOJEVSKIJ: Aufzeichnungen aus einem Totenhaus, übers. v. G. Jarcho, Hamburg (rk 122–124) 1963.
F. M. DOSTOJEVSKIJ: Schuld und Sühne (1866), übers. v. W. Bergengruen, München (Droemer) o. J.
F. M. DOSTOJEVSKIJ: Podrostok (1875); dt.: Der Jüngling, übers. v. E. K. Rahsin, München 1957; Neudruck: Frankfurt (Fischer EC 6) 1960, mit einem Nachw. v. A. Naumann.

F. M. Dostojevskij: Tagebuch eines Schriftstellers (1873; 1876; 1877; 1888); übers. v. E. K. Rahsin, München 1963.

F. M. Dostojevskij: Gesammelte Briefe 1833–1881, übers. u. komm. v. F. Hitzer, Tübingen 1966.

E. Drewermann: Giordano Bruno oder Der Spiegel des Unendlichen, München 1992.

A. Eggum. Edvard Munch. Gemälde, Zeichnungen und Studien (1984), aus dem Engl. übers. v. G. u. K. Felten, C. Buchbinder-Felten, Stuttgart 1986.

J. von Eichendorff: Gedichte, in: Werke in 2 Bden., hrsg. v. P. Stapf, Wiesbaden o. J., I 7–385.

K. Emmerich (Reg.): Die Rote Erde, 1. Staffel, 1–8 Teile; 2. Staffel, 1–4 Teile, WDR 1992–1993.

A. de Saint-Exupéry: Wind, Sand und Sterne (1939), übers. v. H. Becker, in: Ges. Schriften in 3 Bden., München (dtv 5959) 1978, I 175–340.

A. de Saint-Exupéry: Der kleine Prinz (1943), übers. v. G. u. J. Leitgeb, in: Ges. Schriften in drei Bänden, München (dtv 5959) 1978, I 489–579.

K. Fruchtmann (Reg.): «— trotzdem». Aus dem Leben von Émile Zola. Fernsehspiel, ARD 6.8.89, mit Ernst Jacobi, Doris Schade und Franziska Walser.

Kh. Gibran: Jesus Menschensohn. Seine Worte und Taten, berichtet von Menschen, die ihn kannten, aus dem Engl. übers. v. U. Assaf-Nowak, Olten 1988.

Kh. Gibran: Eine Träne und ein Lächeln (1914), übers. aus dem Arab. v. U. Assaf-Nowak u. S. Y. Assaf, Olten 1992.

J. W. von Goethe: Faust. Der Tragödie erster und zweiter Teil. Urfaust, hrsg. u. komm. v. E. Trunz, München 1972 (nach: Goethes Werke, Bd. III, Hamburger Ausgabe, textkritisch durchges. v. E. Trunz).

V. van Gogh: In seinen Briefen, mit einem Nachwort von P. Nizon, Frankfurt (it 177) 1977.

V. van Gogh: Briefe an seinen Bruder, hrsg. v. J. G. van Gogh-Bongers, 3 Bde., Frankfurt (it 954) 1988.

R. Goldwater: Paul Gauguin, Köln 1957.

R. Graves: König Jesus, Darmstadt–Genf o. J., übers. v. F. G. Pincus.

F. Gross: Vom Alltagsgetriebe fern: Der Große Einzelne in Klingers «Kreuzigung Christi» und «Christus im Olymp», in: D. Gleisberg (Hrsg.): Max Klinger 1857–1920, Städtische Galerie, Frankfurt am Main, 12. 2.–7. 6. 92, S. 72–83.

H. Heine: Deutschland, Ein Wintermärchen (1844), München (Kindler Tb. 1003–04) 1964.

H. Heine: Atta Troll. Ein Sommernachtstraum, Hamburg 1847; Berlin 1961, in: Werke und Briefe, hrsg. v. H. Kaufmann, 10 Bde., 1961–1964, 1. Bd.

H. Hesse: Stufen. Ausgewählte Gedichte. Gedichte von 1895 bis 1949, ausgew. v. H. Hesse, Frankfurt (sv 342) 1970.

H. Hesse: Eigensinn. Autobiographische Schriften, Ausw. u. Nachw. v. S. Unseld, Frankfurt 1972; Reinbek (rororo 4856) 1981, 78–83: Eigensinn (1919), S. 78–79.

H. Ibsen: Die Wildente (1884), in: Dramen, 2 Bde., München 1973, II 159–251, hrsg. v. G. Brandes, J. Elias u. P. Schlenther, Nachw. O. Oberholzer.

E. Ionesco: Tagebuch (Journal en miettes, 1969), übers. v. L. Kornell, Neuwied–Berlin 1969.

Janosch: Zurück nach Uskow oder Eine Spur von Gott oder Der Hund von Cuernavaca, Ein Theaterstück, Gifkendorf 1992.

F. Kafka: Der Prozeß (1946), Nachw. W. Killy, Frankfurt 1958; Frankfurt–Hamburg (Fischer EC 3) 1960.

F. Kafka: Brief an den Vater, in: Er. Prosa von F. Kafka, Ausw. u. Nachw. v. M. Walser, Frankfurt (sv 97) 1970, 133–192.

H. Käutner (Reg.): Der Hauptmann von Köpenick, Deutschland 1956, Hauptrolle: H. Rühmann.

H. L. Kirst: 08/15, Klagenfurt 1988.

G. Magnaguagno (Hrsg.): Edvard Munch, Folkwang Museum, Essen 1987.

H. Mann: Der Untertan (1914), Berlin 1946; Neudruck: Frankfurt (Fischer Tb. 10168) 1991.

TH. MANN: Bekenntnisse des Hochstaplers Felix Krull. Der Memoiren erster Teil (1954), Frankfurt (Fischer Tb. 639) 1965.
P. VON MATT: Liebesverrat. Die Treulosen in der Literatur, München–Wien 1989.
H. MELVILLE: Billy Budd, in: Billy Budd. Benito Cereno. Zwei Erzählungen, übers. v. R. Möring, Hamburg (Fischer Tb. 22) 1952, 5–91.
TH. M. MESSER: Edvard Munch, übers. aus dem Engl. v. H. Schuldt, Köln 1976.
E. MÜHSAM: Trotz allem Mensch sein. Gedichte und Aufsätze, hrsg. v. J. Schieve–H. Maußner, Stuttgart (reclam 8238) 1984.
E. MUNCH: Das kranke Kind (1885–1886), Oslo, Nationalgalerie.
M. NOEL: Erfahrungen mit Gott. Eine Auswahl aus den Notes Intimes, übers. v. A. Heitzer, Mainz 1961.
K. OBERMÜLLER: Ganz nah und weit weg. Fragen an Dorothee, die Frau des Nikolaus von Flüe, Luzern–Stuttgart 1982.
PINDAR: Oden, übers v. L. Wolde, München (GGT 499) 1958.
R. M. RILKE: Verstreute und nachgelassene Gedichte aus den Jahren 1884–1905, in: Sämtliche Werke, hrsg. v. Rilke-Archiv, besorgt durch E. Zinn, Bd. 3: Jugendgedichte, Wiesbaden 1959, 411–782.
R. M. RILKE: Neue Gedichte (1907), Sämtliche Werke, hrsg. vom Rilke-Archiv, besorgt durch E. Zinn, 1. Bd., Frankfurt 1955, 479–554.
E. M. REMARQUE: Im Westen nichts Neues (1929), Frankfurt–Berlin–Wien (Ullstein Tb. 56) 1979.
D. W. RINTELS: Im Zweifel für den Angeklagten. Schauspiel nach *Clarence Darrow for the Defense* von Irving Stone, 1974; übers. v. G. Penzoldt; Aufführungsrechte: Mimos Verlag CH 4144 Arlesheim.
R. ROLLAND: Jean-Christophe (Paris 1902–1904); dt.: Johann Christof. Die Geschichte einer Generation, übers. v. E. u. O. Grautoff, 5 Bde., Berlin 1959.
J. ROTH: Der Leviathan, in: Die Erzählungen, Amsterdam–Köln 1973, 234–274.
J. P. SARTRE: Die Fliegen (1943), übers. v. B. Baerlocher, in: Dramen, Hamburg 1969, 7–65.
W. SCHERF: Lexikon der Zaubermärchen, Stuttgart 1982.
R. SCHIRMER: Der Roman von Tristan und Isolde. Den alten Quellen nacherzählt von R. Schirmer, Zürich 1969.
R. SCHNEIDER: Winter in Wien. Aus meinen Notizbüchern 1957–1958, Freiburg–Basel–Wien 1958.
J. SCHULTZE: Franz von Stuck: Salome (1906), in: W. von Bonin (Hrsg.): 100 Meisterwerke aus den großen Museen der Welt, Bd. 3, Köln 1987, 80–85.
W. SHAKESPEARE: Hamlet. Prinz von Dänemark (ca. 1600), Sämtliche Werke in einem Band, Wiesbaden (Löwit V.) o. J., 800–830.
R. STANG: Edvard Munch – der Mensch und der Künstler, aus dem Norweg. übers. v. E. Neumann, Königstein 1979.
J. STEINBECK: Die Perle (1947), übers. v. F. Horst, Stuttgart–Konstanz 1962.
T. STOOS (Hrsg.): Gustave Moreau, Kunsthaus Zürich 1986.
P. STRIPP: Rote Erde. Familien-Saga aus dem Ruhrgebiet; München 1983.
O. WILDE: Salomé (Paris 1893, französisch; engl. London 1894, übers. A. Douglas); dt.: Leipzig 1903, übers. v. H. Lachmann; in: Werke, 2 Bde., München 1970.
T. WILLIAMS: Die Katze auf dem heißen Blechdach (1954), übers. v. H. Sahl, Frankfurt (Fischer Tb. 7071) 1982.
B. YOUNG: Khalil Gibran. Die Biographie (1945), dt. nach der Ausg. v. A. A. Knopf, New York 1981, übers. v. P. Michel, K.-F. Hörner–A. Hoffmann, Grafing (Aquamarin Verlag) o. J.
L. ZENETTI: Texte der Zuversicht. Für den einzelnen und die Gemeinde, München 1972.
E. ZOLA: Germinal (1885, Les Rougons-Macquart, Bd. 13), dt.: Germinal, übers. v. J. Schlaf, München (GGT 484–485) 1958.
C. ZUCKMAYER: Der Hauptmann von Köpenick. Ein deutsches Märchen, Schauspiel in 3 Akten (1930), Frankfurt 1966, in: Meisterdramen, Nachw. v. G. F. Hering.

ST. ZWEIG: Maria Stuart (1935), Frankfurt 1951; Neudruck: Frankfurt (Fischer Tb. 1714) 1959.

ST. ZWEIG: Vierundzwanzig Stunden aus dem Leben einer Frau, in: Meisternovellen, Stockholm 1943/46; Frankfurt 1960, 265–325.